CLAUDE DEBUSSY

克劳德·德彪西

书信全集

Correspondance

（上卷）

编著

[法] 弗朗索瓦·勒绪赫（François Lesure）

[法] 德尼·埃赫兰（Denis Herlin）

[法] 乔治·利耶耳赫（Georges Liébert）

翻译

郝端端

上海教育出版社
SHANGHAI EDUCATIONAL PUBLISHING HOUSE

图书在版编目(CIP)数据

克劳德·德彪西书信全集. 上卷 / (法) 弗朗索瓦·勒绪赫, (法) 德尼·埃赫兰, (法) 乔治·利耶耳赫编著 ; 郝端端译. -- 上海 : 上海教育出版社, 2024. 10.
ISBN 978-7-5720-3131-1

Ⅰ. K835.655.76

中国国家版本馆CIP数据核字第2024MH6459号

责任编辑 单一丹
装帧设计 郑 艺

克劳德·德彪西书信全集（上卷）

[法] 弗朗索瓦·勒绪赫
[法] 德尼·埃赫兰 编著
[法] 乔治·利耶耳赫
赫端端 译

出版发行 上海教育出版社有限公司
官 网 www.seph.com.cn
地 址 上海市闵行区号景路159弄C座
邮 编 201101
印 刷 山东韵杰文化科技有限公司
开 本 787×1092 1/8 印张 88.25
字 数 1324千字
版 次 2024年11月第1版
印 次 2024年11月第1次印刷
书 号 ISBN 978-7-5720-3131-1/J·0115
定 价 398.00元

如发现质量问题，请向本社调换 电话 021-64373213

目　录

前　言[①]

音乐家中优秀的书信作者极少，然而德彪西（还有柏辽兹与夏布里埃）是法国人中的例外——他的语调明快爽朗，喜欢讽刺并充满幽默。这些书信最有趣的地方在于它们不仅描述了德彪西作为音乐家的特点，还展示了他作为一个普通人的形象。在与八十多位通信对象交流时，他对许多领域表达了看法，包括对自己的艺术、对文学以及对所处时代美学的思考。德彪西的通信是《八分音符先生》的必要补充，[②]因为它表现了作曲家对现实世界更为本能的反馈。在此之前，我们只能了解德彪西与一个通信对象的关系。现在则不然，本书信集能够一直跟随他的生活，记录他的每一天。德彪西习惯将自己与他人的关系区别对待，而书信集的方式恰恰可以为我们勾勒出一个更全面的德彪西。

从德彪西的书信中我们可以看出，他的作品在创新维度上可以说是高瞻远瞩，这与他试图摆脱传统社会道德束缚的努力形成了一种辩证关系，其不乏一定的悲剧色彩。对于德彪西这个获得过诸多成功的人来说，尽管我们不应该过度抹黑，但他作为艺术家的孤独还是在书信中显得格外鲜明。

虽然德彪西声称自己“简单如草”（1898 年 7 月 14 日写给 G. 阿特曼），但想要勾勒出他的肖像并不容易。如果将关于他的各种评价

---

① 弗朗索瓦·勒绪赫（François Lesure, 1923—2001）花了很多年时间来收集和注释这本《克劳德·德彪西书信全集》的内容。1980 年和 1993 年，他曾经在爱赫曼（Hermann）出版社出版了德彪西书信选集。从 1998 年 11 月到 2001 年 6 月去世，他都和我们一同完成书信全集的完善工作。遗憾的是，弗朗索瓦·勒绪赫没能留下他计划中为本作品所写的前言。作为对他的致敬与纪念，我们选择在此重现他 1993 年为爱赫曼出版社写的一篇关于书信选集的前言。

② 1971 年，弗朗索瓦·勒绪赫出版了《八分音符先生及其他著作》（*Monsieur Croche et autres écrits*, Paris, Gallimard, 333 p.）。1987 年，他又发表了增补版（Paris, Gallimard, L'Imaginaire, 362 p.）。

汇总起来,我们会对他的本质感到困惑：有人说他野蛮、沉默寡言,偶尔会情绪高涨；有人说他害羞、孩子气、敏感、温柔；但也有人说他虚伪、多变,甚至恶毒。瓦莱里的评价可能是最极端的："德彪西这个怪物……"不过他这话有点忘恩负义。关于德彪西的所有见证都有些片面和不足之处——有些只适用于他的青年时期,有些主要是基于传闻而非亲眼所见。德彪西的个性只有极少数人了解,尤其是他生命的头三十年里。这一时期和他走得近的人有雷蒙·博纳赫、昂利·勒霍勒和皮埃尔·路易斯,但他们几乎没有透露过什么秘密,或许是他们守口如瓶,或许德彪西压根就不是那种会倾诉的人。直到德彪西去世五十年后,我们才发现一个悲剧——他的童年被阴影所笼罩；他的父亲在巴黎公社发生的第二天就被判刑并入狱。我们甚至怀疑,与德彪西一同生活过的那些女性是否知晓这件事。后来,他在书信中更为坦诚,但并不是对勾代或图雷这样的朋友,而是对他的出版商雅克·杜朗,一个不可能被视为亲密的人。

在与维克多·塞加伦的谈话中,德彪西这样定义自己："我所有的一切都是本能的、不合理的。我自己完全说了不算。有时候,我什么也做不了,我站在一堵墙面前,不知道该不该跳过去。"(1907 年 10 月 8 日的访谈)。他知道自己的态度偶尔会显得很矛盾(顺便说一句,这就是德彪西主义)。至少有一次,他试图在一句话中描述这种矛盾,而在他的出版商看来,这句话令人迷惑："[……]我有一种不可抗拒的需要,要逃避自己,在看似无解的事件中,我会不可抗拒地自我逃避,我会展现出一个陌生的形象,大家都不认识,但也许那才是我最好的一面!"(1910 年 7 月 8 日写给 J. 杜朗)。

在仔细品味之后,德彪西的某些言论会体现出一语双关的特点。这种情况在他年轻时就已经出现了：德彪西在罗马时曾感谢瓦涅先生"欣然"在他的家中给自己留了"位置",而我们很难不把这样的用词视作他无耻地暗示自己与瓦涅夫人的不正当关系。同样,当我们了解到埃赫奈斯·肖松对德彪西给予的物质支持后,再看他谈论与肖松的友谊时,其语气就显得有些做作了。就算到了 1894 年 3 月的关键时刻,[①]他的坦白依旧没有可信度:“我感觉自己到现在为止都是在夜行,而且还遇到了坏人! [……]我曾经或许误入歧途! 但我一直心存戒备。[……]。”

德彪西似乎生活在“世界之外”,1889年2月,在回答著名的“马塞尔·普鲁斯特”问卷时,他就是这样说的。德彪西还经常聊到命运这个话题,“我不走运”(1893年8月26日写给E. 肖松),“命运真是在捉弄我! ……”(1900年5月14日写给P. 路易斯),“这是苦命的常规操作——”(1911年6月25日写给J. 杜朗)。从我们保留的德彪西照片中,永远可以看到他忧郁、阴暗且好空想的特点。他不喜欢社交场合,觉得自己在那里感到很不舒服,但对真诚的人却非常健谈。人们认为他深藏不露,其实他只是少言寡语。他对艾玛自嘲,说自己的谈话“有些局限性”。他表面上看起来高傲且懒散,只有对关系最亲近的人才会展现真正的自我。他外表略显粗糙,却有着精致细腻的品位。“他一直努力保持距离”,阿尔弗雷德·布吕诺曾这样说。无论在友谊或工作关系中,他都不喜欢表现得过于严肃,也欣赏他人身上的那种轻松态度,至于其他的东西,最好是让别人去揣测。

在德彪西的生活中,女性所占的地位越来越受到重视,因为她们与德彪西社会地位的提升息息相关。本书信集首次呈现了青年德彪西在躁动中所写的信件,比如他向一个朋友疯狂倾诉自己的初恋(“那我也宁愿失去她,以保存我爱的尊严,而不是去做‘舔狗’”,他在1885年7月初这样描述自己与玛丽·瓦涅的关系,后者试图控制他以保护自己的家庭);他还写给模特莉莉一些“更有颜色”的信件,但这些信件证实了除了肉欲吸引外,两人之间的关系的确很肤浅。莉莉后来也承认,他更多的是沉溺于她的美色而不是对她的爱。玛吉·泰特等一些歌手则更为直接地表达了类似的印象。然而,这个合集中的许多话语都表明,德彪西是一枚暖男。

他对友谊有着深刻的理解,但他的表现却像是想要将自己的每个朋友都隐藏起来,并且不让他们彼此接近。勒内·彼得在他的回忆录

① 德彪西与特蕾斯·罗杰的婚约破裂。见书信1894–21。——译者注。

中表示,他对德彪西和许多人的关系都感到惊讶,因为德彪西从未与他提及过。不过对于以下这些话,我们也不必去怀疑德彪西的真诚:“[……]您,是我最亲密的朋友[……]”(1911年12月22日写给A.卡普莱),“[……]您的友谊对我来说如同面包一般必不可少”(1916年9月4日写给R.勾代),“有些事情我只和您说过[……]”(1902年7月22日写给A.梅沙杰),“您是我极少数可以吐露心声的人之一”(写给塞加伦)。德彪西与皮埃尔·路易斯的友谊是这些人当中最独一无二的,他们之间有着一种童真般的默契,交谈时总是带着一种轻松的基调,既掩饰了两人亲密的关系,也掩盖了他们美学观念上的不一致。德彪西通常有着清晰且准确的书写风格,然而,当他出于礼节或友谊被迫奉承的时候,他的表达会变得模糊不清,比如对待保罗·杜卡的《阿丽亚娜》或沃特·拉梅尔的独奏音乐会时。作为一个有责任感的通信者,德彪西甚至会满足那些陌生人的请求,比如16岁的弗朗西斯·普朗克就通过一些手段得到了他的亲笔签名。但是,他无法忍受那些多管闲事的人。因此在特定的情况下,加布里埃尔·穆雷和沙赫勒·莫里斯都受到了批评。还有到目前为止,有关德彪西支持年轻音乐家的信息还不够多。有人说他对新音乐的态度不够开放,但他却鼓励和指导了法雅、拉塞达、瓦雷兹、西里勒·斯科特等人。这位“幸福怪癖症”(1893年2月写给A.波尼亚托夫斯基)也是一位“感情泛滥狂”(1903年6月19日写给P.路易斯)。

德彪西与家人的关系一直不太好。作为四个孩子中的长子,他深受母亲的喜爱,母亲曾给他一些零星的教育,并且“一直想看着他,让他认真学习,这令他毛骨悚然”(来自保罗·比达尔)。他对他的父亲有意见,因为父亲想让他成为一个能赚钱的炫技音乐家,并且不能原谅他在音乐学院只获得了微不足道的成功。阿西伊–克劳德是个不太合群的人,很自私,尽管他的父母已经很拮据,但他仍然把教私课挣来的那点钱全都用来买书和铜版画,而且直到30岁才搬出父母家。不过随着后来的成名,德彪西对他父母的关切还是有目共睹的。

德彪西一直想尽快离开他那个阶级,从而提高生活质量。他与冯·梅克夫人一同旅行,还拥有了更广的人脉,比如瓦涅家族、独立艺术书店、马拉美的沙龙，以及在各种咖啡馆的集会（韦伯、普塞、托蒙、雷诺兹等咖啡馆或酒馆）——这些经历让他获得了真正的成长。他与作家和画家的接触远多于音乐家，他坚信学校里的条条框框阻碍了他创新的道路。他拒绝了强加给他的限制，探索出更适合自己天性的准则。在德彪西看来，他在巴黎音乐学院或美第奇别墅的同学们都太执着于过时的传统，且功利心太强，令人鄙视。他在先锋派的世界中自由呼吸——准确地说是象征主义的世界。一个年轻的音乐家，居然经常与众多文豪们切磋，实在是不可思议，这些人包括：昂利·德·雷尼耶、卡米伊·莫克莱、卡图尔·门德斯、安德烈·吉德、保罗·瓦莱里、斯蒂凡·马拉美、皮埃尔·路易斯。同时，德彪西喜欢的作家也很了不起——布赫热、庞维勒、坡、罗塞蒂、斯温伯恩、沙赫勒·克罗、儒勒·布瓦、莫里斯·布绍，以及波德莱尔和拉福格，德彪西在书信中没少提到他们。我们后来才知道德彪西还阅读了尼采、叔本华、卡莱尔、J. 康拉德、G. 霍普特曼，同时也喜欢狄更斯、大仲马、儒勒·荷纳赫以及保罗·戴勒梅的歌曲。对于造型艺术，我们仅需列举几个名字——惠斯勒、莫里斯·德尼、欧蒂隆·赫东、雅克-埃米勒·布朗什、让-路易·弗兰以及卡米伊·克洛岱勒——就能看出德彪西和当时最杰出的艺术家们非常熟悉。

德彪西对瓦格纳的态度让他的朋友们，尤其是那些非音乐家们很困惑，他们领悟不到为何德彪西认为瓦格纳这位在当时音乐界最登峰造极的人物会阻碍音乐的革新，即便瓦格纳很有价值，但为何还是必须与其切割。德彪西对瓦格纳的抗拒使他更喜欢来自俄国或远东的音乐，而不是歌剧院的梅耶贝尔风格、圣-桑那严格的结构或丹第的奏鸣曲。德彪西年轻时，新音乐无非就是他多年来在音乐学院学的那一套，那去音乐厅听现代音乐的首演还有什么意义呢？ 1901 年 2 月 11 日，德彪西给保罗·杜卡写信时称："我承认自己现在都不再用音乐来思考了[……]"；他还称赞罗拜赫·勾代"眼光要超越音乐"（1911 年 12 月 18 日），并且建议自己的学生劳尔·巴赫达克"偶尔要忘掉所有的音乐……"（1906 年 2 月 24 日至 25 日）。在德彪西之前，从来没有一位音乐家能在音乐之外找到革新的方式。

1890 年至 1900 年间,虽然德彪西在经济上很困难,但从某种角度上来说,那却是他最幸福的时光。流浪的生活非常适合德彪西的天性,他会光顾各种地方,如马戏团、黑猫夜总会,他对哑剧、神秘学感兴趣,经常混迹在巴伊的书店或在马拉美家高谈阔论,还会在大街上和朋友闲逛,最后去克鲁小饭馆或韦伯咖啡馆。国家音乐协会的音乐家们很少出现在这些地方,比达尔和皮埃内不算,他们是德彪西的同学,不是后来认识的朋友。此外,德彪西在音乐学院认识的人当中只有雷蒙·博纳赫是例外,但博纳赫是因为本来就喜欢诗歌。至于肖松,他更像是德彪西的赞助人而不是真正的朋友,他建议德彪西结婚并尝试将德彪西带进上流社会。相比音乐家们的拘礼,画家和作家们显然更加随和。比如肖松与德彪西断交后,肖松的画家连襟勒霍勒依然愿意与德彪西保持联系。德彪西能把自己当时的女友嘉比·杜鹏带去咖啡馆,却不敢让她到资产阶级(音乐家)的圈子里。德彪西与特蕾斯·罗杰的婚约是个严重的错误,他为此付出了巨大代价,好在他与皮埃尔·路易斯的关系越来越近,这才帮他渡过难关。二十五年后,德彪西回忆起人生中的这一阶段时,已经忘却了所有的荆棘,只记得曾经的自由自在和友谊,而嘉比就是其中的象征:"我很怀念那个开开心心创作《佩雷亚斯》的克劳德·德彪西,跟您说,我再也找不回那个他了"(1904 年 9 月 19 日写给 A. 梅沙杰);"写《弦乐四重奏》那阵子可能不是我最光彩的时光,但依然是一段美好的时光"(1911 年 3 月 15 日写给 J. 杜朗)。

和莉莉·泰克西耶的生活只能勉强算是个小插曲。我们常常认为莉莉从来没有给德彪西带来过灵感,还认为德彪西从来没有献给过莉莉任何作品,这对那位漂亮的年轻女孩来说是不公平的,因为德彪西是出于避嫌的目的才与她结婚,三年后便厌倦了。事实上,我们很难通过德彪西的恋爱史来解读他的作品。他曾对塞加伦说"我根本不和我妻子聊音乐,要聊也是轻音乐"(1907 年 10 月 8 日的访谈)。我们不能强行将德彪西风格的演变和女性绑定起来,并尝试找到对他产生灵感的人,了解他的感情生活也不是为了八卦,而是感情生活对于德彪西交朋友这件事经常起着决定性的作用。

德彪西与莉莉的分手导致后者尝试自杀，整个巴黎都得知了这个悲剧。对于德彪西来说，这是他人生中第二次经历众叛亲离。如果说1894年那次还只是停留在小范围内，那么这次事件的发酵就难以控制了。自《佩雷亚斯》问世后，德彪西已然成了公众人物，他的一举一动都备受关注。枪打出头鸟，许多人巴不得等他犯错后抨击他。

德彪西年轻时期的朋友最终只剩下了罗拜赫·勾代、保罗·杜卡和埃里克·萨蒂。肖松在德彪西与特蕾斯·罗杰婚约破裂后的第二天就与德彪西断绝了关系（肖松本人也有些短命），就连给肖松葬礼的吊唁都是皮埃尔·路易斯催德彪西写的。此外，德彪西也不怎么再见雷蒙·博纳赫，尽管他邀请后者去参加了《佩雷亚斯》的首演。G. 多雷、E. 伊萨伊、H. 勒霍勒都疏远了德彪西，因为他们误解了他的态度。梅沙杰也是如此。德彪西十分痛苦，他甚至一度觉得图雷也离他而去了（1906年5月5日）。

这个困难期随着德彪西与艾玛·巴赫达克的恋情，以及淑淑的诞生而逐渐好转。他搬进了布洛涅森林广场的一座漂亮的公馆，还有一个小花园，这让他远离了城市里的喧闹（除了旁边铁道的声音），同时也开启了一段新的人生。公馆内配有两个仆人和一个英国女管家，有电话，但通话效果很差。从表面上看，德彪西似乎过得很富裕，实际上，他从来都没能富裕起来，始终都缺钱。与波德莱尔和瓦格纳一样，德彪西总是缠着他的出版商要求预支稿费，还去寻求借贷，结果被整得很惨。1908年至1914年，他以乐队指挥的身份去国外巡回演出，而这只是为了还债而采取的权宜之计。德彪西如此挣扎，只是为了拥有“一种复古的奢侈生活，但他现在已经无力支撑了”（1913年7月15日写给J. 杜朗）。对德彪西来说，这让他在艾玛面前显得“有面子”。两人同居三年后才终于结婚。

1907年至1909年间，德彪西的身体开始出现问题。1907年10月，德彪西给卡普莱写信说道：“我的灵魂得不到安宁！［……］难道我真的不适合家庭生活吗？”1910年，真正的危机出现了，德彪西曾承认：“［……］我现在［……］正处于人生的一个危险拐点”（3月23日写给A. 卡普莱），“我的生活已然悲惨而混乱”（3月30日写给J. 杜朗），

"我很不幸,就有点像厄舍尔的家,[……]这都说轻了!"(1910年8月24日写给L.拉鲁瓦)。艾玛已经计划分手了,甚至已经咨询了一个律师。一年后,形势依旧没有转机:"[……]这次度假后,我们必须说我们都不知道为什么要来——难道我们已经失去共同的喜好了吗?"(1911年8月26日写给J.杜朗);"有时,我真的感到可悲和孤独"(1911年12月18日写给R.勾代)。这是一个50多岁的人在感情生活又一次受挫时最后的挣扎,而这样的例子还有很多。当然从表面上看,德彪西与艾玛一直都很恩爱,比如温存的题词、外出时关怀备至的通信。但艾玛是个体弱且"敏感"的人:卡普莱在波士顿排演的《佩雷亚斯》终于成为德彪西理想的样子,当卡普莱邀请德彪西去波士顿时,艾玛却拒绝与她的丈夫一同前往。德彪西本想自己去,但最终没敢做出这个决定。1913年7月15日,德彪西给杜朗写信时聊到了"'家庭'抗争"这个主题,其语调十分悲怆:"[……]我也就剩想想的力气了。在日常生活中,我如履薄冰!"

这里,我们接触到了德彪西的痛点。1910年至1911年的这次危机以德彪西的妥协而解除,因为这次的情况与1904年不同:首先是因为他的女儿淑淑,其次,德彪西很担心自己一个快50岁的人又要从头再来,尤其是当他已经两次因为类似情况而遭受众叛亲离。德彪西很排斥资产阶级的习俗,但他已经不能反其道而行了,他现在意识到"自己不适合家庭生活"已经太迟了。德彪西甚至对一位罗马记者表示,艺术家"应该在生活中尽可能去向往自由。至于家庭关系,德彪西认为有父母就够了,加一个姐妹都是多余的"(1914年2月)。德彪西的未来依然无法改变——宅在家中,尽管他对此表示诸多不满:"我在这个家里太无聊了"(1914年7月29日写给J.杜朗)。在最黑暗的时候,德彪西甚至想过去自杀。其余时间,他对身边人表现得很友好,尤其是当旅行之时。不过这些旅行让艾玛和德彪西都很心烦意乱。我们在他最成熟的时期感受到的是人性的脆弱和感情的矛盾。

工作是德彪西最好的避风港,也是他的快乐源泉。当时,他正在爱伦·坡的两部剧上下工夫,虽然最终未能完成。他被多位作家(穆雷、塞加伦、拉鲁瓦)请求一起创作歌剧,被佳吉列夫邀请一起创作芭蕾舞剧，被福雷带去参加音乐学院的教育活动，还接受记者们的访谈。当然除了工作外，德彪西也不是完全与世隔绝，夫妇二人还是会出门看演出。他们也邀请朋友到家里做客，但老友居少，新朋友更多，比如图雷（不过他于 1912 年就从巴黎搬到了圣-卢贝）、拉鲁瓦一家、斯特拉文斯基、忠实的安德烈·卡普莱。但这些访客大部分是合作人或演奏者等，还有医生们，他们来得越来越频繁，且在 1915 年末确诊德彪西为癌症。一年后，德彪西道出了自己最大的痛苦，那就是不再有能力去"突破日常琐事的限制"（1916 年 6 月 15 日写给 R. 勾代）。

本书信集组成了一本日记，里面充满了当时音乐家们的秘密以及德彪西作品首演时的社会环境。在德彪西给《白色杂志》或《吉尔·布拉斯》写的文章中，我们找不到他在书信中的那种洒脱：柏辽兹是个"天才的滑头"，比才是"音乐界的莫泊桑"，福雷是"一群势利小人和蠢货的掌门人"，古斯塔夫·夏庞蒂埃是"萎黄病坎蒂列那"的"罗马大奖"得主，理查德·施特劳斯是"交响乐的仆人"，丹第是"圣歌学院的创业者"，拉威尔是"江湖骗子"。当然，这些话有的时候需要反着理解。德彪西的刻薄不仅体现在反击他的对手上，还会用来表达自己的失望。那他又是怎么看出版商的呢？厄翟勒是个"大坏蛋"，杜朗是"马德兰纳广场的野蛮人"，还有"阿麦勒这头驴"。至于评论人，皮埃尔·拉罗是"坏耶稣"，卡尔沃克雷西是个"内侍"，让-欧布里"就是只无聊的小蚊子！天一冷就消停了"（1909 年 12 月 29 日写给 A. 卡普莱）。

德彪西对他音乐的诠释者要求极高，甚至到了前无古人的地步。德彪西将最尖锐的评价留给了演奏者们。对于歌唱家，玛吉·泰特是"一位九霄云外的公主"（1908 年 6 月 8 日写给 J. 杜朗），罗丝·费阿赫"简直丑得难以形容，缺乏诗意"（1909 年 5 月 29 日写给 J. 杜朗），布赫本的"声音挺漂亮，但朗诵时就像一个粉刷匠"（1907 年 1 月 3 日写给 J. 杜朗）。对于乐队指挥，舍维亚尔"应该去当驯兽师"（1905 年 10 月 10 日写给 J. 杜朗），席勒万·杜普伊"比起乐队指挥来说更像一头牛"（1907 年 1 月 3 日写给 J. 杜朗），拉穆勒是"立方体指挥"（1891 年 2 月 12 日写给 R. 勾代）。对于钢琴家，德彪西给瓦雷茨写信时对他们进行了统一的"夸赞"："[……]人们不知道我的钢琴音乐被弹得有多走样,我甚至经常犹豫是不是要去重新审视它!”(1910年7月12日)。

很少有人能逃过这样的口诛笔伐,然而我们也不能完全按照字面意思去理解。德彪西将自己捍卫的艺术形式视为信仰,当这一点被侵犯时,他绝不会妥协半步,这一点是毋庸置疑的。他会十分坦率地对勒内·彼得说后者的戏剧作品变得越来越肤浅,也会告诉一个期刊的主编他绝不会在与自己志不同、道不合的刊物上发表文章。至于邓南遮,他从德彪西那里得知自己的文笔“繁杂冗余”(1913年6月12日)。

当涉及保留真正的传统时,德彪西表现得非常热情。他曾请求一位匈牙利通信者务必遵循茨冈文化,还强烈要求斯特拉文斯基“继续做一位伟大的俄国艺术家”(1915年10月24日)。德彪西对于同时代作曲家的评价褒贬不一,如果说在乐评中需要注意分寸,那么他在书信中就显得更加直白。像古斯塔夫·夏庞蒂埃、阿尔弗雷德·布吕诺这样的写实主义者和“民众主义者”,德彪西绝不笔下留情。他对瓦格纳的态度不必多说,但他与保罗·杜卡和拉威尔的关系就比较微妙,尤其是和拉威尔的关系,评论者们(尤其是皮埃尔·拉罗)的七嘴八舌更是令人困惑。对于斯特拉文斯基,德彪西在第一时间就予以致敬,不过后来由于受到民族主义思想的影响而变得有所保留。德彪西对理查德·施特劳斯也算欣赏,但情况比较复杂:如果说《英雄生涯》“还真是非常棒”(1900年3月4日写给G.阿特曼),那么在一战爆发时,出于捍卫法国音乐的目的,德彪西对施特劳斯和勋伯格都进行了严厉的批判。

当我们阅读德彪西的文字时,不能只停留在字面意思上。和许多象征主义者一样,德彪西也喜欢制造神秘感和模棱两可的效果。他到底喜不喜欢瓦格纳?喜不喜欢俄国芭蕾?对于这些问题,如果我们纵观德彪西的所有言论,会因他的自相矛盾而感到困惑。至于其他的,德彪西还是非常有条理和统一性的。他所有的言论都在反对派系、反对条条框框、反对“繁文缛礼”,力争获得一种自由、积极的艺术。

德彪西很少透露自己音乐的秘密,但他经常谈到自己创作时的困难和喜悦。当然,他说起自己的个人“小技巧”或“和声布局”时还是比较含蓄的，我们会惊奇地发现他找到了一个“新的混合声音的方法”（1911 年 7 月 7 日写给 J. 杜朗），抑或是“让双簧管的低音与小提琴的和声”配在了一起（1909 年 6 月 26 日写给 J. 杜朗）。更多时候，他还善于应用悖论，称“想要学习配器的艺术，聆听风吹树叶的声音远比看教材有用[……]”（1903 年 9 月 4 日写给 C. 勒瓦德）。他从来不掩饰自己作为创作者的难处，出于众所周知的原因，他自然会向他的出版商诉苦，同时他也会跟朋友们聊起。《夜曲》和为乐队而写的《意象集》的创作都经历了数月的坎坷，《厄舍尔庄园的倒塌》和《钟楼恶鬼》更是多年难产。相比之下，德彪西不太提到自己的成功，不过 1910 年 2 月 15 日倒是有一次例外，当《伊比利亚》排练到《夜的香气》与《节日早晨》的过渡时，其乐队的虚幻效果令德彪西对卡普莱说：“这听上去不像是写出来的……”

从音乐美学的综合角度看，德彪西的一些书信中藏有货真价实的至理名言，这比我们通常听到的那些标语更有价值：“[……]如今我们在创作音乐时胆子都太小了[……]”（1894 年 8 月 28 日写给 H. 勒霍勒），“无论是表现手法还是理论知识，音乐还都只是一门年轻的艺术”（1907 年 9 月 3 日写给 J. 杜朗）。最后，让我们不妨回顾一下 1903 年 9 月 4 日德彪西对勒瓦德那意味深长的评注：“人们给我定性，这使我无法在音乐中施展全部。”

弗朗索瓦 · 勒绪赫

弗朗索瓦 · 勒绪赫（1923—2001），著名音乐学家，研究领域众多。他曾是教育家、收藏馆长，后任法国国家图书馆音乐部主任。他的名字与德彪西紧密相连，他的大量研究都与德彪西有关，主要有两次专题展览（1962 年，巴黎，法国国家图书馆；1984 年，罗马，美第奇别墅，《德彪西与象征主义》）、德彪西的乐评集《八分音符先生及其他著作》、一部生平传记《克劳德 · 德彪西》（包括作品专题目录）等。他还在杜朗出版社启动了新版德彪西作品全集的编辑工作（作为主编出版十一卷乐谱）。

书信全集的历史

本书为克劳德·德彪西书信全集的首次出版。它收集了3076封书信和合同,包括出自德彪西之手的2588封书信和他收到的308封书信,以及与出版商签署的64份合同。另外,还包括81封德彪西的家庭成员写给第三方的书信[①]和36封第三方写给他们的书信[②]。

在368位通信对象中,有德彪西的妻子、朋友、合作者、同事、演奏家、乐评、记者、作家、商人等,每位通信对象都有自己的简介(详见附录Ⅷ)。尽管我们对本次收录进行了细致地调查,但仍然存在一些明显的空缺。比如,我们只找到了德彪西写给父母的一封信,是他于1909年5月在伦敦旅行时寄出的。这封信意味着德彪西在外出时可能有给父母写信的习惯。然而,1885年2月至1887年3月期间,年轻的罗马奖获得者德彪西在美第奇别墅写给父母的信件可能已经彻底丢失了,对此,我们表示很遗憾。另外,德彪西与某些通信人之间的书信也十分匮乏,比如与埃里克·萨蒂、与指挥家卡米伊·舍维亚尔,[③]抑或与玛丽·嘉登,都仅存在一封信!

事实上,德彪西所收到信件的失传程度更为严重,这使得我们无法全面了解他与同时代人的交流。德彪西似乎非常严格地挑选了他要保留的信件。1913年8月,他写信给雅克·杜朗,事关斯蒂芬·马拉美《三首诗》的编辑问题。德彪西请求他的出版商把马拉美女婿伯尼奥医生的来信连同其他文件一起寄还,以便保存在自己的“档案

① 德彪西的父亲2封,前女友嘉比·杜鹏2封,第一任妻子莉莉4封,第二任妻子艾玛70封,女儿淑淑(Chouchou)3封。

② 1封写给莉莉,32封写给艾玛,3封写给淑淑。这些书信中不包括德彪西本人写给她们的。在收录过程中,我们挑选了含有关于德彪西内容书信,其中主要是艾玛寄出或收到的书信。

③ 德彪西在多封书信中都证实了自己与这位指挥家有通信往来。

中"。[1] 然而，就在几个月前，他把沙赫勒·莫里斯写给他的一封信也交给了杜朗，请求后者在阅读后将其"撕毁"。[2] 最终我们找到了 302 封写给德彪西的书信，这些保留完好的书信特别有启示意义。德彪西优先储存了他作家朋友的信：皮埃尔·路易斯的 102 封和保罗·让·图雷的 33 封。他还保存了那些关于艺术交流的书信(莫里斯·梅特林克的 2 封、[3] 斯蒂芬·马拉美的 3 封、加布里埃尔·邓南遮的 19 封)和会面的书信(昂利·德·雷尼耶的 2 封、安德烈·吉德的 2 封、保罗·瓦莱里的 2 封)。如果说维克多·塞加伦的最初 9 封信也被纳入了本书，那是得益于塞加伦在他的档案中保存了书信的草稿。事实上，德彪西只保留了塞加伦从中国寄来的最后 5 封信。音乐家和作曲家的来信数量更加有限。除了埃赫奈斯·肖松的 18 封信和斯特拉文斯基的 5 封信之外，与阿尔弗雷德·布吕诺、爱德华·柯罗纳、保罗·杜卡、埃马努埃尔·德·法雅(还是得益于书写者的草稿)、樊尚·丹第、埃里克·萨蒂或尤金·伊萨伊的通信仅存有零星片段。德彪西好友的来信，比如安德烈·卡普莱、路易·拉鲁瓦、罗拜赫·勾代几乎都没有留下，除了勾代在德彪西生命的最后阶段寄给他的 5 封信。还有，德彪西收到的出版商书信(8 封：乔治·阿特曼 5 封、雅克·杜朗 3 封)与他写给出版商的书信相比较(418 封：阿特曼 80 封，杜朗 338 封)，在数量上差异巨大。最后，德彪西在去奥匈帝国、俄罗斯、意大利和荷兰旅行途中收到的艾玛的来信，很可能在作曲家去世后被艾玛销毁了。1913 年 12 月 8 日，德彪西在给艾玛回信时揭示了她对他的严厉指责：

当你跟我说"我不知道如何才能不讨厌你的音乐"时……你有没有意识到这会让人有些崩溃？

---

① 见 1913 年 8 月 11 日的书信(见下卷的翻译)。

② 见 1913 年 1 月 15 日的书信(见下卷的翻译)。

③ 主要是书信 1895 – 65，梅特林克授权给德彪西对《佩雷亚斯与梅利桑德》进行调整。1902 年 2 月，在两人的争端中，德彪西使用该信作为反驳的证据。

这就是艾玛写给德彪西的全部书信中唯一留存的一句话……[①]

德彪西去世后不久,路易·拉鲁瓦负责在道本出版社出版《八分音符先生》,他请求艾玛授权出版一些书信。艾玛回信说需要"甄选"。[②]然而,这个计划还是泡汤了。1930年4月6日,乔治·让-欧布里与德彪西的雕塑家朋友亚历山大·夏庞蒂埃的遗孀通信,询问她是否保存了作曲家的书信:

我自作主张给您写信,因为我刚刚得到我们共同的朋友克劳德·德彪西夫人的支持,我作为大师生前的好友,他的夫人委托我整理他写给朋友的书信。我从未有幸见过亚历山大·夏庞蒂埃先生,虽然我曾有过这样的机会,我那时还很年轻,大部分时间都在外省,但对于他的艺术所表现出的既震撼又精致的特点,我并非一无所知。我还知道一点,克劳德·德彪西曾多次对我透露,《佩雷亚斯》的作者(德彪西)和您的丈夫有着深深的情谊。女士,请允许我询问您手头上是否有德彪西写给他朋友的书信。这些书信对两位艺术家的崇拜者来说将是十分珍贵的,它们将在我设计的合集中占有一席之地,我希望在其中尽可能完整地展示作曲家的心灵和思想。[③]

这一合集在艾玛·德彪西的有生之年并未完成,在她去世前两年的1932年11月20日,她曾希望将德彪西与加布里埃尔·邓南遮的书信汇编成一册:

---

① 不过,我们还找到艾玛曾在一张名片上写过几个字,而这张名片之前被误认为是德彪西的笔迹。文献编号:F-Pn, Mus., L.a. Debussy (C.) 97。见1911年8月22日的书信(见下卷的翻译)。

② 1919年1月11日所书。文献编号:F-P, coll. V. Laloy。

③ 感谢让-米歇尔·奈克图(Jean-Michel Nectoux, 1946—)为我们提供了这封信的出处。夏庞蒂埃档案馆,文献编号:F-P, coll. part。

亲爱的大师和朋友，

在我们亲爱的克劳德的纪念碑揭幕仪式上，[①] 您的名字与他的联系更甚于以往。

自此之后，各方一直在询问我是否有您和他之间的通信。由于我连续生病，一直未能更早地给您写信。很多时候，我都在翻阅您珍贵的书信，回忆起那些美好、温馨而又残酷的年月……

您是否同意将您兄弟法兰西的克劳德的书信进行复制，[②] 并允许我将它们与您的书信一同出版？请尽快回复我好吗？

亲爱的朋友，我对您的崇敬依旧，并心存感激。

艾玛·克劳德·德彪西 [③]

我们不知道邓南遮是否回复了这一请求。艾玛曾被这位意大利作家的个性所倾倒，而艾玛的这个出版计划直到她去世后十四年才得以实现。多亏了这一计划，邓南遮写给德彪西的书信才免于在 1933 年 12 月的拍卖会上和德彪西的一批手稿连同文件一并失散。

尽管德彪西身边的人尝试出版书信集均不太顺利，但这并没有阻止其他出版物的诞生。早在 1926 年，《音乐评论》主编昂利·普吕尼耶赫就在一期"克劳德·德彪西的青年时代"专刊上发表了德彪西在美第奇别墅时期写给昂利·瓦涅的 13 封书信。一年后，雅克·杜朗在艾玛的许可下发表了德彪西在 1894 年至 1917 年间写给他的大量书信，[④] 但这些信被进行了大量删减，并被修改了标点和风格。然而不

① 该纪念碑于 1932 年 6 月 18 日在兰纳大街上揭幕（巴黎十六区，布洛涅森林边上），由马赫泰勒兄弟（Jan Martel, 1896—1966; Joël Martel, 1896—1966）所铸。

② 这是艾玛·德彪西对德彪西的另一个称呼。——译者注。

③ 文献编号：I-Gardone, Vittoriale, LVIII/1。

④ 出自艾玛·德彪西写给雅克·杜朗的一封信，无日期："星期一晚上。亲爱的先生和朋友，虽然我不了解您想要出版的我丈夫的书信，但我相信它们不太可能败坏他留给我们的形象，也不会损害到我……不怀好意的人永远能够做到欲加之罪，何患无辞！所以您尽可以将它们公布于世，我相信您的忠诚。请向您的夫人问好，也请相信我的忠诚。艾玛·克劳德·德彪西。"文献编号：F-P, Archives Durand。

可否认的是,这次出版开创了德彪西书信集的先河:1929 年,德彪西和保罗–让·图雷(同样也有一些删减[①])的通信出版;1938 年,德彪西写给安德烈·梅沙杰的书信出版(带有删减);1942 年,德彪西写给罗拜赫·勾代和乔治·让–欧布里的书信出版(带有删减[②]);1945 年,德彪西和皮埃尔·路易斯的通信出版;[③]1948 年,德彪西和加布里埃尔·邓南遮的通信出版;1957 年,德彪西写给妻子艾玛的书信(带有删减)以及写给安德烈·卡普莱的书信(带有删减)出版;1961 年,德彪西和塞加伦的通信出版,另外还有一些信件发表在各种杂志上。1962 年,《音乐学评论》推出专刊以纪念德彪西一百周年诞辰,弗朗索瓦·勒绪赫在其中揭示了德彪西写给路易·拉鲁瓦的书信,开启了他对作曲家信件的仔细搜寻,在整整四十余年的工作后,终以本次《克劳德·德彪西书信全集》的出版为成果。艾玛·德彪西在 1930 年就曾期盼第一部书信选集的诞生,而这一愿望直到 1980 年才得以实现:弗朗索瓦·勒绪赫汇集出版了德彪西的 250 封书信。随后的 1993 年,他推出了新的增订版,共 329 封书信。当时他估计德彪西留存下来的信件约有 1500 封,然而在本书中又新增了 1000 多封,还不包括附录。因此,《克劳德·德彪西书信全集》对了解德彪西有着十分可观的作用。

本书宗旨

本书的主要亮点在于对原件或原件副本上的文本进行了仔细的验

---

① 在最初的一批书信中,所有有关莉莉·德彪西的内容均被删除。

② 第一次世界大战期间写下的信件中由于存在德国侵略的内容而遭到部分查禁。

③ 昂利·博儒(Henri Borgeaud, 1895—1964)编辑得很好,但他无法直接查阅 1930 年诗人阿赫芒·戈杜瓦(Armand Godoy, 1880—1964)所购买的那批书信。它们才是德彪西与路易斯通信的主体,曾在 1931 年的《法国精神》(*L'Esprit français*)和 1942 年、1943 年的《瑞士月刊》(*Le Mois suisse*)中以极度混乱的方式分期出版,原件直到 1999 年 2 月才被法国国家图书馆收藏。尽管在没有原件的情况下(让–保罗·古永对皮埃尔·路易斯的传记也还未完成),博儒还是通过对以上两种出版物的深入分析,成功地整理了这批书信。故一些错误难以得到纠正。

证。实际上,自 1926 年起,先前出版的书信集都进行了删减,原因包括应版权方要求;内容涉及财务问题、疾病、德彪西与两任妻子的关系,或涉及作曲家的同时代人。由于这些信件很快就受到收藏家们的欢迎,它们在德彪西生前就开始被拆散,到 20 世纪 30 年代更是如此。现在它们要么在私人手中,要么在法国或美国的主要图书馆中。[①] 法国国家图书馆(音乐和手稿部)拥有迄今为止德彪西最全的书信合集:其主要来自收购和捐赠,尤其是德彪西的养女多莉·德·提南的捐赠。值得一提的是,巴黎古斯塔夫·马勒音乐媒体图书馆存放了德彪西写给奥古斯特和雅克·杜朗的书信。此外,还有来自美国的三个重要收藏。第一个是收藏家卡尔顿·莱克的馆藏,[②] 保存在得克萨斯州奥斯汀市(哈里·兰塞姆人文研究中心)。第二个位于耶鲁大学(纽黑文)的贝恩克图书馆:弗雷德里克·R. 考克购买的德彪西信件有一大部分已成为该图书馆的财产。第三个是马格瑞特·G. 考伯女士多年来收集所得,她是德彪西专家,曾为德彪西撰写过几部著作。她细心地收集了这些书信,并定期向纽约的皮尔庞特·摩根图书馆捐赠。除了这些大批量收藏外,[③] 还有许多书信由私人持有。剩余的或许已在二战期间被毁。

本书中,每封信的末尾都有一份简短的描述,说明手稿的位置,这意味着书信的文本通常是通过书信原件进行验证的。在没有原件的情况下,我们会注明"原件未找到",若该注释后带有 * 标记,则说明书信的文本是根据书信副本所还原的。另外,如果信件从未被出版过,我们会在括号中说明它的出处。至于那些只剩下片段的书信,它们则出自某些文章、拍卖或书商的目录说明。有时,通过目录中的各种片段,书信的文本可以被重新复原。在对书信的描述中,我们还会提到先前的拍卖、出版、复制和各种展览的情况。

---

① 见附录Ⅵ。

② 此人收购了路易-巴士德·瓦莱里-拉多(Louis-Pasteur Vallery-Radot, 1886—1970)手中的大部分德彪西书信。

③ 还有一些图书馆收藏了德彪西的部分书信,如波城市政图书馆(保罗-让·图雷典藏)、法兰西学会(巴黎,昂利·德·雷尼耶典藏)、保罗·萨谢基金会(巴塞尔,伊戈尔·斯特拉文斯基典藏和埃德加·瓦雷兹典藏)以及意大利胜利庄园(加尔多内-里维耶拉,邓南遮档案)。

德彪西的大多数书信是在巴黎所写,但他从不提及,因此我们认为没有必要用方括号注明。相反,当德彪西外出时,他会特别注明写信的地方。如果有遗漏,我们会在方括号中进行还原。1898年后,德彪西一般会在他的书信上标注日期。[①] 因此,日期形式被保留为它在手稿上出现的形式。[②] 但是,本书中的所有日期都被统一编排在了右边,这在原件中并不总是如此。有时,德彪西会将日期放在书信的结尾处,在此情况下,我们保留了日期在手稿中出现的位置,但还是会在书信顶部以方括号的形式标注该日期。当德彪西忘记写日期但信封得以保留时,邮戳则成为恢复日期的参考;在其他情况下,我们会对推断的日期进行注解。在对书信的描述中,信封也被考虑在内,还包括寄出和到达的邮戳。德彪西在年轻时经常忽略给他的书信标注日期,但由于他在1897年之前频繁更换签名方式,所以我们能够更准确地将这些书信定位在它们原本的时间线上。我们将在本书附录Ⅳ中展示德彪西从1883年到1897年使用的十六种签名形式。

德彪西喜欢用优质纸张印刷的书刊,而他在写信时对纸张的质量也十分讲究。在德彪西最早的一批书信中,我们可以发现,他在1886年曾写信给书商埃米勒·巴宏,除了请后者将当年最新问世的文学作品寄给他外,还要求了一种特殊的信纸——需要装饰他名字的花体缩写图案:

> 和这封信一起寄给您的,还有我的印章。我希望小尺寸的纸张能再小一些,加上白色的浮雕。大尺寸的纸张可以用相同的模板,加上银色的浮雕。唯一要改的就是把“a”与“d”之间的两点去掉,就像这样。[③]

几个月后,他再次给巴宏写信:

---

① 除了1903年夏天,他在碧山期间忽略了为书信标注日期。

② 在标注这些日期时,德彪西会时常使用月份的缩写形式,如将“Décembre”(12月)写为“Déc”。然而在翻译中,我们无法用汉语复原这些缩写,特此说明。——译者注。

③ 见书信1886-3。

我开始用您给我的纸张了，质感非常好。您没觉得小尺寸纸张上的数字大了些吗？之后的纸张上，请用白色数字，并且至少再小四分之一（仅小尺寸的纸张）。[①]

当德彪西使用某种特殊纸张的时候，我们在书信末尾的简短描述中也会有所记录，同时还会标明书信的发送性质，如通信卡、明信片或电报。若无此类标注，则意味着该书信是在普通纸张上书写的。以下是德彪西使用过的纸张类型清单：

信纸带有花体缩写字母 AD，使用时间：1887 年 1 月至 1889 年 7 月。[②]

信纸带有抬头“58, rue Cardinet”，使用时间：1902 年 10 月初至 1904 年 1 月。

信纸带有抬头“64, avenue du bois de boulogne”，使用时间：1906 年 1 月初至 1907 年 12 月。

信纸带有抬头“78, avenue du bois de boulogne”，使用时间：1908 年 1 月初至 1908 年 3 月。

信纸带有抬头“80, avenue du bois de boulogne”，使用时间：1908 年 4 月[③]至 1910 年 10 月[④]，1912 年 1 月至 9 月再次使用。

---

① 见书信 1887 – 2。

② 该图案的颜色和位置会根据年份而改变。

③ 从 1909 年起，德彪西会使用略有区别的卡纸抬头：
– 1909 年 2 月至 10 月：80, avenue du bois de boulogne；
– 1910 年 9 月至 1911 年 7 月：80 Avenue du Bois de Boulogne；
– 1911 年 9 月至 1912 年 10 月：80, Avenue du Bois de Boulogne。
1912 年 11 月至 1913 年 12 月，德彪西随意使用了各类卡纸抬头，包括：
– 80, Avenue du Bois de Boulogne，外加 pneumatique 字样；
– 80, avenue du bois de boulogne；
– 80, Avenue du Bois de Boulogne。
1914 年，他只用了一种卡纸抬头“80, avenue du bois de boulogne”，并于 1917 年 4 月至 6 月再次使用。需要指出的是，1915 年至 1917 年初，德彪西的信纸上没有任何抬头。

④ 由于父亲的去世，德彪西在 1910 年 11 月至 1911 年 12 月期间使用了深色纸。

信纸带有抬头“80 Avenue du Bois de Boulogne”,使用时间:1910年11月至1911年4月。[1]

信纸带有抬头“80, avenue du bois de boulogne”,使用时间:1911年4月至11月。[2]

信纸带有花体缩写字母@,使用时间:1911年12月至1913年12月。[3]

信纸带有抬头“80 Avenue du Bois de Boulogne”或“80, avenue du bois de boulogne”,[4] 使用时间:1912年12月至1915年3月,1916年5月至11月再次使用。

信纸带有抬头“80, avenue du bois de boulogne”,使用时间:1916年12月至1918年3月。[5]

1897年11月至1901年3月,德彪西会在书信左上角加盖花体缩写图案@的印章。值得一提的是,德彪西在《碧丽蒂斯之歌》(1899)和《为钢琴而作》(1901)的乐谱封面上都选择了用这一图案代替自己的名字。

除了这些信纸外,德彪西还喜欢使用明信片。1903年10月和11月,德彪西和路易斯相互寄送了多张明信片,以竞争谁的更有创意。除了打趣之外,德彪西在奥地利(1910年12月)和俄国(1913年12月)巡演期间给女儿淑淑寄去了一系列明信片,其内容令人动容。[6]

德彪西没有接受过正式的文化教育,因此,在他的书信中会出现一定数量的拼写和语法错误,尤其是在他早期的书信中。我们在附录Ⅱ

① 这种表示哀悼的深色装饰在信纸、卡纸和名片上均有体现,德彪西到1911年4月后偶尔还会使用。

② 这种表示哀悼的深色装饰在信纸、卡纸和名片上均有体现。

③ 该图案的颜色(蓝色或绿色)和位置会改变。1912年12月起,德彪西开始使用带有抬头的普通信纸。

④ 自此以后,德彪西会随意使用这两种抬头。

⑤ 艾玛也使用过这一纸张。

⑥ 见以下书信(书信1910年12月2日、1913年12月10日、1913年12月11日,见中卷和下卷的翻译)。

中就呈现了这样一封早期信件,以展示在编辑中遇到的困难。此外,德彪西经常将未完成过去时用成简单过去时,或者将条件时第一人称单数用成将来时。除了少数例外,这些错误均已被直接纠正,因为如果我们在正文中频繁使用方括号+“sic”,[①] 会使阅读变得更加困难。不过,有些19世纪末使用的拼写方式(比如“rhythme”“poësie”)被保持原样。[②] 拼写有误的专有名词也被保留了下来,但会在脚注中展示其正确的拼写方式。语法错误没有进行修正,而是在脚注中以“*sic*”标出。原文中遗漏的词则在方括号中予以填充。

德彪西在引用作品标题时有时带引号,有时不带。我们将其统一编排为不带引号的斜体。但是,德彪西使用大写字母的方式被保留了下来:比如,他通常将《绝代才女》写成“*la Damoiselle Élue*”,将《牧神午后前奏曲》写成“*le prélude à l'après-midi d'un Faune*”,另外,大多数情况下他会将《佩雷亚斯》写成“*Pélléas*”,也就是两次使用“é”,这也是梅特林克原著首次出版时(1892年)的标题样式。最后,德彪西的缩写习惯被保留,并在方括号中进行填充,除了“r.”(“rue”,表示路)、“av.”(“avenue”,表示大街)和“f”(“francs”,表示法郎)。

德彪西的标点符号被保留,但1885年到1892年间的书信是例外。在这段时间里,德彪西似乎将句号用作逗号,而少量的逗号则被他用来表示更重要的分句。[③] 在此情况下,我们将大部分句号修正为逗号。自1893年起,我们严格遵循了原始文献中的标点符号,除非它导致句法的混淆。值得注意的是,在创作《佩雷亚斯与梅利桑德》之后,德彪西深受梅特林克风格的影响,如同比利时作家一样,德彪西频繁使用省略号。省略号象征着未说出的内容,这与他音乐中的分句形成了呼应。此外,在两集《前奏曲》中,他将每首作品的标题都放在乐曲结尾处,而标题前又都带有省略号。德彪西对标点符号的使用并不符合当时的惯例。他经常在从属连词后加上冒号。这种特殊的用法似乎与

① 指[*sic.*],此为法语、英语等文献中用来标记原作错误的常用方式。——译者注。

② 皮埃尔·路易斯在自己的书信中几乎从未出错,因此,我们将他书写“çà”的方式予以保留(通常情况下应写为“ça”)。

③ 见附录Ⅱ对德彪西早期书信的复原。

他的思维方式有关,其表明他需要停下来以便想出精准的用语,正如雷蒙·博纳赫所回忆的那样:

> 他的言辞常常犹豫不决,说话时会有些口齿不清,使用断断续续的短句,有时只用单音节词,他极力寻找合适的词汇来表达自己观点中的微妙之处,因为他不满足于陈词滥调,喜欢独立思考。①

许多年后,路易-巴士德·瓦莱里-拉多也回忆了德彪西独特的表达方式:

> 他的声音和谐,没有任何做作。他说话缓慢,一直在寻找准确、生动的用语。有时,他在说到一半时会停下来,就像一匹马在面对障碍时犹豫不前一样——这说明他不知道该如何表达他的想法。②

尽管这些见证者描述的是德彪西说话时的特点,但这似乎也符合德彪西写信时的方式,以及他对标点符号的个性化运用。

本书中所有的谱例和图例均以复制的方式呈现,除非我们无法直接查阅书信原件或副本。有些书信以音乐手稿的形式呈现。在这种情况下,我们仅仅转录了稿件中的文字,同时尽可能以插图的形式呈现出手稿的全貌。

德尼·埃赫兰

德尼·埃赫兰,法国国家科学研究中心(法国音乐遗产研究所)研究员。1999年,他曾出版德彪西《夜曲》的最新校订版。2002年起,他成为《克劳德·德彪西作品全集》的主编。

---

① 见 Raymond Bonheur, « Souvenirs et impressions d'un compagnon de jeunesse » *Revue musicale* (numéro spécial: La jeunesse de Claude Debussy), t. VII/7 (1er mai 1926), p. 4 (100)。

② 见 Debussy 1957a, p. 35。

译 者 序

纵观法国作曲家克劳德·德彪西的一生，除了那些划时代的音乐作品，他还为后人留下了两类重要文献——音乐评论文章和书信。如果说阅读音乐评论文章能让我们从一个“官方”的角度了解德彪西对音乐发展的憧憬和对音乐美学的见解，那么阅读德彪西的书信则能拉近我们与他的距离，甚至走进他的世界，以一种更为随和的方式认识这位伟大的作曲家，而恰恰是这样的方式更能激发出音乐诠释者的想象力。2018 年，为了纪念德彪西逝世 100 周年，译者出版了《德彪西论音乐——反“音乐行家”的人》，即德彪西乐评全集与访谈录。2022 年，借德彪西 160 周年诞辰之际，译者又启动了《克劳德·德彪西书信全集》的翻译工程，意在为我国读者奉上德彪西全部的亲笔文字资料。时隔两年，《克劳德·德彪西书信全集》上卷即将问世。2024 年亦是中国与法国建交 60 周年，译者谨以此书为这一历史时刻献礼，希望能为促进中法文化的深入交流尽绵薄之力。

顾名思义，《克劳德·德彪西书信全集》收录了德彪西生前写下的全部书信，[①] 另外还包括部分重要通信人的回信以及其他有关书信。之所以称此次翻译为“工程”，不仅因为原作书信数量之大、内容之丰富，更重要的是，除法语之外，还没有任何一种语言以全集的形式翻译德彪西的书信，也就是说本次汉语翻译为全球首个也是唯一一个《克劳德·德彪西书信全集》的外文版本。不仅如此，在法语原作于 2005 年出版后的近 20 年中，又一批未曾被发表过的德彪西信件在拍卖会、私人收藏等名录中“浮出水面”，而这些文献将越过其母语（法语），以汉语的形式在本译著中首次公之于世，其意义非同寻常。

《克劳德·德彪西书信全集》上卷包含德彪西从 1872 年到 1902

---

① 指已发现并鉴定过的书信。

年间的通信记录,正如弗朗索瓦·勒绪赫在前言中所说的那样,这些书信就如同一本日记,还原了德彪西的日常生活、精神状态以及成长历程。通过1872年他写给外祖母到1902年答谢数位乐界巨头,我们见证了德彪西从一个懵懂的少年逐渐发展成一位成功的年轻作曲家,与他一起重温了青少年时期的烦恼与压力。此外,我们也对《牧神午后前奏曲》《三首夜曲》《佩雷亚斯与梅利桑德》等第一批代表作品及其创作始末有了更进一步的了解。

与音乐理论或音乐史等书籍不同,书信的翻译不仅要做到准确表达字面意思,更要还原作者在原语言中所体现出的语气、心境,因此,译者根据自己多年旅居巴黎的经验,以及对法国人和德彪西本人习性的了解,在翻译过程中始终力争做到让读者在阅读书信时能够获得身临其境的感受,好似作者本人的心声已然传入读者的耳中。此外,译者还大胆使用了汉语中与法语原文字面意思不同但意境相同的成语、诗句、歇后语,甚至网络用语。比如在1889年2月16日的问卷中,[①]当德彪西被问到自己的座右铭时,他的回答从字面意思上看,应该被翻译为"永远向上",但译者将其翻译为"更上一层楼",这样不仅更能与生活在汉语文化环境中的读者产生共鸣,也更能匹配座右铭的分量。最为巧妙的是,该句原文中最后一个词"haut"与译文中的"楼"还形成了押韵。又比如在1885年7月初写给古斯塔夫·波佩兰的一封书信中,德彪西由于感情受挫而尽情宣泄,其中一句的逐字翻译为"那我也宁愿失去她,以保存我爱的尊严,而不是去扮演一条哀求的狗。"考虑到当今自媒体文化的流行,译者选择了"而不是去做'舔狗'",这样更能跟上时代的用语,让年轻的读者群体更有亲切感。从以上两个例子中可以发现,直译虽然为读者传递了正确的字面意思,但却缺乏了一些生动性和代入感。

对于原作中的标点符号,法语和汉语在习惯上无法做到完全同步。译者依照汉语书信的写作格式,为原书信问候语和祝颂语后添加了部分标点符号(对德彪西原本使用的标点符号予以保留)。在原作

① 见书信1889-2。

原件附加内容描述中使用的缩写词解析外文中文对照

Autogr.	手稿原件
non localisé	未定位（若后面带有“*”则代表该书信原件的副本可供查阅）
Prov.	文献出处
Publ.	出版记录
Fac-sim.	原件摹本
Exp.	参展记录

1872—1873 - 1

致外祖母[艾德美·马努里]

[1872(1873)年1月1日]

我亲爱的外婆:①

我祝你新年快乐,并从心底里拥抱你

你的外孙,

阿西伊·德·彪西②

写于浮雕花卉纸,顶部有“Souvenir”的字样。

Autogr.: non localisé*. *Fac-sim.*: Boucher, pl. III.③

---

① 德彪西在该信中未加任何标点符号,本译文添加了部分标点符号,以符合中文语境下的书信格式。——译者注。

② 德彪西生于1862年8月22日,民事登记姓名为“阿西伊–克劳德”(Achille-Claude)。从1889年起,“克劳德”在他的签名中被提到“阿西伊”之前(阿西伊也是其父的第二个中间名)。德彪西于1892年3月起在署名中彻底弃用“阿西伊”。

③ 对于该信原件本身附加内容的描述保留法语原文。缩写词参见本书第XXVI页的缩写词解析外文中文对照。本书后同。

1881 – 1

娜捷达·冯·梅克致德彪西

1881 年 2 月 8(20)日[①]

布拉伊利夫

亲爱的德彪西先生!

虽然对我来说,与朋友通信的乐趣是一种禁忌(因为我容易神经过敏),但此时此刻,我忍不住为您动起笔墨,以表达自己的感动之情。您寄给我的那首交响曲十分迷人,真是个莫大的惊喜。很遗憾,您现在不在我这里,没有办法为我们演奏它,否则那将是一种双重的喜悦。可惜,人总是受到某些人或某些事的支配,我也只能期待未来了。而现在,德彪西先生,我要向您表示深深的感谢,并祝您一切都好,尤其祝福您在事业中取得更辉煌的成就。请接受我最亲切的赞美。

娜捷达·冯·梅克

附言:请替我向您的父母致敬。

安弗雷先生会给您带去一份小纪念品,[②] 以便您能永远记得我。那是一幅在莫斯科完成的作品,表现了原汁原味的俄国主题:格林卡歌剧《为沙皇现身》中的女低音瓦尼娅。

---

① 此处有两个日期,这是因为俄国人直到 1918 年前都使用儒略历,而欧洲大部分国家均使用公历。两种日历间有着十二天的差距。自 1880 年夏天后,德彪西再次受聘于梅克夫人。1881 年夏天,德彪西分别在俄国与意大利度过了两个月。1882 年,他再次光顾俄国(靠近莫斯科地区),随后又造访了维也纳。两年后,当梅克夫人得知德彪西获得了罗马奖后,她写信给柴可夫斯基道:“我一点也不惊讶,他是个很有天赋的小伙子,在我身边度过的那些时日让他接触到了外国音乐,这拓宽了他的视野,也提升了他的品位。”

② 安弗雷的身份未知。

您敢相信吗,我几乎完全放弃了音乐,一方面是因为我在这边事务缠身,另一方面是因为我的搭档彼得鲁什卡在钢琴演奏上没有什么吸引力,[①]以至于他夺走了我对音乐的兴趣。我的女儿们向您致意。[②]

信纸带有冯·梅克家族纹章。

Autogr.: CH-Bps. *Publ.*: Dietschy, p. 35-36 (avec fac-sim. partiel); Lesure 1992, p. 44-45; Lesure 1994, p. 52; Lesure 2003, p. 52.

1883 - 1

致玛丽·瓦涅

[1883 年 1 月初][③]

祝您幸福安康。[④]阿西伊·德彪西。

在对您的所有祝福中,请允许我献上这份祝福:

---

① "彼得鲁什卡"为外号,指前文中提到的大提琴家彼得·丹尼尔琴科,曾受聘于冯·梅克夫人。

② 女儿们分别是长女朱莉娅、次女索尼娅以及小女儿柳德米拉。据说德彪西曾追求过索尼娅。该传闻最初出现在凯瑟琳·德林克·鲍恩(Catherine Drinker Bowen, 1897—1973)与芭芭拉·冯·梅克(Barbara von Meck)的作品中,见 Catherine Drinker Bowen, Barbara von Meck, *L'Ami bien-aimé*, *histoire de Tchaïkowsky et de Nadejda von Meck*, Paris,Gallimard, 1960, p.336。

③ 该信书写日期是根据歌曲《曼陀铃》(*Mandoline*)的一份乐谱中第 35-38 小节处的押印所推测。押印内容为"lard esnault Paris 25, rue feydeau",其中某些字母(比如字母"p")的字体使人判断该文本的日期为 1883 年 1 月。关于字体问题,见 Yves Lado-Bordowsky, « La chronologie des œuvres de jeunesse de Claude Debussy (1879—1884) », *Cahiers Debussy*, 14 (1990), p. 3-22。

④ 该信为乐谱形式,此处只转载文字内容。见第 4 页。

祝您永远都是那些狂热音乐家的女神。作为您忠实的朋友和作曲家,望您能使他那可怜的音乐精神焕发。[①]

Ach. 德彪西[②]

乐谱手稿。

Autogr.: US-Wc, The Moldenhauer Archives, Box 14. *Prov.*: Cat. S. Kra (1926), n° 40.
Fac-sim.: *Musique*, 15 janvier 1928; Vallas 1932, p. 23.

① 这里指德彪西自己。——译者注。

② 原文中此处签名为“Ach. Debussy”,这是在目前发现的书信中德彪西使用的第一种签名形式,从1883年初开始使用。见附录Ⅳ, n° 1。

1883 – 2

致昂丽埃特·福克斯

［1883 年 11 月 30 日］
星期五

女士：

由于外出处理家事，我今天才发现您的来信，而现在我必须再次离开。[1] 我想我明天早上会回来，请您原谅我把事情处理得如此不堪。

再一次感到万分抱歉。

Ach. 德彪西 [2]

电报，带有邮戳（30 NOV 83），发往：
Madame Fuchs
5. Rue des Beaux Arts.
Paris.

Autogr.: US-NYpm, MLT D289.F951 (4). *Prov.*: Cat. G. Morssen (hiver 1967—1968), n° 162; anc. coll. M. G. Cobb. *Publ.*: Lesure 1992, p. 54; Lesure 1994, p. 63-64; Lesure 2003, p. 63-64.

---

① 1880 年，埃德蒙·福克斯（Edmond Fuchs, 1837—1889，其妻昂丽埃特·福克斯是一位歌手）创办了一个业余合唱协会，名为 "la Concordia"，其目的是研究经典合唱音乐，并为慈善或公共事业进行表演。沙赫勒·古诺（Charles Gounot, 1818—1893）任会长，沙赫勒－玛丽·维多（Charles-Marie Widor, 1844—1937）任指挥。1883 年 10 月，德彪西接替保罗·比达尔（Paul Vidal, 1863—1931）任合唱团伴奏，因为比达尔获得了罗马奖。1883 年 10 月 28 日，比达尔于图卢兹给昂丽埃特·福克斯写信问道："您拿德彪西怎么办的？他是否收敛了一些？……" 见 François Lesure, « Debussy de 1883 à 1885 d'après la correspondance inédite de Paul Vidal à Henriette Fuchs », *Revue de musicologie,* XLVIII/2 (1962), p. 98。

② 德彪西使用的第二种签名形式 "Ach. Debussy"，从 1883 年 11 月至 1884 年 10 月。见附录Ⅳ，n° 2。

1883 – 3

致昂丽埃特·福克斯

[1883 年 12 月(?)]

女士:

万分抱歉,我没能来合唱团。我以为我能起来但没有,这一夜非常难熬。

我会亲自来求您原谅,并且看您是否对我星期四的表现感到满意。

亲切地致以问候。

Ach. 德彪西

电报,带有邮戳(无法识别),发往:
Madame Fuchs.
5. Rue des Beaux Arts
Autogr.: non localisé*. *Prov.*: Hôtel Drouot, 16 octobre 1991, n° 82; anc. coll. Musée des Lettres et des Manuscrits, coll. privée; Fontainebleau (Osenat), 22 mars 2022, n° 126. *Publ.*: Lesure 1994, p. 64; Lesure 2003, p. 64.

1883 – 4

致昂丽埃特·福克斯

［1883 年 12 月末(？)］

亲爱的女士：

首先很感谢您寄来的门票。另外，我今天早上感觉不舒服，所以提前跟您说，我可能来不了下午的排练了，① 因为我不想让病情复发，也是为我们大家着想。

我很遗憾，并向您表达问候。

Ach. 德彪西

Autogr.: non localisé. *Prov.*: Hôtel Drouot, 18 décembre 1969, nº 96. *Publ.*: Lesure 1976, p. 4 (non datée).

① “la Concordia”合唱团每星期六在卢浮宫的小礼拜堂排练，演出前则更加频繁。

1883－5

致一位画家

[1883年][1]

我亲爱的朋友,

谢谢您的来信,请放心,我一定会到您的画室与您握手的。

祝好。

Ach. 德彪西

名片,印有:
A. De Bussy
13, rue Clapeyron - Paris
Autogr.: US-NYpm, MFC D289.X. *Prov.*: anc. coll. G. van Parys; Hôtel Drouot, 7-8 mars 1979, n° 403; Hôtel Drouot, 16 octobre 1991, n° 83 (avec fac-sim.).

---

① 该信具体日期不详,但其签名与合唱作品《祈祷》(*Invocation*)手稿中的签名相似,该手稿写于1883年5月5日至11日。

1884-1

致昂丽埃特·福克斯

［1884年1月14日之后］
星期二

女士：

我本打算当面回复您，并诉说我所有的苦衷，因为我不想让您质疑我为“la Concordia”合唱团服务的意愿与诚心，那样的话我会很懊恼。

至于《伊丽莎白》的乐谱，[①]我一份都没有，我很吃惊您竟然会相信我有一份。这种事情，如果事先不得到您的批准，我是绝对不会做的。您允许我到您那里来谈谈这个不幸的星期四早晨吗？如果您方便的话。等待您的回复，您忠实的，

Ach. 德彪西
“la Concordia”合唱团伴奏
（生病，但很忠心，不管别人怎么说）

通信卡。
Autogr.: F-Pn, Mus., L.a. Debussy (C.) 75. *Publ.*: Lesure 1976, p. 4 (non datée).

---

① 此为弗朗茨·李斯特（Franz Liszt, 1811—1886）的《圣·伊丽莎白的传奇》（*La Légende de Saint Élisabeth*），“la Concordia”合唱团于1884年1月10日在埃拉德音乐厅演唱了该作品片段。

1884－2

致一位朋友[①]

[1884年6月29日之后]

亲爱的朋友,

感谢你那令人愉快的来信。在获得这类成功时,[②]最开心的就是朋友之间的交流。我很高兴你没有把我忘记,若果真忘了也情有可原。但是,我有许多工作,你不能指望我去见你,因为要去的话,我见的就不是你一个人了,而是整个巴黎。你想让我们怎么做?每次你在人群中看到我们,你就离开了,这就算是见过你了。

再次感谢,祝好。

Ach. 德彪西

Autogr.: non localisé*. *Prov.*: Hôtel Drouot, 23 février 1973, n° 47; anc. coll. M. Strauss; Christie's (Paris), 25 novembre 2008, n° 189.

---

① 可能是阿尔弗雷德·布吕诺(Alfred Bruneau, 1857—1934)。

② 德彪西刚刚靠自己的作品《浪子》(*L'Enfant prodigue*)获得罗马奖。该奖由拿破仑于1803年设立,每年颁发给一位30岁以下的作曲家。获得此奖需要先通过赋格与合唱写作的考核,然后根据指定文本为三位独唱和乐队创作一首康塔塔。青年获奖者会被派往罗马的美第奇别墅进修两年,并获得为期四年的国家奖学金(每年3510法郎,其中扣除公共设施费用后还剩2500法郎)。从第三年起,获奖者被要求前往德国和奥匈帝国,并在那里居住至少一年(1883年的新规定)。归国后,获奖者需要将四部音乐作品(对应四年的进修)递交给法兰西艺术院。1883年,德彪西就参加过罗马奖竞选,他的康塔塔《角斗士》(*Le Gladiateur*)获得了第二名,仅次于他的好友保罗·比达尔。1884年6月30日,加布里埃尔·皮埃内(Gabriel Pierné)在罗马得知德彪西获奖后,在给自己父母的信中写道:"我很高兴得知德彪西获胜。这个小伙子的天性十分特别和细腻。他有点流里流气,但当我们审视艺术家的时候……就不能审视他的'人设',因为其几乎总会崩塌。"见Gabriel Pierné, *Correspondance romaine*, présentée et annotée par Cyril Bongers, Lyon, Symétrie, 2005。

1884－3

与杜朗与舜纳维尔克音乐出版社的合约

*本人*阿西伊·德彪西，*作曲家，地址：*巴黎克莱佩隆路13号，*在此声明将下列作品的全部版权出售并转让于杜朗与舜纳维尔克音乐出版社，地址：巴黎马德兰纳广场4号。本人担保一切纠纷、索赔及所有权问题，并不做任何保留，无论是在法国还是在外国。作品：*

《浪子》[①]

康塔塔

爱德华·吉南作词

因此，由杜朗与舜纳维尔克音乐出版社接手我对上述作品的所有版权，作为其独家拥有者，可以自己的方式编辑、出版、刻印和出售该作品，并且在音乐会及公共场合进行演奏。出版社拥有者及其家庭成员将在合约有效期内在所有国家持有该特权，包括本人在内的任何人不得阻碍。杜朗与舜纳维尔克音乐出版社还同时有权出版该作品的任何乐器改编版，并可以根据自身利益转让作品的部分或全部版权。

此次出售和版权转让的总额为：[②]

此为收据。

1884年8月7日于巴黎

已读并同意

Ach. 德彪西[③]

原文为打印件，含手写添加内容，包括德彪西本人以及非本人笔迹（最后一行及签名）。
Original: F-P, Archives Durand.

---

①《浪子》于1884年11月4日出版。

② 合约中没有标明金额。

③ 正文斜体代表打印部分，其余为手写部分。该形式将被运用于大部分出版合约，但在后续合约中有部分作品原文标题会使用斜体，此类斜体为手写部分。——译者注。

1884 – 4

致昂利·德拉波尔德子爵夫人

[1884 年 8 月 11 日]

[阿西伊·德·彪西呈上名片,接受邀请,参加 10 月 18 日的罗马奖颁奖晚会。]

Autogr.: non localisé. *Prov.*: anc. coll. L.-P. Vallery-Radot. *Exp.*: Bordeaux1962, p. 20, n° 17; Paris 1962, p. 25, n° 31; Lisbonne 1962, p. 26, n° 26.

1884 – 5

致朱塞佩·普里莫利

[1884 年 8 月(?)]

我亲爱的朋友:

等罗马菜在巴黎流行的时候,我会很高兴和你们在一起。

敬礼。

Ach. 德彪西

如果你在我之前见到马蒂,[①] 请替我与他热烈地握手。

Autogr.: I-R, Fondazione Primoli.

---

① 乔治·马蒂(Georges Marty, 1860—1908),法国作曲家,塞萨尔·弗朗克(César Franck, 1822—1890)的学生,于 1882 年获得罗马奖。

1884 – 6

沙赫勒·古诺致德彪西

［1884年10月3日］

［有关可以演唱《浪子》的歌手人选，特别是克劳斯小姐。[①]］

"［……］很难！……并不是因为她不愿意，而是因为歌剧院高层一贯的死板作风！总之，我会提出申请，但我无法做出确切答复，或者说我的答复是……申请失败！

皇家铸币局剧院拒绝了你申请的卡隆女士，这太糟了！[②]我无法相信这些高层这样做！[③] 请你找卡瓦略要个人。[④]

敬礼。

Ch. 古诺"

Autogr.: non localisé*. *Prov.*: E. Debussy; Hôtel Drouot, 1er décembre 1933, nº 180. *Fac-sim.*: Boucher, pl. XI (seules les deux dernières pages sont reproduites).

---

① 该信在1933年被出售时带有以下描述："古诺对一个新手克劳斯小姐的评论；古诺对皇家铸币局剧院以及卡隆女士的评论。"［嘉布丽艾尔·克劳斯（Gabrielle Krauss, 1842—1906），法国女高音歌唱家——译者注］。

② 萝丝·卡隆（Rose Caron, 1857—1930），法国女高音歌唱家。当埃赫奈斯·雷耶尔（Ernest Reyer, 1823—1909）的歌剧《齐古德》（*Sigurd*）于1884年1月7日在布鲁塞尔皇家铸币局剧院首演时，卡隆出演布伦希尔德一角。德彪西非常欣赏她在克里斯多夫·维利巴尔德·格鲁克（Christoph Willibald Gluck, 1714—1787）的歌剧《伊菲姬尼在奥利德》（*Iphigénie en Aulide*）中展现出的才华，尤其是对悲情人物的表演以及她"希腊式"的美貌。见 Debussy 1987, p. 102-103。

③ 在邀请萝丝·卡隆的提议被布鲁塞尔皇家铸币局剧院高层奥斯卡·斯图蒙（Oscar Stoumon）和爱德华·卡拉布雷西（Édouard Calabresi）拒绝后，德彪西请古诺出面调停并说服嘉布丽艾尔·克劳斯演唱《浪子》。最终是由博阿登–普伊塞（Boidin-Puisais）女士演唱。

④ 雷翁·卡瓦略（Léon Carvalho, 1825—1897），法国男中音歌唱家，于1876年至1887年任（巴黎）喜歌剧院院长。

1884 – 7

致朱塞佩·普里莫利

[1884 年 11 月(?)]

我亲爱的朋友:

我需要您帮我一个大忙。您可能会感到惊讶,因为我才认识您不久,但我的孤僻让我交不到几个朋友。这就是为何我来找您,因为我觉得您会同情我的处境。

因为我的父母不富裕,所以我付不起获奖晚餐的钱。[①] 我努力出售我的音乐作品,但事与愿违。我还有一些债务,需要在离开之前还清。我甚至不能为她买几朵花,而她又那么喜欢花。[②] 因此,我想向您借 500 法郎。

---

① 在罗马奖颁奖晚会后,获奖者们会在布洛涅森林大街的一家餐馆里聚餐。阿尔弗雷德·布吕诺曾在 1881 年进行过描述。见 Alfred Bruneau, « Souvenirs inédits », *Revue internationale de musique française*, 7 (février 1982), p. 38-39。

② 这里的"她"指玛丽·瓦涅,德彪西的情人。两人最初在玛丽·莫罗 – 圣蒂(Marie Moreau-Sainti, 1827—1916)的声乐课上相遇。保罗·比达尔曾经在写给昂丽埃特·福克斯的书信中提到过德彪西与瓦涅的关系,称其为"见不得人的勾当"。比达尔还写道:"她是位有才的女高音(据说,我没听到过)。她所演唱的德彪西作品强于众人,而德彪西只为她而写或因她而写。"见 François Lesure, « Debussy de 1883 à 1885 d'après la correspondance inédite de Paul Vidal à Henriette Fuchs », *Revue de musicologie,* XLVIII/2 (1962), p. 100。

这样叨扰您让我感到很懊恼，尤其是您已经为我的精神生活做了那么多。然而现在我还需要让您为我的物质生活费心。我想再强调一次，我是因为相信我们之间的友谊才这样做的。另外，我的父母已经很拮据了，我不想成为他们的负担。

真挚地。

Ach. 德彪西[①]

［一旦我拿到奖学金，我就会以每次 100 法郎分期还您。[②]］[③]

Autogr.: I-R, Fondazione Primoli. *Publ.*: Debussy 1980, p. 5 (datée fin 1884); Lesure 1992, p. 62 (non datée); Debussy 1993, p. 27 (datée décembre 1884); Lesure 1994, p. 73 (non datée); Lesure 2003, p. 73 (non datée).

---

① 德彪西使用的第三种签名形式“Ach. Debussy”，从 1884 年 11 月初至 1885 年 2 月初。见附录Ⅳ，n° 3。

② 指罗马奖的奖学金，每年约 2500 法郎。

③ 方括号为德彪西亲笔所用。

1884 – 8

致朱塞佩·普里莫利

[1884 年 11 月(?)]

我亲爱的朋友:

您没收到我上次请求帮忙的信吗?

实在抱歉,我真的是走投无路了,还请您马上回复我。

真挚地。

Ach. 德彪西

如果您没有收到我的前一封信,我想我最好跟您讲一下我需要您的哪些友情支援。[①]

我现在手头十分缺钱,我的父母也非常拮据。您可以临时借给我 500 法郎吗? 一旦我拿到奖学金,我会马上还给您。

我再强调一次,我是因为相信您对我的同情,也是因为实在是缺钱才这样做的。

再次向您敬礼。

Ach. 德彪西

Autogr.: I-R, Fondazione Primoli. *Publ.*: Lesure 1988-89, p. 16 (non datée).

---

① 此处原文中有笔误,将"最好……"(vaut)写成了"必须……"(faut)。

1884－9

马努埃尔·阿西伊·德彪西致朱塞佩·普里莫利

［1884年11月（？）］

伯爵先生：

明天九点一刻，我能有幸来见您吗？我非常需要与您谈一谈我的儿子，那个您非常喜欢的孩子。请原谅我的唐突，我提前致谢。

伯爵先生，请接受我的致敬。

A. 德彪西[①]

克莱佩隆路13号

Autogr.: I-R, Fondazione Primoli.

① 此为德彪西之父，原文签名为"A. Debussy"。——译者注。

1885 – 1

致昂丽埃特·福克斯

(星期四,1885 年 1 月 15 日)

亲爱的女士,

我这个大罪人又来请求您的原谅了。但是您知道,我之前一直在参加巴黎市比赛,[①] 结果我白忙了一场,因为没有赶上交稿的最后期限。[②] 比赛的要求让我焦头烂额,也让我病倒了。

但我不想在走之前见不到您,因此,您看您哪一天方便,我过来请求您的原谅并与您道别?

亲切地。

Ach. 德彪西

通信卡。

Autogr.: US-NYpm, MLT D289.F951 (1). *Prov.*: Hôtel Drouot, 18 décembre 1969, nº 96; anc. coll. M. G. Cobb. *Publ.*: Lesure 1976, p. 4; Debussy 1980, p. 6; Debussy 1993, p. 28.

---

① 该比赛的第一名可以获得 10,000 法郎,第二名 6,000 法郎,远高于罗马奖的金额。

② 该比赛的交稿最后期限为 1884 年 9 月 29 日。我们无法得知德彪西的参赛作品是什么,唯一符合这一时间的作品是《海伦》(*Hélène*),为女高音、四声部合唱和乐队而作,歌词出自勒贡特·德·里勒(Leconte de Lisle, 1818—1894)的《古诗集》(*Poèmes antiques*)(德彪西从 1881 年底就已经开始研究这些诗词了)。共有 17 位选手参加了比赛,最终获胜的应该是樊尚·丹第(Vincent d'Indy, 1851—1931),参赛作品为《钟之歌》(*Chant de la cloche*)。见书信 1885 – 10。

1885 – 2

致昂利·瓦涅

马赛,1885 年[①]［1 月］28 日[②]

亲爱的瓦涅先生,

我没什么可说的,主要是怕您会觉得我这些烦恼太无聊了。我向您保证,我在尽全力鼓起勇气,甚至是把您给忘了。当然,这绝不是忘恩负义,更何况我也忘不了。

我到罗马之后再与您畅谈。您真诚的朋友,

Ach. 德彪西

请代我向瓦涅夫人问好,并替我拥抱玛格丽特和莫里斯。[③]

信纸带有以下抬头:

buffet		terminus
de		hotel
la gare	p.l.m.	marseille

Autogr.: non localisé*. *Prov.*: Hôtel Drouot, 17 décembre 1993, n° 255. *Publ.*: Prunières, p. 26 (122) (datée 27 janvier 1885); Debussy 1980, p.6 (datée 27 janvier 1885); Debussy 1993, p. 28 (datée 27 janvier 1885). *Exp.*: Paris 1942, p. 27, n° 46.

---

① 地点和年份被印在信纸抬头处。

② 根据 1883 年的规定,德彪西必须在开始接收奖学金的当年 1 月份抵达罗马。从写信的地点来看,德彪西等到最后一刻才启程。

③ 瓦涅的两个孩子,玛格丽特与莫里斯(1871—?),当年分别是 16 岁和 14 岁。

1885 – 3

致昂利·瓦涅

[1885年2月初]
美第奇别墅

亲爱的瓦涅先生:

我到了,到了这幢糟透的别墅。我向您保证,我对它的第一印象就不好,当时天气恶劣,风雨交加。就算是您也会承认,我们完全没有必要到罗马来感受巴黎的天气,更何况我对所有罗马的事物都充满了敌意。[1]

同学们来蒙特罗通多迎接我们,[2] 我们六个人睡在一个肮脏的小房间里。[3] 您知道他们的变化有多大吗?他们没有了巴黎时期的友好,而是变得很生疏,似乎自认为很重要,这些人已经太有罗马奖那味道了。

---

① 德彪西曾于1881年10月和冯·梅克夫人一起到访过罗马。还有一些其他的音乐家和德彪西一样对罗马的印象不好,比如赫克托·柏辽兹(Hector Berlioz, 1803—1869):"在来自非洲的热风里、在我艺术中前赴后继的乐趣里加入了一段痛苦的回忆。眼见自己远离音乐世界长达两年,十分悲伤。出于一种无法解释却又真实存在的原因,我完全不能在艺术院里创作,可想而知,那环境是多么抑郁。"见 Hector Berlioz, *Mémoires*, édition de Pierre Citron, Paris, Flammarion, 1991, p. 198。

② 原文中此处有误,地点不是罗通多山(Monte Rotondo),而是位于罗马北部的蒙特罗通多(Monterotondo)。

③ 在前来迎接的五人中,应该有保罗·比达尔、乔治·马蒂以及古斯塔夫·波佩兰(Gustave Popelin, 1859—1937)。奇怪的是,加布里埃尔·皮埃内第二天写信给父母时则称没有人去迎接新生:"新生们来了,之前的一切习惯都付诸东流了。我们没有去蒙特罗通多迎接,我们取消了餐后咖啡和猜谜游戏。艺术院一天比一天消沉,该离开了。福赫尼耶还在巴黎,到时候由他代替我做餐厅的'肖像'吧……不过如果冲突还在继续的话,他永远也做不了了。德彪西是位天赋异禀的音乐家,写了很多独具一格的东西,旋律非常美妙,可惜无法演奏。"见 Gabriel Pierné, *Correspondance romaine*, présentée et annotée par Cyril Bongers, Lyon, Symétrie, 2005。

到达别墅的当天晚上，我演奏了我的康塔塔，获得了几个人的赞赏，但音乐家们对其并不感冒。①

虽然老人们经常谈到艺术圈里的同学情谊，但我认为言过其实，当然也有一两个例外。在这个圈子里很难与人套近乎，而我又是个十分喜欢闲谈的人，现在我就非常怀念您聊到的那些趣事，它们成为了我的谈资，也让我大开眼界。而在这里，所有的人都很自私，都只为自己活着。我听说这里的音乐家们都在互相掣肘，比如马蒂、皮埃内、比达尔，有的时候是马蒂联合皮埃内拆比达尔的台，有的时候是皮埃内联合比达尔拆马蒂的台，诸如此类。②

我的房间之大，从一件家具到另一件都要走一里路，每当我回到那里时，我就会感到孤独，我会哭。我太依赖您那充满智慧的友谊了，太习惯您对我嘘寒问暖了，我永远都不会忘记您为我做的一切，是您将我接纳进了您的家庭中。我会尽我所能向您证明我不会忘恩负义。

我请求您不要忘记我，让我继续保持和您的友谊，因为我预感到接下来我会非常需要它。

无论如何努力，我都无法进行创作。您知道我多么热爱音乐，也一定能想到我现在的处境让我多么气恼，尽管其他人都很享受这里，我就是不行。我憎恨这种生活并不是因为我高傲，而是因为我无法适应，我缺少一些特殊的能力，缺少钝感。

---

① 当时聆听《浪子》的可能有：雕塑家德吉列·费拉里（Désiré Ferrary, 1852—1904）、儒勒·拉巴图（Jules Labatut, 1851—1935）、昂利·隆巴赫（Henri Lombard, 1855—1929）、德尼·普埃克（Denys Puech, 1854—1942）、建筑师皮埃尔·埃斯基耶（Pierre Esquié, 1853—1933）、贾斯通·赫东（Gaston Redon, 1853—1921）、奖章雕刻家昂利·诺德（Henri Naudé, 1859—？）、凹版雕刻家威廉姆·巴博登（William Barbotin, 1861—1931）、埃米勒·煦皮（Émile Sulpis, 1856—1942）、画家马塞尔·巴谢（Marcel Baschet, 1862—1941）、昂利·杜塞（Henri Doucet, 1883—1915）、路易·福赫尼耶（Louis Fournier, 1857—1917）和古斯塔夫·波佩兰。

② 加布里埃尔·皮埃内于1882年获得罗马奖，保罗·比达尔于1883年获奖，关于马蒂，见书信1884－5。

我想重申,我很可能会比您预期的日子更早回巴黎,[①]这可能很愚蠢,但又能怎么办呢?我也害怕把您惹恼,让您感到厌烦,我会很自责。但我保证,如果您足够怜悯我,您就不会指责我缺乏勇气。我还有点生病,还是老问题,我这该死的心脏对罗马的空气也有抵触情绪。我太想创作,以至于大脑都"崩溃"了也没有找到什么,反而引起发烧将我击倒,使我浑身无力。

我收到您的回信时感到非常非常高兴。我也知道您的时间不属于您个人,如果您不介意,这次回复写得长一点吧,带我重温一下那些闲谈趣事。

您最忠实的,

A. 德彪西

① 1887年2月16日,保罗·比达尔给昂丽埃特·福克斯写信时说道:"德彪西感到非常无聊,他一心只想着回巴黎。我无力阻止他。"见 François Lesure, « Debussy de 1883 à 1885 d'après la correspondance inédite de Paul Vidal à Henriette Fuchs », *Revue de musicologie*, XLVIII/2 (1962), p. 100。

请代我向瓦涅夫人问好，玛格丽特怎么样？她一切都好吗？她在学我写的歌吗？我非常喜欢她，希望让她成为一位全面的音乐家，我想这会让您高兴，也会让我感到自豪，如此一来我就不是个百无一用的人了。[①] 另外，也替我拥抱那个小疯子莫里斯。

再次与您握手。

A.[②]

Autogr.: non localisé*. *Prov.*: Hôtel Drouot, 17 décembre 1993, n° 256; F-P, Musée des Lettres et des Manuscrits, coll. privée; Westlake Village (USA) (Vente Profiles in History) 30 mai 2013, n° 172 (avec fac-sim. partiel); Kotte Autographs GmbH (Roßhaupten, Allemagne), catalogue en ligne (consulté le 31 mars 2014), n° 48563 (lot de cinq L.A.S.). *Publ.*: Prunières, p. 26-28 (122-124); Debussy 1980, p. 7-8; Debussy 1993, p. 29-30. *Fac-sim.*: Boucher, pl. XII (seul le premier paragraphe est reproduit). *Exp.*: Paris 1942, p. 27, n° 46.

---

① 玛格丽特·瓦涅曾在一篇文章中形容了德彪西对她的教学："到了晚上，母亲唱歌，他伴奏。大部分时间他们都在一起欣赏和练习他的音乐，而我会停止玩耍，靠在钢琴旁聆听。他说道：'这个小鬼会喜欢音乐的，我会训练她的。'……他去罗马之前给我们留下了大量手稿，但后来又取走了很多。他还会来寻求建议，甚至是物质援助，因为他不再和家人住在一起，且还没有名气，但他需要活下去。就在此时，他开始了他那个不靠谱的计划：教我学钢琴与和声。多么糟糕的老师！毫无耐心，无法用孩子听得懂的语言解释问题，必须在他说完之前就理解。我们不得不放弃……"见 Marguerite Vasnier, « Debussy à dix-huit ans », *Revue musicale* (numéro spécial: La jeunesse de Claude Debussy), t. III/7 (1er mai 1926), p. 19-22 (115-119)。

② 原件中此为"A"花体缩写签名。

1885 – 4

致昂利·瓦涅

[美第奇别墅,1885 年 2 月至 3 月][①]
星期二

亲爱的瓦涅先生:

太谢谢您了,您的来信让我倍感亲切。我又重温了与您在一起的时光,那些珍贵的、令人无比留恋的时光。我再次感谢您,请求您一定要多来信。

我很想采纳您的友情建议,但若想要通过观赏艺术杰作来激发想象力,那么我需要一个完全不同的精神状态。

您了解我的性格,您知道我多么容易受到周围环境的影响,这座别墅把我压垮了,使我筋疲力尽。我快窒息了,而我却毫无办法摆脱这种昏天黑地的状态,它让我看什么都提不起兴趣,它虽不至于让我对美好的事物失去感觉,但也让我喜欢不起来,不能尽情享用。

一切都是因为我来到了这里,被一项强制性规则带到了这里。我感觉艺术院的阴影笼罩着我。美第奇别墅从上至下都充满了学院式传奇:[②] 从身穿绿色大衣的门卫,到一说话就心醉神迷、直翻白眼的主任。[③] 人们对米开朗基罗、拉斐尔等人的赞赏听起来就像是一个招待会演讲。我敢保证,如果米开朗基罗自己听到这些,他肯定会大笑。对

---

① 该信的日期起初被昂利·普吕尼耶赫(Henry Prunières, 1886—1942)错误标为 1887 年初。然而该信的新签名方式与接下来写于 1884 年 4 月 23 日的书信一致。该签名方式一直被使用到 1889 年,但期间会出现一些变化。

② 原文中,德彪西在此处的书写有误,写成了"la Villa Médicis est l'en est remplie"。

③ 原文中,德彪西在此处的书写有误,写成了"qui l'en parle"。德彪西所指的主任为路易·卡巴(Louis Cabat, 1812—1893),风景画家,自 1877 年起担任美第奇别墅的主任。在卸任前的一个月,他给他的继任者埃赫奈斯·埃贝尔(Ernest Hébert, 1817—1908)写信时说道:"看到一些学员对梵蒂冈的画作毫无兴趣,看到他们在罗马怀念巴黎,我感到很难过。"

我来说，米开朗基罗是个绝对的激进主义者，他大胆到近乎疯狂，我觉得如果我们按照他的路线走，估计都进不了学院。当然，像我们这些稚子可不敢冒险走这条路。

如果您跟我在一起，我多想和您好好聊聊。但这不可能，我觉得我能从罗马带回来的就只剩下热病了。我已经得了一次（但不是在罗马）。这又是一个让我感到悲伤的理由，我太想念留在巴黎的朋友了，太想马上回去。

您一定会觉得我是个可恶的人，您在信中谆谆教导我，如何利用时间，而我却回复了这么多消极的东西。请您原谅，我尽力了，但是我现在既难过又在生病，而您是我唯一可以倾诉的人，我只害怕一件事，那就是您会对我产生厌烦。罢了，我是担心在这里待太久会白白浪费掉很多时间，我的很多计划都会泡汤。坦率地说，我觉得我等不到被解救的那一刻。

您最忠实的朋友，

A 德彪西[①]

卡瓦略夫人已经给瓦涅夫人上课了。我很高兴您这个愿望实现了。我相信卡瓦略夫人的艺术品位，[②]授课和听课的双方都会很高兴的。

请代我向瓦涅夫人问好。替我拥抱玛格丽特和莫里斯，告诉他们我很想念他们。

A.[③]

---

① 德彪西使用的第四种签名形式“ADebussy”，从1885年2月初至5月。见附录Ⅳ，n°4。

② 卡罗琳·米奥兰–卡瓦略（Caroline Miolan-Carvalho, 1827—1895），女高音歌唱家，于1885年6月9日在喜歌剧院举行了告别音乐会，结束了自己为期三十五年的舞台生涯。

③ 原件中此为“A”花体缩写签名。

我给古诺写信了,他还没有回复我。

Autogr.: non localisé*. *Prov.*: Hôtel Drouot, 17 décembre 1993, n° 258; Calabasas Hills (USA) (Vente Invaluable, 19 décembre 2013), n° 158 (avec fac-sim. partiel); Kotte Autographs GmbH (Roßhaupten, Allemagne), catalogue en ligne (consulté le 31 mars 2014), n° 48563 (lot de cinq L.A.S.). *Publ.*: Prunières, p. 40-41 (136-137) (datée 1887); Debussy 1993, p. 31-32 (datée mai 1885). *Exp.*: Paris 1942, p. 27, n° 46.

1885 – 5

致昂利 · 瓦涅

[美第奇别墅,1885 年 4 月 23 日][①]
星期四

亲爱的瓦涅先生:

我现在不仅需要您的友谊,更需要您的宽容。

我待不下去了,我用尽了一切方法,我发誓我按照您的建议全身心地去尝试,但最终得出的结论只有:我永远都不能在这里生活和创作。

您可能会说我的结论下得太早了,说我没有认真考虑。我向您保证我考虑了很多。接下来要发生的就是,如果继续留下,我会一蹶不振。我清楚地感觉到,自从来这里之后,我的灵魂就死了,但我又迫切地想要创作,去写一些美妙的东西。此外,您知道当我在作曲时,我是多么没有自信。我需要有一个自己信任的人为我打气。您就经常扮演这个角色,每次我写出您喜欢的东西时,您都会鼓励我。而在这里,我永远都不会有如此待遇,我的同学们总是嘲笑我的苦闷,而我也别想从他们那里得到鼓励。

我知道如果不尽快进入状态,很多人会抛弃我。虽然现在的生活是稳定的,但却如此单调,不是无聊到昏昏欲睡,就是像这样心烦意乱。相比之下,我宁愿在巴黎做两倍的工作。所以您在那边好好珍惜吧。

---

① 德彪西在该信中称自己 1885 年 4 月 27 日星期一返回巴黎,我们不知他是用什么理由让校长同意他回去。雷昂 · 瓦拉斯(Léon Vallas, 1879—1956)指出,歌剧院图书馆内收藏了意大利莫达讷海关的一张证明(如今已遗失),上面记录了 1885 年 4 月 26 日的过关日记。见 Vallas 1958, p. 66。根据 1883 年的规定,德彪西在罗马的第一年必须住满,否则会被开除,除非获得校长的特别许可。

我星期六出发,星期一早上到巴黎。我请求您不要对我太过严厉。我只剩下您的友谊了,请留一点给我,我太需要了。

您忠诚的,

A 德彪西

请代我向瓦涅夫人问好。[①] 替我拥抱玛格丽特和莫里斯。

Autogr.: non localisé*. *Prov.*: Hôtel Drouot, 17 décembre 1993, n° 257; Cat. H. Schneider 344 (1994) n° 26a. *Publ.*: Prunières, p. 41-42 (137-138) (incomplète; non datée); Debussy 1980, p. 21 (datée mars 1887); Debussy 1993, p. 50-51 (incomplète; datée 24 février 1887). *Fac-sim.*: Boucher, pl. XVI (seules les deux dernières pages sont reproduites). *Exp.*: Paris 1942, p. 27, n° 46 (datée mars 1887).

---

① 自此以后,德彪西在美第奇别墅时期写的问候语都是这一格式。

1885 – 6[①]

致昂利·瓦涅

［美第奇别墅］，［1885 年］5 月［6 日］[②]
星期三

亲爱的瓦涅先生。

抱歉没有早点给您写信。这十五天的旅行让我筋疲力尽，长时间与大家断联也令我十分难过。我希望您能原谅我。[③]

回来后的这几天没让我感到更多温存。我遇见了相同的人，说着相同的话，空气中充满着消极和无聊。

但我还是决定尽量不抱怨了，因为每次抱怨都会被同一句话驳回："您是身在福中不知福啊，这里有阳光、树丛，还有那些艺术大作。"是啊，这一切都很好，但要阳光、树丛我们巴黎也有，虽然可能没有这里那么优质，但我也知足，甚至认为我们那里好得多。至于那些大作，我们确实自愧不如，但假如它们被藏于巴黎，我会更喜欢它们的……好吧，我的意思是我至少会去看一眼。

您肯定会对我那句"好吧"意见很大，但它是出自一个近乎绝望的人，他像被拖上断头台一样被拖到了西斯廷教堂。[④]请不要指责我，我在尽力。[⑤]我离开巴黎的时候本来都打算申请辍学了，可想而知我在这里是如何混日子的，而您的建议是让我回到这里的唯一动力。但我很怀疑明年还会不会回来。我尝试着让自己理智一些，就像您对我

① 该信在此前缺失了结尾部分，本次出版则经过了与原始资料的重新对照。

② 该信的手稿原件未被找到。昂利·普吕尼耶赫将其日期标记为5月5日星期三，然而不合理的是，1885 年的 5 月 5 日是星期二。信中提到了 5 月的前半个月，也就意味着该信应该是 1885 年 5 月 20 日前后所写。

③ 德彪西于 1885 年 4 月 27 日抵达巴黎，但可能只是短暂停留，因为 5 月初的时候，他似乎已经回到美第奇别墅了。

④ 梵蒂冈著名景点，内部珍品画作无数，包括米开朗基罗的《创世纪》。

⑤ 此处原文中有笔误，将"peut"写成了"veut"。

说的那样,但那能持续多久呢? 我不知道,因为我还没有开始那样做。我还是求您不要抛弃我,我也不是完全无所事事,但恢宏的罗马城在我眼里就像一座大型监狱,我在里面不仅浪费氧气,还百无一用。

请相信我忠诚的友谊。

阿西伊·德彪西

请代我向瓦涅夫人问好,替我拥抱玛格丽特和莫里斯。

Autogr.: non localisé*. *Prov.*: Cat. Librairie Saint-Benoît (juillet 2012), n° 133 (avec fac-sim. partiel). *Publ.*: Prunières, p. 36-37 (132-133) (incomplète); Debussy 2005, p. 27-28 (incomplète). *Exp.*: Paris 1942, p. 27, n° 46.

1885 – 7

致昂利 · 瓦涅

［1885 年 6 月 4 日］[①]
美第奇别墅

亲爱的先生：

您一定在想我这里是不是出了什么大事，以至于这么长时间都没有给您回信。大事就是我发了高烧，不过这几天已经好多了，应该快痊愈了。

但是！这并没有让我对美第奇别墅产生什么好感。恰恰相反，我最近经常想从这里逃出升天，这是座可怕的营房，里面的生活如此可悲，又如此容易让人发烧。然而，有些人居然还在为意大利的气候赞不绝口，这简直是居心叵测，尤其是对当前的气候而言。只可惜您在信中的那些精辟论据［太精（少）了，有些我甚至需要仔细观察］让我放弃了逃跑的想法。我依然留在这里，而且还要开始作曲，这说明您说的都很有道理，这下您高兴了吧！就冲这一点，让我再跟您多聊一会儿，这会让我感到温馨，让我回忆起我们曾经的聚会。

对于第一部年度作品的上交，我改主意了，我不用《祖莱玛》了，[②]我对它很不满意，它太老气横秋了，那些冗长的诗句让我感到厌烦，我的音乐会被其压垮。还有一点更重要，我发现我的音乐永远都不能被固定在一个太过方正的模子里，我指的不是音乐结构，而是站在文学角度看问题。我一直都更喜欢牺牲情节而注重表达思想情感，如此，音乐才会变得更加生动，我们才可以深入挖掘和细化渲染手段。

---

① 该信的日期在原件中位于结尾处。

②《祖莱玛》（*Zuleima*）的剧本由乔治 · 博耶（Georges Boyer, 1850—？）完成，摘选自海因里希 · 海涅（Heinrich Heine, 1797—1856）的《阿尔曼索》（*Almansor*），其为 1864 年出版的法语版本，译者为杰拉德 · 奈赫瓦（Gérard Nerval, 1808—1855）。

我不记得是否和您提过西奥多·德·庞维勒的《狄安娜在树林》,[①]好像是提到过。我会用它来试试。至于选择它,还有一个原因,那就是它不会让人联想到任何其他作品。老实说,大多数人的第一部年度作品最多只能算是改进版的康塔塔。[②]我写一首就足够了,谢谢!在别墅创作的唯一好处(您提到过的)就是可以完全自由地写,我要好好利用这一优势,写一首独树一帜的作品。当然,学院是不会同意我的观点的,他们只认为他们自己是正确的。管他们呢!我太喜欢我的自由了,喜欢属于自己的东西。如果别墅限制了我的身体自由,那我至少可以在精神自由上扳回一城。唉,我也就过过嘴瘾吧,现实是我只会创作那种音乐。目前我有能力那样做吗?我不知道,总之,我会尽力让几个人满意,其余的我就不管了。

我想让您知道,您就属于那几个人,所以请快点写一封长信给我吧,请赋予我勇气,帮我把牢笼的大门再开大一些,因为我自己时常会缺乏勇气,对此我也无能为力,而且对于一个像我一样不切实际的小孩来说,能保持几个月的勇气已经是件很了不起的事了。

请代我向瓦涅夫人问好,替我拥抱玛格丽特和莫里斯,问问他们是否忘记了葡萄。您可能看不懂,但他们会懂的。请相信我的友谊。

A 德彪西[③]

---

① 德彪西在巴黎时就已经研究过庞维勒作品第二幕中的第三场和第四场。西奥多·德·庞维勒(Théodore de Banville, 1823—1891),法国诗人、作家。他的作品《狄安娜在树林》(*Diane au bois*)于 1862 年在巴黎奥德翁剧院首演。

② 也就是参加罗马奖比赛时创作的康塔塔。

③ 德彪西使用的第五种签名形式“ADebussy”,从 1885 年 6 月初至 1886 年中。见附录Ⅳ, n° 5。

我们还是没有主任,他应该很有品位,因为他早就该来了,我们希望他周末能到。[①]

星期四,1895年6月4日

Autogr.: non localisé*. *Prov.*: Hôtel Drouot, 17 décembre 1993, n° 259 (avec fac-sim. partiel); Calabasas Hills (USA) (Vente Invaluable, 19 décembre 2013), n° 158 (avec fac-sim. partiel). *Publ.*: Prunières, p. 28-29 (124-125) (incomplète); Debussy 1980, p. 8, 10-11 (incomplète); Debussy 1993, p. 33-34 (incomplète). *Exp.*: Paris 1942, p. 27, n° 46.

---

① 美第奇别墅的新主任,前文中提到的画家埃赫奈斯·埃贝尔,于1885年6月8日星期一抵达罗马。

1885 – 8

致古斯塔夫·波佩兰

美第奇别墅
[1885年]6月22日

我亲爱的古斯塔夫：

你知道我有多么想念你吗？你知道我有多么无聊吗？我又回到了昏天黑地的日子，要知道你几乎已经给我带来了快乐。送走你之后我大哭一场，因为我感觉很多喜爱的东西都被你带走了。我不知道我们之间的友情是否对等（从你平时的友善行为看应该是）。至少在我这里，我很清楚你在我心中的地位有多么重要，这也难怪，因为你是我的知己。

今天已经是第九天没有她的来信了，[①] 你也不在我身边叫我“大疯子”。抱歉我这么悲伤有些煞风景，影响了你归国的喜悦，但是这样对你说话也是我的喜悦，希望你能谅解。

真挚地。

拥抱。

A德彪西

替我拥抱你的父亲，[②] 跟他说我会给他写信。

再把这封信放进信封的时候，我也收到了一封来信，关于里面的内容，我只能到了巴黎再和你讲。

再次祝好。

AD.[③]

Autogr.: US-NYpm, MLT D289.P826 (4). *Prov.*: anc. coll. M. G. Cobb. *Publ.*: Cobb 1989, p. 44-45 (datée 22 juin 1886).

---

① 此处指玛丽·瓦涅的来信。

② 指克劳狄乌斯·波佩兰（Claudius Popelin, 1825—1892），法国画家、诗人。

③ 原件中此为“AD”花体缩写签名。

1885－9

致克劳狄乌斯·波佩兰

美第奇别墅

［1885年］6月24日[①]

亲爱的波佩兰先生，

古斯塔夫应该已经告诉您一个好消息：我获得了一个假期，所以在这里我就不过多描述我的喜悦之情了。需要指出的是，这两个月并没有让我的心情变好，甚至变得更糟了。我必须承认我陷得很深，因为没有她，我就活不了。也是，当您看着您的幻想破灭后，活着还有什么意思。我跟您说过，我只想为她而活。[②]我有点害怕跟您说这些，因为您很早就建议我要克制，和她保持朋友关系，我也知道这样的恋情很疯狂，但疯狂让我无法理智地思考。不仅如此，考虑多了反而会变本加厉，让我觉得自己对这份爱付出得还不够。

请您原谅，您知道您的友谊对我有多重要。我应该去请求她的原谅，就这么办！如果当时没有古斯塔夫那样鼓励我，我想我早就绝望到辍学了。我太想念古斯塔夫了。如果说痛苦给我带来什么好处的话，那唯一的好处就是让我认识了你们二位。我真的非常爱你们，虽然现在这么说还为时尚早，但我忍不住了。

至于埃贝尔夫妇，[③]我会向他们证明我是多么珍惜我们之间的友谊。

我计划7月1日或2日出发。[④]古斯塔夫那天最好能在巴黎。我

---

① 原件中含有铅笔标注的年份，为1886年。但根据德彪西的签名风格判断，该信属于1885年。

② 这里的"她"依然是指玛丽·瓦涅。

③ 嘉布丽艾尔·埃贝尔（Gabrielle Hébert, 1853—1934），埃赫奈斯·埃贝尔之妻，原姓余克曼（Uckermann），传言是一位优秀的音乐家。

④ 根据埃贝尔夫人的日记（藏于巴黎埃贝尔博物馆），德彪西于7月8日离开美第奇别墅。

也希望可以见到您。

请转告古斯塔夫,我父亲已经康复了,但他还是感到烦躁,但我也不能为他多做些什么。哦对了！不要忘记告诉古斯塔夫,我给他的蝴蝶标本放了樟脑粉。

请相信我的真挚与敬意。

A 德彪西

问候古斯塔夫。

Autogr.: US-AUS, Carlton Lake Collection. *Prov.*: Hôtel Drouot, 24 février 1938, n° 443; anc. coll. L.-P. Vallery-Radot. *Publ.*: Debussy 1980, p. 16 (datée 24 juin 1886); Cobb 1989, p. 45 (datée 24 juin 1886); Lesure 1992, p. 69-70; Debussy 1993, p. 34-35; Lesure 1994, p. 80; Lesure 2003, p. 80.

1885 – 10

致昂利·瓦涅

［1885 年 6 月底］
美第奇别墅

亲爱的瓦涅先生：

感谢您寄来的照片，这让我感觉始终和我的第二个家庭在一起，我十分想念你们。有了这些照片，漫长的夜晚将不再那么孤寂，而是变得温馨许多，这让我回想起在巴黎通宵创作的时光。我会向这些照片寻求灵感的，只有这样我才能愉快地作曲，至少是鼓起勇气作曲。很遗憾，里面没有您的照片，否则就是全家福了。

我很抱歉跟您旧调重弹，但我还是在美第奇别墅住不惯，而且我急需要有人鼓励我坚持。我退烧了，也开始作曲了，但进展不顺，有时我甚至在怀疑自己是不是从来没有学过音乐，这还不是我在罗马最心烦的事。

感谢您对《祖莱玛》的关心，[①] 然而不幸的是，我永远写不出第三部分。我对第二部分也不是很满意，因此现在就只有第一部分还行，但这远远不够。我倒也不会彻底放弃这部作品，但我需要对其他部分进行修改。更何况我现在更想写点新东西，而且照我目前的状态，必须找一个我真正喜欢的素材，否则就更没法写了，我现在甚至连为《狄安娜在树林》谱曲都困难。[②] 至于您提到的歌曲，请放心，我还在继续写，一旦完成就寄给您，至于剩下的，就只能等冬季再说了，夏季可是产出新作的淡季。

---

① 见书信 1885 – 7。

② 见书信 1885 – 7。

哦对了,我会通过西奥多·德·庞维勒的教子罗切格罗斯,[①] 和庞维勒交流一下,他没有理由拒绝。我甚至还想给他加几段合唱。

弗朗克师父为丹第感到骄傲,因为他打败了罗马奖获得者。[②] 弗朗克一直想带作曲班,[③] 而现在,他自己的作曲学生战胜了音乐学院的作曲学生,这让他很高兴。但这不会剥夺丹第的音乐价值,我觉得他是个很强的小伙子。

早知道我就请您让瓦涅夫人替我问问古诺,为什么他不回我信,或者说他是不是没有收到我的信。埃贝尔跟我说古诺今年冬天会来罗马。[④] 有他们两个在,我们都没好日子过了,因为埃贝尔几乎和古诺一样自以为是,您很容易就可以想象得到,接下来我们要忍受多少高谈阔论。埃贝尔夫妇对我的兴趣让我感到有些疲惫。[⑤] 他们想让我喜欢上美第奇别墅,但结果却令我更加讨厌。您肯定会说我本性难移。如果埃贝尔夫妇在巴黎,我会非常喜欢他们,但在这里,他们对我来说仅是狱卒而已。这不是在贬低丹第,我认为他很强。

请代我向瓦涅夫人问好,替我拥抱玛格丽特和莫里斯,告诉他们我有说不完的话对他们讲。衷心祝好。

您最忠实的,

A 德彪西

---

① 乔治·罗切格罗斯(Georges Rochegrosse, 1859—1938),法国画家,其实是西奥多·德·庞维勒的养子。他于 1902 年负责德彪西歌剧《佩雷亚斯与梅利桑德》的海报创作。

② 樊尚·丹第凭借自己的《钟之歌》于 1885 年 5 月 18 日获得巴黎市(作曲)比赛第一名,而落败的乔治·马蒂和乔治·宇(Georges Hüe, 1858—1948)都是罗马奖获得者。

③ 塞萨尔·弗朗克于 1872 年至 1890 年任教于音乐学院管风琴班。

④ 但古诺最终没有来罗马。

⑤ 埃贝尔夫妇在抵达罗马后非常赏识德彪西,曾带他参观罗马城,邀请他参加晚宴,还请他为他们演奏自己的作品。埃贝尔夫人曾在 6 月 20 日的日记中写道:“我和我丈夫都感受到了这个小伙子的才华。”

我等着莫里斯的信，并保证会回复。至于我的肖像，我会尽快去找人画。[1]

Autogr.: F-P, coll. E. Van Lauwe. *Prov.*: Hôtel Drouot, 17 décembre 1993, n° 260; Cat. H. Schneider 344 (1994), n° 26b; Cat. H. Schneider 452 (2010), n° 730 (avec fac-sim. partiel); Neuilly-sur-Seine, 23 juin 2022, n° 38. *Publ.*: Prunières, p. 37-38 (133-134) (incomplète; non datée); Debussy 1993, p. 36-37 (incomplète). *Exp.*: Paris 1942, p. 27, n° 46.

① 德彪西 1885 年在罗马的肖像由马塞尔·巴歇（Marcel Baschet, 1862—1941）执笔，1886 年的肖像则由昂利·班塔（Henri Pinta, 1856—1944）执笔。

1885 – 11

致古斯塔夫·波佩兰

[1885 年 7 月初][1]
美第奇别墅

我亲爱的古斯塔夫。

如果我的回信让你感到高兴,那么你的来信则更是让我万分喜悦。你应该猜得到我在烦恼什么,而如今,没有任何人能让我摆脱它,这太痛苦了。我必须说,埃贝尔夫人倒是一直对我嘘寒问暖,但我要的不是这个,我不能对她诉苦。因此,这一切的关照反而让我更加不舒服。

最近发生一些事让我感到害怕,我甚至想暂时不回巴黎了。[2] 我在看到你写的"不久见"时泪崩了,这几个字里饱含着多少喜悦之情啊! 可是现在,一切都完了。我前天收到她的来信,信里面不想见我的态度一目了然,她说这个时候见面非常冒失。既然回与不回都是受罪,我宁愿留在这里不回去,因为我见不到她会抓狂的,还会被妒忌心所折磨。若是强行和她见面,我肯定会失去她的,那我也宁愿失去她,以保存我爱的尊严,而不是去做"舔狗",被人抛弃。我和她坦白了,我不希望我们之间的关系发生任何变化,她只能属于我一个人。至于是什么结果,就看她下次回信了。但我现在又怂了,我想写信告诉她,我什么都不在乎了,只要能再见到她就行,虽然我知道这样做是死路一条。唉,我就是这么作! 与现在的痛苦相比,以前的根本不值一提。

---

① 德彪西于 1885 年 7 月 8 日返回巴黎。

② 埃贝尔夫人在 7 月 3 日的日记中写道:"德彪西……不知道自己是否该回巴黎。从迪耶普寄来的一封信(来自玛丽·瓦涅)使他焦虑万分。"

抱歉,我不能跟你细说艺术院的事,我现在完全是心不在焉的状态。不过有件事你或许会感兴趣:戴格兰代替了穆希耶,[①] 而且和上面关系不错。[②]

你看看,我现在都不避讳给你带来负能量了,最让我感到遗憾的就是你不在这里,否则我会好受一些,因为一个人想哭都很难。

真挚地。

A 德彪西

替我感谢你的父亲,他给我发了一份亲切的电报,替我转达我非常想念他,替我好好拥抱他。

Autogr.: US-NYpm, MLT D289.P826 (5). *Prov.*: anc. coll. M. G. Cobb. *Publ.*: Cobb 1989, p. 46 (datée juin 1886); Debussy 1993, p. 44-45 (datée juin 1886).

---

① 昂利–阿道夫–奥古斯特·戴格兰(Henri-Adolphe-Auguste Deglane, 1855—1931),法国建筑师,1881 年罗马奖得主。穆希耶(Moussier),在罗马奖得主名单中查无此人。

② 的确,戴格兰的名字出现在埃贝尔夫人的日记中,分别是1885年7月1日和5日。

1885 – 12

致克劳狄乌斯·波佩兰

[迪耶普,[①]1885 年 8 月][②]

亲爱的先生:

您知道吗,我现在离您很近,[③] 古斯塔夫跟我说,他没有告诉您。我现在过着偷鸡摸狗的生活,痛并快乐着。真是一言难尽!如果您能来这里找我,当面可能更容易说清楚。我也希望您能来,因为我太需要倾诉了,尤其是对一个亲近的人。

说到这里,我又厚着脸皮来请求您发慈悲了,我不知如何是好了,我的房东整天问我要租金,而我父母依然十分拮据,因此我又来找您寻求帮助了。我也希望事情不是现在这个样子,也希望您不再需要照顾我,至少不是以这种方式。

致以崇高的敬意。

A 德彪西

这是我的地址:

Mr Demailly = 16. Rue des Bains

Autogr.: US-NYpm, MLT D289.P826 (6). *Prov.*: anc. coll. M. G. Cobb. *Publ.*: Cobb 1989, p. 47 (datée juillet 1886).

---

① 该信尾部的地址位于迪耶普市中心。当时瓦涅一家正在迪耶普度假,住在画家梅里库赫的别墅。德彪西是在昂利·瓦涅不知情的情况下住在迪耶普,他在 1885 年 6 月底给瓦涅写信时并没有提及自己假期的事情。

② 克劳狄乌斯·波佩兰和玛蒂尔德·波拿巴(Mathilde Bonaparte)公主于 1885 年 8 月 3 日至 21 日居住于迪耶普。

③ 迪耶普是著名的度假胜地,同年夏天,埃德加·德加(Edgar Degas, 1834—1917)与雅克–埃米勒·布朗什(Jacques-Émile Blanche, 1861—1942)也在迪耶普。

1885－13

致古斯塔夫·波佩兰

［迪耶普，1885 年 8 月底］[①]

“［……］我计划星期六去巴黎。我有事需要和你面谈。我收到了我父亲的一封信，他怀疑我在巴黎。他说他只有一点不满意，就是我到了巴黎不回去看他。我们到时候再聊，这太蹊跷了（但事情就是这样）。［……］”

Autogr.: non localisé. *Publ.*: Dietschy, p. 52; Cobb 1989, p. 47 (datée fin juin 1886).

1885－14

致古斯塔夫·波佩兰

［1885 年 8 月 28 日］[②]
星期五早晨

我亲爱的古斯塔夫，

我星期六五点来见你，走之前看看你，对我来说会好过些。

真挚地。

A 德彪西

Autogr.: US-NYpm, MLT D289.P826 (3). *Prov.*: anc. coll. M. G. Cobb. *Publ.*: Cobb 1989, p. 44 (datée 23 avril 1886).

---

① 该信被马塞尔·迪奇（Marcel Diestchy）标记为 1886 年，但德彪西只在 1885 年住过迪耶普，而不是 1886 年。

② 德彪西于 1885 年 8 月 31 日离开巴黎。

1885 – 15

致昂利·瓦涅

[1885 年 9 月初(?)][①]
美第奇别墅

亲爱的瓦涅先生,

轮到我为迟来的回复道歉了。最近罗马的天气酷热,像我这样一个外来人根本受不了,甚至当我练琴的时候,钢琴都会像人一样出汗。[②] 另外,还有许多夜间的“小可爱”,它们会把人叮咬得千疮百孔,让人无法入眠。

埃贝尔认为我们在造谣,在诋毁别墅,他自己从来都没有察觉到这些。他太喜欢意大利了,以至于可以将所有腐朽都转化为神奇,有天晚上他甚至说罗马的醉鬼都不会迷路,因为他们喝的是英雄酒。没错,那些醉鬼打架斗殴时的确有英雄气概,这点无可争议。但与其这样,他们是不是还不如去迷路呢?当然,这关我什么事,无非就是多一个或少一个意大利人而已!……

于是,我离开罗马,去了海边的菲乌米奇诺,本来只能住八天,但我太喜欢那里了,所以前天才回来。[③] 普里莫利当时人在巴黎,所以他把他的别墅借给我住。别墅的装潢非常迷人,与布赫热喜欢的那种英式小屋很像,[④] 而且天气还比英国的好一千倍。

---

① 原件上另有一处笔记(非德彪西之手),标出的日期为“1885 年 8 月”。

② 这台钢琴如今依然保存在美第奇别墅,位于二楼的一个大房间中。

③ 菲乌米奇诺位于罗马 34 公里处的海边,朱塞佩·普里莫利伯爵在那里拥有一幢别墅。

④ 保罗·布赫热(Paul Bourget, 1852—1935),法国小说家、评论家。布赫热是个英国通,曾多次在英国逗留。在他的《英格兰研究》中,他写道:“散布在树林中、装饰着攀缘玫瑰的小屋,风情无限。”见 Paul Bourget, *Études et portraits*, Paris, A. Lemerre, 1888, t. II, p.9-10。

啊！我在那里随心所欲地满足自己狂野的本能需求。由于谁都不认识，我只有在觅食的时候才会和人说几句话（我太难了）。

我似乎能好好作曲了，还会破天荒地去散步。我想我这里的海滩应该可以和您那里的媲美了，当然，这里的海滩人少，也没有赌场，但这也是我喜欢它的原因。

然而，这一切都没能抵消我对您的思念以及我的烦恼。

我希望您在迪耶普过得愉快，您亲切忠实的，

A 德彪西

布赫热在都柏林，[①] 我想他返回之后就会回复我的，请放心，我会第一时间帮您带话的。

我一直在盼着莫里斯来信，但至今都没有收到，我是应该指责邮局还是他？

请代我向瓦涅夫人问好，祝她还有玛格丽特和莫里斯在迪耶普过得愉快。

再次祝好。

AD.[②]

Prov.: Hôtel Drouot, 17 décembre 1993, n° 261; Cat. H. Schneider 344 (1994), n° 26c; Cat. H. Schneider 453 (2010), n° 524 (avec fac-sim. partiel). *Publ.*: Prunières, p. 30 (126) (incomplète). *Exp.*: Paris 1942, p. 27, n° 46.

---

① 1885 年 8 月 6 日，儒勒·拉福格（Jules Laforgue, 1860—1887）写信给古斯塔夫·卡恩（Gustave Kahn, 1859—1936），信中提到布赫热于 1885 年夏天在爱尔兰旅行。布赫热是在 1881 年发现这个地区的。见 Paul Bourget, *Études et portraits*, Paris, A. Lemerre, 1889, t. II, p. 39-109。

② 原件中此为“AD”花体缩写签名。

1885 – 16

致古斯塔夫·波佩兰

[美第奇别墅]

星期五,[1885 年]9 月 11 日

我亲爱的古斯塔夫:

请不要介意我一直没有给你写信。我 10 月 30 日才从巴黎动身,[①]到美第奇别墅的时候还有点生病,这一路十分折腾,也让我更加难过,可能需要好久才能恢复。

主任表现得既亲切又严厉,他说他最担心我滥用他的(回国)许可,他希望我不要动不动就去巴黎,说这些旅行对我没有任何益处。[②]他问我你什么时候返回意大利,我说我不知道,因为上次在迪耶普见到你时,你的状态还不太好。我这么说合适吗?埃贝尔一家明天要去萨瓦省的布里德–雷–欧,然后在巴黎住一个月。[③]

费拉里今天到了,所以我们现在有七个人了,拉巴图、福赫尼耶、巴博登、煦皮、诺德,[④]巴谢还没有任何消息,[⑤]比达尔好像生病了,并且申请在图卢兹多住一段时间。

---

① 德彪西在此处混淆了日期。在 1885 年左右的几年中,只有 1882 年和 1893 年的 10 月 30 日为星期一。所以真正的日期应该是 8 月 31 日,因为根据埃贝尔夫人的日记,德彪西是 9 月 2 日返回罗马的。

② 埃贝尔夫人在日记写道:"德彪西回来了,我先生对他有点严厉,但还是会开车去接他。"

③ 埃贝尔夫妇 9 月中离开美第奇别墅,直到 12 月末才回来。他们先是在萨瓦省的布里德–雷–欧住了几周,然后去了伊泽尔省的拉特龙克,最后回到巴黎住了两个月。

④ 德吉列·费拉里,法国雕塑家,1882 年罗马奖得主;儒勒·拉巴图,法国雕塑家,1881 年罗马奖得主;路易·福赫尼耶,法国画家,1881 年罗马奖得主;威廉姆·巴博登,法国凹版雕刻家,1883 年罗马奖得主;埃米勒·煦皮,法国凹版雕刻家,1884 年罗马奖得主;昂利·诺德,法国奖章雕刻家,1885 年罗马奖得主。

⑤ 关于巴谢,见书信 1885 – 3。

你可能注意到了，美第奇别墅缺少了一点欢乐的气息，天气也很糟，真是雪上加霜。

所以我现在无聊至极，如果你还在乎我的话，就早点回来吧，拜托你了。[①]

你真挚的，

A 德彪西

我会给你父亲写信，在此之前请代我向他问好。

费拉里会给你写信的，他向你问好。

Autogr.: US-NYpm, MLT D289.P826 (7). *Prov.*: anc. coll. M. G. Cobb. *Publ.*: Cobb 1989, p. 47-48 (datée 11 septembre 1886 qui est un samedi).

1885 – 17

致昂利・瓦涅

美第奇别墅，[1885 年]9 月 16 日

亲爱的先生，

感谢您的来信，它给我带来了难得的快乐时光，打破了我的孤寂，让我满心欢喜，使我回想起了那些最美妙、最值得怀念的时光，令我暂时忘记周围的一切。

抱歉，我没有什么趣事可以说。但我又能怎么办呢？这里的生活波澜不惊，除了无聊什么都没有。我发誓我努力尝试过改变这一切，也使出了浑身解数，但没有作用。

① 古斯塔夫・波佩兰之前离开美第奇别墅，前往迪耶普与其父克劳狄乌斯・波佩兰以及玛蒂尔德・波拿巴公主度假。

您一定会说,身处如此优越的环境中,能随时激发出灵感,因此绝不允许有人感到无聊。我同意,但事与愿违。我必须承认,自己确实缺乏一些精神属性,但这不影响我接受好的教育。真正让我感到不适的,是这里的物质条件。您说别墅能给人带来安静,可我宁愿不惜一切代价,也想减少一点这样的安静,我太厌倦它了,我不想活了。

如果说这些都不值一提的话,最难的事情是我现在无法创作,我每天都在变得更加平庸,我什么好点子都没有,都快开始怀疑人生了。

您觉得我对自己太过苛刻,应该为自己感到满意。但这次我就没有严格要求自己,纵容自己在工作中走捷径并获得了短暂的快乐,但很快我就意识到那都是虚假的。

这一年的时间证明,在罗马的经历对我没有任何好处,完全是浪费时间和退步。

我真心觉得再强迫我住一年就是在害我,这只会阻碍我的发展,剥夺我的创作灵感。我不是没有努力过,真的,刚刚逝去的一年足够证明这一点了。

因此,我决定在年底提交辍学申请,我请求您不要认为我做错了,因为我不只是为现在,更是为自己的未来着想。

您真挚的,

A 德彪西

请代我向瓦涅夫人问好,想念玛格丽特。至于莫里斯,我收到了他寥寥可数的几个字,我会给他回信的。

Autogr.: F-P, Musée des Lettres et des Manuscrits, coll. privée. *Prov.*: Hôtel Drouot, 17 décembre 1993, n° 262; Cat. Les neuf Muses, *Collection d'autographes musicaux* (s.d.), p. 57; anc. coll. E. Van Lauwe. *Publ.*: Prunières, p. 31-32 (127-128) (incomplète). *Exp.*: Paris 1942, p. 27, n° 46.

1885－18

致古斯塔夫·波佩兰

美第奇别墅

［1885年］9月19日

我亲爱的古斯塔夫。

你不回复我真是太不够意思了。我很生气，你这个小浑蛋，我只是问你什么时候回来，又没让你给我写一本书。不要以为现在这封信是为了你而写的！我只是想让你给我发一下邮局的号码，位置是马雷塞尔博大道靠蒙梭路拐角。[1]

当然，让你再多写几句不过分吧？

真挚地。

A 德彪西

Autogr.: US-NYpm, MLT D289.P826 (1). *Prov.*: anc. coll. M. G. Cobb. *Publ.*: Cobb 1989, p. 43-44.

① 这应该是德彪西与玛丽·瓦涅通信时用于留局自取的邮局，具体地址是君士坦丁堡路28号。

1885 – 19

致古斯塔夫·波佩兰

[1885年9月底至10月]
美第奇别墅

谢谢你可爱的短信,这让我得到了一点安慰。你知道我生来就是到这个世界做绝望者的。但这次我真以为你要抛弃我了,就像其他人一样。现在我放心了,我承认在巴黎生活的确很浪费时间和精力,所以我就不再责怪你了。当然这主要是因为我们很容易原谅自己喜爱的人,另外我十分高兴能和你见面,有太多事要和你讲。

真挚地。

A 德彪西

如果你及时收到我的来信,能告诉我你要来的具体时间吗? 想不想让我去接你?

Autogr.: US-NYpm, MLT D289. P826 (2). *Prov.*: Cat. Charavay 738 (octobre 1970), n° 33873; anc. coll. M. G. Cobb. *Publ.*: Cobb 1989, p. 44 (datée 1885).

1885 – 20

致昂利·瓦涅

美第奇别墅

[1885年]10月19日

亲爱的先生:

抱歉我回复晚了。这几天又一直在发烧,刚刚好了一些,但还是很虚弱。

您说您不理解我的前一封信,对此我很遗憾。可能我没有解释清楚,或者说您不相信我在创作上遇到的危机,我就不再多言了,否则您会感到厌倦的,而且我想要表达的事很难用文字说清楚,尤其是我现在感受到的灰心丧气。我要重申的是,我不是为现在住在别墅而烦恼,而是为了我的前景所担忧。

首先,您不要觉得我的同学能对我产生什么影响,因为我很少见他们,而且对他们的言论无感。① 您反对我辍学的理由依然十分充分,我也清楚这都是为我好,所以您肯定无法理解为什么我会这么不理智。但说真的,相比于待在这里无所事事,就算我回巴黎会带来很多烦恼,那也值了。算了,不说了。在写这封信时,唯一让我感到安慰的就是您还没有忘记我,而我依然可以信任您。

我补充一下上次忘记说的事情,包括布赫热的歌曲、《狄安娜》、

---

① 皮埃内与比达尔对德彪西在罗马的举止有不同的记录。皮埃内表示虽然与德彪西同在一个屋檐下,但“德彪西不和他的同学们深交。他一直很孤僻,而且总是躲着我们。”比达尔则有不同的说法:“德彪西并没有像他在信中描述的那样孤僻。”事实上,皮埃内只在1885年2月与德彪西共处过,因为前者3月便返回了巴黎。见 « Souvenirs d’Achille Debussy », *Revue musicale* (numéro spécial: La jeunesse de Claude Debussy), t. III/7 (1er mai 1926), p. 10-16 (106-112)。

《萨朗波》、[1]《祖莱玛》。我写了一首新的歌曲,[2]剩下的听起来则有点像马尔布罗之歌。[3]《狄安娜》的一场已经完成,但我一点都不满意,它远没有成型,[4]而且我还做了一件超出自己能力的事:发明新的结构。我可以借鉴瓦格纳,但这样肯定弄巧成拙,我只是参考了他两场之间的衔接方式。我还是希望把重点放在声乐部分,让它不要被乐队盖住。

我会把《萨朗波》留到巴黎创作,我写了一些,可以进一步展开。[5]

《祖莱玛》是无望了,而且我也救不了它了。[6]我甚至不想再谈论它,因为我完全写不出自己想要的音乐,我想要一种萦绕的音乐,一种对比鲜明的音乐,以便适应灵魂的律动和随想。[7]很遗憾,《祖莱玛》太像威尔第和梅耶贝尔了……!

您看到了吧,这都是些小事,而且自曝这么多缺点实在是不识趣,也是因为如此,我才不太想跟您说这些。

请您原谅,真挚地。

A 德彪西

---

① 德彪西在原件中有笔误,将"Salammbô"写成了"Salambo"。

② 应该是两首《浪漫曲》(*Romances*),于 1891 年 12 月由杜朗(Durand)出版社出版,见后文 1891 年 6 月 17 日的合约。

③ 民歌《马尔布罗去打仗》(*Malbrough s'en va-t-en guerre*)。

④ 应该是爱罗斯与狄安娜的二重唱,属于《狄安娜在树林》的一部分(第二幕第三场和第四场)。有一些选节被出版,见 Eileen Souffrin, « Debussy lecteur de Banville », *Revue de musicologie,* XLVI/122 (1960), p. 214-219。

⑤《萨朗波》(*Salammbô*)是古斯塔夫·福楼拜(Gustave Flaubert, 1821—1880)的小说,但德彪西对此作品的研究从未被找到。卡图尔·门德斯(Catulle Mendès, 1841—1909)曾想将它改编为歌剧剧本。埃赫奈斯·雷耶尔的《萨朗波》则于 1890 年 2 月 10 日在布鲁塞尔皇家铸币局剧院首演,剧本由卡米伊·德·洛克勒(Camille du Locle, 1832—1903)改编。

⑥ 然而,《祖莱玛》仍是德彪西上交的第一部年度作品。

⑦ 德彪西在此处的想法与沙赫勒·波德莱尔(Charles Baudelaire, 1821—1867)追求的"萦绕的境界"惊人地相似,波德莱尔曾形容道:"……一种没有节奏、没有韵律,但具有诗意和乐感的散文,它足够萦绕,足够对比鲜明,以便适应灵魂的律动、梦境的起伏以及意识的颠簸。"见 Charles Baudelaire, *Œuvres complètes*, édition de Claude Pichois, Paris, Gallimard, Bibliothèque de la Pléiade, 1975, t. I, p. 275-276。

请代我向瓦涅夫人问好，想念玛格丽特。至于莫里斯，请替我向他道歉，我还没有回复他，因为没有什么趣事跟他说，替我和他握握手吧，只能先这样了。

再次敬礼。

AD.[①]

Autogr.: F-P, coll. E. Van Lauwe. *Prov.*: Hôtel Drouot, 17 décembre 1993, n° 263. *Publ.*: Prunières, p. 38-39 (134-135) (incomplète); Debussy 1980, p. 11-12 (incomplète); Debussy 1993, p. 37-39 (incomplète). *Exp.*: Paris 1942, p. 27, n° 46.

① 原件中此为“AD”花体缩写签名。

1885 – 21

致昂利·瓦涅

1885年11月底[①]
美第奇别墅

亲爱的先生：

我错了，我不会放过自己，但我请求您能原谅我，请相信我并没有变得冷漠。

我懒得写信主要是因为最近的处境让我越来越孤僻。我太沮丧了，以至于当我不得不写的时候，我会对自己说：“有什么好写的！没有人能理解我的烦恼，我还是自己承担下这一切吧。”您说怎么办？无论美第奇别墅对艺术家多么的慷慨，我就是执迷不悟。再有道理的劝导，再多您的警言都没有用，对不起了。

这种生活在很多方面就像一名有薪水的士官生活。它对我来说永远都不会有任何意义，我也是尽量逃避。这让我和我的同学之间产生了敌意，他们指责我不合群、搞特殊，并且用各种歪理邪说攻击我。

我得跟您说说我这个月唯一一次外出。我去听了两场弥撒，一场是帕莱斯特里纳的作品，另一场是奥兰多·迪·拉索的作品，[②]地点是一座叫阿尼玛的教堂。[③]我不知道您有没有听说过(它被隐藏在一众错综复杂的小路中)。我非常喜欢这座教堂，因为它极为简约、朴素，与其他许多地方都不一样。这里有大批的教堂，都布满了雕塑、绘画，

---

① 原件上另有一处笔记(非德彪西之手)，标出的日期为85年11月28日。昂利·普吕尼耶赫将其标为85年11月24日。保罗·保德利(Paul Baudry, 1828—1886)为玛丽·瓦涅画的肖像从侧面证实了这个日期。

② 乔瓦尼·帕莱斯特里纳(Giobanni Palestrina, 约1525—1594)，意大利作曲家。奥兰多·迪·拉索(Orlando di Lasso, 1532—1594)，佛兰德作曲家。——译者注。

③ 阿尼玛的圣玛利亚教堂，位于罗马纳沃纳广场附近。

感觉更像是剧院,基督看起来就像一个迷失的骷髅,十分忧郁,不知道自己为什么会被放在里面。只有在阿尼玛教堂的环境里才能聆听这种音乐,这也是我唯一赞赏的教堂音乐。古诺等人的作品在我看来更像是歇斯底里的神秘主义产物,是闹剧。

上述两位是真正的大师,尤其是拉索,比帕莱斯特里纳更具观赏性、更人性化。对位的奥秘被他们使用得炉火纯青,真是个壮举。您可能不知道,对位是音乐中最令人反感的东西,但在他们笔下却变得如此美妙。对位将唱词中的感情表现出前所未有的深度,有些旋律给人带来的效果甚至像是从经文中得到了启示。就是在这几个小时里,我内心中对音乐的敏感才再次觉醒了一点。

我最近创作了很多东西,我需要在数量上下功夫了,因为质量已经不在我的考虑范围内了。《狄安娜》给我带来了不少困难,因为我找不到一个合适的乐句能够包含我要的特质。这个乐句必须是冷艳的,不能激起任何热情,因为狄安娜的爱只是一个意外,而且到很后面才出现。狄安娜对爱情逐渐破防,乐句也需要自我演变来进行匹配,同时还要保持初始的根基。

我很高兴您会找保德利来为瓦涅夫人画肖像,依我看只有他配得上。①

关于我去世的风声,应该是由于某些人嫌我太沉默寡言了,我没事。只是我有的时候会看不惯一些事情,而别人不会,仅此而已。

请尽快给我回信吧,告诉我您不生我的气,继续做您擅长的事,因

---

① 该肖像副本见 *Revue musicale* (numéro spécial: La jeunesse de Claude Debussy), t. III/7 (1er mai 1926), p. 24-25。巴黎古斯托蒂亚协会收藏了昂利·瓦涅于 1885 年 11 月 23 日写给保德利的书信,邀请他为玛丽·瓦涅画肖像。保德利是 1850 年的罗马奖得主,酷爱意大利文艺复兴风格,他是巴黎歌剧院大堂面板的作者,也是帕伊瓦酒店的室内装饰设计师。保德利在数周之后便去世(见 1886 年 1 月 29 日的书信)。1885 年 12 月 6 日,埃贝尔夫妇与保德利在巴黎聚餐时,后者正在为玛丽·瓦涅画肖像,并且提到了她与德彪西的关系。埃贝尔夫人在日记中写道:“我们发现了德彪西的私情。”

为我已经没多少勇气和耐心等待一个皆大欢喜的结局了。

亲切地。

A 德彪西

请代我向瓦涅夫人问好,想念玛格丽特和莫里斯。

雕塑家们丢弃了给同学刻纪念章的习惯,我的那枚不够好,所以我还没付钱,下次去罗马的时候我会付的。

Autogr.: F-P, coll. E. Van Lauwe. *Prov.*: Hôtel Drouot, 17 décembre 1993, n° 264 (avec fac-sim. des p. 1 et 4). *Publ.*: Prunières, p. 32-33 (125-126) (incomplète); Lockspeiser 1978/I, p. 82-83 (seuls les troisième, quatrième et cinquième paragraphes sont cités); Debussy 1980, p. 13-14 (incomplète); Debussy 1993, p. 39-41 (incomplète). *Exp.*: Paris 1942, p. 27, n° 46.

1885 – 22

致克劳狄乌斯·波佩兰[①]

[1885 年 12 月 7 日][②]
美第奇别墅

亲爱的先生：

我好久都没有给您写信了。这主要还是因为您知道的那件事一直没有得到解决，[③]如果我再来找您诉苦的话，您一定会觉得我很没有出息。现在就好多了，我又重新开始热爱我的艺术了，正在努力把浪费的时光追回来。

如果您之前已经将我看扁，我希望能得到您的谅解并且再给我一次机会。如果您真的放弃我了，我会感到很痛苦的，因为我从没有遇到过您这么好心的人，也不会忘记在我就要失去一切的时候，是您拯救了我，把我从悬崖边拉了回来。

我现在正在研究西奥多·德·庞维勒的《狄安娜在树林》，我遇到了很多困惑，因为在结构和表达方式上，我都无前例可循。我希望找到一种带有诗意的音乐，创造出一种活灵活现的效果，而不是常规的戏剧配乐。但这真的很难，创作出的成品也不是很理想，让我非常担忧。

我想拜托您一件事，古斯塔夫可能已经跟您讲了。我在为保罗·魏尔伦的《华宴集》配曲，[④]但是我把自己的《华宴集》弄丢了，我让人给

---

① 该信最初被认为是写给古斯塔夫·波佩兰的，但经他本人确认，该信其实是写给其父克劳狄乌斯·波佩兰的。

② 该信的日期在原件中位于结尾处。

③ 应该是德彪西已经与玛丽·瓦涅分手，克劳狄乌斯·波佩兰对这段关系知情，见书信 1885 – 12。

④ 德彪西的歌曲集《华宴集》(*Fêtes galantes*)于 1869 年 2 月由阿勒冯斯·勒迈尔(Alphonse Lemerre)出版社出版(德彪西自费出版)，在专门为玛丽·瓦涅装订的手稿中，德彪西在扉页中写道:《华宴集》，魏尔伦作诗、德彪西作曲。1.《哑剧》(*Pantomime*); 2.《黑暗中》(*En sourdine*); 3.《曼陀林》(*Mandoline*); 4.《月光》(*Clair de lune*); 5.《木偶》(*Fantoches*)。”他对数首歌曲进行了修改，组成了第一套《华宴集》，并于 1903 年由伏霍蒙(Fromont)出版社出版。

我重新寄一本,但被告知要15法郎。像我这样一个穷音乐家可付不起如此天价。如果诗人们都以火焰百合的售价卖他们的书,那他们就又多了一种更有效的办法来保护自己的作品不受音乐家的侵扰。我曾在您的书架上看到了一本,因此,想让您帮我抄一下文集中的最后一首作品,[①] 还有另一首,好像叫《哥伦比娜》。[②] 打扰您了,向您致敬。

阿西伊·德彪西

12月7日,星期一

最重要的是,不要让这个请求打扰到您。如果您觉得不方便,那我宁愿放弃魏尔伦先生和他的作品。

Autogr.: F-P, coll. part. *Prov.*: anc. coll. J. Van Haelen; Bruxelles, Palais des Beaux-Arts, 29 février 1964, n° 434[③]; Hôtel Drouot, 13-15 juin 1983, n° 321; anc. coll. A. Bosquet. *Exp.*: Bruxelles 1954, *Les Livres, les Estampes, les Autogr.phes & Manuscrits « préférés »*, Bibliothèque royale, p. 35, n° 89; Bruxelles 1957, *Le Mouvement symboliste*, Palais des Beaux-Arts, p. 83, n° 594; Bruxelles 1958, *Les Richesses de la bibliophilie belge*, Bibliothèque royale, p. 62, n° 156; Bruxelles 1962, *Maurice Maeterlinck, Le Centenaire de sa naissance*, Bibliothèque Albert Ier, 1962, p. 56-57, n° 90.

---

① 指《伤感的密谈》(*Colloque sentimental*),但德彪西直到1904年才为其谱曲,并且将其收录在第二套《华宴集》中。

② 德彪西似乎并没有为此诗配曲。

③ 该信被夹在一本1892年首次出版的《佩雷亚斯与梅利桑德》(*Pelléas et Mélisande*)中,由比利时诗人莫里斯·梅特林克(Maurice Maeterlinck, 1862—1949)所著,赛普提耶装订,为五本和纸样本中的第三本。

1885 – 23

致昂利 · 瓦涅

美第奇别墅

［1885 年］12 月 30 日[①]

亲爱的先生：

这是您要的肖像，[②] 希望您能够喜欢，它带着我对您最真挚的祝福。

我想是不是我的前一封信冒犯了您，让您长时间不予理睬，对此我很抱歉。我知道我的信里都是烦恼，但我对此无能为力，而且我不相信您是因为这个原因抛弃我的，尤其是您之前都对我那么关心。因此，希望这封信能带来一些积极的因素，不要让我继续面对您的杳无音信。

再次致以亲切的问候。

A 德彪西

Autogr.: non localisé*. *Prov.*: Hôtel Drouot, 17 décembre 1993, n° 266; Hôtel Drouot, 17 décembre 2011, n° 10 (avec fac-sim.). *Exp.*: Paris 1942, p. 27, n° 46.

---

① 从德彪西的签名形式来看，该信属于 1885 年 12 月所写，而非 1886 年 12 月。

② 这里或许是指书信 1885 – 21 中提到的纪念章。

1886 – 1

致昂利·瓦涅

美第奇别墅
[1886 年]1 月 29 日

亲爱的先生,

真高兴收到您的来信,以及您的美好祝福,我得不到更好的了,尤其是这些问候都来自您,这使得它们更加珍贵。

在和您诉苦之前,我首先要对保德利的离世表示遗憾。[①] 您知道我非常欣赏他,我认为按照现代审美最高规格的标准来看,他就代表了最伟大的艺术,他很难被取代,尤其是当前大多数人都太过热衷于细节,自然就难以成就大作。对您来说肯定是双重打击,因为他画的瓦涅夫人肖像如此精美。所以,请允许我表示慰问。

您问我年度作品的进度,[②] 很大程度上就是因为它让我迟迟不能给您回信。它占用了我的大量时间和精力。今天我认为我找到了突破口,明天我又害怕自己是错的,我从未对一部作品感到如此不安。您知道我有多难吗? 我需要在一个清晰的大框架内植入成千上万的感情,而《狄安娜》本身的剧情过长,完全不适合音乐化,要是还能不让人失去兴趣就见鬼了。我的意思是只要人们没有无聊到开始打瞌睡就行。

---

① 关于保德利,见书信 1885 – 21。

② 罗马奖获奖者需要在四年内向法兰西艺术院上交四部作品,分别有以下类型:
第一年:一部法语、意大利语或拉丁语的清唱剧或庄严弥撒(安魂曲或赞美颂),外加一部歌剧或歌剧选段,新老剧本不限。获奖者还需要手抄一部 16 世纪、17 世纪或 18 世纪的未发表作品,必须是音乐学院图书馆中没有的。
第二年:一部四乐章交响曲,也可以是由一个或多个乐章组成的交响乐作品,还可以是一部戏剧作品,歌词语言为法语或意大利语。
第三年:一部一幕歌剧和一部交响乐作品。
第四年:一部一幕歌剧。

但我不能抱怨剧本，因为是我自己选的，我要对此负全责，您知道我现在有多么忙碌和烦恼了吗？[①]

我没收到太多布赫热的新消息，他给我寄了一本他的新作，[②]附上了一张小卡片，上面只说自己非常忙，仅此而已……至于乔治·埃略特，[③] 更是无影无踪。

对于菲乌米奇诺，[④]我已词穷，我只能说，这是个非常迷人的地方，罗马人都到那里泡海滨浴，还有一个小港湾，里面漂着很多小船，风景如画，而且就像您说过的，他们的卫生工作做得十分出色。

我跟您说过普里莫利在那里有座别墅，我之前已经住过一次，等天气暖和一点，我可能会再去那里，完成《狄安娜》的创作，因为在那里，我能尽情享受一个人的时光，而这也是我目前最需要的。

---

①《狄安娜》的消息甚至传回了巴黎。1886 年 4 月 25 日的《吟游诗人》（*Le Ménestrel*）期刊转载了罗马报纸《意大利艺术》（*L'Art en Italie*）的消息："二年级生德彪西正在创作一部戏剧作品，名为《狄安娜》。"

② 指《当代心理学新解》（*Nouveaux essais de psychologie contemporaine*），刚刚由阿勒冯斯·勒迈尔出版社出版。该书汇集了对小仲马、勒贡特·德·里勒、龚古赫兄弟、伊万·图尔热涅夫以及阿米尔的研究。[小仲马（Alexandre Dumas fils, 1824—1895），法国作家；埃德蒙·德·龚古赫（Edmond de Goncourt, 1822—1896），法国作家；儒勒·德·龚古赫（Jules de Goncourt, 1830—1870），法国作家；伊万·图尔热涅夫（Ivan Tourgéniev, 1818—1883），俄国作家；昂利-弗烈德利克·阿米尔（Henri-Frédéric Amiel, 1821—1881），瑞士诗人、哲学家——译者注]。

③ 乔治·埃略特（George Eliot, 1819—1880），英国小说家，在法国有巨大的影响力。布赫热将埃略特深奥的思想和强大的创造力与司汤达（Stendhal, 1783—1842）相提并论。然而在布赫热的《当代心理学新解》中却没有提到乔治·埃略特，这就是为何德彪西会说埃略特无影无踪。

④ 关于菲乌米奇诺，见书信 1885 - 15。

美第奇别墅现在非常拥挤,埃贝尔带来了许多人,[①]有一位欧雄先生,[②]还有些人看上去很世俗,我不知道您认不认识他们。我见过他们一次,他们满载着从吉罗城堡带来的美酒。但这些都无足轻重,也没有让我对别墅产生好感。好在我找到了一个方法来摆脱那些无聊的招待会,我和埃贝尔说我把我的礼服卖掉了,而我现在的经济条件无力购买一套新的。他说我疯了,我却毫不在乎,因为我已经达到我的目的了。埃贝尔太讲究礼仪感了,他不会容忍我穿着一件可怜的夹克,穿梭于华丽的低胸连衣裙和黑色西装之间。[③]

---

① 德彪西居然没有提到弗朗茨·李斯特到访美第奇别墅。1885 年 10 月 25 日至 1886 年 1 月 21 日,李斯特最后一次出访罗马,曾于 1 月 8 日和 13 日两次在美第奇别墅吃晚餐。在第一次聚会中,德彪西和比达尔用双钢琴演奏了李斯特的《浮士德》(*Faust*),据说这次演奏让李斯特差点睡着。第二天,德彪西又和比达尔陪同埃贝尔到李斯特下榻的阿里贝尔酒店拜访。德彪西和比达尔应该就是在这个时候演奏了埃玛努埃尔·夏布里埃(Emmanuel Chabrier, 1841—1894)的《浪漫圆舞曲》(*Valses romantiques*)。到了 1 月 13 日,李斯特演奏了《泉水边》(*Au bord d'une source*)和自己改编的弗朗茨·舒伯特(Franz Schubert, 1797—1828)的《圣母颂》(*Ave Maria*)。这次会面给德彪西留下了深刻的印象,他在很久之后的 1915 年 9 月 1 日回忆道:"这种呼吸式的踏板,是当年在罗马,李斯特为我们演奏时我从他那里观察到的。"

② 欧雄(Hochon)是一位医学教授,曾在罗马逗留了一个月,随行的有其娇妻露易丝,又称露露(约 1852—1929)。德彪西在信中并没有提到她,但实际上却和她"有一腿"。朱塞佩·普里莫利伯爵曾告诉埃贝尔夫人"他看到德彪西和露露拥吻"。巴黎埃贝尔博物馆收藏着一幅露露的肖像,由埃贝尔本人所画,见 *Cahiers Debussy*, 12-13 (1988—1989), p. 23。1915 年 12 月 28 日,皮埃尔·路易斯(Pierre Louÿs, 1870—1925)在给自己的兄长乔治写信时则直接道出了德彪西的隐情,据德彪西 1896 年亲自确认,他"只和五个女人发生过关系,其中一个(欧雄夫人)强暴了他。"见 Louÿs 2002, p. 1079。

③ 克劳狄乌斯·波佩兰于 1886 年 2 月 6 日写信给自己的儿子古斯塔夫,其中对德彪西的行为颇有微词:"我从埃贝尔夫人写给玛丽(指玛丽·瓦涅)的信中得知,德彪西对自己的同学们不友好,这不免让别人产生了怨恨。他这样做很愚蠢。我们对一面之缘的人必须留下一个好的印象。"文献编号: F-P, Fondation Custodia。

目前我能说的就是这么多了，还有一件事，请不要忘记我。[①]

您亲切忠实的，

A 德彪西

请代我向瓦涅夫人问好，想念玛格丽特和莫里斯。

Autogr.: non localisé*. *Prov.*: Hôtel Drouot, 17 décembre 1993, n° 265 (avec fac-sim. partiel); Cat. Les Autographes 74 (Noël 1996), n° 181. *Publ.*: Prunières, p. 34-35 (130-131) (incomplète); Debussy 1980, p. 14-15 (incomplète); Debussy 1993, p. 42-44 (incomplète). *Exp.*: Paris 1942, p. 27, n° 46.

① 然而，这却是我们已知的最后一封罗马时期写给昂利·瓦涅的书信。后一封要等到一年多以后，此时德彪西已经回到巴黎。

1886 – 2

致埃米勒·巴宏

[美第奇别墅,1886 年 9 月][①]

我亲爱的朋友:

请您原谅!! 都在这句话里了,其余的多说无益。您知道,在我所有的收件人中,只有和您我才能这样说,因为我知道您肯定会懂我的意思。

我最初的计划是提交《狄安娜在树林》,然而我不得不放弃,这使我很难过,因为我很在乎这部作品。但灵感和我关系不太好,我现在想从脑子里找点子可"容易"了,"容易"到像拔一颗牙一样。最终,我来不及将作品定稿,只能先"炒炒冷饭"。[②] 我这边又添新的烦恼了,再加上装修,能有多烦就有多烦。您能想象得到,这些对我来说都是雪上加霜,我最近已经过得猪狗不如了,最后的忍耐力就要崩盘了。

不过如今,我的大部分创作都已结束,就差配器了,所以成品指日可待。

啊! 我已经受够了罗马这座永恒之城,我觉得自己也是永恒地待在这里了。巴黎、我关心的人、我钟爱的罗马路店铺,[③] 这些似乎都已不复存在。

---

① 由于信中提到了沙赫勒·维尼耶在《时尚》中写的文章(见第 64 页脚注①),所以该信肯定不会早于 1886 年 6 月。另外,信中提到了返回巴黎的计划,而德彪西的确在 10 月回到巴黎(见书信 1886 – 3),由此推断该信于 9 月所写。

② 应该就是《祖莱玛》,这是德彪西罗马奖的第一部年度作品,之前他曾对昂利·瓦涅说要放弃该作品(见书信 1885 – 20)。艺术院对作品的评价如下:"德彪西先生似乎走入了歧途,他的作品变得很奇怪,难以理解,无法演奏(演唱)。虽然有些片段稍显风骚,但他写的声乐部分对于旋律性和宣叙性都没有任何意义。学院希望时间和经验能带给德彪西先生有益的改变。"见 *Journal officiel*, 31 décembre 1886。

③ 此处指巴宏的书店,位于罗马路 52 号。

我受够了一成不变的音乐和景致，我想去看马奈的画，[①]听奥芬巴赫的作品！[②]这话听起来像是谬论，但我告诉您，我们需要远离这座消极制造厂，呼吸新鲜的空气，才会获得最不可思议的灵感。

光顾着说我了，您那里怎么样？您的身体康复了吗？赶紧跟我详细说说。您亲切忠实的，

A 德彪西[③]

您能帮我寄出以下书籍吗？

让·莫雷亚斯的《短歌集》，[④]（瓦尼耶出版社[⑤]）

同一作者的《米兰达的茶会》，[⑥]（巴尔布出版社，学校路 41 号）

《雪莱全集》，由菲利克斯·拉波翻译[⑦]（吉鲁出版社，德鲁沃路）

---

① 爱德华·马奈（Édouard Manet, 1832—1883），法国画家。此时马奈已去世三年，享年 51 岁。

② 很久之后的 1921 年 12 月 15 日，皮埃尔·路易斯给费尔南·格雷（Fernand Gregh, 1873—1960）写信回忆了自己与德彪西一同观看雅克·奥芬巴赫（Jacques Offenbach, 1819—1880）的《盗贼》（*Brigands*）："德彪西笑得前仰后合，然后对我说：'哥们儿，这才是音乐。'"（文献编号：F-P, coll. part）。

③ 德彪西使用的第六种签名形式"ADebussy"，从 1886 年 9 月初至 1889 年 10 至 11 月。见附录Ⅳ，n° 6。

④ 让·莫雷亚斯（Jean Moréas, 1856—1910）的《短歌集》（*Les Cantilènes*）刚于 1886 年 6 月由雷昂·瓦尼耶（L. Vanier）出版社出版。

⑤ 关于瓦尼耶，见书信 1893－27。

⑥《米兰达的茶会》（*Le Thé chez Miranda*）由让·莫雷亚斯和保罗·阿达姆（Paul Adam, 1862—1920）共同完成，于 1886 年 4 月由特雷斯（Tresse et Stock）出版社出版。部分片段被刊登在《时尚》（*La Vogue*）的两期中（1886 年 4 月 18 日和 5 月 2 日）。《费加罗报》（*Le Figaro*）在 1886 年 8 月 11 日也大篇幅引用，作为闪耀风格的范例："这是冬夜，蒸汽缥缈。"

⑦ 在前两册翻译版本的开头（分别出版于 1885 年和 1886 年），菲利克斯·拉波（Félix Rabbe, 1834—1900）对珀西·比希·雪莱（Percy Bysshe Shelley, 1792—1822）的历史和生平进行了研究。

感谢你寄来的《时尚》杂志,[①] 里面着实有几个疯子,比如那个沙赫勒·维尼耶先生,请您把他的文章都寄过来,好像是在《现代者刊》上。[②]

没有保罗·魏尔伦写的东西吗?[③] 或者阿勒拜赫·儒奈的《玫瑰十字会》?[④] 沙赫勒·莫里斯的《苦路》?[⑤] 沙赫勒·维尼耶的《游戏与前奏》?

---

①《时尚》于 1886 年 4 月 4 日创办,主办人雷欧·德·奥赫菲(Léo d'Orfer),协办人古斯塔夫·卡恩,出版商巴尔布。第一个系列到 1886 年 12 月 20 日为止,共 35 期。该信中德彪西指的是第 6 期(1886 年 5 月 29 日至 6 月 3 日),其中包括沙赫勒·维尼耶(Charles Vignier, 1863—1934)的仿日本风格短篇小说《巴黎–耶多》(*Paris-Yeddo*), p. 197-200。该期的目录中还有:阿图尔·兰波(Arthur Rimbaud, 1854—1891)《启示》(*Les Illuminations*,第一部分),儒勒·拉福格《水族馆》(*L'Aquarium*),爱德华·杜加尔登(Édouard Dujardin, 1861—1949)《小女孩》(*Les Jeunes Filles*),沙赫勒·昂利(Charles Henry, 1859—1926)《巴尔瑟萨尔·德·蒙克尼斯游记:普罗旺斯于意大利(1646);英格兰(1663)》[*Les Voyages de Balthassar de Monconys: en Provence et en Italie (1646); en Angleterre (1663)*]。

② 全名为《现代者、文学、艺术与哲学刊》(*La Revue moderniste, littéraire, artistique et philosophique*),1884 年 12 月创办,1886 年 2 月停办。其音乐评论者伊波利特·米兰德(Hippolyte Mirande, 1862—1932)是一位瓦格纳迷。在该刊的最后一期中(第 11 至 12 期,1886 年 2 月 1 日),的确刊登了一篇沙赫勒·维尼耶的文章,名为《观察方式》(*Manière de voir*,第 61-66 页)。

③ 保罗·魏尔伦在 1884 年 12 月发布了《曾几何时》(*Jadis et Naguère*)之后,就没有任何新作问世了。

④ 阿勒拜赫·儒奈(Albert Jounet, 1863—1923),卡巴拉信徒,诗人,著有《神之王国》(*Le Royaume de Dieu*, 1887)以及《黑百合》(*Les Lys noirs*, 1888)。儒奈与约瑟芬·佩拉当(Joséphin Péladan, 1858—1918)、帕普斯(Papus, 1865—1916)关系密切,创办了《星星》(*L'Étoile*)期刊。他的一部分玫瑰十字团诗歌被刊登在《现代者、文学、艺术与哲学刊》第 8 期上(1885 年 9 月 30 日,第 49-61 页)。但他诗词合集的任何版本均未被找到。

⑤《现代者、文学、艺术与哲学刊》曾两次预告沙赫勒·莫里斯(Charles Morice)的《苦路》(*le Chemin de la Croix*),分别是第 9 期(1885 年 10 月 30 日)和第 10 期(1885 年 12 月 1 日),但无法得知此书最终是否出版。

我希望最近能回趟巴黎(不要跟任何人讲)。您希望我现在预付给您还是可以稍微缓缓?我听您的安排。

哦对!还有若利斯·卡尔·于斯曼的《巴黎素描》(日本专刊)。[①]

Autogr.: non localisé*. *Prov.*: Hôtel Drouot, 22 décembre 1933, nº 32; Hôtel Drouot, 8 mars 1995, nº 75 (avec fac-sim. partiel). *Publ.*: Ambrière, p. 23-25 (incomplète).

1886 – 3

致埃米勒·巴宏

美第奇别墅,1886 年 11 月 6 日

我亲爱的朋友,

首先,没能在走之前和您握手实在是太遗憾了。[②] 但您知道出行前的日子我们都做些什么——收拾行李!找与裤子配套的衬衣需要两个小时;手帕和袜子都玩起了捉迷藏;别出心裁选择在当天购物。最后,总算要出发了,而我们也已经忙得焦头烂额了。换作是您,还有精力考虑别的吗?所以还请您谅解。

我发现罗马真的是越来越丑了,很难想象这座棕色的大理石城市怎么会如此不受待见,待在这里只能让人无聊到抓狂。美第奇别墅还是那个您熟悉的消极制造厂,所以我们可以跳过了。对了!我换了一个房间。现在我有了一种审美的快感,那就是看着罗马的男女老少从眼前走过,还有长长的祭祀队伍,有些人穿着一身黑衣,活像黑萝卜,

---

① 若利斯–卡尔·于斯曼(Joris-Karl Huysmans, 1848—1907)的《巴黎素描》(*Croquis parisiens*)于 1880 年由瓦通(Vaton)出版社出版,但在 1886 年,瓦尼耶出版社发行了新的增补版,和纸样本共十三本。

② 应该是指 10 月从巴黎返回罗马的时候。

另一些人穿着一身红衣,酷似红辣椒。这景象跟描写仙境的画作一样,我们能从中找到千奇百怪的"蔬菜",而且一望无际。

和这封信一起寄给您的,还有我的印章。我希望小尺寸的纸张能再小一些,加上白色的浮雕。大尺寸的纸张可以用相同的模板,加上银色的浮雕。唯一要改的就是把"a"与"d"之间的两点去掉,就像这样。① 请再寄给我三张和纸,与其他纸的要求一样,另外还有一本《独立刊》,② 应该是本月 1 日发行的那期。至于寄什么书,我就全权交给您了。

然后就是……账单……账单……

我在这封信里附上了 50 法郎,具体不知道欠您多少,请先笑纳。

请尽快给我回信吧,聊聊您的两座房子。③ 您非常友好的,

A 德彪西

Autogr.: non localisé (copie H. Borgeaud). *Prov.*: Hôtel Drouot, 22 décembre 1933, n° 29. *Publ.*: Ambrière, p. 21-22 (extraits).

---

① 该缩写图案设计被德彪西划掉了。

② 爱德华·杜加尔登于 1885 年创办了《瓦格纳刊》(*Revue wagnérienne*),并于 1888 年停办。1886 年秋天,杜加尔登发行了第二系列的《独立刊》(*Revue Indépendante*),主编为菲利克斯·费内昂(Félix Fénéon, 1861—1944),其他编辑有西奥多·德·维杰瓦(Theodor de Wyzewa, 1863—1917)、昂利·塞阿赫(Henri Céard, 1851—1924)、让·阿雅拜赫(Jean Ajalbert, 1863—1947)和路易·德·布塞·德·福赫库(Louis de Boussès de Fourcaud, 1851—1914)。在第 1 期中就明确了他们的教理,"是将所有艺术联合起来共同重建生活。"该刊主题包含文学、音乐和造型艺术,并成为象征主义的主要发声渠道(在之前的 9 月 18 日,《费加罗报》刊登了莫雷亚斯的象征主义宣言)。

③ 见书信 1886 – 4。

1886 – 4

致埃米勒·巴宏

美第奇别墅

1886 年 12 月 23 日

我亲爱的朋友，

我可不像您一样，有两座房子需要料理，[①] 所以我推迟回信只能找别的借口，暂且说是因为我最近处于作曲的冲刺期，度过了一段非常郁闷的时光。我的太多乐思都是转瞬即逝，可怜的我就像在和精灵们玩捉迷藏一样，十分狼狈。

但是，这样的经历至少让我明确了一点，那些无聊的时光还没有让我变得麻木不仁。没有！我还是有能力想出好点子的，还不至于落魄到为了一个降号把父母卖掉。好吧，这些细节可以跳过了。

您对贝克的感觉和我一模一样，[②] 而且没有恭维。您对人和事的判断都非常精细，如果有一天，您认为瓦格纳不是一个卑鄙小人，那您就是我最好的朋友了。

对于萨尔维尔这个梅耶贝尔迷的失败，[③] 您怎么看？事实上，虽然现在的观众不是开杂货店的，就是修脚的，但我认为他们早就听够了

---

① 埃米勒·巴宏在巴黎确实拥有两座房子，一座位于美丽城路 61 号，另一座位于维莱特大道 128 号。

② 昂利·贝克（Henri Becque, 1837—1899），法国剧作家、"讽刺喜剧"之父、现实主义喜剧复兴者。代表作有《乌鸦》（*Les Corbeaux*，1882）和《巴黎女人》（*La Parisienne*，1885）。德彪西笔下"对贝克的感觉"应该是指《诚实的女人》（*Les Honnêtes Femmes*），1886 年 10 月 27 日起上演于法兰西剧院，同期上演的还有让·黎施潘（Jean Richepin, 1849—1926）的《斯卡潘先生》（*Monsieur Scapin*）。

③ 原文中有拼写错误，将"梅耶贝尔迷"的"Meyerbeeriens"写成了"Meyerberiens"。此处德彪西指贾斯通·萨尔维尔（Gaston Salvayre, 1847—1916）的梅耶贝尔式大歌剧《艾格蒙》（*Egmont*）。该剧刚刚在 12 月 6 日首演于喜歌剧院。乐评仅对作品的小芭蕾略有好评，称其为"美妙的效果"。

卡伐蒂娜,看够了装腔作势。当下有个奇怪的现象,那就是人们非常支持文学运动,尤其是俄国小说家们带来的新形式,我甚至觉得,他们至今还没有把托尔斯泰捧得超过福楼拜,[①]这是很不正常的。但对于音乐,人们却希望它静如止水,就连使用一个稍微不和谐的和弦都是一次革命。您说说,这也太没道理了。

您读过黎施潘的《勇敢的人》吗?[②]他给我的感觉像是升级版的欧奈,[③]我还是更喜欢他从前的直截了当,现在他似乎从红色逐渐变成绿色了(象征学院的颜色)。

我这边没什么新鲜事,除了《儒阿赫修道院》,[④]但它也只是引起了法国人的震动,眼看着他们的一位大师沦为笑柄。

如果可以的话,我希望尽快收到新的纸张,因为我快用完了,印章

---

① 埃米利赫·布赫日(Émilir Bourges, 1852—1925)在1885年3月的《高卢报》(*Le Gaulois*)上将"俄国流派"称为"新来的"。1886年,尤金-梅尔基奥·德·沃格(Eugène-Melchior de Voguë, 1848—1910)子爵集合了《两个世界刊》(*La Revue des deux mondes*)中的一系列文章,出版了《俄国文学》(*Le Roman russe*)一书,由此掀起俄国风潮。费奥尔多·陀思妥耶夫斯基(Fiodor Dostoïevski, 1821—1881)、列夫·托尔斯泰(Léon Tolstoï, 1828—1910)、尼古拉·果戈里(Nikolai Gogol, 1809—1852)等人的翻译作品层出不穷。西奥多·德·维杰瓦曾在1887年1月的《独立刊》上写道:"就像刚刚过去的一年一样,巴黎出版商翻译俄语作品的热情无疑将成为1887年的主要文学现象。"虽然德彪西被"流放"至罗马,但他还是时刻地关注巴黎文学界的动向。

② 让·黎施潘是法国高等师范学院毕业生(非高等师范音乐学院——译者注),曾被流放,但依然享有盛名,代表作有《乞丐之歌》(*La Chanson des Gueux*, 1876)、《利剑下》(*Par le glaive*, 1892)、《流浪者》(*Le Chemineau*, 1897)。《勇敢的人》(*Braves gens*)则在当年刚由德雷福(Dreyfous)出版社出版。

③ 乔治·欧奈(Georges Ohnet, 1848—1918),法国小说家。曾著有《人生斗争》系列,以一种低俗的风格描绘了当时的资产阶级。他最著名的小说为《锻造大师》(*Le Maître de forges*, Paris, Ollendorf, 1882)。

④《儒阿赫修道院》(*l'Abbesse de Jouarre*)是埃赫奈斯·勒南(Ernest Renan, 1823—1892)的"哲学戏剧"。1886年由恩里克·潘扎奇(Enrico Panzacchi, 1840—1904)翻译为意大利语并在罗马首演。埃莱奥诺拉·杜斯(Eleonira Duse, 1858—1924)通过扮演修道院院长一角大获成功。该剧在罗马进行了三场演出,来年又在米兰演了三场。安德烈·安托万(André Antoine, 1858—1943)本想在1888年将其引进到自由剧院,但没能实现。

的话可以等等。您能给我寄一本昂利·贝克的《米歇尔·珀佩》吗?[①]（《独立刊》就不用了,我弟弟已经寄给我了。[②]）其余的新作您看着办。

亲切地致以问候。

A 德彪西

信封上有邮戳（25 12 86）和地址:
Francia.
Monsieur Em. Baron.
52. Rue de Rome.
Paris
Autogr.: lettre, non localisée*; enveloppe, non localisée*. *Prov.*: Hôtel Drouot, 22 décembre 1933, n° 30; lettre, Cat. Librairie Incidences 7 (1934), n° 41; Hôtel Drouot, 19 décembre 1936, n° 26; anc. coll. F. Lang; Site K. Rendell (consulté le 22 janvier 2011 avec fac-sim. partiel). *Publ.*: Ambrière, p. 22-23, 25-26 (extraits); Debussy 1980, p. 17-18; Debussy 1993, p. 46-47.

---

① 《米歇尔·珀佩》（*Michel Pauper*）,五幕戏剧,1870 年由作者出资在圣马丁门剧院上演,同年由拉克瓦（A. Lacroix）出版社出版。

② 德彪西的弟弟阿尔弗雷德·德彪西（Alfred Debussy）预订了这份期刊,而且在来年参与了编辑工作,翻译了但丁·加布里埃尔·罗塞蒂（Dante Gabriel Rossetti, 1828—1882）的《手杖与荷包》（*Le Bourdon et la Besace*）。

1886－5

致埃米勒·巴宏[①]

[美第奇别墅,1886年(?)]

"[……]被流放到异乡的苦命人[埋怨他的朋友不回信,同时也就自己的冷漠请求原谅。][②]

您知道我在巴黎时就不怎么友善,而在这里我变得更加尖酸刻薄。[……]"

Autogr.: non localisé. *Prov.*: Hôtel Drouot, 22 décembre 1933, n° 31.

① 在德彪西的书信清单中,同一个编号内提到三封信:"N° 31,三封签名手书。美第奇别墅,1887年1月5日,附有信封,无日期。精美的书信,其中'被流放到异乡的苦命人'埋怨他的朋友不回信,同时也就自己的冷漠请求原谅。您知道我在巴黎时就不怎么友善,而在这里我变得更加尖酸刻薄。他十分想念巴黎,并要求他的朋友把书、纸张以及他的AD印章寄给他。"在这三封书信中,被发现的只有1887年1月5日的。弗朗西斯·安布里埃尔(Francis Ambière, 1907—1998)曾在自己的文章中引用了两个节选,可能出自N° 31的片段。然而,我们还是按照清单中对这三封书信的描述,将它们归纳进1886年底。

② 德彪西参考了弗洛蒙塔尔·阿莱维(Fromental Halévy, 1799—1862)的歌剧《塞浦路斯女王》(*La Reine de Chypre*, 1841)中最著名的咏叹调歌词"被流放到异乡的苦命人"。

1886 – 6

致埃米勒·巴宏[①]

［美第奇别墅,1886 年(?)］

"［……］这本杂志真让我开心,这种黄色封面太有巴黎的气息了。"[②]我仿佛又看到了您的店面,还有所有那些街道,感觉既亲切又自在。

我想我们会重新找回这些的,会的。天呐,我又可以去参加那些拥挤的晚餐了,地方虽小,但心宽意适。［……］"

Autogr.: non localisé. *Prov.*: Hôtel Drouot, 22 décembre 1933, n° 31. *Publ.*: Ambrière, p. 21.

---

① 见书信 1886 – 5。

② 我们无法得知德彪西说的是哪本期刊。也许是巴宏寄给他的《独立刊》,其封面为鲑鱼粉色。黄色经常被使用,夏庞蒂埃(Charpentier)出版社出版的书籍以及法兰西信使(Mercure de France)即将出版的书籍都采用黄色封面。

1887-1

致安托万·马赫蒙泰勒

[1887年1月1日]
美第奇别墅

亲爱的老师,

我用小孩的口气为您献上最美好的祝福,最重要的是祝您身体健康……

抱歉在这样的日子给您写信,这点我在后面会解释的。到罗马之后,我立刻开始创作我的年度作品,因为我选择了一个令我有点胆怯的主题(我下次回巴黎再和您细说)。[①] 我所有的精力几乎全都放在了这部作品上,无暇顾及其他更美妙的事情。这也使得我对罗马的印象带着一点霉味。[②]

从另一个方面说,我对罗马更明确的印象是,像我们这样的人,也就是生活在1887年的巴黎人肯定适应不了罗马的宏伟。[③] 我们的穿着打扮都不配进入西斯廷教堂,即使是英国人对其进行了破坏。我在这些巨作面前自然是谦卑地向它们行礼,然而,它们也只能让我们过过眼瘾,无法触及我们的灵魂。总之,我们不能活在它们的光环中。

在拱顶画作中,那些人物的表情似乎在暗示我:你太渺小了,不要试图攀登雅克布的天梯。但我很确定,那些人并不比我高多少。

还有,如果您听到流言蜚语,说有个叫德彪西的人在美第奇别墅晚会上弹钢琴弹得很差,请不要太生气,因为我尽力了。[④]

最后,献上我尊敬与真挚的问候。

A 德彪西

---

① 应该是指作品《春天》(*Printemps*),见书信1887-3。

② 因为长期关在房间里。

③ 德彪西先写了1886年,随后又在“6”上改成了“7”。

④ 马赫蒙泰勒是德彪西在巴黎音乐学院时期的钢琴老师。——译者注。

Autogr.: non localisé*. *Prov.*: anc. coll. W. Pelletier. *Publ.*: Lesure 1992, p. 71-72 (datée 1er janvier 1886); Debussy 1993, p. 41-42 (datée 1er janvier 1886); Lesure 1994, p. 82-84 (datée 1er janvier 1886); Lesure 2003, p. 82-83 (datée 1er janvier 1886).

1887 – 2

致埃米勒·巴宏

美第奇别墅
1887 年 1 月 5 日

我亲爱的朋友。

您知道吗？我已经开始怀疑您是否在世了。我给您写了两封信，但都没有得到任何回音。这无论如何都说不过去了！我不想听那些没用的，您只要知道，我现在已经把您放在了“友谊对立面”的行列了，具体未来如何就看您接下来的表现了。

您看出来我有点生闷气了吧？您自己考虑该怎么解决吧。

为了向您表示我的善良，我还是不能少了对您的美好祝愿，首先是您个人，然后是您的事业。

亲切地。

A 德彪西

我开始用您给我的纸张了，质感非常好。① 您没觉得小尺寸的纸张上的数字大了些吗？之后的纸张上，请用白色数字，并且至少再小四

① 自该信起到 1892 年，德彪西一直会使用印有缩写字母“AD”的信纸。

分之一(仅小尺寸的纸张)。我还想要让·阿雅拜赫的《女性的容貌》,[1]由瓦涅出版。[2]

祝福亚历山大,不久见!后面一封信会缓和一些。

再次敬礼。

AD.[3]

信纸左上角带有红色字母,信封上有邮戳(寄出:7 I 87,到达:9 JANV 87)和地址:
Francia.
Monsieur Em. Baron.
52. Rue de Rome.
Paris
Autogr.: US-NHub, Yale University, Frederick R. Koch Collection. *Prov.*: Hôtel Drouot, 22 décembre 1933, nº 31; Cat. I. Nebehay (1977), nº 55; Cat. H. Schneider 246 (1980), nº 55. *Publ.*: Debussy 1993, p. 48.

---

① 让·阿雅拜赫(Jean Ajalbert, 1863—1947),自然主义朗读者、诗人、剧作家。他的《女性的容貌:印象》(*Paysages de Femmes: impressions*)于1886年11月由雷昂·瓦尼耶出版,配有让-弗朗索瓦·拉法埃里(Jean-François Raffaëlli, 1850—1924)的插图。

② 原文中有笔误,应该是瓦尼耶(Vanier)。——译者注。

③ 原件中此为"AD"花体缩写签名。

1887－3

致埃米勒·巴宏

美第奇别墅,1887年2月9日

我亲爱的朋友:

这次轮到我向您道歉了,一是迟迟没有回信,二是这封信里讲的全是一些麻烦,希望您不要受到它们的影响。

我最近一直在为我的年度作品发愁,这让我过着劳改犯一样的生活。我在脑海中构思了一部独特色彩的作品,一部十分有感染力的作品。我给它取名为《春天》,[①]但不是字面意思的春天,而是人性的春天。

我想表达的是世间万物起源的艰辛,逐步成长直到获得新生的快乐。当然,这一切都不会是标题音乐。对于音乐需要跟着文字走,对于入场时需要发小卡片(带有与音乐对应的故事情节),我是十分蔑视的。所以您可想而知,我的音乐必须具有多么强的联想性,我不知道自己能不能胜任。

您在信中提到自己想搬到一个四季如春的城市,那您可千万别来罗马。虽然它以阳光而闻名,但现在的罗马就跟莫斯科一样,大雪纷飞、天寒地冻。

罗马人都傻了。他们平时穿得太少,现在都不得不套上大衣。如此一来,这给城市里的遗迹添加了一层漂亮的色彩,让它们变得更加整洁,给它们冰冷的轮廓带来了新鲜感。这比平时的"蓝天黄土"强一千倍。我非常赞成您给我寄《弗朗西甬》,[②]另外还请帮我寄《独立

---

① 这首两个乐章的交响乐作品在同月完成,并且在埃贝尔主任的一次招待会上以四手联弹的形式演奏。作为第二部年度作品,学院给出许多保留性意见,并警告年轻的德彪西要"对抗模糊的印象主义,这是艺术作品中真理的劲敌"。该作品就是以四手联弹的形式于1904年在《音乐刊》(*Revue musicale*)上出版的。见书信1904－8。

②《弗朗西甬》(*Francillon*)是小仲马的作品,刚刚于1月17日在法兰西剧院上演。

刊》以及我还想要让·阿雅拜赫的《女性的容貌》。[①]

我希望您收到信的时候已经康复,亲切地。

A 德彪西

请代我问亚历山大好。

哦对了,请寄给我 2 月 15 日的《新刊》,里面有布赫热的一篇小说。[②]

信纸左上角带有红色字母,信封上有邮戳(寄出:9 II 87,到达未知)和地址:
à Monsieur Em. Baron.
52. Rue de Rome.
Paris
Autogr.: non localisé. *Prov.*: Hôtel Drouot, 22 décembre 1933, n° 33; anc. coll. M. Pincherle; Hôtel Drouot, 3-5 mars 1975, n° 66. *Publ.*: Ambrière, p. 22, 24 (fragments); M. Pincherle, *Musiciens peints par eux-mêmes. Lettres de compositeurs écrites en français* (1771—1910), Paris, Pierre Cornuau, 1939, p. 226-227; Debussy 1980, p. 18, 21; Debussy 1993, p. 49-50. *Exp.*: Paris 1942, p. 27, n° 50; Paris 1962, p. 26, n° 43.

---

① 在前一封信中已经提及。阿雅拜赫于 1886 年还在《快车刊》(*le Vif*)上刊登了名为《印象派诗句》(*vers impressionnistes*)的合集。

②《新刊》(*Nouvelle Revue*, 1879—1926)由朱丽叶·阿丹(Juliette Adam)创办,德彪西索要的这一期其实是刊登了六首保罗·布赫热的十四行诗。布赫热在撰写《大都会》(*Cosmopolis*)、《我们的心》(*Notre cœur*)以及世俗小说《门徒》(*Disciple*)、《阶段》(*L'Étape*)之前,以诗人身份出道,并且靠着《当代心理学解析》和《当代心理学新解》成为了著名的评论家。见书信 1886–1。

1887 – 4

致古斯塔夫·波佩兰

星期四,1887 年[3 月]10 日[①]

我亲爱的古斯塔夫:

回到巴黎的感觉太好了! 星期五早晨有空吗,我们聚一聚? 好吧,如果不行那请你告诉我哪天可以。

你最亲切忠实的,

A 德彪西

信纸左上角带有红色字母。

Autogr.: US-NYpm, MLT D289. P826 (8). *Prov*.: anc. coll. M. G. Cobb. *Publ*.: Cobb 1989, p. 48.

---

① 原文中,德彪西写错了月份,将"3"写成了"2"。根据埃贝尔夫人的日记,德彪西是 1887 年 3 月 2 日离开美第奇别墅的。

1887 – 5

致埃赫奈斯·埃贝尔

星期四

1887 年 3 月 17 日

亲爱的老师:

很抱歉这么晚才给您回信。首先,是因为我把意大利的重感冒带回了法国,结果变成了一次完整的暴发:发烧!咳嗽!反应迟钝!样样俱全![1]其次,是因为当我回到车水马龙的世界,我就有点疯了,至少刚回来的时候是这样。如今,能让我感到开心的事情很多,但同时这又让我十分怀念老式的生活。回到巴黎时,我就像一个小孩一样小心翼翼地探着路(我真的太害怕汽车了),我感觉我的朋友们都变成了大人物。比达尔特别忙,[2]跟我吃个午饭都需要挤出时间!勒胡于两个预约之间和我在街上匆匆见了一下!皮埃内!我干脆不敢去见他。[3]一句话,这些人都认为自己征服了巴黎!可以看得出他们现在是多么八面玲珑,早已失去了往日的愤世嫉俗。

所有这一切都让我有点生气!当然,我这种状态跟住在罗马也有一定的关系。最近这几个月我生活在梦境里,全身心投入到创作中,

① "样样俱全"(Toute la Lyre)其实是维克多·雨果(Victor Hugo, 1802—1885)身后出版的诗集标题,分别出版于 1888 年和 1893 年。德彪西非常喜欢这个习惯用语,他在几个月后写信给保罗·杜卡(Paul Dukas, 1865—1935),当聊到斯蒂凡·马拉美(Stéphane Mallarmé, 1842—1898)《牧神午后》(*L'après-midi d'un Faune*)的版本时,德彪西写道:"友情、审美……样样俱全。阿西伊·德彪西,1887 年 5 月 25 日。"(原件未找到)。

② 比达尔又重新成为了"La Concordia"合唱团的伴奏,直至 1889 年成为巴黎歌剧院合唱队指挥。

③ 加布里埃尔·皮埃内的职业生涯非常成功:帕斯德鲁(Pasdeloup)和柯罗纳(Colonne)音乐会都在上演他的作品,勒杜克(Leduc)出版社则宣布拥有他作品的独家出版权。

致力于达到艺术的至高境界，根本不会去管其他人怎么想。现在我不免会自问，像我这样的原始人，在这些"成功人士"当中如何寻找生存之道，我已经预感到了无数的麻烦和摩擦。我当然会非常怀念我在美第奇别墅的漂亮房间，怀念您的关怀以及鼓励。事实上，我们只需要为五个人创造艺术，五个我们真正热爱的人！至于去讨好一群路人，讨好整个世界，讨好这根葱那头蒜，天呐，想想都觉得无聊！好吧，我先不说了，这些啰嗦倒先让我显得很无聊了！

到目前为止，我最开心的时刻就是星期日的拉穆勒音乐会。《齐古德》的序曲很一般，[①] 有点像工业展览开幕式的音乐，其滥用铜管乐，弦乐被彻底压住，忧郁的效果太俗气，巴松的用法同样过于常规。到了《仲夏夜之梦》选段，终于听到不错的音乐了！[②]《特里斯坦与伊索尔德》的第一幕，从感情的深刻程度看，这绝对是我认知中最美的音乐，它在轻抚的过程中将我们捆住，让我们感受到痛苦。总的来说，我们的感受和特里斯坦是同步的，但这并不会违背我们自己的思想和心智。音乐会上的演唱不太行，但演奏非常精彩，有的时候甚至太过规整了，应该让音乐再自由一些。[③] 我最近听到的音乐就是这些。至于歌剧院那边，我提不起兴趣。我又去看了一遍《哈姆雷特》。科克兰[④]

---

① 埃赫奈斯·雷耶尔的歌剧，于 1884 年 1 月 7 日在布鲁塞尔皇家铸币局剧院首演。

②《仲夏夜之梦》(*Songe d'une Nuit d'Été*)由菲利克斯·门德尔松(Félix Mendelssohn, 1809—1847)基于威廉姆·莎士比亚(William Shakespeare, 1564—1616)的作品之上创作。3 月 13 日音乐会中还包括了瓦格纳《唐豪瑟》(*Tannhäuser*)中的进行曲、约翰·塞巴斯蒂安·巴赫(Johann Sebastian Bach, 1685—1750)的一首咏叹调。1901 年，德彪西将门德尔松比作一位"高雅、随和的公证员"。见 Debussy 1987, p. 24。

③ 此次演出的版本为维克多·维尔德(Victor Wilder, 1835—1892)的翻译版，演员包括：瑞秋·勒胡(Rachel Leroux)、博阿登–普伊塞女士、埃赫奈斯·范·迪克(Ernest Van Dick, 1861—1923)、埃米勒·布罗瓦埃赫(Émile Blauwaert, 1845—1891)以及莫基埃赫(Mauguière)。

④ 康斯坦·科克兰(Constant Coquelin, 1841—1909)，也称老科克兰，著名演员，曾首演《情圣西哈诺》(*Cyrano*, 1897)。

对它的评价很低:“这部剧很差劲,蒙奈–叙利是法兰西剧院的第一笑话,”说得好像科克兰他自己是个一流悲剧作家一样!因此,我无视了科克兰的意见,我觉得这部剧精彩依旧,而且蒙奈的表演非常有说服力。[①]

作为结尾,请您替我向埃贝尔夫人转达我最真诚的问候和最美好的回忆,真心拥抱您。

您的学生,

A 德彪西

信纸左上角带有红色字母。

Autogr.: F-P, Musée Ernest Hébert, ARC 826. *Publ.*: Lesure 1992, p. 76-77; Debussy 1993, p. 55-56; Lesure 1994, p. 88-89; Lesure 2003, p. 88-89.

---

① 让·蒙奈–叙利(Jean Mounet-Sully, 1841—1916)一直希望能够在法兰西喜剧院重新上演《哈姆雷特》(*Hamlet*),最终在1886年10月实现。此次演出布景十分奢华,对原作进行删减的同时还对其结尾进行了颇具争议的改动。这一系列的演出令斯蒂凡·马拉美在《独立刊》(1886年11月至12月期)上写下了重要的评论。马拉美高度评价了蒙奈–叙利的表演:“他高贵的忧伤完美衬托了每一次突如其来的痛苦。这种内在的忧伤让人难忘,达到了‘任风雨来袭,我自岿然不动’的境界。蒙奈–叙利先生能通过自己的博学找到创造性的灵感,这种无法解释的本能或许就是他最与众不同的地方。”见 *Revue Indépendante*, t. I/1 (novembre-décembre 1886), p. 41。

1887 – 6

致古斯塔夫·波佩兰

［1887年4月6日］[①]

我亲爱的古斯塔夫：

这是德莱萨的地址：[②]大学路102号，在维赫讷伊路附近。你看看，都是些耳熟能详的路名，就是从来没去过。

你最忠诚的朋友，希望很快能再见！

A德彪西

星期三，1887年4月6日，

信纸左上角带有红色字母。

Autogr.: US-NYpm, MLT D289. P826 (9). *Prov.*: anc. coll. M. G. Cobb. *Publ.*: Cobb 1989, p. 48.

---

① 该信的日期在原件中位于结尾处。

② 雅克·德莱萨（Jacques Drésa, 1869—1929），画家、室内装潢设计师、剧院布景师，主要参与布景了莫里斯·拉威尔（Maurice Ravel, 1875—1937）的《鹅妈妈》（*Ma Mère L'Oye*）。

1887－7

致一位诗人

[1887年][1]

万分感谢您美丽的诗句,很遗憾让您害怕会打扰我！请知晓:“我永远欢迎您的来访。”(抱歉,这样说很俗气,但这确确实实是真心话。)

敬礼。

A 德彪西

信纸左上角带有红色字母。
Autogr.: CH-Zz, Autogr. Bebler M34/1. *Prov.*: anc. coll. E. Bebler.

① 该信的用纸质量、尺寸以及签名都与前一封信相似,因此判定为1887年所写。

1888 - 1

致埃赫奈斯·肖松

[1888 年 1 月(?)][①]

我亲爱的肖松,

您哪天能腾出几分钟给我?我有些事情想和您讲。我本想昨晚找您,但国家(音乐)协会那帮人是如此的针插不进、水泼不入。[②]

祝好。

A 德彪西
柏林路 27 号

信纸左上角带有红色字母。
Autogr.: F-P, coll. part.

---

① 1888 年 1 月 8 日的国家音乐协会委员会会议记录中记有"阿西伊·德彪西先生,柏林路 27 号"。文献编号: F-Pn, Mus., Rés. F. 994 (A/5)。

② 国家音乐协会于 1871 年由塞萨尔·弗朗克、埃赫奈斯·吉鲁(Ernest Guiraud, 1837—1892)、卡米伊·圣-桑(Camille Saint-Saëns, 1835—1921)、儒勒·马斯奈(Jules Massenet, 1842—1912)、儒勒·加赫森(Jules Garcin, 1830—1896)、加布里埃尔·福雷(Gabriel Fauré, 1845—1924)、阿莱克斯·德·加斯蒂昂(Alexis de Castillon, 1838—1873)、昂利·杜帕克(Henri Duparc, 1848—1933)、西奥多·杜博阿(Théodore Dubois, 1837—1924)、保罗·塔法奈勒(Paul Taffanel, 1844—1908)、罗曼·布西讷(Romain Bussine, 1830—1899)创办。其目的是"只演奏法国作曲家的作品",其座右铭为"法国艺术"(Ars gallica,源自拉丁语,"gallica" 在此代表法国,原意可解释为法国蔷薇——译者注)。国家音乐协会首演的曲目包括加布里埃尔·福雷的《第一小提琴奏鸣曲》(Op. 13)、《第一钢琴四重奏》(Op. 15);德彪西的《弦乐四重奏》《牧神午后前奏曲》、阿尔贝里克·马尼亚赫(Albéric Magnard, 1865—1914)的《第一交响曲》(Op. 4);莫里斯·拉威尔的《天方夜谭》(*Shéhérazade*)。

1888 – 2

德彪西及数位作曲家致樊尚·丹第

[拜罗伊特,1888 年 8 月]

我承诺为国家音乐协会的 1888 年至 1889 年乐季提供一首乐队作品。[①]

A 德彪西

Autogr.: non localisé*[②]. *Prov.*: anc. coll. Bovet. *Fac-sim.: S.I.M.* (15 mai 1913), entre les p. 44-45.

---

① 因好友埃蒂安·杜潘(Étienne Dupin, 1864—1899)慷慨解囊,德彪西有幸与其他几位音乐家和音乐爱好者一同前往拜罗伊特"朝圣"。同行的包括:皮埃尔·德·布莱维勒(Pierre de Bréville, 1861—1949)、沙赫勒·拉穆勒(Charles Lamoureux, 1834—1899)、安德烈·梅沙杰(André Messager, 1853—1929)、加布里埃尔·福雷、儒勒·德·布拉耶(Jules de Brayer, 1837—1916)、莫里斯·巴翟(Maurice Bagès, 1862—1908)、爱德华·杜加尔登、约瑟芬·佩拉当、罗拜赫·勾代(Robert Godet, 1866—1950)。演出曲目有瓦格纳的《纽伦堡的名歌手》(*Les Maîtres Chanteurs*)和《帕西法尔》(*Parsifal*),分别由汉斯·里赫特(Hans Richter, 1843—1916)以及菲利克斯·莫特(Félix Mottl, 1856—1911)指挥。

② 该信为集体书信,包括法语和德语两种语言,由巴翟、布莱维勒、德彪西和福雷一同寄出。德彪西承诺写一首交响乐作品的话是出自布莱维勒之手,只有签名是德彪西自己的。布莱维勒还在签名下方加了一句:"这是我们信当中最好的东西。"

1888－3

与杜朗与舜纳维尔克音乐出版社的合约

本人阿西伊·德彪西，作曲家，地址：巴黎柏林路27号，在此声明将下列作品的全部版权出售并转让于杜朗与舜纳维尔克音乐出版社，地址：巴黎马德兰纳广场4号。本人担保一切纠纷、索赔及所有权问题，并不做任何保留，无论是在法国还是在外国。作品：

《小组曲》[①]

为钢琴四手联弹而作

因此，由杜朗与舜纳维尔克音乐出版社接手我对上述作品的所有版权，作为其独家拥有者，可以自己的方式编辑、出版、刻印和出售该作品，并且在音乐会及公共场合进行演奏。出版社及其家庭成员将在合约有效期内在所有国家持有该特权，包括本人在内的任何人不得阻

---

①《小组曲》（*Petite Suite*）于1889年2月12日出版，并且由德彪西本人和出版商奥古斯特·杜朗（Auguste Durand, 1830—1909）的儿子雅克·杜朗（Jacques Durand, 1865—1928）于1889年3月1日在一个巴黎沙龙首演，雅克·杜朗曾记录道："在罗马，德彪西创作了《绝代才女》（*La Damoiselle élue*）和美丽的《春天》。回来后，他给我父亲带来了《两首阿拉贝斯克》（*Deux Arabesques*）和《小组曲》四手联弹，后者本应该大获成功。然而，尽管该作品魅力十足，且难度已经被有意放低，尽管我父亲全力推崇，但依然无人问津。我很失望，因为我和我父亲对这些曲子都充满了信心。然而，前景让我们回归了理智。为了让音乐爱好者们能够被《小组曲》所倾倒，我父亲和德彪西决定由作曲家和我在一个巴黎沙龙演出这套作品。该沙龙经常被精英界所光顾，而他们则把控着主流审美标准。我们演奏了《小组曲》，效果只能说是差强人意，我明显感觉我们还没有赢。德彪西上台前很紧张，一直跟我建议速度不要太赶，我答应了他。然而，刚一开始，他自己就先赶起来了。我拼命往回拉，但没有成功。他很想赶快结束这个公开演出。所以，我尽量跟紧他那个慌里慌张的速度。作品的结尾实在太快了，这可能也是《小组曲》没有受到一致好评的主要原因。" 见 Durand 1924, p. 58-59。

碍。*杜朗与舜纳维尔克音乐出版社还同时有权出版该作品的任何乐器改编版,并可以根据自身利益转让作品的部分或全部版权。*

此次出售和版权转让的总额为:[①]

此为收据。

1888年12月8日于巴黎
已读并同意
A 德彪西

原文为打印件,含手写添加内容,包括德彪西本人以及非本人笔迹(最后一行及签名)。
Original.: F-P, Archives Durand.

① 合约中没有标明金额。

1888 – 4

致一位朋友

［1888 年(？)］

我亲爱的朋友：

以下是我一些朋友的地址：

小米歇尔·彼得：① 汉堡路 20 号

埃蒂安·杜潘：② 米罗梅尼路 18 号

感谢您询问歌曲的事，现在情况是这样的：目前，它们都在一个好心的出版商手里，③ 我下周去取回来，然后和您预约。之前的预约只

---

① 小米歇尔·彼得(Michel Peter, 1865—1925)，法国医生米歇尔·彼得的儿子，德彪西好友勒内·彼得(René Peter, 1872—1947)的哥哥(见书信 1889 – 18)。小米歇尔·彼得在金融界工作。德彪西于 1889 年将自己的《碧丽蒂斯之歌》(*Chansons de Bilitis*)献给了彼得的第二任妻子阿丽丝·罗文斯坦(Alice Loewenstein)。

② 埃蒂安·杜潘，金融家、音乐爱好者。德彪西于 1890 年 2 月将《波德莱尔诗五首》(*Cinq Poèmes de Baudelaire*)献给杜潘。1893 年 12 月 30 日，他迎娶了玛格丽特 – 露西·罗文斯坦(Marguerite-Lucie Loewenstein, 1868—1899)，也就是阿丽丝·罗文斯坦和雷吉娜·罗文斯坦 / 当萨赫(Régine Loewenstein/Dansaert)的姐妹。德彪西、作曲家雷蒙·博纳赫(Raymond Bonheur, 1861—1939)、米歇尔·彼得以及让 – 巴普蒂斯特·弗洛利蒙·当萨赫(Jean-Baptiste Florimond Dansaert)(罗文斯坦和雷吉纳·罗文斯坦的丈夫)同为证婚人。埃蒂安·杜潘于 1899 年 9 月 18 日在墨西哥被谋杀，其妻子在得知消息后自杀。罗拜赫·勾代称杜潘非常喜欢音乐，而且“可能是《波德莱尔诗五首》的赞助人”。勾代还记录道：“他是个经济条件很好的年轻人，高雅、有魅力、有文化、略带神秘感，还是《黄金传说》(*Légende Dorée*)的热心读者。他父亲应该是‘做生意的’(具体是什么我也不清楚)，但我认为他就是因为生意才跑到南美，结果被一群印第安人杀害了。”见罗拜赫·勾代 1929 年 9 月 29 日致雷昂·瓦拉斯(Léon Vallas, 1879—1956)的书信。文献编号：F-LYm, Fonds Léon Vallas 142, n° 30。

③ 指《被遗忘的短曲》(*Ariettes oubliées*)，由孀妇吉洛(la veuve Girod)出版社出版。该出版社还和《独立刊》联合出版了爱德华·杜加尔登的六首《连祷》(*Litanies*)，阿贝尔·吉洛(Albert Girod, 1860—1929)作诗。

是为了找个借口,重新建立我们失散已久的关系。

您的,

A 德彪西

(星期四)

信纸左上角带有红色字母。

Autogr.: non localisé*. *Prov.*: Cat. G. Morssen (janvier-février 1953), n° 27; Hôtel Drouot, 14 janvier 1981, n° 14; Cat. Les Autographes 79 (frimaire 1997), n° 82; anc. coll. Musée des Lettres et des Manuscrits; Hôtel Drouot, 20 novembre 2020, n° 1276; Hôtel Drouot, 25 mars 2021, n° 203.

1889 – 1

致罗拜赫·勾代

[1889 年 1 月 24 日]

亲爱的先生:

我将很高兴在星期六(26 号)邀您共进晚餐。

希望得到您肯定的回答。

友好地。

A 德彪西

柏林路 27 号

信纸中部带有褐色字母,信封上有邮戳(24 JANV 89)和地址:

Monsieur Robert Godet.

6 Rue Cassini

Paris.

Autogr.: F-Pn, Mus., N.L.a. 29 (1). *Prov.*: C. Godet. *Publ.*: Debussy 1942, p. 87. *Facsim.*: Inghelbrecht, pl. [III] entre les p. 56-57.

1889 – 2

问　卷

［1889 年 2 月 16 日］[①]

您最看重的美德。[②]	自豪。
您最欣赏的男性品质。	意志力。
您最欣赏的女性品质。	妩媚。
您最喜欢做的事。	阅读和吸重口味的烟。
您的主要特征。	我的头发。[③]
您对快乐的概念。	去喜爱。
您对痛苦的理解。	太热。
您最喜欢的颜色和花。	紫罗兰。
如果您是另一个人，您会选择做什么？	水手。[④]
您愿意在哪里生活？	哪里都行，只要能离开尘世。[⑤]
您最喜欢的散文作家。	福楼拜、[⑥] 埃德加·坡。[⑦]
您最喜欢的诗人。	波德莱尔。[⑧]

---

① 日期位于问卷侧面。

② 问卷为英语，德彪西用法语回答。斜体代表印刷部分，其余为德彪西手写。

③ 见昂利·德·雷尼耶（Henri de Régnier, 1864—1936）对德彪西所画的肖像，见书信 1893 – 42。

④ 德彪西的父亲曾想过让他去当水手，见 1903 年 9 月 12 日书信（见中卷的翻译）。

⑤ 此为波德莱尔《巴黎的忧郁》（*Spleen de Paris*）诗集中第四十八首的标题：“终于，我的灵魂爆发了，它克制着对我喊道：‘哪里都行！哪里都行！只要能离开尘世！’”见 Charles Baudelaire, *Œuvres complètes*, édition de Claude Pichois, Paris, Gallimard, 1975, Bibliothèque de la Pléiade, t. I, p. 356-357。

⑥ 见书信 1885 – 20。

⑦ 德彪西在原文中拼错了埃德加·爱伦·坡（Edgar Allan Poe, 1809—1849）的名字，应该是“Edgar”而不是“Edgard”。

⑧ 德彪西当时正在完成《波德莱尔诗五首》。

您最喜欢的画家和作曲家。	波提切利、[①] 古斯塔夫·莫罗、[②] 帕莱斯特里纳、[③] 巴赫、瓦格纳。[④]
您在现实生活中最喜欢的男性英雄。	斯科别列夫。[⑤]
您在现实生活中最喜欢的女性英雄。	德·博蒙夫人。[⑥]
您最喜欢的虚构男性英雄。	哈姆雷特。[⑦]

---

① 桑德罗·波提切利(Sandro Botticelli, 约 1445—1510),意大利画家,最受拉斐尔前派推崇的画家。

② 古斯塔夫·莫罗(Gustave Moreau, 1826—1898),最受象征主义喜爱的法国画家,以画德·赛森特(Des Esseintes)而闻名。德·赛森特是若利斯–卡尔·于斯曼小说《逆流》(*d'À Rebours*)中的主人公。

③ 德彪西在罗马发现了帕莱斯特里纳(见书信 1885 – 21),并且于 1893 年在巴黎再次欣赏了帕莱斯特里纳的艺术,具体在圣日耳维教堂,由沙赫勒·博德斯(Charles Bordes, 1863—1909)指挥。

④《波德莱尔诗五首》可能是德彪西受瓦格纳影响最深的作品。德彪西当时还没有将瓦格纳视作"堕落者"(见书信 1896 – 3)。然而,英国作曲家罗宾·霍洛维(Robin Holloway)强调:"瓦格纳对德彪西音乐的影响一直没有被足够重视。穆索尔斯基和其他俄国人对他的影响只是暂时的,而瓦格纳则从未离开……我们永远不能让德彪西成为瓦格纳的继承者,但是,从某种微妙的关系出发,德彪西应该是所有作曲家中最'瓦格纳式'的一个。"见 Robin Holloway, *Debussy and Wagner*, Londres, Eulenburg, 1979, p. 21。

⑤ 米哈伊尔·德米特里耶维奇·斯科别列夫(Mikhail Dmitriyevich Skobelev, 1843—1882),俄国将军,因第十次俄土战争而著名。根据马赛尔·迪奇(Marcel Diestchy)的说法,巴黎赛马场曾上演过一部哑剧,名为《斯科别列夫》。

⑥ 宝琳·德·博蒙(Pauline de Beaumont, 1768—1803),蒙莫林(Montmorin)伯爵之女,法国大革命恐怖时期惊险逃过断头台审判。和丈夫分居后,她与弗朗索瓦–勒内·德·夏多布里昂(François-René de Chateaubriand, 1768—1848)有过恋情,非常赞赏夏多布里昂的文采。夏多布里昂时任法国驻罗马大使馆的一等秘书,博蒙赴罗马与他相会,但因肺结核早逝。夏多布里昂在其安葬的法兰西的圣路易教堂竖立了一座纪念碑,上面刻有:"目睹自己的父亲、母亲、两个兄弟和姐妹被杀害后,宝琳·德·蒙莫林因病入膏肓死在了异国他乡。"

⑦ 见书信 1887 – 5。

您最喜欢的虚构女性英雄。	萝萨琳德。[①]
您最喜欢的食物和饮品。	俄餐、咖啡。
您最喜欢的名字。	这要因人而异了。
您最讨厌的事物。	假行家、沉鱼落雁之容。
您最不喜欢的历史人物。	大希律王。[②]
您当前的状态。	悲伤、探索,除了2月16日。
您最能容忍的错误。	和声运用中的错误。
您最喜欢的座右铭。	更上一层楼。

1889年2月16日
阿西伊·德彪西

问卷为印刷版,答案由德彪西手写。

Autogr.: non localisé*. *Prov.*: anc. coll. H. Borgeaud. *Publ.*: Dietschy, p. 68 (daté 15 février 1889). *Fac-sim.: Le Crapouillot*, décembre 1930; Barraqué, p. 74. *Exp.*: Paris 1962, p. 28, nº 44; Lisbonne 1962, p. 29, nº 36.

① 莎士比亚喜剧《皆大欢喜》(*As you like it*)中的人物,德彪西曾在1902年和晚年两次计划为其配曲。见书信1902-66以及1917年6月7日的书信(见下卷的翻译)。

② 这种厌恶可能是因为德彪西阅读了福楼拜《三故事》(*Trois Contes*)中的《希罗迪娅》(*Hérodias*)。大希律王是罗马帝国犹太行省耶路撒冷任命的代理王,暴君。

1889-3

与杜朗与舜纳维尔克音乐出版社的合约

本人阿西伊·德彪西,作曲家,地址:巴黎柏林路27号,在此声明将下列作品的全部版权出售并转让于杜朗与舜纳维尔克音乐出版社,地址:巴黎马德兰纳广场4号。本人担保一切纠纷、索赔及所有权问题,并不做任何保留,无论是在法国还是在外国。作品:

卡米伊·圣-桑的
《前奏与随想回旋曲》[①]
双钢琴四手联弹改编版

因此,由杜朗与舜纳维尔克音乐出版社接手我对上述作品的所有版权,作为其独家拥有者,可以自己的方式编辑、出版、刻印和出售该作品,并且在音乐会及公共场合进行演奏。出版社拥有者及其家庭成员将在合约有效期内在所有国家持有该特权,包括本人在内的任何人不得阻碍。杜朗与舜纳维尔克音乐出版社还同时有权出版该作品的任何乐器改编版,并可以根据自身利益转让作品的部分或全部版权。

此次出售和版权转让的总额为:壹佰法郎

此为收据。

1889年3月4日于巴黎
已读并同意
A德彪西

原文为打印件,含手写添加内容,包括德彪西本人以及非本人笔迹(最后一行及签名)。
Original: F-P, Archives Durand.

---

①《前奏与随想回旋曲》(*Introduction et Rondo Capriccioso*)于1889年6月出版。

1889－4

致埃赫奈斯·肖松

[1889年3月7日][1]

我亲爱的朋友，

前段时间，我想修改《春天》的配器。[2] 结果很多事情妨碍了这个计划，一方面与音乐本身有关，另一方面则是被生活所迫。您的信则正好在这个时候寄到了。我目前要抄写一份合唱谱、一份钢琴谱，这些都太耗时间了，我怕我来不及完成。[3]

我还欠您一些有关《春天》的信息！它不是合唱作品(合唱部分是没有歌词的，应该被视为乐队的一部分)，它是一部带合唱的交响组曲，所以重点还是在乐队部分，合唱部分要以独特的方式融入乐队，这非常难。总之，音色的混合很微妙，不容易做到。

乐队并不大，但是声音很密集，所以您觉得普雷耶勒音乐厅会不会小了点？[4] 当然，最后还是听您的。我也可以给您看一下《绝代才

---

① 该信的日期在原件中位于结尾处。

② 关于《春天》，见书信1887－3。肖松被德彪西的才能折服，想将这部新作品推荐到国家音乐协会。德彪西并未立即答复，因为当时他可能还没有完成配器。《春天》要到1912年才问世，由昂利·布瑟(Henri Busser, 1872—1973)指挥。见1912年3月24日书信(见下卷的翻译)。

③ 一个月前，国家音乐协会刚刚首演了德彪西的两首《被遗忘的短曲》，由莫里斯·巴翟演唱、皮埃尔·德·布莱维勒钢琴伴奏。朱利安·蒂耶索(Julien Tiersot, 1857—1936)曾在《吟游诗人》(*Le Ménestrel*)中评论德彪西的作品"非常细腻、有着非常讲究的艺术感"。(见《吟游诗人》1889年2月10日刊)。

④ 普雷耶勒音乐厅位于罗什舒瓦路20号至24号，1839年由钢琴制造商普雷耶勒建成，主要用于展示自己的乐器。该厅面积约200平米，最多可容纳700人。乐队与合唱队同时出场的确会对音色造成不良影响。

女》,它的淡雅或许更合适一些?①

总之,请尽快给我回复,因为我要尽力保住国家音乐协会对我的好感。

真挚地。

A 德彪西

1889 年 3 月 7 日,星期四

信纸左上角带有红色字母。

Autogr.: non localisé. *Prov.*: anc. coll. J. Lerolle, J. Gallois; Hôtel Drouot, 8 juin 2022, n° 17. *Publ.*: Debussy 1980, p. 25; Debussy 1993, p. 57.

---

① 德彪西罗马奖的第三部年度作品,于从意大利归国后完成。在写该信的时候,这部基于但丁·加布里埃尔·罗塞蒂的作品完成的乐曲刚刚被艺术院评价为:"作品并非没有诗意或魅力,尽管它在表达形式上依然带有当今流行趋势的印记。"《绝代才女》直到 1893 年 4 月 8 日才在国家音乐协会首演。它也标志着德彪西与肖松之间友谊的开始。

1889－5

致罗拜赫·勾代

［1889年3月13日］

亲爱的先生：星期日一直都是我最不开心的一天，我们就在这天一起吃晚饭吧（3月17日）。[①]

我知道您喜欢在您家附近活动，那我6点半去您家碰头如何？

真挚地。

A德彪西

信纸中部带有黑色字母，信封上有邮戳（13 MARS 89）和地址：
Monsieur Robert Godet
6 Rue Cassini
Paris.
Autogr.: F-Pn, Mus., N.L.a. 29 (2). *Prov.*: C. Godet. *Publ.*: Godet 1926, p. 52 (148); Debussy 1942, p. 87.

---

① 勾代在信封上部写道："《绝代才女》之夜。"

1889 – 6

致埃赫奈斯·肖松

[1889 年 3 月 21 日]

亲爱的朋友:

我推迟回复您的唯一理由就是,我谁都没找到!很悲哀,但也算创造了历史。

我的确打算把谱子寄给国家音乐协会,就像我那天晚上和您说的一样。目前,我正在重审配器部分的细节,①完成后就立刻发给您。

祝好。

A 德彪西

信纸左上角带有红色字母,信封上有邮戳(21 MARS 89)和地址:
Paris.
Monsieur Ernest Chausson
22 Boulevard de Courcelles
Autogr.: non localisé. *Prov.*: anc. coll. J. Lerolle, J. Gallois; Hôtel Drouot, 8 juin 2022, n° 17.

---

① 这里应该是指《绝代才女》,但该作品要到 1893 年 4 月才会在国家音乐协会首演。肖松在写给一位名叫保罗·普儒(Paul Poujaud, 1856—1936)的书信中说道(没有具体日期,但可能在 1889 年 11 月左右):"关于德彪西,您说得对。他确实不应该这么写。但作品很美,我还是很喜欢的,当然,这是因为它是别人写的,要是我自己的话肯定不会这样做!我想创作的音乐已经不存在了。"见 Chausson 1999, p. 227-228。

1889 – 7

致罗拜赫·勾代

［1889 年 4 月 2 日］
星期二

亲爱的朋友,

我明天出发。[①] 还有机会见您一下吗??? 总之,如果可以的话,请您等我到一点半。

关于“绝代才女”,非常感谢。无论在哪里,她都配得上“绝代”。[②]

如果您不想出 12 法郎,[③] 那就用各种酒精把之前的承诺废除掉吧,不然的话就把钱寄给施瓦斯奈勒先生,地址:罗什福高路 17 号。他是这个计划的保险箱,我是存不住钱的。

您的,

A 德彪西

---

① 受米歇尔·彼得的邀请,德彪西在圣吕奈尔附近的圣艾诺佳海边度过了几周。他于两个月之后返回了巴黎(见书信 1889 – 11)。

②《绝代才女》在勾代家里进行了试演(见书信 1889 – 5)。之后,勾代送给德彪西一幅但丁·加布里埃尔·罗塞蒂《思念》(*Sancta Lilias*)的复制品,该画为《有福的戴莫泽尔》(*The Blessed Damozel*)的第一幅素描肖像。这幅画作是红粉笔版,被用来装饰《绝代才女》第二版(杜朗出版社)。

③ 这是《波德莱尔诗五首》的预订费。该版本由贾斯通·施瓦斯奈勒(Gaston Choisnel, 1857—1921)监制(雅克·杜朗的表兄),共 150 份,由独立艺术书店出售。雅克·杜朗曾回忆道:“1890 年,德彪西完成了传说中的《波德莱尔诗五首》,他想推出一个预售的精装限量版。在我父亲同意后,由我的表兄施瓦斯奈勒负责,但是和《绝代才女》一样,它们都是在《佩雷亚斯与梅利桑德》之后才进入到作品目录中。”见 Durand 1924, p. 73-74。然而与杜朗的回忆不相符的是,这两部作品的版权在 1902 年就已经被转让给他了(见 1902 年 5 月 16 日的合约),远远早于《佩雷亚斯与梅利桑德》的 1905 年(见 1905 年 5 月 31 日的合约,见中卷的翻译)。

信封上有邮戳和地址:[①]
Monsieur Robert Godet.
6 Rue Cassini
Paris.
Autogr.: non localisé. *Publ.*: Godet 1926, p. 53 (149); Debussy 1942, p. 88 (incomplète).

1889 – 8

勒内·香萨海勒致德彪西

巴黎
1889 年 4 月 24 日

你貌似很伤感、很迷失,我十分同情。你还记得你最后一次寄给我们的保证吗?……结果你花了这么久才告诉我们,你已经安全抵达那边,[②] 你说我怎么能没有丝毫不满的情绪呢?

老兄啊,你这是被强烈的思乡之情和道德沦丧整郁闷了![③] 找个地方避避风头吧!啊!若利斯–卡尔![④] 这样的黑色殉道日还有多久?音乐也没有了吗?哪怕是几个奇声异响也好——简单点的,你能把它们加进我正在期盼的曲子里吗?不行?然而,有些(道德和政治

① 信息来源:Debussy 1942。

② 那边指圣艾诺佳,见前一封书信。

③ 原文中使用了"pouacre"一词,可解释为"龌龊的""吝啬的"。魏尔伦曾使用该词作为他的一首诗歌标题献给让·莫雷亚斯,于 1883 年 8 月 18 日刊登于《黑猫刊》(*Le Chat noir*),并且在《曾几何时》中再次使用。德彪西似乎与他在圣艾诺佳的东道主们发生了矛盾,而此时的香萨海勒正在阅读《曾几何时》(见书信后文),因此在信中引用了这一表达方式,其中不乏嘲讽之意。

④ 此处是指《恩雷德》(*En rade*),若利斯–卡尔·于斯曼的小说,曾于 1886 年 11 月起分期刊登在《独立刊》,并于 1887 年由特雷斯与斯淘克(Tresse et Stock)出版社出版。《恩雷德》是于斯曼颓废小说三部曲中的最后一部,前两部分别是《沉浮》(*À vau-l'eau*)和《逆流》。《恩雷德》原文中的"rade"亦可理解为"避风港",香萨海勒意在借于斯曼的标题用词对德彪西的处境发表看法。

科学）学院成员以及他们的祖祖辈辈都曾断言，大自然是最主要的灵感来源！所以说这些人不是无知就是无耻地骗人。毕竟，你也有可能是为了给我保留一个惊喜而隐藏自己的创造力。[①]

我很想给你带来一些快乐，给你讲点搞笑的所见所闻，但你知道我的生活是与世隔绝的，很少交朋友，我的性格很阴暗，讨厌世俗与喧闹，这和你很像。但是我想跟你说，我最近沉浸在拉福格的诗词中，[②]这能给你带来无限的幸福，虽然我对其中一些的质量持怀疑态度。我非常喜欢《曾几何时》。可惜《明智》有些黔驴技穷！[③] 如此，你就知道我现在在读些什么了。我毫不怀疑这样会让你感到轻松一些。

你看看，尽管你不信任我，但我还是不反感很快给你回信。我觉得你之后还会这样，除非你证明我是错的。

我亲爱的流放犯，你现在别太偷懒了，想想罗马奖一直盯着你呢，有你忙的。[④]

我们都是你的好朋友，我拥抱你。

勒内·香萨海勒

Autogr.: F-Pn, Mus., N.L.a. 32 (94). *Prov.*: D. de Tinan. *Publ.*: Lesure 1980-81, p. 53-54.

---

① 德彪西当时在创作钢琴与乐队《幻想曲》（*Fantaisie pour piano et orchestre*），该作品就是献给香萨海勒的，也是他给罗马奖提交的最后一部年度作品。《幻想曲》由舒登斯（Choudens）出版社刻印，但在德彪西的有生之年并未出版，见1890年4月24日的合约。

② 此处原文中有笔误，将拉福格的姓氏“Laforgue”写成了“Lafforgue”。

③ 保罗·魏尔伦的《曾几何时》于1884年由雷昂·瓦尼耶出版社出版。《明智》（*Sagesse*）则在1880年底由维克多·帕勒梅（Victor Palmé）出版，后者为天主教书店总协会的主任。《明智》的附文中写道：“作者保罗·魏尔伦……这次发出了一个新的信号。他真诚地回归了最正统的信仰，如今，他把自己的才华运用在基督教主题上。”尽管儒勒·克拉雷蒂（Jules Claretie, 1840—1913）和皮埃尔·艾泽阿（Pierre Elzéar, 1849—1916）都写了评论，但该作品依然没有获得什么关注，天主教读者也都纷纷避而远之。1888年，瓦尼耶作为魏尔伦的独家出版商从帕勒梅的地窖里买下了《明智》首版剩余的存货。随后的1889年，梅森（Messein）出版社出版了《明智》的第二版。

④ 指《幻想曲》，见脚注①。

1889 – 9

勒内·香萨海勒致德彪西

巴黎

1889 年 5 月 2 日

……我有好多事情能和你讲,如果它们不能带给你真正的快乐,至少能让远方的你换换心情。一个年轻的希望之星(我叫他巴什莱)刚刚来找我,毅然决然地宣布自己星期六要进入(罗马奖)赛场了。你知道我的身体有多差,它用各种方式让我久久不能出门。因此,我告诉这位好同仁,我完全没有精力花在一部康塔塔和一群歌唱家身上。他先是面色苍白地坐在了客厅壁炉右侧的大扶手椅上(就是你曾经坐过的那个老古董),紧接着,愤怒逐渐充斥了他的面部,随后他就试探性地道出了你的名字……

我直接跟他说你也未必愿意替我做这件事(我说得对吗?)。但他不听,他恳求我替他请你完成这个苦差事,美其名曰你的自由和你的坦率是必不可少的。他的焦虑需要有人管管了。如果要你写四页纸的回信会吓到你,回我一张便条也行啊。我都不想说,你那个“八天写一次信的保证”执行得有多差了,算了,我忍了!但是可怜可怜这个小伙子吧,他寄希望于你娴熟的技巧和你富有诗意的诠释能力。关于这件事你就给我个痛快答复,要么就让人家把心放下,要么就叫人家去找别人受这个罪。[①] 我跟你说过:“罗马奖一直盯着你呢。”[②] 我看你

---

① 从香萨海勒略带讽刺的口吻中可以得知,德彪西没有答应。阿尔弗雷德·巴什莱(Alfred Bachelet, 1864—1944)的康塔塔《塞墨勒》(*Sémélé*)也并未获得 1889 年的罗马奖第一名。但他在来年通过另一部康塔塔《克雷奥佩特拉》(*Cléopâtre*)拔得头筹。

② 见书信 1889 – 8。

现在是被彻底将死了……既然凡事都有结束,这封信也一样,那就让亲吻你的额头作为尾声吧。

勒内·香萨海勒

我母亲也拥抱你……什么时候回来啊?

Autogr.: F-Pn, Mus., N.L.a. 32 (95). *Prov.*: D. de Tinan. *Publ.*: Lesure 1980-81, p. 54.

1889 – 10

勒内·香萨海勒致德彪西

巴黎

1889 年 5 月 16 日晚

亲爱的朋友,

我对你的痛苦感到同情。那个年轻的漂亮小伙白等了,[①] 他要是听到有人说他的音乐几乎无法演奏,肯定会跳起来的,他还会对你的谦虚献上"微笑"[②] ……很快,在这张熟悉的桌子旁,在被纸屑包裹着的台灯照射下,白玫瑰的阴影会再次投在你的身上。到那个时候,你就能在晚间的安逸气氛中给我们讲讲你那些数不清的艰苦岁月了。

今后,你不用再为天才的叛逆而烦恼了,我会帮助你,让你比别人拥有更多的才能,你也不用再去满足这个无知的世界了。你可以像你认识那些文学家一样,只有极少数脱离尘世纷扰、真正纯洁的音乐人才会懂得崇拜你……

---

① 指阿尔弗雷德·巴什莱以及德彪西的回绝。见书信 1889 – 9。

② 此处的"微笑"如今被普遍理解为假笑。

对自己的艺术保持坚定的信念和真诚,同时拥有强烈的个性是罕见的事!这难道不是一种满足吗?

所以说,你要想开一些,回忆一下让自己感到骄傲的事,宽容那些没你有才的人(当然,他们也要有自知之明),想想你自己的人生还很长,以后有你发声的时候。

人不能永远置身事外,故我昨晚去看了场演出,结果很失望:铜钹大鼓一通乱敲,它就是《埃斯克拉蒙德》。[①]这音乐太生硬、太烦人了。它被称为"未来的音乐"。至少,有些人是这么叫的。[②]

热烈拥抱。

勒内·香萨海勒

Autogr.: F-Pn, Mus., N.L.a. 32 (96). *Prov.*: D. de Tinan. *Publ.*: Lesure 1980-81, p. 55.

---

① 儒勒·马斯奈的歌剧,于1889年5月15日在喜歌剧院首演,且正是香萨海勒观看的那场。

②《埃斯克拉蒙德》(*Esclarmonde*)中瓦格纳式的写作风格被乐评家认为是马斯奈作品中最为明显的特征。"未来的音乐"这一名称早在1840年就已出现,指弗朗茨·李斯特、弗雷德里克·肖邦(Frédéric Chopin, 1810—1849)和赫克托·柏辽兹的音乐。1852年,它又被一位德国乐评家用来形容瓦格纳的音乐,虽然瓦格纳否认自己是"未来的音乐"之父,但此后该名称一直与瓦格纳绑定在一起。

1889－11

致罗拜赫·勾代

［1889年6月4日］

亲爱的朋友：

我从海边回来了，这次的大海自私到令人作呕。[①]

我什么时候能见您？因为我有一事相求，还是当面说比较好。所以，不久后见。

我等您的回信。

您的，

阿西伊·德彪西

信笺，左上角带有黑色字母，信封上有邮戳（4 JUIN 89）和地址：
Monsieur Robert Godet
6 Rue Cassini
Paris.
Autogr.: F-Pn, Mus., N.L.a. 29 (3). *Prov.*: C. Godet. *Publ.*: Godet 1926, p. 54 (150) (incomplète); Debussy 1942, p. 88.

---

① 在“我”字后面有一个小的十字标记，指勾代在信的空白处手写的备注：“雷蒙·博纳赫也是（很自私）。别学他，尽快让我知道什么时候（见面）。”

1889 – 12

致罗拜赫·勾代

[1889 年 6 月 5 日至 7 月 9 日之间][①]

“[……]这可能是我人生中第一次想解开一个谜,又或许是第一次有一个谜值得我去解? 我满心欢喜地等着您星期五早上过来。[……]”

Autogr.: non localisé. *Publ.*: Godet 1926, p. 54 (150).

① 罗拜赫·勾代为信封进行了编号。第 5 号信封缺失,而它很有可能就是该信的信封。勾代将该信按时间顺序排在了 1889 年 6 月 4 日的书信之后,见 Godet 1926。

1889 – 13

致罗拜赫·勾代

［1889年7月10日］

亲爱的朋友：

我很高兴将在星期一约定的时间见到您，尽管我现在很沮丧，一点也没有那种“英国式傲慢”，[①]但我希望在接触到您的负能量之后，[②]我们能够达到负负得正的效果。

您亲切的，

A德彪西

电报，带有邮戳（10 JUIL 89），发往：
Monsieur Robert Godet
6 Rue Cassini
Autogr.: F-Pn, Mus., N.L.a. 29 (4). *Prov.*: C. Godet. *Publ.*: Debussy 1942, p. 89; Cobb 1982, p. 182-183; Cobb 1994, p. 198-199.

---

① “英国式傲慢”为当时常用表达方式，比如，在居伊·德·莫泊桑（Guy de Maupassant, 1850—1893）的《羊脂球》（*Boule de suif*, 1880）中就可以找到：“这些人一点都没有英国式的傲慢，他们只是一些四肢发达、头脑简单的人，一群随处可见的英国流浪者。”

② 原文中使用的是“苍白”（pâleurs）一词，根据上下文在翻译中译为“负能量”。原文中，德彪西在引用自己歌曲《喷泉》（*Jet d'eau*）中的歌词。他在作品中将波德莱尔诗中原有的“闪光”（lueurs）改成了“苍白”（pâleurs）。勾代备注了这次会面的情况：“这次见面是为了一起去世博会，德彪西对所见的安南戏剧和爪哇乐队极为感兴趣。”见 Debussy 1942, p. 182。

1889 – 14

致罗拜赫·勾代

[1889 年 7 月 13 日]
星期六早晨

亲爱的朋友:

我一整晚都在看您的小说![1] 我在这部单纯的作品里并没有发现什么出彩之处。但您别伤心,我是在夸您的文笔。通过它,我能切身感受到书中的痛苦,这种效果是罕见的。

我就说这么多吧,怕话多了惹麻烦。

请原谅。

您的,

A 德彪西

星期一见!

信笺,左上角带有黑色字母,信封上有邮戳(13 JUIL 89)和地址:
Monsieur Robert Godet
6 Rue Cassini.
Paris.
Autogr.: F-Pn, Mus., N.L.a. 29 (5). *Prov.*: C. Godet. *Publ.*: Debussy 1942, p. 89.

---

① 勾代于 1888 年在特雷斯与斯淘克出版社(Tresse et Stock)出版了自传小说《爱之恶,心境》(*Le Mal d'aimer, états d'âme*)。见 Edward Lockspeiser, *Debussy, sa vie et sa pensée*, Paris, Fayard, 1980, p. 134-135。

1889 – 15

致埃赫奈斯·吉鲁

［拜罗伊特，1889 年 8 月初］

“［……］我羡慕您待在巴黎不想出来旅行。[①] 这些主导动机喋喋不休、永无休止！瓦格纳在完成《特里斯坦与伊索尔德》和《纽伦堡的名歌手》之后，为什么不去找冥王共进晚餐？《尼伯龙根指环》都是些什么玩意儿，太多地方让人失望了，虽然它们对我最爱的《特里斯坦》产生过影响。我要粉转黑了，尽管这样做很痛苦。您什么时候可以［……］”

Autogr.: non localisé (copie M. Emmanuel: F-Anthony, coll. A. Eichner). *Publ.*: *Inédits sur Claude Debussy*, Paris, Les Publications techniques, Galerie Charpentier, 1942, p. 43.

---

① 8 月初，德彪西再次前往拜罗伊特，随行者有埃赫奈斯·肖松、保罗·杜卡、埃蒂安·杜潘和罗拜赫·勾代。德彪西第一次听到了《特里斯坦与伊索尔德》的完整演出，由菲利克斯·莫特指挥。但这次旅行却标志着德彪西的瓦格纳迷时期结束了。

1889 – 16

勒内·香萨海勒致德彪西

巴黎

1889 年 8 月 8 日

我是那个能给你带来点新鲜空气的人吗?你是不是感到了井底之蛙的痛苦?我们应该换一种更庄重、更宁静的音乐,在那里寻找深度睡眠时突然痉挛的感觉,那真是极为酸爽!我想让你在这种梦幻般的气氛中翱翔,完全放纵自己,忘记生活中的烦恼,让这种非物质的欣喜若狂渗透到你的身上。我想让你的大脑沉浸在里面,因为我怕你会变得只能使用平淡无奇的表达方式。如果你这个可爱的音乐家朋友能履行自己的承诺,我将十分感激。这封简短而直接的信就算是给你的奖励吧。

以上内容就可以解释这封信为什么这么短。

我替你为老母亲献上了花束。她非常感动,还向她的干儿子问候。

你回来之前再多跟我聊聊吧。[①] 如果我们要出门也会提前和你讲。

拥抱。

勒内

差点忘了:有 3 个新的预订。[②]

Autogr.: F-Pn, Mus., N.L.a. 32 (97). *Prov.*: D. de Tinan. *Publ.*: Lesure 1980-81, p. 55-56.

---

① 指从拜罗伊特回巴黎。

② 指来年出版的《波德莱尔诗五首》的精装限量版。

1889 – 17

致罗拜赫·勾代

星期一

[1889年]10月14日

亲爱的朋友：

首先，很高兴您回来了。其次，请在星期三下午两点之后过来。在那之前我会忙于改编“大音乐家”圣–桑的《埃蒂安–马赛尔》[①]（前市议员）。[②] 这太难了！不过这也是家常便饭了！

我还替您想了很多，所有的想法应该都成熟了。

您的，

A 德彪西

（柏林路27号！）[③]

信封上有邮戳（14 OCT 89）和地址：
Monsieur Robert Godet.
6 Rue Cassini.
Paris.
Autogr.: F-Pn, Mus., N.L.a. 29 (6). *Prov.*: C. Godet. *Publ.*: Debussy 1942, p. 90.

---

① 埃蒂安–马赛尔（Étienne-Marcel, 1315—1358），巴黎资本家，曾任市议员，后为巴黎市长、法国三级会议议员，曾试图让法国王太子（后来的法国国王查理五世）受议会控制。他煽动起义，但被太子党暗杀。他被错误地描述为市政和民主议会制度的先知。

②《埃蒂安–马赛尔芭蕾歌》（圣–桑的歌剧）于1890年由杜朗与舜纳维尔克（Durand et Schœnewerk）出版社出版。德彪西于1889年10月4日签收了100法郎的改编费。在接下来的两年内，他和同一出版社陆续出版了五首改编作品，分别是：瓦格纳《漂泊的荷兰人》（*Vaisseau fantôme*）序曲的双钢琴四手联弹版；一首舒曼《卡农形式练习曲》（*Études en forme de canon*）；圣–桑的《前奏与随想回旋曲》（1889年3月4日签约，费用为100法郎）、《第二交响曲》（1890年6月）；《随想曲》——选自格鲁克的《阿尔切斯特》（*Caprice sur les airs de ballet d'Alceste de Gluck*）（1891年5月）。

③ 德彪西加感叹号应该是因为勾代之前搞错了他的门牌号。——译者注。

1889 – 18

致勒内·彼得

星期四

［1889 年］10 月 17 日

亲爱的朋友,

目前还没有斯温伯恩全集的翻译,但是你可以在加布里埃尔·萨拉赞的《英格兰现代诗人》一书中找到几首翻译过的斯温伯恩诗词,[①] 另外,在 1888 年 5 月和 1889 年 6 月的《独立刊》上也能找到一些。[②]

祝好。

A 德彪西

Autogr.: non localisé*. *Prov.*: Cat. N. Rauch (24-25 novembre 1958), n° 94; Cat. G. Morssen (février 1959), n° 74; anc. coll. L.-P. Vallery-Radot; Cat. G. Morssen (printemps 1971), n° 269; Cat. Macnutt (1972), n° 23; *Publ.*: Peter 1944, p. 200 (non daté).

① 加布里埃尔·萨拉赞(Gabriel Sarrazin, 1853—1935)的作品《英格兰现代诗人》(*Poètes Modernes de l'Angleterre*)。德彪西的《绝代才女》就是根据该书的翻译版创作的。德彪西未来的朋友加布里埃尔·穆雷(Gabriel Mourey, 1865—1943)于 1886 年在阿尔贝尔·萨文(Albert Savine)出版社率先出版了《斯温伯恩诗集》(*Poèmes et Ballades de A. C. Swinburne*),之后又有了莫泊桑的《斯温伯恩摘录》(*Notes sur Swinburne*)。

② 这两期刊物中确实有斯温伯恩的文章。见 « Laus veneris traduit par Francis Vielé-Griffin », *Revue Indépendante*, t. VII/19 (mai 1888), p. 328-343; « Algernon Charles Swinburne par Gabriel Mourey », *Revue Indépendante*, t. XI/32 (juin 1889), p. 374-390。德彪西精准的定位说明他在阅读《独立刊》时十分认真。

1889 – 19

致罗拜赫·勾代

[1889年]12月25日[1]

亲爱的朋友，

我感到非常幸福。请让我抒发一下自己的情感(不会很久的)。是的，有您这样的莫逆之交，我感到非常幸福。当然，这种想法有些传统了，不过有幸的是，我们也都不“赶时髦”。我要再次强调，我非常欣赏您。这可不是虚话，而是发自内心。

您敢信我刚刚患了伤寒，结果又“走运地”变成了肺炎。这使得我卧床不起，不得不进行那些颇具仪式感的治疗，您知道在这个过程中煮鸡蛋有多重要吗？我称之为《血腥复仇》。[2]

荷兰与我是真的有缘分啊，首先是您告诉我的这件事，[3]其次是它让自己融入了我的音乐中，[4]而这样的音乐本身就只有一个目的：与友善的灵魂融为一体。您所获得的已经是一种纯粹的荣耀了，[5]就算得到瓦格纳狂人拉穆勒先生[6]那批精英的认可，都比不上您现在得到的。

---

① 该信的手书并没有被法国国家图书馆收藏。在罗拜赫·勾代1926年的出版中，这封信的内容与1942年版本的版本略有出入。1942年的版本似乎对德彪西原信的还原度更高。因此，该信以1942年的版本为主。

② 勾代在1926年版本的注释中写道：“刚刚完成的一部戏剧，本该大获成功，结果却石沉大海，其作者也名落孙山了。”见Godet 1926, p. 62 (158)。

③ 勾代刚刚娶了一位荷兰妻子，名叫杰特鲁德·劳内(Geertrude Launay)。1890年春天，他们前往了荷属东印度，同行的还有奥托·德·达戴尔(Otto de Dardel, 1864—1927)。

④ 也许是在暗示自己的限量版《波德莱尔诗五首》用的是荷兰纸。

⑤ 指勾代结婚的事。

⑥ 沙赫勒·拉穆勒于1881年创办了新音乐会协会。作为乐队指挥，他成为了瓦格纳的忠实拥护者。1884年、1885年和1887年3月(见书信1887 – 5)，他在音乐会上指挥了《特里斯坦与伊索尔德》第一幕(1885年指挥了第二幕)。1887年5月，他在埃登剧院上演了《罗恩格林》(*Lohengrin*)，但在首演当晚，民族主义者组织的骚乱迫使他取消了剩余的九场演出。

我不知道自己为什么要继续强调这一点,其实已经很清楚了。

我很怕印刷机。但我还是希望能在1月6日前把歌曲寄给您。[①] 总之,请把确切的地址告诉我。

我这一生病就严重耽误了《幻想曲》的创作,[②] 不过,应该不会有太多人感到难过。今年他们应该不会上演我的年度作品,因为已经安排满了比达尔的作品,简直就是比达尔艺术节![③] 但是,明年我们就会有德彪西艺术节了——会很棒的。[④] 我希望您会到场和我一起煎熬。

生病之前,我去看了《托比》,[⑤] 我觉得自己没必要在上面花工夫思考。

还有在梅西耶家的小聚,[⑥] 我们听了两首歌曲,根据基茨《恩底弥翁》的翻译版所作。当您接受了它的特性后就会觉得很好听。整体感

---

① 限量版《波德莱尔诗五首》于2月发行,勾代确实收到了一份。见附录V。

② 指钢琴与乐队《幻想曲》,见书信1889-8。

③ 12月19日星期四,音乐学院举办了一场音乐会,其中演出了两首比达尔的作品:交响诗《圣女贞德》(*Jeanne d'Arc*)和《圣乔治》(*Saint-Georges*)的第二幕,后者是根据莫里斯·布绍(Maurice Bouchor, 1855—1929)的诗歌而作。

④ 德彪西罗马奖年度作品音乐会并没有举办。1889年6月29日的艺术院报告中有所记录:"德彪西先生去年就没有完成的指标,今年是否可以免除,还有待决定。"见Archives de l'Académie des Beaux-Arts, 2 E 17。

⑤ 莫里斯·布绍的圣经传奇剧《托比》(*Tobie*)于11月15日在薇薇安路的木偶小剧场首演。布景设计包括:昂利·勒霍勒(Henry Lerolle, 1848—1929)、乔治·罗什格罗斯(Georges Rochegrosse, 1859—1938)、卡米伊·杜塞(Camille Doucet, 1812—1895)和马赛尔·里德(Marcel Rieder, 1862—1942)。作曲:卡西米·巴伊(Casimir Baille, 1856—1917)。

⑥ 昂利·梅西耶(Henri Mercier, 1848—?),保罗·魏尔伦、阿图尔·兰波(Arthur Rimbaud, 1854—1891)、沙赫勒·克罗(Charles Cros, 1842—1888)、莫里斯·布绍的朋友,与沙赫勒·克罗共同创办了《新世界刊》,但只持续了三期(从1874年2月15日到5月1日)。他翻译的约翰·基茨(John Keats, 1795—1821)作品从未被出版。只有《潘神赞美诗》[*Hymne à Pan*,《恩底弥翁》(*Endymion*)中的第一首歌]在1887年6月的《路人刊》(*Le Passant*)被发表过(第194-196页)。详情见Michel Pakenham, « Un ami inconnu de Rimbaud et de Debussy », *Revue des sciences humaines*, 111 (juillet-septembre 1963), p. 401-410。

觉很“湿润”,狄安娜十分“洒脱”,[①] 其他人就比较拘谨。

我见到您的朋友达戴尔了,[②] 他似乎是个很单纯的人,笑起来很友好。翻译家梅西耶比日常的梅西耶看上去更加自大,他在一个信封上留下了许多字谜,但都很好猜,他毕竟是个好人嘛。我们自然还去了瓦谢特咖啡馆,[③] 让·莫雷亚斯先生不请自来,[④] 还一直在为叔本华辩护,[⑤] 这可如何是好？梅西耶也因此抨击了他,而达戴尔只是在旁边笑,也是,在那种情况下也就只能笑笑了。

您就当这一切都是闲谈吧,但我多么希望您能在场啊,想想都难过。您不在的时候一切都变得了然无趣,再好的话题都聊不到点子上(不过也许这样更好)!

很遗憾,今天就到这里吧,还要好久才能见。

您的,

CIA 德彪西[⑥]

---

① 原文中德彪西引用了特里斯坦·考赫比耶(Tristan Corbière, 1845—1875)《营救》(*Rescousse*)的最后一句诗词,原意为“我去矣!”在此处可以理解为“洒脱”。考赫比耶的这首诗被收录于魏尔伦编写的诗集《被诅咒的诗人》(*Bètes mandits*)中,由瓦尼耶出版社出版于1884年4月。

② 达戴尔的名字是在Debussy 1942的索引中被识别出来的。

③ 位于圣米歇尔大道27号,是拉丁区文人最喜欢的咖啡馆之一。让·莫雷亚斯经常光顾那里,沙赫勒·佩吉(Charles Péguy, 1873—1914)也选择在该咖啡馆约见众人。

④ 让·莫雷亚斯最初是沿着波德莱尔和魏尔伦的道路前行,并且于1886年9月在《费加罗报》上刊登了一份象征主义宣言(见书信1886–2和书信1886–3)。然而,六年后的1891年9月,他又在同一报刊上发表了一份罗曼文学派宣言,作为对新古典主义的呼应,同时过早认为象征主义流派已经没落。

⑤ 自1880年初开始,德国哲学家阿图尔·叔本华(Arthur Schopenhauer, 1788—1860)的悲观主义哲学在巴黎十分流行。

⑥ 这是德彪西第一次用“克劳德–阿西伊”签名。由于原件已丢失,该签名无法被证实,但从德彪西在1890年1月寄给保罗·杜卡的信中可以找到相同的签名。德彪西的官方名字一直都是“阿西伊–克劳德”。

我没有任何布拉耶的消息,[①] 肯定是拉穆勒给他下药了……

信封上有邮戳和地址:[②]
M. Robert Godet.
1 Rue St-Honoré
Neuchatel Suisse.
Autogr.: non localisé. *Publ.*: Godet 1926, p. 61-63 (157-159); Debussy 1942, p. 90-93; Debussy 1980, p. 25-26, 28; Cobb 1982, p. 184-187; Debussy 1993, p. 58-59; Cobb 1994, p. 200-203.

---

① 儒勒·德·布拉耶(Jules de Brayer, 1842—1916),曾在尼德梅耶学院学习,并结识了圣-桑、福雷和梅沙杰。他曾与莫里斯·布绍合作研究并传播法国各地区的民歌。此外,他还是沙特尔的管风琴师、拉穆勒音乐会理事、《帕西法尔》的剧本翻译。是他把穆索尔斯基《鲍里斯·戈杜诺夫》(*Boris Godounov*)的乐谱交给德彪西的,而当时这部作品在法国还无人知晓。根据勾代的回忆,这本乐谱"总是展开放在钢琴上,但也就是意思一下……因为展开的永远是同一页。"德彪西对布拉耶的评价是:"他对诗词完全无感,但不遗余力地在音乐中探索"。见 Godet 1926, p. 75 (171)。雷蒙·博纳赫对布拉耶也有评论:"当涉及某些话题时,他会立刻变脸。"博纳赫还补充道:"他对德彪西后来的发展不无贡献。"见 Raymond Bonheur, « Souvenirs et impressions d'un compagnon de jeunesse » *Revue musicale* (numéro spécial: La jeunesse de Claude Debussy), t. VII/7 (1er mai 1926), p. 4 (100)。

② 信息来源:Debussy 1942。

1890 – 1

致保罗·杜卡

［1890 年 1 月 31 日(？)］

亲爱的朋友，

很不巧，星期六晚上我受邀参加晚宴，可能没有足够的时间来找您了。[①]

我们星期日早上见吧？

您的，

Cl. A 德彪西 [②]

星期五早晨

信封上有邮戳(无法识别)和地址：
Monsieur Paul Dukas.
au 74e Regiment de ligne
3e Bataillon, 3e Compagnie.
à Rouen.
(Seine-Inférieure)
Autogr.: non localisé*. *Prov.*: Drouot Rive Gauche, Gare d'Orsay, 20 juin 1977, n° 94.

---

① 保罗·杜卡当时在鲁昂第 74 步兵团服役。雅克·杜朗曾回忆说，杜卡当时在训练男高音歌手埃玛努埃尔·拉法日(Emmanuel Lafarge, 1862—1911)演唱圣–桑的歌剧《参孙与达丽拉》(*Samson et Dalila*)中的参孙一角，为 1890 年 3 月 3 日的鲁昂首演做准备。该歌剧自 1877 年由李斯特指挥在魏玛首演之后，还从未在法国上演过。

② 德彪西使用的第七种签名形式"Cl. ADebussy"，从 1889 年 12 月至 1890 年底。见附录Ⅳ，n° 7。

1890 – 2

致保罗·杜卡

[1890年2月4日]

亲爱的朋友:

星期六没能来找您真不能怪我。我给您寄去一份文件,应该能对您有些启示。我就不说星期六的事让我多不高兴了,希望不要造成无法挽回的后果。

您的,

Cl. A 德彪西

或许星期日可以见?祝理论考试一切顺利。[①]

信封上有邮戳(寄出: 4 FEVR 90; 到达: 5 FEVR 90)和地址:
Monsieur Paul Dukas.
au 74e Regiment de ligne
3e Bataillon. 3e Compagnie.
à Rouen.
Seine-Inférieure
Autogr.: non localisé*. *Prov.*: Drouot Rive Gauche, Gare d'Orsay, 20 juin 1977, n° 94; Cat. H. Schneider 225 (1978), n° 58; Cat. Stargardt 687 (26-27 juin 2007), n° 680; Neuilly-sur-Seine, 23 juin 2022, n° 39.

---

① 一次军事考核。德彪西于3月寄给杜卡一份《波德莱尔诗五首》。见附录V。

1890－3

致雷蒙·博纳赫

［1890 年 2 月 10 日］

亲爱的朋友，

早就想给你写信了，但一直被琐事缠身，实在是抱歉。

我都不敢跟你说，你对我作品的赞美让我冲昏了头脑，[①]感觉整个人都飘起来了，感觉自己都能创造奇迹了，架子也端起来了。其实，我并不是想用那些奇怪的和声叨扰别人。我只是想得到一些人的认可，这些人就像你一样，对太过肤浅的标题音乐没有兴趣，而是相信音乐是最纯粹的。我们为什么要去找一个标签来自降身段呢？[②]

因此，我们创作的音乐要包含我们的全部生活，而不是去写那些鸡毛蒜皮的小事、那些外行人闲聊的事＊。这样做并不妨碍音乐中带有文学和哲学因素。

不久后见，友好地敬礼。

Cl. A 德彪西

星期一早晨

＊有些时候，内行人闲聊的事也不怎么有趣！

信封上有邮戳（10 FEVR 90）和地址：
Monsieur Raymond Bonheur.
Magny-les-Hameaux par Chevreuse.
Seine-et-Oise.
Autogr.: non localisé*. *Prov.*: anc. coll. J. Roy; Cat. B. Loliée 9 (mai 1965), n° 9; anc. coll. L.-P. Vallery-Radot; RR Auction Boston (8 janvier 2020), n° 452. *Publ.*: Roy, p. 117 (datée 5 octobre 1890); Debussy 1980, p. 28-29 (datée 5 octobre 1890); Debussy 1993, p. 60-61 (datée 5 octobre 1890); Debussy 2005, p. 84.

---

① 德彪西送给博纳赫一份《波德莱尔诗五首》，该作品刚刚在埃德蒙·巴伊（Edmond Bailly, 1850—1916）的独立艺术书店开始出售。

② 德彪西在此暗示标题容易让音乐作品变得庸俗。

1890－4

致安德烈-费迪南·埃罗尔德

［1890 年 2 月 27 日］

“［……］对于迟到的回复,我感到万分抱歉。很高兴星期五与您见面。［……］”

Autogr.: non localisé. *Prov.*: Cat. Stargardt 601 (20-21 février 1973), n° 640; Cat. Stargardt 620 (10-11 juin 1980), n° 747.

1890 – 5

致勒内·彼得

［1890 年 2 月］[①]

亲爱的朋友：

虽然你很热心地订购了很多份，但目前由于印刷量还不足，我只能先给你两份，一份是你的，一份是你兄长的。[②] 其余的看你想怎么办。

你的，

Cl. A 德彪西

Autogr.: US-NYpm, MLT D289.P478. *Prov.*: Cat. N. Rauch (24-25 novembre 1958), n° 94; Cat. Stargardt 603 (11-12 juin 1974), n° 356; anc. coll. G. Lobbenberg. *Publ.*: Peter 1944, p. 200 (non daté).

---

① 该信的日期来源有二：其一是德彪西在 1889 年底到 1890 年底使用的特殊签名方式；其二是信中提到的订购，1890 年 2 月正是《波德莱尔诗五首》限量版的发行时间。

② 指小米歇尔·彼得，见书信 1888 – 4。

1890－6

致安德烈－费迪南·埃罗尔德

［1890年3月16日］

先生:

感谢您寄来的书,至于它的称号怎么叫,我看还是把这个任务留给其他人吧,这是需要点笔墨功底的。①

我很高兴我们互相赏识对方。

您懂的,我就不多说了。

Cl. A 德彪西

星期五

Autogr.: non localisé*. *Prov.*: Cat. Stargardt 601 (20-21 février 1973), n° 640; Cat. I. Nebehay 50 (février 1974), n° 74 (avec fac-sim.).

---

① 安德烈－费迪南·埃罗尔德(André-Ferdinard Herold, 1865—1940)给德彪西寄去了自己刚刚在阿勒冯斯·勒迈尔出版社出版的诗集《抒情诗与悲歌》(*Les Pæans et les Thrènes*)。该诗集为高蹈派风格。埃罗尔德将其献给何塞－玛力·德·埃雷迪亚(José-Marie de Heredia, 1842—1905)。

1890 – 7

致樊尚·丹第

［1890 年 4 月 20 日］

亲爱的丹第先生。

夜晚指引我对您写下一些令人不悦的话。

首先,我要对您的尽心尽力表示衷心的感谢。

在我看来,只演奏《幻想曲》的第一部分不仅是一个危险的举动,而且会令人误解。

仔细想想,第一乐章演得再精彩,都不如一次性演完,哪怕水平稍微平庸一些。①

---

① 国家音乐协会在 1890 年 4 月 21 日的音乐会曲目中登记了德彪西的钢琴与乐队《幻想曲》,由丹第指挥。该音乐会在埃拉尔音乐厅举行,节目还包括:雷昂·宇森(Léon Husson, 1851—1905)的《阿扎埃勒》(*Azaël*)、沙赫勒·博德斯的《一起跳吉格》(*Dansons la gigue*)、加布里埃尔·福雷的《受难曲》(*La Passion*)序曲、卢锡安·兰贝尔(Lucien Lambert, 1858—1945)的一首序曲、乔治·宇和玛丽·德·格朗瓦(Marie de Grandval, 1828—1907)的几首歌曲以及雅克·杜朗的一首前奏曲。由于整套曲目时间过长,丹第决定只演出德彪西《幻想曲》的第一部分。在最后一次排练后,德彪西悄悄削减了乐队人数。1890 年 5 月 4 日的《吟游诗人》第 143 页记载道:"这场交响与合唱音乐会……由于在最后时刻撤下了两首作品而被迫缩短时间(其实连排练都完成了),根据协会的规章制度,这种事情本应该被禁止的,但这次却破例得到了许可。"另外一部作品是卡米伊·本努瓦(Camille Benoit, 1851—1923)的《科林斯的婚礼》(*Noces corinthiennes*)。雷昂·瓦拉斯于 1933 年给保罗·普儒寄去了本封书信的副本,后者证实道:"谢谢您把德彪西给丹第的书信寄给我。这和我印象中的《幻想曲》第二次排练一样。我还记得那是一个阳光明媚的春天,德彪西当时很英俊,穿着一身黑色衣服,还有柔顺的带褶衬衫和领带,他就是我们的黑暗王子。有几个朋友对排练很满意,德彪西则是沉默寡言。之后,我们去了莫里哀喷泉旁的一间叫穆勒的小酒吧里。临走之前,德彪西对我说:'我要撤下我的《幻想曲》。'——'为什么?您对刚才的演奏不满意吗?'——'不,我是对自己的末乐章很失望。'此时说什么都没用了,他对他的音乐那真是一丝不苟。"文献编号:F-LYm, Fonds Vallas 228, n° 11。

我不是一时头脑发热才如此决绝的。[①] 我还是希望您能理解,不要觉得我不识好歹。再一次表示衷心的感谢。

Cl. A 德彪西

Autogr.: US-NYpm, MLT D289.I42. *Prov.*: anc. coll. M. G. Cobb. *Publ.*: Tiénot-d'Estrade Guerra, p. 53; Debussy 1980, p. 28; Debussy 1993, p. 60. *Fac-sim.*: Vallas 1958, p. 84-85.

① 在 1895 年 3 月 2 日的一封书信中,丹第(时任国家音乐协会秘书)对瑞士乐队指挥古斯塔夫·多雷(Gustave Doret, 1866—1943)写道:"……由组委会决定的曲目一直都是完整演出的,除非是作者本人想撤下,而这样的事在二十二年里只发生过两次(德彪西和本努瓦)……"文献编号: Cat. Stargardt 615 (6–7 juin 1978), n° 749。

1890－8

与舒登斯音乐出版社的合约

以下双方：

克劳德·德·彪西先生，地址：巴黎柏林路27号

舒登斯音乐出版社，地址：巴黎卡普辛大道30号

对下列条款达成共识：

克劳德·德·彪西先生将钢琴与乐队《幻想曲》的全部版权出售并转让于舒登斯音乐出版社，[①]包括后期的一切修改与添加内容，并不做任何保留，无论是在法国还是在外国。

上述版权特别涉及：

1. 对原作的出版；

2. 复制、任意形式的删减或修改

3. 作者、作曲家和音乐出版商协会的演出权

4. 确保演出时必须使用乐队，不经出版社同意禁止用钢琴进行公开演出。[②]

因此，由舒登斯音乐出版社接手上述作品的所有版权，作为其独家拥有者，可以自己的方式编辑、出版、刻印和出售该作品，并且在音乐会及公共场合进行演奏。出版社拥有者及其家庭成员将在合约有效期内在所有国家持有该特权，包括本人在内的任何人不得阻碍。

舒登斯音乐出版社还同时有权出版该作品的任何乐器改编版。

此次出售和版权转让的总额为：贰佰法郎

1890年4月24日于巴黎

已读并同意[③]

Cl. A 德彪西

原文为打印件，含手写添加内容，包括德彪西本人以及非本人笔迹(最后一行及签名)。
Original: F-P, Archives Jobert.

---

① 见书信1891－2。

② 这里指无乐队版本。

③ 舒登斯在白边处手书："转让于阿特曼先生。舒登斯。"

1890－9

致安德烈－费迪南·埃罗尔德

[1890年6月8日]

“[……]我的回复稍微晚了点,但我是等到确定后再回复。现在可以了,就星期一[……]”

Autogr.: non localisé. *Prov.*: Cat. Stargardt 600 (s.d.), n° 345.

1890－10

致一位朋友

[1890年6月13日][1]

亲爱的朋友:

我很抱歉,《贝阿特丽斯与贝内迪克特》的票实在太难抢了,我没能弄到明天星期六的位置。星期二怎么样?希望能走运一些。

祝好。

Cl. A 德彪西

Autogr.: non localisé*. *Prov.*: Hôtel Drouot, 16 octobre 1991, n° 85; Cat. La Scala (hiver 2008), n° 14.

---

① 沙赫勒·拉穆勒于1890年6月5日起在巴黎奥德翁剧院上演《贝阿特丽斯与贝内迪克特》(*Béatrice et Bénédict*)。作为法国大音乐会协会(Société des grandes anditions musicales de France)组织的演出,6月7日的第二场演出只对法国大音乐会协会会员开放。因此,德彪西出席的演出只能是6月14日星期六和6月17日星期二的后续场次。当时,儒勒·德·布拉耶是拉穆勒音乐会的秘书,德彪西可能是通过他拿到了门票。

1890 – 11

与杜朗与舜纳维尔克音乐出版社的合约

本人阿西伊·德彪西，作曲家，地址：巴黎柏林路27号，在此声明将下列作品的全部版权出售并转让于杜朗与舜纳维尔克音乐出版社，地址：巴黎马德兰纳广场4号。本人担保一切纠纷、索赔及所有权问题，并不做任何保留，无论是在法国还是在外国。作品：

《曼陀林》[①]

为声乐与钢琴而作的歌曲

保罗·魏尔伦诗作

因此，由杜朗与舜纳维尔克音乐出版社接手我对上述作品的所有版权，作为其独家拥有者，可以自己的方式编辑、出版、刻印和出售该作品，并且在音乐会及公共场合进行演奏。出版社拥有者及其家庭成员将在合约有效期内在所有国家持有该特权，包括本人在内的任何人不得阻碍。杜朗与舜纳维尔克音乐出版社还同时有权出版该作品的任何乐器改编版，并可以根据自身利益转让作品的部分或全部版权。

此次出售和版权转让的总额为：壹佰法郎

此为收据。

1890年9月24日于巴黎

已读并同意

Cl. A 德彪西

原文为打印件，含手写添加内容，包括德彪西本人以及非本人笔迹（最后一行及签名）。

Original: F-P, Archives Durand.

---

①《曼陀林》（*Mandoline*）于1890年11月14日出版。

1890 – 12

致古斯塔夫·波佩兰

[1890 年 10 月 10 日]

亲爱的朋友:

你愿意明天星期六和我共进午餐吗?很抱歉这么冒失,我有点特殊情况需要见你。

你友好的,

Cl. A 德彪西

如果回复我,请用这个地址:
埃蒂安·杜潘先生
马雷塞尔博大道 76 号[①]

电报,带有邮戳(10 OCT 90),发往:
Monsieur Gustave Popelin
7 rue de Téheran
Autogr.: non localisé*. *Prov.*: Hôtel Drouot, 18 décembre 1969, n° 126; Hôtel Drouot, 27 mars 2014, n° 9.

---

① 关于杜潘,见书信 1888 – 4。此时德彪西与他父母的关系紧张,所以从 1890 年 10 月起,他暂时住在了他的朋友杜潘家。但情况似乎很快就得到了缓解,因为到 1891 年 2 月,德彪西又重新开始使用柏林路 27 号的地址了,见书信 1891 – 2。

1890 – 13

致罗拜赫·勾代

［1890 年 10 月 21 日］
星期二

亲爱的朋友，

收到！我明天准时等着您。

在万难之中，我真的能和您一起去英格兰吗？[①] 我是真怕打扰到您！

好吧，我们明天再说。

您的，

Cl. A 德彪西

信封上有邮戳和地址：[②]
Monsieur Robert Godet
6 rue des Chartreux
Paris.
Autogr.: non localisé. *Publ.*: Debussy 1942, p. 93.

---

① 勾代在旅居荷属东印度后，成为了《时代报》（*Le Temps*）驻伦敦特派记者。然而，德彪西到英格兰的旅行计划未能实现。

② 信息来源：Debussy 1942。

1890 – 14

致罗拜赫·勾代

[约 1890 年 10 月][1]

亲爱的朋友:

我真的很难过今天下午没能来。

您明天,哦不对,应该是请问您明天愿意和我在大 U 咖啡馆吃午饭吗(如果您不讨厌这个地方)?[2]

您的,

Cl. A 德彪西

信封上未贴邮票,地址:
Monsieur R. Godet.
Autogr.: F-Pn, Mus., N.L.a. 29 (10). *Prov.*: C. Godet.

---

① 根据签名的形式,该信被标记为 1890 年。

② 该咖啡馆位于黎塞留路 101 号。

1890－15

致安德烈-费迪南·埃罗尔德

［1890 年 11 月 30 日］

亲爱的先生，

很抱歉没能及时回复。[①] 我被迫离开了巴黎一阵子。十分感谢您转达的那个请求，[②] 这让我非常高兴。我们星期二晚上八点半在普塞酒馆见好吗？[③] 或者您愿意和我一起吃晚饭吗？

您友好的，

Cl. A 德彪西

---

① 埃罗尔德可能是在肖松家听到了德彪西的《波德莱尔诗五首》并对其十分赞赏。他将这套作品推荐给了斯蒂凡·马拉美。马拉美在听到之后立刻问道："您觉得您的朋友德彪西能为《牧神午后》（*L'Après-midi d'un faune*）配乐吗？"见 André-Ferdinand Herold, « Quelques mots sur Stéphane Mallarmé », *L'Ère nouvelle*, 21 décembre 1925。本书信中的约见很可能和马拉美的"请求"有关，马拉美在 1890 年 11 月 24 日写给埃罗尔德的书信中也提到了这次预约："我亲爱的埃罗尔德，星期二晚上能不能烦劳您从罗马路走，我想顺路聊一件闲事，听听您的意见。"见 Mallarmé, t. XI, p. 58。

② 也就是马拉美的请求。

③ 普塞酒馆位于巴黎沙托丹十字街，是象征主义艺术家和德彪西众多好友最喜欢的聚会地点。勒内·彼得曾回忆道："……沙托丹路的普塞酒馆生意兴隆，经常有一些有头有脸的人聚在里面畅聊，还伴随着乱喷的啤酒、柔软的腌菜、带刺的螯虾。德彪西见到了卡图尔·门德斯，后者在《罗德里格与希梅内》（*Rodrigue et Chimène*）事件之后对德彪西比较冷淡，后来又掐住他不放。时任自由剧院院长安德烈·安托万（André Antoine, 1858—1943），蓝眼睛，斜戴一顶帽子，他是个非常腼腆的人，但也会通过矛盾且充满机智的言辞来表达自己的想法。瑞士肖像画家保罗·罗拜赫（Paul Robert, 1851—1923）有双大眼睛，留着吉卜赛式的厚胡须，他发明了一种画夜景的新方法，其他时间他都在大声地讲笑话。梅沙杰，之后为德彪西的《佩雷亚斯与梅利桑德》出力不少……"见 Peter 1944, p. 33-34。

请用这个地址回复我：
克劳德–阿西伊·德彪西先生，寄住于
埃蒂安·杜潘先生
马雷塞尔博大道 76 号

Autogr.: non localisé. *Prov.*: Cat. Stargardt 597 (23-24 novembre 1971), n° 653; Cat. H. Schneider 200 (1976), n° 198a.

1890 – 16

致安布鲁瓦斯·托马

[1890 年]
星期日

亲爱的院长，

德·特雷戴恩子爵夫人想在她家演出我的获奖作品(《浪子》)，① 她向我寻求乐队总谱和分谱。您能允许我从图书馆里把它们借走几天吗？②

---

① 珍妮–玛丽·德·特雷戴恩(Jeanne-Marie de Trédern, 1848—1916)，糖厂创始人之女、女诗人、女作曲家，同时也是一位社交名流歌手。她经常在慈善晚会(比如 1894 年路易·迪耶迈尔的晚会)以及位于旺多姆广场自己的私宅中演出，同时她还在她的布利萨克城堡(从第一任丈夫那里继承而来)举办音乐会。1890 年 1 月 12 日的《吟游诗人》(第 16 页)预告了子爵夫人家中的第一场音乐会，演奏的是安布鲁瓦斯·托马和弗朗西斯·托梅(Francis Thomé, 1850—1909)的作品。

② 罗马奖的获奖作品都被收藏在巴黎音乐学院图书馆内。

我斗胆请您尽快回复我，星期二就要开始第一场排练了。

此致敬礼。

Cl. A 德彪西

柏林路 27 号

Autogr.: F-Pn, Mus., L.a. Debussy (C.) 1.

1890 – 17

致一位朋友 ①

［1890 年］

亲爱的朋友：

不好意思，你能借给我 20 法郎到这月底吗？我急用。

我承认感到很羞耻，但我确实很饿。②

我给你写信的时候担心你可能不是独自一人。

你的，

Cl. A 德彪西

用铅笔所写。

Autogr.: CH-B, coll. part. *Prov.*: Cat. Charavay 735 (décembre 1969), n° 33407.

---

① 可能是埃蒂安·杜潘。

② 一年多以来，德彪西不再享有罗马奖的津贴，而他自己也没有任何固定收入，只是通过在杜朗出版社出版零星的改编作品、钢琴作品以及歌曲来挣一些稿费。正是资金短缺，使得德彪西接受了卡图尔·门德斯的歌剧剧本《罗德里格与希梅内》。

1890 – 18

致一位朋友

[1890年]
"星期六"

[德彪西对前一天没能兑现承诺表示歉意,但他生病了,头很疼:马勒塞尔布街76号,埃蒂安·杜潘先生家]

Autogr.: non localisé. *Prov.*: Cat. Sotheby's (11-12 mai 1959), n° 127.

1891 – 1

与舒登斯音乐出版社的合约

以下双方:

克劳德·德·彪西先生,地址:巴黎柏林路27号

舒登斯音乐出版社,地址:巴黎卡普辛大道30号

对下列条款达成共识:

克劳德·德·彪西先生将1.《斯拉夫叙事曲》(为钢琴而作)(Ballade Slave);2.《浪漫圆舞曲》(为钢琴而作)(Valse romantique);3.《斯泰里安的塔兰泰拉舞曲》(为钢琴而作)(Tarentelle Styrienne)的全部版权出售并转让于舒登斯音乐出版社,[①] *包括后期的一切修改与添加内容,并不做任何保留,无论是在法国还是在外国。*

上述版权特别涉及:

① 这三首作品于1891年10月至11月出版。

1. 对原作的出版;

2. 复制、任意形式的删减或修改;

3. 作者、作曲家和音乐出版商协会的演出权;

4. 确保演出时必须使用乐队,不经出版社同意禁止用钢琴进行公开演出。

因此,由舒登斯音乐出版社接手上述作品的所有版权,作为其独家拥有者,可以自已的方式编辑、出版、刻印和出售该作品,并且在音乐会及公共场合进行演奏。出版社拥有者及其家庭成员将在合约有效期内在所有国家持有该特权,包括本人在内的任何人不得阻碍。

舒登斯音乐出版社同时还有权出版该作品的任何乐器改编版。

此次出售和版权转让的总额为:贰佰法郎

1891 年 1 月 13 日于巴黎

已读并同意①

ClA 德彪西②

原文为打印件,含手写添加内容,包括德彪西本人以及非本人笔迹(最后一行及签名)。
Original: F-P, Archives Jobert.

---

① 舒登斯在白边处手书:"转让于阿特曼先生。舒登斯。"

② 德彪西使用的第八种签名形式"ClADebussy",从 1891 年 1 月至 1892 年 2 月。见附录Ⅳ, n° 8。

1891 – 2

致罗拜赫·勾代

［1891 年 2 月 12 日］
巴黎，星期四

亲爱的朋友：

不管怎样，我都很后悔如此疏远了您。我最近很没有自信，让人一看就知道我的灵魂已被击垮，所以我觉得还是保持静默比较好！我多希望您就在我身边，这样就能和您谈心，聊一聊我那些大大小小的麻烦。这样说可能有点夸张。但我真的十分想念您！！在这真诚的呐喊声中，您之前所有的沉默都被原谅了，因为这样的沉默是我更需要的——我迫切想要把所有的事情都说出来，但没人愿意听。

我依然感到心烦意乱。我之前跟您讲的那件事，[①] 没想到最后是一个悲伤的结局。这个结局也没什么特别的，无非就是一些琐事，一些本不该说出的话。我发现一个很奇怪的现象：当那些最尖锐的词从她嘴里说出时，我听到的却是她曾经的那些甜言蜜语！那些跑调的音符（这倒是真事儿）和我内心的歌唱激烈碰撞，把我折腾得七荤八素。但我必须恢复理智，我在这片荆棘里陷得太深了，需要很久才能找回自身的修养，唯有艺术可以治愈一切（但艺术中同样又饱含痛苦，这颇为讽刺）。啊！我真的很喜欢她，但越是动情就越会受伤，因为我能明显感觉到她永远不会全身心投入，她对我始终保持着距离！现在，我不知道她是否拥有我寻找的（品质）！这一切是否都是无用功！但无论如何，我都在为这场梦中梦的破灭而哭泣！[②] 不过，或许这一切都没那么痛

① 德彪西的一段神秘恋情。虽然没有任何实名指认，但此恋情的女主人公可能是法国雕塑家卡米伊·克洛岱勒（Camille Claudel, 1864—1943）。德彪西通过勾代结识了她的弟弟——诗人保罗·克洛岱勒（Paul Claudel, 1868—1955）。德彪西生前的书桌上一直摆放着卡米伊·克洛岱勒的作品《圆舞曲》（*La Valse*）。

② 德彪西这句话的风格受到了埃德加·爱伦·坡的影响。

苦。啊！有的时候我都想去死，而且是自己亲自见证自己的死亡！感觉活不了了。

抱歉，是我太自私了，这种经历没什么特别的，但我却在自虐以寻求怜悯。我了解您的善良，所以就在滥用，只希望您能同情我，分担我的痛苦，但我不确定您会不会和我站在同一个角度看问题。

除此之外，我还有一些生活上的烦恼，并且在愚蠢的任务上浪费时间，而音乐都被这些喧嚣给吓跑了。《幻想曲》很快就要问世了，[①]而拉穆勒却为了上演《特里斯坦与伊索尔德》忙得无影无踪，经常去他音乐会的那些精英都十分高兴。[②]切！这些人交谈时总是一脸神秘地说："您星期日要去看《特里斯坦》啊？"太滑稽了。

首先，这群人有什么资格这样！他们怎么没有感到害怕，就像被邀请参加禁忌宗教仪式那样？假如到时候出现的不是那个"立方体"指挥，[③]而是一位天使，会不会引起一阵骚动啊？我不是说要禁止这些人听音乐，因为在艺术的乐趣中，我们还是需要他们的臭钱予以配合的。但是，我们必须让他们懂得敬畏，而不是由着他们晚上围在餐桌旁，一边品着咖啡，一边夸夸其谈："瓦格纳如何如何！巴赫怎样怎样……（一般都说不了几句）"这些言论看上去无害，但最终都起不到什么好的作用。

您怎么样啊！在那座根本不适合您的城市还适应吗？（从爪哇到伦敦，您的经历也太匪夷所思了！[④]）布拉耶跟我叙述了您的一封

---

① 舒登斯确实刻印了《幻想曲》，并差点在 1890 年 4 月 21 日于国家音乐协会演出（见书信 1890 – 7）。《幻想曲》第二和第三校样则被法国音乐家、收藏家弗朗索瓦·朗（François Lang, 1908—1944）保存于华由蒙修道院。详情见 Denis Herlin, *Collection musicale François Lang* (Paris: Éditions Klincksieck, 1993), 53, nº 189–190。《幻想曲》直到德彪西去世后，才于 1920 年出版。

② 巴黎直到 1899 年 10 月 28 日才等来《特里斯坦与伊索尔德》的完整演出（地点：新剧院），由拉穆勒指挥。此前，他已经于 1884 年、1885 年以及 1887 年 3 月上演过作品的第一幕（见书信 1887 – 5）。第二幕也在 1885 年上演过，并在 1891 年 2 月再次演出（删掉了伊索尔德与布兰甘特的二重唱）。

③ 这是维利耶·德·里勒 – 亚当（Villiers de l'Isle-Adam, 1838—1889）的用词，以形容对瓦格纳作品的各种诠释版本。

④ 见书信 1890 – 13。

信,[①] 说您现在很喜欢特纳和罗塞蒂,我对此感到很开心,仅凭这两位您就可以无视其他人了!您的来信让我感到很难过,您的言语中充满了气馁,不立即回复您都让我觉得于心不忍,但转念一想,把我自己的烦恼也搅进去,这又有什么好处呢?但我能看得出,您在那些没品位的呆子当中生活时内心是多么孤独。您不要觉得我是在多愁善感,这些都是我最真切关怀。

现在,我希望您能尽快回复。您觉得我攒点钱来伦敦找您怎么样?我需要一段时间恢复,在您身边对我会很有帮助,因为您是极少数的非实用主义者,反正我是受够其他人那一套了!有些街道的鹅卵石在我看来就代表着磨难,它们都是辉煌历史留下的凄凉痕迹。

您跟我说说我都需要准备些什么。[②]

如果您同意我过来的意愿(当然前提是绝对不扰乱您的生活),希望我们不久后见。

您的,

ClA 德彪西

如果回复,请用柏林路 27 号这个地址

—

布拉耶请我替他向您问好,他应该很快会给您写信。

信封上有邮戳(寄出:13 FEVR 91,到达日期无法识别)[③] 和地址:
Angleterre
Monsieur Robert Godet.
15. Cecil Street, Strand.
Londres.
Autogr.: F-Pn, Mus., N.L.a. 29 (7). *Prov.*: C. Godet. *Publ.*: Godet 1926, p. 65-66 (161-162) (incomplète); Debussy 1942, p. 93-97; Debussy 1980, p. 29-30, 32; Debussy 1993, p. 61-63. *Exp.*: Paris 1962, p. 30, n° 57; Lisbonne 1962, p. 31, n° 47.

---

① 关于布拉耶,见书信 1889 – 19。
② 该旅行计划未能实现。
③ 信封由红蜡印章封印。

1891－3

与舒登斯音乐出版社的合约

以下双方:

克劳德·德·彪西先生,地址:巴黎柏林路27号

舒登斯音乐出版社,地址:巴黎卡普辛大道30号

对下列条款达成共识:

克劳德·德·彪西先生将《贝加马斯克组曲》的全部版权出售并转让于舒登斯音乐出版社,[①]包括后期的一切修改与添加内容,并不做任何保留,无论是在法国还是在外国。

上述版权特别涉及:

1. 对原作的出版;

2. 复制、任意形式的删减或修改;

3. 作者、作曲家和音乐出版商协会的演出权;

4. 确保演出时必须使用乐队,不经出版社同意禁止用钢琴进行公开演出。

因此,由舒登斯音乐出版社接手上述作品的所有版权,作为其独家拥有者,可以自己的方式编辑、出版、刻印和出售该作品,并且在音乐会及公共场合进行演奏。出版社拥有者及其家庭成员将在合约有效期内在所有国家持有该特权,包括本人在内的任何人不得阻碍。

舒登斯音乐出版社还同时有权出版该作品的任何乐器改编版。

此次出售和版权转让的总额为:贰佰法郎

1891年2月21日于巴黎
已读并同意[②]
ClA 德彪西

原文为打印件,含手写添加内容,包括德彪西本人以及非本人笔迹(最后一行及签名)。
Original: F-P, Archives Jobert.

---

①《贝加马斯克组曲》(*Suite Bergamasque*)直到1905年才由伏霍蒙出版社出版。

② 舒登斯在白边处手书:"转让于阿特曼先生。舒登斯。"

1891 - 4

与杜朗与舜纳维尔克音乐出版社的合约

本人阿西伊·德彪西,作曲家,地址:[1] 在此声明将下列作品的全部版权出售并转让于杜朗与舜纳维尔克音乐出版社,地址:巴黎马德兰纳广场4号。本人担保一切纠纷、索赔及所有权问题,并不做任何保留,无论是在法国还是在外国。作品:

卡米伊·圣-桑的

《随想曲》[2]——选自格鲁克的《阿尔切斯特》

钢琴四手联弹改编版

因此,由杜朗与舜纳维尔克音乐出版社接手我对上述作品的所有版权,作为其独家拥有者,可以自己的方式编辑、出版、刻印和出售该作品,并且在音乐会及公共场合进行演奏。出版社及其家庭成员将在合约有效期内在所有国家持有该特权,包括本人在内的任何人不得阻碍。杜朗与舜纳维尔克音乐出版社还同时有权出版该作品的任何乐器改编版,并可以根据自身利益转让作品的部分或全部版权。

此次出售和版权转让的总额为:壹佰伍拾法郎

此为收据。

1891年3月2日于巴黎

已读并同意

ClA 德彪西

原文为打印件,含手写添加内容,包括德彪西本人以及非本人笔迹(最后一行及签名)。
Original: F-P, Archives Durand.

---

① 原文中此处为空白。——译者注。

② 该作品于1891年5月出版。

1891－5

与舒登斯音乐出版社的合约

以下双方：

克劳德·德·彪西先生，地址：巴黎柏林路27号

舒登斯音乐出版社，地址：巴黎卡普辛大道30号

对下列条款达成共识：

克劳德·德·彪西先生将1.《梦幻曲》[①]；2.《玛祖卡》[②] 的全部版权出售并转让于舒登斯音乐出版社，包括后期的一切修改与添加内容，并不做任何保留，无论是在法国还是在外国。

上述版权特别涉及：

1. 对原作的出版；

2. 复制、任意形式的删减或修改；

3. 作者、作曲家和音乐出版商协会的演出权；

4. 确保演出时必须使用乐队，不经出版社同意禁止用钢琴进行公开演出。

因此，由舒登斯音乐出版社接手上述作品的所有版权，作为其独家拥有者，可以自己的方式编辑、出版、刻印和出售该作品，并且在音乐会及公共场合进行演奏。出版社拥有者及其家庭成员将在合约有效期内在所有国家持有该特权，包括本人在内的任何人不得阻碍。

---

①《梦幻曲》(*Rêverie*)的版权被转让给阿麦勒(Hamelle)出版社(见1891年8月30日的合约)，于1895年11月16日出版，随后又在1905年由伏霍蒙出版社出版。

②《玛祖卡》(*Mazurka*)的版权同样被转让给阿麦勒出版社(见1891年8月30日的合约)，并于1903年3月28日出版。

舒登斯音乐出版社还同时有权出版该作品的任何乐器改编版。
此次出售和版权转让的总额为：壹佰法郎
~~本合约共两份，地址~~

1891 年 3 月 14 日于巴黎
已读并同意[①]
ClA 德彪西

原文为打印件，含手写添加内容，包括德彪西本人以及非本人笔迹(最后一行及签名)。
Original: F-P, Archives Jobert.

① 舒登斯在白边处手书："转让于阿特曼先生。舒登斯。"

1891－6

与杜朗与舜纳维尔克音乐出版社的合约

本人阿西伊·德彪西，作曲家，地址：巴黎柏林路27号，在此声明将下列作品的全部版权出售并转让于杜朗与舜纳维尔克音乐出版社，地址：巴黎马德兰纳广场4号。本人担保一切纠纷、索赔及所有权问题，并不做任何保留，无论是在法国还是在外国。作品：

《两首阿拉贝斯克》[1]

为钢琴而作

因此，杜朗与舜纳维尔克音乐出版社接手我对上述作品的所有版权，作为其独家拥有者，可以自己的方式编辑、出版、刻印和出售该作品，并且在音乐会及公共场合进行演奏。出版社拥有者及其家庭成员将在合约有效期内在所有国家持有该特权，包括本人在内的任何人不得阻碍。杜朗与舜纳维尔克音乐出版社还同时有权出版该作品的任何乐器改编版，并可以根据自身利益转让作品的部分或全部版权。

此次出售和版权转让的总额为：贰佰法郎

此为收据。

1891年4月11日于巴黎

已读并同意

ClA 德彪西

原文为打印件，含手写添加内容，包括德彪西本人以及非本人笔迹（最后一行及签名）。

Original: F-P, Archives Durand.

---

①《两首阿拉贝斯克》于1891年10月23日出版。

1891－7

与杜朗与舜纳维尔克音乐出版社的合约

本人阿西伊·德彪西，作曲家，地址：伦敦路42号，[①] 在此声明将下列作品的全部版权出售并转让于杜朗与舜纳维尔克音乐出版社，地址：巴黎马德兰纳广场4号。本人担保一切纠纷、索赔及所有权问题，并不做任何保留，无论是在法国还是在外国。作品：

《两首浪漫曲》[②]
升华隐忍之魂
张开的树叶
保罗·布赫热作词

因此，由杜朗与舜纳维尔克音乐出版社接手我对上述作品的所有版权，作为其独家拥有者，可以自己的方式编辑、出版、刻印和出售该作品，并且在音乐会及公共场合进行演奏。出版社拥有者及其家庭成员将在合约有效期内在所有国家持有该特权，包括本人在内的任何人不得阻碍。杜朗与舜纳维尔克音乐出版社还同时有权出版该作品的任何乐器改编版，并可以根据自身利益转让作品的部分或全部版权。

此次出售和版权转让的总额为：贰佰伍拾法郎

此为收据。

1891年6月17日于巴黎
ClA 德彪西

原文为打印件，含手写添加内容，包括德彪西本人以及非本人笔迹(最后一行及签名)。
Original: F-P, Archives Durand.

---

① 德彪西于1891年4月到6月间搬离了柏林路27号——自己的父母家。
② 两首歌曲于1891年12月出版。

1891－8

与阿麦勒出版社的合约

本人在此声明将下列作品的全部版权出售并转让于阿麦勒先生，并在任何国家都不做任何保留，包括：

《梦幻曲》

《玛祖卡》[①]

四首歌曲(三首由保罗·魏尔伦作诗[②]，一首为布赫热作诗[③])。

本人证明已收到贰佰伍拾法郎的版权转让费。

1891 年 8 月 30 日于巴黎

已读并同意

ClA 德彪西

原文包括德彪西本人以及非本人笔迹(最后一行及签名)。

Autogr.: F-Pn, Mus., N.L.a. 12 (266).

① 德彪西已于 1891 年 2 月将《梦幻曲》《玛祖卡》这两首钢琴作品的版权出售给了舒登斯出版社。

② 根据保罗·魏尔伦的诗歌创作的三首歌曲带有编号 J. 3498 (1-3) H，该编号被用于 1892 年出版的作品。然而，这些作品直到 1901 年 6 月 25 日才由阿麦勒出版社出版。见书信 1901－3 和书信 1901－4。

③ 阿麦勒出版社并没有出版过任何德彪西基于保罗·布赫热诗词创作的歌曲。

1891－9

致两位朋友

[1891年(?)]

请二位一定要原谅我。很多稀里糊涂的事情迫使我无法回复。我完全忘记了你们的地址,很抱歉让你们白来了一趟。

真挚地。

ClA 德彪西

Autogr.: US-NYpm, MLT D289. X. *Prov.*: anc. coll. J. Scholz.

1892 - 1

致朱利安·阿麦勒

[1892年初(?)][1]

我亲爱的阿麦勒先生:

真的太对不起了,我之前病得很重,而且长期不在巴黎。剩下的事,我过几天去拜访您的时候再讲给您听。

在此附上魏尔伦的书![2]

亲切地。

Cl A 德彪西

请替我问候阿麦勒夫人和小阿麦勒先生。

请催一催《歌曲》的印刷![3]

信封上未贴邮票,也没有地址,只写了:
Monsieur Hamelle.
Autogr.: F-Pn, Mus., N.L.a. 18 (110, 113).

---

① 此为推测日期,德彪西根据魏尔伦的诗词创作了《三首歌曲》,其手稿的标注日期为1891年12月(文献编号: F-Pn, Mus., Ms. 20633),见1891年8月30日的合约。

② 此处应该是指魏尔伦《明智》的新版,由雷昂·瓦尼耶出版社于1889年出版。德彪西《三首歌曲》的歌词便选自于此。

③ 见1891年8月30日的合约。

1892－2

致罗拜赫·勾代

1892年1月［30日］

我亲爱的朋友：

虽然我对您在那边的艰难处境略有耳闻，但我从来没觉得被您如此疏远过。因此，您的来信让我感到无比开心，同时又十分难过，因为我们被分隔太长时间了。[①]很遗憾，一些琐事使我没能立即回复您，但上述的感情可都是货真价实的！

我的生活被那部歌剧搞得一团糟，怎么做都行不通，我被折腾得一地鸡毛。就为这事我也需要见见您，给您听一下已经写好的两幕，[②]因为我怕已经麻木到自以为是了。

在这期间，我利用仅剩的一点笔墨写了两首歌曲！它们是献给您的，[③]但不只是为了让您开心，更是对我们友谊的思念。如此真心，您就会原谅我平时尽说些肤浅琐事了。

我有一肚子话想对您说，但只能是当面说。我感觉自己被流放了，没有任何目标，最多就是做一个例行公事的无名之辈。有时还不得不

---

① 德彪西在此处是一语双关，法语中"temps"是"时间、时代"的意思，《时代报》的法语就是"*Le Temps*"。前文中我们已经得知，勾代就是被《时代报》派往伦敦做特派记者的，因此，德彪西在原文中用了斜体加大写的方式——"*Temps*"，这样既表示他与勾代分隔的"时间"久，又暗指他们是被《时代报》分开的。

② 自1890年起，德彪西一直在根据卡图尔·门德斯的剧本创作歌剧《罗德里格与希梅内》(意向为四幕歌剧)。结果他在写了三幕之后放弃了这一计划。1993年5月14日，该作品在里昂歌剧院上演，由理查德·朗汉姆·史密斯(Richard Langham Smith)修复，艾迪森·德尼索夫(Edison Denisov)配器。作品乐谱可见：*Œuvres complètes de Claude Debussy*, Paris, Durand, 2003, série vi/1 (édition de Richard Langham Smith)。

③ 指基于保罗·魏尔伦诗词创作的《三首歌曲》的其中两首，见1891年8月30日的合约。

哗众取宠,而这样的音乐是走不远的。这实在让人无法忍受!或许之后会有所好转。

盼速归,真切的友谊。

ClA 德彪西

信封上有邮戳(30 JANV 92)和地址:
Monsieur Robert Godet.
6. rue de Chartreux
E.V.
Autogr.: F-Pn, Mus., N.L.a. 29 (8). *Prov.*: C. Godet. *Publ.*: Debussy 1942, p. 97-98; Debussy 1980, p. 32-33; Debussy 1993, p. 64.

1892－3

致罗拜赫·勾代

[1892 年 2 月 4 日]
星期四晚上

亲爱的朋友:

什么时候都可以!当然,为了保险起见,一定要提前通知我一下。

您的,

ClA 德彪西

信封上有邮戳(5 FEVR 92)和地址:
Paris.
Monsieur Robert Godet.
6 Rue des Chartreux.
Autogr.: F-Pn, Mus., N.L.a. 29 (9). *Prov.*: C. Godet.

1892 – 4

致皮埃尔·路易斯

[1892 年 3 月 2 日]
星期三
伦敦路 42 号

先生:①

抱歉这么晚才回复您。关于《波德莱尔诗五首》的问题,我这里已经没有了,不过巴伊那里还有两本,地址是绍塞–当坦路!②

很遗憾没能早点得知此事,敬礼。

克劳德·德彪西③

信封上有邮戳(2 MARS 92)和地址:
Monsieur Pierre Louÿs.
49 rue Vineuse④
Autogr.: F-Pn, Mus., N.L.a. 44 (1). *Prov.*: Hôtel Drouot, 5 février 1999, n° 186 (avec fac-sim.).

---

① 德彪西在马拉美星期二的例行聚会上认识了皮埃尔·路易斯。之后,他们在巴伊的书店再次相遇(见书信 1892 – 9),并讨论了瓦格纳的歌剧。路易斯曾赞叹道:"从巴伊那里出来,我问德彪西怎么看瓦格纳的歌剧,他的回答是'《特里斯坦》'——'其他的呢?'——'其他的……无关大局……'他又补充道:'就是《特里斯坦》让我们无法创作。我们不知道……我不知道如何超越它。'"详情见 Paul-Ursin Dumont, *Pierre Louÿs*, Vendôme, Librairidisque, 1985, p. 150. 事实上,德彪西与路易斯的关系直到 1893 年 10 月才真正紧密起来。

② 路易斯持有的《波德莱尔诗五首》乐谱由弗朗索瓦·朗收藏在华由蒙修道院,编号 41(见 Denis Herlin, *Collection musicale François Lang*, Paris, Éditions Klincksieck, 1993, p. 54, n° 201)。关于巴伊,见书信 1892 – 9。

③ 至此,德彪西签名时不再使用"克劳德–阿西伊"或"阿西伊",只用"克劳德"。但在这段时间,德彪西还会偶尔使用"ClADebussy"或"Claude ADebussy"作为签名,比如书信 1892 – 7 以及 10 月 27 日献给埃里克·萨蒂(Érik Satie, 1866—1925)的《波德莱尔诗五首》题词。见附录 V。这是德彪西使用的第九种签名形式"Claude Debussy",只在 1892 年 3 月偶尔使用。见附录Ⅳ, n° 9。

④ 此时路易斯住在自己的哥哥家,直到 1893 年 10 月 1 日才搬到伦勃朗路。

1892 – 5

致儒勒·布瓦

［1892 年 3 月中］
星期二晚上
伦敦路 42 号

好吧，我亲爱的布瓦，

虽然我们关系要好，但我没有信心给《撒旦的婚礼》配乐！① 我觉得乐队几乎不存在，更别说那些人的名字以及他们的出处！这不太现实，也许布赫热先生能化腐朽为神奇，但他也不是万能的。很抱歉，我不是不愿意做，这里面的未知数实在是太多了，有点"冒险"。②

低调的祝福，没有大张旗鼓！

克劳德·德彪西

Autogr.: US-NYpm, MLT D289.B682. *Prov.*: Cat. Hopkinson 47 (mai 1954), n° 148; Cat. Sotheby's (17 juin 1958), n° 396; anc. coll. M. G. Cobb. *Publ.*: *Cahiers Debussy* 1 (1974), p. 13-14; Debussy 1980, p. 34 (datée février 1892); Debussy 1993, p. 65 (daté février 1892).

---

①《撒旦的婚礼》（*Noces de Satan*），这部一幕戏剧由儒勒·布瓦所作，于 1892 年 3 月 28 日和 30 日在保罗堡剧院上演。奥雷利安·卢涅–坡（Aurélien Lugné-Poe, 1868—1940）扮演撒旦。《圣杯刊》（*Le Saint-Graal*）在 3 月 20 日一期中预告："德彪西配乐。"然而，在最后时刻是音乐学家昂利·吉塔赫（Henry Quittard, 1864—1919）完成了配乐。

② 这里同时引用了卡米伊·德·圣–克鲁瓦（Camille de Sainte-Croix, 1859—1915）的故事《冒险》（*Le Mauvais Aventure*），于 1885 年由吉鲁（E. Girand）出版社出版。

1892 – 6

致洛朗·泰拉德

星期日,[1892年]6月19日

先生,

我偶然看到1893年6月的《启蒙刊》中,您在说到爱德华·杜布斯的书时提到了我的名字。[①] 请允许我对这一引用表示震惊,而且估计您在说我的时候根本不了解我的音乐,更何况我创作的东西太少了,它们何德何能可以让别人去议论,可以引导那些最卑微的猪头呢![②]

您的人选没挑好,您可能是特意去挑了一些很少人知道的名字,而在“很少人”中还有您的朋友。

我很欣赏您,所以不会拿这个误会当真,我也不想指责您有点无知(至少在我看来是这样)。

向您致敬。

ClA 德彪西[③]

Autogr.: non localisé. *Publ.*: *L'Initiation* 10 (juillet 1892), p. 95-96; Debussy 1980, p. 34; Debussy 1993, p. 65-66.

---

① 爱德华·杜布斯(Édouard Dubus, 1865—1895),法国诗人、记者,《法兰西信使》(*Mercure de France*)的创办人之一。杜布斯是一位神秘主义者,曾被关押于沙朗东精神病院。1895年获释,不久即死于吗啡中毒。他于1892年3月在文学与艺术图书馆发表了《当小提琴离去》(*Quand les violons sont partis*)。泰拉德对该作品的评价如下:“在这个低俗、无知的时代,一些猪头大众去欣赏佩拉当主义,亨利·德·格鲁(Henry de Groux, 1866—1930)的画作,还有阿西伊·德·彪西的音乐。比利时、瑞士还有黎凡特的菲列布里什派都去莫雷亚斯先生那里致敬那个隆萨孕育出的舌战高手。对于真正喜欢文学的人来说,出现一位出淤泥而不染的诗人真是一件幸事,他既不属于浪漫派主义,也不属于象征主义……”见 *L'Initiation*, 9 (juin 1892), p. 227-228。

② 洛朗·泰拉德在1899年已经发表了《通过猪头》(*À travers les groins*),引起些许反响。德彪西在该信中也使用“猪头”一词,颇有反击泰拉德的意思。

③ 签名转录为“L. Debussy”。

1892 - 7

致洛朗·泰拉德

[1892年6月22日]
星期四

先生:

这件事您想怎样做都可以,反正对我来说,能收到您一封友善的回信,也算不亏,我非常知足。

向您致敬。

ClA 德彪西①

信封上有邮戳(23 JUIN 92)和地址:
Monsieur Laurent Tailhade
10 rue Rossini
E.V.
Autogr.: US-NYpm, MLT D289.T131. *Prov.*: Cat. Charavay 538 (novembre 1921), n° 93598; anc. coll. M. G. Cobb.

① 德彪西使用的第十种签名形式"ClADebussy",用于较为官方的书信,类似于他的缩写签名。见附录Ⅳ, n° 10。

1892－8

与保罗·杜鹏出版社的合约

以下双方:

克劳德·德彪西先生,地址:

保罗·杜鹏先生,音乐出版商,地址:巴黎布鲁瓦路4号

对下列条款达成共识:

先生将下列作品的全部版权出售并转让于保罗·杜鹏先生,并担保一切纠纷、索赔及所有权问题,无论是在法国还是在外国:

《夜曲》(插曲)[①]

因此,由保罗·杜鹏先生接手上述作品的所有版权,作为其独家拥有者,可以以自己的方式编辑、刻印、出版和出售该作品,其家庭成员将在合约有效期内在所有国家持有该特权。

保罗·杜鹏先生同时还有权出版该作品的任何乐器改编版,包括为其增加歌词。最后,合约双方均在作者、作曲家和音乐出版商协会保留各自权益。

此次出售和版权转让的总额为:壹佰法郎

先生当场确认收到保罗·杜鹏先生的付款并留有收据。

本合约如有登记注册费用,则由发起者负责。

本合约共两份,地址

1891年3月14日于巴黎

本合约共两份,委托给

1892年7月27日

原文为打印件,含手写添加内容,包括德彪西本人以及非本人笔迹。

Original: F-P, Archives Durand.

---

①《夜曲》(*Nocturne*)将于1892年末出版。

1892－9

致安德烈·波尼亚托夫斯基

星期四至星期五
1892年9月9日

亲爱的朋友，

首先来说说我对您来信的感想！

要说我感到震惊那是肯定的！在这个冷漠、自私的时代，总有人吃着碗里的，看着锅里的！和很多贵族一样，您也对自己的头衔不满足，还要用艺术的美去装点它，最近一个这样做的是那位可怜的巴伐利亚国王，[①] 他身边那群俗人活生生把他整疯了。

您也能看出来，这不是在夸您。我觉得有必要实事求是。无论您怎么掩饰，说这是首幻想曲也好，说这是帮别人的忙也罢，您现在的水平属于高级业余爱好者！我最多只能说一声谢谢您，因为我受够了如今那些没有艺术欣赏能力的人！[②]（现在这些人的情况比他们的上一代更糟，至少上一代人可以拿愚蠢当借口。）您能用一种极为细腻的方式对待我那些幻想，我十分感谢。

就说这些吧，我既不想打击您，也不想显得太多愁善感。

我要是面对类似的情况，也会像您一样保持沉默的。实际上，最好的选择就是留在心里，如果到处跟别人讲反而会引来是非！

我真的很后悔离开巴黎，这耽误了我们的事，但实在是物质上的需要，而且我还病得很重。9月2日，我就是在这个状态下收到了您的

---

① 指路德维希二世国王（Louis II de Wittelsbach, 1845—1886），晚年被拘留，最后被淹死。

② 德彪西对莫里斯·巴雷斯（Maurice Barrès, 1862—1923）《在野蛮人的眼皮下》的读后感，见 Maurice Barrès, *Sous l'Œil des Barbares* (Paris, Alphonse Lemerre, 1888)。

来信!① 巴伊不知道我的地址,② 还信誓旦旦跟我说没什么有趣的事!(有时候,偶然能跟我们开个残酷的玩笑!)我一直很焦虑,怕耽误了什么。

我等了几天才回复您,就是为了好好考虑一下您带来的这个意想不到的邀请,避免盲目和头脑发热。就像您跟我讲的那样,好事多磨、苦尽甘来。艰苦奋斗地打拼或许比无忧无虑地生活更纯粹,与其醉生

---

① 在这两封来信中,安德烈·波尼亚托夫斯基提出让两个纽约乐队演出德彪西的作品,一个由安东·塞德尔(Anton Seidl, 1850—1898)指挥,另一个由沃特·达姆罗施(Walter Damrosch, 1862—1950)指挥。五十年后,波尼亚托夫斯基回忆道:"我跟他们两个人都介绍了德彪西,盛赞了他的才华,其中一人(塞德尔),似乎有兴趣上演钢琴与乐队《幻想曲》,我知道当时那首作品已经完成了。我的想法是,如果可以获得成功,能引起一些金主的兴趣,那么德彪西的生涯在两到三年内至少可以平稳一些,比他在巴黎的窘境强。当时,他的作品得不到上演的机会,只能靠每小时5法郎的钢琴课维生,这让他的状态急剧恶化,甚至在我还没有离开巴黎之前,他就患上了精神衰弱症,他每次给我写信都有明显的征兆。"见 André Poniatowski, *D'un siècle l'autre*, Paris, Presses de la cité, 1948, p. 304。

② 埃德蒙·巴伊的真名为昂利-埃德蒙·里梅(Henry-Edmond Limé),于1889年10月开始经营独立艺术书店,位于绍塞-当坦路9号。该书店很快就成了一代象征主义艺术家的聚集地,比如维利耶·德·里勒-亚当、安德烈·吉德(André Gide, 1869—1951)、安德烈-费迪南·埃罗尔德、皮埃尔·路易斯以及让·德·提南(Jean de Tinan, 1874—1898)。巴伊刻印了这些年轻诗人的第一批作品,数量虽少,但每一本出版物的印刷质量都堪称典范,并且都装饰有费里希安·罗普(Félicien Rops)设计的藏书标签:一条长着吸血鬼牙齿的有翼美人鱼,还带有拉丁文座右铭——"这条鱼不适合所有人"(Non hic piscis omnium)。昂利·德·雷尼耶在回忆德彪西时曾说:"绍塞-当坦路这家店可不一般。一推门,我们就能看到一位健壮的白发女士和一位戴着金丝眼镜的小胡子男士,还有一只黑色的母猫。猫的名字叫阿吉扎,白发女士是巴伊夫人,戴眼镜的男士则是巴伊先生。然而,巴伊先生不仅仅是一个出版商,他还是一位神秘学学者和音乐家。他会写歌曲,还创办了一个神秘学期刊……我本人也是期刊的作者,他和他的所有作者关系都特别好,就像他与超自然世界的关系一样!这个书店经常是一小群作家的聚集地,包括我在内。我们都去巴伊那里讨论文学,聊得热火朝天。巴伊一边引导我们,一边抚摸着他的猫。"见 Henri de Régnier, « Souvenirs sur Debussy », *Revue musicale* (numéro spécial: La jeunesse de Claude Debussy), t. III/7 (1er mai 1926), p. 89-90 (185-186)。

梦死倒不如给梦想增加一些冒险和挑战！但到头来这一切还是会被悲惨的现实所唤醒。

然而，我有一种能力，那就是从理想的角度看待一切，并且对所谓的巴黎艺术圈免疫（您对这个圈子的评价很严苛，但也很正确）。我虽然身在其中，但天生带有一种无法克制的自豪感，因此，即便是我现在很卑微，却觉得其他人过得还不如我。您不知道那些人的钩心斗角是多么无聊，他们不只是向生活屈服，更是成了贪得无厌、阿谀奉承之辈！

巴黎充满了低俗、卑鄙与耻辱！正因如此，如果时间还来得及，我很高兴接受您的邀请！

现在，我们来冷静地评估一下我在美国人那里的商业价值，您跟我提到了鲁宾斯坦、[①] 柴可夫斯基等，但这些人都已经有一些名气了，所以对他们做宣传很容易。我就不一样了，一方面我完全没有名气，另一方面我的艺术比较难懂，需要欣赏者主动尝试理解它，而听众从来都不会主动！因此，这方面我需要您在那边的影响力了！根据您讲的，那边的人很容易自负，也就是说如果我们不是实用主义者就难以获得成功。

接下来的问题我也不瞒着您，如果要旅行，那么我什么都需要置办！什么裁缝、衬衫商等等，这些人对我来说早已遥不可及了，可我又不想让您付出太多而完全得不到回报。我是打定主意要头也不回地跟您走了，但我还是要告诉您我所有的顾虑。

作品方面，至少有以下几部：

1. 三首《暮色情景》，[②] 它们基本完成了，配器已经都写好了，就差誊抄上去了。

2. 钢琴与乐队《幻想曲》彻底写好了（但我们需要找一个可靠的

---

① 安东·鲁宾斯坦（Anton Rubinstein, 1829—1894），俄国钢琴家、作曲家。

② 该作品从雷昂·瓦拉斯（Léon Vallas, 1879—1956）开始，被错误认为是《夜曲》的雏形。《暮色情景》（*Scènes au crépuscule*）的标题源自昂利·德·雷尼耶的诗集，见 Henri de Régnier, *Poèmes anciens et romanesques*, Paris, Librairie de l'Art indépendant, 1890。详情见 Denis Herlin, « *Trois scènes au crépuscule* (1892-1893): un premier projet des Nocturnes? », *Cahiers Debussy*, 21 (1997), p. 3-24。

钢琴家)。

3. 一首小型清唱剧,内容包括神秘学和异教成分。[①]

总之,填充一场音乐会是没问题的,我觉得最好是能一炮打响。从您发给我的音乐会节目单来看,还是比较振奋人心的,因为他们虽然听不懂,但始终有耐心听下去,这很罕见,想想能够接受所有现代音乐的群体有多小众。您知道我的音乐是什么样的,您是少数能抓住其精髓、领悟其思辨性的人,而大部分人都认为我的音乐还未被开化。不过我觉得美国人不会看得那么细,所以问题不大。

因此我的结论是,我准备好追随您了,我对您十分信任,但也请您对我提出的问题三思!当然,这些问题都是一个不经常出门的人想出来的。我会迫不及待地等着您的回复。

请您使用伦敦路 42 号这个地址,[②] 我敢肯定这次您的来信能直接交到我本人手上。

请允许我跨洲与您握手,希望不久后能当面握手。

克劳德·德彪西[③]

Autogr.: non localisé*. *Prov.*: anc. coll. S. Guitry; Hôtel Drouot, 15 juin 1977, n° 14; Hôtel Drouot, 8 avril 1992, n° 27 (avec fac-sim. partiel); Cat. Les Argonautes (s.d.), n° 144 (avec fac-sim. partiel). *Publ.*: Poniatowski, p. 305-306; Debussy 1980, p. 35-37; Debussy 1993, p. 66-69.

---

① 指《绝代才女》。路易·拉鲁瓦(Louis Laloy, 1874—1944)曾形容道:"该作品描述的是一种新信仰的仪式,是感官和精神的纯净结合。这是女性自带的真理;是向美丽敞开的天堂;是不可玷污的纯真;是恩典的光芒;是罪恶的溶解。事实上,这就是基督教尊崇的教条,即处女生子。这也是基督教的箴言,即万物皆纯洁。这还是基督教最喜欢的画面:一位没有德行的女孩承认崇拜救世主。拉斐尔前派们喜欢将爱处理得十分暧昧,这一点一直被朴素的教会牧师所抵制,而勒南就属于后者。"见 Louis Laloy, *Debussy*, Paris, Dorbon aîné, 1909, p. 19-20。

② 根据 1891 年 6 月 17 日的合约来看,德彪西已经在此处居住了一年有余。

③ 德彪西使用的第十一种签名形式"Claude Debussy",从 1892 年 9 月到 1893 年 8 月中。见附录Ⅳ, n° 11。

1892 – 10

致安德烈·波尼亚托夫斯基

［1892 年 10 月 5 日］

亲爱的朋友，

我收到您的便笺了，谢谢。我很吃惊您没有收到我的前一封信，它是在 9 月 9 日被寄出的，按理说您应该收到了。难道是因为霍乱，所有邮船必须接受隔离？那可太不走运了。您可知道您的来信给我带来了多大的希望，不仅在物质上得到改善，还能更容易实现我的梦想。到目前为止，我只是生活在自己的世界中，被四面墙所环绕着。我现在怒不可遏，因为我以为您已经收到我的信了，也就是说之前的这段时间都白费了，这阻碍了您为我所制订的美好计划的实施。

无论如何，我都要感谢您，身在那样一个实用主义的国家还能想起我，愿意帮助我走出当前的黑洞，这给予了我莫大的鼓舞，尽管大环境在打压强者，尽管我有很多的敌人。说来也怪，我都没什么名气，但还是有很多人讨厌我，在精英界说我的坏话，还封杀我的音乐。所以您就知道，我是有多想摆脱这些人！我想拥有属于自己的舞台，我想把当代音乐中的腐朽彻底清除。

这封信的结论与前一封相同，那就是：我全听您的，并迫不及待地等着您的回复。

您亲切的，

克劳德·德彪西
伦敦路 42 号

Autogr.: non localisé (copie H. Borgeaud). *Publ.*: Debussy 1980, p. 38; Debussy 1993, p. 69-70.

1892 – 11

致萨里

［1892 年 11 月］

［他很抱歉没能按约定把《进行曲》寄过来，[①] 他被一些工作耽误了。］

Autogr.: non localisé. *Prov.*: Cat. Charavay 429 (mai 1912), n° 72814.

① 指《旗帜的凯旋进行曲》(*Marche triomphale des drapeaux*)，是卡兰·达奇(Caran d'Ache, 1858—1909)一部“军队短剧”中的插曲，该剧的主要配乐则由沙赫勒·德·西弗里(Charles de Sivry, 1848—1900)完成。《黑猫刊》在 1892 年 12 月 8 日宣传了这部作品，称其为“新作”。

1892 – 12

致斯蒂凡·马拉美

［1892 年底（1893 年初）］
星期二①

亲爱的大师：

可能是昨晚聚会的喧闹所致，我居然把一本《新社会刊》落在您家里了！②请将它交给送信人，谢谢。

您亲切忠实的，

克劳德·德彪西

Autogr.: F-P, Bibliothèque littéraire Jacques Doucet, MVL 528. *Publ.*: Mallarmé, t. VII, p. 116, n. 2.

---

① 德彪西先是写了"星期一"，然后又改成"星期二"。

②《新社会刊》（*Revue La Société Nouvelle*）为比利时期刊，在 1893 年 7 月的一期中有一篇卡米伊·莫克莱（Camille Mauclair, 1872—1945）对斯蒂凡·马拉美的报告。就是在这一刊物上，莫里斯·梅特林克的《玛莱娜公主》（*La Princesse Maleine*）于 1889 年和 1890 年问世。

1892 – 13

致朱利安·阿麦勒

[1892 年底(1893 年初)]
星期日

亲爱的先生,

这里是一首歌曲。[①] 我还想问一下,您是否愿意把我之前给您的一首钢琴作品换成两首钢琴与大提琴作品?[②]现在,请原谅我没能来见您,一方面我的病还有点严重,另一方面我有许多工作。

让我更遗憾的是,我的未能露面还影响了《三首歌曲》的出版![③] 每当人们问起我的时候,我都只能以无奈作答!

我不埋怨您了,您真诚的,

克劳德·德彪西
伦敦路 42 号

Autogr.: F-Pn, Mus., N.L.a. 18 (112).

---

① 指《三钟经》(*Les Angélus*),根据比利时作家格列格瓦·勒·华(Grégoire Le Roy, 1862—1941)的诗词所作。然而,根据阿麦勒的编码(J. 3658 H.),该作品直到 1894 年才出版。

② 关于德彪西转让给阿麦勒和舒登斯音乐出版社的钢琴作品,见书信 1892 – 1。德彪西之前拿《玛祖卡》替换了一首钢琴作品,但阿麦勒到 1903 年才出版。或许他想用自己早期的《夜曲与谐谑曲》(*Nocturne et Scherzo*,于 1882 年 6 月创作)替换另一首钢琴作品。

③ 见书信 1892 – 1。

1893－1

致安德烈·波尼亚托夫斯基

星期四

1893年2月

我亲爱的朋友：

尽管几个月前我给您写过信（您肯定是没有收到），您依然可以埋怨我静默的时间太长了！这很难解释，因为我真的很喜欢给您写信，这让我回想起您的友善，给我那不见天日的生活带来一丝慰藉。我简单说一下为什么我这么长时间没有消息：我和家里闹了点不愉快，一方面是我的错，另一方面我家人望子成龙，但现在认为我这个儿子太没出息了，开始对我口诛笔伐，还软硬兼施。之前那些有关西班牙城堡的宏图大志到现在看肯定是黄了！[1] 除此之外，我还要为生存打拼。这就是我目前的人生。

所以，以这种"精神状态"（保罗·布赫热先生的学生们都这么说）给您写信肯定不能带给您什么正能量。我也知道，自己再心烦也没有权力影响到别人。更何况，写出来的烦恼无论如何真切，都会让人觉得是在小题大做。或许在面对这么多痛苦时，我们最好不要感到不安。[2] 其实一切都是狂热的欲望所致，比如我们迫切想要得到一件艺术品（一幅维拉斯奎斯的画、一个萨摩烧瓷瓶[3]或者是一条新款领带）。当我们得到它时，我们对其爱不释手，但当一个星期过去之后，这种感觉就彻底没了，估计连看都不会多看一眼。想重拾之前的那种感觉，必须让这件物品从我们身边消失几个月……就像阳光一样，当我们在四月的早晨见到第一缕阳光时是多么的珍惜，但在随后的夏天又是多

① 可能是在暗指被放弃的歌剧《罗德里格与希梅内》。

② 此处原文中有笔误，将"最好……"(vaut) 写成了"必须……"(faut)。

③ 日本最美的彩釉陶器之一，镶有黄金，产自萨摩藩。德彪西非常喜欢日本的版画和其他艺术品。

么地嫌弃。

我们可以把欲望的规律总结为:从哪里来到哪里去,说白了就是一种巧妙的骗术。渴望幸福也是同一个道理,我们究竟幸不幸福要看跟什么相比较。我不知道您是不是也和我一样,有“幸福怪癖症”,[1]也就是说需要通过某种个性的方式才能感到幸福,而且要求还很高。大多数情况下,别人都会把我当成一个可悲的傻子或疯子。

哎!您从事铁路建设多好啊,只需要生活在数字中,不需要为如今所谓的爱乐人和演出发愁。比如马斯奈先生的《维特》,[2]我们可以发现,该作品在如何满足业余爱好者们的无知这一点上把握得恰到好处!所有这一切都很平庸,都是把一些现成的东西拿过来,然后把感情方面改得再直白一些,比如古诺的阉割版浮士德,又比如安布鲁瓦斯·托马先生毁掉的哈姆雷特。我们整天在谴责那些印伪钞的人,但从未注意过还有些人也是为了利益在造假。如果有一天有作者开始在自己的书上写道“禁止为本书配乐”,[3]那么我一点也不会感到奇怪!

音乐界燃起一颗新星,叫古斯塔夫·夏庞蒂埃,在我看来他前途无量,但同时又十分另类。他在这些方面继承了柏辽兹,两人都擅长

---

① 引用儒勒·拉福格的词句:“幸福怪癖症,那我们能怎么办?”见 Jules Laforgue, *Solo de lune* extrait des *Derniers vers* dans Jules Laforgue, *œuvres complètes*, textes établis par Maryke de Courten, Jean-Louis Debauve, Pierre-Olivier Walzer avec la collaboration de David Arkell, Lausanne, L'Age d'homme, 1995, t. II, p. 321。

②《维特》(*Werther*)刚刚于 1893 年 1 月 16 日在喜歌剧院首演。德彪西对马斯奈的评价基本没有改变过。1901 年 12 月,德彪西在《白色杂志》(*La Revue blanche*)上写道:“音乐对于马斯奈来说从不是巴赫或者贝多芬所理解的‘世界之声’,而是一种颇具魅力的特色。”(全文见克劳德·德彪西:《德彪西论音乐——反“音乐行家”的人》,郝端端译,人民音乐出版社,2018,第 40-42 页——译者注)。1903 年 4 月 27 日,德彪西在《吉尔·布拉斯》(*Gil Blas*)上又写道:“马斯奈先生从未像在《维特》中那样展示过这种充满魅力的才华,这种才华使得音乐历史学家的身上注入了女性的灵魂。”随后,德彪西又略带讽刺地总结道:“马斯奈的音乐之爱在女性世界中依然成了一种传统,而且会代代流传。对于一个男人的荣耀来说,这已经足够了。”(全文见克劳德·德彪西:《德彪西论音乐——反“音乐行家”的人》,第 139-143 页——译者注)。

③ 这是借用了维克多·雨果的话:“禁止为我的诗句配乐。”

恶作剧。夏庞蒂埃没有柏辽兹的贵族气息，他属于芸芸众生，所以他经常泡在蒙马特，还写了一部叫《玛丽》的歌剧。他最近又凭借一首《诗人生涯》获得了很多人的好评。[①] 如此接地气的浪漫主义标题，我们已经能够从中猜出它的特点了。但让人没有想到的是，该作品实在没有品位，可以说这就是小酒馆里的音乐，我们几乎能闻到浓重的烟草味。这部交响曲的最后一部分讲的就是诗人到红磨坊夜总会消遣，连舞女的叫喊声都被模仿在里面了！

天啊！可怜的音乐！这些人在把它往泥坑里拖啊！

还有那些附庸风雅的人，他们生怕被当成傻子，因此对着杰作大喊大叫（这真的是非常令人无语）！音乐啊！它能让人浮想联翩！它已经不是一种感情的表达方式了，它就是感情本身！然而，我们却要它服务于低俗的八卦故事！那还要报纸有何用！啊！我跟您说，这种现象实在是令人难以容忍，就像您怀中有一位美女，但您却眼睁睁看着一个流氓对她动手动脚！这已经上升到对人格的侮辱了。我不敢说我比其他人更有才华，但我至少是真心热爱音乐的，而这一点是罕见的，因为在今天，滥用音乐似乎变成了一种常态。

最近这几天，我总算是找到了一丝音乐的安慰，就是在圣热尔维

---

①《诗人生涯》（*La Vie du Poëte*），古斯塔夫·夏庞蒂埃作词作曲的三幕歌剧，于 1892 年创作，1893 年 1 月 29 日在夏特雷剧院首演。该作品给主流思潮群体带来不小的震动，但更多是由于品位而不是道德问题。《诗人生涯》获得了巨大成功，法国文学家、音乐评论家昂利·戈蒂耶－维亚尔（Henry Gauthier-Villars, 1859—1931）在自己的《引座员的书信》中记录道："我告诉你们，我们在夏特雷可热闹了！当《诗人生涯》最后一部分结束时，有六个唯美主义者被激怒，喊出了最恶毒的咒骂，还发出嘘声，但很快就被夏庞蒂埃的朋友们用叫好声掩盖下去了。"见 Henry Gauthier-Villars, *Rythmes et Rires*, Paris, Bibliothèque de la Plume, 1893, p. 70。随后一个星期日的《引座员的书信》还强调了该歌剧引起"长达十二分钟的掌声"。1893 年 2 月 19 日，《诗人生涯》被再次上演，继续获得各种好评。至于《玛丽》（*Marie*），它其实是《露易丝》（*Louise*）的第一个名字，直到 1900 年才问世，见书信 1900 – 11 和书信 1900 – 12。

教堂,那里的神甫很有智慧,[①] 他想到了复兴美丽的古圣乐,我们在那里听到了帕莱斯特里纳的清唱弥撒。[②] 那简直太美妙了。然而,这种音乐其实是非常朴素的,其中的感情不是靠大喊大叫体现出来的(现在都是这样),而是靠各条旋律萦绕而成的花纹,也就是旋律组成的和声,这在如今可是独一无二的!(您来巴黎的时候,我保证会带您去听的,没有什么文字能描绘它的美奂绝伦!)我还听了一部维多利亚的弥撒,[③] 一个古西班牙人!他的作品带有神秘色彩,还有点苦行僧的味道,但和帕莱斯特里纳一样,用的都是极为朴素的创作手法!

当我们在听这样的音乐时,不禁会自问,如此美丽的艺术怎么会误入歧途,音乐的本质发生了改变,而这种改变居然影响到了歌剧!

不出意外,当时来圣热尔维教堂的音乐家不多,或许他们认为自己的品位太高,不适合来这种场合,又或许是因为他们对自己的一些勾当感到可耻!还是文学家和诗人来得多一些,他们更懂得如何巩固艺术的崇高地位。[④] 剩下的都是些世俗之人,有的看上去不习惯早起,因为显得不够专注。

总之,这些都使人振作,继续追求自己的梦想,孜孜不倦地尝试表

---

① 经过两年的测评,沙赫勒·波德(Charles Bordes, 1863—1909)创办了圣热尔维合唱队,其目的是复兴文艺复兴时期的复调音乐,并于1892年万圣节首次演出,曲目为帕莱斯特里纳的《圣母痛苦经》(*Stabat mater*)和格列高里欧·阿莱格里(Gregorio Allegri, 1582—1652)的《上帝怜我》(*Miserere*)。该团体受到圣热尔维教堂神甫德·彪西修道院长(l'abbé de Bussy)的大力支持。或许是由于名字与德彪西类似,曾有人错误地认为德彪西去过索莱姆。

② 帕莱斯特里纳的四声部《小弥撒曲》(*Missa brevis*),该作品被收录在沙赫勒·波德刚刚出版的《宗教大师曲选》(*Anthologie des maîtres religieux*)中。

③ 托马·路易·德·维多利亚(Tomás Luis de Victoria, 1548—1611)的《四声部弥撒》(*Missa quarti toni*),该作品同样被收录在沙赫勒·波德刚刚出版的《宗教大师曲选》中。

④ 到场的诗人中应该有斯蒂凡·马拉美,因为他是圣热尔维教堂音乐会的常客。圣热尔维协会副主任爱德华·格拉沃雷(Édouard Gravollet)曾在1893年4月写给马拉美的书信中说道:"在《费加罗报》和其他一些刊物上出现盛赞我们音乐会的文章后,有大批听众纷涌而来……但我们每次演出都会(给您)预留两个位置,这没说的。见 Mallarmé, t. VI, p. 76。

达只可意会、不可言传之事。

我对《暮色情景》进行了深度加工,① 还完成了一部弦乐四重奏、② 一些《抒情散文》,③ 由我自己作词,可能会在巴伊那里出版。④ 说到这里,我向您推荐此人!他的见识颇高、颇具艺术性,而且从不让步,跟他比起来,我简直就是小巫见大巫。

虽然说这封信是想表达我的友谊,但最终却几乎没有关心您和您的生意,我只能在此祝您一切成功。

我可能需要解释一下这封信为什么写得这么长,首先是为了弥补之前那么久的静默,其次是我特别喜欢跟您聊天。

您忠实的朋友,

克劳德·德彪西

我觉得我要感谢您上次的来访,它对我实在是太珍贵了,它让我安心了很多。⑤

Autogr.: US-NHub, Yale University, Frederick R. Koch Collection. *Prov.*: anc. coll. S. Guitry; Hôtel Drouot, 15 juin 1977, n° 15; anc. coll. A. Dupont; Hôtel Drouot, 11 juin 1982, n° 59 (avec fac-sim. partiel). *Publ.*: Poniatowski, p. 307-310; Debussy 1980, p. 38-41; Debussy 1993, p. 70-74.

---

① 关于《暮色情景》,见书信 1892 – 9。

②《弦乐四重奏》当时还没有完全写好,因为 1893 年 7 月 2 日,德彪西对肖松说自己重写了三遍末乐章。

③《抒情散文》(*Proses lyriques*)只完成了两首。歌词则被刊登在弗朗西斯·维耶雷–格里芬(Francis Vielé-Griffin, 1864—1937)和昂利·德·雷尼耶的期刊上,见 *Les Entretiens politiques et littéraires* III/33 (décembre 1892), p. 269-271。

④ 关于巴伊,见书信 1892 – 9。

⑤ 波尼亚托夫斯基在他的著作《世纪之交》(*D'un siècle à l'autre*)中记载,当时他觉得自己"在道德上有义务"向德彪西保证,"尽管不那么宽裕,但至少能让德彪西在一个平静的环境下创作一到两年。"见 André Poniatowski, *D'un siècle à l'autre*, Paris, Presses de la Cité, 1948, p. 310。

1893－2

致埃赫奈斯·肖松

[1893年3月(?)]
星期六晚上

亲爱的朋友:

拒绝您的请求让我感到很难过,除了找不到歌手,我现在的窘境让我连件像样的衣服都拿不出手,普雷耶勒音乐厅的后台管理员看到我估计都要为难了。[1]

请不要太生我的气,我确实有点不识好歹。

祝好。

克劳德·德彪西

如果《绝代才女》的计划还在,我希望能够弥补一下。

信封上未贴邮票,地址:
Monsieur Ernest Chausson.
Autogr.: US-NYpm, MLT D289.C499 3. *Prov.*: anc. coll. J. Lerolle; Hôtel Drouot, 27 octobre 1959, nº 57 (datée 4 mars 1893); anc. coll. M. G. Cobb.

---

① 这应该是有关肖松《圣塞西勒的传奇》(*La Légende de Sainte-Cécile*, Op. 22,莫里斯·布绍编剧)于1893年3月4日在普雷耶勒音乐厅上演的事宜,肖松曾请德彪西帮忙。他还希望德彪西能在另一场音乐会中(1893年3月23日于普雷耶勒音乐厅)担当钢琴伴奏,曲目是《婚之歌》(*Chant nupital*, Op. 15),为女声合唱和钢琴而作。

1893 – 3

致埃赫奈斯·肖松

[1893年4月2日][1]
星期日

亲爱的朋友：

今天下午的阳光太强烈了，马车的嘈杂有点像风吹树叶的声音。我发现我昨晚把《绝代才女》的乐谱忘您那里了。[2]

问题不大，您能在明早帮我把它送回到我楼下的传达室吗？

谢谢，您的，

克劳德·德彪西

我还附了几张邮票，希望您那两个可爱的女儿能喜欢。[3]

信封上未贴邮票，地址：
Monsieur Ernest Chausson.[4]
22 Boulevard de Courcelles.
E.V.
Autogr.: US-NYpm, MLT D289.C499 1. *Prov.*: anc. coll. J. Lerolle; Hôtel Drouot, 27 octobre 1959, n° 57; anc. coll. M. G. Cobb.

---

① 该日期被添加在信封和信纸上，但出自他人之手。

② 此时，《绝代才女》正在排练中，由国家音乐协会组织，准备于1893年4月8日在埃拉尔音乐厅首演，由加布里埃尔·马利（Gabriel Marie, 1852—1928）指挥、朱丽娅·罗拜赫（Julia Robert, 1853—1935）和特蕾斯·罗杰（Thérèse Roger）演唱。同一场音乐会上还将上演肖松的《爱与海之诗》（*Le Poème de l'Amour et de la Mer*）、昂利·杜帕克的《菲德莱》（*Phydilé*）、皮埃尔·德·布莱维勒的《美狄亚》（*Médeia*）、保罗·杜卡的《波利耶克特序曲》（*Polyeucte-Ouverture*）、雷蒙·博纳赫的《悲剧序曲》（*Ouverture dramatique*）以及保罗·福赫尼耶（Paul Fournier）的《伊丽斯》（*Iris*）。

③ 分别是埃蒂安奈特（Étiennette）和安妮（Annie）。见书信1893 – 39。

④ 该地址曾让斯蒂凡·马拉美得到灵感，创作了一首四行诗，原文见 Stéphane Mallarmé, « Les loisirs de la poste », *Œuvres complètes*, édition de Bertrand Marchal, Paris, Gallimard, 2003, Bibliothèque de la Pléiade, t. I, p. 244。

1893－4

致利奥波德·斯蒂文斯

［1893 年 4 月初］

“[……]这里是两张票!①希望您能喜欢德彪西的音乐[……]替我问候卡特琳,其中一张票是给她的。我到时候试着把皮埃尔带进去,②因为我只有这几张票。[……]”

Autogr.: non localisé. *Prov.*: Cat. G. Privat 310 (1959) nº 5072.

---

① 指卡特琳·斯蒂文斯(Catherine Stevens, 1865—1942),埃德加·德加的教女。她不仅擅长演奏乐器,还喜欢作曲,主要是用法国诗人阿尔弗雷德·德·缪塞(Alfred de Musset, 1810—1857)的诗文创作歌曲。1891 年,德彪西将自己的第一首《阿拉贝斯克》献给了她,还把自己的不少乐谱送给她(见附录Ⅴ)。埃德蒙·德·龚古赫曾在自己的日记中对卡特琳·斯蒂文斯有过形容,称自己一生从未见过“像画家斯蒂文斯的女儿那样如此温柔又如此邪魅的眼神。她美若天仙。”见 Edmond et Jules de Goncourt, *Journal*, Paris, Robert Laffont, 1989, Bouquins, t. III, p. 1106。

② 卡特琳和利奥波德的兄弟,工程师。

1893 – 5

致罗拜赫·勾代

［1893 年 4 月 8 日］

亲爱的朋友：

我赶紧给您寄了两张国家音乐协会演出的票，[①] 希望到时候能见到您。

友好地。

克劳德·德彪西

信封的地址为印章形式：
42. Rue de Londres
Autogr.: F-Pn, Mus., N.L.a. 29 (11). *Prov.*: C. Godet. *Publ.*: Debussy 1942, p. 98.

---

① 指《绝代才女》的首演，见书信 1893 – 3。

1893 – 6

埃赫奈斯·肖松致德彪西

[1893年4月9日][1]
星期日

我亲爱的朋友,

我昨天就说过,我为您在国家音乐协会的成功感到由衷的高兴。[2] 但我今天还想用书信的方式再说一次,这么好的事,何乐而不为呢?

我对昨天所有的一切都感到非常满意。

最近半个月,我们已经习惯经常见面了。[3] 我很怀念那些排练的时光,[4] 这让我们有机会相聚。但我希望即便是之后没有排练,我们也能经常见面。

总之,星期二晚上见。

祝好。

埃赫奈斯·肖松

---

① 日期根据信中内容修复。

② 1893年4月16日,朱利安·蒂耶索(Julien Tiersor, 1851—1936)在《吟游诗人》中评论了《绝代才女》:"一部精雕细琢的音乐作品,精妙罕见的艺术。"但同时也指出:"最后的独唱过长,略微有些煞风景。"另一位乐评沙赫勒·达赫古赫(Charles Darcours)则在1893年4月12日的《费加罗报》上夸赞《绝代才女》,他认为这部作品比其他任何作品都高明,可以说是"独树一帜"。他还补充道:"《绝代才女》至少是一部原创作品,令人印象深刻,而且很现代化。由于前几天我们还在赞美帕莱斯特里纳的崇高美感,因此,当我们在聆听德彪西的作品时,所产生的快意令人有一种负罪感。他的音乐很性感,甚至有一些堕落,但同时又是那么闪耀和迷人。年轻真好!听说德彪西先生只是偶然被安排进国家音乐协会的演出中,但这恰恰是那个古老的机构所需的新鲜血液。"

③ 肖松在演出后的第二天送给德彪西一张照片,上面写道:"给克劳德·德彪西,他的朋友,埃赫奈斯·肖松,从埃拉尔音乐厅归来后,1893年4月。"见Paris 1942, p. 30, n° 67。

④《绝代才女》在埃拉尔音乐厅的排练时间是1893年4月6日至8日。

您答应我要弹《罗德里格与希梅内》给我听的，[1] 我可没忘啊。

信封上有邮戳（9 AVRIL 93）和地址：
Monsieur
Claude A. Debussy
42 rue de Londres
Paris
Autogr.: CH-Bps. *Prov.*: anc. coll. J. Lerolle; Hôtel Drouot, 27 octobre 1959, n° 62bis; anc. coll. A. Dupont; anc. coll. G. Van Parys; Hôtel Drouot, 7-8 mars 1979, n° 354.

① 还是卡图尔·门德斯的剧本，但不久后的 1893 年 5 月，德彪西发现了《佩雷亚斯与梅利桑德》，至此就放弃了《罗德里格与希梅内》的创作。

1893 – 7

致埃赫奈斯·肖松

[1893 年 4 月 10 日]
星期一

亲爱的朋友,

我同样很怀念排练的时光!我很遗憾,过段时间在布列塔尼的漫长岁月中不能有您的陪伴。①

好啦,我们不要太伤感了,这会破坏当前的欢乐气氛。通过《绝代才女》,我看到了您深厚的友谊,而我无法表达自己是多么珍惜它。

我会好好呵护我们的友谊。

那么,我们就星期二见,到时候又要穿梭于聚光灯和黑礼服的人群中了。还有,国家音乐协会万岁!对您,我就不多说了,都在心里了。

克劳德·德彪西

信封上未贴邮票,地址:
Monsieur Ernest Chausson.
22 Boulevard de Courcelles.
E.V.
Autogr.: US-NYpm, MLT D289.C499 2. *Prov.*: anc. coll. J. Lerolle; Hôtel Drouot, 27 octobre 1959, n° 57bis; anc. coll. M. G. Cobb.

① 肖松直到 8 月才抵达布列塔尼,此前他曾在塞纳–马恩省的露赞西逗留。

1893－8

致昂利·戈蒂耶－维亚尔

［1893 年 4 月 10 日］[①]
星期一

被捧上天的《绝代才女》委托我对您的友善表示感谢，至于弗拉·安杰利克·德彪西，[②] 他紧紧握住您的手。[③]

克劳德·德彪西

Autogr.: US-STum, MLM/4/246A.

---

① 该信的日期根据 1893 年 4 月 9 日《巴黎回声》（*L'Écho de Paris*）对《绝代才女》的评论而推断。

② 弗拉·安杰利克（Fra Angelico）是意大利画家圭多利诺·迪·皮耶特罗（Guidolino di Pietro，约 1400—1455）的别名，此人以绘制宗教主题壁画而闻名。

③ 德彪西使用弗拉·安杰利克是为了回应昂利·戈蒂耶－维亚尔在评论中的用语："一场有趣的国家音乐协会演出在埃拉尔音乐厅举行，里面有吃有喝，特别是饮料值得一提……《绝代才女》让人眼前一亮，它是弗拉·安杰利克·德彪西（这人有点心术不正哦）的作品，根据但丁·加布里埃尔·罗塞蒂的拉斐尔前派诗词所写。它就像'一根纤细的羽毛一样'虚无缥缈。我仿佛感到自己背后长出了翅膀，和'有福的达摩泽尔'一起飞往光明，已经看不到戎西耶了（还挺押韵）。（此处原文中代表光明的"lumières"和戎西耶"Joncières"的名字发音正好押韵。）无论如何这都是成功的。朱丽娅·罗拜赫小姐完美出演。现在，轮到德彪西用一件白袍子将自己包起来，再在头上戴一个光环了，他配得上。"［维克多亨·德·戎西耶（Victorin de Joncières，1839—1903），法国作曲家、音乐评论家——译者注］。

1893－9

致昂利·勒霍勒

[1893年4月16日]
星期日早上

亲爱的先生:

我希望您住得再远一点,如此,当我接受您的邀请时就更能体现出我是多么愿意来。

星期四见,请相信我的真切。

克劳德·德彪西

通信卡,信封上有邮戳(16 AVR 93)和地址:
Monsieur Henry Lerolle
20 Avenue Duquesne.
E.V.
Autogr.: F-P, coll. part.

1893 – 10

致欧蒂隆·赫东

星期四,[1893 年]4 月 20 日

亲爱的赫东先生,

我永远都无法说清楚《绝代才女》里包含了多少我对您的美好回忆。①

我永远珍惜它们,珍惜和您的艺术共鸣。

您忠实的,

克劳德·德彪西

Autogr.: non localisé. *Publ.*: *Lettres de Gauguin, Gide, Huysmans, Jammes, Mallarmé, Verhaeren... à Odilon Redon*, présentées par Arÿ Redon avec douze dessins et un autoportrait inédits par Odilon Redon, textes et notes par Roseline Bacou, Paris, Librairie José Corti, 1960, p. 228; Debussy 1980, p. 42; Debussy 1993, p. 75; Margaret G. Cobb,《Debussy and *Le Roman de Rosette*》, *Cahiers Debussy* 22 (1998), p. 82. *Exp.*: Roseline Bacou, *Odilon Redon*, Exposition à l'Orangerie des Tuileries d'octobre 1956-janvier 1957, Paris, Éditions des Musées nationaux, 1956, n° 228.

---

① 赫东在《绝代才女》首演后前去祝贺德彪西,并送给他一幅自己的作品。同年 7 月,德彪西回赠给赫东一本《绝代才女》的乐谱,由巴伊出版。见附录Ⅴ。

1893 – 11

致卡图尔·门德斯

[1893 年 4 月底至 5 月初]
星期五

亲爱的门德斯先生,

我大概一点来见您。很不幸之前没能腾出时间。

我很怀疑十五天之内我们能在歌剧院开始。[1]

祝好。

克劳德·德彪西

Autogr.: F-P, Musée des Lettres et des Manuscrits, coll. privée. *Prov.*: Hôtel Drouot, 11 décembre 1998, n° 99; Cat. Les Autographes 96 (juin 2001), n° 71.

① 指门德斯的讲演,详情见书信 1893 – 15。

1893 – 12

致卡图尔·门德斯

［1893 年 4 月底至 5 月初］

谢谢，什么时间都可以！比如明天中午十二点左右。

亲切地。

克劳德·德彪西

如果同意请给我回复！

Autogr.: non localisé*. *Prov.*: Hôtel Drouot, 11 décembre 1998, n° 99; Cat. La Scala Autographs (Spring 2003), n° 19.

1893 – 13

致埃赫奈斯·肖松

[1893年5月1日][1]
星期一,七点

在巴伊家。[2]

亲爱的朋友:这是来自老友克劳德的几句话(这种事不嫌多)。[3]别忘了明天找个时间见一面,因为您马上要走了,而且之后很久都见不到您了。

我这里还有《绝代才女》的校样给您看。[4]

您的,

克劳德·德彪西

Autogr.: non localisé*. *Prov.*: anc. coll. J. Lerolle; Hôtel Drouot, 27 octobre 1959, n° 52bis; anc. coll. G. Van Parys; Hôtel Drouot, mars 1979, n° 355; anc. coll. B. Loliée; Hôtel Drouot, 22 mai 2019, n° 66 (avec fac-sim. partiel).

---

① 此日期的判断依据为肖松去露赞西的日期(5月3日星期三)以及《绝代才女》的校对期。5月3日,肖松给雷蒙·博纳赫写信(邮戳时间为5月4日),确认自己已经到达露赞西。见Chausson 1999, p. 338。

② 关于巴伊,见书信1892 – 9。

③ 在1893年6月4日的书信中,德彪西最后一次用"克劳德·阿西伊"的形式签名。德彪西与肖松刚刚在4月23日的国家音乐协会的大会上见面,德彪西在此次会议中被选为委员会成员。

④《绝代才女》的校稿来自皮埃尔·路易斯(Pierre Louÿs, 1870—1925)。见附录V。

1893－14

埃赫奈斯·肖松致德彪西

［1893 年 5 月 4 日］
露赞西，星期四

亲爱的朋友，

这还没过多久，我就带着一个委托来找您了，抱歉给您带来了麻烦。不过就凭我们的关系，如果有其他事，我还是会像现在这样不动声色地来找您。这种信任感让我十分自豪，我相信您也一样，不是吗？

今年，露赞西的春天不是很舒适，可能是因为太干燥了。不过我觉得还有其他更重要的原因，比如我一门心思只想着创作了。有的时候我感觉自己只能写一点点《阿图斯王》，[①] 但我却不甘心这样。您下次来的时候，如果我能给您展示一小部分，就已经很知足了。

当下，我在做《协奏曲》的收尾工作，[②] 结果发现自己忘记带上四重奏部分的分谱了。您能到我家帮我取一下吗？它们就在我书房右边的书柜靠中间的位置。上面应该写着"分谱"，我不太记得了。无所谓了，您肯定能找到的。拿到后请转交给福加，[③] 并且嘱咐他尽快寄给

---

①《阿图斯王》（*Roi Arthus*）是肖松的歌剧，其本人于 1885 年夏天开始创作剧本，到 1894 年底完成配器。作为肖松唯一的一部歌剧，该作品直到他去世后的 1903 年 11 月才在布鲁塞尔皇家铸币局剧院首演，并获得成功。《阿图斯王》首次在法国舞台完整演出更是等到了 1997 年 5 月，地点是蒙彼利埃歌剧院，整个活动由蒙彼利埃歌剧院与多特蒙德歌剧院联合举办，后者刚在前一年上演了《阿图斯王》。该作品受到了亚瑟王传说的启发，其核心剧情有关格温妮薇尔往后与"圆桌骑士之一"兰斯洛特之间的私情。这一主题与瓦格纳的《特里斯坦与伊索尔德》十分接近，而在《阿图斯王》中也能多次找到《特里斯坦》的影子。对此，昂利·杜帕克还提醒了肖松，而肖松自己也心知肚明。此时的德彪西已经摆脱了对瓦格纳的痴迷，因此他劝诫肖松赶紧把《阿图斯王》写完，在 1893 年 10 月 2 日的书信中，德彪西写道："还有更多的事在迫不及待地等您。"

②《协奏曲》（*Concert*）计划于 1894 年由巴伊的独立艺术书店出版。

③ 肖松的仆人。

我。由于一个新生命即将诞生,[①] 我可能随时会被召回巴黎,所以我希望回去的时候能把完整的手稿带给巴伊。[②] 提前感谢。

……啊呀,我的纸上有一点污渍,真讨厌,这不是我干的。算了,我就不重写一遍了。

……集市上有个商人在吹小号,太难听了。这不是开玩笑,还我大自然的宁静!

非常亲切地。

埃赫奈斯·肖松

您怎么样?我希望您的早上是宁静的。有时间跟我讲讲您那边的情况,最好是好消息,还有关于《莱茵的黄金》的消息。[③]

……如果能选择性失聪就好了。

Autogr.: F-P, coll. part. *Prov.*: anc. coll. J. Lerolle; Hôtel Drouot, 27 octobre 1959, n° 52bis; anc. coll. G. Van Parys; Hôtel Drouot, mars 1979, n° 355.

---

① 指法国工程师、艺术资助者阿图·枫丹(Arthur Fontaine, 1860—1931)与其妻子玛丽·枫丹(Marie Fontaine,与肖松的妻子为姐妹)于5月即将出生的女儿。

② 关于巴伊,见书信 1892 – 9。

③ 见书信 1893 – 15。

1893－15

致埃赫奈斯·肖松

［1893年5月7日］[①]
星期日

亲爱的朋友：

非常高兴收到您的来信，很抱歉没有立即回复。请不要感到意外，这封信让我对很多事豁然开朗！

回想起来，我们上次交流还身处一堆盖着布罩的家具当中，[②]当时我很难过，因为在大好的形势下您却要离开一段时间，不过现在确保了不会失去您的友谊，我就感到好些了。

在任何问题上（甚至包括友谊），只要我们有了安全感就能够迎刃而解。人经常会钻牛角尖，把自己封闭起来，这就像把一个美丽的花园用矛头隔栏围住一样。因此，一定要珍惜对我们敞开心扉的人。对此，您可能会反驳，说有些花园的花不能摘，那我们就是在抬杠了。我只想说，我非常欣赏您，能结识您是我人生一大幸事！这种感情只能意会，不能言传。

昨天，那些经常光顾歌剧院的弱智（鲍尔先生是这么叫的[③]）有幸听卡图尔·门德斯讲解《莱茵的黄金》。很难解释为什么他那么成功，

---

① 该日期根据卡图尔·门德斯5月6日的瓦格纳讲座推算。

② 长期旅行需要将家具用布罩包起来。

③ 此处指昂利·鲍尔（Henry Bauër, 1851—1915），记者和剧作家（大仲马之子），瓦格纳的忠实支持者，对德彪西的歌剧《佩雷亚斯与梅利桑德》首演也十分支持。他于同年5月14日在《巴黎回声》（*L'Écho de Paris*）发表了一篇关于《女武神》（*La Walkyrie*）首演的报告。

听众们的总体印象是瓦格纳应该感谢门德斯![1]是门德斯把那么多被误导的灵魂带回了真正的信仰!(真够气人的!)请注意,他在他的讲座中弱化了音乐家的作用,为的是抬高诗人的地位。我说得客气点,音乐界不缺他一个门德斯。哎!如果他们的小聚会当时正好被“天降正义”,那可就精彩了。

由于我也趟了这一趟浑水,在此要向瓦格纳道歉。但这个男人很快就会对巴黎人进行一次反击。[2]我们会深受其害,因为他会成为一座堡垒,观众们会依仗这样的堡垒来抵御一切新兴美学思潮。另外,平心而论,我们说不出他的不好,因此也只能吃哑巴亏。

要说搞音乐,我真希望出生在我孙子辈的时代,或者是文艺复兴时期。您想象一下,要是那样的话多好,我们都会是僧侣,在隐修院

---

① 《女武神》于5月12日在巴黎歌剧院首演,为了让听众更好地理解作品,卡图尔·门德斯于5月6日举办了《莱茵的黄金》(*L'Or du Rhin*)讲座(《女武神》为其续作),其中包括音乐实例,劳尔·普尼奥(Raoul Pugno, 1852—1914)和德彪西本人都作为钢琴伴奏出席了该讲座。昂利·莫雷诺(Henry Moreno, 1844—1916)在1893年5月14日的《吟游诗人》中特别指出:“劳尔·普尼奥和德彪西先生,两位出色的音乐家在钢琴伴奏部分让作品的情感更加传神,这在一般的炫技钢琴家身上是看不到的。”此次讲座非常成功,于是在5月11日和18日重复举办。

② 在《女武神》之前,《唐豪瑟》(*Tanhäuser*)是瓦格纳在巴黎歌剧院上演的第一部作品(1861年3月),但遭遇失败。此后,又有《罗恩格林》(*Lohengrin*)于1891年9月上演。在《女武神》(*La Walkyrie*)之后(1893年共上演四十六次),巴黎歌剧院逐渐将瓦格纳的其他作品列入常规剧目,包括:《唐豪瑟》(1895年)、《纽伦堡的名歌手》(*Les Maîtres Chanteurs*)(1897年)、《齐格弗里德》(*Siegfried*)(1902年)、《特里斯坦与伊索尔德》(*Tristan et Isolde*)(1904年,此前,沙赫勒·拉穆勒已经于1899年在新剧院上演,阿尔弗雷德·科托也于1902年在水堡剧院上演)、《诸神的黄昏》(*Le Crépuscule des Dieux*)(1908年,此前阿尔弗雷德·科托同样于1902年在水堡剧院上演)、《莱茵的黄金》(1909年,但此前已有过多次完整演出,包括1901年之后的拉穆勒音乐会,由卡米伊·舍维亚尔指挥)、《帕西法尔》(1914年,德国法律规定在作者过世三十年后才可上演)。《漂泊的荷兰人》(*Vaisseau fantôme*)则于1904年在喜歌剧院首演。[阿尔弗雷德·科托(Alfred Cortot, 1877—1962),法国钢琴家、指挥家;卡米伊·舍维亚尔(Camille Chevillard, 1859—1923),法国作曲家、指挥家——译者注]。

的绿意盎然中踱步，还一边探讨着如何诠释帕莱斯特里纳的最新一部弥散！

我那颗被撕得粉碎的心好像恢复一些了，这要感谢肖松夫人，她送给我的小瓶子起了很大的作用。[①]

我想您现在依旧是个工作狂人，为此我略感担忧，衷心希望您一切顺利。

好了，这封信已经写得够长了，想到星期三能见到您，我就不再多言了，见面聊。

您忠实的朋友，

克劳德·德彪西

Autogr.: F-P, coll. part. *Publ.*: *Candide*, 21-28 juin 1962 (incomplète); Debussy 1980, p. 42-43; Debussy 1993, p. 75-77. *Exp.*: Paris 1962, p. 28, n° 47; Lisbonne 1962, p. 29, n° 39

---

① 德彪西自 1892 年起与嘉比·杜鹏(Gaby Dupont)同居。有不少传记指出德彪西可能与卡米伊·克洛岱勒也有恋情，但没有确凿证据。

1893 – 16

埃赫奈斯·肖松致德彪西

[1893年5月9日][1]
露赞西，星期二

亲爱的朋友，

您的信让我有同感，而且我要立刻告诉您。难得您说的“钻牛角尖”在我们之间不存在，这再好不过了。我是绝对乐在其中的。我也有很多事情想和您聊，但还是等星期五(不是星期三)见面说更方便。

但我们要注意别错过见面的机会。因为我的行程太满了，所以无法和您预约一个准确的时间。如您不弃，是否可以在家等到四点半或五点。如果您有急事，也可以给您的门房留句话，告诉我去哪里找您。

如果都不行的话，我会在我父亲家吃晚饭，您可以六点半以后去找我。

您感觉好些了吗？对您的感情问题我感到很抱歉。

非常亲切地。

您的朋友，

埃赫奈斯·肖松

我的女儿们非常喜欢您送的邮票！[2]“德彪西先生太好了！”她们在塞纳–马恩就是这样跟我说的。

Autogr.: F-P, coll. part.

---

① 该日期根据肖松引用德彪西前一封信中的“钻牛角尖”一词推算。

② 见书信1893 – 39。

1893 – 17

致埃赫奈斯·肖松

[1893 年 5 月 10 日][①]

我就迅速说两句,谢谢您的回信,尤其强调我非常高兴星期五和您见面,[②] 我会在约定时间等您。

我有很多事要和您说,所以请留出多一点时间。

您最亲切的,

克劳德·德彪西

Autogr.: F-P, coll. part.

---

① 该日期根据前一封书信确定预约时间的内容推算。

② 5 月 12 日这天,由维克多·维尔德(Victor Wilder, 1835—1892)翻译的《女武神》法语版在歌剧院首演,由露西安·布雷瓦尔(Lucienne Bréval, 1869—1935)、萝丝·卡隆、埃赫奈斯·范·迪克和弗朗西斯克·戴勒马(Francisque Delmas, 1861—1933)领衔主演,爱德华·柯罗纳(Édouard Colonne, 1838—1910)指挥。

1893－18

致埃赫奈斯·肖松

1893 年 5 月 22 日
下午

亲戚的朋友：

我很内疚这周没有给您写信，其实就是在忙一些琐事，[①] 心情也不太好。星期六下午的时候我以为是您在叫门，结果来的却是巴什

① 这些“琐事”实际上包括莫里斯·梅特林克的《佩雷亚斯与梅利桑德》在巴黎轻歌剧院的首演(5 月 17 日)。主要参演歌唱家如下：尤金妮·莫里斯(Eugénie Meuris)饰演梅利桑德，乔治瑷特·卡梅(Georgette Camée)饰演热娜维艾芙(Geneviève)，露易丝·弗朗斯(Louise France)饰演老女仆，埃米勒·雷蒙(Émile Raymond)饰演阿凯尔(Arkel)，玛丽·欧布里(Marie Aubry)饰演佩雷亚斯，欧雷利昂·吕涅－波(Aurélien Lugné-Poe)饰演戈洛(Golaud)，乔治瑷特·罗耶(Georgette Loyer)饰演伊尼奥尔(Yniold)。与德彪西一同见证这个特殊时刻的有：斯蒂凡·马拉美、詹姆斯·惠斯勒(James Whistler, 1834—1903)、昂利·德·雷尼耶、皮埃尔·路易斯、雷昂·布鲁姆(Léon Blum, 1872—1950)、雅克－埃米勒·布朗什(Jacques-Émile Blanche, 1861—1942)、昂利·鲍尔以及昂利·勒霍勒。昂利·勒霍勒在给肖松写信时回忆道(书信具体日期不详)：“《佩雷亚斯与梅利桑德》在星期三的演出不乏亮点，但水平一般，布景要么太多要么太少。总体印象还是很好的，很有艺术氛围。我还是更喜欢易卜生。演出中的每一场都要落幕换布景，这样做破坏了连贯性。还有，同一个词总是要重复三遍，这种癖好使人厌倦。无论如何，作品还是很不错的。”文献编号：F-P, coll. part。此时的梅特林克在巴黎已小有名气。自从他的作品《温室》(*Serres chaudes*，巴黎，瓦尼耶出版社，1889)、《马琳公主》(*La Princesse Maleine*，布鲁塞尔，拉孔布莱兹出版社，1890)、《入侵者》(*L'Intruse*)和《盲人》(*Aveugles*，布鲁塞尔，拉孔布莱兹出版社，1891)相继出版之后，奥克塔夫·米尔波(Octave Mirbeau, 1848—1917)在 1890 年 8 月 24 日的《费加罗报》上对梅特林克做了宣传，并引起巨大反响。《入侵者》和《盲人》分别于 1891 年 5 月 20 日和 12 月 11 日在保罗·福赫的艺术剧院上演。[亨里克·易卜生(Henrik Ibsen, 1828—1906)，挪威剧作家——译者注]。

莱!!! 他是许茨巴赫夫人的使者,[①] 来请我去为他演奏《波德莱尔诗五首》。虽然关于此事我想先征求您的意见,但我已经答应了!

您不在的时候我真是太无聊了,就像一条无人问津的小路。我时常幻想着走到您家门口,但一想到那扇门在很长一段时间都不会为我打开,我就失落地回到了现实。

您不要担心,我没有感到很痛苦。其实,怀念给我们带来快乐的事会令人感到忧伤,这很正常。

我终于摆脱了《莱茵的黄金》,虽然我不太喜欢金子,但还是喜欢莱茵河的。最后一场讲座令人十分厌烦。[②] 门德斯讲《女武神》时的用词太过激进,让前来学习的妈妈们和她们的女儿们毫无准备,都听不下去了。五月本是万物复苏的月份,而从今往后则会变成《女武神》的月份。那些审美肤浅的人在这部作品中看到了音乐的面目一新,他们觉得《女武神》让音乐摆脱了日积月累的旧规则。我不同意这样的观点,但我说了不算。

这里面最好玩的应该是杜加尔登的一篇文章以及维尔德女婿的回应,后者为了替自己的岳父反击,引用了杜加尔登翻译的《莱茵的黄

---

① 莫里斯·许茨巴赫(Maurice Sulzbach)夫人,原姓弗兰塞勒(Frinsel),国家音乐协会资助者。肖松将自己三首歌曲(Op.27)中的《叙事曲》(*Ballade*)献给了她,加布里埃尔·福雷、儒勒·马斯奈也各自为她创作了一首歌曲。1895年10月,肖松又将自己《阿图斯王》中爱情二重唱(第一幕第二场)的手稿送给了她。她一般在自己位于耶纳街52bis号的公寓和切斯奈城堡会客。她曾向法国作家马塞尔·普鲁斯特(Marcel Proust, 1871—1922)表示,自己"愿意拿所有的贝多芬作品换一首福雷的"。见 Marcel Proust, *Correspondance de Marcel Proust*, texte établi, présenté et annoté par Philip Kolb, Paris, Plon, 1970, t. I, p. 375, n° 231。

② 关于卡图尔·门德斯的讲座,见书信 1893 – 15。

金》,有那么点纷争的味道(您会在《瓦格纳刊》上看到的[①])。

就到这里吧,亲爱的朋友,我们不久后见。星期三我会在约定时间等您。

您忠实的,

克劳德·德彪西

Autogr.: F-P, coll. part. *Publ.*: Debussy 1980, p. 43-45; Debussy 1993, p. 77-78.

---

① 作为《瓦格纳刊》(1885—1888)的创办者,爱德华·杜加尔登在1893年5月18日的《费加罗报》上以《一个老瓦格纳迷的悲哀》(*Les chagrins d'un vieux wagnérien*)一文批判了维克多·维尔德(Victor Wilder, 1835—1892)翻译的瓦格纳作品,称其为"令人发指的野蛮行为"。维克多·维尔德是比利时音乐学家,他采用歌剧剧本的形式将瓦格纳的作品翻译成法语,但瓦格纳家族为了阿尔弗雷德·恩斯特(Alfred Ernst)出版社的利益收回了维尔德的翻译权。德彪西在信中所说的译文于1885年10月在《瓦格纳刊》发表,具体标题为《爱德华·杜加尔登与休斯顿·斯特瓦特·张伯伦翻译的法语版莱茵的黄金第一场,另附注释》(*L'Or du Rhein [sic], traduction française littérale de la première scène par Édouard Dujardin et Houston Stewart Chamberlain, précédée d'une note*),见 *Revue wagnérienne*, VIII-IX (8 octobre 1885), p. 257-268。在注释中,杜加尔登将翻译分成了两类,即"意译"和"直译"。他认为维尔德的翻译是典型的意译。但他也承认维尔德"表达的意思很准确,文笔很好也很清晰,清晰到德国人在看不懂《女武神》原文的时候会通过维尔德的翻译版解惑。"有关巴黎歌剧院上演的瓦格纳歌剧,昂利·德·库尔松(Henri de Curzon, 1861—1942)记录道:"唯一需要严肃批评的就是对断句注意得太少,尤其是在第二幕中,之后就稍微好一点了。还有就是维克多·维尔德的翻译对原文做了不少改动,但只要歌唱家保证发音的清晰度,就基本上没什么问题了,比如范·迪克,他的发音如此精准,反而让那些死抠字眼的人都有点受不了了!"见 Henri de Curzon, *L'Œuvre de Richard Wagner à Paris et ses interprètes (1850—1914)*, Paris, Maurice Sénart et Cie, 1920, p. 65。

1893 – 19

埃赫奈斯·肖松致德彪西

［1893 年 5 月 24 日］
露赞西，星期三

亲爱的朋友，

毫无疑问，我们等着您星期一的光临。我已然等不及和您一起度过美好的时光了。我们还有其他人陪同，勒霍勒一家六口都会在，不过这也没什么，他们人都很好。博纳赫可能也会来。我还有最新的穆索尔斯基的作品！① 您可以向阿马杜埃兹·布拉耶借阅任何您想要的俄国音乐。② 您甚至可以跟他暗示我有一个关于穆索尔斯基的计划。他断然不会拒绝。

我原本计划星期五去巴黎，结果再次推迟，变成星期一了，到时候我们一帮人一起乘五点一刻的火车。

您可以带点事情来做。勒霍勒要在乡间画画，我要完成我那场战役。③ 我们可以各自分头创作，除了博纳赫，④ 不过这不妨碍他在我们

① 据博纳赫回忆，德彪西在露赞西视奏了穆索尔斯基的《鲍里斯·戈杜诺夫》和其他作品："多少个小时、多少个晚上，德彪西不知疲倦地在钢琴上为我们启蒙这部佳作，它后来引起了巨大的反响。" 见 Raymond Bonheur, « Souvenirs et impressions », *Revue musicale* (numéro spécial: La jeunesse de Claude Debussy), t. III/7 (1er mai 1926), p. 7-8 (103-104)。1893 年 5 月 20 日，肖松在给昂利·勒霍勒的信中写道："我在视奏穆索尔斯基，非常美。" 见 Chausson 1999, p. 342。

② 关于布拉耶，见书信 1889 – 19。

③ 指《阿图斯王》第三幕第一场，肖松在此下了很大的功夫。

④ 1893 年 5 月 10 日星期三，肖松在给尤金·伊萨伊（Eugène Ysaÿe, 1858—1931）写信时提到博纳赫拒绝把自己《悲剧序曲》的乐谱寄出（与德彪西的《绝代才女》同天首演）："他对国家音乐协会的首演不满意，他坚持只给你寄他更好的作品，尤其这是你首次接触他的音乐，所以他宁可再等等。" 见 Michel Stockhem, « Lettres de Chausson à Eugène Ysaÿe », *Revue belge de musicologie*, XLII (1988), p. 249。

踢球的时候加入。您肯定会喜欢的。赶快珍惜一下眼前的自由吧,从七月起可就有得热闹了。

您亲切的,

埃赫奈斯·肖松

Autogr.: US-AUS, Carlton Lake Collection. *Publ.*: Debussy-Chausson 1925, p. 124 (incomplète; non datée); Chausson 1962, p. 49.

1893 – 20

致埃赫奈斯·肖松

星期日
1893 年 6 月 4 日
下午

天啊！这个星期日！没有您就没有快乐！如果说我本就很欣赏您，那最近和您相处的几天更让我确定我们绝对是挚友！当然，我不想用这些虚话来表达我的感受！

您敢相信吗？就连我的眼睛都不习惯看到巴黎了，我的眼中会浮现出一座白色的房子，令人甚是喜悦，因为在那里能看到的全是最美好的事物。昨晚我吃着从您那里带回来的樱桃就差没哭出来了，不过就算哭出来也不丢人。我想到了佩蒂，他是模范仆从，我甚至觉得"小姐"也很令人钦佩。[①] 从某种意义上来说，我觉得自己成了您家庭的一部分，这种感觉真好！我是不是有点过了？您别有压力，我只是想取悦您，因此才会有这些疯狂的想法。

从您的信中，可以看出博纳赫和我们一样也不好过，尽管他会奇思妙想，但我认为他想象出的画面是我们烦恼和忧伤的形象！

我觉得我下星期一八点可以再到您那里（如果您还愿意继续接纳克劳德·阿西伊）。[②] 说到这里，我应该感谢我的女朋友，因为她吃了很多苦。[③]

您知道吗？穆索尔斯基几乎和我们是同代人，他原本是个官员，但后来辞职了，凭借着很少的收入在一个小村庄卑微地活着。他是个很讲究的人，所以他应该喜欢奢侈的生活方式。可以说他是为了音乐而选择了一个类似流放的活法，远离了俗不可耐的都市。他 39 岁就

---

① 指肖松孩子们的女家教。

② 德彪西在露赞西的第二次逗留于 6 月 12 日星期一开始。

③ 指嘉比·杜鹏。

去世了,好像是1880年或1881年。[①]我从布雷耶那里获得了这些信息,[②]当他聊到穆索尔斯基时,额头上似乎都散发着圣光,他把穆索尔斯基置于瓦格纳之上。

他未来会对我们的一些计划很有帮助。

我几乎写完《苏格兰进行曲》了!说到这里,我没有伊萨伊的任何消息![③]您觉得我该再给他发电报吗?现在,我要和您说再见了,不久后见,想到八天后就又见面了,我感觉好了一些。

您的朋友,

克劳德·德彪西

向肖松夫人问好。也向安妮、埃蒂安奈特、玛丽安娜、米歇尔问好。[④]我太喜欢他们了,他们太可爱了。

Autogr.: F-P, coll. part. *Publ.*: Tiénot-d'Estrade Guerra, p. 68-69. *Fac-sim.*: Tiénot-d'Estrade Guerra, entre les p. 56-57.

---

① 穆索尔斯基于1881年3月28日去世,享年42岁。

② 关于布拉耶,见书信1889–19。

③ 尤金·伊萨伊,法国小提琴家。此时他正在转型成为乐队指挥,于1893年夏天在布鲁塞尔举办了一个法国与比利时音乐的音乐节。肖松建议德彪西在那里演奏《苏格兰进行曲》(*Marche écossaise*)的乐队版。在5月10日星期三的一封信中,肖松对伊萨伊说德彪西还没有完全写好:"为保险起见,我将把他(德彪西)叫到我这里来住,在他没有写完之前不会让他离开。"见Michel Stockhem, « Lettres de Chausson à Eugène Ysaÿe », *Revue belge de musicologie*, XLII (1988), p. 249。

④ 肖松的孩子们,见书信1893–39。

1893 – 21

埃赫奈斯·肖松致德彪西

［1893 年 6 月 4 日］
露赞西，星期日，三点

亲爱的朋友，

您不好好住在这里真是烦人！我也只能批评您这一点了。我现在都习惯天天见到您了！

城堡的大门依旧敞开，但变质了。再也没有俄国音乐，没有一叶扁舟湖中漂游，没有台球桌上的对弈了。刚刚有人跟我说收到一个巨大的气球，但我却一点兴趣也提不起来。

《悲伤而缓慢》①

例 1

以及一些关于美食的对话

例 2

例 3

---

①《悲伤而缓慢》（*Triste et lent*），肖松的歌曲《紫丁香的时代已经过去》（*Le temps des lilas est passé*）基于此旋律之上。

如果现在能踢场球就好了！看着您来信上的麻雀装饰图案，我确信以后还有机会。您想念我们，我们也没有忘记您。您走后，我们的晚餐没有从前那么愉快。让-米歇尔-塞巴斯蒂安-加尼很不开心，[①]而且无聊得直打瞌睡，甚至一头栽进了汤盘中。今天是萨西节！[②]人们谈论着木马、射击，总之都非常快乐，但您不在这里！

我不敢相信，自己都几岁了，还喜欢玩球、玩木马！！！我不想深究下去。但今年的春天似乎让我一时间返老还童了。但春天已过，我又回到工作中来了，脑子里都是一些不太欢乐的乐思。虽然我大部分时间都是这个状态，但之前的那种感觉令人舒适。

我们之前都变成了"小孩子"。虽然现在恢复正常了，但我们的感情更深了。您对我的关怀令我非常感动。我很确信，您是我仅有的几个——甚至是唯一的一个让我坦诚相待的人，因为我不怕在您面前展现真实的自我，哪怕是我的缺点。这就是友谊最有魅力、也是最难得的地方。您同样可以完全信任我。

紧紧地握手，不久后就见面了，不是吗？

您的，

埃赫奈斯·肖松

别忘记给伊萨伊创作的《进行曲》，一旦音乐会日期确定，请立刻通知我。如果需要我帮忙誊写乐队分谱，就得给我寄一些拉赫的纸张，[③]我手上没有合适的。您以我的名义订购，买一令就行。

您的那些照片有用吗？[④]

---

① 让-米歇尔-塞巴斯蒂安-加尼(Jean-Michel-Sébastien-Ganis)，肖松4岁的儿子。

② 萨西是塞纳-马恩的一个小镇，离露赞西不远。

③ 拉赫-艾斯诺(Lard-Esnault)，造纸商，位于菲度路25号。

④ 关于这些照片的副本，见 *Claude Debussy. Iconographie musicale*, réunie par François Lesure, Paris/Genève, Minkoff/Lattès, 1980, p. 56-59；另见 Gauthier, p. 47。

据“小姐”说，您的感谢信很长，从上楼梯一直走到她的房间都还看不完。这也算一种非常委婉的恭维吧。

Autogr.: US-AUS, Carlton Lake Collection. *Publ.*: Debussy-Chausson 1925, p. 125 (incomplète; non datée); Chausson 1962, p. 50-51.

1893 – 22

致埃赫奈斯·肖松

星期一，1893 年 6 月 5 日
下午

亲爱的朋友：

您的来信让我太高兴了！对于我们之间这种如此强烈的共鸣，我也感到十分亲近。您不必为我们的“孩子气”伤脑筋。很多人为了不被轻视而故意装老成，但这样做并不能提高我们对艺术的理解能力，不能把我们拉到名家们的水准，您觉得不是吗？更何况虽然有些名家值得被推崇，但他们限制了艺术的想象空间。所以呀，我们就高高兴兴地，忘记生活中的苦难。当然，为了让我们对感情保持敏感，也要时而忧伤，只有这样才会写出好东西来。

唉！希望斯宾诺莎师父能原谅我这种荒谬的哲学观。

有几件事：

1. 我订购了乐谱，八天后就能收到！

2. 那个俄国女士的费用是每 100 词 1.5 法郎！[①]

3. 还是没有伊萨伊的消息，怎么办？（当然，我还是会继续在《苏格兰进行曲》上下功夫的）

4. 照片非常棒！非常感谢“小姐”。我自己每天早晨还是会去划

① 可能是指《鲍里斯·戈杜诺夫》的翻译计划。

船,重温在露赞西的美妙时光。啊！希望我们就保持现在的状态吧！我将我们的友谊捧为掌上明珠！能在您那么多朋友中脱颖而出,我感到很荣幸。我这个人容易嫉妒别人,先提前请您多担待了！

期待八天后见！

克劳德·阿西伊·德彪西

信封上有邮戳(寄出: 5 JUIN 93,到达: 6 JUIN 93)和地址:
Monsieur Ernest Chausson.
Château de *Luzancy*
par *Saàcy*.
Seine et Marne.
Autogr.: F-P, coll. part.

1893 – 23

致埃赫奈斯·肖松

［1893 年 6 月 7 日］
星期三

亲爱的朋友：

我完成了您的委托，在您家拿到了《吠陀赞美诗》，[①] 原本都不想再和阿麦勒那头蠢驴有任何瓜葛了。

有关《苏格兰进行曲》，您怎么开心就怎么做，以您为主。我觉得简单一些的话您就负责弦乐部分吧，反正您是自愿来趟这趟浑水的。[②]

您收到我的两封信了吗？！我能给博纳赫写信让他和我同一时间过来吗？很抱歉滥用您的友谊。

您最亲切的，

克劳德·德彪西

信封上有邮戳（寄出：7 JUIN 93；到达：8 JUIN 93）和地址：
Monsieur Ernest Chausson
à Luzancy-par Saäcy
(Seine et Marne)
Autogr.: F-P, Musée des Lettres et des Manuscrits, coll. privée. *Prov.*: anc. coll. J. Lerolle; Hôtel Drouot, 27 octobre 1959, n° 57bis; Cat. Librairie de l'Abbaye 91 (1969), n° 37; Cat. Stargardt 675 (13-14 novembre 2001), n° 867 (avec fac-sim. partiel).

---

① 肖松的《吠陀赞美诗》（*Hymne Védique*, Op. 9），为四声部合唱和乐队而作，1886 年由阿麦勒出版社出版。

② 详情见书信 1893 – 24。

1893－24

埃赫奈斯·肖松致德彪西

[露赞西,1893年6月8日]
星期四

亲爱的朋友,

我从您今天早上的书信中读到了悲伤。我很抱歉,尤其是这可能和我有关。如果说我在之前的书信中没有提您回到露赞西的事,那是因为它根本不是什么事,对此我从来都没有犹豫过。我已然迫不及待地等您再来度过美妙的一周。

自从您走之后,露赞西就没那么欢乐了。首先是您的缺席,还有就是我们似乎感觉嗓子有点疼。

埃蒂安奈特卧床了两天,现在轮到她母亲了,或许我们一个都逃不掉。但我希望在您来之前一切都可以恢复如初,因为再往后我们就找不到完整的一周空闲时间了。

有关《苏格兰进行曲》的誊写,如果我的建议太过繁琐,您也可以采用别的方式。我还是会誊写弦乐四重奏部分(不是很长),这总归是有用的。如果全靠我们来誊写,那就要在露赞西全部完成。我会找来博纳赫帮忙的。[①] 几个人一起干的话就快多了,而且也没那么枯燥。

---

① 肖松在同一天给博纳赫写信说道:“至于您哪天到,我们在没有通知您的情况下已经给您定在下星期一了。这天我会去看望我的父亲,勒霍勒也会去巴黎参加莫里斯·德尼(Maurice Denis, 1870—1943)的婚礼。我们可以五点或五点一刻和德彪西一起在火车站汇合,然后一起愉快地前往拉菲泰苏茹瓦尔。您就不要有异议了,不要扰乱我们的计划,都安排好了,反抗是没用的。事实上,我们的确需要您的帮助。德彪西会带着他完成的稿子过来,但还没有经过誊写。我们需要尽快把这件事做掉,如果多几个人一起就会变得更轻松。所以,我就不再多说了,拜托您了。”见 Chausson 1999, p. 344。第二天,肖松给伊萨伊写信时提到德彪西“已经开始誊写小提琴部分了”。肖松还写道:“下周,我们将有三人一起干,我觉得星期日八点所有工作都能完成。乐队部分非常美,这点很重要。为了省钱,博纳赫、德彪西还有我亲自来誊写,因此,我们只能完成刚需的量。”见 Michel Stockhem, « Lettres de Chausson à Eugène Ysaÿe », *Revue belge de musicologie*, XLII (1988), p. 252。

但是,您想怎么做都可以,不要强求。您对我总是言听计从,那我需要把这份影响力留到更重要的时候。

亲爱的朋友,不出意外的话我们星期一见!

您的,

埃赫奈斯·肖松

我收到球了,请把您的肱二头肌准备好吧。我不想太做作,但我真的非常高兴再次见到您。很感谢您两封真挚的来信,我想回复却又找不到合适的表达方式。虽然我没有回复,但心里一直想着呢。

我基本确定星期一会来巴黎,到时候我们两个五点和博纳赫一起走。

Autogr.: F-P, coll. part.

1893 – 25

致埃赫奈斯·肖松

[1893年6月10日]
星期六

亲爱的朋友:

之前我给您写信时的确有些伤感,因为我自己产生了错觉,认为您在回信中变得有些冷漠。您的友谊太珍贵了,以至于我总是害怕失去它。

但这次是我的内心太阴暗了,当时我想马上找到您并解除我心中的担忧,因为我太在乎了!现在,您的来信安抚了我,让我又快乐起来了,事实上,对于信中的内容,我本就该坚信不疑的。

我五点一刻之前能见到您吧![1] 您需要去巴伊那里,[2] 去看一下《协奏曲》的第一页,[3] 我觉得还挺不错的。那么,我们星期一见,露赞西万岁!

亲切地。

克劳德·德彪西

信封上有邮戳(寄出:10 JUIN 93,到达:11 JUIN 93)和地址:
Monsieur Ernest Chausson.
à Luzancy – par Saàcy.
(Seine et Marne)
Autogr.: F-P, coll. part.

---

① 去露赞西的火车出发时间。
② 关于巴伊,见书信 1892 – 9。
③ 关于《协奏曲》,见书信 1893 – 14。

1893－26

致莫里斯·德尼

［1893 年 6 月 10 日］[①]
星期六

亲爱的先生：

非常遗憾，由于时间不凑巧，星期一我无法去与您握手了。我星期日早晨走，到星期一下午很晚才能回来。

请提前接受我最真挚的祝福。

克劳德·德彪西

我刚看了《绝代才女》。[②] 非常漂亮，但这还不足以表达我之所想。非常感谢。

CAD[③]

Autogr.: F-Saint-Germain-en-Laye, Musée du Prieuré, Ms. 12390. *Prov.*: C. Denis.

① 该日期根据莫里斯·德尼于 1893 年 6 月 12 日在圣日尔曼昂莱教堂的婚礼推算。昂利·勒霍勒参加了这个仪式。

② 莫里斯·德尼设计了《绝代才女》的一版封面。1893 年 7 月乐谱问世时，德彪西曾寄给德尼一份。见附录Ⅴ。

③ 花体缩写签名。

1893 – 27

致埃赫奈斯·肖松

[1893年7月2日][①]
星期日
下午

亲爱的朋友:

我需要强迫自己给您写信,不是我不想写,而是我最近感到无比悲伤,要是把这种情绪传染给您,那就不合适了!请不要指责我萎靡不振,是您一直为我打气,让我的生活不那么虚空!

总之,自从您走之后,我的内心就在流泪,我像失去了主心骨一样。我尝试化身工作狂,但这并不能驱除我的负能量,而后者让我对一切都感到不满。虽然这个困难时期只是阶段性的,但我还是感到很煎熬,因为我要和自己斗争,而我的意志却不那么坚定。

我跌跌绊绊地写完了第三首《抒情散文》,[②] 如此一来,我就又有

① 德彪西书信与信封的整理上出现了混淆,他有两封信写于两个不同的星期日,一封标注为"星期日下午"(书信1893 – 27),另一封标注为"星期日晚上"(书信1893 – 30)。本书信的日期"1893年7月2日"并不是出自德彪西本人之手,该信的信封上盖有"1893年7月10日"的邮戳。然而,德彪西于1893年8月26日给肖松写了另一封信,其信封上却带有"1893年7月2日"的邮戳。本书信上明确写有"星期日下午"的字样,因此可以确定是在1893年7月2日星期日寄出的,而另一封带有"星期日晚上"的信则是写于1893年7月9日,因此书信的寄出则是在第二天,也就是1893年7月10日星期一。此外,还有一个证据可以证明后者的确切日期,那就是在1893年7月10日的那个信封背面标有"Arthus"和"Serres chaudes"两个词,应该是出自肖松夫人之手,而这两个词对应了德彪西在1893年7月9日的书信中提到的内容。

② 1893年6月24日,德彪西将《抒情散文》第三首《花》(*De fleurs*)献给了珍妮·肖松(Jeanne Chausson)并写道:"致肖松夫人,祝她生日快乐,并且向肖松夫人的魅力致敬。克劳德·德彪西,1893年6月。"见Paris 1942, p. 43, n° 154。此手稿原本由勒霍勒夫人收藏,但如今无从查证。

理由去您家了。至于《四重奏》，[①] 我都重写了三遍了，但还是达不到预期的效果（太郁闷了）！

我真希望看到您那里一切都心想事成，这样我会很高兴的，因为对我来说，您的事和我的音乐同等重要。

顺便插一句，我要对您的沉默表示略微批评。对于您最近的情况我是一无所知，这让我十分担忧。

《传奇美德》的手稿为杜加尔登所有，[②] 而且他将其视如珍宝，除非他赌博输得倾家荡产。

瓦尼耶现在应该拿到《悲歌》和《模仿月亮女神》的手稿了，如果您想让我去那个阴森的书店索要，[③] 我随时可以。

---

①《四重奏》原本是献给肖松的，但最终却献给了它的首演者伊萨伊四重奏组。末乐章存在数量众多的草稿件，说明德彪西当时的创作很艰难。

② 德彪西的判断应该是有据可查的，这部作品的确是儒勒·拉福格去世后，由杜加尔登整理，并于 1887 年 12 月出版的。该手稿如今被收藏于雅克·杜塞图书馆。此外，肖松还于 1890 年预订了杜加尔登和菲利克斯·费内翁（Félix Fénéon, 1861—1944）合编的《儒勒·拉福格最后的诗句》（*Derniers Vers de Jules Laforgue*）。除了肖松，预订该书的还有埃蒂安·杜潘（6 号）、弗朗西斯·维耶雷-格里芬（33 号）、昂利·德·雷尼耶（34 号）和尤金·伊萨伊（39 号）。斯蒂凡·马拉美认为儒勒·拉福格是象征主义运动的“主力诗人之一”。德彪西经常阅读儒勒·拉福格的作品，尤其是《悲歌》和《传奇美德》，这对德彪西影响极深，从他的书信以及《抒情散文》中均能明显感觉到。

③ 雷昂·瓦尼耶（Léon Vanier, 1847—1896），法国出版商，其书店位于圣米歇尔码头，自称“颓废者的出版商”，他曾是保罗·阿达姆、洛朗·泰拉德、保罗·魏尔伦、弗朗西斯·维耶雷-格里芬、斯蒂凡·马拉美以及昂利·德·雷尼耶等人的出版商。马拉美曾将自己的绝句献给了瓦尼耶：“冲啊，邮递员，去颓废者的出版商那里，雷昂·瓦尼耶，圣米歇尔码头，十九号、蹦蹦跳跳，连跑带舞。”见 Stéphane Mallarmé, *Œuvres complètes*, édition de Bertrand Marchal, Paris, Gallimard, 2003, Bibliothèque de la Pléiade, t. I, p. 266。瓦尼耶于 1885 年出版了《悲歌》（*Complaintes*）和《模仿月亮女神》（*Notre-Dame de la Lune*）。根据帕斯卡勒·皮雅（Pascal Pia, 1903—1979）的说法，《悲歌》的手稿为古斯塔夫·卡恩所有，或许已经被毁。至于《模仿月亮女神》的手稿，根据让·路易·德鲍夫（Jean-Louis Debauve, 1926—2016）的说法，该手稿从未被瓦尼耶所拥有，且很可能也已被毁。让·路易·德鲍夫是《拉福格作品全集》的主编。

我依然在找房子,[1] 人们可以在各种楼梯间碰到我和杜潘。[2] 我居然还碰到了一个债主,这太意外了。第二天,我就收到了一封警告信,里面充斥着各种"问候语"。

再见啦亲爱的朋友。请尽快给我写一封长信,让我感觉离您近一些。

您的,

克劳德·德彪西

信封上有邮戳(2 JUIL 93)和地址:
Monsieur Ernest Chausson.
Luzancy, par Saàcy.
Seine et Marne[3].

Autogr.: F-P, coll. part. *Prov.*: E. Debussy; Hôtel Drouot, 1er décembre 1933, no 191; anc. coll. J. Lerolle; Hôtel Drouot, 27 octobre 1959, no 59; anc. coll. B. Loliée; Hôtel Drouot, 22 mai 2019, no 72 (avec fac-sim. partiel). *Publ.*: Debussy 1980, p. 45-46; Debussy 1993, p. 78-79.

---

① 自 1892 年起,德彪西一直住在伦敦路。1893 年 7 月 23 日左右,德彪西搬到了古斯塔夫·多雷路。

② 关于杜潘,见书信 1888 – 4。

③ 关于信封的来源,见第 204 页脚注①。

1893－28

致皮埃尔·德·布莱维勒

[1893年7月4日][1]
星期二

我亲爱的德·布莱维勒：

我听说您要去旅行了，本想来看看您，并且就努欧维纳女士这件事对您表示感谢。[2]很抱歉，我只能使用信的形式了，因为我怕找不到您。

另外，很遗憾您无法在行李中带上《绝代才女》。您那么喜欢这部作品，我本希望看到它能够伴随您左右。

此致敬礼。

克劳德·德彪西

Autogr.: F-Pn, Mus., L.a. Debussy (C.) 60. *Exp.*: Paris 1948, p. 4, nº VIII/11.

---

① 德彪西在1893年7月9日的书信中提到自己已经致信沙赫勒·波德和皮埃尔·德·布莱维勒。该信日期便由此推断。

② 吉娜·德·努欧维纳(Zina de Nuovina, 1865—1936)，罗马尼亚女中音歌唱家，1893年3月24日在喜歌剧院首秀。

1893 – 29

埃赫奈斯·肖松致德彪西

[1893 年 7 月 8 日][①]
露赞西,星期六

亲爱的朋友,

又有人花 7 法郎预订了:埃赫奈斯·赫东,[②]地址:波尔多达摩小道 26 号。多多益善啊!

您确定给波德和布莱维勒写信了吧?[③]看看我这个人多啰嗦!

我昨天见到了勒科,[④]他说您到露赞西的事居然是昂热的伯赫迪耶告诉他的!!![⑤]还好大家都不是什么善茬儿。[⑥]想象一下,如果我们这群人凑到一起,估计能把音乐学院给炸了!说到伯赫迪耶,您认识

---

① 本信日期是根据前后两封书信推断所得。

② 埃赫奈斯·赫东(Ernest Redon, 1835—1907),法国钢琴家、作曲家,波尔多圣塞西勒协会的秘书,法国画家欧蒂隆·赫东(Odilon Redon, 1840—1916)的兄长,法国作曲家、音乐传记作家古斯塔夫·萨马泽伊(Gustave Samazeuilh, 1877—1967)的第一个学生。萨马泽伊也来自波尔多,师从肖松,并且在圣歌学院师从丹第。萨马泽伊在《我那个时代的音乐家》一书中留下众多有趣的编年史和回忆录。见 Gustave Samazeuilh, *Musiciens de mon temps*, Paris, La Renaissance du livre, 1947。

③ 波德曾是圣热尔维教堂的唱诗班主管,在圣周举办了意大利和法国文艺复兴时期音乐作品的演出,见书信 1893 – 1。

④ 纪晓姆·勒科(Guillaume Lekeu, 1870—1894),比利时自学成才的作曲家,1894 年在昂热英年早逝。他曾受到弗朗克和丹第的点拨。他留下的音乐主要是交响乐和室内乐作品。

⑤ 儒勒·伯赫迪耶(Jules Bordier, 1846—1896),于 1877 年成立昂热艺术联盟,每年举办二十余场音乐会,但由于昂热人的反响一般,且得不到公众的支持,伯赫迪耶于 1893 年 3 月停止了音乐会活动。

⑥ 该句的字面意思是“天空不比我们心中的意欲更纯净。”肖松在此参考了拉辛的《费德尔》(*Phèdre*)中希波吕特的一句话:“白天不比我的内心更纯净。”(第四幕、第二场、第 1112 句)。

这个人吗？他在接下来的冬天有一个非常奢侈的宴请计划，我希望您也能来分一杯羹。我们星期三再详细聊。

天气这么热，您依然在创作吗？我虽然强迫自己优化《阿图斯》的各个方面，但感觉现在又回到了原点，可能只有少许修改。我现在的状态还不足以重新沉浸到音乐中去。在恢复过程中，我用梅特林克的作品写了几首歌曲。[①] 如果数量够多，我星期三就忐忑地带过来给您听。[②] 对于这些歌曲，只有一件事让我感到满意，那就是我不在乎是否有人会在音乐会上演唱它们。[③]

再见，克劳德－阿西伊，送上远方的问候，真希望能与您握握手。

您的，

埃赫奈斯·肖松

Autogr.: US-AUS, Carlton Lake Collection. *Publ.*: Chausson 1962, p. 51-52.

---

① 肖松此时创作了《温室》(Op. 24)五首歌曲中的两首(出自梅特林克的作品)，分别是 1893 年 6 月 30 日完成的《倦怠》(*Lassitude*)和 1893 年 7 月 7 日完成的《烦恼的温室》(*Serre d'ennui*)。

② 由于肖松之父健康状况堪忧，肖松几乎每周都到巴黎探望他。

③ 这些歌曲还是在 1897 年 4 月 3 日的国家音乐协会音乐会上演出了，由特蕾斯·罗杰演唱，爱德华·里斯勒(Édouard Risler, 1873—1929)担任钢琴伴奏。

1893－30

致埃赫奈斯·肖松

［1893年7月9日］
星期日晚上

亲爱的朋友：

感谢您用一封信丰富了这个可悲的星期日，您记录了那么多美好的回忆，这让我读了又读、爱不释手。我能从信中清晰地看到您和阿图斯搏斗，还有您摆弄热尼耶芙和兰斯洛的人生轨迹，就像摆弄两个可怜的球一样。最糟的是，这两个人还宁死不屈。希望他们能明白他们的挣扎完全是螳臂当车。

您真的很擅长主题变奏。

您现在的处境就像在温室里一样，[①]您宽广的内心充斥着"蓝色的烦恼"，[②]您闻到的花香则受到了太多阳光的照射，从而变得索然无味。请跟我说说您到底会怎么做，我很感兴趣。另外，接下来的话或许会对您有所帮助：我非常喜爱您的音乐，也请您继续保持初心，不要理睬那些外行们的叽叽喳喳，只听从您自己的意志，这样您就会变得很强大。

既然话说到这里，那我就趁机再多说几句：在对艺术的敏感性上，您比您身边的人强太多了，那些人在这方面真的很贫瘠。他们踏着音乐的草坪走过时，不会在意地上那些小花的感情，他们选择的路上只会长满大黄和罂粟，还有狗牙根。

至于他们的名字嘛，我就先不提啦！[③]

① 关于《温室》，见书信1893－29。

② 德彪西在此处参考了《烦恼的温室》第一和第四句诗词："啊！内心那蓝色的烦恼！"以及"这蓝色的烦恼像温室一样。"

③ 肖松是国家音乐协会的秘书，德彪西在此暗指国家音乐协会的某些成员，特别是弗朗克的一批徒弟。

请原谅我的啰嗦，但我更愿意说这些，而不是和您抱怨我自己的烦心事，更何况后者都是老生常谈。命运似乎总喜欢把事情搞得一塌糊涂，如果不是因为认识您，我也会倒出一肚子苦水，讲出一揽子不公。

我彻底写完了《抒情散文》的第三首！[①] 我星期三弹给您听。我这周都特别努力，所以作为奖励，请给我带点穆索尔斯基的音乐，尤其是您自己一定要来啊！

不久后见，最亲切地。

克劳德·德彪西

我给波德和布莱维勒写信了。[②]

请代我问候露赞西。

很　"　遗憾　"　"　"。[③]

信封上有邮戳（10 JUIL 93）和地址：

Monsieur Ernest Chausson.
à Luzancy – par Saäcy.
(Seine et Marne [④])

Autogr.: F-P, coll. part. *Prov.*: E. Debussy; Hôtel Drouot, 1er décembre 1933, no 191.
Exp.: Paris 1942, p. 41, no 137.

---

① 见书信 1893 – 27。

② 关于波德，见书信 1893 – 29。关于布莱维勒，见书信 1893 – 28。

③ 此处标点符号保留法语原文格式。

④ 关于原件的信封，见书信 1893 – 27。

1893 – 31

埃赫奈斯·肖松致德彪西

[1893 年 7 月 19 日(?)][1]
露赞西,星期三

亲爱的朋友,

您在说些什么呀?您在担心什么?赶紧打消那个不好的念头。无论如何您都要相信,我从来都是只为您个人着想的。或许我的一些话在反复斟酌之后显得没那么有信心,但是,我亲爱的朋友,如果我不相信您,我们的关系怎么会这么稳固?请不要怀疑我们的友谊以及我对您的信任,正是因为我信任您,才让我们这么快就成为好友的。但是,对于任何冲动行为,我也会无条件相信您吗?当然不是,没有人能做到,我第一个就做不到。我那天跟您说的一切都是为了让您再考虑一下您的决定。但我承认,我可能有些杞人忧天,有些话可能说过头了。如果我伤害到了您,请不要生气,或者请尽快把它们忘了。总之,我相信您是从来不会生我气的。我只是想提醒您一个危机的存在,而且它不仅仅取决于您自己,仅此而已。如果您明白了我的意图,就知道我完全是出于关心,绝没有一丝不信任。"不信任"这个词很恶劣,它永远都不应该出现在我们之间。所以,就让这件事烟消云散吧。

您不要后悔把一切都跟我和盘托出,我们的关系在那里摆着呢。另外,您也要多包涵我。我不是您想象中的那种有定力的人。恰恰相反!在当老大哥、给人忠告这方面我是个新手。有些事在没遇见您之前,我从来都没有想过。如果我处理得不够恰当或表现得不够擅长,请见谅。至于其他的,您都可以信任我。

---

① 该信日期是根据德彪西新居的家装时间所推断,新居位于巴黎 18 区的古斯塔夫·多雷路,德彪西与嘉比·杜鹏一同居住。

既然我们明天就见面了,那到时候再聊您家装修的事。但我不想让您继续想不开,也希望您打消您所有的担忧。

创作方面,我是写不下去了。

我心情极差。

我厌倦了露赞西。

还有,为什么您不在这里了?

您的,

埃赫奈斯·肖松

我父亲的身体目前没有紧急情况,但还是令人放心不下。

Autogr.: US-AUS, Carlton Lake Collection. *Publ.*: Chausson 1962, p. 52-53 (datée 12 juillet 1893).

1893 – 32

致埃赫奈斯·肖松

星期六,1893 年 7 月 22 日

亲爱的朋友,

我今天早晨收到您的来信了,非常感谢。就凭我们的关系,无须多言,都在这句平凡的话中了。

现在已经五点半了,我还没有拿到《绝代才女》的谱子! 我是真想现在就把它送给您啊,但无论如何,第一本肯定是您的。

您最忠实的克劳德·阿西伊。

克劳德·德彪西

信封上有邮戳(22 JUIL 93)和地址:
Monsieur Ernest Chausson.
Luzancy par Saacy.
(Seine-et-Marne)
Autogr.: non localisé (copie H. Borgeaud). *Prov.*: anc. coll. J. Lerolle; Hôtel Drouot, 27 octobre 1959, n° 60; Cat. Librairie de l'Abbaye 94 (1970), n° 32.

1893 – 33

致埃赫奈斯·肖松

［1893 年 7 月 24 日］①
下午五点半于巴伊书店②

亲爱的朋友：

在给您写这封短信的同时，我附上了《绝代才女》的乐谱！③

我希望您在收到它时和我寄出时一样开心。（这句话写得真漂亮！！）

我彻底搬进了古斯塔夫·多雷路 10 号，我期待着星期四与您见面。我很妒忌《绝代才女》（因为它会比我先见到您）。

对您全心全意的，

克劳德·德彪西

邮包会寄到南特伊－萨西车站。

两份乐谱都带有献词，没有护封。

Autogr.: F-P, coll. part.

---

① 该日期根据前一封信推断得出。

② 关于巴伊，见书信 1892 – 9。

③ 同一天，德彪西给昂利·勒霍勒也寄了一份《绝代才女》的乐谱。见附录Ⅴ。

1893 – 34

埃赫奈斯·肖松致德彪西

[1893 年 7 月 26 日]
露赞西,星期三

亲爱的朋友,

毫无疑问,《绝代才女》受到露赞西的热烈欢迎。我立刻就开始视奏了。我已经不能更喜欢它了。看着这样一本漂亮的乐谱视奏精致的音乐真是一种享受。一切都十分成功,包括乐谱的尺寸、印刷和标题。巴伊肯定会以此为荣。[①] 从藏书角度来看,这本和《乌里安游记》是他发行过的最漂亮的书。[②] 请替我好好夸夸他,我不确定明天是否会去拜访他,因为我最近的形象不是很好。其实也没什么,就是我的眼皮肿起来了,看上去很可笑。如果不是因为明天必须来巴黎,我会避免出去,丢人现眼的。您还愿意见我吗?我是很想参观一下您的新公寓。[③] 问题是什么时间合适?您愿意一直等我到三点吗?如果我还不来,那就五点半的时候到库赫塞勒大道找我,我肯定会在的,而且到晚餐前都有空。

那就明天见啦,亲爱的朋友。此致敬礼。

埃赫奈斯·肖松

Autogr.: F-P, coll. part. *Publ.*: Chausson 1999, p. 348-349 (datée été 1893).

---

① 关于巴伊,见书信 1892 – 9。

② 安德烈·吉德的《乌里安游记》(*le voyage d'Urien*)也是巴伊的独立艺术书店编辑和出版的,时间是 1893 年 5 月 25 日。和《绝代才女》一样,《乌里安游记》的封面上也有画家莫里斯·德尼刻画的造型。

③ 德彪西刚刚搬到古斯塔夫·多雷路 10 号。

1893 – 35

致阿尔弗雷德·巴什莱

[1893 年 7 月底(8 月初)][1]

"[……]您看您是不是能来绍塞–昂坦路 11 号拿您那份《绝代才女》?[2][……]以免邮寄时造成损坏[……]"

Autogr.: non localisé. *Prov.*: Cat. Librairie de l'Abbaye 312 (1999), n° 37.

---

① 该日期根据《绝代才女》的出版时间推断所得。见书信 1893 – 32。

② 此为独立艺术书店的地址。

1893－36

致埃赫奈斯·肖松

［1893 年 8 月初？］
星期二

亲爱的朋友，

很遗憾昨晚没能过来。我在巴伊那里遇见了昂利·德·雷尼耶，[①]他邀请我共进晚餐，后来我们又回到巴伊那里，聊起了桌子。[②]虽然这个话题很有趣，但我还是更喜欢和您聊。

我感谢您对我工作的鼓励，我也同样鼓励您，但也不要用脑过度。

您忠实的，

克劳德·德彪西

我可怜的拉古去世了。[③]

Autogr.: F-P, coll. part. *Publ.*: Herlin 1997b, p. 7.

---

① 关于巴伊，见书信 1892－9。

② 昂利·德·雷尼耶的回忆很具体，当时他们在巴伊那里玩"询问桌仙的招灵游戏"。见 Henri de Régnier, « Souvenirs sur Debussy », *Revue musicale* (numéro spécial: La jeunesse de Claude Debussy), t. III/7 (1er mai 1926), p. 90。安德烈·勒贝（André Lebey, 1877—1938）则补充说自己推荐了"便携式旋转桌"。见 André Lebey, *Jean de Tinan. Souvenirs et correspondance*, Paris, Floury, 1922, p. 7。

③ 德彪西的猫。

1893 – 37

致保罗·杜卡

星期一

1893 年 8 月 7 日

亲爱的朋友:

让我来回复您的友善来信: 8 月 10 日星期四,我会来见您的,① 我会坐上午十一点的火车,如果"晒先生"的信息足够准确的话,② 应该会在十一点二十八分到达圣–克罗站。

此致敬礼。

克劳德·德彪西

古斯塔夫·多雷路 10 号

信封上有邮戳(7 AOUT 93)和地址:
Monsieur Paul Dukas
29 rue des Tenneroles
à St Cloud-Montretout
(Seine)
Autogr.: non localisé*. *Prov.*: Drouot Rive Gauche, Gare d'Orsay, 20 juin 1977, n° 94; Cat. U. Drüner 68 (été 2012), n° 29.

---

① 德彪西应该就是在这次会面时为保罗·杜卡演奏了《罗德里格与希梅内》和弦乐四重奏的前三乐章。1893 年 10 月 1 日,保罗·杜卡给丹第写信时回顾了这次会面:"他还给我演奏了他快要完成的歌剧,里面有些场次的规模肯定会让您大吃一惊的,反正我是没有想到。不过这也正常。另外,所有的情节场景都很精致,和声非常细腻,让人想到了他早期的歌曲。所以说,它具备一切失败的条件!但还是希望它可以获得成功吧!歌词完全没有价值,鱼目混珠。您知道吗,这就是门德斯版的《熙德》(*Cid*)。"见 Paul Dukas, *Correspondance*, établie par Georges Favre, Paris, Durand et Cie, 1971, p. 21。

② 德彪西指《晒指南》(*L'Indicateur Chaix*),这是一本每个星期日发行的旅行指南,是当时唯一的官方铁道刊物,上面包含所有法国和国际铁道线路的信息和参考(包括其他报刊上登出的相关消息)。它于 1846 年由拿破仑·晒(Napoléon Chaix, 1807—1865)创办,又由其子阿勒班·晒(Alban Chaix)继承,后者还是铁道中央印刷局的局长。

1893 – 38

致埃赫奈斯·肖松

星期二

1893 年 8 月 15 日

亲爱的朋友:

您是不是觉得克劳德–阿西伊忘记了自己的朋友?当然没有,他的心里永远都装着朋友!(说到心,我的心脏又跟我开了个玩笑,也许是在历练我。)

这周非常忙!第一天就在保罗·杜卡那里研究了一天美学,[①] 他演奏了一些他最喜欢的变奏曲,我们一直待在圣–克罗的森林里,鸟语花香,挺舒服的,就是有点加尔文主义的格调。第二天是和埃蒂安·杜潘到雷蒙·博纳赫那里,[②] 这次稍微自由一点,我们一直聊起您,既感到高兴又有些遗憾,遗憾的是您不在场,否则我们就能一起到山谷中玩耍了!至于今天下午的消遣活动,我们破纪录地在一个旅行睡袋里待了三个小时,您知道的,博纳赫就喜欢这样折腾!但您应该不会感兴趣!还是那句话,能见到您就好了。

我收到一封来自许茨巴赫夫人的信,[③] 被香熏得跟在土耳其后宫一样!她邀我和福雷[④]、巴翟[⑤]以及许茨巴赫先生一起共进晚餐。我不

---

① 见前一封信。

② 德彪西应该就是借这个机会送给博纳赫一份《绝代才女》的乐谱(见附录V)。关于杜潘,见书信 1888–4。

③ 关于许茨巴赫夫人的邀请,见书信 1893–18。

④ 德彪西与福雷应该已经在“la Concordia”合唱团或者国家音乐协会见过面了。1888 年 8 月,他们还在拜罗伊特碰到过。

⑤ 莫里斯·巴翟是一位业余男高音歌唱家,师从自己的好友皮埃尔·德·布莱维勒。马塞尔·普鲁斯特在 1894 年 6 月 2 日的《新闻》(*La Presse*)中评价巴翟“优雅、讲究”。福雷的众多歌曲都是由巴翟首演的。1889 年 2 月 2 日,巴翟在国家音乐协会首演了德彪西的两首《被遗忘的短曲》,皮埃尔·德·布莱维勒担任钢琴伴奏。

觉得这个饭局对我有什么好处。天知道,我或许会错过福雷那种翻新版的 18 世纪音乐风格。[①] 问题是,对于我不在乎的人,我是没办法给他们好脸色的。更何况,在我搬到古斯塔夫·多雷路之后,我变得更加没有教养了。另一方面,对于我欣赏的人,我会把最好的自己留给他们,这比在"五点钟"里做救世主强多了。[②] 所以说,我的这些特点会打扰那些活在幻想中的人。

我觉得这次肯定能给您展示我的《四重奏》了,[③] 它真把我折磨坏了。

我真的能很快见到您吗?如果是真的,那我太高兴了。

您亲切的,

克劳德·德彪西

信封上有邮戳(寄出:16 AOUT 93,到达:17 AOUT 93)和地址:
Monsieur Ernest Chausson.
à Luzancy par Saäcy
(Seine et Marne)
Réexpédiée (17 aout 93):
22 B[d] de Courcelles
Paris –
Autogr.: F-P, coll. part. *Publ.*: Debussy 1993, p. 80-81.

---

① 关于福雷的音乐,见书信 1898 – 31。

② "五点钟"指"美好时代"巴黎上流社会的一种英式茶馆,反映了当时英式文化的风靡程度。

③ 关于《四重奏》的末乐章,见书信 1893 – 27。

1893 – 39

致埃赫奈斯·肖松

星期六
1893 年 8 月 26 日

亲爱的朋友,

克劳德·阿西伊这几天都没能快乐地给您写信,因为高烧,我一直卧床不起,真的是百爪挠心。

一切都是从和您告别那天晚上开始的。[①] 送走您之后,我和博纳赫一边在街上闲逛,一边聊着些有的没的。[②] 回去之后,我就一蹶不振了,而您的离开对此造成了不可挽回的影响!我感到度日如年、毫无生机!我觉得自己被您遗弃了!其实这一切对很多人来说都很正常,但我就是走不出那个怪圈,我总是想道:您在那边,我在这边,我们毫不相干。我努力调整,但还是深陷其中!收到您的来信时,我正在考虑趁高烧能做些什么。说真的,我很不想因为自己不走运而把负面情绪传给您,因为您是少数配得上好运的人。您从不像一般人那样会有所隐藏。天知道,我对您是崇拜至极,您是一位全能的艺术家!在我自己的作品中,我会避免去触碰一些感情,但当它们出现在您的音乐中时,我又惊喜万分。所以,您看看我对您的欣赏已经到了怎样的地步!有的时候,我对您说的话可能有些耿直,但那只是因为我缺乏耐心的性格。其实,这也算正常吧?当我们花园里的树含苞欲放之时,我们都会表现得迫不及待。

您的教诲让我感到异常暖心,您就像一位兄长一样,大家都信任您,就连您的责骂都会无条件接受!很抱歉,目前我还没有能够按您

---

① 肖松搬到鲁瓦扬的乔治别墅住了一个半月。

② 1893 年 8 月 27 日,肖松在给博纳赫写信时询问后者是否回到了马尼的住所,还补充道:“如果能把您和德彪西都带上多好啊。可怜的德彪西生病了,我今天早晨收到他的来信才知道,他发了好几天的烧。”见 Chausson 1999, p. 349。

说的去做，但请相信我，您的批评对我触动很大，我一定会努力的。

和您一样，我也能感受到努力的重要性。但在尘世间，我们遗憾地发现人们都不太想努力，他们只会把努力转化为“投机取巧”。如果我们绞尽脑汁尝试保留理想中的艺术，那将会非常痛苦，因为其他人会选择躺平，且这类人还不在少数！

在现代文明中，艺术家只有到死后才会被认可，而后人这样做也只是为了自己愚蠢和可耻的利益。所以说啊，艺术家没有必要跟自己的同代人混，也没有必要和他们分享自己的快乐，因为这种快乐只有极少数人才能体会到！我们就等着很久之后被人“发现”就可以了。在世时获得的荣耀在未来是要承受沉重的负担的。

亲爱的朋友，现在让我紧紧地拥抱您，代我向肖松夫人、安妮、埃蒂安奈特、玛丽安娜和让－塞巴斯蒂安·米歇尔问好。[①]

您的，

克劳德·德彪西[②]

库赫塞勒大道那边给我带来了老肖松先生的好消息。

Autogr.: non localisé*. *Prov.*: E. Debussy; Hôtel Drouot, 1er décembre 1933, nº 190; anc. coll. J. Lerolle; Hôtel Drouot, 27 octobre 1959, nº 58 (datée samedi 26 avril 1893); anc. coll. B. Loliée; Hôtel Drouot, 22 mai 2019, nº 73 (avec fac-sim. partiel). *Publ.*: Debussy-Chausson 1925, p. 116-117; Debussy 1980, p. 46-47; Debussy 1993, p. 81-82.

---

① 如果按照肖松孩子们的出生年份排序，应该是埃蒂安奈特（1884）、安妮（1885）、让－塞巴斯蒂安·米歇尔（1889）和玛丽安娜（1893）。

② 德彪西使用的第十二种签名形式“Claude Debussy”，从1893年4月底至1894年1月。见附录Ⅳ，nº 12。

1893–40

埃赫奈斯·肖松致德彪西

[1893年8月28日]
鲁瓦扬,[1] 星期一晚上

亲爱的朋友,

我猜到了可能是这种情况,在收到您信的时候,我正打算给您写呢。还好这只是一次短暂的不适,我希望您现在已经康复了,可以继续创作《佩雷亚斯与梅利桑德》了。[2]

您对我们友谊的再一次肯定让我非常高兴。当然,我是一点都不吃惊的,但这样的肯定最好是多多益善啦,更何况,您的文笔非常动人。我这个人非常腼腆,有的时候不知道该如何回应。我只能说,我对您永远是真诚的,而这份友情绝对不会随着时间的推移而流逝。我真希望您能早日从物质生活的困境中走出来!期待这一天的到来,我坚信它会到来的。

您说得对,艺术家不应该去刻意追求成功,况且这种成功的概率极低。如果我们能在有生之年不发表任何作品,那才是真正的强者。最近我还真听说有人达到了这种"高度",但他是位哲学家,因此就没那么稀奇了。

无论如何,为这种理想而战是很有吸引力的,但前提是我们也要剑走偏锋,因为,如果只是一味防守,就没什么意义了。

我预感到自己要为杜帕克和波尔多的几个朋友演奏《绝代才

---

① 关于鲁瓦扬,见前一封书信。

② 1893年8月8日,梅特林克在给昂利·德·雷尼耶的书信中授权了德彪西为《佩雷亚斯与梅利桑德》配乐:"我亲爱的诗人,请告诉德彪西先生,我很高兴地把《佩雷亚斯与梅利桑德》全权委托给他。既然您如此欣赏他的艺术,那我现在就要感谢他未来的成就。另外,也要衷心感谢您的介入,请接受我的敬仰。莫里斯·梅特林克。"需要提及的是,在保存下来的《佩雷亚斯与梅利桑德》草稿中,没有早于9月创作的内容。

女》,[①] 所以就提前练起来了,[②] 虽然没您弹得好,但还算能听。很高兴能为您做点事。对于我笨拙的粗手指来说,有些段落挺难的,但我还是会耐心地重复练习,这反而让我更加喜欢您的音乐了。但是老弟,谱子里面的错误很多啊!我两天内已经发现十几个了。等回来之后我会把它们指给您看的,要在第二版的时候予以修改。[③]

关于《绝代才女》,胡奎霍勒女士刚刚答复我了。[④] 她很愿意在明年冬天和您一起组织一些演出。从她信中的语气可以看出,我的委婉提议并没有令她感到反感,而是恰恰相反,让我们睁大眼睛,这里很可能有矿。她只是抱怨没有收到自己那份《绝代才女》的乐谱,可能是因为她人在乡下,而乐谱被寄到巴黎去了。您下次去巴伊那里的时候一定要第一时间确认一下,[⑤] 因为在冬天到来之前,您的乐谱能提醒她想到您。

我纸上快没地方了,热烈拥抱(还好字不多)。

您的,

埃赫奈斯・肖松

谢谢您去库赫塞勒大道探访。

您对我的音乐那么感兴趣,这让我太高兴了。

Autogr.: US-AUS, Carlton Lake Collection. *Publ.*: Chausson 1962, p. 53-54.

---

① 自 1885 年起,昂利・杜帕克患有神经症(当时被称为"急性神经衰弱")并逐渐停止作曲。1893 年 10 月 2 日,肖松在写给勒霍勒的信中提到自己探访的经历:"我们在杜帕克那里度过了不太愉快的一天,这种探访让我很难过。"见 Chausson 1999, p. 354。

② 肖松计划 10 月初前往波尔多,并在阿尔卡雄地区租一幢别墅。

③ 第二版于 1902 年由杜朗出版。

④ 1896 年,肖松将自己的《三首歌曲》(*Trois Lieder*, Op.27)中的第一首《时光》(*Les Heures*)献给了这位胡奎霍勒(Rouquairol)女士。此人居住于巴黎斯克里布路 11 号。她是当时活跃于音乐界的众多上层女性之一。见 Myriam Chimènes, *Mécènes et Musiciens. Du salon au concert à Paris sous la IIIe République*, Paris, Fayard, 2003。

⑤ 关于巴伊,见书信 1892 – 9。

1893 – 41

致樊尚·丹第

［1893 年 9 月初］

我亲爱的丹第：

我衷心感谢您对《绝代才女》的钟爱，对我来说，任何出自您的评价都是宝贵的。[①] 您格局更高，所以您说的那些点在我这里都能找到。

我热烈地与您握手，望不久后见。

克劳德·德彪西
古斯塔夫·多雷路 10 号

Autogr.: US-Wc, The Moldenhauer Archives, Box 14.

---

① 玛德琳娜·毛斯（Madeleine Maus）在丹第一封书信的注释中回忆了丹第对于《绝代才女》的评价（没有说明回忆的具体出处）："作品非常美妙、精致，我不禁又欣赏了一遍。"见 Madeleine Maus, *Trente années de lutte pour l'art 1884—1914*, Bruxelles, Librairie de l'Oiseau bleu, 1926, p. 185, n. 1。

1893－42

致埃赫奈斯·肖松

［1893年9月3日］

星期日

亲爱的朋友：

无论我多么努力，都没办法从悲伤中振作起来。有时候，我的人生是乌黑的、灰暗的、寂静的，就像埃德加·爱伦·坡笔下的主人公一样，[①]而我的灵魂则是浪漫的，就像肖邦的叙事曲一样！孤寂之余，我有太多的回忆都不舍得扔掉，但是，生活总是要继续的！我好像总是阴差阳错上不了幸运的班车，当然，我只满足于上等席位。（抱歉和您聊这种廉价哲学！）

这不，我的31岁生日刚刚到来，而我依然无法确定自己的审美观，且还有很多事不知道该怎么做！（比如如何写出杰作，又比如不够专注。我对自己的生活抱有太多的幻想，直到失控的时候我才会认清现实。）或许我更应该被同情而不是被责备吧。总之，很抱歉给您写这些。

① 1889年2月，德彪西在一次问卷中表示自己最喜欢的散文作家是埃德加·爱伦·坡和古斯塔夫·福楼拜，见1889年2月16日的问卷。据安德烈·苏亚雷斯（André Suarès, 1868—1948）记载，德彪西当时正在“创作一首交响乐作品……灵感来自爱伦·坡写的故事，特别是《厄舍古厦的倒塌》（*La Chute de la maison Usher*）”。德彪西在此处使用的词句的确出自爱伦·坡作品的开头部分：“秋日里的一整天都是乌黑的、灰暗的、寂静的，天上的云层压得很低。”（原文由波德莱尔从英语翻译成法语。）

昂利·德·雷尼耶来找我了,[1] 说了很多您的好话,他这样做有点班门弄斧了!我以最友好的态度为他演奏了《牧神午后前奏曲》,[2] 他感觉室内热得跟火炉一样,但(音乐使他)依然会打寒战!(您怎么理解都可以。)另外,当他开始谈论诗歌的时候,就变得非常有趣了,他会表现出极致的细腻与敏感。

当他聊到法语中一些被用烂的词语时,我马上会想到音乐中那些逐渐平庸的和声色彩,我已经不是头一次做这样的思考了,我只想再加一句:它们都失去了最初的象征意义。

说真的,音乐应该是一门封闭的学问,被冗长而难以理解的经文所保护。这样就可以让一大群人望而生畏,阻止他们将音乐当手帕一样随意摆布。我建议,与其将艺术推广给大众,倒不如成立一个"音乐

---

① 昂利·德·雷尼耶在自己的日记中回忆了这次会面,但没有提具体日期,应该是在8月23日星期三之后:"昨天我去音乐家德彪西那里了,他的屋子在古斯塔夫·多雷路的一座楼顶,阳光非常充足,里面的家具包括一张书桌、一个书柜、一台钢琴。他就用那台琴为我演奏了《牧神午后》,散发出一种独特的气质。这个小伙子有点像意大利人,很聪明,有一头带卷的黑发。难道是他在美第奇别墅的经历让他留下了南方人的印记吗?他略带鼻音的嗓音很有魅力,听上去自由奔放。他身上有着卡拉布里亚牧羊人和管弦乐手的气质。"见 Henri de Régnier, *Les Cahiers inédits 1887-1936*, édition établie par David J. Niederauer et François Broche, Paris, Pygmalion, 2002, p. 349。

② 1876年,斯蒂凡·马拉美的《牧神午后》出版,其中包括爱德华·马奈(Edouard Manet, 1832—1883)创作的一幅插图。德彪西根据这部作品写下了《牧神午后前奏曲》。德彪西对马拉美的兴趣由来已久,1884年便为他的一首诗歌《出现》(*Apparition*)配曲,但该曲在德彪西生前并未出版。1887年2月,德彪西还把《独立刊》出版的第二版《牧神午后》送给保罗·杜卡。不久之后,马拉美发现了德彪西创作的《波德莱尔诗五首》,这让他主动联系德彪西,希望后者能为《牧神午后》1891年3月在保罗·福赫艺术剧院的演出创作"一点点音乐前奏",但这一演出计划未能实现。起初,作品的标题是《为牧神午后而作的前奏、间奏以及改编曲》,最终被定为《牧神午后前奏曲》。从1890年至1895年,德彪西会定期参加马拉美在罗马路的家中举行的"星期二集会"。《牧神午后前奏曲》于1894年12月首演,然而多年后,当德彪西谈及马拉美造访自己家的时候,依然十分激动(见1910年3月25日的书信,见下卷的翻译)。1913年,德彪西在创作自己最后三首歌曲时,选择了马拉美的诗词,它们也是德彪西继《出现》和《牧神午后前奏曲》之后,仅有的从马拉美身上获得灵感的作品。

神秘主义协会”,您看着吧,埃勒曼先生肯定不会加入,[①] 伯尼耶赫先生也不会。[②]

就在我给您写信的时候,我楼上的小姑娘正在钢琴上摧残一首D调作品,太可怕了！这很可悲,但又很真实,所以说我上面的见解太有道理了。

我的朋友,您怎么样？您现在工作很多吗？您那边安静吗？您家里的小可爱们还会大闹天宫吗？您决定要让热尼耶芙杀青了吗？[③] 您最新一次给我展示的音乐让我非常期待后续更精彩的内容！我对您非常有信心。我自己是开启了“野兽模式”,但不知道是不是我太厌世了,写出的东西都不能让自己满意,这也有点儿怨您。我不喜欢在真空中创作,因为写出来的东西总是太原始,而我对此却无能为力。

---

① 埃勒曼(Hellmann)夫妇会在自己的公馆举办瓦格纳音乐会,其中,丹第担任指挥,埃勒曼夫人则是歌手,德彪西在1888年和1889年前往拜罗伊特时和他们相遇过。

② 罗拜赫·德·维也赫·德·伯尼耶赫(Robert de Wierre de Bonnières, 1850—1905),法国记者《费加罗报》专栏记者,笔名“Janus”)、小说家。他是何塞－玛利亚·德·埃莱迪亚(José-Maria de Heredia, 1842—1905)和昂利·德·雷尼耶的朋友。伯尼耶赫的夫人组织了一个沙龙,演出福雷、丹第和肖松的音乐作品,皮埃尔·路易斯经常光顾。卡米伊·莫克莱(Camille Mauclair, 1872—1945)曾颇有趣味地形容这对夫妇:“罗拜赫·德·伯尼耶赫像个流氓,他总是眯着眼睛打量每一个人,除了讨厌的话什么都不说,还发表了一堆没人能看懂的小说。德·伯尼耶赫夫人脸色苍白、蛇形身材,她非常瘦,一颗象牙色小头上满是金发。她总是窃窃私语一些苦乐参半的内容。有一天,我听她用优越感十足的口气说道:‘我在翻译尼采呢,亲爱的。这位哲学家的天才会改变一切！’在一阵赞美声过后,有人冒险问道:‘真的吗？那他的理论是什么？’反正我是不知道如何回答这个问题,最多只能说:‘尼采不相信奇迹！’这对奇葩后来就消失了,没能善终。”见 Camille Mauclair, *Servitude et grandeur littéraires*, Paris, Ollendorff, 1922, p. 93。

③ 热尼耶芙是肖松《阿图斯王》中的女主角,见书信1893－14。

啊！您可怜的克劳德–阿西伊正在热切期盼您的回归,并热烈拥抱您。

克劳德·德彪西

最新消息:

我刚刚写完最后一首《抒情散文》,[①]我把它献给了勒霍勒,一方面是让我自己高兴一下,另一方面也是维护一下这个朋友圈。

我收到一封来自丹第的信,[②]非常友好,对《绝代才女》的盛赞令人受宠若惊。

以下是伯尼耶赫先生的尖锐评价(昂利·德·雷尼耶转述):"可怜的梵尚(丹第),当他穿正装的时候,看上去像一位乡村锁匠。"

C. A. 德彪西完成了《佩雷亚斯与梅利桑德》的一场"园中喷泉"(第四幕第四场),他希望听取E. 肖松的意见,他在妄想为这件有意义的事开通一条巴黎到鲁瓦扬的快乐专列。

我收到了G. 斯特里的来信,[③]他说他昨天刚从乡下回来。他向我保证会在德鲁索女士那里极力推荐我的。[④]德鲁索女士也在乡下。(有没有可能是同一个地方?)

《绝代才女》的预订名单里从来都没有胡奎霍勒女士的名字,[⑤]您能把她的地址给我吗?《绝代才女》感谢您给自己找的麻烦。

Autogr.: non localisé*. *Prov.*: E. Debussy; Hôtel Drouot, 1er décembre 1933, no 190; anc. coll. T. d'Harcourt. *Publ.*: Debussy-Chausson 1925, p. 117-119 (incomplète; datée 6 septembre 1893); Debussy 1980, p. 51-52 (incomplète); Debussy 1993, p. 85-87 (incomplète).

---

① 指1893年7月创作的第四首《抒情散文》,《黄昏》(*De soir*)。

② 见前一封书信。

③ 乔治·斯特里(Georges Street, 1854—1908),作曲家,创作过一些歌曲和钢琴作品,写过一本和声教程,还与安德烈·梅沙杰合作过一部芭蕾舞剧。另外,他是《晨报》(*Matin*)和《电光石火》(*L'Éclair*)的专栏记者。

④ 查无此人。

⑤ 关于胡奎霍勒女士,见书信1893–40。

1893－43

埃赫奈斯·肖松致德彪西

［1893年9月4日］[①]
鲁瓦扬，星期一晚上

亲爱的朋友，

您的长信来得很是时候，尤其是它证明您已经康复了，这让我很高兴。您已经写完《佩雷亚斯与梅利桑德》的一场了啊？还有第四首《抒情散文》？这也太厉害了吧！我非常愿意聆听这些作品，我已经预感到自己会喜欢它们了。

至于我的《阿图斯王》就没那么顺利了，它还是给我制造了很多麻烦，真是一波未平一波又起。当我自认为完成一场后，我会休息几个月，等回来时却发现歌词中有很多事情都处理得有问题，因此，我要对其进行修改，而这也就意味着要连音乐一起改。

我总是需要返工，似乎永无出头之日啊！但我必须尽快完工，因为我已经在不忠和悔恨的故事里停留太久了。我现在非常想去表述别的感情，不那么戏剧性的感情。

天啊，"明确自己的美学观念"可是件大事。您不满自己没能做到，可您才31岁啊。我已经不止31岁了，但我也依然被犹豫、摸索和担忧所困扰，这又能怎么办呢？在我看来，您很明确自己想要达到什么目的。当然，我的看法未必和您自己感受到的一样，而这个问题也只有您自己能判断。有时，我们会采纳别人的建议，但不太确定为什么要采纳（或许是它们在某一天吸引了我们，或者它们是我们喜欢或仰慕的人提出来的），况且，它们未必就适合我们的个性。总之，要想摆脱这一切追寻自我是很难的。

我认为写得"原始"一些反而是最理想的！说真的，我觉得您的

---

① 日期根据前一封书信推算所得。

音乐只是表面上显得“原始”,而从精神层面来看,您的音乐非常现代化,而且极为敏感和精致。您想要建立“音乐神秘主义协会”,这其实也不是什么返祖现象。但仔细想想,这些年我们抛弃了多少本土风格中那种古老的浪漫情怀!关于这个话题,我想讲的有很多,甚至太多了,所以我就不在这里写了。我们可以把它留到下次在乡间散步的时候,或者是从巴黎到布鲁塞尔的旅途中。①

很遗憾,胡奎霍勒女士在名单中被忽略了,② 其实她是最早预订《绝代才女》的人之一。不过这是可以弥补的,您可以花 7 法郎寄一份乐谱到枫丹白露的枯树路 27 号。如果您有灵感的话,就顺便题几个词,这对我们冬天的计划有好处。我还听说埃特勒塔的一位埃利奥小姐也想要一份您的谱子,③ 但我还没有确切的信息。

关于您提到的斯特里的事,我感到很高兴,如果能成功,那就太好了。

我发现这封信用今天的话来讲,有些“日理万机”的意思,我都没地方写下去了(我稍微加紧一些)。我想说的是我也十分想念您。巴

---

① 对于许多作家、造型艺术家以及音乐家来说,巴黎到布鲁塞尔之间的旅程是家常便饭,因此,可以看出两个首都之间的艺术交流十分紧密。比利时作家乔治·罗登巴赫(Georges Rodenbach, 1855—1898)、莫里斯·梅特林克、埃米勒·维尔哈伦(Émile Verhaeren, 1855—1916)、画家阿尔弗雷德·斯蒂文斯(Alfred Stevens, 1823—1906)、特奥·范·里塞勒贝尔格(Théo Van Rysselberghe, 1862—1926)以及音乐家塞萨尔·弗朗克、纪晓姆·勒科都在巴黎发展。比利时的象征主义艺术家和新艺术运动的使徒让布鲁塞尔成为欧洲前卫艺术的摇篮,包括二十人社团和艺术评论家奥克塔夫·毛斯(Octave Maus, 1856—1919)发起的自由美学协会。当时的巴黎歌剧院封杀了瓦格纳,因此,布鲁塞尔皇家铸币局剧院是首座用法语演出瓦格纳大部分作品的剧院。到 19 世纪末,该剧院还首演了众多法国歌剧,包括儒勒·马斯奈的《希罗底》(*Hérodiade*)、肖松的《阿图斯王》、当埃赫奈斯·雷耶尔的《齐古德》《萨朗波》、埃玛努埃尔·夏布里埃的《格温多琳》(*Gwendoline*)、梵尚·丹第的《费瓦尔》(*Fervââl*)和《异邦人》(*L'Étranger*)。

② 关于胡奎霍勒女士,见书信 1893 – 40。

③ 查无此人。

伊不是对各种神奇的科学很在行吗？[①]他为什么不给您一个符咒用来瞬间移动呢？（请顺便代我向他问好，告诉他我很快会把《协奏曲》的前两个乐章发给他。[②]）我相信我会经常欢迎您的到来，我会听到《佩雷亚斯与梅利桑德》！[③]我的想象力还没有强大到代替您本人造访。在此之前，我先紧紧地和您握手。

您的，

埃赫奈斯·肖松

Autogr.: F-P, coll. part. *Publ.*: Debussy-Chausson 1925, p. 119-120 (non datée). *Exp.*: Paris 1942, p. 42, n° 140.

---

① 巴伊于 1893 年创办了《高等科学刊》（*La Haute Science*），其主要内容有关“神秘主义传统以及宗教象征主义文献”，但不久便停办。

② 关于《协奏曲》，见书信 1893 – 14。

③ 此处原文中有笔误，肖松将梅利桑德“Mélisande”写成了“Mélisandre”。

1893－44

埃赫奈斯·肖松致德彪西

[1893 年 9 月 25 日]
鲁瓦扬,星期一

亲爱的朋友,

胡奎霍勒女士收到《绝代才女》的乐谱了。[1]您的题词让她非常感动,由于不知道您的地址,她特意写信给我并请我转达谢意。我倒是希望到了冬天,她可以用另一种方式表达她的谢意。总之,前期的铺垫已经做好了。我对这些为世界各地女性举办的音乐会抱有很大期望。如果能在她们那里获得成功,那您将会是巴黎最有权力的人,因为世界是由女人统治的。

在期待美好未来的同时,您现在怎么样?我已经好长时间没有您的消息了。我想您肯定是在拼命工作,但您在写什么呢?据我所知,您最近的一些计划应该都已经完成了。跟我详细说说,您总能给我带来高兴的事。

我这边还在忍受《阿图斯王》的煎熬,[2]但跟音乐没什么关系,因为我也没怎么写。主要是我不知道如何建立起一个满意的第三幕。这个问题不好解决,我想让兰斯洛对抗国王,但不要表现出来,我想让他放弃热尼耶芙,但不要完全放手。我想到昨天为止,我做到了。一夜过后我还没有推翻这个计划,说明应该可以确定了。现在,只需要再写两三场了,但这也不容易。比如说,我今年夏天为第三幕创作的音乐都不能用了。算了,重要的是这一场中不能出现两个人物在台上讲道理的画面,否则会让人难以接受,而这种形式出现在音乐里还会变得更糟。

---

① 关于胡奎霍勒女士,见书信 1893－40。

② 肖松从 1885 年就开始创作这部作品了,见书信 1893－14。

最近有没有出什么有趣的新书啊？自从开始旅行后，我第一次发现自己忽略了书籍储备，只能寄希望于鲁瓦扬的书商们。我完全失算了！除了博阿戈比、布维耶、欧奈、蒙特潘等一众货色，[①]我什么都买不到。这太肤浅了。博纳赫答应会给我寄一本萨曼的《沃特曼》，[②]但他忘了。如果您碰到他，请代我提醒一下。

再见，亲爱的朋友，我希望您是因为教授太多的课才无法给我写信的。所以，请重新把笔拿起来，用您那出色的文笔给我讲讲您的近况。您还要告诉我，您对《协奏曲》的标题有什么想法。

您的，

埃赫奈斯·肖松

乔治别墅，蓬泰亚克大道

几天前，贾斯通·赫东突然到访。[③]他到鲁瓦扬筹备建一个新赌场。我们一起度过了一天，一直聊到您。

信封上有邮戳(寄出：26 SEPT 93；到达：27 SEPT 93)和地址：
Monsieur Claude Debussy
10 rue Gustave Doré.
Paris.
Autogr.: US-AUS, Carlton Lake Collection. *Publ.*: Chausson 1962, p. 54-55.

---

① 这些都是当时最受欢迎的连载小说家：福赫图内·卡斯蒂(Fortuné Castille, 1821—1891)，笔名杜·博阿戈比(du Boisgobey)，以剑客题材著称；阿莱克西斯·布维耶(Alexis Bouvier, 1836—1892)善于描写社会现象；乔治·欧奈(见书信 1886–4)；哈维尔·德·蒙特潘(Xavier de Montépin, 1823—1902)，其最著名的作品为《面包小贩》(*La Porteuse de pain*, Paris, Roy, 1887)。

② 阿勒拜赫·萨曼(Albert Samain, 1858—1900)，法国诗人，博纳赫的朋友。他于 1893 年 10 月在《法兰西信使》出版了《在公主的花园》(*Au jardin de l'Infante*)。

③ 贾斯通·赫东，建筑师，还是一位优秀的音乐家和长笛演奏家。他于 1883 年获得罗马奖，在美第奇别墅结识了德彪西。

1893－45

致埃赫奈斯·肖松

星期一,1893 年 10 月 2 日

亲爱的朋友,

除了工作忙,我没有别的理由解释为什么这么长时间没有给您写信!凭您对我的了解,您自己也已经想到是这个原因了!当然,还有就是有些事我想当面跟您说,就懒得写了!见不到您的时间越长,我就变得越郁闷,这些都是老话了!您知道,在我生命中最灰暗的时光里,没有您的日子是排在第一位的。

关于《佩雷亚斯与梅利桑德》,我高兴得太早了。在一夜未眠之后,我最终只能承认之前写的根本行不通!它听上去就像某某先生(谁都行)和老克林索尔幽灵(其实就是瓦格纳本人)的二重唱,时隐时现。因此,我全部推倒重来了,我开始利用小的“化学组合”寻找更具个性的乐句,而且强迫自己既扮演佩雷亚斯又扮演梅利桑德,我尝试透过她的层层面纱寻求合适的音乐,我甚至为她最狂热的追求者们也这样做了!我找到了一些东西,您可能会喜欢吧?其余的,我就不在乎了。另外,我本能地运用了一种罕见的方式——把休止符当作一种表现手法(您别笑我)!如果我们想把一个句子中的感情价值体现出来,那这或许是唯一的手法了。在我看来,瓦格纳在使用休止符的时候就赋予了其戏剧性,这就有点模仿布沙尔迪、丹内里等人剧作中的方式。[①]

唉!天气能不这么阴沉吗?人们能不能不只对新款自行车感兴

---

① 约瑟夫·布沙尔迪(Joseph Bouchardy, 1870—1910)和菲利普·丹内里(Adolphe Dennery, 1811—1899)都是法国情节剧作家。

趣！[①]其实，我也不知道自己为什么说这些，我并不想支配当代人的思想，但我还是觉得我们应该成立一个新音乐家学派，它能把音乐最令人喜欢的特征保护得完好无损；它能使我们重新尊重艺术，后者如今被太多人玷污了；它还能使一大批发烧友降降温，让他们能够区分出弗朗克和马斯奈，也让作曲家们不再只是很容易被戳穿的江湖骗子！当然，造成现在这种情况的一部分原因是，人们受到了我们的座右铭"自由！平等！博爱！"的影响。这些都是好词，反正对出租车司机是这样的！

感谢埃蒂安·杜潘，让我有机会去看了《蒙梭罗夫人》，[②]我觉得您和肖松夫人一定会非常喜欢的，里面的击剑场面快得像三十二分音符，剧情跌宕起伏，亨利三世的爪牙像屠夫一样"潇洒"，男高音"布奇"向第四层包厢抛媚眼，还有奇科演得非常好。[③]我们和上次看《驼背人》用的是同一间包厢，[④]一切都很美妙，但美中不足的是，包厢里面坐着几个可笑的人。

---

① 1888年，儒勒·敦洛普（Jules Dunlop）发明了自行车内胎结构，并且于1891年被安德烈以及爱德华·米其林兄弟（André et Edouard Michelin）完善。因此，继早期的脚踏车之后，自行车（该词在法语中于1880年出现）曾一度引领时尚。1893年12月3日，埃德蒙·德·龚古赫在自己的日记中写道："在普隆出版社内，人们都在讨论，最近自行车扼杀了书籍的销售，首先是因为曲柄高昂的价格（让大家没钱再去买书），然后是人们练习自行车要花费大量时间，使得他们没有多余的时间读书了。"见 Edmond et Jules de Goncourt, *Journal*, t. III (Paris: Robert Laffont, 1989), p. 890。两年后，保罗·阿麦勒（Paul Hamelle）在《白色杂志》（1895年8月1日，p. 97-101）上惊叹道："它（自行车）的王国每天都在扩张。它老少皆宜。"值得一提的是，1899年6月10日，肖松正是死于自行车事故。

②《蒙梭罗夫人》（*la Dame de Montsoreau*），大仲马（Alexandre Dumas, 1802—1870）的著作，由奥古斯特·马盖（Auguste Maquet, 1813—1888）改编成戏剧作品，1893年9月14日于圣马丁桥剧院再次上演，大获成功。

③ 查无两人的扮演者信息。

④《驼背人》（*Le Bossu*）是阿尼塞·布儒瓦（Anicet Bourgeois, 1806—1870）和保罗·弗雷瓦（Paul Féval, 1816—1887）的戏剧作品，于之前的2月3日在圣马丁桥剧院上演。

我碰到了梅沙杰,[1]他突然很友好地请我吃饭!在饭桌上,他用了一种奇怪的方式和我聊音乐。他说:"再干几年,我就准备退休了,到乡下去,换上一件万年不变的法兰绒背心。"要这么说,那些卖了一辈子袜子的人会梦想退休后去种南瓜。所以您有没有发现,梅沙杰的想法其实没比那些人好多少,无非就是厌倦了当前的工作。另外,他跟我盛赞了普契尼的《玛侬》,[2]还谈到了斯文森的一些狂想曲。[3]

下个星期日,圣日耳维教堂要上演一部维多利亚的弥撒,[4]我准备去听听,然后向您汇报。

新书方面,我最近没看到什么佳作,不过布鲁瓦出了一本,应该是您感兴趣的类型![5]

我在考虑《协奏曲》的标题,[6]但还没想好。您和我一样,也倾向于用一个简单的标题吗?说到这里,您会马上着手刻印分谱吗?巴伊对此显得比较犹豫,[7]如果您依然愿意让我来终审的话,我也想先拿到手稿。我觉得您的《协奏曲》写得很棒,尤其是展开部分!

---

① 相对于指挥,梅沙杰更是一位作曲家,也是一位出色的钢琴家和管风琴家。他曾就读于尼德梅耶学校,很快便以自己的《教堂之莺》(*La Fauvette du Temple*, 1885)、《克里桑戴姆女士》(*Madame Chrysantème*, 1893)和《维洛妮可》(*Véronique*, 1898)在喜歌剧院获得成功,《维洛妮可》还成为当时最受欢迎的轻歌剧之一。不久后,他成为德彪西《佩雷亚斯与梅利桑德》最坚实的捍卫者,就是由他指挥了该作品于1902年5月在喜歌剧院的首演。

② 指意大利作曲家贾科莫·普契尼(Giacomo Puccini, 1858—1924)的《玛侬·莱斯考特》(*Manon Lescaut*),于1893年2月1日在都林(皇家剧院)首演。而该作品直到1910年才在巴黎上演。

③ 约翰·斯文森(Johan Swendsen, 1840—1911),爱华德·格里格(Edvard Grieg, 1843—1907)之后最有名气的挪威作曲家,并在法国获得了一定的成功,主要作品是四首《挪威狂想曲》(*Rhapsodies norvégiennes*, Op. 17、19、21、22)。

④《吟游诗人》预告了维多利亚的《安魂弥撒》(*Messe pro defunctis*),但日期是万圣节那天。

⑤ 雷昂·布鲁瓦(Léon Bloy, 1846—1917),法国作家。德彪西应该是指布鲁瓦的《血汗》(*Sueur de sang*),创作于1870年至1871年,刚刚和亨利·德·格鲁的三幅原创插图一起由巴黎邓图(E. Dentu)出版社出版。

⑥ 见书信1893 – 14。

⑦ 关于巴伊,见书信1892 – 9。

再见，亲爱的朋友！关于《阿图斯王》，请继续坚持相同的主张。我觉得您需要尽快把它写完，后面还有很多事等着您呢。

您最亲切的，

克劳德·德彪西

信封上有邮戳（寄出：2 OCT 93，到达：3 OCT 93）和地址：
Monsieur Ernest Chausson.
Villa Georges = Avenue de Pontaillac.
Royan.
(Charente Inférieure)

Autogr.: US-AUS, Carlton Lake Collection. *Prov.*: E. Debussy; Hôtel Drouot, 1er décembre 1933, nº 189; anc. coll. L.-P. Vallery-Radot. *Publ.*: Debussy-Chausson 1925, p. 120-121; Debussy 1980, p. 55-57; Debussy 1993, p. 87-89. *Exp.*: Paris 1948, p. 1, nº I/10 (datée 20 octobre 1893); Bordeaux1962, p. 30, nº 65; Paris 1962, p. 43, nº 129; Lisbonne 1962, p. 44, nº 118.

1893 – 46

致皮埃尔·路易斯

[1893 年 10 月 7 日]
星期六

亲爱的朋友:

我想那本精致的巴赫赋格肯定是您寄来的,对于音乐家之心来说,没有什么比这更能打动它的了。非常感谢!您什么时候能赏脸见一面?①

您亲切的,

克劳德·德彪西

信封上有邮戳(8 OCT 93)和地址:
Monsieur Pierre Louÿs
8 rue Rembrandt.
Paris.
Autogr.: F-Pn, Mus., N.L.a. 44 (2). *Prov.*: anc. coll. A. Godoy; Hôtel Drouot, 5 février 1999, n° 186. *Publ.*: Debussy-Louÿs 1942[b], p. 137; Debussy-Louÿs 1945, p. 2; Goujon 1988, p. 119; Goujon 2002, p. 222.

---

① 几个月前,德彪西收到一份路易斯署名的样本,后者还将把《绝代才女》的校稿寄给德彪西(见附录V以及书信 1893 – 13)。近几周,德彪西与路易斯经常见面。路易斯在 10 月 1 日还用英语给保罗·瓦莱里写信说道:"亲爱的,很抱歉。我从前天就没睡觉了,而且还得大清早就和克劳德·阿西伊·德彪西在布洛涅森林散步。很抱歉没能到您家来,但您为什么不过来呢?祝好。"见 André Gide, Pierre Louÿs, Paul Valéry, *Correspondances à trois voix*, éditée par Peter Fawcett et Pascal Mercier, Paris, Gallimard, 2004, p. 683。

1893 – 47

埃赫奈斯·肖松致德彪西

［1893年10月12日］[①]
鲁瓦扬，星期四

亲爱的朋友，

抱歉一直没有回复您，那是因为我又度过了一个“灰头土脸”的困难期，绝不是要躲着您。如果我能见到您，您必然第一个听到一大堆诉苦，您会敲打我一下，然后一切都会变得好一些。但在信中就不同了！最好是等待适当的时机，我希望现在就是了。事实上，一切不幸依然来自《阿图斯王》。我越是想早点将它写完，它就越是狡猾地往后退。我怒火中烧，揪住它的“头发”，和它扭打在一起，最后，我终于写完了第一幕。当然，说写完也是暂时的，因为我并不满意。为一个老场景配上完全不一样的音乐，我不知道您是怎样做到的。但对我来说，有些“低声部”总是不断滋生出新的问题，这让我很懊恼。无论如何，至少现在，我只需要考虑第三幕了。啊！这个可悲的第三幕！您知道吗？它又被改得面目全非了。这是最后一次吗？希望如此，每次修改都要准备很长时间，我真的有些厌倦了。我太想做点别的事了！幸运的是，第三幕是我最喜欢的部分，所以一有机会，我就想去优化它。但这都是徒劳，每次最多也就新增几页谱子！对此，我在酝酿新的“战役”，您会听到风声的。未来的某一天，您很可能收到我的一封来信，上面只写着“给我写信”。这就意味着我需要和您见见面、聊聊天了。其实我更希望的是能和您一起悠闲地散步，但目前肯定不行，

---

① 如上所述，该书信在1962年的肖松书信集中被标为1893年10月19日。然而，这个日期并不合理：肖松在1893年10月17日曾写信给昂利·勒霍勒，信中表示自己已经搬到了阿尔卡熊。而本信不仅写于鲁瓦扬，而且在书信的末尾，肖松表示自己“明天前往阿尔卡熊”。见 Chausson 1999, p. 354。

还是别想了。我们就指望以后能回到像露赞西那样的日子吧,虽然不知道什么时候才能回去。

梅沙杰的退休计划把我逗乐了,我没想到他会那么接地气。但他对艺术的见解还是非常独到的!既然您现在成了他的朋友,那就要尽量让他多替您宣传,不要不好意思。他对您很有用(我又开始说教了!),在报刊和剧院这两个圈子里,他就没有不认识的人,无论是在法国还是世界各地。他要是不把您推到应有的地位,您就绝对不能罢休。我明白,如果这个人不是自己的真朋友,那求他办事会很麻烦。即便如此,该求还是得求,这对您只会有利无弊。所以,我请您务必要去做。我这边也没有忘记您。我和杰安打了招呼,[①] 他目前还什么都不能保证,因为他不确定明年是否会回到鲁瓦扬(但很可能会)。他很愿意让您来做乐队副指挥。[②] 但为了让他说出这个提议,我还是费了点工夫的,因为人们不相信您会接受这样一个平凡的职位。其实,杰安几乎事事都亲力亲为。在一整个音乐季中,他只会让您指挥两到三部单幕喜歌剧。不过您是不在乎的,对吗?就算您什么都不做,也能白得 500 法郎月薪,如此一来,您可以更自在地去做自己的工作。我一定会盯着这件事的,绝对不让您错过任何好机会。

您能帮我个忙吗?我需要您在我的书柜里找到《纽伦堡的名歌手》的总谱。它就在第一个柜子左下方,都是分册,不全,我想我只有前两幕。您把谱子交给福加就行了,[③] 他会转交给我的,谢谢。

我父亲应该要来和我们住了,如此我们就更要搬家了。我们明天前往阿尔卡熊。我的新地址是:阿尔卡熊(纪龙德省),克拉拉别墅。我要在马厩里搭一个工作间,以躲避噪声。

---

① 雷昂·杰安(Léon Jehin, 1853—1928),比利时小提琴家、指挥家,曾任布鲁塞尔皇家铸币局剧院助理指挥。从 1888 年起担任蒙特卡洛乐队总监,并于夏天率团在鲁瓦扬赌场和艾克斯莱班演出。

② 然而,直到 1908 年 1 月 12 日,德彪西才第一次以乐队指挥的身份登台,于柯罗纳音乐会演出自己的《大海》。

③ 肖松的仆人。

博纳赫爱上了您的那一幕《佩雷亚斯与梅利桑德》。[①]我也很想听，我很确信自己一定会喜欢的。

再见啦，我亲爱的克劳德–阿西伊。我十分想念您，并且苦于不能与您见面。

您的朋友，

埃赫奈斯·肖松

您在国家音乐协会的首次亮相是动真格的啊。[②]丹第冬天不会回来。[③]现在还是有活儿需要找人去做的。[④]

找总谱的差事有些急。勒霍勒答应帮我把谱子带过来，而他出发也就在这几天了。

Autogr.: US-AUS, Carlton Lake Collection. *Publ.*: Chausson 1962, p. 55-57 (datée 19 octobre 1892).

---

① 原文中，肖松的拼写有误，将梅利桑德“Mélisande”写成了“Mélisandre”。

② 指德彪西的《弦乐四重奏》，其实这并不是德彪西在国家音乐协会的首次亮相，他的《绝代才女》已经于1893年4月8日在国家音乐协会上演。

③ 丹第离开了巴黎，在阿尔代什的富格城堡居住了八个月。

④ 1893年初，肖松给皮埃尔·德·布莱维勒写信，其中提到了丹第的缺席，并且还补充道：“有关伴奏和声乐排练的工作，您可以完全信任德彪西。我觉得让他去写传单和海报，这太大材小用了。”见 Chausson 1999, p. 352。

1893－48

与杜朗音乐出版社的合约

本人 C. A. 德彪西,作曲家,地址:巴黎古斯塔夫·多雷路 10 号,在此声明将下列作品的全部版权出售并转让于杜朗音乐出版社,地址:巴黎马德兰纳广场 4 号。本人担保一切纠纷、索赔及所有权问题,并不做任何保留,无论是在法国还是在外国。作品:

《第一弦乐四重奏》[①]

为两把小提琴、一把中提琴和一把大提琴而作

因此,由杜朗音乐出版社接手我对上述作品的所有版权,作为其独家拥有者,可以自己的方式编辑、出版、刻印和出售该作品,并且在音乐会及公共场合进行演奏。出版社拥有者及其家庭成员将在合约有效期内在所有国家持有该特权,包括本人在内的任何人不得阻碍。杜朗音乐出版社还同时有权出版该作品的任何乐器改编版,并可以根据自身利益转让作品的部分或全部版权。

此次出售和版权转让的总额为:贰佰伍拾法郎

此为收据。

1893 年 10 月 13 日于巴黎

已读并同意

克劳德·德彪西

原文为打印件,含手写添加内容,包括德彪西本人以及非本人笔迹(最后一行及签名)。
Original: F-P, Archives Durand.

---

①《弦乐四重奏》于 1894 年第二季度出版。

1893 – 49

致埃赫奈斯·肖松

［1893 年 10 月 23 日］
星期一

亲爱的朋友，

您的信都快变成“弗朗西斯·普阿克特宛”之书了，[①] 其中各种奇妙的度假胜地令人目不暇接！至于我，就只能想着库赫塞勒大道，那里充满了美好回忆。[②] 因此，看着您有那么多秀丽的去处，这让我心里很不平衡！另外，您对我们下次相聚是如此不确定！可惜，我没有梅林的魔法，能让自己某一天在一片花丛和果树中出现在您的面前，用您描述梅林的音乐风格命令道：“埃赫奈斯·肖松，是时候离开那个阿图斯王了！他给您带来太多的麻烦，处处对您隐瞒，还强迫您留下仔细书写他的故事。现在，您需要去休息了！去找克劳德！克劳德也需要您！”

① 弗朗西斯·普阿克特宛（Francis Poictevin, 1854—1904），法国作家，艾森特派的参照者之一，他的小说于 1882 年至 1894 年相继问世，被皮埃尔·拉鲁斯评为“致力于寻找古怪的形式”（出自《拉鲁斯辞典》）。德彪西以此来暗指肖松不停地寻找新的住所（从鲁瓦扬到阿尔卡熊）。

② 肖松在库赫塞勒大道的住所中充斥着昂利·勒霍勒的装饰，还有埃德加·德加、爱德华·马奈、尤金·卡里埃（Eugène Carrière, 1849—1906）、皮埃尔·皮维·德·夏凡纳（Pierre Puvis de Chavannes, 1824—1898）的画作。详情见 Gallois, p. 573-577。

我想您应该无法拒绝如此威严的音乐风格!

我觉得您需要从一件事情中解脱出来,那就是对“低声部”的过于敏感。我的意思是,我们都深受瓦格纳的影响,都把大框架作为第一要务,而大框架中的复杂性会使我们的乐思变得匮乏!当然,我指的不是那些“廉价的”低声部乐思!我认为,我们应该换一种方式,在确定乐思的线条之后不要过分装饰,否则它们会变得不伦不类!看看马拉美最后几首十四行诗,[①]里面隐藏的符号很少,却在艺术造诣上达到了最高境界!看看巴赫的音乐,一切都服务于升华乐思,低声部从来不会盖过主要内容!当然,这最后一点您也做得很好,我只是拿它举例。

到目前为止,我还没有收到国家音乐协会的消息,[②]您之前的话让我感到很可怕,我觉得自己上了亚瑟·戈登·皮姆的贼船,[③]这可如何

---

① 德彪西应该是指马拉美的《诗歌与散文》(*Vers et prose*),由佩林(Perrin et Cie)出版社出版。第一版于1892年11月15日问世,第二版于1893年7月15日问世。德彪西具体说的可能是“所有的骄傲都会在夜晚蒸腾”(“Tout Orgueil fume-t-il du soir”)到“从瓶腔中悄悄冒出”(“Surgi de la croupe et du bond”)以及“一道花边被褪去”(“Une dentelle s'abolit”)。埃德蒙·德·龚古赫在2月3日的日记中写道:“阿勒冯斯·杜岱(Alphonse Daudet, 1840—1897)曾小心翼翼地问马拉美,他现在的风格是否比早期作品更加深奥、更加难以理解。马拉美用一种温和且略带讽刺的口吻说了很多暧昧的话,其中就包括‘我们太少用白色来写作了’。在极度晦涩难懂的表述中,他承认自己现在把一首诗当作一个谜语,而读者需要自己去寻找谜底。”见 Edmond et Jules de Goncourt, *Journal*, Paris, Robert Laffont, 1989, Bouquins, t. III, p. 800。

② 自1888年加入国家音乐协会后,德彪西于1893年4月23日被选为委员会委员,但相比福雷、丹第和肖松等,德彪西只获得了最低入选票数。他的作品也仅有《被遗忘的短曲》和《绝代才女》这两首在国家音乐协会上演。

③ 埃德加·爱伦·坡笔下的人物,亚瑟·戈登·皮姆的历险从一艘双桅横帆船开始,在经历了一系列灾难后,最后落到了一叶独木舟上。

是好？应形势所需，我觉得接下来会演很多俄国音乐。[①] 很可惜，我们不能趁阿瓦兰上将在巴黎，邀请他去听一场音乐会，在那里，游吟诗人蒂耶索肯定会对他的到来大书特书！[②] 算了，不开玩笑了！接下来的日子肯定不好过！

我很喜欢鲁瓦扬–杰安这个计划！[③] 如果您能在就更好了！听天由命吧！

现在，虽然我很不情愿，但还是要祝您在阿尔卡熊的松林里住得愉快。我在那边的一座玛格丽特别墅住过一段时间，[④] 这应该会让您经常想到老朋友克劳德了吧？

克劳德·德彪西

我会把《协奏曲》的封面设计寄给您，[⑤] 现在，我需要您对于扉页设计的指示。

---

① 此时，法国与沙皇俄国在外交和军事上交好。俄地中海舰队司令特奥多·阿瓦兰（Teodor Avellan, 1839—1916）上将携海军军官于10月13日抵达土伦，并且于10月17日至24日到访巴黎。10月8日的《吟游诗人》发布了以下通知："巴黎歌剧院的演出全部被叫停，并让位于组织大型欢迎会，以表达我们对俄国海军朋友们的敬意。"此次欢迎会的曲目单中包括：儒勒·马斯奈、安布鲁瓦斯·托马、卡米伊·圣–桑、埃赫奈斯·雷耶尔、沙赫勒·古诺、埃米勒·帕拉迪勒（Émile Paladilhe, 1844—1926）、米哈伊尔·格林卡、彼得·伊里奇·柴可夫斯基以及安东·鲁宾斯坦。10月15日，柯罗纳音乐会公布了自己的两场俄国音乐专题音乐会。巴黎的欢迎活动一直持续到10月末，其中还包括一次阅兵式和一次塞纳河水上庆典。1896年，随着沙皇尼古拉二世高调访问巴黎，俄法联盟得到了进一步巩固。

② 朱利安·蒂耶索（Julien Tiersot, 1857—1936），巴黎音乐学院图书管理员，同时也是一位民俗音乐家。

③ 关于杰安在肖松的撮合下邀请德彪西担任乐队职务的事宜，见书信1893–47。

④ 那是1880年夏天，德彪西与冯·梅克夫人一同前往阿尔卡熊。

⑤ 见书信1893–14。

我把"您的《弦乐四重奏》"卖给了马德兰纳广场的野蛮人,[①] 卖了250法郎!!他们愤世嫉俗地承认这点钱配不上我对这首作品的心血。无论如何,我很高兴看到您的名字和它联系在一起,对我来说,它代表了我们友谊的开始,而这份友谊如今成为了我生活中最美好的一部分。

我本来应该在星期六给您写信,但勒霍勒来了,[②] 这让我很高兴。他应该在给您写信的时候盛赞了《佩雷亚斯与梅利桑德》!但他对我太偏爱了,所以他的话只能听一半。有那么一刻,他让我感觉似乎回到了过去那些美好的时光!

---

① 雅克·杜朗回忆了《弦乐四重奏》(见1893年10月13日的出版合约)的首演:"德彪西写了一首弦乐四重奏,这让我感到很意外。当然,保罗·杜卡已经跟我夸赞了该作品。刚写完,德彪西就请我们去试听。由于形势所迫,德彪西将作品修改成了钢琴版本。我和我父亲都对这首作品印象深刻,尤其是行板乐章,它比其他乐章更适合用钢琴来演奏,并且令欣赏者感到既明晰又深刻。当作品被刻印出来后,身在比利时的伊萨伊立即组建了一个一流的重奏组,并且在刚刚组建的巴黎国家音乐协会进行了首演。演出非常成功,不愧是顶尖高手。我和我父亲都觉得自己有责任把这首作品普及给所有能演奏它的小提琴手。我们将它送给了许多重奏组,但都是徒劳,因为大家都认为它无法演奏。幸运的是,形势开始好转了。如今,我们对新鲜事物的好奇心过剩。可见,人要想保持绝对理智有多难!最有趣的是,当初我们联系过的那些演奏家们(本已淡出舞台)现在又来向我们索取德彪西的《弦乐四重奏》,还说他们从来没有听说过这首作品。"见 Durand 1924, p. 93-94。《弦乐四重奏》首演于1893年12月29日,德彪西最终将其献给了伊萨伊四重奏组。起初,德彪西想把它献给肖松,但肖松似乎并不喜欢这首作品。对此,德彪西在1894年2月5日的书信中有所透露。

② 1893年10月21日,勒霍勒给肖松写信说道:"星期六。我亲爱的朋友,你肯定猜不到我在哪里给你写信!我在德彪西家。我刚刚去咨询旅行费用,突然想到可以顺便去德彪西那里看看我的《抒情散文》(写得)怎么样了。我还听到了音乐,他的音乐。随着幸福感的暴增,我申请在他家就地给您写信,这样您明天就可以收到了。我的《抒情散文》太美了,声音太动听了。他刚刚还为我演奏了一幕《佩雷亚斯与梅利桑德》。那音乐能让人后脖颈发凉,但实在是太精彩了。他自己也很满意。我又来到了一位音乐家的家中,从一小时前开始,我就感到十分幸福,而且我马上又要去你那里了……"见 Chausson 1999, p. 355-356。

巴伊无法联系到胡奎霍勒女士。[①] 您能把她的新地址给我吗？

信封上有邮戳（寄出：24 OCT 93，到达：25 OCT 93）和地址：
Monsieur Ernest Chausson.
Villa Clara.
à Arcachon.
– Gironde –
Autogr.: US-AUS, Carlton Lake Collection. *Prov.*: E. Debussy; Hôtel Drouot, 1er décembre 1933, n° 190; anc. coll. J. Lerolle; Hôtel Drouot, 27 octobre 1959, n° 61 (avec fac-sim. partiel). *Publ.*: Debussy-Chausson 1925, p. 121-122 (non datée); Debussy 1980, p. 57-59; Debussy 1993, p. 90-92.

1893 – 50

致昂利·勒霍勒

［1893 年 10 月 23 日］
星期一

亲爱的勒霍勒先生：

我现在给您寄出《抒情散文》的歌词，[②] 明天给您寄出草稿，因为后者现在还不在我手上。

很高兴您能满意。

克劳德·德彪西

信封上带有邮戳（23 OCT 93）和地址：
Monsieur Henry Lerolle.
20 Avenue Duquesne
E.V.
Autogr.: F-P, coll. part.

---

① 关于巴伊，见书信 1892 – 9。关于胡奎霍勒女士，见书信 1893 – 40。

② 此处指第四首《抒情散文》，德彪西将其献给了勒霍勒。稿件的下方有德彪西的签名和日期“93 年 8 月”。

1893－51

埃赫奈斯·肖松致德彪西

[1893 年 10 月 26 日][1]
阿尔卡熊——星期四

亲爱的朋友,

的确,这个夏天我一直在换地方。但我还没停下来,这不,勒霍勒又把我带到马德里来了。[2]不过这次只是住几天,最多八到十天吧。我一心想赶紧回到《阿图斯王》的创作中,来一次真正的旅行。我已经开始进入状态了。我觉得第三幕的第一场写得还不错,但和之前有些不一样。种种现象都在催促我赶紧写,再等一年的话,阿图斯王就变成小丑了。我计划在此之前完成初稿。对于现代音乐的写作,您说得太对了。我虽然是草根出身,但也得出了相同的结论,也在朝着这个方向努力。

我真想和您聚一聚、聊一聊!我十分想念您。至少,我需要知道您一切安好。您在信中闭口不提此事,这让我担心您是否诸事不顺。光靠马德兰纳广场那些商人给的 250 法郎是远远不够的。[3]冬天快到了,需要生火、点灯、加衣服。有时候我会为您感到惋惜。这绝不是批评您,我的朋友。您有时像个乐天派,但您能写出《佩雷亚斯与梅利桑德》这样的佳作,那我还怎么说您的不是呢?创作这样的艺术品需要保证精神完全放松,因此,我犹豫了好久,到底要不要和您提这些生活琐事。之所以提,主要是因为我离开的时间会很长,而我无法亲自关照您,那些琐事对您来说很无聊,但也很必要。很多人都认识您(比您

① 该日期根据肖松前往西班牙的出发时间(1893 年 10 月 27 日,星期五)所推算。

② 昂利·勒霍勒组织了这次旅行:“我们带您去马德里住几天,一天在布尔戈斯,一天在阿维拉,三四天在马德里,还有一天在托莱多,然后您回去创作您的《阿图斯王》,我们回我们的浴室。如此一来我们都准备好了,头脑也更清醒了。”见 Chausson 1999, p. 356。

③ 250 法郎是德彪西《弦乐四重奏》的稿费,见 1893 年 10 月 13 日的合约。

所知道的还要多),但他们都不知道您需要教私课、需要一份工作,还有人甚至跟我说您不愿意教私课!如此一来,您还怎么指望这些被误导的人为您带来收入来源?我觉得您的当务之急就是打消人们对您的误解。另外,您也要大肆宣传,告诉大家您在招收私人学生、您在寻找一份声乐伴奏的工作等。只有这样,情况才会有所好转。不过这样做也会造成新的误解,那就是人们会认为您彻底投身教师行业了!管不了那么多了,走一步算一步!

我又在教育您了!但我相信您不会生我气的。您之前说得对,如果我们的关系没那么好,我是不会这样说话的。

我不知道何时能回巴黎。不过,我父亲不能来阿尔卡熊了,因此,我可能会回来陪陪他。如果回来,我肯定第一时间来找您,聆听您的《佩雷亚斯与梅利桑德》。①

再见了,亲爱的克劳德。我热情地拥抱您。

您的,

埃赫奈斯·肖松

胡奎霍勒女士住在斯克利布路 11 号,欧贝赫路附近。去巴伊那里的时候,您要到胡奎霍勒女士家楼下问问门房她是否回来了。如果是,我就给她写信商议组织“世界女性看瓦格纳”活动。

巴伊问我想从《协奏曲》中提成多少。我完全没有主意。如果我立刻要求分一大杯羹,这样做有好处吗?要不,还是少要一点算了。我这里能卖出 25 本。除此之外,如果每年能卖 5 本,那就算是意外收获了。所以,要 100 法郎或 150 法郎足够了。您觉得呢?我这边会列一个清单,上面是一些要求以及潜在买家,这个清单不会太长。等我从西班牙回来,我会和您聊标题以及其他一些次要的问题。您看,我可以从容拿捏您。

Autogr.: F-P, coll. part. *Publ.*: Chausson 1999, p. 360-362 (datée fin octobre ou première quinzaine de novembre).

---

① 11 月底,肖松返回巴黎,但拒绝聆听《佩雷亚斯与梅利桑德》,见书信 1893 – 59。

1893－52

致罗拜赫·勾代

［1893年10月27日］
星期五

亲爱的朋友:

您乐谱的问题会解决的,其实报纸上已经为您刊登了一条寄语![1]希望有机会再发一次!

布拉耶对我太好了,[2]为我的音乐说了很多好话。当然,如果这首作品能获得您的认可,那就更好了。我始终记得您对我的鼓励,这弥足珍贵!对了,如果您有时间,千万为我留着!

您友好的,

克劳德·德彪西

信封上有邮戳(27 OCT 93)和地址:
Monsieur Robert Godet.
au Journal « le Temps »
Boulevard des Italiens 5.
E.V.
Autogr.: F-Pn, Mus., N.L.a. 29 12. *Prov.*: C. Godet. *Publ.*: Debussy 1942, p. 99.

---

① 此处指《绝代才女》的乐谱。巴伊曾写信(无日期、带有独立艺术书店的印章)给勾代:“先生,您订购了《绝代才女》的乐谱,但送货人没能够见到您。请择日到独立艺术书店取件。敬礼,E. 巴伊。”书信文献编号:F-Pn, Mus., N.L.a. 29 (13)。勾代的这份乐谱并未被找到。

② 关于布拉耶,见书信1889－19。

1893 – 53

致雷蒙·博纳赫

［1893 年 10 月 27 日］

太不像话了！你来巴黎，到维昂吃饭，[①]就是不来看我！我觉得你就是个精神分裂症患者！有些人践踏了友情的基本原则，他们不配拥有特殊的友谊。我们都是敏感的人，请你下周来和你的伙伴们吃饭，否则你就要被扫地出门了。你听到关门声了吗？[②]

我们依旧爱你。

克劳德·德彪西

Autogr.: non localisé. *Prov.*: Cat. B. Loliée 1 (1956), n° 13. *Publ.*: Dietschy, p. 104.

---

① 抖努路 22 号的一家小酒馆。

② 指《佩雷亚斯与梅利桑德》第四幕第四场中的一个情景。

1893 – 54

致皮埃尔·路易斯

[1893年10月(?)][1]

我亲爱的朋友,

那位绿眼睛的姑娘可能在星期六五点二十分到![2] 不过我们总是要做两手准备。您还是准时到巴伊那里吧。我对您的精彩节目很感兴趣,如果错过了,我会很懊恼的。

您的朋友,

克劳德·德彪西

信封上有未使用邮票和地址:
Monsieur Pierre Louÿs
8 rue Rembrant[3]
Paris.

Autogr.: F-Pn, Mus., N.L.a. 44 (3). *Prov.*: anc. coll. A. Godoy; Hôtel Drouot, 5 février 1999, n° 186. *Publ.*: Debussy-Louÿs 1942[b], p. 137; Debussy-Louÿs 1945, p. 28.

---

① 路易斯从10月1日起居住在朗布朗路。该日期的推断根据为:此时两人依然以"您"相称。

② 指嘉比·杜鹏,到1898年前与德彪西同居。

③ 笔误。

1893 – 55

埃赫奈斯·肖松致德彪西

[1893 年 11 月 12 日][1]
阿尔卡熊，星期日

亲爱的朋友，

别怕！这次我不是来检查您的，只是想说书和纸都到了，非常好。您的能力够去当警察局长了。[2]

我希望不久后能收到您的来信。我感觉太久没有听到您的消息了，我十分挂念。我甚至会怀疑您是不是有麻烦了？抱歉这样想，但我还是希望能知道您的情况。也许您只是最近工作比较多吧。如果真是如此，那就太好了。

我这边又开始写第三幕了，目前感觉不错，我对自己写下来的部分还算满意。我感觉思路越来越清晰了，且正在“去瓦格纳化”，音乐的旋律性变得前所未有得强。我给我夫人演奏了第一幕，她都快认不出我(的风格)了。当然，我觉得她有点夸张，因为如果真是这样，我又要重写一遍前两幕了，那就等于彻底放弃这部剧了。我已经感到没有能力再回炉加工了，是时候做别的事情了。

关于对“低声部”的担忧，您说得很对。我的想法和您差不多，第三幕的开始部分就是个证明。[3] 我认为，自己的忧虑来自国家音乐协会的主流审美。有时，那里的音乐会就像博士生考试一样，作曲家必

---

① 该书信写于 1893 年 11 月 8 日，肖松从西班牙返回之后。信中提到“对低声部的担忧”回应了德彪西 1893 年 10 月 23 日的书信内容。

② 肖松托德彪西帮忙，见书信 1893 – 47。

③ 1893 年 11 月 16 日，肖松给博纳赫写信时也提到了自己重拾《阿图斯王》的创作：“自从我回到阿尔卡熊，我就一直沉默不语，考虑阿图斯王的事情。我一直很担心这次旅行，因为走之前我已经在构思第三幕了。但出乎我意料的是，回来之后我依然没有丢掉灵感。《阿图斯王》正缓缓走向完成，我能感觉到，我也很高兴。”见 Chausson 1999, p. 363。

须展示自己的能力。这样做是有必要的,但同时又是大错特错的。事实上,最重要的是找到属于自己的特点。一件艺术品不是一部论文,技术娴熟只能作为次要品质。

尽管如此,国家音乐协会上演的现代音乐依然是巴黎最好的。但暂时离开它也不会让我感到惋惜。我现在需要安静地修养。现在,我尽心创作,不需要去顾忌国家音乐协会那些美学家的评论,无论他们是多么睿智。

再见,亲爱的朋友,请给我回信,聊聊您自己。

您的朋友,

埃赫奈斯·肖松

再次感谢您捎来的书。

Autogr.: F-P, coll. part. *Publ.*: Debussy-Chausson 1925, p. 123 (incomplète; non datée); Chausson 1999, p. 358-360 (attribuée à Paul Poujaud; datée automne 1893).

1893－56

致埃赫奈斯·肖松

［1893年11月16日］[①]
星期四晚上

亲爱的朋友：

我确实太久没有发声了，实在不可原谅，但您心善，肯定已经原谅我一半了！最近发生了很多事情，有些令人烦恼，有些则令人舒心，前者已经没什么新鲜的了，我们就说说后者吧。

由于认识了皮埃尔·路易斯（好像就是通过您认识的），[②]我去了

---

① 德彪西的比利时之旅成行于1893年11月6日至12日的一周内。

② 皮埃尔·路易斯曾将自己的《克里希丝或晨礼》（*Chrysis ou la cérémonie matinale*，1893年10月由独立艺术书店出版）寄给了肖松。肖松则于1893年10月26日写信予以答谢："阿尔卡熊，星期四。亲爱的先生，非常感谢您给我寄来了您的佳作。我读得很享受，其中一些内容无比精致。另外，还要感谢您的题词，我受宠若惊。祝好。埃赫奈斯·肖松于克拉拉别墅。"文献编号：US-Nypm。

一趟布鲁塞尔。[①] 这座城市除了伊萨伊外,没有什么能引起我的兴趣。我头一个就去看他,他见到我后高兴地喊了出来,并且紧紧地和我拥抱,就像对待他的兄弟一样(不过对此您应该不会感到意外)。随后,我给他讲了所有人的近况,尤其是您的,不过可惜的是,我只能按照我们通信中的内容进行转述! 剩下的就是音乐了! 近乎疯狂! 在一个令人难忘的夜晚,我接连演奏了《波德莱尔诗五首》《绝代才女》还有《佩雷亚斯与梅利桑德》。我嗓子都哑了,就像在大街上卖了一天报纸一样。《佩雷亚斯与梅利桑德》还有幸感化了几个年轻人,好像是从英国来的。至于伊萨伊,他表现得实在太夸张了! 我都不好意思和您重复他说的那些话! 他也非常喜欢"您的《四重奏》",他正在让大家学习这部作品。

---

① 此时,路易斯与德彪西的关系变得越发亲密。1893 年 10 月底,路易斯写信给保罗·瓦莱里(Paul Valéry, 1871—1945)(德彪西也在信上签名),其中提到两人计划合租一座公馆:"亲爱的朋友,这里有个提议想征求您的意见:杰出的德彪西和微小的我想在讷伊租一座两层楼(不含底层)的公馆,价格是每年 1300 法郎。它位于塞纳河小分流边上,可以看到斯德岛外围成堆的树木,拥有大花园、浴室、鸡舍,整体为古典建筑风格,非常漂亮。德彪西和我将分别占据底层和一层,二层现在是空的,您有没有兴趣? 价格是每年 350 法郎。这是个迷人的地方,很有老贵族气息,还有两棵树用来与世隔绝,非常治愈。我们在这个世外桃源会很有灵感的。德彪西的夫人勤俭节约,很会持家也很好相处。我觉得这个地方对我们所有人来说都是最理想的选择。如果您愿意加入,我们两个会非常高兴。更何况,这会使我们的好朋友安德烈·吉德避面尹邢。祝好,皮埃尔·路易斯,克劳德·德彪西。"见 André Gide, Pierre Louÿs, Paul Valéry, *Correspondances à trois voix*, éditée par Peter Fawcett et Pascal Mercier, Paris, Gallimard, 2004, p. 686-687。11 月 25 日,路易斯写信给自己的兄长,提到自己近两个月和德彪西形影不离,本想一起在讷伊租一座公馆,但最终放弃了这一计划,因为他们认为"最好的友谊也经不起柴米油盐、吃穿用度的消耗"。路易斯还说道:"我从土伦回来之后,我们一起在比利时逗留了三天。我参观了根特……我送德彪西到梅特林克家,他们讨论了《佩雷亚斯与梅利桑德》的配乐问题,甚是精彩。"见 Gordon Millan, *Pierre Louÿs ou le culte de l'amitié*, Aix-en-Provence, Pandora, 1979, p. 212。1894 年 12 月,路易斯的小说《尼罗河上的房子》(*La Maison sur le Nil*)由独立艺术书店出版,路易斯将其中一本送给了德彪西。在题词中,路易斯再次纪念了 1893 年的那段友谊:"献给德彪西,1893 年 11 月。"路易斯还将该作品的手稿送给了德彪西并写道:"布鲁塞尔的回忆,1893 年。"见 Debussy-Louÿs 1945, p. 30。

我见到梅特林克了,我和他一起在根特停留了几天。[1] 一开始,他拘束得像个待嫁的姑娘,后来就放开了。他很有魅力,在谈论戏剧时显得格外出众。关于《佩雷亚斯与梅利桑德》,他允许我任意修剪,甚至自己提出几个重要的剪切段落,效果非常好!但在音乐方面,他什么都不懂,他在听一首贝多芬交响乐时就像盲人进入博物馆一样。但无论如何,他都非常杰出,他可以用极为精简的方式表述非凡的事物。我感谢他将《佩雷亚斯与梅利桑德》托付给了我,而他则一再强调应该是他感谢我愿意为他的作品配乐!对此我可不敢当。

总之,我的旅行比尤利安的有意义多了![2]

Autogr.: F-Pn, Mus., L.a. Debussy (C.) 72. *Prov.*: anc. coll. R. Sorg. *Publ.*: Debussy-Chausson 1925, p. 123-124 (non datée); Debussy 1980, p. 60 (datée début décembre 1893); Debussy 1993, p. 92-94 (datée début décembre 1893). *Fac-sim.*: Louÿs1945 entre les p. 64-65.

---

① 1914 年 4 月,皮埃尔·路易斯对他的兄长描述了这段往事,但与德彪西的版本不同:"你从根特寄来的卡片今天刚到。谢谢你从那边给我捎信。我只去过那里一次,应该是 1892 年或 1893 年。我是陪德彪西一起去的。这是一次很重要的旅行,因为德彪西是去拜访梅特林克的,并请求他允许自己为《佩雷亚斯与梅利桑德》配乐。是我替德彪西说的话,因为他太腼腆了,而梅特林克更是有过之而无不及,所以默不作声。最终还是我替他答应的。我永远忘不了当时的场面。"见 Louÿs 2002, p. 1016。

② 指安德烈·吉德《尤利安游记》,见书信 1893 – 34。另外,本书信突然中断于此,没有落款,应该是没有被寄出。

1893 – 57

致奥克塔夫·毛斯

[1893 年 11 月 16 日(?)][①]

先生,

感谢您在《现代艺术》上的摘要。[②]

另外,我希望下次去布鲁塞尔能当面道谢,并且能更加了解您。

致敬。

克劳德·德彪西

古斯塔夫·多雷路 10 号

Autogr.: non localisé*. *Prov.*: anc. coll. A. Vander Linden; Cat. K. Rendell (1998), sans n°. *Publ.*: Vander Linden, p. 108 (datée mars 1894).

---

① 该日期根据 1893 年 11 月 12 日《现代艺术》(*L'Art moderne*)上的摘要而推测。

② "最近一次国家音乐协会音乐会(1893 年 4 月)上演的《绝代才女》让艺术家们欣喜若狂,该作品的作者阿西伊 – 克劳德·德彪西先生在布鲁塞尔逗留了两天。之后他去了根特,和莫里斯·梅特林克探讨《佩雷亚斯与梅利桑德》的配乐。他还给尤金·伊萨伊带来了新近完成的弦乐四重奏,将在'自由美学'系列音乐会上首演。"(《现代艺术》,1893 年 11 月 12 日)。

1893－58

致尤金·伊萨伊

［1893年11月28日(?)］
星期三

亲爱的朋友！

我正焦急地等待你对《弦乐四重奏》的高见！[①]现在，我背后站着杜朗出版社的全体员工，他们每天都在催我递交手稿。此时此刻，我最想说的就是圣保罗那句名言："主啊，我该怎么办？"

我从《现代艺术》上得知自己的《弦乐四重奏》将在"自由美学"系列音乐会上首演，如果我想得没错，这是你安排的吧？

回巴黎之后一直特别忙，直到今天才有时间跟你说，对于这次来也匆匆去也匆匆的会面，我感到很遗憾！虽然和您只待了几小时，但这还是令我非常高兴。你认可《佩雷亚斯与梅利桑德》对我来说意义非凡。我将很乐意将它献给你，并希望它能带给你快乐。[②]不过现在，请你先行行好，尽快把《弦乐四重奏》的手稿和分谱寄还给我！如果你需要，我可以马上再为你抄一份！

我希望你12月依然会来巴黎，期待。

你最忠实的，

克劳德·德彪西
古斯塔夫·多雷路10号

---

① 德彪西的《弦乐四重奏》即将于1893年12月29日由伊萨伊四重奏组在国家音乐协会首演。

② 以纪念乔治·阿特曼（Georges Hartmann，1843—1900）这位德彪西和安德烈·梅沙杰的出版人，《佩雷亚斯与梅利桑德》最终献给了他。

皮埃尔·路易斯让我代为转达他的谢意,感谢你的热情招待。我觉得他更想谢谢你的巴赫《恰空》。

Autogr.: non localisé*. *Publ.*: Ysaÿe, p. 338-339 (incomplète); Eugène Ysaÿe 1858—1958, Plaquette du Centenaire, éditée par le Conservatoire Royal de Musique de Liège, p. 40-41. *Fac-sim.*: Lev Ginsburg, *Ysaÿe*, edited by Herbert R. Axelrod, Neptune City, Paganiniana Publications, 1980, p. 157 (fin de la lettre sans le post-scriptum).

1893 – 59

埃赫奈斯·肖松致德彪西

［1893 年 12 月 7 日］[①]

阿尔卡熊，星期四

亲爱的朋友，

我不想尝试这种新方法的原因是：我已经尝试过不止一次，但总是没什么效果。不过，希望这次能成功。毫无疑问，巴伊比任何人都值得我们去帮助，因为他是一位不可思议的出版家，他只出版自己欣赏的优质作品。因此，他的生意当然就不会好。[②]《协奏曲》的出版对我的决断没有任何影响，反倒是巴伊，他或许才是那个让我犹豫再三的人。

所以，我们该如何资助他呢？最简单的方式就是让巴伊和伦敦路 56 号的塞内沙勒·德·拉·格朗日取得联系。[③] 我今天就给他写信。他收到我的来信后，巴伊立即就能拿到 2,000 法郎。既然您现在已经

---

① 肖松于 12 月 4 日离开巴黎。他在 1893 年 11 月 28 日写信给勒霍勒时透露："我经常见到德彪西。我拒绝聆听他的《佩雷亚斯与梅利桑德》，这让他很难过。说实话，这个试听让我有些害怕。我很确信自己肯定会喜欢他的音乐，但我担心这会干扰我完成那部可怜的《阿图斯王》，都拖了一年了。"见 Chausson 1999, p. 365。

② 昂利·德·雷尼耶于 1893 年 11 月 29 日（又或许是 12 月 6 日）给安德烈·吉德写信，信中提到了巴伊的经济危机："然而，这里要告诉您一个坏消息，巴伊的书店快要倒闭了。今年效益不好，他快撑不下去了。这和我们每一个人都息息相关，有没有什么好办法呢？路易斯、埃罗尔德和我正在寻求补救措施，其中一种就是帮巴伊拉赞助，但很难。貌似肖松可以在这方面出点力。您看您能做点什么？我认为 4,000 到 5,000 法郎就能让巴伊重回正轨，至少维持两到三年。您再好好想想。"见 André Gide, Henri de Régnier, *Correspondance (1891—1911)*, édition établie par David J. Niederauer et Heather Franklyn, Lyon, Presses universitaires de Lyon, 1997, p. 113。

③ 塞内沙勒·德·拉·格朗日（Sénéchal de la Grange）应该是肖松的资助者。

成为“业务经理”了,就请您将这个消息转达给巴伊吧。另外,替我告诉他我非常看好他,并且祝他来年时来运转。

看您的了。

根据最新消息,“世界妇女之友瓦格纳”活动将在我的岳母家举行(蒙梭路 77 号)。[①] 她很想和您聊天,尤其是希望您能试试她的钢琴。您就蜻蜓点水地过去看一下好了,她那台琴埃拉尔钢琴闲置已久,肯定需要大修。榔头上的毛毡可能得重新打磨,因为现在的声音太亮了。当然,这是我的印象,您到时候自己看吧。您知道吗,和艾斯库迪耶太太交流可以像跟我聊天的时候一样真诚,她的精神非常饱满,其他的就更不用说了。

别忘记告诉我会面的情况。

您亲切的,

埃赫奈斯·肖松

由于严寒,我又搬家了。从星期六开始,我的地址是:库雷日别墅。

我岳母让您造访当天提前通知一下,她会给您留出一到两个小时,除星期二以外其他什么时间都可以。

看看今天这封信,标准的商业信函!在此友好地与您握手。

Autogr.: US-AUS, Carlton Lake Collection. *Publ.*: Chausson 1962, p. 57-58.

---

① 指肖松和勒霍勒的岳母菲利普·艾斯库迪耶(Philippe Escudier)女士。她于 1894 年 2 月起在自己家(蒙梭路 77 号)组织了一系列的瓦格纳主题活动。雅克·杜塞图书馆保存了一张当时的请柬,编号 Ms. 1957,上面书写:“十场瓦格纳主题会。主持:克劳德–阿西伊·德彪西;时间:从 1894 年 2 月 3 日星期六开始(四点到六点);地点:蒙梭路 77 号;曲目:《帕西法尔》《特里斯坦与伊索尔德》《纽伦堡的名歌手》《齐格弗里德》节选。”除《齐格弗里德》之外,其余作品都是德彪西于 1888 年至 1889 年在拜罗伊特听过的。德彪西通过这个系列活动收获颇丰,仅展示《帕西法尔》的第一幕就获得了 1,000 法郎。

1893 – 60

埃赫奈斯·肖松致德彪西

[1893 年 12 月 18 日]
阿尔卡熊,星期一晚上
库雷日别墅

克劳德–阿西伊是个坏家伙,都不写信了。当我时不时能收到一封您的来信时,我会感到很高兴。我经常听到您的消息,但都是别人跟我说的。我知道您和枫丹太太吃晚餐了,[①]也知道您演奏了《佩雷亚斯与梅利桑德》,还知道您见到了艾斯库迪耶太太,试了她的钢琴。我想您今晚应该是要跟勒霍勒和丹第吃饭。丹第要试弹他的《费瓦尔》第三幕,[②]这不又是一个给我写信的理由吗?当然,和以前一样,我暂时还不想听这部作品。但这并不是因为我不感兴趣,所以我还是希望

① 指阿图·枫丹的妻子玛丽·艾斯库迪耶,也是肖松的亲戚。德彪西将自己的《华宴集》第一册第三首《月光》献给了她。阿图·枫丹在 1893 年 12 月 6 日给保罗·德贾尔登(Paul Desjardins)写信时,邀请勒霍勒一家 1893 年 12 月 9 日星期六"和一位年轻的音乐家克劳德·德彪西"一起到家里吃晚饭。参见 F-Cerisy, Archives du château, document cité et communiqué par Jean-Michel Nectoux。

② 丹第的三幕"音乐动态剧"(丹第自己如此称呼这部作品),于 1889 年 9 月至 1895 年 7 月间创作,剧本由作曲家本人所写。这是一部以中世纪为题材的歌剧,于 1897 年 3 月 12 日在布鲁塞尔皇家铸币局剧院首演。它代表了瓦格纳在法国的影响力,特别是《帕西法尔》。

有人能给我讲讲的。[①] 您明白我的意思了吗?

除此之外,我还想知道很多事的进展情况。比如"我的《弦乐四

---

① 昂利·勒霍勒在12月19日写信给肖松,记录了当晚的情景:"我亲爱的朋友,昨天晚上我们小聚了一下。大家来的时候都很开心。丹第先到的,他也是当晚的主角,然后是普儒、博努瓦、德彪西、德尼一家和阿图一家。我让德彪西带上自己的《佩雷亚斯与梅利桑德》,但他到了之后跟我说他没带,因为他怕晚上要听的音乐太多了。我们先共进晚餐,接着是抽雪茄和香烟环节。终于,轮到丹第出场了,他用他那极为古怪的方式为我们讲述了(《费瓦尔》)第三幕的主题,然后开始边弹边唱,就像一个小女孩背课文一样。我听得很高兴,尤其是装饰部分,非常漂亮。作品的结尾处是一片迷雾,山林与合唱融为一体,效果很好。但是,我承认自己不是很理解人声部分。我对他们表达的内容没什么兴趣,他们的演唱方式也不能打动我。歌词本身是有意义的,但由于气氛不到位,我认为这使得歌词的意义尽失。音乐写得非常不错,但它没能融入主题,没有和主题结合在一起。如果让我斗胆讲讲自己的真实想法(其实我并不敢这样做),我会说这部作品很好、很有趣、很有个性等。它和所有那些我们不喜欢的歌剧作品一样,只是换了一种形式而已。这就像我们不能说蓝色颜料就一定比棕色颜料好。我就这么一说啊。但我对丹第音乐的评价不会变,他写得很好、很有智慧、独具匠心。而我更喜欢他音乐中简洁、明了的部分……午夜前,德尼一家先行离开,去赶火车了,随后阿图一家也撤了。博努瓦想叫普儒一起走,但后者还想再待一会儿。德彪西则是在自己的琴声中游离。我对他说:'你来一曲啊!'——'可我没什么可弹的东西啊。'但我明显看出他非常想弹。这时,我对他产生了怀疑,我问他先前说自己没带《佩雷亚斯与梅利桑德》是不是在骗我,果然,我在他的公文包里找到了《佩雷亚斯与梅利桑德》的乐谱。他这才坐下来开始演奏。于是,我们都围到钢琴旁,只有博努瓦很生气,在长沙发上躺了下来。德彪西全神贯注,丹第在一旁翻谱,布满胡须的脸时不时抽动着,普儒被震撼到了,博努瓦则是愣了一下,然后翻了个身,大声地打着哈欠,给自己的手表上了弦,再次转身,发现长沙发放不下自己的腿。最后一个音刚弹完,还没等德彪西把手从琴键上拿下来,博努瓦起身就走,没有跟任何人道别,甚至都没和玛德琳说话,我们只听到大门被狠狠关上了。接下来就是大家对《佩雷亚斯与梅利桑德》的一通赞赏,我觉得他们都被这首作品震撼到了。我们还聊到博努瓦,德彪西认为博努瓦就是单纯地不想对自己说好话,普儒劝说不应该计较,博努瓦就是这样一个人,我认为那就是没有家教……"见 F-P, coll. part.; lettre transcrite dans Tiénot-d'Estrade Guerra, p. 86 et partiellement dans Chausson 1999, p. 367-368。上文中提到的卡米伊·博努瓦(Camille Benoît, 1851—1913),1880年作为作曲家出道,瓦格纳的忠实支持者,他还从事音乐评论工作。

重奏》”怎么样了？伊萨伊准备哪一天在国家音乐协会上演出？如果没有意外情况，我会把自己来巴黎的行程调整到演出的时候。①

巴伊给您看他对《协奏曲》封面的设计了吗？他把黑色换成了红色，对于这点，我觉得还是差强人意。的确，用黑色配黄色是有些生硬，但棕红色也太平淡无奇了。总之，我觉得色彩需要再重一些，黄色也是，要用一种更强烈的黄色，夏庞蒂埃独有的那种。请您和巴伊商量一下，并且选一下扉页和题词的铅字。坏了！题词！我不记得是否和巴伊说过这件事，总之不能漏掉。要一整页纸，上面只写“献给尤金·伊萨伊”。其实，我还想加上布鲁塞尔首演的日期，但我记不清是哪一天了，我会让人发过来的。②

您的婚事怎么样了？③ 请代我向您的朋友杜潘问好。④

您亲切的，

埃赫奈斯·肖松

信封上有邮戳（寄出：19 DEC 93；到达：20 DEC 93）和地址：
Monsieur
Claude-Achille Debussy
10 rue Gustave Doré
Paris
Autogr.: US-AUS, Carlton Lake Collection. *Publ.*: Chausson 1962, p. 58-59.

---

① 1893年12月3日，肖松给博纳赫写信时说道：“我计划月底回来，应该是29号左右，因为届时伊萨伊要来国家音乐协会演奏德彪西的《弦乐四重奏》。”见Chausson 1999, p. 366；另见书信1893–49。

② 这个封面设计最终没有改变，依然采用了黑字黄底，外加白色边框。该作品献给了伊萨伊，题词页写有：“*Bruxelles – 4 Mars 1892 – E. Ysaÿe – Auguste Pierret – Crickboom – Biermasz – Van Hout – Jacob.*”

③ 德彪西或许向肖松透露过自己要和嘉比·杜鹏结婚的想法。

④ 关于杜潘，见书信1888–4。

1893 – 61

致皮埃尔·路易斯

[1893年12月][1]

亲爱的朋友,

虽然我们还不算老朋友,但依旧是很好的朋友。看在我们友情的份上,请原谅我下午冲动的行为。我自己也非常后悔。

我想这应该不会让我们之间产生隔阂的。

我甚至愿意将雨果最长的作品背下来,然后光着脚到协和广场上跪下朗诵,以此来忏悔![2]

总之,我颤颤巍巍地请您原谅。

您忠实的,

克劳德

下午的时候,我会等着帕西法尔的宝剑。[3]

信封上有地址:
Monsieur Pierre Louÿs
8 rue Rembrandt
Paris

Autogr.: non localisé. *Publ.*: Debussy-Louÿs 1945, p. 29; Debussy 1980, p. 62; Debussy 1993, p. 94. *Exp.*: Paris 1942, p. 50, nº 206.

---

① 该信写于1893年底。同年10月时,两人依然以"您"相称。年轻的路易斯10月1日刚刚搬到朗布朗路。三个月后的1894年1月,他又搬到了格雷特里路。

② 雨果是路易斯最喜欢的作家。

③ 德彪西和路易斯都格外喜欢瓦格纳的歌剧《帕西法尔》。有趣的是,德彪西在此混淆了宝剑的主人,因为帕西法尔在剧中是基本不用宝剑的(应该是齐格弗里德的宝剑)。只有在第二幕中,他从菲利斯手中抢过一把宝剑来对抗进攻的克林索骑士。在第一幕中,他佩戴一把弓亮相,在射杀掉天鹅之后,他将弓折断了。第三幕中,他则是拿着圣矛治愈了安佛塔斯的伤。

1893 – 62

致保罗·杜卡

［1893 年（？）］
星期三

亲爱的朋友，

很不巧，我今天不能去看您了。您星期日离开的时候我们没能约定好星期六一起共进晚餐。

当然，这不妨碍我们依然希望您的加入，此时的我虽然只是个传话的，但我本人也和大家一样期待您的到来。我们约在星期六下午四点，韦伯那里，皇家路。[①]

您友好的，

克劳德·德彪西

---

① 这是一家位于皇家路的咖啡馆，威利（Willy, 1859—1931）、让–路易·弗兰（Jean-Louis Forain, 1852—1931）、让·莫雷亚斯、莫里斯·库赫农斯基（Maurice Curnonsky, 1872—1956）、保罗·罗拜赫、保罗–让·图雷（Paul-Jean Toulet, 1867—1920）都喜欢光顾这家店。雷昂·都德（Léon Daudet, 1867—1942）在自己的第四集《回忆录》（*Souvenirs*）里如此描述其中的氛围："如今，作家们不再像三四十年前那样喜欢聚集在咖啡馆里了。然而，在我的同代以及上一代人中，仍有一部分很愿意在皇家路的韦伯咖啡馆会面。我不记得这种习俗是怎样开始的……在这些聚会中，我们没平时那么僵化，能找到更多的奇思异想。各种意见显得更加亲切、更加直接……我可以这样说，这个咖啡馆打破了沙龙的垄断。沙龙无法抹去我们在咖啡馆获得的声望。在咖啡馆里需要保持本真，如此，大家会报以爽朗的笑声。而在沙龙里，一切都是伪装出来的，全是一些被传统所限的虚假辞令和微笑。"见 Léon Daudet, *Souvenirs et Polémiques*, Paris, Robert Laffont, 1992, p. 502-503。国家音乐协会的成员也喜欢在工作或音乐会结束后到该咖啡馆聚会。

信封上未贴邮票,地址:
M. Paul Dukas
9 rue des Petits Hôtels
Paris
Autogr.: non localisé*. *Prov.*: Drouot Rive Gauche, Gare d'Orsay, 20 juin 1977, n° 94; Cat. H. Schneider 212 (1977), n° 34; Cat. H. Schneider 230 (1979), n° 49.

1893 – 63

致玛丽·枫丹

[1893年(?)][1]
星期六
题铭:"烛台过去了。"[2]
维克多·雨果

亲爱的女士,

感谢您和枫丹先生寄来的烛台。[3]它们正合我的心意。这简直太神奇了。

请您和枫丹先生接受我的敬意。

克劳德·德彪西

Autogr.: non localisé (copie H. Borgeaud). *Prov.*: Cat. Librairie de l'Abbaye 216 (1973), n° 44. *Publ.*: Cobb 1982, p. 188-189; Cobb 1994, p. 204-205.

---

① 书信中提到的事宜有关德彪西搬入古斯塔夫·多雷路的新居,由此判断该信的年份。

② 法语中烛台一词"chandelier"末尾的发音与鼓手一词"timbalier"相同,德彪西借提及烛台一事篡改了雨果《东方诗集》(*Orientales*)中《鼓手的未婚妻》(*La Fiancée du Timbalier*)的最后一句"鼓手过去了",以示幽默。

③ 枫丹一家帮助德彪西布置了内饰。他们还布置了肖松和勒霍勒的家。

1894 – 1

致埃赫奈斯·肖松

［1894 年 1 月 1 日］
星期一下午

亲爱的朋友：

我从杰安那里出来了！① 谈得不怎么样！这就是一份无聊透顶的伴奏工作！而且我永远都没机会指挥乐队。工资是 350 法郎，但这点钱可弥补不了我们的付出：我们需要没日没夜地工作。

只有您出现在鲁瓦扬才能一扫阴霾！其实杰安都安排好了，不到万不得已是不会聘用我的。我也想先参考一下您的意见再做回复！或许是我的判断力有问题。

现在，我万念俱灰！只剩下《佩雷亚斯与梅利桑德》能给我留点希望了，不过天知道这是否也是假象！

再见，亲爱的朋友，替我祝所有人新年快乐，包括《阿图斯王》。

您忠实的，

克劳德·德彪西

信封上有邮戳（寄出：2 JANV 94）② 和地址：
Monsieur Ernest Chausson.
Villa Courrèges
Arcachon.
(Gironde)
Autogr.: non localisé*. *Prov.*: E. Debussy; Hôtel Drouot, 1er décembre 1933, no 189; anc. coll. P. Vallery-Radot; Cat. Pinault-Blaizot (décembre 2018), no 70; Cat. Pinault-Blaizot (décembre 2019), no 61 (avec fac-sim.). *Publ.*: Debussy 1926, p. 87 183 (datée 8 janvier 1894).

---

① 关于杰安和肖松的举荐，见书信 1893 – 47。
② 信封背面的副本已丢失，因此无法得知到达时间。

1894－2

埃赫奈斯·肖松致德彪西

[1894年1月5日]
阿尔卡熊,星期五
库雷日别墅

亲爱的朋友,

您和杰安的会面有问题,他们给您提供的职位不对。我给您争取的是做乐队副指挥,而不是做伴奏。而这个副指挥的位子直到星期六早上都还是空着的,除非杰安之后另做打算了(您看,我的消息很精确)。我还知道,杰安认为副指挥这个角色和您当前的艺术造诣不匹配。因此,(我认为)他故意将自己的想法表现得过于明显。[①] 但对于您的申请,他还是打心里感到受宠若惊的。

总的来说,他们给您的不是什么好工作。但您或许还是应该接受吧? 这要您自己决定,我需要回避。如果经过权衡,您觉得这份工作在物质上无法弥补它所引发的麻烦,您也可以写信给杰安报告这一"人事"错误,法学院里就是这样教的。您可以说最初谈的是做乐队指挥,结果却变成了弹钢琴,这可不是在开玩笑。当然,如果可以以任何方式接触到乐队(对此我依然抱有希望),我会更倾向让您接受这份工作。

我们今年会去鲁瓦扬吗? [②] 很难说。有这个可能,但是我真的不

---

① 1891年夏天,阿尔贝里克·马尼亚赫也担任了这一职务,并且对约瑟夫－居伊·罗帕茨(Joseph Guy-Ropartz, 1864—1955)说:"我在这里都无聊透顶了。我听了很多可悲的音乐。"见 Albéric Magnard, *Correspondance (1888—1914)*, textes réunis et annotés par Claire Vlach, Paris, Société française de musicologie, 1997, p. 52。

② 肖松的确没有去鲁瓦扬,而是在瑞士度过了接下来的夏天。

知道。克里克布姆倒是肯定会去。[①]

我又开始工作了,我正在艰难地完成一个场次,后面还有更难的。

这天也太冷了！泰斯特的池塘都结冰了。[②]

我希望您始终快乐！至少别泄气,而且您永远可以信任您的埃赫奈斯·肖松。

埃赫奈斯·肖松

信封上有邮戳(寄出: 6 JANV 94；到达: 无法识别)和地址:

Monsieur
Claude AchilleDebussy
10 rue Gustave Doré.
Paris

Autogr.: US-AUS, Carlton Lake Collection. *Publ.*: Chausson 1962, p. 59-60.

---

① 马丘·克里克布姆(Mathieu Crickboom, 1871—1947),比利时小提琴家,伊萨伊弦乐四重奏组成员。他于1892年成立了自己的四重奏组,并且多次演奏德彪西的《弦乐四重奏》。德彪西通过伊萨伊和肖松结识了克里克布姆。

② 阿尔卡熊附近的小镇。

1894－3

致昂利·勒霍勒

［1894年1月10日］

我真的要“感谢”您了！我本来有一整天的自由时间，您现在却要逼着我一下午跟圣马拉美的牧神“打交道”！还有，我的肖像呢？[①]进度到哪里了？

如果您星期五五点以前有空，我就过来看看您。

您友好的，

克劳德·德彪西

信封上有邮戳(10 JANV 94)和地址:
Monsieur Henry Lerolle.
20 Avenue Duquesne.
EV
Autogr.: F-P, coll. part.

① 德彪西确实持有勒霍勒的画作，但勒霍勒并没有给德彪西画过肖像。

1894－4

致保罗·杜卡

［1894年1月11日］
星期四

亲爱的朋友：

您最苛刻了！这就是为什么我不会给您演奏《佩雷亚斯与梅利桑德》。

我来解释一下：

到目前为止，我所有的试演都是节选，所获得的反馈令人困惑，甚至可以说是自相矛盾的。[①] 所以，我更愿意等写完一幕或者两幕之后再为您演奏，这样就可以给您一个比较完整的概念了。希望我的良苦用心能打动您，我只想让您感到更满意，因为我太在乎您的意见和鼓励了。

您最忠实的，

克劳德·德彪西

信封上有邮戳（11 JANV 94）和地址：
Monsieur Paul Dukas.
9 rue des Petits-Hotels
EV
Autogr.: non localisé*. *Prov.*: Drouot Rive Gauche, Gare d'Orsay, 20 juin 1977, n° 94; Cat. H. Schneider 246 (1980), n° 57. *Publ.*: Debussy 1980, p. 63; Debussy 1993, p. 94-95.

---

① 关于德彪西《佩雷亚斯与梅利桑德》的试演，见书信1893－60。

1894－5

与阿麦勒出版社的合约

本人在此声明将下列作品的全部版权转让于阿麦勒出版社，本转让在所有国家均有效，并不做任何限制。作品：为钢琴独奏改编的拉夫《幽默曲》(Op. 159)。[1] *为此，我收到了80法郎的酬金。*

1894年1月22日于巴黎
已读并同意
克劳德·德彪西

原文为打印件，含手写添加内容(最后一行及签名)。
Autogr.: F-Pn, Mus., N.L.a. 12 (267).

---

①《幽默曲》(*Humoresque*, Op. 159)是约阿希姆·拉夫(Joachim Raff, 1822—1882)的作品，其改编作品直到1903年才由阿麦勒出版社出版。

1894－6

致昂利·勒霍勒

［1894年1月25日］
星期四

亲爱的勒霍勒先生，

很遗憾昨天晚上没能到场，我是非常乐意见到您的！但我当时在乡下，而且还错过了所有的火车！

总之，我希望您很快就会回来继续听我的歌剧试演，您最忠实的，

克劳德·德彪西

您回归的时候请给我写信，[①] 在此送上我最美好的回忆。

信封上有邮戳（25 JANV 94）和地址：
Monsieur H. Lerolle
20 Avenue Duquesne
EV
Autogr.: F-P, coll. part.

---

① 几天后的1894年1月30日，德彪西就在昂利·勒霍勒家吃晚餐了，共同赴约的还有美国舞蹈家露伊·弗勒（Loïe Fuller, 1862—1928）、作曲家雷蒙·博纳赫以及比利时雕塑家昂利·德维耶（Henry Devillez, 1855—1941）。见 Chausson 1999, p. 374。

1894－7

致爱丝黛·西奈

[1894年1月26日][1]
星期五六点半

小姐,

我一直到六点半才有空,我担心这么晚过来会打扰您。请接受我的歉意。等您从布鲁塞尔回来之后,我们可以再约一个时间。[2]

请接受我最诚挚的问候。

克劳德·德彪西
古斯塔夫·多雷路10号

Autogr.: S-S, coll. P. Guillet de Monthoux. *Fac-sim.: Musiknevy* (1962), p. 189.

---

① 该信日期根据以下两点推断而得:首先是信中提到的爱丝黛·西奈在布鲁塞尔的音乐会日期(1894年1月29日星期一);然后是《现代艺术》(1894年1月28日刊第31页)发布的公告:“由‘烈士儿童保护协会’为其庇护所举办的马斯奈专场音乐会将于明天在和谐大厅举行,我们将听到爱丝黛·西奈小姐……”

② 见书信1894－15。

1894 – 8

致玛格丽特·保尼·德·圣–玛索

［1894年1月30日］
星期二晚上

亲爱的女士，

我从皮埃尔·德·布莱维勒德一封信中得知，德·波利尼亚克夫妇想认识我，而我星期五会在您家见到他们。① 很遗憾，这一小道消息让我无法纯粹为了您美丽的房子而来了。

提前为星期五的叨扰道歉。向您致敬。

克劳德·德彪西
古斯塔夫·多雷路10号

Autogr.: F-P, coll. part. *Publ. et Exp.: Une famille d'artistes en 1900. Les Saint-Marceaux*, catalogue réalisé par Jean-Michel Nectoux, Antoinette Le Normand-Romain, Véronique Alemany-Dessaint, Guénola Groud, Michel Delahaye, Paris, Éditions de la Réunion des Musées nationaux, 1992, Les Dossiers du Musée d'Orsay n° 49, p. 101, n° 104.

---

① 关于埃德蒙·德·波利尼亚克（Edmond de Polignac, 1834—1901），见书信1895 – 7。这位法国贵族刚于1893年迎娶了美国富豪薇娜瑞塔·辛格（Winaretta Singer），后者即将在自己的公馆举办全巴黎最为精彩的现代艺术沙龙之一，该沙龙一直持续到1939年。在一篇回忆录中，薇娜瑞塔·辛格提到了自己在玛格丽特·德·圣–玛索家与德彪西相见：“德彪西相貌不凡，小鼻子，高眼眶，一张牧神的脸，卷曲的黑发，山羊胡，看上去像一位意大利模特，他的皮肤黝黑，有时还戴着小金耳环。”见 Silvya Kahan, *Music's Modern Muse. A Life of Winaretta Singer Princesse de Polignac* (Rochester: University of Rochester Press, 2003), p. 39。

1894－9

致埃赫奈斯·肖松

[1894年1月底至2月初]
星期二

亲爱的朋友:

都是梅利桑德的错!

我们是不是都应该被原谅?

我花了好多天去追求梅利桑德的"虚无",我都没有勇气和您提这些事了,您也懂这种挣扎的感觉,但我不知道您是不是和我一样,躺平且想哭,就像我们没能见到自己所爱之人一样。

现在,轮到阿凯尔让我发愁了。这个人物已经超脱了,他看淡一切也看穿一切,而我却要用音符来描述他!!! 这不是人干的活!

我明天再详细说,今天就是来和您打个招呼,并且告诉您我一直想着您。

克劳德·德彪西

Autogr.: non localisé*. *Prov.*: anc. coll. G. Samazeuilh; Hôtel Drouot, 15 décembre 1967, n° 24; Cat. Coulet et Faure 103 (1968), n° 144 (avec fac-sim.). *Publ.*: Debussy 1926, p. 87-88 (183-184). *Fac-sim.*: Debussy 1926, p. 88 (184); Boucher, pl. XXVII; *Action française*, 23 juin 1942; Tiénot-d'Estrade Guerra, p. 86. *Exp.*: Paris 1942, p. 41, n° 138.

1894 – 10

致昂利・勒霍勒

［1894 年 1 月 31 日（？）］
星期三

亲爱的勒霍勒先生，

很抱歉延迟回复您，由于我之前有很多麻烦需要解决。

以下是节目表：[①]

-《帕西法尔》

-《特里斯坦与伊索尔德》

-《纽伦堡的名歌手》

-《齐格弗里德》或《诸神的黄昏》[②]

请替我感谢勒霍勒夫人的照顾。希望我们很快可以见面！

您忠实的朋友，

克劳德・德彪西

Autogr.: F-P, coll. part.

---

① 关于艾斯库迪耶女士举办的“世界妇女之友瓦格纳”活动，见书信 1893 – 59。

② 最终，德彪西只演奏了《齐格弗里德》的片段。

1894 – 11

致一位朋友

[1893 年 1 月底(?)]

亲爱的先生,

您可以将理查德·瓦格纳的四部曲乐谱(法语版)借我用三天吗?

谢谢,祝好。

克劳德·德彪西

古斯塔夫·多雷路 10 号

通信卡。

Autogr.: non localisé*. *Prov.*: Cat. H. Saffroy 89 (octobre 1974), n° 8452; Cat. H. Saffroy 93 (septembre 1975), n° 8813; Hôtel Drouot, 10 février 2023, n° 451.

1894－12

致昂利·勒霍勒

［1894 年 2 月 2 日］

亲爱的朋友，

明天下午四点我要在艾斯库迪耶女士家讲解瓦格纳，结果我把这事忘得一干二净。[①] 所以，我们下周再来试演《佩雷亚斯与梅利桑德》吧。另外，我希望星期一晚上能在枫丹先生家见到您。[②]

您的，

克劳德·德彪西

信封上有邮戳（2 FEVR 94）和地址：
Monsieur Henri Lerolle
20 Avenue Duquesne
E.V.
Autogr.: F-P, coll. part.

---

① 该活动原本计划从 2 月持续到 4 月，共十场，然而德彪西最终只讲了五场。原因是德彪西和特蕾斯·罗杰的婚约破裂。这位女歌唱家是肖松一家的朋友，德彪西曾多次在音乐会上为其伴奏，演唱自己的作品。

② 关于枫丹家族，见书信 1893－60。

1894－13

致埃赫奈斯·肖松

[1894年2月5日]
星期一

亲爱的朋友：

您可能要生我的气了，那个可怜的克劳德·阿西伊最近被各种杂事缠身！我自己都不认识自己了！人们会看到我出入于沙龙之间，脸上陪着微笑，我还在扎莫斯卡伯爵夫人家指挥合唱队！[①]（是的，您没看错！）我品味着“马尼亚纳雷尔”的齐唱，[②]心想：这可怜的音乐被一群社会名流所蹂躏，但这或许就是它应得的惩罚吧。德·圣－玛索夫人倒是才华出众。[③]这一切都太可笑了！一个人要是被这种温床所迷惑，那他的意志是真的很颓废！最可笑的是，福雷居然跑来问我《黄昏的和谐》是谁写的!!![④]好在我还能和勒霍勒聊聊，您肯定觉得我非常欣赏他，的确是这样。他对我的《佩雷亚斯与梅利桑德》那么有好感，我对此感激不尽。

上星期六，我开始讲瓦格纳了！效果非常好，没有人退场，就连胡奎霍勒夫人都没有交头接耳！但我要累死了！这个瓦格纳真不让人省心啊。说到这儿，您家人对我真好，以艾斯库迪耶夫人为首！我不知该如何感谢她，她做的一切都超乎想象！她重新布置了整个房间，

---

① 沙赫勒·扎莫斯卡（Charles Zamoiska）伯爵夫人致力于推动女性教育，她居住于沙塞勒路28号，离蒙梭公园不远。

② 此为古诺的歌剧《米雷伊》（*Mireille*）第一幕的开场合唱。

③ 见书信1894－14。

④《黄昏的和谐》（*Harmonie du soir*）是沙赫勒·波德莱尔《恶之花》（*Fleurs du Mal*）中的第47首。

看上去非常别致。[①] 另外,您的小姨子很会宣传。[②] 当然,没人能和您比！我感觉太久没和您见面了！我必须承认,您对《弦乐四重奏》的意见让我很难过,[③] 我感到您只喜欢里面的某些东西,而我则更希望您把它们忘掉！总之,我以后再给您写一首,只为您写,我会让自己的曲式更完善的！[④]

我希望自己能对您产生一些影响,这样我就能对您说教了,我会

---

① 昂利·勒霍勒在同一天给肖松写信时提到了德彪西展示《帕西法尔》:"星期六,德彪西展示了《帕西法尔》的第一幕。一切都很顺利,我觉得大家都很满意,尽管有些人提出听不清歌词。当然,他们说得没错。你知道他唱歌时是怎么发音的,他没有用'哒哒啦哒哒'混就已经不错了。无论如何,效果非常好,尤其是表现宗教的段落。但能看得出,可怜的德彪西已经坚持不住了,我甚至怀疑他是否能演完。一结束,我就把他带到里面的房间,让他喝点热的……我看他都快晕倒了,因为无论是弹还是唱,他都太动情了。他说要不是我在旁边帮他翻谱,他可能随时会合上乐谱走人。因此,我们决定下次要在第二幕间抽根烟,休整一下。我想如此安排,大家都会高兴的。总之,勇敢的德彪西做这件事时就像搬砖人一样辛苦。但一想到玛丽会给丰厚的报酬,他应该会开心的。"见 Chausson 1999, p. 376。肖松的朋友——古斯塔夫·萨马泽伊对德彪西的这几场瓦格纳主题演示印象深刻,他曾写道:"我几次从德国返回巴黎,听说德彪西由于囊中羞涩,答应每周在阿盖索路(萨马泽伊记错了,应该是蒙梭路)一个朋友的家里为一小部分听众举办瓦格纳歌剧展示,曲目从《唐豪瑟》到《帕西法尔》。我只要有时间都会去参加。老天是疼我的,我有幸听到了《诸神的黄昏》第二幕,以及《特里斯坦》的最后一幕和《帕西法尔》的最后一幕。不仅如此,我还看到德彪西全神贯注地诠释着,他那粗犷、克制的嗓音时而低沉地爆发,颇具效果,钢琴音色独具一格,深邃、柔美、不可复制。我的耳朵至今仍保留着那段精彩的回忆。可以肯定的是,此时的德彪西已经不再像年轻时那么迷恋瓦格纳了。但每当演到那些永恒的经典段落时,比如《特里斯坦》中迷药的诅咒,或是《帕西法尔》中的《圣星期五的奇迹》,德彪西依然会如痴如醉,而且他可以把这种情感传递给我们。"见 Gustave Samazeuilh, *Musiciens de mon temps, chroniques et souvenirs*, Paris, La Renaissance du livre, Éditions Marcel Daubin, 1947, p. 118。

② 指玛丽·枫丹。

③ 肖松参加了德彪西《弦乐四重奏》的首演。见书信 1893 – 60。

④ 奥克塔夫·毛斯在自由美学协会 1894 年 3 月 1 日的音乐会报道中(刊登于《现代艺术》1894 年 3 月 4 日第 67 页)证实德彪西正在"创作一首新的《弦乐四重奏,并且已经完成了第三乐章"。

说您在自欺欺人！您把您的乐思逼得太紧了,以至于它们都不敢出现在您面前,生怕不是您想要的效果。您不够洒脱,尤其是您不会放任自己去幻想。幻想是一种神秘的行为,正是它让我们精准定位了对于一种情感的印象,而过度的思考反而会让这种印象越来越淡。

我很确信,您绝对具备丰富的感情表述能力。因此,当您在一些不值当的地方跟自己过不去时,我会有点看不下去。需要说明,在艺术面前我们什么都不是,我们只是命运的载具！因此,我们就更应该随它去了！

也许我没有权利这样对您讲话,请您原谅。但我非常希望您能达到您应有的高度,因为您比任何人都有这个能力！对于我的话,您也不必全部当真,我绝对不是在给您提建议！！我只是想鼓励您,让您对自己有信心。

您能在布鲁塞尔住到3月1日吗？[①] 如此,您就可以来听“德彪西艺术节”了。[②]（如果那里有人不喜欢这种音乐,他们会感到很无聊的！）

我很高兴您对《协奏曲》的出版感到满意,我觉得巴伊有点贪天功为己有！

国家音乐协会满是钩心斗角,有时就像罗马奖评审时的法兰西学会。而我则在一旁藐视一切地弹着琴,您懂的。

您还想将《弦乐四重奏》改编成钢琴四手联弹吗？[③] 我担心这会打扰您去做更有趣的工作。当然,您乐意就行。

---

① 自由美学协会举办了多场肖松作品专场音乐会。

② 自由美学协会3月1日举办的音乐会包括以下曲目:《弦乐四重奏》(由伊萨伊四重奏组演奏)、两首《抒情散文》(《花》和《黄昏》,由特蕾斯·罗杰演唱,德彪西伴奏)以及《绝代才女》(由尤金·伊萨伊指挥,特蕾斯·罗杰饰演绝代才女)。这些作品分别在布鲁塞尔博物馆的三个大厅里演出,伊萨伊为“总监”。奥克塔夫·毛斯同时还在这些大厅里举办了各种艺术品的展览。

③ 该改编直到十年后才由阿勒贝赫·本费尔德(Albert Benfeld, 1846—1907)完成。见1904年6月的书信(见中卷的翻译)。

期待我们不久后可以见面,热情地拥抱您。

克劳德·德彪西[①]

问大家好。

信封上有邮戳(寄出: 6 FEVR 94,无到达邮戳)和地址:
Monsieur Ernest Chausson.
Villa Courrèges
à Arcachon.
(Gironde)
Autogr.: F-P, coll. E. Van Lauwe. *Prov.*: E. Debussy; Hôtel Drouot, 1er décembre 1933, nº 191; anc. coll. Jean Lerolle; Hôtel Drouot, 27 octobre 1969, nº 62; Cat. Librairie de l'Abbaye 316 (2003), nº 28. *Publ.*: Debussy-Chausson 1925, p. 125-126 (non datée); Debussy 1993, p. 96-98.

---

① 德彪西使用的第十三种签名形式"Claude Debussy",从 1894 年 2 月至 1895 年 4 月。见附录Ⅳ, nº 13。

1894 – 14

致玛格丽特·保尼·德·圣–玛索

[1894年2月8日(?)]
星期四

亲爱的女士,

我很高兴地回复您:全都可以!明天六点三刻见。[①]

我以我音乐的名义感谢您,向您致敬。

克劳德·德彪西

Autogr.: F-P, coll. part.

---

① 在自己1894年2月的日记中(应该是2月9日),玛格丽特·保尼·德·圣–玛索记录道:"晚上,我在家举办晚宴,还听了德彪西的音乐。他让我唱了《绝代才女》。没有人能比他更清晰地表达自己想要的效果。他唱歌的嗓音不好听,不过我们都习惯了,只要语调对就行。第二天,他给我演奏了《佩雷亚斯与梅利桑德》已经写好的部分。这真是一片新大陆。和声、写作风格,一切都是新的,一切又都是纯粹的音乐。《抒情散文》也很有意思。罗杰小姐会在国家音乐协会的音乐会上演唱(1894年2月17日)。她和年轻的大师(德彪西)订婚了。"见 François Lesure, « Debussy à travers le journal de Madame de Saint-Marceaux (1894—1911) », *Cahiers Debussy*, 3 (1976), p. 5。

1894－15

致皮埃尔·德·布莱维勒

[1894 年 2 月 16 日(？)][①]
星期五

亲爱的朋友：

我今天和西奈小姐排练了，她会演唱三首格里格的作品，[②] 说实话，其余的都没什么挪威风情！以下是标题：

1.《男孩》

2.《春天》

3.《朗希尔德》

这三首歌曲写得不怎么样，但它们算冷门作品，多少还有点挪威

---

① 该日期根据信中提到的 1894 年 3 月 1 日的音乐会推断得出。

② 爱丝黛·西奈于 1894 年 3 月 17 日在国家音乐协会演唱了这三首格里格的歌曲，选自 Op. 33 和 Op. 34。这次演出应该是由德彪西担任伴奏的。

魂！[1]（您知道这在法国是被如何评价的。）[2]

---

① 据雅克·杜朗称,德彪西非常欣赏这些典雅的音乐作品,而且很愿意演奏它们。见 Durand 1924, p. 111。

② 巴黎在五年前的1889年12月29日首次接触到了格里格的音乐,由爱德华·柯罗纳担任指挥,作曲家本人在场。本次音乐会上演出了格里格的《钢琴协奏曲》(Op. 16)、《培尔·金特》(*Peer Gynt*)组曲以及《博格里奥特》(*Bergliot*)。在发现格里格之后,巴黎于1891年掀起一次追寻亨里克·易卜生的热潮。安德烈·安托万(André Antoine, 1858—1943)在自由剧院上演了易卜生的《野鸭》(*Le Canard sauvage*,1891年4月27日)和《群鬼》(*Les Revenants*,1891年5月29和30日)。阿勒拜赫·卡雷(Albert Carré, 1852—1938)在轻喜剧院上演了《海达·加布勒》(*Hedda Gabler*,1891年12月17日)。雷昂·都德回忆道:“那个时候易卜生就是潮流,他很精辟,但显得死气沉沉的,还歧视女性,有些象征主义风格,总之,他的作品令人生厌。”见 Léon Daudet, *Souvenirs et Polémiques*, Paris, Robert Laffont, 1992, p. 958。这种对北欧戏剧作品的迷恋在欧雷利昂·吕涅-坡(Aurélien Lugné-Poe, 1869—1940)的推动下愈演愈烈。作为著作剧院的创办者,他在自己的剧院上演了《海上夫人》(*La Dame de la mer*,1892年12月16日)、《罗斯莫庄》(*Romersholm*,1893年10月6日)、《人民公敌》(*Ennemi du peuple*,1893年11月10日)、《建筑大师》(*Solness le constructeur*,1894年4月3日)。除了易卜生,吕涅-坡还上演了奥古斯特·斯特林堡(August Strindberg, 1849—1912)和比约恩斯彻纳·比昂松(Bjoernstjerne Bjoernson, 1832—1910)的作品。在这个时期的法国人眼里,斯堪的纳维亚半岛的国家和俄国一样都非常靠近北极,都是遥远的神秘国度。人们经常谈论“斯堪的纳维亚的颤抖”“斯堪的纳维亚风格”“北国风情”(见1893年11月的《费加罗报》)。“‘北方主义’大行其道,一夜间,从蒙特鲁日到艾皮奈特、从欧德伊到圣芒德,大家都变成了斯堪的纳维亚人或者日耳曼人!”见 Laurent Tailhade, *La Médaille qui s'efface*, Paris, Crès, 1924, p. 67。这种风尚在19世纪90年代一直存在,因为直到1897年6月,《白色杂志》(*la Revue blanche*)依然在发布“斯堪的纳维亚文学的影响”这样的问卷。有趣的是,爱德华·拉罗(Édouard Lalo, 1823—1892)在这个潮流之前就已经写下了小提琴与乐队作品《挪威幻想曲》(*Fantaisie norvégienne*, 1878),一年后又被改编成纯乐队版本,更名为《挪威狂想曲》(*Rapsodie norvégienne*)。约翰·霍顿(John Horton, 1905—1989)在他关于格里格的著作中指出:“19世纪90年代初的巴黎音乐有时和格里格的音乐有着惊人的相似之处,但这或许是无意而为。就举一个例子:德彪西1890年创作的沙龙作品《梦》(*Rêverie*)似乎是在模仿格里格第一《培尔·金特》组曲第一首《晨景》的和声模进。”见 John Horton, *Grieg*, Paris, Fayard, 1989, p. 99。

在格拉祖诺夫的作品中,《五重奏》是最好的,而且它也很符合国家音乐协会的品位! ①

我在布鲁塞尔的音乐会将于 3 月 1 日举行。所以,请提前安排好一切事宜,就算到时候他们不演我的作品,我也不会让您失望的。

友好地。

克劳德·德彪西

Autogr.: US-NHub, Yale University, Frederick R. Koch Collection. *Prov.*: Hôtel Drouot, 28 juin 1983, n° 80; Cat. Librairie de l'Abbaye 273 (1983), n° 84. *Publ.*: Debussy 1993, p. 95; Harald Herresthal, Ladislav Reznicek, *Rhapsodie norvégienne: les musiciens norvégiens au temps de Grieg*, Caen, Presses universitaires de Caen, 1994, p. 196.

---

①《五重奏》(Op. 39)并没有在国家音乐协会上演。相反,另外两首亚历山大·格拉祖诺夫(Alexandre Glazounov, 1865—1936)的作品得到演出:为中提琴和钢琴而作的《挽歌》(*Elégie*, Op. 17)于 1894 年 4 月 14 日上演,为乐队而作的《森林幻想曲》(*Les Forêts Fantaisie*, Op. 19)和德彪西的《牧神午后前奏曲》同场演出,时间是 1894 年 12 月 22 日和 23 日。

1894 – 16

致埃赫奈斯·肖松

[1894 年 2 月 18 日][①]
星期日

亲爱的朋友:

我只想说,请不要生我的气,我太想念您的友谊了,尤其是我身边都是一群鼠目寸光且因循守旧的人。

最后:我写完了《佩雷亚斯与梅利桑德》的第一幕。

还有,我把租金交了,这可不简单。明天见,明天多说点。

您忠诚的,

克劳德

Autogr.: US-Wc, Batchelder Collection, ML.31B4 Box 3 no. 6.

---

① 该日期根据肖松与德彪西的约见时间得出。1894 年 2 月 5 日,肖松在阿尔卡熊给昂利·勒霍勒写信,其中提到了自己的音乐会日期:"到比利时走走正好可以让我换个环境。可惜,有些日期上的改动让我很烦恼。布鲁塞尔展会推迟到 17 日了,我的音乐会则推迟到了 22 日,而我在列日的音乐会依然是 11 和 12 日举行。如此一来,我在外面逗留的时间就太长了。我决定不去 22 日的音乐会了。其实我很不甘心,因为我非常想带你一起去。但如此一来,音乐会的时间必然和展会的碰在一起,这显然也行不通。我总不能要求你在布鲁塞尔等五天吧?你说怎么办?除非,你愿意来布鲁日看看!我 7 日星期三出发,星期四和星期五会在巴黎,星期五晚上去列日。"从 2 月 15 日至 23 日,肖松都在巴黎。另外,还有一封信证实肖松于 2 月 25 日返回了阿尔卡熊。所以,本书信应该写于 1894 年 2 月 18 日星期日。

1894 – 17

致昂利·勒霍勒

［1894 年 2 月 24 日前后］

我亲爱的朋友：

我有件很疯狂的事情要告诉您！

特蕾斯·罗杰小姐和克劳德·德彪西订婚了！[①] 这听上去非常不真实，但它就这样发生了，就像在童话故事里一样！其实，我喜欢罗杰小姐很久了，但我觉得没什么可能，所以一直不敢想！请不要指责我，我把自己的情况跟罗杰女士和盘托出了，我希望她的女儿可以自给自足！

我通常都是可以自理的。现在，罗杰小姐希望能和您见面，能从您那里了解了解我。我觉得您应该不会感到不适吧，能帮我这个忙吧？

我是完全单身的，我的前女友在二月的一个早晨离开了，她想过得更好。[②]

请告诉罗杰女士我的勇气和渴望，希望我能配得上她为我做的一切！

还有，我现在真的非常想把自己的生命献给一个人，而罗杰小姐

---

① 特蕾斯·罗杰（1866—1906），法国歌唱家、钢琴家。其母宝琳·罗杰（Pauline Roger）曾是一个女声合唱团指挥。特蕾斯·罗杰是《绝代才女》的独唱之一。此外，1894 年 3 月 17 日，特蕾斯·罗杰在国家音乐协会演唱了德彪西的两首《抒情散文》，由作曲家本人伴奏。1894 年 3 月 1 日，布鲁塞尔自由美学协会在自己的音乐会节目册上称其为“国家音乐协会的女歌唱家”。1894年3月14日，皮埃尔·路易斯给安德烈·吉德写信时提到德彪西与罗杰的婚礼将在 4 月 16 日举行。见 André Gide, Pierre Louÿs, Paul Valéry, *Correspondances à trois voix*, éditée par Peter Fawcett et Pascal Mercier, Paris, Gallimard, 2004, p. 701。然而，这个让德彪西好友们震惊的婚约很快就破裂了。一年后，福雷将自己的《主题与变奏》（*Thème et variations*）献给了特蕾斯·罗杰。

② 前女友指嘉比·杜鹏，1892 年夏天起与德彪西同居。此时，她其实并未离开古斯塔夫·多雷路，也就是德彪西的住所。

就是那个人。不过,这件事只能您知我知!

请过来找我聊聊吧,有些事情我真的无法写在这冰冷的纸面上。[1]

您真挚的,

克劳德·德彪西

信封上未贴邮票,地址:
Monsieur Henry Lerolle
20 avenue Duquesne.
EV.
Autogr.: F-P, coll. part. *Publ.*: Debussy 1993, p. 98-99.

---

① 1894年2月25日,昂利·勒霍勒写信给已经回到阿尔卡熊的肖松,信中提到德彪西的婚事:"你知道德彪西要结婚了吗?他同一天告诉了我们两人,之后我就再也没见过你了。他人已经飘了。特蕾斯年轻貌美。昨天,我在《特里斯坦》第一幕结束后(艾斯库迪耶举办的瓦格纳系列活动之一)和他一起吃了晚餐。我还陪他敲定了一个私课,每月能获得250法郎,他非常满意。他必须自己挣钱,而不是靠特蕾斯的钱生活。在德彪西告诉我之前,罗杰女士就已经来找我了,告诉我他们相互爱慕,还询问我的意见。但我当时不知道他们已经订婚了。因此,我对罗杰小姐说了我对于音乐家德彪西的看法,但我补充说自己对其人不是十分了解,只是很欣赏他。他们在瓦诺路租了一套公寓。婚礼定在4月16日。德彪西每天晚上都跑到特蕾斯那里,都不怎么干正事了。罗杰女士还告诉我她的女儿对丹第和我情有独钟!但我已经名草有主啦!她也只能利用一下我和德彪西的关系了。我必须看看保罗·普儒怎么说。这事应该能成。"文献编号:F-P, coll. part。两天后,肖松回复道:"我们还是聊聊德彪西吧。你看最近把他美的。他宣布婚约的时候着实吓得我呆若木鸡。我没能和他深谈,因为他吃完晚饭就走了,而在餐桌上,我们当着阿贝尔·迪迦尔丁(Abel Desjardins)和他姐妹的面也不方便多聊这个话题。他完全痴迷了。我很高兴,恋爱中的人都很可爱!而在我们这些矜持的知识分子当中,这种感情很是罕见。这个婚约肯定会引来无数吃瓜群众。我从这里已经可以听到他们在聊八卦了,还好我不会参与其中。我个人对这件事很有信心,我觉得这次结合会非常美满幸福,因为它不是出于任何心计。如果我们想太多,就会把一切都搞砸的。他们相爱,这就足够了。最重要的是,他自己仰慕罗杰小姐,而且我觉得他也很难找到更好的了。"文献编号:F-P, coll. part。德彪西做出这样惊人的决定可能和自己想要拓宽社交圈、提高影响力有关,而嘉比·杜鹏妨碍了这一点。

1894 – 18

致皮埃尔·德·布莱维勒

［1894 年 2 月 24 日前后］

亲爱的朋友：

在去布鲁塞尔之前，我必须亲自告诉您，我和特蕾斯·罗杰小姐已经订婚了。

希望这匆匆的几行字能够证明我们的友谊，也希望它已经被证明过多次。

您真挚的，

克劳德·德彪西

Autogr.: F-Pn, Mus., L.a. Debussy (C.) 61. *Publ.*: Debussy 1980, p. 63. *Exp.*: Bordeaux 1962, p. 26, n° 46; Paris 1962, p. 33, n° 79; Lisbonne 1962, p. 34, n° 71.

1894 – 19

致一位朋友

[布鲁塞尔,1894年2月底]

亲爱的朋友:

音乐会星期四下午两点开始!曲目有《弦乐四重奏》、两首波德莱尔的歌曲、乐队版《绝代才女》![①] 我会有多高兴见到您,这点已无须多言,但我不想强迫您做决定。

您的,

克劳德·德彪西
寄宿于奥克塔夫·毛斯家

信纸带有以下抬头:
LA LIBRE
ESTHÉTIQVE
Bruxelles, rue du Berger 27
Autogr.: non localisé*. *Prov.*: Hôtel Drouot, 10 novembre 1967, n° 33; Cat. Schubertiade Music LLC (hiver-printemps 2008), n° 34.

---

① 该音乐会由自由美学协会创建者奥克塔夫·毛斯于1894年3月1日在一个沙龙性质的环境中举办。沙龙里同时展出奥古斯特·雷诺阿(Auguste Renoir, 1841—1919)、保罗·高更(Paul Gauguin, 1848—1903)、欧蒂隆·赫东(Odilon Redon, 1840—1916)、阿尔弗雷德·西斯莱(Alfred Sisley, 1839—1899)、卡米伊·皮萨罗(Camille Pissaro, 1830—1903)、保罗·西涅克(Paul Signac, 1863—1935)和莫里斯·德尼(Maurice Denis, 1870—1943)等画家的绘画,还有卡米伊·克洛岱勒的雕塑品以及阿里斯蒂德·马约尔(Aristide Maillol, 1861—1944)的一张壁挂艺术品,甚至还有法国马术运动员罗拜赫·德·孟德斯鸠(Robert de Montesquiou, 1855—1921)的一座摆钟。《波德莱尔诗五首》中的两首歌曲被替换成了两首《抒情散文》(《花》和《黄昏》,由特蕾斯·罗杰演唱)。最初的曲目中还包括《牧神午后前奏曲》,但德彪西直到1894年9月才完成了配器。见书信1894 – 13。

1894 – 20

致玛格丽特·保尼·德·圣–玛索

[1894 年 3 月 8 日][1]

星期四

亲爱的女士:

请原谅这个忙碌的人没能及时感谢您的里姆斯基–科萨科夫,[2] 不过这也怪您把流感传染给了我,让我无法去品味这一快乐时光。

星期五见,[3] 尊敬与真挚的问候。

克劳德·德彪西

Autogr.: F-P, coll. part.

---

① 该日期根据玛格丽特·保尼·德·圣–玛索的日记得出。

② 可能是指里姆斯基–科萨科夫的《仙女的故事》(*Conte féérique*)。

③ 德·圣–玛索夫人在自己的日记中记录了德彪西 3 月 9 日星期五的到访:"德彪西演奏了《牧神午后》。我们需要听到乐队版才能更好地进行评价。但就目前来看,这首作品很有意思。"见 François Lesure, « Debussy à travers le journal de Madame de Saint-Marceaux (1894-1911) », *Cahiers Debussy* 3, (1976), p. 6。

1894－21

致埃赫奈斯·肖松

［1894年3月8日］
星期四晚上

亲爱的朋友,

我这边也是,一直都想给您写信,但一直都非常忙碌,我的生活中出现了新的色彩,这使得我必须去适应一下。同时,我还喜忧参半,我感觉自己到现在为止都是在夜行,而且还遇到了坏人！突然,面前出现一条光明之路,我有些担忧,认为自己不配如此幸运,但我还是决心用生命来捍卫它！有关您对我婚礼的看法令我很是感动,[①] 您说得非常对(这种状态对于我来说是新大陆)。的确,幸福永远是一种内在的感受,而不是外界带来的,也就是说,当我们想要让另一个人分享我们的幸福时,那只是一厢情愿。但是,把自己的生命奉献给一个人的感觉真的很棒,从此之后,我的人生目标也只为一个人！

---

① 肖松于1894年3月12日开始给博纳赫写信,该信于15日完成,其中,肖松提到了自己对德彪西强调的关于婚姻的看法:"星期四,我收到了您的来信……该死的,您为什么要跟德彪西说婚姻中的幸福就像投硬币一样随机?我磨破嘴皮告诉德彪西,他的幸福掌握在自己手里,但它非常脆弱,需要小心呵护,同时还需要用智慧维持,讲究分寸！这场婚礼实在是令人意想不到。我和您一样消化了一阵,但和您的态度转变截然相反。一开始,我非常高兴,但思考过后感到有些茫然。不过,我依然保持乐观,这一切都会开花结果,就像戏剧和童话中讲的那样,白头偕老,儿孙满堂。我在这个偏远地区听说巴黎那边对此的反应十分过激。我悄悄告诉您一件事,但请您务必保密:我刚刚收到一封匿名信,信中习惯性地恭维却是为了让我出面解除这个婚约。如果只是我一个人收到,倒还无伤大雅,但如果这个人把信直接寄给罗杰女士,那事情就闹大了。不过,为什么不呢?我很高兴自己不在巴黎,否则我就不得不忍受那些非常不愉快的攻击以及无休止且毫无意义的闲聊。然而,我有一种不祥的预感。"见 Chausson 1999, p. 383-384。

我曾经或许误入过歧途![1] 但我一直心存戒备。现在,我可以说自己依然年轻,可以为新的生活奉献新的灵魂。其实,我内心一直有些难言之隐,这是有原因的,幸亏我始终将它们保存完好,为的就是盼着那个合适的时机得以释怀。

布鲁塞尔的音乐会让我非常开心,[2] 首先是多亏了特蕾斯的精彩表现,她演唱时就像小仙女一样!这个意外的惊喜(指婚约)真的是一段美丽难忘的爱情间奏。[3] 此外,在那么多陌生人当中,我们两个居然可以讲述如此私密的故事,这真是别有一番魅力。

伊萨伊像天使一样演奏!《弦乐四重奏》创造出一种在巴黎没有的情绪。乐队也很棒。很多人原本是冲着消遣而来的,但也非常渴望听懂(我的音乐),这很令人感动。

《抒情散文》的效果就没那么好了,尤其是献给肖松太太的那首,[4] 但那又怎样呢!那只能说明这首歌真的只是为最杰出的人创作的!

最后,库菲哈特在《音乐指南》上抨击了我,[5] 我还能有什么别的奢求呢!

您没有聊到您的音乐,您知道我是多想看到您对自己满意吗?而

---

① 此处的"误入歧途"以及前文中的"遇到了坏人"表现出一种过度的自责,这在德彪西的书信中是独一无二的,但我们很难解释他为什么要这样写。但有一种可能说得通,那就是他想向自己的施恩者(也就是肖松)表达自己这个"年轻的野蛮人"终于想要结婚,想要安顿下来并融入资产阶级社会中,也就是德彪西所谓的"光明之路"。

② 见书信 1894 – 19。

③ 由于原定演员在音乐会前一天失声,特蕾斯·罗杰赶到布鲁塞尔演唱《绝代才女》。《波德莱尔诗五首》中的两首也被改为《抒情散文》的两首。

④《抒情散文》的第三首,《花》。

⑤ 莫里斯·库菲哈特(Maurice Kufferath, 1852—1919)主要是针对《抒情散文》:"有时,它就是纯粹的噪音。这不是赌气就是听觉出了大问题,这和有些画家在视觉方面的表现是一样的。"他还总结道:"德彪西先生的作品中的确有些与众不同的品质,他创作出的声音丰富多彩、对比强烈,偶尔会来点哀婉动人的音调。但乍一听,这些都被故意淹没在一片怪异的混乱中,只会给您留下一种不安的印象、一种怪异的惶惑,就像刚从噩梦中惊醒一样。"见 1894 年 3 月 4 日的《音乐指南》(*Guide musical*)。

且我也很想给您看我最近的创作。请原谅我的自私,但这是友谊的自私,因为缺少音乐让我觉得和您变得疏远了。

现在,我还需要请您做些事情,这些事情对我来说太贵了,我简单说一下:我需要您的帮助!!因为我想在短期内还清所有的债务。当然,您自己决定是否帮助我,我绝不强求!等您回到巴黎,我想和您商量如何偿还您的方式!有些东西我甚至永远都不能完全摆脱!但这些都只跟我的忠心和友谊有关,我对此感到非常平静。

再见,亲爱的朋友,请保存好我们的友谊,我想自己现在配得上这份友谊了。

您的,

克劳德·德彪西

请代我感谢肖松太太,她给罗杰小姐写了不少我的好话。

Autogr.: non localisé (copie H. Borgeaud). *Publ.*: Debussy 1980, p. 63-65; Debussy 1993, p. 99-100.

1894－22

致埃赫奈斯·肖松

［1894 年 3 月 16 日］[①]

星期五

亲爱的朋友，

您信中对一些事情的怀疑伤害了我。得知您如此看我，这让我很难过！此外，我在物质生活中犯的一些小错误受到了过于严厉的惩罚。老实说，您对我的影响太大了。现在是我最需要"认真对待"的时刻，如果就此停止，那才更浑蛋！

我没有对罗杰小姐隐瞒我的任何欠款，我还想告诉她，我希望某个朋友成为自己的唯一债权人！[②] 况且，我别无选择，我想活得敞亮，不想再遮遮掩掩。这对我来说是一种德行，甚至是精神上的转变。因此，您还需要借给我 1500 法郎！首先，这笔钱要用于还清一些债务，此外，它还要用于为我母亲定制礼服！抱歉给您说这些琐碎小事，但我想让您确信这笔钱对我来说是刚需！当然，我保证一定会让我们的友谊尽快摆脱现在这种状况！

---

① 1894 年 3 月 17 日，玛格丽特·保尼·德·圣－玛索在她的日记中写道："德彪西的婚约破裂了。他的生活中有很多可怕的秘密。他头上佩戴的高帽很适合他那罗马式的面容。当我们发现，如此优秀的艺术家实际上却生活在泥泞之中，这是多么不幸啊。"见 François Lesure, « Debussy à travers le journal de Madame de Saint-Marceaux (1894—1911) », *Cahiers Debussy*, 3 (1976), p. 6。此处的高帽是在暗指德彪西的寒微出身，因为戴这种特殊帽子的人通常不是屠夫的后代就是农民的孩子。不少匿名信被寄给罗杰女士以及德彪西的一部分朋友。这些匿名者很有可能透露了德彪西仍然与嘉比·杜鹏同居，以及他还有一些债务没有承认。

② 可能是埃蒂安·杜潘。

很抱歉用这些可悲的事情叨扰您,也请相信我们的友情!我如此频繁地请您充当保护人的角色,真的很过意不去。还请您尽快回复我行吗?①

您忠实的,

克劳德·德彪西

Autogr.: non localisé (probablement détruit, copie dans les papiers de G. Jean-Aubry).
Publ.: Debussy 1980, p. 65-66; Debussy 1993, p. 101.

---

① 德彪西的婚约破裂几天后,他与肖松的友谊也就此结束。1894 年 3 月 18 日,肖松在给昂利·勒霍勒写信时表达了自己的失望:“……从今天早晨开始,我只在想这件糟心的事情,越想越恶心。如果发生什么新的事情,请随时告诉我。我的第一反应就是写信给德彪西,但珍妮阻止了我,她做得对。”文献编号: F-P, coll. part。4 月 15 日,肖松在阿尔卡熊写信给勒霍勒时,再次提到德彪西的事情:“亲爱的朋友,我们终于回归平静了。罗杰女士和她的女儿昨晚走的,萨马泽伊一家今天刚离开。你看,我刚闲下来就马上给你写信了。罗杰女士不可避免地和我揭露了德彪西的诸多细节。当然,她主要想向我证明自己没有我们平时认为的那么随意。不过,如果倒霉的 D(指德彪西)诚实回答了罗杰提出的所有问题,一切可悲的争吵本可以避免的。真的,我知道得越多就越想不通了。在一定程度上,我可以理解轻微无力的辩护和借口,虽然这样做也于事无补;但我完全无法理解的是,面对如此严重的事情可以当面撒谎,还理直气壮。有人给我看了杜潘最近写的一封信,里面的内容更是让我目瞪口呆。这封信是婚约彻底破裂后写的。杜潘以人格担保,称 D 是完全无辜的。还称虽然目前一切的矛头都指向 D,但真相总有一天会大白于天下等等。鬼才信呢,如果他能为自己辩解,为什么不辩?还有,为什么杜潘不给你、我或博纳赫写信?至于博纳赫,他写信和我说不能指望德彪西成为一家之主。但这个品质在婚姻中很重要啊!甚至可以说婚姻不就是需要他(德彪西)这样吗?说到最后,我又被激怒了……好了,这个令人沮丧的事情今天就讲到这里吧。我们巴黎再谈。”文献编号: F-P, coll. part。

1894 – 23

致皮埃尔·德·布莱维勒

［1894年3月18日至31日之间］

亲爱的朋友：

我们依然可以演奏鲍罗丁交响乐的第二乐章，它非常"流行"。[①]

您应该收到您的乐谱了吧？西奈小姐星期六不唱吗？[②] 如果不唱那她怎么办？如果不唱最好现在就提前通知。

您真挚的，

克劳德·德彪西

您瞧，叫吉塔赫的人就是这个后果。[③]

Autogr.: F-Pn, Mus., L.a. Debussy (C.) 62.

---

① 国家音乐协会于1894年3月3日演出了俄国作曲家亚历山大·鲍罗丁（Alexandre Borodine, 1833—1887）的《第三交响曲》第一乐章（由格拉祖诺夫完成配器）。

② 如书信1894 – 15所记，爱丝黛·西奈于1894年3月17日在国家音乐协会音乐会上演唱了格里格的三首歌曲，但她没有参加3月31日的音乐会，取而代之的是德·布莱维勒的歌曲（乐队伴奏）《水妖与渔夫》（*L'Ondine et le Pêcheur*）。

③ 在3月17日的音乐会上，法国音乐学家、音乐评论家昂利·吉塔赫（Henri Quittard, 1864—1919）为小提琴和钢琴创作的《英雄组曲》（*Suite héroïque*）被替换成勒内·香萨海勒演奏的贝多芬《钢琴奏鸣曲》（Op. 53）。

1894－24

致皮埃尔·路易斯

［1894年3月(？)］

“［……］所有这一切都太戏剧性了，总之，这就是一个阴谋。①［……］”

克劳德

Autogr.: non localisé. *Prov.*: Cat. S. Kra 20 (novembre 1929), n° 8004. *Publ.*: Debussy-Louÿs 1945, p. 31.

---

① 这里提到的应该就是德彪西婚约的破裂。1894年3月22日，路易斯给玛格丽特·保尼·德·圣－玛索写了一封信，其中为德彪西做了辩护：“夫人，我可怜的朋友正在承受婚约破裂的煎熬，而导致这件事发生的那份电报被误解了。当然，我承认目前从表面上看德彪西的确脱不了干系，大家都很震惊，这点我也不觉得意外。然而，请允许我多说一些，作为一个青年男子，面对一同生活了两年的女子，面对那个甘愿与自己患难与共、无可挑剔的伴侣，他是不可能直接将她赶走的，除非是他厌倦了她，或是他要结婚。通常遇到以上情况，人们都是选择支付一笔钱来了事，虽然不怎么体面，但比较简便。但您知道德彪西不能这样做。他想找到一种更合适的办法。这是仁慈的表现，也是谨慎的处理，因为她或许会用更为强硬的手段报复。所以，他需要把节奏放慢一些。如果当时人们不要那么急于公布婚约，德彪西或许会有时间彻底摆脱他的前任，因为那一纸公文(指婚证)会禁止他和前任还有联系。他没能做到，或者说他不懂得这样做，他因此也受到了严厉的惩罚。至于别人跟您讲述的那些德彪西的往事，我向您保证那都是恶毒的诽谤，我还认为，一个人(我们不谈他的艺术家身份，因为跟它无关)的尊严是不能被几封匿名信所影响的，写信的人一般都是骗子，更是一群怂包。我个人很确信德彪西不可能有能力那样生活。另外，我还通过两个认识德彪西十二年的人证实了这一点，他们和我一样，很是为德彪西的遭遇打抱不平。我也可以告诉您他们的名字：雷蒙·博纳赫以及埃蒂安·杜潘。勒霍勒先生和肖松先生会告诉您他们的证词有什么价值。我写这些的时候悲痛万分，所以请您原谅我的冲动。我觉得没有什么比看着一个我们无比尊敬的人在八天内身败名裂更痛苦的了，尤其是他之前的十五年都活得很不幸，结果刚刚开始被人们认可自己的才华，就又撞了南墙。此致敬礼。皮埃尔·路易斯。”手稿原件未找到，出版于：Vallery-Radot 1958, p. 41-43。虽然路易斯极力为德彪西辩护，但是在1894年5月11日，他给一位叫让·史蒂文斯(Jean Stevens)的朋友写信(未发表)时似乎也表现出一些疑虑：“亲爱的先生，今晚和您的谈话让我很是苦恼，虽然现在已经过去六个小时了，但我始终在回味。我为支持D(德彪西)和二十五个人斗了两个月了。我确信自己没有做错，但我也想得到证实。要想如此，只有将您对我说过的事情再讲得通透一些。您愿意星期六晚上六点半再见一面吗？可以在一间僻静的咖啡馆，或者您愿意来我家都行。您了解我和D的友情，我也希望您不要对我所做的努力感到惊讶，我不希望他会就此颓废。您的朋友，皮埃尔·路易斯。”文献编号：CH-B, coll. part。

1894－25

致昂利·勒霍勒

［1894年3月28日］
星期三

我亲爱的勒霍勒：

请拿好肖松的100法郎，我星期六再给您50法郎，我想尽快从这个债务中脱身。

您伤心的，[①]

克劳德·德彪西

信封上有邮戳（28 MARS 94）和地址：
Monsieur H. Lerolle
20 Avenue Duquesne
EV
Autogr.: F-P, coll. part.

---

① 与肖松不同，勒霍勒并没有与德彪西断绝往来。1894年4月7日，皮埃尔·路易斯给勒霍勒写信道："格雷特里路1号。先生，我刚刚和德·圣－玛索夫人聊过，我才得知那些针对德彪西的诽谤有多么恶毒。我将很高兴和您谈谈，因为这涉及我敬爱之人的尊严问题，还因为您在您的圈子里可以为他恢复名誉，没有人比您更有发言权了。我非常肯定，对他私生活的指控都是虚假的。至于导致事件爆发的原因，我理解罗杰女士的震惊，但我敢说，这是因为他一时心软造成的，我想您也能感觉得到。我们不能无故赶走一位两年来甘愿跟随自己一穷二白的伴侣。如果当时我们不要那么急于庆祝婚约（尤其是这个婚约是在仅仅五天内决定的！），德彪西或许会有时间平稳脱身。他不是罪魁祸首。您愿意约个时间听我跟您讲讲吗？这件事对我很重要。此致敬礼。皮埃尔·路易斯。"文献编号：F-P, coll. part。昂利·勒霍勒第二天回复道："亲爱的先生，如果您愿意的话，明天下午四点到五点可以来我家。我将非常愿意和您聊聊这个可怜的德彪西，我希望能帮他从现状中解脱出来。至于我是怎么看这件事的，我采取的行动已经证明了一切。无论我了解到的有多少可信度，我都很高兴和您见面谈。此致敬礼。"文献编号：F-P, coll. part。

1894 – 26

致昂利·勒霍勒

[1894 年 4 月 15 日]
星期日

亲爱的朋友:

这是“C. 布拉什”的地址:[①] 布朗什路 56 号。

他请您在去之前提前通知他,最好是早上。

梅利桑德向您投来苦笑。

您忠实的,

克劳德·德彪西

---

① 菲利普–沙赫勒·布拉什(Philippe-Charles Blache, 1860—1908),法国风景画家。1893 年,生活拮据的他得到了马拉美的帮助。得益于后者的周旋,政府于 1893 年购置了布拉什的一幅作品。肖松也想买一幅,以此来帮助他,因此肖松向勒霍勒询问布拉什的地址。1894 年 4 月 20 日,勒霍勒给肖松写信询问道:“据说你对巴伊表示自己想买一幅布拉什的画,这是真的吗?德彪西介绍我过去给你挑一幅,但我没挑中。还好你从没跟我提起过。我需要再回去看看吗?”文献编号: F-P, coll. part。1894 年 4 月 27 日,肖松回复道:“是真的,我只是和巴伊提了一句想买一幅布拉什的画(他是叫这个名字对吧?),但我不着急,而且我即将回到巴黎,到时候再聊。你就先不用管了。”文献编号: F-P, coll. part。直到 1894 年 5 月 7 日,这笔生意依旧没有完成。于是,埃德加·德加也参与进来,和勒霍勒一起鼓动肖松做决定:“我亲爱的勒霍勒,您见过布拉什画的花,战神广场就有。这位年轻的画家告诉我,您的妹夫肖松向绍塞–当坦路的图书商巴伊表示想要一幅以花为主题的画作,还说是德彪西替巴伊转达给自己的。请看看如何激发肖松的兴趣。布拉什手上还有一幅画,放在离他家不远的布朗什路 56 号。另外,我本人有两幅他的作品,他非常有才但也很穷。请让我知道您的想法。祝好。德加。如果您想去他那里看看,可以提前预约。我倒还不至于跑去把那幅作品拿回自己家,然后给您下套。”文献编号: F-P, coll. part。我们不知道肖松最终是否购买了这幅画,因为在他的收藏出售清单中并没有找到它。见 Gallois, p. 573-577。

信封上有邮戳（16 AVR 94）和地址：
Monsieur Henry Lerolle
20 avenue Duquesne
E.V.
Autogr.: F-P, coll. part.

1894 – 27

致皮埃尔·德·布莱维勒[①]

［1894 年 4 月至 9 月之间］[②]
星期日

亲爱的朋友：

我还病着，根本无法完成《牧神午后》的配器工作。我很抱歉，但我还能怎么办呢？您可以让 G. 玛丽演奏里姆斯基–科萨科夫的《仙女的故事》，[③]他和他的乐队都很熟悉这首作品，[④]它完全可以替换我的曲子，而且好处更多。

祝好。

克劳德·德彪西

Autogr.: CDN-On, MUS. 251, Fonds Joseph Guy-Ropartz.

---

① 虽然这封信由约瑟夫–居伊·罗帕茨基金会收藏，但基本可以确定不是写给罗帕茨的。

② 从签名可以推断，该信不可能写于 1894 年 4 月之前或 9 月之后，因为德彪西于 9 月完成了《牧神午后前奏曲》的配器。

③ 加布里埃尔·马利（Gabriel Marie, 1852—1928），法国作曲家、指挥家，沙赫勒·拉穆勒的搭档。马利于 1894 年 3 月 3 日和 31 日指挥了国家音乐协会的音乐会。

④ 国家音乐协会直到 1895 年 2 月 23 和 24 日才在古斯塔夫·多雷的指挥下演出了里姆斯基–科萨科夫的《仙女的故事》，并且节目单上注明该作品为首演。

1894－28

致樊尚·丹第

[1894年5月22日][1]
星期二

亲爱的朋友:

我没有收到伊萨伊的任何消息![2]

我不知道该怎么办,而且我很遗憾不能加入你们。

祝好。

克劳德·德彪西

电报,带有邮戳(22 MAI 94),发往:
Monsieur V. d'Indy
7 avenue de Villars
Autogr.: F-P, coll. part.

---

① 几天后,丹第公布了圣歌学院的基本建校理念,该校于1896年正式成立。

② 1893年6月,德彪西在肖松和博纳赫的帮助下,为伊萨伊完成了《苏格兰进行曲》的乐队分谱。见书信1893－24。

1894 – 29

致爱德华·柯罗纳

［1894 年 5 月 22 日］
星期二

亲爱的柯罗纳先生，

很抱歉今天早上没能去您家，但不巧的是，我的乐谱依然在布鲁塞尔，而我还什么都没有收到！①

我很遗憾错过这次机会，无法得到您的大力支持。

向您致敬。

克劳德·德彪西
古斯塔夫·多雷路 10 号

电报，带有邮戳（22 MAI 94），发往：
Monsieur Ed. Colonne
12 rue Lepelletier
Autogr.: F-P, coll. part.

① 由社交名流伊丽莎白·格雷弗勒（Élisabeth Greffulhe, 1860—1952）伯爵夫人主持的法国大音乐会协会于 1894 年 5 月 29 日在巴黎环境公园棕榈园举办了一场音乐会，由爱德华·柯罗纳指挥。德彪西的《苏格兰进行曲》入选了节目单。然而，如接下来的书信 1894 – 30 所示，由于乐谱问题，音乐会没能成行。

1894 - 30

致爱德华·柯罗纳

[1894 年 5 月 29 日之前]

亲爱的柯罗纳先生,

我太不走运了!虽然我一再催促伊萨伊,但我依然没有收回《苏格兰进行曲》的乐谱。

我对这一意外情况感到非常遗憾,向您致敬。

克劳德·德彪西

通信卡。

Autogr.: F-P, coll. part.

1894 - 31

皮埃尔·路易斯致德彪西

1894 年 5 月 31 日

亲爱的朋友：

我邀请了一些人来听《佩雷亚斯与梅利桑德》。[①]

别忘了。

你要和纳当松兄弟还有罗拜赫共进晚餐。[②]随后会来五六个朋友，我提醒你，他们都是特邀嘉宾，冲着《佩雷亚斯》来的。所以请一定带好以下部分的乐谱：

1. 第一幕
2. 喷泉戏

---

① 安德烈-费迪南·埃罗尔德是被邀请人之一，他收到的请柬如下："亲爱的，今晚十点，德彪西将携《佩雷亚斯》在格雷特里路 1 号亮相。狄奥尼索斯与阿芙洛狄忒的崇拜者期待您的到来。"见 Gordon Millan, *Pierre Louÿs ou le culte de l'amitié*, Aix-en-Provence, Pandora, 1979, p. 219。路易斯还给雷昂·布鲁姆发了一封电报："今晚，格雷特里路，德彪西将试演《佩雷亚斯》。请于十点左右过来。"手稿未找到，文献编号：anc. coll. H. Borgeaud。德彪西很可能是用一台风琴进行试演的，因为皮埃尔家只有一台风琴，平时喜欢用它来演奏巴赫或瓦格纳的作品，除非路易斯为了这次活动特意租了一台钢琴。路易斯用极为罕见的慷慨热情招待了他的朋友们："作为文人，路易斯对朋友的款待做到头了，他不仅让他们开心，还会伸出援手。而且他做得悄无声息，以至于好几个人都没有察觉。"见 André Lebey, *Disques et Pellicules*, Paris, Librairie Valois, 1929, p. 212。

②《白色杂志》的创始人。纳当松兄弟共三人，分别是主编亚历山大·纳当松（Alexandre Natanson, 1866—1936）、编辑部成员达戴·纳当松（Thadée Natanson, 1868—1951）以及路易-阿尔弗雷德·纳当松（Louis-Alfred Natanson, 1873—1932）。路易-阿尔弗雷德·纳当松负责杂志的戏剧栏，其笔名为阿尔弗雷德·阿提斯（Alfred Athis）。

3. 如果有写完的,就再选一场。(头发戏就算没写完也行。①)

敬礼。钢琴送到了。

P. L.

我们不能在舞女上做文章了,因为罗登巴赫已经用法语做过了,但我还有其他想法。②

Autogr.: F-Pn, Mus., N.L.a. 45 (1). *Prov.*: anc. coll. A. Godoy; Hôtel Drouot, 5 février 1999, n° 187. *Publ.*: Debussy-Louÿs 1931[c], p. 40-41; Debussy-Louÿs 1943[c], p. 115; Debussy-Louÿs 1945, p. 32.

---

① 第一幕于 2 月完成,见书信 1894 – 16。喷泉戏位于第四幕第四场,这是德彪西最先创作的部分。第二幕第一场则是 1895 年 6 月写的。至于第三幕第一场的头发戏,德彪西当时正在起草。

② 1894 年 5 月 21 日,法国喜剧院上演了乔治·罗登巴赫(Georges Rodenbach, 1855—1898)的单幕诗剧《面纱》(*Voile*),其中角色包括让、修女古杜勒和女仆巴尔博。"这部剧并没有涉及舞女,但有着一段露骨的爱情戏,和标题《面纱》相比,其内容反而是一点都没有遮掩。"该评论出自 1894 年 6 月 3 日的《每周回声》(*L'Écho de la semaine*)。

1894 – 32

致皮埃尔·路易斯

［1894 年 6 月 17 日］
星期日

亲爱的皮埃尔，

明天（星期一）七点你能来杜朗这里吗？[①] 我白天不准备出门。佩雷亚斯与梅利桑德向你致意。

你的，

克劳德·德彪西
人称可恶的好人

Autogr.: non localisé (copie H. Borgeaud). *Publ.*: Debussy 1971, p. 30.

① 一个咖啡馆，位于马德兰纳广场。

1894－33

致雅克·杜朗

[1894年6月17日(?)]
星期日晚上

亲爱的朋友:

很抱歉推迟了一些回复您,我之前不在巴黎。

另外,我必须承认,我还没有完成《弦乐四重奏》的校对,[1]对此我感到很惭愧。希望您能行行好,再给我八天左右的时间。

您最忠实的,

克劳德·德彪西

Autogr.: F-Pgm. *Prov.*: Archives Durand. *Publ.*: Debussy 1927, p. 5.

---

①《弦乐四重奏》的乐谱最终在1894年第二季度问世。

1894－34

致埃赫奈斯·勒·格朗

［1894年6月17日（?）］
星期日晚上

亲爱的朋友，

我收到一封来自杜朗出版社的信，措辞非常激烈，其撕心裂肺地问我要《弦乐四重奏》!

如果您在几天内不能完成修改，请立刻将它寄给我。

请谅解这个麻烦的情况，您的，

克劳德·德彪西
古斯塔夫·多雷路10号

Autogr.: F-P, coll. part.

1894－35

致雅克·杜朗

[1894年6月30日]
星期六

我亲爱的朋友,

关于《弦乐四重奏》,您能再给我几天时间吗?因为我最近一心扑在《佩雷亚斯与梅利桑德》上,所以耽误了!《钢琴与小提琴奏鸣曲》的情况也一样![1]

祝好。

克劳德·德彪西

电报,带有邮戳(30 JUIN 94),发往:
Monsieur Jacques Durand
4 Place de la Madeleine
Autogr.: F-P, Archives Durand. *Publ.*: Debussy 1927, p. 5 (datée juin 1894).

---

①《钢琴与小提琴奏鸣曲》(*Sonate pour piano et violon*),该作品仅被提过这一次,应该是德彪西答应尤金·伊萨伊的一个创作计划。

1894－36

致保罗·杜卡

［1894 年 7 月 3 日］
星期二早晨

亲爱的朋友：

很不巧，星期六晚上我已经前往乡下了，直到昨天晚上回来才看到您的电报。很遗憾没赶上看您和贝拉耶夫！① 但是，在这样酷热的天气里，谁不想找个避暑的地方躲一下呢？

总之，我很想了解一下格拉祖诺夫的交响乐，② 这几天能有机会见一面吗？

祝好。

克劳德·德彪西

电报，带有邮戳（3 JUIL 94），发往：
Monsieur Paul Dukas
9 rue des Petits Hôtels
Autogr.: non localisé*. *Prov.*: Drouot Rive Gauche, Gare d'Orsay, 20 juin 1977, n° 94; Cat. H. Schneider 232 (1979), n° 26; Cat. Kotte 31 (2009), n° 326 (avec fac-sim).

---

① 米特罗凡－彼德洛维奇·贝拉耶夫（Mitrofan-Petrovitch Belaïeff, 1836—1904）是莱比锡一家出版社的主管，该出版社专注于俄国作曲家。艾米勒·布杜（Émile Baudoux）是贝拉耶夫的独家代言人，他自己于 1894 年 1 月在奥斯曼大街 30 号创办了一家音乐出版社，主推新创作的法国音乐，特别是肖松的作品。

② 可能是指《第四交响曲》（Op. 48），于 1893 年由贝拉耶夫（Belaïeff）出版社出版。

1894－37

致埃赫奈斯·勒·格朗

[1894年7月7日(？)]
星期五

亲爱的朋友：

您在《弦乐四重奏》第一乐章是怎么做的，在后面乐章里就怎么做。这样的话，它们会像感恩克劳德·德彪西一样感恩您的。[①] 在不危害到您健康的情况下，请务必尽快把它们寄给我，有关这次经历的其他事，等您回来后我们再聊。

再次感谢，祝好。

克劳德·德彪西

Autogr.: F-P, coll. part.

---

① 肖松手上有一份《弦乐四重奏》的校稿，上面含有德彪西的亲笔修改，但同时还包括另一种笔迹，而它或许就出自埃赫奈斯·勒·格朗之手。

1894 – 38

致雅克·杜朗

[1894 年 7 月 7 日(?)]

亲爱的朋友:

这里是《弦乐四重奏》的第一部分,您很快会拿到其他部分。

祝好。

克劳德·德彪西

Autogr.: F-P, Archives Durand. *Publ.*: Debussy 1927, p. 5 (datée juin 1894).

1894 – 39

皮埃尔·路易斯致德彪西

日内瓦,1894 年 7 月 12 日

亲爱的:

我在前往拜罗伊特的路上换了一个走法,[①] 对此你应该不会感到意外。我明天从里昂乘火车,而不是从巴塞尔,后天在马赛换车,而不是在弗莱堡,三天后在菲利普维尔上船,而不是在海德堡,四天后在比

① 路易斯是忠实的瓦格纳粉丝,他于 1891 和 1892 年两次到拜罗伊特"朝圣"。他本计划 1894 年和埃罗尔德一同再次前往,但在途中,他绕道瑞士尚佩尔会见安德烈·吉德,后者正从比斯克拉前往阿尔及利亚。吉德向路易斯讲述了自己在比斯克拉和一位名叫玛利亚姆·宾特·阿里的乌列奈尔舞女的故事,她让自己放弃了清教教义。见 André Gide, *Si le grain ne meurt*, Paris, Gallimard, 1972, Folio, p. 307-310。

斯克拉再换回火车,而不是在纽伦堡。

我会在那边住一个月,认真工作。① 等到第三十一天的时候,我会在中午十一点五十五分从我的住所走出来。当太阳穿过子午线时,我将摘下帽子,这个时候我肯定不会错过被晃瞎的感觉。

埃罗尔德向你问好,②他拒绝和你的挚友一同"赴死",依旧是更想去拜罗伊特!这种做法会招来褒贬不一的议论,就看我们站在什么角度说事了。

你知道我是你的,

皮埃尔·路易斯

用铅笔所写,信封上有邮戳(寄出:12 VII 94,到达:13 JUIL 94)和地址:
Monsieur Cl. A. Debussy
10 rue Gustave Doré
Paris (Batignolles)
Autogr.: F-Pn, Mus., N.L.a. 45 (2). *Prov.*: anc. coll. A. Godoy; Hôtel Drouot, 5 février 1999, n° 187. *Publ.*: Debussy-Louÿs 1931[d], p. 142; Debussy-Louÿs 1943[c], p. 116; Debussy-Louÿs 1945, p. 35.

---

① 皮埃尔在此处使用了西班牙–阿拉伯语的混合词组。

② 埃罗尔德原本要去拜罗伊特,但最终还是跟随了路易斯的路线。然而,旅行结束后,路易斯却对埃罗尔德陪伴并没有感到愉快。

1894 – 40

皮埃尔·路易斯致德彪西

［日内瓦］

星期五 13 日(!)［1894 年 7 月］

啊,我的老朋友!我最后没有去你那个倒霉的拜罗伊特!

我要前往比斯克拉了(我想我应该跟你说过了)。

你想加入吗?①

旅行花销:往返票价一等舱 430 法郎,二等舱 218 法郎,三等舱 170 法郎。如果你能在阿特曼的帮助下承担这笔旅费,我就能关照你两个月。可以肯定的是,那边的环境会惊艳到你的。吉德刚从那里回来,为之疯狂。

我等着你。

皮埃尔·路易斯

信封上有邮戳(寄出:13 VII 94,到达:14 JUIL 94)和地址:

Monsieur Claude Debussy
10 rue Gustave Doré
Paris.

Autogr.: F-Pn, Mus., N.L.a. 45 (3). *Prov.*: anc. coll. A. Godoy; Hôtel Drouot, 5 février 1999, n° 187. *Publ.*: Debussy-Louÿs 1931[b], p. 379 (non datée); Debussy-Louÿs 1943[c], p. 116-117; Debussy-Louÿs 1945, p. 36.

---

① 路易斯在和埃罗尔德出发前曾一再邀请德彪西和及让·德·提南一同前往。见 Louÿs-Tinan, p. 41-42。

1894-41

皮埃尔·路易斯致德彪西

[日内瓦,1894年7月14日]

亲爱的朋友。

吉德将在八天内到达巴黎。请将我的钥匙交给他保管四十八小时,他会完璧归赵的。[①]

在此之前,还请帮我化解燃眉之急:我工作室靠墙的开放式书柜最下面一层有一本棕色的八开纸精装《历代传说》,请帮我拿一下。

另外,还有厨房书架上的两本书:

《拜赫拜赫故事》[②]

《卡比勒故事》[③]

这两本是平装的。

---

① 自1894年1月1日起,路易斯都住在格雷特里路1号。1894年2月7日,阿勒拜赫·莫克尔(Albert Mockel)在一封信中描述了这套房子:"他一定向您描述过公寓的华丽。的确是这样的,天花板上有波斯毯,墙上有英格兰墙布,还有沃特·克兰(Walter Crane)的装饰壁画,最后这项还是我替他发现的(哦吼吼!)。那个沙发太舒服了,它很危险,让人一旦坐下就永远不想再起来。屋里有数不尽的绘画作品,都是些道貌岸然的情景。对了,我还要跟您透露我们的朋友和一个年轻的日本姑娘合租,而且他们还同床。她真的跟蜡像一样。"见 André Gide, Albert Mockel, *Correspondance (1891—1938)*, ed. Gustave Vanwelkenhuyzen (Genève: Droz, 1975), p. 106-107。阿勒拜赫·莫克尔(1866—1945),比利时诗人。沃特·克兰(1845—1915),英国艺术家。

② 版本具体信息:*Contes populaires berbères*, recueillis, traduits et annotés par René Basset, Paris, E. Leroux, 1887。

③ 版本具体信息:*Les Fourberies de Si Djeh'a, contes kabyles*, traduction française d'Auguste Mouliéras et notes, avec une étude sur Si Djeh'a et les anecdotes qui lui sont attribuées, par René Basset, Paris, 1892。

请把它们包在一起邮寄到比斯克拉(留局自取),再配上一封有你署名的书信,那就更好了。[①]

作为回报,我会给你寄一张阿拉伯女孩们的照片,我会加入到她们的撒哈拉联欢中。

我就是那个,

皮埃尔·路易斯

信封上有邮戳(寄出: 14 VII 94,到达: 15 JUIL 94)和地址:
Monsieur C. A. Debussy
10 rue Gustave Doré
Paris.

Autogr.: F-Pn, Mus., N.L.a. 45 (4). *Prov.*: anc. coll. A. Godoy; Hôtel Drouot, 5 février 1999, nº 187. *Publ.*: Debussy-Louÿs 1931[e], p. 256-257 (non datée); Debussy-Louÿs 1943[c], p. 117; Debussy-Louÿs 1945, p. 36-37.

① CAD 为德彪西全名的简写。

1894 – 42

致皮埃尔·路易斯

[1894年7月20日]
星期五

亲爱的朋友:

我相信让你从拜罗伊特"转位"的因素一定是比斯克拉,天知道我有多么喜欢那个转位![1]事实上,拜罗伊特是个反面教材,它的世界被七和弦限制了。比斯克拉就好太多了,我们能学到不少全新的套路!

你说在这一切中,
瓦格纳变成了什么?
比斯克拉……又是谁?
是柯西玛。[2]

啊!我真羡慕你能穿上光鲜亮丽的衣服,像个英国人一样身处在那片沙漠上。

北方这边已经开始有点冷了,这不,人们都加了衣服来保暖,[3]绿树也将自己的叶子塞入"钱包",[4]我们将不得不使用化学手段让夏天走得不那么突然。

总之,这是冷血之人的胜利!

---

① 德彪西此时将路易斯更改路线形容为音乐中和弦从原位变成转位。
② 柯西玛指瓦格纳的妻子,李斯特的女儿。
③ 原文中有笔误,德彪西将"revêtir"的直陈式现在时第三人称复数变位"revêtent写成了"revêtissent"。
④ 德彪西在玩谐音梗,法语中的树叶"feuille"一词是钱包"portefeuille"一词的后一半。

目前,我生活中的伴侣只有佩雷亚斯与梅利桑德,这两个年轻人始终都那么优秀。我决定开始写地下那场戏了,[①] 但方式很特别,等你回来时,我将很高兴看到你惊奇的反应。我和罗拜赫一起吃饭,[②] 他总比那个卖艺的茨冈人强。我十分想念你,现在都没有人用最古朴的方式为我演奏巴赫了,只有你具备那样美妙的创造力。

我是你忠实的,

克劳德·德彪西

信封上有邮戳(寄出: 21 JUIL 94,到达: 26 JUIL 94)和地址:
Monsieur Pierre Louÿs.
Poste Restante
à Biskra.
Réexpédiée (26 JUIL 94)[③]:
Constantine
(Algérie)
Autogr.: F-ASOlang. *Prov.*: Château d'Écrouves, 30 juin 1934, n° 49 (avec fac-sim. partiel); Cat. Librarie Incidences 8 (1934), n° 296; anc. coll. L. Barthou; Hôtel Drouot, IV (1936), n° 2011 (avec fac-sim. de la dernière p.). *Publ.*: Debussy-Louÿs 1945, p. 37-38 (incomplète); Debussy 1971, p. 30; Debussy 1980, p. 66; Debussy 1993, p. 102.

---

① 第三幕第二场,于八月底完成。见书信 1894–46。

② 指保罗·罗拜赫。

③ 路易斯直到 1894 年 8 月 2 日才收到此信。埃罗尔德曾记录道:"路易斯收到了德彪西的一封风趣来信。"见 Goujon 1996, p. 47。由于天气过于炎热,路易斯离开了比斯克拉,前往君士坦丁居住。

1894 – 43

致皮埃尔·路易斯

[1894 年 7 月 27 日][①]
星期五晚上(凌晨)

亲爱的皮埃尔:

我给你往比斯克拉写了一封信,非常风趣。[②]然而,从你今晚发来的电报看,恐怕这封信被弄丢了,或者它被邮政局局长拿来给情妇(的礼物)作包装纸了?(很负能量的问题)我再给你写几句,证明你在古斯塔夫·多雷路度假的好朋友一切正常,他正忙于十六分音符丛中,里面还有佩雷亚斯与梅利桑德。

我与吉德和瓦莱里共进晚餐了,[③]我们聊了很多关于你的话题,不过这不是我们三人谈论的最无聊的话题。我以后再详细和你说,今晚我只想说,我依旧是你那个不可代替的,

克劳德·德彪西

---

① 根据星期五推断得出的日期。

② 见前一封书信。

③ 吉德在 8 月初给路易斯写信时提到了这个晚上:“我的朋友,换作是我,我不会那么信任德彪西。他把你的房门钥匙给我了。他“还可以”。我们一起吃了晚餐。你背叛了我,你没有告诉他我讨厌且鄙视门德尔松,你没有告诉他我对瓦格纳是爱恨交加。总之,我们一晚上都在说这个巨人的坏话。瓦莱里也在场,他只是听着……”见 André Gide, Pierre Louÿs, Paul Valéry, *Correspondances à trois voix*, éditée par Peter Fawcett et Pascal Mercier, Paris, Gallimard, 2004, p. 721。

替我问候埃罗尔德。

嘉比向你送来了微笑。

信封上有邮戳(寄出: 29 JUIL 94,到达: 2 AOUT 94)和地址:

Monsieur Pierre Louÿs
42 Route Bienfait
à Constantine
(Algérie)

Autogr.: US-NHub, Yale University, Frederick R. Koch Collection. *Prov.*: Cat. Stargardt 602 (27-28 novembre 1973), n° 655; Cat. H. Saffroy 87 (mars 1974), n° 8266 (avec fac-sim.); Hôtel Drouot, 16 mars 1984, n° 35. *Publ.*: Debussy-Louÿs 1945, p. 39; Debussy 1993, p. 103. *Fac-sim.*: Ottobar Matterlin, *Autographes et manuscrits, ventes publiques* 1982—1985, Paris, Édition Mayer, 1985, p. 227.

1894 – 44

皮埃尔·路易斯致德彪西

[康士坦丁,1894 年 7 月 29 日][①]

我们的朋友里只有一人还没忘记我们,那就是年轻的阿莱,他利用《日报》(*Le Journal*)的渠道从加拿大给我们寄来了有关哈德逊河的景象,这比在沃尔尼路看到的哈德逊河精彩多了。[②]

如果我身边有一个重要的人来倾诉,我会立即告诉你,就算你在 7 月 25 日中午一点跑到协和广场,你都想象不到同时间的撒哈拉沙漠究竟是什么样的。你的好朋友在他的梦幻国度住了两天两夜。这里半夜都有三十六度。这种快乐很微妙,我希望能和你分享一下。[③]

我们在那边遇到了一个 16 岁的堕落女孩,她的名字像小鸟一样——玛利亚姆·宾特·阿里。我很想把她给你带回来,她来自某个阿拉伯部落,那里的年轻少女都是用一些不光彩的手段赚取自己的嫁妆。但是,她法语说得不错,我不记得具体是什么时候,她喊出这么一句:"该塔拉拉布姆了!"[④]

---

① 该信的末尾提到了星期一早晨,这证明了该信是分两次写完的,并以此推断出它的日期。

② 阿勒冯斯·阿莱(Alphonse Allais, 1855—1905)先后担任《吉尔·布拉斯》(*Gil Blas*)和《日报》的记者,以幽默著称。1894 年 7 月 22 日,他在《日报》上发表了一篇《穿越大西洋的笔记》(*Transatlantique Block-Notes*),其中记录了自己乘火车沿哈德逊河旅行的经历:"我不想把话说绝,但就是在这样一列狭窄的车厢里,我们能了解到更多关于华盛顿祖国的事情,比在沃尔尼路最大的酒吧里多得多。"见 Alphonse Allais, *Œuvres posthumes*, édition de François Caradec, Paris, La Table Ronde, 1967, t. III, p. 96-97。

③ 路易斯非常享受这种酷热,1894 年 8 月 10 日,他写信给自己的兄长时说道:"37℃的高温,待在阴凉里喝着冷饮,炎热的国度真美好。"见 Louÿs 2002, p. 124。

④ "塔拉拉布姆"一词出自亨利·J. 塞耶斯(Henry J. Sayers, 1854—1932)的一首歌曲中的叠句,该歌曲创作于 1891 年,在当时非常流行。

还有件事,我们在那边(又)找到了一份二十多年前的手稿,上有题词:

致法蒂玛

她的小

乔治

很擅长亲吻。[①]

这份手稿包含了一部歌剧的前两幕,名字叫《沙漠之珠》(*la Perle du désert*),[②] 经过简要的查验,我们觉得可以将这份手稿归于上述作曲家,也就是《采珠人》的作者。我们为其续上了后面的内容。[③]

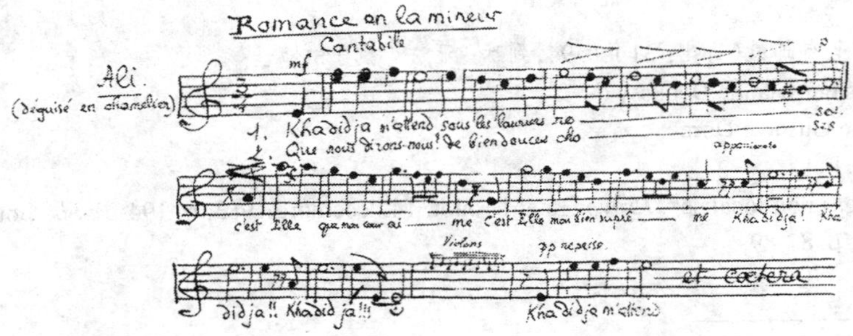

你可以将它加入《佩雷亚斯》中,反正它也没有被发表过,你不会有任何风险。

另外还有一首歌曲《哦,玛利亚姆,沙漠之花!》,但我们准备把这首送给居伊·罗帕茨先生。

好了,都说完了。这里很热,光线耀眼,所有的女性都像碧丽蒂

---

① 此处作者巧妙使用了同音字,将法国作曲家乔治·比才(Georges Bizet, 1838—1875)的姓“Bizet”当作“biser”(亲吻)一词来用。

② 这是从比才《采珠人》(*Les Pêcheurs de perles*)的标题中得到的灵感。比才是路易斯非常喜欢的一位作曲家。

③ 这是路易斯的手笔。埃罗尔德在《玛利亚姆日记》(*Journal de Meryem*)中记录道:“路易斯一直穿着阿拉伯服装。他哼着一首卡瓦蒂纳,出自比才的未发表歌剧,米歇尔·卡雷(Michel Carré, 1821—1872)作词……”见 Goujon 1996, p. 35-36。

斯,[①] 至少年轻的像,老的更像玛丽·洛朗。[②]

我是你的,

皮埃尔·路易斯

也代我问候罗拜赫。[③] 告诉他替我多喝一小杯苦艾酒。我敢肯定他不会拒绝的。

我在星期一早晨收到了你的来信。[④] 所以之前是我错怪你了。埃罗尔德向你问好。他总是跟那群小卡比勒人讲到你。我们的地址:碧昂菲路 42 号,康士坦丁。我们会在此住一个月![⑤]

信封上有邮戳(寄出:31 JUIL 94,到达:无法识别)和地址:
Monsieur Claude Debussy
10 rue Gustave Doré
Paris.
Autogr.: non localisé*. *Prov.*: Hôtel Drouot, 14 décembre 1983, n° 194. *Publ.*: Goujon 1996, p. 87-89.

---

① 《碧丽蒂斯之歌》(*Chansons de Bilitis*)即将制造出一种神秘气息。1894 年 12 月,路易斯在独立艺术书店出版了《碧丽蒂斯之歌》,他要求在扉页上标注:"碧丽蒂斯之歌首次从希腊语翻译为法语,译者 P. L.。"在诗歌之前,路易斯虚构了碧丽蒂斯的人生,并且明确指出:"她的坟墓是被 G. 海姆先生发现的,就在帕拉埃罗–里米索的一条古道旁,离阿玛隆特遗址不远……海姆先生是从一个满是泥土的竖井中钻进去的,他在竖井底部发现一面假墙,需要拆掉才能通过。宽敞而低矮的拱顶处铺有石灰石板,四壁覆盖着黑色闪岩,上面用原始的大写字母刻着我们接下来要阅读的全部诗歌——除了装饰石棺的三首墓志铭。"该书出版后,路易斯将其寄给了学术界的名家们。其中一些人真的上当了,比如一位来自里尔的考古学家。1896 年 1 月,还有人甚至在《青少年女性刊》(*Revue pour les jeunes filles*)建议再翻译一个新版。见 Pierre Louÿs, *Bilitis a-t-elle existé?*, préface de Jean-Paul Goujon, Paris, Les Inédits des Neuf Muses, 2001。

② 玛丽·洛朗(Marie Laurent, 1826—1904),当时著名的女演员。

③ 指保罗·罗拜赫。

④ 这里指 7 月 27 日的书信,而不是 7 月 20 日的。后者直到 8 月 2 日才寄到路易斯手中。见书信 1894–42。

⑤ 见书信 1894–42。

1894 – 45

致皮埃尔·路易斯

[1894年8月23日][1]
星期四

"……我最近被那些十六分音符搞得昏天黑地，都没有力气和你讲讲有关它们的轶事了。我像一匹拉车马一样工作，完成了地下场、紧接着走出地下场就是羊群场！[2]……

我认为，你在信中附带的那段比才的音乐是他最好的作品之一。他是音乐界的莫泊桑，他和莫泊桑一样，都以描写青楼女子著称，但比才的生命中没有遇到一个女人邀请他去"塞维利亚城墙"旁的房间。说到这里我想插一句嘴，晚餐后花7.5法郎就能领略西班牙风情，这很美妙！……人们一直都没有完全意识到，一个世纪产生的和声少得有多可怜！自格鲁克起，六和弦耗死了多少人？而现在，从玛侬到伊索尔德，[3]又都陷入了减七和弦中！人们是否记得，他们还可以不假思索地使用另一种和弦，就像他们去咖啡馆一样寻常，那就是三和弦！……"

Autogr.: non localisé. *Prov.*: Cat. R. Davis 40 (mars-avril 1935), n° 246; Cat. Sotheby's (23 novembre 1977), n° 90. *Publ.*: Debussy-Louÿs 1945, p. 40 (extrait); Debussy 1980, p. 67 (extrait); Debussy 1993, p. 103-104 (extrait).

---

① 该日期根据昂利·勒霍勒的书信（书信1894 – 46）所还原，勒霍勒在信中同样提到了《佩雷亚斯与梅利桑德》已经完成的场次。

② 地下场位于《佩雷亚斯与梅利桑德》第三幕第二场，羊群场位于第四幕第三场。

③《玛侬》（*Manon*）是儒勒·马斯奈的歌剧，于1884年1月19日在巴黎喜剧院首演。

1894 – 46

致昂利·勒霍勒

[1894 年 8 月 28 日]

我亲爱的勒霍勒:

由于没能马上回复您的来信,我一直都想向您道歉。其实,您的信对我的生命来说是一剂强心针,因为太久没有您的消息了。我必须在此说清,我在信中感受到的所有力量和激励。请不要把这当作是多愁善感(虽然多愁善感不是 C. 佩里耶先生想的那样)。[①] 我视您为敬爱的兄长,哪怕这位兄长在咆哮也没关系,因为我明白您的用心良苦。好吧,这些想法可能过于主观了,如果您不喜欢,也别介意,否则我真的会伤心的。

佩雷亚斯与梅利桑德一开始在赌气,他们都不想"下凡",因此,我只能先去忙别的乐思了。这个时候,他们有些妒忌了,也就主动靠近了我。梅利桑德用她那病恹恹的声音(您知道那个声音的)对我说:"把那些乱七八糟的小东西先放下吧,那都是世俗之人喜欢的玩意儿,你要继续梦想我的头发,你很清楚,任何温存都比不上我们之间的那种。"

地下的戏写出来了,里面满是神秘、阴森和恐怖,就算是铁胆也会被吓得灵魂出窍。走出地下的戏也完成了,这次倒是阳光明媚,但这阳光是经过我们的大海妈妈浸泡过的,我希望这个景象能出奇效,不过,这得由您自己判断,我无论如何都不能干预。我还写了小羊群的

---

① 让·卡西米尔·佩里耶(Jean Casimir Périer, 1847—1907),1894 年 6 月 27 日被选举为法兰西共和国总统,但 1895 年 1 月 5 日便辞职,原因是他受到了社会主义者的强烈抨击,称其为"资本"的化身,但更多是由于他无力承担共和国总统的附属职责:"我被谴责为无能,但和压在我身上的担子相比,我感到很不甘心。"

场次,我尝试用童真舒缓一下紧张的气氛。现在,我在写父子场,[①]对此我有些担忧,因为我需要找到更深层、更有说服力的内容！那里的"小爸爸"就是个噩梦。[②]

关于梅利桑德之死,我有个新点子,那就是让一个器乐组上台,从而制造出一种所有声音都凋零的效果,[③]您觉得怎么样？我还开始写一套小提琴与乐队作品,并起名为《夜曲》,[④]我会在里面让乐队分组,力求找到微妙的色彩变化。我觉得如今我们在创作音乐时,胆子都太小了,生怕违背了那个神圣的"共识",而这个"共识"是我认知中最恶劣的东西,它只不过是给众多愚蠢的人提供了庇护！简而言之,我们只专注于在自己本能的园林中耕耘,却肆无忌惮地践踏着别的花丛,而那里恰恰整齐排列着众多更纯粹的乐思！

我现在的生活非常单纯,就像一棵草一样,我的全部快乐就是创作(这已经足够了,可怜人！)。

前段时间,我和安德烈·吉德一起吃了晚饭,[⑤]他表现得像个英国老妇人一样婉转含蓄。他很有魅力,非常善于交流自己的想法;他很讨厌瓦格纳,这意味着他超凡脱俗;他有点认死理,但这也是前卫的体现。还有,皮埃尔·路易斯把阿尔及利亚的灼热带回来了。[⑥]

---

① 这段内容依次提到了《佩雷亚斯与梅利桑德》的第三幕第二场、第三场,第四幕第三场,以及第三幕第四场。

② 在《佩雷亚斯与梅利桑德》中,伊尼奥尔(戈洛前妻的孩子)称戈洛为"petit père",也就是"小爸爸"的意思。

③ 德彪西随后放弃了这一设想。

④ 这或许是为乐队而作的《夜曲》最初的方案,但该作品直到五年以后才完成。

⑤ 见书信 1894 – 43 和书信 1901 – 38。

⑥ 在 1894 年 7 月 29 日的书信中,路易斯向吉德形容过自己身着阿拉伯风格服饰。见 André Gide, Pierre Louÿs, Paul Valéry, *Correspondances à trois voix*, éditée par Peter Fawcett et Pascal Mercier, Paris, Gallimard, 2004, p. 719。路易斯刚从康士坦丁回来。他在日程簿上记录,自己 8 月 24 日有发烧和咳嗽的症状:"我给德彪西的印象是,我人快不行了。"

巴黎就像一座富人的疗养院,我们能看到很多奇葩,还有蓝眼睛的维也纳式贵妇!我经常走在被极端利己者荒废的布洛涅森林中,[①] L. F. 先生[卢锡安·枫丹]则继续唱着歌,活像一头多愁善感的公牛。[②]

我依然是您的,

克劳德·德彪西

请替我问候勒霍勒夫人以及您的家人。

(您的印章真好看。)

信封上有邮戳(寄出:28 AOUT 94,到达:29 AOUT 94)和地址:
Monsieur Henri Lerolle
à La-Tronche.
(Isère)
Autogr.: F-P, coll. part. *Publ.*: Denis, p. 29-30; Debussy 1980, p. 67-69; Debussy 1993, p. 104-106. *Exp.*: Paris 1942, p. 42, n° 143.

---

① 这是在影射洛朗·泰拉德的讽刺诗歌集《利己之地》(*Au pays du Mufle*, Paris, La Plume, 1891)。该诗集的修订版于1894年6月问世。泰拉德在里面不仅攻击了资产阶级和"文人",还揭发了"中产阶级的可耻行为"。1894年,法兰西信使图书馆还推出了《泰拉德在利己之地》(*Laurent Tailhade chez le Mufle*)的讲座和手册。多年前,福楼拜就曾在一封信中写道:"异教、基督教、极端利己主义,这就是人类进化的三个阶段。生活在最后这个阶段真的很难受。"见1871年3月11日书信,*Correspondance*, éd. de Jean Bruneau, Paris, Gallimard, Bibliothèque de la Pléiade, 1990, t. IV, p. 287。

② 卢锡安·枫丹(Lucien Fontaine)是阿图·枫丹的兄弟,也是肖松和勒霍勒的朋友,他们曾邀请德彪西指挥一个由家人和朋友们组成的业余合唱团。见书信1893 – 60。

1894 – 47

致埃赫奈斯·勒·格朗

［1894 年 8 月(？)］

亲爱的朋友，

我以为您很快会回到巴黎。您对我之前的那些琐事如此上心，我本想当面感谢您的，那可比写信热情多了。介于时光飞逝，而您也还会长期远离这个丑恶的巴黎，请先从这封信中接受我最真诚的感谢。

克劳德·德彪西

Autogr.: F-P, coll. part.

1894 – 48

致昂利·勒霍勒

［1894 年］9 月 21 日

亲爱的朋友：

您沉默的时间太长了，这让我十分难过。

请写几句话来安慰一下佩雷亚斯与梅利桑德。

您最忠实的，

克劳德·德彪西

信封上有邮戳(寄出：21 SEPT 94，到达：22 SEPT 94)和地址：

Monsieur Henri Lerolle

à la Tronche.

(Isère)

Autogr.: F-P, coll. part.

1894 - 49

致尤金·伊萨伊

星期六晚上
1894 年 9 月 22 日

亲爱的老朋友,

我拖了太久才给你写信,你正在把美好的音乐带给那些直肠子的美国人,① 我是怕我的信在“起航的大船”上找不到你。②

对此,我请你原谅。最近,面对着一成不变的三十二行五线谱,我一直在不停地画无数个十六分音符,这使我筋疲力尽,甚至都没有力气给我最喜欢的人写信了,当然,在这个人群中你绝对是排在最前列的。

我还在创作三首为小提琴独奏和乐队而作的《夜曲》,这是给你设计的。第一乐队只由弦乐组担任!第二乐队为三支长笛、四把圆号、三支小号和两台竖琴,第三乐队则是前面两个的结合体。其实,这是一种在单一音色上做各种处理的研究,就像绘画中对各种灰色的探索一样。③

我希望你会对这部作品感兴趣,而让你享受则是我最感兴趣的事。

---

① 1894 年 11 月 3 日,尤金·伊萨伊开启了自己的第一次美国巡演。他在美国一直住到 1895 年 6 月。伊萨伊在 1894 年 11 月 16 日与纽约爱乐乐团演出的贝多芬《小提琴协奏曲》(Op. 61)引起了轰动。

② “起航的大船”源自德彪西窜改的一首儿歌歌词:“妈妈,起航的小船有腿吗?”

③ 德彪西是詹姆斯·惠斯勒的崇拜者,非常喜欢后者创作的《夜景》(其中一幅主要是用灰色和银色)。1909 年,德彪西曾向一位英国记者说道:“我被称为音乐界的惠斯勒。”1893 年 4 月 3 日,次奥松在给马丘·克里克布姆写信时说道:“德彪西正在准备一部新作,他很有才华,这会是一部佳作。”见 Chausson 1999, p. 336。关于《夜曲》的创作计划,见书信 1894 - 46。

当然,我不会为了它放弃《佩雷亚斯》的。但越是往下写,我的担忧就越多。理想中的表现手法总是稍纵即逝,为了杜绝一切嘈杂,我简直是操碎了心!

请允许我祝你一路顺风,马到成功。你忠心的,

克劳德·德彪西

致以最诚挚的问候。

古斯塔夫·多雷路 10 号。

Autogr.: non localisé*. *Prov.*: anc. coll. A. Cortot. *Publ.*: Samazeuilh, p. 225 (incomplète); Ysaÿe, p. 342 (incomplète); Debussy 1980, p. 69 (incomplète); Debussy 1993, p. 106-107 (incomplète). *Exp.*: Paris 1942, p. 51, n° 211.

1894－50

致昂利·勒霍勒

[1894年10月19日]
星期五

我亲爱的勒霍勒,

上星期六没能见到您,没能邀请您明天准点过来,这实在是太遗憾。[1]

对您全心全意的,

克劳德·德彪西

信封上有邮戳(19 OCT 94)和地址:
Monsieur Henri Lerolle
20 avenue Duquesne
EV.
Autogr.: F-P, coll. part

① 1894年10月,勒霍勒在给肖松写信时曾提到自己前往德彪西家再次聆听《佩雷亚斯》的节选:"有些段落我非常喜欢,我已经能背下来了。很可惜他是那样一个人,否则我在他那里还是挺愉快的。"文献编号:F-P, coll. part。

1894 – 51

与乔治·阿特曼的出版合约

已收到 G. 阿特曼先生的贰佰法郎,用于收购下列作品的全部版权,并在所有国家不设任何限制和保留,作品:

《牧神午后前奏曲》乐队版及双钢琴缩减版。

因此, G. 阿特曼先生作为其独家拥有者,可以自己的方式编辑、出版以上作品。G. 阿特曼先生及其继承者将于合约有效期内在所有国家持有该特权。

1894 年 10 月 23 日于巴黎
已读并同意
克劳德·德彪西

原文为打印件(出自乔治·阿特曼),含手写添加内容(最后一行及签名)。
原件抬头:
G. Hartmann
Place de la Madeleine
Autogr.: Archives Jobert. *Fac-sim.*: Barraqué, p. 93. *Exp.*: Paris 1962, p. 39, n° 110.

1894 – 52

致阿图·枫丹

[1894 年 10 月 28 日]

“[……]佩雷亚斯、梅利桑德和我很高兴明天到您家拜访,祝好。[1][……]”

Autogr.: non localisé. *Prov.*: Cat. Stargardt 659 (16-17 mars 1995), n° 682.

① 这是一次私人的《佩雷亚斯与梅利桑德》试演。

1894－53

致皮埃尔·路易斯

［1894 年 11 月 12 日（？）］[1]

“我只抽尼罗河牌（P. 路易斯公司）[2]［……］你明天（星期二）能找个时间过来聊聊这些事吗？我现在感觉人都到古老的日本了！[3]［……］”

Autogr.: non localisé. *Prov.*: Cat. Sotheby (s (20 juillet 1965), n° 517.

① 该日期根据信中提到关于路易斯的健康问题而推断。见后一封书信。

② 皮埃尔·路易斯原本计划到埃及找自己的兄长会合，但最终放弃了这个想法。1894 年 11 月 30 日，皮埃尔·路易斯给保罗·瓦莱里写信时打趣地写道：“著名作家皮埃尔·路易斯先生出发了。他曾想过去那个‘我们只是尼罗河’的地方过冬，但最终他放弃了踏上那块被可恶的英国佬占领的土地。”见 André Gide, Pierre Louÿs, Paul Valéry, *Correspondances à trois voix*, éditée par Peter Fawcett et Pascal Mercier, Paris, Gallimard, 2004, p. 760。“我只抽尼罗河牌”则是当时尼罗河牌香烟的一句经典广告词，该品牌的公司位于法国昂古莱姆市。

③ 11 月 11 日，路易斯给瓦莱里写信称自己已经病了十七天之久。见 André Gide, Pierre Louÿs, Paul Valéry, *Correspondances à trois voix*, éditée par Peter Fawcett et Pascal Mercier, Paris, Gallimard, 2004, p. 750。

1894 – 54

皮埃尔·路易斯致德彪西

［1894 年 12 月 7 日］

早啊。

皮埃尔·路易斯

明信片，它复制了《帕西法尔》第三幕的一个片段[①]（第 663 小节起[②]），由古内曼兹演唱（*Das ist Charfreitags zauber, Herr*）。明信片上有邮戳（8 DEC 1894）和地址：
Hochwohlgeboren Claude Debussy
10 rue Gustave Doré
Paris
Autogr.: F-Pn, Mus., N.L.a. 45 (5). *Prov.*: anc. coll. A. Godoy; Hôtel Drouot, 5 février 1999, nº 187. *Publ.*: Debussy-Louÿs 1931ᵉ, p. 261 (non datée); Debussy-Louÿs 1945, p. 34 (datée 1894).

---

① 在一篇关于德彪西和瓦格纳的未发表文章中，路易斯记录道："第四个阶段，《佩雷亚斯》创作期间以及之后，他（德彪西）总是聊到《帕西法尔》。他喜欢列举《帕西法尔》中的一些片段，它们的特点相同：一个很温柔的主题，没有铺垫，两小节后就消逝了。"原稿未找到，G. Serrières 复制。

② 耶稣受难日的魔法。

1894 – 55

致昂利·勒霍勒

[1894 年 12 月 10 日]
星期一早晨

我亲爱的勒霍勒,

关于一直没有回复您的友善来信,我只能解释为自己现在的状态连动一下笔都要费很大力气。我更愿意在佛罗伦萨回忆您和博纳赫,[①]这是座梦幻般的城市,每个人都能得其所需![②]而有些人刚看了一个表面就停下来了,而且对结果没有兴趣,这种态度无论是对他人还是自己都是无法容忍的。我们自己把通往无限的大门关上,这有什么意义呢?

您就承认吧,我的这一预判很恰当!

当人们身处美好的环境中时,我们很难甚至无法用平时那种单调灰暗的生活去困扰他们!再说我,我现在对"自己"不是很满意,我就像一块老挂毯一样,一到夜晚就有老鼠前来一边讥讽一边啃食。而到了早上,最悲催的事情就是发现我们寄予厚望之物正在消失!

怎么办?我承认,在这方面我缺乏定力。此外,想象力肯定是一个喜欢独处的家伙:

我不会继续纠缠于这个人的故事了!

我认识了您的朋友勒努瓦,[③]他是个有趣的人,但只是表面上显得很独立,他并没有像您一样把一切都抛到九霄云外。但这并不妨碍他比他的其他同仁更有趣。

请问一下博纳赫,普儒和波德他们关于泰纳《意大利游记》的读

① 受肖松邀请,勒霍勒和博纳赫曾前往菲耶索莱的隆迪内利别墅。

② 德彪西想起了自己曾于 1880 年秋天在佛罗伦萨的奥本海姆别墅逗留,当时是作为冯·梅克夫人的钢琴师一同前往。

③ 阿尔弗雷德·勒努瓦(Alfred Lenoir, 1850—1920),法国画家、雕塑家,曾为勒霍勒提供建议。

后感是不是有点太肤浅了![1] 请他帮我看一看。至于您,请尽快变回到我喜欢的那个勒霍勒。

我和您二位握手。

克劳德·德彪西

请代我向肖松问好,[2] 还有勒霍勒夫人。请告诉这位《意象集》的受赠者,[3] 她的曲集中又增加了一首作品!那是一首《圆舞曲》,它是专门为喜欢坐着欣赏圆舞曲的人创作的。[4]

信封上有邮戳(寄出:10 DEC 94,到达:12-12 94)和地址:
Monsieur H. Lerolle
Villa Rondinelli,
San Domenico
pres Florence
Italie.
Réexpédiée(寄出:13 DIC 94,到达:16 DEC 94)[5]:
20 Avenue Duquesne
Paris
Autogr.: F-P, coll. part

---

① 关于波德,见书信 1893 – 29。法国史学家、评论家伊波利特·泰纳(Hippolyte Taine, 1828—1893)的《意大利游记》(*Voyage en Italie*)于 1886 年出版,之后被多次发行。

② 考虑到 3 月爆发的丑闻和两人的交恶,德彪西的这个问候令人有些意外。

③ 指《被遗忘的意象集》。

④ 1894 年冬天,德彪西将一套钢琴组曲献给伊冯娜·勒霍勒(Yvonne Lerolle, 1876—1941),并附文:"请伊冯娜·勒霍勒小姐收下这些《意象》,希望我的题献能让她开心。这些曲子很怕'金碧辉煌的沙龙'以及里面那些不喜欢音乐的人。它们就是自己与钢琴的对话,最好是能够在伤感的雨天享用!"文献编号:US-Nypm。德彪西信中略带讥讽地提到了《圆舞曲》,这可能是在说《被遗忘的意象集》中使用三拍子的第一首,但被标记为《慢板》。1894 年 2 月,德彪西在一把扇子上誊写了《佩雷亚斯与梅利桑德》第二幕第三场的几小节以及亲笔献词:"致伊冯娜·勒霍勒小姐,来自她的小妹妹梅利桑德,克劳德·德彪西,94 年 2 月。"文献编号:coll. du prince de Polignac。

⑤ 转送地址笔迹出自肖松之手。

1894 – 56

致阿图·枫丹

［1894年12月20日(？)］
星期四

亲爱的先生，

我向您道歉，也请您在枫丹太太那里替我美言！……我最近一直都忙于《牧神午后》的排练，[①] 因此，我还没法去做您拜托我的事情。

希望您不要太生我的气，之后我会尽量弥补回来(其实我只负有间接责任)。

祝好。

克劳德·德彪西

Autogr.: non localisé*. *Prov.*: Cat. Librairie de l'Abbaye 218 (1974), n° 39 (avec fac-sim.); Hôtel Drouot, 6-9 novembre 1996, n° A 23 (avec fac-sim.).

① 见后一封书信。

1894－57

致斯蒂凡·马拉美

［1894年12月20日］
星期四(于古斯塔夫·多雷路10号)

亲爱的大师:

如果您能到现场助阵,那我不知会有多高兴!恬不知耻地说,我是直接听到您的牧神笛声后把它记下来的。①

崇敬地。

克劳德·德彪西

信封上有邮戳(20 DEC 94)和地址:
Monsieur Stéphane Mallarmé
89 rue de Rome.
EV.
Autogr.: F-P, Bibliothèque littéraire Jacques Doucet, MVL 527. *Publ.*: Debussy 1980, p. 70; Mallarmé, t. VII, p. 116, n. 2; Debussy 1993, p. 107; Jean-Michel Nectoux, *Mallarmé, Un clair regard dans les ténèbres*, Paris, Adam Biro, 1998, p. 170. *Facsim: Cahiers Debussy* 12-13 (1988—1989), p. 6; *L'Après-midi d'un faune Mallarmé, Debussy, Nijinsky*, catalogue établi et rédigé par Jean-Michel Nectoux, Paris, Éditions de la Réunion des Musées nationaux, 1989, Les Dossiers du Musée d'Orsay n° 29, p. 15.

---

①《牧神午后前奏曲》的首演于1894年12月22日和23日举行,地点是阿赫库赫大厅,由瑞士指挥家古斯塔夫·多雷(Gustave Doret, 1866—1943)执棒。首场演出大获成功,《牧神午后前奏曲》还被要求加演。古斯塔夫·多雷回忆道:"突然,我感到背后的观众被彻底迷住了!这是少数指挥特有的能力!这是一场大胜,它让我毫不犹豫地违反了'禁止加演'的规定。乐队也非常开心,他们把他们最喜欢的作品强加给了已经被征服的观众。然而,由于信息不足且深受浪漫主义传统的影响,有些传记作者后来还是将德彪西塑造成音乐的殉道者,声称《牧神午后前奏曲》的首演受到了嘘声。事实上,他们混淆了这次巨大的成功和之后柯罗纳音乐会上那声有组织、但毫无意义的嘘声。"见Gustave Doret, *Temps et Contretemps. Souvenirs d'un musicien*, Fribourg, Éditions de la librairie de l'Université, 1942, p. 96。

1894 – 58

皮埃尔·路易斯致德彪西

［1894年12月22（23）日］
星期六凌晨

我亲爱的德彪西，

你的前奏曲太棒了，我回到家就想立刻告诉你。关于我们都喜爱的那段诗词，没有人能比你做得更美妙了。整个过程都是簌簌作响，但又是那么变幻莫测。

你让我太快乐了，而这已经不是第一次了。

明天在拉穆勒那里我们应该可以见面，[①] 我肯定是不会去阿赫库赫了。[②]

我希望明天他们能把你的曲子演得再好一些。圆号很差，其他的也没好到哪里。[③]

---

① 该音乐会在冬日马戏场举行，曲目有：贝多芬《田园交响曲》（Op. 68）、巴赫《圣诞节清唱剧》（*l'Oratorio de Noël*）选段、贝多芬《第五钢琴协奏曲》（Op. 73）、米利·巴拉基列夫（Mily Balakirev, 1837—1910）《塔玛拉》（*Thamar*）、柏辽兹《基督的童年》（*L'Enfance du Christ*, Op. 25）以及瓦格纳《漂泊的荷兰人》序曲。

② 两场国家音乐协会的音乐会都是在阿赫库赫大厅演出的，地址是罗什舒瓦赫路40号。

③ 法国作曲家沙赫勒·柯克兰（Charles Kœchlin, 1867—1950）对此也有记载："演奏有些不尽如人意，而阿赫库赫大厅的音效加剧了这些缺陷。"同时演出的作品还包括：格拉祖诺夫的《森林幻想曲》（Op. 19）、儒勒·伯赫迪耶的《塞尔维亚组曲》（*Suite serbe*）、昂利·杜帕克的《波浪与钟声》（*La Vague et la Cloche*）、路易–阿勒拜赫·布尔高–杜库德雷（Louis-Albert Bourgault-Ducoudray, 1840—1910）的《欧菲丽亚的葬礼》（*L'Enterrement d'Ophélie*）、圣–桑的《小提琴协奏曲》（Op. 61）、约瑟夫–居伊·罗帕茨的《祈祷》（*Prière*）以及弗朗克的《救赎》（*Rédemption*）。由古斯塔夫·多雷指挥。

敬礼。

P. L.

信封上有邮戳(23 DÉCEMBRE 94)和地址:[①]

Monsieur C. Debussy

10 rue Gustave Doré

E.V.

Autogr.: non localisé*. *Prov.*: Hôtel Drouot, 23 mai 1927, n° 89; Cat. W. Myers 3 (1960), n° 235; Cat. Stargardt 576 (24-25 mai 1966), n° 200; anc. coll. M. Reis; Cat. Erasmushaus/Stargardt 657 (8 octobre 1994), n° 63; Hôtel Drouot, 30 mai 2007, n° 141; anc. coll. Musée des Lettres et des Manuscrits. *Publ.*: Debussy-Louÿs 1945, p. 63 (incomplète; datée octobre 1895); Louÿs 1962, p. 62; Goujon 1988, p. 120; Goujon 2002, p. 223.

① 信息来源: Archives Lockspeiser。

1894－59

斯蒂凡·马拉美致德彪西

［1894年12月23日］
巴黎，星期日

我亲爱的朋友：

我从音乐会上出来，非常激动——太棒了！您对《牧神午后》的解读与我的文字没有任何不和谐之处，真的，甚至走得更远，反而在怀旧和光影的表达上更近了一步，展现了细腻、不安与丰富的情感。[1] 我佩服地与您握手，德彪西。[2]

您的，

斯蒂凡·马拉美

Autogr.: non localisé (copie F. Ambrières). *Prov.*: E. Debussy; Hôtel Drouot, 1er décembre 1933, nº 214. *Publ.*: Mallarmé, t. VII, p. 116 (incomplète); Stéphane Mallarmé, *Correspondance*, édition établie et annotée par Bertrand Marchal, Paris, Folio, Gallimard, 1995, p. 623; Jean-Michel Nectoux, *Mallarmé, Un clair regard dans les ténèbres*, Paris, Adam Biro, 1998, p. 170; Stéphane Mallarmé, *Œuvres complètes*, éd. Bertrand Marchal, Paris, Gallimard, La Pléiade, t. I, 1998, p. 810-811.

---

① 马拉美的这段评价足以反驳另外一句号称是马拉美说过的俏皮话："我感觉是我自己完成的配乐。"事实上，这句话并不是针对德彪西的作品，而是针对另一位诗人兼"器乐音乐"作曲家维克多－埃玛努埃尔·隆巴迪（Victor-Emmanuel Lombardi）于1888年创作的作品。隆巴迪和诗人勒内·吉尔（René Ghil, 1862—1925）关系密切，他也从《牧神午后》中获得了灵感，但十分平庸。保罗·瓦莱里则在他1933年的《斯蒂凡·马拉美》研究中说道："……马拉美对于德彪西基于他的诗文配乐并不是十分高兴。他认为自己作品中含有的乐感就足够了，他觉得将音乐与他的诗文配对是对诗文的一种攻击，哪怕这是出于绝对的善意，哪怕那音乐是世上最美的音乐。"见 Paul Valéry, *Œuvres*, édition de Jean Hytier, Paris, Gallimard, 1957, Bibliothèque de la Pléiade, t. I, p.670。

② 1895年11月，在《牧神午后前奏曲》出版之时，德彪西将一份乐谱赠予马拉美。见附录V。

1894 – 60

致一位未知者[①]

[1894 年 12 月 23 日][②]
"星期日晚上"

[他(德彪西)感谢了她精致的表达方式]"**有些事情说得太过客气了,让我无比感动!**……[尤其是出自她这样一位优秀的音乐家之手。他盼着他们的下一次见面。]"**我等着您的信儿**……

尊敬与真挚地问候。

克劳德·德彪西"

Autogr.: non localisé*. *Prov.*: Cat. Sotheby's (29-30 avril 1980), n° 376 (avec fac-sim. partiel).

---

① 这有可能是指玛丽·枫丹,她就是一位优秀的音乐家。

② 该日期根据德彪西的签名方式推断。此信类似一封感谢信,是在《牧神午后前奏曲》首演后写的。

1894 – 61

致尤金·德麦

[1894 年 12 月 26 日(?)][①]
星期三

我亲爱的德麦先生，

您能帮我问问，甚至是直接寄给我《牧神午后》的两本总谱和乐队分谱吗？我很担心，急需知道它们现在在谁的手上。

祝好。

克劳德·德彪西
古斯塔夫·多雷路 10 号

Autogr.: BR-R, coll. P. Corrêa do Lago. *Prov.*: Cat. Charavay 771 (février 1981), n° 38859; Cat. Lion Heart (1982), n° 25; Cat. Stargardt 630 (29-30 novembre 1983), n° 840.; Cat. F. Castaing (automne 1990), n° 123. *Fac-sim.*: Frédéric Castaing, *Signatures*, Paris, Atout éditions, 1999, p. 91; *Cinq Siècles sur papier. Autographes et manuscrits de la collection Pedro Corrêa de Lago*, Paris, Éditions de la Martinière, 2004, p. 154.

---

① 该日期根据德彪西在信中请求回收《牧神午后前奏曲》乐谱的内容所推断。该作品刚刚于 12 月 22 日和 23 日完成首演，由古斯塔夫·多雷指挥。

1894 – 62

致昂利·勒霍勒

[1894 年 12 月 28 日]
星期五早晨

我亲爱的勒霍勒,

第一件事自然让我感到很高兴,至于第二件,我可以毫不犹豫地告诉您它叫《抒情诗》,① 您可以在布杜那里找到。②

不久后见?

祝好。

克劳德·德彪西

信封上有邮戳(28 DEC 94)和地址:
Monsieur Henri Lerolle
20 avenue Duquesne
EV
Autogr.: F-P, coll. part

---

①《抒情诗》(*Poëme Lyrique*, Op. 12)是格拉祖诺夫的乐队作品,创作于 1884 年至 1887 年。

② 德彪西在原文中将"布杜"一词"Baudoux"误写成了"Beaudoux",关于出版商布杜,见书信 1894 – 36。德彪西于 1887 年在布杜那里演奏了《牧神午后前奏曲》的双钢琴版本,正如昂利·杜帕克在 1912 年 2 月 1 日给西班牙钢琴家里卡多·维涅斯(Ricardo Viñes, 1875—1943)写信时说道:"在布杜那里,我听到了那首令人钦佩的《牧神午后》双钢琴版,两架钢琴不是很合拍,德彪西亲自演奏了其中的一架,他肯定有好几次都很紧张。我是更希望他们能弹得再精确一些。没办法,我们不是一代人!"文献编号: Cat. Stargardt 592 (9 juin 1970), n° 52。第二钢琴是由古斯塔夫·萨马泽伊担任,他在自己的回忆中有所提及。除此之外,德彪西当天还展示了《绝代才女》,以及《佩雷亚斯与梅利桑德》中塔楼场、二重唱和梅利桑德之死的最初版本。见 Gustave Samazeuilh, *Musiciens de mon temps, chroniques et souvenirs*, Paris, La Renaissance du livre, Éditions Marcel Daubin, 1947, p. 118。

1894 – 63

致古斯塔夫·多雷

［1894 年 12 月底］①

我亲爱的多雷，

我再次向您道歉，我和您一样煎熬，而且只吃了一片肉！

如果您愿意，我希望能请您来我家，您绝对不会后悔的。

祝好。

克劳德·德彪西

信封上有邮戳和地址：②

Monsieur G. Doret.
7 Avenue Beaucour.
(248 F[b] S[t] Honoré)
EV.

Autogr.: US-NYpm, MLT D289.D695 1. *Prov.*: anc. coll. M. G. Cobb.

① 本信的信纸、信封和签名都非常接近前一封书信。

② 由于信封被撕，邮戳上的内容无法识别。

1894 – 64

致皮埃尔·路易斯

[1894 年末(1895 年初)(?)][①]
星期五
(金星日,也是帕伊娃女士日[②])

我亲爱的皮埃尔,

你的电报正好赶上我在培养家庭关系,嘉比还有几顶帽子要做完,因此她也需要我如此安排。[③] 另外,如此良宵我肯定不能丢下她一个人。我的两个朋友以及你本人肯定可以理解。和你一样,嘉比最不愿意看到的就是被遗弃。

我是你的,

克劳德·德彪西

Autogr.: non localisé*. *Prov.*: Cat. Sotheby's (29-30 avril 1980), n° 375; Cat. B. Simeone 3 (1981), n° 254; Cat. Sotheby's (21 mai 1998), n° 187; Cat. Les Autographes 89 (Noël 1999), n° 67.

---

① 该日期根据信中提到关于路易斯的健康问题而推断。见后一封书信。

② 指特蕾丝·拉赫曼(Thérèse Lachmann, 1819—1884),著名交际花,曾在香榭丽舍大街拥有一座公馆,由保罗·保德利装潢。如今,该公馆是巴黎旅行者俱乐部的总部。

③ 嘉比是利雪一位服装设计师的女儿,在定居巴黎之前曾在一家女帽商店工作。

1894 – 65

致皮埃尔·路易斯

[1894年(?)]
星期五

这就是最好的,真的,我们的大自然母亲会让你满意。我不会再强调了。

我们可以约晚上八点,晚饭后一起去泡冷水浴。

敬上。

克劳德

用铅笔所写,信封上未贴邮票,也没有地址,只写了:
Monsieur Pierre Louÿs
Autogr.: F-Pn, Mus., N.L.a. 44 (83). *Prov.*: anc. coll. A. Godoy; Hôtel Drouot, 5 février 1999, n° 186. *Publ.*: Debussy-Louÿs 1931[1], p. 145; Debussy-Louÿs 1942[a], p. 27-28; Debussy-Louÿs 1945, p. 33-34.

1894 – 66

致皮埃尔·路易斯

[1894 年(?)]

“[……]我还没有决定今晚去不去帕西的 L. F. 家(卢锡安·枫丹家),他肯定要留我吃饭。所以你就自便吧,我们明晚见。[……]”

电报卡。

Autogr.: non localisé. *Prov.*: Cat. S. Kra 28 (octobre 1932), n° 102.

1894 – 67

致皮埃尔·路易斯

[1894 年(?)]

“……我又变成‘鳏夫’了,[①] 我会到‘昂坦地窖’和你汇合,[②] 然后我们一起去喝汤吃牛肉……”

电报卡。

Autogr.: non localisé. *Prov.*: Cat. S. Kra 22 (juillet-août 1930), n° 8555. *Publ.*: Debussy-Louÿs 1945, p. 33.

---

① 嘉比此时应该在诺曼底。

② 这是独立艺术书店的昵称,因为它位于绍塞–昂坦路 11 号。

1894 – 68

皮埃尔·路易斯致德彪西

［1894年(？)］

我亲爱的克劳德：

(我刚刚给你发了一封电报，就在收到你的来信之前。)

今天下馆子对于我来说就如同买一台双排姆斯特尔琴一样，太奢侈了。① 我的余额严重不足。

但如果你星期六想来我家吃饭，你可以喝到奶，吃到无花果，如果冷的话还可以生火。②

你的，

Dir

Yours

∑ot

Tibi

Tù

P. L.

信封上未贴邮票，地址：
Monsieur Claude Debussy
10 rue Gustave Doré
Autogr.: F-Pn, Mus., N.L.a. 45 (22). *Prov.*: anc. coll. A. Godoy; Hôtel Drouot, 5 février 1999, n° 187. *Publ.*: Debussy-Louÿs 1931[b], p. 376 (non datée); Debussy-Louÿs 1943[c], p. 128-129 (non datée); Debussy-Louÿs 1945, p. 33.

---

① 维克多·姆斯特尔(Victor Mustel)和他的儿子们是法国风琴制造商，也是钢片琴的发明者。皮埃尔·路易斯拥有一台他们生产的风琴。

② 这是在重温《碧丽蒂斯之歌》中《小发尼昂》(« La Petite Phanion »)的末尾，路易斯于4月6日创作："你会在她家发现一张床，一些新鲜的无花果、奶、红酒，如果冷的话还可以生火。"见 Pierre Louÿs, *Les Chansons de Bilitis*, éd. de Jean-Paul Goujon, Paris, Gallimard, 1990, p. 177。

1894 – 69

致皮埃尔·德·布莱维勒

[1894(1895)年初(?)][1]

亲爱的朋友:

我视奏了《四月的快乐》,[2]这真是一首有趣的作品,它与夏布里埃的《快乐进行曲》、[3]塞勒尼克的《印度进行曲》很搭配,[4]您不担心这个标题会有些象征性意义吗?

总之,他应该把标题改掉,以避免不必要的麻烦。

下午可以。

祝好。

克劳德·德彪西
星期日晚上

Autogr.: F-Pn, Mus., L.a. Debussy (C.) 66.

---

① 该日期根据签名所推测。

②《四月的快乐》(*Joyeuseté d'Avril*)是法国作曲家弗洛朗·施密特(Florent Schmitt, 1870—1958)的乐队作品,于1895年12月29日在国家音乐协会首演,由:古斯塔夫·多雷指挥。

③ 夏布里埃的《快乐进行曲》(*Joyeuse Marche*)是一首钢琴四手联弹作品,由艾诺克与科斯塔拉(Enoch et Costallat)出版社于1890年出版,1892年3月19日在国家音乐协会首演。

④《印度进行曲》(*Marche Indienne*)是阿道夫·瓦伦丁·塞勒尼克(Adolphe Valentin Sellenick, 1826—1893)的作品,塞勒尼克是法国共和国卫队作曲家、指挥家。

1894 – 70

致一位未知者

［1894（1895）年初(？)］①

先生，

我将很高兴见到您，我会在星期二下午两点到五点恭候您。我觉得这个时间您应该可以，诚挚地问候。

克劳德·德彪西

Autogr.: US-Wc, ML34.B4, Batchelder Collection.

1894 – 71

致欧雷利昂·吕涅-波

［1894 年或 1895 年初］②

星期三

亲爱的吕涅-波先生：

请务必给我梅特林克的地址，我急用。

谢谢，敬礼。

克劳德·德彪西

古斯塔夫·多雷路 10 号

Autogr.: US-NYpm, MFC D289.L951. *Prov.*: Hôtel Drouot, 16 octobre 1991, n° 86.

① 该日期根据签名所推测。

② 该日期根据签名所推测。

1895－1

皮埃尔·路易斯致德彪西

[1895年1月16日]
塞维利亚,太平洋广场9号

亲爱的朋友。

这是一盒风靡全西班牙的艾米丽火柴。① 告诉你,埃罗尔德已经决定加入我了。② 我们向你问好。③ 帕古娃小姐唱的歌都是c小调,从很轻的♭mi、re、do开始,接着是一通自由节奏的查尔达斯舞,热情奔放。你肯定会喜欢的,我的老伙计。这些歌曲都是波希米亚风格的,都不是在主音上结束。帕古娃小姐15岁。埃罗尔德的那位叫罗拉(16岁)。

真好。

信封上有邮戳(寄出:16 ENE 95,到达:20 JANV 95)和地址:
Francia
Monsieur Claude Debussy
10 rue Gustave Doré
Paris.
Autogr.: F-Pn, Mus., N.L.a. 45 (6). *Prov.*: anc. coll. A. Godoy; Hôtel Drouot, 5 février 1999, n° 187. *Publ.*: Debussy-Louÿs 1931[f], p. 372 (non datée); Debussy-Louÿs 1943[c], p. 123 (non datée); Debussy-Louÿs 1945, p. 40-41; Goujon 1984, p. 96.

---

① 指艾米丽·达朗松(Émilienne d'Alençon, 1869—1946),巴黎女神游乐厅的舞女,红极一时的交际花。

② 皮埃尔·路易斯于1895年1月6日从巴黎启程,但埃罗尔德并没有像路易斯说的那样前往西班牙。后者于1月10日一个人抵达了塞维利亚。这个谎言最近才被让－保罗·古永(Jean-Paul Goujon)揭穿。见Goujon 1992, p. 20。

③ 路易斯在此处原文中使用了西班牙语,但有笔误,将“mejores saludos de amistad”写成了“melioros salutados de amistad”。

1895－2

致皮埃尔·路易斯

1895 年 1 月 22 日

老弟啊！

你还记得爪哇音乐吗？[①] 那里面包含着所有的微妙变化，有的甚至都让我们无法形容，主音和属音在他们那里就如同儿戏一般。

所以呀，不要看到一个简单的“♭mi、re、do”就显得那么没见过世面，你就让我自行脑补帕古娃和罗拉的魅力比这更加有新意吧。

首都的清晨，一个声音如泣如诉：

看看那个帅小伙，

他是罗拉的情人！

他是罗拉的情人！

看看那个帅小伙，

他是罗拉的情人！[②]

《碧丽蒂斯之歌》正在被所有人传阅，[③] 甚至包括让·洛韩，这肯定会让碧丽蒂斯吃惊的。洛韩把《碧丽蒂斯之歌》比作普维·德·沙瓦

---

① 这是指 1889 年巴黎世博会上的表演，它们向德彪西和众多其他艺术家们揭示了远东音乐艺术。

② 这是当时风靡法国的一首歌曲《阿曼达的情人》（*L'Amant d'Amanda*）的副歌，由埃赫奈斯·卡雷（Ernest Carré）作词、维克多·罗比亚赫（Victor Robillard）作曲，利拜赫（Libert, 1840—1896）演唱。

③ 1894 年 12 月 3 日，路易斯的《碧丽蒂斯之歌》希腊语翻译版第一版完成了刻印。独立艺术书店于 12 月 12 日开始售卖。

纳的绘画,但那些远比不上书中描绘的漂亮。[①]

当前,佩雷亚斯与梅利桑德是我仅剩的朋友,但是,我们现在变得有些太知根知底了,彼此间不再有任何悬念。其实,每当我们完成一部作品时,都像是失去了一位好友一样,不是吗?……

一个九和弦……

降号是蓝色的……

我很喜欢将你们的人设想象成“身处塞维利亚城墙边,喝着雪莉酒”,[②] 等你们回来的时候,响板一定已经打得非常好了,这对于你们的社交简直是如虎添翼。

我想让你告诉我,经过这么多个世纪的文明演变,“西班牙式的傲慢”是否已经被摧毁了?[③] 当然,我更希望你给我带回一把吉他,这样我在偶尔碰触它的时候,它能带给我一丝响动,就像一缕细微的尘埃,带着昔日野性忧郁的痕迹。

可惜我只能先写到这里了,剩下的只能请你自行脑补。献上真切的友谊。

克劳德·德彪西

---

① 这里是在内涵法国诗人、小说家、记者让·洛韩(Jean Lorrain)——原名保罗·杜瓦勒(Paul Duval, 1855—1906)的同性恋倾向,此人以“腐败的花花公子”著称。他以“布列塔尼的莱蒂夫”(Raitif de La Bretonne)为笔名,于1月21日在《巴黎回声》上提到了《碧丽蒂斯之歌》:“我高声朗读《碧丽蒂斯之歌》,这是诗人勒内·路易斯的佳作。”(注意,洛韩记错了路易斯的名字)[普维·德·沙瓦纳(Puvis de Chavannes, 1824—1898),法国画家——译者注]。

② 这是源自比才《卡门》(*Carmen*)第一幕卡门演唱的谢吉第亚中的歌词:“塞维利亚城墙边,在我朋友里拉斯·帕斯蒂亚家,我会跳一支谢吉第亚舞,再喝点雪莉酒。”

③ 西班牙式的傲慢和英国式的傲慢齐名,后者曾在书信1889–13中被提及。

祝贺埃罗尔德,他似乎很喜欢"小"调,这在西班牙很常见。

信封上有邮戳(寄出:22 JANV 95)和地址:[1]
Monsieur Pierre Louÿs
9, Plaza del Pacifico
à Séville
Francia
Autogr.: non localisé. *Publ.*: Debussy-Louÿs 1945, p. 41-42; Debussy 1980, p. 70, 73; Debussy 1993, p. 107-108. *Exp.*: Paris 1942, p. 50, nº 206.

1895 – 3

皮埃尔·路易斯致德彪西

[塞维利亚,1895 年 1 月 26 日]

朋友:

卡门就是在坎迪莱霍路勾引了唐·何塞。你是不是认为我会想住在那里? 我可不敢这么做,因为我怕挨拳头,在坎迪莱霍路必须能打才行。

一句话,现在我的身边有一位年轻的姑娘叫孔莎,她的名字中把我们需要的都内涵在里面了,[2] 就像我的上一个女伴一样。还有,她每天用米粉洗脸、用油洗头。这里的水都是用来冲厕所的。真是每个国家都有它自己的习俗。

我还有一个女伴叫卡门,一个叫皮拉,一个叫胡安娜,一个叫罗萨里奥。剩下的你就在阿尔弗雷德·德·缪塞的第一卷找吧。[3]

---

① 信息来源:Debussy-Louÿs 1945。
② 此处路易斯利用女孩名字在法语中的同音梗开了一个低俗的玩笑。
③ 阿尔弗雷德·德·缪塞创作的《西班牙与意大利故事》(*Contes d'Espagne et d'Italie*),由勒瓦瓦瑟(Levavasseur)出版社于 1830 年在巴黎出版。

我的书橱里和书桌上放着105册,我都没动。自从到了这里之后,我什么都没做。以后再说吧。

你的,

P. L.

虽然孔莎只有15岁,但她并不像梅利桑德,也不像茉莉小姐。①

信封上有邮戳(寄出:26 ENE 95,到达:29 JANV 95)和地址:
Francia
Monsieur Claude A. Debussy
10 rue Gustave Doré
Paris
信封上有德彪西的亲笔批注:
H. Gillet②
19 r. Turgot
Autogr.: F-Pn, Mus., N.L.a. 45 (7). *Prov.*: anc. coll. A. Godoy; Hôtel Drouot, 5 février 1999, n° 187. *Publ.*: Debussy-Louÿs 1931[b], p. 374 (non datée); Debussy-Louÿs 1943[c], p. 121; Debussy-Louÿs 1945, p. 42-43; Goujon 1984, p. 106, 108.

---

① 茉莉(Meuris)小姐是梅特林克的戏剧《佩雷亚斯与梅利桑德》中梅利桑德的第一任扮演者,作品于1893年5月17日在巴黎轻歌剧院作品剧场首演。路易斯还在书信的末尾用铅笔加上了一段评论,但被涂抹掉了。

② 昂利·吉列(Henri Gillet, 1870—1897),大提琴家,克里克布姆四重奏组成员。

1895 – 4

皮埃尔·路易斯致德彪西

［塞维利亚，1895 年 2 月 10 日前后］[①]

亲爱的朋友：

我不知道你什么时候能收到这封信，整个西班牙北部都已被大雪覆盖，火车已经停运三天了，我完全不知道何时恢复。

而我这里，哪怕在阴凉处，依然能保持在 20℃以上，这是官方数据。[②]

我依然在不务正业。所有西班牙名字都让我过了一遍，最后一个名字叫恩卡尼西翁。当然，我们现在离烈士路很远。

以下是个（名字）小词库：

多洛雷斯 = 七种痛苦的圣母院

孔苏埃罗 = 安慰的圣母院

梅赛德斯 = 怜悯的圣母院

孔莎 = 孕育的圣母院

皮拉 = 朝圣的圣母院

坎德拉莉亚 = 圣蜡节的圣母院

罗萨里奥 = 圣罗萨尔的圣母院

等等。

小词库终。

啊对了，我这里有件新鲜事。从昨天起，我变成了作曲家，一个天才青年。你危险了，无论是现在还是将来。这谁也没想到吧！我可以

---

① 该日期根据邮戳上的到达日期所推断。信件派送需要花四天时间，但由于气候恶劣，该信的实际书写时间或许早于四天。

② 1895 年 2 月 10 日，皮埃尔·路易斯在给自己的兄长写信时提到官方数据“中午的阴凉处能达到 20℃以上”。这再次验证了本信的推断日期。见 Louÿs 2002, p. 147。

创作圆舞曲、浪漫曲还有波莱罗。交响曲也在计划中了。我的献词到4月1日前卖5路易,之后价格会翻倍。告诉你周围的人赶快来抢。

目前,我的浪漫曲都是由昂利·海涅先生作词。① 只是这个笨蛋仅会用德语写。至于法语,他完全不想理会。②

目前就是这样了。没什么其他可说的了。我的纸用完了,笔也折了。

儒勒

人称"塞维利亚城墙"

信纸带有以下抬头:
G[d] HÔTEL DE PARIS
SÉVILLE
信封上有邮戳(寄出:无法识别,到达:17 FEVR 95)和地址:
Monsieur Claude Debussy
10 rue Gustave Doré.
Paris
Autogr.: F-Pn, Mus., N.L.a. 45 (9). *Prov.*: anc. coll. A. Godoy; Hôtel Drouot, 5 février 1999, n° 187. *Publ.*: Debussy-Louÿs 1931[d], p. 140-141 (non datée); Debussy-Louÿs 1943[c], p. 121-123 (non datée); Debussy-Louÿs 1945, p. 43-44 (datée février 1895); Goujon 1984, p. 118, 120, 122 (non datée).

---

① 指德国诗人海因里希·海涅(Heinrich Heine, 1797—1856)。

②《法兰西信使》在1898年9月的一期中刊登了皮埃尔·路易斯的音乐作品《东方三王之歌》(*Chanson des Rois Mages*),歌词选自海涅的作品。它被献给了昂利·德·雷尼耶夫人——原名为玛丽·德·埃莱迪亚(Marie de Heredia)。在嫁给昂利·德·雷尼耶两年后的1897年10月17日,德·埃莱迪亚成为了路易斯的情妇。据路易斯透露,德·埃莱迪亚和德·雷尼耶的婚姻仅停留在形式层面。这首歌是为了庆祝皮埃尔·德·雷尼耶的诞生,人称"老虎",但他实际上是路易斯的儿子。德彪西曾誊写了一份手抄稿,并帮助路易斯优化了伴奏部分。文献编号:US-NHub, Yale University, Frederick R. Koch Collection。

1895 – 5

皮埃尔·路易斯致德彪西

［塞维利亚，1895 年 2 月 10 日前后］[①]

我的大叔，

请替我去看一下《齐尔佩里克》，[②] 因为我在这里可找不到一辆车愿意送我去综艺剧场。他们都在别处轮班。

敬礼。

儒勒

信纸带有以下抬头：
G[d] HÔTEL DE PARIS
SÉVILLE

Autogr.: F-Pn, Mus., N.L.a. 45 (8). *Prov.*: anc. coll. A. Godoy; Hôtel Drouot, 5 février 1999, n[o] 187. *Publ.*: Debussy-Louÿs 1931[d], p. 141 (non datée); Debussy-Louÿs 1943[c], p. 123 (non datée); Debussy-Louÿs 1945, p. 45 (datée février 1895); Goujon 1984, p. 122 (non datée).

---

① 根据《瑞士之月》（*Le Mois suisse*），该书信与前一封被放在了同一个信封中。

②《齐尔佩里克》（*Chilpéric*）是法国剧作家保罗·费里耶（Paul Ferrier, 1843—1920）的轻歌剧，弗洛里蒙德·埃尔维（Florimond Hervé, 1825—1892）作曲，其新版于 1895 年 2 月 1 日在巴黎综艺剧院上演。

1895 – 6

皮埃尔·路易斯致德彪西

[塞维利亚,1895 年 2 月 21 日前后][①]

呸!你这个坏东西都不给好友回信了。呸!

除了给皮埃尔·路易斯写信,你还有什么事可做?这就是人品问题!

要这样的话,我也不给你写了,我什么都不跟你说了……除了一个迟到的问题:

让·洛韩在《回声》上或者在酒后是如何评价《碧丽蒂斯之歌》的?《阿尔戈斯》什么消息都没发给我,你的信中也是含糊不清。[②]

生气地。

(当然不是真的。)

P. L.

信纸带有以下抬头:
G^d HÔTEL DE PARIS
SÉVILLE
信封上有邮戳(无寄出时间,到达: 25 FEVR 95)和地址:
Monsieur Claude Debussy
10 rue Gustave Doré
Paris
Autogr.: F-Pn, Mus., N.L.a. 45 (10). *Prov.*: anc. coll. A. Godoy; Hôtel Drouot, 5 février 1999, n° 187. *Publ.*: Debussy-Louÿs 1931[b], p. 375 (non datée); Debussy-Louÿs 1943[c], p. 120 (datée 25 février 1895); Debussy-Louÿs 1945, p. 47-48 (datée 25 février 1895).

---

① 该日期根据邮戳上的到达日期所推断,因为信件派送需要花大约四天的时间。
② 见书信 1895 – 2。

1895 – 7

致皮埃尔 · 路易斯

星期五

1895 年 2 月[22 日]

亲爱的朋友。

我希望你的那些女伴足够养眼,这样你就不会计较我的笔迹了,我也省得道歉了!

我现在创作的东西只有那些 20 世纪的小孩子们会理解。他们会看到"外表成就不了音乐家",他们会揭开"偶像们"的外衣,发现里面只有一个空架子。

(就算到了天上,神仙们也会同意这一点。)

我热烈欢迎你进入音乐行业,[①] 杜朗出版社立刻就求我请你把作品首发留给他们。[②]

很遗憾,我没能去听《齐尔佩里克》,但今晚我会去听 E. 德 · 波利尼亚克的音乐,[③] 希望能以此代替。

---

① 见书信 1895 – 4。

② 杜朗音乐出版社位于巴黎马德兰纳广场,曾出版了德彪西的《弦乐四重奏》,十年后成为德彪西的独家出版社。

③ 法国作家马塞尔 · 普鲁斯特(Marcel Proust, 1871—1922)曾评价埃德蒙 · 德 · 波利尼亚克王子:"一位可爱的王子,雄才大略,并且还是一位优秀的音乐家……我们对他的音乐知之甚少,那是因为它们的实践难度太大了。他很惧怕音乐厅。"见 *Chroniques*, Paris, Gallimard, 1927, p. 39。德彪西可能参加了国家音乐协会 2 月 23 日演出前的排练,除了波利尼亚克的《罗宾爱我》(*Robin m'aime*),曲目还包括肖松、乔治 · 宇、马利 – 约瑟夫 · 埃尔博(Marie-Joseph Erb, 1858—1944)、多米尼克 – 沙赫勒 · 普朗谢(Dominique-Charles Planchet, 1857—1946)、里姆斯基 – 科萨科夫、马克思 · 窦罗内(Max d'Olonne, 1875—1959)、福雷、皮埃尔 · 孔奇(Pierre Kunc, 1865—1941)以及埃赫奈斯 · 吉鲁的作品,由古斯塔夫 · 多雷指挥。

无论那些年轻的玄学家们在《艺术与生活》中说了什么,[①] 无论我们用怎样的新方法演奏,贝多芬的第十四弦乐四重奏都绝对是一段绵长的恶作剧! [②]

我永远是你的,

克劳德

信封上有邮戳(寄出: 23 FÉVR 95,到达: 26 FEB 95)和地址:
Monsieur Pierre Louÿs
Grand Hotel de Paris.
à Séville.
– Espagne –
Autogr.: 1 – F-P, coll. Privée, Musée des Lettres et des Manuscrits; 2 – enveloppe, F-P, coll. E. Walbecq. *Prov.*: Cat. V. Lemasle, Le Biblio-autographophile 227 (s.d.), n° 796; Cat. N. Rauch (29-30 avril 1957), n° 306. *Publ.: Candide*, 31 mars 1938 (non datée); Debussy-Louÿs 1945, p. 45-46 (datée février 1895); Cat. Sotheby's (10 juin 2009), n° 37. *Publ.*: Debussy 1980, p. 73 (datée 23 février 1895); Debussy 1993, p. 109 (datée 23 février 1895). *Fac-sim.: La Liberté*, 12-13 juillet 1958, p. 17.

① 《艺术与生活》(*l'Art et la Vie*)是一本亲社会主义的青年刊物,发行于 1892 年 5 月至 1897 年 10 月。德彪西此处暗示的是法国记者莫里斯·普约(Maurice Pujo, 1872—1955)于 1895 年 1 月 1 日的《艺术与生活》中有关克里克布姆四重奏组在阿赫库赫大厅演奏贝多芬弦乐四重奏的言论:"克里克布姆、昂杰诺、米利和吉列四位先生让我们听懂了贝多芬,因为在作曲家天才的严谨和结构之上,他们加入了人性的悲欢离合。在共同奋斗的同时,他们倾注了年轻艺术家们的全部热情。"

② 指贝多芬于 1826 年创作的《升 c 小调弦乐四重奏》(Op. 131)。

1895－8

致昂利·德·雷尼耶

星期日晚上

1895 年 2 月［24 日］[①]

亲爱的朋友，

感谢您的寄送！我特别喜欢《埃赫图莉》，[②] 它完美延续了该书开头铺垫的梦境。[③]

虽然我们没机会认识她，但她真的非常美。

祝好。

克劳德·德彪西

如果您改天想过来瞧瞧，我会很高兴。

Autogr.: F-Pi, Ms. 6286 (254).

---

① 该日期出自两点推测，一是马拉美给德·雷尼耶的一封书信，同样是感谢后者的寄送。见 voir Mallarmé, t. VII, p. 164。二是根据法定送存时间 2 月 16 日。

②《埃赫图莉》（*Hertulie, ou les Messages*）是德·雷尼耶《黑色三叶草》（*Le Trèfle noir*）的第一个故事，另外两个分别是《赫尔戈马斯的故事》（*Histoire d'Hermagore*）和《赫莫克拉提斯》（*Hermocrate ou le récit qu'on m'a fait de ses funérailles*）。见 Paris, Mercure de France。德·雷尼耶在寄送上题词："致克劳德·阿西伊·德彪西，真诚的，昂利·德·雷尼耶。"见 non localisé; anc. coll. J.-M. Moulin。

③ 德彪西指该书"致读者"部分："一部小说或一个故事都只是理想中的虚构场景。如果它表现得出其不意，那就一定要享受这样的意外收获，但也不能过分，只当是万物之间偶然产生了神秘的和谐。"

1895－9

致樊尚·丹第

[1895年2月]

“[……]有关《牧神午后》,我和您意见相同,除非我们把竖琴换成十几把吉他,让身手敏捷的人穿梭其中!《苏格兰进行曲》缺乏西班牙特有的傲慢。[①] 如此一来,我就只能遗憾自己的作品太少且没有考虑运输问题,我们也只能寄希望于别人了。[……]”

Autogr.: non localisé. *Prov.*: Cat. Sotheby's (20 juillet 1965), nº 516.

---

① 1895年3月,樊尚·丹第前往巴塞罗那指挥五场“历史性”音乐会,最后一场全部安排法国当代音乐。至于德彪西笔下的“西班牙特有的傲慢”,见书信1895－2。

1895 – 10

致皮埃尔·路易斯

[1895年3月7日]
星期四

首先，我给你写信了呀！当我收到你的抱怨时，你应该可以用我真诚友好的话语安慰自己了。自那之后，我患上了严重的风湿病，无法与外界取得任何联系。

至于让·洛韩，你要知道我是不跟这些人喝威士忌的，所以我知道的就是他以“布列塔尼的莱蒂夫”为笔名在《回声》上写了一篇有关《碧丽蒂斯之歌》的文章。[1]事情就是这样。

你的朋友G. 夏庞蒂埃刚刚用P. 魏尔伦的诗词写了两首歌曲，名叫《错觉》，[2]据说好像是无政府主义音乐！里面有囚犯在呐喊，也有马赛曲在咆哮，他应该把这个写成歌剧！他可以基于克鲁泡特金大人的作品创作，并且起名为《克鲁泡特金娜》。[3]

今天就这样吧！请尽快告诉我你的现状。

你的，

克劳德·德彪西

Autogr.: non localisé. *Prov.*: Hôtel Drouot, 15 décembre 1938, n° 161. *Publ.*: Debussy-Louÿs 1945, p. 48 (incomplète); Debussy 1971, p. 31.

---

① 见书信1895 – 2。

② 《错觉》(*Impression fausse*)是为男中音和男声合唱队而作，1894年完成《红夜》(*La Veillée rouge*)，1895年完成《同伴的环舞》(*La Ronde des compagnons*)。这两首歌曲刚刚在四天前的柯罗纳音乐会上首演。

③ 彼得·克鲁泡特金(Piotr Kropotkine, 1842—1921)，俄国革命家，曾著有《一个革命者的回忆录》《夺取面包》《法国大革命》《互助论》，曾在法国推广无政府主义思想并取得一定成果，包括1892年至1894年间的一系列袭击事件，特别是无政府工团主义思想的流行。

1895－11

皮埃尔·路易斯致德彪西

［塞维利亚,1895 年 3 月 8 日］

先生,

请听好了。

首先,第十四号弦乐四重奏根本就不是弦乐四重奏,它是一部单幕戏剧,共八首(序曲、卡瓦蒂纳、情节剧、咏叹调、浪漫曲、三重唱、进行曲和爱国主义合唱)。[①] 这就是为什么你不喜欢,但这也是为什么它在观众那里能获得非凡的效果。

此外,你是音乐家,因此你就不是个好的评判者,我已经跟你说过这点。你从后台看戏,那看到的自然都是些纸板。

这个比喻非常恰当,但也是老生常谈了。不过,任何比喻都是没有意义的。我们还是聊点别的吧。

我刚刚听完《梦游女》。[②] 就是因为我刚刚从演出回来,才会穿着黑礼服给你写信,否则我可没有那么讲究。天知道我感到多么无聊。里面就剩小提琴了,先生,就剩小提琴了!(因为《梦游女》不是一部歌剧,而是一首弦乐四重奏。正因如此,观众才会感到如此无趣。)我尽我所能,跟自己说它至少比《先知》好点吧?[③] 但我现在也不确定了。

我太愚蠢了。

P. L.

---

① 贝多芬的第十四号弦乐四重奏特点非常鲜明,从概念到曲式都不同寻常。对于该作品的乐章数量始终存有争议,但注释者认为有六个。

②《梦游女》(*la Sonnambula*)是意大利作曲家文森佐·贝利尼(Vincenzo Bellini,1801—1835)的歌剧,1831 年在米兰首演。1895 年 2 月 22 日星期五,该作品开始在塞维利亚圣费尔南多剧院进行首轮演出。

③《先知》(*le Prophète*)是德国作曲家贾科莫·梅耶贝尔(Giacomo Meyerbeer,1791—1864)的歌剧,1849 年 4 月 16 日在巴黎歌剧院首演。

你知道阿美丽·范·赞特要嫁给菲利普·雷阿了吗？[①] 是《费加罗报》宣布的消息。我很讨厌这种玩笑。[②]

信封上有邮戳(寄出: 8 MAR 95, 到达: 11 MARS 95)和地址:
Francia
Monsieur Claude Debussy
10 rue Gustave Doret[③]
Paris
Autogr.: F-Pn, Mus., N.L.a. 45 (11). *Prov.*: anc. coll. A. Godoy; Hôtel Drouot, 5 février 1999, n° 187. *Publ.*: Debussy-Louÿs 1931[b], p. 378 (non datée); Debussy-Louÿs 1943[c], p. 124-125 (non datée); Debussy-Louÿs 1945, p. 46-47 (datée février 1895).

---

① 这应该是路易斯为了开玩笑虚构出来的人物。

② 我们在该期报刊上自然没有找到任何有关这条婚礼的消息。与上述名字相似的有一位名叫玛丽·范·赞特(Marie Van Zandt, 1861—1919)的女歌唱家，曾在喜歌剧院登场并获得巨大成功。她于 1888 年嫁给了一位俄国伯爵。

③ 路易斯故意写错了德彪西家的地址，将原本的“Doré”写成了“Doret”，前者是法国画家(1832—1883)，后者是瑞士指挥家，也就是 1894 年 12 月 23 和 24 日首演德彪西《牧神午后前奏曲》的指挥家。路易斯对他的诠释并不感冒。见书信 1894 – 57。

1895 – 12

致皮埃尔·路易斯

[1895年3月31日(?)][1]
城市里的星期日
也是塞维利亚的

亲爱的朋友。

之前你一直没有我的消息,那是因为我生病了,我现在还是一个未康复的病人,整天躺在阳光下。总之,有点惨!……

更何况,我的沉默刚好和你的完美重合!这么说吧,我们各自在友谊的交响曲中写了一个无限延长记号!

我希望你沉默的原因和我不一样。如果你想让我感觉好一些,请给我写一封长信。

勒贝小姐的作品上演时我还在生病,[2] 但这好像并没有影响星座的运行。

---

① 该日期根据信中提到的安德烈·勒贝的戏剧作品所推断。德彪西似乎不知道路易斯于3月20日离开了塞维利亚并前往阿尔及尔与安德烈·吉德见面。路易斯于4月1日返回了巴黎。关于书信开头星期日的书写风格,德彪西模仿了《抒情散文》中《黄昏》的开头。德彪西于1895年5月将整套作品乐谱寄给了路易斯。见附录V。

② 1895年3月15日,作品剧场上演了勒贝的单幕剧《场景》(*La Scène*),同年又被刊登于《法兰西信使》上。至于德彪西为什么要称勒贝为"小姐",这是个谜。皮埃尔·路易斯两年前在雅克–埃米勒·布朗什的画坊中结识了安德烈·勒贝。起初,勒贝以发表诗歌为主,但后来逐渐转为研究历史,尤其是拿破仑三世时期。最终,他致力于社会党和共济会的工作。路易斯将自己的《女人与木偶》(*La Femme et le pantin*, 1898)献给了勒贝。通过路易斯,勒贝认识了保罗·瓦莱里,并成为其挚友。勒贝在回忆时提到了1894年至1895年间在格雷特里路的路易斯家中的那些晚会,称它们为"美妙绝伦",德彪西当时在场,还有一众年轻的诗人,包括昂利·德·雷尼耶、保罗·瓦莱里、让·德·提南。

真挚地。

你的，

克劳德·德彪西

你应该送我一本《阿丽亚娜》，[①] 我的书柜里没有这本书，显得很悲伤。

Autogr.: US-STu, MLM/4/243A. *Publ.*: Cobb 1982, p. 190-191; Cobb 1994, p. 206-207.

---

① 《阿丽亚娜》（*L'Ariane, ou le Chemin de la Paix éternelle*）是路易斯于 1894 年 11 月在独立艺术书店出版的故事。路易斯同时还给德彪西寄送了自己翻译的琉善（Lucien de Samosate）的《交际花的生活场景》（*Scènes de la vie des courtisanes*），并附言：致克劳德·阿西伊·德彪西，提示他 1894 年还在写《佩雷亚斯》的第三幕。皮埃尔·路易斯。" 文献编号：Cat. A. Blaizot 315 (3e trimestre 1960), n° 7787。

1895 – 13

致皮埃尔·路易斯[①]

[1895 年 4 月初]
星期四

别忘了你这个星期五上午要来

克劳德·德彪西

的家里吃饭。还有,记着带上“圣诞”传奇,里面都是怪孩子的那个。[②]

你的,

Cl.

名片,印有:
CLAUDE DEBUSSY
10 rue Gustave Doré
信封上未贴邮票,有铅笔笔迹,但没有写地址:
Monsieur René Peter.
Autogr.: US-NYpm, MLT D289.P478 (11). *Prov.*: Château d'Écrouves, 30 juin 1934, nº 48[③]; Cat. L'Art ancien (26 mars 1962), nº 267; anc. coll. M. G. Cobb. *Publ.*: Debussy 1971, p. 31.

---

① 皮埃尔·路易斯的秘书乔治·赛利耶赫(Georges Serrières)曾用打字机复制了这封书信。信中提到的圣诞传奇进一步证实了该信的收件人应该是皮埃尔·路易斯,尽管信封上的收件人写的是勒内·彼得。

② 可以确定,德彪西指《桑德赫露娜》(*Cendrelune*),他曾计划和路易斯合作开发这个剧本。

③ 这一批名片很难识别,但内容基本符合赛利耶赫的复制品。

1895 – 14

致昂利·勒霍勒

［1895 年 4 月 5 日］
星期五早晨

我亲爱的勒霍勒。

一个不幸的意外迫使我明天只能留守巴黎了。

我深表遗憾。

（我们能调到星期一吗？）

祝好。

克劳德·德彪西

如果您见到博纳赫，也请转达我的遗憾！

电报，带有邮戳（5 AVRIL 95），发往：
Monsieur Henry Lerolle
20 avenue Duquesne.
Autogr.: F-P, coll. part.

1895-15

皮埃尔·路易斯致德彪西

[1895年4月5日至9日之间][①]

朋友:

它开始一点点成形了。我已经有了人物、道具和布景,还有主题以及第一幕和第二幕的幕间剧。[②]

你应该可以在星期五审核结构,如果满意的话星期一就可以看剧情了。

你的,

P. L.

我个人觉得(你到时候说你的意见)它不能用诗词,除了那些超自然的歌曲和角色。

阿凯尔可以使用亚历山大诗体,但小伊尼奥尔就不行。如果说诗词比散文更具歌唱性,那只是因为前者的哑音字母要少很多。我能给

---

① 路易斯于4月1日返回巴黎,之前他曾到阿尔及尔与安德烈·吉德见面,但闹得不欢而散。最终,两人的关系在1897年彻底决裂。

② 此时,路易斯已经写好了《桑德赫露娜》的剧本,他曾在1895年4月12日和他的兄长透露:"此外,我还应卡瓦略的委托(无合约)写了一个剧本,德彪西会为其配乐。它将于圣诞节在喜歌剧院上演,以替换被否决的《糖果屋》(*Hänsel et Gretel*)。这也是一部童话,我选择了《魔王》(*Le Roi des Aulnes*)的主题,主要是因为它是我小时候听过的最震撼的故事。我记得有一次在沃日拉尔路的一个沙龙里,我一个人和一本展开的舒伯特乐谱待在一起,结果我被吓哭了,因为乐谱正好翻到了《魔王》这一页。"见Louÿs 2002, p. 156。

你写出既饱满又带有感染力的散文,绝对比加列先生的诗词强。[①](你去看看,《碧丽蒂斯之歌》的句子都是不押韵的八个音节。)

我们到时候再说。

再次——你的,

P. L.

想法:除了小孩子,其他的都可以用诗词。

我这个想法很天才,但如果你想通篇使用诗词,也尽管告诉我。

Autogr.: B-B, coll. part. *Prov.*: Galerie Simonson (19 avril 1997), n° 4. *Publ.*: Jean-Paul Goujon,《Lettre inédite de Pierre Louÿs à Claude Debussy》, *Le Livre et l'Estampe* XXXXIII/148 (1997), p. 19-20.

① 路易·加列(Louis Gallet, 1835—1898)是马斯奈、圣-桑、古诺以及阿尔弗雷德·布吕诺等人的剧本作者。

1895 – 16

致皮埃尔·路易斯

[1895 年 4 月 10 日]
星期三

朋友:

首先,谢谢……

其次,比起诗词,我也更喜欢带节奏感的散文(至少从配乐角度来看[①]),它更加活跃,而且我们不需要考虑太多的条条框框。其实,音乐和诗词就是两首歌,虽然想要合为一体但总是徒劳无功,哪怕偶然达成一致,感觉也像是同床异梦。

期待星期五和你聊这些事。

你的,

克劳德·德彪西

信封上有邮戳(10 AVRIL 95)和地址:
Monsieur Pierre Louÿs
1 rue Grétry
EV.

Autogr.: US-NYp. *Prov.*: anc. coll. J. Muller; Cat. J. Heise (s.d.), n° 2460. *Publ.*: Léon Vallas, « Deux lettres inédites de Debussy », *Guide du concert* XXVI/9 (11 janvier 1946), p. 91 (datée 10 avril 1898).

---

① 1911 年,德彪西在接受比利时裔法国作家费尔南·迪瓦尔(Fernand Divoire, 1883—1951)采访时再次聊到这个话题:"我们给带节奏感的散文配乐更自如、更灵活。所以说如果一个音乐家要自己去写带节奏感的散文,为什么不呢?"见 Debussy 1987, p. 207。

1895 – 17

皮埃尔·路易斯致德彪西

耶稣受难日,1895年[4月12日][①]

(耶稣受难日,就像我们那位可怜的老人说的那样。[②])

朋友:

我觉得现在还为时尚早。

首先,有两场诱惑,第一幕和第二幕各有一场。这对于一个小孩来说太多了。

其次,12月24日的时候只有男孩子们还在外面玩耍。我不认为我们需要在圣诞雪景中加上一段小女孩的环舞曲。

一个小女孩,哪怕她不虔诚,也更愿意在这个时候到教堂里去,那里更暖和,也不会被融雪弄湿了脚。你觉得呢?

如果是复活节的故事,那就没有这么多麻烦了。但圣诞节还是要偏童话一些吧。很纠结。

有一个办法,那就是把好孩子引进教堂里来,把坏孩子关在外面,然后把诱惑延迟到出去的时候。但这样一来就彻底成了《乡村骑士》,[③]甚至是《浮士德》。还是不对(……然而,也需要考虑……)。见本信的附录。

---

① 路易斯于4月1日返回巴黎,之前他曾到阿尔及尔与安德烈·吉德见面,但闹得不欢而散。最终,两人的关系在1897年彻底决裂。

② "这就是耶稣受难日的魔力,阁下。"这是老骑士古内曼兹对帕西法尔说的,后者对于大自然在这样一个哀悼的日子闪闪发光感到很惊讶(《帕西法尔》第三幕)。在该信后面,路易斯还引用了《帕西法尔》中的另外两个角色:妖妇孔德丽和她的主人巫师克林索尔。

③《乡村骑士》(*Cavalleria*)是皮耶特罗·马斯卡尼(Pietro Mascagni, 1863—1945)的单幕歌剧,于1892年1月19日在喜歌剧院上演。

另一方面,如果我们重新设计第一幕,然后把你的教堂加在第三场里,那就会变成布吕诺的《梦》。[①] 可如果我们遵照初始设计(在教堂前,也是在教堂场之前安排诱惑场),你不觉得这又变成了《罗恩格林》第二幕了吗?

天啊,真是头疼! 头大!

明天再聊细节。

你的,

P. L.

总之,演唱传奇故事这个形式是很难避免了,或者我们可以搞一个大场面,让孩子们在上面做做样子。比如:

第一幕

第一场:女人和孩子们都在等待教堂开门。主题呈现,小女孩的重要作用(虽然她听不到魔后的暗示)。在管风琴声中祈祷等等。进入教堂。

第二场:小孔德丽们跟着老鸨进来了。在克林索尔德一阵指指点点后,一号小孔德丽独自留在场上。

第三场:模范女孩出场,她和小孔德丽的戏。气氛活跃起来了。

(如果你有更好的想法,复活节的时候告诉我,三点半,别忘了。)

有没有关于圣童的传说? 我不记得了,或许萨蒂知道? [②]

信封上有邮戳(13 AVRIL 95)和地址:
Monsieur Claude Debussy
10 rue Gustave Doré
E.V.
Autogr.: F-Pn, Mus., L.a. Louÿs (P.) 3. *Publ.*: Debussy 1971, p. 31-32.

---

① 《梦》(*le Rêve*)为四幕歌剧,剧本由路易·加列在埃米勒·左拉(Émile Zola, 1840—1902)作品的基础上创作,于1891年6月18日在喜歌剧院上演。

② 法国作曲家埃里克·萨蒂(Érik Satie, 1866—1925)非常喜欢童真的想象力,但直到1913年才创作了自己的《稚童情趣》(*Enfantines*)。

1895–18

皮埃尔·路易斯致德彪西

埃佩尔奈,[1] [1895年]4月17日

朋友,

你应该已经从你的看门人那里得知我星期一来过德·彪西路,[2] 也就是说我还没有走。我的家庭旅行一天后才开始,不巧的是要等到星期四晚上才结束,这意味着我当天三点来不了你家了。不过你不用担心,《格林童话》一直放在我的书桌上,[3] 我也一直在从中寻找灵感。我今天早晨还读了一个小白雪公主的故事,我想我们应该用得上。

如果你星期五比其他人来得早的话,我们再来聊这些。记得带上你的主题汇总。

你的,

P. L.(合伙人)

我觉得完全可以给小孔德丽取名为桑德赫露娜。

Autogr.: F-Pn, Mus., N.L.a. 45 (12). *Prov.*: anc. coll. A. Godoy; Hôtel Drouot, 5 février 1999, n° 187. *Publ.*: Debussy-Louÿs 1931[b], p. 380 (non datée); Debussy-Louÿs 1943[e], p. 27-28 (non datée); Debussy-Louÿs 1945, p. 51.

---

① 路易斯来自法国香槟地区,他经常前往埃佩尔奈看望自己的舅舅和表亲。

② 这又是路易斯在开玩笑,本应该是古斯塔夫·多雷路。

③ 雅克布·格林(Jacob Grimm, 1785—1863),德国作家,同弟弟威廉·格林(1786—1859)一同创作了《白雪公主》等众多童话故事。

1895－19

致皮埃尔·路易斯

［1895年4月20日之前］

亲爱的朋友：

克里克布姆弦乐四重奏今晚在我家排练，[①] 你可以先从千万人当中随意挑选两人一起过来。

(Ar) ton,[②]

克劳德

（我们八点半开始。）

通信卡，信封上未贴邮票，也没有地址，只写了：
Monsieur P. Louÿs.
Autogr.: F-Pn, Mus., N.L.a. 44 (4). *Prov.*: anc. coll. A. Godoy; Hôtel Drouot, 5 février 1999, n° 186. *Publ.*: Debussy-Louÿs 1931[g], p. 24 (non datée); Debussy-Louÿs 1942[b], p. 143 (non datée); Debussy-Louÿs 1945, p. 51.

---

① 克里克布姆四重奏组成员分别是：小提琴家马丘·克里克布姆和洛朗·昂杰诺(Laurent Angenot, 1873—1949)、中提琴家保罗·米利(Paul Miry, 1868—1926)和大提琴家昂利·吉列。他们即将于1895年4月20日在普雷耶勒大厅举行的国家音乐协会音乐会上演奏德彪西的《弦乐四重奏》。

② 这里指利奥波德·阿隆(Léopold Aaron, 1849—1905)，人称"阿尔通"(Arton)，一个卷入巴拿马丑闻的商人，他于1893年缺席了审判，并于1895年在伦敦被逮捕。("Arton"的后三个字母正好就是书信末尾常用的"你的"，因此德彪西利用了这一"谐音梗"——译者注)。

1895 – 20

皮埃尔·路易斯致德彪西

1895 年 4 月 19 日

我亲爱的德彪西，

如果你允许我采用一种不那么斯塔尼斯拉风格的结局，[①] 那就能找到一种方法让我们这部戏更精彩。[②] 况且，我不太想为了圣叙勒皮斯区波拿巴路的某个神胎牺牲掉一位魅力无穷的魔后。

魔后需要更强大，她得是最善良、最神圣的。最终的胜利需要由她来主导。

以下是新的场景：

第一幕

很久以前，有一个小女孩名叫热纳维耶芙（也可以叫其他名字），她的命很苦，因为她有一个狠心的继母一天到晚地虐待她。（这样的开头已经被用了 17,925,038 次了。）

她的生母心地善良，但一天夜里，母亲和姐姐突然一起消失了。

继母总是告诉热纳维耶芙要虔诚如修女，并且不要到森林中去，那里住着一位魔后，专门引诱小孩进去，而且是一去不回。

然而，在一个圣诞节的早晨，正当热纳维耶芙想进教堂里祈祷时，圣阿涅丝和圣卡特琳娜的雕塑突然活了，她们告诉热纳维耶芙，她将在天黑前被诱惑。热纳维耶芙又祈祷了一次，然后进入了教堂。

这时，魔后的孩子们从森林的各个角落包围了教堂，魔后则在他们正当中。魔后对小热纳维耶芙说她是自己最喜欢的孩子，并且将

---

① 应该是指斯塔尼斯拉中学，一所著名的宗教学校，位于巴黎田野圣母院路 22 号，靠近圣叙勒皮斯的宗教商店区。

② 指《桑德赫露娜》。路易斯在 1895 年 5 月正式发表了该剧的场景。见 Debussy-Louÿs 1945, p. 185-189。

热纳维耶芙吸引至出口处。

接下来就是一段戏剧性很强的画面,一方面,热纳维耶芙被再次出现的圣人们所阻拦,另一方面,她又被森林的呼唤所迷惑。

第二幕

热纳维耶芙的旅行

第一场,森林

圣阿涅丝化作伐木工人,磨破嘴皮想要留住热纳维耶芙,但热纳维耶芙的魔杖将她定住了,孩子们就这样走过去了。

第二场,魔后的花园前(天堂般)

圣卡特琳娜身着圣女贞德的装束挥舞着利剑,试图堵住去路。同样被打败了。

魔后现身,她说:"如果你发誓爱我胜过生母,你就可以进来。"热纳维耶芙拒绝了,戏剧性的转折点。

很明显,魔后就是她的生母。之后就是家庭的悲欢离合,大合唱,剧终。

你看,这故事相当不虔诚,就像《碧丽蒂斯之歌》那样放荡不羁,但它们都很坦率。

这不会妨碍我们从该剧中体会到更深层的含义:热纳维耶芙就是人性,而魔后就是大自然。然而,它依然是一则童话故事。如果再说清楚一些,热纳维耶芙也可以叫普赛克,[①] 这是个好名字。

现在,请你放心,这部戏不会冒犯天主教徒,因为他们绝对不会认为小普赛克有罪。况且,母爱可以普度众生。这部戏既不是波德莱尔派,也不是共济会风格,它就是纯正的皮埃尔·路易斯主义。这就是我想要的东西,先生,用最好的丝绸全手工打造。它可以用二十年、三十年,永不磨灭。还要怎样呢?

P. L.

---

① 见书信 1895 – 22。

信封上有邮戳(20 AVRIL 95)和地址:
Monsieur Claude Debussy
10 rue Gustave Doré
E.V.

Autogr.: non localisé*. *Prov.*: Hôtel Drouot, 23 mai 1927, n° 89; Cat. W. Myers 3 (1960), n° 235; Cat. Stargardt 576 (24-25 mai 1966), n° 200; anc. coll. M. Reis; Cat. Erasmushaus/Stargardt 657 (8 octobre 1994), n° 63 Hôtel Drouot, 30 mai 2007; anc. coll. Musée des Lettres et des Manuscrits. *Publ.*: Debussy-Louÿs 1945, p. 50 (incomplète); Louÿs 1962, p. 62-64.

1895 – 21

致皮埃尔·路易斯

[1895 年 4 月]

亲爱的朋友,

"……我真以为今天可以见到你,但我被梅利桑德之死给缠住了,我颤抖着继续工作。

我要感谢寄送……这个小桑德赫露娜,我已经非常喜欢她了,梅利桑德虽然对此不满意,但比起她剧情中那些'不解风情'的人,她肯定会更喜欢这个小入侵者的性格。……"

Autogr.: non localisé. *Prov.*: Cat. S. Kra 18 (avril 1929), n° 7181; Cat. Stargardt 671 (30-31 mars 1999), n° 819. *Publ.*: Debussy-Louÿs 1945, p. 50.

1895－22

皮埃尔·路易斯致德彪西

[1895年4月至5月]
星期五凌晨两点

我亲爱的克劳德。

我晚上什么都没做,只是一直在回味《桑德赫露娜》。你知道吗?它太糟了,没有人会感兴趣。或者说,如果我用诚恳和有趣的方式去写,会引来大多数人的抗议。总的来说,这个主题现在变成了两大信仰争论的焦点,而核心是一个可怜的乡村女孩放弃教堂转而相信得墨忒耳。(!!)我觉得为此能写一本书出来。但想在1895年上演这种内容是不可能的。人们会觉得这很迂腐、很无聊。这种主题需要剧中人物花七十五个自然段来解释。这样的故事入不了任何流派,你懂我的意思吗?

如果你想从《佩雷亚斯》那里出来换换脑子,我们需要找一个众所周知的主题,由我来让其尽可能地呈现出现代化,这样至少可以不让观众感到迷失。(我最新的点子就是你可以去写《浮士德》,但你应该不会愿意的。)

你想写《普赛克》吗?① 这是最有戏剧性、最美妙的故事了;《阿丽亚娜》这种更适合写大歌剧;当然还有其他选择。这些主题都是现成的,所以我们花一个晚上就能确定所有的剧情。创新的部分则要体现在台词中。相信我,这就足够了。②

我们到时候再聊。

你的,

皮埃尔·路易斯

---

①《普赛克》成为皮埃尔·路易斯在1906年至1907年间创作的一部小说的主题,但没有完成。

② 德彪西对这一系列主题都没有兴趣,因为它们的故事已经被多部作品使用。

这封信的意思不是我彻底放弃《桑德赫露娜》了。如果你依然对它感兴趣,我也不会不管。但为你着想,还是请你“三思”,就像老话说的那样。

信封上未贴邮票,地址:
Monsieur Claude Debussy
10 rue Gustave Doré
E.V.
Autogr.: F-P, coll. A. Cotta. *Publ.*: Debussy-Louÿs 1945, p. 52-53. *Fac-sim.*: Pierre Louÿs, *Poétique*, Paris, Éditions Montaigne, 1930, p. 95-98.

1895-23

致乔治·阿特曼

[1895年5月初][1]

亲爱的阿特曼先生,

您这周的某个上午能留给桑德赫露娜、皮埃尔·路易斯和克劳德·德彪西吗?

克劳德·德彪西

名片,印有:
CLAUDE DEBUSSY
10. rue Gustave Doré
Autogr.: non localisé (copie H. Borgeaud). *Prov.*: Hôtel Drouot, 28 avril 1958; anc. coll. Salzer; Hôtel Drouot, 18 avril 1989, n° 72; Cat. Sotheby's (17 mai 1990), n° 97; Cat. D. Schulson 58 (s.d.), n° 50; Cat. D. Schulson 62 (s.d.), n° 45.

---

① 该日期根据皮埃尔·路易斯给自己兄长的一封信(1895年5月3日)推断:"之前我跟你说我的剧本被阿特曼否决了,我搞错了,他收下了,只是需要修改。阿特曼又和德彪西谈了两次,看来这件事有戏。"见 Louÿs 2002, p. 158.。

1895－24

致皮埃尔·路易斯

［1895年5月11日］

皮埃尔。

我的朋友。

今天早晨，阿特曼去了美因茨的“朔特”出版社，他负责巴黎方面的业务，当然，他也没有忘记他自己的利益！[①]因此，目前一切在推迟。

现在，有关《桑德赫露娜》（第二幕），被施法的年轻女孩们（目前至少）在我看来是1822年的做法。而她们认识桑德赫露娜的顺序应该是先考验桑德赫露娜的道德定力，而绿母的咒语应该作为最后一关。绿母的逃离也应该再感性一些：桑德赫露娜*躺在复活的玛丽·珍妮怀中念出破解咒语，然后由女孩们从远处开始回应（就像花丛后面的面包屑一样卑微）！我星期一六点来你家，我们接着聊。

你的，

克劳德·德彪西

*因为桑德赫露娜还太小，不能把她当成帕西法尔。

信封上有邮戳（11 MAI 95）和地址：
Monsieur Pierre Louÿs
1 rue Grétry
EV.
Autogr.: F-Pn, Mus., N.L.a. 44 (5). *Prov.*: anc. coll. A. Godoy; Hôtel Drouot, 5 février 1999, nº 186. *Publ.*: Debussy-Louÿs 1931[g], p. 22; Debussy-Louÿs 1942[b], p. 140 (datée mai 1895); Debussy-Louÿs 1945, p. 53; Debussy 1993, p. 110.

---

① 乔治·阿特曼是朔特（Schott）出版社在法国的代表。

1895－25

皮埃尔·路易斯致德彪西

[1895年5月12日][1]

我亲爱的克劳德:

我希望你够朋友,不会去"过度理解"我接下来要说的。我没有任何言外之意,只有真切。

你自己写《桑德赫露娜》吧。你完全有这个能力。这个小剧本被大量修改之后,我已经彻底不认识它了。就它现在的样子,我已经无法再继续展开。这种虔诚,百合战胜玫瑰、克制战胜情感,这对我来说就像希伯来语。我觉得自己在这条道路上不再能贡献任何有用的东西,因为我连地图都没有。如果是和热达尔日先生合作,[2]那我不会介意。但如果有幸由我的好友克劳德配乐,那我必须拿出自己的代表作。

所以,我现在把这部戏里所有属于我的部分都交给你(可作为法律依据),包括人物的名字和个性。你可以任意保留或者更改。我唯一的要求就是请你保留这个标题,为了给我从阿特曼先生那里扳回一局,[3]圣阿涅丝可以被绿母变成凡人,然后再被收拾一顿。这样才公平。

你的朋友,

皮埃尔·路易斯

---

① 该日期位于信尾。

② 安德烈·热达尔日(André Gédalge,1856—1926),法国作曲家,1885年罗马奖第二名。他的轻歌剧《困局》(*Pris au piège*)当时正在喜歌剧院上演。

③ 见书信1895－23。

这是一封友善的书信。

（只是一些思考。）

1895年5月12日，

我可能星期三之前都不在巴黎。

信封上有邮戳（12 MAI 95）和地址：
Monsieur Claude Debussy
Lauréat de l’Académie des Beaux Arts
Membre du Comité de la Société Nationale de Musique
10 rue Gustave Doré. Paris.
Autogr.: F-Pn, Mus., N.L.a. 45 (13). *Prov.*: anc. coll. A. Godoy; Hôtel Drouot, 5 février 1999, n° 187. *Publ.*: Debussy-Louÿs 1931[d], p. 143; Debussy-Louÿs 1943[c], p. 125-126; Debussy-Louÿs 1945, p. 54.

1895 – 26

致皮埃尔·路易斯

[1895年5月14日][①]

亲爱的朋友:

所以你要我去找安德烈·吉德来完成《桑德赫露娜》吗?[②] 鉴于我们现在没时间纠结,我就直说了:我坚持由你来创作《桑德赫露娜》,这样可以阻止我陷入无意义的思想斗争,实在不行我们就用老版本!(我们可以让阿特曼窒息。)所以你要明白,我们必须一起合作。

还是像往常一样,

你的,

克劳德·德彪西[③]

为什么你在信中告诉我你星期三回来,而实际上是今晚?

信封上未贴邮票,也没有地址,只写了:
Monsieur
Pierre Louÿs.
Autogr.: F-Pn, Mus., N.L.a. 44 (6). *Prov.*: anc. coll. A. Godoy; Hôtel Drouot, 5 février 1999, n° 186. *Publ.*: Debussy-Louÿs 1931[i], p. 246 (non datée); Debussy-Louÿs 1942[b], p. 161-162 (non datée); Debussy-Louÿs 1945, p. 55 (datée 16 mai 1895).

---

① 昂利·博儒给这封信标注的日期是1895年5月16日,他的根据是一个"星期四凌晨三点半"的标注。但这个标注既没有体现在书信上,也没有体现在信封上。我们在此给出5月14日这个日期,是因为本书信末尾提到了皮埃尔·路易斯星期三的回归,但最终提前到了星期二,就像德彪西强调的那样。

② 路易斯在前一封信中让德彪西自己完成《桑德赫露娜》,此处是德彪西带有挑衅的回应,因为路易斯刚于1895年5月23日在阿尔及尔和吉德决裂。见Goujon 2002, p. 291-293。

③ 德彪西使用的第十四种签名形式"Claude Debussy",从1895年5月至12月中。见附录Ⅳ, n° 14。

1895－27

皮埃尔·路易斯致德彪西

巴黎,1895 年 5 月 14 日
晚上九点三十七分

我亲爱的克劳德:

好吧。别担心,我不会让你去做太出格的事情的,比如让桑德赫露娜用不雅之词喊出“si”音。不不不,还不至于!我只是希望你能给这位小“试衣人”穿上最漂亮的雅克·杜塞,[①] 让她可以从你那里汲取魅力。不要让她最终变成一个平庸的米蕾耶,和天堂的天使联系在一起,这样显得内容太匮乏了。

那么,除非你那边有新想法,我们还是保持原样:

第一幕,所有剧情就按原定计划发展。

第二幕,先看之前的发展,然后再定。

如果你同意让绿母最终获胜,那我们就依旧在一条船上,我已经预感你那边会大有可为了……

……比如(如果不麻烦的话)当绿母接触桑德赫露娜时,使用一种模糊的转调,帮助她转向洁白无瑕……

总之,是绿母复活了玛丽·珍妮。

我们明天接着聊。

但两点不行!这个点我约见了安德烈·波尼亚。[②] 他对我已经有诸多不满了,我不能再放他鸽子了。

---

① 雅克·杜塞(Jacques Doucet, 1853—1929),当时最时尚的服装设计师。

② 指安德烈·波尼亚托夫斯基。他曾帮过德彪西,还把德彪西介绍给了马拉美。见书信 1892－9。他曾创办过一个奢侈品刊物《法美杂志》(*Revue Franco-Américaine*),但仅在法国发行过三期,其中第一期上刊登了马拉美的《舞蹈研究》(« Étude de danse »)。波尼亚托夫斯基有可能邀请皮埃尔·路易斯成为合作伙伴。

所以,要么你两点钟来安德烈这里,然后我们再找个地方。

要么三点一刻来泰奥菲尔·戈蒂耶这里(我不能保证名字的拼写正确),位于布洛涅森林路10号和鲁德路2号(拐角处)。

要么四点钟来剧院咖啡馆。

但我觉得第二个选项更方便一些。

你觉得我在笑吗?其实在内心深处我从未如此悲伤……我刚刚安葬了我们家的老阿尔弗雷德。[①] 我跟你提过不下二十次,他服侍了我父亲三十五年,陪伴着我们家所有人离去,而且在我6岁的时候救了我一命。在今天之前,我从来都不知道什么是死亡,现在我懂了。

你的,

P. L.

还有,我们安葬他的时候正赶上了村子里的节日,旁边的木马上都是年轻的姑娘们……

信封上未贴邮票,地址:
Monsieur Claude Debussy
10 rue Gustave Doré
E.V.
Autogr.: non localisé*. *Prov.*: Cat. R. Davis 40 (mars-avril 1935), n° 292; Cat. R. Davis 41 (décembre 1935—janvier 1936), n° 204; Hôtel Drouot, 19-20 novembre 1987, n° 151 (avec fac-sim. partiel).

① 路易斯家族在埃佩尔奈附近有一处住宅(皮埃尔·路易斯幼年时曾在那里度假),阿尔弗雷德是那里的管家。1890年路易斯的父亲去世后,该产业被变卖。阿尔弗雷德娶了皮埃尔·路易斯的奶妈爱丽莎为妻,退休后住在伊尼-勒-亚赫。

1895 – 28

致乔治·阿特曼

[1895 年 5 月][①]

亲爱的阿特曼先生，

桑德赫露娜是个早起的孩子，所以您可以放心，我们都会来，因为我们不能让她一个人跑出来。

您忠诚的，

Cl. D

名片，印有：
CLAUDE DEBUSSY
10. rue Gustave Doré
Autogr.: non localisé (copie H. Borgeaud). *Prov.*: Hôtel Drouot, 28 avril 1958; Hôtel Drouot, 18 avril 1989, n° 77; Cat. Les neuf Muses (printemps 1990), n° 55 (avec fac-sim. partiel).

① 1895 年 5 月 31 日，皮埃尔·路易斯给自己兄长写信时宣布："阿特曼接受了我的剧情。这件事算是定下来了。我非常开心。你看，我当时过早放弃是错误的。"见 Louÿs 2002, p. 159。

1895 – 29

皮埃尔·路易斯致德彪西

［1895 年 6 月 3 日］

为了证明我有多喜欢库赫特·琳,① 把这个和弦弹给它听。

P. L.

电报卡,带有邮戳(3 JUIN 95),发往:
10 rue Gustave Doré

Autogr.: F-Pn, Mus., N.L.a. 45 (14). *Prov.*: anc. coll. A. Godoy; Hôtel Drouot, 5 février 1999, n° 187. *Prov.*: anc. coll. A. Godoy; Hôtel Drouot, 5 février 1999, n° 187. *Publ.*: Debussy-Louÿs 1931[e], p. 262 (non datée); Debussy-Louÿs 1945, p. 141 (datée 1900). *Fac-sim.*: Debussy-Louÿs 1942[b], entre les p. 144-145.

---

① 德彪西在给自家猫起名字时一直使用一个形式:“雷打不动的‘名字’+德·琳(de Line)”见 Peter 1944, p. 47。路易斯在提到德彪西的猫时借用剧作家乔治·库赫特林(Georges Courteline, 1858—1929)姓氏里类似的发音和德彪西开玩笑。

1895 – 30

致昂利 · 勒霍勒

［1895 年 6 月 20 日］[1]

（致昂利 · 勒霍勒：）

这是梅利桑德魂游的部分！[2]

您的，

克劳德 · 德彪西

1895 年 6 月

气动管卡，带有邮戳（20 JUIN 95），发往：

Monsieur Henri Lerolle.

20 avenue Duquesne.

Paris.

Autogr.: F-P, coll. part. *Fac-sim*: Denis, p. 31; Gauthier, n° 46. *Exp*.: Paris 1942, p. 42, n° 144.

---

① 日期位于书信末尾。

② 第五幕结尾的这个片段上已经给出了具体的乐器标注，这说明此时此刻，德彪西对于《佩雷亚斯与梅利桑德》的配器已经有了较为确切的设计。

1895–31

皮埃尔·路易斯致德彪西

[1895年7月5日]

皮埃尔·路易斯很荣幸地通知他的导师、好友以及合作伙伴克劳德，路易斯在他附近租了一套公寓，位于夏多布里昂路11号，这为精练《桑德赫露娜》提供了无限便捷。①

这座楼有两个入口。记得提前告知胆小的女士们。

我是，

皮埃尔·路易斯

信封上有邮戳(5 JUIL 95)和地址:
Monsieur Claude Debussy
10 rue Gustave Doré
E.V.

Autogr.: F-Pn, Mus., N.L.a. 45 (15). *Prov.*: anc. coll. A. Godoy; Hôtel Drouot, 5 février 1999, n° 187. *Publ.*: Debussy-Louÿs 1931[b], p. 377 (non datée); Debussy-Louÿs 1943[c], p. 126; Debussy-Louÿs 1945, p. 56.

---

① 皮埃尔·路易斯离开了自己在格雷特里路的住所，为的是离自己所爱之人玛丽·德·埃莱迪亚更近，后者和家人住在巴尔扎克路11bis号。在与玛丽私通之前，路易斯就已经是那里的常客，尤其是经常参加全巴黎文学和艺术界集聚的“文学星期六”活动。他在那里结识了一批和自己同代的年轻作家，包括昂利·德·雷尼耶、保罗·瓦莱里、让·德·提南、马塞尔·普鲁斯特等。路易斯特别欣赏何塞–玛利亚·德·埃莱迪亚。后者出生于古巴，父亲是西班牙人。他只写了一本书:《胜利》(*Les Trophées*, Paris, A. Lemerre, 1893)，这是一部十四行诗合集，它完美体现了巴那斯派风格。这让德·埃莱迪亚获得巨大成功，并于两年后进入法兰西学术院。

1895－32

致皮埃尔·路易斯

［1895年7月17日］

我亲爱的皮埃尔：

沉默是一种美好，天知道《佩雷亚斯与梅利桑德》中的那几个空白的小节证明了我对这种情绪的热爱，但是你的（沉默）有点过分了！① 我不知道你现在怎么样，你是否彻底变成了“夏多布里昂人”，还是说你坚持只当“格雷特里人”，我对你的状态敲警钟了，希望你快点给我一个回复，让人安心。

你的，

克劳德·德彪西

（梅利桑德向桑德赫露娜问好。）

通信卡，抬头有：
10. RUE GUSTAVE DORÉ
信封上有邮戳（17 JUIL 95）和地址：
Monsieur Pierre Louÿs
11 rue Chateaubriand
Autogr.: F-Pn, Mus., N.L.a. 44 (7). *Prov.*: anc. coll. A. Godoy; Hôtel Drouot, 5 février 1999, nº 186. *Publ.*: Debussy-Louÿs 1931[g], p. 25-26; Debussy-Louÿs 1942[b], p. 140-141; Debussy-Louÿs 1945, p. 56-57.

---

① 1895年7月13日，路易斯得知了玛丽·德·埃莱迪亚与昂利·德·雷尼耶订婚，然而他自己原本也要向德·埃莱迪亚求婚，并且通知过德·雷尼耶。见Goujon 2002, p. 304-312；另见Jean-Paul Goujon, *Dossier secret Pierre Louÿs-Marie de Régnier*, Paris, Christian Bourgois Éditeur, 2002。

1895 – 33

致皮埃尔·路易斯

［1895 年 7 月 19 日］
星期五

克劳德一直等你到六点三刻！看着眼前的马车轻蔑地驶向凯旋门,天知道这种感觉有多不好受。更何况,我还和嘉比约了七点在圣拉扎尔火车站碰头！你的快信像国际性事件一样神秘(卖报！卖报！卖报卖报！),[①] 我必须当面向你了解每一个细节！

星期日中午十二点半来吃饭怎么样？如果你同意就给个信。

你的,

克劳德·德彪西

信笺,抬头有:
10. RUE GUSTAVE DORÉ
信封上有邮戳(19 JUIL 95)和地址:
Monsieur Pierre Louÿs
11 rue Chateaubriand
Autogr.: F-Pn, Mus., N.L.a. 44 (8). *Prov.*: anc. coll. A. Godoy; Hôtel Drouot, 5 février 1999, n° 186. *Publ.*: Debussy-Louÿs 1931[g], p. 26 (non datée); Debussy-Louÿs 1942[b], p. 141; Debussy-Louÿs 1945, p. 57.

---

① 指前一封书信的内容。

1895 – 34

致昂利 · 勒霍勒

［1895 年 7 月 20 日］
星期六

我亲爱的勒霍勒。

我非常高兴地接受您的邀请。至于《佩雷亚斯》的第二幕，我觉得星期二还达不到展示的状态。里面有些小把戏我可以单独给您看，但就像所有实验室一样，内部信息不可外传。

您忠诚的，

克劳德 · 德彪西

信封上有邮戳（20 JUIL 95）和地址：
Monsieur H. Lerolle
20 avenue Duquesne.
EV.
Autogr.: F-P, coll. part. *Publ.*: Denis, p. 31.

1895 – 35

致皮埃尔 · 路易斯

［1895 年 7 月 20 日（？）］

［路易斯很抱歉没能赴约并同意再约一次。］

Autogr.: non localisé. *Prov.*: Cat. M. Milhau 8 (s.d.), nº 121.

1895－36

致皮埃尔·路易斯

[1895年7月20日]
星期六

亲爱的朋友：

我沉浸在快要见到你的喜悦中，结果我忘了星期日是我妈妈的节日，我需要去她那里吃饭！①……

你还是可以过来的，不过要等到三点钟左右。

你的，

CAD②

电报，带有邮戳(3 JUIN 95)，发往：
Monsieur
Pierre Louÿs
11 rue Chateaubriand.
Autogr.: F-Pn, Mus., N.L.a. 44 (9). *Prov.*: anc. coll. A. Godoy; Hôtel Drouot, 5 février 1999, n° 186. *Publ.*: Debussy-Louÿs 1931[i], p. 247 (non datée); Debussy-Louÿs 1942[a], p. 31 (non datée); Debussy-Louÿs 1945, p. 57-58.

---

① 7月21日是圣维克多日，德彪西母亲的名字是维克多琳。

② 原件中此为“CAD”花体缩写签名。

1895 – 37

致皮埃尔·路易斯

［1895 年 7 月 20 日］

都安排好了。

明天过来吃午饭,就这么定了。

你的,

D.

电报,带有邮戳(20 JUIL 95),发往:
Monsieur
Pierre Louÿs
11 rue Chateaubriand

Autogr.: F-Pn, Mus., N.L.a. 44 (10). *Prov.*: anc. coll. A. Godoy; Hôtel Drouot, 5 février 1999, n° 186. *Publ.*: Debussy-Louÿs 1931[g], p. 26; Debussy-Louÿs 1942[a], p. 30 (non datée); Debussy-Louÿs 1945, p. 58.

1895－38

皮埃尔·路易斯致德彪西

［1895 年 7 月 20 日］

克劳德,我的朋友,

之前的邀请不作废。我明天四点左右过来。我甚至更希望你三点到我这里来"向工人们报到"。[①] 桑德赫露娜向梅利桑德致敬。

P. L.

你看明白我不能来吃午饭了吧? 而且我很焦虑,就因为装修的事。[②]

信封上有邮戳(20 JUIL 95)和地址:
Monsieur Claude Debussy
10 rue Gustave Doré
E.V.
Autogr.: non localisé*. *Prov.*: Hôtel Drouot, 23 mai 1927, n° 89; Cat. W. Myers 3 (1960), n° 235; Cat. Stargardt 576 (24-25 mai 1966), n° 200; anc. coll. M. Reis; Cat. Erasmushaus/Stargardt 657 (8 octobre 1994), n° 63; Hôtel Drouot, 30 mai 2007, n° 141; anc. coll. Musée des Lettres et des Manuscrits. *Publ.*: Louÿs 1962, p. 64.

① 路易斯正在装修他的新公寓。
② 路易斯在信的末尾画了一个装饰物。

1895 – 39

致皮埃尔·路易斯

［1895 年 7 月(？)］①

星期二

亲爱的皮埃尔，

没问题！那我们今天就约七点，你想怎样都行。

等会见。

你的，

Cl.

……

信封上未贴邮票，地址：

Monsieur Pierre Louÿs

chez son oncle Mr de Chateaubriand②

N° 11.

Autogr.: F-Pn, Mus., N.L.a. 44 (31). *Prov.*: anc. coll. A. Godoy; Hôtel Drouot, 5 février 1999, n° 186. *Publ.*: Debussy-Louÿs 1931[1], p. 146 (non datée); Debussy-Louÿs 1942[a], p. 29 (non datée); Debussy-Louÿs 1945, p. 78 (datée 1896 ?).

---

① 该信是在 1895 年 7 月到 1896 年 12 月之间写的，但信封地址处略带玩笑的措辞（见脚注①）更像是 1895 年 7 月写的。

② 翻译过来意思是：在他叔叔夏多布里昂先生家。

1895 – 40

致皮埃尔·路易斯

［1895 年 8 月 1 日］

朋友。

如果明天(星期五)白天你没事,请在五点左右的时候待在家里,我要在你去埃罗尔德家之前跟你说点事。①

你的,

克劳德·德彪西
星期四下午三点

信封上有邮戳(1 AOUT 95)和地址:
Monsieur Pierre Louÿs
11 rue Chateaubriand
EV.

Autogr.: F-Pn, Mus., N.L.a. 44 (11). *Prov.*: anc. coll. A. Godoy; Hôtel Drouot, 5 février 1999, n° 186. *Publ.*: Debussy-Louÿs 1931[h], p. 146 (datée 1895); Debussy-Louÿs 1942[b], p. 148 (non datée); Debussy-Louÿs 1945, p. 58-59.

① 路易斯准备前往埃罗尔德在拉普拉斯的家,以便完成自己的小说《阿弗洛狄忒》(*Aphrodite*),该作品已经于 8 月在《法兰西信使》上开始发表,标题为《奴役》(*L'Esclavage*)。路易斯应该是 8 月 7 日左右离开巴黎的。8 月 10 日,路易斯在给自己的兄长写信时描述了拉普拉斯这座位于阿尔代什地区的村庄:"深邃碧绿的山谷中有座小村庄。"

1895 – 41

致乔治·阿特曼

［1895 年 8 月初］

请允许我友情提示，我明天下午等您来商讨可怜的梅利桑德之死。

克劳德·德彪西

Autogr.: non localisé (copie H. Borgeaud). *Prov.*: Hôtel Drouot, 28 avril 1958; Hôtel Drouot, 18 avril 1989, n° 76.

1895 – 42

致雷蒙·博纳赫

[1895年8月9日]
星期五晚上

亲爱的朋友,

我以为《佩雷亚斯》的第二幕对我来说就是小菜,结果却是我彻底歇菜(新手级难度,结果却是地狱级)!……

音乐真的无法容纳一切类似对话的因素,如果有谁能找到"用音乐交谈"的方法,那这个人就配得至高无上的荣誉。

无论如何,我希望这个星期二还能照例来见你,只有在这样的日子里我们才能像小草一样天真无邪。

你的,

克劳德·德彪西

Autogr.: non localisé (copie H. Borgeaud). *Publ.*: Debussy 1980, p. 74; Debussy 1993, p. 111.

1895 – 43

致昂利·勒霍勒

星期六

1895 年 8 月 17 日

天啊！我亲爱的勒霍勒！您离我如此之远，我也只能在这样悲伤的情况下完成《佩雷亚斯》了！[①] 而且事情并没有那么一帆风顺，尤其是戈洛和梅利桑德那一场！这是因为灾难就是从那里被激发的，梅利桑德就是从那里开始对戈洛撒谎的，她还从此受到了启发，当然戈洛本人也起了作用。其实，他算条汉子，他的经历告诉我们哪怕是面对小姑娘们也不能当“直男”。[②] 我觉得您会喜欢洞穴场的，那是一个神秘且寂静的夜晚，小草从睡梦中醒来发出令人不安的声响，旁边的大海正在向月亮诉说自己的苦衷，而佩雷亚斯与梅利桑德在如此诡异的环境中都难以启齿。

我就不跟您说太多了，因为我害怕自己像那些国际旅游指南一样，让您的理想很丰满，但现实却很骨感。

现在，我开始担忧了。人们会如何看待这两个弱小的生命？我讨厌庸俗的一致性，也不喜欢做表面文章！您看，阿特曼就代表了典型的平庸，梅利桑德之死完全不能感染他！在他看来一点效果都没有!!! 至于在法国，每部剧中的女性角色在杀青时都要像“茶花女”一样，只要把茶花换成其他花，然后把茶花女换成任意一个公主就行了！人们都无法接受无声地离去，但当一个人受够了这个星球的喧嚣，就会前往开有安逸花朵的地方！

---

① 《佩雷亚斯与梅利桑德》初稿上的日期是 1895 年 6 月至 7 月，它被送于昂利·勒霍勒。但这个时候，勒霍勒正与肖松和枫丹两家人住在瑞士莫让。德彪西到 1901 年底才开始进行配器工作。见 Chausson 1995, p. 424。

② 指第二幕第二场。

总的来说,想让身边的人接受崇高,那纯属是在犯傻,也就是自己满足一下。

您对我说的有关大自然的话非常对,您不觉得想要对大自然感兴趣,首先要变成一棵老橡树吗?它经历了这世间所有的酸甜苦辣,因而在下雨天不需要雨伞这样可笑的东西,因为它本身就是自己的庇护;我们也可以变成一位牧羊人,虽然一辈子只和羊群们说话,但同样可以像赛马俱乐部会员一样谈笑风生!另外,我希望您能暂时让深山独处一段时间,回来看看瓦格拉姆大街的树木,来听听古斯塔夫·多雷路的钢琴,它非常想念他最好的朋友。

您友好的,

克劳德·德彪西

请问候勒霍勒夫人以及您所有的家人,包括埃赫奈斯·阿图斯·肖松。[①] 在我写这封信的时候,A. 枫丹太太应该已经收到《月光》了,[②] 请代我向她问好,当然还有肖松夫人。这够您忙一刻钟的了!

Autogr.: F-P, coll. part. *Publ.*: Denis, p. 32-33; Debussy 1980, p. 75-76; Debussy 1993, p. 111-112. *Exp.*: Paris 1942, p. 43, n° 148.

① 德彪西在肖松的名字里加上了“阿图斯”三个字,是因为肖松花了很多年创作一部同名歌剧《阿图斯王》。

②《月光》(*Clair de lune*)是《华宴集》的第三首,该作品直到1903年才出版。德彪西的确将其献给了玛丽·枫丹。

1895－44

皮埃尔·路易斯致德彪西

拉普拉斯，1895年8月21日

我亲爱的克劳德：

《佩雷亚斯》写得怎么样了？

我十分可悲，每天从凌晨零点工作到四点，白天也经常接着干活，但我的小说却永远无法按时完成！①《桑德赫露娜》怎么说？你想让我什么时候开始？

这该死的纸！我不想再用它了。

你的，

P. L.

信封上有邮戳（寄出：21 AOUT 95，到达：22 AOUT 95）和地址：
Monsieur Cl. Debussy
10, rue Gustave Doré
Paris

Autogr.: F-Pn, Mus., N.L.a. 45 (16). *Prov.*: anc. coll. A. Godoy; Hôtel Drouot, 5 février 1999, n° 187. *Publ.*: Debussy-Louÿs 1931[b], p. 377; Debussy-Louÿs 1943[c], p. 126-127; Debussy-Louÿs 1945, p. 59.

---

①《奴役》的第一部分刚刚于8月在《法兰西信使》上发表。路易斯于12月9日——自己生日的前一天，完成了整部小说。

1895 – 45

致皮埃尔·路易斯

星期五,1895 年 8 月 23 日

首先,你这是什么可恶的小丑行径?……一声不响,悄然离去,让克劳德到夏多布里昂路碰了一鼻子灰之后愤然折返,发誓从此永远无视皮埃尔·路易斯这个名字!不过我不想继续追究这样的冷漠,看在《桑德赫露娜》的面子上原谅你这一次。

……………………………………………………………………………

(这简直就是侮辱!……)

《佩雷亚斯》8 月 17 日就写完了。地球一切正常,依旧在转,人们只是发现晴雨表上偏差有些大,但这应该不是由于我写完了《佩雷亚斯》所造成的!

如果你想开始《桑德赫露娜》的工作,现在正是时候。当然,我也可以再给你一点时间,因为我想先写完那三首为小提琴和乐队而作的《夜曲》。[①] 你先考虑一下再告诉我你的想法吧。

很遗憾你的小说没能按时完成,需要给你加点砝码了。

高温让我不能再写了!

你的,

克劳德·德彪西

Autogr.: US-PHf. *Prov.*: anc. coll. A. Hartmann. *Publ.*: Hsu-Grolnic-Peters, p. 253-254.

---

① 见书信 1894 – 46。

1895 – 46

皮埃尔·路易斯致德彪西

1895 年 8 月 29 日

我亲爱的德彪西：

现在的情况是这样的。

《奴役》的第二部分应该有 108 页，第一章占 25 页。（接下来你要跟上。）我把这一部分分成了三章，其中头两章已完成，共 51 页。如此一来，我后面的发展要和前面保持一致性，那就意味着我的工作量比预计要多得多。然而，我必须在十五天的最后期限前完成这一切。

如果你需要，我还是可以从这十五天里挤出三天来写《桑德赫露娜》的第一场。如果是和阿尔弗雷德·布吕诺先生合作，我应该就这样应付过去了。但这样做出来的就是次品。我更希望你在《佩雷亚斯》之后和《桑德赫露娜》之前，先空一个月，用来创作你的《夜曲》，甚至可以去写你的八首钢琴作品。

一个月（我原本留出了两个月，但我 10 月 15 日就空下来了，所以正好六个星期），你可以去看我在后面一页附上的 1895 年工作时间表，上面写得很清楚。

一月 ——— 休息
二月 ——— 休息
三月 ——— 休息
四月 ——— 休息
五月 ———《桑德赫露娜》的大纲
六月 ——— 休息
七月
八月 }《奴役》
九月

十月
十一月 }《桑德赫露娜》
十二月

除非无常请我去冥河划船。

你可恶的剧本作者,

皮埃尔·路易斯

信封上有邮戳(寄出: 29 AOUT 95, 到达: 30 AOUT 95)和地址:

Monsieur Cl. Debussy
10 rue Gustave Doré
Paris.

Autogr.: F-Pn, Mus., N.L.a. 45 (17). *Prov.*: anc. coll. A. Godoy; Hôtel Drouot, 5 février 1999, n° 187. *Publ.*: Debussy-Louÿs 1931[f], p. 371-372; Debussy-Louÿs 1943[c], p. 127-128; Debussy-Louÿs 1945, p. 59-60.

1895－47

致皮埃尔·路易斯

［1895年9月4日］
星期三

亲爱的皮埃尔。

嘉比回来啦！……你七点半来家里吃晚饭吧，如果《桑德赫露娜》很听话，就把她也带上。

你的，

克劳德·德彪西

我这里阳光太强烈，都看不清了。①

晚上好，皮埃尔。

嘉比

这是一棵树。②

信封上有邮戳（5 SEPT 95）和地址：
Monsieur Pierre Louÿs
11 rue Chateaubriand.
Autogr.: F-Pn, Mus., N.L.a. 44 (12). *Prov.*: anc. coll. A. Godoy; Hôtel Drouot, 5 février 1999, n° 186 (avec fac-sim.). *Publ.*: Debussy-Louÿs 1931[h], p. 146 (non datée); Debussy-Louÿs 1942[a], p. 32-33 (non datée); Debussy-Louÿs 1945, p. 58 (datée juillet 1895 ?).

---

① 这一部分出自嘉比之手。

② 这一部分重新出自德彪西之手，他在评论树和小房子的素描。

1895-48

致昂利·勒霍勒

星期一,1895年9月23日

我亲爱的勒霍勒。

我本想立刻回复您,但可怕的阿特曼不分昼夜地逼着我完成为钢琴与乐队而作的《幻想曲》,普尼奥今年冬天要在柯罗纳音乐会上演出。[①] 我星期二要见他,希望他没有被我的音乐折磨得太惨。请祝我好运,因为那天我的命运将掌握在三位犹太人手里!

令我更遗憾的是我们恰巧都在旅行,如果勒霍勒先生您能早点告诉我就好了!尽管我在梅尔森收到了威尔士王子(或者其他任意王子)般的款待,[②] 但我依然感到遗憾。

为了让您不那么嫉妒已经听过《佩雷亚斯》结尾的人,我告诉您目前只有博纳赫和杜潘如此荣幸!您可以把"荣幸"理解为"选择"。我和您一样都认为博纳赫留下的迦勒底铭文是"非常好"的意思,他的反应也让人看出了这样的意思。我信心满满地等着您的赞同!希望能越快越好,我感觉已经六年没见您了。

事实上,我没做太多事情,从大脑中提取了那么多的音乐后,我非常疲惫,现在只想完成三首《夜曲》。我还研究了《格兰德·布拉特契》

① 1895年,舒登斯将还在校对的该作品版权转交给了阿特曼。但普尼奥在柯罗纳音乐会上演出的计划没有实现。

② 枫丹家族的产业,离苏瓦松市很近。

的剧本，[①]我觉得能从中创造出一些令人不安的东西，甚至可以推销到国外并获得成功。

我星期四要去博纳赫家。我们可能会说您很多坏话，我们想不通您为什么要坚持留在一个名字如此不和谐的地方，[②]以至于抛弃了您的好友们。

您忠实的朋友，

克劳德·德彪西

通信卡，信封上有邮戳（寄出：23 SEPT 95，到达：25 SEP 95）和地址：
Monsieur Henry Lerolle
à Labergement
Ste Marie
(Doubs)
Autogr.: F-P, coll. part. *Publ.*: Debussy 1980, p. 76; Debussy 1993, p. 112-113.

---

① 《格兰德·布拉特契》（*Grande Bretèche*）是法国作家奥诺雷·德·巴尔扎克（Honoré de Balzac, 1799—1850）的作品，但德彪西的这个计划似乎没有后文。《格兰德·布拉特契》是巴尔扎克《妇女再研究》（*Autre étude de femme*）四段故事中的一段。见 Honoré de Balzac, *La Comédie humaine*, Paris, Gallimard, 1977, Bibliothèque de la Pléiade, t. III, p. 710-729。其中一个人物——梅雷夫人的情人，被活埋在格兰德·布拉特契。如音乐学家安德烈·舍夫纳（André Schaeffner, 1895—1980）指出："在德彪西的戏剧作品中，无论是不是想象出来的，总有一些人物或是被绑架，或是被活埋，或是死亡……我们无从知晓其过程。" 见 André Schaeffner, « Son théâtre imaginaire », dans *Essais de musicologie et autres fantaisies*, Paris, Le Sycomore, 1980, p. 234。

② 指拉贝尔热芒-圣-玛丽（杜省）。

1895 – 49

致乔治·阿特曼

[1895年9月(10月初)]
星期五

亲爱的阿特曼先生。

我想着既然拉霍歇勒的试演没您不行,[①] 我就干脆说我不在了!此外,在那个时间奏乐也太野蛮了。

况且,拉霍歇勒先生对传信之人说自己无须听《佩雷亚斯》,因为他对它一无所知![②]

如此直白的表达反倒让我不用多想了。我星期一早晨来见您再跟您好好聊聊这位拉霍歇勒先生。

您亲切忠实的,

克劳德·德彪西

通信卡。

Autogr.: non localisé*. *Prov.*: Hôtel Drouot, 28 avril 1958; Hôtel Drouot, 18 avril 1989, n° 74; Cat. Les Autographes 136 (été 2013), n° 77. *Publ.*: Lesure 1991, p. 6.

---

① 保罗·拉霍歇勒(Paul Larochelle, 1870—约1961),诗人保罗·福赫(Paul Fort, 1872—1960)的前伙伴。曾是左岸剧院经理,在安德烈·安托万离任后将其更名为自由剧院。

② 10月12日,也是《牧神午后前奏曲》于柯罗纳音乐会上演的前一天,拉霍歇勒在《巴黎回声》上宣布《佩雷亚斯与梅利桑德》,“德·彪西先生在梅特林克戏剧基础上创作的四幕歌剧(有误)”将在自由剧院排练。这则消息引起了欧雷利昂·吕涅-波的不安,并写信给莫里斯·梅特林克。见Lesure 1991, p. 6。该消息随后又于1895年10月19日在《西方艺术家》(*Ouest-Artiste*)上刊登出:“自由剧院下个季度将上演四部年轻作曲家的歌剧:德彪西先生的《佩雷亚斯与梅利桑德》、E. 肖松先生的《阿图斯王》、埃朗杰先生的《奥斯皮塔利耶的圣朱利安》(*Saint-Julien de l'Hospitalie*)、哈维尔·勒胡的《威廉姆·拉特克利夫》(*William Ratcliff*)。弗雷德里克·阿尔弗雷德·德·埃朗杰(Frédéric Alfred d'Erlanger, 1868—1943),法国作曲家。哈维尔·勒胡(Xavier Leroux, 1863—1919),法国作曲家。

1895－50

致乔治·阿特曼

［1895年9月（10月初）］
星期一晚上

亲爱的阿特曼先生。

我收到了拉霍歇勒的电报，他取消了明天早上的预约。他跟您说了吗？我们要不要干脆给他写信放弃此事算了？我听您的安排。

您亲切忠实的，

克劳德·德彪西

Autogr.: non localisé*. *Prov.*: Hôtel Drouot, 28 avril 1958; Hôtel Drouot, 18 avril 1989, n° 78; anc. coll. Pierre Boulez. Artcurial, 25 mai 2021, n° 207 (avec fac-sim.). *Publ.*: Lesure 1991, p. 6.

1895－51

皮埃尔·路易斯致德彪西

[1895年10月1日]
104年葡月8日[①]

我亲爱的克劳德。

今晚我绝无可能回家,实在抱歉。我看到你的卡片了,但我也无能为力。

你昨天没来真是亏了。克劳斯和我见证了神奇的一幕:[②]一支游行队伍,里面有六个老妈子、一个神甫的女仆、两个小女孩、一个市政警卫和他的女同乡(我一点都没夸张)以及三十二个女清洁工。他们都在平台上排着队。那场面真的很滑稽。

我还在写诗,谢谢。这是我最新的一首:

先生的诗句……
叫作
一大堆
也不值四文钱。[③]

它将会被刊登在下期官方青年刊物《布鲁塞尔的理想主义者》上。[④]现在请你帮我给第一句找个好的韵脚。

---

① 法国共和历。——译者注。

② 1896年1月21日,皮埃尔·路易斯向马拉美引荐了罗杰·克劳斯(Roger Clausse):"亲爱的导师,我请求您允许我今晚向您介绍罗杰·克劳斯,他是德·雷尼耶、德彪西和我的朋友,如果您可以见他,他会感到莫大的荣幸。他是一位年轻的大使馆随员,虽然不写作,但非常喜欢读书……"见Mallarmé, t. VIII, p. 44。

③ 1895年9月25日,让·德·提南给路易斯写了同样的句子,还在第一句末尾加上诗人罗拜赫·德·苏萨(Robert de Souza, 1864—1946)的名字,后者的自由诗经常被德·提南等人拿来调侃。见Louÿs-Tinan, p. 79。

④ 这是路易斯编造出来的。

你坚定的，

皮埃尔·路易斯

信封上有邮戳（1 OCT 95）和地址：①
转送给 Monsieur Claude Debussy
10 rue Gustave Doré
E.V.
Autogr.: non localisé*. *Prov.*: Hôtel Drouot, 14 décembre 1983, n° 195.

1895 – 52

昂利·德·雷尼耶致德彪西

1895 年 10 月初

［昂利·德·雷尼耶宣布自己已和玛丽·德·埃莱迪亚小姐结婚。］②

Autogr.: non localisé. *Prov.*: E. Debussy; Hôtel Drouot, 1er décembre 1933, n° 217.

---

① 在信封背面，德彪西写有备注："E. 肖松在凡尔赛附近的勒谢奈，星期一，勒霍勒–博纳赫。"肖松正住在巴贝艾尔别墅度过秋季。

② 7 月 13 日订婚之后，两人于 10 月 15 日领证，并在两天后举行了婚礼。

1895 – 53

致昂利·德·雷尼耶

[1895年10月5日(?)][①]
星期六

我亲爱的朋友,

请允许我在您新婚之际再次送来真挚的友谊。

看到幸福降临在您身上,我越发为您感到高兴,并衷心祝贺。

请代我向玛丽·德·埃莱迪亚致敬。

您忠实的,

克劳德·德彪西

通信卡,抬头有:
10. RUE GUSTAVE DORÉ
Autogr.: F-Pi, Ms. 6286 (255).

---

① 该日期根据昂利·德·雷尼耶和玛丽·德·埃莱迪亚的结婚时间推算(10月12日左右),见前一封信。

1895 – 54

致皮埃尔·路易斯

［1895年10月9日］
星期三

亲爱的皮埃尔。

你们三个真是一群讨厌的小流氓！[①]你们应该多去想想我们丢掉的两个省！多去改善你们手无缚鸡之力的现状！我星期一晚上从梅尔森回来才看到你的第一封来信，[②]而且最近忙于《牧神午后》的排练，尤其是他们换了长笛，这你也看到了！[③]请星期六早上九点准时出现在维多利亚

---

① 皮埃尔·路易斯、让·德·提南以及安德烈·勒贝三人的关系十分密切。安德烈·勒贝在回忆中曾长篇讲述三人的关系，还有他们年轻时在拉丁区的时光。见 André Lebey, *Disques et Pellicules*, Paris, Librairie Valois, 1929。

② 见书信1895 – 48。

③《牧神午后前奏曲》在1894年首演时的长笛手是乔治·巴雷尔（Georges Barrère, 1876—1944），到了1895年10月的两场演出时，长笛手变成了一个叫奥古斯特·坎迪耶（Auguste Cantié）的人。

大街15bis号,[①] 排练结束后我应该能给你弄到一个第二天的位子。[②]

如果你跟J.德·提南、[③]A.勒贝混够了,[④] 古斯塔夫·多雷路将张开双臂欢迎你。[⑤]

你卑微的,

你忠诚的,

---

① 巴黎夏特莱剧院演员入口处。

②《牧神午后前奏曲》在柯罗纳音乐会上演出了两次:

– 1895年10月13日,被安排在马斯奈《费德尔序曲》(*Ouverture de Phèdre*)和圣–桑《钢琴协奏曲》(Op. 44)之后,爱德华·拉罗的《西班牙交响曲》(*Symphonie espagnole*)[小提琴家帕布罗·德·萨拉萨蒂(Pablo de Sarasate, 1844—1908)担任独奏]之前。该音乐会下半场的作品有贝多芬《第一交响曲》(Op. 21)、李斯特的《俄罗斯旋律》(*Mélodie russe*)、多米尼克·斯卡拉蒂(Domenico Scarlatti, 1685—1757)的《急板》(*Presto*)、埃赫奈斯·吉鲁的《随想曲》(*Caprice*)(独奏:帕布罗·德·萨拉萨蒂)以及柏辽兹《罗密欧与朱丽叶》(*Roméo et Juliette*)选段。

– 1895年10月20日,这次是被安排在马斯奈《费德尔序曲》和本杰明·高达(Benjamin Godard, 1849—1895)的《第二钢琴协奏曲》之后。该音乐会下半场的作品有贝多芬《第二交响曲》(Op. 36)弗朗克的《普赛克》(*Psyché*)以及柏辽兹《罗密欧与朱丽叶》选段。

10月13日的音乐会节目册上有德彪西的简介:"德彪西先生生于1862年,师从埃赫奈斯·吉鲁,1884年获得罗马奖。他的主要作品除《牧神午后前奏曲》之外还有:《弦乐四重奏》、清唱剧《绝代才女》(出自但丁·罗塞蒂的原著)、《波德莱尔诗五首》、《抒情散文》。此外,德彪西先生刚刚完成歌剧《佩雷亚斯与梅利桑德》(信息有误),出自梅特林克的原著。"

③ 让·德·提南是个花花公子,他的两部作品《你觉得能成功吗?》(*Penses-tu réussir? ou les diverses amours de mon ami Raoul de Vallonges*, Paris, Mercure de France, 1897)和《艾米安娜》(*Aimienne ou le détournement de mineure*, Paris, Mercure de France, 1899)完美体现了"世纪之交"的精神状态。他是威利的"枪手"之一,也是女作家科莱特(Colette, 1873—1954)的朋友。德·提南将《一份关于爱之无力的文件》(*Un document sur l'impuissance d'aimer*, Paris, Librairie de l'Art indépendant, 1894)寄给了德彪西,并附言:"予C. A. 德彪西,以示友好,J. 德·提南"作为路易斯的好友,两人都是"风流成性的情种"。见Goujon 2002, p. 252。

④ 关于勒贝,见1895 – 12。

⑤ 德彪西还住在古斯塔夫·多雷路。

克劳德·德彪西

信封上有邮戳(9 OCT 95)和地址:
Monsieur Pierre Louÿs
11 rue Chateaubriand.
Paris.
Autogr.: F-Pn, Mus., N.L.a. 44 (13). *Prov.*: anc. coll. A. Godoy; Hôtel Drouot, 5 février 1999, n° 186. *Publ.*: Debussy-Louÿs 1931[h], p. 147 (non datée); Debussy-Louÿs 1942[a], p. 22 (non datée); Debussy-Louÿs 1945, p. 61.

1895 – 55

致乔治·阿特曼

[1895年10月9日]
星期三
四点半

亲爱的阿特曼先生。

我本想今天早晨去见您,但我被一大堆琐事缠身直到现在!我昨天参加了柯罗纳的排练,① 貌似效果不错,我明天再去听一听,希望完事后可以到您那里去坐坐。

您忠实的,

克劳德·德彪西

电报,带有邮戳(9 OCT 95),发往:
Monsieur Georges Hartmann
10 place de la Madeleine.
Autogr.: non localisé*. *Prov.*: Hôtel Drouot, 28 avril 1958; Hôtel Drouot, 18 avril 1989, n° 79; Cat. Les Autographes 48 (février 1992), n° 49.

---

① 指《牧神午后前奏曲》的排练。

1895 – 56

致爱德华·柯罗纳

[1895年10月10日]
星期四

亲爱的柯罗纳先生:

由于今天早上没能在排练时见到佩蒂让先生,我现在把这个名单发给您,他们希望星期六来观摩排练:

H. 勒霍勒先生,[①]

G. 多雷先生,[②]

E. 杜潘先生,[③]

P. 路易斯先生,

G. 桑德雷先生。[④]

我希望这没超过您可以容纳的人数,同时是否可以告知我能拿到多少张音乐会的票?

请允许我感谢您在《牧神午后》演出工作中对艺术的精益求精。[⑤]

您忠实的,

克劳德·德彪西

通信卡。

Autogr.: F-P, coll. part.

---

① 昂利·勒霍勒收到过一份《牧神午后前奏曲》的乐谱。见附录V。

② 就是1894年12月22日和23日首演《牧神午后前奏曲》的瑞士指挥。

③ 关于杜潘,见书信1888 – 4。

④ 古斯塔夫·桑德雷(Gustave Sandré, 1843—1916),作曲家,著有众多教学作品,还有一部钢琴教程,由伏霍蒙出版社出版。

⑤ 德彪西将一本《牧神午后前奏曲》的乐谱献给了爱德华·柯罗纳。见附录V。

1895 – 57

致昂利·戈蒂耶 – 维亚尔

星期四,1895 年 10 月 10 日

亲爱的先生。

《牧神午后前奏曲》!……

它可能就是牧神芦笛内残余的梦境?说得仔细一点,它就是我对诗歌的整体印象,如果让音乐更具体地跟随诗词,那音乐就会变得气喘吁吁,就像一匹拉车的马和一匹纯种马赛跑一样。这看似无关紧要,但如果忽略了这点,那再强的大脑也会受到局限。另外,这首作品没有遵循任何调性。我们更多的是围绕一个主音创造出千变万化的层次,这才是真正可行的。

当然,我还是遵循了诗词的大趋势,后者已经写得精彩绝伦了,音乐是它的修饰。当然,音乐还让三十二位小提琴家起得太早,这同时也增添了些人性!

音乐的结尾就是最后一句诗词的延伸:

“再见了,我的仙女,若你化作阴影,我还会看到。”

我意识到,如此回复您友善又急迫的来信,这会让我看不到您的

个人见解,而我是真的不想限制您的自由发挥。[①]

友善地。

克劳德·德彪西

有一小问题!我希望被称为"德彪西"而不是"德·彪西"。

通信卡,抬头有:

10. RUE GUSTAVE DORE

Autogr.: F-P, Fondation Singer-Polignac. *Prov.*: anc. coll. Colette; anc. coll. A. Ollivier. *Publ.*: *Livre d'or des deux monuments de Claude Debussy*, 17 juin 1932, p. 11 (datée 10 octobre 1896): Vallas 1958, p. 180-182; Debussy 1980, p. 79 (datée 10 octobre 1896); Debussy 1993, p. 113-114; *Winnaretta Singer-Polignac une amie des arts et des sciences*, Paris, 1998, p. 55 (datée 10 octobre 1896).

---

① 1895 年 10 月 14 日,《巴黎回声》上刊登了一篇热情洋溢的评论,署名为"领座",其中多次使用了本信的内容:"近来音乐会猖獗!这的确是圣爱德华的星期日。柯罗纳的选曲是精心策划过的——为艺术家们选了德彪西,为神经病患者们选了马斯奈,为势利小人们选了萨拉萨蒂,总之,众口均调!……好奇心驱使我去听了德彪西为马拉美《牧神午后》创作的前奏曲。必须承认,这位半神(我不是指诗人)很幸运,能被如此赞美——晚上被法国人、白天被柯罗纳音乐会。音乐并没有顺着马拉美的文字进行修饰,所以我们不用在'这首缓慢的前奏曲中寻找笛声'。音乐是一幅精美的交响画,它是对诗词的整体印象,两者梦幻般地融合在一起。某些时候,我们能从配器中听到升华了二十倍的夏布里埃(牧神在里面要想不通了!)。它的魅力出自朦胧与不确定性!在这一切当中,优雅时隐时现……啊!在这一片混沌中,我试图告诉善良的各位,这首作品难以捉摸、精妙绝伦、没有遵循任何调性,更多的是围绕一个主音创造出千变万化的层次,因此它很不适合拿来分析。令塔法奈勒(Taffanel)高兴的是,坎迪耶用笛子奏出的旋律缓缓飘进习惯了听和声的听众耳朵里,与此同时,弱音后的小提琴窃窃私语,竖琴则瑟瑟发抖;接下来是双簧管吹出的田园主题,它穿梭于乐队当中。不久后,音乐逐渐加强,就像诗词中的那样,上升、震动,'为永恒的欲望所流淌'(见鬼!你们这些乐手们要兴奋起来呀!)。长笛在开头处的旋律又回归了,这次拖得更长;来到结尾,到处都是远古的符号,哦不对,是铙钹,音乐将诗词的最后一句永恒地延伸了下去'再见了,我的仙女,若你化作阴影,我还会看到……'如果我还有时间,我会和您聊聊 f 调和弦之后紧跟一个升 f 小调和弦,那效果十分不同寻常。阿特曼带头为德彪西欢呼,乔治·瓦诺(Georges Vanor)声嘶力竭地喊着'好啊!',他已经被牧神化了。"

1895－58

致爱德华·柯罗纳

［1895年10月12日］
星期六
两点

亲爱的柯罗纳先生。

再次感谢！[①]……我没敢等您，因为我想您肯定已经很累了。我觉得最好取缔铙钹，“si”音不准，这会破坏整体音效，不太舒服。[②]

整个“$\flat$re”段落再热情一些的话效果会更好，整个乐队都需要像您一样，对细微差别如此敏感！

尊敬与真挚地问候。

克劳德·德彪西

电报，带有邮戳（12 OCT 95），发往：
Monsieur E. Colonne
43 rue de Berlin
Autogr.: F-P, coll. part.

---

① 除了昂利·戈蒂耶－维亚尔那篇热情洋溢的文章，评论界的反应很一般。维克多亨·戎西耶（Victorin Joncières）在1895年10月13日的《巴黎回声》中提出，自己“完全不懂诗人的胡言乱语”，而德彪西则是“一个堕落作曲家小团体的成员，他们蔑视一切已经创作出来的东西”。《吟游诗人》的两篇评论也表现出些许顾虑：“我们需要有保留地赞赏德彪西先生的《牧神午后前奏曲》，它的音乐结构是基于一个半音主题，或者说是基于一个半音主题残存的内容，这的确有些特色。”出自阿麦岱·布塔海勒（Amédée Boutarel。）见 *Le Ménestrel*, 20 octobre 1895, p. 336。过了一周，伊索多·菲利普（Isidore Philip）在听完第二次演出后虽然赞赏了“配器的精致”，但还是觉得：“缺乏一些心动，一些活力：音乐表现得有些矫揉造作、难以捉摸、模糊不清，和马拉美的诗词处在同一个程度。”见 *Le Ménestrel*, 27 octobre 1895, p. 340。关于阿尔弗雷德·布吕诺的评论，见书信1895－62。

② 铙钹是从《牧神午后前奏曲》末尾的第94小节进入的。德彪西说的“si”音是指第94-95小节、第100-101小节以及第109-110小节。

1895－59

致皮埃尔·路易斯

［1895年10月12日］

亲爱的皮埃尔：

请在下午两点准时到夏特莱门口，嘉比会拿着票在那里等，万一迟到，你就跟检票员说座位号是池座3[bis]。

祝好。

CD[①]

名片，印有：
CLAUDE DEBUSSY
信封上有邮戳(12 OCT 95)和地址：
Monsieur Pierre Louÿs
11 rue Chateaubriand.
EV.
Autogr.: F-Pn, Mus., N.L.a. 44 (14-15). *Prov.*: anc. coll. A. Godoy; Hôtel Drouot, 5 février 1999, n° 186. *Publ.*: Debussy-Louÿs 1931[j], p. 373-374 (non datée); Debussy-Louÿs 1942[a], p. 32 (non datée); Debussy-Louÿs 1945, p. 62.

---

① 花体缩写签名。

1895－60

皮埃尔·路易斯致德彪西

[1895年10月13日][1]
星期日——今晚聚餐见

我亲爱的朋友：

我从未像今天早晨那样难以抉择，一方面是你的公众首秀，另一方面则是瓦莱特突如其来的一封信，[2]就是因为这个，我在今天一天必须写二十页东西，不能延期。

我发誓如果按照我自己的意愿……你知道我会怎么做。但我今天真的不能出门了。除非你在物质上需要我到场支援，就像那天晚上听你的弦乐四重奏，[3]否则我只能这样决定了。这是个很讨厌的情况，我只能在以下两个选择中做决定：让一号朋友不悦或损害3号朋友。我选择了第一个，你应该不会感到意外。

我在《新闻》上看到卡洛斯一世陛下来听《牧神午后》了。[4]他肯定一分钟都没有感到厌烦。

我在同一份报纸上的文学评论区看到，人们现在已经看够了放荡

---

① 该日期根据信中提到的《牧神午后前奏曲》演出所推断。

② 阿尔弗雷德·瓦莱特（Alfred Vallette，1859—1935），在参与了第二季的《七星诗社》编写后，于1890年参与重新创办了《法兰西信使》。后者一直在刊登路易斯的《奴役》，在此期间又改名为《阿弗洛狄忒》。

③ 应该是指1895年4月20日，克里克布姆四重奏组在国家音乐协会上演出德彪西的弦乐四重奏。

④ 这时路易斯在开玩笑。10月13日的《新闻》（*la Presse*）中只是报道了“葡萄牙国王出席了奥特伊赛马会”。

型小说了,道德的回归会很受欢迎。[①] 这位作者在看到《奴役》的时候一定会很高兴的。我刚刚写完一部分,讲的是一个小姑娘赚得盆满钵满。这就很不错嘛。这是给孩子的好礼物。

请给我写信告诉我音乐会的情况。我现在谁都不会见。总之,我星期日会去。[②]

你唯一的,

皮埃尔·路易斯

Autogr.: non localisé*. *Prov.*: Hôtel Drouot, 14 décembre 1983, n° 193.

1895 – 61

致昂利·戈蒂耶–维亚尔

[1895 年 10 月 14 日之后(?)]

"[……]威利,如果您的读者们不能成为我的忠实粉丝,那我就不再相信任何事情了,包括帕莱斯特里纳的天才。[③][……]"

Autogr.: non localisé. *Publ.*: Henri Gauthier-Villars « À propos de Debussy », *Comoedia* (17 octobre 1921).

---

① 在同一期中,小说家昂利·杜维诺(Henri Duvernois, 1875—1937)评论了让·洛朗蒂(Jean Laurenty)的《堕落的爱》(*Amours pervers*),后者由维克多·哈佛(Victor Havard)出版社出版。评论的结尾如下:"我们被各种各样的恶习所淹没。我们需要唤回一点道德,就像一个戒酒之人被疯狂灌酒时喊着要喝水。"

② 指《牧神午后前奏曲》在柯罗纳音乐会的第二场演出。见书信 1895 – 54。

③ 该片段的内容应该是在指威利——也就是昂利·戈蒂耶–维亚尔 1895 年 10 月 14 日在《巴黎回声》的评论。见书信 1895 – 57。

1895 – 62

致阿尔弗雷德·布吕诺[1]

［1895年10月17日］[2]
星期四

我亲爱的朋友:

非常感谢你为《牧神午后前奏曲》写的文章,[3] 也感谢你在里面树立了同行之谊的榜样!这在音乐家当中太罕见了!尤其是那些“功成名就”的音乐家,他们会立刻像狗一样护着来之不易的骨头!应当被赞赏像你这样愿意接受不同于自己的艺术形式,你们才是“强者”。

---

① 该信的信封未被保存下来。收件人是根据排除法所识别:首先是以“你”相称,然后是信中提到的“功成名就”的音乐家。

② 日期根据签名和用纸确定。

③ 1895年10月14日,阿尔弗雷德·布吕诺在《费加罗报》上表示:“这部作品的作者是克劳德·德彪西先生,他直到现在还不为人知,观众不熟悉他的乐曲。它们非常有新意,其中包括一首弦乐四重奏——节奏中充满了自由的幻想,另外还有一批歌曲(歌词选自波德莱尔和魏尔伦先生的诗词),有时能够达到令人意想不到的情绪强度。德彪西先生讨厌守旧和平庸,他越来越喜欢追求与众不同,对此我感到有些遗憾。这次,他用交响乐的形式向我们阐述了斯蒂凡·马拉美的田园诗《牧神午后》。这是一项艰巨的任务,因为这首田园诗凭借模糊的音节组合以及微妙的音色关联展现出一种特别的魅力,就像人们说的那样,高深莫测。我们几乎可以说马拉美先生的诗本身就是纯粹的音乐,而德彪西先生的任务则是将其转化为器乐语言,抓住诗词中难以捉摸的音韵,并用音乐的方式将其记录下来。我感觉昨天的观众虽然很热情,但有可能没完全听懂上述这些。我担心他们没能穿透梦幻般的迷雾,而正是在那后面,在小提琴和竖琴朦胧的和声中,田园间的长笛和乡间的双簧管交相呼应,号角则发出神秘的召唤。这实在太可惜了,因为这部作品有多处点睛之笔。坦率地讲,我个人更喜欢阳刚之气的艺术风格。但站在公正的角度,我必须承认德彪西先生身上具有一种罕见的独特性。”关于德彪西对布吕诺音乐的赞赏,见书信1897 – 11。

再次感谢,友善地。

克劳德·德彪西

通信卡,抬头有:

10. RUE GUSTAVE DORE

Autogr.: non localisé*. *Prov.*: Cat. Recherches (1940), n° 41; Cat. Moirandat/Stargardt 678 (11 octobre 2003), n° 410 (avec fac-sim.); Cat. Moirandat/Stargardt 697 (21/22 octobre 2011), n° 739 (avec fac-sim.); Hôtel Drouot, 15 décembre 2016, n° 95 (avec fac-sim.); Cat. Schubertiade (consulté le 14 février 2022), n° 14763. *Publ.*: Debussy 1980, p. 77; Debussy 1993, p. 114-115.

1895 – 63

致皮埃尔·路易斯

星期四

1895年10月17日

我亲爱的皮埃尔，

尽管你给出了合理的解释，但我一开始还是很生你的气。当然，请放心，不是真生气。虽说有三千六百人来听音乐会，但那对我来说只是个数字，你的缺席还是让我感到很失望！①

总之，我很理解我们在生活中经常遭遇迫不得已的事，我甚至都不怪《法兰西信使》，因为它将有机会获得一部佳作。②

所以，一切重归于好。

克劳德·德彪西

星期日见。

通信卡，信封上有邮戳（17 OCT 95）和地址：
Monsieur P. Louÿs
11 rue Chateaubriand.
EV.
Autogr.: F-Pn, Mus., N.L.a. 44 (16). *Prov.*: anc. coll. A. Godoy; Hôtel Drouot, 5 février 1999, n° 186. *Publ.*: Debussy-Louÿs 1931[g], p. 23; Debussy-Louÿs 1942[b], p. 142; Debussy-Louÿs 1945, p. 62; Debussy 1980, p. 77; Debussy 1993, p. 115.

---

① 1895年10月，德彪西将一份《牧神午后前奏曲》的乐谱献给了路易斯。见附录V。

②《阿弗洛狄忒》（前身为《奴役》）于1896年3月23日在《法兰西信使》上刊登。

1895 – 64

致昂利·德·雷尼耶

星期四,10 月 17 日
1895 年

我亲爱的朋友:

很不巧,我这边今天上午发生了一些令人恼火的事情,迫使我无法前往与您握手,[①]很遗憾不能亲自表达我对您的祝福,相信您能体会到!希望您能原谅。

请替我向德·雷尼耶夫人致敬。

祝好。

克劳德·德彪西

通信卡,抬头有:
10. RUE GUSTAVE DORÉ
Autogr.: F-Pi, Ms. 6286 (256).

---

① 婚礼于当天上午在鲁莱–圣–菲利普教堂举行,出席者均为"文学、艺术、政治、金融这些所谓'精英世界'的知名人士"。见 Robert Fleury, *Marie de Régnier*, Paris, Plon, 1990, p. 48。

1895 – 65

莫里斯·梅特林克致德彪西

［里尔，[①] 1895 年 10 月 17 日］

我亲爱的德彪西：

可怜的吕涅，[②] 他着实被吓到了，到现在还惊魂未定。虽然我不知道您那里是否有不便之处，但如果可以的话，您是否可以救救他，允许他去辟一下谣？[③] 这似乎对他很重要，因为目前正是大家预订门票的时候。说实话，我很喜欢吕涅，他曾帮过我大忙。不过您还是按照您的想法去做，我跟您说这件事的前提是不要损害您的利益。

至于《佩雷亚斯与梅利桑德》，它自然是完全属于您的，这点不用说都是如此，您可以在任何时候、任何地方上演它。但我需要承认，就个人而言，我非常不愿意再和多里安、[④] 安托万或是他们的代言人勒霍勒建立任何联系。他们对我的态度不是很好，如果这部剧要在他们的剧场演出，我希望完全置身事外。当然，希望这样做不会对您不利，您对我来说是高于这些小事的……[⑤]

八月的时候，由于一些无足轻重的原因，我没能来巴黎，目前还是相同的原因。但我希望情况尽快有所转变。在这期间，希望能收到一封您的来信予以明示。我随时恭候。

M. 梅特林克

---

① 根据邮戳得出的地点。

② 指欧雷利昂·吕涅–波，著作剧院的创办者。

③ 见书信 1895 – 49。

④ 托拉·多里安（Tola Dorian, 1839—1918），女作家，原姓梅特切斯基（公主），于 1872 年嫁给了法国政客沙赫勒·多里安（Charles Dorian, 1852—1902）。她曾负责经营保罗·福赫的艺术剧院。

⑤《佩雷亚斯与梅利桑德》原本是要在艺术剧院上演的，但由于托拉·多里安与保罗·福赫不和，最终在卡米伊·莫克莱和欧雷利昂·吕涅–波的周旋下，作品在巴黎轻歌剧院上演。

信封上有邮戳(17 OCT 95)和地址:
Mr Claude Debussy
10. rue Gustave Doré
Paris

Autogr.: CH-LA, coll. P. Honneger. *Prov.*: E. Debussy; Hôtel Drouot, 1er décembre 1933, n° 213; anc. coll. A. Honneger. *Publ.*: Lesure 1991, p. 7. *Exp.*: Paris 1942, p. 43, n° 150.

1895 – 66

致昂利·勒霍勒

[1895年10月28日]
星期一
巴黎，古斯塔夫·多雷宅

我亲爱的朋友：

我收到一封信，上面确切地写着我的地址，但信里面是以“你”相称的，还在拥抱我的时候叫我小玛丽，如此一来，我判断这封信应该是寄给A. 枫丹太太的，[①] 她已经让我转寄给她了。信中有一个不错的喜剧主题，来自维克多利杨·萨杜先生！[②] 我还收到了一张主桌的设计图纸，它的主人非常感谢您能从观察汪洋大海的任务中脱身，从而委身于测量一张桌子的尺寸，它一定会非常精美，[③] 我觉得任何人都会感受到它的条纹中象征着和谐！在这样的桌子上，瓦格纳断然不敢使用“动机流水线”写《诸神的黄昏》！但我能想象到莫扎特在这样的桌子上创作他的弦乐四重奏！

大海是否和您说了《佩雷亚斯》的坏话？我相信它没有，至于那些说三道四的人，他们应该是一群书呆子，耳朵里只有前辈大师的谆谆教导，但说实话，这并不是对大师们的尊重，而是让事情变得更糟！需要说明的是，对于这类人，他们把“大师”当成“主人”去理解了。[④]

---

① 指玛丽·艾斯库迪耶，阿图·枫丹的妻子，昂利·勒霍勒的连襟。

② 维克多利杨·萨杜（Victorien Sardou, 1831—1908），著名剧作家，相比其创作的历史悲剧，像《无拘夫人》（*Madame Sans-Gêne*, 1893）这类喜剧作品流传更为久远。

③ 昂利·勒霍勒曾经为德彪西设计过一张桌子。这或许就是如今圣日耳曼昂莱的德彪西故居保存的工作台。

④ 需要说明的是，这两个词在法语中可以用同一个词“maître”来表示，德彪西在原文中正是这样用的。——译者注

无论如何,我非常欢迎您多聊聊梅利桑德,通过试探自己的敏感性谈谈您对她的深度理解,因此,请永远都不要不好意思说。

我正在创作三首《夜曲》,我非常享受。

真挚地。

克劳德·德彪西

通信卡,信封上有邮戳(寄出:29 OCT 95,到达:30 OCT 95)和地址:
Monsieur H. Lerolle
Maison Hitze.
à Biarritz
Basses-Pyrénées.
Autogr.: F-P, coll. part.

1895 – 67

致沙赫勒–昂利·伊赫西

[1895年11月初]

"亲爱的先生,

非常感谢您为《牧神午后前奏曲》写下的优美词句,尤其是您属于极少数"看懂"我的人——我只是谦卑地希望用和谐的花纹绘制出这首诗词。[①][……]"

Autogr.: non localisé (copie H. Borgeaud).

---

① 1895年11月,作家沙赫勒–昂利·伊赫西(Charles-Henry Hirsch, 1870—1948)在《法兰西信使》第255页评论了10月13日在柯罗纳音乐会上演的《牧神午后前奏曲》:"虽然这位作曲家的灵感没有那么丰富,但他很会利用自己的艺术潜力。"伊赫西还总结道:"德彪西的音乐与斯蒂凡·马拉美先生的杰作关系非常密切。"

1895－68

致皮埃尔·路易斯

［1895年11月18日］

亲爱的朋友：

嘉比星期四早上要回去看看她的诺曼底，[①] 你能为她牺牲掉星期二的马拉美到我家来吗？[②] 一方面，她坚持不想错过这次家庭小聚会，另一方面，她知道每次我们都会津津有味地听你高谈阔论到半夜三点。因此她希望你能为了这些充分的理由调整一下。

你能给我寄一份含有《奴役》的《法兰西信使》吗？[③] 我不会像L.德·普吉小姐那样乱来的，[④] 我的目的很纯粹。

我见到了贝提耶将军，这个匠人很有手段，是个人物。[⑤]《碧丽蒂斯之歌》引起了杜潘极大的兴奋，因为它适合所有对艺术敏感的灵魂。

你的朋友，

克劳德·德彪西

---

① 德彪西参考了当时一首流行歌曲的歌词："我要回去看看我的诺曼底，那是我的故乡。"嘉比出生于诺曼底的利雪。

② 皮埃尔·路易斯比德彪西更频繁出席马拉美在罗马路89号举行的星期二聚会。路易斯首次拜访马拉美是在1890年6月19日，比德彪西略早。

③《阿弗洛狄忒》的第一个版本，从1895年8月到1896年1月以《奴役》为标题刊登于《法兰西信使》。

④ 指安娜－玛丽·莎塞涅（Anne-Marie Chassaigne, 1869—1950），人称丽亚娜·德·普吉（Liane de Pougy），著名交际花，让·洛韩的朋友，曾希望与路易斯见面，以表达自己对其小说的喜爱之情。《奴役》当时只是以连载的方式先期刊登于《法兰西信使》。

⑤ 应该是指帝国将军贝提耶·德·拉萨勒男爵（Berthier de Lasalle）的孙子，此人痴迷于雕塑。

通信卡,抬头有:
10. RUE GUSTAVE DORÉ
信封上有邮戳(18 NOV 95)和地址:
Monsieur Pierre Louÿs
11 rue Chateaubriand.
EV.

Autogr.: F-Pn, Mus., N.L.a. 44 (17). *Prov.*: anc. coll. A. Godoy; Hôtel Drouot, 5 février 1999, n° 186. *Publ.*: Debussy-Louÿs 1931[g], p. 24-25 (non datée); Debussy-Louÿs 1942[b], p. 142-143 (non datée); Debussy-Louÿs 1945, p. 69-70 (datée fin 1895-début 1896); Debussy 1993, p. 117-118 (datée janvier 1896).

1895 – 69

致乔治·阿特曼

［1895年11月26日］[①]
星期二晚上

亲爱的阿特曼先生：

我收到了吕涅–波先生的一份聚会邀请，讨论的主题是“艺术表现中音乐所扮演的角色”。[②] 我去了，并且遇到了很多陌生人，当我问吕涅他们都是做什么的时候，他郑重地对我说：“他们都是作曲家，而且都天赋异禀……”好吧，看来我们在巴黎谁都不认识啊！我永远想不到会有这么多同行！之后丹第、肖松、P.德·布莱维勒、拉扎里等人就陆续到了。[③]

吕涅–波开始发言，带着十分美式的直率：“著作剧院希望引入音乐表演，请青年音乐家们相互竞争并大力支持；随后，他们会选择

① 该日期的确定得益于欧雷利昂·吕涅–波和斯蒂凡·马拉美的一次通信：

–吕涅–波致马拉美（邮戳日期是1895年11月23日）：“我亲爱的导师，明天——星期日晚上九点半左右，我在著作剧院找了一台钢琴，聚集了一些想听音乐的朋友，一共三十人，大部分您都认识。如果您不觉得太晚，我强烈请求您能加入我们，您觉得可以吗？请替我向马拉美夫人问好，恭敬的，A. F. 吕涅–波。”

–马拉美致吕涅–波（邮戳日期是1895年11月24日）：“星期日早晨（1895年11月24日），亲爱的朋友，谢谢，但很抱歉，我无法赴约，因为有一个延期了几次的晚宴需要去。但您在著作剧院搞音乐的方案非常吸引我，因为如今的诗词也是歌词，交响乐可以与其自由交汇，我看这在剧场里的效果会很好。实在是遗憾。斯蒂凡·马拉美。”见 Mallarmé, t. VII, p. 301。

② 该提议很快付诸实施，因为1895年12月10日，埃罗尔德的《恰昆塔拉的指环》（*L'Anneau de Çakuntalâ*）便搭配德·布莱维勒的音乐在著作剧院上演。

③ 西尔维奥·拉扎里（Sylvio Lazzari, 1857—1944），奥匈帝国—意大利作曲家，1896年获得法国国籍并定居巴黎。他是瓦格纳的忠实粉丝，也是瓦格纳最狂热的拥护者之一。他在自己的交响乐和歌剧作品中巧妙借鉴了瓦格纳的优点。

一部满足所有要求作品。”在场的年轻人并没有比老雕塑们做出更多的反应,倒是其他参会人员有些蠢蠢欲动。最终,丹第的声音响起,并且提名《佩雷亚斯》,一些人表示支持,那种兄弟情谊令人动容!不过就在这时,一位老先生站了起来开始讲话,声音铿锵有力,完全不符合他的年龄:“著作剧院需要上演一部完全独立的作品,既不能在歌剧院演,也不能在喜歌剧院演!我们已经受够了瓦格纳式作品和伪歌剧作品。”

话音刚落,所有人都站起来争论,如果不是吕涅-波把众人引到一个小房间喝东西(必须是挪威饮品),[1]那场面会变成一次无政府主义集会。所有这一切最终的结果就是今天早晨我又收到一封吕涅-波的来信,宣布以下两样完全属于我:25,000—30,000法郎!以及L.杰安比赛![2]

当然,您会劝我全面考虑一下。依我看,他会全力以赴,因为他不会反对在拉霍歇勒面前充当“老好人”。其次,万一有重大变故,我任凭您数落!

《夜曲》的创作还在继续,虽然我刚刚和风湿病做了斗争,但我希望您相信我没有浪费一分钟!我迫切地希望证明自己对您的感激之情。

您忠实的,

克劳德·德彪西

Autogr.: non localisé*. *Prov.*: Hôtel Drouot, 18 avril 1989, nº 70. *Publ.*: Lesure 1991, p. 7-8 (dateé fin 1896-début 1897); Debussy 1993, p. 115-116 (datée fin octobre 1895); anc. coll. E. Van Lauwe; Neuilly-sur-Seine, 23 juin 2022, nº 40. *Publ.*: Lesure 1991, p. 7-8 (dateé fin 1896-début 1897); Debussy 1993, p. 115-116 (datée fin octobre 1895).

---

① 著作剧院是吕涅-波与卡米伊·莫克莱共同创建,后者上演了多部挪威剧作家亨里克·易卜生的作品。关于巴黎的“北欧风潮”,见书信1894-15。

② 关于杰安,见书信1893-47。

1895 – 70

皮埃尔·路易斯致德彪西

［1895 年 11 月 27 日］
今天凌晨两点左右

我亲爱的克劳德。

你有勇气在十二天内写一部三场芭蕾舞剧吗？要三十分钟的音乐，我自己的剧本，标题是：《达夫尼与克罗埃》（一定要用“K”），[①] 演员有：

达夫尼：艾米丽·达朗松 [②]

克罗埃：克蕾奥·德·梅罗德 [③]

里塞尼翁：拉布恩斯卡娅 [④]

波蒂尼耶剧院？

这个主意来自年轻的弗朗克，[⑤] 好像是波蒂尼耶让他负责开张演出（12 月 15 日）。[⑥] 但你先别激动，我们还没有联系演员。

---

① 原文为：*Daphnis et Khloé*。我们通常习惯看到的该标题中“克罗埃”的拼写方式为“Chloé”。——译者注。

② 关于艾米丽·达朗松，见书信 1895 – 1。

③ 指克蕾奥帕特拉–黛安娜（Cléopâtre-Diane），人称克蕾奥·德·梅罗德（Cléo de Mérode, 1875—1966），舞蹈家，美艳动人，出身巴黎歌剧院舞蹈学校，随后进入芭蕾舞团。她是作曲家雷纳多·韩（Reynaldo Hahn, 1874—1947）的朋友，尤其以比利时国王利奥波德二世的情人著称。

④ 查无此人。

⑤ 指阿勒冯斯·弗朗克（Alphonse Franck），人称弗朗克·德·索利亚（Franck de Soria, 1863—1932），后来成为爱德华七世体育馆与剧院院长。

⑥ 沙赫勒·波蒂尼耶（Charles Bodinier, 1844—1911），曾任法兰西剧院秘书长，在圣拉扎尔路 18 号创建了应用剧院，又被俗称波蒂尼耶剧院，最初为音乐学院学生训练场所。这个小剧场以举办下午社交论坛而闻名。

如果你基本同意,请回复。但不要把我推到贾斯通·勒麦赫那里,① 否则你就欠我一个人情!

还有:

你为什么要拒绝给伦敦写一套《佩雷亚斯》交响组曲?② 这不关我的事,但你真的觉得这是个坏主意吗?

你当然有权利禁止由其他人来写这套东西,但如果我是你,我是不会在乎的!你还记得吗?当年那位老人就亲自将《飞翔的荷兰人》剧本卖给了鞑靼人先生。③ 况且你大可放心,(要我说)如今在这方面没有任何人能打败你。

如果你今晚五点有空我们再谈,我会在巴黎咖啡馆,歌剧院大街。请准点来,我很想聊聊这些事。

你无坚不摧的,

皮埃尔·路易斯

信封上有邮戳(27 NOV 95)和地址:
Monsieur Claude Debussy
10 rue Gustave Doré
E.V.

Autogr.: F-Pn, Mus., N.L.a. 45 (18). *Prov.*: anc. coll. A. Godoy; Hôtel Drouot, 5 février 1999, n° 187. *Publ.*: Debussy-Louÿs 1931[b], p. 373-374 (non datée); Debussy-Louÿs 1943[e], p. 34-35 (non datée); Debussy-Louÿs 1945, p. 64-65.

---

① 贾斯通·勒麦赫(Gaston Lemaire, 1854—1928),轻歌剧作曲家,曾为众多哑剧配乐。

② 英国演员帕特里克·坎贝尔(Patrick Campbell, 1865—1940)女士曾希望以音乐戏剧的形式在伦敦上演《佩雷亚斯与梅利桑德》,并且希望德彪西能在原作的基础上提供一个改编版本。在德彪西拒绝后,最终是由福雷创作了这部作品,并于 1898 年 6 月首演。

③ 这是在指瓦格纳于 1841 年以 500 法郎的价格将《飞翔的荷兰人》的版权转让给了作家保罗·富谢(Paul Foucher, 1810—1875)和贝内迪克特–昂利·雷沃里(Bénédict-Henry Révoil, 1816—1882)。

1895 – 71

致弗朗西斯·维耶雷－格里芬

［1895年11月］

“亲爱的维耶雷·格里芬先生，

收到您的书时我病倒了，[①]请原谅这个迟到的感谢，您的寄送和题词太令人喜悦了。

您的美意对我来说无比珍贵，请接受我一直以来对您的敬佩［……］。”

Autogr.: non localisé*. *Prov.*: Cat. Librairie P. Berès 20 (1938), n° 404; anc. coll. A. et J. Haeringer; Cat. Sotheby's (22 mai 1987), n° 591 (avec fac-sim. partiel).

1895 – 72

致朱莉娅·罗拜赫

［1895年11月底至12月初之间］[②]

“［……］据说著作剧院要上演《佩雷亚斯与梅利桑德》，我看这不是开玩笑”。［渴望与罗拜赫小姐谈这件事，他接受去她家吃晚饭。］

Autogr.: non localisé. *Prov.*: Cat. A. Blaizot et fils 285 (octobre-novembre 1936), n° 2047.

---

① 应该是指1895年11月出版的《诗文与诗歌》（*Poèmes et poésies*, Paris, Société du Mercure de France, 1895）。

② 该日期从书信1895－69的内容所推断，德彪西在11月26日的书信中描述了欧雷利昂·吕涅－波在著作剧院举办的集会。

1895－73

致一位朋友[1]

[1895 年 11 月][2]

我必须去柯罗纳那里,勒胡奸诈地给我寄来一张票。不过我还是能准时回来,因为我对《莱茵的黄金》已经无感了!

你的,

CAD[3]

名片,印有:
CLAUDE DEBUSSY
10. rue Gustave Doré
Autogr.: F-P, coll. F. Le Roux. *Prov.*: Cat. La Venvole 12 (novembre 2001), nº 230.

---

① 可能是皮埃尔·路易斯。

② 柯罗纳音乐会于 1895 年 11 月 17、11 月 24 日以及 12 月 1 日三个星期日上演阿尔弗雷德·恩斯特(Alfred Ernst, 1860—1898)翻译的法语版《莱茵的黄金》。

③ 花体缩写签名。

1895–74

皮埃尔·路易斯致德彪西

1873 年 12 月 6 日[①]
（当我只有 2 岁时[②]）

你定会无力地否认，
我上星期二曾经敲门，
就是你利伯蒂顶楼的门。[③]

先生应该是去舞会了
因为(守门人注意到了)
我最终找到巴力神了。[④]

于是我灰溜溜地跑路
就像马车上装满货物
沿着古斯塔夫·尼克雷路。[⑤]

---

① 这封信其实写于 1895 年 12 月 6 日，因为信中提到了让·德·提南与安德烈·勒贝的不和(见第 455 页脚注①)。

② 皮埃尔·路易斯生于 1870 年 12 月 10 日，因此他在 1873 年 12 月 6 日的确只有 2 岁。这或许是在模仿维克多·雨果的诗词："当这个世纪只有 2 岁时，罗马代替了斯巴达……" 选自《秋叶》(*Feuilles d'Automne*, 1831)。

③ 利伯蒂：指伦敦的亚瑟·拉森比·利伯蒂(Arthur Lasenby Liberty)公司，该公司生产的奢侈品有力传播了新艺术风格。

④ 这里是路易斯玩的文字游戏，原文中的词组含义为：什么都没有。(因此这一诗句的真实意思是"我最终什么都没找到" ——译者注)。

⑤ 指古斯塔夫·多雷路。根据《罗拜赫》辞典的解释，"尼克雷"(原文为 "nickelé") 可能源于法国剧作家特里斯坦·贝尔纳(Tristan Bernard, 1866—1847) 于 1895 年创作的《懒惰》(*Les Pieds Nickelés*)，"nickelé" 源自 "aniclé"，后者的意思是"打结、停止上升"，而 "avoir les pieds nickelés" 可以被理解为"拒绝行动、懒惰"。这个短语于 1908 年起逐渐流行，主要是因为视觉艺术家路易·福顿(Louis Forton, 1879—1934)在《非常棒》(*L'Epatant*)杂志上连载的漫画《懒惰》(*Les Pieds Nickelés*)。

我本想问你是否为
今晚的临时小聚会
累得心力交瘁。

应该禁止将一位伟人
拖到某处打昏
并且对他声闻:
“想回家就如同那些苹果们。”

无价的克劳德你瞧
当诗人们在逍遥
楚馆秦楼秋波滔滔,

三个诗人真够瞧
其中两个在打闹
就为了能把小蛮腰
怀中抱。

听听好人弗朗西斯科的声音,①
我们不能将方尖碑放在共和国的圆芯,
菲力斯克那倒霉的心。②

---

① 指弗朗西斯科·萨塞(Francisque Sarcey, 1828—1899),在圣–伯夫(Sainte-Beuve, 1804—1869)去世后继承了他从1867年在《时代报》上的戏剧连载栏目。萨塞是古典戏剧的拥护者,他看中“德行”和“修养”,他对法国戏剧的影响是巨大的。由于性格开朗,萨塞被人们称为“大叔”“常识大主教”后者是剧作家儒勒·勒梅特尔(Jules Lemaître, 1853—1914)起的外号。

② 指菲利克斯·福勒(Félix Faure, 1841—1899),成为法兰西共和国总统,于1899年突然死于情妇怀中。(路易斯故意将名字改为菲力斯克是为了在原文中押韵——译者注)。

自从星期一，
我每天下午一心一意
劝慰我的两个男闺蜜
不要成为情敌。[①]
我跟你交个底，
全是气。

现在，摆平一切是非，
不会再有什么不对，
布朗热将军万岁。[②]

说了这么多的戏
请允许我使用以下语气，
我们何时才能再见到你
你这个牌迷？

幻想中的精灵戴着飞翼
何时归兮
加布里埃尔真是不可思议
加布里埃尔·杜鹏吉奥，[③]

---

① 安德烈·勒贝和让·德·提南于 1895 年 12 月 2 日星期二发生争吵，原因是他们在拉丁区遇到一个年轻的姑娘，名叫艾丝黛勒。最终由路易斯出面得以调解。见 Louÿs-Tinan, p. 93-95。

② 乔治·布朗热（Georges Boulanger, 1837—1891），布朗热民族主义运动的发起人。

③ 路易斯在玩文字游戏，将德彪西女友嘉比·杜鹏的名字与意大利诗人加布里埃尔·邓南遮（Gabriele D'Annunzio, 1863—1938）的名字混合在了一起。邓南遮在法国所获的巨大成功得益于翻译家乔治·埃雷尔（Georges Hérelle, 1848—1935）的译著：《欢乐》（*L'Enfant de volupté*）[写于 1889 年，翻译于 1895 年，由卡勒曼–莱维（Calmann-Lévy）出版社出版]，《入侵者》（*L'Intrus*）（写于 1892 年，翻译于 1893 年，由卡勒曼–莱维出版社出版），《死的胜利》（*Le Triomphe de la mort*）（写于 1894 年，翻译于 1896 年，由卡勒曼–莱维出版社出版）等。1895 年 5 月 31 日，路易斯在给自己的兄长写信时说道："有件事让我不太高兴，那就是我读完了邓南遮的小说。它们在许多方面都和我想做的十分相似，这让我很沮丧。你手上有这些书吗？"见 Louÿs 2002, p. 159-160。

将衬裙穿得如此之高?
(这首小诗不出自提耶之笔。[1]
它位于小便池的岩壁
我前天才将其破译
我认为针对那些大肚腩
它讲得很赞)。

我怎么又开始说戏。
我实在是不成器。
赶紧把嘴闭。
把嘴闭。

请保存好这首小诗
它会让吕涅–波如醉如痴
这是自由诗,[2] 颇具波希米亚之势,
说他是天才倒也不是,
但他确实非常励志。

(如果我没记错的话,这就是个谜。[3])

信封上有地址:
Monsieur Claude Debussy
10 rue Gustave Doré
E.V.
Autogr.: non localisé (copie G. Serrières pour les lignes 1 à 39, copie Y.-G. Le Dantec pour la fin[4]). *Prov.*: Château d'Écrouves, 30 juin 1934, n° 49.

---

① 阿道夫·提耶(Adolphe Thiers, 1797—1877),记者、历史学家、政客。1870 年战后成为"法兰西共和国主席行政官",在镇压巴黎公社后又成为"土地解放者"。
② 这是路易斯在嘲笑弗朗西斯·维耶雷–格里芬等人的自由诗。
③ 路易斯以一块石头和一枚硬币的图画作为签名。
④ 这首诗的两部分是独立抄写的,页数已散。我们之所以将其合二为一,是因为诗句的押韵手法十分接近,更是因为两部分诗的内容连贯。

1895－75

致皮埃尔·路易斯

［1895年12月22日］

亲爱的朋友。

在你最常光顾的区域，有那么一群认真的人，他们一生都在研究骨头，我觉得他们会拿着你的骨头做最奇怪的实验！[①] 他们会解释为什么你把自己的罪恶都甩锅给我！还有为什么你在所有通往古斯塔夫·多雷路的小道上都会变成“尼克雷”。[②] 我谈到你的时候只能用过去式！有人会询问我们的关系，当看到我眼含热泪时，他们就会突然转移话题！我还请求桑德赫露娜不要再提她那个邪恶的叔叔！

今天早晨，我正读着你的来信，突然想起我在《浪子》中描写回归的喜悦时采用了降E调解决，我还用B大调即兴了一首感恩赞美诗，嘉比当时都被感动哭了，老弟！

所以，如果你还想示好，那就踏上你的“风火轮”明天（星期一）中午十二点半到我家来吃饭。木头上校会有幸加入我们，我还可以保证，我们肯定会把小盘子放在大盘子里面，就像在迦拿的婚礼一样。

你刀枪不入的，

克劳德·德彪西[③]

后记：抱歉没收到！

---

① 路易斯经常流连于拉丁区，并且和多位女性有染。

② 这是在影射特里斯坦·贝尔纳创作的《懒惰》，于1895年3月15日在著作剧院首演。（关于“尼克雷”的含义，见前一封书信——译者注）。

③ 德彪西使用的第十五种签名形式“Claude Debussy”，从1895年12月中开始。见附录Ⅳ，n° 15。

信封上有邮戳(22 DEC 95)和地址:
Monsieur Pierre Louÿs
11 rue Chateaubriand.
(Tres urgent) EV.
Autogr.: F-Pn, Mus., N.L.a. 44 (18). *Prov.*: anc. coll. A. Godoy; Hôtel Drouot, 5 février 1999, n° 186. *Publ.*: Debussy-Louÿs 1942[b], p. 153-154 (non datée); Debussy-Louÿs 1945, p. 83 (datée fin 1896).

1895－76

致勒内·彼得

［1895年12月22日］[①]
星期日晚上

我的老勒内，

那些花非常漂亮……！这就是我看到名片时的反应。还有，我们真心感谢你，我们衷心祝愿你永远是一只幸福的“老鸽子”。[②]

如果你想明天（星期一）晚上九点过来，随时恭候……

你年轻的朋友，

克劳德

信封上有邮戳（22 DEC 95）和地址：[③]
Monsieur René Peter.
20 rue de Hambourg.
EV.
Autogr.: non localisé. *Prov.*: Cat. N. Rauch (24-25 novembre 1958), n° 94; Cat. Stargardt 653 (11-12 mars 1993), n° 866. *Publ.*: Peter 1944, p. 223 (incomplète; non datée).

---

① 该日期出自斯塔加特目录（catalogue Stargardt）。

② 据彼得称，在自己失魂落魄的时候，德彪西总喜欢叫他“带刺鸽”。见 Peter 1944, p. 223。

③ 邮戳和地址均是通过一张复印件得以复原。

1895 – 77

致勒内·彼得

[1895 年 12 月 24 日(?)]

我亲爱的勒内,

昨晚你离开的时候,我没敢再次和你提钱的事情!然而,我现在有点急事,需要 50 法郎。请行行好,尽量帮我凑凑。这次是家用,这方面你最在行了!

我会来韦伯那里的![1]

祝好。

克劳德·德彪西

Autogr.: non localisé*. *Prov.*: Hôtel Drouot, 17 décembre 2001, nº 45.

---

① 关于韦伯咖啡馆,见书信 1893 – 62。

1895 – 78

致乔治・阿特曼

[1895 年底(?)]

亲爱的阿特曼先生,

这里是两次校稿!老天啊,希望它们能安抚保罗・德・舒登斯的愤怒![①]

克劳德・德彪西

名片,印有:
CLAUDE DEBUSSY
10. rue Gustave Doré
Autogr.: non localisé (copie H. Borgeaud). *Prov.*: Hôtel Drouot, 28 avril 1958; Hôtel Drouot, 18 avril 1989, n° 72; Cat. Sotheby's (22 novembre 1989), n° 55.

---

① 指《幻想曲》的校稿,见书信 1891 – 2。关于普尼奥演奏该作品的信息,另见书信 1895 – 48。

1895–79

致音乐作者、作曲家和出版商协会[①]

[1895年底][②]
巴黎,1894年1月10日
致音乐作者、作曲家和出版商协会主席

主席先生,
在以下先生们(1)的支持下:阿特曼,出版商
以及安德烈·梅沙杰,作曲家,
本人(2),德彪西(克劳德·阿西伊)
从事音乐创作行业
居住于巴黎
古斯塔夫·多雷路10号
1862年8月18日
生于圣日耳曼昂莱,申请
加入音乐作者、作曲家和出版商协会,身份为(3)
除申请之外,我还附上(4)
我的一些已出版作品样本(均印有"保留表演权"字样),以及我

---

① 法语全称为"La Société des Auteurs, Compositeurs et Editeurs de musique (S. A. C. E. M.)"。该组织如今依旧存在。——译者注。

② 该申请上的日期有误,证据如下:首先是签名为1895年底以后的形式;其次是乔治·阿特曼于1895年10月2日给音乐作者、作曲家和出版商协会主席维克多·苏尚(Victor Souchon)写的一封信:"我亲爱的朋友,今天早上和您的聊天太愉快了,我甚至忘记请您将我登记为德彪西《牧神午后前奏曲》的出版人,柯罗纳将在星期日于夏特莱剧院演出这部作品,也就是曾经的国家音乐会!!! 我将尝试捧红这位年轻的作者(我是说德彪西,不是柯罗纳!),并且将他的所有作品都存在伏霍蒙那里。等着开眼吧!亲切的。G.阿特曼。另外:如果德彪西还没有注册,请尽快给我发一份授权书。"见F-Neuilly-sur-Seine, Archives S. A. C. E. M.。

全部(包括未出版)作品的清单(5)。①

在等待肯定答复之余,请主席先生接受我最崇高的敬意。

第一介绍人签名　　第二介绍人签名　　申请人签名

G. 阿特曼　　A. 梅沙杰　　克劳德·德彪西

通函,抬头为:②

SOCIÉTÉ / DES / AUTEURS, COMPOSITEURS / ET / EDITEURS DE MUSIQUE

Autogr.: F-Neuilly-sur-Seine, Archives S. A. C. E. M. *Fac-sim.*: programme du concert du 18 octobre 1962 donné au Palais de Chaillot, p. 4-5.

该信附加的作品清单原文内容如下:

Désignation des Œuvres devant figurer au Catalogue du Postulant

TITRE DES ŒUVRES	*GENRE*	*AUTEUR*	*COMPOSITEUR*	*ÉDITEUR (ou inédit)*
Prélude à l'après-midi d'un Faune.	Orchestre.		C. Debussy	G. Hartmann.
la Damoiselle Élue.	Poëme Lyrique (chœur et Orchestre)	D. G. Rossetti Traducteur: G. Sarrazin.	″	Debussy.
Quatuor à Cordes.	instrumental		″	Durand et fils.
4 Proses lyriques.	Chant.	Debussy.	″	G. Hartmann.
Cinq Poëmes de Baudelaire.	Chant.	Baudelaire	″	G. Hartmann.
Le Balcon.	″	″	″	
Harmonie du Soir.	″	″	″	
le Jet d'Eau.	″	″	″	
Recueillement.	″	″	″	
la Mort des Amants.	″	″	″	
Ariettes. (Six Mélodies)	Chant.	P. Verlaine	″	Girod
N° 1. « C'est l'extase langoureuse »	″	″	″	″
N° 2. Il pleure dans mon cœur.	″	″	″	″
N° 3. L'ombre des arbres.	″	″	″	″
N° 4. Chevaux de bois.	″	″	″	″

① 德彪西将自己的作品手写进一张印刷的表格中。

② 非斜体部分为手书,但除签名之外均不是亲笔手书。

(续表)

N° 5. Green.	〃	〃		〃
N° 6. Spleen.	〃	〃		〃
Fleur des Blés.	〃	A. Girod.	〃	〃
Beau Soir.	〃	P. Bourget.	〃	〃
Mandoline.	〃	P. Verlaine.	〃	〃
Valse Romantique.	piano		〃	〃
Ballade.	〃		〃	〃
Danse.	〃		〃	〃
Marche Écossaise.	Orchestre. piano 4 Mains		〃	〃
Rêverie.	Piano.		〃	〃

1895 – 80

致乔治·阿特曼

［1895年］
星期五

亲爱的阿特曼先生。

如果您像我希望的那样，依然愿意明天来我家，请务必帮我带一份《斯泰里安的塔兰泰拉舞曲》，[①]因为遗憾的是，我的杰作书架上缺了这首作品！

您最忠实的，

克劳德·德彪西

Autogr.: non localisé*. *Prov.*: Hôtel Drouot, 28 avril 1958; Hôtel Drouot, 18 avril 1989, n° 75; Cat. Les Autographes 42 (juillet 1990), n° 81.

① 见1891年1月31日的出版合约。

1895 – 81

致乔治·阿特曼

[1895 年]
星期六

亲爱的阿特曼先生。

请务必在星期一早上给我寄一份《喷泉》的校稿。[①] 我必须得离开巴黎一趟,我星期一下午三点五十分出发。

您忠实的,

克劳德·德彪西

Autogr.: non localisé*. *Prov.*: Hôtel Drouot, 28 avril 1958; Hôtel Drouot, 18 avril 1989, n° 80; Cat. Les Autographes 55 (mai 1993), n° 72; Cat. Les Autographes 68 (septembre 1995), n° 61.

---

①《喷泉》(*À la fontaine*)是德彪西改编的舒曼《十二首为孩子们而作的四手联弹曲》(*12 Vierhändige Klavierstücke*, Op. 85)中的第九首,该作品直到 1904 年才由伏霍蒙出版社出版。文献编号:E.1400.F。

1895 – 82

致皮埃尔·路易斯

［1895 年（？）］
星期二

亲爱的皮埃尔，

我和嘉比今晚在家吃饭。如果你那边没什么娱乐活动，那么我们将很高兴接待你（没有着装要求！）。我们可以喝点热饮，但不用谈艺术。

你忠实的，

克劳德·德彪西

Autogr.: non localisé (copie G. Serrières).

1895 – 83

致皮埃尔·路易斯

[1895 年(？)]
星期五

亲爱的皮埃尔，

首先，我就是想见见你！我想我的到访用这个理由就已经足够充分了！还有就是我们必须好好聊聊小桑德赫露娜，我们必须对她用点心了。

克劳德·德彪西

星期日找个时间来见我！

Autogr.: non localisé (copie G. Serrières).

1895 – 84

致皮埃尔·路易斯

[1895 年(?)]
星期六晚上

我的老皮埃尔,

我们陷入黑泥中了[(a)],还有绿色等各种颜色,已经到脖子了!所以克劳德来请求他的老伙计要几个路易!!!对皮埃尔,他表示衷心地感谢。

你的,

克劳德[(n')]

(a) 就如同我们用升 f 小调!

通信卡,抬头有:
10. RUE GUSTAVE DORÉ
信封上贴有邮票,地址:
Monsieur Pierre Louÿs
11 rue Chateaubriand
Urgent
et même Pressé
Autogr.: F-Pn, Mus., N.L.a. 44 (19). *Prov.*: anc. coll. A. Godoy; Hôtel Drouot, 5 février 1999, n° 186. *Publ.*: Debussy-Louÿs 1931[g], p. 24 (non datée); Debussy-Louÿs 1942[b], p. 143 (non datée); Debussy-Louÿs 1945, p. 82 (datée entre juillet 1895 et fin 1896).

1895 – 85

致皮埃尔·路易斯

[1895 年(?)]

亲爱的皮埃尔,

现在!

过来!

你的,

Cl.

通信卡,用铅笔所写,抬头有:

10. RUE GUSTAVE DORÉ

信封上未贴邮票,也没有地址,只写了:

Monsieur Pierre Louÿs

Autogr.: F-Pn, Mus., N.L.a. 44 (54). *Prov.*: anc. coll. A. Godoy; Hôtel Drouot, 5 février 1999, n° 186. *Publ.*: Debussy-Louÿs 1931[g], p. 25 (non datée); Debussy-Louÿs 1945, p. 104 (dateé 1897 ?).

1895 – 86

皮埃尔·路易斯致德彪西

［1895 年（？）］

我亲爱的，

我去 S. 家了，还有另一个 S. 家（前一个的朋友），你认识的。吃了个闭门羹。

另外，今晚我什么灵感都没有，大乐队运气不好。

明天，我还会继续尝试，如果我能写出点东西的话就五点到六点来你家。你在八十万个女孩中就不认识一个想结婚的吗？

你的，

P. L.

（唉！如果人们能认清这段话的价值，沙拉维能让我们变得富可敌国！[①]）

Autogr.: non localisé (copie J.-P. Goujon). *Prov.*: Cat. S. Kra 16 (1927), nº 6538; Cat. G. Morssen (février 1965), nº 140. *Publ.*: Debussy-Louÿs 1945, p. 71 (incomplète).

---

① 指诺埃尔·沙拉维（Noël Charavay, 1861—1932），手稿经销商。该公司于1845 年就已成立。

1896-1

致皮埃尔·路易斯

［1896 年 1 月 11 日］
星期六晚上

我亲爱的皮埃尔。

明天中午十二点半来家里吃饭,如果在你走之前不见你一面,嘉比将悲痛不已。①

你的,

克劳德

信封上有邮戳(12 JANV 96)和地址:
Monsieur Pierre Louÿs
11 rue Chateaubriand.
Paris.
Autogr.: F-Pn, Mus., N.L.a. 44 (20). *Prov.*: anc. coll. A. Godoy; Hôtel Drouot, 5 février 1999, n° 186. *Publ.*: Debussy-Louÿs 1931[i], p. 246 (datée janvier 1896); Debussy-Louÿs 1942[b], p. 147 (non datée); Debussy-Louÿs 1945, p. 71 (janvier 1896).

① 路易斯曾计划去雅典,但由于经济原因没能成行。1 月 13 日,他对让·德·提南说道:"我不走了。或许今晚能见面,但不用等我。"见 Louÿs-Tinan, p. 103。

1896 – 2

皮埃尔·路易斯致德彪西

［1896 年 1 月 14 日前后］①

我亲爱的克劳德。

你的愿望实现了。芭蕾的事进展非常顺利，只要你能在十五天里把音乐写出来就能上演。② 大家都很期待，但我们得快点。

我在写剧本。你星期六就能拿到。

从现在起，你需要开始找主题了。注意事项如下：

克罗埃，半讲半唱，有些傻，但很温柔。

达夫尼，笛手，田园主题，冲动且天真。

请把这个处理好。

里塞尼翁，消息灵通，很注意自己的身材。

性感但没什么热情。

你记住提纲如下：

I. – C. 和 D. 都不知道。

II. – L. 告诉 D.。

III. – D. 又告诉 C.。 – 闭幕。

第一部分中，我们需要一个类似《帕西法尔》头一句的主题，也就是说我们需要走到属音上，但没有规律可循。

第二部分中，我觉得可以用一个能延伸的主题，不用和第一个主题有关，但可以在第三部分中完结。

这些都只是建议啊。

音乐由一个笛子主题开始……

---

① 该日期根据后两封信的内容所推断（主要是 1896 年 1 月 18 日路易斯回复德彪西："你却三天后给我回了一句玩笑话。"）。

② 关于《达夫尼与克罗埃》，见书信 1895 – 70。

……但是,为了让进度再快点,你能不能从那个德彪西的《牧神午后》里偷点东西?那个曲子在柯罗纳那里演出已经过去三个月了。[1]戈蒂耶-维亚尔先生评价说写得很好。[2]

好了老兄,我们需要赶紧啦。到时候这部作品确定要连着演出十五天,这还不算可能会有的返场。而且,还是付现钞的。(也就是告诉你我们不在波蒂尼耶演了。[3])

嘘!

你的,

张伯伦[4]

Autogr.: F-Pn, Mus., N.L.a. 45 (19). *Prov.*: anc. coll. A. Godoy; Hôtel Drouot, 5 février 1999, n° 187. *Publ.*: Debussy-Louÿs 1931[a], p. 245 (non datée); Debussy-Louÿs 1943[c], p. 132-134 (datée 27 novembre 1895); Debussy-Louÿs 1945, p. 66-67.

---

① 爱德华·柯罗纳于1895年10月13和20日指挥演出了《牧神午后前奏曲》。路易斯没有参加10月13日的音乐会。

② 见书信1895–57。

③ 关于波蒂尼耶剧院,见书信1895–70。

④ 见后一封书信。

1896－3

致皮埃尔·路易斯

［1896 年 1 月 17 日］

我亲爱的皮埃尔。

我收到了休斯顿–张伯伦先生的一个提议,① 是有关《达夫尼与克罗埃》芭蕾舞剧的,虽说这位先生以过滤器而闻名,② 但我觉得他的想法太模糊了！请告诉他明天和你一起过来,因为我真的需要更多细节。他连用什么形式演奏都没说,木琴？斑鸠琴？还是俄国巴松？而且他还停留在瓦格纳阶段！他依然相信这位老毒师的烹饪之道！

你刀枪不入的,

克劳德

信封上有邮戳(17 JANV 96)和地址:
Monsieur Pierre Louÿs
11 rue Chateaubriand.
EV.
Autogr.: F-Pn, Mus., N.L.a. 44 (21). *Prov.*: anc. coll. A. Godoy; Hôtel Drouot, 5 février 1999, n° 186. *Publ.*: Debussy-Louÿs 1931[h], p. 148; Debussy-Louÿs 1942[b], p. 144-145; Debussy-Louÿs 1945, p. 68; Debussy 1980, p. 77-78; Debussy 1993, p. 117.

---

① 这是德彪西对路易斯前一封信的署名游戏作出的回应。休斯顿–斯特尔特·张伯伦(Houston-Stewart Chamberlain, 1855—1927)是一位瓦格纳传记作家,经常参加马拉美的星期二聚会。他生于英国,在法国长大,但对德国十分痴迷,最终在德国定居。他与爱德华·杜加尔登合作创办了《瓦格纳刊》。他致力于宣传瓦格纳的作品,并且还娶了瓦格纳的小女儿艾娃。他还是个日耳曼基督徒和种族主义者,他的《19 世纪的根基》(*Les Fondements du XIXe siècle*, 1899)在德国获得了巨大成功,并且还影响到了后来的希特勒。

② 德彪西故意将张伯伦的名字和沙赫勒·张伯朗(Charles Chamberland, 1851—1908)相混淆,后者是法国科学家,也是巴斯德的搭档。张伯朗发明了一种卫生过滤器,并以自己的名字命名。

1896－4

皮埃尔·路易斯致德彪西

星期六,1896 年 1 月 18 日

我亲爱的克劳德:

你是这样的:我第一次跟你提这个芭蕾的计划时,你说你不干。当我跟你说我去给马斯奈写信的时候,[①] 你又是发火,又是遗憾,又是苦涩。现在,我再次向你提议,而且是通过一封本质上很严肃的信,结果你却三天后给我回了一句玩笑话。你也就只能当个诗人了!

如果你想要所有的详细情况,请到沙普达勒路 20 号,[②] 哪天都行,只要是十点到十二点之间,然后你就提经理莫里斯·马尼耶的名字。

我们现在有的是:

1. 一个很好的乐队(据说);

2. 阿玛布勒的布景,[③] 我们想让谁设计服装都可以;

3. 至少十五场演出;

4. 和大剧院相同的稿费。

如果您老还不满意,那请您重复两遍,我们尽量满足您的要求。[④]

他的,

P. L.

---

① 1895 年 12 月 4 日,路易斯在给兄长写信时谈到自己向马斯奈提出合作:“还是为了多挣点钱,我向马斯奈提出了一个芭蕾舞计划。八天过去了,什么回复都没有。起步阶段受到的小屈辱,我开始感受到了。”见 Louÿs 2002, p. 174。

② 1896 年 4 月 19 日,《吟游诗人》上刊登出一条信息,称一个“小剧院”即将开业。这是指沙龙剧院,位于沙普达勒路,经理名叫莫里斯·马尼耶(Maurice Magnier)。

③ 阿玛布勒·戴勒芬·佩蒂特(Amable Delphin Petit, 1846—?),人称阿玛布勒,画家和设计师,曾在巴黎歌剧院等众多剧院工作。

④ 十几天后的 1896 年 2 月 3 日,路易斯向他的兄长宣布:“德彪西为我刚创作的芭蕾配了乐,下个月它将由三位舞者在一家小剧院上演。”见 Louÿs 2002, p. 183。

如果你明天有空就过来。我病倒了,不能出门。

Autogr.: F-Pn, Mus., N.L.a. 45 (20). *Prov.*: anc. coll. A. Godoy; Hôtel Drouot, 5 février 1999, n° 187. *Publ.*: Debussy-Louÿs 1931[d], p. 136-137; Debussy-Louÿs 1943[c], p. 135; Debussy-Louÿs 1945, p. 68-69

1896 – 5

致安德烈–费迪南·埃罗尔德

[1896 年 2 月 13 日]

[克劳德·德彪西]"本想亲自去拜访他的朋友安德烈–费迪南·埃罗尔德,以感谢他给自己寄送的作品,① 但是,感冒!下雪……脚也被冻了……"[他很遗憾错过了机会。]

名片,印有:
CLAUDE DEBUSSY
10. rue Gustave Doré
Autogr.: non localisé. *Prov.*: Cat. L'Autographe 9 (1986), n° 67.

① 埃罗尔德刚刚于 1896 年 1 月出版了七幕剧《恰昆塔拉的指环》(*L'Anneau de Çakuntalâ*, Paris, Mercure de France, 1896)。该原著作者为迦梨陀娑,4 世纪印度最伟大的古典诗人。埃罗尔德将该作献给了女诗人莱蒂丝·戈蒂耶耶(Judith Gautier, 1845—1917)。见书信 1895 – 69。

1896 – 6

致昂利·勒霍勒

[1896年2月28日]

亲爱的朋友:

很遗憾没能见到您,但我和《达夫尼与克罗埃》有约![1]

您明天能回来一下吗?我需要穿着正式些吗?我的上装可不太奢华。

真挚地。

克劳德·德彪西

信封上有邮戳(17 JANV 96)和地址:
Monsieur Henry Lerolle
20 avenue Duquesne.
à Paris.
Autogr.: F-P, coll. part.

① 关于《达夫尼与克罗埃》,见书信1895 – 70。

1896－7

皮埃尔·路易斯致德彪西

［1896年3月7日］

我可怜的克劳德：

自从我去听了你那群弗拉芒人之后，[①] 我就生病了，你还别说，那种用马鬃毛刮猫内脏的声音居然奇迹般地创造出超凡脱俗的效果。[②] 我现在咳嗽、发烧、浑身酸痛，难受死了。所有这一切就是想跟你说，我们这个无望的破土计划差不多就剩一周了，我希望能从我的老伙计彪西星期日来看我开始，如果星期日不行，那就下星期一。现在，女士们先生们，晚安。不用告别。

皮埃尔－安布鲁瓦斯·托马 [③]

通信卡，带有花体签名，信封上有邮戳（17 JANV 96）和地址：
Monsieur Claude Debussy
10 rue Gustave Doré
E.V.
Autogr.: F-Pn, Mus., N.L.a. 45 (21). *Prov.*: anc. coll. A. Godoy; Hôtel Drouot, 5 février 1999, n° 187. *Publ.*: Debussy-Louÿs 1931[b], p. 377 (non datée); Debussy-Louÿs 1943[d], p. 115 (datée 6 mars 1896); Debussy-Louÿs 1945, p. 71-72 (datée 6 mars 1896).

---

① 可能是克里克布姆四重奏，但我们没能找到具体的音乐会日期。

② 原文中，路易斯使用了“Ubermenschliques”来表达“超凡脱俗”。该词出自德语中的“ubermenschlich”。这其实是呼应了弗里德里希·尼采（Friedrich Nietzsche, 1844—1900）。此时，尼采在法国逐渐被知晓。路易斯的朋友昂利·阿勒拜赫（Henri Albert, 1869—1921）曾在《法兰西信使》上翻译尼采的书籍。第一部《查拉图斯特拉如是说》（*Ainsi parlait Zarathoustra*）于1898年问世(尼采在这里提出了“超人”的概念)。

③ 安布鲁瓦斯·托马（Ambroise Thomas, 1811—1896）于1896年2月12日去世。

1896–8

致皮埃尔·路易斯

[1896年3月20日]

我亲爱的皮埃尔:

我去过你家两次了,都是败兴而归,这迫使我不得不大量使用昂贵的“除愁剂”。然而,我必须和你见面,因为达夫尼感觉不太好,克罗埃也一样。音乐中的无政府主义者在我的大脑里举行集会,革命的红旗折腾着我的脑膜,我该怎么办?

所以请尽快和我约个时间:

还有,你能把J. L. 德·提南的地址发给我吗?①

不久后见。

你的,

克劳德·德彪西

我给《半马人》找来了订单!②

通信卡,抬头有:
10. RUE GUSTAVE DORÉ
信封上有邮戳(20 MARS 96)和地址:
Monsieur Pierre Louÿs.
11, rue Chateaubriand.
à Paris.
Autogr.: F-Pn, Mus., N.L.a. 44 (22). *Prov.*: anc. coll. A. Godoy; Hôtel Drouot, 5 février 1999, n° 186. *Publ.*: Debussy-Louÿs 1931[h], p. 148-149; Debussy-Louÿs 1942[b], p. 144-145; Debussy-Louÿs 1945, p. 72-73. *Fac-sim.*: Debussy-Louÿs 1942[a], entre les p. 24-25.

---

① 关于提南,见书信1895–54。

②《半马人》(*le Centaure*)是一本文学和艺术季刊,由昂利·阿勒拜赫和让·德·提南创办,但只发行了两期。第一期于1896年5月问世,作者除了前两人外还包括昂利·德·雷尼耶、保罗·魏尔伦、安德烈·吉德、皮埃尔·路易斯、安德烈–费迪南·埃罗尔德以及安德烈·勒贝。

1896 – 9

皮埃尔 · 路易斯致德彪西

［1896 年 3 月 21 日］①

我亲爱的克劳德：

流感(第 3 号,还需观察)

无法出门。

很想见到你。

你要的地址：圣米歇尔大街 75 号。②

你什么时候来。

因为达夫尼受到很多责骂。

为什么这么懒?

明天星期日等你。

马斯奈 ③

P. L.

---

① 此为昂利 · 博儒标注的日期,他提到了一个如今已经丢失的信封。不过该日期依然可以从路易斯写给兄长的一封信(1896 年 3 月 23 日,星期一)中得到证实:"星期六(前天),我又闭关了,因为第三次感冒了。" 见 Louÿs 2002, p. 198。

② 让 · 德 · 提南的地址。

③《埃斯科拉蒙德》(*Esclarmonde*)的片段,马斯奈的歌剧。

上面有很多 P. 瓦莱里。[1]
上面有很多维克多·雨果和德加。[2]

Autogr.: non localisé*. *Prov.*: Cat. Milhau 8 (s.d.), n° 115; Hôtel Drouot, 16 novembre 1983, n° 131. *Publ.*: Debussy-Louÿs 1945, p. 73.

① 路易斯于 1890 年在蒙波利埃结识了保罗·瓦莱里:"雨果、波德莱尔、魏尔伦、瓦格纳,这些名字出现在我们的交谈中,我们起身手挽手向前走,就像在歌剧里一样。我们一见如故。"见 Paul Valéry, *Réponses*, Éditions du Pigeonnier, 1928, p. 30-31。

② 在最后两句话中,路易斯为了闹着玩,故意模仿这三个人的写作风格。路易斯非常赞赏雨果。而几个月后,他在勒霍勒家中见到了埃德加·德加。

1896 – 10

致乔治·阿特曼

［1896 年 3 月（？）］[①]

亲爱的阿特曼先生。

虽然要付出代价，但我还是必须拒绝今年演出我的《夜曲》，因为我对作品实在不够满意。虽然无法达到您想要的结果，但我确信您理解我只是想把事情做得更好。

况且，我觉得如今的交响音乐病了，它被带上了歪门邪道，有些作曲家为了让它焕然一新，人为地将其复杂化，还有一些作曲家把它变成了一种低级的风景图，让它去和最劣质的绘画竞争。在经历了这一切后，如果还有人继续喜爱音乐，那他们就是圣人。

那么，还有什么其他办法呢？其实，我们不应该只是去做和别人不一样的事，而是去做比别人更纯粹的事。换句话说，我们的目的不是去出损招吓唬旁人！这或许很难，因为这需要我们保持无私，而在如今的艺术中，无私太罕见了。

我希望能通过写信来向您强调这些重要的原因，而不是几句话草草了事，当然，这不妨碍我过几天去见您，我需要跟您谈一个哑剧的计划，[②] 是和皮埃尔·路易斯合作的。

您忠实的，

克劳德·德彪西

星期三

Autogr.: non localisé*. *Prov.*: Hôtel Drouot, 28 avril 1958, n° 20; Hôtel Drouot, 18 avril 1989, n° 71; Hôtel Drouot, 5 juin 1992, n° 72. *Publ.*: Debussy 1993, p. 128-129 (datée début 1898).

---

① 该日期根据签名形式和书信内容所猜测。

② 应该就是芭蕾舞剧《达夫尼与克罗埃》，见书信 1895 – 70。

1896 - 11

致皮埃尔·路易斯

[1896 年 4 月 10 日]
星期五

我亲爱的皮埃尔,

全欧洲音乐界都在为深入人心的《克里希丝》感到无比兴奋,[①] 我也要加入其中。但我觉得这个兴奋点跑偏了,都集中在书里有害的部分。如此,我们就不得不面对那些肤浅甚至愚蠢的评价,因为有些人只能接受艺术作品用万年不变的形式来创作。

我个人觉得你的艺术异常灵活,我在书中发现你对动作的记录非常独特,在保持人性的同时又非常和谐(你懂我的意思),许多章节的始末拿捏得恰到好处,有描述、有包袱,情感丰富多彩,我非常喜欢。

我觉得部分主体的发展有些鸡肋,使得内容过于丰富,导致我们不再去感受你精心策划的悲伤氛围。

这些评论完全是友善的,它们的意图是希望看到你越来越强。总之,这绝对不影响我以前说过的话,我真心为你(这个结识多年的艺术家)感到高兴。

你的,

克劳德·德彪西

Autogr.: non localisé. *Publ.: Candide*, 31 mars 1938; Debussy-Louÿs 1945, p. 74; Debussy 1980, p. 78; Debussy 1993, p. 118.

---

① 指《阿芙洛狄忒》,也就是之前在《法兰西信使》上连载的《奴役》,该作品于 1896 年 3 月 28 日以书的形式出版。路易斯称其为“关于一个女人和光线的古式小说”。《阿芙洛狄忒》的主人公名叫克里希丝,是亚历山大港的一个加利利妓女。自弗朗索瓦·库贝(François Coppée, 1842—1908)在《日报》上对其大加赞扬后,这部小说一夜爆红。路易斯给德彪西寄送了一本,并附言:“予克劳德·德彪西,以纪念我们友谊的前四年。1892—1895。(未完待续)皮埃尔·路易斯。”文献编号: Cat. Librairie Lardanchet (juin 1992), n° 203。

1896－12

致昂利·勒霍勒

［1896年4月11日］

我亲爱的朋友：

星期二自然可以，没有比演奏弗朗克《五重奏》更好的了，但我需要先看一看，因为我从来没弹过！[①]

您有谱子吗？我同时也问了克里克布姆。[②]

祝好。

克劳德·德彪西

信封上有邮戳（11 AVRIL 96）和地址：
Monsieur Henry Lerolle
20 avenue Duquesne
à Paris.
Autogr.: F-P, coll. part.

① 该作品由伊萨伊重奏组于1880年在国家音乐协会首演。

② 克里克布姆当时定居巴黎，但在4月末移居巴塞罗那，担任巴塞罗那音乐学院和爱乐协会的主管。

1896－13

致皮埃尔·路易斯

［1896年4月20日］

我亲爱的皮埃尔:

我收到你关于克里克布姆的简讯了,这个金发比利时小提琴家刚刚去了西班牙!我没有他的地址,所以,我希望没什么大事,除非是要向他借琴或借钱。星期一晚上我可能会和你们一起吃饭,到时候七点半在阿赫库赫那里见。①

为了向你证明我的友谊,我全心全意地签名。

克劳德·德彪西

信封上有邮戳(20 AVRIL 96)和地址:
Monsieur Pierre Louÿs
11 rue Chateaubriand
à Paris.

Autogr.: F-Pn, Mus., N.L.a. 44 (23). *Prov.*: anc. coll. A. Godoy; Hôtel Drouot, 5 février 1999, n° 186. *Publ.*: Debussy-Louÿs 1931[h], p. 149; Debussy-Louÿs 1942[b], p. 145; Debussy-Louÿs 1945, p. 75.

---

① 指阿赫库赫咖啡馆,位于索邦广场南角,圣米歇尔大街。让·德·提南和安德烈·勒贝常来此聚会。他们就是在这里决定创办《半马人》,这本文学和艺术季刊聚集了皮埃尔·路易斯的所有朋友,但德彪西除外。见书信1896－8。

1896 - 14

皮埃尔·路易斯致德彪西

［1896年4月23日］

我亲爱的克劳德，

我刚刚和我们所有人的大师谈过话（威利会叫他一米五大师①），他就是马斯奈先生。②

他一直在夸我的风格清晰，顺便还赞扬了一个年轻作曲家的风格清晰，我之后再告诉你这个人的名字。就在他说的时候，我突然对他报出了你的名字，就像一个魔鬼从盒子里跳出来一样，这让他有些手足无措。但他最后还是说："他会闯出来的，您就等着看吧，他会闯出来的。"③

言归正传，我提醒你后天——也就是星期五中午十二点半，我会来你家，随行的还有一个六人份的馅饼、一块够十二个孩子吃的奶油挞以及金色的香烟。（别忘了人们今晚说的，阿芙洛狄忒是巴那斯派

---

① 路易斯在此使用了谐音梗，原文中"un maître cinquante"三个词本意为"一位—大师—五十"，但"maître"的发音与法语中表示"米"的"mètre"相同，因此可以将其理解为带有调侃性质的"一米五大师"。——译者注。

② 关于路易斯的请求，见书信1896－4。

③ 1928年3月24日，古斯塔夫·夏庞蒂埃在《尚特克莱尔》（*Chanteclerc*）上刊登了一篇关于德彪西的文章，其中也提到了马斯奈对德彪西的评价："德彪西的名字到了他嘴边：'德彪西就是个谜！'"

最后的荣耀,[①] 就像绝代才女是音乐学院最后的荣耀,第一名哦!)

我与你握手。

P. L.

信封上有邮戳(23 AVRIL 96)和地址:[②]
Monsieur Claude Debussy
10 rue Gustave Doré
E.V.

Autogr. non localisé*. *Prov.*: Hôtel Drouot, 23 mai 1927, n° 89; Cat. W. Myers 3 (1960), n° 235; Cat. Stargardt 576 (24-25 mai 1966), n° 200; anc. coll. M. Reis; Cat. Erasmushaus/Stargardt 657 (8 octobre 1994), n° 63; Hôtel Drouot, 30 mai 2007, n° 141; anc. coll. Musée des Lettres et des Manuscrits. *Publ.*: Debussy-Louÿs 1945, p. 63 (incomplète; datée décembre 1895); Louÿs 1962, p. 64.

---

① 巴那斯派指从1861年起出现的一个诗人群体,以勒贡特·德·里勒为首。其名称来自该群体编纂的一部诗文选集《当代巴那斯》(*Le Parnasse contemporain*),共三册,先后于1866年至1876年出版。在勒贡特·德·里勒之后,巴那斯派的领袖变成了叙利·普吕多姆(Sully Prudhomme, 1839—1907)、弗朗索瓦·库贝和何塞-玛利亚·德·埃莱迪亚。他们的美学宗旨符合泰奥菲尔·戈蒂耶(Théophile Gautier, 1811—1872)宣扬的“为了艺术而艺术”:沉着;对造型美的崇拜;通过考古学和历史激发想象力。《阿芙洛狄忒》是“巴那斯派最后的荣耀”,而三年之前埃莱迪亚的《胜利》同样获得成功,埃莱迪亚也非常欣赏路易斯的古式小说。

② 信息来源:Archives Lockspeiser。

1896－15

致朱莉娅·罗拜赫

［1896年5月初］[①]

“［……］我感到非常抱歉,您知道吗？法国差点失去了它最优秀的孩子之一！（我说的是法国音乐）而那个人就是C.德彪西。我就不跟您说我康复的过程了,尽管那十分感人［……］总之,我现在就像一个黑奴一样拼命工作。［……］”

Autogr.: non localisé. *Prov.*: Cat. A. Blaizot et fils 285 (octobre-novembre 1936), n° 2047.

---

① 为了朱莉娅·罗拜赫,德彪西原本要给保罗·魏尔伦的喜剧《两者》(*les Uns et les Autres*)配乐,该剧于1884年刊登在《曾几何时》(*Jadis et Naguère*)上。它先后于1891年5月20日和21日在轻喜剧院上演,并且计划于1896年5月16日在沙龙剧院开业时再次上演。该剧院后来变成了大木偶戏剧院,见书信1896－4。最终,该剧由沙赫勒·德·西弗里配乐。昂利·吉塔赫也曾为该剧配乐,并且于1893年2月18日在普雷耶勒大厅举行的国家音乐协会音乐会上演出。

1896 – 16

致皮埃尔·路易斯

[1896 年 5 月 8 日]
星期五早晨

我亲爱的皮埃尔:

我很痛心今晚不能到场了,否则,我会是一个讨厌的客人!即便是面对美味!

我昨天晚上见到了博纳赫,他让我们从下星期二改到下星期五过去,我希望这个时间对你也是合适的,我非常期待和你一起度过一天。

我正在创作《达夫尼》,我很希望能得到《柳林》! ①

祝好。

克劳德

电报,带有邮戳(8 MAI 96),发往:
Monsieur Pierre Louÿs
11 rue Chateaubriand.
Autogr.: F-Pn, Mus., N.L.a. 44 (24). *Prov.*: anc. coll. A. Godoy; Hôtel Drouot, 5 février 1999, n° 186. *Publ.*: Debussy-Louÿs 1931[h], p. 149-150; Debussy-Louÿs 1942[a], p. 30 (non datée); Debussy-Louÿs 1945, p. 75-76.

---

①《柳林》(*La Saulaie*)是但丁·加布里埃尔·罗塞蒂的诗,由皮埃尔·路易斯翻译。德彪西直到 1900 年还在将其创作成一首男中音和乐队作品,见书信 1900 – 3。但这个计划和大多数与路易斯合作的计划一样,都未能完成。路易斯的手稿目前由阿赫芒·戈多伊收藏。见 Denis Herlin, « Une œuvre inachevée: *La Saulaie*», *Cahiers Debussy*, 20 (1996), p. 3-23。

1896－17

致皮埃尔·路易斯

［1896年5月13日］

我亲爱的皮埃尔。

我收到博纳赫的一封信，他说他母亲病重，所以我们的计划泡汤了！

但这不影响你来找我，你可以星期五来吃午饭。

你不知疲倦的，

克劳德

嘉比问候你。

电报，带有邮戳（15 MAI 96①），发往：
Monsieur Pierre Louÿs
11 rue Chateaubriand
Autogr.: F-Pn, Mus., N.L.a. 44 (25). *Prov.*: anc. coll. A. Godoy; Hôtel Drouot, 5 février 1999, n° 186. *Publ.*: Debussy-Louÿs 1942[a], p. 30-31 (non datée); Debussy-Louÿs 1945, p. 77 (datée 14 mai 1896).

---

① 关于邮戳时间和实际书写时间的差异，见后一封书信。

1896 – 18

致皮埃尔·路易斯

[1896 年 5 月 14 日]
电报 2 号
(星期四,凌晨一点)

我亲爱的朋友:

我亲爱的皮埃尔,

我收到博纳赫的一封信,他说他母亲病重,所以我们要和森林小溪说再见了!但这不影响你来找我,如果需要的话也可以星期五十二点半来吃午饭(当天你会收到这封电报)。

你不知疲劳的,

克劳德

之前已经有一封电报了,但我把它忘在一张桌子上了,我担心人们会忘记它是从哪里来的!

电报,带有邮戳(15 MAI 96),发往:
Monsieur Pierre Louÿs
11 rue Chateaubriand.
Autogr.: F-Pn, Mus., N.L.a. 44 (26). *Prov.*: anc. coll. A. Godoy; Hôtel Drouot, 5 février 1999, n° 186. *Publ.*: Debussy-Louÿs 1931[i], p. 246 (non datée); Debussy-Louÿs 1942[a], p. 31-32 (non datée); Debussy-Louÿs 1945, p. 77.

1896 – 19

致古斯塔夫·多雷

[1896年6月5日]

亲爱的朋友：

以下是您问我要的：

德彪西先生生于1862年。

他曾师从埃赫奈斯·吉鲁，并于1884年获得罗马奖。他的主要作品除《牧神午后前奏曲》之外还有：

《弦乐四重奏》一首

清唱剧《绝代才女》，出自但丁·罗塞蒂的原著

《波德莱尔诗五首》

《魏尔伦诗六首》[①]

《抒情散文》一集。

此外，德彪西先生刚刚完成歌剧《佩雷亚斯与梅利桑德》，出自梅特林克的原著。

上述信息摘自柯罗纳音乐会的节目册。[②]我希望这足够您用了！

真挚地。

您的，

克劳德·德彪西

---

① 指《短曲》，由孀妇吉洛出版社出版。1903年由伏霍蒙出版社再版，并成为《被遗忘的短曲》。

② 指1895年10月《牧神午后前奏曲》在柯罗纳音乐会上演时的节目册，见书信1895–54。唯一的区别就是此处增加了《短曲》。

祝指挥家和好朋友成功!!! [①]

信封上有邮戳(寄出: 5 JUIN 96,到达: 6 VI 96)和地址:
Monsieur Gustave Doret.
12 Quai des Eaux-Vives.
Genève
(Suisse)
Autogr.: US-NYpm, MLT D289. D695 (2). *Prov.*: anc. coll. M. G. Cobb. *Publ.*: Doret 1934, p. 7. *Fac-sim.*: Cobb 1982, pl. 10.

---

① 借1896年6月的瑞士国家博览会之际,古斯塔夫·多雷即将在日内瓦演出《牧神午后前奏曲》。因此,他让德彪西提供节目册简历。

1896 – 20

致皮埃尔·路易斯

[1896年6月9日(?)][①]
星期二

我亲爱的皮埃尔：

还好你不是“巴尔扎克式的人物”,[②] 他每次忘记自己需要为“星

---

① 从邮戳上看不清是几日。但该信应该是6月9日写的,而不是16日。因为德彪西6月16日的时候和路易斯一起在勒霍勒家吃晚饭。见后一封书信。

② 出自阿勒冯斯·阿莱的一则故事《多类》(« Polytipie »),先是在《日报》上发表,随后又在选集《二二得五》(*Deux et deux font cinq*, Paris, Ollendorf, 1895)中被收录:“我在拉丁区一家宽敞的咖啡馆认识了他。他在我附近的桌子旁坐了下来,点了六杯咖啡。我还在想,看来这位先生在等其他五个人。我的判断完全错了,他一个人享用了所有六杯摩卡,当然是一杯接一杯,你还指望他会同时一起喝下去吗?他发现我有些惊讶,他转向我,用一种漫不经心拖着尾音的声音说道:我这个人啊……是个巴尔扎克式的人物……我的咖啡摄入量惊人。这样的开场白让我感到很有趣,我凑近了一些,他问我有没有带笔。”见 Alphonse Allais, *Œuvres anthumes*, Paris, Robert Laffont, 1989, Bouquins, p. 439-440。“某某式的人物”这个用语由阿莱最先开始使用,之后变成了陈词滥调。

该故事的后续内容并不完全是戏言,因为巴尔扎克本人认为一个人的“能量是有限的”,艺术创作者不能挥霍。他认为不禁欲是写不出佳作的,就像他在《贝姨》(*La Cousine Bette*)中写的那样:“女人的抚摸会让缪斯神消逝,腐蚀劳动者坚定不移的意志。”见 Honoré de Balzac, *La Comédie humaine*, Paris, Gallimard, 1977, Bibliothèque de la Pléiade, t. VII, p. 243。德彪西应该是读了龚古赫兄弟《日记》(删减版)的第五卷(1891年2月问世),其中埃德蒙·德·龚古赫在1875年3月30日写道:“保罗·加瓦尼(Paul Gavarni, 1804—1866)向我透露的隐私得到了保罗·拉克鲁瓦(Paul Lacroix, 1806—1884)的证实,就是有关巴尔扎克的节欲……我不知道有一次是什么原因让他没控制住,他一到拉图什(Latouche)出版社就嚷嚷道:‘我今天早上消耗了一本书!’”见 Edmond et Jules de Goncourt, *Journal*, Paris, Robert Laffont, 1989, Bouquins, t. II, p. 639。

期日”的魔力献祭之后,都会追悔莫及地称自己消耗了一本书。不然的话,“照顾”你的那个年轻姑娘就惨了,如果我们因此而失去现代文学的全部,她需要负全责!

这或许是伟大的阿芙洛狄忒在报复?她就像一个普通女性一样嫉妒你的荣誉?

总之,虽然我不想教你做事,但我还是友好地建议你要认真对待你的大脑灰质,就像我们不朽的“小瑞士人”儒勒·西蒙说的,[1]裙下交易都是坑。

弗洛里发行的一个刊物在第一期里发表了一首皮埃尔·路易斯的诗,还配有克劳德·德彪西的音乐,这件事你能帮我调查一下吗?[2]说到这里,你还记不记得有个小姑娘名字叫桑德赫露娜?我非常关爱她,我知道你有一系列精美的长裙收藏品,我谦卑地请求你借几条好看的给她。闲话少说,现在我正式接受你友善的提议。还有,你能再借给我 50 法郎吗?这对我太有用了,因为最近我很难招到私人学生!你什么时候方便和我预约一下?

对你全心全意的,

克劳德

---

① 指儒勒·瑞士(Jules Suisse, 1814—1896),人称“西蒙”,继维克多·库赞(Victor Cousin, 1792—1867)之后成为索邦大学哲学系主任,并两次担任公共教育部部长。他的作品主要涉及工人条件的调查研究。

② 指《意象》(*L'Image*),它是由弗洛里出版社创办的文学与艺术期刊,采用木雕印刷。卡米伊·莫克莱曾为此联系路易斯,称其为“木刻版画与文字的意象,出自独立艺术家之手”。莫克莱提出希望与德彪西合作。文献编号:Cat. Stargardt 599 (20-21 juin 1972), n° 213。首期《意象》于 1896 年 12 月发行,包括了路易斯的一首十四行诗《小女牧神》(*Petites Faunesses*)。路易斯在给兄长写信的时候如此评价:“你会看到尤金·格拉塞(Eugène Grasset, 1845—1917)的一幅木刻版画,上面体现出 P. L. 写的一首十四行诗,开头还不错,但到后面变得非常平庸。”见 Louÿs 2002, p. 250。但直到 1897 年 10 月的第十一期《意象》时,才出现有德彪西配乐的路易斯的作品:三首《碧丽蒂斯之歌》的其中一首,《长发》(*La Chevelure*)。德彪西还创作了另外两首,并且修改了《长发》,作为合集于 1899 年由伏霍蒙出版社出版。

信封上有邮戳([?] JUIN 96)和地址:
Monsieur Pierre Louÿs
11 rue Chateaubriand.
à Paris.
Autogr.: F-Pn, Mus., N.L.a. 44 (27). *Prov.*: anc. coll. A. Godoy; Hôtel Drouot, 5 février 1999, n° 186. *Publ.*: Debussy-Louÿs 1931[h], p. 150 (non datée); Debussy-Louÿs 1942[b], p. 164-165 (non datée); Debussy-Louÿs 1945, p. 78-79.

1896 – 21

致雷蒙·博纳赫

[1896年6月21日]
星期日

亲爱的朋友,

上星期二,我把你的邀请转达给皮埃尔·路易斯了,[①] 我请他选一个日子,这个年轻人已经是当前最受欢迎的文学家了。

我还没有收到回复,我必须跟你说这种情况让我很难受!说到这里,我已经再一次催他回信了。但如果来不及的话,我自己也会前往马尼。[②]

很高兴得知你母亲身体健康,也为你高兴,因为如果情况不好的话,这只能给你的生活带来混乱。

你友好的,

克劳德·德彪西

信封上有邮戳和地址。
Autogr.: non localisé (copie H. Borgeaud).

---

① 6月16日,德彪西在昂利·勒霍勒家吃晚饭,随行的还有皮埃尔·路易斯和埃德加·德加。6月11日,勒霍勒给路易斯发来了邀请:"我亲爱的朋友,下星期二您愿意和几个伙伴一起来我家吃饭吗?有德加、德彪西,还有其他几个。这么长时间了,我只想去看您,但一直没有时间。如果您接受我将会非常高兴。我和您握手。昂利·勒霍勒。七点半,穿正装。杜盖斯内大街20号。"[信封上有邮戳(12 JUIN 96)和地址:« Monsieur Pierre Louÿs 11 rue Chateaubriand EV.»,转送至:« chez M. Maldan à Epernay »; Hôtel Drouot, 16 avril 1998, nº 162]路易斯于6月15日回复:"亲爱的先生,您来信的时候我正好在乡下,对于这迟来的回复我感到很惭愧。我非常愿意接受您友善的邀请,尤其希望您能在聚会的时候带我到您的画室参观一下新的佳作。亲爱的先生,请相信我对您最忠诚的感情。皮埃尔·路易斯,夏多布里昂路11号。"[电报,带有邮戳(15 JUIN 96),发往:« Monsieur Henry Lerolle 20 avenue Duquesne »; F-P, coll. part]

② 指马尼莱阿莫,舍夫勒斯山谷的一个村庄,雷蒙·博纳赫在此居住。

1896－22

致保罗·杜卡

［1896年6月24日］

亲爱的朋友：

很抱歉这么晚回复您的来信，我让自己在丛林中住了几天！[①]

《佩雷亚斯》的确在装订了，[②]我下星期一十二点半等您来，不知您时间是否依然合适？现在，请允许我投入到乐队谱的工作中，因为我特别希望给您展示完整的乐谱。我不知道是不是受到了装订的影响，我对许多内容都没那么满意了！

请不要介意这个小插曲，

您忠实的朋友，

克劳德·德彪西

信封上有邮戳（24 JUIN 96）和地址：
Monsieur Paul Dukas.
9 rue des Petits-Hotels.
à Paris.
Autogr.: US-NHub, Yale University, Frederick R. Koch Collection. *Prov.*: Drouot Rive Gauche, Gare d'Orsay, 20 juin 1977, n° 95; Cat. Les Argonautes (1978), n° 27; Cat. H. Schneider 246 (1980), n° 57. *Publ.*: Debussy 1980, p. 63; Debussy 1993, p. 119.

---

① 德彪西在马尼莱阿莫（雷蒙·博纳赫家）住了几天。

② 指浓缩版初稿的装订，正式的配器直到1902年初才完成。

1896－23

皮埃尔·路易斯至德彪西

[1896年7月24日]
卡堡

诺曼底是一座战场。[①] 那里在上演《菲莱蒙与鲍西斯》、[②] 塔万先生的抒情曲、[③] 门德尔松的序曲以及马斯奈先生的《如画风景》。一位老先生和一个英格兰女孩一起演奏舒曼交响乐的四手联弹版本。你应该来听听。“一,二,三,四,一——啊!我找不到了!从休止符那里开始,一,二,三……我总是在切分音那里出错。从“*f*”开始。”真的无法想象。

通信卡,带有花体签名,信封上有邮戳(寄出:24 JUIL 96,到达:24 JUIL 96)和地址:
Monsieur Claude Debussy
10 rue Gustave Doré.
E.V.
Autogr.: F-Pn, Mus., N.L.a. 45 (23). *Prov.*: anc. coll. A. Godoy; Hôtel Drouot, 5 février 1999, n° 187. *Publ.*: Debussy-Louÿs 1931[f], p. 370 (non datée); Debussy-Louÿs 1943[d], p. 115-116; Debussy-Louÿs 1945, p. 79. *Fac-sim.*: Debussy-Louÿs 1942[a], entre les p. 32-33.

---

① 这句话是在一行五线谱上写的,应该是在追忆雅克·奥芬巴赫的歌剧《美丽的海伦》(*La Belle Hélène*)第三幕中的爱国三重唱:“当希腊成为屠杀之地。”

②《菲莱蒙与鲍西斯》(*Philémon et Baucis*)是沙赫勒·古诺的歌剧,于1860年首演。

③ 埃米勒·塔万(Émile Tavan, 1849—1929),一位多产的作曲家,创作的作品包括钢琴或乐队舞曲以及改编曲。

1896 – 24

皮埃尔·路易斯至德彪西

［乌尔加特］

1896 年 7 月 24 日

我亲爱的克劳德：

你的错误(如果说你犯了一个错误)就是自认为一位精英阶层的音乐家,但实际上,你完全有能力成为广场赌场里的最爱。

你先别急,听我说完。莎士比亚和雨果对于法国人的影响甚至大于奥克塔夫·佛耶的说教。[①] 但这两个人可一点都不平庸。

另外,你需要说服自己,精英阶层不存在。埃赫奈斯·肖松、皮埃尔·路易斯、费迪南·埃罗尔德或是雷蒙·博纳赫,这些人没有比埃米勒·杜朗、[②] 沙赫勒·马丁,[③] 或其他坐在池座 1、3、5、7 号的观众更高明。我们创作就应该:

1. 为自己写;

2. 为纯粹和真诚的人写(比给那些附庸风雅的人写值多了)。

我认为如果有一天你(不只是你)能同时为这两个类型的听众创作,你一定会变得更加出色。

我和你聊这些,主要是因为我相信你内心深处同意我的看法,但你可能不想承认。我斗胆说一句,现在是时候承认了。

---

① 奥克塔夫·佛耶(Octave Feuillet, 1821—1890),小说家、说教剧作家［他的《戏剧与谚语》(*Scènes et proverbes*)为他赢得了“家庭版缪塞”的称号］,他在第二帝国时期曾一度成为御用作家。

② 埃米勒·杜朗(Émile Durand, 1830—1903),1872 年至 1879 年曾是德彪西在音乐学院的和声老师。

③ 沙赫勒·马丁(Charles Martin),一位不知名的作曲家,曾创作过一些浪漫曲、赞美诗以及舞曲。

你的,

P. L.

信纸带有以下抬头:
CERCLE
DU CASINO
de Houlgate
Autogr.: non localisé*. *Prov.*: Hôtel Drouot, 14 décembre 1983, n° 196. *Publ.*: Lesure 1992, p. 144-145; Lesure 1994, p. 169; Lesure 2003, p. 168-169.

1896 – 25

致皮埃尔·路易斯

[1896年7月28日]
星期二晚上

我亲爱的皮埃尔。

你想星期四来吃午饭吗？我收到一封由P. 路易斯签名的信，我完全没看懂，你来给我讲讲。另外，我们一定要找到这位写信的先生，他有你的笔迹，但没有你的思想。

你的，

克劳德·德彪西

如果你接受就不需要回复了。

通信卡，抬头有：
10. RUE GUSTAVE DORÉ
信封上有邮戳（29 JUIL 96）和地址：
Monsieur Pierre Louÿs
11 rue Chateaubriand.
à Paris.
Autogr.: F-Pn, Mus., N.L.a. 44 (28). *Prov.*: anc. coll. A. Godoy; Hôtel Drouot, 5 février 1999, n° 186. *Publ.*: Debussy-Louÿs 1931[i], p. 247; Debussy-Louÿs 1942[b], p. 146; Debussy-Louÿs 1945, p. 80.

1896－26

致勒内·彼得

[1896年7月底][1]

"[……]他们相爱了……他们都非常地沃坦[2]……然后她请他吃午饭,黄啤加沃坦式奶酪面包![3]……干杯,老叛徒,我一点都不记仇。[……]"

Autogr.: non localisé. *Prov.*: Peter 1931, p. 72; Peter 1944, p. 74.

---

① 勒内·彼得自认为已经从瓦格纳中"康复"了,然而,当拜罗伊特重启自1876年以来停滞的《尼伯龙根指环》四部曲全集演出时,彼得还是没能抵挡住诱惑。他在描写德彪西的书中叙述道:"几个月过去了,夏天到了,我当时在我凡尔赛的房间里,我偶然发现了去年夏天留在这里的四本小册子。这是我之罪恶的最后一点痕迹,可恶的《四部曲》……我抓起了《莱茵的黄金》并开始浏览,并借此感受着自己从瓦格纳中彻底'康复'的滋味。三天后,克劳德收到了一份贴着拜罗伊特邮票的信,里面是我的招供……我就像个小偷一样逃到了那里!"在698位前来观赏《四部曲》的法国观众名单中,的确有勒内·彼得的名字。见Albert Lavignac, *Le Voyage artistique à Bayreuth*, Paris, Delagrave, 1898, p. 576。其中著名人士有:沙赫勒·波德、阿勒拜赫·卡雷、卡米伊·舍维亚尔、爱德华·柯罗纳、阿尔弗雷德·科托、爱德华·杜加尔登、阿尔贝里克·马尼亚赫、安德烈·梅沙杰、罗曼·罗兰(Romain Rolland, 1866—1944)、西奥多·德·维策瓦(Théodore de Wyzcwa, 1862—1917)。

② 在《女武神》第一幕中,齐格蒙德和齐格琳德先是相互表白,然后又发现他们的兄妹关系——两人都是沃坦所生。

③ 德彪西在原文中使用了同音梗,将"威尔士奶酪面包"(welsh rarebit)写成了"沃坦式奶酪面包"(wälse-rarebit)。——译者注。

1896－27

致勒内·彼得

［1896年7月底］

“［……］这种事在谁身上都有可能发生。[①]我们都防不住。这是对你的忠告。［……］

如果你碰到老克林索，[②]你告诉他我想和他评评理。不能让他骗了我那么多年之后，又来偷我的朋友们。这是对他的忠告。［……］”

Autogr.: non localisé. *Prov.*: Peter 1931, p. 72; Peter 1944, p. 74.

1896－28

致勒内·彼得

［1896年8月初］

“［……］我很高兴你和我的莫扎特大叔合得来。[③]他是最纯粹的音乐家之一，他的音乐才是音乐！我现在彻底原谅你此前的一切行为，并向你伸出忠实的手。［……］”

Autogr.: non localisé. *Prov.*: Peter 1931, p. 73; Peter 1944, p. 75.

---

① 在此信之前，勒内·彼得给德彪西写信说齐格弗里德是“肩上扛着主导动机死的”。见 Peter 1944, p. 74。

② 老克林索是《帕西法尔》中的恶毒巫师，这里被德彪西用来代指瓦格纳，此时德彪西已经不再迷恋瓦格纳的艺术。

③ 离开拜罗伊特后，勒内·彼得又去慕尼黑王宫剧院观看了莫扎特的《费加罗婚礼》（*Les Noces de Figaro*）。

1896–29

致皮埃尔·路易斯

[1896年8月9日]
星期日

我亲爱的皮埃尔。

嘉比和你的伙伴感谢你并还你自由,主要是我们现在的确沉浸在“悲伤之中”,其次,我们需要返回巴黎去L. 枫丹那里吃晚饭,他马上要去度假了(这个懒虫!)。希望这几行字能让你找到些平衡,我们两个也很遗憾没能陪你一整天。

关于“《美丽的海伦》第二幕尾声的思考”,我想了很久,我觉得贝多芬会完全听不懂(他实在是太聋了),所以,这首作品应该献给你,就这么盖棺定论了!

不久后见!

你的朋友,

克劳德·德彪西

嘉比问候你!

琪琪也是![①]

我也是!

通信卡,抬头有:
10. RUE GUSTAVE DORÉ
信封上有邮戳(9 AOUT 96)和地址:
Monsieur Pierre Louÿs
11 rue Chateaubriand.
à Paris.
Pressé.
Autogr.: F-Pn, Mus., N.L.a. 44 (29). *Prov.*: anc. coll. A. Godoy; Hôtel Drouot, 5 février 1999, n° 186. *Publ.*: Debussy-Louÿs 1931[i], p. 247-248 (datée 9 avril 1896); Debussy-Louÿs 1942[b], p. 146-147; Debussy-Louÿs 1945, p. 80.

---

① 德彪西的猫。

1896－30

致阿图·枫丹

星期四,［1896 年 8 月］13 日

我亲爱的朋友,

谢谢您寄来的钱。在信中夹上钱,这种方式真实用。但我们的友谊依然高于一切方式。

请相信我的真诚,并且代问枫丹夫人好。

您的,

克劳德·德彪西

Autogr.: non localisé (copie H. Borgeaud).

1896 – 31

致皮埃尔·路易斯

［1896 年 8 月 19 日］
星期三晚上

亲爱的皮埃尔，

昨晚在提醒你不要忘记你的伙伴时，我却完全忘记提桑德赫露娜了，[①] 我希望你能抽空想想她。人们都说旅行让年轻人成长，那这个年轻人在你即将踏上的旅行中一定会有所收获的。[②] 你可能会说，这个克劳德真讨厌，但我向你保证，我会非常高兴继续这个创作计划，也许明天就可以开始。

再次祝你旅途愉快，你的，

克劳德

信封上有邮戳（20 AOUT 96）和地址：
Monsieur Pierre Louÿs
11 rue Chateaubriand.
à Paris.
Autogr.: F-Pn, Mus., N.L.a. 44 (30). *Prov.*: anc. coll. A. Godoy; Hôtel Drouot, 5 février 1999, n° 186. *Publ.*: Debussy-Louÿs 1931[g], p. 23 (datée 20 août 1895); Debussy-Louÿs 1942[b], p. 147; Debussy-Louÿs 1945, p. 81.

---

① 关于《桑德赫露娜》，见书信 1895 – 20 以及后续相关内容。
② 皮埃尔·路易斯即将前往塞维利亚。

1896 – 32

皮埃尔·路易斯致德彪西

[塞维利亚,1896 年 9 月 10 日]

巴黎怎么样?最杰出的克劳德又在做什么?

在塞维利亚最繁华的地方,

我在和姑娘们逍遥。

天啊![1] 我还是在工作的!就像科克兰先生说的那样:去工作![2]

你的,

P.

安达鲁西亚发型示意图[3](文件),信纸带有以下抬头:

Gd HÔTEL DE PARIS

SÉVILLE

信封上有邮戳(寄出:10 SEP 96;14 SEPT 96)和地址:

Monsieur Claude Debussy

10 rue Gustave Doré

Paris.

Autogr.: F-Pn, Mus., N.L.a. 45 (24). *Prov.*: anc. coll. A. Godoy; Hôtel Drouot, 5 février 1999, nº 187. *Publ.*: Debussy-Louÿs 1931c, p. 44 (non datée); Debussy-Louÿs 1945, p. 81-82. *Fac-sim.*: Debussy-Louÿs 1943c, entre les p. 120-121.

---

① 《女人与木偶》(*La Femme et le Pantin*)的第一部分是 1896 年 9 月 1 日至 5 日在塞维利亚完成的。

② 关于科克兰,见书信 1887 – 5。

③ 皮埃尔·路易斯画了一个女人的侧面像。

1896－33

致皮埃尔·路易斯

[1896 年 9 月 25 日][1]
星期五
五点

亲爱的皮埃尔。

我这里有件始料未及的事,请原谅今晚没能到你家吃晚饭。是否可以换到星期日? 另外,我或许晚上能来看你。不好意思。

你的,

克劳德

电报,带有邮戳和地址。[2]
Autogr.: non localisé*. *Prov.*: anc. coll. M. Mann; Hôtel Drouot, 23 février 1973, n° 48 (datée 23 septembre 1896); Cat. Sotheby (5 décembre 1997), n° 61 (datée 23 septembre 1896).

---

① 该日期根据后面的"星期五"所推断,因为 9 月 23 日是星期三,而皮埃尔·路易斯是 9 月 21 日和 22 日之间从塞维利亚回到巴黎的。

② 该信的复印件不包括电报的背面。

1896－34

致乔治·阿特曼

［1895 年 9 月（？）］
星期五晚上

亲爱的阿特曼先生，

我碰到了 G. 桑德雷先生，[①] 他跟我说您因为见不到我而抱怨。我不能忍受这样的指责。首先，在经历了那么多的困难之后我都不敢去见您了；其次，我以为您还没有回到巴黎呢。既然如此，我明天早晨就来见您，请您相信这给我带来的愉悦。

非常亲切地。

克劳德·德彪西

Autogr.: non localisé (copie H. Borgeaud). *Prov.*: Hôtel Drouot, 28 avril 1958.

① 关于桑德雷，见书信 1895－56。

1896－35

致尤金·伊萨伊

1896年[10月]13日[①]
古斯塔夫·多雷路10号

亲爱的好朋友:

你在来信中对《佩雷亚斯与梅利桑德》的担忧让我感激不尽,这两个可怜的小家伙很难被大家所接受,再加上有你这样的教父,世界是不会被说服的。

现在,我郑重向你解释一下为什么我不同意你分段演奏《佩雷亚斯》:如果说这部作品的价值所在,那最主要的就是音乐律动与舞台走向的联系。显然,如果我们只用音乐会的形式演出,那任何人都无法感受到遍布全曲的“休止”所带来的特殊效果,而且我们也不能责怪他们。另外,我的简约设计只有和舞台效果配合起来才真正有意义,如果用音乐会形式,那人们马上就会拿瓦格纳的那套“美国土豪”做法进行比较,如此一来,我会显得极为寒酸,连“低音号”都用不起。[②]

在我看来,《佩雷亚斯与梅利桑德》必须保持原貌,要演就是本色出演,否则就不演,哪怕需要为此而斗争,也值得一试。

以下是我的替换方案:到12月的时候,我应该能完成一首曲子,它根据D. G. 罗塞蒂的诗《柳林》所作。[③]请注意,它很重要,而且是基于我对音乐化学反应的最新实验成果而写的;[④]此外还可以加上小提

---

① 德彪西写错了月份,将10月写成了9月,邮戳可以为证。

② 德彪西此处对《佩雷亚斯与梅利桑德》的见解与他在10月29日给路易斯写信时的内容相似(见后文)。10月29日之前,两人刚刚就理查德·瓦格纳有过一次激烈的辩论。

③ 关于《柳林》,见书信1896－16。

④ “化学”经常被德彪西用来形容自己身为作曲家的工作。此前,在写给肖松的书信中,德彪西已经使用过该词。见书信1893－45。

琴与乐队的三首《夜曲》,这是写给我非常欣赏的 E. 伊萨伊的作品,[①]更何况这些《夜曲》只有他可以演奏,哪怕是换成阿波罗本尊,我都必须予以回绝!你觉得这样如何?

至于《苏格兰进行曲》,[②]你知道我在乐队方面做了大量修改,如果你需要用,请提前告诉我具体时间好吗?

我觉得《柳林》可以由德麦来演唱,[③]虽然音域对他来说稍微低了点,这首作品应该配一个偏高的男中音(这件事你也回复我一下)。我还开始为两首《抒情散文》配器,[④]你跟我提过一位年轻的歌手,她在里面会感到如鱼得水!

再次衷心感谢你的付出,这对我来说有多么珍贵,就不用我告诉你了吧?

我热情地与你拥抱,请代我问候你可爱的家人们。

克劳德·德彪西

---

① 关于小提琴与乐队的《夜曲》,见书信 1894-46。

② 该作品的最初版本为一首钢琴作品《老罗斯伯爵进行曲》(*Marche des anciens comtes de Ross*),1891 年由舒登斯出版社出版。

③ 德彪西写错了名字,这里是指比利时男高音歌唱家德西莱·德麦斯特(Désiré Demest, 1864—1932)。

④ 应该是指《海滨》和《黄昏》。在一个私人收藏中,我们发现了《海滨》的未完成配器稿(15 小节)。这个计划于 1901 年被彻底放弃。

我知道梅特林克不喜欢音乐,但也许仅限于《田园交响曲》,[①]或是《齐古德》? [②]

信封上有邮戳(寄出: 14 OCT 96)[③]和地址:
Monsieur Eugène Ysaÿe
46 avenue Brugman.
à Bruxelles.
(Belgique)
Autogr.: non localisé*[④]. *Prov.*: anc. coll. A. Cortot; Cat. Pinault-Blaizot (décembre 2019), n° 62 (avec fac-sim.). *Publ.*: Samazeuilh, p. 226 (incomplète); Ysaÿe, p. 343-345 (incomplète); Debussy 1980, p. 83 (incomplète); Debussy 1993, p. 123-124 (incomplète). *Exp.*: Paris 1942, p. 43, n° 151.

---

① 德彪西不喜欢贝多芬的这首交响曲,他曾在 1903 年 2 月 16 日的《吉尔·布拉斯》上写道:"……在这部交响曲中,贝多芬需要对一个时代负责。在这个时代,人们仅从书本当中认识大自然……同样是在这部交响曲中,'风暴'这部分就验证了这一点——在一阵阵并不太吓人的雷声中,所有生灵的恐惧全被包裹进了浪漫主义大衣的褶皱里。"

② 埃赫奈斯·雷耶尔的四幕十场歌剧,剧本由卡米伊·德·洛克勒和阿尔弗雷德·布劳(Alfred Blau, 1827—1896)所写。该剧于 1884 年 1 月 7 日在布鲁塞尔皇家铸币局剧院首演。1885 年成为巴黎歌剧院保留剧目,直至 1935 年。德彪西于 1901 年 5 月 15 日在《白色杂志》上评论了雷耶尔的歌剧作品:"在我看来,他的成功归于一些奇怪的原因。有些人面对如画的风景,却像个沉思者一样无动于衷。同样是这些人,听音乐时会在耳朵里塞上棉花。"

③ 该信的复印件不包括电报的背面,无法看到到达的邮戳。

④ 该信的前六段文字都得到了验证。该信的末尾则是遵循了巴黎克劳德·德彪西文献中心收藏的一份安格尔纸副本的精准内容。

1896－36

尤金·伊萨伊致德彪西

布鲁塞尔,1896 年 10 月 17 日

老兄,

我不能完全认同你的观点……你的说法没有从实践的角度去考虑。你知道,我当然更希望和你说:我们在剧院上演作品。然而我意识到,在现实中这对于那些基础条件都不具备的人来说是几乎不可能的。是的,迟早会有一个剧院愿意为你的作品搭起舞台。但是,真到了那个时候,你的风格或许已经变了。年轻时写的作品一定要实时、立即上演;即便不能完整地实现梦想,或许也不应该拒绝局部展示。不管成功与否,这至少可以让作品走出阴影,否则它只能待在那里颤抖、变老、发皱,最后需要拔掉牙齿,以便表面上看得过去!如果我们没有选好段落,那确实会毁掉一部作品。但只要我们细心、得当,使用一个年轻、富有活力的乐队,充满感情地演奏,再加上一些机敏、训练有素的歌唱家,我认为即使去掉舞台效果,这样的局部演出也一定会引起一些人的极大兴趣,而这些人恰恰有能力让作品以完整的形态进行展示。我提醒你,瓦格纳的戏剧作品也是以音乐会的形式起步的,这样做很可惜,而且这种情况直到现在都没有改观,尤其在法国,但这并没有埋没瓦格纳的声望,[①]很多人甚至确信,如果没有把这些作品的节选反复演奏,就不会引起大家的注意,也就不会有人想把完整版搬上舞台。关于《佩雷亚斯与梅利桑德》,我想补充一下:无论是"烤煳了"(抱歉,我使用了面包店词汇!)还是"成功了"(抱歉,这感觉又

---

① 在《唐豪瑟》(受阴谋论所害)之后,《黎恩济》(*Rienzi*)于 1869 年 4 月在抒情歌剧院上演,由儒勒·帕斯德鲁指挥(Jules Pasdeloup, 1819—1887)。《罗恩格林》至少于 1887 年 4 月 30 日在埃登剧院演过一次,由沙赫勒·拉穆勒指挥。除了这三部歌剧外,瓦格纳的其余作品都是通过音乐会(以及钢琴缩减版)的形式在法国流传的,这个现象一直持续到 1890 年初。

不太现实了！),都没有关系,重要的是观众的注意力要被吸引过来,我们需要一个年轻的机构,它以勇敢的姿态展现自己,并致力于发现新事物,其节目能激发人们的好奇心。还是那句话,重要的是无论在舞台上还是音乐会上,有东西能吸引到我们——*我们*——而我们又愿意去将其展示给所有人。在法国,这种节选演出经常毫无意义,因为选出来的一页好音乐,会被另外十页差的所扼杀。当然,我认为《佩雷亚斯》的任何一段都不能和其他风格迥异的小作品放在一起,但我可以在一场音乐会里给它留出一个整块的时间。在这套曲目中,我安排了一首雅克布的大提琴协奏曲[①](这东西听着不累),我以一首德沃夏克的序曲开始——接下来是大提琴那首——然后是丹第新写的变奏曲[②]—— 第四首就是你的牧神(让大家进入状态),最后把整个下半场用于《梅利桑德》。

我还有一个更笼统的意见——那就是好的音乐、有趣的音乐永远都是好的、有趣的,无论我们给它什么样的平台。你的作品在钢琴上演奏就能给我留下深刻、难忘的印象！那个时候我就想到,如果换成乐队和声乐,再加上一些戏剧动作,整体效果绝对不会更差。这样的演出对于资质差一些的观众来说,其震撼程度绝对不会比我听到的钢琴版本弱。

亲爱的朋友,所有这些都是在和你沟通,算是艺术家之间的闲聊、交换意见。我对你的友谊使我必须尊重你提出的意见,你想等一个剧院的平台,或许你是对的,而作为作品的教父我会让你等待的时间尽量缩短一些,我会一直负责到首演为止。在我看来,根特或布鲁日应该是最理想的平台。但这是后话。

我给德麦斯特读了你的信,他很乐意演唱《柳林》,[③]既然你坚持,那我会把这首作品加入音乐会中的。我要去西班牙帮克里克布姆组

---

① 约瑟夫·雅克布(Joseph Jacob, 1856—1909),大提琴家、作曲家,伊萨伊的朋友。

② 指丹第于1896年创作的《伊斯塔》(*Istar*)。

③ 关于《柳林》,见书信1896–16。关于德麦斯特,见书信1896–35。

织他的“斗牛表演”,[①] 途中会路过巴黎,到时候我通知你,你可以给我展示那些作品。《抒情散文》可以演,[②] 至于三首《夜曲》(我迫不及待地想要看到它们!),我不能演奏它们。由于经费问题,我决定只和汤姆森一起演一首巴赫的双小提琴协奏曲,[③] 我们也只能被迫这么做,但我可以把《夜曲》交给一个“*模仿专家*”。

请给我回信。拥抱。

尤金

信封上有邮戳(寄出: 17 10 96,到达: 无法识别)和地址:
Monsieur C. A. Debussy
10 rue Gustave Doré
Paris
Autogr.: F-Saint-Germain-en-Laye, Musée Claude Debussy, CD 91.3. *Prov.*: E. Debussy; Hôtel Drouot, 1er décembre 1933, nº 179; Hôtel Drouot, 16 octobre 1991, nº 116. *Publ.*: Lesure 1991, p. 9-10.

---

① 1896 年 10 月底,伊萨伊前往巴塞罗那,与埃赫奈斯・肖松、伊萨克・阿尔贝尼兹(Isaac Albeniz, 1860—1909)以及恩里克・格拉纳多斯(Enrique Granados, 1867—1916)一起参加了马丘・克里克布姆的第一批音乐会。克里克布姆在巴塞罗那开始了自己的教学生涯。

② 关于《抒情散文》的配器,见书信 1896 – 35。

③ 塞萨尔・汤姆森(César Thomson, 1875—1931),来自列日的大提琴家,在随后的一年创办了自己的弦乐四重奏组。

1896 – 37

皮埃尔·路易斯致德彪西

［1896 年 10 月 22 日］

我亲爱的克劳德，

我到你家还有克里特里翁找了你几次，[①]但连个鬼影子都没看到。

你就不能来看看我吗？我现在得了流感，不方便出门。

你的，

P.

电报，带有邮戳(22 OCT 96)和地址：
Monsieur Claude Debussy
10 rue Gustave Doré
E.V.
Autogr.: non localisé*. *Prov.*: Hôtel Drouot, 23 mai 1927, n° 89; Cat. W. Myers 3 (1960), n° 235; Cat. Stargardt 576 (24-25 mai 1966), n° 200; anc. coll. M. Reis; Cat. Erasmushaus/Stargardt 657 (8 octobre 1994), n° 63; Hôtel Drouot, 30 mai 2007, n° 141; anc. coll. Musée des Lettres et des Manuscrits. *Publ.*: Louÿs 1962, p. 65.

① 克里特里翁酒吧(福盖酒吧)，位于香榭丽舍大道 99 号。

1896 – 38

皮埃尔·路易斯致德彪西

1896 年 10 月 29 日

我亲爱的克劳德，

我们最近就理查德·瓦格纳先生进行过一次激烈的对话。如果我们两个都不是聪明人，我就不会再提这件事了。但是，既然谁也没能说服谁，那我认为有必要继续我们之间的较量，让我们各显神通。

你自己看看，你一上来就添油加醋。星期一的时候，你给我讲的是连你自己都还将信将疑，你想证明瓦格纳就是芒冉这类货色，[①] 只会用低音号给乐队装门面，就像有些人要给铅笔戴上安全帽一样夸张。

相反，每当讨论到严肃的话题时，我的用词非常克制。我只是跟你说了瓦格纳是有史以来最伟大的人，仅此而已。我没有说他是个神，虽然我想这么说。我只提出了大家都能接受的观点。

现在八天过去了，请你相信，我没有停止和克劳德·德彪西讲话。我给你写这些，就是想告诉你，在这一点上我永远都不会改变。

第一，我不仅承认，还真心认为有些音乐家，比如比才或穆索尔斯基，他们在纯粹的情感表达和把握乐句的音调上要强于瓦格纳。

第二，我完全肯定（不要觉得这是让步，我跟谁都会这样说），不管是瓦格纳还是其他人的歌剧，甚至可以扩大到任何类型的声乐作品（舒曼、俄国等），它们没有一个能够做到像《佩雷亚斯》那样，让乐句的起伏永远和唱腔的语调相对应。

但是，如果《佩雷亚斯》里面只有这个，那它只能算是二流作品。

为什么？因为面对一百二十位器乐演奏者，歌唱者就像支小笛子

---

① 爱德华·芒冉（Édouard Mangin, 1837—1907），指挥家、钢琴家、作曲家。曾任里昂音乐学院院长和巴黎音乐学院教师（1882 年），自 1893 年起成为巴黎歌剧院乐队指挥。

一样无足轻重；此刻，平时高于一切的音乐也仅仅起到一个叙述的作用。巴赫泰小姐每天晚上的“歌声”都和莫扎特或舒曼写得一样美；[①]戈洛的愤怒(作为演唱的角色)则与蒙奈-叙利的差不多，[②]话说后者的表演确实精彩。

这些都不能叫音乐。

真正的音乐，是《牧神午后前奏曲》中的呼吸，是《佩雷亚斯》中从地穴里出来时的那一缕新鲜空气，是第一幕中的海风，是第五幕下葬的肃穆。

而瓦格纳在这种时候才是瓦格纳。

自艺术起源以来，最懂得如何把控感情律动的人就是瓦格纳。

他甚至为此专门写了一部歌剧——《罗恩格林》。马拉美说过：“罗恩格林就是一个人来又走了，没什么比这更有戏剧性的了。”

维纳斯堡的妖风(包括1861年加入芭蕾之前的版本)。

罗恩格林的入场。

莱茵河仙女的飘摆。

齐格琳德与齐格蒙德的逃离。

女武神和沃坦的到来……这些事情从来没有任何人做过、写过、画过或演过。

如今，如果说我们进入了“美好时代”：

第一场之后齐格弗里德的启程

铸剑

穿过神火

---

① 珍妮-朱莉·雷诺(Jeanne-Julie Regnault)，人称巴赫泰(Bartet, 1854—1941)，1880年在法兰西喜剧院首次亮相，随后直到1919年都是该剧院会员。她是一代人的偶像，被称为“女神”。雷昂·都德曾写道：“有些人名声更响，但只有她带着单纯的微笑，她在戏剧音乐方面的造诣很深，而且对其心怀崇敬。”见 *Souvenirs des milieux littéraires, artistiques et médicaux* (1922) dans Léon Daudet, *Souvenirs et polémiques*, R. Laffont, collection Bouquins, 1992, p.310。

② 关于蒙奈-叙利，见书信1887-5。蒙奈-叙利因其表演时的气势与气质受到了高度赞扬，尤其是在《俄狄浦斯》(*Œdipe*)这部戏中。

第二次幻觉、伊索尔德的出现还有特里斯坦之死。

《诸神的黄昏》第三幕中的长矛之击

《帕西法尔》第二幕和第三幕的第一场，包括启程的前奏和第二次转场……①

说到这里，我更加确信这种音乐是后无来者了。这种对律动的颂扬似乎只停留在细节上，但其实不是这样的。律动就是生命，无论是特里斯坦激情的律动，还是舞女们骑着木马的律动，②它们都一样真实、一样完美。

其实，如果我们不能在这一信条上达成一致，那也没什么大不了的。你曾经同意过我的观点，也许过一段时间，我也会同意你的观点，毕竟观点是可以转变的。

你的，

皮埃尔·路易斯

Autogr.: non localisé*. *Prov.*: Hôtel Drouot, 23 mai 1927, n° 89; Cat. Myers 3 (1960), n° 235; Cat. Stargardt 576 (24-25 mai 1966), n° 200; anc. coll. M. Reis; Cat. Erasmushaus/Stargardt 657 (8 octobre 1994), n° 63; Hôtel Drouot, 30 mai 2007, n° 141; anc. coll. Musée des Lettres et des Manuscrits. *Publ.*: Debussy-Louÿs 1945, p. 34 (incomplète); Louÿs 1962, p. 65-67.

---

① 路易斯指《帕西法尔》中从圣星期五的奇迹到最后一场圣杯神殿的渐变布景，与此同时，乐队的葬礼进行曲间奏令人印象深刻。

② 路易斯指《女武神》第三幕中女武神们骑马的场景。

1896 – 39

致乔治·阿特曼

星期三

1896 年 11 月 11 日

亲爱的阿特曼先生,

我唯一的学生! [1] (我们向您问好!……)他在没有提前通知我的情况下改了他的上课时间,今天一早就来找我了。因此,这个小插曲让我上午没能去见您。我明天再来,希望您不要太生我的气。

对您全心全意的,

克劳德·德彪西

电报,带有邮戳(11 NOV 96)和地址:
Monsieur.
Georges Hartmann.
10 place de la Madeleine.
Autogr.: US-AUS, Carlton Lake Collection. *Prov.*: Hôtel Drouot, 28 avril 1958.

---

① 德彪西的私人学生很少。20 世纪初,他教过的学生有米雪·沃姆·德·罗密伊(Michèle Worms de Romilly)、尼古拉·克罗尼奥(Nicolas Coronio)以及劳尔·巴赫达克(Raoul Bardac, 1881—1950)。(劳尔·巴赫达克为德彪西未来的继子——译者注)。

1896 – 40

致勒内·彼得

［1896 年 11 月 14 日］
星期六

我的勒内：

我太期待明天能见到你了，结果兴奋过度，彻底忘记了我明天下午两点半要去当萨埃赫女士家！所以我再想要去凡尔赛就要到六点了，我从未如此悲伤。①

拥抱。

你的，

克劳德

通信卡，信封上有邮戳（14 NOV 96）和地址：
Monsieur René Péter.
55bis Rue Duplessis.
à Versailles.
(Seine et Oise).
Autogr.: F-P, coll. C. Lavoix. *Prov.*: Cat. N. Rauch (24-25 novembre 1958), nº 94.

---

① 三天前，德彪西刚刚送给彼得一幅版画，出自《东海道五十三次》，并附言："为我的小勒内庆祝，以此证明我深厚的友谊。克劳德·德彪西，1896 年 11 月 11 日。"文献编号：anc. coll. R. Peter; Paris 1962, p. 35, nº 85。

1896 – 41

致尤金·伊萨伊

[1896年11月17日][1]

亲爱的朋友,

我本希望能将《苏格兰进行曲》(新版)的乐队分谱寄给你,[2]但雕刻师彻底食言了,我担心来不及去誊写,另外我觉得没那个必要了。请原谅我迟到的回复,我本想尽量把事情做好。我收到了你珍贵的长信,如果不是因为生病,我会立即回复你的,更何况信中说你不能亲自演奏《夜曲》,这加重了我的痛苦!你知道,在我看来没有哪个"模仿专家"能作为你的替身,无论你怎么说,我再次重复我更加需要你这个人,而不是"伟大的小提琴家"。如果这听上去很矛盾,那也没办法,因为这就是事实!总之,如果你不能演奏《夜曲》,那我宁愿不让它们在布鲁塞尔上演![3]

关于《佩雷亚斯》的计划,我认真考虑过了,虽然我很想看到你来指挥它,虽然你一定会充满激情,但我还是觉得不能那么做,如果说你的开明能让你看懂这部作品,其他人是不行的,这样一来你只能是白费工夫!

请不要认为我不识好歹,因为你对我的担忧令我感到发自肺腑的骄傲,总有一天,所有这些一定都会圆满的。

匆忙写下,你的,

克劳德·德彪西

---

① 该日期根据邮戳而确定。

② 见书信1896 – 35。

③ 尤金·伊萨伊宣布不演奏《夜曲》这件事使得他与德彪西的关系发生破裂。德彪西彻底放弃为小提琴和乐队创作,因为这个组合由其他人演奏无法令他满意。《夜曲》的这个最初版本没有任何片段被保存下来。

信封上有邮戳(寄出: 17 NOV 96,到达: 18 NOVE)和地址:
Monsieur E. Ysaÿe
46 avenue Brugman.
à Bruxelles.
(Belgique)
Autogr.: non localisé*. *Prov.*: anc. coll. A. Cortot; Librairie Blaizot-Pinaut. *Exp.*: Paris 1942, p. 43, n° 152.

1896 – 42

致欧雷利昂·吕涅–波

[1896年12月初]

"……您能帮个忙在附带的卡片上留两张票吗?我想看《愚比王》都想疯了。[①] ……"

Autogr.: non localisé. *Prov.*: Cat. Stargardt 533 (septembre 1957), n° 411.

---

① 阿尔弗雷德·雅里(Alfred Jarry, 1873—1907)的戏剧《愚比王》(*Ubu Roi*)于1896年12月10日在新剧院(著作剧院)进行了唯一一次演出,当时的新文学界人士几乎全部到场,无论知名与否。儒勒·荷纳赫(Jules Renard, 1864—1910)在日记中写道:"《愚比王》。充满期待的一天在荒诞中结束。从第一幕中间开始,我们就感到不妙。在一片喊'大便'的声音中,有人回应道:'吃了它!'然后喧闹就被压低了。如果雅里明天不声明自己是在嘲笑大家的话,他就没有机会翻身了。鲍尔同样彻底失算了,我们大家都失算了,因为我在阅读《愚比王》的时候已经预料到它很难演到最后,但我没有想到会是这样一个全面崩溃的局面。然而,瓦莱特却说:'这很有意思',拉希尔德(Rachilde, 1860—1953)则一直冲着那些喝倒彩的人大喊:'真是够了!'"见 Jules Renard, *Journal* 1887-1910, Paris, Bibliothèque de la Pléiade, Gallimard, 1965, p. 363。

1896－43

皮埃尔·路易斯致德彪西

［阿尔及尔，[①] 1896 年 12 月 31 日］

给小布利耶先生的圆舞曲。[②]

(只记下了短号部分。)

皮埃尔·路易斯　Op. 61

给米娜·施密特小姐的圆舞曲 [③]

皮埃尔·路易斯　Op. 62

---

① 1896 年 12 月 11 日，皮埃尔·路易斯离开巴黎前往阿尔及尔过冬。他直到 1897 年 4 月 30 日才回来。

② 西奥多·布利耶(Théodore Bullier)，布利耶舞厅的经理。该舞厅位于蒙巴纳斯天文台十字路口。让·德·提南曾在自己的《梦游》(*Noctambulismes*)中将其形容为“杂乱且怪异”。

③ 查无此人。

给 A. 吉德先生的葬礼玛祖卡

(还在写)

皮埃尔·路易斯　Op. 63

....

....

....

你的葬礼进行曲写得怎么样了?你知道,如果你不把它写完的话,我是不会开始创作桑德赫露娜的,你这个浑蛋!①

我都用了七个降号了,你至少也应该用诗歌体给我写写信了吧?

祝你 1897 年一切顺利。

你的,

P. L.

带图的信纸(含当地地貌照片),信封上有邮戳(寄出: 31 DEC 96,到达: 2 JANV 97)和地址:

Monsieur Claude Debussy

10 rue Gustave Doré

Paris

Autogr.: F-Pn, Mus., N.L.a. 45 (25). *Prov.*: anc. coll. A. Godoy; Hôtel Drouot, 5 février 1999, n° 187. *Publ.*: Debussy-Louÿs 1931[e], p. 258-259 (non datée); Debussy-Louÿs 1945, p. 84-85. *Fac-sim*: Debussy-Louÿs 1942[b], entre les p. 144-145; Debussy-Louÿs 1943[c], entre les p. 120-121; Debussy-Louÿs 1943[e], entre les p. 32-33; Gauthier, n° 63.

① 一年后,路易斯给德彪西写信道:“1894 年,你曾发誓要为我的葬礼创作一首进行曲,且配得上我的高尚人格。”见书信 1897–60。

1896 – 44

致皮埃尔·路易斯

[1896年(?)]
星期三

谢谢你的寄送,我的皮埃尔老弟,其实我明天星期四一点半要去见你的,除非你有别的安排。

你的,

克劳德·德彪西

嘉比请我代她问候你。

Autogr.: non localisé*. *Prov.*: Cat. Coulet-Faure 58 (octobre 1959), n° 217; Cat. Batchelder (1978), n° 71; Cat. Les Autographes 17 (Noël 1982), n° 163; anc coll. M. Flothuis; Cat. B. Kuyper 37 (26-29 novembre 2002), n° 950; Cat. D. Schulson (2003) sans n°.

1896 – 45

致皮埃尔·路易斯

[1896年(?)]

我会等你的,但请不要在五点后过来,因为我自己在这个时间还有个预约。谢谢你的纸,你是最可爱的人。

你的,

克劳德

用铅笔所写,信封上未贴邮票,也没有地址,只写了:
Monsieur Pierre Louÿs
Autogr.: F-Pn, Mus., N.L.a. 44 (82). *Prov.*: anc. coll. A. Godoy; Hôtel Drouot, 5 février 1999, n° 186. *Publ.*: Debussy-Louÿs 1942[b], p. 139; Debussy-Louÿs 1945, p. 70-71.

1896－46

致皮埃尔·路易斯

[1896年(?)]

就今天或明天了,也就是说,星期二或星期三。

请把你的回答交给那个小傻子。

你的分身,

克劳德

据了解,我是可以的!

名片,用铅笔所写,印有:
CLAUDE DEBUSSY
10. rue Gustave Doré
信封上未贴邮票,地址:
Monsieur Pierre Louÿs
147 B[ard] Malesherbes.
Autogr.: F-Pn, Mus., N.L.a. 44 (53bis). *Prov.*: anc. coll. A. Godoy; Hôtel Drouot, 5 février 1999, n° 186. *Publ.*: Debussy-Louÿs 1931[j], p. 374; Debussy-Louÿs 1942[a], p. 32; Debussy-Louÿs 1945, p. 77-78.

1897－1

致勒内·彼得

星期二,1897 年 1 月 5 日

勒内老伙计,

抱歉,今晚我没能去杜朗那里。[①] 博纳赫下午来找我了,并且跪着求我和他吃晚饭,请原谅这次微不足道的爽约。

"要善良,要美丽,但尤其要节奏准确。"[②]（这是勒南对他儿子说的最后一席话[③]）

你的,

克劳德·德彪西

Autogr.: US-AUS, Carlton Lake Collection. *Prov.*: Cat. N. Rauch (24-25 novembre 1958), n° 94; anc. coll. K. Geigy-Hagenbach; Cat. Stargardt sans n° (30 mai 1961), n° 849 (datée 15 janvier 1897); anc. coll. L.-P. Vallery-Radot. *Publ.*: Peter 1944, p. 202 (non datée).

---

① 关于杜朗,见书信 1894－32。

② 自 1894 年起,埃米勒·雅克－达尔克罗兹(Émile Jaques-Dalcroze, 1865—1950)在日内瓦建立了一套以节奏为根本的音乐教学法,被称为体态律动法。德彪西经常讽刺这一教学法。

③ 指阿里·勒南(Ary Renan, 1858—1900),画家、历史学作家,普维·德·沙瓦纳的学生。他因骨结核(波特式病)而驼背。他的父亲埃赫奈斯·勒南则是 1892 年 10 月 2 日去世的。见书信 1886－4。

1897 – 2

致乔治·阿特曼

星期三,1897 年 1 月 6 日

亲爱的阿特曼先生,

柯罗纳于本月 24 日演出《柳林》是不现实的,[①] 至少我们两个都知道这个事实……我一直跟您说的是二月,无论这是否会令您不悦,我到这个月的最后几天都不能保证准备好,况且我还需要为此克服许多的困难。对了,我最近会来见您的。

附上《布里塞斯》的乐谱。[②] 但我记得它本来就是您给我的吧?

您亲切忠实的,

克劳德·德彪西

Autogr.: US-AUS, Carlton Lake Collection. *Prov.*: Hôtel Drouot, 28 avril 1958; anc. coll. L.-P. Vallery-Radot. *Publ.*: Herlin 1996, p. 6.

---

① 关于《柳林》,见书信 1896 – 16。

② 这是埃玛努埃尔·夏布里埃在卡图尔·门德斯的剧本基础上创作的作品,但未能完成。该作品只有第一幕在作者生后由艾诺克出版社出版。几年后,德彪西原则上答应艾诺克为《布里塞斯》(*Briséïs*)续上后两幕,见 1903 年 11 月 26 日的书信(见中卷的翻译),但该计划没有后文。

1897－3

嘉比·杜鹏致皮埃尔·路易斯

［1897 年 1 月 23 日］
星期六晚上九点

我亲爱的皮埃尔，

克劳德去国家音乐协会演出勒科的四重奏了。[①] 我一个人很悲伤，比天气还要悲伤，我是认真的。我很羡慕您能在一个美丽、快乐、阳光明媚的国度。[②] 我从没有像今天一样那么渴望见到阳光。

真心感谢您给我寄来的香蕉，这让我感到双重高兴：第一，您还想着我；第二，解馋的感觉，因为我特别喜欢这种水果。

我们今天早上收到了您的电报。[③] 克劳德明天会给您回复的，如果您没有忘记告诉他您的地址，他早就给您写信了。

请经常给我们来信，告诉我们您的身体状况，还有阿尔及尔是否很热。巴黎这边非常冷，您的信会让我们感到一丝温暖（至少从心里）。

克劳德不知道我给您写信，不过等他回来我会告诉他的，我现在就做主向您致以真诚的友谊并紧紧握手。

亲吻您的左脸颊，您的伙伴，

嘉比

---

① 德彪西与小提琴家阿赫芒·帕杭（Armand Parent, 1863—1934）、中提琴家儒勒·帕杭（Jules Parent）、大提琴家沙赫勒·巴莱特（Charles Barretté）一同演奏了纪晓姆·勒科的《b 小调钢琴四重奏》。德彪西已经于 1896 年 2 月 1 日在国家音乐协会首演过这首作品。

② 自 1896 年 12 月 13 日起，皮埃尔·路易斯就住在阿尔及尔穆斯塔法街区的枫丹－白露。他直到 1897 年 4 月 30 日才回到巴黎。

③ 该电报未被找回。

信封上有邮戳(寄出: 24 JANV 97,无到达邮戳)和地址:
Monsieur Pierre Louÿs
Hôtel de l'Oasis
Alger
(Algérie)
Autogr.: F-Pn, Mus., N.L.a. 44 (84). *Prov.*: anc. coll. A. Godoy; Hôtel Drouot, 5 février 1999, n° 187. *Publ.*: Debussy-Louÿs 1931[j], p. 372 (non datée); Debussy-Louÿs 1942[b], p. 138 (non datée); Debussy-Louÿs 1945, p. 85-86.

1897 – 4

皮埃尔·路易斯致德彪西

［枫丹－白露，[1] 1897 年 1 月(？)］

给玛歌小姐(来自蒙马特)的浪漫曲

慢速圆舞曲

皮埃尔·路易斯　Op. 64[2]

可惜这不是戴勒梅的曲子啊！[3]接下来的夏天肯定能成功！你想为它作词吗？我们可以找一些失足少女，让她们三月的时候开始唱。让艾诺克来出版，这能给我们带来七八千法郎。[4]

你的，

P. L.

Autogr.: F-ASOlang.

---

① 阿尔及尔的地名。

② 路易斯上一次给德彪西寄来的几条小旋律分别带有作品编号 Op. 61、Op. 62 和 Op. 63。见书信 1896 – 43。

③ 保罗·戴勒梅(Paul Delmet, 1862—1904),活跃于蒙马特高地黑猫卡巴莱等场所的歌曲艺术家。他的一些伤感和忧郁的作品曾在 19 世纪末盛传。

④ 艾诺克出版社的作品清单中除了埃玛努埃尔·夏布里埃、安德烈·梅沙杰和沙赫勒·勒科克(Charles Lecocq, 1832—1918)的乐曲外，还有一项“香榭丽舍大道及女神游乐厅音乐会作品名录”。

1897－5

皮埃尔·路易斯致德彪西

［枫丹－白露,1897年1月(?)］

给露西安娜小姐(来自蒙马特)的浪漫曲
请注意,不要去想肖邦的第三首练习曲。
慢速圆舞曲

皮埃尔·路易斯 Op. 64

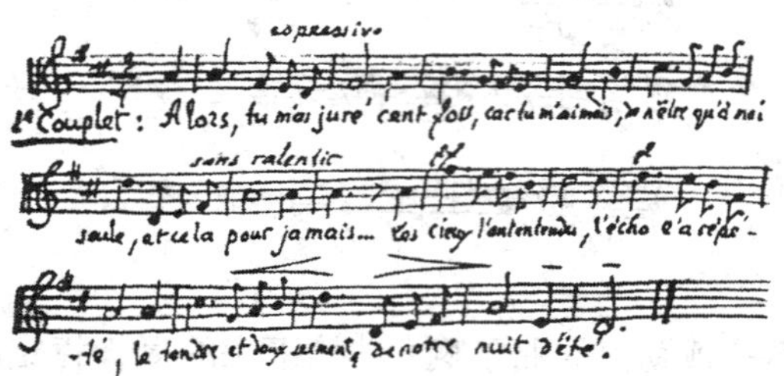

可惜这不是戴勒梅的曲子啊! 接下来的夏天肯定能成功!

第五段
(最美的一段)
现在你被别人搂在怀里,
但永远不可能像我一样,你永远都不会中意。
你最美好的白天和夜晚都属于我。
永别了,我走了,有你的回忆跟随我。

六段，也是最后一段
永别了，必须永别了，我唯一的情人。
我在内心保留着陶醉的温存
你的妻子太喜欢你，但不爱你
永别了，我们分开吧，没有我，你也要爱自己。

第一、三、四段也写好了[①]。

（无论如何，要写出上面这些，我们至少需要先创作八年高深的十四行诗！我太难了！）

你想为它作词吗？我们可以找一些失足少女，让她们三月的时候开始唱。让艾诺克来出版，这能给我们带来七八千法郎。[②]

你唯一的，

P. L.

Autogr.: F-P, coll. T. Bodin. *Prov.*: anc. coll. A. Godoy; Hôtel Drouot, 5 février 1999, n° 189 (avec fac-sim. partiel). *Publ.*: Debussy-Louÿs 1931[e], p. 260-261 (non datée); Debussy-Louÿs 1945, p. 89-90; Debussy 1957[a], p. 20-21. *Fac-sim.*: Debussy-Louÿs 1943[d], entre les p. 120-121; Debussy-Louÿs 1943[e], entre les p. 32-33.

---

① 皮埃尔·路易斯痴迷于咖啡馆音乐会的歌曲。该作品的完整段落，见 Pierre Louÿs, *Poétique*, Paris, Montaigne, 1930, p. 191-192。

② 见前一封书信。

1897 – 6

致昂利·德·雷尼耶

星期一

1897 年 2 月 8 日

亲爱的朋友:

我热烈祝贺您的“荣誉军团勋章”,[①] 您知道我从很久以前就非常欣赏您的作品,而且我还会继续欣赏!

亲切地,

克劳德·德彪西

Autogr.: F-Pi, Ms. 5701.

① 1897 年 2 月 6 日,《日报》报道了昂利·德·雷尼耶被提名为骑士级荣誉军团勋章的消息。

1897 – 7

致皮埃尔·路易斯

星期二晚上
1897 年 2 月 9 日

我亲爱的皮埃尔。

你应该在诅咒我,或是将我从你的记忆中永远地移除了? ……

哼! 这肯定不是真的。事实是,我从来都没有忘记你,我经常想到你,甚至还能和你"聊天"。总之,我又没让你老是跑到比阿斯涅更远的地方。[①]

我得知了一些令人不悦的消息,听说布赫热居然要和哈维尔·德·蒙特潘合作了,[②] 不过这也不是不可能的。嘉比的目光锐利,她在我口袋里发现一封感天动地的情书。这下悲剧了! ……闹……哭……一声枪响,上了《小日报》[③] ……啊! 我的老伙计,我当时真希望能有你的帮助来找回自我。一切都太野蛮了,不仅毫无用处,还改变不了任何事情。我们无法用橡皮擦掉一次亲吻或一次爱抚。话说这会是个不错的发明,可以擦掉不忠的橡皮。

不过,可怜的嘉比刚刚失去了她的父亲,[④] 这件事倒是暂时平息了一切闹剧。

我还是深受影响的,而且你离我那么遥远,这让我很难过,都没有力气给你写信了,因为我觉得写信代替不了朋友间面对面的交谈。你可能会认为: 这一切都是他德彪西的错。但我就是这样一个情种,像

---

① 阿斯涅是巴黎郊外的一个市镇。——译者注。

② 关于蒙特潘,见书信 1893 – 44。

③ 马赛尔·迪奇(Marcel Dietschy, 1915—1981)曾经在 1896 年 9 月至 1897 年 2 月 9 日的《日报》和《小日报》(*Le Petit Journal*)中寻找这一事件的踪迹,可以确定,《小日报》里没有任何关于嘉比自杀未遂的消息。

④ 嘉比的父亲是利雪一家丝带厂的工头,两天前刚刚去世。

一个女装设计师一样,甚至可以成为肖邦的情妇。我需要确定自己依然可以怦然心动,而不是一个人静静地对一纸文书负责。

算了,不说这些了,请相信我还是你那个坚强的克劳德。

你想知道马拉美聚会上发生的所有事情吗?[①]我在那里感到异常的无聊,马拉美似乎和我一样,只用普钦内拉式的伤感语调冷冷地讲了几句。F. V. G.(弗朗西斯·维耶雷–格里芬)跟个警察一样,还有小拉·热奈斯看上去像个病号。[②]我在那里认识了何塞–玛利亚·德·埃莱迪亚先生,对此我完全无感,也就是又多了一个需要问好的人。

杜卡的《交响曲》令人非常失望![③]……感觉很渺小,像贝多芬里面混杂了一些夏庞蒂埃,我完全无法理解……

---

① 为了庆祝尤金·法斯盖勒(Eugène Fasquelle, 1863—1952)《谵语》(*Divagations*)的出版,由保罗·瓦莱里牵头,马拉美的熟人们说服他于2月2日一起聚餐,地点是克里希大街7号的拉忒勒餐厅。然而,该聚餐引起了竞争、嫉妒和排斥,马拉美的众多朋友(卡图尔·门德斯、奥克塔夫·米尔波、乔治·罗登巴赫、安德烈·吉德)都没有参加这次庆功宴。保罗·瓦莱里自己都差点在最后一分钟缺席。在到场的三十六人中,主要有爱德华·杜加尔登、菲利克斯·费内翁、保罗·福赫、何塞–玛利亚·德·埃莱迪亚、安德烈–费迪南·埃罗尔德、斯图尔特·米瑞勒(Stuart Merrill, 1863—1915)、路易–阿尔弗雷德·纳当松、圣–保罗–胡(Saint-Pol-Roux, 1861—1940)以及弗朗西斯·维耶雷–格里芬。《巴黎回声》居然在出席名单中加入了皮埃尔·路易斯!

② 埃赫奈斯·拉·热奈斯(Ernest La Jeunesse, 1874—1917),文学评论家、小说家阿纳托勒·弗朗斯(Anatole France, 1844—1924)的秘书,以相貌丑陋而闻名。他曾出现在一本滑稽模仿风格的讽刺肖像集中,名为《夜、烦恼以及当代最著名的人物》(*Les Nuits, les Ennuis et les Ames de nos plus notoires contemporains*),作者有保罗·布赫热、弗朗索瓦·科佩(François Coppée, 1842—1908)、阿勒冯斯·杜岱、阿纳托勒·弗朗斯、若利斯–卡尔·于斯曼、莫里斯·梅特林克、罗拜赫·德·孟德斯鸠。

③ 杜卡的《C大调交响曲》于1月3日在歌剧院首演,由保罗·比达尔指挥,并且于1月10日又演了一次。

说到音乐，你在写《桑德赫露娜》了吗？[①]……虽然我有点配不上你这样做……但如果你能给我点好的创作素材，让我从所有的烦恼中摆脱出来，那真是帮了我大忙了，对于我目前的生活状态来说，就如久旱逢甘霖一样。

弗兰（你知道他的）向我提议为他妻子的哑剧配乐，[②]对此你了解吗？……虽然还没有写完，但我觉得她的作品相当不错，我当时脑子很混乱不知如何是好，也没有礼貌地告诉他目前只有头开得很好。

快点给我回信，更快点原谅我……

你的朋友，

克劳德·德彪西

请在回信中不要提及以上*所有的烦恼*，并且争取早日归来。

信封上有邮戳（寄出：31 DEC 96，到达：2 JANV 97）和地址：
Monsieur Pierre Louÿs
à Fontaine-Bleue
près Alger.
(Algérie)

Autogr.: F-Pn, Mus., N.L.a. 44 (32). *Prov.*: anc. coll. A. Godoy; Hôtel Drouot, 5 février 1999, n° 186. *Publ.*: Debussy-Louÿs 1931[i], p. 248-250; Debussy-Louÿs 1942[a], p. 39-42; Debussy-Louÿs 1945, p. 86-88; Debussy 1980, p. 84-85; Debussy 1993, p. 124-126.

---

① 关于《桑德赫露娜》，见书信 1895 – 15。1896 年 11 月 15 日，路易斯在给兄长写信时表示自己想在 1897 年 2 月 15 日前完成“给德彪西的剧本”。见 Louÿs 2002, p. 243。

② 让–路易·弗兰（Jean-Louis Forain, 1852—1931），画家、设计师。德彪西答应为其妻子珍妮·弗兰（Jeanne Forain, 1852—1931）的《黄金骑士》（*Le Chevalier d'Or*）创作一部哑剧。珍妮·弗兰曾于 1894 年为皮埃尔·路易斯画过一幅肖像。

1897 – 8

致雷吉娜・当萨赫

[1897 年 2 月 10 日]
星期三四点半

亲爱的夫人,

您在列举我从事的工作中忘记了……音乐!当然,这里没有责怪您的意思,我将很高兴见到您。

今天我是一分钟都没有,但我会按照您的盛情邀请,星期五过来吃晚饭。

至于那些为我们带来麻烦的人,[①] 他们怎么会忘记我住在古斯塔夫・多雷路 10 号呢?

您亲切忠实的,

克劳德・德彪西

Autogr.: non localisé (copie H. Borgeaud). *Prov.*: Cat. N. Rauch (24-25 novembre 1958), n° 94; Bulletin M. Loliée LVI (s.d.), n° 30; Cat. K. Rendell (1971), n° 31 *Publ.*: Peter 1944, p. 202 (extrait; non datée).

---

① 应该是指传信人。——译者注。

1897 – 9

皮埃尔·路易斯致德彪西

枫丹–白露,1897 年 2 月 22 日

我亲爱的克劳德:

我得了胸膜肺炎,也就是说我有七八次差点去见奥林匹斯诸神了。[①] 不过现在基本结束了,除非再来一次反转。我在继……续康……复中(我们尽量避免爆破音节)。

收到你来信的时候,我正处于连笔都拿不起来的状态,因此才会这么晚回复。你的信让我很感兴趣,这让我几乎原谅你两个月以来的静默,后者曾让我很难过。我不会一一答复你,因为信息量实在太大了,况且,有些事还是当面说比较好。

认识埃莱迪亚这件事你应该高兴才对,而且,你应该星期六去他那里看看,[②] 如果这不违背你的原则。我都去了七年了,越来越觉得这个人很棒。像他这样的人不多。

是什么让今年冬天的音乐变得如此糟糕?当然,《C 大调交响曲》已经不算了,[③] 那是《凯尔玛利亚》?[④]《获月》?[⑤] 还是《值班的消防

---

① 1897 年 2 月 19 日,皮埃尔·路易斯给让·德·提南写信时也提到了自己的病情:“我只是患上了传染性肺炎并伴有胸膜积液……你知道的,胸部发炎要持续九天,既然到星期六我都没有死,那就是说我在康复了。不过我依然戒烟了十五天。”见 Louÿs-Tinan, p. 217。

② 埃莱迪亚每个星期六都会在巴尔扎克路接待来访的作家们,包括让·德·提南和皮埃尔·路易斯。

③ 保罗·杜卡的交响曲。

④《凯尔玛利亚》(*Kermaria*)是卡米伊·埃朗杰(Camille Erlanger, 1863—1919)的四幕歌剧,剧本作者为皮埃尔–巴赫特勒米·高西(Pierre-Barthélémy Gheusi, 1865—1943)。该作品于 1897 年 2 月 8 日在喜歌剧院首演。

⑤《获月》(*Messidor*)是阿尔弗雷德·布吕诺的三幕歌剧,剧本作者为埃米勒·左拉。该作品于 1897 年 2 月 19 日在巴黎歌剧院首演。

员》?[①]福基耶先生似乎对最后这部歌剧情有独钟。[②]我在阿特曼的副刊上看到了其他两部作品的摘录,感觉很一般。相反,我很想感谢《费加罗报》在某个星期六给我寄来了《大肥火鸡的叙事曲》。[③]这次真的有心了。这是我最喜欢的《布里塞斯》角色。你呢?

自从我生病之后,阿尔及尔就进入冬天了,温度计在阴凉处从来都不超过16℃,我们都快以为自己在易卜生先生家了。[④]

就像你想的那样,我现在既没有创作《安达鲁西亚人》,[⑤]也没有创作《桑德赫露娜》。但我会恢复工作的,我们的合作还是能和布吕诺–左拉组合相媲美的,你觉得呢?……但你也应该写一写《达夫尼与克罗埃》了,[⑥]我的小克劳德,我靠在一个枕头上要求你。

替我谢谢嘉比的友善来信,[⑦]请替我跟她说节哀顺变。

你的朋友,

皮埃尔

带图的信纸(含一张年轻的阿拉伯女孩照片,路易斯在上面写上了"1.95法郎"的标价),信封上有邮戳(寄出:22 FEVR 97,到达:无法识别)和地址:
Monsieur Claude Debussy
10 rue Gustave Doré
Paris.
Autogr.: non localisé*. *Prov.*: Hôtel Drouot, 14 décembre 1983, n° 197 (avec fac-sim. de la première p.).

---

① 维克多·德·科腾斯(Victor de Cottens, 1862—1956)与保罗·加沃特(Paul Gavault, 1866—1951)的四幕七场戏剧,由路易·瓦内(Louis Varney, 1844—1908)配乐。该作品于1897年2月18日起在巴黎综艺剧院上演。

② 指昂利·福基耶(Henry Fouquier, 1838—1901),前行政长官,埃玛努埃尔·夏布里埃的朋友,《费加罗报》和《巴黎回声》的专栏作家,取笔名为内斯托(Nestor)。

③《大肥火鸡的叙事曲》(*La Ballade des Gros Dindons*)是埃玛努埃尔·夏布里埃的歌曲,埃德蒙·罗斯丹(Edmond Rostand, 1868—1918)作词,于1890年由艾诺克出版社出版。《费加罗报》于1897年1月30日星期六再次刊登了这首歌曲,并附上了《布里塞斯》的片段。

④ 挪威剧作家,见书信1894–15。

⑤《安达鲁西亚人》(*L'Andalouse*)是《女人与木偶》最早的标题。

⑥ 关于《达夫尼与克罗埃》,见书信1895–70。

⑦ 见书信1897–3。

1897 – 10

皮埃尔·路易斯致德彪西

[枫丹–白露,1897 年 2 月 23 日前后][①]

啊呀！抱歉呀！我当时没看“最精彩”的部分！有人说(卡米伊·埃朗杰先生的原话)那是一部“极具独创性”的芭蕾,但我只看了个片段,[②] 我也还没有收到星期六的《费加罗报》以及上面刊登的《播种者之歌》。[③] 我可怜的克劳德！还好你没给我们来这么一出！就像女工说的那样：“有点天真。”[④] 那我们就来个“天真！”瞧瞧！这太精彩了,伙计,这让我想起了

“基督徒崇敬的圣母！”

---

① 该日期根据信中提到《费加罗报》2 月 20 日发表的文章所推断。

② 卡米伊·埃朗杰,作曲家、《日报》音乐评论。他曾师从于里奥·德利伯(Léo Delibes, 1836—1891)。他于 1888 年获得了罗马奖。1906 年,他因改编皮埃尔·路易斯的《阿芙洛狄忒》获得了巨大成功。

③ 这是阿尔弗雷德·布吕诺《获月》的节选。1897 年 2 月 20 日,《费加罗报》发表了这个片段,标题为“阿尔瓦雷斯先生演唱的播种者之歌”(« Chant du semeur chanté par M. Alvarez »)。该咏叹调的开头句为“我的灵魂充满了烦恼与暴力”。皮埃尔·路易斯在本信中附上了两张剪报,包括该咏叹调的最后几小节“春天的胜利”,路易斯在前面给出了批语:“爱情！”后面还旁注了:“亲爱的！”另外还包括了阿尔弗雷德·布吕诺在同一期报纸上发表的文章选段,标题为“由作者解读的《获月》”(*Messidor expliqué par les auteurs*):“在这些主题中,我自然混入了四个代表四季的动机。在还没有开幕的时候,正午三钟经的钟声响起。钟声起着决定性的作用,在这里是预言,随后是警示,最后是欢乐。乐队全体用三个快速音符喊出了痛苦。接着就是幕布升起,既没有前奏曲也没有序曲,夏天的动机在一阵令人窒息的长号声中响起,再配上英国管、低音黑管和低音大管。”

④ 威利在《巴黎回声》1897 年 2 月 21 日一期中发表了《女工的来信》(*Lettre de l'ouvreuse*),其中的确写道:“阿尔瓦雷斯先生高兴地唱着他的播种者之歌,有点天真,在夜间将谷物撒在犁沟中(！),还宣布房子将在‘四月满溢’(原文如此)。这个农民真逗！”

你知道,就是《威廉·退尔》里的那段。[①]只是,为什么合唱队都不唱这首了? 我很想跟你一起读一读这段谱子。你应该能对此说出不少段子。

你的,

艾哈迈德·本·穆罕默德

带图的信纸(含一张鸵鸟的照片)。

Autogr.: F-Pn, Mus., N.L.a. 45 (26). *Prov.*: anc. coll. A. Godoy; Hôtel Drouot, 5 février 1999, n° 187. *Publ.*: Debussy-Louÿs 1931[b], p. 380-381 (non datée); Debussy-Louÿs 1943[e], p. 32-33 (non datée); Debussy-Louÿs 1945, p. 90-91.

---

① 焦阿基诺·罗西尼(Gioacchinno Rossini, 1792—1868)歌剧《威廉·退尔》(*Guillaume Tell*)结尾的合唱:"基督徒崇敬的圣母,她们恳求你听听我们的声音。请从坏人的刀下,救回她们的丈夫和孩子。"

1897－11

致皮埃尔·路易斯

星期二

1897年3月9日

我亲爱的皮埃尔。

我再次推迟回复你的两封长信，我永远都不能原谅自己……

首先，我很高兴得知你好些了，之前你一个人病在遥远的他乡，这让我很担心。非常遗憾，我只是一个可怜的键盘乐手，无力远行，否则的话，老伙计，我会给你上演一出现代版伊索尔德，我会向你证明友谊是最好的良药。总之，我希望你在读到这些话的时候已经完全康复并继续你的音乐研究了。

我不比你更了解《获月》，[①] 因为人生苦短，我们需要多去咖啡馆，或者去看画展。还有，像左拉和布吕诺这种其貌不扬的人，你怎么能指望他们创作出的东西不平庸？你注意到了吗？在那两篇文章里，他们可悲地利用爱国主义为自己找借口，真是可笑，似乎在说：我们的作品可能很差！但无论如何，这都是法国制造！！[②]然而！以圣乔治的名义来说！我们只有一位真正的法国音乐家，他就是保罗·戴勒梅，[③]来自郊区的忧伤，还有发生在城墙边红色草坪上的悲欢离合，这些东西只有戴勒梅能够记录下来。马斯奈是学他学得最像的，至于剩下的人，都是些无能之辈，只会忙于社交，自认为能够把生活都写成七和

---

① 见前两封书信。

② 关于《费加罗报》2月20日的文章，见前一封书信。阿尔弗雷德·布吕诺的文章以一种职业宣言的方式结束："我抱有一种雄心，既要和我的时代在一起，也要和我的国家在一起。为自己喜欢的诗配乐，这让我感受到了艺术家的喜悦，而创作了一部属于法国的现代作品，这更让我感到幸福。"而左拉是这样总结的："如果我能为音乐家创造机会，让他们表现我们古老法国的快乐、健康、丰收以及光辉灿烂的阳光，我会感到三生有幸。"

③ 关于戴勒梅，见书信1897－4。

弦,如果说他们对生活还有一点憧憬,那也是苍白无力的。[①]

我希望这些字能尽快到达你那里,以表达我的友情,我明天再给你发后续内容。

你真正的,

克劳德

嘉比感谢你,并且对你送上她最美好的微笑。

信封上有邮戳(寄出: 9 MARS 97,到达: 11 MARS 97)和地址:
Monsieur Pierre Louÿs
à Fontaine-Bleue.
près Alger.
(Algérie)
Autogr.: F-Pn, Mus., N.L.a. 44 (33). *Prov.*: anc. coll. A. Godoy; Hôtel Drouot, 5 février 1999, n° 186. *Publ.*: Debussy-Louÿs 1931[j], p. 370-371; Debussy-Louÿs 1942[a], p. 42-43; Debussy-Louÿs 1945, p. 91-93; Debussy 1980, p. 85-86; Debussy 1993, p. 126-127.

---

① 很久之后,德彪西在《吉尔·布拉斯》上评论了阿尔弗雷德·布吕诺的歌剧作品:"然而,在我看来,我们并不是只有活在梦中才能写音乐;但是,把日常生活围绕在音乐周围也不会有收获。"

1897 – 12

致皮埃尔·路易斯

星期三

1897年3月31日

亲爱的皮埃尔。

你怎么样了？……病好了吧？你是在等我许诺你的后续内容，然后再回复我吗？还是说你跑去研究菠萝文化了？总之，我有些担心，希望你看到这几个字之后能马上回复我。

你的，

克劳德·德彪西

嘉比热情地拥抱你。[①]

信封上有邮戳（寄出：31 MARS 97，到达：5 AVRIL 97）和地址：
Monsieur Pierre Louÿs
à Fontaine-Bleue.
près Alger.
(Algérie)

Autogr.: F-Pn, Mus., N.L.a. 44 (34). *Prov.*: anc. coll. A. Godoy; Hôtel Drouot, 5 février 1999, nº 186. *Publ.*: Debussy-Louÿs 1931[i], p. 248; Debussy-Louÿs 1942[b], p. 148; Debussy-Louÿs 1945, p. 93.

---

① 出自嘉比之手。

1897 – 13

致罗拜赫·勾代

星期六

1897 年 4 月 10 日

亲爱的朋友:

我之前不在巴黎,[①] 没能第一时间告诉您我是多么高兴收到您的来信。即便如此,您知道自己在我心中的地位,请相信,没有人能取代您!关于《佩雷亚斯》,我觉得复活节那周的某一天就可以演了。此外,在与您握手的同时请收下这本《牧神午后》,[②] 这就是您所认知的全部。

克劳德·德彪西

信封上有邮戳(10 AVRIL 97)和地址:
Monsieur Robert Godet.
36 Avenue d'Elyau.
à Paris.
Autogr.: F-Pn, Mus., N.L.a. 29 (14). *Prov.*: C. Godet. *Publ.*: Godet 1926, p. 79 (175); Debussy 1942, p. 99-100 (datée 11 avril 1896).

---

① 德彪西或许是陪同嘉比(其父刚刚在二月份去世)去了利雪和奥尔贝克。

② 见附录V。

1897 – 14

致罗拜赫・勾代

星期四

1897 年 4 月 15 日

亲爱的朋友:

下星期一我会来的,但我要到七点左右才行。所以我们可以像在拜罗伊特时那样,先稍微吃点东西,等经历过悲欢离合之后,再好好吃顿夜宵。① 当然,一切都听你的。

对您全心全意的,

克劳德・德彪西 ②

信封上有邮戳(16 AVRIL 97)和地址:
Monsieur Robert Godet.
36 avenue d'Elyau.
à Paris.
Autogr.: F-Pn, Mus., N.L.a. 29 (15). *Prov.*: C. Godet. *Publ.*: Godet 1926, p. 79 (175); Debussy 1942, p. 100.

---

① 罗拜赫・勾代还记得德彪西"那个星期一来了……在钢琴上为他试演了《佩雷亚斯与梅利桑德》的最后一幕"。见 Debussy 1942, p. 184。

② 自此直至去世,德彪西的签名不再有明显变化。见附录Ⅳ, n° 16。

1897-15

皮埃尔·路易斯致德彪西

枫丹-白露,[1897年]4月15日
(著名的到期日)[①]

我亲爱的克劳德:

……四个月过去了。就像提南跟我写的那样:“你落后太多了!”[②]唉!我甚至不知道从庞坦到歌剧院还有没有有轨电车,不知道拉穆勒什么时候准备演出《森林细雨》以外的东西。[③]我不知道蒙马特是否还记得已故的儒伊、[④]萨里、[⑤]昂利·皮耶。[⑥]我不知道我们的区是否还是那个令人愉悦的地方。[⑦]我不知道嘉比是否还能凭借一个阴影、一阵余香,用自己魔法师般的十指创造出让维罗羡慕的帽子。[⑧]我也不知道我们的德彪西是在体验劳动的乐趣还是享受慵懒的快感……

我什么都不知道了。我只知道自己已经和一个年轻的摩尔女孩混了三十一天了(意不意外,老兄?),她只听得懂“佐拉!佐拉!快过

---

① 德彪西每月的15日付房租。

② 查无此信。

③《森林细雨》(*Murmures de la Forêt*)是瓦格纳《齐格弗里德》第二幕的一部分。沙赫勒·拉穆勒经常在他的音乐会上指挥这个段落。

④ 儒勒·儒伊(Jules Jouy, 1855—1896),一年前死于精神病,此前曾被关入精神病院两年。他曾于1881年至1893年在黑猫卡巴莱工作,外号“被歌曲造就的男人”。

⑤ 鲁道夫·萨里(Rodolphe Salis, 1851—1897),黑猫卡巴莱的创始人和经理,于3月17日去世。

⑥ 昂利·皮耶(Henri Pille, 1844—1897),画家,黑猫卡巴莱的常客。

⑦ 指拉丁区。

⑧ 这是巴黎和平路12号一家礼帽设计店。

来！”以及最近给她取的外号“芥末壶”。[①] 我们整天形影不离，就像两条流浪狗一样，就算她去她的裁缝那里时，我都不允许她离开我五分钟。我现在和让·里克图一样消瘦，[②] 像拉·热奈斯先生一样苍白。[③] 然而，我决定犯一个错误，那就是把这个殖民地产物带回巴黎，哪怕这意味着你的朋友皮埃尔·路易斯开启了自己的灭亡之路，我也要装作不知道。

啊！我们这是怎么了！但你怎么可能抗拒一个把七天全当工作日的人呢？反观其他的女人，她们把七天全当成了星期日！另外，你想象不到她的肤色有多深，真的很漂亮，在白色的衬托下就像巧克力做的一样。

我后天八点离开阿尔及尔。4 月 30 日到巴黎。

你的，

P. L.

信封上有邮戳（寄出：20 AVRIL 97，到达：无法识别）和地址：
Monsieur Claude Debussy
10 rue Gustave Doré
Paris
Autogr.: non localisé*. *Prov.*: Hôtel Drouot, 14 décembre 1983, n° 198.

① 皮埃尔·路易斯于 3 月 15 日在枫丹-白露认识了这个 20 岁左右的摩尔女孩，名字叫佐拉·本特·布拉辛（Zorah bent Brahim, 1867—1943）。她来自卜利达，曾给画家路易-爱德华·布兰度（Louis-Édouard Brindeau）当过模特。路易斯给让·德·提南写信时称她“能让一个骑兵团筋疲力尽”。见 Louÿs-Tinan, p. 242。

② 这是加布里埃尔·兰东·德·圣-阿芒（Gabriel Randon de Saint-Amand, 1867—1933）的笔名。他因使用郊区俚语写诗而闻名。这些作品被收入了刚刚出版的自编集《穷苦人的独白》（*Les Soliloques du Pauvre*）。诗人耶昂·利图（Jehan Rictus, 1867—1933）曾在四艺卡巴莱朗诵它们。

③ 关于拉·热奈斯，见书信 1897-7。他以相貌丑陋而著称。

1897 – 16

致皮埃尔·路易斯

[1897年4月23日]

[他谴责自己的朋友变得太喜歌剧化了。他需要他赶快回来。[1]他感觉自己裂开了,但没人能帮他重拾自己。他还觉得自己让音乐很反感,尽管他很爱它,但每次想让它施舍的时候,它都不理不睬。他把生活的点点滴滴都交代了。]

Autogr.: non localisé. *Prov.*: Cat. Cornuau 202 (1934), nº 24929. *Publ.*: Debussy-Louÿs 1945, p. 93-94.

① 皮埃尔·路易斯于1897年4月30日返回巴黎。

1897 – 17

致皮埃尔·路易斯

[1897 年 5 月 7 日]
星期五晚上

我亲爱的皮埃尔。

你明天一点半到两点之间能给我留几分钟吗?

祝好。

克劳德·德彪西

信封上有邮戳(8 MAI 97)和地址:
Monsieur Pierre Louÿs
147 Boulevard Malesherbes.
à Paris.

Autogr.: F-Pn, Mus., N.L.a. 44 (35). *Prov.*: anc. coll. A. Godoy; Hôtel Drouot, 5 février 1999, n° 186. *Publ.*: Debussy-Louÿs 1931[j], p. 371.

1897－18

致皮埃尔·路易斯

[1897年5月9日]
星期日

我当然要衷心感谢你的友好,接下来这短短几行字虽言薄但情谊深。

现在,《意象》(弗洛里的杂志[①])希望我给他们写点音乐,我很想给《碧丽蒂斯之歌》的其中一首配乐,尤其是第20号。[②]

你觉得怎么样?有什么不妥吗?

你的,

CD[③]

信封上有邮戳(10 MAI 97)和地址:
Monsieur Pierre Louÿs
147. boulevard Malesherbes.
à Paris.

Autogr.: F-Pn, Mus., N.L.a. 44 (36). *Prov.*: anc. coll. A. Godoy; Hôtel Drouot, 5 février 1999, nº 186. *Publ.*: Debussy-Louÿs 1931[j], p. 371; Debussy-Louÿs 1942[a], p. 43; Debussy-Louÿs 1945, p. 94.

---

① 见书信1896－20。

② 第20号在《碧丽蒂斯之歌》1894年的第一版中没有标题,但后来被赋予了《排箫》(*La Flûte de Pan*)这一名字,它也是德彪西三首《碧丽蒂斯之歌》中的第一首。

③ 花体缩写签名。

1897 – 19

斯蒂凡·马拉美致德彪西

[1897年5月10日][1]

瓦勒万,星期一

我感到很困惑,德彪西,都不知道从何说起。那天晚上我回家太晚,而且第二天早晨要早走,所以就没能把您要的《牧神午后》单独放在一边。昨天,我望着水流沉思,[2] 突然想到这件事,我自问这是为什么?

亲爱的朋友,我六月份回去一定会找到那些仙女们的,这次我不会分心了:我会记着这件事,并保证亲手把它交给您。另外,我们都不要忘记,您随时可以过来坐坐。

对您全心全意的,

S. M.

Autogr.: non localisé (copie F. Ambrière). *Prov.*: E. Debussy; Hôtel Drouot, 1er décembre 1933, nº 214. *Publ.*: Stéphane Mallarmé, *Œuvres complètes*, texte établi et annoté par Henri Mondor et Georges Jean-Aubry, Paris, Gallimard, 1945, Bibliothèque de la Pléiade, p. 1465 (incomplète); Mallarmé, t. IX, p. 230 (incomplète; daté juin 1897).

---

① 斯蒂凡·马拉美于1897年5月7日离开巴黎。

② 马拉美在瓦勒万的房子位于塞纳河畔,他经常在那里划船。

1897–20

致皮埃尔·路易斯

[1897 年 5 月 12 日(?)][①]
星期三

我亲爱的皮埃尔,

你为什么没有回复我关于《碧丽蒂斯之歌》的事宜?

我信中写了什么让你不悦吗?

请回句话,因为我感到很焦虑。

你的,

克劳德·德彪西

名片,印有:

CLAUDE DEBUSSY

10. rue Gustave Doré

Autogr.: non localisé (copie G. Serrières). *Prov.*: Château d'Écrouves, 30 juin 1934, n° 48. *Publ.*: Debussy 1971, p. 33 (datée 19 octobre 1898).

---

① 该信似乎是 1897 年 5 月 9 日书信的后续。

1897 – 21

皮埃尔·路易斯致德彪西

[1897年5月底(?)][1]

我亲爱的克劳德:

你看看这首。[2]

你试着写写吧,老兄。由于生活艰辛,你无法工作,由于不工作,你的生活又变得艰辛。这是个邪恶的死循环。但如果我们被困在其中,那就要立刻与其进行切割。

如果你被鞭策一下,并且在十五天后夹着一份手稿去找阿特曼,你应该就能逃离那个循环,你的夏天就不会像预计得那么糟糕了。

你只需要向我保证一星期内每天工作四个小时。以阿凯尔家族的名义许下誓言,[3] 你会发现你的大脑灰质会立刻活跃起来。

我越发想在六月底举办一次音乐晚会,如果你想参加,肯定算你一个,另外,给我推荐一位年轻的管风琴师,还有就是克里克布姆四重奏组,[4] 如果他们有档期且价格合理的话。[5]

我建议节目单如下:

---

① 该日期根据信中路易斯给德彪西提供《碧丽蒂斯之歌》这个信息所推断。

②《长发》(他对我说:今晚我做了一个梦……),该作品不在1894年的第一版《碧丽蒂斯之歌》(独立艺术书店出版)中。德彪西将它的手稿夹入自己1898年的第二版中(法兰西信使出版)。该作品和其他几首未发表诗歌于1897年8月的第九十二期《法兰西信使》一同被刊登出。1897年10月的第十一期《意象》刊登了德彪西配乐的《长发》,但被赋予标题《碧丽蒂斯之歌》,另外还附有基斯·范·东根(Kees Van Dongen, 1877—1968)的装饰。这首作品被献给了阿丽丝·彼得。

③ 阿凯尔是《佩雷亚斯与梅利桑德》中佩雷亚斯与戈洛的祖父。

④ 关于克里克布姆弦乐四重奏组,见书信1895–19。

⑤ 我们不清楚这次音乐会最终是否举行。

《前奏曲与赋格》　巴赫
(姆斯特尔[①])
《弦乐四重奏》, Op. 10　德彪西
(比利时人演奏[②])
《降 B 大调托卡塔与赋格》　巴赫
(钢琴,你)
《第 15 号四重奏和大赋格》　贝多芬
(比利时人演奏)
《佩雷亚斯》的一场(由你选)　德彪西
(钢琴,你)
中场休息,冷餐　皮埃尔·路易斯
《大公三重奏》　贝多芬
(你和两个比利时人)
《F 大调托卡塔》　巴赫
(姆斯特尔)

我们就请十个朋友,不会再多了。我觉得这样挺好,你呢?
你觉得瓦格纳占的比重太多了吗?
你的,

皮埃尔·路易斯

信封上未贴邮票,也没有地址,[③]只写了:
Monsieur Claude Debussy
10 rue Gustave Doré
Autogr.: F-Pn, Mus., N.L.a. 45 (27). *Prov.*: anc. coll. A. Godoy; Hôtel Drouot, 5 février 1999, n° 187. *Publ.*: Debussy-Louÿs 1931[a], p. 243-244 (non datée); Debussy-Louÿs 1943[c], p. 131-132 (non datée); Debussy-Louÿs 1945, p. 95-96. *Fac-sim.*: Goujon 2002, p. 410 (avec fac-sim. partiel).

---

① 这是指路易斯家的姆斯特尔牌风琴。
② 克里克布姆弦乐四重奏组的成员均为比利时人。
③ 信息来源: Debussy-Louÿs 1943[c], p. 131-132; Debussy-Louÿs 1945, p. 96。

1897 – 22

斯蒂凡·马拉美致德彪西

［瓦勒万］

1897 年 6 月 23 日

我亲爱的，

我又犯糊涂了。我六月初回过一次巴黎，去找了那些仙女们。由于忘记了您的确切地址，我就把《牧神》放在了门房，留了您的名字；① 另外，我也没通知您我回来了。您路过罗马路的时候能去拿一下吗？我与您握手，同时献上我的歉意及友谊。

您的，

S. M.

名片，信封上有邮戳（无法识别）和地址：

Monsieur Claude Debussy
10 rue Gustave Doré
Paris

Autogr.: non localisé*. *Prov.*: .E. Debussy; Hôtel Drouot, 1er décembre 1933, no 214; Hôtel Drouot, 15 décembre 1969, no 139 (avec fac-sim. partiel). *Publ.*: Mallarmé, t. IX, p. 230.

---

① 这本《牧神午后》（未实地查看）包含了著名的四行诗："希尔万的第一口气，你的长笛是否成功，听到了德彪西，吹出的七色彩虹。"文献编号：Cat. R. Davis 40 (mars-avril 1935), no 139。

1897 – 23

致勒内·彼得

[1897 年 7 月 3 日]
星期六
五点半

我亲爱的勒内。

你愿意今晚十一点半在韦伯处碰头吗?[1] 不行就明天上午十一点在你家等我,是有关……是的! ……

你的,

C.

气动管卡,带有邮戳(3 JUIL 97)和地址:
Monsieur.
René Pèter
93 rue Jouffroy.
Autogr.: US-NYpm, MLT D289.P478 (2). *Prov.*: Cat. N. Rauch (24-25 novembre 1958), n° 94; anc. coll. L.-P. Vallery-Radot; anc. coll. M. G. Cobb. *Exp.*: Bordeaux1962, p. 24, n° 35; Paris 1962, p. 31, n° 58; Lisbonne 1962, p. 32, n° 48.

① 关于韦伯咖啡馆,见书信 1893 – 62。

1897 – 24

致皮埃尔·路易斯

［1897 年 7 月 5 日］
星期一

亲爱的皮埃尔。

不要忘了，明天星期二，你十二点半要来我家吃午饭！

如果你心善，请把你的柯达带来。①

碧丽蒂斯与我将为你服务。②

你的，

Cl.

信笺，带有邮戳（6 JUIL 97）和地址：
Monsieur Pierre Louÿs
147 Boulevard Malesherbes.
à Paris.
Autogr.: F-Pn, Mus., N.L.a. 44 (37). *Prov.*: anc. coll. A. Godoy; Hôtel Drouot, 5 février 1999, n° 186. *Publ.*: Debussy-Louÿs 1931[k], p. 33; Debussy-Louÿs 1942[a], p. 39 (non datée); Debussy-Louÿs 1945, p. 97.

---

① 据让–保罗·古永形容，皮埃尔·路易斯痴迷于摄影。正是在 1897 年，路易斯拍下了佐拉和德彪西、让·德·提南的合影。见 *Debussy, iconographie musicale*, par F. Lesure, Editions Minkoff et Lattès, 1980, p. 68-70。

② 德彪西刚刚为两首《碧丽蒂斯之歌》之歌配乐，分别是《长发》与《排箫》。《排箫》的一张手稿上含有“1897 年 6 月 22 日”的日期。文件编号：F-Pn, Mus., Ms. 20636。

1897－25

致昂利·勒霍勒

[1897年7月5日]
星期一

我亲爱的勒霍勒。

您曾热情地提出对我的捉襟见肘给予帮助!! 虽然我难以启齿,但还是需要接受您的救济,当然,请量力而行。

所以,您愿意星期三来找我吗? 请原谅我的咄咄逼人,对于没有钱包的人来说,生活是无情且烦扰的。

亲切地。

克劳德·德彪西

信笺,带有邮戳(6 JUIL 97)和地址:
Monsieur H. Lerolle.
20 avenue Duquesne.
à Paris.
Autogr.: F-P, coll. part.

1897－26

致勒内·彼得

［1897 年 7 月 6 日（？）］
星期二

我亲爱的勒内。

我刚刚见到了杰出的画家皮埃尔·路易斯，[①] 他向我保证接下来会投身于文学事业，他的第一个动作就是创作"前言"，[②] 他在几次对话中都提到过……我就跟你说一下，抱歉我今天的文笔不够讲究。

你的，

Cl.

信笺，未贴邮票，地址：
Monsieur René Pèter.
93 rue Jouffroy.
à Paris.
Autogr.: US-NYpm, MLT D289.P478 (11). *Prov.*: Cat. N. Rauch (24-25 novembre 1958), n° 94; anc. coll. L.-P. Vallery-Radot; Cat. K. Rendell 66 (1971), n° 15; Cat. Librairie de l'Abbaye 6 (1961), n° 42; anc. coll. M. G. Cobb. *Publ.*: Peter 1944, p. 215 (non datée).

---

① 1897 年 6 月 16 日，路易斯在给保罗·瓦莱里写信的时候透露了自己近期对绘画的热情："第三：木炭条、铅笔、粉彩特别是画笔，我们在使用这些工具时显得格外性感。真的，我认为作家们就缺这个。当然，我分析得还不够透彻，主要是因为我很笨，还有就是我昨天才开始了解（绘画）。"见 André Gide, Pierre Louÿs, Paul Valéry, *Correspondances à trois voix*, éditée par Peter Fawcett et Pascal Mercier, Paris, Gallimard, 2004, p. 843。

② 德彪西曾请皮埃尔·路易斯为勒内·彼得的作品《死亡的悲剧》（*La Tragédie de la Mort*）写一篇前言，但它直到 1898 年初才被写出来。另一方面，路易斯于 1897 年初就开始为他人写前言了，比如保罗·福赫的《法国抒情诗》（*Ballades françaises*，1897 年由法兰西信使出版）。路易斯在为其创作前言时称自己"很不擅长"。

1897 – 27

皮埃尔·路易斯致德彪西

[1897年7月7(8)日][①]

我亲爱的克劳德:

G. 多雷路10号的德布尼(克劳德)先生和G. 多雷路10号的德彪西先生(见《艺术家名录》)星期六一点都会准时到皮埃尔·路易斯家吃午饭,[②] 一同前往的有一个《抒情散文》的崇拜者,[③] 名叫奥古斯特·吉勒拜赫·德·瓦赞,[④] 还有德·提南,[⑤] 如果他能来的话。

你把我的碧丽蒂斯写得很好,你不知道我有多高兴。你愿意星期六把它们带来吗?

你唯一的(无政府担保),

P. L.

通信卡,抬头有:
147, BOULEVARD MALESHERBES
Autogr.: F-Pn, Mus., N.L.a. 45 (28). *Prov.*: anc. coll. A. Godoy; Hôtel Drouot, 5 février 1999, n° 187. *Publ.*: Debussy-Louÿs 1931[c], p. 43 (non datée); Debussy-Louÿs 1943[c], p. 130-131 (non datée); Debussy-Louÿs 1945, p. 97.

---

① 该日期根据后一封书信所推断。

② 1896年的《艺术家名录》作曲家一栏中的确存在"德布尼(克劳德)先生,古斯塔夫·多雷路10号"和"德彪西先生,古斯塔夫·多雷路10号"。

③ 该作品于1895年由伏霍蒙出版社出版。

④ 奥古斯特·吉勒拜赫·德·瓦赞(Augusto Gilbert de Voisins, 1877—1939)子爵是一位作家和旅行家。皮埃尔·路易斯于1897年3月在阿尔及尔与之相识。他未来将迎娶玛丽·德·埃莱迪亚,也就是皮埃尔·路易斯1899年至1913年的第一任妻子。

⑤ 关于提南,见书信1895 – 54。同一天,路易斯也给提南寄去一份邀请:"我亲爱的让,德彪西为了见你而想见你,我也是同样的原因。你愿意星期六来吃午饭吗?时间是十二点三刻。第四位嘉宾的名字叫吉勒拜赫·德·瓦赞。……"见Louÿs-Tinan, p. 258。

1897－28

致皮埃尔·路易斯

［1897年7月9日］
星期五晚上

你知道G. 德·瓦赞想让我给《圣安东尼的诱惑》写装饰音乐吗？[①]我一直都没有回复他！我明天会来的，但我希望自己不要成为"搅局者"！

你对碧丽蒂斯和我都太好了，不过我还是要感谢你，因为这让我很高兴。

你的，

克劳德

信封上有邮戳（10 JUIL 97）和地址：
Monsieur Pierre Louÿs
147 Boulevard Malesherbes.
à Paris.
Autogr.: F-Pn, Mus., N.L.a. 44 (38). *Prov.*: anc. coll. A. Godoy; Hôtel Drouot, 5 février 1999, n° 186. *Publ.*: Debussy-Louÿs 1931[k], p. 34; Debussy-Louÿs 1942[a], p. 39 (non datée); Debussy-Louÿs 1945, p. 98.

① 吉勒拜赫·德·瓦赞曾经希望订购一些受福楼拜作品影响的装饰音乐。

1897 – 29

致皮埃尔·路易斯

[1897 年 7 月 19 日]
星期一

皮埃尔·路易斯是个小浑蛋。他的朋友克劳德·德彪西非常不满上述浑蛋将其发配流放。

我还是你的,

克劳德·德彪西吗?

是也不是?

信笺,带有邮戳(19 JUIL 97)和地址:
Monsieur Pierre Louÿs
147 Boulevard Malesherbes.
à Paris.
Autogr.: F-Pn, Mus., N.L.a. 44 (39). *Prov.*: anc. coll. A. Godoy; Hôtel Drouot, 5 février 1999, n° 186. *Publ.*: Debussy-Louÿs 1931[k], p. 34; Debussy-Louÿs 1942[a], p. 38 (non datée); Debussy-Louÿs 1945, p. 98.

1897 – 30

致昂利·勒霍勒

［1897 年 7 月 19 日］
星期一

我亲爱的勒霍勒。

这星期完全不行，我没有一天是空的，真的是太遗憾了。如果您见到博纳赫，请告诉他我这几天还是想抽空见他一下的。

所以你们就可怜可怜我吧，您知道我是多么想和大家在一起。

您亲切忠实的，

克劳德·德彪西

信笺，带有邮戳（19 JUIL 97）和地址：
Monsieur H. Lerolle
20 avenue Duquesne.
à Paris.
Autogr.: F-P, coll. part.

1897－31

皮埃尔·路易斯致德彪西

[1897年7月20日][1]

我亲爱的克劳德:

我星期四安葬了一位表亲,[2]另外我刚刚到车站送我的兄长了,他要离开一年之久。[3]

所有这一切让我当前状态不好,所以我没有见你。我不敢请你来我这里,因为那台普雷耶勒琴被搬走了。但是,我会来找你的。

你忠实的,

皮埃尔

轻丧纸,抬头有:
147, BOULEVARD MALESHERBES
信封上未贴邮票,地址:
à porter
Monsieur Claude Debussy
10 rue Gustave Doré
Autogr.: F-Pn, Mus., N.L.a. 45 (29). *Prov.*: anc. coll. A. Godoy; Hôtel Drouot, 5 février 1999, n° 187. *Publ.*: Debussy-Louÿs 1931[b], p. 375 (non datée); Debussy-Louÿs 1943[c], p. 130 (non datée); Debussy-Louÿs 1945, p. 119-120 (datée 1898).

---

① 该日期根据后一封书信的日期以及路易斯哥哥出发的日期(7月20日)所推断。

② 指昂利·穆周(Henri Mougeot, 1864—1897),是肖蒙的一位医生,路易斯的姨表亲。根据路易斯给让·德·提南的一封信,穆周于7月15日去世:"一个跟我很亲近的表兄刚刚去世:我昨天刚刚在肖蒙将他安葬。最近的八天里我至少哭了六十个小时,我完全失魂落魄了。"见Louÿs-Tinan, p. 261。

③ 皮埃尔·路易斯的兄长是乔治·路易(Georges Louis),全权公使。自1893年以来一直担任埃及债务委员会的代表,直到1902年。1903年至1904年任领事馆主任,1904年至1909年任外交部政治事务司司长,1909年至1913年任驻圣彼得堡大使。他出生于1847年,比皮埃尔·路易斯大23岁,很可能不是其兄长而是其生父。见Goujon 2002, p. 34。[让-保罗·古永(Jean-Paul Goujon, 1949—　),法国作家。——译者注]尽管没有实际证据,但古永还是证实了这一假设。乔治·路易于1917年4月17日去世。

1897 – 32

致皮埃尔·路易斯

［1897年7月21日］[①]
星期三

很抱歉,我的老皮埃尔,但我还是坚持已见……首先你的信有些反常,你找的理由有损我们的友谊,至少在我看来是这样的。为什么你拿普雷耶勒先生的离开当作挡箭牌,认为我不用再来找你了?难道说我只有在一台钢琴的陪伴下才配来见你吗?另外,如果你情绪不好,那就更应该找我了,我经常跑到你那里去诉苦,是时候让我为你分担一些了。

总之,我对你的友情是坚定不移的。我很难想象这样令人向往、被传为佳话的友谊会黯然失色。

你的,

克劳德

信封上未贴邮票,地址:
Monsieur Pierre Louÿs
147. Boulevard Malesherbes.
Autogr.: non localisé*. *Prov.*: Château d'Écrouves, 30 juin 1934, n° 45; Cat. Les Autographes 66 (mars 1995), n° 92. *Publ.*: Debussy-Louÿs 1945, p. 120 (incomplète; datée 1898).

① 该日期根据前一封书信以及本信中提到的普雷耶勒钢琴被搬走所推断。

1897 – 33

皮埃尔·路易斯致德彪西

[1897年7月22日]

我亲爱的克劳德:

你的信让我感到困惑!你怎么可能会如此理解并写出那种东西?难道我在说希伯来语吗?

那你就上午过来吃午饭吧,永远不要质疑我的友情(欧菲丽)。①

你的,

皮埃尔

大人物们的聚餐定在十二点二十二分。

轻丧纸,抬头有:
147, BOULEVARD MALESHERBES
Autogr.: F-Pn, Mus., N.L.a. 45 (30). *Prov.*: anc. coll. A. Godoy; Hôtel Drouot, 5 février 1999, n° 187. *Publ.*: Debussy-Louÿs 1931[b], p. 374-375 (non datée); Debussy-Louÿs 1943[c], p. 130 (non datée); Debussy-Louÿs 1945, p. 120-121 (datée 1898).

① 路易斯在影射安布鲁瓦斯·托马的歌剧《哈姆雷特》中哈姆雷特与欧菲丽的二重唱《你可以质疑光,但永远不要质疑我的爱》。

1897 – 34

致勒内·彼得

［1897 年 8 月 9 日］
星期一

我亲爱的勒内。

我收到了皮埃尔·路易斯的一封快信，说他要回来了，[①] 但最具历史意义的内容是：他在给你写前言，[②] 这确实是具有历史意义。请允许我在这件事情上充当圣西蒙的角色，并且请相信你坚强的，

克劳德

信笺，带有邮戳（9 AOUT 97）和地址：
Monsieur René Peter.
19 rue des Glaises. (Hameau de Trianon)
à Viroflay
Autogr.: US-AUS, Carlton Lake Collection. *Prov.*: Cat. N. Rauch (24-25 novembre 1958), n° 94; anc. coll. L.-P. Vallery-Radot. *Publ.*: Peter 1944, p. 216 (non datée). *Fac-sim.*: *Les Nouvelles Musicales* (15 juin 1932), p. 3.

---

① 路易斯和佐拉在洛恩河畔蒙蒂尼的雄鸡酒店住了十几天。

② 关于这篇前言，见书信 1897 – 26。

1897 – 35

致儒勒·雷

星期一

1897 年 9 月 6 日

先生,

很抱歉推迟回复您,我之前不在巴黎。您当然可以信任我,请告诉我,我的手稿要寄到哪里:(一首 P. 路易斯的碧丽蒂斯之歌[①])。然而,恐怕它要超过您安排的三页。

请接受我最真诚的问候。

克劳德·德彪西

Autogr.: non localisé (copie H. Borgeaud). *Prov.*: Hôtel Drouot, 10-11 avril 1957, n° 88.

① 指《长发》,德彪西《碧丽蒂斯之歌》中的第二首,见书信 1896 – 20 和书信 1897 – 21。

1897 – 36

致儒勒·雷

星期六

1897 年 9 月 11 日

先生，

就像我昨天说的那样，我现在把手稿寄给您。您能好心在收到后跟我确认一下吗？

祝好。

克劳德·德彪西

Autogr.: non localisé (copie H. Borgeaud). *Prov.*: Hôtel Drouot, 10-11 avril 1957, n° 88.

1897－37

致乔治·阿特曼

星期六

［1897 年］9 月 11 日

亲爱的阿特曼先生。

我很抱歉,我父亲身体很不好,虽然我今天早上很想去见您,但我母亲一句话就把我叫了过去。其实,哑剧也受到了影响,[①] 这令人很悲伤。请原谅,并且允许我们下星期六见面。

满怀深情地。

克劳德·德彪西

Autogr.: non localisé*. *Prov.*: Hôtel Drouot, 28 avril 1958; Cat Stargardt 694 (15-16 juin 2010), n° 643; Cat. Kotte 40 (automne 2010), n° 633.

---

① 见书信 1897－7。

1897－38

致乔治·阿特曼

星期二

1897 年 9 月 14 日

亲爱的阿特曼先生。

《黄金骑士》的音乐方案已经出来了,[①] 我大概需要两个半月的时间来完成。我没有见到弗兰一家,但我认为他们一定会同意的。

另外,我星期六早上会来见您,现在这几句话只是为了答谢您的开明。

您最亲切的,

克劳德·德彪西

Autogr.: US-AUS, Carlton Lake Collection. *Prov.*: Hôtel Drouot, 28 avril 1958.

① 见书信 1897－7。

1897－39

皮埃尔·路易斯致德彪西

巴黎,[1][1897年9月]14日(星期二晚上)

我亲爱的克劳德,

当我看到我明天需要做的事以及我的强制购物清单时……我明天没有任何可能来古斯塔夫·多雷路吃午饭了。[2]但我很想见你。如果你六点多的时候有空,愿意来莫拉赫里面吗?[3]如果没有特殊情况,我最晚会在六点一刻到那里。我坐七点钟的火车。[4]

亲切地。

皮埃尔

我后天走,十五天后就回来了。

信纸带有以下抬头:
GRAND
HÔTEL TERMINUS
GARE ST LAZARE
PARIS

---

① 地点是印在信纸抬头上的。

② 自8月底开始,皮埃尔·路易斯和佐拉一直在埃特雷塔度假,此时回到巴黎参加马塞尔·德胡昂(Marcel Drouin, 1870—1943)的婚礼。德胡昂是吉德的朋友,他迎娶了安德烈·吉德夫人的姐妹珍妮·隆度(Jeanne Rondeaux)。

③ 莫拉赫小酒馆位于圣拉扎尔火车站对面,三年前由建筑师爱德华·让·尼赫芒(Edouard Jean Niermans)进行了装修,它的冬季花园被一个玻璃屋顶所覆盖,上面的花卉画如今已不复存在。此人在同一时期还翻新了多个巴黎小酒馆的装潢。

④ 路易斯要返回他在埃特雷塔租的房子。他曾对提南写道:"这是我平生见过的最脏的地方。"见 Louÿs-Tinan, p. 267。

信封上有邮戳（15 SEPT 97）和地址：
Monsieur Claude Debussy
10 rue Gustave Doré
Paris
Autogr.: F-Pn, Mus., N.L.a. 45 (31). *Prov.*: anc. coll. A. Godoy; Hôtel Drouot, 5 février 1999, n° 187. *Publ.*: Debussy-Louÿs 1931[f], p. 370-371 (non datée); Debussy-Louÿs 1943[d], p. 119; Debussy-Louÿs 1945, p. 98-99.

1897 – 40

致乔治·阿特曼

星期六
1897 年 9 月 18 日

我亲爱的阿特曼先生，

午饭的气氛如此亲切愉快，我不忍用一个卑微的金钱问题去搅乱它，因此我选择给您写信。显然，我遇到了麻烦，我父亲的病使得情况雪上加霜，而我则希望能够得到一点稳定性，用于尽快把哑剧写出来并尽量写好。所以，您能不能预支我 500 法郎？请原谅这个仓促的请求，我这样自作主张全是仰仗您对我的善意。

您亲切忠实的，

克劳德·德彪西

请尽快回复我，如果您方便的话我星期一派人来取？

Autogr.: non localisé (copie H. Borgeaud). *Prov.*: Hôtel Drouot, 28 avril 1958 (exp. P. Cornuau), n° 14.

1897 – 41

致乔治·阿特曼

星期日

1897 年 9 月 19 日

亲爱的阿特曼先生,

感谢您的关切并如此迅速地回复了我。另外,请不要再把厄翟勒先生视为您的同仁了,[①] 他不仅对音乐有罪,而且还是个坏蛋。

我希望您能将我要的数额一次性付给我,[②] 我有太多地方需要花钱了!……有人还在我窗户下面辱骂。但是,我不想让您为难,也不想从玛歌嘴里抢面包。[③] 所以对于明天要来找您的这位员工,您就尽量多给些吧。谢谢。

请相信您的,

克劳德·德彪西

星期六见。

Autogr.: non localisé (copie H. Borgeaud). *Prov.*: Hôtel Drouot, 28 avril 1958. *Publ.*: Debussy 1980, p. 88; Debussy 1993, p. 127-128.

---

① 昂利·厄翟勒于 1883 年至 1916 年间经营吟游诗人(Au Ménestrel)出版社。他的外甥保罗–埃米勒·舍瓦利耶(Paul-Émile Chevalier)获得了阿特曼基金。

② 自 1895 年起,乔治·阿特曼就决定要"捧红"德彪西,因此在随后几年每个月都给予德彪西 500 法郎。

③ 玛歌是乔治·阿特曼的女儿。

1897 – 42

致乔治・阿特曼

星期一

1897 年 9 月 20 日

亲爱的阿特曼先生。

这是您要的收据，还有我对您善举的感激之情。另外，我不想仅通过几句话来向您证实这对我是何等珍贵。

这是我之前跟您说过的地址：L. 枫丹，圣奥诺雷路 181 号。[①] 请代我前往吧，我相信您会找到心爱之物的。

对您全心全意的，

克劳德・德彪西

Autogr.: non localisé (copie H. Borgeaud). *Prov.*: Hôtel Drouot, 28 avril 1958.

---

① 这是卢锡安・枫丹经营的一家五金艺术品店的地址。

1897-43

致儒勒·雷

[1897年9月底]

先生,

我把今早收到的校稿邮寄给您。① 我不记得是否在给您的手稿上留了题词。总之,题词如下:“献给彼得夫人。”感谢您对我音乐的关照,请相信我的真诚。

克劳德·德彪西

Autogr.: non localisé (copie H. Borgeaud). *Prov.*: Hôtel Drouot, 10-11 décembre 1957, n° 88.

---

① 见书信 1897-21。

1897 – 44

致皮埃尔·路易斯

[1897年10月6日(?)][①]
星期三

亲爱的皮埃尔,

我非常喜欢《倡导道德自由》,[②] 真的很好,文风非常硬朗,在这样一个"软弱无能"的时代太难得了。

让·德·提南真是个情种啊。[③] 当你想回家的时候,你最好过来吃午饭,我急需见你一面,我都搞不懂你现在这种背井离乡的状况了……[④]

你的,

克劳德

Autogr.: non localisé (copie H. Borgeaud). *Prov.*: Cat. R. Davis 41 (décembre 1935-janvier 1936), n° 156; anc. coll. R. Ammann; Cat. Stargardt 554 (16 novembre 1961), n° 49;. *Publ.*: Debussy-Louÿs 1945, p. 100 (incomplète); Debussy 1971, p. 33.

---

① 该日期根据皮埃尔·路易斯文章的发表日期所推断(见下一则注释)。

②《倡导道德自由》(*Plaidoyer pour la liberté morale*),是皮埃尔·路易斯的文章,原名为《古老的灵魂与叛逆的精神》(*L'Âme antique et l'Esprit protestant*),于1897年10月在第94期的《法兰西信使》上发表。

③ 让·德·提南由于情场失意,动了自杀的念头。见 Louÿs-Tinan, p. 274-275。

④ 1897年10月17日,路易斯在极为隐秘的条件下庆祝了自己与玛丽·德·雷尼耶的"秘密婚礼"。路易斯当时可以说是狡兔三窟:他在卡诺大街有一间单身公寓,用来和玛丽见面;在格朗日·巴特利耶路有一个房间,佐拉在那里居住;还有他自己在马勒塞尔布街的住所。

1895 – 45

致皮埃尔·路易斯

[1897 年 10 月 12 日(?)][1]
星期二早上

我已经有幸要和阿特曼先生一起吃午饭了,外加一些不太体面的人,所以很抱歉……但是,J. L. 德·提南这周末也要来吃午饭,你要不和他一起来? 除非你迫不及待地想要见我。

你的,

克劳德

信笺,未贴邮票,地址:
Monsieur Pierre Louÿs
147 B[d] Malesherbes.
Autogr.: F-Pn, Mus., N.L.a. 44 (41). *Prov.*: anc. coll. A. Godoy; Hôtel Drouot, 5 février 1999, n[o] 186. *Publ.*: Debussy-Louÿs 1931[k], p. 35 (datée 1897); Debussy-Louÿs 1942[a], p. 37; Debussy-Louÿs 1945, p. 104.

① 该日期根据后一封书信而推断,后者应该是在回复本信。

1897－46

皮埃尔·路易斯致德彪西

［1897 年 10 月 14 日］

我亲爱的克劳德，

你真够意思！我两次邀你吃午饭，你都拒绝了。现在你来邀请我，却抛出这样一个模糊的日期，没有任何细节。我去你那里看你，你却不来我这里，然后你反过来指责我！我现在通知你，我后天星期五十二点二十八分到你家“偷盘子”。你最好不要去阿涅尔！你最好完成了碧丽蒂斯！

佐拉对你充满好感，我也一样。

P. L.

啊！你是……啊！你是……啊！你是……啊！你是……
啊！你是多么可爱，阿克特小姐！①
（未发表的两行诗。）

通信卡，抬头有：
147, BOULEVARD MALESHERBES
信封上有邮戳（14 OCT 97）和地址：
Monsieur Claude Debussy
10 rue Gustave Doré
Paris
Autogr.: F-Pn, Mus., N.L.a. 45 (32). *Prov.*: anc. coll. A. Godoy; Hôtel Drouot, 5 février 1999, n° 187. *Publ.*: Debussy-Louÿs 1931c, p. 41-42 (non datée); Debussy-Louÿs 1943c, p. 129 (non datée); Debussy-Louÿs 1945, p. 156 (datée novembre 1897).

---

① 阿伊诺·阿克特（Aïno Ackté, 1876—1944），芬兰歌唱家，1897 年在巴黎音乐学院获得第一名并且于同年 10 月 8 日在巴黎歌剧院成功亮相，饰演了《浮士德》中的玛格丽特。

1897－47

致乔治·阿特曼

星期五

1897 年 10 月 15 日

我亲爱的阿特曼先生,

这次轮到我生病了,我得了严重的流感,还伴随有发热症状。因此我请求您将明天的午餐调到下星期六(天知道我有多遗憾)。

我收到两封柯罗纳的来信,[①]他目前很支持《三首夜曲》,但他还没听过,或许正因如此吧。

我们以后再聊,请相信我全心全意的友谊。

克劳德·德彪西

问候玛歌·阿特曼小姐。

Autogr.: non localisé (copie H. Borgeaud). *Prov.*: Hôtel Drouot, 28 avril 1958.

---

① 爱德华·柯罗纳于 1895 年 10 月指挥了《牧神午后前奏曲》。1897 年至 1899 年间,柯罗纳多次差点首演了《夜曲》。但最终是拉穆勒音乐会的首脑卡米伊·舍维亚尔于 1900 年 12 月和 1901 年 10 月首演了这套作品。

1897 – 48

致勒内・彼得

［1897 年 10 月 18 日］
星期一

亲爱的勒内，

我们能将午餐换到星期三吗？另外，由于我没有女仆，所以需要你请我。

请原谅，也请相信我是你忠诚的，

克劳德・德彪西

Autogr.: non localisé (copie H. Borgeaud). *Prov.*: Cat. N. Rauch (24-25 novembre 1958), n° 94.

1897－49

致皮埃尔·路易斯

星期三

1897 年 10 月 20 日

亲爱的皮埃尔，

我把一本《玛岚娜公主》寄给你，[①] 如此一来，倘若你现在财源滚滚，就能分一条支流到古斯塔夫·多雷路来了。

星期六的午餐没变吧？……还有，我忘记跟你提那个前言的麻烦了，人家一直在催我。[②]

真挚地。

你的，

克劳德

问候佐拉公主。[③]

Autogr.: B-G, Cabinet Maeterlinck, O.II.1. *Prov.*: Cat. S. Kra 19 (juin 1929), n° 7527. *Publ.*: Debussy-Louÿs 1945, p. 99 (incomplète; datée 1897).

---

① 这应该是《玛岚娜公主》(*la Princesse Maleine*)第一版，是莫里斯·梅特林克的五幕戏剧，四开印了三十份，八开犊皮纸印了一百五十五份(Gand, Imp. Louis Van Melle, 1889)。1890 年，德彪西试图请求梅特林克允许自己为该剧配乐。当时，樊尚·丹第对这部作品也很感兴趣。

② 关于路易斯为勒内·彼得的作品《悲剧与死亡》写前言，见书信 1897－26。

③ 关于佐拉·本特·布拉辛，见书信 1897－15。

1897 – 50

致乔治·阿特曼

星期四

1897 年 10 月 21 日

亲爱的阿特曼先生，

我早上没能去您那里，因为我得送某人去火车站，这个人要出趟远门。但我不会错过 24 日来见您的，因为上次见到您真的很高兴。

您亲切忠实的，

克劳德·德彪西

Autogr.: non localisé*. *Prov.*: Hôtel Drouot, 28 avril 1958; Hôtel Drouot, 20 novembre 2014, n° 19. *Publ.*: Debussy 2005, p. 370 (datée 21 octobre 1897).

1897 – 51

致昂利·德·雷尼耶

[1897年10月]

[德·雷尼耶回忆起了当年在皮埃尔·路易斯位于格雷特里路的住所度过的那些下午。《意象》发表的《碧丽蒂斯之歌》让德·雷尼耶很高兴。]“**我这样一个只会唱《马赛曲》和《月光》的人,都能唱好这首歌。**[……]”

Autogr.: non localisé. *Prov.*: E. Debussy; Hôtel Drouot, 1er décembre 1933, nº 217.

1897 – 52

致勒内·彼得

［1897 年 10 月 29 日前后］

我的老朋友，

我明天有太多事情要做。星期六早上之前我必须完成弗兰夫人的哑剧。（我差点要去学亚述语了！）所以你行行好，把我们的预约改到下周二吧。

抱歉，真挚地。

克劳德·德彪西

Autogr.: non localisé. *Prov.*: Cat. N. Rauch (24-25 novembre 1958), n° 94; Cat. I. Nebehay (1977), n° 56; Cat. H. Schneider 246 (1980), n° 58; Cat. L'Autographe 7 (1985), n° 55 (avec fac-sim. partiel); Cat. L'Autographe 13 (1988), n° 284; Cat. Stargardt 707 (12-13 mars 2019), n° 549. *Publ.*: Peter 1944, p. 204 (incomplète; non datée).

1897－53

致勒内·彼得

星期一

1897年11月1日

老伙计。

很明显,我没能完成弗兰夫人那部极具美感的哑剧。我星期三午饭后去见你。[①]

你的朋友,

克劳德·德彪西

信笺,盖有花体签名,带有邮戳(2 NOV 97)和地址:
Monsieur René Peter.
93 rue Jouffroy.
à Paris.
Autogr.: US-NYpm, MLT D289.P478 (7). *Prov.*: Cat. N. Rauch (24-25 novembre 1958), n° 94; Cat. Macnutt (1971), n° 27; Cat. Macnutt 105 (1974), n° 30; anc. coll. M. G. Cobb. *Publ.*: Peter 1944, p. 205 (non datée).

① 德彪西这天中午在皮埃尔·路易斯家吃饭,另外还有让·德·提南和保罗·罗拜赫。

1897 – 54

皮埃尔·路易斯致德彪西

[1897 年 11 月 4 日][①]

我亲爱的克劳德：

你不要马上回复。按理说，剧院的好坏事在人为，其取决于我们排演优质还是劣质的作品。美丽城剧院最近一直在上演《埃赫纳尼》或《死亡新娘》，而法兰西喜剧院则是在上演《芙蕾德贡德》，[②] 那么在这个时候，美丽城剧院就优于法兰西喜剧院。值得一提的是，《阿芙洛狄忒》（据观众反映，它很有艺术气息）将在一部哑剧后上演，后者同样很有艺术气息，因为它出自一幅非常著名的画作。[③] 这就意味着，即便是坐在第 23 号位的棉花上，也会认为它是一场艺术盛宴（前提是这位棉花商是比利时人）。

我很清楚奥林匹亚周围有很多风尘女子，[④] 但巴黎歌剧院周围更多。还有，你就那么喜欢奥德翁那边的观众吗？以至于都不想去别处了？所谓观众，就是一群白痴，风尘女子加入虽说不会提高这群人的智商，但她们身上的香水可以削弱虚伪的气息，还能提高现场的颜值。此外，相较于那些"恪守妇道"的女士们，风尘女子们有着更优越的品质，那就是坦率地生活。（见《阿芙洛狄忒》多处。）

最后，我认为你能屈尊接受（以下条件），我自己已经接受了。在

---

① 该日期根据后一封书信所推断。

② 1897 年 5 月 14 日，法兰西喜剧院首演了阿尔弗雷德·杜布（Alfred Dubout）的五幕戏剧《芙蕾德贡德》（*Frédégonde*），并且在同年上演了十次。

③ 皮埃尔·路易斯曾计划基于《阿芙洛狄忒》创作一部芭蕾舞剧或哑剧，并在奥林匹亚音乐厅上演。在这个计划之前，奥林匹亚音乐厅于 1897 年 10 月至 11 月演出了另一部哑剧《萨达那帕拉》（*Sardanapale*）。皮埃尔·路易斯在信中提到的画作是指尤金·德拉克洛瓦（Eugène Delacroix, 1798—1863）的《萨达那帕拉之死》（*La Mort de Sardanapale*），该作品被收藏于卢浮宫。

④ 指奥林匹亚音乐厅，位于卡普西纳大街。

过去的五年,[①] 你已然了解了我的所有缺点,你应该知道它(我指的是我那微不足道的尊严)早就荡然无存了。

所以,如果你接受的话,那就是六周付给你三到四千法郎,外加长久的巨大成功,这不是不可能啊;而且我还没算上在巴黎以外的演出,这基本上是可以确定的了。

除了上述的一切,我一直都没有提你的加入能给我带来多大的喜悦,因为这个话题太大了。

你的,

皮埃尔

带有花体印字。

Autogr.: F-Pn, Mus., N.L.a. 45 (33). *Prov.*: anc. coll. A. Godoy; Hôtel Drouot, 5 février 1999, n° 187. *Publ.*: Debussy-Louÿs 1931[d], p. 139-140 (non datée); Debussy-Louÿs 1943[c], p. 118-119 (non datée); Debussy-Louÿs 1945, p. 100-102.

① 德彪西给路易斯写第一封信的时间是 1892 年。

1897 – 55

皮埃尔·路易斯致德彪西

［1897 年 11 月 8 日］

我亲爱的克劳德:

你行行好多少给我个回复吧,这都考虑四个晚上了。我答应拉高奈赫明天给他确切消息。[①] 你能明天中午给我捎个信来吗? 如果你接受,你知道这能给我带来多大的喜悦,但如果你拒绝,我也完全理解,并且绝不会生你的气。所以你按照自己的感觉来。

你的朋友,

皮埃尔

通信卡,带有花体印字,信封上有邮戳(8 NOV 97)和地址:
Monsieur Claude Debussy
10 rue Gustave Doré
E.V.
Autogr.: F-Pn, Mus., N.L.a. 45 (34). *Prov.*: anc. coll. A. Godoy; Hôtel Drouot, 5 février 1999, n° 187. *Publ.*: Debussy-Louÿs 1931[e], p. 261 (non datée); Debussy-Louÿs 1943[d], p. 119-120; Debussy-Louÿs 1945, p. 102.

---

① 奥斯卡·德·拉高奈赫(Oscar de Lagoanère, 1851—1918),作曲家、指挥家,时任奥林匹亚音乐厅经理,他希望能够上演一部《阿芙洛狄忒》的芭蕾舞剧或哑剧,并且一直没有放弃与《阿芙洛狄忒》相关的题材。四个月后的 1898 年 3 月,他推出了一部名为《维纳斯阿芙洛狄忒》(*Vénus Aphrodite*)的作品,作者为沙赫勒·欧拜赫(Charles Aubert),由埃米勒·博纳米(Émile Bonnamy, 1860—1920)配乐。1898 年 3 月 26 日,《欧洲艺术家》(*L'Europe Artiste*)的一位专栏作者写道:“这部小品的主题貌似借鉴了皮埃尔·路易斯先生《阿芙洛狄忒》的前两到三章。”

1897－56

致昂利·德·雷尼耶

星期六

1897 年 11 月 13 日

我亲爱的朋友。

您的寄送让我无比感动,你没有忘记我这个忠实的朋友——也是您的书迷。[①] 我们在巴黎的生活十分繁忙,每天都在为琐事而烦恼。您的书恰好让我们能够忙里偷闲,弥补一些遗憾。

友爱地。

克劳德·德彪西

Autogr.: F-Pi, Ms. 6286 (257).

① 昂利·德·雷尼耶刚刚出版了《碧玉手杖》(*La Canne de jaspe*, Paris, Mercure de France, 1897)。这本合集中有新写的短篇小说《达麦格先生》(*Monsieur d'Amercœur*),另外还包括了之前出版的两本合集:《给自己的故事》(*Contes à soi-même*)和《黑色三叶草》。见书信 1895－8。

1897－57

致卡图尔·门德斯

［1897 年 12 月 9 日］
星期四

我亲爱的大师。

我当然很高兴您在暧昧喜剧剧院的辰时公众系列上演奏我的四重奏，[①] 但关于歌曲，首先，目前我手上无人可用；其次，我已经接了其他的任务，并且进度已经滞后。因此，我无法保证还有足够精力。

我从内心感谢您，您最恭敬的，

克劳德·德彪西

信笺，盖有花体签名，带有邮戳（9 DEC 97）和地址：
Monsieur Catulle Mendès.
44 rue Lafayette.
à Paris
Autogr.: US-AUS, Carlton Lake Collection. *Prov.*: anc. coll. L.-P. Vallery-Radot.

---

① 卡图尔·门德斯从 1897 年起开始经营暧昧喜剧剧院的辰时公众系列演出。德彪西的《弦乐四重奏》于 1898 年 2 月 24 日在暧昧喜剧剧院上演，由贝多芬基金会弦乐四重奏组演奏，成员有：阿勒拜赫·杰洛索（Albert Géloso, 1863—1916）、让－巴普蒂斯特·特拉高（Jean-Baptiste Tracol, 1868—？）、皮埃尔·蒙多（Pierre Monteux, 1875—1964）、弗里德里克·施奈克吕德（Frédéric Schneklüd, 1859—1930）。该音乐会是暧昧喜剧剧院第十一场古代及现代音乐公众演出，曲目还包括莫扎特的《钢琴四重奏》（K. 478）、昂利·杜帕克的《佛罗伦萨小夜曲》（*Sérénade florentine*）和《挽歌》（*Lamento*）、加布里埃尔·皮埃内的《双钢琴协奏曲》、埃玛努埃尔·夏布里埃的《大肥火鸡的叙事曲》和《粉红猪》（*Cochons roses*），由卢锡安·傅翟（Lucien Fugère, 1848—1935）演唱。奥德翁剧院的保罗·弗朗克（Paul Franck, 1870—1947）担任了曲目介绍人。1898 年 2 月 21 日的《费加罗报》预告了这场音乐会，称它是“克劳德·德彪西先生《弦乐四重奏》的首次演出”。

1897 – 58

致皮埃尔·路易斯

[1897 年 12 月 18 日(?)][①]
星期六
凌晨一点半

亲爱的皮埃尔,

不要忘记我们今天中午十二点半在 G. D.(古斯塔夫·多雷)路吃饭。你知道你随后的长期流放生活对我来说是多么难以忍受。[②]

我都不敢问你有没有考虑前言的事?[③] 如果有,那你就是真正的皮埃尔·路易斯,外号"人间出色"。

你不可磨灭的,

克劳德

信笺,盖有花体签名,未贴邮票,地址:
Monsieur Pierre Louÿs
147 Boulevard Malesherbes.
Autogr.: F-Pn, Mus., N.L.a. 44 (45). *Prov.*: anc. coll. A. Godoy; Hôtel Drouot, 5 février 1999, n° 186. *Publ.*: Debussy-Louÿs 1931[k], p. 37 (non datée); Debussy-Louÿs 1942[a], p. 35 (non datée); Debussy-Louÿs 1945, p. 105.

---

① 该日期根据信中提到关于皮埃尔·路易斯即将离开的内容所推断。

② 此时,玛丽·德·雷尼耶(昂利·德·雷尼耶的妻子,皮埃尔·路易斯的情人)怀孕了,这让路易斯十分恐慌,于是决定到他兄长所在的开罗避风头。路易斯还在 12 月 29 日与佐拉分手,后者前往了阿尔及尔。1898 年的头四个月里,路易斯都住在开罗。

③ 还是给勒内·彼得写的前言,见书信 1897 – 26。

1897 – 59

皮埃尔·路易斯致德彪西

[1897年12月18日(?)][①]

我亲爱的克劳德:

不行,午饭局组不了了,唉!我会跟你解释的。

但是,我明天十一点的时候会给你投送一封信,里面有很多趣事。

你忠实的,

P. L.

通信卡,抬头有:
147, BOULEVARD MALESHERBES
信封上未贴邮票,地址:
Monsieur Claude Debussy
10 rue Gustave Doré
E.V.
Autogr.: F-P, coll. part.

① 该日期根据前一封信中的内容所推断。

1897－60

皮埃尔·路易斯致德彪西

[1897 年 12 月 19 日(?)][1]

我亲爱的克劳德:

我需要就个人问题发言。

1893 年(当时的比利时非常幸福[2]),你发誓要为未来的《阿芙洛狄忒》作者写一首五重奏。

1894 年,你发誓要为我的葬礼写一首进行曲,以匹配我的高尚人格。[3]

1895 年,你把《达夫尼与克罗埃》这个精彩的芭蕾舞剧本占为己有(说到这里,它现在在哪里?),你还对着符文发誓要尽快将其转化为和声,[4] 你急迫的样子就像你对待我们的友谊时一样。[5]

1896 年,十三位作曲家希望在 E 音上用主九和弦讨好克里希丝,而你却让我回复人家"滚蛋",[6] 我就说这么多。(他们当时还没有发明

---

① 该日期根据信中提到的内容(勒内·彼得作品的前言)而推断。

② 这是路易斯在回忆他和德彪西在 1893 年 11 月去根特会见梅特林克的旅行。见书信 1893－57。

③ 皮埃尔·路易斯曾被一位医生诊断为生命仅剩几个月。因此路易斯开始挥霍自己的遗产。

④ 在北欧文化中,符文被看作具有神秘的力量,因此通过符文立下的誓言是有特殊的重要性和神圣性。——译者注。

⑤ 关于《达夫尼与克罗埃》,见书信 1895－70。

⑥ 原文中路易斯故意将"merde"写成了"merdre",这种写法出自阿尔弗雷德·雅里的《愚比王》。

导音小十三和弦，这是我的专利，有六个转位，算了，先不说了。①）

事实是，你把所有这些作品都交给了虚无之主替你去完成。而我却像蒙奈-叙利说的那样，②从未怀疑过天会亮，也从未猜忌过你的友情。

所以，你没资格指责我，仅仅是因为我在一个任务上延误了九个月，才九个月，而且这个任务跟你还没有直接关系，我想想都烦。我会完成的，但你欠我一个大人情。③

你的，

P.

Autogr.: F-Pn, Mus., N.L.a. 45 (37). *Prov.*: anc. coll. A. Godoy; Hôtel Drouot, 5 février 1999, n° 187. *Publ.*: Debussy-Louÿs 1931[a], p. 242-243 (non datée); Debussy-Louÿs 1943[e], p. 35-36 (non datée); Debussy-Louÿs 1945, p. 122-123.

---

① 1896年10月22日，皮埃尔·路易斯写信给自己的兄长，记述了伊薇特·吉贝尔（Yvette Guilbert, 1865—1944）的到访，她希望获得路易斯的授权改编克里希丝："'我想在一个乐季中盯着一部作品唱，但这必须是一部货真价实的作品。圣-桑愿意为我写配乐，这很好！他想为我写一部喜歌剧，而且是量身定制，但他还缺一个好的点子。我对克里希丝很痴迷，我想扮演她。您愿意吗？'这太令人难以置信了，太疯狂了，太不可思议了，我立刻就答应了。"见 Louÿs 2002, p. 233。虽然卡米伊·圣-桑和剧作家莫里斯·多奈（Maurice Donnay, 1859—1945）都愿意参与创作，但该计划最终没有了下文。1900年10月20日，路易斯在给作曲家卡米伊·埃朗杰写信的时候抱怨了德彪西的态度："两年间，十几个人希望得到授权，将《阿芙洛狄忒》改编成歌剧，我都推辞了，就因为德彪西要求我给他留着……自从他放弃之后，我就来者不拒了……"获得皮埃尔·路易斯非独家授权的作曲家有伊萨克·阿尔贝尼兹、埃赫奈斯·莫雷（Ernest Moret, 1871—1949）、昂利·拉波（Henri Rabaud, 1873—1949）、安德烈·波罗奈（André Pollonnais, 18?　—1932）、阿图罗·鲁扎蒂（Arturo Luzzatti, 1875—1959）、鲁杰罗·雷昂卡瓦略（Ruggero Léoncavallo, 1857—1919）以及贾科莫·普契尼。

② 关于蒙奈-叙利，见书信 1897-5。

③ 依然是在说给勒内·彼得的作品写前言。

1897－61

致皮埃尔·路易斯

[1897年12月24日(?)][①]
星期五

亲爱的皮埃尔。

我谢谢你给我这么多礼物！如果你自己亲自过来的话就更好了，你的面孔和你的声音会让我感到踏实一些……（这话怎么理解都行）

第三首《碧丽蒂斯之歌》已经彻底被音乐“美颜”好了，[②]当然，这需要感谢原作工整的本质。我计划等你回来的时候把它交给你：你要行行好，考虑一下“彼得前言”，很多人指望它来找回快乐与宁静。

很遗憾没能在你走之前见面，我是你永恒的，

克劳德

嘉比已经把一整盒糖衣杏仁吃完了，她把盒子都撕坏了！

信笺，未贴邮票，地址：
Monsieur Pierre Louÿs
147 Boulevard Malesherbes.
Autogr.: F-Pn, Mus., N.L.a. 44 (46). *Prov.*: anc. coll. A. Godoy; Hôtel Drouot, 5 février 1999, n° 186. *Publ.*: Debussy-Louÿs 1931[j], p. 372-373 (datée 1897); Debussy-Louÿs 1942[a], p. 38 (non datée); Debussy-Louÿs 1945, p. 105-106.

---

① 该日期根据信中提到的内容所推断：创作第三首《碧丽蒂斯之歌》；皮埃尔·路易斯即将前往埃及（12月29日）。

② 指《水仙之墓》（*Le Tombeau des naïades*）。

1897 – 62

致皮埃尔·路易斯

星期一

1897 年 12 月 27 日

我亲爱的皮埃尔。

我把这封信称为马镫信！[①]……总之，我不知道自己为什么不愿意承认你的离去让我非常难过，你是唯一一个让我说这种话的人。至于其他人，那些坏家伙们，我可受够了！你别忘了告诉我你的地址。

拥抱。

你的，

克劳德

别忘了走之前把前言寄给我。还有，如果你不再需要《达夫尼》的剧本，[②] 请把它也还给我。

别忘了《桑德赫露娜》。[③]

（我想我说完了。）

信封上有邮戳（27 DEC 97）和地址：
Monsieur Pierre Louÿs
147 Boulevard Malesherbes.
à Paris.
Autogr.: F-Pn, Mus., N.L.a. 44 (47). *Prov.*: anc. coll. A. Godoy; Hôtel Drouot, 5 février 1999, n° 186. *Publ.*: Debussy-Louÿs 1931[k], p. 37-38; Debussy-Louÿs 1942[a], p. 36-37; Debussy-Louÿs 1945, p. 106-107.

---

① 类似于“马镫饮”：指上马前喝的最后一口饮品，意味着即将出发。

② 关于《达夫尼与克罗埃》，见书信 1895 – 70。

③ 关于《桑德赫露娜》，见书信 1895 – 15。

1897 - 63

致皮埃尔·路易斯

[1897 年 12 月 28 日][①]
星期二

亲爱的皮埃尔。

我一直在推荐那个年轻的新成员嘛,[②] 结果完全忘记跟你提给瓦莱特写信的事了。[③] 你能把它托付给女仆吗? 还有前言? 或者你也可以告诉我们什么时间方便过去取。

请原谅我在这最后时刻打扰你,请不要把和我这段不愉快的回忆带到亚历山大。[④]

你的,

克劳德

你要知道我这边也是压力山大,所以才会这样强迫你的。

信笺,未贴邮票,地址:
Monsieur Pierre Louÿs
147. Boulevard Malesherbes.
à Paris
Autogr.: F-Pn, Mus., N.L.a. 44 (48). *Prov.*: anc. coll. A. Godoy; Hôtel Drouot, 5 février 1999, n° 186. *Publ.*: Debussy-Louÿs 1942[a], p. 36 (extrait[⑤]); Debussy-Louÿs 1945, p. 107 (extrait[⑥]).

---

① 该日期根据前一封书信以及路易斯的回复(后一封书信)所推断。
② 原文中德彪西将瓦莱特“Vallette”的名字拼成了“Valette”。关于瓦莱特,见书信 1895 - 60。
③ 指勒内·彼得。
④ 路易斯于 1898 年 1 月 4 日前往亚历山大。
⑤ 此次出版只收录了该信的末尾部分,并且作为书信 1897 - 72 的补充内容。
⑥ 同上。

1897 – 64

皮埃尔·路易斯致德彪西

[1897年12月28日][1]

我亲爱的克劳德。

这是你要的。[2]

给瓦莱特写信根本没用的。手稿都要寄给一个五人的委员会:[3]

瓦莱特
雷尼耶
埃罗尔德 } 这些是P. L.的自己人

杜牧——对我很有好感[4]

古赫蒙——少数派。

所以,肯定会被选中的。

我在两个箱子之间与你拥抱,老伙计。

皮埃尔

信封上未贴邮票,也没有地址,只写了:

Monsieur Claude Debussy

Autogr.: US-NHub, Yale University. *Prov.*: anc. coll. R. Peter; Cat. G. Morssen (octobre 1958), nº 74; Cat. L'Autographe 35 (1997), nº 201. *Publ.*: Peter 1944, p. 217 (non datée); Debussy-Louÿs 1945, p. 106 (datée décembre 1897).

---

① 该日期根据前一封书信以及路易斯的出发日期(12月29日星期二)所推断。

② 应该是指《达夫尼》的剧本,见书信1897 – 62。

③ 勒内·彼得(献给德彪西)的作品《悲剧与死亡》于1899年8月在《法兰西信使》上发表。后者由阿尔弗雷德·瓦莱特创办。该委员会成员还包括昂利·德·雷尼耶、安德烈–费迪南·埃罗尔德、路易·杜牧和雷米·德·古赫蒙(Rémy de Gourmont, 1858—1915)。

④ 路易·杜牧(Louis Dumur, 1863—1933),瑞士小说家。

1897 – 65

致勒内·彼得

[1897年12月28日(?)][①]
星期二

我的老勒内。

这里是来自皮埃尔·路易斯的一本小册子,[②]这应该能让你在等待你的前言时少安毋躁……你想要的东西他那里已经没有了。或许你能在古吉那里找到,[③]地址是孔蒂畔5号,那个地方很适合散步过去!

希望不久后见。

你的,

克劳德·德彪西

信笺,未贴邮票,也没有地址,只写了:
Monsieur René Peter.
Autogr.: US-NYpm, MLT D289.P478 (10). *Prov.*: Cat. N. Rauch (24-25 novembre 1958), n° 94; anc. coll. M. G. Cobb. *Publ.*: Peter 1944, p. 215 (non datée).

---

① 该日期根据信中提到的背景所推断。

② 应该是路易斯的一本文集,《玛丽的爱》(*Amours de Marie, précédés d'une Vie de Marie Dupin par Pierre Louÿs*, Paris, Mercure de France, 1897)。

③ 卢锡安·古吉(Lucien Gougy, 1863—1931),法国出版商。

1896 – 66

致乔治·阿特曼

星期五晚上

1897 年 12 月 31 日

亲爱的阿特曼先生。

这个年末实在太令人沮丧了，我不禁感到无比难过，因为今年我真是心想事不成。当我在给您献上最美好的祝愿时，我想起了所有的不如意和失去的快乐。

我想把这《三首夜曲》给您带去（就是献给您的），我尝试把它们变得更加交响化一些，更加生动一些，更加自由一些。遗憾的是，我没能完成，并且有些气馁。我担心您会认为我诚意不足，这样的想法让我很不自在。

恰恰相反，我对您绝对是真心真意的，我也绝对信任和您的友谊。在我最艰难的时刻，这对我来说是一种安慰。

当我能给您展示成果时，我会立即给您写信的，在此之前，请继续相信我的忠诚。

克劳德·德彪西

Autogr.: US-AUS, Carlton Lake Collection. *Prov.*: Hôtel Drouot, 28 avril 1958; Cat. Saffroy 17 (juin 1958), n° 1639; anc. coll. L.-P. Vallery-Radot. *Publ.*: Vallery-Radot-Hill, p. 111-112. Debussy 1980, p. 88; Debussy 1993, p. 128.

1896-67[①]

致雷吉娜·当萨赫

[1897年12月(?)]

亲爱的夫人,

我没能和皮埃尔·路易斯聊起勒内,皮埃尔当时和他的学生兼朋友A. F. 埃罗尔德在一起,埃罗尔德还要谈自己的芭蕾。不过在言语当中,我得知皮埃尔想着勒内的事呢,只是我不知道他是怎么想的。

希望他不要焦虑不安。他很清楚凭我们的关系,我会找到他认可的东西的。

您最亲切忠实的,

克劳德·德彪西

Autogr.: non localisé (copie H. Borgeaud). *Prov.*: Cat. N. Rauch (24-25 novembre 1958), n° 94; anc. coll. L.-P. Vallery-Radot. *Publ.*: Peter 1944, p. 216 (incomplète; non datée).

① 从本编号起,我们将内容无法透露详细日期的短篇书信(仅限1897年)整理在了一起。

1897 – 68

致皮埃尔·路易斯

[1897 年(?)]
星期三晚上

我亲爱的皮埃尔：

你能今天(星期四)三点到我家来吗？我需要和你当面说点事。

你的，

克劳德

信笺，未贴邮票，也没有地址，只写了：
Monsieur Pierre Louÿs
Autogr.: F-Pn, Mus., N.L.a. 44 (42). *Prov.*: anc. coll. A. Godoy; Hôtel Drouot, 5 février 1999, n° 186. *Publ.*: Debussy-Louÿs 1931[1], p. 145; Debussy-Louÿs 1942[a], p. 28.

1897 – 69

致皮埃尔·路易斯

[1897年(?)]
星期四

亲爱的皮埃尔:

我把第三十二打手帕中的第六块忘在你家了,你自己想想这有多可怕吧。你愿意星期日来家里吃午饭吗?

嘉比太想见你了。

记得照片的事。

你的,

克劳德

信笺,用铅笔所写,未贴邮票,也没有地址,只写了:
Monsieur Pierre Louÿs
Autogr.: F-Pn, Mus., N.L.a. 44 (44). *Prov.*: anc. coll. A. Godoy; Hôtel Drouot, 5 février 1999, n° 186. *Publ.*: Debussy-Louÿs 1931[k], p. 34; Debussy-Louÿs 1942[a], p. 37; Debussy-Louÿs 1945, p. 104.

1897－70

致皮埃尔·路易斯

[1897年(?)]
星期六

明天星期日我能去你家吃午饭吗?
这会让我特别幸福的。
你的,

CD

用铅笔所写。
Autogr.: US-Wc, ML95.D3. *Prov.*: Château d'Écrouves, 30 juin 1934, n° 48.

1897－71

致皮埃尔·路易斯

[1897年(?)]
星期六晚上

亲爱的皮埃尔。

你可怜的克劳德揭不开锅了……我谋求的一件事没有成功,它还让我今天下午迟到了。总之,你能再拉我一把吗? 我需要150法郎!……没这笔钱我就要露宿桥洞了。

请原谅,也请相信你的,

克劳德

还是一点半,假如你来不了,多少给我留句话。

信封上未贴邮票,地址:
Monsieur Pierre Louÿs
147 Boulevard Malesherbes.
à Paris.
Autogr.: US-NHub, Yale University. *Prov.*: Château d'Écrouves, 30 juin 1934, n° 46; Cat. Les Autographes 64 (novembre 1994), n° 84; Cat. Elf (Frühjahr 1999), n° 56a (datée 1896 ? avec fac-sim.); Cat. Stargardt 672 (16-17 novembre 1999), n° 649; Cat. Les Autographes 103 (décembre 2002), n° 78. *Publ.*: Debussy-Louÿs 1945, p. 82 (incomplète); Debussy 1971, p. 33.

1897－72

致皮埃尔·路易斯

[1897年(?)]
星期六晚上

亲爱的皮埃尔。

由于一些愚蠢的感情事宜，很遗憾，我明晚不能和你、阿尔贝尼兹吃饭了(我也通知他了①)

你的老疯子，

克劳德

我星期一去看你。

信笺，未贴邮票，地址：
Monsieur Pierre Louÿs
147 B[ard] Malesherbes.
Autogr.: F-Pn, Mus., N.L.a. 44 (40). *Prov.*: anc. coll. A. Godoy; Hôtel Drouot, 5 février 1999, n° 186. *Publ.*: Debussy-Louÿs 1931[k], p. 35; Debussy-Louÿs 1942[a], p. 35-36; Debussy-Louÿs 1945, p. 100.

---

① 西班牙作曲家伊萨克·阿尔贝尼兹于1893年起居住在巴黎布兰维勒55号，直至1909年。

1897－73

致皮埃尔·路易斯

[1897年(?)]

我亲爱的皮埃尔。

那你就三点来吧,就像你建议的那样,这里比莫拉赫人少一些。①

你的,

克劳德

信封上未贴邮票,地址:

Monsieur Pierre Louÿs

Autogr.: F-Pn, Mus., N.L.a. 44 (43). *Prov.*: anc. coll. A. Godoy; Hôtel Drouot, 5 février 1999, n° 186. *Publ.*: Debussy-Louÿs 1931[1], p. 144; Debussy-Louÿs 1942[a], p. 27; Debussy-Louÿs 1945, p. 96.

---

① 关于莫拉赫小酒馆,见书信1897－39。

1897－74

致皮埃尔·路易斯

［1897年(？)］

我亲爱的皮埃尔，

“东西在这里了……我就不说该怎么用了。我明天晚上来见你，除非你去了新加坡［……］”

Autogr.: non localisé. *Prov.*: Bulletin M. Loliée LVII (s.d.), n° 31.

1897－75

致皮埃尔·路易斯

［1897年(？)］

我亲爱的皮埃尔。

我去睡觉了……但我要说同意、同意、再同意。

你的，

Ⓒ

用铅笔所写。

Autogr.: NL-DHk, 135 F 13.

1897–76

皮埃尔·路易斯致德彪西

[1897年(?)]

我亲爱的克劳德:

等一下(十二点三刻)你想在火车头作坊吃饭吗?[①]你会让你的朋友皮埃尔很高兴的,因为如果你不来的话,我就好几天都见不到你了。

你的,

P. L.

通信卡,信封上未贴邮票,地址:
Réponse (oui ou non)
Monsieur Claude Debussy
10 rue Gust. Doré
Autogr.: F-Pn, Mus., N.L.a. 45 (38). *Prov.*: anc. coll. A. Godoy; Hôtel Drouot, 5 février 1999, n° 187. *Publ.*: Debussy-Louÿs 1931[e], p. 256 (non datée); Debussy-Louÿs 1943[e], p. 26 (non datée); Debussy-Louÿs 1945, p. 103.

---

① 安德烈·勒贝回忆了这个地方:"然后是马勒塞尔布街,在蒙日路拐角处有个作坊……"见 André Lebey, *Disques et Pellicules*, Paris, Librairie Valois, 1929, p. 223。或许这就是皮埃尔·路易斯称为"火车头作坊"的地方,原因是他在那里不停地抽烟。"在他身边永远都是香烟缭绕。他不停地抽着。每天两到三包。"见 André Lebey, *op. cit.*, p. 216。

1897－77

致勒内·彼得

[1897 年(?)]
星期四晚上

老勒内。

六点半在大咖啡厅肯定是不行的,但七点一刻在金狮倒是没问题。我认为只有维利耶大街那只狮子的爪子是金的,主要是因为它在奥古斯塔·欧勒梅斯附近。①

你的,

克劳德

信笺,未贴邮票,地址:
Monsieur René Peter.
93 rue Jouffroy.
à porter.
Autogr.: US-NYpm, MLT D289.P478 (1). *Prov.*: Cat. N. Rauch (24-25 novembre 1958), n° 94; anc. coll. M. G. Cobb. *Publ.*: Peter 1944, p. 202 (incomplète; non datée).

---

① 关于信中提到的奥古斯塔·欧勒梅斯,勒内·彼得是这么说的:"我们没有忘记门德斯的老相好奥古斯塔·欧勒梅斯曾经创作过(词和曲)一首著名的歌曲……是的,我用我的金爪抓住了你的心,而你的金发则牵住了我的命。"见 Peter 1944, p. 202。身为作曲家的奥古斯塔·欧勒梅斯(Augusta Holmès, 1847—1903)曾是塞萨尔·弗朗克的学生,凭借《凯旋颂》(*Ode triomphale*)名声大噪,该作品于 1889 年纪念法国大革命一百周年时上演。她最成熟的歌剧《黑山》(*Montagne noire*, 1895)仅短暂上演于巴黎歌剧院。

1897 – 78

致勒内·彼得

[1897 年(?)]
星期五中午

亲爱的勒内。

我在皮埃尔·路易斯家吃午饭,如果你愿意的话就等我到三点半,我尽量过来。如果不行,那就明天三点见。希望明天能带给你好消息。[1]

你的朋友,

克劳德

信笺,盖有花体签名[monogram],未贴邮票,地址:
Monsieur René Peter
93 rue Jouffroy.
Autogr.: CH-B, coll. part. *Prov.*: Cat. E. Rossignol (16 novembre 1978).

---

① 依然是指《死亡的悲剧》的前言。

1897 – 79

致一位未知者

［1897 年(？)］
星期一

我亲爱的朋友：

我收到了伏霍蒙的口信，说您希望见我。很不巧，直到现在我都没能腾出一分钟，而您好像是明天离开！……尽管如此，您是否还能给我留一点时间呢？我今天白天都有空，除了早上，我将很高兴见到您。

您忠诚的，

克劳德·德彪西
古斯塔夫·多雷路 10 号

Autogr.: non localisé*. *Prov.*: Cat. Lion Heart Autographs (2003), nº 525.

1897－80

嘉比·杜鹏致皮埃尔·路易斯

[1897年(?)]

我亲爱的皮埃尔,

克劳德不在的时候,他的首席秘书放肆地(你是了解她这点的)打开了他的通信集。我请您做一件难事:找到并通知克劳德,他等下的预约很可能会让他白等。我不知道他在哪里,我也没法自己告知他。

祝您身体健康,我依然是您的朋友。

嘉比

通信卡,信封上未贴邮票,也没有地址,只写了:
Monsieur Pierre Louÿs
E.V.
Autogr.: F-Pn, Mus., N.L.a. 44 (85). *Prov.*: anc. coll. A. Godoy; Hôtel Drouot, 5 février 1999, n° 187. *Publ.*: Debussy-Louÿs 1931[k], p. 35; Debussy-Louÿs 1942[a], p. 33.

1898－1

致昂利·德·雷尼耶

星期二

1898 年 1 月 11 日

亲爱的朋友：

我不知道皮埃尔·路易斯是否有和您提及他写的一篇前言？那是为我一个朋友的作品所写。总之，这位朋友名叫勒内·彼得，他向法兰西信使投稿了。[①] 您能助他一臂之力吗？我将感激不尽。[②]

提前感谢，并祝新年好。这来自您好友的真诚祝福。

克劳德·德彪西

我在 P. 路易斯处看到了一张您的精美照片，这引起了我内心的嫉妒！我都到这一步了！……

Autogr.: F-Pi, Ms. 6286 (258).

① 指《死亡的悲剧》，见书信 1897－26。

② 昂利·德·雷尼耶是评阅组委会的一员。见书信 1897－64。

1898-2

致儒勒·于雷

星期三

1898年1月19日

我亲爱的朋友,

请允许我说我不知道喜歌剧院的命运……[1]它应该会继续运营的,虽然我们也不知道具体是什么情况。至于去抒情歌剧院试场,我就当这是个黑色幽默吧,我们不能拿音乐去尝试。在法国,没有人足够喜欢音乐,无论是写音乐的还是听音乐的,这不足以让一家抒情剧院维持下去,音乐还总是被意外地比作一个中间人。

当前,整个艺术都在承受一种道德的转变,艺术不再那么高尚了,也不再那么无私了,有些人对这个行业感兴趣(我不是指我的同代人),而艺术则变成了他们发家致富的途径。我必须说,这种情况已经

---

① 在时任喜歌剧院的院长雷翁·卡瓦略去世的第二天,儒勒·于雷给一些作曲家发出一份调查表,就该剧院未来的发展方向跟大家咨询意见:"喜歌剧院在下一任院长治理下应该是什么样的?它应该怎样分布老剧目、外国剧目和年轻的本土音乐家作品?您觉得喜歌剧院对于法国作曲家的产量够用了吗?是否需要去抒情歌剧院试一试?"于雷将调查的结果出版在一本书中,但其中没有德彪西的回复,详情见 *Loges et coulisses*, Paris, Édition Revue Blanche, 1901, p. 357-389。参与调查问卷的作曲家有:西奥多·杜博阿、儒勒·马斯奈、埃赫奈斯·雷耶尔、阿尔弗雷德·布吕诺、古斯塔夫·夏庞蒂埃、安德烈·沃姆瑟(André Wormser, 1851—1926)、萨穆埃尔·卢梭(Samuel Rousseau, 1853—1904)、沙赫勒·西尔维(Charles Silver, 1868—1949)、卡米伊·埃朗杰、亚历山大·乔治(Alexandre Georges, 1850—1938)、瑞秋·勒胡、维克多亨·德·戎西耶、贾斯通·萨尔维尔。1898年1月13日,阿勒拜赫·卡雷被任命为新的喜歌剧院院长,任期七年(由公共教育和美术部长任命)。卡雷选择了安德烈·梅沙杰作为新的音乐总监。十一年前的火灾让喜歌剧院一直常驻于国际剧院(如今的市立剧院),随后被搬迁至水堡剧院,最终于1898年12月7日被安置在新的法瓦赫大厅。

持续很长时间了,而目前还没有任何迹象表明它不久会结束。

亲爱的朋友,这封信仅仅是为您一人写的,请注意它跟《费加罗报》没有任何关系。借此机会,我也可以向您表达我最忠实的友谊。

克劳德·德彪西

盖有花体签名。
Autogr.: non localisé*. *Prov.*: Hôtel Drouot, 1er décembre 1933, no 31; Cat. M. Loliée 56 (1934), no 457; Cat. H. Matarasso 4 (mars 1935), no 45. *Publ.: Candide*, 21-28 juin 1962 (incomplète); Debussy 1980, p. 89; Debussy 1993, p. 129-130.

1898 – 3

致勒内·彼得

[1898 年 1 月]
星期四

我的老勒内,

你下星期就能拿到你的前言了,或许还有《法兰西信使》的一个决定性答复。如此一来,你的金发也不用再被烦恼之花的阴影熬成白色了。(我这句话写得很漂亮吧!)

我今天早上收到了一些漂亮的窗帘,比 E. 拉·热奈斯先生还漂亮。[①] 你觉得我会谢你吗!

社会革命万岁,奥克塔夫·米尔波先生万岁。[②]

你的,

克劳德

Autogr.: non localisé. *Prov.*: Cat. N. Rauch (24-25 novembre 1958), n° 94. *Publ.*: Peter 1944, p. 218 (non datée).

---

① 关于埃赫奈斯·拉·热奈斯,见书信 1897 – 7。

② 这是指奥克塔夫·米尔波的《女工马德兰》(*Les Mauvais Bergers*),1897 年 12 月 16 日在文艺复兴剧院上演,由萨拉·伯恩哈特(Sarah Bernhardt, 1862—1923)和卢锡安·吉特里(Lucien Guitry, 1860—1925)领衔出演,该剧引起了公愤。米尔波曾和埃米勒·左拉一起捍卫阿尔弗雷德·德雷福斯(Alfred Dreyfus, 1859—1935),他也因此倾向于社会主义运动,反对民族主义、殖民主义、军国主义等极端思想。

1898 – 4

致阿丽丝·彼得

［1898 年 1 月底］[1]
星期二晚上

亲爱的夫人。

前言来啦！……我觉得它肯定能锦上添花。请告诉勒内，给瓦莱特写信是没用的，[2]所有投稿都要由一个五人委员会审阅，其中四人都是皮埃尔的好友，[3]因此，只需要将作品送到法兰西信使那里，[4]然后就等着好消息吧。

我今天就不"把我的手放在您手里了"（出自 V. 雨果的通信集），因为它们太虚弱了，但我向您保证我所有的忠诚。

克劳德·德彪西

信笺，盖有花体签名，未贴邮票，也没有地址，只写了：
Madame M. V. A. Peter.
Autogr.: US-NYpm, MLT D289.P4785. *Prov.*: anc. coll. M. G. Cobb.

---

① 该日期根据后一封书信所推断（在接下来的书信中，皮埃尔·路易斯从埃及寄回了前言）。

② 德彪西再次拼错了瓦莱特的名字。关于瓦莱特，见书信 1895 – 60 和书信 1897 – 64。

③ 见书信 1897 – 63 和书信 1897 – 64。

④ 指法兰西信使出版社，勒内·彼得的作品由该社出版，阿尔弗雷德·瓦莱特为社长。

1898–5

皮埃尔·路易斯致德彪西

开罗,1898年2月5日

[地址:P. L.–开罗,这就够了。][1]

我亲爱的克劳德。

你音讯全无。彼得先生也没有来信。我开始自问这是怎么回事。

你还好,我们朋友之间不必计较。但写死亡的那位作者呢?[2]他怎么既不表示感谢也不前来咨询?[3]如果他不喜欢我写的前言,他可以给我退回来,我再给他写一篇。但是,如果他觉得还可以,那他似乎还是应该花点工夫来告诉我。不过有一说一,我那前言写得确实有些生硬。

我的朋友,你必须去一趟阿尔及尔,但有生之年可以不必来开罗。这里很破烂,人也很坏。我希望过段时间能去一趟南方,来一次更有趣的旅行。[4]

开罗的女性都不会穿卡斯巴的白色丝绸和面纱,而是披着简单的蓝上衣。但是,她们都不把衣领系好,让人实在不忍直视。

当前,报纸和来往的路人都只在谈论一件事:德雷福斯案。[5]巴黎

---

① 此处的中括号存在于书信本身中。皮埃尔·路易斯于1897年12月29日前往埃及。他在那里居住了四个月,并且完成了《女人与木偶》。

② 指勒内·彼得。——译者注。

③ 关于这篇前言,见书信1897–26。

④ 皮埃尔·路易斯直到4月才实现了这次旅行。见书信1898–13。

⑤ 此时正值德雷福斯案发酵之时。1894年12月,德雷福斯上尉被指控给德国驻巴黎的武官写了一张清单,内含军事机密。尽管德雷福斯一直为自己的清白而辩护,但还是被判刑,并被押送至圭亚那的魔鬼岛。他的家人与朋友随后要求对案件进行重审。军情部门的负责人皮卡尔中校认定那张清单的作者其实是一个匈牙利裔法国军官——埃斯特哈齐少校。然而,该军官却在1898年1月在法庭上被宣布无罪。1月31日,乔治·克莱蒙梭(Georges Clémenceau, 1841—1929)的《黎明》(*L'Aurore*)刊登了一封左拉写给共和国总统的信,题目为《我控诉》(« J'accuse »),其中,左拉指控军方领导犯有"渎职罪",根据一份秘密材料违规给德雷福斯定罪,并且还"故意洗白了罪魁祸首"(埃斯特哈齐)。2月23日,左拉在意料之中被送上巡回法庭,并被判处最高处罚:一年监禁。当时的法国分成了两派,路易斯坚定地站在反德雷福斯一边,保罗·瓦莱里、弗朗索瓦·科佩(François Coppée, 1842—1908)、保罗–让·图雷和威利也都属于同一阵营。关于皮埃尔·路易斯的立场,见Goujon 2002, p. 396-403。

难道也是这样的吗?

你跟我说说(因为你通常回复很快的哟),《情圣西哈诺》到底是什么?[①] 人们又是怎么评价它的?没有人跟我讲这些,但我非常想知道报纸上的意见是否和精英界的一样。

佐拉不停地跟我通信,[②] 对于利斯的离开她很难过。[③](利斯这个人很不地道,但他身在他乡,也只能尽力而为了。)

你的朋友,

P.

给你忠诚的爱人施礼。

信封上有邮戳(5 II 98)和地址:
Monsieur Claude Debussy
10 rue Gustave Doré
Paris
Autogr.: non localisé*. *Prov.*: Hôtel Drouot, 14 décembre 1983, n° 199.

①《情圣西哈诺》(*Cyrano*)是埃德蒙·罗斯丹的作品,于1897年12月28日在圣马丁门剧院首演,所获得的成功在戏剧史上堪称罕见。1913年,该剧的上演次数突破了一千大关。

② 1897年12月29日,路易斯离开了佐拉·本特·布拉辛。他在埃及多次与她通信。见 Goujon 1992, p. 77-85。

③ "利斯"(Lys)一词的发音与"雨利斯"(Ulysse)和路易斯的发音有些类似。这是路易斯在玩谐音梗。

1898－6

致勒内·彼得

星期二

1898 年 2 月 15 日

我亲爱的勒内。

我长话短说……我们需要找一首北国民俗歌曲,然后把它变成摇篮曲,因为这个时候不能当真去写音乐,这太喧宾夺主了。[①]

我认为这不是什么难事,我也一定会努力去做的,虽然我目前还没什么时间。

这就是我的意见和方案。

你的老,

克劳德

你能把于乐曼调到 2 月 25 日下星期四吗?[②] 我需要去参加国家音乐协会的一个委员会,因为博纳赫要上呈一些作品。[③] 请替我向于乐曼致歉。

信笺,盖有花体签名[花体签名],未贴邮票,地址:
Monsieur René Peter.
93 rue Jouffroy.
Autogr.: F-Pn, Mus., L.a. Debussy (C.) 7. *Prov.*: Cat. N. Rauch (24-25 novembre 1958), nº 94; Cat. H. Saffroy 23 (mars 1960), nº 2276. *Publ.*: Peter 1944, p. 212 (incomplète).

---

① 德彪西为勒内·彼得的《死亡的悲剧》(安德烈·安托万从未出演的一部剧)创作了一首《摇篮曲》。这是一首母亲之歌,位于剧作开头以及母亲与夜晚对话的中部段落。见 René Peter, *La Tragédie de la Mort*, Paris, Mercure de France, p. 16-17 et 28-34;另见书信 1898－16。

② 德彪西将康斯坦丁·于乐曼(Constantin Ullmann)的姓氏写成了"Ulmann"。于乐曼是勒内·彼得的朋友。

③ 1898 年至 1899 年,国家音乐协会并没有上演博纳赫的任何作品。

1898 – 7

致乔治·阿特曼

星期五

1898 年 2 月 25 日

亲爱的阿特曼先生,

抱歉,我已经被神经痛折磨了三天了。因此,请让抄写员星期二再来。我会尽量把丢掉的时间找补回来。

您好些了吗？总之,我星期六会来您家探望。

您最亲切的,

克劳德·德彪西

Autogr.: non localisé (copie H. Borgeaud). *Prov.*: Hôtel Drouot, 28 avril 1958.

1898－8

皮埃尔·路易斯致德彪西

开罗,[1898年]3月23日

我的老兄,

你在德雷福斯案这件事上要这么妥协吗?[①]以至于你都不敢跟我交换眼神了。还是说你只是单纯地游手好闲?你这个厚颜无耻的大胡子竟敢如此!为了你,我甚至可以在出远门的当天牺牲掉四个小时来照顾你,而不是安心地整理自己的行李,哪怕我因此忘记带上袜子、白背心、所有领带以及夏天的裤子(就这一项就够受了),而你就是这样恩将仇报的?

三个月零封信。[②]是遗忘?沉默?还是不在乎?我还知道什么?是背信弃义?叛逃?叛教?老兄啊,你是我所有朋友里唯一一个没给我写信的。我从这里都能看到你那高贵的额头,由于羞愧和悔恨而变得发紫。

祝好。

皮埃尔·路易斯

---

① 见书信1898－5。德彪西貌似对政治事件不感冒。据勒内·彼得透露,德彪西作为巴黎公社成员的儿子,可能对民族主义有好感。

② 1898年2月21日,皮埃尔·路易斯在给保罗·瓦莱里写信的时候抱怨了自己得不到朋友们的消息:"我亲爱的保罗,你能给我写一封长信吗?这会让我非常开心的。自12月起,我只能从报纸上读到巴黎那边的消息。埃罗尔德和雷尼耶各自给我写了一封信,但都没说什么新鲜事。提南、洛朗和德彪西都不回复。我很孤独,我希望知道两个月以来发生的一切。你甚至可以跟我说说最大的新闻,保证我还不知道。"见 André Gide, Pierre Louÿs, Paul Valéry, *Correspondances à trois voix*, éditée par Peter Fawcett et Pascal Mercier, Paris, Gallimard, 2004, p. 847。

信封上有邮戳(23 III 98)和地址:
Monsieur Claude Debussy
10 rue Gustave Doré
Paris
France
Autogr.: non localisé*. *Prov.*: Cat. M. Loliée 30 (1929), n° 53 (avec fac-sim partiel); Cat. M. Loliée 33 (1929), n° 27; Cat. M. Milhau 8 (s.d.), n° 122; Hôtel Drouot, 27-28 mars 1936; Hôtel Drouot, 19 octobre 1994, n° 159; Hôtel Drouot, 30 mai 2007, n° 141; anc. coll. Musée des Lettres et des Manuscrits. *Publ.*: Debussy-Louÿs 1945, p. 108 (incomplète).

1898 – 9

致勒内·彼得

[1898 年 3 月 23 日(?)][①]

我在"金狮"这里,[②] 我并不觉得有多自豪,你能来这里找我吗?
你的,

CD

用铅笔所写,信封上未贴邮票,地址:
Monsieur
René Péter
93. r. Jouffroy.
Autogr.: US-NYpm, MLT D289.P478 (3). *Prov.*: Cat. N. Rauch (24-25 novembre 1958), n° 94; anc. coll. M. G. Cobb.

---

① 这是信封上的地址。
② 关于金狮,见书信 1897 – 77。

1898－10

致皮埃尔·德·布莱维勒

星期四

1898 年 3 月 24 日

亲爱的朋友:

请原谅我这习惯性地延迟回复……怎奈！我现在找不到任何人可以唱《碧丽蒂斯》。[1]

至于《抒情散文》,我改主意了,我觉得完全没必要把它拓展成任何形式的乐队版本。[2] 所有这一切都不太地道,但请不要生我的气,并请相信我的好意。

您的,

克劳德·德彪西

信笺,盖有花体签名,带有邮戳(25 MARS 98)和地址:
Monsieur P. de Bréville.
15 rue de Grenelle.
à Paris.
Autogr.: F-Pn, Mus., L.a. Debussy (C.) 63.

---

①《碧丽蒂斯之歌》直到 1900 年 3 月 17 日才在国家音乐协会上演,由布朗什·马洛(Blanche Marot)演唱。

② 关于给《抒情散文》配器的计划,见书信 1896－35。

1898 – 11

致皮埃尔·路易斯

星期日

1898 年 3 月 27 日

亲爱的皮埃尔。

你要无条件地原谅我，当然，我自己也找不到什么正当理由来让你原谅。[①] 总之，你大可放心，我对你的关切不是多几个或少几个形容词就可以撼动的。

你走之后我感到非常伤心，哭了很多次，这个简单的行为代表着全部人性，这也是我在极度焦虑的时候唯一能做的事。[②] 三言两语说不清楚，不过你懂我的。

我自然没有怎么工作，此时的音乐表现得非常冷漠，但我完成了《碧丽蒂斯之歌》，我希望这第三首能和在你身边写完的前两首一样优美。[③]

我一开始对《三首夜曲》的感觉挺强烈的，而且充满着希望，但现在却满是失望，灵感全无！其实，每当我的生活中发生什么事情的时候，我总是手足无措。此时，回忆就显得格外珍贵了，因为我们能从中提取有价值的感情。话说回来，那些能哭着写出杰作的人，绝对是在开玩笑。

---

① 皮埃尔·路易斯已经在埃及居住了三个月，他很震惊德彪西长期保持沉默。见书信 1898 – 5 和书信 1898 – 8。

② 这种情感上的苦恼产生于德彪西与嘉比·杜鹏分手前的最后几个月。另外，德彪西或许还为《佩雷亚斯与梅利桑德》不能上演而感到气馁。

③ 德彪西于 1898 年 5 月 20 日将第三首《碧丽蒂斯之歌》——《纳伊阿德之墓》（*Le Tombeau des Naïades*）的版权以 100 法郎的价格售出。

你能行行好,继续写《桑德赫露娜》吗? [①] 我需要一个自己喜欢的事物,我需要这个寄托,否则我会变成痴呆,最终只能愚蠢到去自尽了。我向你保证,这绝非危言耸听,有些时候,我甚至害怕自己即将丢掉那仅剩的优点。

我没有看《情圣西哈诺》,我觉得它有些故弄玄虚。[②]

你应该收到年轻的勒内·彼得给你写的信了,自从他拿到你的前言后,[③] 他就变成了我认识的最幸福的人。

抱歉,我只给你写了这么一点,不过如果我继续的话,只会不停地抱怨自己的处境,这对你来说太无聊了,而且也不会改变我目前的背运。[④]

老实说,我更希望你现在在我身边,因为你是我唯一信任的朋友。

你的,

克劳德·德彪西

---

① 关于《桑德赫露娜》,见书信 1895 – 20 以及后续相关内容。

② 见书信 1898 – 5。

③ 见书信 1898 – 5。1898 年 3 月 12 日星期六,勒内·彼得给皮埃尔·路易斯写信:"亲爱的先生,一想到您或许还没有收到一封我的来信(寄到开罗的,留局自取),我就感到非常不安。如果真是这样,那您一定会生气,认为我不知感恩。然而,我向您保证,我真的是感恩不尽。现在您就能理解我面对您时的尴尬处境了,我不知道您现在是不是认为我是个……怎么说呢……没教养的人,还是说我已经清白了? 因为这件事,我现在都出名了,所以您能行行好告诉我,我现在是否还应该感到惭愧吗? 您可以通过下次给我们共同的朋友写信时告诉我,也可以用任何您喜欢的方式。谢谢,再次感谢,亲爱的先生,请接受我最崇高的敬意。勒内·彼得,儒福瓦路 93 号。"到达开罗的邮戳显示为 3 月 20 日,见 Jean-Louis Debauve, « Autour de Pierre Louÿs et de Curnonsky », *Bulletin des Amis de Pierre Louÿs*, nº 10-12 (décembre 1980), p. 14。

④ 有趣的是,路易斯向德彪西询问了德雷福斯案,而德彪西对此却只字未提。

后记：你给彼得的前言校稿好像已经给你寄过去了，你能尽快把修改版发回来吗？顺便说一下用什么标题：P. L. 的前言，P. L. 的前言信，还是其他什么？你来选。[①]

盖有花体签名，信封上带有邮戳（寄出：29 MARS 98；到达：5 IV 98）和地址：
Monsieur Pierre Louÿs
– Le Caire –
Égypte.
(priere de faire suivre en cas de départ)

Autogr.: CH-Bps, coll. part. *Prov.*: Château d'Écrouves, 30 juin 1934, nº 45; anc. coll. A. Honneger; anc. coll. P. Honneger; anc. coll. R. Grumbacher. *Publ.*: Debussy-Louÿs 1945, p. 108-110; Debussy 1980, p. 89-90; Debussy 1993, p. 130-131. *Exp.*: Paris 1942, p. 49-50, nº 204.

① 最终的标题是上述第一种。

1898 – 12

致勒内·彼得

[1898 年 3 月(?)][1]

克劳德·埃斯库罗斯·德彪西说:

天灵灵!地灵灵!……[2] 我不会去看《小公子》。[3] 我星期四的女学生由于一些荒唐的社交原因不能更改上课时间。

这不会给她带来好运的……我感到十分不爽。

你伤心的,

克劳德

Autogr.: non localisé. *Prov.*: Cat. N. Rauch (24-25 novembre 1958), n° 94. *Publ.*: Peter 1944, p. 206 (non datée).

---

① 该日期根据信中提到的《小公子》(*Le Petit Lord*)所推断。

② 德彪西在此模仿了古希腊诗人埃斯库罗斯《阿伽门农》(*Agamemnon*)中卡桑德拉的咒语。[另外,埃斯库罗斯德名字使用法语拼法(Eschyle)时的发音与德彪西名字中的“阿西伊”(Achille)类似,德彪西因此打趣地将自己的名字改成了“克劳德·埃斯库罗斯·德彪西”——译者注]。

③《小公子》是雅克·勒麦赫(Jacques Lemaire, 1858—1913)和约瑟夫·舒曼(Joseph Schürmann, 1857—19?)根据弗朗赛丝·博内特(Frances Burnett, 1849—1924)的原著改编而成的三幕喜剧,于 1895 年 3 月 24 日在巴黎人喜剧院首演,又于 1898 年 3 月 11 日在安托万剧院再次上演。

1898 - 13

皮埃尔·路易斯致德彪西

海上,[1898年]4月20日

我亲爱的克劳德:

我读了你的信之后还没缓过来。自冬天以来你到底是怎么了?你跟我说得如此含糊,以至于我什么都猜不到,我只是大概明白了你过得不好。从你的来信看,我感觉事情很严重。真的是不能为人所知吗?我的朋友们也没有和我说起过!总之,你知道我已经想到了一切可能发生的情况,你也知道我会对你说什么。

我从埃及折返了,我这个月甚至去了努比亚,但住的时间太短了。回来的时候,我差点被卢克索4月15日的气温给热死。现在刚刚4月20日,我们已经快到那不勒斯了。我重新穿上了冬季的着装。意大利南部对我来说都像挪威一样,更何况我们那个糟糕的巴黎,我想都不敢想。

老兄啊,你为什么不来埃及一趟呢?我敢肯定,你在这边更容易养活自己,而且还不会频繁地听劣质音乐。在这里,人们只知道钢琴和普契尼先生的歌剧。真的,你在穆罕默德-阿里广场附近将是独一无二的存在,你会非常抢手的。[①] 此外,亚历山大体诗绝对比自由诗更有趣、热情,也更绚丽。我们要好好聊聊。你考虑一下。此处要重点强调一下。[②]

我在八月前大概率是不会离开马勒塞尔布街了。所以我们有时间见面,一起讨论第三首《碧丽蒂斯》之歌。或许《桑德赫露娜》也能

---

① 伊斯梅尔·帕夏(Ismaïl Pacha, 1830—1895)建造的开罗歌剧院于1869年剪彩开张,首演作品是朱塞佩·威尔第的《弄臣》(*Rigoletto*),1871年12月又首演了《阿依达》(*Aida*)。从1869年到1961年,一直有外来音乐家(通常是意大利人)前往开罗歌剧院演出,与埃及本土人组成的乐队与合唱队合作。

② 皮埃尔·路易斯在"考虑"一词上加了一个箭头,的确是起到了强调的作用。

在这个夏天完成。到那个时候,你就该离开巴黎到外面去创作了,因为如果你一直面对着你在古斯塔夫路的四壁,是永远都找不回《佩雷亚斯》的效果的。你知道我重拾《塞维利亚人》有多困难么！[①] 太不容易了！它连标题都没了,我都不知道该怎么叫它了。[②] 不过谢天谢地,它总算完成了！自 4 月 13 日开始,克索读得津津有味。[③] 我不知道他是否真会喜欢。但我知道他为了从我这里拿到稿子花了 82 法郎的电报费。他真的太着急了！我当时仅仅是向他承诺于 1896 年完成的。[④]

你唯一的,

皮埃尔·路易斯

彼得先生(我现在正在忙他的前言校稿[(1)])写信告诉我,说你对这篇前言有些见解。我等着你的见解,而且我提前声明会采纳它们。但问题是,你到底有没有把它们寄给我?

我 22 日,也就是后天早上抵达那不勒斯,然后途经罗马、佛罗伦萨一路北上,最后在 5 月 1 日至 3 日回到巴黎。

(1)见福楼拜。[⑤]

信封上带有邮戳(22 4 98)和地址:
France
Monsieur Claude Debussy
10 rue Gustave Doré
Paris
Autogr.: non localisé*. *Prov.*: Hôtel Drouot, 14 décembre 1983, n° 200.

---

① 这是《女人与木偶》的第一个标题。从 3 月 23 日起,皮埃尔·路易斯花了破纪录的时间写完了这部作品的最后一部分,而他早在 1896 年 9 月就在塞维利亚开始创作它了。

② 该作品最初的公开标题是《15 岁的女人》(*Une Femme de quinze ans*),见后一封书信。

③ 费尔南·克索(Fernand Xau, 1852—1899)是《日报》的社长,从 1898 年 5 月 19 日至 6 月 8 日在《日报》上以连载的方式发表了《女人与木偶》。

④ 此时已是 1898 年,路易斯多少有些自嘲的意思。——译者注。

⑤ 应该是在隐射古斯塔夫·福楼拜的工作方式。

1898 – 14

致皮埃尔·路易斯

星期四

1898 年 4 月 21 日

我亲爱的皮埃尔。

我真需要你的信，尤其是当你把我淹没在抽屉深处的时候。但我还是希望你能回复我。说实话，我非常需要你的关心，因为我感到太孤独、太无助了。在我的生活中，天依然是黑的，除了自杀，我不知道自己将去往何方，但我又觉得不值得，这只是在逃避一些没有可能的蠢事，而且十分可鄙。

所以，你知道你的友谊对我是多么珍贵了吧，哪怕丢失一点点，我都受不了。求你给我写信吧，你可以跟我说狠话，但我需要知道你还和我站在一起。你比任何人都更了解我，只有你有资格说我还不是个老疯子。

你应该能想到，你的信让勒内·彼得非常高兴，而且你对他的善意让他感到额外开心。你是否可以在保留原措辞的情况下改一改前言的形式？最好可以让它不仅是一封迷人的信，更是一份当代文学史料。

你觉得方便讲一下你的一些真实想法吗？比如对自由诗的态度？考虑到 R. P. 的作品就是用这种形式写的，你可以因此制造出一种俏皮的反话效果。[①]

---

① 在勒内·彼得作品的前言中，的确有一段关于自由诗用法的文字，这也是德彪西非常关心的一个话题："您喜欢用多形态的诗体描写场景。我不是在为亚历山大体说好话，尤其是近三十年来，亚历山大体变得非常缺乏亲切感，无法表达内心的情绪。散文是所有语言中最美的，是最卓越的多形态风格，然而，您确定散文在您手上不会变成一种更加附庸风雅的手法吗？诗句则能够将自己的优雅、韵律和力量赋予不具备这些特质的情感，正因如此，诗句才令人赞赏。人们经常把极端抒情与极端真诚相混淆。然而，无论一个明显的人为布局是多么自由，极端抒情真的适合它吗？我把这个问题留给您的读者们，我不认为所有人的意见都会一致。"见 René Peter, *La Tragédie de la Mort*, Paris, Mercure de France, 1899, p. 9。

另外,这部作品既不"讽刺"也不是"生活写照",[①] 它或许可以作为一个反例来推广,这方面就要交给你来操作了。

这也给了你一个大显身手的机会,并且还能拉一把你后面的同志。

以上这些供你参考,你也可以完全按照自己的意思办,我说的都是些无关痛痒的问题,而且我也不想在这件事情上继续麻烦你了。

你是否在小桑德赫露娜身上花了点心思?

《日报》上预告的《15 岁的女人》是什么?[②]

我盼望着你的来信,请接受我全部的友谊。

你的,

克劳德

信封上带有邮戳(寄出: 21 AVRIL 98; 到达: 28-IV 98)和地址:
Monsieur Pierre Louÿs
– Le Caire –
Egypte.
从埃及转寄至(没有寄出邮戳,到达: 5 MAI 98):
147. B^{d} Malherbes[③]
Paris

Autogr.: lettre, non localisée* (reproduction photostatique: US-PHf); enveloppe, US-NHub, Yale University. *Prov.*: lettre: Cat. S. Kra (13 décembre 1928), n° 39; Cat. Maggs Bros 180 (1929), n° 516 – enveloppe: Hôtel Drouot, 30 avril 1997, n° 309. *Publ.*: Debussy-Louÿs 1945, p. 110-111 (extrait; datée avril 1898); Hsu-Grolnic-Peters, p. 255.

---

① 原文中的"讽刺"与"生活写照"都是当时的流行词汇:根据《大罗拜赫辞典》(*Grand Robert*)记录,"讽刺"一词源自 1886 年昂利·贝克的"讽刺喜剧";"生活写照"则是安德烈·安托万对写实主义或写真主义作品的叫法,他曾于 1887 年至 1897 年在自由剧院上演这类作品。

② 这是《女人与木偶》的又一个标题,见前一封书信。1898 年 4 月 18 和 19 日,《日报》对于该作品的预告如下:"《日报》还将很快发表《15 岁的女人》,作者是创作了《阿芙洛狄忒》的皮埃尔·路易斯,已享有盛名。"

③ 拼写错误。

1898 – 15

皮埃尔·路易斯致德彪西

星期四晚上,[1898年]5月5日

我从罗马回来了,我在一个不错的位置看到了你的肖像,离安格莱先生的不远。[①] 我跟你说,我在那里看到你的时候非常激动,虽然画得不怎么像,但我觉得它能被放在一间餐厅里,还算是件荣耀的事。我立刻就预感到,在这三百多幅肖像中,人们未来只会记得三四个人,而你就是其中之一。另外,我还要跟你说,我今天收到了你的来信,这封信起初被寄去了开罗,而到那里的当天我已经抵达那不勒斯了,我觉得这也太荒唐了。[②] 我自己也有过相同的想法,那是四年前了,不过那个时候没有人给过我一次衷心的赞美。我当时怀疑自己是不是真的错了,是不是真的给文学界带来了点什么新的东西。接下来我就自暴自弃了,[③] 最后身无分文,也没有任何编辑或社长跟我签约,我想立刻去掏左轮手枪。要是没有我哥哥,我必死无疑。然而,真是那样的话,我就犯了一个严重的错误。

---

① 这是昂利·班塔(Henri Pinta, 1856—1944)于1886年为德彪西所画,和其他罗马奖获奖者一起被悬挂于美第奇别墅的墙壁上。德彪西曾在《吉尔·布拉斯》中形容这样的排列就像"同一个罗马奖被重复了无数次"。见 Debussy 1987, p. 190。[让–奥古斯特–多米尼克·安格莱(Jean-Auguste-Dominique Ingres, 1780—1867)是法国画家和雕塑家——译者注]。

② 指前一封书信。

③ 皮埃尔·路易斯曾在1891年患病,一位医生诊断称,如果他不改变自己的生活方式,将只能再活三年。路易斯并没有将此事放在心上,也没有因此而改变,反倒是将自己的财产一分为三,按照顺序挥霍了起来。就这样,他将三十万法郎几乎全部花光。所以,直到《阿芙洛狄忒》获得成功之前,他都是靠自己的兄长来养活的。

(我在跟你回顾1894年12月24日的晚上。你知道,我一直都记得这个时刻。[①])

至于老兄你,你跟这些噩梦连边都沾不上,因为你是位伟大的人,你明白这几个字的含义吗?对此,有人说得比较含蓄,但我就要直截了当地告诉你。如果我再告诉你我从来没有这样评价过任何人,那你就更应该相信我了。无论你遇到什么麻烦,都应该始终坚信自己的伟大。你要继续创作你的作品并且推广它们,你只需将你的精力均匀地分配在这两件事上就足够了。你不应该靠教几节音乐私课糊口,而是应该尽全力让《佩雷亚斯》得以上演。[②]你觉得日常事务不值得你去费心,但你也许错了,现在最重要的是你能继续创作,而要做到这一点,你就必须先搞定日常所需。

你好好想想。你跟我说的一切我都十分关心。如果你觉得我能对你有所帮助,请告诉我怎么做。我自己这边也将尽力。首先,你会拿到《桑德赫露娜》的,但这还远远不够,还需要加料,在你开始寻找和声之前,首先得往你的小钱袋里放20路易,没什么比这更能激发灵感的了。

(我们私下里说,我希望自己的臭名昭著能在你拿到剧本后帮你找到第二个阿特曼,或者是同一个,但我不确定。)

---

① 1894年12月12日,《碧丽蒂斯之歌》问世的时候,路易斯坚信这部作品会获得成功。当时的他负债累累,曾一度想过自杀。让-保罗·古永指出:"事情并不是像人们所传的那样,因为乔治(路易斯的哥哥)从埃及赶了回来,路易斯也放弃了自杀。或许路易斯收到了一封来自开罗的电报,告诉他会给他一大笔钱……"见Goujon 2002, p. 275。

② 喜歌剧院的新院长阿勒拜赫·卡雷于5月末和乔治·阿特曼一起去德彪西家试听了《佩雷亚斯与梅利桑德》。

我们需要好好聊聊了。我前天就在巴黎了,明天要去外地,不太远。你给我写封信,这样我星期日晚上回来就能看到,你在里面告诉我,星期一一点钟我能否自带早饭到你那里去。[①]

你的朋友,

皮埃尔

信封上未贴邮票,地址:

Monsieur Claude Debussy

10 rue Gustave Doré

Autogr.: P-mlm. *Prov.*: Hôtel Drouot, 23 mai 1927, n° 89; Cat. W. Myers 3 (1960), n° 235; Cat. Stargardt 576 (24-25 mai 1966), n° 200; anc. coll. M. Reis; Cat. Erasmushaus/Stargardt 657 (8 octobre 1994), n° 63. *Publ.*: Debussy-Louÿs 1945, p. 111 (extrait; datée avril 1898); Louÿs 1962, p. 68-69.

---

① 这封信最终未被寄出。见书信 1898 – 17。

1898 – 16

致勒内·彼得

[1898 年 5 月 6 日]

我亲爱的勒内:

由于我没有回复你那动人的字条,你现在肯定在骂我了吧? ……

事情是这样的——我发烧了,并且带着这个症状引发的迟钝。此外,所有人在发烧的时候都一样:我们尝试去找到一种特性,但都是徒劳。

请坐,让我们聊聊:[1]

我确实想给孩子头上飘花的那段叙事诗配上音乐,[2] 我在民歌曲集中翻找了许久,但什么都没找到。我计划终止这一做法,并且写一首原创歌曲。[3]

你星期五来我这里吧,午饭前后都可以。

你的,

---

① 在《佩雷亚斯与梅利桑德》第三幕第四场中,戈洛对伊尼奥尔说过类似的话。

② 这是勒内作品中的母亲之歌,全文如下:从前有一位仙女,她有一根美丽的白色权杖,还有一个悲伤的孩子,为凋零的花朵而哭泣。仙女看到她在哭泣,就从权杖上摘了一些花朵撒下来;孩子将花扎在辫子里,然后对仙女说:"你还有吗?"仙女又撒下了千万朵花,顺着孩子的眼睛,沿着孩子的嘴巴落下,有紫色的、黄色的,还有红色的;孩子将它们铺在自己肩膀上,然后继续对仙女说:"你还有吗?"仙女又给她周围散落了许多,还有新的装饰品,闪亮的项链、金腰带都散落在她的腿边,她的脚也被花环覆盖。"你还有吗? 你还有吗?"仙女终于落下来,她给小女孩梳了梳头发,先前落下的花朵已经凋谢了。但孩子将它们捧在手里,然后把它们扔在了地上,并伴随着微弱的怒喊声。白色的仙女说道:"你为什么要把花扔在地上? 当一批凋谢后又一批就会生长出来;这是你的幸运,这是你丢掉的幸运。"见 René Peter, *La Tragédie de la Mort*, Paris, Mercure de France, 1899, p. 16-17。

③ 关于《摇篮曲》,见书信 1898 – 6。

Dir,

Yours,

Tibi[①]

克劳德

我这副铁嗓子,什么语言都会说。

信封上带有邮戳(6 MAI 98)和地址:
Monsieur René Peter.
93 rue Jouffroy.
à Paris.
Autogr.: US-AUS, Carlton Lake Collection. *Prov.*: Cat. N. Rauch (24-25 novembre 1958), n° 94; anc. coll. L.-P. Vallery-Radot. *Publ.*: Peter 1944, p. 213 (non datée); Cobb 1982, p. 192-193; Cobb 1994, p. 208-209.

① 这种多语言手法是借鉴了皮埃尔·路易斯在书信中的一个手法。

1898 – 17

致皮埃尔·路易斯

[1898 年 5 月 13 日][1]

皮埃尔·路易斯先生被要求与克劳德·德彪西汇报近况。如果皮埃尔·路易斯先生的双脚不能把他带到古斯塔夫·多雷路的话,克劳德·德彪西可以无偿建议其使用邮局这个古代发明的机构,在那里,戴着头盔的热心人会将委托给他们的信件分发到各处。

信笺,未贴邮票,地址:
Monsieur Pierre Louÿs
147. B^{d}. Malesherbes.
Autogr.: non localisé*. *Prov.*: Cat. S. Kra 24 (mai 1931), n° 9146; Cat. N. Rauch (29-30 avril 1957), n° 308; Cat. G. Privat 312 (juin 1959), n° 6467; Hôtel Drouot, 12-13 décembre 1994, n° 330; Hôtel Drouot, 31 mai 2007, n° 253. *Publ.*: Debussy-Louÿs 1945, p. 121 (incomplète; datée 1898).

① 该日期为推断,本信应该是德彪西对皮埃尔·路易斯这段时间的杳无音信表示不满,因为后者没有将 1898 年 5 月 5 日的那封信寄出。见书信 1898 – 15。

1898－18

皮埃尔·路易斯致德彪西

［1898 年 5 月 13 日］[①]

我亲爱的克劳德。

上星期四，我给你写了一封八页的信。

你没有收到此信，首先是因为戴勒布克的选票事宜让邮局系统的运转出现了问题，[②]其次还因为我没有把这封信投入邮箱，它还在我的桌子上等你。

星期五、星期六和星期日，我都在埃佩尔奈。[③]

我星期二、星期三和星期四都在找你，提南跟我说能在韦伯那里看到你，但你并不在。[④]

所以，如果你愿意，可以今晚七点来找我吃晚饭，或者换一天同一时间。很难想象我们到现在都还没有相约一起吃饭。

我只是你的，

皮埃尔·路易斯

就像你经常说的：至少先这样吧。

---

① 该日期根据信中皮埃尔·路易斯提到的日子所推断。

② 让－巴普蒂斯特－爱德华·戴勒布克（Jean-Baptiste-Édouard Delpeuch, 1860—1930），教授，1890 年至 1898 年任公共教育部办公厅主任、科雷兹议员、省议会顾问，1896 年至 1898 年任人民党副国务卿。

③ 见书信 1895－18。

④ 关于韦伯咖啡馆，见书信 1893－62。

信封上未贴邮票,地址:
Réponse
Monsieur Claude Debussy
10 rue Gustave Doré
Autogr.: F-Pn, Mus., N.L.a. 45 (35). *Prov.*: anc. coll. A. Godoy; Hôtel Drouot, 5 février 1999, n° 187. *Publ.*: Debussy-Louÿs 1931[f], p. 371 (non datée); Debussy-Louÿs 1943[d], p. 116 (non datée); Debussy-Louÿs 1945, p. 112.

1898 – 19

致乔治·阿特曼

星期日
1898 年 5 月 15 日

亲爱的阿特曼先生。

请放心……我暂时的消失只是为了更好地回归。我每次给您的音乐都带着特殊的友情,而如果我去您那里的时候空着手没有任何作品,我会感到很不适。所以您不要觉得我把您忘了,我只是想更好地保存自己对您的友爱。

如果 Al. 卡雷先生提出的时间对您和我都不那么合适,如果换一个时间无伤大雅的话,那就换了吧![①]……但是,考虑到这次试演的急迫性,或许还是应该利用好这次机会?尽管这时间确实有点残忍。总之,您怎么做都好,我依然是您友好的,

克劳德·德彪西

Autogr.: US-AUS, Carlton Lake Collection. *Prov.*: Hôtel Drouot, 28 avril 1958; anc. coll. L.-P. Vallery-Radot.

---

① 阿勒拜赫·卡雷在《戏剧回忆录》(*Souvenirs de théâtre*)中回忆了自己与德彪西以及《佩雷亚斯与梅利桑德》的相识:“想让那只‘孤狼’去参加试演,那只能说我们还不了解他。当时,我必须以完全个人的身份爬到他在华盛顿路(此处有误,应该是古斯塔夫·多雷路)的蜗居。但是,还用我说自己一点都不后悔吗?”见 Carré, p. 275。

1898 – 20

皮埃尔·路易斯致德彪西

1898 年 5 月 21 日

我亲爱的克劳德。

你(的作品)终于要在布瓦尔迪厄广场上演了。[1] 但你不能独占这个场子,在《佩雷亚斯》上演第二天就接着演《桑德赫露娜》,否则你那些好同仁们要开始模仿雪貂的怒吼声了,这很不和谐。

我的意见是,尽管歌剧院那边有诸多不便,但你还是应该尝试进入到那个"斗兽场"去。

我知道,你最担心的是自己的音乐会被埋没在那里,其次,你害怕那里的建筑风格会对我给你的剧本产生影响,正如这二十年来所有人都受到了它的影响。

但是,我太了解你的需求了,以至于我不会被带歪。

你需要的是——你听好了我的用词——一个微妙且充满活力的剧本,它始终带有深刻的感情,但从不夸张。

如果我们胆子再大一点的话,可以搞一个《哈姆雷特》,因为这是你最擅长的。什么托马先生,[2] 我们根本就不用放在眼里。

说正经的,我承认自己其实对这种"改编"的兴趣不大,我更愿意给你写一个原创的本子。如果你有时间,星期一(八点)来博瓦西 – 当格拉路吃晚饭,[3] 届时我们可以就这件事协商一下。

---

① (指《佩雷亚斯与梅利桑德》将在喜歌剧院上演——译者注)。皮埃尔·路易斯应该是通过德彪西的一封信得知了这一消息。此时,阿勒拜赫·卡雷可能已经在原则上同意《佩雷亚斯与梅利桑德》于喜歌剧院上演,但直到 1901 年 5 月,他才通过书信确定了这部歌剧将被排在下一个季度。见书信 1901 – 27。

② 指安布鲁瓦斯·托马的歌剧《哈姆雷特》,1868 年 3 月 9 日在歌剧院首演。

③ 在一个名叫小卢卡的饭店。

事到如今,我相信你终于又可以开始工作了！这样的话,我们也能为你工作了。

你的,

皮埃尔·路易斯

信封上未贴邮票,地址:
Monsieur Cl. Debussy
10 rue Gustave Doré
E.V

Autogr.: F-Pn, Mus., N.L.a. 45 (36). *Prov.*: anc. coll. A. Godoy; Hôtel Drouot, 5 février 1999, n° 187. *Publ.*: Debussy-Louÿs 1931[b], p. 375-376; Debussy-Louÿs 1943[e], p. 31-32; Debussy-Louÿs 1945, p. 113.

1898 – 21

致雷吉娜·当萨赫[1]

［1898 年 5 月至 6 月之间］
星期二晚上

我亲爱的朋友：

我原本早该给您写一封长信的……但直到现在，唯一漫长的是自上次写信后的等待。请不要怪我或任何人，要怪也只能怪快乐的时光永远是短暂的，而烦恼的煎熬则是无尽的。我的沉寂貌似也得到了您的默许，所以我们就不要再在这个问题上刨根问底了。

“议程还要继续。”

我还要继续跟您倾诉那些老掉牙的烦心倦目吗？……放心，我现在面对它们已是稳如大象了……当然，关于 F. E. A.［艺术兄弟］，我什么都没做！[2] 最初几天的兴奋逐渐转变成为一种怀疑，冷却让我的思考越发深邃了。要想启动这样一个计划，我们需要关心更多事情，也需要更好地了解那些人物的灵魂，当然，我们不能有任何杜撰！对人心的了解代表着无数经验的累积。至于喜剧人物本身，他们则给我们出了个难题，因为他们变幻无常，以至于我们无法给他们定性，就像我们无法判断一次聚会的具体时长一样！……（这让我想说那些哲学家们“脸皮”是真够厚的！）

因此，我们必须一概而论。首先，如果我们把人进行分类，就更有可能表现一些个体真正的特性。说到这里，我请您把《织工》视为一

---

① 勒内·彼得在自己的书中提到“一位可爱的共同好友”：这指的就是当萨赫夫人，不是勒内·彼得的嫂子阿丽丝。而当萨赫夫人和她又是亲姐妹。

②《艺术兄弟》（*Frères en Art*）是德彪西计划与勒内·彼得以及当萨赫夫人一同创作的作品。故事讲的是艺术家们就组成一个秘传学社团而展开竞争，该社团的目的是在没有中介的情况下更好地开发自己的作品。德彪西在接下来的几个月决定自己完成这部作品。全文见 Debussy 1992, p. 229-252。

部杰作,它比我们想的还要完整。[①] 说真的,我感觉自己还没有强大到有能力清理奥吉亚斯的牛圈,[②] 而这恰恰是我们需要做的事情。

不过勒内不应该为此感到忧愁,也不要因此停止追逐近在咫尺的成功。我就是个老空想家,总是防患于未然!这也是为什么我不直接给他写信,而是更希望用您的优雅与亲切来缓冲一下。

好了,请您不要把我忘得一干二净,请跟我讲讲您的近况……

请原谅这封信写得这么缺乏条理,也请接受我对您和勒内最坚固的友谊。

您的,

克劳德·德彪西

盖有花体签名 。

Autogr.: F-Pn, Mus., N.L.a. 11 (299-300). *Prov.*: Cat. M. Loliée 90 (juin 1957), nº 45; anc coll. A. Meyer. *Publ.*: Peter 1931, p. 89-91; Peter 1944, p. 86-88; Debussy 1980, p. 86-87 (attribuée à Alice Peter); Debussy 1993, p. 132-133 (attribuée à Alice Peter). *Fac-sim.: Collection musicale André Meyer*, Abbeville, 1973, pl. 36-37. *Exp.*: Paris 1948, p. 3, nº VIII/5.

---

① 《织工》(*les Tisserands*)是格哈特·霍普特曼(Gerhardt Hauptmann, 1862—1946)的作品,1893 年 5 月 29 日在安德烈·安托万的自由剧院首演,1898 年由同一剧院再次上演。通过回顾 1844 年的西里西亚纺织工人起义,这部作品展现了无产阶级和大众反对资本主义的斗争。1893 年 12 月 13 日德彪西还在著作剧院观看了霍普特曼的另一部作品《孤独的灵魂》(*Âmes solitaires*)。

② 奥吉亚斯的牛圈,出自希腊神话:传说厄里斯国王奥吉亚斯在自己的牛圈里养了三千头牛,并且三十年从未清扫,其内部粪便堆积如山。——译者注。

1898 – 22

致皮埃尔·路易斯

星期三

1898 年 6 月 1 日

亲爱的皮埃尔。

你为什么没有告诉我你生病了，我敢保证，没有人比我更会泡四花药茶了。

现在，我坚持要去看你，你愿意明天星期四找个合适的时间让我过来吗？

你的老伙计，

克劳德

信笺，盖有花体签名，带有邮戳(1 JUIN 98)和地址：
Monsieur Pierre Louÿs
144 Boulevard Malesherbes.
à Paris.
Autogr.: US-AUS, Carlton Lake Collection. *Prov.*: anc. coll. G. Astruc. *Fac-sim.*: Vuillermoz, p. 77.

1898 – 23

致乔治·阿特曼

星期四

1898 年 6 月 16 日

亲爱的阿特曼先生。

您可以允许我下星期六到您那里吃午饭吗？我如此要求实有难言之隐，希望您不要因为我的冒犯而不高兴。

您忠实的朋友，

克劳德·德彪西

信笺，盖有花体签名，带有邮戳（17 JUIN 98）和地址：
Monsieur Georges Hartmann.
1 rue Caumartin.
à Paris.
转寄至（寄出：18.6.98）：
chez Mr CD Strecker
23 Kaiserstrasse
Mayence
Autogr.: US-AUS, Carlton Lake Collection. *Prov.*: Hôtel Drouot, 28 avril 1958; anc. coll. L.-P. Vallery-Radot.

1898 – 24

致乔治·阿特曼

星期一

1898 年 6 月 20 日

亲爱的阿特曼先生

请原谅我如此仓促和忧虑地给您写信,但您的离开对我来说真是个坏消息。[①] 我又一次需要您来充当我的保护人了。为了 500 法郎,我会被跟踪、被贩卖,总之会受到法律最野蛮的制裁![②] ……您能帮我想想办法,拉我一把吗？我现在只能靠您的关心了。我怀着忐忑的心情等待您的回复,其实我真的更愿意和您聊别的事情!

您忠实的朋友,

克劳德·德彪西

再次抱歉因为这件事打扰到了您的旅行。

Autogr.: non localisé (copie H. Borgeaud). *Prov.*: Hôtel Drouot, 28 avril 1958; Cat. H. Saffroy 18 (novembre 1958), n° 1747.

---

① 乔治·阿特曼每年都去卡尔斯巴德(今捷克卡罗维发利)进行温泉疗养,可能是为了治疗自己的痛风。

② 德彪西每月的 15 日需要付房租,此时已经涨至 500 法郎。

1898-25

致乔治·阿特曼

星期六

1898年6月25日

亲爱的阿特曼先生。

在悲伤之中,您的来信给了我一丝快乐……您的关怀是毋庸置疑的,正因如此,我在无奈时毫不犹豫地选择指望您。请允许我表示衷心地感谢。其次,这打乱了您的安逸生活,因为根据您的来信看,您很满足于卡尔斯巴德无聊的大环境。我长话短说,我的烦恼可以说是聚沙成塔了。我希望用您许诺的钱来平息那些人的嚎叫。然而,等下一个"期限"到来之时,同样的情况会再次重复。既然我对卖身完全没有兴趣,那我就在想用什么技巧来摆脱这样的困境。我用来果腹的几节私人课现在都泡汤了,我的积蓄也没指望了,这一切比所有的肖邦《叙事曲》加在一起还要凄凉。

我不想把自己和巴尔扎克相提并论,[①]因为我完全没有规模相当的作品和这座文学大教堂相匹配,但我至少和他有共同点,那就是永远缺钱,永远不知道什么是"存款"。要不是有幸遇到了您,我现在应该在做最卑贱的工作,而《佩雷亚斯》可能依然停留在乌烟瘴气的地方,人们则会错误地认为那里隐藏着天才。

我觉得这种事情是很难被忘却的,我将其视为奇迹。

《夜曲》写完了![②]……还是需要咬咬牙的。现在我准备投入到《柳林》中了。[③]这两首作品最好能在《佩雷亚斯》之前上演,以便为《佩雷亚斯》中的简约做好铺垫,同时也让乐评者们不要把我跟那些狠角色们混为一类,尤其是那些比利时人。我这个年龄已经不能只满足于来

---

① 见书信1896-20。

② 事实上,《夜曲》直到来年才完成。

③ 关于《柳林》,见书信1896-16。

自音乐家们的赞许了,我希望能够把美的理念带给这部作品,能够感动的所有人,这才是更高尚的目标。如此一来,关于“我们是否欠瓦格纳的”这样无谓的争吵就可以平息了,其实是他欠我们所有人,话说这就是所谓的天才。如此简单的定义意味着,我对那些白痴们不抱什么希望了。

请原谅我这一通关于美学的言论,但这取代了和您详细谈论我枯燥的生活,因为我不想给您带来太多的不快,还望您能保持对我的友好印象。

克劳德·德彪西

关于《碧丽蒂斯之歌》,您一点进展都没有吗?①

Autogr.: non localisé (copie H. Borgeaud). *Prov.*: Hôtel Drouot, 28 avril 1958, n° 9. *Publ.*: Debussy 1993, p. 133-134.

①《碧丽蒂斯之歌》于1899年8月问世。

1898－26

致乔治·阿特曼

星期三

1898年7月6日

亲爱的阿特曼先生。

最近杂事太多了,和缺少家教的人打交道会给您一种吃了一嘴变质水果的感觉,也正是因为这些,导致此信姗姗来迟。我再次表示感谢,真希望您现在就在我身边,您的关怀能让我从这些可悲的事件中解脱出来。所以,正因为您当前不在,我希望您能给我写几句话,这会让我有拨云见日之感。

由于我还没有到佛系的地步,我想说这日子过得昏天黑地的,我甚至想去锡兰岛的某个音乐学院当院长了。此外,这里的夏天似乎没有要认真扮演夏天的角色,天一直在下雨,风则在肆虐弱小又无助的树叶。

我昨天路过了喜歌剧院,它周围的脚手架已经拆除,我只能说它实在是太丑了!……它的样子既像银行又像火车站,[①]天呐。当然,这也没什么不合适,我们以后还会发现更多东西。然而,为什么总要把那些可怜的石头都弄成圆的?建筑学本是一种很美的艺术形式,本是可以激发出无限层次感的,但为什么总要把线条设计得如此生硬?这些人似乎无视了光线,因此完全忽略了建筑的光涟漪理论和连接各个部位的和谐感及神秘感。[②]相反,他们在想尽办法给光线刨出一座坟墓。

---

① 1887年,喜歌剧院遭受火灾后,其重建工作花费了十一年时间,更换了无数方案,最终采用了路易·巴比耶(Louis Barbier)的设计并且于1898年12月7日重新开张。但该设计立刻遭到了批评,主要是由于其占地面积不足,舞台狭窄、没有通道以及舞台天花板过低。

② 这是在隐射英国哲学家托马斯·杨(Thomas Young, 1773—1829)和法国科学家奥古斯特·弗雷斯奈勒(Auguste Fresnel, 1788—1827)对光波理论的研究。

您在卡尔斯巴德过得怎么样？尽管很无聊，但希望这至少对您的健康有帮助吧？啊！我愿意交出全套门德尔松交响乐，以换取“到森林的树荫下”坐一坐。[①] 我这里的树木总是让人想到特别消费税。

再次重申，我等着您的只言片语，希望您在补充水分之余能赐给我这种恩典。

您最忠实的，

克劳德·德彪西

Autogr.: non localisé (copie H. Borgeaud). *Prov.*: Hôtel Drouot, 28 avril 1958, n° 23. *Publ.*: Roy, p. 118.

① 这是德彪西在引用让·拉辛《费德尔》(*Phèdre*)中的一句话：“天呐！我没有坐在森林的树荫下。”见《费德尔》第一幕第二场，第 176 行。

1898－27

皮埃尔·路易斯致德彪西

1898年7月9日

我亲爱的克劳德，

我昨天离开你们是因为我感到很累，你没有看到我家亮灯是因为我已经躺下了。这一周，睡神还是第一次让我持续闭眼五个小时以上。

《女人与木偶》的第二十版已经在卖了。[①] 星期一，我口袋里会有2,000法郎，我是说2,000！然而，这些钱只是从书店账房到债主手里的途中在我这里中转一个小时。不过最新消息确认，《阿芙洛狄忒》受到了一位大导演和一位名角儿的垂涎，这就能使我右侧的小钱包财源滚滚了。现在可不是和我闹翻的时候，老浑蛋！到下一个冬季，我们两个必须永久垄断所有的广告柱，这件事你别忘了。梅利桑德和克里希丝(话说她们两个还不认识)这两个角色可比罗克珊和扎扎有趣多了，[②] 我不怕把实话说出来，先生。

我完全无法理解前言的问题。[③] 我每天都能见到信使本使，[④] 他很好，但一个字都没跟我透露。至于作者，他跟我说他在十一月前都不

---

① 《日报》在1898年5月19日到6月8日以《15岁的女人》的标题连载了路易斯的小说，而法兰西信使则在6月20日以《女人与木偶》的标题将其出版。作品立刻获得成功。皮埃尔·路易斯将用荷兰纸印刷的第一版样本寄给了德彪西，上书："致克劳德·德彪西，他的皮埃尔·路易斯。"文献编号：F-V, Couderc F 139。

② 罗克珊是埃德蒙·罗斯丹的"英雄主义喜剧"《大鼻子情圣》中的女主角，这部戏于1897年12月28日在圣马丁门剧院首演。至于扎扎，可以查到轻喜剧院于1898年5月12日起上演了一部皮埃尔·拜赫通(Pierre Berton, 1842—1912)与沙赫勒·西蒙(Charles Simon, 1850—1910)创作的同名喜剧，嘉布丽艾尔·雷佳(Gabrielle Réjane, 1856—1920)主演。

③ 皮埃尔·路易斯于1898年1月将前言交给了勒内·彼得。但该前言的校稿似乎最终被弄丢了。见书信1898－11。

④ 指法兰西信使的编辑。——译者注。

需要。你要跟我说说去年冬天的事。八天前，我尝试会见勒内·彼得，结果他的门房看守，一个非常可敬的人，告诉我说他在凡尔赛。

我是你的，

皮埃尔·路易斯

信封上有邮戳（10 JUIL 98）和地址:
Monsieur Claude Debussy
10 rue Gustave Doré
E.V.

Autogr.: non localisé*. *Prov.*: Hôtel Drouot, 23 mai 1927, n° 89; Cat. W. Myers 3 (1960), n° 235; Cat. Stargardt 576 (24-25 mai 1966), n° 200; anc. coll. M. Reis; Cat. Erasmushaus/Stargardt 657 (8 octobre 1994), n° 63; Hôtel Drouot, 30 mai 2007, n° 141; anc. coll. Musée des Lettres et des Manuscrits. *Publ.*: Louÿs 1962, p. 69-70.

1898－28

致乔治·阿特曼

星期三[①]
1898年7月14日

亲爱的阿特曼先生。

您的困境至少让您彻底避开了国庆……这个节日变得越发的平庸了,有些正统观念的人在窗前挂了几面国旗,但它们没有被任何爱国主义的气息所吹动。更严重的是,我们现在需要雇人唱《马赛曲》了,因为民众们已经不会唱了！只有夏庞蒂埃还在致力于用乐队伴奏为节日戴上缪斯的桂冠,并且得到了市议会的许可。[②]希望这样的努力能让他当选众议员。[③]在我看来,众议员中早该有一位音乐家了,哪怕只是为了让那些先生们的嘶吼声中带点节奏感。

我不用再次强调您的来信带给我多大的快乐了,我非常感谢您对于我的烦恼所表现出的包容、耐心与关切。然而,我的情况没什么好转,就像高贵而神经衰弱的哈姆雷特说的那样:“丹麦有恶事发生。”在这一切烦恼之上,我的生活中又出现了感情危机,这才是在我看来最棘手的问题。法律给追求个人幸福的人制造了很多障碍,想要跳过或摧毁它们需要很多的钱,而我才刚能勉强填饱肚子,只能眼睁睁地看着自己的白日梦破灭了。说来可笑,但我真觉得应该把最难缠的麻烦都投给比我体质更好的人。简而言之,我就是个草根,我从来不要

---

① 这一年的7月14日是星期四,不是星期三。本信可能是7月13日到7月14日的夜间所写。

② 古斯塔夫·夏庞蒂埃的《缪斯的加冕》(*Le Couronnement de la muse*)自1897年在蒙马特首演之后,又于1898年6月在里尔上演。该作品曾计划于7月14日在巴黎市政府广场演出,但由于雨天而取消,改为7月24日在同一地址上演。

③ 夏庞蒂埃于1889年在图尔宽以“反布朗热候选人”的身份参选了众议员选举,但没有成功。

求音乐去做不可能的事情。(或者说……?[①])

我想如果您为卡尔斯巴德的水纳税,那您的总财政收入应该是获得了更多。但是,我的天呐,您在那里肯定无聊透顶了,您一定想念您在林荫大道旁的豪宅了吧?

就像我之前跟您说的,我完成了《夜曲》,但配器部分还没有结束,但应该不需要太久。至于《碧丽蒂斯之歌》,之前我跟您提过,封面要用和纸,也叫包装纸,标题使用朱红色,扉页的设计我想按照《牧神午后》的来做,不过这是不是要等您回来我们再定?

等我们和卡雷、梅莎杰再见的时候,您觉得有可能起草一个契约吗?[②] 这样就可以避免他们无限期放我们鸽子了。我觉得下一个冬季真的是时候了,现在已经有很多人在谈论《佩雷亚斯》,我们不能让这种现象冷却下来,我们要让这部作品所代表的艺术新风刺激到当代人的神经,话说在"引爆"方面,您比我更在行,像往常一样,我依旧信赖您出众的能力。只是,对于那些亲爱的爱好者,我们不能让他们听到太多"流言蜚语",以至于最后变得见怪不怪。

星期六
98 年 7 月 23 日

太惨了,我头痛欲裂了八天,这封信的结尾不得不因此而耽误了。不过请放心,这次没留下什么后遗症。我想我需要大海里所有的空气,[③] 身边要极为宁静,还有就是不要再看到我那位看门人的脸,那简直就是个家用美杜莎。在这次危机中,我做了最不可思议的噩梦:我

---

① 在写此信的同一天,德彪西誊写了第一首《白夜》(*Nuits blanches*)的歌词(为声乐和钢琴而作,原本计划组成第二套《抒情散文》)。这是德彪西的原创歌词,主题则是一位求之不得的爱慕之人。

② 然而,喜歌剧院院长阿勒拜赫·卡雷还是又等了三年才正式确定上演《佩雷亚斯与梅利桑德》。

③ 德彪西在此想起了《佩雷亚斯》第三幕第三场中,佩雷亚斯从地下走出时唱的"现在,全都是海洋的空气!……"

在《佩雷亚斯》的排练上,突然,戈洛变成了法警,并且用这个角色特定的音乐语言宣读了传讯书。

我担心这封信到卡尔斯巴德的时候您已经离开了,这样也好,这就意味着您已经完成了那个讨厌的疗程。请不要因为我的延误而太过不满,并且请尽快告诉我您的健康情况,作为您不生气的证据。

您真挚的,

克劳德·德彪西

Autogr.: US-AUS, Carlton Lake Collection. *Prov.*: Hôtel Drouot, 28 avril 1958, n° 8; anc. coll. L.-P. Vallery-Radot. *Publ.*: Vallery-Radot-Hill, p. 112-113; Debussy 1980, p. 90-92; Debussy 1993, p. 134-136.

1898 – 29

致阿贝尔·德贾尔登

星期日
1898 年 7 月 24 日

亲爱的朋友，

这就是我收到的！您不觉得有些严重吗？我只是想静一静，但我担心其他人会反应过激。

真挚地。

您的，

克劳德·德彪西

信封上带有邮戳（28 JUIL 98）和地址：
Monsieur Abel Desjardins
24 rue de Varennes
à Paris ①.
Autogr.: non localisé (copie H. Borgeaud).

---

① 该信封和 1903 年 11 月 26 日写的一封书信被放在了一起。该信封或许还装过另外一封书信，但如今已经丢失。

1898－30

皮埃尔·路易斯致德彪西

星期日,[1898年7月]31日

我亲爱的克劳德,

俾斯麦先生的去世会带来一个实际效果,[①]你的大脑灰质绝不可能忽视这件事的重要性。反正这件事激发我创作出了语言史上最美的亚历山大体诗:"诸神黄昏的葬礼进行曲!"

"Pèse, retourne, contourne, soupèse, écartèle et rejoins",你看这十二个音节:你找不到比它们更加平衡的组合了。而且这还是个双重属格!

天呐,我今晚要在我外甥家吃饭,另外还有我的外甥女以及五个甥孙,地址是阿萨路90号,我将化身为"祖宗"出席,这是家里授予我的头衔。[②]也就是说,即使乘坐最快的火车,我也不太可能在同一时间和你在马勒塞尔布街吃晚饭了。不过,如果你愿意明天一点一刻过来吃午饭,那你可是赏我脸了。目前,我更喜欢白天见你,因为我一般都会在晚上九点开始工作。

你唯一的,

皮埃尔·路易斯

---

① 奥托·冯·俾斯麦(Otto von Bismarck, 1815—1898),自1862年起担任普鲁士王国首相,随后于1871年成为德意志帝国宰相。由于与德皇威廉二世不和,于1890年3月被解职。

② (此处的家族关系比较复杂——译者注)。珍妮·马勒当(Jeanne Maldan)是马勒当将军遗孀(也是路易斯的姨妈)的女儿,而珍妮又嫁给了路易斯的外甥雅克·查尔顿(Jacques Chardon)。

我们什么时候开始上和声课？我都 27 岁了。我还太小吗？

信封上未贴邮票，地址：
Monsieur Claude Debussy
10 rue Gustave Doré
Autogr.: non localisé*. *Prov.*: Hôtel Drouot, 23 mai 1927, n° 89; Cat. W. Myers 3 (1960), n° 235; Cat. Stargardt 576 (24-25 mai 1966), n° 200; anc. coll. M. Reis; Cat. Erasmushaus/Stargardt 657 (8 octobre 1994), n° 63; Hôtel Drouot, 30 mai 2007, n° 141; anc. coll. Musée des Lettres et des Manuscrits. *Publ.*: Louÿs 1962, p. 67-68.

1898 – 31

致乔治·阿特曼

星期二

1898 年 8 月 9 日

亲爱的阿特曼先生。

我又经历了一系列的麻烦,而且还不知道是否已经摆脱了它们。

您的最近一封信让我很不高兴,因为您在乎的那件事在我看来完全无关紧要。[①] 大概三年前的时候,莫克莱就代表梅特林克已经跟我谈过这件事了,[②] 我的回复自然是我不想给《佩雷亚斯》写舞台配乐,因为我完全是以歌剧的方式理解它的,所以我不能打自己的脸。

当然,梅特林克确实应该通知我一下的,但现在事已至此。不过他是个比利时人啊! 除了粗鲁和没有教养,我还能找到许多的槽点,这里就不赘述了。总之,我记得这首作品是那个英国女演员向福雷委约的,梅特林克事先应该也没有接到通知,而在事后由于考虑不周,也没有通知我。

---

① 伦敦威尔士王子剧院于 1898 年 6 月多次上演莫里斯·梅特林克的《佩雷亚斯与梅利桑德》,还伴有加布里埃尔·福雷用一个半月完成的舞台配乐。英国演员帕特里克·坎贝尔出演了梅利桑德。见书信 1895 – 70。

② 卡米伊·莫克莱的真名为塞弗兰·浮士德(Séverin Faust),是一位诗人、小说家,但更是一位评论人,他是象征主义运动的主要见证人之一。他和欧雷利昂·吕涅–波在巴黎轻歌剧院开设了一个作品之家,并且推动了 1893 年 5 月《佩雷亚斯与梅利桑德》原剧在巴黎的唯一一次演出。之后,他谎称自己作为中间人帮助德彪西就改编《佩雷亚斯与梅利桑德》一事获得了梅特林克的许可。莫克莱是在斯蒂凡·马拉美家结识了德彪西,正是他将德彪西的音乐与詹姆斯·麦克尼尔·惠斯勒(James McNeill Whistler, 1834—1901)和昂利·勒·齐达内(Henri Le Sidaner, 1862—1939)的绘画相比较。他还在自己的影射小说《亡灵之阳》(*Soleil des morts*, Paris, Ollendorff, 1898)中以克劳德·埃里克·德·阿莫的名字提到了德彪西。该小说详细讲述了众多象征主义圈内的事宜。

况且，这首作品所产生的效果似乎也就被限制在演出本身的反响上了。我不是在吹牛，我觉得它和我的作品根本就没有可比性，除了去称重量。此外，福雷是一群势利小人和蠢货的掌门人，这些人和我的《佩雷亚斯》完全不在一个层面。[①] 最讨厌的是，您居然会为此而失态。至于我，我向您发誓自己从来没有这么不在乎过。

就像我在开头时跟您讲的那样，我现在深陷烦恼，而且还生病了，所以我渴望一点点宁静，没有它，我肯定会狂怒的。

您真挚的，

克劳德·德彪西

Autogr.: non localisé*. *Prov.*: Hôtel Drouot, 28 avril 1958, nº 6; anc. coll. B. Loliée; Hôtel Drouot, 22 mai 2019, nº 74 (avec fac-sim. partiel). *Publ.*: Debussy 1980, p. 92-93; Debussy 1993, p. 137.

① 关于德彪西对加布里埃尔·福雷的另一个看法，见1905年6月28日的书信（见中卷的翻译）。

1898－32

致皮埃尔·路易斯

[1898年8月19日(?)][①]
星期五晚上

亲爱的皮埃尔。

谢谢你好心的来信,但你能不能好事做到底,明天早上给嘉比寄50法郎?我一个子儿都没给她留。

如果说我昨天晚上没有立即回复你,那是因为我这里发生的事和你的相比根本不值一提,无论从实质上还是从形式上。但等我回来之后我会随时待命的,我要再次向你证明我对你真诚的友情与信任。此外,你将你称之为自己生命中最伟大的作品交托给了我,这让我喜出望外。

祝好。

克劳德

信笺,未贴邮票,地址:
Très urgent
Monsieur Pierre Louÿs
147 B[ard] Malesherbes.
Autogr.: F-Pn, Mus., N.L.a. 44 (49). *Prov.*: anc. coll. A. Godoy; Hôtel Drouot, 5 février 1999, n° 186. *Publ.*: Debussy-Louÿs 1931[1], p. 144 (non datée); Debussy-Louÿs 1942[a], p. 27 (non datée); Debussy-Louÿs 1945, p. 94-95 (datée 14 mai 1897 ?).

---

① 此为推测日期,主要根据是德彪西在信中暗示的自己即将出行。见书信1898－34。

1898－33

致卢锡安·枫丹

星期五

1898 年 8 月 19 日

亲爱的朋友：

完全用不着提醒，我自己早就想给您写信了。

我今晚出发，[①] 到达的那天我会给您发电报的，应该是星期一。[②]

不久后见，请替我向枫丹夫人以及您的家人致意。[③]

您友好的，

克劳德·德彪西

信封上有邮戳（20 AOUT 98）和地址：
Monsieur Lucien 1818
à Mercin-Pommiers
par Soissons.
Aisne.
Autogr.: non localisé*. *Prov.*: anc. coll. Le Cesne; Hôtel Drouot, 27 novembre 1990, n° 72; Cat. Stargardt 704 (15 mars 2017), n° 595.

---

① 我们无法得知德彪西在前往梅尔森之前的这次短暂的旅行目的地。

② 8 月 23 日，德彪西在梅尔森将自己的第三首《碧丽蒂斯之歌》——《纳伊阿德之墓》献给了露易丝·枫丹："这份手稿是献给卢锡安·枫丹夫人的，以示庆祝，并以此证明我对她的好感，我很高兴成为她忠实的克劳德·德彪西，梅尔森，1898 年 8 月 23 日。"文献编号：F-Pn, Mus., Ms. 21843。

③ 指露易丝·枫丹。

1898 – 34

致皮埃尔·路易斯

星期一

1898 年 8 月 29 日

我亲爱的皮埃尔。

我昨天晚上回来的,① 现在特别想见你,你能尽快跟我约个时间吗?谢谢,你的,

克劳德

信笺,未贴邮票,地址:
Monsieur Pierre Louÿs
147. B[ard] Malesherbes.
Autogr.: F-Pn, Mus., N.L.a. 44 (50). *Prov.*: anc. coll. A. Godoy; Hôtel Drouot, 5 février 1999, n° 186. *Publ.*: Debussy-Louÿs 1931[1], p. 142; Debussy-Louÿs 1942[a], p. 29; Debussy-Louÿs 1945, p. 114.

---

① 德彪西在梅尔森的枫丹家度过了近一个星期。

1898 – 35

皮埃尔·路易斯致德彪西

［1898 年 8 月 30（31）日（？）］

“和蔼的大师从异乡归来，
我会在你消化的美妙时刻前来，
就在你饱餐之后将手指像蛇一样交错起来时。［……］”

Autogr.: non localisé. *Prov.*: Cat. M. Milhau 8 (s.d.), n° 116 ①. *Publ.*: Debussy-Louÿs 1945, p. 114.

① 此文献提到了八句诗。

1898－36

致乔治·阿特曼

星期三

1898年9月[7日]

亲爱的阿特曼先生。

我刚把《碧丽蒂斯》的校稿发给您了,[①] 希望这个标题的排版能让您满意。

至于扉页,您记得吗?我们曾约定用《牧神午后》的模板来做,封面则是要用和纸,并且只需要用朱砂红写上《三首碧丽蒂斯之歌》即可。

不久后见,真挚地。

克劳德·德彪西

Autogr.: non localisé (copie H. Borgeaud). *Prov.*: Hôtel Drouot, 28 avril 1958, n° 5; Cat. J. Lambert 235 (1959), n° 32.

---

① 一年后,德彪西将《碧丽蒂斯之歌》的校稿献给了皮埃尔·路易斯。见附录V。

1898 – 37

致玛丽·马拉美

星期一

1898 年 9 月 12 日

夫人。

今早从旅途归来,我得知了这一噩耗和它对您残酷的打击。[①]

请允许我表达自己的悲痛,斯蒂凡·马拉美是令人敬佩的,所有认识他的人都和我一样,很清楚艺术刚刚失去的有多么珍贵!

请夫人节哀顺变,并希望我能替马拉美小姐承担一部分痛苦。

克劳德·德彪西

信封上有邮戳(寄出: 12 SEPT 98,到达: 14 SEPT 98)和地址:

Madame Veuve Mallarmé.

à Valvins.

(Seine et Marne) (prière de faire suivre

en cas de départ)

Autogr.: F-P, Bibliothèque littéraire Jacques Doucet, MVL 529. *Prov.*: anc. coll. E. Bonniot. *Publ.*: Mallarmé, t. X, p. 283.

---

① 斯蒂凡·马拉美于 9 月 9 日在瓦勒万突然去世。9 月 10 日,保罗·瓦莱里将消息告诉了皮埃尔·路易斯并请他转达给德彪西。见 André Gide, Pierre Louÿs, Paul Valéry, *Correspondances à trois voix*, éditée par Peter Fawcett et Pascal Mercier, Paris, Gallimard, 2004, p. 862。

1898－38

致乔治·阿特曼

星期三
1898年9月14日

亲爱的阿特曼先生。

巧了,我在马德兰纳广场上碰到了您的女佣。我终于有机会询问您的近况了,您之前真是没跟我说太多！我的两封信都没有得到回复,您彻底把我扔进了遗忘的黑洞中。

我要是告诉您我重写了三首《夜曲》中的两首,您会感到惊讶吗？① 但这次,我写完之后会一劳永逸地给您一起带过去。

我这段时间被各种杂事搞得很不幸福,以上就是近期发生的所有事情。

真挚地。

克劳德·德彪西

Autogr.: non localisé (copie H. Borgeaud). *Prov.*: Hôtel Drouot, 28 avril 1958, n° 3; Cat. V. Degrange n° 61 (1960), n° 101.

---

① 见书信1898－25。

1898－39

致乔治·阿特曼

星期五

1898年9月16日

亲爱的阿特曼先生。

收到您的来信我真的太高兴了。请把以下这句话看作是一种恭维：有那么一瞬间，我甚至忘记了自己最近烦恼缠身的状态。

您的住所既有花园又靠海，但您依然无法消除所有的不适，那您觉得古斯塔夫·多雷路上一套位于第五层的狭小公寓又当如何？……

当然，我不敢说自己是烦恼的纪录保持者，但市井的生活条件太艰苦了，可恶的天气还一直被阳光所粉饰着，让忧郁的灵魂们感受到了一种身在度假胜地的错觉。

您将听到并且拥有那三首《夜曲》，它们三个比《佩雷亚斯》的五幕给我带来的痛苦更多。我希望这是一种天马行空的音乐，在风中尽情翱翔。（天呐！这句话真美！……）

我非常急迫地想看看香烟嘴长什么样。以我对您的了解，您是肯定不会变的，那东西应该很“可爱”。

请允许我回到我的忧郁花园中，并且长期沉沦下去。我觉得一切就算到了生命的尽头都不会改变了。

我是您不可替代的，

克劳德·德彪西

Autogr.: non localisé (copie H. Borgeaud). *Prov.*: Hôtel Drouot, 28 avril 1958, n° 2; Cat. B. Loliée 12 (octobre 1965), n° 11; anc. coll. L.-P. Vallery-Radot. *Publ.*: Roy, p. 118-119; Debussy 1980, p. 93; Debussy 1993, p. 138.

1898 – 40

致皮埃尔·路易斯

[1898 年 9 月 23 日]
"星期五五点"

[他现在无法去皮埃尔·路易斯家赴约,他要求重新预约。]
"[……]不过我可能晚上来看你。[……]"

Autogr.: non localisé. *Prov.*: Cat. Sazzini (1973), n° 38.

1898 – 41

致皮埃尔·路易斯

星期六

1898 年 9 月 24 日

我亲爱的皮埃尔。

再次抱歉昨晚把你给抛在脑后了。但是，就像别人说的那样，你不也经历过这种“精神状态”吗？① 所以你应该知道对待疯子一定要无比温和。所有这一切都不是说我不需要你的友谊了，恰恰相反。所以你一分钟都不要觉得我已经忘记了这份友谊的珍贵，

你的，

克劳德

明晚到你家吃饭的事还兑现吗？如果是的话你就无须费笔墨了。

Autogr.: US-NHub, Yale University, Frederick R. Koch Collection. *Prov.*: Hôtel Drouot, 14 décembre 1983, n° 203 (avec fac-sim.).

---

① “精神状态”一词引用自保罗·布赫热。见书信 1893 – 1。

1898 – 42

致皮埃尔·路易斯

[1898 年 10 月 5 日]

“[……]我本来已经计划好今天去见你的,但请允许我遗憾地表示自己无法指望这份快乐了。就像戈洛,[①]还有皮卡尔中校说的那样:[②]‘但是,快乐这东西……我们不是天天都有的。’如果你没时间来见你的朋友,那别忘了来见你的和声老师。[……]”

Autogr.: non localisé. *Prov.*: Cat. V. Lemasle, n° 252. *Publ.*: Debussy-Louÿs 1945, p. 115.

---

① 这是戈洛在《佩雷亚斯与梅利桑德》第二幕第二场的一句唱词。

② 皮卡尔中校于 1895 年成为陆军情报局局长,在德雷福斯案中,他第一个发现了那张内含军事机密的清单作者并非德雷福斯上校,而是埃斯特哈齐少校。由于和最高统帅部上级的关系决裂,皮卡尔中校招致了报复。首先,他被“流放”至突尼斯,然后在一座堡垒中被捕,进而被扣留在拉桑特,同时,他还被开除军籍,并被民事法庭和军事法庭起诉。1898 年 10 月 5 日,惩教法庭拒绝让他取保候审,18 日,皮卡尔中校被转移至楔什谜底监狱单独关押。从 11 月 25 日至 12 月 9 日,《黎明》刊登了带有四万人签名的万名书,请求释放皮卡尔中校。勒内·彼得称自己成功说服了德彪西签字……见 Peter 1931, p. 150。彼得的名字的确出现在请愿书的第一批签名者之中(11 月 26 日发表的名单第二列),但德彪西的名字并没有出现在任何名单中。其他参与的朋友和作曲家包括:卢锡安和阿图·枫丹、安德烈–费迪南·埃罗尔德、加布里埃尔·穆雷、阿尔贝里克·马尼亚赫、埃赫奈斯·肖松、古斯塔夫·夏庞蒂埃以及阿尔弗雷德·布吕诺。

1906 年,皮卡尔通过一项特殊法律在军队复职,并获得上将军衔。同年,克莱蒙梭任命其为战争部长。至于阿尔弗雷德·德雷福斯,他于 1899 年被新军事法庭再次判决为有罪,并被判处十年有期徒刑,但这一判决在 1906 年 7 月未被最高法院通过进而被撤销,德雷福斯得以重返军队,并获得少校军衔。

1898 – 43

致皮埃尔 · 路易斯

[1898 年 10 月 6 日]

[德彪西提出要教一节课,并向他的朋友发出预约。]

Autogr.: non localisé. *Prov.*: Hôtel Drouot, 30 avril 1997, n° 74.

1898 – 44

致乔治 · 阿特曼

星期五
1898 年 10 月 7 日

亲爱的阿特曼先生。

我已经默认为您无论如何都会给我写信的。无论如何,我明天星期六中午十二点半左右会去您那里。我能和您确认这个时间吗?

最友好地。

克劳德 · 德彪西

Autogr.: non localisé (copie H. Borgeaud). *Prov.*: Hôtel Drouot, 28 avril 1958.

1898 – 45

致乔治·阿特曼

星期日

1898 年 10 月 9 日

亲爱的阿特曼先生。

如果运气好到你不需要去郊区的话,我下星期二中午十二点一刻左右到您那里。

最友好地。

克劳德·德彪西

Autogr.: non localisé*. *Prov.*: Hôtel Drouot, 28 avril 1958; Cat. M. Milhau 8 (s.d.), n° 117; Hôtel Drouot, 15 novembre 2018, n° 482 (avec fac-sim. partiel).

1898 – 46

皮埃尔·路易斯致德彪西

［1898 年 10 月 14 日］

“您看贾斯通·博尼耶的
植物学报吗？[①]——不看，您会说。”
A. A.［阿勒冯斯·阿莱[②]］

---

① 贾斯通·博尼耶(Gaston Bonnier, 1853—1922)的确在 1889 年至 1901 年间主编了《植物学概论刊》(*Revue générale de botanique*)。

② 1898 年 10 月 14 日，阿勒冯斯·阿莱在《日报》上发表了名为《有趣的生活——性别》(« La Vie drôle. Sexualité »)的文章，其中可以看到皮埃尔·路易斯在此信中引用的这句话：“几个月前——你肯定记忆犹新——我们被一位德国学者的作品逗乐了(还是英国学者，我不敢肯定。话说英国、德国也就半斤八两，反正都是外国人)，这部作品的内容是根据自己的意愿生育男孩或女孩。请注意，来个男孩！嘣！来个 7 岁的漂亮女孩！一个，两个，四个！这位博士的理论在进食方面有点偏见。孕妇吃这样的食物就可以生男孩，吃那样的食物就可以生女孩。要按这个逻辑，如果一个可怜的女人吃了两种食物，就会生出一个雌雄同体的怪物了。而下层阶级那些只能靠残羹剩饭果腹的贫苦人怎么办！怎么解释？根据自己的意愿生育男孩或女孩这个问题很快就又陷入了谜团的深渊。但这种现象会持续很久吗？可能不会，因为最近的一项发现即将为这个问题带来曙光。你们看贾斯通·博尼耶的植物学报吗？不看，你们会说。那你们应该去购买这本有趣的出版物最新一期，并阅读马利亚·莫利亚先生的那篇精彩文章。你们会吃惊地了解到，植物的性别完全取决于光照。但你们会嚷嚷植物不是人！我的朋友们，植物比你们所认为的更接近人。我们不是很习惯将淑女比作花朵吗？很多男性不都长得很像梨吗？这没问题吧？另外，抛开这些比喻，植物有机体与动物有机体之间有着千丝万缕的深层次联系，这是毋庸置疑的！让我们回到莫利亚先生的好文上来。这位学者对大麻种子进行了双粒播种。其中一粒被放在了阳光充裕的地方，另一粒则被放在阳光较少的位置。当时机成熟后，他去检查了这些种子长成的植物。在充分吸收阳光的那棵中，他发现植物的雄性细胞数量占优。而另一棵则是雌性细胞数量占优。(需要提醒的是在大麻身上，我们平均可以找到 112 个雌性细胞和 100 个雄性细胞。)你们怎么看这个实验结果？毫无疑问，光线对于植物的性别的确有作用。强光产生雄性细胞，弱光产生雌性细胞。我的一个邻居——我承认他有点疯狂——想到将莫利亚先生的实验用到人身上。他把自己刚刚怀孕的娇妻锁进了地窖里。而当警察来解救这个可怜的女孩时，当面对附近居民的谴责时，我的邻居却无辜地回答：‘对不起，警官先生，我太想要一个女孩了！’”

我亲爱的克劳德，

A. 塞噶先生将在八天后发布《碧丽蒂斯》的消息，[①]他想问：[②]1. 你是否会亲自给那位著名的女歌唱家伴奏？ 2. 那位著名的女歌唱家是谁？这很急。如果你那边不为难的话，他希望你能从喜歌剧院找一位，在那里，你强大的影响力可以瞬间征服二十个女人。

（让你在那里找的）原因是

——观众貌似只会被演员的名字所吸引，玛丽·米楚小姐和卡勒维小姐带来的上座率可不能同日而语！[③]这个我也信。

塞噶坚持想要乔洁特·勒布朗那样的。我跟他说“绝对不可能”。你也是这个意思吧？你还认识哪位赫赫有名的夜莺？你能用甜言蜜语将她吸引过来吗？

你的，

P.

塞噶的地址如下：

里尔路 25 号。

能找到美女歌唱家的地址：沙巴奈路 12 号。[④]

---

① 阿西伊·塞噶(Achille Segard, 1872—1936)于 1899 年出版了《幻想游记》(*Itinéraire fantaisiste*)，其中包括八篇研究，分别关于保罗·魏尔伦、阿赫芒·西尔维斯特(Armand Silvestre, 1837—1901)、乔治·罗登巴赫、昂利·贝克、儒勒·勒梅特尔、奥克塔夫·米尔波、莫里斯·博尼法斯(Maurice Boniface, 1862—1945)和皮埃尔·瓦达涅(Pierre Valdagne, 1854—1937)。

② 塞噶要在波蒂尼耶剧院举行三首《碧丽蒂斯之歌》的讲座，但德彪西拒绝为当时的歌唱家伴奏。这次活动也因此推迟到了 1899 年 3 月 7 日和 14 日。沙赫勒·柯克兰趁机创作了《阿斯塔特赞美诗》(*Hymne à Astarté*)，由简·阿托(Jane Hatto, 1879—1958)演唱。

③ 艾玛·卡勒维(Emma Calvé, 1858—1942)的首秀于铸币局剧院，在沙赫勒·古诺的歌剧《浮士德》中扮演玛格丽特。儒勒·马斯奈曾为她创作过两个角色，分别是《纳瓦拉少女》(*La Navaraise*)中的阿妮塔和《莎芙》(*Sapho*)中的法妮。

④ 该地址是巴黎最著名的妓院之一。

信封上带有邮戳(14 OCT 98)和地址:
Monsieur Claude Debussy
10 rue Gustave Doré
P.L. E.V.
Autogr.: non localisé*. *Prov.*: Cat. M. Milhau 8 (s.d.), n° 117; anc. coll. Musée des Lettres et des Manuscrits. *Publ.*: Debussy-Louÿs 1945, p. 116 (extrait). *Fac-sim.*: Debussy 1980, p. 94.

1898 – 47

致皮埃尔·路易斯

星期六

1898 年 10 月 15 日

我亲爱的皮埃尔:

你愿意明天星期日午饭后来我家吗?我们必须聊一聊《碧丽蒂斯》了,手写说不清楚。再说最近都没怎么见面,如果能见到你,我会很高兴的。

虽说最后这句话“又酸又甜”,但我依旧是你不可替代的,

克劳德·德彪西

信封上未贴邮票,地址:
Monsieur Pierre Louÿs
Compositeur de Musique
147 B^ard Malesherbes.
Autogr.: F-Pn, Mus., N.L.a. 44 (51). *Prov.*: anc. coll. A. Godoy; Hôtel Drouot, 5 février 1999, n° 186. *Publ.*: Debussy-Louÿs 1931[1], p. 142; Debussy-Louÿs 1942[b], p. 148-149; Debussy-Louÿs 1945, p. 116.

1898 – 48

致皮埃尔·路易斯

星期日

1898 年 10 月 16 日

我亲爱的皮埃尔:

既然你这么不愿意来,那我用手书可就是你逼的了……

弗拉杰霍勒先生、[①] 保罗·戴勒梅先生,[②] 还有我们身边的雷纳多·韩先生,[③] 他们都是在各种各样的场合大获成功的,对于他们的独门绝技,人们赞赏的方式也都不同。

的确,观众已经习惯去听品位低下的音乐了,但这不影响他们去欣赏优秀的(音乐)。

文学方面也是一样的,像波德莱尔、魏尔伦等名字……现在不再显得那么高不可攀了。[④] 这就像我们已经生活在各种误解当中,再多一个又能怎么样呢? 反正不会比法国跟英国之间的那个更严重。[⑤]

---

① 乔治·弗拉杰霍勒(Georges Fragerolle, 1855—1920)是埃赫奈斯·吉鲁的学生,后来成为一位轻歌剧和皮影戏作曲家,常驻夜总会。

② 关于戴勒梅,见书信 1897 – 4。

③ 雷纳多·韩(Reynaldo Hahn, 1875—1947)是儒勒·马斯奈的学生,马塞尔·普鲁斯特的好友,以沙龙歌曲而著称,其中一部分是基于魏尔伦的诗歌所创作。1898 年 6 月 2 日,阿西伊·塞噶举行了一次魏尔伦主题讲座,使用了雷纳多·韩的歌曲,由简·巴托里(Jane Bathori, 1877—1970)演唱,皮埃尔–埃米勒·恩格尔(Pierre-Émile Engel, 1847—1927)伴奏。

④ 保罗·魏尔伦的作品有时会在黑猫夜总会被演唱,他有时还会为夜总会创办的期刊写文章。沙赫勒·波德莱尔则受到了诗人兼音乐家莫里斯·罗利纳(Maurice Rollinat, 1846—1903)的喜爱。

⑤ 1896 年,一支由让–巴普蒂斯特·马赫尚(Jean-Baptiste Marchand)上尉指挥的部队从法属刚果出发,于 1898 年 7 月 10 日占领了位于尼罗河上游法绍达的苏丹驻地,几周后,基齐纳将军率两万英属埃及军团兵临城下。伦敦方面要求马赫尚撤军,一场冲突似乎一触即发。但 11 月 4 日,时任法国外交部长戴卡塞向马赫尚下达了撤离令。1899 年 3 月,法英两国签署协议,确立了英国在该地区的霸权地位。这场危机的和平解决为日后两国达成友好协约铺平了道路。

所以，A. 塞噶先生在《碧丽蒂斯之歌》讲座上的措辞必须华美，激情中要饱含最热切的温柔与最痛心的残酷，以至于那些骄奢淫逸的人在面对可怕又迷人的碧丽蒂斯时都显得小巫见大巫。

现在你告诉我，相比单纯朗诵你的文字，我这三首小曲给你带来了什么新东西呢？什么都带不来，老弟，我甚至觉得我的音乐会扰乱听众们的情绪。

碧丽蒂斯的声音本就是世界上最有说服力的，那么，把它写成大调或小调又有什么好处呢？你会问"那你为什么要给它配乐？"这个嘛，老伙计，这就是另一回事了……这另有玄机。但请相信我，当碧丽蒂斯发声的时候，我们尽管听她独白就是了。①

这还没算其他更具体的难题，比如，我们需要找到一个年轻的女孩子，她会因为我俩这寒碜的相貌而沉浸于学习这三首歌曲，而她只是想获得我们的重视。② 另外还有我这个不争气的东西，在超过两个人面前演奏时就会弹一把错音。

该说的我都说了，希望你能理解。我这是为你好，不是退缩……

满怀深情地。

克劳德·德彪西

信封上未贴邮票，地址：
Monsieur Pierre Louÿs
147. B[ard] Malesherbes.
Autogr.: F-Pn, Mus., N.L.a. 44 (52). *Prov.*: anc. coll. A. Godoy; Hôtel Drouot, 5 février 1999, n° 186. *Publ.*: Debussy-Louÿs 1931[k], p. 35-36; Debussy-Louÿs 1942[a], p. 33-35; Debussy-Louÿs 1945, p. 117-118; Debussy 1980, p. 95; Debussy 1993, p. 138-140.

---

① 1901 年，德彪西同意为《日报》推出的一部碧丽蒂斯舞台剧配乐。见书信 1900 – 52。

② 在珍妮·赫诺（Jeanne Raunay, 1868—1942）拒绝出演后（见书信 1898 – 59），最终由布朗什·马洛（Blanche Marot）于 1900 年 3 月 17 日首演了这套作品。

1898 – 49

致乔治·阿特曼

星期一

1898 年 10 月 17 日

亲爱的阿特曼先生。

很遗憾,我下星期六不能有幸见到您了。如果您同意就不必回复我了。

最友好地。

克劳德·德彪西

Autogr.: non localisé (copie H. Borgeaud). *Prov.*: Hôtel Drouot, 28 avril 1958.

1898 – 50

致勒内·彼得

星期一晚上

1898 年 10 月 24 日

我亲爱的勒内：

如果我们对一个人说“您错了”，那么不仅说这句话的人自己会感到不适，乍一听到它的人也会感到不快。更何况，我不知道我们有什么权力判定任何一个人的错误……虽说在深厚友谊的加持下，这样做是可以被接受的，但请相信我在写接下来这些话的时候还是挣扎了很久。首先，让我感到遗憾的一个原因就是，你的作品属于我最讨厌的戏剧种类。[①] 此外，角色的设定上有些花哨，一切都太仓促、太枯燥，其风格虽然有些细节还差强人意，但在我看来都不够有戏剧性。话说，我觉得这类戏剧中想要出杰作还需漫长的等待！……你要认识到，我们不会和日常生活较劲，它太丑恶了，同时又太崇高了，我们想将它的深不可测或平平无奇转化为艺术形态，这是不可能的。你有没有发现易卜生的戏剧作品是多么美妙绝伦？[②] 当然，我说得也许不对，某些作品被夸大的成功可能会让你觉得自己有道理，但我希望你在去趟那趟浑水之前，再找一个比我更有资质的人咨询一下，或许能得到更可靠的意见。

如果你靠那样的作品获得成功，在我看来对你没有任何好处，我也不会有丝毫的兴趣，你有能力同时也必须做得更好，只有平庸的人

① 勒内·彼得曾对林荫道戏剧很感兴趣，并写了几部轻喜剧，比如《破布》(*Chiffon*，与当萨赫夫人合作)、《我不会背叛我的丈夫》(*Je ne trompe pas mon mari*)、《我妻子的幸福》(*Le Bonheur de ma femme*)，但基本都没有被出版或上演。另见书信 1899 – 104。

② 自欧雷利昂·吕涅–波在著作剧院上演了亨里克·易卜生的戏剧后，他的作品在象征主义圈内变得非常流行。见书信 1894 – 15。

才会在挫折面前丧失斗志,有志向的人则会爆发出新的能量,并练就一身绝技。你必须一往无前地做后一种人。

满怀深情地。

你的,

克劳德·德彪西

Autogr.: non localisé*. *Prov.*: Cat. N. Rauch (24-25 novembre 1958), n° 94; Cat. M. Loliée 90, n° 44. *Publ.*: Debussy 1980, p. 96; Debussy 1993, p. 140.

1898 – 51

致乔治·阿特曼

星期四晚上

1898 年 11 月 3 日

亲爱的阿特曼先生。

请您看在友谊的面子上通融我到下星期一好吗?……请相信我对于这个延期也感到难以忍受。

满怀深情地。

克劳德·德彪西

Autogr.: non localisé (copie H. Borgeaud). *Prov.*: Hôtel Drouot, 28 avril 1958.

1898 – 52

致乔治·阿特曼

星期三
1898 年 11 月 16 日

亲爱的阿特曼先生，[①]

上星期六，为了不影响您下午的美好时光，我有些请求没有说出口。您能允许我今天跟您诉诉苦吗？我是真陷入绝境了，走投无路了（我的头已经痛到神志不清）。

您能预支我 200 法郎并将其存在伏霍蒙那里吗？[②] 或您看您怎么方便都行。《夜曲》的配器还算顺利，说到这里，您真的不是一个唯利是图的出版人，您的品位真的是"超凡脱俗"，虽然我把《夜曲》试演得乱七八糟，但您居然还能听懂一些内容。

对您全心全意的，

克劳德·德彪西

信笺，带有邮戳（16 NOV 98）和地址：
Monsieur Georges Hartmann
3 rue Caumartin.
à Paris.
Autogr.: US-AUS, Carlton Lake Collection. *Prov.*: Hôtel Drouot, 28 avril 1958; anc. coll. L.-P. Vallery-Radot.

---

① 此信笺的邮票处被撕毁。部分内容根据上下文复原。

② 1891 年 5 月 21 日，阿特曼将自己的出版社转让给了厄翟勒，根据与此次出售相关的条款，阿特曼不再被允许介入出版事宜。因此，他请了伏霍蒙出版社作为替代者出版自己旗下作曲家的作品，尤其是德彪西。

1898 – 53

致皮埃尔·路易斯

[1898 年 11 月 19 日]

[让·德·提南走了。[1]]“这当头一棒来得太意外了,我不愿意相信这是真的,一直在期待命运的反转……我希望这封电报能被及时送达,让你能够替我向德·提南夫妇转达我沉痛的心情,[2] 并请他们节哀顺变。[……]”

Autogr.: non localisé. *Prov.*: Château d'Écrouves, 30 juin 1934, n° 45; Cat. Librairie Incidences 14 (1936), n° 178 (datée 9 août 1898). *Publ.*: Debussy-Louÿs 1945, p. 118-119.

---

① 让·德·提南于 1898 年 11 月 19 日星期六去世,年仅 24 岁。1894 年,他曾请德彪西为自己的入葬写一首婚礼进行曲。

② 指让·德·提南的父母,值得一提的是,他是家里的独子。

1898－54

致乔治·阿特曼

星期二

1898年11月22日

亲爱的阿特曼先生。

太感谢了……您依旧是那个我有幸认识和敬爱的大善人阿特曼。话说上星期六伏霍蒙没有把我的一张卡片转给您吗?

总之,下星期六见,未能完工的烦恼现在又掺杂了见不到您的苦闷。

对您全心全意的,

克劳德·德彪西

信笺,盖有花体签名,未贴邮票,地址:
Monsieur G. Hartmann.
3 rue Caumartin.
Autogr.: non localisé*. *Prov.*: Hôtel Drouot, 28 avril 1958; anc. coll. D. Mitropoulos; Cat. T. A. Goldwasser (s.l.n.d.).

1898 – 55

致 E. 施密特

星期五

1898 年 11 月 18 日

先生。

感谢您对《波德莱尔诗五首》感兴趣。然而遗憾的是,对于您的意愿,该作品只有一个版本,而我也无法授权您将其移调。[1]

如果还有什么其他可以帮到您的,请随时联系我。再次衷心感谢。

请接受我的美好祝愿。

克劳德·德彪西

信笺,盖有花体签名,带有邮戳(19 NOV 98)和地址:
Monsieur E. Schmitt.
80 rue Le Sueur. 80.
à Paris.
Autogr.: non localisé*. *Prov.*: Hôtel Drouot, 20 octobre 2004, n° 342; anc. coll. Musée des Lettres et des Manuscrits.

---

① 由于是自费出版,再加上埃蒂安·杜潘的慷慨解囊,德彪西保留了这套作品的版权。杜朗将在 1902 年进行再版。在歌曲的出版问题上,德彪西与当时的主流做法(特别是加布里埃尔·福雷)不同,他从不推出移调版本。然而,到了 1906 年,杜朗发行了一本德彪西的歌曲集,名为《十二首歌曲》(*Douze chants*)。该曲集有高音域和低音域两个版本,其中就包括了《波德莱尔诗五首》中的《喷泉》,它在原调基础上被降了大二度。

1898 – 56

致乔治·阿特曼

星期五晚上

1898 年 11 月 25 日

亲爱的阿特曼先生。

我从未像现在一样后悔没有当一个将军！……不过恐怕此刻做准备为时已晚了，所以我还是继续做我的音乐家吧。况且当音乐家也不是很多人想象得那么简单，不过我们也别在这上面计较了，免得冒犯了谁。虽然我现在每天工作十二小时，但还没到无法无天的地步。您很快就能拿到《夜曲》了。

您什么时候去关照一下曾经喜欢的小可怜《碧丽蒂斯》呀？

对您全心全意的，

克劳德·德彪西

我在有轨电车上碰到 G. 夏庞蒂埃了，他看上去和菲利克斯·福赫一样一本正经，[①] 不过没那么过分，他的音乐与他的头发之间有着奇怪的联系！

Autogr.: non localisé (copie H. Borgeaud). *Prov.*: Hôtel Drouot, 28 avril 1958.

---

① 菲利克斯·福赫（Félix Faure, 1841—1899），1895 年 1 月当选为共和国总统，1899 年 2 月 16 日在埃及突然去世。

1898 – 57

致皮埃尔·路易斯

[1898 年 11 月底(12 月初)(?)][1]

"[……]那个传说中的演讲者今早来拜访我了![2] 我当然想给你面子,但我手上目前没有任何人可予以此任,尤其是在这么短的期限内。[……]"

Autogr.: non localisé. *Prov.*: Cat. H. Schneider 102 (1964), n° 69; Cat. Stargardt 591 (13-14 novembre 1969), n° 591; Cat. H. Schneider 156 (1970), n° 31.

1898 – 58

致朱利安·托谢

[1898 年 12 月 1 日]

"[……]《佩雷亚斯与梅利桑德》想要摆脱所有格式,无论是瓦格纳式还是其他什么式。我尝试去唤醒一条美的法则,而人们在写歌剧时恰恰经常忘记这条法则。剧中的人物应该像正常人一样歌唱,而不是被套上一种难以理解的语言,无论是法语还是德语。[……]"

Autogr.: non localisé. *Publ.*: *Comœdia* (18 juin 1908).

① 该日期根据后一封信所推断。

② 关于塞噶,见书信 1898 – 46。

1898－59

致乔治·阿特曼

星期二

1898 年 12 月 6 日

亲爱的阿特曼先生。

您或许会对我很苛刻，或许会说“这德彪西就是个土耳其畜生！”所以，我现在来给您汇报近况了……当然，我一定是生病了(头痛、神经衰弱等等)，但您下星期六一定可以拿到一两首《夜曲》的配器版了，我正在尽我所能地去完成！……如果这不够，如果其他人抢了我的位置，那就有他们好看的了！……

您能帮我个忙，抽一份《碧丽蒂斯之歌》的校稿给我吗？那个演讲者 A. 塞噶似乎很不靠谱，所以需要给他的讲座来点硬货。他给 P. 路易斯写了一封令人心碎的信，希望能让我回心转意。因此，尽管他很过分，但我还是不忍拒绝。①

满怀深情地。

克劳德·德彪西

您听过拉法格小姐的声音吗？② 还有，您认为赫诺女士会不会更合适(万一她答应呢)？③

Autogr.: non localisé (copie H. Borgeaud). *Prov.*: Hôtel Drouot, 28 avril 1958; Hôtel Drouot, 27 octobre 1961, n° 41.

---

① 关于这次讲座，见书信 1898－46、书信 1898－47 和书信 1898－48。

② 玛丽·拉法格(Marie Lafargue, 1871—？)于 1895 年 4 月在巴黎歌剧院首秀，饰演《奥赛罗》(*Othello*)中的苔丝狄蒙娜。1905 年又于喜歌剧院上演的《卡门》中首秀。

③ 珍妮·赫诺是作家安德烈·博尼耶(André Beaunier, 1869—1925)的妻子，加布里埃尔·福雷曾将《夏娃之歌》(*Chanson d'Ève*)献给她。赫诺曾在巴黎和蒙特卡洛的剧院中任角。她拒绝了演唱《碧丽蒂斯之歌》。《佩雷亚斯与梅利桑德》首演后，她曾向阿勒拜赫·卡雷申请扮演佩雷亚斯的角色！见书信 1902－43、书信 1902－44 和书信 1902－50。

1898 – 60

致乔治·阿特曼

[1898年12月10(17)日]
星期六

亲爱的先生。

您可以鄙视我，但我必须做一件事：重写原本今天要带给您的20页《夜曲》配器。我似乎是故意这样做的！但我觉得既然都等这么久了，那一定要确保万无一失后，再把音乐放到同行们的舌剑唇枪之下，您说是不是？

请原谅。

您的，

克劳德·德彪西

Autogr.: non localisé (copie H. Borgeaud). *Prov.*: Hôtel Drouot, 28 avril 1958; Cat. J. Lambert 36 (1959), n° 36.

1898 – 61

致勒内·彼得

[1898 年 12 月][①]

在这个 12 月的下午
鸢尾花和龙涎香在飘浮
有电铃声叮叮
(就像命运嘲讽之音!)
打破冥想
打破和祥。
原来是你的书信到访
约我前往汉堡路,[②]
接受邀请心花怒放
但希望届时无人敲鼓!
最好是朗格多克式的圣诞节
让我们在古乐器上寻找和谐。
我将到皇家路找你
在啤酒纯正的韦伯那里[③]
七点半粗估
来自帕西处[④]
那个音律协调的国度……[⑤]

---

① 日期位于书信末尾处。

② 这是勒内·彼得的地址。

③ 关于韦伯咖啡馆,见书信 1893 – 62。

④ 阿图·枫丹住在帕西区,葡萄园路。

⑤ 关于音律协调,见书信 1897 – 1。

你的,

克劳德·德彪西
星期日
98 年 12 月

Autogr.: US-AUS, Carlton Lake Collection. *Prov.*: Cat. N. Rauch (24-25 novembre 1958), nº 94. *Publ.*: Peter 1944, p. 201 (non datée). *Fac-sim.*: Peter 1944, entre les p. 184-185; Gauthier, nº 64. *Exp.*: Paris 1942, p. 52, nº 218.

1898 – 62①

致皮埃尔·路易斯

［1898 年(？)］
星期一早晨

亲爱的皮埃尔。

你能为我做一件海底捞月的事吗：明天星期二一早给我寄 20 法郎？我遇到了大麻烦，还被围堵……就在此刻也没好到哪里。

你的，

克劳德

信笺，未贴邮票，地址：
Réponse
Monsieur Pierre Louÿs
147 B[ard] Malesherbes.
Autogr.: US-PHf. *Prov.*: anc. coll. A. Hartmann. *Publ.*: Hsu-Grolnic-Peters, p. 257.

---

① 从本编号起，我们将内容无法透露详细日期的短篇书信(仅限 1898 年)整理在了一起。

1898 – 63

致皮埃尔·路易斯

[1898年(?)]
星期三晚上

我亲爱的皮埃尔,

明天晚上我不能去你家吃晚饭了,我很遗憾。

现在,我就当你星期六过来上课了,并且会预支我20法郎。[①]

?

我真是很难为情。

我是你的,

克劳德

如果可以,请把钱交给送信人。

Autogr.: non localisé (copie G. Serrières).

---

① 在书信1898 – 30中,皮埃尔·路易斯提到了要找德彪西上和声课的事。

1898 – 64

致皮埃尔·路易斯

［1898 年(？)］

?

皮埃尔·路易斯应该在他生活的音乐中少写一些休止符,并多想想

克劳德

他的朋友。

?

信封上未贴邮票,也没有地址,只写了:
Monsieur Pierre Louÿs.
Autogr.: F-Pn, Mus., N.L.a. 44 (53). *Prov.*: anc. coll. A. Godoy; Hôtel Drouot, 5 février 1999, n° 186. *Publ.*: Debussy-Louÿs 1931[j], p. 374; Debussy-Louÿs 1942[b], p. 150; Debussy-Louÿs 1945, p. 114.

1898 – 65

致皮埃尔·路易斯

[1898年(?)]

你今晚在家吗?我能过来吃饭吗?我永远都是你的,

克劳德·德彪西

我没开玩笑啊!

Autogr.: non localisé. *Prov.*: Cat. S. Kra 19 (juin 1929), n° 7528. *Publ.*: Debussy-Louÿs 1945, p. 121.

1898 – 66

致皮埃尔·路易斯

[1898年(?)]

星期六可以,但我要先见一下勒内·彼得,这对我来说很重要。

你的老,

克劳德

如果不行那就换一天。

信笺,盖有花体签名,未贴邮票,也没有地址。

Autogr.: non localisé*. *Prov.*: Cat. H. Saffroy (s.d.), n° 96; anc. coll. M. Mann; Hôtel Drouot, 23 février 1973, n° 53; Cat. A. Blaizot 342 (1974), n° 4250. *Publ.*: Debussy-Louÿs 1945, p. 121.

1898–67

致皮埃尔·路易斯

[1898年(?)]

谢谢,(此处虽然没有乐队,但有我的诚心)你当然是最可爱的人。
我等一下去看你,两点半左右。
你的,

克劳德

Autogr.: US-NHub, Frederick R. Koch Collection. *Prov.*: Cat. Les Argonautes (décembre 1983), n° 42.

1898–68

致皮埃尔·路易斯

[1898年(?)]

我非常想见你,我等一下能过来吗?无论如何,我四点半以前都在家。

祝好。

CD

名片,印有:
CLAUDE DEBUSSY
10. rue Gustave Doré
Autogr.: non localisé (copie G. Serrières). *Prov.*: Château d'Écrouves, 30 juin 1934, n° 48.

1898－69

致皮埃尔·路易斯

［1898 年（？）］

我的舒曼！天杀的！

名片，印有：
CLAUDE DEBUSSY
10. rue Gustave Doré
Autogr.: non localisé (copie G. Serrières). *Prov.*: Château d'Écrouves, 30 juin 1934, n° 48; Cat. Librairie Incidences 8 (1934), n° 298.

1898－70

致皮埃尔·路易斯

［1898 年（？）］

［德彪西第二天不能接待路易斯吃午饭。］"不好意思，你能改到星期日吗？我有个道德方面的情况想要咨询你。［……］"

Autogr.: non localisé. *Prov.*: Cat. S. Kra 23 (décembre 1930), n° 8837. *Publ.*: Debussy-Louÿs 1945, p. 119.

1898 – 71

致皮埃尔·路易斯

[1898年(?)]

“……请做个人吧,星期五晚上请你待在家,我需要找你聊聊,还有,你应该写了不少音乐了吧……”

Autogr.: non localisé. *Prov.*: Cat. S. Kra 17 (juin 1928), n° 6940.

1898 – 72

致皮埃尔·路易斯

[1898年(?)]

“[……]因为一个愚蠢的意外,那天晚上没能见到你,我当时去乡下了,刚回来。

现在,给我一个可以去见你的时间,因为……我非常想见你。[……]”

Autogr.: non localisé. *Prov.*: Cat. Stargardt 641 (9-10 mars 1988), n° 808.

1898 – 73

致卡图尔·门德斯

[1898年(?)]

"我亲爱的大师,

谢谢您想到上演《绝代才女》,但是:

1. 我现在找不到人可以演唱这首作品;

2. 我担心用钢琴会让作品变得太冷清且缺乏意义,尤其是在暧昧喜剧剧院这样的大厅里(话说阿特曼完全同意我的观点);[①]

3.《绝代才女》已经用乐队演奏过了,再用阉割的钢琴版演奏是有风险的,而我还没有传奇到可以冒这个险……"

Autogr.: non localisé. *Publ.*: Dietschy, p. 130.

---

① 关于暧昧喜剧剧院的辰时公众系列演出,见书信 1897 – 57。

1898 – 74

致勒内·彼得

[1898年(?)]
星期一

亲爱的勒内:

抱歉……我这里突然来了件麻烦事,我需要去处理。你能把我们的预约换成明天同一时间吗?

你的,

克劳德

信笺,盖有花体签名Ⓒ,未贴邮票,地址:
Monsieur René Peter
93 rue Jouffroy.
Autogr.: US-NYpm, MLT D289.P478 (12). *Prov.*: Cat. N. Rauch (24-25 novembre 1958), n° 94; Cat. Stargardt 574 (11-13 novembre 1965), n° 901; Cat. Stargardt 595 (16-17 février 1971), n° 577; anc. coll. M. G. Cobb.

1898 – 75

致勒内·彼得

[1898年(?)]
星期一晚上

我亲爱的伙伴，

如果你愿意明天下午两点开始一起排忧解难，就和送信人说同意。她是我的管家，亲爱的！

Autogr.: non localisé. *Prov.*: Cat. N. Rauch (24-25 novembre 1958), n° 94. *Pub.*: Peter 1944, p. 211 (non datée).

1898 – 76

致勒内·彼得

[1898年(?)]
星期三

“……明天的惯例预约可以改到四点吗？这不会影响到你的个人安排吧？……”

Autogr.: non localisé. *Prov.*: Cat. N. Rauch (24-25 novembre 1958), n° 94; Cat. Stargardt 651 (26-27 mars 1992), n° 1001; Cat. Stargardt 663 (21-22 mars 1996), n° 799.

1898 – 77

致勒内·彼得

[1898年(?)]
“星期三”

[关于他们第二天的预约]“向那个可怜的杰西致敬。……你的老，

克劳德

最美丽的头发属于梅利桑德。梅特林克(根特的香水制造者)”

Autogr.: non localisé. *Prov.*: Cat. N. Rauch (24-25 novembre 1958), n° 94; Cat. Erasmushaus 45 (12-13 novembre 1968), n° 983; Cat. International Autograph 21 (1970), n° 19.

1898 – 78

致勒内·彼得

[1898年(?)]
星期四早晨

[“我亲爱的勒内,

我们八点整会在‘金狮’吃晚餐,然后去展览首秀……你的

克劳德”][①]

名片,印有:
CLAUDE DEBUSSY
10. rue Gustave Doré
Autogr.: non localisé. *Prov.*: Cat. R. Gross (Summer 2000), n° 29.

① 该文法语原文翻译自英语。

1898 – 79

致勒内·彼得

[1898 年(?)]
星期五早晨

亲爱的朋友,

昨天我准备给你写信的时候,我被马赫德鲁化了,① 从五点到七点……在那之后,我只想到了死亡。② 抱歉,等下一点半见。

你的,

Cld

Autogr.: US-NYpm, MLT D289.P478 (6). *Prov.*: Cat. N. Rauch (24-25 novembre 1958), n° 94; anc. coll. M. G. Cobb. *Publ.*: Peter 1944, p. 205 (non datée).

---

① 约瑟夫–沙赫勒–维克多·马赫德鲁(Joseph-Charles-Victor Mardrus, 1868—1949)刚刚出版了自己翻译的《一千零一夜》第一卷(共十六卷,于 1904 年全部完成)。1901 年 6 月 23 日,德彪西在一封书信中提到自己在安德烈·吉德家结识了马赫德鲁。

② 应该是在影射德彪西即将在 1899 年创作的《摇篮曲》。

1898 – 80

致勒内·彼得

[1898年(?)]
星期六早晨

老勒内。

我醒来的第一个反应就是问你是否愿意和我一起吃晚饭。这样的苏醒真是“丝滑”。

快说可以,我
拥抱你。

克劳德

信笺,盖有花体签名,未贴邮票,地址:
Monsieur René Peter.
93 rue Jouffroy.
Autogr.: US-NYpm, MLT D289.P478 (5). *Prov.*: Cat. N. Rauch (24-25 novembre 1958), n° 94; anc. coll. M. G. Cobb. *Publ.*: Peter 1944, p. 208 (non datée); Cobb 1982, p. 188-189; Cobb 1994, p. 204-205.

1898 – 81

致勒内·彼得

[1898年(?)]
星期六五点半

我亲爱的勒内，

你愿意今晚十一点半在韦伯等我吗？或者明天早晨十一点在你家？主要是为了……你知道的……

你的，

克劳德

Autogr.: non localisé (copie H. Borgeaud). *Prov.*: Cat. N. Rauch (24-25 novembre 1958), n° 94.

1898 – 82

致勒内·彼得

[1898年(?)]
星期六五点半

我亲爱的勒内,

抱歉,我本想当面感谢你送我的精致开信器,但一些琐事把我缠住了。话说,我们总是被琐事干扰并无法去做自己最喜欢的事。

那么就让我在这张灰里透白的纸上表达自己的感激之情吧——这纸的颜色就像一个阴雨天的早晨,一丝阳光透过云层。此外我还附了一些零钱,这肯定达不到开信器的价值,但这是为了破解附着在尖锐物体上的法术,我也不知道为什么要这样。

不久后见,我是你的好朋友,

克劳德·德彪西

Autogr.: non localisé (copie H. Borgeaud). *Prov.*: Cat. N. Rauch (24-25 novembre 1958), n° 94.

1898 – 83

致勒内·彼得

[1898 年(?)]
星期日早晨

我亲爱的勒内,

我被迫需要将晚上腾出来了,因为我参与了艾蒂安和马吉的计划。[①]

不过我们约了六点半在圣拉扎尔火车站的天桥咖啡馆见面,欢迎你的加入。

总之,明天四点在我家见。

你的,

克劳德·德彪西

Autogr.: non localisé (copie H. Borgeaud). *Prov.*: Cat. N. Rauch (24-25 novembre 1958), n° 94.

① 查无此二人。

1898 – 84

致勒内·彼得

［1898年(?)］
“星期日

［……德彪西请求将明天星期一两点一刻的预约延后，他要到四点才能回到家］“如果你可以，那最好不过，如果不行，那就改成星期二两点半。［……］”

Autogr.: non localisé. *Prov.*: Cat. N. Rauch (24-25 novembre 1958), n° 94; Cat. G. Morssen (hiver-printemps 1974), n° 231; Cat. I. Nebehay (1977), n° 57.

1898 – 85

致勒内·彼得

［1898年(?)］

我的老伙计，

我没有见到皮埃尔·路易斯。你能把我们的见面改到星期五吗？

克劳德

名片，印有：
CLAUDE DEBUSSY
10. rue Gustave Doré
Autogr.: non localisé (copie H. Borgeaud). *Prov.*: Cat. N. Rauch (24-25 novembre 1958), n° 94; Cat. Christie's (12 novembre 1999), n° 30.

1898－86

致勒内·彼得

[1898年(?)]

感谢你老弟，

我们星期三一点半准时见面，就像那个即将结婚的年轻人说的那样。

你的，

克劳德

用铅笔所写。

Autogr.: US-NYpm, MLT D289.P478 (4). *Prov.*: Cat. N. Rauch (24-25 novembre 1958), n° 94; anc. coll. M. G. Cobb.

1898－87

致勒内·彼得

［1898年(?)］

亲爱的勒内，
书都在这里了
还有这个
克劳德·德彪西
你的朋友
你要告诉装订工《入侵者》属于玫瑰三部曲的一部分。[①]

名片，印有：
CLAUDE DEBUSSY
10. rue Gustave Doré
Autogr.: non localisé (copie H. Borgeaud). *Prov.*: Cat. N. Rauch (24-25 novembre 1958), n° 94.

---

①《入侵者》(1889年)是邓南遮第一部小说的法语书名［乔治·埃雷尔翻译，1893年由卡勒曼－莱维(Calmann-Lévy)出版社出版］。这部小说也是"玫瑰三部曲"的第一部分，另外两部分别是《无辜者》(*L'Innocente*, 1892)和《死的胜利》(*Le Triomphe de la mort,* 1894)。

1898 – 88

致勒内·彼得

[1898年(?)]

我的老伙计,

你愿意今晚一起度过吗?如果愿意,八点半来金狮找我。

你的,

克劳德

哦还有,

你的,

德彪西

Autogr.: non localisé. *Prov.*: Cat. N. Rauch (24-25 novembre 1958), n° 94. *Publ.*: Peter 1944, p. 203 (non datée).

1898 – 89

致勒内·彼得

［1898 年(?)］

“我们定在星期五十二点半吃午饭吧，除非我当选为议会主席。”

Autogr.: non localisé. *Prov.*: Cat. N. Rauch (24-25 novembre 1958), n° 94. *Publ.*: Peter 1944, p. 203 (non datée).

1898 – 90

致勒内·彼得

［1898 年(?)］

“我有一个很大的麻烦外加一个很大的悲伤……人无完人……既然我不会对自己撒谎，也不会演戏，我取消了……并且请他推迟星期六的小聚餐。

我相信你不会生我气的，而且你明白为此哭泣是没有用的。”

Autogr.: non localisé. *Prov.*: Cat. N. Rauch (24-25 novembre 1958), n° 94. *Publ.*: Peter 1944, p. 207 (non datée).

1898－91

致勒内·彼得

[1898年(?)]

[德彪西成为了当萨赫夫人的秘书,他宣布后者不能与他共同前往一次戏剧演出,除非上帝或多项条件允许。否则,]**“这梅内利克式的黝黑皮肤是由于和各种医生、牙医,还有建筑承包商见面。**[……]”①

Autogr.: non localisé. *Prov.*: Cat. N. Rauch (24-25 novembre 1958), nº 94. *Publ.*: Peter 1944, p. 208 (non datée).

① 梅内利克(Ménélik/Ménélick, 1842—1913),埃塞俄比亚国王,后为皇帝。他击退了试图征服埃塞俄比亚的意大利军队,在阿德瓦(1896年3月)将其痛击。

1898 – 92

致勒内·彼得

［1898年(？)］

你愿和我吃晚饭吗？……如果愿意，那七点半在雷诺兹那里见。尽量一个人来，我需要和你聊聊《死亡的悲剧》。

Autogr.: non localisé. *Prov.*: Cat. N. Rauch (24-25 novembre 1958), n° 94. *Publ.*: Peter 1944, p. 211 (non datée).

1898 – 93

致勒内·彼得

［1898年(？)］

“尽管你是个无赖［……］”［德彪西要将预约改到星期六。］“你的老疯子［……］”

Autogr.: non localisé. *Prov.*: Cat. N. Rauch (24-25 novembre 1958), n° 94; Cat. Privat 318 (été 1960), n° 1731.

1899-1

致乔治·阿特曼

星期日
卡迪内路 58 号
1899 年 1 月 1 日

亲爱的阿特曼先生:

我本想亲自前去献上祝福,但我被支气管炎困在房间里了……最近,我的生活中发生了不少事情,首先,我搬家了,[①] 其次,我的秘书杜鹏小姐"不干了"。[②] 这糟心的事情真是不少,虽然我们是音乐家,但我们也是人啊。[③] 除了给您弹三首《夜曲》外,我们现在都见不到面了。您肯定生我气了,这不是没有原因的,[④] 也许您在心里埋怨我?

满怀深情地。

克劳德·德彪西

信笺,盖有花体签名,带有邮戳(1 JANV 99)和地址:
Pneumatique
Monsieur Georges H[artmann]
3 rue Caumartin.
à Paris.
Autogr.: US-AUS, Carlton Lake Collection. *Prov.*: Hôtel Drouot, 28 avril 1958; Cat. V. Degrange 61 (1960), n° 101bis; anc. coll. L.-P. Vallery-Radot. *Publ.*: Debussy 1980, p. 96-97; Debussy 1993, p. 141.

---

① 自 1898 年 12 月起,德彪西搬到了卡迪内路 58 号的一个位于第五层的小两居室。
② 我们就是从这里得知了德彪西与嘉比在同居七年后彻底分手。
③ 德彪西在此模仿了莫里哀(Molière, 1622—1673)的《伪君子》(*Tartuffe*)片段:"啊! 虽然我很虔诚,但我也是人啊!"(第三幕第三场,第 966 行)。
④ 该信笺的邮票被剪下来了,导致书信的一部分内容无法阅读。包括此处在内的文字出自一铅笔所写的批注,作者不详。

1899 – 2

致米雪・沃姆・德・罗密伊

1899 年 1 月 1 日

克劳德・德彪西

Autogr.: non localisé*. *Prov.*: Cat. C. Aguttes (12 décembre 2002), n° 191. *Exp.*: Paris 1942, p. 51, n° 215.

1899 – 3

致皮埃尔·路易斯

星期六晚上
1899 年 1 月 14 日

我亲爱的皮埃尔:

今天下午你能过来看我吗(我会一直待到四点半)? 不是你想的那样,我不是叫你来打牌的,而是我需要见你,请你重视这点。

你的,

克劳德

你知道你从明天开始会欠我 30 法郎的赔偿金加利息, ……我不鼓励你继续这样下去。①

信封上未贴邮票,地址:
Réponse
Monsieur Pierre Louÿs
147 Boulevard Malesherbes.
Autogr.: F-Pn, Mus., N.L.a. 44 (55). *Prov.*: anc. coll. A. Godoy; Hôtel Drouot, 5 février 1999, n° 186. *Publ.*: Debussy-Louÿs 1931[1], p. 142-143; Debussy-Louÿs 1942a, p. 26; Debussy-Louÿs 1945, p. 124.

---

① 这是因为皮埃尔·路易斯在给勒内·彼得写前言的这件事上一直拖延。见书信 1897 – 26。

1899－4

致乔治·阿特曼

星期日

1899 年 1 月 15 日

亲爱的阿特曼先生。

这里先给您一首《夜曲》![1]……其余的很快会到……

请原谅,我最近过得非常悲伤,而且我在给这些《夜曲》配器的时候曾一度发疯!结果需要全部推倒重来。我知道我让您很恼怒,然而,命运残酷地干预了我的生活,希望您足够善良,不要联合它一起对付我。

请您不要放弃我们的友谊,我现在只敢寄希望于这点了。

亲切地。

克劳德·德彪西

卡迪内路 58 号

请您将第一页(标题)保留好,它要被用来精装。[2]

Autogr.: US-NHub, Yale University, Frederick R. Koch Collection. *Prov.*: Hôtel Drouot, 28 avril 1958, n° 13; Cat. G. Morssen (octobre 1959), n° 98; Cat. Sotheby's (2-4 juin 1980), n° 419 (avec fac-sim. partiel); Cat Christie's (5 mai 1982), n° 145.

---

① 应该是《节日》(*Fêtes*)。

② 这是手稿的第一页,上面写着:"献给乔治·阿特曼《夜曲》,1. = 云; 2. = 节日; 3. = 海妖。克劳德·德彪西,巴黎,1898—1899。"文献编号: F-Pn, Mus., Ms. 23568。

1899 – 5

致皮埃尔·路易斯

[1899 年 1 月 21 日]

我亲爱的皮埃尔。

我今晚本来很想见你,但好巧不巧,你却出门去了,我斗胆说这可不好笑。我本来还想对你表示感谢,你依旧是那么善良,除了在劝我喝玛利亚尼酒这件事上,① 我可不喝可乐。如果你明天有空,而且没有比我更好的乐子可以找,你愿意和我吃晚饭吗?请于四点前回个信。

你的,

克劳德

信封上有邮戳(1 JANV 99)和地址:
Monsieur Pierre Louÿs
147 Boulevard Malesherbes.
à Paris.
Autogr.: F-Pn, Mus., N.L.a. 44 (56). *Prov.*: anc. coll. A. Godoy; Hôtel Drouot, 5 février 1999, n° 186. *Publ.*: Debussy-Louÿs 1931[1], p. 143 (datée 21 janvier 1900); Debussy-Louÿs 1942[b], p. 160 (non datée); Debussy-Louÿs 1945, p. 133 (datée 21 janvier 1900).

① 这是一种当时著名的饮料,混合了波尔多红酒和可乐,于 1863 年由科西嘉化学家安杰罗·玛利亚尼(Angelo Mariani, 1838—1914)在塞纳河畔讷伊的实验室里调配而成。他也是《玛利亚尼相册》的发起者,该相册收录了当时知名人士的照片。皮埃尔·路易斯拒绝被收录其中。

1899 – 6

致乔治・阿特曼

星期日

1899 年 1 月 22 日

亲爱的阿特曼先生。

谢谢您热情的来信……我居然怀疑了您的友谊，真是昏了头了，请原谅我，也请原谅很多其他的事情！……抑郁有一个可悲的特点，那就是让我们从一个畸形的角度来看待人与事。现实中的痛苦本来已经够多了，然而抑郁还会凭空制造出更多烦恼。

您会在下星期四收到另一首新的《夜曲》，星期六会收到最后一首，[①] 届时如果我的状态可以见人，我将亲自给您带过来，而且我也会非常高兴见到您。

满怀深情地。

克劳德・德彪西

Autogr.: non localisé*. *Prov.*: Hôtel Drouot, 28 avril 1958; Cat. J. Lambert 33 (s.d.), n° 36; Cat. Librairie de l'Abbaye 33 (1964), n° 36; Cat. H. der Bücher (24-26 octobre 1984), n° 1756 (avec fac-sim.); Cat. Les neuf Muses (printemps 1991), n° 234; Cat. Les neuf Muses, *Collection d'autographes musicaux* (s.d.), p. 57 (avec fac-sim.); Cat. Arts & *Autogr.*phes 40 (octobre 2007), no 118 (avec fac-sim.); Cat. *Autogr.* phes Musicaux (14 novembre 2008), no 55 (avec fac-sim.); anc. coll. E. Van Lauwe; Neuilly-sur-Seine, 23 juin 2022, n° 40.

---

① 事实上，德彪西直到 1899 年下半年才把《夜曲》交给乔治・阿特曼。

1899 – 7

皮埃尔·路易斯致德彪西

[1899 年 1 月 23 日][①]

你昨天去拉穆勒了吗?[②] 去的人包括福雷、宇、[③] 波利尼亚克、[④] 雅

① 该信的日期根据信中提到的内容而推断:理查德·施特劳斯(Richard Strauss, 1864—1949)《查拉图斯特拉如是说》(*Ainsi parlait Zarathoustra*)在法国的首演。

② 1899 年 1 月 22 日的拉穆勒音乐会由理查德·施特劳斯指挥,曲目包括:贝多芬《第七交响曲》(Op. 92)、施特劳斯《查拉图斯特拉如是说》、理查德·瓦格纳《罗恩格林》《纽伦堡的名歌手》的序曲。关于德彪西对施特劳斯的评价,见书信 1900 – 18。另见 Debussy 1987, p. 137-140。

③ 乔治·宇(Georges Hüe, 1858—1948),作曲家,曾师从昂利·雷柏(Henri Reber, 1807—1880)和塞萨尔·弗朗克。

④ 关于波利尼亚克,见书信 1895 – 7。

克·布朗什、米夏·纳当松、[①]埃赫芒、[②]克拉皮耶、[③]布朗科万、[④]吉勒拜

① 塔德·纳当松(Thadée Natanson, 1872—1956),原名为米夏·戈戴斯卡(Misia Godebska),后又相继成为爱德华兹夫人和塞赫夫人。她师从加布里埃尔·福雷,是一位优秀的音乐家。她曾为画家爱德华·维亚尔(Édouard Vuillard, 1868—1940)的缪斯、莫里斯·拉威尔(Maurice Ravel, 1875—1937)的密友,也是整个巴黎名流界的宠儿。作为谢尔盖·佳吉列夫(Serge Diaghilev, 1872—1929)最好的朋友,纳当松被称为"俄国芭蕾最鲜艳的玫瑰"。她曾在皮埃尔·路易斯家中见到了德彪西,后者曾演奏了《佩雷亚斯与梅利桑德》的选段(见书信 1894 – 31):"皮埃尔·路易斯住在格鲁克路(笔误,应该是格雷特里路),有一天,聚集了好几位朋友来聆听一首佳作:那是德彪西的《佩雷亚斯》,他亲自在一台立式钢琴上演奏,并且还演唱相应角色的部分。我是在场唯一的女性。一位身着白色外套的男仆传递着鸡尾酒。我这辈子都没有喝过。那时的鸡尾酒是用一系列黄色、绿色、红色的液体制成,它们在玻璃杯里仍旧以圆环状叠加起来。我吞了几口,躺在一张太妃椅上,面对着一个真人大小的日本娃娃赞叹不已。我只是漫不经心地听着梅特林克的歌词,只有德彪西的触键打动着我。"见 Misia Sert, *Misia,* Paris, Gallimard, 1952, p. 39。纳当松非常欣赏《佩雷亚斯与梅利桑德》,也喜爱德彪西的艺术,她还在 1913 年 5 月邀请安德烈·吉德、雅克–埃米勒·布朗什和让·科克托(Jean Cocteau, 1889—1963)到自己的包厢来看德彪西《游戏》(*Jeux*)的预演。

② 阿贝尔·埃赫芒(Abel Hermant, 1862—1950)是一位多产的小说家,以《米塞利骑士》(*Le Cavalier Miserey*, Paris, Charpentier, 1887)而闻名,此作品是自然主义对军营生活的嘲讽。之后,埃赫芒又在布赫热式的"心理学小说"创作[《社会史回忆录》(*Mémoires pour servir à l'histoire de la société*)]、对上层社会和国际社会的观察[《横渡大西洋》(*Transatlantique*, Paris, Ollendorff, 1897)]等方面颇有建树。

③ 克拉皮耶–科隆格(Clapiers-Collongues)侯爵是当时艺术联盟的成员。

④ 康斯坦丁·德·布朗科万王子(Constantin de Brancovan, 1875—1967),马塞尔·普鲁斯特的朋友。

赫·德·瓦赞、[1]库吕、[2]普儒,[3]还有三千多人,他们同样声名显赫,大家都是为了听一个叫理查德的人,[4]那不是我的理查德。[5]

如果你在场,照你的智力和偶尔对音乐的高品位(哦!我们就不要夸大其词了吧!),你应该会感到很悲哀的。我们听到的东西像是一首丹第在梅耶贝尔歌剧上写的幻想曲,而且沉重如泰山压顶。作者为这部作品搭配了一篇引导短文,我把它当作哲学或文学作品推荐给你。它就像沙赫勒·格朗穆冉诠释的尼采(我不知道你喜不喜欢这个……[6])

总之,我们根本没把它当成一回事。

我把家庭旅行调到明天了。如果你想今晚来吃晚饭,我将会用苏格兰人好客的热情招待你。[7]

祝好

P.

---

① 关于吉勒拜赫·德·瓦赞,见书信 1897 – 27。

② 马克思·勒内·维伊(Max René Weill),人称罗曼·库吕(Romain Coolus, 1868—1952),到 1897 年一直是《白色杂志》的剧评人,他还创作了不少轻喜剧作品,兼具感性与讽刺,如《小瘟疫》(*Petite Peste*, 1905)或《心连心》(*Cœur à cœur*, 1907)。

③ 保罗·普儒(Paul Poujaud, 1856—1936),律师、音乐发烧友、瓦格纳的信徒。他的朋友包括樊尚·丹第、埃赫奈斯·肖松、埃马努埃尔·夏布里埃、加布里埃尔·福雷和保罗·杜卡。

④ 威利在 1899 年 1 月 24 日《巴黎回声》的专栏中也提到了一些听众,除了皮埃尔·路易斯,还有皮埃尔·德·布莱维勒、保罗·杜卡和罗杰 – 杜卡斯(Roger-Ducasse, 1873—1954)。

⑤ 指路易斯赞赏的理查德·瓦格纳。

⑥ 沙赫勒·格朗穆冉(Charles Grandmougin, 1850—1930),多部悲剧和歌剧剧本作者,包括塞萨尔·弗朗克的《霍尔达》(*Hulda*)、本杰明·高达的《塔索》(*Le Tasse*)、儒勒·马斯奈的《圣母》(*La Vierge*)。

⑦ 皮埃尔·路易斯在此处的原文中使用了英语。

你应该尽快开始改革音乐了,因为它不能再和十五年前一模一样了。如今,想要写好一个和声解决,我们必须拥有上帝的能力才行。我们在神秘的深渊中陷得如此之深,以至于需要十二个低音提琴来援救,然后它们在头五小节就去"孤注一掷"了。不过观众倒是很喜欢这样。这批观众在适当的时候还是显得很时尚嘛!(然而,这一切却都是为了服务于一堆痴呆的主题,痴呆!你敢信!①)

信封上未贴邮票,地址:
à porter
Monsieur Claude Debussy
58 rue Cardinet
Autogr.: F-Pn, Mus., N.L.a. 45 (39). *Prov.*: anc. coll. A. Godoy; Hôtel Drouot, 5 février 1999, n° 187. *Publ.*: Debussy-Louÿs 1931[d], p. 138-139 (non datée); Debussy-Louÿs 1943d, p. 117-118 (non datée); Debussy-Louÿs 1945, p. 124-125.

---

① 路易斯对《查拉图斯特拉如是说》的评价与罗曼·罗兰的很相似,后者听完同一场音乐会之后,在自己的日记中写道:"音乐方面,他的配器威力十足,饱含各种独特的效果,但归根结底还是很庸俗,里面有舒曼的惶恐,有门德尔松的忧郁,有瓦格纳的气质,有古诺醉酒后的欢乐。"见 Richard Strauss et Romain Rolland, *Correspondance, fragments et Journal, Cahiers Romain Rolland 3* (1951), p. 117。

1899 – 8

致勒内·彼得

星期一
1899 年 1 月 23 日
一点半

我收到了 P. L. [皮埃尔·路易斯]的一封信,他跟我聊到了理查德·施特劳斯、尼采以及纳当松夫人[①](我不知道你是不是更喜欢纳当松夫人的波兰式美貌,而不是尼采的德式天才)。他告诉我他准备去埃佩尔奈,[②]还邀我吃晚饭,因为他不知道之后什么时候才能见到我。

虽然他什么都说,但就是不提你的前言,[③]看来我需要去和他吃这顿饭了,我会尽量将这个令人恼火的问题一次性解决掉。

请原谅我这个临时的决定,并且允许我把见你的快乐留在明天享受吧(同一时间,同一地点)。

你的,

克劳德·德彪西

Autogr.: non localisé (copie H. Borgeaud). *Prov.*: Cat. N. Rauch (24-25 novembre 1958), n° 94. *Publ.*: Peter 1944, p. 217 (incomplète).

---

① 见前一封书信。

② 香槟地区的埃佩尔奈住着皮埃尔·路易斯的表亲。见书信 1895 – 18。

③ 关于《死亡的悲剧》的前言,见书信 1897 – 26。被弄丢的第一版前言似乎不符合勒内·彼得的心意,于是路易斯又重写了一篇。

1899 – 9

致皮埃尔·路易斯

[1899 年 1 月 23 日][①]

今晚七点半见。至于理查德·施特劳斯,你没有说错……

克劳德·德彪西

你的朋友。

名片,所有:
Claude Debussy
58. rue Cardinet
Autogr.: US-NY, coll. M. G. Cobb. *Prov.*: Cat. Sotheby's (1er décembre 1995), n° 136.

---

① 该日期根据信中内容所推断:信中提到了理查德·施特劳斯;信中回应了皮埃尔·路易斯在同一天发出的晚饭邀请。

1899 – 10

致皮埃尔·路易斯

[1899 年 1 月 27 日]

我亲爱的皮埃尔,

我在此给你附上了年轻的勒内·彼得创作的《死亡的悲剧》新版,[①] 不知道你会不会再次打个寒战……还是要请你在这上面花几分钟时间,写几句开过光的话。你将会让小 R. P. 感到无比幸福,他一家都会为你祈福的。

至于我,我出于个人因素也要促使这件事能办成,否则我作为皮埃尔·路易斯好朋友的名誉会受损,所以行行好吧。

你的,

克劳德

还有:他也想让《信使》来出版这部作品,当然是费用自理,你觉得这有可能吗? [②]

信封上有邮戳(27 janv 99)和地址:
Monsieur Pierre Louÿs
147, boulevard Malesherbes
Paris
Autogr.: non localisé (copie H. Borgeaud). *Publ.*: Debussy 1971, p. 34.

---

① 关于《死亡的悲剧》的前言,见书信 1897 – 26。

② 这部作品是由《法兰西信使》出版的,见书信 1897 – 64。然而,唯一留存下来的版本带有"第二版"的批注。因此推断该书的第一版很有可能就是自费出版的,这也对应了本信第一句话中提到的"新版"。

1899 – 11

致乔治·阿特曼

星期五晚上

1899 年 1 月 27 日

亲爱的阿特曼先生。

我明天不能来您那里了，请原谅，我也很遗憾。我遇到了太多的痛苦，尽管我十分努力，但还是再次陷入了无尽的悲伤和气馁之中。无论如何，我会确保下星期完成《夜曲》。

满怀深情地。

克劳德·德彪西

Autogr.: non localisé (copie H. Borgeaud). *Prov.*: Hôtel Drouot, 28 avril 1958; Cat. H. Saffroy 17 (juin 1958), n° 1640.

1899 – 12

致勒内·彼得

星期五晚上

1899 年 1 月 27 日

我亲爱的勒内。

请原谅：我不能和你吃晚饭了，对此我很过意不去。我没有妄想你在接到这一消息后还会心平气和，如果你愿意十一点半左右来雷诺兹，① 我会跟你多说一些，因为“我的话还没说完”。②

满怀深情地。

克劳德

Autogr.: non localisé (copie H. Borgeaud). *Prov.*: Cat. N. Rauch (24-25 novembre 1958), n° 94; anc. coll. L.-P. Vallery-Radot; Cat. Les Argonautes (1971), n° 23. *Publ.*: Peter 1944, p. 204 (incomplète; non datée).

---

① 巴黎的一家咖啡馆。

② 这出自死亡的独白：“有些事比所有的眼泪都更强大，有些事比所有的欢乐更高尚，而你的话还没说完！”见 *La Tragédie de la Mort*, Paris, Mercure de France, 1899, p. 56。

1899 – 13

皮埃尔·路易斯致德彪西

[1899年1月28日][①]

我亲爱的克劳德，

太过分了！

经历了一年的起起落落，我终于找到一个空闲的晚上来重写勒内·彼得的前言，然而，它（前言）却消失了！

它的消失要归咎于灵异事件（这是毋庸置疑的），因为我明明把它放在一个确信的地方，我记得它在哪，但现在它却不在了。这也太神秘、太离奇了。

你能向勒内·彼得解释以下几件事吗：

1. 我星期二就要前往非洲最荒芜的沙漠了；[②]

2. 按照我们的协议，延期一天为10法郎，那么自星期五13日到星期五27日，我连本带利一共欠你140法郎；[③]

（因此，希望时间飞逝的速度再快一倍吧。）

3. 如果他找不到用于救急的副本，那损失可就太惨重了；

4. 如果他能找到，那他最晚三天内就能拿到新稿；

---

① 该日期根据信中内容所推断：皮埃尔·路易斯即将前往阿尔及利亚。

② 路易斯即将前往阿尔及利亚的姆西拉绿洲与佐拉·本特·布拉辛住一个月。他于2月1日星期三离开巴黎，他也因此逃避了同时期的几段感情纠缠，包括热尔梅娜·德托马（Germaine Dethomas）、与他育有一子的情妇玛丽·德·雷尼耶以及玛丽的妹妹露易丝。见 Robert Fleury, *Le Mariage de Pausole*, Paris, Christian Bourgois, 1999, p. 208-210。

③ 1月14日，德彪西曾对路易斯写道："你知道你从明天开始会欠我30法郎的赔偿金加利息。"

5. 他连张感谢卡都没发,他可没资格像我一样不严谨。

你的,

P.

Autogr.: F-Pn, Mus., N.L.a. 45 (40). *Prov.*: anc. coll. A. Godoy; Hôtel Drouot, 5 février 1999, n° 187. *Publ.*: Debussy-Louÿs 1931[a], p. 237 (non datée); Peter 1931, p. 111-112; Debussy-Louÿs 1943[e], p. 39-40 (non datée); Peter 1944, p. 103-104; Debussy-Louÿs 1945, p. 125-126.

1899 – 14

皮埃尔·路易斯致德彪西

[1899年1月29日][①]

克劳德:

我今晚在茱蒂丝·戈蒂耶夫人家吃晚饭,[②]地址是华盛顿路30号,明天在我表姐P. C.[保罗·夏庞蒂埃]夫人家吃,[③]地址是福吉哈赫路58号,后天五点四十分在火车的餐车上吃,大后天在尼斯,然后是好几个从未探索过的北非国家,你看到了,在接下来很长一段时间,我们都不能一起吃饭了。

除非,你决定破例走出你那个新艺术风格陋居吃午饭。[④]星期二(后天)一点,你可以到你兄弟我的餐桌旁坐下,我会把前言给你,[⑤]顺

---

① 该日期根据信中内容所推断:皮埃尔·路易斯的晚饭预约行程。

② 茱蒂丝·戈蒂耶(Judith Gautier, 1845—917),泰奥菲尔·戈蒂耶(Théophile Gautier, 1811—1872)的女儿,1866年至1874年为卡图尔·门德斯的妻子。她是一位小说家、随笔作家和诗人,痴迷于远东文化,比如她写的《玉书》(*Le Livre de Jade*, Paris, Lemerre, 1867)、《帝王龙》(*Le Dragon imperial*, Paris, Lemerre, 1869)、《太阳姐妹》(*Les Sœurs du Soleil*),但这些作品的内容都是基于欧洲人对远东文化的肤浅认识。她与维克多·雨果以及理查德·瓦格纳都交往甚密。见 *Richard Wagner et son œuvre poétique*, Paris, Charavay, 1882; traduction de *Parsifal*, Paris, Colin, 1893。她的回忆录《岁月的项链》(*Le Collier des Jours*, Paris, Juven, 1902)流传较广。1910年10月,她接替儒勒·荷纳赫的位置并成为龚古赫学院第一位女性成员。路易斯曾于1893年夏天在戈蒂耶圣–艾诺佳的房子中暂住。

③ 保罗·夏庞蒂埃夫人(Paul Charpentier, 1853—1924),原名伊丽莎白·穆宙(Élisabeth Mougeot),她既是路易斯的表姐,又是他的教母。

④ 德彪西刚刚搬到卡迪内路58号,他将自己的公寓装修成了新艺术风格。

⑤ 还是为了勒内·彼得的前言。一年之后,勒内·彼得将一本成书赠予皮埃尔·路易斯,题词模仿了《碧丽蒂斯之歌》的其中一首:"风信子之日,他给了我最美丽的前言,以一种神奇的风格让我感到骄傲!就像蜂蜜一样……致皮埃尔·路易斯,感恩与钦佩的见证。勒内·彼得。1900年2月。"

便来一次动情的道别。你看怎么样?

祝好。

P. L.

信封上未贴邮票,也没有地址,只写了:
Monsieur Claude Debussy

Autogr.: F-Pn, Mus., N.L.a. 45 (41). *Prov.*: anc. coll. A. Godoy; Hôtel Drouot, 5 février 1999, n° 187. *Publ.*: Debussy-Louÿs 1931[a], p. 239 (non datée); Debussy-Louÿs 1943[e], p. 41 (non datée); Debussy-Louÿs 1945, p. 126-127.

1899 – 15

致皮埃尔·路易斯

[1899 年 1 月 29 日]

"……你太经常在城里吃晚饭了! 这对胃不好,而且太纷乱了,当我们正在朵颐我们的鸡翅时,总有人会打断我们……" [随后德彪西提到一些趣闻,如皮埃尔·路易斯在自己墙上的涂鸦,并且热情地发出吃午饭的邀请。]

Autogr.: non localisé. *Prov.*: Château d'Écrouves, 30 juin 1934, n° 46; Cat. Librairie Incidences 12 (1936), n° 174. *Publ.*: Debussy-Louÿs 1945, p. 127-128.

1899 – 16

致阿图·枫丹

星期日晚上

1899 年 1 月 29 日

我亲爱的朋友。

您的朋友德彪西欣然接受您请柬上通知的盛大庆典,他会在 2 月 2 日前往您的私宅,享受这一美好时光。

请相信他最坚定的友谊和他对您和您家人的祝福。

请收下这篇白纸黑字,满怀深情地。

克劳德·德彪西

请代我问候 A. 枫丹夫人。[①]

Autogr.: non localisé*. *Prov.*: Cat. Librairie de l'Abbaye 220 (1978), n° 54; Cat. Charavay (avril 1998), n° 45596 (avec fac-sim. partiel); Cat. Nebehay (mai 2020), n° 9.

---

① 指玛丽·枫丹,原名玛丽·艾斯库迪耶(Marie Escudier)。

1899－17

致皮埃尔·路易斯

星期二上午

1899 年 1 月 31 日

亲爱的皮埃尔:

我有着非凡的学习能力,[①] 这让我看懂了你的"刻字",[②] 也感受到了你珍贵的友谊。明天一点见。[③]

你的,

㉤

信封上未贴邮票,地址:
Monsieur Pierre Louÿs
147. b[ard] Malesherbes.
Autogr.: F-Pn, Mus., N.L.a. 44 (57). *Prov.*: anc. coll. A. Godoy; Hôtel Drouot, 5 février 1999, n° 186. *Publ.*: Debussy-Louÿs 1931[1], p. 143; Debussy-Louÿs 1942b, p. 149; Debussy-Louÿs 1945, p. 128.

---

① 这是在借鉴儒勒·拉福格《哈姆雷特或孝道的后果》(*Hamlet ou les suites de la piété filiale*)中的用语:"我罕见的学习能力会阻碍我行使自己的使命。"见 Jules Laforgue, *Œuvres complètes*, textes établis par Maryke de Courten, Jean-Louis Debauve, Pierre-Olivier Walzer avec la collaboration de David Arkell, Lausanne, L'Age d'homme, 1995, t. ii, p. 391。

② 此处是指书信 1899－14。

③ 皮埃尔·路易斯将出行时间推迟了一天,2 月 1 日才从巴黎启程。

1899 – 18

致皮埃尔·路易斯

［1899年1月31日］[①]
星期二晚上
凌晨三点

皮埃尔：

请你行行好，原谅我等下不能去你家和你吃午饭了。有人要求我十二点到两点之间在家等一封十分诡异的电报。

不过我两点半左右的时候还是会过来看你的，我当然不能让你没有得到我的祝福就离开了。抱歉，友善地。

克劳德

信封上未贴邮票，地址：
Monsieur Pierre Louÿs
147. B[ard] Malesherbes.
Autogr.: F-Pn, Mus., N.L.a. 44 (58). *Prov.*: anc. coll. A. Godoy; Hôtel Drouot, 5 février 1999, n° 186. *Publ.*: Debussy-Louÿs 1931[1], p. 146 (non datée); Debussy-Louÿs 1942[b], p. 151 (non datée); Debussy-Louÿs 1945, p. 103 (datée 1897 ?).

---

① 该日期根据信中提到的内容而推断：更改预约时间；路易斯即将启程。

1899－19

致勒内·彼得

[1899年2月3日(?)][1]
星期五晚上

我亲爱的勒内:

你知道吗?丹内里刚去世,[2]此外,请看清以下内容:

1. 我上星期二叫你不要跟别人讲我和你吃晚饭,[3]你还像个马耳他骑士一样发了誓!(我谢谢你……)

2. 我自己却“打脸”了,我在钢丝绳剧院平静地跟别人说了我们的聚餐![4]……

3. 因此,我们那天晚上在一起,而且我从来就没有要求你保密;

4. 你自己看着办……

我已经写了四幕了,你来收个尾,然后我就可以写配乐了。这一点都没有戏剧性,但为了友谊,我也只能两肋插刀了。

请替我做这些事,还有,把这封信烧了,你家有些人的手没有规矩*。

不久后见。

你的,

克劳德

---

① 信中提到菲利普·丹内里的去世(1月26日),这说明该信或许是在1899年1月底写的。

② 菲利普·丹内里创作了多部戏剧作品(滑稽剧、悲剧、幻梦剧等),并且都获得了巨大的成功。

③ 见书信1899－9。

④ 当天晚上,钢丝绳剧院最后一次上演了爱德蒙·沙赫(Edmond Char)的《蝉与蚂蚁》(*La Cigale et la Fourmi*)。

* 有的时候,手上长着眼睛。

Autogr.: US-NYpm, MLT D289. P478 (8). *Prov.*: Cat. N. Rauch (24-25 novembre 1958), n° 94; anc. coll. M. G. Cobb. *Publ.*: Peter 1944, p. 208-209 (non datée).

1899 – 20

致乔治·阿特曼

星期五

1899 年 2 月 3 日

亲爱的阿特曼先生。

下星期三我能来您那里吃午饭吗？我同时会给您带来《夜曲》,我用一些新想法将它们进行了改良,希望您会喜欢。至于我自己,没比之前好多少……不过这点没那么重要。

满怀深情地。

克劳德·德彪西

如果您同意就不必回信了。

信笺,未贴邮票,也没有地址。

Autogr.: US-AUS, Carlton Lake Collection. *Prov.*: Hôtel Drouot, 28 avril 1958; anc. coll. L.-P. Vallery-Radot.

1899 – 21

皮埃尔·路易斯致德彪西

[马赛,星期一,1899 年 2 月 6 日]
2 月 47 日(大约)[①]

我刚刚看到一个景象,它值得我们用 18×24 的尺寸拍下来。可惜的是,当时已经晚上八点了,太阳去睡觉了(我不知道是和谁)。这个景象如下:一位有着战神马尔斯样貌的人,棕色头发,肌肤白里透紫,一缕钢髯,戴着圆顶礼帽,穿着黄色外套,将十意大利生丁投入一个缝隙中,缝隙上写的是“女学生圆舞曲”,[②]然后他就站着聆听,双手交叉,半闭着眼睛,就像个从音乐盒中跳出来的意大利佬。你看他那德行!满满的鉴赏家气质!喜怒不形于色!唉!堕落的人啊!他就是观众的缩影,我从未见过比他更完美的体现。

我在一家酒店里住了一两个晚上,请允许我叫它“糜烂的小卢浮宫”,这是在形容里面房客的道德风气。这里住着三十六个妓女,剩下的两三个天真的游客迷失在了那“嘈杂声”中。上次来的时候,我隔着纸糊般的墙壁颇有兴致地听到了旁边房间对话中的一则丑闻。今天就没那么好了,我左右各住着一对!他们同时发声,就像在合唱队一样,他们说着不一样的东西,还是像在合唱队一样,如此一来我什么都听不懂了,依然是像在……以此类推……[③]

我收到了勒内·彼得的一封可爱的电报,通知我说会给我寄一封信,不过这封信恐怕要转寄到突尼斯去了,而且要在那里滞留很久,因

---

① 此处为皮埃尔·路易斯的幽默感,并非笔误。——译者注。

②《女学生圆舞曲》(*Estudiantina*)是保罗·拉科姆(Paul Lacome, 1838—1920)创作的二重唱,由 J. 德·劳·卢基尼昂(J. de Lau Lusignan, 1816—1895)作词,1881 年 12 月由艾诺赫与科斯塔拉出版社出版。埃米勒·瓦特菲勒(Émile Waldteufel, 1837—1915)将其改编为钢琴四手联弹作品。

③ 该自然段最后一部分由于原文用语露骨,因此省略。——译者注。

为考虑过后，我还是决定走阿尔及尔这条路线。不过这不是像某人想的那样，为了给昂利·罗什福赫的胜利添砖加瓦，[①] 更不是为了提早八天给你寄去极具摩尔风情的速记，不过我会给你写以下这些话：佐拉（图斯特拉）如是说——这个玩笑非常的“反施特劳斯”。[②] 选这条路线主要是预算在细节上出了点小问题。我途经了蒙特卡洛（你敢信），我去看了尼斯的牝犊和戛纳的雌鸭，我还去了文蒂米利亚（去看家人）以及马丁角（~~去看那群婊~~……去看那群社会名流）。我还能用更露骨的词来押韵，但我坚持让这封信显得格外体面。这一整个国家都太荒唐了。海岸上棕榈树前的嬉闹永不停止。啊！还是去阿尔及尔吧！我要去姆西拉居住。[③] 康斯坦蒂娜是个美丽的女性名字。晚安。

P.

信纸抬头带有小卢浮宫酒店的小插图，另外还印有：
Rue Cannebière, 16, 18
Grand Hôtel du Petit Louvre
Au dessus des Messageries Maritimes
Marseille.
信封上有邮戳（6 fevr 99）和地址：
Monsieur Claude Debussy
58 rue Cardinet
Paris
Autogr.: non localisé*. *Prov.*: Hôtel Drouot, 14 décembre 1983, n° 201.

---

① 昂利·罗什福赫（Henri Rochefort, 1831—1913），小说家、剧作家，但更是一位政界记者和一个永恒的反叛者，他参加了巴黎公社和布朗热主义运动，反对第二帝国和反德雷福斯主义，并经历了定罪、监禁、流放和大赦。他是《强硬派》（*L'Intransigeant*）的创始人，每天都在上面发表文章。罗什福赫常驻阿尔及尔且支持反犹太民族主义。从皮埃尔·路易斯与其兄长的对话中可以得知，路易斯于一周后同罗什福赫共进晚餐。见 Louÿs 2002, p. 331-334。

② 皮埃尔·路易斯使用了自己情人“佐拉”的名字来代替“查拉图斯特拉”的前两个字。——译者注。

③ 皮埃尔·路易斯与佐拉一同前往了姆西拉。

1899 – 22

致乔治·阿特曼

星期四
1899 年 2 月 16 日

亲爱的阿特曼先生。

我刚收到您的寄送,谢谢您。[①] 您下星期三一定会拿到剩下的《夜曲》的。

请原谅,您可怜的克劳德需要您最大限度的宽容。

满怀深情地。

克劳德·德彪西

《碧丽蒂斯之歌》怎么样了![②]……

(我在您眼里都快和主导动机一样令人厌倦了!……)

信笺,带有邮戳(16 FEVR 99)和地址:
Monsieur Georges Hartmann
1. rue Caumartin.
(B[ard] des Capucines)
à Paris.
Autogr.: US-AUS, Carlton Lake Collection. *Prov.*: Hôtel Drouot, 28 avril 1958; anc. coll. L.-P. Vallery-Radot.

---

① 可能是寄给德彪西的一笔钱,用于交房租。

② 见书信 1898 – 25。

1899 – 23

致乔治·阿特曼

［1899 年 2 月 21 日］
星期二晚上

亲爱的阿特曼先生。

自星期日起，我就一直在生病，头痛欲裂，因此无法工作。不过现在总算好一些了，我向您保证会日夜赶工，直到完成为止。真是欲哭无泪啊。我们看看我和病魔谁会占上风。

满怀深情地。

克劳德·德彪西

Autogr.: non localisé (copie H. Borgeaud). *Prov.*: Hôtel Drouot, 28 avril 1958.

1899－24

致乔治·罗文斯坦

1899年2月21日

我亲爱的乔治,

你姐姐M.彼得夫人请你把“艾顿大学”的地址函告或躬行带去。[①]……这座大学让我们向英国人学习,做到比英国人还像英国人,它因此而出名。

德国万岁！社会革命万岁！[②]……

你的,

克劳德·德彪西

Autogr.: GB-Eton, Eton College Library. *Prov.*: M. Loewenstein.

① M.彼得夫人指阿丽丝·彼得。她让德彪西代问的地址跟她儿子乔治(她与第一任丈夫的儿子)有关,见书信1899－89。艾顿不是大学,而是一所著名的英国公立学校。

② 见书信1899－3。

1899 – 25

致乔治·阿特曼

星期五

1899 年 2 月 24 日[①]

亲爱的阿特曼先生。

感谢您关切的来信。请放心，我一定会让您满意的，总之，我不会让您在这个季度结束前还听不到《夜曲》，否则我会感到很不安的。

我很满意您给我寄的标题，至于封面，我给您寄一份纸质的样板，[②] 我在上面［结尾缺失］。

Autogr.: US-AUS, Carlton Lake Collection. *Prov.*: Hôtel Drouot, 28 avril 1958, n° 1; anc. coll. L.-P. Vallery-Radot.

---

① 德彪西在手稿上将 99 年写成了“98”年，但 1899 年的 2 月 24 日才是星期五。另见书信 1898 – 7，可以看到 1898 年的 2 月 25 日是星期五。

② 应该是《碧丽蒂斯之歌》的封面。

1899－26

致乔治·阿特曼

[1899年2月28日][①]
星期二晚上

[亲爱的][②]阿特曼先生,

您需要宽限我到星期六,这次我也不要求来吃午饭了(我需要赶工……谢谢您),我需要一整天的时间。我的目标是把这些不可复制的《夜曲》交给您,总之,我尽全力。

满怀深情地。

克劳德·德彪西

有些人已经开始强烈要求《碧丽蒂斯之歌》了。

信笺,带有邮戳(FEVR 99)和地址:
Monsieur Georges Hartmann.
1. rue Caumartin.
à Paris.
Autogr.: US-AUS, Carlton Lake Collection. *Prov.*: Hôtel Drouot, 28 avril 1958; anc. coll. L.-P. Vallery-Radot.

---

① 由于邮戳的具体日期无法识别,该日期根据上下文而推断。

② 此处是邮票被剪掉的部分。

1899－27

致乔治·阿特曼

［1899 年 3 月 4 日］
星期六八点

亲爱的阿特曼先生。
我还需要几天时间！……
请不要诅咒我……
满怀深情地。

克劳德·德彪西

气动管卡，带有邮戳和地址。
Autogr.: non localisé*. *Prov.*: Hôtel Drouot, 28 avril 1958; anc. coll. J. Van Heusen; Cat. Swann (7 novembre 2017), n° 155.

1899 – 28

致勒内·彼得

[1899 年 3 初(?)]

我亲爱的勒内。

我回家了,头痛欲裂,因此没能创作你的《摇篮曲》。[①]

抱歉,我明天会做这件事的。

你的,

克劳德

信笺,用铅笔所写,未贴邮票,地址:
Monsieur René Peter.
93 rue Jouffroy
Autogr.: US-NYpm, MLT D289. P478 (9). *Prov.*: Cat. N. Rauch (24-25 novembre 1958), n° 94; anc. coll. M. G. Cobb. *Publ.*: Peter, p. 213.

---

① 关于《摇篮曲》,见书信 1898 – 6。

1899－29

致勒内·彼得

［1899年3初(？)］
星期四晚上

我亲爱的勒内，

你能午饭前来找我吗？是有关《摇篮曲》的事情。别错过了。

你的，

克劳德

Autogr.: non localisé (copie H. Borgeaud). *Prov.*: Cat. N. Rauch (24-25 novembre 1958), n° 94. *Publ.*: Peter, p. 214 (non datée).

1899 – 30

致皮埃尔·德·布莱维勒

星期二
1893 年 3 月 14 日

我亲爱的朋友:

我有太多事情需要请您原谅了,因此,什么都不说了,只请您相信我感到深深的内疚,[①] 不过情有可原的是,我一直在等赫诺女士的消息,[②] 虽然她认为没有必要回复我,但我现在也算明白碧丽蒂斯的德行与赫诺女士的天才格格不入,我也不需要指望她做任何事了。这确实很令人恼怒,但碧丽蒂斯不会为此伤心欲绝。

亲爱的朋友,请相信我的真诚与忠心。

克劳德·德彪西

Autogr.: F-Pn, Mus., L.a. Debussy (C.) 64.

---

① 这是关于国家音乐协会首演《碧丽蒂斯之歌》的事宜。最终,布朗什·马洛于 1900 年 3 月 17 日在国家音乐协会首演了该作品。

② 关于赫诺女士,见书信 1898 – 59。

1899－31

致乔治·阿特曼

星期一

1899年4月3日

亲爱的阿特曼先生。

有点情况……我必须承认，“第一首夜曲”相比另外两首实在有点相形见绌，我别无选择，只能再一次重新开始，我已经不知道这是第几次了。我当时没有给您写信，那是因为我真的非常忧虑，而且对您食言让我感到很难受。

终于，经历了悲伤的几天后，① 我认为自己找回了一点状态。请原谅这一切以及我没有提到的。但是，我们真的要对那些扰乱一生的事件买单吗？除了无尽的忍受就没有勇气去抗争吗？

感谢您还拿我当朋友，我始终将此视如珍宝。

对您全心全意的，

克劳德·德彪西

《碧丽蒂斯之歌》怎么样了？②

Autogr.: F-Pn, N.L.a. 307. *Prov.*: Hôtel Drouot, 28 avril 1958, n° 5; anc. coll. G. Jonason. *Publ.*: Debussy 1993, p. 141.

---

① 这是由于嘉比的离开而出现的感情真空期，但很快将由莉莉来填补。

② 见书信1899－22和书信1898－25。

1899 – 32

致乔治·阿特曼

星期二
1899 年 4 月 11 日

我亲爱的阿特曼先生。

我昨天故意没有要求去您那里吃午饭,想到每次到您家的快乐时光,这似乎有些反常。

我几乎不用再对您诉说我的生活依旧艰苦了。现在,那两个人尽皆知的"期限"顽固地碰在一起了。由于要交房租,这个月变得更复杂了,也是因为刚搬进这个地方,[①] 我希望能够顺利完成这个重任!

您能预支我 200 法郎吗? 我会尽快用音乐来偿还您的。很遗憾又拿我的事来打扰您,但我也是迫不得已。

满怀深情地。

您的,

克劳德·德彪西

Autogr.: F-Pn, N.L.a. 307; anc. coll. G. Jomaron de Tivoley. *Prov.*: Hôtel Drouot, 28 avril 1958.

---

① 见书信 1899 – 1。

1899 – 33

致乔治·阿特曼

星期四

1899 年 4 月 20 日

亲爱的阿特曼先生。

以下是您向我要的：

《夜曲，为乐队而作》

1. 云

2. 节日

3. 海妖（乐队和十六位女声）

《意向集》

为钢琴而作[①]

《白夜》

为声乐而作的五首音诗

带钢琴伴奏[②]

《柳林》[③]

D. G. 罗塞蒂作诗

---

① 这是该计划首次出现在我们的视野中。1903 年，这一计划变成了一个系列共十二首作品，并且在和雅克·杜朗签订的一份出版合同中被列出，然而它最终并没有以此形式问世。

② 德彪西在自己创作的五首诗歌的基础上写的歌曲集，原本应该组成第二套《抒情散文》。我们只保存了《白夜》其中两首作品的手稿，分别写于 1898 年 7 月 14 日和 9 月间。见书信 1898 – 28。

③ 关于《柳林》，见书信 1896 – 16。

P. 路易斯译
为乐队和男中音而作

还有我希望的一切！……

我下星期三会带着一车音乐来看您，可以的话十二点半左右。

满怀深情地。

克劳德·德彪西

Autogr.: US-AUS, Carlton Lake Collection. *Prov.*: Hôtel Drouot, 28 avril 1958, n° 1; anc. coll. L.-P. Vallery-Radot.

1899 – 34

致莉莉·泰克西耶

星期五

1899 年 4 月 21 日

我亲爱的小莉莉。

如果你愿意，请穿上你那粉色的小裙子，戴上你的黑帽子，星期日两点半左右过来跟我打个招呼，我们可以聊聊天，并且商量一下和乔治组织小聚会的事情。①

你亲切忠实的，

克劳德·德彪西

卡迪内路 58 号

5 楼

（没有电梯）

如果你不行也给我捎个信，我会哭的。

Autogr.: US-NHub, Yale University, Frederick R. Koch Collection. *Prov.*: anc. coll. E. Vuillermoz. *Publ.*: Lesure 1992, p. 162; Lesure 1994, p. 188-189; Lesure 2003, p. 188.

---

① 可能是乔治·罗文斯坦。

1899-35

致莉莉·泰克西耶

星期一

1899 年 4 月 24 日

我亲爱的小莉莉。

克劳德还没能从你小嘴的"叮咬"中康复过来！除了那天晚上你带给他的那些意外惊喜,他几乎无法去做其他事情了,但这一切都是那么美好,那么放松。

美丽的莉莉,你看,我们内心存在着一种灼热的激情,几乎不顾一切地燃烧着,只等待着一个释放的机会。①

如果你和我一样感受到了如此疯狂、如此汹涌的快乐,那你就得承认,如果这个夜晚没有发生,没有让我们表达各自对对方的想法,那将多么遗憾啊。

请接收我对你所有的爱和无尽的感恩。也请尽可能多爱我一些。……

这个星期六我将再次见到你,但我却觉得它遥不可及……

我已迫不及待。

你的,

克劳德

① 据勒内·彼得回忆,德彪西第一次见到莉莉时觉得她有些"矫揉造作"。见 Peter 1931, p. 32。

信封[①]上有邮戳[②]和地址:
Mademoiselle R. Téxier.
12 rue de Berne.
à Paris.
Autogr.: US-NHub, Yale University, Frederick R. Koch Collection. *Prov.*: anc. coll. E. Vuillermoz. *Publ.*: Lesure 1992, p. 162-163; Lesure 1994, p. 189; Lesure 2003, p. 189.

1899 – 36

致乔治·阿特曼

[1899 年 4 月 25 日][③]

亲爱的阿特曼先生:

我坚持想为您展示一首全新的《白夜》,[④] 因此,您能把我们明天的预约改到 5 月 1 日星期一吗? 除非您那边有事。

您亲切忠实的,

Ⓓ

名片,印有:
CLAUDE DEBUSSY
58. rue Cardinet.
Autogr.: US-LAusc, Miklós Rózsa Collection. *Prov.*: Hôtel Drouot, 28 avril 1958; Cat. H. Saffroy 18 (novembre 1958), n° 1748.

---

① 在该信封背后,莉莉用紫色墨水写了"第一封信",但事实并非如此。
② 书信上方撕毁,因此无法识别邮戳信息。
③ 该日期根据书信 1899 – 33 所复原。
④ 关于《白夜》,见书信 1899 – 33。

1899 – 37

致莉莉·泰克西耶

星期四

1899 年 4 月 27 日[①]

我美丽的莉莉。

我为你献上最长久的飞吻。

不要把它弄丢了！……

星期六见？……除非你已经烦我了。

你的，

克劳德

Autogr.: US-NHub, Yale University, Frederick R. Koch Collection. *Prov.*: anc. coll. E. Vuillermoz.

---

① 该年份难以被识别。但该信只能写于 1899 年 4 月 27 日，任何其他年份都不合理。信中提到了星期六的预约(另见书信 1899 – 35)，用纸也与 5 月 1 日的书信类似，这些都为该书信的年份推断提供了有力支撑。

1899－38

致乔治·阿特曼

［1899年4月30日(?)］[①]
星期日

亲爱的阿特曼先生。

您能将我预约的明天改成下星期四吗？只有您能理解我为此付出的代价，在面对出版商时，我可以找借口，但要对乔治·阿特曼这样做，那就是一种侮辱！

满怀深情地。

克劳德·德彪西

Autogr.: US-NYpm, MLT D289. H333 (2). *Prov.*: Hôtel Drouot, 28 avril 1958; anc. coll. M. G. Cobb.

① 该日期根据德彪西在书信1899－36中提到的预约而推断。

1899－39

致勒内·彼得

[1899 年 4 月]
星期六晚上

亲爱的勒内，

马的名字叫布拉玛。一定要押它获胜，而不是钢琴或短号。[①]

一会儿见。

你的，

克劳德

Autogr.: non localisé (copie H. Borgeaud). *Prov.*: Cat. N. Rauch (24-25 novembre 1958), n° 94. *Publ.*: Peter 1944, p. 214 (non datée).

---

① 根据勒内·彼得的说法，德彪西“人生中第一次也是最后一次”赌马。见 Peter 1944, p. 214。

1899 – 40

致勒内·彼得

[1899 年 4 月]
星期一晚上

我亲爱的勒内：

《摇篮曲》来了，但不要认为这是催眠观众用的！……我觉得它的效果应该会不错，它简单得像棵草一样，摆任何姿势的时候都能演唱。①

你真挚的，

克劳德

我估计布拉玛是一匹公车老马，② 话说它是没有跑完那批里的佼佼者，这是值得称赞的！……它总有一天会跑完的……

信封上有地址：
à Porter.
Monsieur René Peter.
93. rue Jouffroy
Autogr.: non localisé*. *Prov.*: Cat. M. Breslauer 82 (s.d.), n° 72. *Publ.*: Peter 1931, p. 113 (incomplète); Peter 1944, p. 105, 214. Exp.: Paris 1948, p. 4, n° VIII/12.

---

① 德彪西刚刚为勒内·彼得的《死亡的悲剧》创作了一首《摇篮曲》，但该作品从未被上演过。手稿上有题词："亲爱的勒内，请原谅我暂时用一下'普瓦图'口音再次向你巩固我坚定的友谊！……1899 年 4 月，克劳德·德彪西。"文献编号：US-Wc。

② 关于布拉玛，见前一封书信。

1899－41

致莉莉·泰克西耶

星期一

1899 年 5 月 1 日

美丽的莉莉在做什么呢?[①]……她或许将自己纤细优雅的身体借给了奢华的裙子,这些裙子日后将用来装点几个老布娃娃……我这些天过得很阴郁,好像所有的快乐都不存在了,除了焦急地等待我在这个世界上最爱的人。说实话,我的全部生命已经交代给了你,没有你,我已经有点不知道该怎样活着了……真的,我交出了自己的灵魂,现已成为一具空壳,会惯性地做些动作,但那也仅仅是不让自己看上去像个彻头彻尾的疯子。

啊! 小莉莉,对于这个意外落入你生活中的克劳德,你要温柔一些,如果他不能要求每天都能有你的陪伴,那你就把他深爱的莉莉——那个令他无比骄傲的莉莉保护好,因为她现在就是他全部的幸福,也是他全部的痛苦。

我无须跟你说我度过了煎熬的一夜,我又看到了你美丽的眼睛朝我看来,令我不禁怦然心动,你的双唇令我无比陶醉,同时,你还在我耳边窃窃私语,温存的声音令我流连忘返。然而,这一切突然都消失了! ……你的眼睛、你的嘴巴都消失了,我独自一人躺在这张大床上,徒劳地寻找着,看是否还有一小块地方没有被你的芳香所浸透。其实,这是白费工夫,因为我从今以后是因你而活,只为你而活。

么么。

克劳德

---

① 莉莉·泰克西耶曾经是萨拉·梅耶和 A. 莫朗日(Sara Mayer et A. Morhange)公司的一位模特,这是巴黎当时最优雅的时装公司之一,生产连衣裙、外套、短裤等。门店位于欧贝赫路转角处。

盖有花体签名㊤。

Autogr.: US-NHub, Yale University, Frederick R. Koch Collection. *Prov.*: anc. coll. E. Vuillermoz. *Publ.*: Debussy 1993, p. 142.

1899 – 42

皮埃尔·路易斯致德彪西

［1899 年 5 月初］[①]

先生，亲爱的朋友：

请接收星期六在肖松家的晚宴邀请，[②] 这会让我非常高兴的！我本想立刻见到你，但是不行，没有可能，几天后你就会明白为什么了。我正在经历一个动荡期。但只要我有点时间，我都会为你留着的。

你去看看，这些天我家的窗户里都没有亮灯。[③]

你的，

P. L.

通信卡，抬头有：

147, BOULEVARD MALESHERBES

Autogr.: F-Pn, Mus., N.L.a. 45 (42). *Prov.*: anc. coll. A. Godoy; Hôtel Drouot, 5 février 1999, n° 187. *Publ.*: Debussy-Louÿs 1931[d], p. 142 (non datée); Debussy-Louÿs 1943[d], p. 117 (non datée); Debussy-Louÿs 1945, p. 128.

---

① 该日期根据埃赫奈斯·肖松的晚宴邀请所推断。另见书信 1899 – 45。

② 德彪西和肖松的连襟昂利·勒霍勒一直保持着友谊，但自从与特蕾斯·罗杰的婚约破裂后，德彪西与肖松也彻底决裂。见书信 1894 – 22。

③ 皮埃尔·路易斯陷入到了复杂的感情纠葛中。见书信 1899 – 4。

1899 – 43

致埃赫奈斯·肖松

[1899 年 5 月 5 日][1]

亲爱的朋友:

感谢荷兰,它的四重奏将我们重新拉近了一些。[2] ……我会来的,明晚见。

祝好。

克劳德·德彪西
卡迪内路 58 号

Autogr.: F-P, coll. part.

---

① 该日期根据信中提到的荷兰四重奏以及同为 5 月 5 日(可能是晚上)写的书信 1899 – 45 所推断。

② 1899 年 4 月 29 日星期六,由 J. 克拉默(J. Cramer)、A. 斯普尔(A. Spoor)、H. 霍夫迈斯特(H. Hofmeister)和 I. 莫塞尔(I. Moosel)组成的荷兰四重奏在国家音乐协会上演出了罗拜赫·舒曼的《弦乐四重奏》(Op. 41)以及樊尚·丹第的《第二弦乐四重奏》(Op. 45)。5 月 14 日的《音乐指南》(*Guide musical*)(第 483 页)记录道:"这个荷兰四重奏组具有优秀的品质与风格。"

1899 – 44

致莉莉·泰克西耶

星期五

1899 年 5 月 5 日

莉莉宝贝。

我昨天过得有些气愤……你早上的到访令我如此幸福,使得我在接下来的时间都魂不守舍,我也因此预感到后面的生活将不可忍受……果然,昨天见我的人都是撞了大运的,我一个好脸都没给。我一直念叨着你的名字,以至于当我见到有轨电车司机和我最亲密的朋友时,接连称他们为"莉莉"。伟大的爱情一定都是这样开始的,我能说的是,我的迷恋来得猛如烈火,(需要说明的是,这一次我们是甘愿被燃烧的!……)我仿佛始终能看到你的朱唇皓齿,这让我的身体十分不适,因为我太想把你紧紧搂在怀里了,除了你,我不再渴望任何其他事物。

美丽的莉莉,你可能会找到更红的嘴唇,你也许能被更灵活的双臂所拥抱,你亦不妨感受更温存的血肉之躯,但没有人会如此不顾一切地爱你。我永远不会干涉你的自由,但我会一直让你开心,让你从我这里获得幸福。你可能会觉得这有些过火,但在这一点上,你能要求我做任何事情,我将唯命是从。

还有一天就是明天啦!……我现在极度恐惧,生怕什么东西把你从我身边夺走……

么么。

克劳德

我七点半回到斯克里布路,就像往常一样。我给你寄了一块蕾丝,希望你会喜欢。我想说它的运气太好了,能经常接触到你的肌肤。

盖有花体签名。
Autogr.: US-NHub, Yale University, Frederick R. Koch Collection. *Prov.*: anc. coll. E. Vuillermoz.

1899 – 45

致埃赫奈斯·肖松

星期五
1899 年 5 月 5 日

亲爱的朋友：

说再多的外交辞令，表示再多的善意，最终还是要落到我明天早上需要离开巴黎这件令人心碎的事情上来。[①] 请相信这是一次颇具讽刺意味的干预，它愚蠢地阻止了我期待的快乐。

请不要生我的气，希望以后还有机会。

祝好。

克劳德·德彪西

盖有花体签名。
Autogr.: F-P, coll. part. *Publ.*: Gallois, p. 511 (datée 5 mars 1899).

---

① 德彪西似乎并没有离开巴黎。从前一封书信(同日所书)中可以看出，他将星期六晚上空了出来，和莉莉·泰克西耶约会。

1899 – 46

致莉莉·泰克西耶

星期一
1899 年 5 月 8 日

亲爱的小莉莉。

你知道吗？今天早晨我被一个女声唤醒，我一时以为你还没有走……这幻觉转瞬即逝，很残酷……首先唱歌的人远没有你会唱的曲子多，其次，她永远只唱同一首歌，还不停地跑调……

啊！不！这不是我爱的小莉莉，这不是她那柔弱忧郁的嗓音。我不需要告诉你我的每一个细胞都在想你，都在呼唤你：你什么时候能来安抚它们？……当然，我知道你不会在周中做这样的事。我没有告诉你我内心的想法，因为这可能会让你发笑，不想看到你那样笑。然而，我对你的狂热正在折磨我，我在用我的意志和力量与自己作斗争。

我现在只对你感兴趣，无论你做什么，你都在我的心里。望老天助我，让你喜欢我的心房，不至于让我总是独守空房！……我又读了你的来信，其中既有欢笑又有泪痕，我发现你有一些怕我。我重温了你的一些态度，觉得你似乎有所保留，不愿意彻底投入到我的爱恋中。你或许会觉得克劳德这个老疯子像时装设计师一样多愁善感，他将你的吻变成永恒的记忆，一旦想到再也见不着你那美丽的面庞，他就会变得闷闷不乐。下次，我要尝试像格陵兰人一样冷静，离开你的时候要笑着走，下楼梯时要唱着高卢饮酒歌。

我开始相信爱比被爱简单多了。这道理看似简单，但从来都没人去思考，以至于我们只为某个人而活，并且很自然地认为那个人也会这样做，你说对吗？……

比你想的多吻你一次。

你的，

克劳德

盖有花体签名[签名],气动管信封,带有邮戳(8 MAI 99)和地址:
Mademoiselle
Lilly Téxier.
12 rue de Berne
à Paris.
Autogr.: US-NHub, Yale University, Frederick R. Koch Collection. *Prov.*: anc. coll. E. Vuillermoz. *Publ.*: Debussy 1993, p. 143.

1899 – 47

致玛丽·枫丹

[1899 年 5 月 8 日]

"[……]由于今早刚刚从旅行中归来,因此我没能立即回复您的电报。[①]

星期三两点算我一个,这让我感到非常高兴……

我收到了 A. 枫丹先生的热情邀请,请您告诉他我不会错过的,那样的好时光真不多。[……]"

盖有花体签名[签名]。
Autogr.: non localisé. *Prov.*: Cat. Librairie de l'Abbaye 222 (1978), n° 48; Cat. Stargardt 671 (30-31 mars 1999), n° 821.

---

① 德彪西在书信 1899 – 45 中对埃赫奈斯·肖松谎称自己去旅行,见书信 1899 – 45。鉴于玛丽·枫丹是肖松的妻妹,德彪西在此匹配了那次不存在的旅行。

1899 – 48

致莉莉·泰克西耶

星期五

1899 年 5 月 12 日

我美丽的莉莉 *，

既然你把克劳德变成了上述“*”的舔狗,那么请容我谦卑地告诉你,对于明天见你我是多么高兴! ……既然命运让我有幸偶遇了你,那我要求它不要在这个时候出“幺蛾子”,让我不能继续爱你,因为事到如今,没有你我活不了。

么么么么么。

你的,

克劳德

盖有花体签名。

Autogr.: US-NHub, Yale University, Frederick R. Koch Collection. *Prov.*: anc. coll. E. Vuillermoz.

1899-49

致莉莉·泰克西耶

星期一
1899 年 5 月 15 日

亲爱的小莉莉:

比起我对你的魂牵梦萦,世间的千言万语都显得寡淡如水。我能做的就是把自己的心寄给你,但邮局还不受理此等包裹!

对你的爱禁锢了我的生活。我需要你就像需要呼吸一样必不可少。我就像被吸入了一个神秘的深渊,无法自拔。如果因欣赏你的眼睛而死,因享受你的亲吻而亡,我都义无反顾。不过你别担心,在这样的狂热之外,我依旧可以温情如玉。我会用尽一切方式来疼你:激情的爱、忘我的爱、长久的爱,美丽中带着幸福,平凡中带着妩媚。无论你怒目而视还是含情脉脉,无论你目光如炬还是暗送秋波,我都会认得那双眼睛,没有它们的闪烁,我将眼前一黑、彻底崩溃!

你看!你的目光让我如此印象深刻,以至于我俯身给你写信的时候似乎感觉你正向我看来,真希望能够亲吻那双眼睛。

你了解我的一个臭毛病,总想看向未来。啊!哈!虽然我还不敢现在就去制订一些疯狂的计划,但我认为我们的爱情不会结束。希望你能对那个梦里寻你千百度的人赤心相待,(是的,"我的好朋友")希望你让他梦想成真。

么么。

克劳德

伤感来自我房间里的鸟儿们。

还是你的朱唇……

星期四见！……

盖有花体签名ⓒ。

Autogr.: US-NHub, Yale University, Frederick R. Koch Collection. *Prov.*: anc. coll. E. Vuillermoz.

1899 – 50

皮埃尔·路易斯致德彪西

[1899 年 5 月 15 日][①]

我亲爱的克劳德：

或许是受到了其父对押韵的钟爱，露易丝·德·埃莱迪亚小姐即将改名为露易丝·路易斯，这听上去更对称也更平衡。[②] 这就是为什么这么长时间我都没见你。

婚礼将在六周后于圣–菲利普举行。[③] 你认识这块宝地的管风琴师吗？[④] 我想让他演奏一小套塞巴斯蒂安·巴赫式的曲目，[⑤] 我们可以用一曲德彪西未发表的"婚礼进行曲"开始。[⑥] 你有时间为两排键盘和一排踏板书写两百个小节吗？就用那个奇怪的四拍进行曲节奏，可以写得浮夸一些，但虔诚一些，适合婚礼列队的那种。[⑦] 这种小型杰作我们每天都能写，在餐厅里随便找个桌角，喝着威士忌与大瓦勒干邑白兰地就写出来了。你肯定不能拒绝你的老伙计，对吧？

你的，

P. L.

Autogr.: F-Pn, Mus., N.L.a. 45 (43). *Prov.*: anc. coll. A. Godoy; Hôtel Drouot, 5 février 1999, n° 187. *Publ.*: Debussy-Louÿs 1931[d], p. 137 (non datée); Debussy-Louÿs 1943[e], p. 33-34 (non datée); Debussy-Louÿs 1945, p. 129.

---

① 该日期根据后一封书信所推断。

② 5 月 13 日星期六，德·埃莱迪亚夫人宣布了自己的女儿露易丝将与皮埃尔·路易斯结婚。此消息第二天就传遍整个巴黎。

③ 婚礼于 1899 年 6 月 24 日在圣–胡勒的菲利普教堂举行。这是一次巴黎上流社会的活动。

④ 这是指尤金·布赫多(Eugène Bourdeau, 1850—1926)，见书信 1899 – 70。

⑤ 路易斯对约翰·塞巴斯蒂安·巴赫的音乐情有独钟。

⑥ 此处原文用了德语的"Hochzeitmarsch"。

⑦ 这首进行曲的手稿的确存在，但未被找到。见书信 1899 – 91。

1899 – 51

致皮埃尔·路易斯

星期二

1899年5月16日

我亲爱的皮埃尔，

毫无疑问，你已经写下了本世纪末最精彩的著作，但你今天早晨给我寄来的这新的第一章仍然让我惊叹不已，在这章中，你请了露易丝·德·埃莱迪亚小姐与你合作。

现在，请允许我对这一新闻表示祝福，我觉得在这方面我就不用强调自己祝福的真切了吧？

我无幸结识圣-菲利普那位用和声普度众生的管风琴师，但我会把你交代的那两百小节写出来的。它或许不会被写得很美，但至少是极富兄弟情义的，另外，开头部分还包含了一种不可分割的感觉，这是我迄今为止从未涉及的。老实说，恐怕正是因为我和音乐的羁绊太深，导致我无法结婚！……

我热情地拥抱你，老弟！请替我致敬未来的露易丝·路易斯夫人。

你的，

克劳德·德彪西

Autogr.: non localisé. *Publ.*: Debussy-Louÿs 1945, p. 130; Debussy 1980, p. 97; Debussy 1993, p. 144. *Exp.*: Paris 1942, p. 50, n° 206.

1899 – 52

致莉莉·泰克西耶

星期五

1899 年 5 月 19 日

莉莉,你是个可爱的小疯子,但你却像个襁褓中的小姑娘一样不讲理!……我们这一架吵得也太莫名其妙了吧?

您怎么会认为我对您"漠不关心"呢?[①]我的圣母啊,您是从哪里得出这样的结论的?这种说法既无聊又无力,您怎么就信了呢?

您真的误会我了,我会向您自证清白的,这将易如反掌。

我爱您,没有人能像我这样去爱一个人,[②]我希望能用一种最强烈的方式向你表达,让你感受到我的爱,那几乎令我痛苦的爱。满腔的热血、密布的神经似乎都在激情地尖叫,我的身体犹如变得千疮百孔,血流不止。我豁出去了,将一切都抛在了脑后。如今,没有你的生命将变得毫无意义,因为你就是我生命的全部。

然而,你对我怎么会有如此荒唐的想法?……亲爱的莉莉,您要知道,有的时候我们会明知故问。您还要知道,如果一切对我有利(我正在为此而竭尽全力),我将会再次向您证明我对您全部的温情和绝对的信任。

啊!老天保佑,希望你只对我有一点点的误解,希望我还能继续如此盲目地爱你。不过,我还是感到抱歉,我只为自己想,这给你带来了伤害,但如果你昨天就跟我说,我本可以把现在写的这些话告诉你的,这样你就不用凭着一个无中生有的想法来质问我了!

---

① 原文中德彪西对"你"和"您"的使用是故意区分开的。——译者注。

② 原文中,德彪西在此使用了"爱"的虚拟式未完成过去时"aimât",从语法的角度看,这样使用有待商榷,但这却能起到强调的作用。

我还有很多话想跟你说，但它们只有等你在的时候才有价值。

你只需要知道，我爱你，我愿意为你做任何事。

爱你的，

克劳德

老地方，明天七点半见，太爱你了。

盖有花体签名，信封上未贴邮票，也没有地址，只写了：
Très pressée
Mademoiselle Lilly Texier.
Autogr.: US-NHub, Yale University, Frederick R. Koch Collection. *Prov.*: anc. coll. E. Vuillermoz.

1899 – 53

致莉莉·泰克西耶

星期一

1899年5月22日

谁要脾脏！
这是卖脾脏的小商
来自托奈赫或艾克林
不要扣下我的莉莉琳
我太消沉了……

你可能会觉得这首小歌很傻，但它形象地描绘出我在你走之后的沮丧！[①]

我现在就像一个失去提线的木偶，动起来跟电线杆一样僵直！

① 莉莉去了托奈赫的父母家。

这封信令我很恼火,首先,我很想替它完成使命(我甚至可以把回复直接带回来,这既方便又节约,这就叫劳逸结合),其次,所有这些话都显得很冷漠、很生硬,不能表达我的真实想法,不能描述你留给我的那种难以抑制的激动与渴望,而且每次和你在一起之后,这瘾都会越来越大。我总是忘记多吻你一次、多抚摸你一下,我会自问是否有足够的精力,想爱你多少就是多少。我担心生命太短暂,无法让我实现让你我幸福的梦想。我想象着我们陶醉于二人世界,届时我们会忘记时间的概念,因为那将是永恒的美好!

我们的吻将决定时间的走向,这个坏家伙要么走太快,要么走太慢。不过,我现在想这些实在是大错特错。希望你的旅途顺利、心情愉快。我的祝福来自那颗爱你的心,它爱你胜过一切。

有空想一想。

克劳德,么么么么么么么……

盖有花体签名,信封上有邮戳(寄出: 22 MAI 99,到达: 23 MAI 99)、绿色蜡封和地址:

Mademoiselle Lilly Téxier.
31. rue du Pont.
à Tonnerre
– Yonne –

Autogr.: US-NHub, Yale University, Frederick R. Koch Collection. *Prov.*: anc. coll. E. Vuillermoz.

1899 – 54

致莉莉·泰克西耶

星期二

1899年5月23日

我亲爱的莉莉：

我爱你……我爱你……

我已经无聊到产生了惊人的创造力……我只想着你的回归，还有你欠我的三天时间，这让我很痛苦。……

天呐，我太爱你了。

克劳德

星期三

[1899年]5月24日

我昨天没有给你寄信，因为我觉得没必要让你知道我每天早晨忧伤的程度，你回到你家人身边是去寻找安逸的，我怎么能用负能量去扫你的兴呢！

况且，如果你现在很幸福，你是不会理解我为什么抱怨的，有些情感是经不起远距离投送的，它们在抵达目的地时会失去芳香、失去感染力，就像凋零的花朵一样……

啊！那些爱抚、心跳、窃窃私语，如果它们没能被传达到位，会变成什么样子？你知道吗？你在我这里简直是无处不在！每个角落里、每件家具上都留有你的芬芳，我的耳边似乎有千千万万个轻声细语，听上去既奇异又动人，莉莉——你那甜美的名字像优雅的音乐一般反复出现。壁炉上的那只肥胖的老蟾蜍时时刻刻都盯着房门——那个你平时进入的地方，虽然它的心是木质的，但我可以肯定地告诉你它也很痛苦。[①] 我继续游荡着,我回到我们曾经一起去过的地方。我把你装在心里,走到哪里都带着你,我爱你,你知道吗?我的爱是如此温柔,它可以软化周围的一切事物,甚至包括坚石。

请不要认为我的信写得用力过猛或太过幼稚!……它也就勉强能够表达我之所想,有些事我不能说,也不愿意说,我最多将它们托付给我的枕头。

真的,我毫无保留地爱你,我彻底被这股强大的力量卷进去了,什么也拦不住我。每当我们要分离却又恋恋不舍的时候,你有没有感觉到我们被一束灿烂的光芒所笼罩着?我们的爱仅靠眼神就可以确定!这样的羁绊能让我们永不分离,你明白吗?如果你会吃醋,那也只能是因为我太珍视我们的爱了。……自从我再次见到你的时刻起,生命就开始急速流逝,快到让我感觉都没怎么好好看看你,这就是为什么你的离开让人无法忍受。你会说,我的确很少见到你,但在从前,如果我实在太想见你,至少可以去求我们的"好朋友"看门人去叫你。虽说每次这样见你的时间都很短暂,而且还伴随着一些陌生的年轻人骑着马来来往往,但这总是能让我的心温暖好几个小时,我会感到不那么孤独……现在呢,什么都没了……就剩下巴勒一家的黝黑皮肤了![②] ……你觉得我还怎么笑得出来?我怎么能不对命运感到有些生气呢——它本来对我那么好。好吧,就当我什么都没说,如果我继续下去,就会伤害到上述那位年轻人了,事实上,我应该下跪谢恩的。

我只求一件事,那就是能爱你,能让我的生活为了莉莉变得无限温柔和忠诚。

---

① 德彪西一生都将这个蟾蜍摆件放在自己的书桌上,称其为阿凯尔。根据勒绪赫一本著作的章节装饰图案来看,此物件应该来自日本,或是日本风格。见 *Debussy, Iconographie musicale*, par F. Lesure, Editions Minkoff et Lattès, 1980, p. 79。埃德蒙·德·龚古赫也曾拥有一个,由玉石所制。

② 见书信 1899 – 56。

我先写到这里了,因为天知道我什么时候会失控。不要忘记这个老克劳德,他给你送来无穷无尽的吻。

克劳德

我希望泰克西耶先生和夫人一切安好。

盖有花体签名 ,信封上有邮戳(寄出: 24 MAI 99,到达: 25 MAI 99)、绿色蜡封和地址:
Mademoiselle Lilly Téxier.
31. rue du Pont.
à Tonnerre.
– Yonne –
Autogr.: US-NHub, Yale University, Frederick R. Koch Collection. *Prov.*: anc. coll. E. Vuillermoz.

1899 – 55

致莉莉 · 泰克西耶

星期五
1899 年 5 月 26 日

我亲爱的:

你有没有觉得乡下的生活很能抓住人心? ……啊! 我的好朋友! ……我们都没工夫去看看火车了! ……我们甚至发现这样的生活对某些人能产生奇怪的效应,把他们的书写能力都夺去了。很可惜,电话还没有完全普及,否则对于这些人来说,它将无比便捷! ……

亲爱的莉莉,请原谅这个天真的嘲讽……但你已经走了整整五天,而我却没有你的任何消息! ……我承认我很难受,甚至有些担心! ……我害怕你有任何不适,你知道这将让我多痛苦……还有,你看看！我始终都活在对你的回忆中，迫不及待地等着你，其感受无法用语言形容，我真的很生气！……当然，我不愿意用我苦衷去打扰你，也不是想要求你为我而改变你的习惯。但是，两行，就写两行……告诉我你过得很好，这将能使我暗无天日的生活中露出一丝蔚蓝色！

我爱你。

克劳德

"哦！爱一个人，却不能和她在一起，这太残酷了"……维克多·雨果在他的一部小说中观察到了这点……[①] 虽然这看上去有点傻，但至少说得非常准确。

再次爱你。

克劳德

盖有花体签名，信封上有邮戳(寄出：26 MAI 99，到达：27 MAI 99)、绿色蜡封和地址：

Mademoiselle Lilly Téxier.
31 rue du Pont.
à Tonnerre.
– Yonne –

Autogr.: US-NHub, Yale University, Frederick R. Koch Collection. *Prov.*: anc. coll. E. Vuillermoz.

---

① 引用自《冰岛的凶汉》(*Han d'Islande*)第十二章。

1899 – 56

致莉莉·泰克西耶

星期六

1899 年 5 月 27 日

我亲爱的莉莉：

我无法描述你的来信给我带来了怎样的快乐……（话说，我可能在接下来的四页里都要提到它……）

你知道吗？这就像一个人已经没有了生命的迹象，但他突然又再次感受到了自己的心跳、自己的血流……悲伤的迷雾笼罩了我们，但光彩照人的莉莉现身，并且将这阴霾彻底驱散了！……

在读你的信时，我似乎又将你抱在怀中，你的措辞就像你的朱唇一样，令我心颤。……离开你的痛苦荡然无存，那个宝贵的你、那个美丽的你、那个挚爱的你又回来了……就算这不是真的又怎样？如果我们能感受到如此的快乐，那还有什么可抱怨的呢……我打内心感激你，谢谢你让我用这样的方式爱你。

我昨晚收到了你的来信，这让我彻夜未眠，因为你的写作手法如此精湛，能把自己栩栩如生地描绘出来……我似乎听到了你用你那迷人的语调亲口说这些话。你说我怎么可能睡得着呢？更何况这张大床也有那么多对你的回忆（说得我脸都红了……）。还有我身边的这个枕头，它的苍白暗含着悲伤，因为它无法成为你那金发的归宿了……我想起了那个时候，每当你酣然入睡，我都会无声无息地爱你。你无法想象我对你寄予了多少激情与渴望，你可以永远相信克劳德。我希望说服你，没有我你就活不下去，你需要我就像你需要呼吸一样。

这个晚上，我把你的信当成你本人一样吻了又吻，我太需要吻你了，我仿佛闻到了你唇上的气味，我张开双臂拥抱这个梦境，把你留给我的一切都变成了不朽的爱。

亲吻书信这件事貌似已经过时了？而且只出现在小说里？好吧，

如果有人这样认为,那只能怪他们没这个福分,我甚至觉得他们是出于妒忌才这样认为的。反正我觉得很自豪!……

在你信里那么多的妙语中,有一件事让我特别感动……你说如果我想,我可以将你变成我的财富、我的私有财产,甚至是第二个我!……啊!小莉莉!如果我想?……难道你不知道吗?除了这个,我什么都不想!……我甚至都不能想了,我向你保证,我生活中的任何行为、任何努力,包括力争凌驾于我的同行之上,所有这些都是为了你,只有你!……我为此注入了生命中的全部希望,如果说我有时会为你而伤感落泪,那是因为我会突然被一个可怕的想法所刺痛:失去你。我从来没有认为自己有多与众不同,也没有觉得自己风流倜傥到让所有人都为我而痴迷。我既不是无与伦比的,也不是令人难忘的,我就是我!……绝对有比我更好的……但我肯定的是,我爱莉莉,这就够了,这就让我比世上的任何人都强出一头,包括教皇和皇帝。现在,我将成为莉莉喜欢的那个我。……请原谅,我一直在用不同的方式给你写相同的内容,但我压抑得太难受了,实在忍不住了,以至于冒险让你认为我太过单调,太像个"多愁善感的小姑娘"。

全部的吻,你的,

克劳德

巴勒先生一家,真是和他们的姓氏一样,[①] 完全没用。[②] 这不太好笑,但我们不是总能事事如意。我现在真的更希望能在你身边,而不是给你写信,这永远无法替代你的吻。

盖有花体签名,信封上有邮戳[③](寄出: 27 MAI 99,到达: 28 MAI 99)、绿色蜡封和地址:
Mademoiselle Lilly Téxier.
31 rue du Pont
à Tonnerre
– Yonne –
Autogr.: US-NHub, Yale University, Frederick R. Koch Collection. *Prov.*: anc. coll. E. Vuillermoz.

---

① 见书信 1899 – 54。

② 原文中用词为"peau de Balle",意思为"完全没有"。(而"Balle"一词正好也是巴勒的姓氏——译者注)。

③ 在该信封背后,莉莉用紫色墨水写道:"1906 年 1 月 4 日重读了这封信。我只感到悲伤,因为这些来自他的甜言蜜语都是空话。但对我来说却不是,我这个可怜的莉莉。"

1899－57

致莉莉·泰克西耶

星期一

1899年5月29日

我亲爱的莉莉。

我们昨天做了差不多的事情,我和我家人吃了午饭,吃了好久好久……他们一直在不停地消化!……我没能去读《内勒塔》,[①]因为我没有这部经典。……对此我依然感到很遗憾,希望你能给我讲一讲吧……你不应该刻意让自己变得像玛格丽特·德·勃艮第,[②]她是个很坏的女人……她把生活想得太粗野了……话说,连载小说的阅读体验实在有点负面!当我们看了之后,怎能不去幻想自己参与谋杀、撬开保险箱并抢走10万英镑呢?……(这个想法完全是就事论事,我平时可不这么想)

这个星期日的晚上(我回忆起和这个小莉莉在一起的动情时刻,你都无法想象,你就是我生命中的女主人),我去博阿文吃晚饭了,[③]就坐在我们平时坐的位置,服务生看到我后立刻会意地问我:"先生,是两套餐具吗?……""不!"我对他说,我的声音甚至能让这样一个毫不相干的餐厅服务生感到怜悯。

从那里出来之后,我感到无比孤独,不知该何去何从!我浑身疼痛,我渴望你就在我身边,这感觉让人百爪挠心。你知道吗?这真的

---

① 《内勒塔》(*la Tour de Nesle*)是大仲马的著名戏剧作品,故事讲的是路易十世的妻子玛格丽特·德·勃艮第。据传说,她和她的姐妹们在内勒塔中与情人春宵一夜之后会将他们杀害。据勒内·彼得描述,德彪西不喜欢大仲马。见Peter 1944, p. 131。

② 玛格丽特·德·勃艮第(Marguerite de Bourgogne, 1290—1314?)是即将登基的路易十世的妻子,她犯了通奸罪,被关在加亚城堡,后被勒死。

③ 可能是运输酒店的酒吧,位于保罗·勒隆路2号。

很难过！……我麻木地走着，不知不觉来到了你的房子前，突然觉得怒从心头起！……我责怪了你！我的挚爱！我最喜欢的人！……我自问，你怎么能离开我，你怎么能忍心让我远离你……总之，一大堆诸如此类的荒谬、疯狂的想法！……我拖着疲惫的身躯回到家，在你的小肖像前祈求它原谅我。你看到了吧！在这种时候，我们是不是很幼稚？然而，我们不是白白地将生命献给一个人的，我们不可能保持一种“点头之交”的态度。还有，没有你我已经不知道怎么活下去了，但这是我的错吗？对此我不接受任何异议。

好在你的信今天早上到了，信上还留有一小片吻痕，我整个人都谢谢你，这个主意和你一样美丽。

现在我向你保证，你在给我写信的时候不用皱着眉头，除非我不爱你了或是我逃跑了……我们拭目以待！……虽然我一点都不好奇，但我还是想知道自己怎么可能“逃跑”？好不容易你才同意让我去做截然相反的事情。

我只会更加地爱你，让我对你降温就如同让埃菲尔铁塔和凯旋门跳华尔兹舞！……

如果我将自己所有的期待和盘托出，可能会让你大吃一惊！不过，既然现在是你执掌了我的生活，那你大可不必受到惊吓。

日子一天天地过去了，很快就能和我的莉莉重逢了，但奇怪的是，时间却越走越慢……

你让我理智一点，这是不可能的！……我觉得已经一百年没有见到你了……[①]你最好告诉我具体什么时间我能再见到你，少了一分钟，我都会被你气死。这漫长的等待会让我相信一件自己早就知道的事，那就是我爱你，永远地爱你。

全部的爱。

你的，

克劳德

---

① 就像佩雷亚斯在第四幕第四场中等待梅利桑德那样。

我在此为莉莉献上我的吻,它们是如此冰冷,请她原谅!但它们代表着我的真心。

但和你的朱唇一点都不一样!……

盖有花体签名,信封上有邮戳(寄出:29 MAI 99,到达:30 MAI 99)、绿色蜡封和地址:

Mademoiselle Lilly Téxier.
31. rue du Pont.
à Tonnerre.
– Yonne –

Autogr.: US-NHub, Yale University, Frederick R. Koch Collection. *Prov.*: anc. coll. E. Vuillermoz.

1899－58

致乔治·阿特曼

星期一

1899 年 5 月 29 日

亲爱的阿特曼先生。

如果您这星期六——也就是 6 月 3 日还在巴黎的话,我能来吃午饭吗? 我没有责怪的意思,但我依旧在等您的消息! ……

满怀深情地。

您的,

克劳德·德彪西

Autogr.: non localisé (copie H. Borgeaud). *Prov.*: Hôtel Drouot, 28 avril 1958.

1899 - 59

致莉莉·泰克西耶

星期三

1899 年 5 月 31 日

我亲爱的莉莉:

忧伤的时光总是惊人的相似,想想接下来的一天又是重蹈覆辙,我们反倒安心了。这就叫恶性循环! ……有些人为了逃避它而突然发疯,但不是所有人都能做到这点的,你说,我都已经为莉莉而癫狂了,我觉得自己的状态已经差到不能再差了。啊! 莉莉! 等待实在是太漫长了,当你在生活中什么都不缺,却又发现什么都缺的时候,那感觉实在是不好受……可以肯定的是,我身上的许多事物已经完全属于你了,它们肯定都跟着你走了,因为我已经控制不了它们了,如果说我的心还在跳、血还在流,那也只是为了折磨我。见不到你的连锁反应已经上升到了对我肉体的摧残,只要说出你的名字,我的嘴便开始发颤,只要想到你的朱唇,我就会失控。我渴望独占你的生活,由于不能像从前那样抱住你,感受你身体的微微抖动,我的双臂便开始作痛。

不过,我在这可怜的信中写再多,都远远比不上偎依在你的怀中对你倾诉,感受我的生命被你融化,我知道我们的吻总会让我们感情变得更加灼热。

莉莉,我疯狂地爱你。

你的,

克劳德

盖有花体签名,信封上有邮戳(寄出:31 MAI 99,到达:1 JUIN 99)、绿色蜡封和地址:

Mademoiselle Lilly Téxier.
31. rue du Pont.
à Tonnerre.
– Yonne –

Autogr.: US-NHub, Yale University, Frederick R. Koch Collection. *Prov.*: anc. coll. E. Vuillermoz. *Publ.*: Debussy 1993, p. 146-148.

1899 – 60

致莉莉·泰克西耶

星期四
1899 年 6 月 1 日

我亲爱的莉莉。

今天早晨,我一直期盼着你的消息,但我现在有些伤心!希望你那边没有遇到什么不快?

迫不及待地想见你……

克劳德

盖有花体签名,信封上有邮戳(寄出:1 JUIN 99,到达:2 JUIN 99)、绿色蜡封和地址:

Mademoiselle Lilly Téxier.
31. rue du Pont
à Tonnerre.
– Yonne –

Autogr.: US-NHub, Yale University, Frederick R. Koch Collection. *Prov.*: anc. coll. E. Vuillermoz.

1899 – 61

致莉莉·泰克西耶

星期五
1899 年 6 月 2 日

终于！……苦尽甘来了！美丽的莉莉，莉莉，我的生命。你知道吗？我现在手足无措，我整个人都变得不可理喻，紧张得像把茨冈小提琴。我向你承认，在你走后，我的生命里没有一分钟不是处在迫不及待的状态，我对你的爱恋让自己热血沸腾，筋疲力尽。你想象不到我脑子里蹦出过多少离奇的计划！……有的时候，我早晨醒来就想立即赶赴雷神那里！不对！……我搞错了！……只是去托奈赫。[①] 我不知道你会如何面对我的突然出现，但我肯定会把你紧紧抱在怀里，然后我会立刻离开，带着你身上那如花的芳香和甜美，这气味和莉莉对我的爱一样，令人难以忘怀，它与我的生命产生了既温柔又牢固的羁绊，这世间任何事物别想将我们分离。

在整个故事中，我都非常英勇，除了马赫尚指挥官外，没人能抢走当代人对我的由衷钦佩！总的来说，法绍达很棒的！[②] ……但莉莉更棒！……而且，任何事、任何人都不配与莉莉相比较……是的女士！……

你想过为了呵护我们的爱，我们需要补多少个吻吗？每当我想到这点的时候(我几乎只想着这个了)，都会立刻感到后背发凉，我现在给你写信都只能勉强握住笔杆，我整个人都想奔向你，想要尽快亲吻你的嘴唇、你的双眼，我甚至想开膛破肚，让我的鲜血流出，歌唱着欢迎你的归来。不要觉得这很荒唐，想想我现在已经激动到语无伦次了。

你今早给我寄来了一串吻的“列车”，非常可爱。但即将把你接回

---

① 德彪西在此使用了同音梗，因为托奈赫的原文“Tonnerre”是“雷电”的意思。——译者注。

② 关于法绍达事件，见书信 1898 – 48。这一事件让马赫尚指挥官赢得了闪电般的荣誉，但作为坚定的共和主义者，他并未因此而陶醉。

来的那趟列车才是我的最爱！它的车长一定是位善良的人！

只为你。

你的，

克劳德

盖有花体签名，信封上有邮戳（寄出：2 JUIN 99，到达：3 JUIN 99）、绿色蜡封和地址：

Mademoiselle Lilly Téxier.
31. rue du Pont.
à Tonnerre.
– Yonne –

Autogr.: US-NHub, Yale University, Frederick R. Koch Collection. *Prov.*: anc. coll. E. Vuillermoz.

1899 – 62

致尤金·伏霍蒙

星期五

1899 年 6 月 2 日

我亲爱的伏霍蒙。

这应该就是彻底整理好的校样。[①]

扉页部分需要修改一下，就像我指出的那样，也就是说：

I……《牧神之笛》……

要靠左侧，话说我以为这点早就说清楚了。

祝好。

克劳德·德彪西

盖有花体签名。

Autogr.: US-LAusc, Miklós Rózsa Collection.

---

① 指《碧丽蒂斯之歌》的校样。

1899 – 63

致乔治·阿特曼

星期五

1899年6月2日

亲爱的阿特曼先生：

我给您写信预约明天星期六的时间，您肯定是没有收到我的来信。

您能把预约换到下星期三吗？

亲切地。

克劳德·德彪西

气动管卡，带有邮戳（3 JUIN 99）和地址：

Monsieur Georges Hartmann.

1. rue Caumartin.

(B[ard] des Capucines)

Autogr.: US-AUS, Carlton Lake Collection. *Prov.*: Hôtel Drouot, 28 avril 1958; anc. coll. L.-P. Vallery-Radot.

1899－64

皮埃尔·路易斯致德彪西

［1899年6月初］

昨天上午十点，Z. B.［佐拉·本特·布拉辛］突然闯进了我的房间。我真的一点准备都没有。①

昨天发生的一切都无法形容。说到底，安全决定一切，如果还有安全可言的话。

请原谅，经历了这一系列不幸后，我没能去给柯达相机买胶卷。还有，对于我没有求助于你的友谊就走出这一步，你应该感到庆幸。

这越来越像《爱情的羁绊》了。②

你的，

P.

信封上未贴邮票，也没有地址，只写了：
Monsieur C. Debussy
Autogr.: F-Pn, Mus., N.L.a. 45 (46). *Prov.*: anc. coll. A. Godoy; Hôtel Drouot, 5 février 1999, n° 187. *Publ.*: Debussy-Louÿs 1931[c], p. 44 (non datée); Debussy-Louÿs 1943[d], p. 117 (non datée); Debussy-Louÿs 1945, p. 31 (datée 1894).

---

① 1899年5月28日，皮埃尔·路易斯给佐拉寄去了一封诀别信。佐拉先前通过报刊和朋友得知了路易斯与露易丝·德·埃莱迪亚结婚的事。路易斯还补充道，如果佐拉来巴黎，他会很生气。这封信于1899年5月30日抵达阿尔及尔，这促使佐拉立即前往巴黎。老埃莱迪亚则要求自己认识的一名警官将佐拉送走，直到她从马赛返回阿尔及尔。他还强调："必须严密监视佐拉·布拉辛，因为她离开阿尔及尔时使用了假名。她是个很激进的人。"见 Robert Fleury, *Le Mariage de Pausole,* Paris, Christian Bourgois, 1999, p. 266；另见 Goujon 1992, p. 72-73 et 104-107。

②《爱情的羁绊》(*Le fil à la patte*)是乔治·费多(Georges Feydeau, 1862—1921)于1892年创作的喜剧。

1899 – 65

致莉莉·泰克西耶

[1899 年 6 月 7 日]

莉莉！……我爱你！[①]……我太爱你了，但我还要远离你的朱唇好几天，这太不合适了，我不知道自己的吻是否还能到达你那里。

莉莉！……我爱你。

克劳德

盖有花体签名，气动管卡，信封上带有邮戳(7 JUIN 99)和地址：
Mademoiselle Lilly Téxier.
12. rue de Berne.
Autogr.: lettre: US-NHub, Yale University, Frederick R. Koch Collection; enveloppe: F-P, coll. part. *Prov.*: anc. coll. E. Vuillermoz.

① 德彪西在该信中统一使用了“您”，但考虑到“你”与书信内容更加协调，因此予以修改。——译者注。

1899 – 66

致莉莉·泰克西耶

[1899年6月8日]
星期四
四点一刻

亲爱的小莉莉。

小女王!

小仙女!

在此用这些甜言蜜语逗你一笑,你也可以用它们去称呼你心中最在乎的人。

可怜我看不到你的小嘴说这些词,我疯狂地想你,我等星期六已经等得不耐烦了,我要亲你亲个遍,以此来取悦你。

我爱你,我现在只会做这个了。

你的,

克劳德

气动管卡,信封上有邮戳(8 JUIN 99)和地址:
Mademoiselle Lilly Téxier
Chez Mmes. Sarah Meyer et Morhange.①
5 rue Boudreau.
Autogr.: lettre, F-P, coll. part.; enveloppe: US-NHub, Yale University, Frederick R. Koch Collection. *Prov.*: anc. coll. E. Vuillermoz.

---

① 笔误,应该是“Mayer”。

1899–67

致莉莉·泰克西耶

[1899年6月11日(?)]
星期日

我最最亲爱的莉莉……

这是你的果实,然后是我那颗只为你跳动的心脏,[1] 还有无尽的亲吻。

你的,

克劳德

信笺,盖有花体签名,未贴邮票,地址:
Mademoiselle Lilly Téxier.
12 rue de Berne.
Autogr.: F-P, coll. part. *Prov.*: anc. coll. E. Vuillermoz.

---

① 德彪西模仿了保罗·魏尔伦《无词歌》(*Romances sans paroles*)中《绿》(*Green*)的前几句:"这里是果实、树叶和枝条,然后是我那颗只为你跳动的心脏。"德彪西还将这首诗写成了《被遗忘的短曲》。

1899－68

致莉莉·泰克西耶

星期一

1899 年 6 月 12 日

克劳德爱莉莉的方式比最浪漫的“我”做梦还要激进。

克劳德将自己的生命都奉献给了莉莉！我的女皇！她就是我活下去的唯一动力。我希望你过得幸福,对于你的双眼和朱唇在我这里引发的疯狂,请原谅。你看到了吗？有些感情燃烧得比烈火更猛,就算用整个海洋的水都浇不灭。

莉莉无处不在!

莉莉无所不容!

我为你的冥想献上这组奇妙甚至可逆的格言！……

我继续爱你。

你的,

克劳德

星期三八点半见

盖有花体签名,气动管卡,信封上有邮戳(12 JUIN 99)和地址:
Mademoiselle Lilly Téxier
12 rue de Berne.
Autogr.: US-NHub, Yale University, Frederick R. Koch Collection. *Prov.*: anc. coll. E. Vuillermoz.

1899 – 69

致乔治·阿特曼

星期一
1899年6月12日

亲爱的阿特曼先生。

明天星期二晚上您若能为我留出时间,我将非常高兴。

请告知一下具体时间,满怀深情的。

克劳德·德彪西

盖有花体签名[签名图样]。

Autogr.: US-LAusc, Miklós Rózsa Collection. *Prov.*: Hôtel Drouot, 28 avril 1958; Cat. H. Saffroy 18 (novembre 1958), n° 1748.

1899 – 70

皮埃尔·路易斯致德彪西

[1899年6月12日][1]
星期一晚上

肖松昨天在一起可怕的自行车事故中去世了。[2] 你能给我寄一张

① 该日期根据埃赫奈斯·肖松的去世时间所推断。

② 事实上,肖松是6月10日去世的。1899年6月13日,皮埃尔·路易斯在给自己的兄长写信时,曾动情地提到了肖松的离世:“我很难过,我今晚收到了埃赫奈斯·肖松的死讯,在一起自行车事故中,他的头被墙撞碎了,太可怜了。他是个典范,和埃莱迪亚一样乐于助人,同时又是一个直爽谦逊的人。三周前,他让我给他写一个歌剧剧本,他会在接下来的四年进行创作。然而现在,他已经脑浆迸裂了。”见 Louÿs 2002, p. 340-341。

你的名片吗？我会将它和我自己的一起放在花圈里送过去。[①]

你很贴心地将这封信给我带过来，这原本对我很有用，但我最后不需要了，所以现在再给你送回来。你能替我重谢 M. 夫人吗？

你知道我的仪式是在 24 日举行，还有十一天。你觉得这个星期六能写完你的进行曲吗？我觉得六天的练习时间对管风琴师来说不算充足，尤其是我们这位管风琴师——布赫多先生，他好像是音乐学院的巴松老师！[②] 总之，我希望能给他一个确切时间。你不知道你让我感到多荣幸。

你的，

P. L.

Autogr.: F-Pn, Mus., N.L.a. 45 (44). *Prov.*: anc. coll. A. Godoy; Hôtel Drouot, 5 février 1999, n° 187. *Publ.*: Debussy-Louÿs 1931[a], p. 238 (non datée); Debussy-Louÿs 1943[e], p. 40 (non datée); Debussy-Louÿs 1945, p. 131.

---

① 德彪西没有参加 1899 年 6 月 15 日举行的肖松的葬礼，也没有给肖松夫人写慰问信。

② 尤金·布赫多于 1868 年获得巴黎音乐学院巴松专业第一名，并且于 1891 年至 1922 年在音乐学院担任巴松老师一职，同时还是欧什大道圣-约瑟夫教堂的指挥。

1899 – 71

致乔治·阿特曼

星期二

1899 年 6 月 13 日

亲爱的阿特曼先生。

您今天上午的电报让我很难过……您实在是太忙了,我要给您那庞大的人脉发匿名诅咒信。

我本想给您一个惊喜,把装订好的三首《夜曲》寄给您,而且我觉得这次的装订很合适,结果那个可恶的装订工食言了,他找借口说标题部分需要经过特殊的化学制剂才行。[①] 万一我见不到您,您是否愿意立即开始刻印这些《夜曲》? 您允许我把它们带给雕刻师吗?[②]哪位雕刻师?

还有(我不是在开玩笑),在您去波希米亚之前,[③] 您能给我留 200 法郎吗? 我现在几乎没有私人学生了,而夏天的到来除了对蝉有利之外也没什么用。请不要生气,也不要皱眉头。

请让我抱有一线希望,至少和您见一分钟。那些满怀深情的话您应该不需要我多说了。

克劳德·德彪西

Autogr.: US-NYpm, MLT D289.H333 (1). *Prov.*: Hôtel Drouot, 28 avril 1958; Cat. Stargardt 592 (9 juin 1970), n° 40 (avec fac-sim. partiel); anc. coll. M. G. Cobb.

---

① 德彪西在 1900 年 3 月 4 日的书信中提到《夜曲》的手稿最终是由乔治·阿特曼装订的。见书信 1900 – 18。

②《夜曲》的乐谱雕刻师是 L. 帕杭(L. Parent),地址是罗迪耶路 61 号。

③ 阿特曼于 6 月 15 日离开巴黎,前往卡尔斯巴德(今捷克卡罗维发利)调养。见书信 1899 – 103。

1899 – 72

致皮埃尔·路易斯

［1899 年 6 月 13 日[1]］
星期二早晨

你太好了，我谢谢你想得那么周到！……

我最晚星期日肯定写完你的进行曲了，不要说你有多荣幸，因为这会让我的荣幸相形见绌。

抱歉我利用这封信的机会向你借 50 法郎，我现在身陷黑洞，我都还没提我那 300,000 法郎的债务。

如果可以的话，请明天上午寄给我……真有趣，金发的人需要以黄金为食。我永远是你的，

克劳德

Autogr.: non localisé*. *Prov.*: anc. coll. M. Mann; Hôtel Drouot, 23 février 1973, n° 49.

---

① 该日期根据信中提到的《管风琴进行曲》（*Marche pour orgue*）而推断，这首作品应该是 6 月 17 日星期六完成的，而不是星期日。此外，信中提到的 30 万法郎债务（有些夸张）对应了德彪西在 1899 年 6 月 17 日给莉莉写信时的内容。见书信 1899 – 77。

1899 – 73

致皮埃尔·路易斯

[1899年6月14日][①]
星期三

亲爱的皮埃尔,

我今晚很想见你,哪怕是在百忙之中!但我只能七点一刻到你那里。你行吗?

我明天不去墓地了,因为我十一点半有个预约,不能爽约。

真不怎么样!

祝好。

克劳德

信封上未贴邮票,也没有地址,只写了:
Monsieur Pierre Louÿs.
Autogr.: F-P, coll. part.

---

① 该日期根据信中提到的埃赫奈斯·肖松的葬礼而推断,葬礼的日期是1899年6月15日星期四。

1899 – 74

皮埃尔·路易斯致德彪西

［1899年6月15日前后］[①]

我亲爱的克劳德：

我用这个墨水瓶写出了我的第一批著作。[②] 当你问我要的时候我非常感动，我很荣幸地将它送给你，并且拥抱你。你的友情填充了我全部的青春，我们的友谊地久天长，不是吗？

爱你的，

皮埃尔

抬头有：
147, BOULEVARD MALESHERBES
信封上未贴邮票，地址：
à porter
Monsieur Claude Debussy
58 rue Cardinet
Autogr.: F-Pn, Mus., N.L.a. 45 (45). *Prov.*: anc. coll. A. Godoy; Hôtel Drouot, 5 février 1999, n° 187. *Publ.*: Debussy-Louÿs 1931[a], p. 239 (non datée); Debussy-Louÿs 1943[e], p. 41-42 (non datée); Debussy-Louÿs 1945, p. 130-131 (datée fin mai 1899); Dietschy, p. 132.

---

① 该日期根据德彪西在1899年6月17日书信中关于墨水瓶的内容所推断，在这封信中德彪西为墨水瓶向路易斯表示感谢。见书信1899 – 78。

② 安德烈·勒贝描述过路易斯置于伦布朗路家中的这个墨水瓶：“对我来说，一切都是新的，白色的枫木小办公桌，上面放着两只戴克做的蓝色猞猁，它们盯着一只德拉埃赫做的墨水瓶，里面插满了大羽毛笔。”见 André Lebey, *Disques et pellicules,* Paris, Librairie Valois, 1929, p. 219。

1899 – 75

致莉莉·泰克西耶

[1899 年 6 月 15 日(?)][①]
星期四晚上

亲爱的莉莉,

很不幸,我直到今晚很晚的时候才发现你的来信……

你肯定可以想到,我错过一次见你的机会有多么懊悔,哪怕是仅仅几分钟,这让我气愤到无法形容,错过这样的快乐让我感到自己很愚蠢。

你给我转来的那封信自然会给你的生活带来担忧,话说这封信既愚蠢又恶毒。[②]至于杜潘一家,我知道有人立刻采取相应措施了。[③]至于和比利时人闹翻,这完全不重要,[④]只是跟几场不太光彩的赛马有关,所有这些都会在家庭内部清算。他们很擅长“洗白”,无非就是再多洗一次罢了。

你听说的那封“不知名”的信,那纯属就是个笑话,总之,我不明

---

① 该信的日期很难推断。德彪西从 6 月 20 日起使用了新的信纸。此外,信中提到的负债在其他书信中也出现过,比如德彪西在接下来的书信 1899 – 75 就描述了自己的经济情况,又或者在书信 1899 – 72 中,德彪西向皮埃尔·路易斯透露了一个过于夸张的“30 万法郎”欠款。本信中星期五四点半的预约倒可以和后一封书信的书写时间六点半对上号(应该是见面后写下的)。

② 应该是一封匿名信。

③ 关于杜潘,见书信 1888 – 4。德彪西确实欠了杜潘的钱。后者将于 1899 年 9 月在墨西哥被谋杀。

④ 应该是指罗文斯坦家族的比利时血统,这或许是德彪西在暗指自己与这个持有当萨赫–罗文斯坦银行的家族有债务。根据阿丽丝·彼得(勒内·彼得之妻——译者注,原姓罗文斯坦)的第三任丈夫古斯·博法(Gus Bofa, 1883—1968)叙述,德彪西的经济来源依靠了勒内·彼得的表亲尤金·贝林(Eugène Belin, 1853—1937)、彼得家族(米歇尔和勒内)、杜潘家族(杜潘夫人出自罗文斯坦家族)和罗文斯坦家族。

白比利时人有什么权利用这么荒唐的事情来打扰你！……你应该明确地、一劳永逸地告诉他，“老爹”的角色不适合你，它太怪诞了、太有比利时特性了。

我向你保证，我对你的爱既是灼热的也是忠诚的，我必须让你摆脱这些烦恼，有一种强大的力量让我把整个生命都投入在你一个人身上。我希望你永远是我的小可爱，一直都是。我今天星期五四点半会去看你，首先是为了你，其次也是因为没有你的眼睛和朱唇，我活不了了！一旦你不在的时候，我就完全沉浸在了思念的痛苦中。

千万个狂吻。

你的，

克劳德

盖有花体签名㊤。
Autogr.: US-NHub, Yale University, Frederick R. Koch Collection. *Prov.*: anc. coll. E. Vuillermoz.

1899 – 76

致莉莉·泰克西耶

星期五
1899 年 6 月 16 日
六点半

亲爱的莉莉：

为了在下次见你时不再提及此事，我想告诉你我这一夜是多么煎熬！……你知道吗?！失去你的念头让我想到了万物凋零！……我求求你，永远不要怀疑我对你的爱，它代表着我的满腔热血和满心希望。你想想我对你的付出超过了自己的生命，什么都无法取代莉莉！……明天见……

爱你的，

克劳德

气动管卡，带有邮戳(16 JUIN 99)和地址：
Mademoiselle Lilly Téxier
12 rue de Berne.
Autogr.: US-NHub, Yale University, Frederick R. Koch Collection. *Prov.*: anc. coll. E. Vuillermoz.

1899 – 77

致莉莉·泰克西耶

星期六

1899 年 6 月 17 日

我亲爱的。

我本希望这次残酷的争吵可以结束，我以为我已经向你展示了我对你的爱有多么坚定，之前我表现出的所有不安和忧虑都是没有用的，一切都要重新开始。那我现在就明确地告诉你我的想法，或者说我原本想怎么做！……

接下来的话与我对你的感情无关，我已经考虑了即将会发生的事，我至少有权利立即回答你，让你相信我的诚意！……

我已不再年轻，我需要让我的生活彻底稳定下来，如果说直到现在都没有实现，那是因为我还没有遇到真正喜欢和信任的那个人。

直到我遇见了你，[①] 我对你的暗恋迅速发展成一种近乎疯狂的感情，我认为我不需要再强调这一点了。

现在，我和你一样，希望你继续做自己的工作，而我之前其实想尽快让你把它停掉的。我对你的爱，不能也不满足于只是为了一时之欢，我想和你过完整的人生并努力让你快乐，不仅靠我的温柔，还要靠我对你无时无刻的奉献。

目前，我能养活自己，但也仅此而已，如果我让你加入进来，那我们的日子过得自然不会富裕！……这就需要你足够爱我，甚至能够忍受几个月的贫瘠……话说，我完全理解你对自己的未来产生顾虑，但我不能理解的是，你怎么会对我的爱感到不安呢？……有些事情终究是瞒不住的，你曾经被背叛过一次，正因如此，你的女性直觉难道还判断不出你可以把自己托付给我吗？你不需要担心任何形式的

---

① 见书信 1899 – 35。

背叛!……我多么希望你能对我说:“克劳德,我希望能永远分享你的人生,我对我们的爱绝对信任,我知道无论是你还是我都不会伤害对方。”

然而,取而代之的是你的一封来信,你似乎想让我灰心,你觉得我不敢去挑战你的决心,我会认为自己给你的比别人许诺你的寒酸太多?

你提到了“令人向往的境遇”!……我会说你在我的生活中可以为所欲为,我提前向你保证你希望和想要的一切。

现在,如果我阻止你去追求你认为的幸福,那我也太有失风度了,尤其是人家许诺你的东西如此诱人,以至于我所有的爱和奉献都瞬间烟消云散!……甚至值得你来扭碎我的心!只是,你自己要三思!……生活中有些东西和面包一样必不可少,但却是买不来的!那就是幸福!……而幸福只有在物质生活和精神生活和谐共存的时候才是完整的。

关于我刚才说的“几个月的贫瘠”,我想再补充一下,《佩雷亚斯与梅利桑德》肯定会在今年冬天上演,[①] 还有就是从九月起,我的经济情况会有显著提升。

总之,我想让你成为我的生命,我的每一个字都是认真的。现在,请你自便吧,我的幸福和不幸都由你来决定。

我永远是,

你的,

克劳德

我会在“大都会酒吧”,[②] 然后就回家。

---

① 其实关于这件事,德彪西此时还没有得到任何肯定的消息。阿勒拜赫·卡雷直到1901年5月3日才向德彪西明确了上演《佩雷亚斯与梅利桑德》的意愿。

② 巴黎的一家咖啡馆。

盖有花体签名⑪,信封上未贴邮票,也没有地址,只写了:
Mademoiselle Lilly Téxier.
Autogr.: US-NHub, Yale University, Frederick R. Koch Collection. *Prov.*: anc. coll. E. Vuillermoz. *Publ.*: Debussy 1993, p. 148-150.

1899 – 78

致皮埃尔·路易斯

[1899 年 6 月 17 日][1]

"亲爱的皮埃尔,

我昨天晚上才收到布赫度先生的回复,[2]之前一直没能联系到他。他亲切地听我安排:我觉得时间有点短,我担心他会破坏我对你的友谊。

不过这都不重要……来参加你婚礼的 15,000 人肯定有很多事情要做,不会在乎我的和弦到底包含着多少友情的价值。墨水瓶到现在一直放在我的桌子上没动过,我无尽感激。[3]

请原谅这次意外情况,不过我还是感到很难过。

我的女朋友病了,[4]我已经连续两个晚上在照顾她了,这就是为什么这封信看上去有些倦意[……]"

Autogr.: non localisé. *Prov.*: Cat. V. Lemasle (s.d.), n° 219. *Publ.*: Debussy-Louÿs 1945, p. 132 (datée vers le 15 juin 1899).

---

① 该日期根据后一封书信所推断。

② 圣-菲利浦教堂的管风琴师,服务于皮埃尔·路易斯在 1899 年 6 月 24 日举办的婚礼。

③ 见书信 1899 – 74。

④ 指莉莉·泰克西耶。

1899 – 79

致皮埃尔·路易斯

[1899年6月17日]
星期六

亲爱的皮埃尔,

我今天早上给你写了封稀里糊涂的信,但在小莉莉身边度过的两个晚上让我彻底心慌意乱了,我到现在还远没有回过神来。

我对进行曲的事感到无望了![1]……说正经的,我需要对我们自己负责,不能听天由命。话说你会有两个版本,一个是我已经写好的,还有一个是我昨晚才听到的。(这个嘲讽有些牵强了)。

再次祝愿你幸福。

请原谅我如此悲伤。

你的,

克劳德

如果你有点时间,就给我写几个字,这样可以安慰我……

盖有花体签名㊂。

Autogr.: US-NYp. *Prov.*: anc. coll. J. Muller. *Publ.*: Léon Vallas, « Deux lettres inédites de Debussy », *Guide du concert* XXVI/9 (11 janvier 1946), p. 91.

---

① 该作品的手稿已丢失。

1899 – 80

致莉莉 · 泰克西耶

星期一

1899 年 6 月［19 日］[1]

亲爱的莉莉：

现在你相信你的克劳德对你的爱是多么坚定不移了吧？……事实本就如此，我们却非要通过这么一段悲伤的经历来得出这个结论。我们是如此地相爱相知、如此地热血沸腾，若是最后凄惨地分手，那可就太讽刺了！……不仅讽刺，简直就是愚蠢到不可理喻。

你听好了，我不想让任何担忧的阴影再次笼罩你那双美丽的眼睛，为此我将竭尽全力并心甘情愿。望莉莉永远都幸福，永远是克劳德心爱的小女子。

克劳德

一会儿见。

盖有花体签名，信封上未贴邮票，也没有地址，只写了：

Mademoiselle Lilly Téxier.

Autogr.: US-NHub, Yale University, Frederick R. Koch Collection. *Prov.*: anc. coll. E. Vuillermoz.

---

① 德彪西在原文中混淆了日期，把 6 月 19 日写成了“6 月 18 日”。

1899 – 81

致莉莉·泰克西耶

[1899 年 6 月 20 日][①]

克劳德·德彪西：

爱莉莉，他将这些花送给她，并附上他的心、他的全部生命以及她想要的一切……请送一朵给大卫夫人，[②]替我拥吻她，这应该比我那胡子拉碴的嘴唇舒服一些。

你的，

克劳德

名片，印有：
Claude Debussy
58. rue Cardinet
Autogr.: F-P, coll. part. *Prov.*: anc. coll. E. Vuillermoz.

---

① 该日期出自莉莉之手。
② 查无此人。

1899 – 82

致莉莉·泰克西耶

1899 年 6 月[21 日][①]

最最亲爱的莉莉，

真奇怪，在见不到你的这些日子里，我过得很糊涂、很空虚、很没有价值。想要见你的需求甚至强烈到让我疲惫，让我不知所措……我刚才经过欧拜赫路，还希望能偶遇你。但这个家伙今天不在状态，或者说他有别的事要忙……所以我还是回到我的无聊之乡吧，等着明天七点半的到来，就像饥肠辘辘的人盼一块面包那样。

我全部的爱。

你的，

克劳德

气动管卡，带有邮戳（21 JUIN 99）和地址：
Mademoiselle Lilly Téxier
12 rue de Berne.
Autogr.: US-NHub, Yale University, Frederick R. Koch Collection. *Prov.*: anc. coll. E. Vuillermoz.

① 德彪西在原文中混淆了日期，把 6 月 21 日写成了“6 月 20 日”。

1899–83

致莉莉·泰克西耶

星期三晚上

1899年6月[21日][1]

亲爱的莉莉：

我今晚回来的时候收到了你的来信，真是太高兴了！你一定要相信我。我迫切想知道你在我这里是幸福的，你必须用各种语气告诉我，伴随着无尽的亲吻。

俗话说居安思危，如果我们在热恋中展示了最好的自己，我们哪还需考虑这样的爱是不是对方想要的。这种事说不清楚，怕就怕我们尽了全力，让自己变得出类拔萃、远近闻名，甚至有些不真实，但到头来一切却是徒劳：不是你的，就永远都不会是你的！这个道理很简单，也无可争辩。

我拖着疲惫的身子忧伤地回到了家！我真需要你的信来转换心情。你看，你走了！意味着欢笑停止了，而我则在最可悲的躁动中徘徊！我的房子就像监狱一样，我冲着四壁喊道："你们什么时候能容纳住莉莉的幸福？"但这些墙壁都是老顽固，它们从来不会回复，即便我们很讲礼貌！……

好吧，明天就见到你了！……

我八点会在歌剧院广场3号的门厅！[2] 我将很高兴见到大卫夫人。至于你，我已经不知道还有什么能入你的法眼了。

么么。

克劳德

---

① 德彪西在原文中混淆了日期，把6月21日写成了"6月20日"。

② 马耶(Mayer)和莫航日(Morhange)夫人的地址。德彪西在后一封书信中明确标注。

盖有花体签名⑫。

Autogr.: US-NHub, Yale University, Frederick R. Koch Collection. *Prov.*: anc. coll. E. Vuillermoz.

1899 – 84

致莉莉·泰克西耶

［1899 年 6 月 22 日］

请原谅昨天寄给你的简信，我现在越来越改不掉胡思乱想的毛病了！

看到你今早的精美来信，我感觉自己错得更离谱了。

么么。

想要多少就有多少。

⑫

信封上有邮戳（22 JUIN 99）和地址：

Mademoiselle Lilly Téxier.

Ms Sarah Meyer et Morhange①

3 Square de l'Opéra.

(rue Boudreau)

Autogr.: US-NHub, Yale University, Frederick R. Koch Collection. *Prov.*: anc. coll. E. Vuillermoz.

---

① 笔误，应该是“Mayer”。

1899 – 85

致莉莉·泰克西耶

[1899 年 6 月]

我亲爱的,我离开的时候没有吵醒你,我觉得自己像个英雄,因为我忍住没有吻你!……我明天四点再过来,除非你先来找我,我不敢说出自己想吻你的次数。

你的,

爱你的,

克劳德

名片,用铅笔所写,印有:
CLAUDE DEBUSSY
58. rue Cardinet
Autogr.: F-P, coll. part. *Prov.*: anc. coll. E. Vuillermoz.

1899 – 86

致莉莉·泰克西耶

[1899 年 6 月]

我亲爱的莉莉:

就算付出不能吻你的代价,我也不愿意吵醒你!……我先走了,我有点,不,是非常伤感……

你明天再偿还我吧,外加百分之百的利息。

爱你的,

克劳德

名片,用铅笔所写,印有:
Claude Debussy
58. rue Cardinet
Autogr.: F-P, coll. part. *Prov.*: anc. coll. E. Vuillermoz.

1899 – 87

致莉莉·泰克西耶

[1899年6月]
午夜

你睡得太香了,吵醒你就等于在犯罪,因此,我轻声细语地说……我爱你……我无声地吻你。

我两点半过来看你,依旧是我全部的爱。

你的,

克劳德

名片,用铅笔所写,印有:
Claude Debussy
58. rue Cardinet
Autogr.: F-P, coll. part. *Prov.*: anc. coll. E. Vuillermoz.

1899 – 88

致莉莉·泰克西耶

[1899 年 6 月]

克劳德·德彪西：

感谢他亲爱的莉莉，他等着拥吻她并且共进午餐，此外，他是她最热心的仆人。

名片，用铅笔所写，印有：
CLAUDE DEBUSSY
58. rue Cardinet
信封上未贴邮票，也没有地址，只写了：
Mademoiselle
Lilly Texier.
Autogr.: F-P, coll. part. *Prov.*: anc. coll. E. Vuillermoz.

1899－89

致阿丽丝·彼得

［1899年6月］

“［……］妈妈被车给撞倒了……我不知道还会发生什么［……］”［他安慰她说自己很快就会给M.带去消息，[①]因为他请求阿贝尔帮忙转过来。[②]］

气动管卡。
Autogr.: non localisé. *Prov.*: Cat Macnutt (1972), n° 20; Cat. Sotheby's (29 novembre 1985), n° 47; Cat. L'Autographe 10 (1986), n° 80; Cat. L'Autographe 16 (juin 1989), n° 345.

① 指乔治·莫里斯·凡·伊森（Georges Maurice Van Ysen, 1884—1914），阿丽丝·彼得与第一任丈夫莫里斯·阿布拉罕·梅耶·凡·伊森的儿子。另见书信1899－24。

② 阿贝尔·德贾尔登（Abel Desjardins）博士，另见书信1899－100。

1899－90

致沙赫勒·勒瓦德

[1899年7月2日]

老沙赫勒,

我真心为你感到幸福,[①] 不要忘记你的,

克劳德·德彪西,他

热情地与你握手。

(你会继续和我以你相称的,对吧?……)

名片,印有:
CLAUDE DEBUSSY
58. rue Cardinet
信封上有邮戳(2 JUIL 02)和地址:
Monsieur Ch. Levadé.
de l'Institut.
27 rue Capron.
EV.
Autogr.: non localisé*. *Prov.*: Cat. Desmarest (mai 2002), n° 99; Hôtel Drouot, 20 juin 2018, no 1335.

---

① 沙赫勒·勒瓦德(Charles Levadé, 1869—1948)刚刚获得罗马奖。

1899－91

致乔治·阿特曼

星期一晚上

1899 年 7 月 3 日

亲爱的阿特曼先生：

最近八天，我遇上了最难缠的发烧，我对自己的人生突发奇想：要么从窗户上翻出去，要么去申请加入瑞士国籍！……总之，我病得很重，因此才没能第一时间感谢您遵守了承诺，虽说您的信写得很伤感，但它还是让我十分高兴！

还有，我不知道是天国里谁掌管着卡尔斯巴德的水资源，每当您踏入这座城市，他就会坚持为您服务。据我所知，您对水并没有多大的兴趣，除非它以“沐浴”的形式出现。为了使您安心，我告诉您巴黎也在下雨，这雨让所有的服装设计师都绝望了。

由于生病，我没能参加 P. 路易斯的婚礼，据说它非常巴黎式、[①]非常有品位。P. L. 穿了一件天鹅绒领子的礼服，灰色裤子，紫色领带……[②]在我看来，这种审美更像勒巴吉先生的风格，[③]而不是琉善。[④]

---

① 巴黎的名流们参加了这次婚礼：玛丽·德·雷尼耶穿着一条深樱桃色的裙子，还包括罗拜赫·德·伯尼耶赫夫人、卡拉曼－奇麦（Caraman-Chimay）公主、梅克伦堡（Mecklembourg）公爵夫人、皮埃尔堡（Pierrebourg）夫人、戛涅（Gaignères）夫人、布勒托（Bulteau）夫人、德·圣－维克托（de Saint-Victor）夫人、诺阿伊（Noailles）伯爵夫人、弗朗索瓦·库贝、叙利·普吕多姆、卡图尔·门德斯、保罗·福赫、费尔南·格雷、保罗·瓦莱里、奥古斯特·吉勒拜赫·德·瓦赞。

② 德彪西借用了让·洛韩在自己专栏中描述的皮埃尔·路易斯的穿着：“皮埃尔·路易斯先生的天鹅绒领子礼服、紫色领带以及珍珠灰裤子博得了一致赞赏，我们以后都得穿成这样结婚了。”见 Goujon 2002, p. 484。

③ 沙赫勒·勒巴吉（Charles Lebargy, 1858—1936），法国喜剧院的演员，以高雅著称。

④ 希腊修辞学家、哲学家。皮埃尔·路易斯曾翻译出版了琉善的《交际花的生活场景》（*Scènes de la vie des courtisanes*）。

诺特没有演唱婚礼进行曲,[①] 原因很简单:没有和管风琴师沟通好。[②]

您看到 A. 卡雷先生下个乐季计划演出的作品清单了吗? [③] 里面有《露易丝》、皮埃内的几首作品、《波兰犹太人》等,[④] 我非常有兴趣去听这些作品!但可怜的小《佩雷亚斯与梅利桑德》怎么样了? A. 卡雷先生如果还不把这两个可爱的孩子收下,那就太狠心了,我真的开始为他们的前途担忧了,因为我已经快“养不起”他们了……您也算是他们的父亲了,您不觉得应该做点什么吗?我不太擅长提要求,除非我确定别人不会拒绝我。我现在这个情况真是进退两难。

您问我在做什么?……我只能跟您说我要做什么!……我将完成《柳林》、[⑤] 另外三首《夜曲》以及《白夜》。[⑥] 当我退烧后,我将全心全意地爱一位金发女子,这是必然的……她有着全世界最美的头发和眼睛,它们无与伦比……总之,她要嫁人啦!……

最后,我希望您摆脱困扰,如果我的信能起到一些作用,这将让我更加有幸书写了它,在此重申我的真诚和忠实。

您的,

克劳德·德彪西

---

① 让·诺特(Jean Noté, 1859—1922),比利时男中音歌唱家,自 1893 年起为巴黎歌剧院头牌。

② 指尤金·布赫多。此处德彪西的陈述与《费加罗报》在 1899 年 6 月 25 日的报道有矛盾,后者称“在弥撒期间,诺特先生演唱了克劳德·德彪西先生创作的《婚礼进行曲》”。

③ 事实上,《音乐指南》刊登的阿勒拜赫·卡雷的“大型计划”中包括了德彪西的《佩雷亚斯与梅利桑德》。(《音乐指南》原文中对“佩雷亚斯”的拼写有误,写成了“*Péléas*”)

④ 古斯塔夫·夏庞蒂埃的《路易丝》以及卡米伊·埃朗杰的《波兰犹太人》(*Le Juif polonais*)均于 1900 年演出。皮埃内的《塔巴林之女》(*La Fille de Tabarin*)则于 1901 年 2 月在喜歌剧院上演。

⑤ 关于《柳林》,见书信 1896 – 16。

⑥ 关于《白夜》,见书信 1899 – 33。

盖有花体签名🉒。
Autogr.: non localisé*. *Prov.*: Hôtel Drouot, 28 avril 1958, n° 126; anc. coll. B. Loliée; Hôtel Drouot, 22 mai 2019, n° 74 (avec fac-sim. partiel). *Publ.*: Debussy 1980, p. 98 (incomplète); Debussy 1993, p. 150-151 (incomplète).

1899 – 92

致莉莉·泰克西耶

星期一晚上
1899 年 7 月 3 日

我最喜爱的莉莉：

你离我好远，以至于我无法欣赏你熟睡时的美貌，这也太愚蠢了！……反观我！……我在这边消磨时光……（这个老头儿身体真不错），但他的每一分钟都过得很沉闷……所有的欢乐都结束了，因为莉莉不在了……

你看，我尝试让自己安下心来，但毫无作用，我的内心在冲你呐喊，就像在森林里迷路的孩子一样……我想念你的朱唇，它的触感灼热如火、温柔如花，它在我的嘴上留下了难以磨灭的印记……我对它热血沸腾，欲壑难填……一旦我看不到你的眼睛，我就变成了一个瞎子，一只失去了所有风帆的小船。这两个比喻都透露着无尽的悲伤。

你让我爱你爱到超过一个男人所能承受的程度，为了你的快乐，我愿意毁灭自我，这种感情如此强烈，就像对死亡的渴望……不过我也可以像一个孩子那样爱你，温柔又可爱。总之，对于爱你的方式，没有我不会的（也没有我找不到的）。

对我来说，没有你的时光就意味着无聊增加了 100 倍！……我的焦躁就等同于饥肠辘辘的人打破橱窗偷面包，我是为了一个人而活着，这是世上最美好的事情。最后，我要告诉你，该来的都会来，我们只需要关心我们自己，让我们的爱足够强大，让它可以快乐地承担起所有的责任,而不是被平庸的陈规戒律所束缚。你的爱就是最美丽的道德。

我爱你。

克劳德

星期二早晨,

早上好,我的莉莉! *

* 么么。

盖有花体签名,气动管卡,带有邮戳(4 JUIL 99)和地址:
Mademoiselle Lilly Téxier.
12 rue de Berne.
Autogr.: US-NHub, Yale University, Frederick R. Koch Collection. *Prov.*: anc. coll. E. Vuillermoz.

1899 – 93

致莉莉·泰克西耶

星期二晚上十一点半
1899 年 7 月 4 日

我太想亲口对你说我爱你了,以至于我强忍着没有跑到拜赫内路对你说、向你证明,你了解我的迫不及待,这会让我们的接吻永无止境。……

对于今晚有幸到你家喝茶的人,我不让自己妒忌他们,但这已经是极限了! ……

莉莉,你今晚真的太咪咪了,[①]太可爱了,我必须狠着心,头也不回地离开,因为不然的话就要发生"和平路丑闻了" ……

拿破仑曾经说,爱情中的唯一胜利就是逃避……好吧! 我斗胆不同意那位"平头科西嘉人"[②]的观点,我也不知道拿破仑为什么会介入到这个话题中! …………

请翻面……

我希望你能分享我的疯狂……当然,这不排除我认真对待我的爱。

我全部的生命。

你的,

克劳德

---

① 可能是对《艺术家的生涯》(*La Bohême*)中"咪咪"这个角色的联想。贾科莫·普契尼的这部歌剧(法语版)于 1898 年 6 月 13 日在喜歌剧院首演,获得巨大成功。(当然,法语里表示"可爱"的"mignon"一词在口语中的另一种形式为"mimi" ——译者注)。

② 这是奥古斯特·巴赫比耶(Auguste Barbier, 1805—1882)的讽刺诗《偶像》(*L'Idole,* Paris, 1831)的第一节,该诗被收录于《抑扬格》(*Iambes,* Paris, Canel et Barbier, 1832)中:"哦,平头的科西嘉人! 曾经的法国是多么美丽,获月的阳光明媚,那是一匹难以驯服的叛逆驹,没有钢闸或黄金缰绳。"

盖有花体签名[monogram],信封上有邮戳(5 JUIL 99)和地址:
Mademoiselle Lilly Téxier.
Ms Sarah Meyer et Morhange[①]
3. Square de l'Opéra.
(rue Boudreau): EV.
Autogr.: US-NHub, Yale University, Frederick R. Koch Collection. *Prov.*: anc. coll. E. Vuillermoz.

1899－94

致莉莉·泰克西耶

[1899年7(8)月(?)]

我的小莉莉,小莉萝。

我爱你。

很遗憾,你和我对"这几个字"的理解不完全一样。如果我的"某个部分"对你不够温柔、不够狂热,我会感到很痛苦,唉,上哪儿说理去。

我爱你。

你的,

克劳德

请翻面

我
爱你。

Autogr.: US-NHub, Yale University, Frederick R. Koch Collection. *Prov.*: anc. coll. E. Vuillermoz.

---

① 笔误,应该是"Mayer"。

1899－95

致莉莉·泰克西耶

[1899年7(8)月(?)][①]

我不是来为自己辩护的，因为我受了太多的苦，已经没有勇气了……我只是来最后一次向你保证，我对你的爱是真诚且深沉的。你刚才说我是在愚蠢地为自己辩护，你说得对，但当一个人感到自己坠入无底深渊时，难道不该想着自救吗？……而这恰恰就是你绝情离开时给我的感受。

话说这一切真的很愚蠢，很不合逻辑，很荒谬。一想到自己因为毫不存在的东西失去你、失去生命的幸福，我就抓狂。说到底，你在一气之下粉碎两个人的生活时，为什么不三思……即便你现在这样，在我们的爱情中，也有比那些老掉牙的爱情故事更温柔的一面！当然，我的反应有些过于轻率了，这是不对的，但我的本意是渴望让你幸福，这种渴望的力量是如此强大，以至于你本可以因此而原谅我的——最后一次原谅我。我可以以你存在的名义发誓！

我为自己辩护这件蠢事其实还是因为我想向你证明我的真诚，还有诉说我感受到的痛苦，若是我当时保持冷静，这反倒值得怀疑了。

你不知道的是，如果失去你，我将失去一切，我们不可能如此将自己的生命献出两次！这一点你可以确信！……

这么一来，生命对我来说将太过沉重、毫无意义，我将选择离开它。

如果这件事让你有些为难，请原谅，但你要知道，这是唯一能让我保持幸福的方式了，没有你我真的无法拥有幸福。

这怎么可能呢？……我连离开你几个小时都受不了，现在干脆再

① 本信的书写时间不可能早于1899年7月，因为该信的用纸（蓝色）与1899年8月14日的书信相同。在此之前，德彪西从未使用过这种纸张。信封上没有写地址则表示此时的莉莉可能已经与德彪西同居。

也见不到你了!! ……你很清楚这是不可能的。你有时可以回忆一下我们在一起的时光,但请不要去想那些不悦! 你要告诉你自己,我真的很爱你,愿意为你做任何事: 你要告诉你自己,我只是太轻率、太动情了。对我来说,离开了你就什么都不复存在了,我的一生都将白活!

仔细想想,我这辈子付出的还不算太多,让我失去幸福也是让你得到幸福的一种方式。

我会把你的物品打包好,后天送过去,我会留着我的戒指用来陪葬。

请最后一次接受我最长的亲吻。

曾经是你的,

克劳德

直到今晚,我都会盼着你的一句话,如果没什么可以期待的,你只需要告诉我你原谅我了,为了这个将死之人,你总可以牺牲一点你的自尊吧。

信封上未贴邮票,也没有地址,只写了:
Mademoiselle Lilly Téxier.
Autogr.: US-NHub, Yale University, Frederick R. Koch Collection[①]. *Prov.*: anc. coll. E. Vuillermoz. *Publ.*: Debussy 1993, p. 144-146 (datée 26 mai 1899).

① 此信拥有一份莉莉手抄的副本。文献编号: F-P, coll. part。

1899 – 96

致勒内 · 彼得

星期四

1899 年 8 月 10 日

老伙计！

你星期六来的时候一定要钱包鼓鼓，因为如果我交了房租，很多人（或者一些像人的东西）会愤怒地堵在我们门口！

当然，那肯定不是五万法郎的大数字，顺便说一句，请原谅我又一次扮演“借钱先生”的角色。我希望这是最后一次了。

你的朋友，

哈姆雷特

信笺，信封上有邮戳（寄出：11 AOUT 99，到达：11 AOUT 99）和地址：
Monsieur René Peter.
17. Boulevard du Roi.
à Versailles.
S. et O.
Autogr.: US-NYpm, MFC D289.P478. *Prov.*: Cat. N. Rauch (24-25 novembre 1958), n° 94; anc. coll. L.-P. Vallery-Radot; Cat. Macnutt (1971), n° 3. *Publ.*: Peter 1944, p. 207 (incomplète; non datée); Debussy 1980, p. 99; Debussy 1993, p. 151.

1899 – 97

致尼古拉·G. 克罗尼奥

星期三

1899 年 8 月 16 日

亲爱的先生:

或许因为我的一再疏忽,您都要诅咒我了吧? ……不过我这样做是有原因的,我刚刚患上了很难缠的风湿病,卧床不起。我给您寄两条旋律,一条配有低声部,另一条由您自己来填充。

我希望您还有闲情去做这件事,请相信我的真诚。

克劳德·德彪西

盖有花体签名。

Autogr.: US-AUS, Carlton Lake Collection. *Prov.*: anc. coll. J. Sebastopulo; Cat. Sotheby's (24 mai 1960), n° 424; anc. coll. L.-P. Vallery-Radot.

1899 – 98

致勒内·彼得

星期六

1899 年 8 月 19 日

你确定那个让你夜不能寐的人住在这个星球上吗？……难道不是你想象出的几个轻飘飘的幽灵吗？

在我看来，那个人什么都不想知道，这才叫伊西斯女神，[①] 没人能揭开她的面纱！[②] ……我的调查没有一次能成功。除了让自己缺钱，我最近什么事都干不成！

请不要因为"求爱失败"而生我的气。

你的，

克劳德·德彪西

请告诉当萨赫夫人，我星期一三点去见她。

Autogr.: non localisé (copie H. Borgeaud). *Prov.*: Cat. N. Rauch (24-25 novembre 1958), n° 94; Cat. H. Saffroy 23 (mars 1960), n° 2277. *Publ.*: Peter 1944, p. 209-210 (incomplète); Cobb 1982, p. 194-195 (incomplète); Cobb 1994, p. 210-211 (incomplète).

---

① 德彪西有一座伊西斯的雕像，是皮埃尔·路易斯送给他的。见 1903 年 6 月 19 日的书信（见中卷的翻译）。

② 德彪西引用了儒勒·拉福格《仙女会》（*Le Concile féerique*）中的诗句："我才是伊西斯女神！……没人能拽下我的面纱！……"见 Jules Laforgue, *Œuvres complètes*, textes établis par Maryke de Courten, Jean-Louis Debauve, Pierre-Olivier Walzer avec la collaboration de David Arkell, Lausanne, L'Age d'homme, 1995, t. ii, p. 279。

1899 – 99

致勒内·彼得

［1899年8月］

你真是太棒了,维多克。[1] 你比我机灵。我一直觉得你身上有检察官的气质。

Autogr.: non localisé (copie H. Borgeaud). *Prov.*: Cat. N. Rauch (24-25 novembre 1958), n° 94. *Publ.*: Peter 1944, p. 210 (non datée).

① 尤金·维多克(Eugène Vidocq, 1775—1857),巴黎地区犯罪搜查局传奇局长。

1899－100

致阿贝尔·迪迦尔丁

［1899 年 9 月 4 日］
星期一

亲爱的朋友：

根据您友好的建议，我请您下星期三来我家，时间由您来定吧？主要还是来见见我的小莉莉！她除了可爱，还非常勇敢，如果她的情况很严重，也尽管告诉她，只是不要伤害她就行，求您了。

带着诚挚的情谊。

克劳德·德彪西

盖有花体签名 [花体签名]，信封上有邮戳（4 SEPT 99）和地址：
Monsieur Abel Desjardins.
24 rue de Varenne.
EV.
Autogr.: US-NYpm, MLT D289.D459. *Prov.*: Cat. G. Morssen (hiver 1970-1971), n° 261; Cat. K. Rendell (s.d.), n° 64; anc. coll. M. G. Cobb. *Publ.*: Debussy 1980, p. 99; Debussy 1993, p. 152.

1899 - 101

致雷吉娜·当萨赫

星期日晚上
1899年9月17日

亲爱的夫人和朋友,在雷诺兹极具美感的环境中,不可一世的汤姆先生在发号施令,与此同时,他的妻子则努力扮演着"亲切的陛下",我现在就在这个场合给您寄来好消息,《有用的冒险之旅》似乎将再次为自己正名![1]……我认为邵塔赫这个人也会很有用[2]……他说他有些不知所措,但这些都是客套话,不过无论如何,我都必须在几天内把作品给他。

我不会阻止您钦佩我,请相信我是
您最忠实的朋友,

克劳德·德彪西

勒内·彼得!……我把您捧在手心里。

信封上有邮戳(18 SEPT 99)和地址:
Mme Dansaert
1 rue de la Baume
Autogr.: non localisé (copie H. Borgeaud). *Prov.*: Cat. N. Rauch (24-25 novembre 1958), n° 94; Cat. Librairie de l'Abbaye 5 (1960), n° 33; anc. coll. L.-P. Vallery-Radot; Cat. Sotheby's (28-29 mai 1992), n° 520; Cat. Sotheby's (1-2 décembre 1993), n° 352; Cat. Sotheby's (3-4 décembre 1998), n° 466. *Publ.*: Peter 1944, p. 219 (non datée).

---

① 《有用的冒险之旅》(*L'Utile Aventure*)是勒内·彼得近期完成的一部戏剧作品。"当时在雷诺兹酒吧,德彪西偶遇了刚刚成为体育馆剧院院长的邵塔赫"。德彪西萌生了和邵塔赫谈谈的念头,以便能让后者上演这部作品。

② 埃米勒·邵塔赫(Émile Chautard, 1864—1934)后来在美国成为著名导演和演员。

1899 – 102

乔治·阿特曼致德彪西

[1899年9月20日至23日之间][1]
凡尔赛–四季酒店

我亲爱的朋友：

您都多久没有给我来消息了。您怎么样了？

我收到了一封来信，给您附上了。我该如何答复？

我走的时候，您应该已经把《夜曲》的乐队谱交给雕刻师了，但他什么都没收到。[2] 现在都9月底了，而我们却再次回到一年前的起点，面临着又一个严酷的冬天，因为就算我今天手里拿着手稿，雕刻师和誊写员的工作进程也难以保证这些作品能在今年冬天被上演！……您真让人受不了！

亲切地。

G. 阿特曼

Autogr.: non localisé*. *Prov.*: Hôtel Drouot, 16 octobre 1991, n° 117; Hôtel Drouot, 17 décembre 1993, n° 267 (L).

---

① 该日期根据后一封书信所推断。

② 见书信 1899 – 71。

1899 – 103

致乔治·阿特曼

星期日

1899 年 9 月 24 日

亲爱的阿特曼先生,

我不想冒犯您,但我给您往卡尔斯巴德写过一次信,往拜罗伊特也写过一次信,用您的话说,那个“让人受不了”的男人不算没有给您送去消息吧!……

我没有把《夜曲》交给雕刻师是因为我有严重的狂躁症,话说我应该是这种病的第一个患者,后来我就把《夜曲》搁置了一段时间,转而创作《柳林》去了,[1] 这又是一场噩梦。这一切都是为了能够更“简洁”一些,不过之后肯定还是会有人抱怨我太过繁琐。总之,您可以告诉柯罗纳,这件事包在我身上,您觉得在《夜曲》之前演奏《牧神午后》会有效果吗?[2] ……我感觉这牧神都快变成一种永恒的执念了!……我更希望柯罗纳在《夜曲》之后留点空间演奏《柳林》,前提是邪神不要来干扰我的思绪。[3]

今年夏天我很不幸,不过我得到了爱的补偿,这种补偿甚至可以

---

① 关于《柳林》,见书信 1896 – 16。

② 两天前,乔治·阿特曼给柯罗纳写信,事关《夜曲》的演出事宜:“我亲爱的柯罗纳,在我 6 月 15 日离开巴黎时,德彪西跟我说三首为乐队而作的《夜曲》已经写完,他会将它们送到我的雕刻师那里,这样在我回来的时候就准备就绪了。我 8 月 25 日路过巴黎的时候,他居然什么都没有交给雕刻师!而且我没有得到他的任何消息!这个小伙子太奇怪了!他在这三首《夜曲》上已经纠结了三四年了,他已经给我试演过几次了,但他永远在推倒重来。然而我听到的已经相当不同凡响了!我给他写信了,我说我会向您转达他的回复![……]”文献编号:F-P, coll. part。

③ 出自埃德加·爱伦·坡(Edgar Allan Poe, 1809—1849)的《矛盾的恶魔》(*The Imp of the Perverse*)。

让我直接通知您我的婚事了……应该会很快，而且无须那些没用的装潢和低俗的音乐。如此私密之事完全用不着去打搅整个宇宙！[①]……

您回到巴黎后请通知我，我将很高兴再次见到您，另外，还有些事情信中说不太方便。

虽然我“让人受不了”，但还是请您相信我是满怀深情的，

克劳德·德彪西

Autogr.: non localisé. *Prov.*: Hôtel Drouot, 28 avril 1958, n° 27; anc. coll. L.-P. Vallery-Radot. *Publ.*: Vallery-Radot-Hill, p. 113-114; Debussy 1980, p. 99-101; Debussy 1993, p. 152-153. Exp.: Bordeaux1962, p. 28, n° 60; Paris 1962, p. 39, n° 114; Lisbonne 1962, p. 40, n° 102.

① 德彪西与莉莉的民事婚礼于1899年10月19日在十七区政府举行，证婚人有皮埃尔·路易斯、埃里克·萨蒂、卢锡安·枫丹和儒勒·让托（Jules Gentot），最后一位应该是莉莉的一位朋友。德彪西和莉莉没有举办宗教婚礼。卢锡安的哥哥阿图·枫丹在给诗人弗朗西斯·雅麦斯（Francis Jammes, 1868—1938）写信时提到了这次婚礼：“德彪西结婚了。俊朗的气质应该归功于巴黎最高贵服装设计公司之一。美女就是美女，大音乐家就是大音乐家。”见Francis Jammes-Arthur Fontaine, *Correspondance 1898-1930,* introduction et notes par Jean Labré, Paris, Gallimard, 1959, p. 33。当天早晨，德彪西还在给他的学生米雪·德·罗密伊（Michèle de Romilly）上钢琴课，为的是赚取婚宴开销。

1899 – 104

致雷吉娜·当萨赫

[1899 年 9 月底]

我亲爱的朋友:

每当我们尝试解释自己的任何想法时,总会陷入到最令人遗憾的误解中!……然而,《有用的冒险之旅》可不能成为《黑色冒险之旅》。请告诉勒内不要写任何悲剧内容,一切都可以(也应该)是美好的(我在说《有用的冒险之旅》)。

只是,我有个坏习惯,那就是说话太直,但那是因为我觉得必须这样说,这都是为了勒内·彼得好!而且这总比某些人的不靠谱想法更有价值,我就不点名了,因为这种人太多了。请让勒内安心,请转达我"气人的"友谊。一切都会好的。

还请接受我最深切的慰问。

克劳德·德彪西

请原谅这铅笔字迹,这是为了写得快些!

用铅笔所写。

Autogr.: US-NYpm, MLT D289. D191. *Prov.*: Cat. N. Rauch (24-25 novembre 1958), n° 94; anc. coll. M. G. Cobb. *Publ.*: Peter 1944, p. 220 (non datée).

1899 – 105

致雷吉娜·当萨赫

［1899 年 10 月 2 日］
星期一

我亲爱的朋友。

中国皇帝貌似在扮演一个才华横溢的独裁者。[①] 他永远不明白不是所有人都会宠着他，其中，邵塔赫先生更是不会在乎他的精神状态！[②]……我会为此事尽我所能。但是，看在老天、沙皇还有祖国的份上，[③] 请给我一点时间。

请接受我真切的友谊。

克劳德·德彪西

星期三见，希望有新消息。[④]

Autogr.: non localisé*. *Prov.*: Cat. N. Rauch (24-25 novembre 1958), n° 94; Cat. Sotheby's (28-29 mai 1992), n° 521 (avec fac-sim. partiel); Cat. Sotheby's (3 décembre 1998), n° 466. *Publ.*: Peter 1944, p. 220-221 (non datée).

---

① "中国皇帝"是德彪西给勒内·彼得起的外号。

② 关于邵塔赫，见书信 1899 – 101。

③ "为了老天、为了沙皇、为了祖国"：这是儒勒·凡尔纳（Jules Verne, 1850—1905）的小说《沙皇的信使》（*Michel Strogoff*）中主人公的一句话，该作品当时经常上演于夏特莱剧院。

④ 据勒内·彼得的说法，埃米勒·邵塔赫的合伙人阿勒冯斯·弗朗克替换了他。但这一消息似乎并不准确，因为《费加罗报》的多条公告里都提到了这两个人的名字。

1899－106

致爱德华·柯罗纳

星期一

1899 年 10 月 9 日

我亲爱的,柯罗纳先生:

虽然我久未发声,但我不会忘记您从前的热情招待,对此我一直十分感激。

谢谢您留下的美好回忆,谢谢古老巴黎的柯罗纳音乐会对我的信任,给了我一个如此有趣的机会。我自然会全力奉献,我希望自己对您越有用越好。

您好心向阿特曼询问我的一些作品,用来在冬季上演,我的回复是,您完全可以指望《三首夜曲》,希望您对它们感兴趣。[1] 我之前似乎和您提起过吧? 作品还是那些作品,但它们可以说都经历了“层层过滤”。

我不需要再重申我们——我和我的音乐——再次见到您时会有多高兴了。

请接受我最深切的慰问。

克劳德·德彪西

卡迪内路 58 号

盖有花体签名。

Autogr.: F-P, coll. part.

---

① 见书信 1899－103。

1899 – 107

致莉莉·泰克西耶

[1899年10月18日前后]

亲爱的莉莉,

这里是几朵花! ……还有,我请苏珊小姐不要亲莉莉·泰克西耶太多下,[①] 因为克劳德·德彪西夫人的朱唇还得留着别有他用呢! [②] ……其他方面就不说了……

你的,

克劳德

名片,印有:
CLAUDE DEBUSSY
58. rue Cardinet
Autogr.: F-P, coll. part. *Prov.*: anc. coll. E. Vuillermoz.

---

① 关于苏珊小姐,查无此人。

② 见书信1899 – 103。

1899 – 108

致乔治·阿特曼

星期日
1899 年 10 月 22 日

我亲爱的阿特曼先生。

昨天晚上我经过卡普辛大道时,以为您仍在凡尔赛,结果看到您家灯火通明!……我顿时明白您回来了,因此,我这个忧伤的行人在楼下向您致以了友好的问候。

话说,您怎么没有回应我前一封信中那些有趣的内容?[①] 您知道您的友谊对我来说弥足珍贵,多希望能够获得您的认可。

我上星期四结婚了,仪式要多简短有多简短。现在我有了克劳德·德彪西夫人,我能和她一起经营一个令人羡慕的人生了。[②] 我可以无忧无虑地工作了,无论是日常烦恼还是感情困惑都不会再来打扰我的十六分音符了! 等我们有一张供两人以上使用的桌子时,您一定要屈尊光临,我会像这里一样如此欢迎您的。

依然是您亲切忠实的,

克劳德·德彪西

您下星期六会拿到《夜曲》的,希望您不要因为一再延误而生我的气! [③] ……

---

① 指书信 1899 – 103。

② 见书信 1899 – 103。

③ 德彪西至少将《节日》的手稿交给了阿特曼。手稿(文献编号: US-Wc)上标注的日期为 1899 年 10 月 15 日,这也意味着德彪西完成了《夜曲》的创作,但还有一部分配器需要重写。

Autogr.: F-Saint-Germain-en-Laye, Musée Claude Debussy, CD 91.5. *Prov.*: Hôtel Drouot, 28 avril 1958, n° 18; Hôtel Drouot, 16 octobre 1991, n° 88. *Publ.*: Debussy 1993, p. 153.

1899 – 109

致昂利·勒霍勒

1899 年 10 月 26 日

我亲爱的勒霍勒。

我太想见您了，当我让您星期六过来的时候，我忘记了自己这天下午一点半要去阿特曼那里！① ……您能改到星期一来吗？

很抱歉，请相信我深厚的友谊。

克劳德·德彪西

信笺，带有邮戳（26 OCT 99）和地址：
Monsieur H. Lerolle.
20. avenue Duquesne
EV.
Autogr.: F-P, coll. part.

---

① 见前一封书信，德彪西在其中写明了 10 月 28 日星期六约见阿特曼。

1899 – 110

致皮埃尔・路易斯

[1899年10月底][①]

给你《碧丽蒂斯之歌》。迟到总比永远不来强。如果你有时间就跟我说,你过来或者我过去都可以。

亲吻你的额头。

你的,

Cl.

名片,印有:
CLAUDE DEBUSSY
58. rue Cardinet
Autogr.: F-Pn, Mus., N.L.a. 44 (59). *Prov.*: anc. coll. A. Godoy; Hôtel Drouot, 5 février 1999, n° 187. *Publ.*: Debussy-Louÿs 1931[j], p. 374 (non datée); Debussy-Louÿs 1942[b], p. 159 (non datée); Debussy-Louÿs 1945, p. 115 (incomplète). *Fac-sim.*: Debussy-Louÿs 1942[a], entre les p. 32-33.

---

① 该日期根据一份《碧丽蒂斯之歌》的乐谱所推断。见附录V。

1899 – 111

致乔治·阿特曼

[1899年11月底][1]
星期六

亲爱的阿特曼先生。

我今早没能去见您。莉莉(德彪西夫人)半夜生病了,到今天早上都还没太大好转。此外,我对《柳林》突然产生了灵感,[2]我盼这个已经盼了太久了,必须抓住这次机会。《夜曲》的最后一点收尾工作有些难产,但这也就是晚三四天的样子。我拿到了《节日》的管乐、竖琴及打击乐分谱,但还没有弦乐部分。……

请您想着我,愿上帝保守看顾您。

我深厚的友谊。

克劳德·德彪西

Autogr.: non localisé (copie H. Borgeaud). *Prov.*: Hôtel Drouot, 28 avril 1958.

---

① 德彪西曾表示自己还需要对《夜曲》进行最后一点修改。他于1899年12月改完了《海妖》。此外,他在1899年12月13日给乔治·阿特曼写信时提到自己拿到了《节日》的乐队分谱,但错误很多。

② 关于《柳林》,见书信1896–16。

1899－112

致乔治·阿特曼

［1899年12月初］

我亲爱的阿特曼先生。

给您《海妖》,您不要带着情绪去迎接它,而且请好好看看最后四页。……它们花了我十二天的时间。……但我觉得这次肯定对了。

我快穷疯了！

满怀深情地。

克劳德·德彪西

Autogr.: US-AUS, Carlton Lake Collection. *Prov.*: Hôtel Drouot, 28 avril 1958; Cat. B. Loliée 6 (1961), n° 26; anc. coll. L.-P. Vallery-Radot. *Publ.*: Vallery-Radot-Hill, p. 113 (datée août 1899).

1899－113

致乔治·阿特曼

星期三

1899 年 12 月 13 日

亲爱的阿特曼先生。

您收到《海妖》了吧？我本想亲自给您带过去，但我和莉莉都生病了，这一切都很愉悦，不过这个愉悦要以黑色幽默的方式去理解。我忘记请您告诉誊写员，他需要把乐谱上方的强弱记号和速度记号写在分谱上 *。

我正在创作《柳林》，[①] 目前的状态就像有些人说的那种"有如神助"。

满怀深情地。

克劳德·德彪西

昨日如今日，
明天如今晚，
我依旧贫穷。

* 誊写员写错很多地方，不过有一大部分是我的错！……

Autogr.: non localisé*. *Prov.*: Hôtel Drouot, 28 avril 1958; Cat. H. Saffroy 18 (novembre 1958), n° 1749; anc. coll. L.-P. Vallery-Radot; Cat. G. Morssen (automne 1972), n° 245; Cat. Christie's (29 juin 1975), n° 452; Cat. J. & J. Lubrano 32 (printemps 1989), n° 32 (avec fac-sim.); anc. coll A. Orenstein; Hôtel Drouot, 1er-2 avril 2004, n° 33; anc. coll. Musée des Lettres et des Manuscrits; Hôtel Drouot, 20 novembre 2020, no 1278.

---

① 关于《柳林》，见书信 1896－16。

1899 – 114

致乔治·阿特曼

星期一
1899 年 12 月 18 日

亲爱的阿特曼先生。

请原谅我前一封信中强调的那句“后记”,但我真的感到很尴尬,还请您帮帮我吧。我需要给莉莉买一大堆药,而且您知道:

“被灼热的炭火照亮的夜晚”真的很贵![1]……

请回复我,告诉我您的想法,越快越好。

满怀深情地。

克劳德·德彪西

Autogr.: non localisé (copie H. Borgeaud). *Prov.*: Hôtel Drouot, 28 avril 1958. *Publ.*: Cobb 1982, p. 196-197; Cobb 1994, p. 212-213.

---

① 出自沙赫勒·波德莱尔《恶之花》中《阳台》(*Balcon*)的第二节第一句,德彪西于 1888 年为其配乐,成为《波德莱尔诗五首》中的一首。1917 年 2 月,煤炭供应极为短缺,德彪西以这一诗句为标题创作了一首钢琴作品,用来换取燃料。见 1917 年 2 月 1 日的书信(见下卷的翻译)。

1899 – 115

致乔治·阿特曼

［1899 年 12 月底］

亲爱的阿特曼先生。

“喜歌剧院”院长 A. 卡雷先生花钱的方式很有趣啊！他带着《波兰犹太人》的作者跑到阿尔萨斯去了！① 这趟旅行开销很大，且不会给任何人带来好处，甚至连当事者都不行！……然而，他到我家门口只需要花三毛钱乘个有轨电车就行了，他会找到天真烂漫的人儿，不需要任何旅行费用。当然，这不好笑。那天我忘记问您是否有“世界人”或《莱茵的黄金》的消息？②

祝您年末诸事顺利，满怀深情的。

克劳德·德彪西

Autogr.: non localisé (copie H. Borgeaud). *Prov.*: Hôtel Drouot, 28 avril 1958.

---

① 关于埃朗杰，见书信 1897 – 10。卡米伊·埃朗杰的歌剧即将于 1900 年 4 月 20 日在喜歌剧院首演，该剧改编自埃米勒–埃赫克曼（Erckmann-Chatrian, 1822—1899）的一则阿尔萨斯故事。为了给“作品提供所需的确切构架”，阿勒拜赫·卡雷特意去“当地采风”，随行的还有埃朗杰和喜歌剧院的布景师卢锡安·居叟姆（Lucien Jusseaume, 1861—1925）。阿勒拜赫·卡雷在回忆录中写道：“我们来到故土阿尔萨斯的小村庄，如今它已成为德国领土，这次旅行是痛苦的，但从许多角度来看都是有益的。我们在梅蒂斯海姆附近找到了一家客栈，据民间传说，波兰犹太人就是在这里被杀的。多亏我们去圣莱昂奈尔拜访了画家沙赫勒·施平德勒（Charles Spindler, 1865—1938），我才集齐了所需的所有当地服装和配饰。老埃赫克曼在斯特拉斯堡好心地招待了我们，他也给我提供了宝贵的意见［……］。喜歌剧院热烈欢迎了这位波兰犹太人，其中一部分归功于我们精确重塑了我们的失地，这令人动容。”见 Carré, 1950, p. 262。

② 1894 年，德彪西曾在艾斯库迪耶女士举办的“世界妇女之友瓦格纳”活动中用钢琴诠释了理查德·瓦格纳的一系列歌剧。见书信 1893 – 44。

1899 – 116

致雷吉娜·当萨赫

[1899 年 12 月底(?)]

[他的夫人莉莉回来时告诉他晚上需要去城里聚餐,因此他请求换一天去拜访。]"您想什么时候?下星期还是明年?不巧的是,我这边工作很多,我不能保证到儒福华路敲您的门,[①] 另外,我很遗憾自己的人脉不够,不能在监狱中继续创作音乐。[……]"

Autogr.: non localisé. *Prov.*: Cat. M. Loliée hors série 8 (1953), n° 23.

① 这是勒内·彼得的地址。

1899 – 117

致尼古拉·G. 克罗尼奥

［1899 年］
星期一

亲爱的克罗尼奥先生。

您关于《夜曲》的提议深深地感动了我，[①] 我由衷地、毫无保留地感谢您。我们的感情无须什么来证明。

再次感谢，星期三见。

您的，

克劳德·德彪西

盖有花体签名。

Autogr.: US-NYpm, MLT D289.C822 (1). *Prov.*: anc. coll. J. Sebastopulo; Cat. Sotheby's (24 mai 1960), n° 421; anc. coll. L.-P. Vallery-Radot; anc. coll. M. G. Cobb.

1899 – 118

致尼古拉·G. 克罗尼奥

［1899 年(？)］

"［……］我手上有巴拉基列夫的交响曲，但只能留几天，所以明天务必过来，哪怕不是为我而来，也要为我们的老伙计巴拉基列夫而来。［……］"

Autogr.: non localisé. *Prov.*: anc. coll. J. Sebastopulo; Cat. Sotheby's (24 mai 1960), n° 420.

---

① 可能是克罗尼奥向自己的老师德彪西提出帮后者修改《夜曲》的校样。

1899 – 119

致莉莉

[1899 年(?)]

克劳德·德彪西,
请所有爱莉莉的人接受他深情而真诚的敬意。

名片,印有:
CLAUDE DEBUSSY
58. rue Cardinet
信封上未贴邮票,只写了:
Madame Claude Debussy.
en son appartement de
la rue Cardinet 58.
Autogr.: F-P, coll. part. *Prov.*: anc. coll. E. Vuillermoz.

1899 - 120

致皮埃尔·路易斯

［1899年(?)］

你最好别把我给忘了，当下我深陷泥潭，看什么都不顺眼！

你的，

Cl.

送信人很可靠。

名片，用铅笔所写，印有：
CLAUDE DEBUSSY
58. rue Cardinet
信封上未贴邮票，也没有地址，只写了：
Monsieur Pierre Louÿs
Autogr.: F-Pn, Mus., N.L.a. 44 (60). *Prov.*: anc. coll. A. Godoy; Hôtel Drouot, 5 février 1999, n° 187. *Publ.*: Debussy-Louÿs 1942[a], p. 25; Debussy-Louÿs 1945, p. 122.

1899－121

致勒内·彼得

[1899年(?)]

老伙计,

如果你可以的话,在韦伯那里一直待到凌晨一点。[①]克劳德·德彪西的出现将是你的回报。

你的老疯子,

克劳德·德彪西

信封上未贴邮票,地址:
Monsieur René Peter.
En son café.
Pour être remis à son moi.
Autogr.: non localisé (copie H. Borgeaud). *Prov.*: Cat. N. Rauch (24-25 novembre 1958), n° 94. *Publ.*: Peter 1944, p. 203 (non datée).

① 关于韦伯咖啡馆,见书信1893－62。

1899 – 122

致勒内・彼得

［1899 年（?）］

我亲爱的勒内。

我们把预约改成星期二同一时间可以吗？现在，请原谅我和你提钱的事情，当萨赫夫人本来要给我寄 20 法郎的，但我还没等到。我有急用，话说在这种事情上我们就无须多言了，你比任何人都更清楚我有多需要钱。我开这个口真的很难，你以后最好躲着我点。

你的，

克劳德

Autogr.: US-AUS, Carlton Lake Collection. *Prov.*: Cat. M. Loliée 14 (1955), n° 87.

1899 – 123

致勒内・彼得?

［1899 年（?）］

别碰那个！！！

别碰洁西！！！

！！！……

…… ……

求你了！！……

名片,印有:
CLAUDE DEBUSSY
58. rue Cardinet
Autogr.: F-Barbizon, coll. part. *Prov.*: Cat. N. Rauch (24-25 novembre 1958), n° 94; Bulletin M. Loliée LVII (s.d.), n° 325107; Cat. Les neufs Muses (février 2020), no 49.

1899 – 124

致米雪·沃姆·德·罗密伊

[1899年(?)]

小姐。

很高兴您回来,我非常乐意以崇敬舒曼、肖邦等人的名义让您继续受苦。听您弹错音对我来说已经习以为常,我还怪想念的。其实,一个错音只是代表着一个独特的观点,它可以变得很可爱。

请相信我的忠诚。

克劳德·德彪西

Autogr.: non localisé. *Publ.*: Worms, p. 7; Lesure 1999, p. 18.

1899 – 125

致一位朋友[①]

［1899 年（？）］

“［……］这不是个小工程，而且我想把它安排妥当，但您知道我是不是到处都不受待见。希望罗拜赫·德·孟德斯鸠能在他的缪斯别墅演两场。[②]［……］”

Autogr.: non localisé. *Publ.*: Carré, p. 274.

---

① 阿勒拜赫·卡雷在自己的《回忆录》中引用了这个片段。但除此之外，没有任何资料证明该片段的真实性。

② 关于罗拜赫·德·孟德斯鸠（Robert de Montesquiou, 1855—1921），见书信 1911 – 88（见下卷的翻译）。他于 1899 年 11 月搬进位于讷伊的公馆——缪斯别墅，并且在那里举办美术和音乐晚会。

1900 - 1

致乔治·阿特曼

1900 年 1 月 1 日

亲爱的阿特曼先生。

请接受我最真诚的新年祝福……并且请让我也附上莉莉·德彪西的祝福,她的比我的更加优雅、更加金灿灿,而且同样深情。要不是因为担心今天交通堵塞,我们本想亲自前往拜年,但我斗胆认为您也是这样想的。

满怀深情地。

克劳德·德彪西

Autogr.: non localisé (copie H. Borgeaud). *Prov.*: Hôtel Drouot, 28 avril 1958.

1900 – 2

乔治·阿特曼致德彪西

巴黎,[①] 1900 年 1 月 4 日

亲爱的朋友,

我给您寄去了《节日》的校稿(《云》和《海妖》随后就到)。[②]

如果您愿意来家里吃午饭,我这星期的某一天会给您消息,应该是星期三。到那天,我会请您给我一个朋友演奏您的《碧丽蒂斯之歌》,如果您觉得她在跟您训练一段时间之后有能力诠释这部作品,那她或许可以在 27 日星期六的国家音乐协会上演唱它。[③] 我随后跟您确定我们的预约时间,因为我需要问问我的朋友她星期三两点是否有空能来和您排练。

您亲切的,

G. 阿特曼

我坚持要您尽快将《佩雷亚斯》的钢琴版乐队缩放谱给我,一分钟都别耽误了,否则我们又要在喜歌剧院那里白白浪费一个冬天。我不太可能一整个夏天只准备这件事,并且还要在九月前把一切都安排好。剧院高层只有在乐谱摆到面前的时候才会真正给我们安排。

① 此地点被印刷于信纸之上。

②《节日》校稿的页码独立于其他两首,这也证实了该作品的手稿先于其他两首被交于雕刻师。

③ 指布朗什·马洛(Blanche Marot),她于 1900 年 3 月 17 日星期六(而不是 1 月 27 日星期六)首演了《碧丽蒂斯之歌》。

抬头有:
G. Hartmann
1, Rue Caumartin
(Boulevard des Capucines)
Lundi, Mercredi, Vendredi
de 11 heures à midi
Autogr.: non localisé*. *Prov.*: Hôtel Drouot, 16 octobre 1991, n° 117; Hôtel Drouot, 17 décembre 1993, n° 267 (L).

1900 – 3

致罗拜赫·勾代

1900 年 1 月 5 日
卡迪内路 58 号

亲爱的朋友：

您这出人意料的效果做得如此有分寸……这让我对您的来信都感到不那么惊讶了，但我确信您依旧是我欣赏的那个独一无二的宝藏罗拜赫·勾代。

首先，我要向您汇报一下我生活中发生的两件事：第一，我搬家了；第二，我结婚了……是的，亲爱的朋友，请安坐！……莉莉·泰克西耶小姐将自己不和谐的名字改成了和谐的莉莉·德彪西，所有人都同意这一点！[①]……她的金发显得那么不真实，美如神话，此外，她还一点都不去"赶时髦"。根据"威利" H. G. V.［昂利·戈蒂耶–维亚尔］最新的报道，她不喜欢音乐，但这只是威利杜撰出来的。她最喜欢的歌曲讲的是一个圆脸的小禁卫兵像老兵一样把帽子挂在耳朵上……这样的审美一点都不激进，有些难以言表。

我又开始工作了，我的大脑已经完全不习惯了，它被无尽的烦恼所堵塞。尽管如此！我还是在创作《柳林》，这是 D. G. 罗塞蒂的诗，我应该跟您提过的吧？它很美，"活灵活现"的，我们甚至能把自己的一部分留在它那里，包括几根头发……[②]

---

① 德彪西模仿了皮埃尔·路易斯官宣自己婚礼时的用语："露易丝·德·埃莱蒂亚小姐将自己的名字改成了露易丝·路易斯。"见书信 1899 – 50。

② 关于《柳林》，见书信 1896 – 16。关于德彪西提到的头发，则是在隐射但丁·加布里埃尔·罗塞蒂的一首四行诗，由皮埃尔·路易斯翻译："当我哭泣时，我生活在水中，情人眼中出西施：她看向我，看到的是她自己的眼睛，水波像浓密的头发一样伸展，当我俯下身去，她则向我探来，她的双唇因亲吻我的嘴而冒出泡泡。"

我完成了三首《夜曲》,您听过一些片段,很遗憾几周后的首演您不能在场……[1]您要是能来的话就可以弥补音乐中所有的不足了！生活总是那么不如意！

您的一位年轻朋友儒勒·克里斯滕先生来拜访我了,[2]他出奇得丑,而且来得太早了,但非常有礼貌。他似乎不太清楚如何处理自己的丑陋,当然,我还是为他做了自己能做的,然后就没有然后了。请原谅我既没有声望,也没有影响力。

上述一切都不如接下来这句迫不及待：真希望不久后能常见到您……

请代我问勾代夫人好,至于您,您知道我是您不可替代的,

克劳德·德彪西

我期待您的朋友李思特。[3]

盖有花体签名,信封上有邮戳(寄出：7 JANV 00,到达：8 JANV 00)和地址：
Monsieur Robert Godet.
Villa Hellingrath.
Post Thalkirschen
Bavière. près Munich.
Autogr.: F-Pn, Mus., N.L.a. 29 (16). *Prov.*: C. Godet. *Publ.*: Debussy 1942, p. 100-102; Debussy 1980, p. 101-102; Debussy 1993, p. 154-155.

---

① 《夜曲》的前两首直到 12 月 9 日才在拉穆勒音乐会上首演。

② 1942 年,罗拜赫·勾代在出版自己的《给两位朋友的书信》(*Lettres à deux amis*)时,已经不记得儒勒·克里斯滕(Jules Christen)是谁了。

③ 爱德华·李思特(Édouard Rist, 1871—1956)医生,据罗拜赫·勾代所述,李思特是医学院成员,并且是法国肺结核学专家之一。其专著见 Édouard Rist, *25 Portraits de médecins français 1900-1950,* Paris, Masson, 1955。

1900－4

致乔治·阿特曼

［1900 年 1 月 8 日］[①]

亲爱的阿特曼先生：

给您校稿，[②] 顺便问一句，如果“和声”部分没有在雕刻过程中，[③] 我是否可以用一下？……至于《碧丽蒂斯之歌》，我自然是随叫随到，谢谢您的协助。

我肯定不能因为《佩雷亚斯》而制造外交危机，所以我当然同意您的坚持。您拿到《魔法师的学徒》的总谱了吗？[④] 我很有兴趣仔细看看。

满怀深情地。

克劳德·德彪西

Autogr.: non localisé (copie H. Borgeaud). *Prov.*: Hôtel Drouot, 28 avril 1958; Hôtel Drouot, 27 octobre 1961, n° 42.

---

① 该日期根据乔治·阿特曼 1 月 4 日回复德彪西的内容而推断。

② 阿特曼 1 月 4 日给德彪西寄去的《节日》校样很快就被后者送还回来了，但德彪西审稿审得很漫不经心。

③ 此处“和声”是指《夜曲》的木管和铜管分谱。

④《魔法师的学徒》（*L'Apprenti sorcier*）是保罗·杜卡的乐队作品，于 1897 年 5 月 18 日在国家音乐协会首演，但其乐队总谱直到 1907 年才由杜朗出版社出版。

1900－5

致乔治·阿特曼

星期五晚上

1900 年 1 月 12 日

我亲爱的阿特曼先生：

我太了解您了，以至于您的沉默让我有些吃惊，此外，感谢您可爱的卡片。

至于德彪西夫人和我，我们将一直活在云雾里，总有一天您会高兴地看到我们是多么“互补”。

我今天没能把最后一首夜曲的誊抄稿给您，因为您的誊写员抄错不少地方，在我看来，这可是誊写员的大忌啊！……

现在，请允许我插句令人厌烦的话……又到交房租的时候了，尽管国内经济一塌糊涂，但我还是无法满足我那个令人受不了的房东。您是否能再一次好心地预支我……250 法郎？……请不要太生我的气，我实在是别无他法了。生活对我太苛刻了，然而我却依然要笑脸相迎。

如果我有机会帮您（我指物质上的），您知道我一定会义不容辞的。

满怀深情地。

克劳德·德彪西

后记：我把《云》的誊抄稿给您。

后后记：莉莉·德彪西献上她的问候。

后后后记：请尽快告诉我您是否可以，谢谢了。

盖有花体签名。

Autogr.: US-AUS, Carlton Lake Collection. *Prov.*: Hôtel Drouot, 28 avril 1958; anc. coll. R. Schuman; Hôtel Drouot, 4 mars 1965, n° 56; anc. coll. L.-P. Vallery-Radot. *Publ.*: Vallery-Radot-Hill, p. 114.

1900 – 6

致皮埃尔·路易斯

星期日
1900年1月28日

我亲爱的皮埃尔:

我从来都没有禁止你给我寄一本最新版的《碧丽蒂斯之歌》对吧?[①]……这正好给你一个独一无二的机会来跟我说说你的近况。你现在还会想着可怜的"小德彪西一家"吗?他们的生活中爱情总是比金钱要多……你不知道我去你家送卡片的时候感到既可悲又可笑。

永远是你的,

克劳德

我和莉莉向皮埃尔·路易斯夫人问好。

信笺,盖有花体签名,未贴邮票,地址:
Monsieur Pierre Louÿs
147. B[ard] Malesherbes.
Autogr.: F-Pn, Mus., N.L.a. 44 (61). *Prov.*: anc. coll. A. Godoy; Hôtel Drouot, 5 février 1999, n° 186. *Publ.*: Debussy-Louÿs 1942[a], p. 28; Debussy-Louÿs 1945, p. 134.

---

① 根据欧洲众多博物馆的一手资料,该版本除文字外还包含诺托(Notor)的300幅版画和24幅彩图。出版信息:Paris, Fasquelle, 1900。

1900－7

致昂利·德·雷尼耶

星期日

1900 年 1 月 28 日

我亲爱的朋友：

当我读《大理石女郎》读得如痴如醉时，[①] 出于喜悦，我本想给您写信，然而我后来又觉得这完全无关紧要……请原谅，但我今天打消了所有的顾虑，您权当把这看作是一种对美的本能反应。这几行字只能笨拙地表达赞美，甚至都没什么效果……

不过，和您分享一部作品的美绝对是一种少见的快乐，还要加上我对您深厚的友谊。

克劳德·德彪西

盖有花体签名。

Autogr.: F-Pi, Ms. 6286 (259-260).

---

①《大理石女郎》(*La Femme de marbre*)这部小说刚刚在《巴黎期刊》(*Revue de Paris*)上发表。见 *Revue de Paris* (janvier 1900), I, p. 225-241。

1900－8

致皮埃尔·路易斯

星期三晚上

1900 年 1 月 31 日

我亲爱的皮埃尔。

你派皮埃尔·路易斯夫人来了……这可是《碧丽蒂斯之歌》啊……[①]好吧，如果我还为你没有来而感到遗憾，那就有些不识抬举了……现在，我衷心感谢你献给克劳德·德彪西夫人的精美样本。我希望你知道我个人感到多么高兴。这样的喜悦还附带着许多其他情感，总之，我欠你的，你忠实的，

克劳德·德彪西

后记：后续下次再说。

信笺，盖有花体签名，未贴邮票，地址：
Monsieur Pierre Louÿs
147– B^{ard} Malesherbes.
EV.
Autogr.: F-Pn, Mus., N.L.a. 44 (62). *Prov.*: anc. coll. A. Godoy; Hôtel Drouot, 5 février 1999, n° 186. *Publ.*: Debussy-Louÿs 1942^{b}, p. 150-151; Debussy-Louÿs 1945, p. 134.

---

① 见书信 1900－7。

1900–9

致乔治·阿特曼

[1900年1月(?)]
星期日

亲爱的阿特曼先生。

您应该在生我气吧?……但事实是,我希望见您的时候必须把那个该死的《柳林》带给您![1] 如此我会感到很高兴的。只可惜我必须和这个完美的计划说再见了,因为我或许还需要一整月的时间来让自己满意。所以,星期三我会一个人来见您,请相信我全部的友情。

克劳德·德彪西

Autogr.: non localisé (copie H. Borgeaud). *Prov.*: Hôtel Drouot, 28 avril 1958.

---

① 关于《柳林》,见书信1896–16。

1900 – 10

皮埃尔·路易斯致德彪西

［1900年2月1日］[①]

我亲爱的克劳德：

我今晚没能喝倒彩，[②]因为我被一位粉丝邀请在包厢里看的，但我在走廊里毫不避讳地揪住莫雷先生的燕尾，[③]并对他说他的朋友很可悲。我和德拉佛斯先生也是这么说的，[④]他还小心翼翼地问“您是他朋友吗？”哦！当然不是！

音乐方面，这取决于他。尽管我既不喜欢戴勒梅，[⑤]也不喜欢比戴勒迅游的无名作者，[⑥]但当有人写出“众生皆有权利在天空下”[⑦]的时候，我还是心头一紧。至于剧本，啊！妈的！[⑧]

---

① 该日期根据信中提到的《露易丝》预演而推断（见后一封书信）。

② 皮埃尔·路易斯刚刚于1900年2月1日出席了古斯塔夫·夏庞蒂埃《露易丝》的预演。首演于2月2日举行，共和国总统及一行官员纷纷出席。该首演获得了辉煌的成功。

③ 埃赫奈斯·莫雷（Ernest Moret, 1871—1949），作曲家，曾创作《洛伦扎乔》（*Lorenzaccio*）、《幸福岛》（*L'Ile heureuse*）［剧本作者：尤金·莫杭（Eugène Morand, 1853—1930）］以及众多歌曲。

④ 应该是指雷昂·德拉佛斯（Léon Delafosse, 1874—1951），作曲家、钢琴家。他是马塞尔·普鲁斯特的朋友，曾为后者的《谎言》（*Mensonge*）配曲。德拉佛斯是罗拜赫·德·孟德斯鸠沙龙的常客。

⑤ 关于戴勒梅，见书信1897 – 4。

⑥ 比戴勒（Bidel），驯兽师，拥有一座动物游乐场。

⑦ 这是《露易丝》第三幕第一场中朱利安对露易丝说的话：“众生皆有权获得自由！众心皆有权去爱。一个苏醒的灵魂想要寻找自己的阳光、自己的爱情，想要将这样的萌芽扼杀是不可能的。”

⑧ 剧本并不是古斯塔夫·夏庞蒂埃写的，而是圣–保罗–鲁（Saint-Pol-Roux, 1861—1940），他以超过10,000法郎的价格将版权转让。

门德斯过来跟我说一切都十分美好，说这个晚上会名垂青史等等。他还说总有一天某人会“和这个做得一样好。”“那会是谁呢？——德彪西。——真的吗？”我希望你看到这里会很满意。

丹第在演出中途就摔门而出，看上去异常愤怒。

有人说马斯奈提前看了乐谱，宣称自己永远不会去听此等垃圾。他的确没来。①

你从来不来看我。你用卡片代替了你的造访，你还觉得这很可笑，你是对的。说真的，我也是，在你外出之前几乎找不到时间去你家。所有这一切都是因为在巴黎，去哪里都很远……

我这里为你准备了一个日本碧丽蒂斯，需要寄希望于我能在某一天给你带过去。

我刚刚听到的那部作品幸亏不是你写的。

你的，

P. L.

Autogr.: F-Pn, Mus., N.L.a. 45 (47). *Prov.*: anc. coll. A. Godoy; Hôtel Drouot, 5 février 1999, n° 191 (avec fac-sim. partiel). *Publ.*: Debussy-Louÿs 1931[a], p. 240-241 (non datée); Debussy-Louÿs 1943[e], p. 26-27 (non datée); Debussy-Louÿs 1945, p. 135-136.

① 然而，首演的第二天，儒勒·马斯奈给古斯塔夫·夏庞蒂埃写道：“我想再次向您重述我们深切的感受！您是位令人钦佩的艺术家，听到全场的欢呼声时，我真心感到高兴！再次为乐谱而道谢，还有留言，这再次证明了对待您激动不已的老朋友，您一直都是如此仁慈、如此深情！马斯奈。”文献标号：F-P, Bibliothèque historique de la ville de Paris, fonds Charpentier, dossier 15。马斯奈在信纸边缘对“我们”一词进行了注释：“我的夫人和孩子们都非常喜欢《露易丝》！”在此，我们要感谢克里斯多夫·布朗杰（Christophe Branger）为我们提供了这封书信。

1900 – 11

致乔治·阿特曼

星期日

1900 年 2 月 4 日

亲爱的阿特曼先生。

誊写《佩雷亚斯》这件事让我想给您写信聊聊《露易丝》……以及它带来的后果。[①] 当然，我绝对不是再尝试把这两者联系起来。

人们原本就不怎么喜欢美，不过鉴于他们无时无刻不被灌输是非颠倒、善恶不分的观念，也就情有可原了。在经历了诸多类似《露易丝》这样的历险之后，他们肯定会迷失的，这时，极端利己者就逐渐得势了……[②]

我的天呐，所以人们看不出《露易丝》比《胡格诺派》平庸一千倍……[③] 虽然表面看上去两者的手法不同，但都一样有害……老天爷！这就是人生啊！……我宁愿一死了之了！这就是小酒馆艺术，是通过“宿醉”获得的感觉。这就像一个多愁善感的绅士凌晨四点回家时，十分怜悯那些清洁工和捡破烂的人，他居然自认为能够记录这些可怜人的精神状态！……这真的很冒昧，而且很愚蠢……

他把那些富有节奏感的“巴黎呐喊声”当成了肮脏的罗马奖来看待，他用它们创作了坎蒂列那，并配以课本式的和声！剧中的父母是怎么回事？他们的灵魂像是从他们房间壁画上的形象里“复印”出来的。他们太傻了，面对女儿在纸板上画出的疯狂理想，他们束手无策，

---

① 德彪西也于 2 月 1 日星期四出席了《露易丝》的预演，但没有碰到皮埃尔·路易斯。

② 关于极端利己者，见书信 1894 – 46。

③《胡格诺派》(*Huguenots*) 是贾科莫·梅耶贝尔的歌剧，于 1836 年在巴黎首演。关于该作，八分音符先生在 1903 年 3 月 23 日的《吉尔·布拉斯》上做过一次幽默的评述。见 Debussy 1987, p. 131。

与其像个野蛮人一样一面挥舞着凳子、一面像着了魔一样用小调唱着“女士们,这就是快乐!”那个可怜的父亲倒不如带着面黄肌瘦的露易丝去接受声音的洗礼!再来上一杯金鸡纳酒。

那些所谓“美丽角色”美学中的一切虚假和错误都被包含在这部作品中了。门德斯先生在里面找到了瓦格纳,布吕诺先生则借它来赞颂左拉。[①] 总结:这是一部很法兰西式的作品。多说无益。

话说,如果有机会能让《佩雷亚斯》在日本演出,我将会非常高兴,因为作为优雅的折中主义者,那里的人会很喜欢它的。唉!我已经感到惭愧了!

请原谅我在这件小事上大费周章,但我也只能给您写写了。

满怀深情地。

克劳德·德彪西

Autogr.: non localisé (copie H. Borgeaud). *Prov.*: Hôtel Drouot, 28 avril 1958, n° 21; Cat. B. Loliée 5 (1960), n° 19.

---

① 1900年2月3日,卡图尔·门德斯在《日报》上称《露易丝》是“一部纯正的法国戏剧作品,歌词与声音都完美入戏,但不排除无所不能的瓦格纳在精神上给予的影响。瓦格纳是全球公认的天才,他革新和创造了无数表达方式,一句话,他有自己的‘系统’。[但《露易丝》]没有模仿这些,在这部作品中有着大量全新的灵感,通过爱情、痛苦、忧郁、喜悦、绝望、热情奔放,表现了我们的民族之魂,除了法国,这不可能来自任何一个国家。[……]”至于阿尔弗雷德·布吕诺,他在1900年2月3日的《费加罗报》上强调《露易丝》是“埃米勒·左拉名著中那栩栩如生的城市”。

1900 – 12

致皮埃尔·路易斯

星期二

1900 年 2 月 6 日

亲爱的皮埃尔：

我也去了“夏庞蒂埃大家庭”的预演！……这使我能够理解你来信中的气势汹汹。我认为这部作品的创作、上演和成功都是水到渠成。它完全满足了大多数俗人的审美……

你也发现了，这个夏庞蒂埃把那些生动的、富有人性的“巴黎呐喊声”当成了肮脏的罗马奖来看待，他用它们创作了一些干枯的坎蒂列那，配有寄生虫式的和声，我这样说还是嘴下留情了。天呐，它确实比《胡格诺派》平庸一千倍，且虽看似有别，但实际上都使用了一样的手法！而我们居然把这叫作生命！老天爷！我也宁愿一死了之。这感觉真是让人无比厌烦…… 这的确像一个多愁善感的绅士凌晨四点回家时，十分怜悯那些清洁工和捡破烂的人，而且他自认为能够记录这些可怜人的精神状态！！！这真的太愚蠢了，以至于显得很冒昧。

门德斯先生自然会在里面找到了瓦格纳，布吕诺先生则会借它来赞颂左拉。总结：这是一部很法兰西式的作品。多说无益。其实，所有这一切都没那么坏，就是有点傻。可惜人们都不太喜欢美，因为美无法适应他们丑恶的微小灵魂。如今，像《露易丝》这样的作品越来越多，这使得我们根本无法将他们从泥潭里拖出来。

我明确告诉你，我也很希望让《佩雷亚斯》在日本演出，因为作为优雅的折衷主义者，那里的人（同样都是人）会很喜欢它的。唉！我是真的羞愧难当了。

谢谢你的精彩来信，我们不久后见，对吧！！

你的，

克劳德

盖有花体签名,信封上未贴邮票,地址:
Monsieur Pierre Louÿs
147. B[ard] Malesherbes.
Autogr.: F-Pn, Mus., N.L.a. 44 (63). *Prov.*: anc. coll. A. Godoy; Hôtel Drouot, 5 février 1999, n° 186. *Publ.*: Debussy-Louÿs 1932[m], p. 23-24; Debussy-Louÿs 1942[b], p. 151-153; Debussy-Louÿs 1945, p. 136-138; Debussy 1980, p. 102-103; Debussy 1993, p. 155-156.

1900 – 13

致昂利·德·雷尼耶

星期二
1900 年 2 月 6 日

亲爱的朋友:

您寄来的这两本书,①它们就是最可爱的回复!我太高兴了,还有点骄傲。

友好地。

克劳德·德彪西

Autogr.: F-Pi, Ms. 6286 (261).

---

① 指《双重情妇》(*La Double Maîtresse*),该作品刚刚在 1900 年 1 月 27 日的《法兰西信使》上问世,并且被评论奉为杰作。只有安德烈·吉德受弗朗西斯·维耶雷–格里芬影响,在《白色杂志》上严厉批评了这部作品,他指责该作"太过放纵,既可悲又可笑"。对于主人公尼古拉·德·冈达洛(Nicolas de Gandalot)的情史始末,雷尼耶写得十分入戏,以至于他的妻子玛丽干脆称他为尼古拉。德彪西收到的另一本书有可能是 1899 年问世的《第一批诗或白色三叶草》(*Premiers Poèmes ou Le Trèfle blanc*),同样发表于《法兰西信使》。

1900 – 14

致皮埃尔·路易斯

星期日

1900 年 2 月 18 日

亲爱的皮埃尔。

继续靠各自的门房来见对方实在是不妥，因此，我向你宣布我们明天星期一三点半左右到访。请把你的女仆布伦希尔德叫醒。

你的，

克劳德

信笺，未贴邮票，地址：

Monsieur Pierre Louÿs

147, B[ard] Malesherbes

Autogr.: F-Pn, Mus., N.L.a. 44 (64). *Prov.*: anc. coll. A. Godoy; Hôtel Drouot, 5 février 1999, n° 186. *Publ.*: Debussy-Louÿs 1931[1], p. 145; Debussy-Louÿs 1942[a], p. 29; Debussy-Louÿs 1945, p. 138.

1900 – 15

致阿赫芒·帕杭

[1900 年 2 月 27 日]

"[……]您和您的四重奏组下星期日(3 月 4 日)有空吗？是这样的，有些想"娱乐"的人要听我的《弦乐四重奏》[1]。

不过我只能付给您 200 法郎。如果方便的话请立即回复我。[……]"

气动管卡。

Autogr.: non localisé. *Prov.*: Cat. Les neuf Muses (printemps 1997), n° 19.

① 年轻的画家爱德华·德雷福斯–冈萨雷斯(Édouard Dreyfus-Gonzalès, 1876—1941)是保罗·迪布瓦(Paul Dubois, 1829—1905)的学生，曾在自己位于胡伊斯达埃街 3 号的住所举办音乐会。德彪西可能就是在这次音乐会上结识了钢琴家里卡多·维涅斯(Ricardo Viñes, 1875—1943)，并听到后者演奏的《特里斯坦与伊索尔德》前奏曲。

1900－16

致乔治·阿特曼

星期四

1900 年 3 月 1 日

亲爱的阿特曼先生。

德彪西夫人和我将于星期六来您家吃午饭，请知悉，我们将无比高兴能见到您！（我们高兴得都要唱起来了）

为什么我还没有收到《海妖》的乐队校稿？[1] 对此我有些担心。

克劳德·德彪西

您亲切忠实的人。

盖有花体签名。

Autogr.: US-AUS, Carlton Lake Collection. *Prov.*: Hôtel Drouot, 28 avril 1958.

---

① 德彪西就是在本月修改了《海妖》的第一和第二版校稿。

1900 – 17

致阿赫芒·帕杭

［1900 年 3 月 3 日］
星期六晚上

亲爱的朋友：

德雷福斯–冈萨雷斯一家非常喜欢音乐，[①]但他们没有谱架！……您知道有谁能在明晚前以高价给他们送过去吗？

我觉得这还是很有必要的吧！……（您不觉得这个小插曲很幽默吗？）

对您全心全意的，

克劳德·德彪西

密封气动管卡，带有邮戳(3 MARS 00)和地址：
Monsieur A. Parent.
37 rue de l'Université.
Autogr.: non localisé*. *Prov.*: Cat. Baron 182 (avril 2016), n° 111.

---

① 关于德雷福斯 – 冈萨雷斯，见书信 1900 – 15。

1900－18

致乔治·阿特曼

星期日

1900年3月4日

亲爱的阿特曼先生。

莉莉·德彪西和克劳德·德彪西感谢您的款待……

虽说想要吞下理查德·施特劳斯的《英雄生涯》,[①] 我们的胃口一定要好,但这一切还是太棒了。很明显,这首作品的小酒馆印象比夏庞蒂埃的高级多了,还有,施特劳斯的英雄经常拜访尼采,[②] 而不是拉·菇绿。[③] 一切都进行得很顺利……这个男人有点驯服能力。

再次感谢,请接受"我们俩"真诚的友谊。

您的,

克劳德·德彪西

---

① 同一天,理查德·施特劳斯在拉穆勒音乐会上也指挥了《英雄生涯》(*la Vie d'un héros*)。本场音乐会的曲目还包括赫克托·柏辽兹《李尔王大序曲》(*Grande Ouverture du Roi Lear*)以及马克斯·冯·希林斯(Max von Schillings, 1868—1933)《英格韦尔德》(*Ingwelde*)第三幕的前奏曲。

② 1903年3月30日,德彪西在《吉尔·布拉斯》上评论了施特劳斯的这部作品,他用幽默的形式描述了这位作曲家:"他的额头倒还像个音乐家,但是眼睛和动作却像个'超人',正如他的能量导师尼采常说的那样……[……]任何方式都无法抵挡这个人对你们的攻占与支配! 见 Debussy 1987, p. 139-140。

③ 拉·菇绿(la Goulue)是舞蹈家露易丝·韦伯(Louise Weber, 1870—1929)的化名,她是巴黎舞厅的头面人物,画家昂利·德·图卢兹–劳特雷克(Henri de Toulouse-Lautrec, 1864—1901)曾将其视为创作对象。

后记:您把我的三首《夜曲》打扮得如此漂亮,对此您不知道我有多么感动。我会把这类东西单独摆放。[①]

后后记:您星期四四点方便来我家吗?[②] 请把我这里当成您自己家一样。

Autogr.: non localisé (copie H. Borgeaud). *Prov.*: Hôtel Drouot, 28 avril 1958, n° 24; anc. coll. R. Schuman; Hôtel Drouot, 4-5 mars 1965, n° 56. *Publ.*: Debussy 1980, p. 103-104; Debussy 1993, p. 156-157.

---

① 乔治·阿特曼用奶油色半羊皮纸将《夜曲》的手稿装订了起来,但这份手稿并没被用来刻印。文献编号: F-Pn, Mus., Ms. 23568。

② 在此次会面时,阿特曼向爱德华·柯罗纳提议演出《夜曲》。阿特曼给柯罗纳写了两封信,第一封写于 1900 年 3 月 4 日星期日:"我亲爱的柯罗纳,我终于可以在 15 日前把德彪西的《夜曲》拿给您了。请尽快告诉我您是否还有两场音乐会可以上演这套作品,三首曲子一共是十五到十八分钟,分别为 1.《云》; 2.《节日》; 3.《海妖》。最后这首需要十六位余音绕梁的女声,女高音和女中音各八位,分布于乐队之中。请给我个答复,我会立刻将总谱和分谱寄给您。此致敬礼,G. 阿特曼。" 文献编号: F-P, coll. part。在爱德华·柯罗纳回复之后,阿特曼又于 3 月 8 日星期四写道:"亲爱的朋友,我将把您的提议转达给德彪西,我今天会见他,我认为他会接受的,但我希望您能把两次演出机会都给他。此致敬礼, G. 阿特曼。您家里有《帕西法尔》和《女武神》的乐谱。" 文献编号: F-P, coll. part。

1900 – 19

致皮埃尔·路易斯

［1900 年 3 月 20 日］[①]
星期二晚上

终于！……《日报》上不再只有"啰哩啰唆"的散文了！[②]……

哪怕你羞于结稿，我也请你不要去征求穆菲尔德先生，[③]或是青楼之主杜布等人的意见！[④]……这名字长是长了点，但如果把它印在一张带有警察局印章的卡片上倒是挺合适的。

我是你的，

克劳德

莉莉特别喜欢《保索勒王》，她向皮埃尔·保索勒夫人问好。[⑤]

莉莉·德彪西

---

① 该日期根据信中以下内容而推断：《保索勒王历险记》（*Les Aventures du Roi Pausole*）在《日报》上发表的时间。

② 此前《日报》就是第一个发表《女人与木偶》的刊物，这次又连载了《保索勒王历险记》，时间是 1900 年 3 月 20 日至 5 月 7 日。这一版本创作得较为匆忙，因此皮埃尔·路易斯对其进行了修改，并且于 1901 年由法斯凯勒（Fasquelle）出版社出版。该作品为路易斯生前出版的最后一部小说。

③ 在《保索勒王历险记》之前，《日报》发表了卢锡安·穆菲尔德（Lucien Mulhfeld, 1870—1902）的《安德烈·托莱特的生涯》（*La Carrière d'André Tourette*）。穆菲尔德是《白色杂志》的评论员，他曾拒绝发表《阿佛洛狄忒》的前身《奴役》，因此与皮埃尔·路易斯积怨已久。珍妮·穆菲尔德夫人在帕西有一个沙龙，经常有文学家、艺术家光顾。

④ 让－路易斯·杜布·德·拉佛雷斯特（Jean-Louis Dubut de Laforest, 1852—1902），一位当时很受欢迎的作家，《日报》曾连载了他的《拐卖妇女》（*La Traite des blanches*）。

⑤ 此句出自莉莉·德彪西之手。

信封上未贴邮票,也没有地址,只写了:

Monsieur Pierre Louÿs

Autogr.: F-Pn, Mus., N.L.a. 44 (65). *Prov.*: anc. coll. A. Godoy; Hôtel Drouot, 5 février 1999, n° 186. *Publ.*: Debussy-Louÿs 1942[b], p. 163 (non datée); Debussy-Louÿs 1945, p. 138-139.

1900－20

致乔治·阿特曼

［1900 年 3 月 23 日］[①]
星期五

亲爱的阿特曼先生。

您应该知道，我和我夫人昨天晚上来过您家，结果只是和那位弗洛雷斯女士致意了一下！……

我还没有收到柯罗纳的任何消息，[②] 或许他心存疑虑？……

关于《佩雷亚斯》，我不同意您才怪呢，您放心，我会全力配合（参考《威廉·退尔》[③]）。

您跟我聊到生活中发生的事情，您说得非常正确，对此我会尽力而为。不过，那也就是一些可悲的物质需求，不会怎么样吧？……无非就是钱的问题呗？[④] ……

满怀深情地。

克劳德·德彪西

Autogr.: non localisé (copie H. Borgeaud). *Prov.*: Hôtel Drouot, 28 avril 1958; Cat. Stargardt 592 (9 juin 1970), n° 41.

---

① 该日期根据后一封书信而推断。

② 见书信 1900－18。

③《威廉·退尔》（*Guillaume Tell*）是焦阿基诺·罗西尼（Gioachino Rossini, 1792—1868）的歌剧。

④ 这是在隐射《碧丽蒂斯之歌》中的《排箫》，该段文字的含义令人震惊：“天色已晚，夜间青蛙的歌声此起彼伏。我母亲永远不会相信，我在这里逗留这么久是为了寻找我丢失的腰带。”见 Pierre Louÿs, *Les Chansons de Bilitis,* édition de Jean-Paul Goujon, Gallimard, 1990, p. 69。

1900 – 21

乔治·阿特曼致德彪西

1900 年 3 月 26 日

我亲爱的朋友,

很遗憾您到访的时候我不在。不巧的是在这么早的时间段,我很少会在家!

您有什么特别的事需要跟我讲吗?我昨天碰到了柯罗纳,他问我们进行到哪一步了。我告诉他我们已经准备好了,说您只等他一个信号了。乐队星期日会再来演出(昨天柯罗纳希望如此!)。也就是说我们只能指望一场音乐会了,4 月 8 日的那场。您觉得可以吗?确实太少了!但舍维亚尔那边也是同一天演完,[①] 所以我们就连跟这个破乐队合作的机会都没有了。

我这周就能把一切准备好!

亲切地。

G. 阿特曼

通信卡,抬头有:
1, Rue Caumartin.
(Boul[d] des Capucines)
Autogr.: non localisé*. *Prov.*: Hôtel Drouot, 16 octobre 1991, n° 117; Hôtel Drouot, 17 décembre 1993, n° 267 (L).

---

① 卡米伊·舍维亚尔在其岳父沙赫勒·拉穆勒去世后(1899 年 12 月 21 日)继承了拉穆勒音乐会,又称“新音乐会”。

1900 – 22

致乔治·阿特曼

星期二晚上

1900 年 3 月［27 日］[①]

亲爱的阿特曼先生。

对于只演一次我并不感到意外，这甚至可以吊一吊柯罗纳音乐会听众们的胃口！我担心的是，排练时间太短了！这位先生（柯罗纳）连《夜曲》的第一句是什么都还不清楚，他要怎么办？另外，《海妖》怎么办？……这些妖精们的音准至关重要，没有它，无论我们唱得多走“心”都没用。这些都是很尖锐的问题，我想知道您怎么看。这些《夜曲》完全属于您！……不能有半点马虎。

满怀深情地。

克劳德·德彪西

Autogr.: US-AUS, Carlton Lake Collection. *Prov.*: Hôtel Drouot, 28 avril 1958, n° 15; anc. coll. L.-P. Vallery-Radot. *Publ.*: Vallery-Radot-Hill, p. 114.

---

① 该日期根据前一封书信而推断。

1900–23

致皮埃尔·路易斯

[1900年3月27日][①]
星期二晚上
1900年3月

亲爱的皮埃尔。

你问我要的东西可以在布杜那里找到,地址:奥斯曼大街37号,[②]标题为:

《改编曲——24变奏、15首围绕最受欢迎或指定主题创作的小品》

鲍罗丁、C.居伊、A.里亚多夫、里姆斯基-科萨科夫。[③]

我收到一封P.罗拜赫的来信,很亲切,但出奇得悲观。他说你给他写了一封很悲伤的信?……?……抱歉!……这到底是他自己内心黑暗还是事实?我不太喜欢其他人跟我说你的近况,尤其是关于这

---

① 该日期根据信中提到的《保索勒王》相关事宜所推断,该作品于3月20日起在《日报》上连载。

② 关于布杜,见书信1894–36。

③ 德彪西对这个1893年在莱比锡出版的版本标题的誊写还是比较准确的,原标题如下:*Paraphrases. 24 Variations et 15 petites Pièces sur un thème favori et obligé. Dédiées aux petits pianistes capables d'exécuter le thème avec un doigt de chaque main par Alexandre Borodine, César Cui, Anatole Liadow et Nicolas Rimsky-Korsakow. Nouvelle Edition. augmentée d'une variation de François Liszt, d'une Mazurka de Borodine et des Bigarrures de N. Sterbatcheff*。埃里克·萨蒂也知道该曲集,他曾于1916年1月5日向费尔南·德雷福斯夫人索取此乐谱。见 Érik Satie, *Correspondance presque complète*, réunie et présentée par Ornella Volta, Paris, Fayard/IMEC, 2000, p. 226。

个特殊的方面。因此我宁愿相信是他喝多了,或是被彭雄给骂了! ①我依旧喜爱《保索勒王》,它不像你通常的风格那样直接。这能带来一种距离感,对此我非常欣赏。这种微妙的感觉令人惊叹……你看,我一直都在认可你。

我见到了阿勒拜赫·莫克尔,② 他不满足于自己是比利时人,不过我没去看《艾格隆》,这应该算是一种补偿吧。③

你的,

克劳德

信封上未贴邮票,地址:
Monsieur Pierre Louÿs
147. Boulevard Malesherbes.
Autogr.: F-Pn, Mus., N.L.a. 44 (66). *Prov.*: anc. coll. A. Godoy; Hôtel Drouot, 5 février 1999, n° 186. *Publ.*: Debussy-Louÿs 1931[1], p. 145-146; Debussy-Louÿs 1942[b], p. 154-155; Debussy-Louÿs 1945, p. 139-140. Fac-sim.: Debussy-Louÿs 1942[a], entre les p. 24-25.

---

① 指劳尔·彭雄(Raoul Ponchon, 1848—1937),著有《押韵轶事》(*Gazettes rimées*),这是一系列短诗,内容与时事有关,较为粗俗。这些诗自1887年起在各类日刊中被发表[先是《法兰西邮报》(*Le Courrier français*),然后是《日报》],其中一部分被出版成合集,取名为《卡巴莱缪斯》(*La Muse au cabaret*, Paris, Fasquelle, 1920)。另有两部合集在彭雄身后出版,分别是《轻佻的缪斯》(*La Muse gaillarde*, Paris, Rieder, 1939)和《浪迹的缪斯》(*La Muse vagabonde*, Paris, Fasquelle, 1947)。

② 阿勒拜赫·莫克尔(Albert Mockel, 1866—1945),比利时诗人、评论家。他是斯蒂凡·马拉美的崇拜者,象征主义理论家,曾著有《关于文学》(*Propos de littérature*),于1894年由独立艺术书店在巴黎出版。

③ 萨拉·伯恩哈特刚刚于1900年3月15日在自己的剧院上演了埃德蒙·罗斯丹的《艾格隆》(*L'Aiglon*),并获得了巨大的成功。

1900－24

乔治·阿特曼致德彪西

巴黎,[1] 1900年3月28日

我亲爱的朋友,

您收到柯罗纳的来信了吗?您跟他预约了吗?您打算怎么办?

我在星期日的音乐会上见到了他,他说他会给我写信或者来拜访我。但我既没有等到他的人也没有等到他的信……

?

此致敬礼。

乔治·阿特曼

我昨天见到了梅沙杰,卡雷依旧准备下个乐季上演《佩雷亚斯》。[2] 无论如何,我们自己首先不要犯错误,因此,我要求您4月30日之前(最后期限)务必将完整版的缩谱交给我。我尽量在五月和六月刻印,七月校对,八月印刷,九月的时候我们必须完成选角。

关于乐队,如果我们5月1日开始誊写,我必须在不到六个月内准备好总谱和分谱,您看到我们的工作量了吧。

我的朋友,所以请您自己别耽误了时间,这点我必须告诉你,这也是我希望我们都能做到的。虽说我了解您经济上的困境,但我们绝不能被这种事压垮或牵着鼻子走!

我是不是很啰唆很多愁善感?但请相信我是对的,我有充分的理由警示您。

您亲切的,

G. 阿特曼

---

① 此地点被印刷于信纸之上。

② 阿勒拜赫·卡雷于1901年5月3日正式宣布《佩雷亚斯与梅利桑德》被排上演出日程。

您看到《新闻》上登出的一篇关于《碧丽蒂斯之歌》的文章了吗？[①]

① 1900年3月17日，布朗什·马洛在国家音乐协会演唱了《碧丽蒂斯之歌》。古斯塔夫·布雷(Gustave Bret, 1875—1969)于1900年3月25日在《新闻》上发表了一篇文章，盛赞该部作品："上星期六，国家音乐协会上演了德彪西先生配乐的三首《碧丽蒂斯之歌》，这些作品足以让它们的作者与我们其他的年轻作曲家拉开差距，可以说德彪西属于最为天赋异禀的那一批。[……]德彪西先生的艺术实在是独具匠心：想要把他的思维和用来落实的手分开是很难的，甚至是不可能的。[……]由于他本人就带有细致入微的性格，他的艺术自然也是用微妙的方式来表达。他的音乐给人一种非物质的印象。有时候，我们耳朵里听到的似乎不是声音，借用一位大师中肯的说法，我们听到的似乎是声音带来的浮尘。这让我想到了那位维也纳画家科尔曼，他的肖像在最近一次沙龙艺术展上备受瞩目。德彪西和他一样，对过于刺眼的光线和过于精确的轮廓感到恐惧。他总是留下一些不言而喻的内容。这让他的音乐极具联想性。回到《碧丽蒂斯之歌》上来，大家也看到他是如何完结《排箫》和《长发》的。通过那唯一的吟咏方式，这些小诗变得如此回味无穷：'我母亲永远不会相信，我在这里逗留这么久是为了寻找我丢失的腰带'；还有这句：'他如此温柔地看着我，以至于我颤抖着垂下眼帘'。皮埃尔·路易斯的原作本就旋律性极强，论为其配乐，没有谁能比德彪西诠释得更成功。他忠实于自己，保持现代性，没有借用中古教会调式，其他作曲家或许会使这种小把戏。他给这些作品带来一种难以定义的色彩和风情，我通过自己弹唱把这些都熟记于心。如果让我告诉你们这种音乐中的性感和忧郁为什么显得如此不同寻常，我会感到很为难。是因为简洁轻盈的节奏？是因为吟诵方式？语气？伴奏？难道不应该是所有这一切因素吗？它们都是不可分割的，被一种伟大但捉摸不透的艺术联系在了一起。布朗什·马洛小姐在国家音乐协会演出了这些小品，她的歌唱精妙且富有智慧。作者本人担任钢琴伴奏，他不炫技，而是以一位音乐家的手指在演奏。"一年后，布雷出席了一次《佩雷亚斯与梅利桑德》的非公开试演，他在1932年回忆道："对于德彪西的个人回忆？在我眼里，任何回忆都比不上这次的价值：那是1901年的一个晚上，我们在卡迪内路，他的家里。《佩雷亚斯》的作者为我们演奏了他刚刚完成的杰作。然后我们就开始闲聊。我那位朋友不知道抽了哪根筋，在提到巴赫的名字时表现得有些放肆。我永远都忘不了德彪西对他的纠正：'你知道吗，巴赫就是音乐的神。刚才你们进来的时候，如果你们对我说门口还站着瓦格纳、贝多芬、莫扎特，他们也想和你们一起听《佩雷亚斯》。而我则会请她们进来，我很愿意为他们演奏。但如果你们说门口站的是巴赫，老巴赫。那我一定会连连摇头，因为我永远都不敢在他面前演奏《佩雷亚斯》。'那语气！那眼神！我敢肯定，那绝对不是在开玩笑。"见 Livre d'or des deux monuments de Claude Debussy, 17 juin 1932。

抬头有:
G. Hartmann
1, Rue Caumartin
(Boulevard des Capucines)
Lundi, Mercredi, Vendredi
de 11 heures à midi
Autogr.: non localisé*. *Prov.*: Hôtel Drouot, 16 octobre 1991, n° 117; Hôtel Drouot, 17 décembre 1993, n° 267 (L).

1900 – 25

致勒内·彼得

星期一

1900 年 4 月 2 日

我亲爱的勒内，

谢谢你的《半个世界的战争》，[①] 地球和火星这两个星球已经够大了，没必要再搞那么大动静了。

我昨天没能给你写信，因为我没有墨水了，不过今天也没比昨天多多少，明天也很有可能一点都不剩。世博会期间依旧会如此，[②] 但这又能怎样呢？

我母亲失眠了，请告诉我那个能够催眠万物的磺醛药剂名字。

你的，

克劳德

用铅笔所写。

Autogr.: US-AUS, Carlton Lake Collection. *Prov.*: Cat. N. Rauch (24-25 novembre 1958), n° 94; anc. coll. L.-P. Vallery-Radot. *Publ.*: Peter 1944, p. 205 (incomplète; non datée).

---

① 可能是勒内·彼得计划创作的一部戏剧。

② 此次世博会于 1900 年 4 月 14 日由共和国总统宣布开幕，到 1900 年 11 月 12 日闭幕，共有 83,000 人参展，其中 46% 为法国人，另外共有超过 5,000 万人前来参观。

1900 – 26

致乔治·阿特曼

星期二

1900 年 4 月 3 日

亲爱的阿特曼先生。

我没有收到柯罗纳的任何消息,我看我们不需要再指望山羊和卷心菜了(柯罗纳夫妇)。如果您那里有舍维亚尔的消息,我将会非常高兴。

再次感谢您那天给的小甜点,请相信我们的友谊。

莉莉和克劳德·德彪西

Autogr.: non localisé (copie H. Borgeaud). *Prov.*: Hôtel Drouot, 28 avril 1958.

1900 – 27

致皮埃尔·路易斯

［1900年4月5日前后］①

我亲爱的皮埃尔。

《保索勒王》对我的音乐不太友好。② 我知道前者更加热情。你是它最好的顾问，请委婉地告诉它。

你的，

克劳德·德彪西

信笺，未贴邮票，也没有地址，只写了：
Monsieur Pierre Louÿs
Autogr.: F-Pn, Mus., N.L.a. 44 (67). *Prov.*: anc. coll. A. Godoy; Hôtel Drouot, 5 février 1999, n° 186. *Publ.*: Debussy-Louÿs 1931[1], p. 143 (non datée); Debussy-Louÿs 1942[b], p. 161 (non datée); Debussy-Louÿs 1945, p. 142 (datée avril 1900).

---

① 该日期根据随后的几封书信而推断，另外还有信中提到的邮寄《夜曲》校稿事宜。
② 德彪西将《夜曲》的校稿寄送给了皮埃尔·路易斯。见附录V。

1900-28

皮埃尔·路易斯致德彪西

[1900 年 4 月 5 日][1]

我亲爱的克劳德:

你的来信让我很伤心。但你不必在意。我喜欢你的音乐总是比你喜欢我的文学更多。

从上星期日到今天——包括今天,《日报》临时社长昂利·勒特里耶先生与皮埃尔·路易斯先生在马勒塞尔布街 147 号不停地软磨硬泡。如果你来见证了这一切,你就会明白为什么我中断了我们的通信。

几个字就能总结所发生的一切。

H. L. 先生:请发给我 210 行连载。

P. L. 先生:我现在只能接受 190 行。

H. L. 先生:抱歉,我还是希望 210 行。

P. L. 先生:抱歉! 190 行。

H. L. 先生:就多 30 行。——不行。——行。——不行。——行。——不行。——行。——不行。——行。……

书信、蓝纸头、电报、卡片、急件、气动管卡、票据、委托、雇员、代理、文书。……我亲爱的,我真的要自杀了。我昨晚身体不舒服,而且还很愤怒。这就像一个小屁孩跟你嚷嚷:"我想吃果酱。——我没有。——我想要嘛。——我没有。——我就是想要嘛。——但我说了,没有。还是给我点吧,求你了。"

你还想怎么回答?

---

① 该日期根据后一封书信而推断,该日期通过何塞·玛利亚·德·埃莱迪亚 1900 年 4 月 4 日星期三写给皮埃尔·路易斯的一封书信得以确认:"勒特里耶先生求您给他发 210 行。"文献编号: F-P, coll. part。我们要感谢让-保罗·古永为我们提供了这一信息。

老兄,你的《夜曲》令人叹为观止,但只有一件事让我感到意外,你居然会不确定我怎么想。我要请你说说《保索勒》,但你应该不需要我和你握手了吧。

你给我寄来了校对好的稿子,[①]看来你还是有心的。对此我很感动。

我们会在晚上十一点把这封信送过去,就是为了惩罚你把你吵醒。

你的,

皮埃尔·路易斯

Autogr.: F-Pn, Mus., N.L.a. 45 (48). *Prov.*: anc. coll. A. Godoy; Hôtel Drouot, 5 février 1999, n° 187. *Publ.*: Debussy-Louÿs 1931[a], p. 236-237 (non datée); Debussy-Louÿs 1943[e], p. 38-39 (non datée); Debussy-Louÿs 1945, p. 142-143 (datée avril 1900).

① 见前一封书信。

1900 – 29

致皮埃尔·路易斯

[1900 年 4 月 6 日][①]

我亲爱的皮埃尔:

请原谅我的敏感。但你还想让我对谁敏感?……

你的友谊在我这里从未消散,况且它还让我养成了太多的好习惯,即便你成了法兰西学术院的人(这会很不幸),我都不会改变。如果我知道你那里发生了什么,我就不会那么敏感了。说到这里,H. 勒特里耶先生督促你发给他 210 行算好的了,总比他叫来法警勒令你停止一切活动要强吧……当然,这是不可能的,就像我们不可能不认为保索勒王是天下最有人味儿的人。那个描写长矛变身为郁金香的段落,[②] 其细节刻画比 W. 克兰的画作还要精美,[③] 还有句中那众多的小转折,像女性的后背一样漂亮,而当她转过身时,哇!……更是美不胜收啊。

你知道我对音乐了解甚少,至于你的文学,你还是老实待着吧,否则你会让大家都不舒服……

---

① 将日期标为 4 月 6 日星期五主要是因为德彪西为前一封书信写回信时天色已晚。该日期的出处:德彪西在信中提到了《保索勒王》的节选(郁金香形状的长矛)。

② 这是 1900 年 4 月 2 日在《日报》上连载的《保索勒王》第十四回:"他们走进花之花园。侍从穿过小径,查看了花坛,然后走进温室。植物学家们向他展示了长茎花,有鸢尾花、红掌、带状百合、虎皮百合、绒球百合,最后在巨大的郁金香前停了下来。他说:'我们需要的是,你们每人把一朵郁金香绑在灯芯草茎的顶部,并且扛着它前进,而且要把它当成一面旗帜一样认真对待。'"

③ 沃特·克兰(Walter Crane, 1845—1915),英国画家,他与爱德华·伯恩–琼斯(Édouard Burne-Jones, 1833—1898)同属第二代拉斐尔前派画家,其装饰艺术影响了象征主义者以及莫里斯·梅特林克。

你的，

克劳德·德彪西

星期四晚上，

凌晨三点半。

信封上未贴邮票，也没有地址，只写了：

Monsieur Pierre Louÿs

Autogr.: F-Pn, Mus., N.L.a. 44 (68). *Prov.*: anc. coll. A. Godoy; Hôtel Drouot, 5 février 1999, n° 186. *Publ.*: Debussy-Louÿs 1931[i], p. 245 (non datée); Debussy-Louÿs 1942[b], p. 162-163 (non datée); Debussy-Louÿs 1945, p. 143-144 (datée avril 1900).

1900－30

致乔治·阿特曼

星期二
1900 年 4 月 10 日

亲爱的阿特曼先生。

我看既然舍维亚尔执意要将他的听众们“黄昏化”,[①] 那么我那些可怜的《夜曲》自然是要被埋在瓦砾下了。我必须说我真的很痛心,因为我很期待它们能给您带来快乐。不过,三十年河东三十年河西,运气这东西全靠撞。

这期间,我收到了比达尔的来信,他通知我《绝代才女》被安排进世博会的系列音乐会了。[②] 至于室内乐作品,他们想演我的四重奏以

① 1900 年乐季期间,卡米伊·舍维亚尔数次演出理查德·瓦格纳的《诸神的黄昏》。但德彪西最终还是得偿所愿。当《夜曲》于 1900 年 12 月 9 日上演时,舍维亚尔只安排了一首瓦格纳的作品:《魏森东克之歌》(*Wesendonk-Lieder*)中的第五首《梦》(*Träume*),由玛利亚·盖伊(Maria Gay, 1876—1943)演唱。

② 从 1900 年 4 月到 11 月,官方一共举办了三十一场音乐会,外加三百六十场交响乐演出,其中十八场由外国乐团出演。全年中,柯罗纳音乐会首演了十六部作品,拉穆勒音乐会则首演了二十部。巴黎开放的十几座剧院共上演作品一百二十部,演出场次约两千场,其中巴黎歌剧院占二百三十场、喜歌剧院占四百二十二场,共吸引法国和外国听众一百万余人……保罗·杜卡曾写道:“世博会开幕之时,我预感到音乐会占到很大比重,甚至是举足轻重。[……]事实上,对于那些勇于面对人群和炎热的业余爱好者们,音乐会本身并不稀奇。他们想认识来自世界各地的音乐,它们有着不同的起源、规模、乐器,从音乐学院的乐队到特罗卡德罗的管风琴,从特罗卡德罗到苏丹的陶罐,再到维也纳人、瑞典人和德国人的歌喉,整个巴黎,从战神广场到荣军院都回响着一首永恒的交响曲。”见《周刊》(*La Revue hebdomadaire*),1900 年 8 月;另见 *Les Écrits de Paul Dukas sur la musique*, Paris, Société d'éditions françaises et internationales, 1948, p. 502。

及两三首歌曲，我认为《碧丽蒂斯之歌》是不二之选。[①]

这等于是提前进行文化对外输出了，未来在湄公河的船上、科伦坡的沙龙里，人们肯定都只愿意唱这些歌了。

他（比达尔）问我歌唱家的人选。您觉得B.马洛小姐能再来一次精彩的表演吗？

《夜曲》之死让我悲伤至极……您看看，所有这一切都是瓦格纳和他家人的错。

请给我好好写一封安抚信吧，我太需要了。

您亲切忠实的，

克劳德·德彪西

后记：我斗胆悄悄跟您说，我这个月手头比其他人还要紧（我就直说了），您15号的时候能帮帮我吗？请原谅我带来的麻烦。

盖有花体签名。
Autogr.: F-P, coll. E. Van Lauwe. *Prov.*: Hôtel Drouot, 28 avril 1958, n° 30; Cat. J. Lambert 3 (1958), n° 46; Cat. Librairie de l'Abbaye N.A (1960), n° 26; anc. coll. L.-P. Vallery-Radot-Hill. *Publ.*: Vallery-Radot-Hill, p. 115.

---

① 1900年6月22日，德彪西的《弦乐四重奏》在世博会系列音乐会上由阿尤四重奏组上演，地点是特罗卡德罗的新宫。至于《绝代才女》，则于8月23日在世博会第七场大型音乐会上上演，指挥是保罗·塔法奈勒（Paul Taffanel, 1844—1908），布朗什·马洛出演才女。然而，《碧丽蒂斯之歌》并没有在这个系列音乐会中被上演。

1900 – 31

乔治·阿特曼致德彪西

巴黎,[①] 1900 年 4 月 12 日

我亲爱的朋友:

我已经卧床十二天了,手臂、膝盖、双脚都饱受痛风的折磨!我呻吟着,痛得心碎![②] 我之前见到了舍维亚尔,他已经明确表示停止了重复演出他的瓦格纳曲目![③]

但他把《夜曲》放在了明年初的音乐会!明年!……

柯罗纳则是依旧杳无音信,他还悄悄把《盔甲》给撤下来了,这部作品他应该已经压了几个月了,终究还是在封箱之时放弃了,也没想再演![④]

我亲爱的朋友,您在我的钱箱空空如也的时候来要钱,而且它可能永远都会是空的了。除了我的房租以外,我把钱全用光了,这十二天的卧床让我无法每天去换钱,您必须等我能起来再说,到时候我去音乐作者、作曲家和出版商协会看看还有没有现金(但不是我的钱,而是让美因茨出版社那边给我汇款![⑤])。

我很心烦,我本来自己就忍受着病痛,现在又再加上您的个人问题,我还暂时无法帮您缓解,真的是太遗憾了。为什么一个人的不幸就不能抵消另一个人的呢?

亲切地。

G. 阿特曼

---

① 此地点被印刷于信纸之上。

② 乔治·阿特曼于 1900 年 4 月 23 日去世。

③ 关于卡米伊·舍维亚尔的瓦格纳曲目,见前一封书信。

④《盔甲》(*Armor*)是西尔维奥·拉扎里的歌剧,于 1897 年首演。柯罗纳本应该演出该作品的节选。

⑤ 指朔特(Schott)出版社。

抬头有：
G. Hartmann
1, Rue Caumartin
(Boulevard des Capucines)
Lundi, Mercredi, Vendredi
de 11 heures à midi
Autogr.: non localisé*. *Prov.*: Hôtel Drouot, 16 octobre 1991, n° 117; Hôtel Drouot, 17 décembre 1993, n° 267 (L).

1900 – 32

致埃赫奈斯·勒·格朗

星期六
1900 年 4 月 14 日

我亲爱的朋友：

您这个时候有空吗？我能来问您点事吗？那您这几天就留一天在家里吧。

真挚地。

克劳德·德彪西
卡迪内路 58 号

信笺，未贴邮票，也没有地址，只写了：
Monsieur E. Le Grand.
Autogr.: F-P, coll. part.

1900 – 33

致莉莉

[1900 年 4 月 25 日][1]

我亲爱的小莉莉哦。

我们新的一年开始了,[2] 请听我说我是多么有幸能把自己的一生都和你联系在一起。我从未怀疑过,对于一个男人来说,你就是幸福最完美的化身。你优美的身形和秀丽的头发都说明了这一点。[3] 还有一件更幸福的事,那就是我的快乐每天还在持续增加。天呐,虽说有的时候快乐出现于泪水之后,但这就好比雨在尽情地下,因为在那之后会是一片阳光灿烂……

最重要的是,守护一个人的责任感,这真是世界上最美好的感觉。我们还能找到比这更好的吗? ……

现在,我有的时候会担心你自己的幸福。我自问是否因为我对你爱得如此盲目,使我无法透过美的面纱看到一切。你知道吗? 对我来说,只要牵着你的小手一起走在路上,那这条路就是美好光明的。但你呢,如果你觉得道路难行,那我就会有些泄气了,我们还要再努力一下。对于这一点,我相信你,你是我的快乐、我的女神、我的幸福、我最崇高的希望! (当然,还有很多不能写的东西)

---

① 该日期在原信中位于末尾处。

② 见书信 1899 – 35。

③ 头发在《佩雷亚斯与梅利桑德》的第三幕第二场中拥有核心地位(“梅利桑德,我从未看到过你这样的头发! ……看、看、看,它们从如此高的地方倾泻下来,一直涌入了我的心里……”);在《碧丽蒂斯之歌》第二首《长发》中亦是如此(“我把你的长发缠绕在我的脖子上。你的长发像一条黑色项链一样挂在我的脖子上,摆在我的胸前。”)。

你的老公,

克劳德

星期三,1900 年 4 月 25 日

信封上未贴邮票,也没有地址,只写了:
Madame Claude Debussy.
Autogr.: US-NHub, Yale University, Frederick R. Koch Collection. *Prov.*: anc. coll. E. Vuillermoz.

1900 – 34

致皮埃尔·路易斯

[1900 年 4 月 25 日][①]

我的老皮埃尔。

我是躺着给你写信的,不是为了更舒服,而是由于心绞痛,希望这"可爱的"症状不要再加重下去了。

正因如此,我没能去看阿特曼,既没有见他最后一面,也没有去参加他的葬礼,他的去世真的让我非常痛苦,[②]对我来说他就是上天派给我的,他带着优雅和微笑扮演了这一角色,这在艺术慈善家之中是相当罕见的。

我不知道《佩雷亚斯》会怎么样,貌似他把后事安排得很妥当,布赫加将军是他的遗嘱执行人。[③]

至于你,我不理解你怎么会活成这样。真是见鬼！别忘了你是皮

① 该日期在原信中位于末尾处。
② 见书信 1900 – 31。
③ 布赫加(Bourjat)将军是乔治·阿特曼的朋友和继承者,他随后要求德彪西偿还预付款。1902 年,伏霍蒙收购了德彪西的全部手稿和已出版作品版权。

埃尔·路易斯,我谢谢你不要作了!冒着说蠢话的风险,我也不藏着掖着了,《保索勒王》的韵律不同于你通常的写作手法——我不知道哪一种更好(我既不喜欢比较,也不喜欢归类),我只知道偶尔给自己打个 89 分是好事,我们内心都住着一个暴君,我们需要知道如何处置他。现在,如果你能冷静一点,不要跑到马勒塞尔布街去给晚归的路人当路灯,那就更好了。① 美丽的皮埃尔·路易斯夫人估计要担心死了吧?②

我给你写的这一切可能都是错的,但没关系,如果不是因为我太累,你还会读到更多东西。

你的老铁,

克劳德

星期三,1900 年 4 月 25 日

信封上未贴邮票,地址:
Monsieur Pierre Louÿs
147. B[ard] Malesherbes.
Autogr.: F-Pn, Mus., N.L.a. 44 (69). *Prov.*: anc. coll. A. Godoy; Hôtel Drouot, 5 février 1999, n° 186. *Publ.*: Debussy-Louÿs 1932[m], p. 24-25; Debussy-Louÿs 1942[b], p. 155-156; Debussy-Louÿs 1945, p. 144-145; Debussy 1980, p. 104-105; Debussy 1993, p. 157-158.

---

① 皮埃尔·路易斯向何塞-玛利亚·埃莱迪亚透露:"我从下午四点一直工作到凌晨五点,我只睡六个小时。"见 Goujon 2002, p. 492。

② 由于《保索勒王》的连载工作,皮埃尔·路易斯筋疲力尽,他患上了抑郁症,并且由于肺气肿而变得更加严重。

1900 – 35

致勒内·彼得

星期四

1900 年 5 月 3 日

我亲爱的勒内,

仔细考虑之后,我觉得 J. L. [让·洛韩][①] 无法和正派的拉维斯、[②] 贝拉赫、[③] 舍夫里永等人相处……[④] 所以我们要另想办法了。他没有必要单纯为了期刊写文章,只要他写就行……[⑤]

那个年轻的甘草糖牧神或许可以,[⑥] 他认识 L. 德·P. [丽亚娜·德·普吉],[⑦] 这很有用。每月的专栏标题应该是"某某月教益!",

---

① 关于让·洛韩,见书信 1895 – 2。

② 埃赫奈斯·拉维斯(Ernest Lavisse, 1842—1922),历史学家、索邦大学教授,人称"正史之父",自 1904 年起担任巴黎高等师范学院院长(不是师范音乐学院——译者注),著名的《法兰西史》(*Histoire de France*)就是他创作的。拉维斯被视为共和国最伟大的历史学家,同时还是"知识分子党"领袖。他即将被沙赫勒·佩吉(Charles Péguy, 1873—1914)所攻击。

③ 维克托·贝拉赫(Victor Bérard, 1864—1931),古希腊研究学者、荷马学者。

④ 安德烈·舍夫里永(André Chevrillon, 1864—1957),评论家、随笔作家,伊波利特·泰纳的外甥,他通过自己的《英式研究》(*Études anglaises*, Paris, Hachette, 1901)和《鲁德亚德·吉卜林研究》(*Étude sur Rudyard Kipling*, Paris, Mercure de France, 1903),为英国当代文学在法国的普及作出了巨大贡献。

⑤ 这是德彪西与勒内·彼得的一个创办文学期刊的计划,但德彪西对此并没有太上心,就像对两个人的很多其他计划一样。

⑥ 指康斯坦丁·于乐曼,关于于乐曼,见书信 1898 – 6。

⑦ 原名为安娜–玛丽·莎塞涅,著名交际花,倾国倾城,曾嫁给一位罗马尼亚王子乔治·吉卡(Georges Ghilka),但最终加入了圣多米尼克第三教团。她是让·洛韩的朋友,曾于 1899 年出演过一部喜剧,并且在 1898 年至 1908 年间出版了多部小说。她还创办了一本杂志,《变美的艺术》(*L'Art d'être jolie*),共发售了二十五期。

并且写这样一个小注释:这些小教益都是无私的、可变的,而且每个月都会变。

你的,

克劳德·德彪西

Autogr.: non localisé. *Prov.*: Cat. N. Rauch (24-25 novembre 1958), n° 94; anc. coll. L.-P. Vallery-Radot. *Publ.*: Peter 1944, p. 206-207 (non datée).

1900－36

致皮埃尔·路易斯

［1900 年 5 月 14 日］[①]

我亲爱的皮埃尔。

既然我来看你的时候，你永远都不在（你居然都堕落到勒阿弗尔去了！[②]），那我就给你写几句气话。

我本来想和你聊聊《保索勒王》，我觉得在很多方面它都是一部杰作，但这并不代表我不生气了……你要知道，阿特曼留下一堆烂摊子，你可怜的克劳德当下没有出版商了，更复杂的是我还有一纸合约，那上面的条款就连上帝都不愿意管。命运真是在捉弄我！……我找到了唯一能容忍我这小脾气的出版商，但他却去世了！！！我一点都不刻薄，但我真想狠狠地给大自然几个大嘴巴子，更不用说阿特曼勉强压制住的那些我的死敌。

这一切都不太愉快，但我不能让我的小莉莉太受罪，因此我强颜欢笑。不过我依旧是你的，

克劳德

星期一，1900 年 5 月 14 日

信封上未贴邮票，也没有地址，只写了：

Monsieur Pierre Louÿs.

Autogr.: F-Pn, Mus., N.L.a. 44 (70). *Prov.*: anc. coll. A. Godoy; Hôtel Drouot, 5 février 1999, n° 186. *Publ.*: Debussy-Louÿs 1942b, p. 156-157; Debussy-Louÿs 1945, p. 145; Debussy 1980, p. 105; Debussy 1993, p. 158.

---

① 该日期在原信中位于末尾处。

② 1900 年 5 月 11 日，皮埃尔·路易斯前去迎接他的情妇玛丽·德·雷尼耶以及他的连襟昂利·德·雷尼耶，后者刚从美国回来，其于 2 月至 5 月在美国举行了巡回演讲活动。

1900－37

致皮埃尔·路易斯

［1900 年 5 月 19 日］

你今晚想来点“诸神之腚可丽饼”吗？[①] 如果是，你可以以布莱玛夫人的名字要到一个池座的位置，[②] 然后你坐上去就行了(但不是坐在布莱玛夫人身上)，[③] 否则就为这个我也要来看一眼……

你的，

克劳德

名片。

Autogr.: non localisé. *Prov.*: Cat. B. Loliée 7 (1962), n° 13; Hôtel Drouot, 23 juin 1980, n° 37.

---

① 其实是指《诸神的黄昏》，德彪西在此玩起了谐音梗，将“*Crépuscule des Dieux*”写成了“Crepe-sur-le-cul-des-dieux”，其意思也因此而面目全非。——译者注。

② 米妮·费尔曼(Minny Fehrmann)，人称玛丽·布莱玛(Marie Bréma, 1856—1925)，英国女中音歌唱家，1899 年新剧院上演《特里斯坦与伊索尔德》时扮演布兰甘妮。

③ 1900 年 5 月 19 日在普雷耶勒音乐厅举行的音乐会上，阿尔弗雷德·科托排入了理查德·瓦格纳的《诸神的黄昏》第三幕，由玛丽·布莱玛饰演布伦希尔德、特蕾斯·罗杰饰演古特鲁尼、莫里斯·巴翟饰演齐格弗里德。威利于 1900 年 5 月 21 日在《巴黎回声》的《引座员之信》(« Lettre de l'Ouvreuse »)一文中写道：“［……］钢琴家用一台普雷耶勒琴紧张激烈地演奏了《诸神的黄昏》的最后一幕。他从乐器中发掘出了前所未有、不可思议的音效，这才是真正的管弦乐翻版。至于歌唱家们，我告诉大家，布莱玛唱得非常老到，虽然这个角色的音域对她来说有点高，但她演唱时没有任何人为的加速；巴翟的齐格弗里德很潇洒，也很扣人心弦，他的表演很放得开，根本不在乎水仙对他的警示。唉！他很快就会因此而被哈根惩罚了，他离森林的目标是如此之近！我们不要忘记吉雷特(Girette)饰演的贡特尔，他演得非常精彩，所有人都认为他戏份太少了。［……］”

1900－38

致沙赫勒·马莱赫博

[1900 年 7 月][①]

先生。

我将手稿附在这封信中寄给您,[②] 就是您心心念念的那份手稿……尽管当前炎阳炙人,但我还是不明白为什么有人告诉您,我会拒绝这样一件小事? ……您只是需要原谅我让您为这几小节等了如此之久。

请相信我全部的诚意。

克劳德·德彪西

我对“克劳德”这个名字有些偏爱(1884 年我还不用这个名字),麻烦您今后如此称呼我。

Autogr.: F-Po, L.A.S. Debussy Claude-3.

---

① 关于日期,见下一注释。

② 沙赫勒·马莱赫博(Charles Malherbe, 1853—1911),音乐学家,他曾邀请众多法国及其他国家、地区的作曲家(包括德国、美国、英国、奥地利、匈牙利、比利时、西班牙、芬兰、意大利、荷兰、波斯、波兰、葡萄牙、罗马尼亚、俄国、斯堪的纳维亚地区、瑞士)为世博会的公众展示提供一页纸的音乐。这些合集被歌剧院图书馆收藏,编号为𝄞1900 I-XX。德彪西为这封信附上了第二首《白夜》的一个片段,并写有“(《白夜》节选,《抒情散文》第二集。)”和“1900 年 7 月”(文献编号: F-Po, 𝄞1900 Ix (7)。该节选对应了完整手稿的第 25-29 小节。文献编号: F-Pn, Mus., Ms. 23179。

1900 – 39

致布朗什·马洛

星期一

1900 年 8 月 6 日

小姐。

我真心希望您愿意演唱《绝代才女》,如果可以的话,我需要您立即开始练习。今天早晨有人告诉我,音乐会将于 8 月 23 日举行,[①] 您看我们没多少时间了。

请立即告诉我您哪天及什么时间段有空。

小姐,请接受我最真诚的慰问。

克劳德·德彪西

卡迪内路 58 号

Autogr.: US-AUS, Carlton Lake Collection. *Prov.*: Cat. Parke-Bernet (25 octobre 1960), n° 67; anc. coll. L.-P. Vallery-Radot. *Publ.*: Vallery-Radot-Hill, p. 109.

---

① 关于世博会系列音乐会,见书信 1900 – 30。这是系列中的第七场大型音乐会,于特罗卡德罗举行,曲目包括弗朗索瓦-阿德里安·博阿蒂尤(François-Adrien Boieldieu, 1775—1834)的《邻村的节日》(*La Fête au village voisin*)、乔治·马蒂的《充满魔力的梅林》(*Merlin enchanté*)、安德烈·梅沙杰的《两只鸽子》(*Les deux Pigeons*)、埃米勒·帕拉迪勒的《大海的圣玛丽》(*Les Saintes Maries de la mer*)、尤金·吉古(Eugène Gigout, 1844—1925)的《冥想》(*Méditation*)、奥古斯塔·欧勒梅斯的《爱尔兰》(*Irlande*)。保罗·塔法奈勒指挥了巴黎音乐学院音乐协会的乐团。

1900 – 40

致布朗什·马洛

［1900 年 8 月 7 日］
星期二晚上

小姐。

非常抱歉，我今天下午没能在家！您能明天星期三两点左右或者星期五五点左右再来吗？

您看哪个时间更方便，请接受我全部的慰问。

克劳德·德彪西

信封上有邮戳（7 AOUT 00）和地址：
Mademoiselle B. Marot.
56. rue de Rochechouart.
EV.
Autogr.: non localisé*. *Prov.*: RR Auction (Amherst), 20 avril 2023, no 527.

1900－41

致保罗·塔法奈勒

星期三

1900 年 8 月［8 日］[①]

我亲爱的塔法奈勒先生。

我以为演出《绝代才女》所需的两位歌唱家都找到了,怎么现在就剩下一位才女了呢?……那您可一定要帮我找一位旁白。这个角色用不着很大的嗓音,只要妩媚、友善就够了![②]

提前谢谢您即将为我做的一切,亲爱的先生,请接受我对您的感激之情。

克劳德·德彪西

卡迪内路 58 号

Autogr.: F-P, coll. part.

---

① 德彪西可能写错了日期,将星期三 8 月 8 日写成了"8 月 7 日",除非本信写于 1900 年 8 月 7 日星期二。

② 旁白最终是由劳拉·博维(Laure Beauvais, 1869—?)饰演,博维曾于 1894 年在歌剧院首秀,参演儒勒·马斯奈的《泰伊斯》(*Thaïs*)。

1900 – 42

致布朗什·马洛

星期二

1900 年 8 月 14 日

小姐。

您能明天星期四两点准时过来吗？塔法奈勒会来，我希望在他来之前我们有时间一起练一下。

您忠实的，

克劳德·德彪西

信笺，信封上有邮戳（15 AOUT 00）和地址：
Mademoiselle B. Marot.
56. rue Rochechouart.
EV.
Autogr.: US-AUS, Carlton Lake Collection. *Prov.*: Cat. Parke-Bernet (25 octobre 1960), n° 67; anc. coll. L.-P. Vallery-Radot.

1900－43

皮埃尔·路易斯致德彪西

1900年8月14日
拉布赫布勒,外国宾馆[1]

哦,我的克劳德,
我们在什么地方
能大喊:万岁沙俄![2]
法国人是否都应效仿?

那条街名为卡迪内
它是否让你失去理智,
路易斯曾在那里享受美味
在还未去拉布赫布勒之时?

你会烧书吗?
把一百个十六分音符尽焚?
你会从陋居去咖啡屋吗?
目光呆滞且没有灵魂?

你颤抖着说:"我有一张4和一张Ace"[3]
但你还怕再来张相同的牌面吗?
你创作了《佩雷亚斯》

---

① 皮埃尔·路易斯患有哮喘,当时他和露易丝住在拉布赫布勒,在那里接受治疗。
② 指亚历山大三世大桥(亚历山大三世是俄国沙皇,在位时间从1881年至1894年),该桥是为1900年世博会所建,此时的世博会正如火如荼地进行着。
③ 指扑克牌面。——译者注。

是在梅利桑德的笛声中吗？[①]
我不知道你在发什么疯
那驴叫将女仆吓跑
“阿克尔！”你突然喊得很大声
还配着十七支长号？

或者说，当你微妙的思潮
想要弃旧图新
也许你会心血来潮
重拾可怜的《柳林》？[②]……

该死的畜生！
你真是三生有幸
你的手指都慢慢腾腾
懒得用散文给我写一封信。

甩掉这无理的晦气
对大自然感恩，
你知道在勃艮第
有绿色的度假村。[③]

每天，你都向神祈求
就在那个十字路口，我们称其为
神之广场，或博阿蒂尤，[④]

---

① 见书信 1901－55。

② 关于《柳林》，见书信 1896－16。

③ 德彪西可能在 7 月时去过勃艮第约讷地区一个叫碧山的小地方，那里是莉莉的老家。整个 7 月，德彪西没有任何通信记录，从而进一步验证了这一猜测。

④ 喜歌剧院位于巴黎博阿蒂尤广场。［在法语中，博阿蒂尤中的“蒂尤”（dieu）是“神”的意思——译者注］。

特里布拉·好人就如此称谓。[1]

你往无限荣耀的口袋
放入一块掌骨
圣古斯塔夫·夏庞蒂埃
让其传到索恩-卢瓦尔处。[2]

很快我们将不准
谈论我们对你的意见,
除非模仿野蛮人
他们肚子上都戴着锁链。

好吧!你成堆的黄金
配得上我诗韵的华丽吗?
你的女高音和男高音
能不要装腔作势吗?

如果你在第二根手指
戴上一颗大红宝石

---

① 指《特里布拉·博诺梅》(*Tribulat Bonhomet*),维利耶·德·里勒-亚当五部小说的合集,1887年问世,如此命名是因为每一部小说中都出现了特里布拉·博诺梅这个人物,一个顽固的资产阶级实证主义者。最后一部小说《特里布拉·博诺梅博士的奇妙幻想》(*Les Visions merveilleuses du docteur Tribulat Bonhomet*)可被视为大结局,此时,该人物昏倒了,出现在"一位极为体面的老人面前:我有幸在跟神……本尊……说话,还是仅仅是在跟博阿蒂尤说话?……他一面收拾自己的外表,一面整理着幻想中的手套"。当他对神说了一些愚蠢的话之后,后者将其送回了人间。见 Villiers de l'Isle-Adam, *Œuvres complètes*, édition d'Alain Raitt et Pierre-Georges Castex, Paris, Gallimard, 1986, Bibliothèque de la Pléiade, t. ii, p. 225。("博诺梅"的发音与法语中表示"老好人"或"家伙"的"bonhomme"类似——译者注)。

② 暗指古斯塔夫·夏庞蒂埃的《露易丝》,该作品在1900年初获得了巨大的成功。

那我就立志
回馈圣安托万大人的布施；

因为我答应给他一百块
用智慧之手发送，
无论境遇有多坏
任何妨碍你的人都要被清空！

无名的胆小鬼

Autogr.: non localisé. *Prov.*: anc. coll. A. Dupont. *Publ.*: *Le Rouge et le Noir 6* (mai-juin 1928); Pierre Louÿs, *Poésies*, Paris, Éditions Montaigne, 1930, p. 179-181 (datée 14 juin 1900); Debussy-Louÿs 1945, p. 146-148; *Les Poëmes de Pierre Louÿs* 1887-1924, édition définitive établie par Yves-Gérard Le Dantec, Paris, Albin Michel, 1945, t. II, p. 502-504.

1900 – 44

致保罗·塔法奈勒

［1900 年 8 月 15 日前后］

亲爱的塔法奈勒先生：

那就让博维来唱旁白吧。[1] 虽然她的声音有点粗，但很有气势，而且她还不是“拉斐尔前派”。

我们不能面面俱到……

感恩您的，

克劳德·德彪西

Autogr.: F-P, coll. part.

① 关于博维，见 1900 – 41。

1900 – 45

致布朗什·马洛

星期五

1900 年 8 月 24 日

小姐:

音乐会之后我没能去见您,因为我害怕自己无法准确表达自己对您的感激。我认为对于《绝代才女》的演绎,不可能有比您更温柔细腻、真挚感人的了。有些时候,您居然能完全摆脱一切外界干扰,这都有点不真实了。当您唱出“当他来时,这一切都会发生”时,那种乐感是我从未体验过的,这绝对是一件令人难忘的事。

请接受我无尽的感谢。还有一个人,虽然我们不能提,但请相信我,他一定也非常开心……[①]

莉莉·德彪西也向您表达她的赞美之情,一旦她能站起来,我们就一起去当面道谢。[②]

---

① 乔治·阿特曼和布朗什·马洛关系密切,他将后者介绍给德彪西,让她演唱《碧丽蒂斯之歌》。见书信 1900 – 2。威利在 1900 年 8 月 27 日的《巴黎回声》上高度评价了这次演出:“[……]我饶有兴致地聆听了 C. A. 德彪西的佳作《绝代才女》,这位音乐家很强大,也很细腻,《投石党之乱》(*La Fronde*)的编辑们仅凭《绝代才女》的标题就认为这部作品支持性别平等,这是错误的。剧中那位少爷的缪斯可不是一个可以参加投票的女性,而是‘穿着老式衣裙’靠在天堂的阳台上;这是 G. 但丁·罗塞蒂赞颂的女性,她的眼睛比夜晚平静的湖水还要深邃。布朗什·马洛小姐是这一精美诗歌的完美演绎者。这首作品中充斥着神秘且梦幻般的和弦,由音乐界的魏尔伦将这些全部实现,他就像魏尔伦本尊一样(用儒勒·勒梅特尔的话来说),‘他听到了在他之前没人能听到的声音。’”

② 莉莉刚刚流产,并于 8 月 14 日至 23 日在杜博阿诊所接受了手术。该医院位于福布赫·圣–德尼 200 号,另称为市政健康厅,让·德·提南于 1898 年 11 月 18 日在这家医院去世。

请原谅这短短几行字，它们远不足以表达我的感受，也请相信我的忠诚。

克劳德·德彪西

信封上有邮戳（25 AOUT 00）和地址：
Mademoiselle B. Marot.
56 rue Rochechouart.
à Paris.
Autogr.: US-AUS, Carlton Lake Collection. *Prov.*: Cat. Parke-Bernet (25 octobre 1960), n° 67; anc. coll. L.-P. Vallery-Radot. *Publ.*: Vallery-Radot-Hill, p. 110; Debussy 1980, p. 105, 107; Debussy 1993, p. 158-159 (datée 24 mai). Exp.: Paris1942, p. 29, n° 63.

1900 – 46

致皮埃尔·路易斯

星期六

1900 年 8 月 25 日

我亲爱的皮埃尔。

请原谅我这么晚才来回复你那封美妙的来信,[①]很不巧,我这边遇到了非常悲伤的事情——莉莉刚刚在杜博阿医院做完手术没几天,[②]这还没完,她应该已经失去了生育能力,而且她的两个肺的顶部出现结核结节……我们必须尽快将其处理掉,并且把她送到比利牛斯山住三到四个月!这是精神层面的打击,外加物质层面更是一塌糊涂。你现在知道长期以来我要面对多少麻烦了!我都不知道从何说起了。我希望你在那个冷僻的拉布赫布勒接受到了好的治疗——你必须无条件遵守你的饮食制度,你需要它——我这可不是在倚老卖老!

你还有很多事情要做呢,要是被疾病给耽误了,那可就太愚蠢了。

请向皮埃尔·路易斯夫人问好,你的老伙计,

克劳德·德彪西

信封上有邮戳(寄出:25 AOUT 00,到达:26 AOUT 00)和地址:

Monsieur Pierre Louÿs

Hôtel des Étrangers

à la Bourboule.

Puy de Dome.

Autogr.: F-Pn, Mus., N.L.a. 44 (71). *Prov.*: anc. coll. A. Godoy; Hôtel Drouot, 5 février 1999, n° 186. *Publ.*: Debussy-Louÿs 1942[b], p. 157-158; Debussy-Louÿs 1945, p. 148-149; Debussy 1980, p. 107; Debussy 1993, p. 160.

---

① 指书信 1900 – 43。

② 见前一封书信。

1900 – 47

致皮埃尔·拉罗

[1900 年 8 月 27 日][1]

先生。

很久以前,我曾对一部名叫《那木讷》的精美佳作赞赏有加,[2] 由于表现得过于激烈而被赶出了歌剧院。

令尊探索出的精彩和声至今都被一些人视为危险的易爆物,但它们对我们当中的少数几位来说就如同魔术一般神奇,他的艺术是如此光彩夺目,如此脱离低级趣味,或者说如此与众不同(如果您认为低级趣味这词用得太重的话)。为什么我们反而会记住那些泛泛之辈,却忘记了“应该被记住的人”?! 这种现象也很神奇,但这是在颠倒是

---

① 该日期在原信中位于末尾处。皮埃尔·拉罗(Pierre Lalo, 1866—1943)的文章标注日期为 8 月 28 日,但于 27 日晚发表,因为《时代报》是一份晚报。

②《那木讷》(*Namouna*)是爱德华·拉罗的芭蕾舞剧,于 1882 年 3 月 6 日在巴黎歌剧院上演,但并未获得成功。雷蒙·博纳赫证实了德彪西的说法:“我们在《那木讷》狂风骤雨般的首演上看到了他(德彪西),他疯狂的掌声和挑衅的态度引起了公愤,以至于在歌剧院会员的一致要求下,音乐学院包厢几个月都严禁作曲系学生入场。”见 Bonheur, p. 5 (101)。

非！对于您为《绝代才女》所写的赞美之词，我表示无尽的感谢，[①] 您肯定很清楚我为什么会喜欢您的评述，请接受我真诚的问候。

克劳德·德彪西

星期一，1900 年 8 月 27 日

盖有花体签名 。

Autogr.: F-Pn, Mus., L.a. Debussy (C.) 6. *Prov.*: Cat. Charavay 318 (juin 1902), n° 48417; Cat. Charavay 687 (novembre 1952), n° 24640. *Publ.*: Debussy 1980, p. 108; Debussy 1993, p. 159. *Fac-sim.: Zodiaque* 53 (juillet 1962), pl. 3. Exp.: Paris 1962, p. 37, n° 100; Lisbonne 1962, p. 38, n° 88.

---

① 皮埃尔·拉罗于 1900 年 8 月 28 日在《时代报》上写道："我把最后一部分留给《绝代才女》和它的作者克劳德·德彪西先生。《绝代才女》是为声乐、合唱以及乐队而作，剧本则是根据但丁·加布里埃尔·罗塞蒂的著作改编而来。关于这首作品，我不会说太多：没有什么地方比特罗卡德罗的大厅更适合这种音乐了，甚至大得有些令音乐迷失。当然，这不影响它的精致和出众，而孕育它的人则是时下最闪耀、最无与伦比的音乐家之一。无论是年轻的还是年长的作曲家，没人能创造出如此诱人、如此柔和、如此细腻的旋律，更没人能将和声运用得那么新奇、那么讲究、那么微妙、那么不同寻常、又那么令人不安。他的转调更是妙不可言。这就是他的品位，优雅又敏感，真是艺高人胆大。在这典雅又张扬的快乐时光中，蕴含着魔法与神奇。事实上，在声音的世界中，克劳德·德彪西先生就像一位魔法师。但他是个黑巫师。太多年轻人会认为他是位善良的魔法师，从而心甘情愿被他迷惑。但只有他一人知道成功的咒语。普通的音乐家想要模仿他，只会自讨没趣。他们可一定要提防这位暗黑王子的作品和乐风啊。"

1900－48

致维克多·克莱派勒医生

［1900年8月底(9月初)］

［“［……］您或许还不知道我星期六晚上往杜博阿诊所打电话找过您吧？[①]原本想请您来家里看一看德彪西夫人，她的情况十分令人担忧。虽然如此滥用您的好心，这令我很过意不去，但我还必须再次请求您来看看最忠实于您的人。[②]［……］”］

Autogr.: non localisé. *Prov.*: Cat. Lion Heart *Autogr.*ph 18 (s.d.), n° 21.

---

① 见书信1900－45。

② 这是根据英语翻译版恢复的法语原文。

1900 – 49

致布朗什·马洛

星期四,1900 年 9 月 13 日

小姐。

我们拖了这么久还没来看您,是因为德彪西夫人依旧不能出行。但明天星期五四点半左右,希望我们最终可以如愿以偿。

您忠实的,

克劳德·德彪西

信封上有邮戳(13 SEPT 00)和地址:
Mademoiselle B. Marot.
56 rue Rochechouart.
(9eme arrd[t]) à Paris.
Autogr.: US-AUS, Carlton Lake Collection. *Prov.*: Cat. Parke-Bernet (25 octobre 1960), n° 67; anc. coll. L.-P. Vallery-Radot.

1900－50

致马丘·克里克布姆

星期四，1900 年 9 月 27 日

我亲爱的朋友，

您还记得我真是太好了，一年多以前您曾来信要送给我“几座西班牙城堡”，[①] 而我直到现在才回复。不过我这也是事出有因哦！首先，我结婚了！我夫人很娇弱，而且一直身体欠安，这让我几个月都提心吊胆。我对音乐都没那么大兴趣了，因为我忙于生计，这可是更令人烦恼的事情。您知道我很不愿意“重复”，然而我的音乐却像马戏团里的马一样原地打转！所以我选择了伺机而动，在这期间，我则尽可能不虚度光阴。

您知道吗？《佩雷亚斯》依旧没有公演！不过这或许是最好的选择。

我什么新作品都没出版，可怜的阿特曼去世之后（这是让我感到最伤心的事情之一），[②]《夜曲》就一直处于校对中。

如果它们最终得以印刷出版，我会给您寄一本的。

期待与您再见的喜悦，我相信我们一定会再见的。您忠实的朋友，

克劳德·德彪西

卡迪内路 58 号

巴黎

伏霍蒙会给您寄去《牧神午后》的。

Autogr.: non localisé (copie: B-Br, Mus. Ms. 674 A 31, Fonds M. Crickboom).

---

① 见书信 1896－13。

②《夜曲》确切的出版时间不详。它们或许是在 1900 年 10 月和 1901 年 4 月间印刷的。

1900－51

致皮埃尔·路易斯

［1900年10月11日］

我亲爱的皮埃尔：

你的信给我带来了一个不幸的消息！[①]……不用我多说，你也知道我们现在的感受。你这些天一定是度日如年，每一分钟都活得胆战心惊。我了解这种感受，所以我真的很同情你。

你可能是一个人面对这些祸事的吧？这就更糟了。常言道，我们在病痛面前是卑微的，这的确很有道理。

我现在都不敢说自己的夫人已经好些了，因为我生怕接下来又会出什么事，她的生命是如此脆弱，而且才刚刚伤了元气！你一定跟我一样，认为最热切的意愿是多么无力，就算我们只为一个人而活着也于事无补，我们想要付出一腔热血，但一切却显得极具讽刺意味。就比如，你绝对是我最好的朋友，但我现在又能为你做些什么呢？……几乎什么都做不了。还有，命运把你安排在离我很远的地方，我甚至都不能为你做些力所能及的事，哪怕是充满关怀地与你握手都不行。

只是，思念从来没有强大到可以跨越时空。不过还是请你相信我真心希望能够陪伴在你身边，和你一同祈祷，这或许能给你带来一点慰藉。

我夫人也请你替她拥抱你的夫人，请转达这份友情。而我，你是知道的，现在和你患难与共。

你的老，

克劳德

---

① 离开拉布赫布勒之后，路易斯一家于9月6日前往巴塞罗那。9月21日，露易丝怀孕，随后流产，还伴随了一次大出血，最终被医生从濒死状态救回。

信封上有邮戳(寄出:11 OCT 00,到达:无法识别)和地址:
Espagne.
Monsieur Pierre Louÿs
Hôtel Falcon.
à Barcelone.
Autogr.: F-Pn, Mus., N.L.a. 44 (72). *Prov.*: anc. coll. A. Godoy; Hôtel Drouot, 5 février 1999, n° 186. *Publ.*: Debussy-Louÿs 1942a, p. 25-26; Debussy-Louÿs 1945, p. 149-150.

1900 – 52

皮埃尔·路易斯致德彪西

巴塞罗那
法尔孔酒店
[1900年]10月25日

善良的克劳德,

从你的来信看,我拿不准你现在是否可以工作。我这里有个提议。

我将对我曾经的朋友埃罗尔德提起诉讼,我要阻止他在快乐作者讲坛上演《阿芙洛狄忒》,[①]相反,我倒很愿意让萨穆埃尔先生在综艺剧院重演《碧丽蒂斯》,[②]《日报》想做这件事。(不过这个演出是以朗诵和哑剧的形式完成)。但是:

萨穆埃尔想让那个红得发紫的塞赫百特来配乐![③]这一点我不想同意。

---

① 皮埃尔·路易斯的朋友根据《阿芙洛狄忒》改编了一部舞台剧,曾计划在阿勒冯斯·弗朗克组织的"快乐作者星期六"系列演出中上演。当时的人们经常使用"快乐作者"一词来形容威利这样的幽默家。

② 费尔南·萨穆埃尔(Fernand Samuel, 1862—1914),原名为阿道夫·鲁沃(Adolphe Louveau),于1892年至1914年任综艺剧院院长。

③ 贾斯通·塞赫百特(Gaston Serpette, 1846—1904),安布鲁瓦斯·托马的学生,1871年获得罗马奖,曾创作三十多部结构简易的喜歌剧、芭蕾舞剧、哑剧,常在综艺剧院上演。

我的问题如下:

你现在是否有闲心写八页纸?就用小提琴、休止符还有铜管乐和弦,给综艺剧院创作一段所谓的“艺术印象”?但尽量不要刺激到那个可怜的犹太院长,[①] 因为他内心里更喜欢塞赫百特。

我向你提出这样的要求,因为如果换作是我,我就会接受,而且我确信你可以写出“完全属于你的”音乐,同时又能满足综艺剧院观众对激情澎湃的需求。还有,这份工作能让老伙计你不用再去考虑 1 月的房租。

你的,

皮埃尔

请立刻回复。在你同意之前我不会提及你的名字。

我忘记告诉你这件事异常紧急。《日报》的演出定在了 7 日。[②] 萨穆埃尔马上就想拿到音乐。

给我讲讲你的近况。我这边既没有更坏也没有好多少。我们将尝试返回巴黎。[③]

Autogr.: F-Pn, Mus., N.L.a. 45 (49). *Prov.*: anc. coll. A. Godoy; Hôtel Drouot, 5 février 1999, n° 187. *Publ.*: Debussy-Louÿs 1931d, p. 137-138 (datée 25 octobre); Debussy-Louÿs 1943d, p. 120-121 (datée 25 octobre); Debussy-Louÿs 1945, p. 150-152.

---

① 萨穆埃尔并不是犹太人。他为了满足自己的父母选择了一个犹太名字,但后者感到非常不满意,同时,他这样做也是为了在戏剧界能更容易获得成功,就像罗西娜·贝尔纳(Rosine Bernard)一样,她就毫不犹豫地称自己为萨拉·伯恩哈特。

② 这次演出于 1901 年 2 月 7 日举行,但综艺剧院没有再度上演作品。

③ 最后两小段是歪着写在第一页纸上的。

1900 – 53

致皮埃尔·路易斯

［1900 年 10 月 28 日］①

我亲爱的皮埃尔。

你说什么我就做什么，而且我非常高兴，只是时间真的太紧张了，而且你怎么连写几首歌都没告诉我？因此，我接受这个任务，但请尽快让我知道更多的信息。你那边的消息让我有些不舒服。我这边，似乎是在好转了……你那位娇妻也一定要快点好起来呀！请转达我们最真切的问候和祝福！

你的，

克劳德

星期日早晨。1900 年 10 月 28 日

信封上有邮戳（寄出：28 OCT 00，到达：无法识别）和地址：
– Espagne –
Monsieur Pierre Louÿs
Hôtel Falcon.
à Barcelone.
Autogr.: F-Pn, Mus., N.L.a. 44 (73). *Prov.*: anc. coll. A. Godoy; Hôtel Drouot, 5 février 1999, n° 186. *Publ.*: Debussy-Louÿs 1931[1], p. 144; Debussy-Louÿs 1942[b], p. 158; Debussy-Louÿs 1945, p. 152.

① 该日期在原信中位于末尾处。

1900－54

皮埃尔·路易斯致德彪西

[1900年11月底][1]

致我的朋友克劳德·D***

啊！最美的克劳德
他以为唤醒我用的是赞歌
甚至是清晨的经书……
我五点左右出来。我去哪儿了？
所有人的喉咙都被我用匕首顶着
尤其是我的债主。

我将进入五十八号区，
卡迪内特路，当“鳕鱼”
在城区里游荡，
大约七点十五或十六分
能成为法国人多么美妙！
张伯伦之死！[2]布赫斯的辉煌！[3]

---

① 该日期根据时任德兰士瓦共和国总统保罗·克鲁格(Paul Krüger, 1825—1904)的到访时间而推断。

② 约瑟夫·张伯伦(Joseph Chamberlain, 1836—1914)，曾任商务部部长以及后来的殖民地部长至1903年。他在南非对布尔人发动了战争。

③ 从1899年起，英国与德兰士瓦就开始交战。

然而,如果那座房子的人(也可称为陋居)
最近总是恬淡寡欲
且保持小心翼翼,
那我们就不能邀请一千人
这是埃米勒总统的重任 ①
不知不觉中(这成了道难题)

如果到了私会的时刻,
另一位总统,克鲁翟赫,②
不会额外召见他们的话。
这时,我会握紧双拳。
罗斯丹先生则在那里夸夸其谈
但我的诗文比他强十倍啊。

P. L.

信封上未贴邮票,也没有地址,只写了:
Monsieur Claude Debussy
Autogr.: non localisé*. *Prov.*: anc. coll. A. Godoy; Hôtel Drouot, 5 février 1999, n° 190 (avec fac-sim. partiel). *Publ.*: Debussy-Louÿs 1931[e], p. 257 (non datée); Debussy-Louÿs 1945, p. 152-153; *Les Poëmes de Pierre Louÿs 1887-1924*, édition définitive établie par Yves-Gérard Le Dantec, Paris, Albin Michel, 1945, t. ii, p. 504-505.

---

① 埃米勒·卢贝(Émile Loubet, 1838—1929),自 1899 年起任共和国总统。
② 指克鲁格总统。1900 年 9 月,英国占领并吞并了克鲁格的德兰士瓦共和国,于是他前往欧洲寻求支持:他受到了民众的热烈欢迎,却遭到政府的拒绝。1900 年 11 月 24 日至 30 日,巴黎市政府接待了他。

1900 – 55

致保罗·杜卡

[1900年12月2日]

我亲爱的朋友:

您知道我直到今天还在遗憾上星期四没能在场,然而这星期我岳父来了,您无法想象我要去多少陌生的街道……如果您下星期四来我这边,请过来看看我,也请您不要再生我气了。

友善地。

克劳德·德彪西

星期六晚上。

信封上有邮戳(3 DEC 00)和地址:
Monsieur Paul Dukas.
9. rue des Petits-Hôtels.
(10e Arrdt) à Paris.
Autogr.: non localisé*. *Prov.*: Drouot Rive Gauche, Gare d'Orsay, lundi 20 juin 1977, n° 95.

1900 – 56

致布朗什·马洛

星期六

1900 年 12 月 8 日

小姐。

尽管我很想取悦您,但舍维亚尔的独断专行阻止了我这样做……我只拿到三张票,[①] 尽管我苦苦哀求,但依然只得到一个冷酷的拒绝。

请原谅,这真不是我的错,也请相信我的忠诚。

克劳德·德彪西

信封上有邮戳(8 DEC 00)和地址:
Mademoiselle Blanche Marot.
56. rue Rochechouart.
à Paris. (=9eme)
Autogr.: US-AUS, Carlton Lake Collection. *Prov.*: Cat. Parke-Bernet (25 octobre 1960), n° 67; anc. coll. L.-P. Vallery-Radot.

---

① 德彪西拿到三张 1900 年 12 月 9 日的音乐会门票,本次演出上演了《夜曲》的前两首。

1900－57

致皮埃尔·路易斯

［1900年12月9日之前］

我亲爱的皮埃尔。

我没得到任何来自《日报》的消息，这种情况在目前反而很适合我，舍维亚尔将在星期日上演我的《夜曲》，[①] 我自然是忧心忡忡，而且每天都起得非常早，这是我从来没做过的事情，我在黎明起床时的状态和宿醉一样！说到这里，我希望你这星期日能来，我觉得相比其他夜曲——甚至是许多夜曲，你会很喜欢我的这些《夜曲》的。[②] 同一天，还将上演李斯特的《浮士德》，这部作品养活了多少代的音乐家啊，甚

① 拉穆勒乐团当时常驻新剧院，由于该舞台太小，无法同时容纳乐队成员和女子合唱队，因此该音乐会只上演了《夜曲》的前两首。出于相同的原因，卡米伊·舍维亚尔在重演李斯特《浮士德》的时候也去掉了男子合唱队。保罗·杜卡在他的专栏中提到了这一点，他还指出："很可惜我们没能听到完整的作品［……］为什么要在一个无法加入合唱队的音乐厅里演出合唱交响乐？的确，新剧院不是一座音乐厅，倒是巴黎赌场的附属建筑：在乐队间歇期，我们甚至可以听到隔壁大厅里铜管乐和大鼓的声音。而这是1901年发生在巴黎的事情。星期日音乐会已经存在三十多年了，可是到现在都还没有找到一个爱好者金主（据说有这种人）来为音乐量身定制一个场地。在德国，没有一座小镇是没有自己的音乐厅的。而我们这边的外省也有好几座。只有巴黎依然在马戏场或大舞场里安置贝多芬和瓦格纳［……］"见 *Les Écrits de Paul Dukas sur la musique*, Paris, Société d'éditions françaises et internationales, 1948, p. 533。

②《夜曲》受到了好评。据威利1900年12月10日在《巴黎回声》的说法，这"两件'新艺术'的珍宝受到了一致的赞扬"："那是一系列印象、令人崇拜的声音游戏、未知色彩的结合，十分美妙、俄式的长笛旋律令人陶醉，远远超越了主题，拨弦的啪啪声反常地重现了远东音乐风格，这些都让人想到了诗人雷米·德·古赫蒙对马拉美作品的评述：'充满悬疑、细微变化以及朦胧芳香的诗歌。'"

至包括在配器方面。① 舍维亚尔很和蔼，就像一只关熊的笼子，可以说他完美继承了他岳父的一切。②

你的老，

克劳德

信封上未贴邮票，地址：

Monsieur Pierre Louÿs

147. Boulevard Malesherbes.

Autogr.: F-Pn, Mus., N.L.a. 44 (74). *Prov.*: anc. coll. A. Godoy; Hôtel Drouot, 5 février 1999, n° 186. *Publ.*: Debussy-Louÿs 1931[1], p. 147 (non datée); Debussy-Louÿs 1942[a], p. 23-24 (non datée); Debussy-Louÿs 1945, p. 153-154 (datée 6 décembre 1900).

① 除了李斯特的《浮士德》，本场音乐会还演出了菲利克斯·门德尔松的《吕布拉斯序曲》（*Ouverture de Ruy Blas*）、理查德·瓦格纳的《梦》（《魏森东克之歌》第五首）、约翰·塞巴斯蒂安·巴赫的双小提琴协奏曲、塞萨尔·弗朗克的《圣神》（*La Procession*）以及埃赫奈斯·吉鲁的《狂欢节》（*Le Carnaval*）。

② 舍维亚尔是沙赫勒·拉穆勒的女婿。德彪西将其比喻成野生动物驯兽师。见1905年10月10日的书信（见中卷的翻译）。

1900 – 58

致皮埃尔·路易斯

[1900年12月16日][1]

亲爱的皮埃尔。

首先感谢你友好的来信……(这个感谢来得有点晚,但看在我数了那么多小节,也可以理解吧!)这句说得不错!(看来我这几天读报纸确实读太多了)。有人跟我说你当时和伯尼耶赫那个家伙在一起,这个樊尚的邻居都有哪些高见啊?[2] 他依然是只有在听巴赫时脑子才会恢复正常吗?

在昨天的《巴黎生活》上,[3] 发表了一篇含拉丁语的诙谐文章,你这个万国语通能不能告诉我"Néphélococcigies"这个词是什么意思?这是在骂人还是一种新的疾病?

我和莉莉向皮埃尔·路易斯夫人致意,这不用我多说了吧,而我依然是你忠实的老,

克劳德

---

① 该日期根据《巴黎生活》(*La Vie parisienne*)的文章发表日期而推断。

② 关于伯尼耶赫,见书信1893 – 42。伯尼耶赫是樊尚·丹第的邻居,同样住在维利耶大街。伯尼耶赫曾为丹第提供配乐所需的诗歌。

③ 这篇1900年12月15日发表的文章没有署名:"克劳德·德彪西先生的音乐真是一件乐事,但也令人有些愧疚。他的两首夜曲在舍维亚尔那里得到了完美的诠释,一首叫《云》,另一首叫《节日》,它们营造出一种虚幻且荒淫无度的和声。精灵们在云中鸟城迎娶了天使们的女儿,为的是惹恼西奥多·杜博阿先生。此种副标题很常见。但这样微妙的魅力真是前所未有,令人悲喜交加!乐队的流畅之下潜伏着意想不到的节奏,被中断的呼声就如同绝美梦境的眩光,低沉的铜管乐像风灯一样,游行的队伍微微作响,水晶灯坠的微微颤动,喧嚷的打击乐,蓝色树林中的拨云见日,流逝的旋律优雅动人,我们徒劳地追寻着,一切都随风而去……然后就是空气的凝固,在芦苇尖上悄然留下了水汽,梦幻般的夜晚,闭月和飞鸟。最重要的是,这是印象主义音乐,大胆尝试描绘非真实性、进入未表达事物中,为的不是模仿而是创造生命。"

盖有花体签名，信封上未贴邮票，地址：
Monsieur Pierre Louÿs
147. Boulevard Malesherbes.
à Paris.
Autogr.: F-Pn, Mus., N.L.a. 44 (75). *Prov.*: anc. coll. A. Godoy; Hôtel Drouot, 5 février 1999, n° 186. *Publ.*: Debussy-Louÿs 1931[h], p. 147-148 (non datée); Debussy-Louÿs 1942[a], p. 23 (non datée);Debussy-Louÿs 1945, p. 154-155.

1900 – 59

皮埃尔·路易斯致德彪西

［1900 年 12 月 16 日之后］

“Nephelokokkugia”（或者“coccygie”）是阿里斯托芬《鸟》这个故事发生的地方，是一座空中之城，直译过来就是：云中鸟城。写文章的那位先生找到这个词应该感到很得意，但他完全没有听懂你的夜曲。

勒贝对你的音乐感到非常高兴。① 伯尼耶赫也连连称好。你要逐渐习惯人们不会再对你说三道四了，老克劳德。

你的，

P. L.

Autogr.: F-Pn, Mus., N.L.a. 45 (50). *Prov.*: anc. coll. A. Godoy; Hôtel Drouot, 5 février 1999, n° 187. *Publ.*: Debussy-Louÿs 1931[c], p. 40 (non datée); Debussy-Louÿs 1943[e], p. 28-29 (non datée); Debussy-Louÿs 1945, p. 155 (datée 18 décembre 1900).

---

① 关于勒贝，见书信 1895 – 12。

1900 – 60

致皮埃尔·德·布莱维勒

[1900年12月底]

您给我写了一封友善的信,国家音乐协会任命我为委员,[①]这真是美好的一天,必须用白色的小卵石标记出来,为此我非常深情地感谢您,我亲爱的布莱维勒。

您的,

克劳德·德彪西

盖有花体签名 。
Autogr.: F-Pn, Mus., L.a. Debussy (C.) 69.

① 德彪西于1900年12月被国家音乐协会任命为委员,同时被任命的还有保罗·杜卡和西尔维奥·拉扎里,委员会成员有加布里埃尔·福雷、樊尚·丹第、皮埃尔·德·布莱维勒、多米尼克-沙赫勒·普朗谢、古斯塔夫·里昂(Gustave Lyon, 1857—1936)以及阿赫芒·帕杭。国家音乐协会每年12月召开一次全体大会,更新九人委员会中的三人。

1901 - 1

致皮埃尔·路易斯

[1901 年 1 月 2 日]

你们两个自然是最可爱的人！想要表达我们的快乐，只能借用皮埃尔·路易斯先生的形象化比喻手法，比如让彩虹演奏琶音。如果不是因为回来太晚，我们本想到你家去，和你们以生动活泼的节奏相互拥吻，[①] 我们还能找到这样的时刻吗？

我们向你们送去最美好的祝愿，如果我们能许愿，那就是更经常见到你们，还是那句话，这一切都很可爱，但你们两个是最可爱的。

我们能星期五五点左右见面吗？你们亲切忠实的，

克劳德和莉莉·德彪西

盖有花体签名，信封上有邮戳（2 JANV 01）和地址：
Pneumatique
Monsieur. Pierre Louÿs
147. Boulevard Malesherbes.
(17e) à Paris.
Autogr.: F-Pn, Mus., N.L.a. 44 (76). *Prov.*: anc. coll. A. Godoy; Hôtel Drouot, 5 février 1999, n° 186. *Publ.*: Debussy-Louÿs 1942a, p. 24 (non datée); Debussy-Louÿs 1945, p. 133 (datée 1er janvier 1900).

---

① 德彪西或许是想起了雅克·奥芬巴赫《美丽的海伦》（*La Belle Hélène*）第三幕中大预言家的咏叹调：“邪恶的大众啊！首先，你们要知道，我不习惯如此哀怨的节奏：你们应该唱一首生动活泼的合唱曲，对维纳斯的崇拜就是对快乐的崇拜。”

1901 – 2

致皮埃尔·德·布莱维勒

[1901 年 1 月初][1]
星期五

亲爱的朋友,

从我拖了这么久才给您回复这件事上,您就应该明白我现在有多忙了吧?关于您提到的歌曲,我什么都没法向您保证,我承认现在还顾不上。[2]

但愿这几行字至少能让我有机会感谢您一直以来在《信使》上对我的支持。[3]

最深切地问候。

克劳德·德彪西

Autogr.: F-Pn, Mus., L.a. Debussy (C.) 67.

---

① 该日期的推断依据是德彪西感谢皮埃尔·德·布莱维勒 1901 年 1 月在《法兰西信使》上对两首《夜曲》首演的评述。

② 德彪西开始为《抒情散文》配器,关于这一未完成计划的手稿,见书信 1896 – 35。皮埃尔·德·布莱维勒在一本会议记录中写过“德彪西,两首抒情散文”,并将其放入德彪西乐队作品的清单中。文献编号: Rés. F. 994 (E, 6)。

③ 布莱维勒在评述中认为这些《夜曲》“难以被分析”,他还称赞了德彪西的艺术:“谈论这种音乐的困难来自于一个事实:这是最纯粹的音乐,超越一切现实,只在梦中形成,真是神来之笔。它歌唱了千姿百态的云朵,它以节日为题,描绘了‘欢天喜地’的场景。如果说我们在这个节日中注入了一支游行的队伍,那这队伍也是虚幻的,是诗人空想出的产物。[……]德彪西先生并不要求音乐倾囊相授,他只求它能够暗示些什么。对他来说,当语言无力形容时,音乐就是倾诉难以言表之事的艺术。通过他的与世无争,通过他不受时间约束的创作习惯,也通过他对庸俗的藐视,德彪西先生将自己置于许多音乐家的对立面,后者试图将他们的艺术服务于大众,也因此走向了真实主义的殿堂。”

1901 – 3

保罗·瓦莱里致德彪西

［1901年1月15日］[①]

星期二

我亲爱的德彪西，

我想到了您还有芭蕾舞剧。

我现在还没有确定的主题。我们或许需要聊一聊，因为无论是气氛还是整体色调都应该由音乐家来决定，编剧只负责协调肢体动作和乐队。

但自星期日起，我便开始畅想舞蹈的问题了。[②]

我认为我们应该创作一部世界上最清晰的芭蕾舞剧，不要剧情，只要双腿和乐器能表达的内容即可。

不过，为了让情节更多姿多彩，我会在舞者中加入几位女哑剧演员。

舞者们可以穿她们的标准服饰。

哑剧演员则可以身着薄纱——就像希腊雕像那样。[③]

前者可以尽显优雅舞姿。

---

① 该日期的推断依据：信中提到的1901年1月13日星期日在皮埃尔·路易斯家会面，见下一则注释。

② 皮埃尔·路易斯于1月13日星期日邀请保罗·瓦莱里夫妇吃午餐，受邀的还有德彪西和加泰罗尼亚画家何塞·玛利亚·塞赫，他于1920年成为米夏的丈夫。见书信1899 – 7。

③ 保罗·瓦莱里的计划让人想到了斯蒂凡·马拉美，后者认为最理想的戏剧就应该是舞蹈加哑剧的组合形式，最好是“一切仅限于永恒的暗示”：“在我看来，随着舞蹈的演变，它与哑剧需要一个真实的空间，那就是戏剧舞台。”见« Le genre des modernes » dans *Crayonné au théâtre,* Stéphane Mallarmé, *Œuvres complètes,* édition de Bertrand Marchal, Paris, Gallimard, 2003, Bibliothèque de la Pléiade, t. ii, p. 182。

后者则可以眉飞色舞。

这就是个人的拙见,也是我设想的体系。

请注意,我对这两组人的角色是同样认真对待的。事实上,他们代表了两种不同的语言,而他们唯一的共同点就是无声。

我再加入一个重要因素——音乐,您的音乐。或许您的音乐不能被完全分成两份,但是否能让它在统一的声音中有所区分?就像舞者在击脚跳的时候面不改色那样?不过我只是随便说说。

我曾想过使用《奥菲欧》的神话,也就是说用精神驱动万物,这个故事本身就代表了多变与和解。①

您对这方面有灵感吗?我现在总是在思考您的想法,所以我才会摸索,才会给您写信。

我很喜欢这样的揣测,它能给我带来意想不到的点子。

向您的夫人致敬,友好的问候。

保罗·瓦莱里

Autogr.: US-AUS, Carlton Lake Collection. *Prov.*: anc. coll. G. Jean-Aubry; anc. coll. P. Drouet. *Publ.*: Paul Valéry, *Lettres à quelques-uns*, Paris, Gallimard, 1952, p. 62-63 (datée 1900). *Exp.*: Paris 19 42, p. 43, n° 149; Paris 1962, p. 32, n° 66; Lisbonne 1962, p. 33, n° 57.

---

① 几年后,德彪西与维克多·塞加伦(Victor Segalen, 1878—1919)一起着手创作一部《奥菲欧》神话的歌剧剧本。见 1907 年 8 月 26 日的书信(见中卷的翻译)。

1901 – 4

致皮埃尔·路易斯

［1901 年 1 月 15 日（？）］

我亲爱的皮埃尔。

我斗胆说一句，我在为《碧丽蒂斯》进行最后的润色了……但我依然没有收到《日报》或你的任何消息。① 我该拿这些音乐怎么办？

你能明天五点左右来见我吗？还是说你想让我去你那里？

依然是你的老，

克劳德

星期二晚上

信封上未贴邮票，地址：
Monsieur Pierre Louÿs
147. B[ard] Malesherbes.
Autogr.: F-Pn, Mus., N.L.a. 44 (77). *Prov.*: anc. coll. A. Godoy; Hôtel Drouot, 5 février 1999, n° 186. *Publ.*: Debussy-Louÿs 1942[b], p. 161 (non datée); Debussy-Louÿs 1945, p. 156.

---

① 关于《日报》主办的《碧丽蒂斯之歌》演出，见书信 1900 – 52。

1901－5

皮埃尔·路易斯致德彪西

[1901 年 1 月 18 日前后][①]

小甜甜克劳德,

《日报》和你一样生气,因为佛迪斯先生大包大揽却什么都没做。好在没有耽误事,演出本来定在 29 日上午,据最新消息改成了"同一星期"的一个晚上,因此我们还有十来天的时间。我觉得足够了。

现在的问题是(我更想给你争取一些报酬[(1)]):他们让你自己选乐手。他们没有跟我说抄谱的事情,但你貌似可以将这个任务交给任意一位誊写员,然后只需把收据寄给《日报》就行了。

明天四点半举行第二次排练。如果你有空,就在四点半到六点之间过来看看。这排练也许会变好,但也许会更坏。那个蓝色的毛绒背景很不讨人喜欢,看上去像卡洛鲁斯·杜航的悲催风格。[②]其余的都很赞:恰当的服饰、合理的配件、外柔内刚的风格、从不装腔作势(都找不到第五条了你看看),对了,还有五分之三的女性。总之,这是令人印象深刻的艺术。[③]

---

① 根据皮埃尔·路易斯在信中提到的日程推算出的日期。

② 沙赫勒·杜朗(Charles Durand),人称卡洛鲁斯·杜航(Carolus Duran, 1837—1917),当时有名的肖像画家。

③ 1901 年 1 月 23 日,皮埃尔·路易斯在给他的兄长写信时描述了这次在《日报》演出的有趣细节:"这星期我每天下午都和一群裸女在一起。这很美好。她们在《日报》组织的《碧丽蒂斯之歌》演出中担任模特,代表了十一首歌。她们时而戴着下垂的面纱,时而身着科斯长裙,时而一丝不挂保持后仰。贝兰杰先生叫来了剧院院长,威胁他如果继续演出,就把他送进共和国的地牢。但我们进展得很好,演出将在 4 日晚在三百人面前进行,而且我们不会做任何修改。德彪西作曲,瓦诺主持讲座,莫雷诺或德·西弗里小姐旁白。这肯定会引起轩然大波的。"见 Debussy-Louÿs 1945, p. 157-158。

你的，

P.

(1) “这很幽默”。

信封上未贴邮票，也没有地址，只写了：
Monsieur Claude Debussy
Autogr.: F-Pn, Mus., N.L.a. 45 (51). *Prov.*: anc. coll. A. Godoy; Hôtel Drouot, 5 février 1999, n° 187. Publ.: Debussy-Louÿs 1931[c], p. 38-39 (non datée); Debussy-Louÿs 1943[e], p. 30 (non datée); Debussy-Louÿs 1945, p. 157.

1901 – 6

致皮埃尔·路易斯

[1901 年 1 月 19 日前后][①]

我的老伙计。

我六点回家时收到了你的来信！……那我就废话少说了。首先，我拿着我的音乐去《日报》能做什么？这些人要么就是喝多了，要么就是做记者时间太久了。怎么可能不选好乐手！怎么可能没有抄谱！啊！他们在想什么？我虽然不比别人笨，但我还是不能理解……请告诉他们，想演好这场微妙的大杂烩，必须有：两台竖琴、两支长笛、一台缪斯泰勒钢片琴。[②]

你的，

克劳德

盖有花体签名，信封上未贴邮票，也没有地址，只写了：
Monsieur Pierre Louÿs
Autogr.: F-Pn, Mus., N.L.a. 44 (78). *Prov.*: anc. coll. A. Godoy; Hôtel Drouot, 5 février 1999, n° 186. *Publ.*: Debussy-Louÿs 1931[k], p. 33 (non datée); Debussy-Louÿs 1942[b], p. 159 (non datée); Debussy-Louÿs 1945, p. 158 (datée vers le 24 janvier 1901).

---

① 该日期根据前一封书信所推断。

② 类似于小钢琴的乐器，共四到五个八度，由沙赫勒·维克多·缪斯泰勒(Charles Victor Mustel, 1815—1890)发明，于 1886 年申请专利。

1901－7

致皮埃尔·路易斯

［1901年1月31日］[①]

亲爱的皮埃尔：

你知道吗？昨天你走了以后，一切又都变成未知了。将演出推迟到2月7日或8日？我真心觉得《日报》的高层软弱无能，丹麦一定有恶事发生！[②] 我必须明天见你一下，你能在五点到五点半之间去《日报》吗？另外，我认为在走台之前我们必须总排练一次，否则后果很严重！

你的，

克劳德

那份速写的《碧丽蒂斯之歌》手稿从今往后归你了。

请立即回复我。

/星期四晚上。

信封上未贴邮票，地址：
Monsieur Pierre Louÿs
147. B[ard] Malesherbes.
Autogr.: F-Pn, Mus., N.L.a. 44 (79). *Prov.*: anc. coll. A. Godoy; Hôtel Drouot, 5 février 1999, n° 186. *Publ.*: Debussy-Louÿs 1931[j], p. 373 (non datée); Debussy-Louÿs 1942[b], p. 139 (non datée); Debussy-Louÿs 1945, p. 158-159.

---

① 该日期根据书信中德彪西给出的日期而推断。

② “丹麦有恶事发生。”这是莎士比亚《哈姆雷特》中的台词，德彪西在多封书信中都有所引用。见书信1898－28。

1901 – 8

皮埃尔·路易斯致德彪西

[1901 年 2 月 1 日][①]

克劳德,我的朋友,

我今天下午必须去我表妹 G. B. [日耳曼妮·布利斯]那里,她下午五点与 S. M. 德香奈尔二世举行婚礼。[②] 之后七点半我要去勒贝祖母那里吃晚餐。[③] 我在这中间来一趟《日报》,但我没时间听完整个排练,真是的,这事情都凑一起了。我给你写信是告诉你我会来,还有就

① 该日期根据前一封书信而推断。

② 指保罗·德香奈尔(Paul Deschanel, 1855—1922),埃米勒·德香奈尔(Émile Deschanel, 1819—1904)之子。日耳曼妮·布利斯(Germaine Brice)则是法兰西学术院终身秘书卡米伊·杜塞(Camille Doucet, 1812—1895)的外孙女。保罗·德香奈尔与日耳曼妮·布利斯的婚礼于 1901 年 2 月 16 日在圣日耳曼德佩教堂举行。此时的保罗·德香奈尔是众议院议长。

③ 关于勒贝,见书信 1895 – 12。

是不要以为是我迟到了。你这次能创作这些音乐真是太好了![①]

衷心祝好。

皮埃尔

Autogr.: F-Pn, Mus., N.L.a. 45 (52). *Prov.*: anc. coll. A. Godoy; Hôtel Drouot, 5 février 1999, n° 187. *Publ.*: Debussy-Louÿs 1931[e], p. 258 (non datée); Debussy-Louÿs 1943[e], p. 42 (non datée); Debussy-Louÿs 1945, p. 159.

---

① 1901 年 2 月 8 日,《日报》总结了这次晚会:"昨天晚上,《日报》的节日大厅举办了一次群英荟萃的晚会,大家聆听了我们才华横溢的合作者皮埃尔·路易斯创作的《碧丽蒂斯之歌》。毫无疑问,这是我们见过的最具艺术性的演出之一。在皮埃尔·路易斯本人精心的指导下,《碧丽蒂斯之歌》还配上了生动的画作以及德·彪西先生扣人心弦的音乐,演出获得了巨大的成功。皮埃尔·路易斯的名号我们就无须介绍了。他的《阿芙洛狄忒》一经问世就已将他列入大师一级。多亏了米尔顿小姐,凡是读过《碧丽蒂斯之歌》的人今天晚上都经历了一次美妙绝伦的体验。作为罗马奖得主的德·彪西先生写出了优雅精巧的音乐,与米尔顿小姐的嗓音一起为古色古香的诗歌添上了一层舒缓的柔美。诗词、音乐本已足够妩媚,栩栩如生的画作则让我们多了一种为其鼓掌的冲动。作品的主题自然取自《碧丽蒂斯之歌》,有《田园曲》、有《对比》、有《故事》、有《接子游戏》、有《碧丽蒂斯》、有《无名墓碑》、有《池中净水》、有《埃及的交际花》、有《响尾蛇舞女》、有《晨雨》。为了创作这些画作,鲁丽小姐、马塞尔、达西、玛丽·沙维斯、露西安娜·戴乐布付出了巨大的努力,为诗人理想中的效果起到了画龙点睛的作用。纵观这些学院派画作,它们时而纤弱、时而恢宏,总是那么纯粹,同样纯粹的观众甚至感觉穿越回到了赤身裸体的时代。"该作者忽略了两首歌曲,第四首《歌曲》(*Chanson*)和第十一首《姆纳西迪卡的回忆》(*Le Souvenir de Mnasidica*)。我们发现德彪西于 1914 年将这套作品改编成了钢琴四手联弹版,取名为《六首古代铭文》(*Six Épigraphes antiques*),但该手稿并未完成(缺少钢片琴部分)。文献编号: F-Pn, Mus., Ms. 16280。

1901 - 9

致昂丽埃特·福克斯

星期三
1901年2月6日

夫人:

您过于像个艺术家了,以至于没有理解:您提到的《夜曲》里的声乐部分完全属于乐队效果的一部分,因此只有乐队在,它才会有存在的意义![1]

所以任何改编都是没商量的,这自然不合您意,但我们不可能雨露均沾啊。

尽管如此,我依然感谢您的美意,请接受我最诚挚的敬意。

克劳德·德彪西

Autogr.: US-NYpm, MLT D298.X. *Prov.*: Hôtel Drouot, 18 décembre 1969, n° 97; anc. coll. M. G. Cobb.

---

① 指《夜曲》的第三首《海妖》,于1901年10月27日星期日在拉穆勒音乐会上首演。关于《海妖》中的声乐部分,见1903年12月30日的书信(见中卷的翻译)。

1901-10

致保罗·杜卡

［1901年2月11日］
星期一晚上

亲爱的朋友：

感谢您给我寄来了您的交响曲。[①] 另外，对于您给《夜曲》写的文章，我感到很骄傲。[②]

我想说的是，通常您的笔风是比较洪亮的，而这次您笔下的休止符中酝酿着一种独一无二的说服力。当然，对于您来说，想让音乐变

---

① 由阿尔弗雷德·巴什莱改编的杜卡《C大调交响曲》钢琴四手联弹版本乐谱刚于布杜出版社出版。该作品的乐队总谱要到1908年才由胡阿赫-勒霍勒（Rouart-Lerolle）出版。

② 保罗·杜卡在1901年2月的《每周评论》（*Revue hebdomadaire*）上对舍维亚尔指挥的两首《夜曲》做出了中肯的综述："德彪西先生似乎对迷惑他的听众这件事津津乐道，因为他表现得很积极。在他的作品中没有一首是前作的后续，每一首都用自己的方式表现出显著的不同，让人意想不到。这种突如其来的变化主要体现在丰富色彩的对比，它们的交替出现让人无法对作品进行预判。就比如，舍维亚尔先生指挥的两首《夜曲》和《牧神午后》几乎没有任何相似之处。作品表面的进程可能都差不多，使用的音乐语言也基本一致：对最微妙和声的探索几乎撑起了作品的整个结构，作曲家还像以前一样，希望通过记录一系列感觉来定义作品的主要性格，而不是利用诗文和音乐的直接关系。然而，如果说音色本身基本保持不变，它所描绘的对象就完全不同了：我们要做的就是换一个角度去理解。如此一来，德彪西先生的每一部作品都能给我们带来一个惊喜，因此，这就难住了那些想要一劳永逸对艺术家进行归类的人。事实上，德彪西先生是无法被归类的。［……］"接下来是一段对前两首《夜曲》的评论。在《云》中，德彪西"通过音乐的方式进行类比，其所有元素包括和声、节奏和旋律，在某种程度上似乎都烟消云散了"。对于《节日》，杜卡补充道："作曲家成功塑造出了令人眼花缭乱的闪光，还描绘出人群中的隆隆声、穿插的号角，而这一切声音并不刺耳，也没有不和谐，我们可能无法在其他任何交响乐作品中找到类似的效果。"见 Paul Dukas, *Les Écrits de Paul Dukas sur la musique,* Paris, Société d' éditions françaises et internationales, 1948, p. 529-533。

得意义深远易如反掌。不过该夸还是要夸。

您看《节日》的音乐就是,我根据自己对一次布洛涅森林庆典的久远记忆而创作的。所谓的“虚幻的游行队伍”其实是由胸甲骑兵组成的![1]……您别介意我把小号掩盖住,使得我们无法辨认出丽亚娜·德·普吉![2]就让那声音留在军营里吧,至于丽亚娜·德·普吉,就留给《露易丝》的不朽作者好了。[3]说到这里,您有没有发现自从《露易丝》上演之后,服装商们的叫卖声都不一样了,或许他们是害怕夏庞蒂埃找他们要版税吧。

还是不要去叨扰那些可怜的民间小调了,它们是那么无依无靠,而且没想过要变成交响乐形式![4]

至于您,您有坚韧不拔的意志,[5]这会让您今后上升到统治这个世

---

① 杜卡在他的综述中还提出这次是否是“音乐启发了标题的类比”。他又补充道:“无论是不是先有的标题,乐曲本身就是一部美妙绝伦的交响作品。”德彪西曾对保罗·普儒透露过类似的信息:“这是对布洛涅森林民众庆典的一次遥远的回忆,当时人山人海。中段带弱音器的小号对应的是共和国卫队乐队演奏的撤退曲。”

② 关于普吉,见书信 1900-35。

③ 关于夏庞蒂埃的《露易丝》,见书信 1900-11 和 1900-12。

④ 两个月后的 1901 年 4 月 1 日,德彪西在他为《白色杂志》(*La Revue Blanche*)写的第一篇文章中表达了类似的想法:“年轻的俄罗斯学派尝试借‘民间主题’回复交响曲的青春,这种做法成功地雕琢出了光芒四射的宝石。但这些作品不是出现了主题和必不可少的展开部之间失衡的问题吗?然而没过多久,民间主题这一模式便在音乐世界中蔓延开来。[……]”(全文见克劳德·德彪西:《德彪西论音乐——反“音乐行家”的人》,郝端端译,人民音乐出版社,2018,第6页——译者注)。

⑤ 1901 年 4 月 15 日,德彪西在《白色杂志》的文章中评述了保罗·杜卡的钢琴奏鸣曲,他再次使用了这一形容:“如果我们近距离观察这首奏鸣曲的第三部分,就会发现在生动的外表下潜藏着一股坚韧不拔的力量,它默默地支配着作品幻想般的节奏感。”(全文见克劳德·德彪西:《德彪西论音乐——反“音乐行家”的人》,第 11-12 页——译者注)。

纪的高度，我承认自己现在都不再用音乐来思考了，[1]但我还是坚信音乐永远都会是最美丽的表达方式。然而，我发现许多作品——无论新旧，这只是个日期的问题——都太过平庸了，它们都无法摆脱办公桌的味道，照亮它们的永远是台灯，而不是太阳。它们永远高高在上，企图通过冲突的和声给人留下深刻印象，但这通常却是一系列杂音。总之，如今什么都能跟音乐一样动人心魄，尤其是当下。音乐也不必再引发人们的深思了！（人们对它的那点小心思往往是荒谬的，即使是最有学识的人也是如此）只需强迫大家去听音乐就可以了，尽管人们忙碌于日常烦恼，尽管他们连一个像样的意见都提不出来，但还是应该让他们意识到自己的灰头土脸，还是应该让他们想要去憧憬一个虚幻的、遥不可及的国度。

您可以继续补充我忘记或没有说到的点。您的朋友，

克劳德·德彪西

您何时归来？

信封上有邮戳（12 FEVR 01）和地址：
Monsieur Paul Dukas.
9. rue des Petits-Hotels.
Paris – 10eme arrdt
Autogr.: F-P, coll. E. Van Lauwe. *Prov.*: Drouot Rive Gauche, Gare d'Orsay, 20 juin 1977, n° 97; Hôtel Drouot, 30 avril 1997, n° 308; Hôtel Drouot, 15 mai 2001, n° 64. *Publ.*: Debussy 1980 , p. 108-109; Debussy 1993, p. 160-162.

---

① 几个月后，八分音符先生在 1901 年 7 月 1 日的《白色杂志》中表达了类似观点："我尝试去忘记音乐，因为它妨碍我听到我不了解或者'明天'将会了解的东西。"（全文见克劳德·德彪西：《德彪西论音乐——反"音乐行家"的人》，第 31 页——译者注）。

1901 – 11

致露易丝·枫丹

[1901 年 2 月 24 日]
"星期日晚上

亲爱的夫人,

请您再多给我几天时间,为了答谢您友善的关照,请让我妥善完成这件事情……如果那些可怜的小黑豆能拥有力量横跨五线谱的严密封锁,那您就朝着声音的尘埃迎上去。[……][他感谢她]无微不至地关照,那些音符将永远感谢您以自己的名义保护它们。[1][……]"

Autogr.: non localisé. *Prov.*: Cat. Sotheby's (22 novembre 1989), n° 56; Cat. H. Schneider 323 (1991), n° 27.

① 德彪西将《华宴集》(第一册)第二首《木偶》献给了露易丝·枫丹,于 1903 年由伏霍蒙出版社出版。

1901－12

致皮埃尔·德·布莱维勒

［1901年2月(？)］

亲爱的朋友：

您给我的提议非常好。只是，如果是那位游吟诗人 G. 罗帕茨指挥乐队，他会不会愿意首演《抒情散文》呢？① 这是我的一个顾虑，至于有没有必要，我交给您来判断。

谨致友好。

克劳德·德彪西

盖有花体签名。
Autogr.: F-Pn, Mus., L.a. Debussy (C.) 68.

---

① 关于《抒情散文》的配器，见书信1896－35和书信1901－18。德彪西计划为两首《抒情散文》配器，分别是《黄昏》与《海滨》，我们找到了部分手稿。居伊·罗帕茨的确于1901年4月26日在新剧院大厅指挥了一场国家音乐协会的音乐会。

1901 – 13

致帕特内·贝里雄

星期日晚上
1901 年 3 月 10 日

亲爱的先生,

非常荣幸能够参加纪念兰波的活动。老实说,这只是我微不足道的一点敬意,致敬兰波为我们打开了"新世界的窗口",让我们有幸能够继承那独一无二的美。

请您不要感到意外,从一个音乐家那里听到这样的想法。我真的非常欣赏他,并且从来没有想过自己的音乐能对他的文采锦上添花……我还是从他那里获得灵感,然后再创作一首吧?……完全忠实于原文。

更重要的是,我需要立刻知道这次活动的日期,[①] 这决定了我具体能写些什么。尽管如此,我对您正在做的事情表示完全支持,致以最真诚的慰问。

克劳德·德彪西

Autogr.: non localisé*. *Prov.*: anc. coll. J. Roy; Cat. B. Loliée 23 (novembre 1971), n° 13; Hôtel Drouot, 22 octobre 2003, n° 61 (avec fac-sim. partiel). *Publ.*: J. Roy, *Musica,* juillet-août 1968, p. 34; Debussy 1993, p. 162-163.

---

① 这次活动于 1901 年 7 月 21 日在沙勒维勒,包括阿图尔·兰波的小舅子帕特内·贝里雄(Paterne Berrichon, 1855—1922)创作的一尊雕像的揭幕式,以及诗人故居的挂牌仪式。第九十一步兵团演奏了时任里尔音乐学院院长埃米勒·拉特(Émile Ratez, 1851—1934)的一首作品,该作品的灵感来源于兰波的《醉舟》(*Le Bateau ivre*)。

1901 – 14

致亚历山大·夏庞蒂埃

星期日晚上

1901 年 3 月 10 日

亲爱的朋友，

我收到了帕特内·贝里雄先生的来信，[①] 还联署了您的名字，我想您这样做定有用意，这么说吧，我们“一拍即合”，我已经准备好按照他的要求去做了。

我还要借机向您表达自己的遗憾，一直没能接受您的盛情邀请。我的夫人之前病得很重，使我焦头烂额，这也是我唯一的理由，因为这件事肯定让我比您更脱不开身。

况且，堂堂亚历山大·夏庞蒂埃怎么会生我的气呢，如果您愿意，我们这几天就去看您。不过，请勿破费。

另外，我依然是您亲切忠实的，

克劳德·德彪西

信封上有邮戳（11 MARS 01）和地址:
Alexandre Charpentier
45bis rue Boileau
Auteuil.
Autogr.: non localisé (copie H. Borgeaud).

---

① 见前一封书信。

1901 – 15

致保罗·杜卡

星期三

1901 年 3 月 13 日

亲爱的朋友,

我想到了您,并且对以下事情有些担心:

您是否收到了我的信……[①]

…… ? (1)[②] …… ? …… (2)

我这里有好多音乐要给您,您会忍心让我将它们托付给邮递员的脏手吗? (3)

总之,我现在的精神状态就如同上文中那三个问号。这太让人劳神了。

您的朋友,

克劳德·德彪西

信封上有邮戳(13 MARS 01)和地址:
Monsieur Paul Dukas.
9 rue des Petits-Hôtels.
Paris – 10e arrdt –
Autogr.: US-NHub, Yale University, Frederick R. Koch Collection. *Prov.*: Drouot Rive Gauche, Gare d'Orsay, 20 juin 1977, n° 96; Cat. H. Schneider 246 (1980), n° 59.

---

① 应该就是书信 1901 – 10。

② 此为对原文的还原,应该是德彪西用来表示疑惑的方式。——译者注。

1901－16

致保罗·杜卡

［1901 年 3 月 15 日］

亲爱的朋友。

我今天四点半不能过去了，昨天像今天，明天像夜晚（出自 A. 欧勒梅斯的《春天小夜曲》，献给 E. 古古勒！[①]……）

我们或许能够在星期六晚上的国家音乐协会见吧？[②] 到时候我们再商量换一天。

友好地。

克劳德·德彪西

信封上有邮戳（15 MARS 01）和地址：
Pneumatique.
Monsieur Paul Dukas.
9. rue des Petits-Hôtels
à Paris – 10e arrdt
Autogr.: non localisé*. *Prov.*: Drouot Rive Gauche, Gare d'Orsay, 20 juin 1977, n° 96; Cat. H. Schneider 232 (1979), n° 27.

---

①《春天小夜曲》（*Sérénade printanière*）出自 1883 年出版的《小夜曲集》，该作品的确是献给尤金·古古勒（Eugène Cougoul）的。歌曲的开头歌词为“昨天像今天”。

② 这场音乐会在埃拉赫大厅举行，曲目包括乔治·马丁·维特科夫斯基（Georges Martin Witkowski, 1867—1943）的《d 小调交响曲》、弗雷德里克·戴流士（Frederick Delius, 1862—1934）的《七首丹麦诗歌》（*Sept poèmes danois*，第二至五首）、马塞尔·拉贝（Marcel Labey, 1875—1968）的《幻想曲》（*Fantaise*）、昂利·尤西克（Henry Jossic, 1865—1907）的歌曲、维克多·福乐斯（Victor Vreuls, 1876—1944）的歌曲、昂利·杜帕克的歌曲，还有马塞尔·勒瓦鲁瓦（Marcel Levallois）的《小组曲》（*Suite brève*）中的《小步舞曲》（*Menuet*）。德彪西曾于 1901 年 4 月 1 日在《白色杂志》上对这场音乐会进行评论。（全文见克劳德·德彪西：《德彪西论音乐——反“音乐行家”的人》，郝端端译，人民音乐出版社，2018，第 3-8 页——译者注）。

1901 – 17

致菲利克斯·费内昂

[1901 年 3 月 18 日(?)][①]
星期一晚上

亲爱的费内昂先生,

请不要执着于我在“当前艺术界的地位”! 这与我创作的音乐几乎没有关系。请不要再向别人推销我的音乐了,总有一天他们会自己听到的(人们没有时间全知全能)。

您衷心的,

克劳德·德彪西

后记: 我把钹字里的 “i” 写成了 “y”? [②] 因为看上去太奇怪了,而且不像法语!

Autogr.: US-CAh, MS Mus 234.1 (8). *Prov.*: A., N. et E. Krasner.

---

① 该日期根据 1901 年 4 月 1 日的《白色杂志》所推断。路易·拉鲁瓦曾提到该杂志“不仅关注文学,还涉猎政治、艺术,当然还有音乐”。见 Louis Laloy, *Debussy*, Paris, Dorbon aîné, 1909, p. 32。德彪西在《白色杂志》发表了自己的第一篇乐评文章,在他之后则是菲利克斯·费内昂(Félix Fénéon, 1861—1944)的一篇短文:“未来《白色杂志》的乐评都由克劳德·德彪西先生负责。”德彪西在此从事乐评工作至 1901 年 12 月 1 日,并且在 7 月创造了八分音符先生这一角色,见书信 1901 – 42。

② 原文中有笔误。在德彪西给《白色杂志》写的文章中,的确在描述奥古斯丁·萨瓦尔(Augustin Savard, 1861—1943)的《李尔王序曲》(*Ouverture du Roi Lear*)时提到了镲:“就我的品位而言,萨瓦尔的《李尔王序曲》中瓦格纳风格过重,镲的声音像在长笛跟前狠狠打了个喷嚏,这完全是瓦格纳式的鲁莽。《李尔王》的主旋律气势雄伟,这种潇洒只有在《尼伯龙根的指环》中的神堡那里可以找到。此外,它表现出了美妙的音乐感,尤其是描写考狄利娅温柔面庞的那一段。序曲的结尾出乎意料,也许是作曲家有意为之。可能在序曲之后还有其他音乐……?若果真如此,那我真是十分期待。”(全文见克劳德·德彪西:《德彪西论音乐——反“音乐行家”的人》,郝端端译,人民音乐出版社,2018,第 5 页——译者注)。

1901 – 18

致布朗什·马洛

［1901 年 3 月 19 日］
星期二

小姐。

您能今天早上过来吗？或者星期四晚上？①

我昨天想到要提醒您的时候已经太晚了。

德彪西夫人和我送上我们的关怀。

克劳德·德彪西

信封上有邮戳（19 MARS 01）和地址：
Mademoiselle B. Marot.
56. rue de Rochechouart.
Paris – 9eme arrdt.
Autogr.: US-NYpm, MLT D289.M355. *Prov.*: Cat. Parke-Bernet (25 octobre 1960), n° 67; anc. coll. M. G. Cobb.

① 德彪西希望马洛能演唱他正在创作的《抒情散文》乐队版。见书信 1901 – 21。

1901 - 19

致尤金·伏霍蒙

[1901 年 4 月初][1]

我的老伏霍蒙。

我下星期六需要付一张 50 法郎的借据,[2] 它会被寄到您家去,还请您行行好,友善接待它吧!……? (如果您介意,那就用我那首 40 法郎的曲子作抵押)总之,我下星期一给您带来我的钢琴作品。

亲切地。

克劳德·德彪西

Autogr.: F-LY, coll. D. Jobert-Georges.

---

① 该日期根据书信 1901 - 24 而推断,在该信中,德彪西请伏霍蒙刻印他的钢琴作品《为钢琴而作》(*Pour le piano*)。该作品于 1901 年 8 月问世,手稿日期则为"1901 年 1 月至 4 月"。文献编号: CH-B, coll. part。见书信 1901 - 52。

② 应该就是一张带有短期或定期内归还承诺的借条。

1901 – 20

致皮埃尔·德·布莱维勒

星期五

1901 年 4 月 12 日

我亲爱的朋友，

非常遗憾，由于种种原因，[①] 我必须放弃《抒情散文》了……请原谅这个突如其来的“外科手术”，但不幸的是我必须如此。不过 S. N. [国家音乐协会]不会没有足够的“成员”可以填补这个被“截肢”的曲目单吧？

致敬。

克劳德·德彪西

Autogr.: F-Pn, Mus., L.a. Debussy (C.) 65.

---

① 关于这些原因，德彪西在后一封书信中有所陈述，但难分虚实。

1901 – 21

致布朗什·马洛

星期六

1901 年 4 月 13 日

我亲爱的马洛小姐。

事与愿违啊……！我今晚刚得到排练的消息，十分令人生气。首先只有两次排练！这完全不够用。还有，弦乐的数量最多只够演《白衣夫人》的序曲。[①]

说真的，我可没有勇气去冒这个险，更重要的是我不希望把您也搅进去。

这就是为什么我放弃了《抒情散文》的演出，至少这次不演了，因为我希望我们今后能找到更靠谱的机会。[②]

最后我要感谢您的好意和付出，最令人难过的，莫过于我不能尽享这一福利了。

再次请您原谅，也请相信我的歉意。

永远是您忠实的，

克劳德·德彪西

Autogr.: US-AUS, Carlton Lake Collection. *Prov.*: Cat. Parke-Bernet (25 octobre 1960), n° 67; anc. coll. L.-P. Vallery-Radot. *Publ.*: Debussy 1993, p. 163. *Exp.*: Paris 19 42, p. 44, n° 157.

---

① 《白衣夫人》(*la Dame Blanche*)是弗朗索瓦–阿德里安·博阿蒂尤的喜歌剧，于 1825 年首演，是该歌剧形式最成功的作品之一——1862 年，该剧在喜歌剧院进行了第 1000 场演出，到 1914 年则已经演出了 1675 场。

② 关于《抒情散文》的配器，见书信 1896 – 35。

1901 –22

致卢锡安·加赫班

［1901 年 4 月 19 日］
星期五

亲爱的先生，

您能将我们星期六的预约改到下星期二吗？[①] 我临时要去一趟外省。[②]

期待与您的见面，祝好。

克劳德·德彪西

信封上有邮戳（19 AVR 01）和地址：
Monsieur L. Garban
15. avenue d'Antin.
Paris
8e arrdt –
Autogr.: non localisé*. *Prov.*: Hôtel Drouot, 8 avril 1992, n° 147; Hôtel Drouot, 23 avril 1993, n° 55; Cat. Charavay 809 (juin 1994), n° 44165; Cat. Maggs Bros 1275 (1999), n° 43.

---

① 关于卢锡安·加赫班（Lucien Garban, 1877—1959）改编的《节日》双钢琴版，见后一封书信。德彪西或许在这次会面中将一本《牧神午后前奏曲》送给了他。见附录Ⅴ。

② “外省”指巴黎大区以外的其他法国地区。——译者注。

1901－23

致莫里斯·拉威尔

[1901年4月19日]

亲爱的先生,①

您能将我们星期六的预约改到下星期二吗? ② 我这里有些匆忙,请原谅我征询意见的方式。

祝好。

克劳德·德彪西

信封上有邮戳(19 AVR 01)和地址:
Monsieur Maurice Ravel
40bis rue de Douai
Paris – 9e arrdt –
Autogr.: non localisé*. *Prov.*: Hôtel Drouot, 26 juin 2000, n° 13; anc. coll. Musée des Lettres et des Manuscrits.

---

① 当时的莫里斯·拉威尔(Maurice Ravel, 1875—1937)还是加布里埃尔·福雷在巴黎音乐学院的学生,正在准备参加第二次罗马奖。

② 德彪西请拉威尔将第三首《夜曲》——《海妖》改编成双钢琴版本,另外两首《云》和《节日》则分别由劳尔·巴赫达克(Raoul Bardac, 1881—1950)和卢锡安·加赫班负责。然而最终是由拉威尔在1908年出版了整套《夜曲》的改编版。1901年4月8日。拉威尔给弗洛朗·施密特写信时提到自己正在改编"德彪西令人赞叹的《夜曲》"。他还补充道:"由于我在改编这项工作上展露了一些才能,独立改编第三首《海妖》的任务就落到了我的头上,虽然这首还没被演过,但它可能也是最完美、最棘手的一首了。"见 Maurice Ravel, *Lettres, écrits, entretiens,* éd. Arbie Orenstein, Paris, Flammarion, 1989, p. 64。德彪西或许就是在这次合作时将一本《夜曲》送给了他。见附录V。

1901 – 24

致尤金·伏霍蒙

星期日

1901 年 4 月 28 日

我的老伏霍蒙。

坏消息……

我以为我没有借据了，然而该死，我这个月还有一张，请再拉我一把，我保证这是最后一次了。

请尽快刻印那几首钢琴曲，[①] 然后您就能拿回这笔钱了……

您亲切的，

克劳德·德彪西

Autogr.: F-LY, coll. D. Jobert-Georges.

① 指《为钢琴而作》，见书信 1901 – 18 和书信 1901 – 52。

1901 – 25

致菲利克斯·费内昂

[1901 年 4 月底][1]
星期一晚上

亲爱的费内昂先生,

您愿意继续帮我校对以下作品吗?

第一页:请把“autant de dons nécessaires”中的“autant de”去掉。[2]

第三页:请把“Ça ne l'empêche pas de chanter un quart d heure plus tard, la Romance de l'Étoile… Triste”中的“Triste”改成“Ce Wolfram est incorrigible”。[3]

谨致友好。

克劳德·德彪西

Autogr.: CH-B, coll. part.

---

① 该日期的推断依据为德彪西在信中要求修改他为 1901 年 5 月 1 日的《白色杂志》所写的文章。

② 该句在最终版本的原文中为:“伊萨伊[……]的表现手法自由,音色拥有毫无矫饰的美,这些都是演奏这类音乐所必需的。”(见克劳德·德彪西:《德彪西论音乐——反“音乐行家”的人》,郝端端译,人民音乐出版社,2018,第 14 页——译者注)。

③ 该句在最终版本的原文中为:“这并不妨碍后者 15 分钟后演唱《星之浪漫曲》……这个沃尔夫拉姆真是无可救药。”(见克劳德·德彪西:《德彪西论音乐——反“音乐行家”的人》,郝端端译,人民音乐出版社,2018,第 17 页——译者注)。沃尔夫拉姆·冯·艾森巴赫是理查德·瓦格纳的歌剧《唐豪瑟》中的骑士诗人,也是唐豪瑟的朋友。

1901 – 26

致菲利克斯·费内昂

[1901 年 4 月(?)]

亲爱的费内昂先生。

您能好心在给我寄稿费的时候,顺便带上一两期杂志吗?

您的,

克劳德·德彪西

Autogr.: US-AUS, Carlton Lake Collection.

1901 – 27

阿勒拜赫·卡雷致德彪西

巴黎,[①] 1901 年 5 月 3 日

我接受将于1901年在喜歌剧院,[②]演奏克劳德·德彪西先生的《佩雷亚斯与梅利桑德》。[③]

阿勒拜赫·卡雷

信纸带有以下抬头:
Théatre national
de
l'Opéra Comique
CABINET
DU
Directeur

Autogr.: F-Pn, Mus., L.a. Carré (A.) 50. *Prov.*: D. de Tinan. *Fac-sim.*: Barraqué, p. 114. *Exp.*: Paris 1962, p. 43, n° 134; Lisbonne 1962, p. 44, n° 123.

---

① 此地点被印刷于信纸之上。

② 阿勒拜赫·卡雷和安德烈·梅沙杰关于上演《佩雷亚斯与梅利桑德》的首次会晤要追溯到 1898 年 5 月。见书信 1898 – 18。

③ 笔误,阿勒拜赫·卡雷将"Pelléas"写成了"Péleas"。

1901 – 28

致皮埃尔·路易斯

［1901 年 5 月 5 日］

看在你……还是我的老皮埃尔的份上！我不想让你从外人口中得知：我收到了 A. 卡雷先生的亲笔允诺，他将在下个乐季上演《佩雷亚斯与梅利桑德》。不过，这一切都不是你不屑于告诉我你回来的理由吧？①

你的，

克劳德·德彪西

信封上有邮戳（5 MAI 01）和地址：
Monsieur Pierre Louÿs
147. B[ard] Malesherbes.
à Paris
17[e] arrdt
Autogr.: F-Pn, Mus., N.L.a. 44 (80). *Prov.*: anc. coll. A. Godoy; Hôtel Drouot, 5 février 1999, n° 186. *Publ.*: Debussy-Louÿs 1931[1], p. 147; Debussy-Louÿs 1942[b], p. 160; Debussy-Louÿs 1945, p. 160; Debussy 1980 , p. 113; Debussy 1993, p. 167. *Fac-sim.*: Debussy-Louÿs 1942[b], entre les p. 144-145.

---

① 皮埃尔·路易斯和他的夫人于 2 月 16 日前往埃及住到 3 月底，归来途中又在意大利逗留，直至 4 月 16 日才返回巴黎。

1901 – 29

皮埃尔·路易斯致德彪西

[1901年5月6日][①]

老克劳德:

谢谢你立刻就给我送来一个天大的好消息。祝贺你,也祝贺那些人,他们终于决定给我们带来好的音乐了。你可以放心,《佩雷亚斯》上演的那个冬天我肯定不会跑到印度去的。

你说我没告诉你我回来。其实我也不算回来,因为昨天你的信送来时,我还在市郊马恩河的沙垅,正忙着"偷坟掘墓"呢。人啊,也就这点乐趣了。你知道我跟谁在一起吗?[②]塔皮耶,塔皮耶"本尊"。[③]我敢打赌,如果让你猜我昨天下午三点在做什么,你绝对不会想到会是这样。你看你是多么不了解我。

不久后见,如果你不嫌我阴气太重。

P.

Autogr.: F-Pn, Mus., N.L.a. 45 (53). *Prov.*: anc. coll. A. Godoy; Hôtel Drouot, 5 février 1999, n° 187. *Publ.*: Debussy-Louÿs 1931[c], p. 42 (non datée); Debussy-Louÿs 1943[e], p. 25-26 (non datée); Debussy-Louÿs 1945, p. 160-161. *Fac-sim.*: Debussy-Louÿs 1943[c], entre les p. 112-113.

---

① 该日期根据皮埃尔·路易斯在信中给出的细节而定。

② 从埃及回来后,路易斯开始热衷于考古学。见 Goujon 2002, p. 505-506。

③ 塔皮耶应该是一位老考古学家,路易斯于1901年5月4日给其兄长写信时也提到了此人,说自己"星期日将和几个老头儿去沙垅偷坟掘墓"。昂利·博儒认为此人名叫加布里埃尔·塔皮耶·德·塞雷行(Gabriel Tapié de Céleyran, 1869—1930),他于1899年发表过一篇医学论文。

1901－30

致安德烈·吉德

［1901 年 5 月 6 日］[①]

亲爱的吉德先生。

我很懊恼地发现，我的星期四晚上已经有安排了，而且还不能更改……[②]

因此，我将这两张宝贵的门票寄还给您……并且斗胆请您安排我看一下走台！

友好地。

克劳德·德彪西

星期一

卡迪内路 58 号

Autogr.: F-P, Bibliothèque littéraire Jacques Doucet, g 460.2. *Publ.*: Patrick Pollard, « André Gide: a musical chronicle », *Adam*, n° 468-480 (1986), p. 61-62.

---

① 该日期的推断根据为信中提到的吉德的作品首演。

② 著作剧院于 1901 年 5 月 9 日星期四在新剧院的舞台上首演了吉德的《坎道勒王》（*Le Roi Candaule*），该作品于 1901 年 3 月由《白色杂志》的出版社出版，但并未获得成功，反而被严厉批评。

1901 – 31

保罗·德·舒登斯致德彪西

[1901年5月13日][1]

我亲爱的朋友:

您愿意让我来出版您在喜歌剧院的新作吗?[2]

跟我说说您的条件吧?

我看好您很久了……

一千份友谊。

P. 舒登斯

巴黎,1901年5月13日

信纸带有以下抬头:

Choudens

• ÉDITEUR DE MUSIQUE •

30, Boulevard des Capucines

• PARIS •

ADRESSE TÉLÉGRAPHIQUE

CHOUDENS ÉDITEUR PARIS

• TÉLÉPHONE •

N° 244.43

Autogr.: F-Pn, Mus., L.a. Choudens 5. *Prov.*: D. de Tinan.

---

① 该日期在原信中位于末尾处。

② 保罗·德·舒登斯通过报纸得知了喜歌剧院即将上演《佩雷亚斯》。19世纪90年代,他曾出版了多首德彪西的钢琴作品。他于1902年4月30日出席了《佩雷亚斯与梅利桑德》的首演。昂利·布瑟曾证实:"幕间休息时,我去出版商保罗·德·舒登斯楼下的包厢见了他,他与同一包厢的作曲家持不同态度,宇、勒胡、保罗·伊马赫(Paul Hillemacher, 1852—1933)都不喜欢德彪西的这部作品。舒登斯却非常欣赏它的价值,并且表示很遗憾没能将其出版。他还补充道:'如果由我来出版,《佩雷亚斯》能在全球巡演,就像《浮士德》和《卡门》一样。'"见Busser, p. 114。德彪西一直自己持有《佩雷亚斯与梅利桑德》的版权,直到1905年3月,才因离婚所产生的费用被迫将其出售给杜朗出版社。

1901－32

莫里斯·梅特林克致德彪西

［1901年］5月30日

亲爱的德·彪西先生。

我在巴黎住到6月6日。您每天下午五点以后都能来我家找我。但如果其他时间更合您意，也请告诉我，我提前为您预留好。总之，从明天起我就开始等您的到来。我将很高兴见到您，与您握手并且聊一聊我们的《佩雷亚斯》。①

您忠实的，

M. 梅特林克

赫伊努瓦路67号②

信封上有邮戳(30 MAI 01)和地址:
Mr Claude De Bussy
58 rue Cardinet.
EV.
Autogr.: CH-LA, coll. P. Honneger. *Prov.*: E. Debussy; Hôtel Drouot, 1er décembre 1933, n° 213; anc. coll. A. Honneger. *Exp.*: Paris 19 42, p. 56, n° 247.

---

① 在这次会面中，莫里斯·梅特林克向德彪西提出让自己的女伴乔洁特·勒布朗(Georgette Leblanc, 1869—1941)担任梅利桑德一角。勒布朗在1898年12月8日《卡门》首演时表现过激且嗓音有缺陷，从而引发巨大争论，阿勒拜赫·卡雷称其为不受欢迎的人。见Carré, p. 240。卡雷和德彪西都不愿意让勒布朗出演梅利桑德。据沃姆·德·罗密伊夫人透露，德彪西认为此人"不仅唱不准，发音也不准"。见François Lesure, « Debussy professeur par une de ses élèves », *Debussy, Textes*, Paris, Radio France, Van Dieren, 1999, p. 17。

② 乔洁特·勒布朗自4月起定居于赫伊努瓦路。

1901 – 33

致卢锡安·加赫班

[1901年5月至6月之间(?)][①]
星期六

亲爱的朋友,

德彪西夫人将在维勒纳夫·圣·乔治吃晚饭,我会去那里找她,为此我需要在里昂火车站乘四点的车……所以请原谅我不能等您,如果您明天路过我家门口,请尽管来找我。

祝好。

克劳德·德彪西

信封上未贴邮票,也没有地址,只写了:
Monsieur Lucien Garban.
Autogr.: non localisé*. *Prov.*: Hôtel Drouot, 8 avril 1992, n° 149.

---

① 根据德彪西的签名来看,此信不可能是1901年7月底之后写的。该日期的推断依据是这个时间段的卢锡安·加赫班正在改编《节日》。见书信1901 – 22。

1901 – 34

致皮埃尔·路易斯

［1901 年 6 月 9 日至 15 日之间］[①]

我们都见不到面了……这很遗憾，至少对我来说是这样。不过，你还是可以给我寄一本《保索勒王》的。[②] 首先，我特别喜欢这个人物……其次，我们俩还能一起聊一聊那个昔日的皮埃尔·路易斯……（是的，先生）

你的，

克劳德·德彪西

Autogr.: US-NYpm, MLT D289.L894 (3). *Prov.*: Cat. Stargardt 592 (9 juin 1970), n° 42; anc. coll. M. G. Cobb.

---

① 该日期的推断依据为：《保索勒王》的出版时间是 1901 年 6 月 9 日至 15 日之间。

②《保索勒王》的改进版刚刚由法斯凯勒出版社出版。

1901 – 35

皮埃尔·路易斯致德彪西

[1901年6月15日前后]

克劳德,

我的朋友,你星期三或星期四就会收到一本精美的《保索勒王》,封面是白色的和纸,白边宽到就像这样:______________________

之前印的都是简装版,精装的要晚一点,我这是为了给你更好的才让你久等,希望你不要生气。

几乎同一时间,我还会给你寄第二本书,这本更小一些,是我在开罗写的,由博莱勒出版。[①] 到这周末吧,我希望就能摆脱出版商们的纠缠,从而重新回到朋友们当中。

你的,

P. L.

Autogr.: F-Pn, Mus., N.L.a. 45 (54). *Prov.*: anc. coll. A. Godoy; Hôtel Drouot, 5 février 1999, n° 187. *Publ.*: Debussy-Louÿs 1931c, p. 41 (non datée); Debussy-Louÿs 1943e, p. 28 (non datée); Debussy-Louÿs 1945, p. 161-162.

---

① 指《紫衣人》(*L'Homme de Pourpre*),这则故事首先发表于1901年6月底的《日报》上,随后由L. 博莱勒(L. Borel)出版社出版。

1901－36

致莫里斯·拉威尔

［1901年6月17日］

亲爱的朋友，

欢迎回来！我希望您很满意。[①]

真挚地。

克劳德·德彪西

星期一晚上

信封上有邮戳（18 JUIN 01）和地址：
Monsieur M. Ravel
40bis rue de Douai.
EV.
(9eme)

Autogr.: non localisé*. *Prov.*: Hôtel Drouot, 26 juin 2000, n° 16; anc. coll. Musée des Lettres et des Manuscrits; Hôtel Drouot, 20 novembre 2020, no 1279.

---

① 莫里斯·拉威尔当天早上刚回到巴黎。由于参加罗马奖，他自5月18日起被封闭于康比涅，并且创作了康塔塔《米拉》（*Myrrha*），出自费尔南·贝西耶（Fernand Beissier, 1856—1936）的剧目。这是拉威尔的第二次尝试，最终获得了第二名，与加布里埃尔·杜鹏（Gabriel Dupont, 1878—1914）并列，但后者自认为排在第二名第一位。第一名则是颁发给了安德烈·卡普莱（André Caplet, 1878—1925）。评委会提到了拉威尔的康塔塔“旋律富有魅力，戏剧性情感真诚”。

1901－37

致皮埃尔·路易斯

[1901年6月19日前后][1]

你知道我有多高兴收到《保索勒王》……只是,我想用更抒情的方式向你表达!《四部曲》可不是一天写成的。

你的,

C

Autogr.: NL-DHk, 135 F 13. *Prov.*: Château d'Écrouves, 30 juin 1934, n° 46; Cat. Librairie P. Berès 17 (1937), n° 271. *Publ.*: Debussy-Louÿs 1945, p. 162.

---

① 该日期的推断依据为:精装版的《保索勒王》于6月19日左右开始发售。

1901 – 38

致皮埃尔·路易斯[①]

星期日晚上,1901 年 6 月 23 日

我亲爱的皮埃尔,

关于安德烈·吉德[②]……(路德众赞歌)(肖邦玛祖卡 Op. 3.745)[③](然后再来一遍路德众赞歌),我那天在 J. C. 马赫德鲁那里见到他了……[④](J. C. 马赫德鲁轻拍腹部)(L. 马赫德鲁则显得心不在焉)[⑤](一切都在威严的声音中进行)安德烈和吉德夫人万岁,他没有死……! 但他要开始研究繁缕了(来自天体的声音)。晚安。

Ⓒ

---

① 该书信是以乐谱的形式寄出的(见第 990 页),此处则是将文字部分单独誊写下来。

② 德彪西打趣地用音乐的形式描述安德烈·吉德:路德众赞歌是因为吉德是新教徒,肖邦则是因为吉德的音乐品位。该众赞歌的旋律出自《坚固的堡垒》(*Ein'feste Burg*),德彪西在 1915 年还将其用在了《白与黑》(*En blanc et noir*)的第二乐章(见 1915 年 7 月 22 日的书信,见中卷的翻译)。1928 年 12 月 9 日,保罗·普儒在给雷昂·瓦拉斯写信的时候提到了这一音乐游戏:"亲爱的先生,我在这个有趣的音乐谜语中看到的和您一样。我不想用猜测来误导您。我只是看到德彪西根本不喜欢吉德。我还记得 1893 年的时候,他在巴伊的书店跟我说过:'普儒,我们将永远因为对吉德的反感而团结在一起。'那个迷人的路易斯,他更偏文学一些,所以会喜欢吉德,但没持续多久。德彪西尤其受不了吉德那种'咬牙切齿的发音'……唉,只可惜后来我们分道扬镳了!"文献编号:F-LYm, Fonds Léon Vallas 228, n° 11。

③ 此为德彪西幽默的体现。——译者注。

④ 关于马赫德鲁,见书信 1898 – 79。

⑤ L. 马赫德鲁指露西·德拉儒(Lucie Delarue, 1880—1945),她于 1900 年嫁给了《一千零一夜》的译者约瑟夫–沙赫勒·马赫德鲁。露西也是一位文学家,她致力于音乐并开设沙龙。

Autogr.: A-Wn, Musiksammlung, Mus.Hs.34.584. *Prov.*: anc. coll. S. Guitry; Hôtel Drouot, 21 novembre 1974, n° 27 (avec fac-sim. des trois premières portées); Cat. H. Schneider 192 (1975), n° 139. *Publ.*: Debussy-Louÿs 1945, p. 162. *Fac-sim.*: Vallas 1932, p. 159; Lockspeiser 1978, I, entre les p. 192-193.

1901 – 39

皮埃尔·路易斯致德彪西[①]

［1901年6月24日前后］

荣耀的，　　G. 夏庞蒂埃　Op. 4447[②]

一百张嘴。[③]

（女高音）

我们在上星期四的《黎明》上读到…… "没什么能比《保索勒王历险记》更令人开心、更令人享受的了，皮埃尔·路易斯那引人入胜的小说今天由法斯凯勒出版社出版，共一卷，就在夏庞蒂埃的书架上，就是使用这样纯粹的文笔……"[④]

Autogr.: US-NHub, Yale University. *Prov.*: anc. coll. G. Van Parys; Drouot Rive Gauche, 7-8 mars 1979, n° 489. *Publ.*: Debussy-Louÿs 1945, p. 163.

---

① 该书信是以乐谱的形式寄出的（见第992页），此处则是将文字部分单独誊写下来。

② 此处体现了路易斯的幽默。

③ 荣耀或名望在神话中是一个拥有一百张嘴的神。

④ 这篇名为《保索勒王》的文章刊登于1901年6月20日，结尾如下："……和大获成功的《阿芙洛狄忒》一样，这本书是所有度假旅行者的理想伴侣，它将提供取之不尽的话题和用之不竭的消遣。"

LES CENT BOUCHES
DE LA GLOIRE.
G. Charpentier. Op.
(soprani)
on lit dans "l'Auro - re' de
« Rien de plus gai et en même
temps rien de plus volupte - eux que les Aven - tures du Roi
so - le
Ped.
espress.
cresc.
Ped.
cresc.

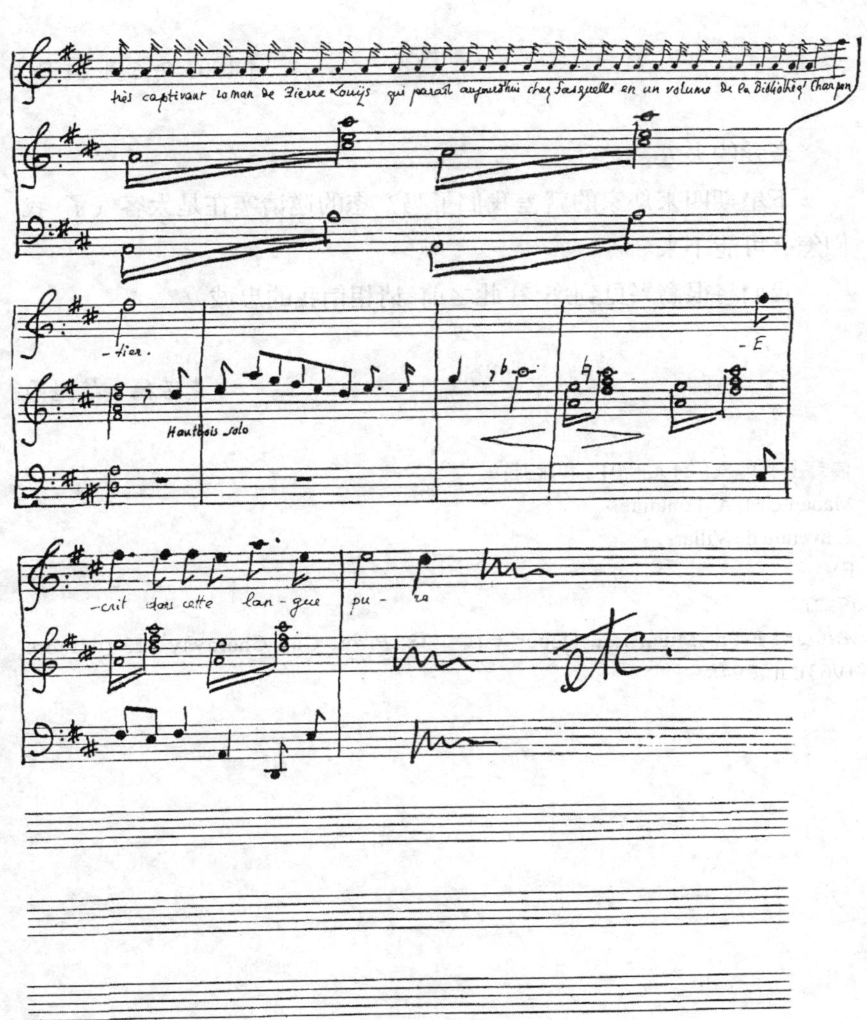
très captivant roman de Pierre Louÿs qui paraît aujourd'hui chez Fasquelle en un volume de la Bibliothq' Charpen
-tier.
-E
Hautbois solo
-crit dans cette lan-gue pu-re
etc.

1901 – 40

致玛丽·枫丹

[1901年6月24日]

亲爱的夫人,

下星期四来您家的就差我们了吗?您的邀请实在是太客气了,我们怎么可能不来。

我们将很高兴见到您,在此之前,请相信我的忠诚。

克劳德·德彪西

信封上有邮戳(24 JUIN 01)和地址:
Madame M. A. Fontaine.
2. avenue de Villars.
EV.
(7eme)
Autogr.: F-Pn, Mus., L.a. Debussy (C.) 38. *Prov.*: Cat. Charavay 713 (octobre 1963), n° 29483.

1901 – 41

致莫里斯·拉威尔

［1901 年 7 月 8 日］

亲爱的朋友，

地址如下：

Ch. 波德 ①

斯坦尼斯拉路 15 号

有点距离的……而且要过桥……！

您的，

克劳德·德彪西

信封上有邮戳（8 JUIL 01）和地址：
Monsieur M. Ravel
40bis rue de Douai.
EV.
(9e)
Autogr.: non localisé*. *Prov.*: Hôtel Drouot, 26 juin 2000, n° 16.

---

① 关于波德，见书信 1893 – 29。莫里斯·拉威尔可能是在一次聚会后询问了这一地址，聚会时间为 1901 年 6 月 22 日，由亚历山大·吉芒（Alexandre Guilmant, 1837—1911）主持，其目的是组建一个音乐协会。里卡多·维涅斯曾在自己的日记中如此记载。见 Nina Gubisch, « Journal inédit de Ricardo Viñes », R. I. M. F., n° 2 (1980), p. 198。

1901 – 42

致保罗–让·图雷与莫里斯·库赫农斯基

[1901 年 7 月 12 日]

亲爱的“两位”,

别忘记星期六七点半……!

由于琐事缠身,我最近都无法在晚上来韦伯。[①] 唉……心烦。星期日跟你们分别之后,我回到家,德彪西夫人就没有给我好脸色,她无法理解谈论莫扎特这样一个过世的天才有什么意思,毕竟人死不能复生。好在她的气已经消了,以后不再跟她提及此事即可。

对两位坚定的友谊。

克劳德·德彪西

---

① 关于韦伯咖啡馆,见书信 1893 – 62。

八分音符先生收到了图雷先生的题献,[①] 他很感动。[②]

信封上有邮戳(12 JUIL 01)和地址:
Mrs J. P. Toulet.
M. S. Curnonsky.
7. rue de Villersexel
EV. 7eme
Autogr.: F-PAU, Ms. 216 (2). *Prov.*: anc. coll. A. de La Blanchetai. *Publ.*: Debussy-Toulet 1971, p. 126 (datée 1901).

---

① 德彪西自 1901 年 4 月 1 日起在《白色杂志》担任音乐评论。7 月 1 日,德彪西发表了一篇文章,题目是《与八分音符先生的访谈》(« L'Entretien avec M. Croche »)。这是该人物的首次出现,其创作灵感来自保罗·瓦莱里于 1896 年 12 月在《半人马》(*Centaure*)第二期上发表的《与泰思特先生的夜晚》(*La Soirée avec M. Teste*)。《半人马》是皮埃尔·路易斯创办的杂志,他自己拥有一份精装版的样本(编号 1),上面由让·德·提南代笔签了他(路易斯)的名字。德彪西的文章引起了瓦莱里的注意,他于 1901 年 7 月左右给皮埃尔·路易斯写信时说道:"能够看到自己的作品以音乐评论的形式再次出现,这对我而言是一种安慰。说实话,我从未想到会是这样。我不知道你是否已经读过《与八分音符先生的访谈》,但 C. A. D.[克劳德·阿西伊·德彪西]肯定读过《与泰思特先生的夜晚》。上次达·芬奇被运用在音乐领域的事就让我感到非常有趣(当然达·芬奇是万能的)。我很遗憾没能写出更多的文章让这个'转行练习'持续更久。这真是太神奇了,而且从内心里感到受宠若惊,不是吗?"(全文见克劳德·德彪西:《德彪西论音乐——反"音乐行家"的人》,郝端端译,人民音乐出版社,2018,第 2-3 页——译者注)。路易斯的回复则表现出他与德彪西的关系逐渐疏远了:"你所抱怨的剽窃让我一样很惊讶。我无法向你解释,其实连我自己也无法理解。今年,这种情况对我的影响没有之前那么强烈了,可能已经有人告诉你了,其实我自己在两部新小说中也有不少简短的抄袭(120 处或者 160 处?),其中一本已经问世,甚至已经再版了,另一本还在准备出版中。这件事督促了你要在小尺寸封面上提前署名,我觉得也是时候这样做了,因为我比泰思特先生更爱你。"

② 指保罗 – 让·图雷所翻译的亚瑟·梅琴(Arthur Machen, 1863—1947)的《大潘神》(*Le Grand Dieu Pan*),刚刚于 7 月初问世,最初于 1901 年 4 月 1 日至 15 日在《羽笔》(*La Plume*)上连载。皮埃尔 – 奥利维耶·瓦尔策(Pierre-Olivier Walzer, 1915—2000)曾记录:"图雷在这部有趣的小说中烙上了自己才能的印记;图雷的翻译比原著还要精致、珍贵。"见 Pierre-Olivier Walzer, *Paul-Jean Toulet*, Paris, Aux portes de France, 1949, p. 47。

1901 – 43

致雷蒙·博纳赫

星期日
1901 年 7 月 28 日

亲爱的朋友,

你似乎很会饥饿营销自己的书信啊……我自然不会怪你,我只会给你带来快乐、收获知音而感到高兴。当然,这事也不新鲜了,但这依然给我一种坚定不移的感觉。

收到你来信的时候,我正在养病,虽然没有大碍,但它却剥夺了我给你回信的心情。请原谅,也请你将我们去马尼的旅行推迟几天![1]

我们最近要去勃艮第一个月,[2]我更希望等我们回来时能见到你,可以吗?我走之前还有很多愚蠢的事情要忙,肯定不在最佳状态……我欠马尼太多时间了,我不能不把自己最清醒的时光留给它!

所以,我们九月份见,满怀深情地。

克劳德·德彪西

我夫人向你问好。

信封上有邮戳(29 JUIL 01)和地址:
Monsieur Raymond Bonheur.
a Magny-les-Hameaux.
par Chevreuse.
(S et O)
Autogr.: US-AUS, Carlton Lake Collection. *Prov.*: Cat. B. Loliée 7 (1962), n° 14.

---

① 雷蒙·博纳赫住在马尼–莱–阿莫。
② 指碧山,德彪西岳父岳母的住处。

1901 – 44

致昂利·德·雷尼耶

星期六

1901 年 8 月 3 日

我亲爱的朋友，

虽然我的答谢信来得太迟，但是请您不要以为我忘记了，或是变得冷漠了……更何况，您知道您的书永远代表着我最欢乐的时光！① 我还要再次感谢您对我喜爱的人评价如此之高，是您让我更欣赏他了。那个可怜的提南，您对他的回忆是如此细致入微。②

我这个无法解释的迟到还是有原因的，您知道《佩雷亚斯与梅利桑德》让我十分烦恼，他们会把我的屋子洗劫一空，我感到他们的前景异常混沌！

您可以怪我，您忠实的朋友，

克劳德·德彪西

Autogr.: F-Pi, Ms. 6286 (262-263).

---

① 指《人物与个性》(*Figures et caractères*)，该书于 1901 年 4 月 23 日由法兰西信使出版。

② 在这本合集中，昂利·德·雷尼耶在第 193-199 页为让·德·提南书写了一整章，题目为"一个年轻人"，该文开头如下："让·德·提南是位真正的年轻人，他的早逝使他没能为文学界展现出他那早熟的才华。然而，虽然说他没有成为那个他本该成为的人物，但他为自己的朋友们留下了一幅草图，生动精确地描绘出他希望成为的样子。"

1901 – 45

致皮埃尔·路易斯

星期六

1901 年 8 月[3 日]

亲爱的皮埃尔,

我给你一些音乐,这期间会有更好的……[①]其中就包括《保索勒王的旅行》。[②]我觉得这个标题就不需要我再多言了吧。我们星期一出发去勃艮第,大概住一个多月,但这不妨碍《紫衣人》成为一部完美的佳作……[③]

我依然是你的朋友,

克劳德·德彪西

信封上未贴邮票,地址:
Monsieur Pierre Louÿs
147, boulevard Malesherbes
Autogr.: non localisé. *Prov.*: Cat. Janvier et Arna (1938), n° 44 (datée 2 août 1901).
Publ.: Debussy-Louÿs 1945, p. 163-164.

---

① 指《三首歌曲——为声乐与钢琴而作,保罗·魏尔伦作诗》(*Trois Mélodies pour une voix avec accompagnement de piano, poésies de Paul Verlaine*),该作品于 1901 年由阿麦勒出版社出版。见书信 1891 – 8。

② 德彪西本计划根据《保索勒王历险记》创作一部作品。

③《紫衣人》刚刚由博莱勒出版社出版,并且于 6 月底在《日报》上刊登。这部小说的情节发生在希腊的菲利普·德·马其顿时代,皮埃尔·路易斯讲述了画家帕拉西奥斯的故事,他买了一个奴隶作为"被束缚的普罗米修斯"的模型,为了一个更加真实的状态,还将其百般折磨。在复仇欲望的驱使下,人们来到帕拉西奥斯家,在他的杰作面前制止了他的行为。

1901 – 46

皮埃尔·路易斯致德彪西

[1901年8月4日][①]

《保索勒王的旅行》,我看这很适合你的音乐,甚至……比我的文笔更适合。不过你是认真的吗？如果有一天能在夏特莱剧院听到它,我会很高兴的。还有我那些左岸的小伙伴们,是他们将保索勒送到了同一座剧院,如果他们发现我们给的预约是下午而不是晚上,一定会有怨言的。

你的歌曲,我似乎以前就听过。[②] 还是说我恍惚了？

总之,我一直都没有它们的乐谱。"谢谢德彪西,谢谢！"它们的每个八分音符都透着魏尔伦的风格。

你知道我去卡迪内路,去了87次都没找到你。今晚五点我会最后再试一次。如果你还不在,我就在你的楼梯上自杀。

你的,

P. L.

通信卡,抬头有:
147, BOULEVARD MALESHERBES
信封上未贴邮票,也没有地址,只写了:
à porter
Monsieur Claude Debussy
Autogr.: F-Pn, Mus., N.L.a. 45 (55). *Prov.*: anc. coll. A. Godoy; Hôtel Drouot, 5 février 1999, n° 187. *Publ.*: Debussy-Louÿs 1931a, p. 244-245 (non datée); Debussy-Louÿs 1943c, p. 134 (non datée); Debussy-Louÿs 1945, p. 164. *Fac-sim.*: Debussy-Louÿs 1942a, entre les p. 32-33.

---

① 该日期根据前一封书信所推断。

② 见前一封书信。这《三首歌曲》的确是在1891年12月就完成了。另见书信1891 – 8。

1901－47

皮埃尔·路易斯致德彪西

[1901年8月4日][①]

著名的“感谢” 皮埃尔·路易斯作诗、作曲
G大调

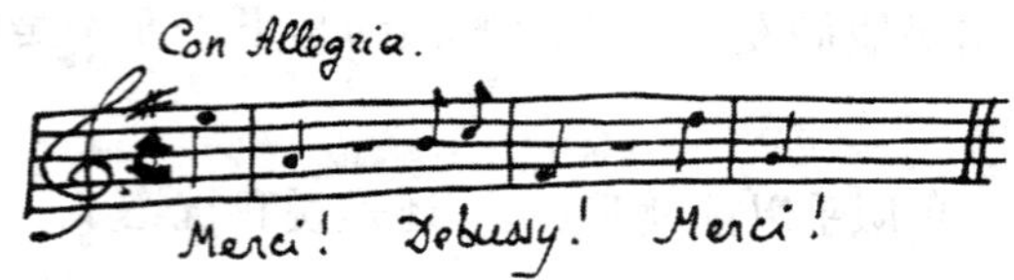

通信卡,抬头有:
147, BOULEVARD MALESHERBES
信封上未贴邮票,也没有地址,只写了:
Monsieur Claude Debussy
Autogr.: F-Pn, Mus., N.L.a. 45 (56). *Prov.*: anc. coll. A. Godoy; Hôtel Drouot, 5 février 1999, n° 187. *Publ.*: Debussy-Louÿs 1931[c], p. 43 (non datée); Debussy-Louÿs 1943[c], p. 134 (non datée); Debussy-Louÿs 1945, p. 165. *Fac-sim.*: Debussy-Louÿs 1942[a], entre les p. 32-33.

① 见前一封书信。

1901 – 48

致保罗－让·图雷

［1901 年 8 月 4 日］[①]

亲爱的朋友，

我想在临行前夜告诉您，您的友谊对我来说是日复一日地更加珍贵……或许您觉得没什么意义，但我现在对这种感觉坚定不移。

虽说这能算“伤感”，但我确定整个八月，我都会感到失去了什么。而这次，失去的那个人名叫 P.-J. 图雷。这草草的几行字是为了再次感谢您给我寄来的书，因为我想在感谢您的时候不提 A. 梅琴先生的名字，[②] 虽然他也很有才。

再见，亲爱的朋友，请相信我的友谊。

克劳德·德彪西

信封上有邮戳和地址：[③]
Monsieur P. J. Toulet
7, rue de Villersexel
Paris.
Autogr.: non localisé. *Publ.*: Debussy-Toulet 1929, p. 7-8; Toulet 1986, p. 1223.

---

① 昂利·马蒂诺（Henri Martineau, 1882—1958）根据邮戳将此信日期标记为 1901 年 8 月 5 日。德彪西自己在信中也表示他是在出发前夜书写的。

② 关于亚瑟·梅琴的《大潘神》，见书信 1901 – 42。亚瑟·梅琴被图雷称为：“留着长发、身穿天鹅绒夹克的艺术苦行者，吃得很少，喝得很多，并且还在接触神秘学。”见 Toulet 1986, p. 1052。受埃德加·爱伦·坡的影响，亚瑟·梅琴写下了这部堕落邪恶的短篇小说。

③ 信息来源：Debussy-Toulet 1929。

1901－49

致卢锡安·加赫班

星期日晚上
1901年8月4日

我亲爱的朋友，

您的来信虽长但不乏趣味，收到您的消息真好……我非常高兴。

我没有忘记自己的承诺，但我还在等即将出版的钢琴曲，我想将它们和歌曲一起寄给您，所以您不会白等的！[①]（至少从数量上来看……）

我明天去勃艮第，这肯定没有圣－莫里茨那么浪漫，但也没有那么远！（我不知道自己说清楚了没有？）

拉威尔本该立即获奖的，[②]这至少可以让他彻底摆脱这个破奖，而且就算赢了也就只能让人高兴一天！……因为说到底，这奖也只不过是（法兰西）学会将一条成色一般的金项链挂在了您脖子上。

我认为学习对位，如果跑到有"庞克"这样可恶的名字出现的地方，[③]那就只能是因为时间太多闲的！[④]只要多去几次，就能获得那种特殊的麻木感，让夜晚变得平静，再也不会做噩梦了……！

---

① 这两本乐谱(《为钢琴而作》与《三首歌曲》)的确被送给了卢锡安·加赫班。见附录V。1901年7月26日，莫里斯·拉威尔在给加赫班写信时回复了后者关于德彪西的问题："德彪西的地址应该是卡迪内路48（错误）号，但我不是很确定。如果您不放心，也可以把书信给我，我来转交。他的歌曲已经出版了。我听过两首，虽然是老作品，但还是很棒的。如果您给他写信，请尽快，因为他应该会在月底离开。"见 Maurice Ravel, *Lettres, écrits, entretiens*, édition d'Arbie Orenstein, Paris, Flammarion, 1989, p. 66。德彪西其实住在卡迪内路58号。

② 关于罗马奖的结果，见书信1901－36。

③ 荷尔斯泰因地区的小城，离波罗的海不远。

④ 加赫班当时是一位德国贵族的秘书。

如果您9月来巴黎，那届时我可能就回来了，我一般出行不会超过一个月。

因此，也许我们很快会见面，您最亲切的，

克劳德·德彪西

德彪西夫人向您问好。

信封上有邮戳（5 AOUT 01）和地址：
Allemagne.
Monsieur Lucien Garban. *à Panker.*
Ost-Holstein
Autogr.: non localisé*. *Prov.*: Hôtel Drouot, 8 avril 1992, n° 148; anc. col. A. Orenstein; Hôtel Drouot, 1er-2 avril 2004, n° 32 (avec fac-sim. partiel). *Publ.*: Debussy 1993, p. 163-164.

1901 – 50

致一位朋友

［1901年8月初（？）］

我亲爱的朋友，

施莱辛格先生的提议很令人高兴，但不现实。[①]《佩雷亚斯》的乐队规模庞大（至少弦乐部分是这样的），而且我认为无法缩减。还有，我觉得在首演前先挑些片段出来演，这种做法没有什么好处，而且也从来没人这么做过吧？此外，没有什么事情比剪切所谓的总谱更困难了。

---

① 应该是指雷昂·施莱辛格（Léon Schlesinger），一位沙龙音乐和轻歌剧作曲家。他是一支业余交响乐队的指挥，该乐队自1889年起每星期五上演各种新老作品。

虽然我很想向施莱辛格先生示好,但我们需要用别的方式,届时我一定听候调遣。

我亲切地记忆。

克劳德·德彪西

Autogr.: non localisé. *Prov.*: Cat. L. Lapiccirella 2 (1957), n° 66 (avec fac-sim. partiel); Cat. The Collector lxxxi (1958), n° 393.

1901 – 51

致日耳曼·泰克西耶

碧山城堡
1901 年 8 月 10 日

亲爱的岳父。

我要寄给您的钱和票都找到了……!

请别忘记星期一回来,献上我们的一千个亲吻。

克劳德·德彪西

Autogr.: F-P, coll. part.

1901 – 52

致尤金·伏霍蒙

［碧山］
星期三
1901 年 8 月 28 日

我亲爱的朋友，

很抱歉今天才向您发出“回执”，确认收到了钢琴曲……[①] 然而！……时光飞逝，我现在工作的方式让我对乡间生活完全无法忍受！

关于《为钢琴而作》，这个标题只能说差强人意，但那些三叶花边太大了，当时金属板上呈现出的字母样式也比现在更典雅一些，印刷效果太淡了，以至于我们会认为杜普雷在他的墨里掺了水。[②] 除了上述问题，其他都可以。

还有，在您收到我的来信后，请立刻给隆吉先生寄一本《夜曲》过去。[③]*

地址如下：

G. 隆吉，德卢卡，阿伯维勒

—索姆—

请跟我聊聊《佩雷亚斯》……[④]

亲切地。

克劳德·德彪西

---

① 指《为钢琴而作》，尤金·伏霍蒙于 1901 年 8 月 7 日提交了法定送存（“法定送存”或“法定存档”指出版物的出版者根据法国的法律规定，将其作品的副本提交给国家相关机构进行保存和归档的制度——译者注），该作品版权生效日为 8 月 26 日。

② E. 杜普雷（E. Dupré）是《为钢琴而作》的印刷厂，其名字出现在乐谱第 27 页的下方。

③ 关于隆吉（Longy），见 1903 年 6 月 4 日的书信（见中卷的翻译）。

④ 有关《佩雷亚斯》钢琴缩谱版的刻印进度。

* 我在出发之前忘记给他寄了。

Autogr.: US-NHub, Yale University, Frederick R. Koch Collection. *Prov.*: anc. coll. D. Jobert-Georges; Hôtel Drouot, 3 juillet 1985, n° 40 (avec fac-sim.).

1901－53

致劳尔·巴赫达克

[碧山]
星期六
1901年8月31日

亲爱的朋友,

(您看到了,我在我们的通信中不太在乎那些礼节,所以也请您以后尽可随意些。)

我的回复来迟了,不过不是因为我不重视您在信中提到的那些无微不至的关心,而是因为在碧山这里,时间都不知道是怎么过去的,不过我们很遗憾您来不了了。

最重要的是,我感觉自己在精神上处于巴黎时期的相反状态,在巴黎,一个小小的发热症状就能让我们产生焦虑,而在这里,它完全掀不起什么风浪,自己就退烧了。还有,树丛的摆动与河水的湍流形成了一种对立,至少比我们的对位好一些。尤其是,我们不用在这里抖机灵……不过,我承认虽然这环境是很好,但人可就没那么好了,人们早已经忘记了"播种者的尊严",[1] 当三钟经缓缓吩咐田野里的人们去

① 这是维克多·雨果《播种季节,傍晚》(*Saison des semailles, le soir*)的最后一句,于1865年在合集《街道与园林之歌》(*Les Chansons des Rues et des Bois*)中出版。

休息时,您从来都看不到任何人敬重地直起身来……[①]

您跟我说的有关《埃罗迪雅德》的事都是您个人对它的赞美吗?[②]……人们永远都不会愿意花时间来精心作曲,而这恰恰是一件艺术品最需要的。在我看来,永远都不能急于创作,让各种乐思随意发展,这是一份神秘的工作,而我们却经常由于没有耐心而感到麻烦,甚至都不想或不敢承认自己对这一工作感兴趣。

谢谢您的《弦乐四重奏》……[③]我欠您太多了,都不知道如何偿还,我只能说您可以相信我,虽然我认为自己永远不会成为什么"重要人士"。这是因为我对我的同行们太过冷漠了。不过我相信这种态度是看人的唯一途径。

我 9 月 10 日左右返回巴黎,到时候肯定要被更多人叨扰,不过我想对您说的是,您的到来会让我忘却一切疲惫。

亲切地。

克劳德·德彪西

德彪西夫人向您问好。

Autogr.: F-Pn, Mus., L.a. Debussy (C.) 12. *Prov.*: Mme R. Bardac.

---

① 这段话在德彪西 1901 年 11 月 15 日给《白色杂志》写的文章《关于几种迷信和一部歌剧》(« De quelques superstitions et d'un opéra »)中也有借鉴:"太阳孤独地落山时,田地里没有一个农夫直起身来看一眼。"(全文见克劳德·德彪西:《德彪西论音乐——反"音乐行家"的人》,郝端端译,人民音乐出版社,2018,第 35 页——译者注)。

② 这应该是劳尔·巴赫达克正在创作的一部作品,为罗马奖做准备。

③ 巴赫达克应该是将德彪西的《弦乐四重奏》改编成了双钢琴版本。同一时期,在巴赫达克的一封书信中(收件人未知),他曾询问里卡多·维涅斯是否愿意演奏这首《弦乐四重奏》。见书信 1902 – 106。这让人感到有些意外,因为德彪西对这种改编非常不感冒。不过杜朗于 1904 年出版了一个四手联弹的版本,由阿勒贝赫·本费尔德改编,德彪西全程审阅。

1901 – 54

致尤金·伏霍蒙

[碧山]
星期一
1901 年 9 月 2 日

我亲爱的朋友,

我对《佩雷亚斯》的事感到很担忧……[1] 虽然我问过您,但您没有告诉我任何消息,因此我感到很担忧。您不是说一天都耽误不起了吗?

您就以最快的速度用一个字告诉我,求您了。

祝好。

克劳德·德彪西

Autogr.: F-LY, coll. D. Jobert-Georges.

---

① 见书信 1901 – 52。

1901 – 55

致皮埃尔·路易斯

［碧山］
星期一
1901 年 9 月 2 日

亲爱的皮埃尔，

我最近一直和那个神经衰弱的梅利桑德一起散步，她受不了小提琴，除非将它们分成 18 个部分……（她实在是太虚弱了）。突然，她对我说：①

"昨晚我梦见了保索勒王，他是个非常勇敢的人，您在为这个皇家人创作时不能太谨小慎微，这部交响乐应该在号角的热情中重温他的故事——为了从未丢失的东西而展开一次精彩的旅程。"②

就在此时，三钟经那荒唐的微弱钟声缓缓地吩咐田野里的人们去休息……

不过我不是一无所获，我在这个时机找到了一个节奏组合，其细节会让手鼓颤抖。

我下星期四回巴黎，我想我应该能去找你，把剩下的故事告诉你，这将永远是我忘却一切烦恼的时刻，而如今，烦恼的代名词就是一个叫喜歌剧院的地方……

你忠实的，

克劳德·德彪西

德彪西夫人向你问好。

Autogr.: non localisé. *Publ.*: Debussy-Louÿs 1945, p. 165-166. *Exp.*: Paris 19 42, p. 50, n° 206 (datée 8 septembre 1901).

---

① 大卫·格雷森（David Grayson）认为这是德彪西在暗示自己正在为《佩雷亚斯与梅利桑德》配器。见 *The Genesis of Debussy's Pelléas and Mélisande*, Ann Arbor, UMI, 1986, p. 54；另见书信 1901 – 78。

② 见书信 1901 – 45，德彪西曾提过计划基于皮埃尔·路易斯的小说创作一首作品。

1901－56

皮埃尔·路易斯致德彪西

[1901年9月3日][1]

公元1901年,老醉汉皮埃尔·路易斯在五角星护符下弯着腰,[2]于《诸神的黄昏》乐队总谱上有一个超人类的发现。他用幽灵般的嗓音说道:"有一种声音我将其称为噪音,那是一种自然产生的混沌之声,组成它的和声织体是不能被记录下来的,因为它代表的意义不是显而易见的。每一次当我们的理查德想要用音乐来表现这种噪音时,他都会使用增五度。"

随后,他转身面向自己的信徒们说道:"是的,我的孩子们,这个音程递进是平均的,但又是不和谐的,虽然它们本身都是和谐的。这个和弦,它在所有的音阶中都出现过,但我们永远都不知道它到底属于什么调,这就是它神秘性格的核心所在,要我说,这是一种疑问语气……"

这时,老醉汉皮埃尔·路易斯整理了一下胡须,然后伸出食指继续说道:

"然而,我幸运的学生们,未来我将会在《保索勒的旅行》中发现比这个更奇妙的东西。"

当看到天边开始发亮时,他沉默了。

但是,到了

第七百零九个晚上之时

他又说道:

"我幸运的学生们,我想到一件事……"

---

① 该日期的推断依据:书信的第一行以及随后一份带有委托函的书信,皮埃尔·路易斯忘记在上面贴邮票了。

② 指五角星图案,通常被画在一个圆圈内。它在不同的文化和信仰中具有不同的象征意义。——译者注。

（你呢？亲爱的克劳德，你回来了吗？请用桑托斯－杜蒙 7 号的航线回复我，因为我已经等不及了。[①]）

你的（升 do），

P. L.

信纸带有以下抬头：
147, BOULEVARD MALESHERBES
Autogr.: F-Pn, Mus., N.L.a. 45 (57). *Prov.*: anc. coll. A. Godoy; Hôtel Drouot, 5 février 1999, n° 187. *Publ.*: Debussy-Louÿs 1931a, p. 239-240; Debussy-Louÿs 1943e, p. 24-25; Debussy-Louÿs 1945, p. 166-167.

1901－57

皮埃尔·路易斯致德彪西

［1901 年 9 月 4 日］

我好像忘记贴邮票了吧？

P.

汇票，带有邮戳（4 SEPT 01）
M. Louys, *dem^t à* Paris, *a versé*
la somme de trente cinq centimes
pour être payé à M Debussy
à Villeneuve les Guyard *ou dans tout autre bureau de poste.*
Le 4 sept. 1901
Autogr.: F-Pn, Mus., N.L.a. 45 (58). *Prov.*: anc. coll. A. Godoy; Hôtel Drouot, 5 février 1999, n° 187.

---

① 阿尔贝托·桑托斯－杜蒙（Alberto Santos-Dumont, 1873—1932），巴西工程师和飞行家，当时正在使用桑托斯－杜蒙 5 号飞艇进行实验。

1901－58

致莫里斯·库赫农斯基

[碧山,1901 年 9 月 8 日(?)][①]

"亲爱的朋友,

今年夏天我好好阅读了《罗坎伯乐》三十卷的丰富内容(我们甚至可以将它们放在伸展的手臂上来完成整个阅读)。[②]因此,即便发生再离奇的事情,现在也无法让我感到惊讶了。德彪西夫人都习惯叫我们'小擦鞋垫'了:"劳驾擦擦你们的鞋!"另外,为了不让自己消沉下来,我们还到处找事情做。[……]我整个夏天都在回归大自然,遇到各种'勇敢的人',当那个忠实的小钟敲起了三钟经,缓缓吩咐田野里的他们去休息时,没有人会敬重地直起身来,他们只是直接睡觉去了。[③][……]"

Autogr.: non localisé. *Publ.*: Maurice Curnonsky, *Souvenirs littéraires et gastronomiques, Paris*, Albin Michel, 1958, p. 109-110.

---

① 该日期不完全确定,根据是莫里斯·库赫农斯基书上的标记:比亚里兹(笔误,其实是碧山),1901 年 10 月 8 日。关于具体日期,我们从书信 1901－55 中得知,德彪西计划于 9 月 12 日星期四返回巴黎。

②《罗坎伯乐》(*Rocambole*)是皮埃尔－阿莱克希斯·彭松·杜·特拉伊(Pierre-Alexis Ponson du Terrail, 1829—1897)的小说。

③ 类似描述出现在书信 1901－53 和书信 1901－55 中,以及德彪西 1901 年 11 月 15 日给《白色杂志》写的文章中。见书信 1901－53。

1901－59

致勒内·彼得

星期五

1901 年 9 月 20 日

先生，亲爱的朋友，

我彻底回来了，[①] 我给你带回了最新鲜的东西：豌豆、蚕豆……还有其他蔬菜。

如果你没有异议，我下星期一下午两点准时去你家，在此之前，我依然是

你的，

朱利安·格里彭 [②]

信封上有邮戳（寄出：20 SEPT 01；到达：20 SEPT 01）和地址：
Monsieur R. Peter.
17. boulevard du Roi
à Versailles.
(S. et O)
Autogr.: US-AUS, Carlton Lake Collection. *Prov.*: Cat. N. Rauch (24-25 novembre 1958), n° 94. *Publ.*: Peter1944, p. 222 (non datée).

---

① 德彪西于 1901 年 9 月 12 日返回巴黎。

② 这是喜剧《温柔的小草》（*L'Herbe tendre*）中的人物，勒内·彼得和德彪西此时正在创作这部作品。

1901 – 60

致保罗–让·图雷

[1901年9月25日]
星期三

亲爱的朋友,

我收到一支匿名的小排笛……还有一个匿名人的造访(唉),我觉得这两件事背后有关联……换句话说,这两件事让我想到了P.–J.图雷。[①]

但我怎么听说您不在巴黎啊? ……您不必见外,可以随时来家里。

友好地。

克劳德·德彪西

信封上有邮戳(25 SEPT 01)和地址:
Monsieur P. J. Toulet.
7 rue Villersexel.
Paris
(7eme)
Réexpédiée (27 SEPT 01):
Château d'Angoumé
par Dax
(Landes)
Autogr.: F-PAU, Ms. 216 (1). *Prov.*: anc. coll. A. de La Blanchetai. *Publ.*: Debussy-Toulet 1929, p. 8-9; Toulet 1986, p. 1223.

---

① 见后一封书信。

1901－61

保罗－让·图雷致德彪西

［昂古梅，1901年10月15日之前］

我亲爱的朋友，

我依然住在秋色宜人的乡下，[1]要到10月15日左右才回巴黎：您会第一时间得到消息的。关于那个神秘的造访，您看您又在瞎猜了。

至于那支牧人排笛，那是潘神送给我的，[2]然后我又将其寄给您，希望它能在一首狂欢的交响乐中代表……喝多了的状态，您不会真以为是这样吧？

再见，我亲爱的朋友，请代我问候德彪西夫人，您的，

图雷

通信卡，抬头有：[3]
Angoumé, par Dax (Landes).
Autogr.: non localisé (copie J. de Buzelet). *Prov.*: Cat. A. Blaizot 331 (novembre 1969), n° 632. *Publ.*: Toulet 1928, p.350 (incomplète; non datée); Debussy-Toulet 1929, p. 9 (incomplète; datée 1901); Toulet 1986, p. 1224 (incomplète; datée 1901).

---

① 德彪西在《白色杂志》1901年11月15日一期上发表的文章开头模仿了保罗－让·图雷的这封信："前些日子，我在秋色笼罩中的乡下只留了一段时间［……］。"（全文见克劳德·德彪西：《德彪西论音乐——反"音乐行家"的人》，郝端端译，人民音乐出版社，2018，第35页——译者注）。

② 在亚瑟·梅琴的小说中，大潘神代表着我们认知外的世界，正如雷蒙德博士对克拉克讲的那样："您看那些山，那些波浪般的山丘。［……］我告诉您，这一切都只是梦境和幻影，正是它们遮住了真实的世界。［……］您可能会觉得这一切都很奇怪，甚至有些疯狂：虽然如此，但这都是真的。古人们知道什么是'拨云见日'，他们将这称为参见潘神。"见 Toulet 1986, p. 1338。

③ 信息来源：Debussy-Toulet 1929。

1901 – 62

致勒内·彼得

[1901 年 10 月 20 日]
星期日

我亲爱的勒内,

我星期一一整天都在舍维亚尔那里排练,[①] 涉及要让《海妖》们唱起来,也该轮到她们唱了,之前总是她们让别人唱。

我们能改到星期二(后天)再继续我们的八卦谈话吗?

真挚地。

克劳德·德彪西

Autogr.: non localisé*. *Prov.*: Cat. N. Rauch (24-25 novembre 1958), n° 94. *Publ.*: Peter 1944, p. 204 (incomplète; non datée).

---

① 拉穆勒音乐会的主事卡米伊·舍维亚尔将在 1901 年 10 月 27 日星期日首演《夜曲》的第三首《海妖》,该作品需要十六个女声混入乐队。新剧院的舞台很可能为此做了调整,以便能够容纳乐队加合唱队。见书信 1901 – 57。

1901 – 63

致皮埃尔·路易斯

［1901年10月26日之前］

［由于不能前去探望，德彪西向生病的朋友表达歉意。］“［……］我正在训练一群小牛，让它们来代表《海妖》。我现在就告诉你，它们永远只能是小牛，或许是习以为常了吧。［……］”［德彪西承诺明天去看他。］“不要再把你的朋友们丢给我了，否则我会把他们都扔出窗外的。他们肯定知道你生病了，所以你这样做并不明智。[①]［……］”

Autogr.: non localisé. *Prov.*: Cat. E. Loewy (1937), n° 21. *Publ.*: Debussy 1971, p. 34-35.

---

①《保索勒王历险记》出版后的反响不是很好，而在眼疾的困扰下，皮埃尔·路易斯还患上了肺病，并且深陷抑郁。他于1900年强行完成了这部小说（直到十四个月后的1901年6月才出版），这使他筋疲力尽。雪上加霜的是，他的夫人露易丝还在1900年9月流产了。

1901 – 64

致皮埃尔·路易斯

[1901 年 10 月 26 日][1]
星期六

亲爱的朋友:

自从我回到巴黎之后,总是被杂事缠身,使我无法去看你,你一定要原谅我。我现在要告诉你的是,拉穆勒明天要上演我的三首《夜曲》,我希望你能到场。

当然,这不是命令,如果你有时间就提前跟我说。

你的,

㉤

气动管卡,带有邮戳(26 OCT 01)和地址:
Monsieur P. Louÿs
147 – Boulevard Malesherbes.
Autogr.: US-NHub, Yale University, Frederick R. Koch Collection. *Prov.*: anc. coll. M. Mann; Hôtel Drouot, 23 février 1973, n° 50.

① 此为邮戳日期。

1901 – 65

致昂利·德·雷尼耶

［1901年10月］[①]
星期三

亲爱的朋友，

当我从乡下回来时，我看到了您的书，[②]感谢您让我回到巴黎后没有那么烦恼了。

我今天才知道您生病了……我希望让您知道我非常痛苦，也希望能看到您尽早康复……还有太多人指望您给他们讲述美妙的故事呢，这些故事只有您一个人知晓。[③]

请告诉我您的近况。[④]依然是您亲切的，

克劳德·德彪西

Autogr.: F-Pi, Ms. 6286 (265).

---

① 该日期的根据：昂利·德·雷尼耶于1901年10月在威尼斯患上了肺充血。

② 指《独一无二的恋人》（*Les Amants singuliers*），于1901年10月12日由法兰西信使出版。

③ 本书共有三部小说：《大理石女郎》（见书信1900 – 7）、《对手》（*Le Rival*）以及《威尼斯人巴塔萨·阿德拉曼的短暂一生》（*La courte Vie de Balthasar Aldramin, vénitien*）。

④ 见雷尼耶的回复，书信1901 – 72。

1901－66

致保罗－让·图雷

［1901 年 11 月 7 日］
星期四

亲爱的朋友，

有位女士跟您说(至于在哪里，这是个谜)，比起德彪西，她更喜欢冯特纳伊，[①]一看她就是个讲究人，不能容忍她的感情里掺杂任何不和谐的因素。如果您再见到她，请向她致以最诚挚的赞美。

在最近这几个星期日的拉穆勒音乐会上，您对我音乐的忠实原本能帮我大忙的：拉穆勒演出了我的《夜曲》，有些人找了个理由就开始疯狂喝倒彩，尤其是针对第三首。[②]这种对另外两首的偏爱让我有点难过……无论如何，我觉得您肯定会喜欢它们节奏中的动感(它们不是指喝倒彩！……)

我给阿琉特先生写信了，[③]这次局部的狂热真是多亏了您。

我希望您不久之后能到巴黎，这才是最好的消息，我和德彪西夫人都是这样认为的。

克劳德·德彪西

① 指埃赫库勒·德·冯特纳伊(Hercule de Fontenailles, 1858—1922)伯爵，曾创作多首简易歌曲。1905 年，他与德彪西都参与了为保罗·格拉沃雷(Paul Gravollet, 1863—1936)的诗集配乐。

② 1901 年 11 月 15 日，德彪西在《白色杂志》上通过八分音符先生描述了当时的情况："星期日，人们冲着您的音乐喝倒彩时，我也在拉穆勒那里。您该感谢人们表现得很热情，他们都愿意顶着疲劳对着钥匙口打响哨，后者原本是家用品，不适合拿来当格斗武器。其实我更推荐那些肉店的年轻伙计在两指之间吹口哨的方法(我们从未停止学习……)。舍维亚尔先生借此机会，又一次展现了他对于音乐那无双的多样化理解能力。"(全文见克劳德·德彪西:《德彪西论音乐——反"音乐行家"的人》，郝端端译，人民音乐出版社，2018，第 37 页——译者注)。

③ 查无此人。

信封上有邮戳(寄出: 7-11 01, 到达: 8 NOV 01)和地址:
Monsieur P. J. Toulet.
au château de la Rafette.
à St Loubès.
(Gironde)

Autogr.: F-PAU, Ms. 216 (1). *Prov.*: anc. coll. A. de La Blanchetai. *Publ.*: Debussy-Toulet 1929, p. 10-11 (incomplète); Debussy 1980 , p. 113 (incomplète); Toulet 1986, p. 1224 (incomplète); Debussy 1993, p. 167-168 (incomplète).

1901 – 67

致尼古拉·G. 克罗尼奥

星期五
1901 年 11 月 8 日

亲爱的朋友,

谢谢您给我的"拉罗剪报"① ……这证明一个人可以做一位明智的评论家,但想要做一位哲学家就差点意思了!但凡有一点风吹草动都能让皮埃尔·拉罗明白,世间万物皆是你中有我、我中有你的,因为一切都是轮回……所以,操那么多心也没用。

您没有忘记我们明天要去歌剧院吧?② 您最好能借机弄到两个正厅的座位,当然,我会让《白色杂志》给您报销的。

请别骂我,也请相信我是真心的。

克劳德·德彪西

Autogr.: US-AUS, Carlton Lake Collection. *Prov.*: anc. coll. J. Sebastopulo; Cat. Sotheby's (24 mai 1960), n° 423.

---

① 皮埃尔·拉罗就《海妖》近乎堕落的魅惑力创造了一篇评论。见书信 1901 – 69。

② 上演的剧目是卡米伊·圣 – 桑的《野蛮人》(*Les Barbares*),该剧于 10 月 20 日首演。德彪西在 1901 年 11 月 15 日《白色杂志》的乐评中对这部作品的评价极低。(全文见克劳德·德彪西:《德彪西论音乐——反"音乐行家"的人》,郝端端译,人民音乐出版社,2018,第 38-39 页——译者注)。

1901 – 68

致布朗什·马洛

[1901 年 11 月 8 日]

[信件未被发现。]

Autogr.: non localisé. *Prov.*: Cat. Parke-Bernet (25 octobre 1960), n° 67; anc. coll. L.-P. Vallery-Radot

1901－69

致皮埃尔·拉罗

［1901年11月10日前后］

先生，

您为《夜曲》如此美言，我都不知道该怎么谢您了，我迟来的回复只有一个原因：那就是我太感恩戴德了。[①]

在音乐方面，您有着独一无二的智慧，或者说您不愧是拉罗家的人，更可贵的是，您能找到作品与作曲家之间那层神秘的关系。

关于您对我声乐部分的精彩解读，我佩服得“五体投地”，只是：我是反对堕落的！……

我认为，堕落的艺术很难真正存在，或者说只适合于那些虚假的灵魂，如果有一天我的作品在光天化日之下需要“鬼鬼祟祟”地上演，那我也只能表示遗憾了。

请相信，鄙人只想尝试让音乐摆脱它那沉重的历史包袱，洗去多年的曲解，因为如果我们不小心，这门艺术很容易就变成这样！现在的问题是：我到底是不是这块料？总之，我或许能指明前进的方向，

① 1901年11月7日，拉罗在《时代报》的乐评如下：“上星期日，我们在新剧院聆听了克劳德·德彪西先生的《夜曲》。前面两首《云》和《节日》去年就已经被演过了，我也向大家陈述了它们独特的魅力。第三首《海妖》在这次演出前还不为众人所知。这一首描绘了大海和它那无尽的律动，在月光照耀的波涛下，大海吟诵着神秘的旋律。作品给人以十分精妙的印象，我们无法想象出比海妖之歌更柔和的声音织体、更精美的旋律线条、更奇异的音色效果。这种精妙已然登峰造极，这使我在面对德彪西先生的艺术时忧心忡忡：我担心他的音乐所带来的快感。这音乐是如此讲究，它会让我们对其他人失去兴趣的：无论是音乐家还是爱好者，到头来都只愿意听德彪西了。好在只要这一魔力不退散，这种情况还不算太坏。但是如果我们有一天连德彪西都听腻了呢？那我们还剩什么可以听？”该文中的一些用词与皮埃尔·拉罗评论《绝代才女》时相呼应，他在那篇文章中称德彪西为“黑巫师”。见书信1900－47。

会有人做得更好的。

我没有都说完,因为我现在"心事重重"。我还是再感谢您一次吧,请您接受我最真诚的问候。

克劳德·德彪西
卡迪内路 58 号

Autogr.: non localisé (copie H. Borgeaud). *Prov.*: anc. coll. R. Vaucaire. *Publ.*: Debussy 1993, p. 168-169.

1901－70

致勒内·彼得

［1901 年 11 月 18 日］
星期一

亲爱的朋友，

《格里赛利迪斯》的走台就是今天。[1] 这真是气上加气：首先，我必须去看；其次，这让我失去了一次与彬彬有礼的靠谱人士交谈的机会。

明天星期二同一时间我没问题。

我很遗憾，友好地。

克劳德·德彪西

Autogr.: US-AUS, Carlton Lake Collection. *Prov.*: Cat. N. Rauch (24-25 novembre 1958), n° 94. *Publ.*: Peter1944 p. 205 (non datée).

① 德彪西作为《白色杂志》的乐评人必须参加马斯奈《格里赛利迪斯》（*Grisélidis*）的排练，该剧于 1901 年 11 月 20 日在喜歌剧院首演。德彪西对该剧的评论发表于 1901 年 12 月 1 日。（全文见克劳德·德彪西：《德彪西论音乐——反“音乐行家”的人》，郝端端译，人民音乐出版社，2018，第 40-42 页——译者注）。

1901 – 71

致菲利克斯·费内昂

[1901 年 11 月 25 日(?)]
星期一

亲爱的费内昂先生,

我昨晚给拉米先生寄了一篇关于《格里赛利迪斯》的文章,请您审阅并做出以下修改:把“le couteau de la Navarraise y coudoie le pistolet de l'inconsciente Charlotte”改成“le couteau de la Navarraise y rejoint le pistolet……”。

末尾处的“Pour conclure ces notes hâtives, *on peut dire...*”改成“Pour conclure ces notes hâtives *on peut ajouter*……”。①

谢谢,亲切地。

克劳德·德彪西

Autogr.: US-NYpm, MLT D289.F332. *Prov.*: Cat. K. Rendell (1974), n° 30; anc. coll. M. G. Cobb.

---

① 这些修改就是针对德彪西于 1901 年 12 月 1 日发表的乐评。(全文见克劳德·德彪西:《德彪西论音乐——反“音乐行家”的人》,郝端端译,人民音乐出版社,2018,第 40-42 页——译者注)。

1901 – 72

昂利·德·雷尼耶致德彪西

［1901 年 11 月底］[①]

“［……］很高兴我的故事帮你解闷了，[②] 我现在想起它们的时候还觉得很有趣。一个月前我在巴塔萨·阿德拉曼的国度，[③] 我就是在那里生病的。［……］”

Autogr.: non localisé. *Prov.*: E. Debussy; Hôtel Drouot, 1er décembre 1933, n° 217 (datée 1910).

① 昂利·德·雷尼耶刚刚从威尼斯回来，他在 1901 年 11 月 27 日写信给安德烈·吉德时提到了这件事。

② 见书信 1901 – 65。

③《威尼斯人巴塔萨·阿德拉曼的短暂一生》，这是《独一无二的恋人》中的最后一部小说。

1901–73

致保罗·罗拜赫

[1901年11月底至12月初之间][1]

星期五

亲爱的朋友,

我知道关于肖邦的那篇"拉鲁斯"[2]……考虑到那个价格,我们肯定能找到更好的吧?大部分音乐家从来都不会放过肖邦:他风度翩翩,"闲庭信步"间就能处处开花,而且好像在说:"这都不重要,我们也可以看看别的。"他们(音乐家们)当然都会抄袭他,从瓦格纳到马斯奈……[3]这对于热爱艺术或漠不关心的人来说是一次共同的探险……(说到这里,我们看看维钦托利王……好吧,完全没什么关系!)

我们也很遗憾那天晚上没能招待你……

---

① 该日期的推断依据:信中提到了巴奴姆马戏团在巴黎演出(见第1031页脚注①)。

② 有可能是指《19世纪的拉鲁斯》(*Larousse du XIXe siècle*)载入的一篇关于肖邦的趣闻,该文章除了对肖邦大加赞赏之外,还写道:"他的弱点在于不知道如何控制过剩的能量,他的音乐有时很奇怪、神秘又纠结。"

③ 1901年5月15日,德彪西在《白色杂志》上发表的文章中明确指出了瓦格纳与肖邦的相近之处:"若是《特里斯坦与伊索尔德》,则更加妙不可言!(肖邦的英魂出现在这部剧中音乐的紧要关头,且主导着作品的情绪)。"(全文见克劳德·德彪西:《德彪西论音乐——反"音乐行家"的人》,郝端端译,人民音乐出版社,2018,第19-20页——译者注)。沙赫勒·罗森(Charles Rosen, 1927—2012)在提到肖邦的晚期作品时也写道:"多年后,我们在瓦格纳的《特里斯坦与伊索尔德》中发现了丰富到病态的和声混合体,这显然是从肖邦和李斯特那里继承来的。"见« C'est un mélange de morbidité et de richesse harmonique que l'on retrouve quelques années plus tard chez Wagner dans *Tristan und Isolde*, évidemment hérité de Chopin par l'intermédiaire de Liszt », Charles Rosen, *La Génération romantique*, Paris, Gallimard, 2002, p. 502。

作为补偿,我们凌晨三点跑到巴奴姆马戏团去看戏了,① 不过我们只看了一半。

不久后见,请相信你的两个小伙伴。

克劳德·德彪西

Autogr.: non localisé*. *Prov.*: anc. coll. N. Satiat; Cat. Les neufs Muses (février 2023), n° 28.

① 巴奴姆马戏团于 1901 年 11 月 30 日到 1902 年 3 月 16 日驻扎在巴黎节日大厅机械廊。巴黎歌剧院图书馆收藏了一幅 1901 年的彩色石版画,上面写道:"巴奴姆与巴雷,地球上最棒的秀。"

1901 – 74

致菲利克斯·费内昂

[1901 年 12 月][1]
星期四

我亲爱的费内昂,

由于最近几个月事务繁忙且过度劳累,导致我写不出什么像样的东西。不过我还是试了一下……结果实在惨不忍睹。

我昨天给阿尔弗雷德·纳当松写信了,[2] 请他提前跟您打个招呼,对这篇次品做好心理准备,因为我不知道您的个人地址。

我要离开《白色杂志》了,对此我感到非常遗憾。但这不是因为我在那里只负责一个小栏目,而是因为我太在乎它了。

对于给您造成的不便,我深表歉意,但还是请您相信我的忠诚。

克劳德·德彪西

Autogr.: non localisé*. *Prov.*: Cat. M. Loliée 52 (1934), n° 261; Cat. H. Matarasso 3 (janvier 1935), n° 49; Cat. Demarest 6 (juin 2000), n° 75.

---

① 这封信应该是 1901 年 12 月初写的,因为德彪西在《白色杂志》上的最后一篇文章发表于 1901 年 12 月 1 日。

② 关于路易–阿尔弗雷德·纳当松,见书信 1894 – 31。

1901－75

致皮埃尔·路易斯

［1901年12月21日］[①]
星期六

我亲爱的皮埃尔，

我收到了米歇尔·彼得的来信，[②] 他跟我说他向《日报》的比赛寄去了一部小说。[③] 小说的名字叫《疯人罢工》，据说是根据一手资料写的，可以这样形容吗？……总之，请帮我向您那尊贵的岳父还有其他几个人推荐一下。我也不想麻烦你，但我在文学界只有你够分量。好啦，如果你有一天异想天开要来我家看我，请千万不要客气。我依然是你的忠实者，虽说有些过时了。

克劳德·德彪西

信封上未贴邮票，地址：
Monsieur Pierre Louÿs
147. boulevard Malesherbes.
Autogr.: US-AUS, Carlton Lake Collection. *Prov.*: Hôtel Drouot, 27 mai 1935, n° 11.

---

① 该日期根据皮埃尔·路易斯的回复而复原。

② 关于米歇尔·彼得，见书信1888－4。

③《日报》的文学比赛于1901年12月15日闭幕，其主题为“短篇小说、喜剧、讽刺剧”。见1901年11月27日的《日报》。该比赛的评委有何塞－玛利亚·德·埃莱迪亚（皮埃尔·路易斯的岳父）、保罗·阿达姆、卡图尔·门德斯、奥克塔夫·米尔波、让·洛韩等。

1901 – 76

阿勒拜赫·卡雷致德彪西

巴黎,*1901* 年 12 月 21 日[①]

亲爱的先生,

为满足剧作家和作曲家协会的规则,请您在表格红铅笔圈出的地方写上我上次来信的日期。[②] 请尽快将表格寄回给我,友好地问候。

阿勒拜赫·卡雷

信纸带有以下抬头:
THÉATRE NATIONAL
DE
l'Opéra Comique
CABINET
DU
Directeur
Autogr.: F-Pn, Mus., L.a. Carré 51. *Prov.*: D. de Tinan.

---

① 此地点和年份(斜体部分)被印刷于信纸之上。

② 见书信 1901 – 27。

1901－77

皮埃尔·路易斯致德彪西

［1901 年 12 月 23 日前后］[①]

克劳德，

我们没有共同好友，这还挺不方便的，因为如果有，那你就会知道我现在无法去看你或见任何人。

之前的六个星期里我一直在生病，除了其中三天外，这三天刚好止住气管炎去朗读《梅毒患者》。[②] 但这也是很久之前的事了。自 10 月底到 12 月初，我在床上的时间比在屋子里多，更别提外出了。[③]

我刚刚恢复外出就收到了一封电报，上面说我最后一个姨夫也去世了，就是住在埃佩尔奈的那位我敬爱的姨夫。[④] 我收到急件的时候是四点半，然后我就去赶了五点一刻的火车，在那边连续待了三天，从讣告到入殓，再到下葬，你能想象到的……

我返回之后的第二天就又离开巴黎了，这次是去鲁昂，今天半夜十二点半回来。[⑤]

---

① 该日期根据皮埃尔·路易斯在信中透露的内容而推断。

② 尤金·布里尤（Eugène Brieux, 1852—1932）的《梅毒患者》（*Avariés*）于 1901 年 11 月 11 日在安托万剧院进行了公开朗读会。由于当时的美术学院院长昂利·胡永（Henry Roujon, 1853—1914）威胁要封杀这部作品，安德烈·安托万决定为布里尤私下组织一次阅读会，并邀请巴黎“文学、艺术、政治、医学领域的所有精英”。见 André Antoine, *Mes souvenirs sur le théâtre Antoine et sur l'Odéon*, Paris, Bernard Grasset, 1928, p. 186。

③ 路易斯患有肺气肿和眼疾，这也导致他逐渐失明。

④ 指艾德蒙·马勒当（Edmond Maldan, 1827—1901），于 12 月 17 日去世，路易斯曾在给兄长的一封未公开信中提到自己收到了电报。此信息由让-保罗·古永提供。

⑤ 路易斯不得不去探望自己的姐姐露西·沙赫东（Lucie Chardon, 1844—1920）。

所以说你自从10月来过之后就再也没见过我,这一点都不奇怪……

至于你跟我说的勒内·彼得的事情,[①]实在是太迟了。八天前所有的审阅和评比工作就结束了。不过我还是会尽量去看看我还能做些什么。

你的老相识,

皮埃尔

在哀纸上书写。

Autogr.: F-Pn, Mus., N.L.a. 45 (59). *Prov.*: anc. coll. A. Godoy; Hôtel Drouot, 5 février 1999, n° 187. *Publ.*: Debussy-Louÿs 1931[b], p. 378-379 (non datée); Debussy-Louÿs 1943[c], p. 119-120 (non datée); Debussy-Louÿs 1945, p. 168-169.

① 事实上是米歇尔·彼得。

1901 – 78

致皮埃尔·路易斯

［1901 年 12 月 23 日前后］

皮埃尔，

我想不到会有这么多悲伤的事情……希望你以后跟我说说吧？其实我们有共同的朋友，只不过他们在关心其他事情，这就是为什么我不知道该怎么做。

我最近事情太多，一方面，我被生活所迫；另一方面，我正在考虑重新给《佩雷亚斯》配器（请不要和任何人讲这件事）。[①] 如果不是因为这样，我本应该去看看你的，这样就不会让你误以为我不在乎了……请原谅，还请继续相信你的，

克劳德

我说的事情是有关米歇尔·彼得，不是勒内。而且我也想到可能已经太晚了！

Autogr.: non localisé*. *Prov.*: Cat. S. Kra 20 (novembre 1929), n° 8003; Cat. H. Saffroy (juillet 1957), n° 1108; Cat. L'*Autogr.*phe 25 (mai 1993), n° 230; anc. coll. P. Schmid; Cat. Elf (Frühjahr 1999), n° 56b; Cat. Stargardt 672 (16-17 novembre 1999), n° 649 (avec fac-sim.); Cat. Les *Autogr.*phes 107 (novembre 2003), n° 88; Cat. Les *Autogr.*phes 134 (mars 2012), n° 67. *Publ.*: Debussy-Louÿs 1945, p. 167 (incomplète).

---

① 这句话似乎在暗示德彪西已经完成了《佩雷亚斯与梅利桑德》的配器。几年前，德彪西曾对保罗·杜卡表示自己还不愿意展示《佩雷亚斯》的配器。见书信 1896 – 22。然而，这个第一版的配器如今却不见任何踪迹，或许它从未存在过。

1901 – 79

致尤金·伏霍蒙

[1901年(?)]
星期一

亲爱的朋友:

经过一系列繁琐的程序,我要等到星期三早上才能拿到钱,对此我很生气,您好心借我的20法郎只能再等等了,而且在此之前我还需要您再借我2个路易。[①]

您就是那大慈大悲的菩萨。对您全心全意的,

克劳德·德彪西

信笺,未贴邮票,地址:
Réponse.
Monsieur Fromont.
40 rue d'Anjou.
Autogr.: F-LY, coll. D. Jobert-Georges.

---

① 路易(拿破仑)指金币,一个路易的价值相当于20法郎。

1901 – 80

致尼古拉·G.克罗尼奥

［1901年(？)］

“［……］命运是一位老妇人，只因其年事已高，才会让我们在充满偶然的道路上盲目徘徊。［……］”

Autogr.: non localisé. *Prov.*: anc. coll. J. Sebastopulo; Cat. Sotheby’s (24 mai 1960), n° 425.

1901 – 81

致一位未知者

［1901年(？)］

亲爱的先生，

这里是《夜曲》的乐谱，很高兴能给您带来快乐。

我本想直接把这本谱子送给您，但我自己也只有这一本，您知道那些出版商一点都不大方！

向您致敬。

克劳德·德彪西

Autogr.: US-NY, coll. part.

1901 - 82

乔洁特·勒布朗致德彪西

［1901 年底］

您不知道我对您的作品爱得有多深,[①]它实现了我所有的梦想,我只能给您带来一个半成品,我觉得只有和您一起练习才能更有效率,因为在您创造的这个音乐模式中,一切比例都掌握得恰到好处! 不过,虽然您的意图很明确,但我不认为诠释者的工作无足轻重……毫无疑问,您给您的诠释者勾出了精确的范围,对梅利桑德更是十分严格(看在她胆小无知的灵魂上,也该如此),但您的音乐又是如此人性化,以至于在我看来里面充满了有趣的因素,在您留给演绎者的狭小空间内却包含着丰富的色彩,而且远比其他音乐形式中的惊涛骇浪更加生机勃勃……而且就像我那天跟您说的一样,诠释者的自由不在于作者的给予,因为我觉得一个人想要缩紧的时候,所花费的力气远比伸展要多。

请不要再对我有偏见,认为我不够"柔韧",相反,我很愿意在美的面前屈服,难就难在我们需要找到美的作品! 这就是为什么当我不满意时,总是去范围之外探索,也因此比其他人更容易迷失……

我给莫里斯唱了几句梅利桑德的旋律,他完全明白了我的意思,他认为我的方式让歌词"更动听"。您的逻辑胜利了,抱歉给您写了这么多,但自从我拿到手稿之后我就想这么做了……只是一直没敢。……

---

① 乔洁特·勒布朗从 1894 年起就知道德彪西正在基于梅特林克的剧作创作一部歌剧,她一直梦想能够首演这部作品,正如卡米伊·莫克莱于 1894 年秋天给莫里斯·梅特林克写信时说道:"六个月前她成为了我的情妇。我非常喜欢她,我觉得她是天生的艺术家,我教她念诗,我想她今天冬天回来铸币剧院演伊索尔德。［……］我认为如果她出演你作品中的一个角色,那一定是德彪西正在写的梅利桑德:这太合适她了……"文献编号:B-Br, Musée de la littérature, FS IX 1208 L. P。

我终于找到了一部歌剧作品能够完全符合理性，直到现在我依然感到又惊又喜。

再会，请相信我真诚地赞美。①

乔洁特·勒布朗

希望您能在星期一给我安排一个时间吧？……我会特意留下来。如果您不行，那我就星期二来，但我还是想尽快去诺曼底与莫里斯相聚。

Autogr.: non localisé (copie F. Ambrière). *Prov.*: E. Debussy; Hôtel Drouot, 1er décembre 1933, n° 213; anc. coll. A. Honneger. *Publ.*: Herlin 2003, p. 212-213. *Exp.*: Paris 1942, p. 56, n° 248.

① 乔洁特·勒布朗想要出演梅利桑德的愿望成为梅特林克与德彪西翻脸的缘由。自勒布朗闹出《卡门》事件之后，阿勒拜赫·卡雷根本不愿意再聘用她，见书信 1901 – 32。在 S. A. C. D.（剧作家和作曲家协会）1902 年 2 月 7 日的纪要中记录了梅特林克与卡雷、德彪西的对峙，明确指出："1901 年春天，德彪西先生通知梅特林克先生说阿勒拜赫·卡雷先生将在喜歌剧院上演这部作品。梅特林克先生同意，但同时要求梅利桑德的角色由乔洁特·勒布朗小姐扮演。德彪西先生没有反对，但认为不能冒犯卡雷先生，需要再等等。"文献编号：F-P, Archives S. A. C. D.。

1901 – 83

乔洁特·勒布朗致德彪西

[1901 年底]
星期六晚上八点

亲爱的先生,

我刚从乡下回来,目前收到的信件打乱了我的计划……我明天不能来了,就如同我上星期日预料的那样,而现在和您预约今晚已经太迟了。[①]

请原谅,还请您在星期一给我预留一小会儿时间吧?我下午和晚上都可以,听您安排。

乔洁特·勒布朗

Autogr.: non localisé (copie F. Ambrière). *Prov.*: anc. coll. A Honneger.

① 勒布朗一共和德彪西排练过五次:三次在赫伊努瓦路,两次在德彪西的住所。

1901－84

莉莉·德彪西致布朗什·马洛

［1901 年(？)］
星期五晚上

亲爱的小姐，

您明天下午四点愿意来波蒂尼耶剧院 D 号包厢听一个小时大师的音乐吗？[①] 如果愿意，我们就在那里见。我将很高兴。

亲切地回忆。

莉莉·德彪西

信封上未贴邮票，地址：
Mademoiselle
Blanche Marot
26 rue d'Affémont
Autogr.: F-DO, Fonds Louis-Pasteur Vallery-Radot. *Prov.*: Cat. Parke-Bernet (25 octobre 1960), n° 67.

① 这场德彪西专场音乐会的具体日期不详。

1902 – 1

致皮埃尔·路易斯

[1902 年 1 月初][1]

我亲爱的皮埃尔,

把我书信卖给沙拉维的勇士一定是无所畏惧的,[2] 我甚至觉得就算颁发给他一枚勋章都不足以匹配他那冷静的头脑!

我想你没有遇到不开心的事,希望你那六个星期的隐居只是让你能够享受"卿卿我我"。反正对于没能去看你,我是找不到任何借口的,除非说我现在正在完善《佩雷亚斯与梅利桑德》里的各个部分……[3] 虽然看上去没什么,但这个工作吞噬了我的日日夜夜。

不过,我还是会非常高兴见到你和体贴的皮埃尔·路易斯夫人的,她肯定觉得我们……不靠谱了吧? (说好听一点吧。)

你的,

Cl. D.

信封上未贴邮票,地址:
Monsieur Pierre Louÿs
147. B[ard] Malesherbes.
Autogr.: F-Pn, Mus., N.L.a. 44 (81). *Prov.*: anc. coll. A. Godoy; Hôtel Drouot, 5 février 1999, n° 186. *Publ.*: Debussy-Louÿs 1931[k], p. 37 (non datée); Debussy-Louÿs 1942[b], p. 149-150 (non datée); Debussy-Louÿs 1945, p. 169 (datée janvier 1902).

---

① 该日期的推断依据: 信中提到的沙拉维的出售清单以及皮埃尔·路易斯的病情。见书信 1901 – 77。

② 努埃勒·沙拉维(Noël Charavay, 1861—1932),手稿经销商,其商号成立于 1845 年。在 1912 年 1 月初发表的沙拉维销售清单中,第 47879 号为克劳德·德彪西的一封书信,收信人与时间不详,只标注有"非常杰出的新一代作曲家之一"。几个月之后,当《佩雷亚斯》完成了首演,皮埃尔·拉罗将德彪西 1900 年 8 月 27 日的书信(见书信 1900 – 47)卖给了沙拉维,文献编号为: Cat. Charavay 318 (juin 1902), n° 48417。

③ 指没日没夜地进行配器工作。

1902 – 2

致罗拜赫·勾代

星期五晚上

1902 年 1 月 10 日

我亲爱的朋友，

首先，很遗憾您来的时候我不在……我当时正在喜歌剧院的走廊里傻等 Al. 卡雷先生，等他谈《佩雷亚斯》的事宜。（您肯定知道已经定下来要演了！[①]）您的提议让我和德彪西夫人感到很开心。如果可以，我们选择 1 月 19 日星期日来与您吃午饭。您不介意我们十二点半到一点之间过来吧？

至于《佩雷亚斯》，我最近实在是弹了太多遍了！[②] 我们到时候找点别的作品。

请相信我坚定的友谊，我将非常高兴见到您。德彪西夫人向您问好，也请代我向勾代夫人问好。

您的，

克劳德·德彪西

---

① 就是指 1901 年 5 月 3 日的那份承诺，见书信 1901 – 27。排练于 1902 年 1 月 13 日开始。

② 在排练之前，安德烈·梅沙杰在自己家组织了读谱和选角工作：“与艺术家们读谱的事情是在我家里完成的，完全私密。德彪西在钢琴上演奏他的音乐，用他那深邃的嗓音唱着所有的角色，因此他经常需要降低八度来演唱，但他的语调中逐渐透露出无法抗拒的魅力。我认为他的音乐在那天给人留下的印象是独一无二的。首先，音乐中带着一种谨慎和矜持，然后一点点地释放，各种情绪不断叠加，《梅利桑德之死》的最后一个音让人在沉默中潸然泪下。音乐结束时，一切都被带走了，并且都迫切想要马上投入练习当中。”见 Messager, p. 110。

信封上有邮戳和地址:[1]
Monsieur Robert Godet
2 Sente des Grès.
à Sèvres.
(S. et O.)
Autogr.: non localisé. *Publ.*: Debussy 1942, p. 102-103.

1902 – 3

致保罗·杜卡

[1901 年 1 月 18 日]
星期六晚上

亲爱的朋友,

我这里有一些特殊情况,明天来不了拉穆勒了,[2]对此我真的很不开心。

我只能厚颜无耻地祝您好运,看在老朋友份上,请原谅。

克劳德·德彪西

信封上有邮戳(19-1 02)和地址:
Monsieur Paul Dukas.
9 rue des Petits-Hôtels.
Paris
(10eme)
Autogr.: non localisé*. *Prov.*: Drouot Rive Gauche, Gare d'Orsay, 20 juin 1977, n° 96; Cat. H. Schneider 225 (1978), n° 63 (avec fac-sim.).

---

① 信息来源:Debussy 1942。

② 保罗·杜卡的《交响曲》在拉穆勒音乐会上演,还包括莫扎特、弗朗克、格里格、瓦格纳以及柏辽兹的作品。正如书信 1902 – 2 显示,德彪西星期日要和罗拜赫·勾代吃午饭。

1902－4

致玛丽·嘉登

巴黎，[1] *190*［2］[2] 年［1 月 24 日］

我亲爱的小梅利桑德，

我得知您生病了，这让我感到很难受（希望您能相信我）。我很想问您星期五是否愿意来排练，但我没敢问，我们换一天，星期六吧。[3]

您两个亲切的小伙伴。

克劳德·德彪西

信纸带有以下抬头：
Café Riche
16, Boulevard des Italiens
Autogr.: GB-Lcm.

---

① 此地点和年份（斜体部分）被印刷于信纸之上。

② 喜歌剧院的“日志”页边空白处提到玛丽·嘉登 1 月 24 日和 25 日均缺席。

③《佩雷亚斯与梅利桑德》1902 年 4 月首演的主要演员如下：玛丽·嘉登（Mary Garden, 1874—1967）（饰演梅利桑德）、珍妮·杰维勒－雷阿克（Jeanne Gerville-Réache, 1882—1915）（饰演热纳维埃夫）、让·佩里耶（Jean Perier, 1869—1954）（饰演佩雷亚斯）、埃克托·杜弗拉内（Hector Dufranne, 1870—1951）（饰演戈洛）、菲利克斯·维厄伊（Félix Vieuille, 1872—1953）（饰演阿凯尔）。自 1 月 13 日到 3 月 26 日，歌唱家们与德彪西、合唱指挥路易斯·兰德里（Louis Landry）以及安德烈·梅沙杰每天都在排练（除了星期日）：“几个星期以来，排练都进行得如火如荼，每一场都要重复二十遍，作曲家的要求极高且很难满足，但没有一位演员表现出不满，每个人都期盼着届时现场的乐队和布景效果。”见 Messager, p. 111。

1902 – 5

致尼古拉·G. 克罗尼奥

[1902 年 1 月 27 日]
星期一六点半

亲爱的朋友:

梅特林克的事已经搞定了,在我看来,他的情况是一种奇怪的病态……[①]

但是……法国还是有疗养院的……

---

① 莫里斯·梅特林克在报纸上发现梅利桑德的角色将由玛丽·嘉登首演,而他的情人乔洁特·勒布朗则被淘汰了。他向作者协会提交了抗议,协会则于 2 月 14 日召集了有关各方,正如梅特林克在 1902 年 1 月 15 日用一封信(未发表)通知阿勒拜赫·卡雷:"巴黎,1902 年 1 月 15 日。先生,我昨天注意到《佩雷亚斯与梅利桑德》的收据刚刚被送到作者协会。然而,这张收据上的日期是 1901 年 5 月 3 日,但直到同年的 12 月 30 日才被登记入册。另外,我没有在上面签名。如此一来,有两个理由能让这张收据失效,其中第二个是强制性的。原因是,虽然我知道这部作品被我的合作者送到了喜歌剧院,但我一直没有签名(我知道这是签订合同必需的东西),除非梅利桑德这个角色由乔洁特·勒布朗小姐首演。我本想向作者协会委员会提交抗议,要么换成我想要的演员,要么将作品撤下,但在此之前我仍然希望通过您的礼让实现我这个合情合理的愿望,而且我早就托我的合作人向您传达了这个意思。先生,请接受我最崇高的敬意。M. 梅特林克。"文献编号:US-AUS。1902 年 2 月 7 日,梅特林克被作家协会传唤,他试图证明自己在 1895 年 10 月 17 日(书信 1895 – 65)写给德彪西的书信内容绝不是随口说说而已,他认为自己对演员的指定是完全合理合法的。一周后,梅特林克和德彪西一同被传唤,见书信 1902 – 7。阿勒拜赫·卡雷在回忆录中说道:"我从不怀疑勒布朗女士的才华,而且我后来也毫不犹豫地交给她保罗·杜卡作品中阿丽亚娜的角色,她也完成得很棒。但是,当时我已经错误地让她去演卡门了,我不想再犯第二个错误,而且我认为这位歌唱家虽然美貌,但她不太适合梅利桑德这个弱小女子,包括嗓音、举止、与生俱来的优雅、忧郁的微笑、轻盈的步态……而所有这一切都完美地集中在玛丽·嘉登身上。"见 Carré, p. 277。

卡雷表现得稳如泰山……我也要尝试这么做。

对您全心全意的，

克劳德·德彪西

气动管卡，带有邮戳（27 JANV 02）和地址：
Monsieur N. G. Coronio.
50 avenue du Bois de Boulogne
(16eme)

Autogr.: F-Pn, Mus., L.a. Debussy (C.) 8. *Prov.*: anc. coll. J. Sebastopulo; Cat. Sotheby's (24 mai 1960), n° 416. *Exp.*: Paris 1962, p. 44, n° 136; Lisbonne 1962, p. 45, n° 125.

1902－6

致勒内·彼得

［1902 年 1 月 27 日］
星期一六点半

亲爱的朋友:

梅特林克的事已经搞定了,卡雷和我都认为他的情况是一种奇怪的病态……

好在,法国还是有疗养院的。

你的,

克劳德·德彪西

气动管卡,带有邮戳(27 JANV 02)和地址:
Monsieur René Peter.
93. rue Jouffroy.
(17eme)
Autogr.: non localisé*. *Prov.*: Cat. N. Rauch (24-25 novembre 1958), n° 94; anc. coll. L.-P. Vallery-Radot. *Publ.*: Peter 1944, p. 175 (datée 27 février 1902); Dietschy, p. 140; Debussy 1980, p. 113; Debussy 1993, p. 169. *Fac-sim.*: *Inédits sur Claude Debussy*, Paris, Les *Publ.*cations techniques, Galerie Charpentier, p. 6 (datée 7 février 1902). *Exp.*: Paris 1948, p. 1, n° I/12; Bordeaux1962, p. 31, n° 72; Paris 1962, p. 44, n° 135; Lisbonne 1962, p. 45, n° 124.

1902 – 7

致罗拜赫·勾代

［1902 年 2 月 14 日］[①]

星期五

亲爱的朋友：

您能尽快来看我一下吗？我这里需要请您这个朋友帮个大忙，是

---

① 1902 年 2 月 14 日，莫里斯·梅特林克和德彪西就《佩雷亚斯与梅利桑德》的发行权问题在剧作家和作曲家协会展开对峙。一星期前，梅特林克刚刚在维克多利杨·萨杜主持的该协会委员会面前进行了陈述。会议记录的节选如下："德彪西先生获准入场。主席先生告知他梅特林克先生的申诉，并请他说明《佩雷亚斯与梅利桑德》的音乐是在何种条件下创作的。德彪西先生表示，八九年前他读了梅特林克先生的书，随后便萌生了在该剧基础上作曲的想法。他当时尚不认识梅特林克先生，一位朋友建议他向梅特林克先生请求授权。他前往比利时，在根特见到了梅特林克先生，并得到了授权。他创作了音乐，并在多年内没再见到梅特林克先生，也没有和他通信。1895 年，著作剧院经理卢涅 – 波先生曾计划上演没有配乐的《佩雷亚斯与梅利桑德》，在得知该作品的歌剧版本有可能在同一时期上演后，波先生放弃了他的计划。正是在 1895 年 10 月 19 日，德彪西先生收到一封书信，根据信函，他认为自己有权在任何时间和地点上演《佩雷亚斯与梅利桑德》。德彪西先生多年前曾给巴黎喜歌剧院剧院的阿勒拜赫·卡雷先生试听过他的作品，后者似乎准备将其上演。主席先生询问了德彪西先生签署协会接收单的日期，德彪西先生回忆说应该是在 1901 年 12 月左右。他继续解释道，1901 年夏季中，他见到了梅特林克先生，后者坚决要求梅利桑德一角由乔洁特·勒布朗小姐扮演。德彪西先生几年前结识了勒布朗小姐，他不认为这个角色可以交给她来演，但面对梅特林克先生的明确意愿，他只是回答说："到时候看。"并没有做出任何承诺或保证。很快，演出事宜便展开，巴黎喜歌剧院开始排练。梅特林克先生再次要求梅利桑德一角由勒布朗小姐扮演，并威胁说，如果不这样做，他将反对作品的演出。在被问及时，德彪西先生回答道，他没有告诉梅特林克先生喜歌剧院的接受情况。"梅特林克最终拒绝接受作家与作曲家协会的仲裁，并在 1902 年 4 月 13 日的《费加罗报》上发表了一篇文章，宣布德彪西的歌剧将会失败，引起轰动。见书信 1902 – 16。

有关《佩雷亚斯》的![1]

我每天中午十二点到一点或者晚上六点左右都在家。

请让我指望您,友好地。

克劳德·德彪西

信封上有邮戳(寄出: 14-2 02,到达: 15-2 02)和地址:
Monsieur Robert Godet.
2. Sente des Grès.
à Sèvres.
(S. et O.)
Autogr.: F-Pn, Mus., N.L.a. 29 (17). *Prov.*: C. Godet. *Publ.*: Debussy 1942, p. 103.

① 可能是德彪西在接受剧作家和作曲家协会询问之后希望征求一些意见。

1902－8

致罗拜赫·勾代

巴黎，[1902年]3月8日，七点

您能帮我个大忙，明天中午十二点及下午都过来吗？[①] 非常感谢。

德彪西

电报，带有邮戳（8 MARS 02），发往：
Robert Godet
Sente des Grès
à SÈVRES
Original: F-Pn, Mus., N.L.a. 29 (18). *Prov.*: C. Godet.

---

① 当天进行了第一次乐队排练，效果非常糟糕，正如喜歌剧院乐队指挥安德烈·梅沙杰回忆的那样："随着第一次乐队读谱，接下来的一段时间都暗无天日，令人沮丧。德彪西很慷慨，他让一个不太富裕的同仁来誊写乐队分谱，但那个人水平太差而且没什么经验，所以这是个糟糕的主意。这位勇士的笔迹简直不忍直视，他那点音乐知识不足以让他理解那些不寻常的和声，乐队分谱中的错误也是随处可见，数不胜数。我们可以想象在这样的条件下读谱会是种什么感觉！光是修改错误就花了三到四次排练时间。我需要为喜歌剧院乐队的成员们说句公道话，他们的耐心和善意令人钦佩，尽管这种排练令人厌恶、心烦，尽管大部分成员都认为该作品难以理解且注定要失败，但他们始终对德彪西怀有敬意，这很令人感动。在排练了整整二十一次之后，我认为我们的演奏最终非常接近完美了。"见 Messager, p. 111。罗拜赫·勾代帮助德彪西修改了乐队分谱："最不幸的是，这是一个无知的誊写员（他是一个钢琴学生，他习惯了楼上狂练音阶、楼下狂抖颤音的环境），他虽然无意，却开了个最黑暗的玩笑：他的确数过拍子，但是以每种乐器的间隙为标准，因此他忽略了这期间所有节拍和调号的转换，然后为我们呈现出一个在视觉上无可挑剔的第一幕，然而想让耳朵也满意的话，那就有数不清的问题需要纠正了。在这方面，德彪西始终做不好，而且这次更不是时候。幸好我们补救了这一切[……]"见 Godet 1926, p. 82。

1902 – 9

致勒内·彼得

[1902年3月10日]

我的老伙计:

你五点半到五点三刻这个时间在家吗?如果在的话,我就过来,不过不是什么好事。

你的,

克劳德

Autogr.: non localisé (copie H. Borgeaud).

1902－10

致劳尔·巴赫达克

星期日

1901年3月30日

亲爱的朋友，

伏霍蒙收到提示了，订阅者人群很可能会涌向昂儒路40号的。[①]现在，我请您不要爆我太多的料！您知道我们的同行喜欢恶搞，他们可以借这些事情说三道四。

我那天没能好好谢谢您，[②]请从这几行字里接受我最真诚的谢意。

克劳德·德彪西

请代我向您母亲问好。[③]

Autogr.: F-Pn, Mus., L.a. Debussy (C.) 13. *Prov.*: Mme R. Bardac.

---

① 这是伏霍蒙的地址，该出版社于5月出版了《佩雷亚斯》的钢琴与声乐版本。

② 可能是为了感谢巴赫达克改编《云》的事情。

③ 指艾玛·巴赫达克（Emma Bardac, 1862—1934），未来德彪西的第二任妻子。

1902－11

致尼古拉·G. 克罗尼奥[1]

[1902 年 3 月]
星期二

亲爱的朋友,

我没能立即回复您友善的来信,还请您不要生我的气……您的信真的很有用。当前我的压力很大,活得像台机器,礼仪已经消失,但友情仍存(卡迪内路 58 号)。居叟姆在折腾得灰头土脸之后,[2]终于开始懂我的意思了,真不错！我今天要去隆森先生那里看看其他的设计方案。[3]愿神能在这次交锋中继续助我一臂之力……[4]明天见,亲爱的朋友,满怀深情地。

克劳德·德彪西

---

① 这封信是写给阿勒拜赫·卡雷的,但在 1960 年与一整批手稿被克罗尼奥的继承者 J. 塞巴斯托普洛(J. Sebastopulo)出售。

② 卢锡安·居叟姆(Lucien Jusseaume, 1861—1925),1898 年至 1924 年任巴黎戏剧院布景师,被评论界称为风景的诗人,但他属于传统的现实主义学派。古斯塔夫·夏庞蒂埃的《露易丝》首演就是由他来布景的。在《佩雷亚斯》中,他布景了森林(第一幕第一场)、花园喷泉(第二幕第一场、第四幕第三场、第四幕第四场)以及城堡的房间里(第二幕第二场以及第四幕)。

③ 尤金·隆森(Eugène Ronsin, 1867—1938),画家、布景师,他负责的布景如下:长廊(第一幕第二场、第四幕第一场、第四幕第二场)、露台(第一幕第三场)、石窟(第二幕第三场)、地下(第三幕第二场)、塔楼(第三幕第三场、第三幕第四场)。保罗·杜卡在 1902 年 5 月 10 日的《艺术与猎奇编年史》(*Chronique des arts et de la curiosité*, 第 19 期)上写道:"《佩雷亚斯与梅利桑德》不仅是一部美丽的作品,更是一场精彩的表演。卡雷先生为梅特林克和德彪西先生的作品配置了最精致、最讲究的布景,他表现得非常有魄力,我们必须热烈祝贺他。居叟姆先生和隆森先生的布景可以说是大师之作中的极品。"见 Paul Dukas, *Les Écrits de Paul Dukas sur la musique*, Paris, Société d'éditions françaises et internationales, 1948, p. 575。

④ 据喜歌剧院"日志"记载,布景彩排于 1902 年 3 月 17 日开始。

Autogr.: US-AUS, Carlton Lake Collection. *Prov.*: anc. coll. J. Sebastopulo; Cat. Sotheby's (24 mai 1960), n° 419. *Publ.*: Debussy 1980, p. 114 (incomplète; attribuée à A. Carré); Debussy 1993, p. 169 (incomplète; attribuée à A. Carré).

1902 – 12

致勒内·彼得

[1902年3月]

亲爱的朋友,

不巧!我一点半有排练,[1]你是不知道有多少事情需要处理,很吓人的。

我六点多的时候去找你,如果你不在,请往我家捎个信,谢谢。

你的,

Ⓒ

信笺,用铅笔所写,未贴邮票。

Autogr.: non localisé*. *Prov.*: Cat. N. Rauch (24-25 novembre 1958), n° 94; Cat. Privat 318 (été 1960), n° 1730; Cat. Macnutt (1971), n° 28. *Publ.*: Peter 1944, p. 221 (extrait; non datée).

---

① 喜歌剧院的活动安排十分密集。1902年的前三个月的演出(包括日场)就有一百零八场。

1902 – 13

致勒内·彼得

［1902 年 3 月］

我亲爱的勒内：

请原谅我这里又发生了点意外，这已经快变成定点现象了。不过，我这里确实有件棘手的事：我刚刚从喜歌剧院把《佩雷亚斯》撤下来！① ……（目前先不要和任何人说…… ）因此，我目前完全不在状态，至少今天不行。

再次抱歉，也请理解我这难言之隐……总之，我尽量在星期五给你寄些东西。

满怀深情地。

你的，

克劳德

Autogr.: non localisé (copie H. Borgeaud). *Prov.*: Cat. N. Rauch (24-25 novembre 1958), n° 94; Cat. Librairie de l'Abbaye 8 (1961), n° 31; Cat. Librairie de l'Abbaye 10 (1961), n° 32; Cat. G. Morssen (printemps 1973), n° 261; Cat. Stargardt 599 (20-21 juin 1972), n° 591; Cat. Stargardt 606 (2-3 décembre 1975), n° 702; Cat. Stargardt 615 (6-7 juin 1978), n° 702. *Publ.*: Peter 1944, p. 221-222 (non datée). *Exp.*: Paris 1948, p. 1, n° I/11.

---

① 这或许只是德彪西取消预约的一个借口，也或许是德彪西在第一轮糟糕的乐队排练后感到心灰意冷。

1902 – 14

致昂利·德·雷尼耶

［1902年3月至4月之间］[①]

星期一

亲爱的朋友，

当前，我已经任人摆布了，不管是歌唱家、乐队乐手还是剧院人员，这也就意味着我接下来一段时间会变得很无脑……[②] 但是，我依然要感谢您没有忘记我，还给我寄来了您的书，它们始终让我乐此不疲。[③] 请原谅，我的答谢和我的友谊相比显得如此潦草。

克劳德·德彪西

后记：我的一个朋友，勒内·彼得突发奇想地希望接过《法兰西信使》的“马戏与卡巴莱”栏目，就是可怜的提南开创的那个精彩的专栏！[④] 我想您的一句话在瓦莱特那里会很有用的，[⑤] 如果您不介意的话。总之，您多费心了，谢谢。

Autogr.: F-Pi, Ms. 6286 (266-267).

---

① 该日期根据《佩雷亚斯》的首演准备时间而推断。

② 排练于1902年1月13日开始，总共持续了六十多天。德彪西参加了所有的排练，还与合唱指挥路易斯·兰德里一起训练歌唱家，1902年1月27日起又开始和安德烈·梅沙杰一起排练。

③ 昂利·德·雷尼耶刚刚给德彪西寄去了《美好的喜悦》(*Le Bon Plaisir*)，该作品于1902年2月20日由法兰西信使出版。

④ 让·德·提南的专栏全名为“马戏、卡巴莱、音乐会”，从1897年11月写到1898年11月。

⑤ 关于瓦莱特，见书信1895 – 60和书信1897 – 64。

1902－15

致保罗-让·图雷

［1902 年 4 月 2 日］

亲爱的朋友,

谋事在克劳德·德彪西,成事在梅沙杰先生……昨晚十点,后者跑到我家来要《佩雷亚斯》第二幕中的七十五小节衔接段……[①] 我们自然需要立刻开始工作,而我原本期待的美妙夜晚就这样化为泡影了。

很抱歉,请原谅这一意外事件,我实在无法做主,我们一定要尽快找机会补上。

亲切地。

克劳德·德彪西

---

① 自 3 月 8 日起,《佩雷亚斯》的乐队排练开始进行。4 月 2 日正是第二次带声乐部分的总排练。梅沙杰在自己写的有关《佩雷亚斯》首演的文章中回忆了这次排练中新出现的障碍:“这期间冒出了一个新的难题最是棘手,甚至到了更换布景的地步。喜歌剧院的舞台看上去很宽,但其实空间不足,后台区域更是窄到连一个框架都无法移动,而我们却需要平均每一幕换三次背景! 多亏阿勒拜赫·卡雷先生的强烈意愿和聪明才智,外加居叟姆和隆森两位布景师的大力协助,我们差不多做到了。可是,德彪西只估算了瞬间变化布景的效果,所以他的幕间音乐都写得太短了。他只好骂骂咧咧、极不情愿地开始工作,而我每天都需要去索要他在排练之间新写的谱子,他就是在这样的情况下创作了那些令人惊艳的插曲,它们为剧情提供了生动的注解。”见 Messager, p. 111-112。德彪西在此信中提到的衔接段就是著名的第一幕、第二幕、第四幕的“间奏”。剩下的第二幕间奏,德彪西只写了五十二小节。

信封上有邮戳和地址:[①]
Monsieur P.-J. Toulet
7 rue de Villersexel
Paris
Autogr.: non localisé.[②] *Prov.*: anc. coll. A. de La Blanchetai. *Publ.*: Debussy-Toulet 1929, p. 11; Debussy 1980, p. 114; Toulet 1986, p. 1224; Debussy 1993, p. 170.

① 信息来源: Debussy-Toulet 1929。
② 让·戈阿斯戈恩(Jean Goasguen)曾指出该书信由波城市政图书馆收藏(见 Debussy-Toulet 1971),但事实并不是这样。

1902 – 16

致罗拜赫·勾代

巴黎,[1902年][4月]14日六点

您看看怎么回复梅特林克的信吧。[①] 谢谢,亲切地。

克劳德

电报,带有邮戳(14 AVR 02),发往:
Godet
Sente des Grès
Sèvres
Original: F-Pn, Mus., N.L.a. 29 (19). *Prov.*: C. Godet. *Publ.*: Godet 1926, p. 83 (179); Debussy 1942, p. 104.

---

① 莫里斯·梅特林克只观看了一次喜歌剧院的排练(3月19日),随后当天便在《费加罗报》发表了一封公开信:“巴黎,4月13日。亲爱的先生,喜歌剧院高层预告了《佩雷亚斯与梅利桑德》的上演。我不会出席这次演出,因为卡雷先生和德彪西先生无视了我理所应当的权利。我本希望法官能将诗歌判还给诗人,然而,法庭上的一个情况让一切都“变味”了。事实上,我选的演员是唯一能够按照我的意愿首演梅利桑德的人,德彪西先生原本也同意了,然而面对卡雷先生无理的反对,他选择滥用我六年前给他写的一封过于大度的信来对付我,就是不让我干涉演出事宜。除了这个损招儿,还有一些事情也很反常,比如作品的收据,明显就是倒填日期,目的就是让我的抗议看上去太迟了。他们就这样把我排除在我自己的作品之外了,自那之后,他们就像对待被占领国家那样对待它。他们肆意删减,让它变得无法理解,他们保留了我本想删除或改善的段落。我最新出版的剧本已经做了这些修改,大家可以看看喜歌剧院的那个版本和原版的区别有多大。简单来说,现在这个《佩雷亚斯》让我感到很陌生,甚至已经成为了我的敌人,当我对它彻底失去控制的时候,我只能希望它一败涂地。亲爱的先生,请接受我最诚挚的敬意。莫里斯·梅特林克。”德彪西想要反击的就是这封书信,而不是一封私人书信。而阿勒拜赫·卡雷则于4月20日宣布他只有在首演之后才会回应梅特林克。

1902－17

致阿勒拜赫·卡雷

［1902年4月18日］[①]
星期五

我亲爱的卡雷先生，

请允许我向您汇报几个关于《佩雷亚斯》的看法，今天上午我没能找到机会说。当然，一切还得由您来做主，我这些意见只是作为参考，毕竟您比我更了解情况。

我感觉大厅整体光线太暗了，这会对演出时的精确性带来实质性的不便，乐队的乐手们很受影响，歌唱家们则无法看到指挥……《佩雷亚斯》的音乐律动很微妙，我们不得不重视这个问题。

第一幕开始时舞台太黑了，关于这点我记得您有一次使用了另一种灯光吧？

第二幕也可以再亮一点。

第三幕，也是您的“噩梦”，不能也再亮点吗？[②]

至于第五幕——戈洛躺着的那段——倒可能不需要开那盏灯了！戈洛刚出事，所以时间上应该才下午三点左右！还有这会影响到紧接着的洞穴那一幕。总结下来就是，全剧昏暗的时候太多了，我们一点光都见不到了。从观众的角度来看，我们也不能过分烘托《佩雷亚斯》特有的那种神秘的地窖氛围。回到第五幕上来，您不觉得戈洛穿着睡衣躺下使得最后一幕变得很“抽象”吗？一个男人自己躺在床

---

① 该日期根据阿勒拜赫·卡雷4月18日的回复而推断。

② 这一幕的难点在于，热纳维耶芙、梅利桑德和佩雷亚斯三位主角之间动作的协调性。阿勒拜赫·卡雷在自己的笔记中记录热纳维耶芙“将右手放在梅利桑德的左手上”，这和第一幕中梅利桑德拒绝戈洛碰她形成了对比。这一场的结尾为佩雷亚斯从“海边而来”。当他们退场时，佩雷亚斯倒着走，并且牵住梅利桑德的左手。

上,这会很不雅的。杜弗拉内自己也觉得有点荒谬。或许他躺着的时候可以把腿给盖上?梅利桑德可以坐在一张沙发上,看上去像是来探望的。我很喜欢您的第一个布景安排。

我能向您申请明天在小剧场再排练一次吗(所有人都来,他们真的都需要排练)?请相信我,这会无比有用。

先提前谢谢您了,请接受我最真切的慰问。

克劳德·德彪西

Autogr.: US-LA, coll. part. *Prov.*: Palais des Beaux-Arts (Bruxelles), 25-26 février 1955. *Publ.*: Debussy 1993, p. 170-171 (datée début avril 1902).

1902 – 18

阿勒拜赫·卡雷致德彪西

巴黎,1902 年 4 月 18 日[①]

我亲爱的德彪西先生,

您所有的看法都非常有道理,我要统一答复的是:我从来都没有去调过灯光,我只是做了些实验,这就是为什么我明天也想把艺术家们叫来。我们最好能在他们合乐队之前把这个必不可少的环节敲定。

关于您跟我说的那个排练,我星期二能把小剧场给您用。我修改了(第三幕的)露台,现在更好移动了。

我收到一封米拉波的来信,很精彩,是关于他朋友梅特林克的。[②]

您忠实的,

阿勒拜赫·卡雷

---

① 此地点被印刷于信纸之上。

② 此信于同一天而作:"亲爱的先生,万分感谢您想得这么周到。明天星期六我自会欣然赴约,来看《佩雷亚斯》的排练。我必须说,对于梅特林克的态度我感到很遗憾,我真的很希望我和他的友谊足够坚实,使我能让他意识到他现在的态度是多么可笑!但我对于他如此的盲目并不抱太大希望。我没能让他恢复理智,他现在已经不讲理了。我做的任何事都只会让原本的愤怒值继续加剧,因为说好听一点,那个男人已经疯了。我期待着这部作品获得巨大成功,但我认为这同样不会让他冷静下来,只会适得其反。我从来没见过一个男人会如此色令智昏。但请相信我,只要我看到任何机会能让他变得正常一些,我一定不会错过的,因为看到他这个样子,我和他真正的朋友们都很难过。奥克塔夫·米拉波。"见 Peter 1944, p. 176-177。米拉波是梅特林克在 1893 年成名的功臣,并且还在《日报》上发表了一篇赞赏《佩雷亚斯》的文章。

抬头有:
THÉATRE NATIONAL
DE
l'Opéra Comique
CABINET
DU
Directeur
Autogr.: F-Pn, Mus., L.a. Carré (A.) 52. *Prov.*: D. de Tinan.

1902 – 19

致罗拜赫·勾代

星期四
[1902 年]4 月 24 日

亲爱的朋友。

我真的是太蠢了,都找不到理由跟您道歉了……!请明天星期五十二点五十分来喜歌剧院吧,[①] 并且请依然相信我的情义。

您的,

Ⓓ

---

① 1902 年 4 月 25 日星期五举行了《佩雷亚斯》的最后一次排练,走台则是在 4 月 28 日星期一进行的。关于这次排练,昂利·布瑟记录道:"这是第一次全体排练。阿勒拜赫·卡雷很满意,他对德彪西说:'您看着吧,我们肯定会大获成功。'梅利桑德之死的场景打动了我们所有人。在年轻貌美的德彪西夫人身边有几个好朋友,其中就包括保罗·杜卡,他表现得心潮澎湃。排练结束后,我们都聚集在梅沙杰的办公室里交换意见。每一幕最后,乐队的收尾都有些出戏。"见 Busser, p. 113。

气动管卡,带有邮戳(24 AVR 02)和地址:
Monsieur Robert Godet.
36 avenue d'Eylau.
Autogr.: F-Pn, Mus., N.L.a. 29 (20). *Prov.*: C. Godet. *Publ.*: Godet 1926, p. 83 (179); Debussy 1942, p. 104.

1902 – 20

致保罗·普儒

星期四
[1902年]4月24日

亲爱的朋友,

在走台前,请您明天星期五十二点五十分先来一次喜歌剧院吧,[①]我们会全力满足您的。梅沙杰请我让您务必邀请您的朋友A. 阿莱一同出席。[②]

祝好。

克劳德·德彪西

气动管卡,带有邮戳(24 AVR 02)和地址:
Monsieur P. Poujaud.
13 rue de Solférino.
Autogr.: F-P, coll. part. *Prov.*: anc. coll. G. Samazeuilh; Hôtel Drouot, 15 décembre 1967, n° 25.

---

① 见前一封书信。

② 安德烈·阿莱(André Hallays, 1859—1930),律师、文人,原《辩论刊》(*Journal des Débats*)评论人,专栏名字为"游手好闲"。他于1902年5月15日在《巴黎刊》(*Revue de Paris*)上评述了《佩雷亚斯》。

1902 – 21

致保罗-让·图雷

[1902 年 4 月 27 日]

亲爱的朋友。

给您门票……[①] 我没给您池座,因为它们都不挨着。

请您对 P. 德·布莱维勒先生热情一些,他人很好的。如果他有的时候不讨您喜欢,还请多担待,而且请记住他的出生可跟我没有任何关系。

对您全心全意的,

克劳德·德彪西

信封上有邮戳(27-4 02)和地址:
Monsieur P.-J. Toulet.
7 rue de Villersexel.
à Paris.
Autogr.: F-PAU, Ms. 216 (1). *Prov.*: anc. coll. A. de La Blanchetai. *Publ.*: Debussy-Toulet 1929, p. 12; Toulet 1986, p. 1225.

---

① 该门票被用于第二天白天举行的《佩雷亚斯》走台。

1902－22

致皮埃尔·路易斯

［1902 年 4 月 27 日］
星期日

我亲爱的皮埃尔。

我给你一张《佩雷亚斯》走台的楼下包厢票，[①] 我不用再次强调我是多么需要你能到场了吧？[②] 请原谅我最近几个月杳无音信，我就告诉你，我最近有一堆糟心的事情……

你的，

克劳德

请你对勒贝 [③]、瓦莱里都热情一些。[④]

Autogr.: US-AUS, Carlton Lake Collection. *Prov.*: Cat. S. Kra 21 (avril 1930), n° 8319; Hôtel Drouot, 27-28 mars 1936; anc. coll. G. Thomas; Cat. P. Cornuau 213 (1937), n° 27472; Cat. Sotheby's (19 décembre 1960), n° 148; anc. coll. G. Van Parys; Hôtel Drouot, 7-8 mars 1979, n° 404. *Publ.*: Debussy-Louÿs 1945, p. 170 (incomplète).

---

① 见前一封书信。

② 路易斯在给自己的哥哥写信时提到自己要出席《佩雷亚斯》的走台，因为“有人需要我鼓掌”。

③ 关于安德烈·勒贝，见书信 1895－12。

④ 第二天，皮埃尔·路易斯给珍妮·瓦莱里写了一封短信，请她怂恿保罗·瓦莱里参加《佩雷亚斯》的走台，“今天一点，第 13 号楼下包厢”。最终，瓦莱里一家和昂利·德·雷尼耶、皮埃尔·路易斯、雅克－埃米勒·布朗什都出席了走台。

1902－23

皮埃尔·路易斯致德彪西

［1902年4月27日］

算我一个,克劳德,我会邀请五个人来填满助威团的包厢。我们自19世纪之后就几乎见不到你了,但这不会影响我对《佩雷亚斯》的看法。谢谢,祝好运!

皮埃尔

Autogr.: non localisé*. *Prov.*: anc. coll. G. Jean-Aubry; anc. coll. P. Drouet; Hôtel Drouot, 14 décembre 1965, n° 24. *Publ.*: Debussy-Louÿs 1945, p. 170. *Fac-sim.*: Debussy-Louÿs 1945, entre les p. 144-145; Gauthier, n° 81. *Exp.*: Paris 1942, p. 55, n° 242; Paris 1962, p. 44, n° 139.

1902－24

致加布里埃尔·穆雷

［1902年4月28日］

亲爱的朋友,

在这次完全不像走台的走台之后,[①] 我申请了明天星期二最后再

① 4月28日,走台在紧张的气氛中进行,安德烈·梅沙杰回忆道:"之前的流言蜚语对这部作品不太有利。我们知道梅特林克想阻止演出,他威胁要对卡雷提起诉讼,甚至在一封公开信中宣称:'当自己对它彻底失去控制的时候,他只能希望它一败涂地。'这是因为德彪西先前曾答应过让一位女歌手出演,且后者深受梅特林克的喜爱,但由于种种原因,德彪西最终拒绝了她。剧院门口放着

排一次……我不确定的是，人家是否会给我安排。您应该向卡雷要星

一些节目册，其中包含了对该剧的滑稽模仿以及嘲讽式分析，这导致很多听众已经提前被逗乐了，他们准备随时看笑话，正是在这样的环境中，大幕拉开了。第一幕的时候，人们还相对平静，虽然大厅里的气氛明显很紧张且充满敌意，但大家都默不作声。引发风暴的是第二幕第二场梅利桑德那句：'我不幸福！'早有预谋的人就等着借这句话来攻击音乐，有些人喊着：'很简单，这都已经变成惯例了！'还有些人则在戈洛与伊尼奥尔同台时喊出'小爸爸'，引来一片哄堂大笑和'哦！哦！'的不满声。在我右侧第一排坐着一个肥婆，算是半个文学界的人吧，她经常出席各种走台，以自己的丑陋和恶毒闻名，她那鸡叫般的抗议声引起了人们的注意。我看到她摊在座椅上，就像落入了风暴中的一叶扁舟，举起'麒麟臂'怒吼道：'哦！……小爸爸……小爸爸……这太搞笑了！够了！……够了！……'幕间休息时，走廊上的情形同样焦躁不安。音乐家们无一例外地发出哀叹：'照这情形我们还怎么演下去？'一切都完了！个别人试图扭转颓势，然而，大家一致认为这样的作品不可能成功。舞台上的演员虽然非常气愤，但好在他们和乐队成员以及所有参加这次日间走台的工作人员一样，始终都保持冷静。他们的演绎无可挑剔，而尾声所产生的情绪终于压制住了那些最恶毒的人，让走台至少在寂静中结束。"见 Messager, p. 112-113。布瑟的描述证实且补充了梅沙杰的版本："这个重要的日子终于来了！《佩雷亚斯》的公开走台。厅里人山人海。人们虔诚地聆听了前两幕，这让我们都有点惊讶。走廊里很热闹，讨论也很激烈。批评者包括：宇、哈维尔·勒胡、伊马赫兄弟。崇拜者有：加布里埃尔·皮埃内、保罗·杜卡。至于皮埃尔·拉罗，他还在观望。塔楼那一场中，小伊尼奥尔不断重复的'小爸爸，小爸爸……'引起了哄堂大笑。那个金发年轻人[伊尼奥尔]是我从《卡门》的童声合唱队里挑来的，他显得惶恐不安。落幕时，出现不少抗议声，但都被掌声所淹没。在第四幕和第五幕的时候，我们已经看到了成功的端倪。评论家昂利·鲍尔最是激动：'终于，法国音乐终于可以从瓦格纳的压迫中解放出来了！'德彪西躲在梅沙杰的办公室，紧张地抽烟，一根接一根。阿勒拜赫·卡雷和梅沙杰组成了战争委员会。我们对第三幕所受到的待遇感到很震惊。当梅利桑德被戈洛揪了头发之后说'我不幸福'时，人们居然在发笑。卡雷对德彪西说：'那能怎么办，我们是完全按照原文来的，所以请相信我，是原文本身有缺陷。我们必须立刻考虑修改或删减。'"见 Busser, p. 113-114。

期三的门票。[①]

我知道他需要有自己人坐在厅里,以防备勒布朗 – 梅特林克一伙闹事。

亲切地。

克劳德·德彪西

Autogr.: J-T, coll. Hirashima. *Prov.*: Cat. N. Rauch (24-25 novembre 1958), n° 93; Cat. B. Loliée 4 (1959), n° 22; Cat. B. Loliée 8 (1963), n° 26. *Publ.*: Debussy 1993, p. 171.

---

① 原本计划4月23日的首演被推迟到29日,后又被再次推迟到30日。29日的额外排练没能被批准,只是应美术副国务卿昂利·胡永和阿勒拜赫·卡雷的修剪而进行了一次局部试演。考虑到有伤风化,胡永要求删除第三幕第四场,即伊尼奥尔站在戈洛肩膀上窥视佩雷亚斯与梅利桑德,还要回答类似下列问题:“床呢? 他离床近吗?”见书信1902 – 32,德彪西在其中也提到了这些删减。至于卡雷,他建议删掉第四幕第三场,即小绵羊那一场,理由是金发年轻人(伊尼奥尔)的声音缺陷以及梅特林克的文本很容易引出讽刺意味:“我们同意删除一些过于激进的词,作品依然会被完整演奏,但‘绵羊’那场有严重的缺陷,它离结尾太近,会中断剧情的发展。小伊尼奥尔原本就是被嘲讽的主要对象,此刻若再让他上台,那无疑是让嘲讽者更加兴奋。”见 Carré, p. 282。

1902 – 25

致保罗·罗拜赫

[1902 年 4 月 30 日之前(?)][①]

我的老保罗。

你到检票口要第 148 号座位,就在我父亲德彪西先生旁边。[②] 请务必注意礼貌,并且不要说阿尔萨斯的坏话……(等等)

你的,

克劳德

Autogr.: F-P, coll. part.

---

① 推算日期。书信 1902 – 27 证实保罗·罗拜赫出席了《佩雷亚斯》4 月 30 日的首演。

② 1902 年 4 月 30 日的首演环境比走台时平静一些,昂利·布瑟记录道:"观众对首演的态度要好一些:每一幕都要返场谢幕三到四次。小伊尼奥尔的那一场还是会引来一阵窃窃私语,但很快就平息了。全场对第四幕和第五幕都表现得极为热情。我见到了保罗·杜卡和沙赫勒·柯克兰,两人均对乐队的细腻叹为观止。演出结束后,德彪西的名字获得了热烈的掌声,而梅特林克的则引来一些反感。卡雷和梅沙杰都把心放下了,他们都期待着长久的成功……"见 Busser, p. 114。阿勒拜赫·卡雷在回忆录中的描述则有所保留:"起初,人们的反应比较平淡。一开始,他们觉得作品缺乏条理、分散、无聊,但这些都一点点地转化为轻微的嘲讽、不合时宜的欢乐,到第二幕结尾干脆变成了名副其实的喧闹。很快,可怜的梅利桑德每说一句话都会引来一阵嬉笑。到了戈洛粗鲁地揪着她头发让她招供的时候,演员喊了一连串'哦!'和'啊!'随后,当梅利桑德说出那句著名的'我不幸福'时,又引来一阵笑声……有人喊道:'还用你说!'"见 Carré, p. 280-281。在经历了这些嘲讽之后,玛丽·嘉登将唱词改成了"我在这里很不幸……"

1902 – 26

致埃克托·杜弗拉内

巴黎,[1902年][5月1日]七点半

抱歉。我昨晚本想见您的。您是位令人钦佩的艺术家,[1] 我真心感谢您。

德彪西

电报,带有邮戳(1 MAI 02)和时间(7 H 30)。
Original: F-P, coll. F. Le Roux. *Prov.*: Cat. Charavay 689 (décembre 1953), n° 24960; Hôtel Drouot, 16 octobre 1991, n° 96.

---

① 埃克托·杜弗拉内饰演了戈洛。

1902－27

致保罗·罗拜赫

星期四,[①] [1902年]5月1日

老保罗,

谢谢你今天早晨振奋人心的留言……我认为我们已经无法形容这些"先生"了,他们怎么会连这都不懂。我同时给你寄过去一张包厢票,听凭你的安排。

友好地。

克劳德·德彪西

Autogr.: F-P, coll. part.

---

① 原件上,德彪西先是写了星期二,随后将其划掉,又在上面写了星期四。

1902－28

致尤金·伏霍蒙

[1902年5月初(?)]
星期日

亲爱的朋友,

如果您明天收到《佩雷亚斯》的乐谱,请先不要照我之前说的发给喜歌剧院。[①] 大家都筋疲力尽了,我们星期一再继续干!

我六点半左右到您那里。

亲切地。

克劳德·德彪西

Autogr.: F-LY, coll. D. Jobert-Georges.

① 可能是刚刚由伏霍蒙出版的《佩雷亚斯》钢琴与声乐版乐谱。

1902－29

致昂丽埃特·福克斯

［1902年5月初(？)］

“首先，感谢您好心想到了上演《绝代才女》，但我恐怕要到6月5日之后才有空……就是因为《佩雷亚斯》正在演出中。［……］”［德彪西还需要去布鲁塞尔，[①] 但他随时准备着排练。］

Autogr.: non localisé. *Prov.*: Hôtel Drouot, 18 décembre 1969, n° 98; Cat. W. Benjamin 822 (1972), n° F-128.

① 这次旅行似乎没成。

1902 – 30

致昂利·鲍尔

[1902 年 5 月 8 日]

我亲爱的大师,

感谢您给《佩雷亚斯》写的好评,[①] 在我身处恶语的旋涡之时,您想象不到这让我备受鼓舞。[②] 这是对我十二年来工作的认可,[③] 请允许我对您的高度评价感到自豪。

再次感谢您,请接受我最诚挚的敬意。

克劳德·德彪西
5 月 8 日/
02 年/卡迪内路 58 号

---

① 昂利·鲍尔在 1902 年 5 月 2 日的《费加罗报》上写道:"无论是今天还是明天,C. 德彪西的作品一定会火的。这只是时间问题,而且很快就会实现。"鲍尔指出了德彪西遇到的困境:"德彪西生活在他所选择的作品中。他感觉到它在自己的大脑和心脏中跳动。迷人的散文逐字逐句被配以和谐的律动,佩雷亚斯与梅利桑德的形象通过无穷无尽的艺术手法融入了音响世界,真是独一份的。八年的筹备、创作和等待,终于有一位剧院院长接纳了作品。可以说音乐家已经这样了:厌倦了! 还有多少考验和心酸啊! [……]从首演开始,这部原创作品就让许多观众感到不安和恼怒。[……]那些不幸的因循守旧之辈还在紧咬着一件事不放:伟大的作品必须要遵照模板。虽说他们是个小团体,但人数还真不少,且积极活跃,他们守在剧院的门口,声称只要作品不是神话剧本或没有主题一览表就不允许它进入剧院。一位原创且自由的音乐家能跨越这道坎吗? 那些人可是充满了敌意,想尽一切办法打压他。[……]这就是克劳德·德彪西,他的艺术细腻微妙、不拘于旧法,且个性丝毫不减,正因如此,法国音乐又重新获得了自由。"

② 见书信 1902 – 25。

③ 德彪西说十二年,事实上他至少多算了三年。

信封上有邮戳(8 MAI 02)和地址:
Pneumatique
Monsieur H. Bauër
3. Place des Vosges.
à Paris.
Réexpédie:
chez Mr Edmond Rostand
Cambo les bains.
Autogr.: non localisé*. *Prov.*: Cat. Coulet et Faure 128 (1972) (avec fac-sim.). *Publ.*: Debussy 1980, p. 114; Debussy 1993, p. 172.

1902 – 31

致安德烈·梅沙杰

1902 年 5 月 9 日

最亲爱的朋友,

自从您离开后,[①] 我就像一条无人问津的小路一样凄凉……我一直想见您。不过目前我们各自的地理位置不允许……我还是不拿我的抱怨来烦您了,来聊聊我们的《佩雷亚斯》吧……

---

① 1902 年 5 月 3 日,安德烈·梅沙杰在《佩雷亚斯与梅利桑德》的第三场演出后离开巴黎前往伦敦,他自 1901 年起每年 5 月到 7 月在考文特花园指挥歌剧演出季。德彪西将《佩雷亚斯与梅利桑德》的乐谱献给了他。

星期四,[①]我们需要给布瑟安排一次简短的排演,[②]我跟您说实话,喜歌剧院本应该给他安排一次完整的排练。布瑟很紧张,都不知道怎么拿谱子了。佩里耶的声音像是从他的伞里传出来的![③] 嘉登小姐坚决不看布瑟的脸,理由是她习惯了观赏一张比那英俊得多的脸。(这个理由成立。)总之,现在的形势很不明朗,谁也不知道会发生什么。

星期五,现场很棒,让·德·雷斯克先生都到场了。[④] 观众表现得恭恭敬敬,布瑟上来的时候,那表情就像自己马上要洗冷水澡一样难看……(好在乐队一直带着他,帮他实现细腻的变化……)乐队并没有去招呼歌唱家,反而是使了不少绊子。不过到了第四幕之后就好多了,三次返场算是回馈了这群努力的人。

总结下来,这是个美妙的晚上,就是少了您……但这一少可是翻天覆地的不同!我给您解释:您懂得如何用最精致的方式激活《佩雷亚斯》音乐中的生命力,这是无法复制的,因为所有音乐中的内在韵律

---

① 德彪西将日期混淆了:简短的排演是在5月7日星期三进行的,第四场演出的时间是5月8日星期四(不是星期五)。昂利·布瑟证实了这一日期。见Busser, p. 116-117。布瑟还补充说自己在5月10日星期六收到了梅沙杰的留言:"我亲爱的朋友,我通过德彪西得知星期四的演出很顺利,我感到很欣慰。这不是一件容易的事,我很高兴您做得如此出色。"见Busser, p. 117。

② 这是布瑟第一次担任指挥工作。他在自己的书中记录了这第四次演出:"我完全没有'怯场',但是,我感觉自己的胳膊硬得像铁一样!第一幕之后,我让自己放松下来,因为一切都很顺利,乐手们都很专注。首席小提琴佛雷斯特是我的一位老朋友,时不时会给我一个赞许的信号。第三幕后,我差点被一个抗议的观众气得怒发冲冠。在休息室里,以玛丽·嘉登为首的演员们给了我很多赞美,卡雷还对我说:'这完全就是梅沙杰的手笔。您胜利了。'"见Busser, p. 116-117。

③ 名字拼写笔误。

④ 名字拼写笔误。波兰歌唱家让·德·雷斯克(Jean de Reszké, 1850—1935)于1874年在伦敦、威尼斯、纽约开启了自己辉煌的职业生涯,随后在巴黎歌剧院出演儒勒·马斯奈的《希罗底》,获得巨大成功。他的嗓音优美,这使他既可以演唱法国作品,也可以担任瓦格纳作品中的重要角色。他是当时最受欢迎的歌唱家之一。正是在1902年,他退出了舞台,投入教学事业。布瑟提到他在5月10日星期六的第五次演出中见到了雷斯克。后者很有可能也出席了5月8日星期四的演出。

都要靠那个对的人来带动，就像每个字都要靠嘴来说一样……如此一来，您个人对《佩雷亚斯》的感受就会加倍呈现给观众，也因此给作品带来了强大的“凝聚力”。您跟我都清楚，这是绝无仅有的。我知道我这样说只会加剧自己的遗憾，但也管不了那么多了！我一定要让您知道这一点，另外还献上我忠实的友谊。

克劳德·德彪西

后记：我星期日再给您写一封信，德彪西夫人向您问好。她很荣幸接待了玛德兰娜·梅沙杰小姐，[1] 我认为将来她们两个的关系会很好的。

Autogr.: non localisé*. *Prov.*: anc. coll. B. Loliée; Hôtel Drouot, 22 mai 2019, no 76; Hôtel Drouot, 2 juin 2022, no 30.. *Publ.*: Debussy 1938, p. 15-17; Debussy 1980, p. 117; Debussy 1993, p. 172-173.

1902 – 32

致阿道夫·朱利安

［1902 年 5 月 12 日］[2]
星期一

亲爱的先生，

对于您为《佩雷亚斯与梅利桑德》做的见证，我异常重视。这也

---

① 安德烈·梅沙杰的女儿。

② 该日期根据阿道夫·朱利安 1902 年 5 月 11 日在《辩论刊》上发表的评论所推断。

是为什么我想对您在文中的指责做出解释……[①]走台当天,胡永先生要求阿勒拜赫·卡雷先生删掉《佩雷亚斯》第三幕的最后一场。[②]当时我认为这样删减就如同动了外科手术,所以直接拒绝了。不过我还是同意剪掉一些片段,并且改变一些表达方式,如果不是因为那个可笑的纷争导致我和梅特林克先生的关系紧张,我自然是要征求他的意见的。您比我更清楚,剧院里的气氛是瞬息万变的,而且我们很难掩饰自己对作品的不理解。请相信这一切,抛开我独立自主这一点不提,我还是要感谢您信任我作为艺术家的真诚,您的观点非常细腻,这在我们这个时代的"艺术评论家"中太罕见了,因为大部分评论家都忘记了这个头衔所代表的热忱与忠诚。

先生,请您接收我的敬意。

克劳德·德彪西

Autogr.: non localisé (copie M. G. Cobb). *Prov.*: Cat.P. Cornuau 198 (janvier 1934), n° 23986 (datée 21 juin 1902).

---

① 对于德彪西在信中提到的删减片段,朱利安是这样写的:"但让我感到有些震惊的是,在走台和首演之间,德彪西先生居然授权对作品进行删减,甚至缩短了小伊尼奥尔追问他爸爸的那一段,就因为第一次公演的时候引来了一些嘲笑和抗议。这推翻了我之前所有的想法,我开始感到有些担忧。这位音乐家难道不是我们众望所归的强硬派吗?难道他也会因为观众而患得患失吗?哦!这个叛徒!难道他也将这些该死的走台看作是测试调研环节吗?难道这位大胆的革新者也是一位优柔寡断的胆小鬼吗?……他居然能容忍那些删减,更何况它们没有起到任何作用,这也太卑微了!如果作品真的像莫里斯·梅特林克先生希望的那样一败涂地,那更是奇耻大辱!看来对于这一类诗人和音乐家,我们要对一切都做好心理准备。"

② 昂利·胡永,法国文学评论家,曾与儒勒·费里(Jules Ferry, 1832—1893)和保罗·拜赫(Paul Bert, 1833—1886)合作。1891年期开始担任美术学院院长。关于胡永要求的删减片段,见书信1902-24。

1902 – 33

致保罗·杜卡

[1902 年 5 月 13 日]

亲爱的朋友，

我就是想真心感谢您……我可以说这是兄弟的情谊吗？

俗话说“英雄所见略同”……没有什么比您给《佩雷亚斯》写的文章更能证明这一点了！[①]

虽然说一切都来得如此合乎情理，但我内心还是感到一阵骄傲自豪。

我希望不久后能再见，请接收您亲切忠实的，

克劳德·德彪西

德彪西夫人觉得您越来越“亲切”了。她经常对您有着美好的回忆。

信封上有邮戳（13-5 02）和地址：
Monsieur Paul Dukas.
9 rue des Petits-Hôtels.
à Paris.

Autogr.: non localisé*. *Prov.*: Cat. H. Saffroy 89 (octobre 1974), n° 8452; Cat. H. Saffroy 93 (septembre 1975), n° 8813; Cat. H. Schneider 232 (1979), n° 28 (avec fac-sim.); Hôtel Drouot, 13 décembre 1984, n° 98; Hôtel Drouot, 19 mars 1986, n° 98; Hôtel Drouot, 1er juillet 1986, n° 65. Hôtel Drouot, 20 avril 2007, no 215; Cat. Stargardt 704 (15 mars 2017), no 596.

---

① 保罗·杜卡在 1902 年 5 月 10 日的《艺术与猎奇编年史》上发表的乐评被转载至《戏剧与音乐杂志》（*Revue d'art dramatique et musicale*）。一部分记者声称他们在《佩雷亚斯》中听不到旋律、节奏、和声或主题展开，保罗·杜卡抨击了这些人，并断言和声“只是主题的一个绝妙的延续”：“同样，主题展开的节俭不能只从音乐角度考虑，还要从全新的心理学角度布局。乐队的补充也是如此，其统一性令人赞叹。这一切都属于他，只属于他。”见 Paul Dukas, *Les Écrits de Paul Dukas sur la musique*, Paris, Société d'éditions françaises et internationales, 1948, p. 575。

1902－34

致安德烈·梅沙杰

[1902 年 5 月 14 日][①]
星期三

最亲爱的朋友,

抱歉这封信来迟了……或许我必然要承受一次打击所带来的五味杂陈吧,而这打击总归还是来了,而且后果严重。星期六的演出效果不怎么样,[②]造成这一结果的是一系列荒唐的小事,然而我不能为意想不到的奇葩事件负责。为了能够继续这个系列演出,他们昨天把《佩雷亚斯》换成了《伊斯王》,[③] J. 佩里耶先生称自己失音了……(威利还抓住这次机会提到“失音午后”[④])我们等明天星期四少点麻烦之后再接着演![⑤]

另外,我有一种感觉,自从您离开之后,阿勒蒙德王国就有恶事发生![⑥]说真的,喜歌剧院里没有人像您一样对《佩雷亚斯》无微不至。所以,如果一切正常,那就算我们走运,如果不行,那就算我们倒霉。

---

① 此信日期曾被标记为 6 月 18 日(见 Debussy 1938),但该信只有可能是 5 月 14 日所写,因为信中提到了 5 月 10 日星期六的演出,提到了 5 月 13 日爱德华·拉罗的《伊斯王》(*Le Roy d'Ys*)替换了《佩雷亚斯》以及星期日的圣灵降临节,而 1902 年的圣灵降临节是 5 月 18 日。

② 指 1902 年 5 月 10 日的第五场演出。

③ 5 月 13 日的《费加罗报》通告了这次调换:“让·佩里耶先生[扮演佩雷亚斯]的无法出席使剧院高层不得不调换今晚的演出。我们将上演《伊斯王》[……]我们认为让·佩里耶先生星期四就可以恢复,继续演出《佩雷亚斯与梅利桑德》。”

④ 此处为谐音梗:“失音午后”的法语“l'après-midi d'aphone”与《牧神午后》的“L'après-midi d'un Faune”发音非常相似。——译者注。

⑤ 第六次演出的确是 5 月 15 日星期四进行的。

⑥ 这是引用了莎士比亚《哈姆雷特》第一幕第四场的一句话,德彪西非常喜欢引用这句话:“丹麦有恶事发生。”

您知道，我可没有能力依靠外部手段来重燃破碎的勇气！

如果您有时间，就给我写点信吧，虽然我们天各一方，但我还是需要听到您友好的声音。

满怀深情地。

克劳德·德彪西

后记：卡雷想在星期日圣灵降临节的白天演出《佩雷亚斯》？[①]

Autogr.[②]: non localisé*. *Prov.*: anc. coll. B. Loliée; Hôtel Drouot, 22 mai 2019, n° 76; Hôtel Drouot, 2 juin 2022, n° 30. *Publ.*: Debussy 1938, p. 25-26 (datée 18 juin 1902); Antoine Goléa, *Claude Debussy, Pelléas et Mélisande*, Paris, Genève, Slatkine, p. [10]. Fac-sim.: Antoine Goléa, op. cit., p. [8]-[9].

① 最终，5月18日星期日没有演出。

② 貌似与该信同时存在的还有一份草稿：[由于灰心丧气，德彪西没有继续写下去]“我费尽了九牛二虎之力才收获了那颗心灵……如果我可以这么说的话。”见 Cat. Charavay 547 (août 1922), n° 95308; anc. coll. M. Guérin。

1902 – 35

与杜朗音乐出版社的合约[①]

本人克劳德·德彪西,作曲家,地址:巴黎卡迪内路58号,在此声明将下列作品的全部版权出售并转让于杜朗音乐出版社,地址:巴黎马德兰纳广场4号。本人担保一切纠纷、索赔及所有权问题,并不做任何保留,无论是在法国还是在外国。作品:

《波德莱尔诗五首》带钢琴伴奏(《阳台》——《冥想》——《喷泉》——《黄昏的和谐》——《恋人之死》)

《绝代才女》舞台剧[②]

因此,杜朗音乐出版社接手我对上述作品的所有版权,作为其独家拥有者,可以自己的方式编辑、出版、刻印和出售该作品,并且在音乐会及公共场合进行演奏。出版社拥有者及其家庭成员将在合约有效期内在所有国家持有该特权,包括本人在内的任何人不得阻碍。杜朗音乐出版社还同时有权出版该作品的任何乐器改编版,并可以根据自身利益转让作品的部分或全部版权。

此次版权转让包括三分之一的公众演出权,签约双方均在音乐作者、作曲家和出版商协会保留各自权益。

---

① 自1894年出版《弦乐四重奏》之后,德彪西便没有在杜朗音乐出版社出版作品。后者于《佩雷亚斯与梅利桑德》获得成功后重新接近德彪西。该社将在1905年成为德彪西作品的独家出版社。

② 1902年10月14日,由杜朗出版的新版《绝代才女》声乐与钢琴版乐谱问世,替代了独立艺术书店在1893年7月发行的160册乐谱。乐队版则于1903年2月10日出版。《波德莱尔诗五首》于1890年由德彪西自费出版,杜朗版本则于1902年底问世。

此次出售和版权转让的总额为：贰仟法郎
此为收据。

1902 年 5 月 16 日于巴黎
已读并同意
克劳德·德彪西

原文为打印件，含手写添加内容，包括德彪西本人以及非本人笔迹（签名）。
Original: F-P, Archives Durand.

1902 – 36

致安德烈·梅沙杰

［1902 年 5 月 21 日］
星期三

最亲爱的朋友，

我没有忘记您……我有千千万万个理由能证明这一点，比一整卷拉鲁斯辞典都多。只是，我被一些烦恼和陈规所困扰。天知道您可怜的朋友是多么不擅长此道。我要去伦敦，和梅沙杰重温昔日的美好时光。如果“上帝怜悯人们”，[①] 那这就是解决一切烦恼的办法。不过也就是说说了！……

昨天是《佩雷亚斯》第七次演出……我们挡了一些人的驾（看您怎么理解这事吧[②]）。其实这次演出有点缺乏说服力。马特诺自作主

① 这句话是在隐射阿凯尔在《佩雷亚斯》第四幕第二场末尾的唱词：“如果我是上帝，我会对人心表示怜悯的。”

② 昂利·布瑟在 5 月 20 日星期二记录了前来观看演出的几位指挥家，保罗·塔法奈勒“赞赏不已”，爱德华·柯罗纳和雷昂·杰安“有所保留，但依然赞赏作曲家个性十足的写作手法”。见 Busser, p. 118。

张加了一些意料之外的滑音,貌似更加富有表现力了! 佩里耶是彻底感冒了,只有嘉登小姐和杜弗拉内发挥稳定。不过这依旧是一个美妙的夜晚,而且大获成功。

没有人察觉梅沙杰不在了……(这太可悲了)然而,一切都已再也回不到从前的样子了。(我向您发誓,我拼尽全力想要确保大家不要松下那口气。)

下星期日白天肯定会再演一场的,您怎么看?①

满怀深情地。

克劳德·德彪西

信封上有邮戳(寄出:21 MAI 02,无到达邮戳)和地址:
Monsieur André Messager
Hotel Cecil.
à Londres.
(Angleterre)
Autogr.: non localisé*. *Prov.*: anc. coll. B. Loliée; Hôtel Drouot, 22 mai 2019, n° 76; Hôtel Drouot, 2 juin 2022, n° 30. *Publ.*: Debussy 1938, p. 19-20.

① 指 1902 年 6 月 1 日星期日的第十次演出。

1902 – 37

皮埃尔·路易斯致德彪西

［1902年5月21日至24日之间］[①]

我亲爱的克劳德：

我刚从比亚里茨回来，我在那里住了八天，然后把正在和家人度假的老婆接回来。[②] 有人跟我说，你的朋友们约好了星期日去看你的白天场首秀，而且还需要人手去威慑那些新观众中的白痴。如果你还有两个空位置，不要忘了我有一双响亮的手掌。

我希望你对拉罗的文章感到满意！我看报看了十五年，从来还没有哪位音乐家受到如此优待。[③]

我从未见过一位记者会为了一个人辱骂身边所有的人，只为给那个人清理道路。评论家、观众、音乐家都无一幸免。[④] 真是太猛了。而且写得确实是好。

你的，

P. L.

---

① 指《佩雷亚斯》1902年5月25日星期日的第一次日间演出（也是第八场演出）。

② 皮埃尔·路易斯于5月9日从比亚里茨返回。见 Robert Fleury, *Pierre Louÿs et Gilbert de Voisins. Une curieuse amitié*, Paris, Éditions Tête de Feuilles, 1973, p. 100。

③ 皮埃尔·拉罗犹豫了几个星期，他的长文直到1902年5月20日才在《时代报》上发表。在此期间，保罗·杜卡和保罗·普儒竭尽全力让风评向《佩雷亚斯》的审美看齐。拉罗在描述了剧本之后，大篇幅解读了这部"创新且独具魅力的作品"，他认为这部歌剧已经和瓦格纳的作品完全不同了。他还补充说"克劳德·德彪西先生的天才"来源于他是一位"诗人"："在他的作品中，一切都是诗歌，一切也都是音乐，而他所有的音乐又都是诗歌。"

④ 拉罗将针对《佩雷亚斯》的批评和曾经针对让–菲利普·拉莫（Jean-Philippe Rameau, 1683—1764）、莫扎特、乔治·比才和理查德·瓦格纳的批评相提并论。

信封上未贴邮票,也没有地址,只写了:
à porter
Monsieur Claude Debussy
Autogr.: F-Pn, Mus., N.L.a. 45 (60). *Prov.*: anc. coll. A. Godoy; Hôtel Drouot, 5 février 1999, n° 187. *Publ.*: Debussy-Louÿs 1931[c], p. 42-43 (non datée); Debussy-Louÿs 1943[e], p. 42-43 (non datée); Debussy-Louÿs 1945, p. 170-171.

1902 – 38

致昂丽埃特·福克斯

[1902 年 5 月底(?)]

"我担心的事发生了……我明天一天都要待在喜歌剧院,因为需要对《佩雷亚斯》的布局做一些改动。[①][……]"

Autogr.: non localisé. *Prov.*: Hôtel Drouot, 18 décembre 1969, n° 98.

① 在 1902 年 6 月 1 日、6 日、11 日、20 日和 26 日的最后几场演出中,德洛里(Delory)夫人代替杰维勒-雷阿克夫人出演热纳维埃夫。

1902 – 39

致保罗 – 让 · 图雷

［1902年5月31日］
星期六晚上

亲爱的朋友，您明天晚上七点半愿意来小卢卡，[①] 与“可爱”夫人及克劳德 · 德彪西共进晚餐吗？[②] 这次邀请还包含库赫农斯基。我们在和平酒吧碰头，应该是这样！

对您全心全意的，

克劳德 · 德彪西

气动管卡，带有邮戳（31-5 02）和地址：
Monsieur P.-J. Toulet.
7 rue de Villersexel.
Autogr.: F-PAU, Ms. 216 (1). *Prov.*: anc. coll. A. de La Blanchetai. *Publ.*: Debussy-Toulet 1971, p. 126.

---

① 关于这家餐厅，见书信 1898 – 20。

② 这是莉莉的昵称，见书信 1902 – 52。

1902 - 40

致卡图尔·门德斯

[1902 年 5 月]
星期二

我亲爱的大师,[1]

如果说我还没有对您给《佩雷亚斯》写的精彩文章表示感谢,[2]那是因为您的一些"印象"让我感到有些意外,我想先跟您聊聊。不过在深思熟虑之后,我觉得谈这些也没什么大的作用。我想无论是您的"印象"还是我的,它们都是有价值的。

Autogr. (brouillon[3]): F-Pn, Mss., N. acq. fr. 24839, f. 87. *Prov.*: anc. coll. H. Bachimont; Cat. Charavay 547 (août 1922), n° 95308; anc. coll. M. Guérin.

---

① 在所有为《佩雷亚斯》首演写乐评的作者中,卡图尔·门德斯是唯一能让德彪西如此称呼的人,就像书信 1897 - 57 中体现的那样。门德斯的确是凭借"印象"记录的。1902 年 5 月 16 日,德彪西在接受《费加罗报》的罗拜赫·德·弗莱尔采访时表示自己对门德斯的称赞感到诚惶诚恐,并且对于"没有表达出戏剧的诗意精髓"以及"音乐与精髓脱节"这些评论持保留态度。(全文见克劳德·德彪西:《德彪西论音乐——反"音乐行家"的人》,郝端端译,人民音乐出版社,2018,第 251 页——译者注)。

② 门德斯在 5 月 1 日的《日报》上发表的评述充满了悖论。他依然对德彪西放弃《罗德里格与希梅内》转投《佩雷亚斯》耿耿于怀。他断言:"如果我们的希望没有完全落空,那也没实现多少。在这样一部作品中,我们更需要完美的统一性,然而我们却经常感到不和谐,甚至是冲突。"门德斯指责德彪西"对诗文太顺从了,以至于只用音符复制了文字本身的抑扬,没有对其进行旋律的诠释,甚至冒着被嘲笑的风险,将连词、副词、格言等毫无美感的琐碎内容一并复制,这些东西在日常对话中很有用,但与音乐完全无关[……]"。同时,门德斯强调"德彪西先生的音乐中没有乐器产生的噪音,而是有着如此强烈、扣人心弦的把控,模拟了情景的颤动、灵魂的呢喃,创造出超越自然声音的效果,表达出超越人类语言的内容。至少这是我在听过两场演出之后对它的印象。[……]"

③ 该信末尾没有签名和礼貌用语,这也就意味着本信是一份草稿。

1902 – 41

致罗杰–杜卡斯

［1902 年 5 月］

［德彪西感谢他］“年轻的信任。[①]［……］”

Autogr.: non localisé. *Publl.*: Laurent Ceillier, *Roger-Ducasse, le musicien – l'œuvre*, Paris, Durand, 1920, p. 17 (extrait).

① 在一份未公开文字中，罗杰–杜卡斯回忆自己“被《佩雷亚斯》所震撼”，他情不自禁地写信给德彪西表达自己的激动之情：“他立即回复了，从这天开始产生了一辈子的羁绊。”文献编号：F-BO, coll. part。

1902 – 42

致昂丽埃特·福克斯

[1902 年 6 月 4 日]
星期三

亲爱的夫人,

偶然真的是打定了主意要阻止我为您效劳!我明天五点有个预约必须得去,另外,我夫人的家人明天晚上会从外省过来,因此我和她就不能欣然接受您的热情相邀了。请相信我也很难过,但这不是我能自主的。

您最恭敬的,

克劳德·德彪西

信笺,带有邮戳(4 JUIN 02)和地址:
Pneumatique
Madame H. Fuchs.
45. rue de Courcelles.
à Paris.
Autogr.: US-NYpm, MLT D289.F951 (2). *Prov.*: Hôtel Drouot, 18 décembre 1969, n° 97; anc. coll. M. G. Cobb.

1902 – 43

致安德烈·梅沙杰

［1902 年 6 月 5 日］
星期四

最亲爱的朋友，

我只想说，谢谢……因为任何多余的词都会曲解那份高尚的友谊……

我有很多事想和您说，但请您再给我一天时间。简而言之！我今天下午见到了卡雷，他想让罗内夫人加入《佩雷亚斯》中来……[①] 这件事需要推敲一下了。

当您在演唱《佩雷亚斯》的时候（天知道我有多么希望自己在现场……还有，这烟也太厚了！[②]），您知道我就在梅沙杰家马勒塞尔布大街 147 号用弱小的声音唱着相同的《佩雷亚斯》吗？（心灵感应，

---

① 首演佩雷亚斯一角的让·佩里耶到 1902—1903 演出季不再受聘于喜歌剧院。从安德烈·梅沙杰 1902 年 5 月 26 日给阿勒拜赫·卡雷的一封信中可以发现后者与佩里耶的关系不好：“首先，由于《佩雷亚斯》很卖座（我觉得我们能一直演到 6 月底），我们必须考虑明年继续上演的可能性。它带来的效应如此之大，我们不可能将其弃置一旁，但下个乐季会出现两个问题：1. 童声应该会完全改变；2. 让·佩里耶，您无法和他相处。孩子我们还可以再找，但佩雷亚斯这个角色的演员太难找了：它的音域对于男中音过高，又对于男高音过低。德拉盖里耶的声音是彻底不行了吗？既然您没有让他众望所归地出演，那我在想他是不是很差。不过，他或许可以演一个音域低一点的角色，他是位很好的音乐家，有着难以置信的品质。”文献编号：F-Pn, Mus., L.a. Messager (A.)12。阿勒拜赫·卡雷推荐了珍妮·罗内（Jeanne Raunay, 1869—1942）女扮男装这个方案，罗内是当时的著名女歌唱家，于 1897 年 3 月在布鲁塞尔额铸币剧院首演了樊尚·丹第的《费瓦尔》，随后又在乔治·宇的《泰塔妮亚》（*Titania*）中亮相。梅沙杰在接到德彪西的这封信后，对卡雷就换角一事表示担忧：“关于《佩雷亚斯》您有定论了吗？您还想着罗内夫人吗？德彪西又怎么看？”1902 年 6 月 27 日所书，文献编号：F-Pn, Mus., L.a. Messager (A.) 13。

② 可能是安德烈·梅沙杰给伦敦考文特花园的高层展示了《佩雷亚斯》。

这可不是瞎说。)而且我们声音中透着哽咽,因为我们为梅沙杰的缺席而感到遗憾!①

我见到了伏霍蒙,他明天就能知道所有的信息了,②还有,我发现如果我们想要换掉上帝,那只能找您了。

明天见,亲爱的朋友。请接收两位小德彪西的拥抱。

克劳德·德彪西

信封上有邮戳(寄出:6-6 02,到达:JU 7 02)和地址:
Monsieur André Messager
Hotel Cecil.
à Londres.
(Angleterre)
Autogr.: non localisé*. *Prov.*: anc. coll. B. Loliée; Hôtel Drouot, 22 mai 2019, n° 76; Hôtel Drouot, 2 juin 2022, n° 30. *Publ.*: Debussy 1938, p. 29-30 (datée 26 juin 1902).

---

① 昂利·费福里耶(Henry Février, 1875—1957)在他的书中描述了他与德彪西一家在梅沙杰夫人家吃晚餐,但梅沙杰先生不在:"那天晚上[梅沙杰夫人]别出心裁地把我们聚在了一起。"他还补充道:"晚间——难忘的时刻——德彪西给我们演奏了好几段《佩雷亚斯》。"见 Henry Février, *André Messager mon maître, mon ami*, Paris, Amiot-Dumont, 1948, p. 117。

② 有关《佩雷亚斯》乐队谱的预订计划。德彪西保留了版权,并且决定自费出版。直到 1905 年 3 月受离婚所迫,他才将版权转让给了杜朗。

1902 – 44

致安德烈·梅沙杰

［1902 年 6 月 7 日］
星期六

最亲爱的朋友，

最终，罗内女士将在下个乐季出演佩雷亚斯一角……这看上去可能有些奇怪，但其实并没有那么糟！

据卡雷说，他的这个想法来源于一次和罗内女士的谈话，后者说自己疯狂迷恋佩雷亚斯这个人物，这在我们看来就是一种有趣的自我陶醉。

简而言之，佩雷亚斯没有骠骑兵式的多情，而且，他那迟来的阳刚之气瞬间就被戈洛的宝剑给终结了，所以这种女扮男装或许也没什么不合适的？

我承认我还要观望一下……先不说性别的转换，声音的调整更让我担心。我对这个想法更多是出于好奇，而不是认可这种品位。总之，我等着您的意见。

我认识派西·皮特先生是因为他给 Ch. 盖韩的一卷诗词创作过一首前奏曲，名字叫《黄昏之血》。[①] 我记得它可能是因为这个标题和《诸神的黄昏》中最黑暗的那部分有点像。作品的主题很有预见性，虽然沉重但不失跳跃感，与此同时，低音提琴则一直在无情地吼叫。话说，这些东西只有上了年纪才会变得危险，我们是随时可以调整的。重要的是，我们不能再一直沉沦下去了。算了，您永远都不会知道我

---

① 沙赫勒·盖韩（Charles Guérin, 1873—1907），法国诗人，曾著有《灰烬播种者》（*Semeur de Cendres*）、《内在的人》（*Homme intérieur*）和《孤独的心》（*Cœur solitaire*）。他的诗集《黄昏之血》（*Sang des Crépuscules*）于 1895 年由法兰西信使出版，其中包括了斯蒂凡·马拉美的前言以及派西·皮特（Percy Pitt, 1870—1832）的一首前奏曲。

那天晚上是多想躲在您房间的一角！另外，我急切地想要离开巴黎，离开那些所谓的艺术家——啊！真是邪恶的家伙们！——他们讨论艺术时总要搞得像便秘一样！天呐！艺术就是生命的全部！那是一种感官的满足(或者是信仰的……看心情)。只有聪明人才知道在什么特殊条件下满足感官！

您看！……我想起了我们在您离开前的最后一次晚会……我无须多言，但那就是我拿您当兄弟的诸多原因之一，如果我们继续说下去，那就停不下来了。

您的，

克劳德·德彪西

我的回复有些滞后，因为我等伏霍蒙等到了六点半，抱歉，我明天再写给您。

信封上有邮戳(寄出：7-6 02，无到达邮戳)和地址：
Monsieur André Messager
Hotel Cecil.
à Londres.
(Angleterre)
Autogr.: non localisé*. *Prov.*: anc. coll. B. Loliée; Hôtel Drouot, 22 mai 2019, n° 76; Hôtel Drouot, 2 juin 2022, n° 30. *Publ.*: Debussy 1938, p. 31-33 (datée 28 juin 1902).

1902－45

致让·马诺德

［1902年6月8日］
卡迪内路58号
星期日

亲爱的先生，

对于您写的文章，我觉得短短几行字无法表达我的谢意……[①] 我更希望见到您并且认识您。如果可以的话，您与阿姨下星期三下午能到我家来吗？

我等着您的好消息，献上最高的致意。

克劳德·德彪西

信封上有邮戳（8-6 02）和地址：
Urgent. prière de faire parvenir:
Monsieur Jean Marnold
au Courrier Musical
17 rue de Bruxelles
Paris (IXe)
Réexepédiée:
28 Rue Pigalle
Autogr.: US-NYp. *Prov.*: anc. coll. J. Closter.

---

① 让·马诺德（Jean Marnold, 1859—1935）在1902年6月的《法兰西信使》上（第801-810页）就《佩雷亚斯》写下一篇长文，其中内容包括："我们并没有被带往一个不真实的世界、一个虚构的世界。［……］我们是深陷自己的内心世界。我们感受着自己的脉搏跳动。［……］我们把手放在脖子上，就像梅利桑德那样，并且心心念念着佩雷亚斯。［……］《佩雷亚斯与梅利桑德》的作曲家是最为稀有的创新艺术家。他用意想不到的细腻为诠释感情增添了色彩。"

1902 – 46

致安德烈·梅沙杰

[1902年6月9日]
星期一

最亲爱的朋友,

伏霍蒙称只有根据雕刻师的意见才能做出精准预算。[①]他认为包括总谱、分谱、印刷在内,总成本将达到5,500到6,000法郎——给预订客户的定价为100法郎,其余人为125法郎。在我看来,这一切都有点美国化了,我们完全可以降降价——不过我认为,当务之急是重新誊写弦乐部分,[②]让我们的波蒂耶去做,[③]否则雕刻师会陷入困境(您知道复刻这个工作有多难)。您跟我说说您的意见吧。您是佩雷亚斯和梅利桑德最喜欢的爷爷,没有您的建议他们都不知道该怎么做。

我忘记告诉您,我们的上座率在上星期五达到了7,400人![④]为此,您不知道人们现在有多尊重我!创作《佩雷亚斯》不值一提,创造利润才是最重要的!这简直就是耻辱!!!总之一句话,这些人的审美就是一个数字。不过我们也不能怪他们。

如果您听卡雷讲述《佩雷亚斯》,那将是愉快的一分钟……他会装出一副深受启发的艺术家派头,就仿佛他一辈子都在支配梦境一样!他什么都懂了,什么都猜到了,没人能像他一样满足这部作品特别的布景要求……他就是当着我面这么理直气壮地说的!

---

① 见书信1902 – 43。

② 由于乐队分谱——特别是弦乐部分有多处修改,德彪西建议重新誊写一份干净的弦乐部分作为模板。

③ 昂利·波蒂耶(Henri Pothier, 1851—?),喜歌剧院乐队的长号手,同时也是剧院誊写部主任。埃马努埃尔·夏布里埃认为他“无与伦比”。

④ 1902年6月6日(第十一场演出)的收入。

我的老梅沙杰，希望您的胡须会微微扬起，并伴随着我熟悉的爽朗笑声。

在此期间，我开始创作《钟楼上的恶棍》，[①] 说到这里，我想让您读一读这个故事，然后给我点建议，我觉得在这个情节中，我们可以用非常理想的比例将真实与幻想混合在一起。比起我们通常使用的那种不合逻辑的红色丑角形象，我们可以在这部剧中找到一个更损、更冷酷的恶鬼。我还希望颠覆一个概念，那就是魔鬼就代表着坏！他只是一个矛盾的存在，或许那些奇思妙想的人都是受到了他的蛊惑？很难说不是真的。

亲爱的朋友，不久后见，至少在信中相见吧，虽然我一直觉得这不够！

我们两个都拥抱您。

您最忠实的，

克劳德·德彪西

信封上有邮戳（寄出：9-6 02，到达：JU 10 02）和地址：
Monsieur André Messager.
Hotel Cecil
à Londres.
(Angleterre)

Autogr.: non localisé*. *Prov.*: anc. coll. B. Loliée; Hôtel Drouot, 22 mai 2019, n° 76; Hôtel Drouot, 2 juin 2022, n° 30. *Publ.*: Debussy 1938, p. 21-22 (incomplète).

① 自 1890 年起，德彪西就开始了《钟楼上的恶棍》（*Le Diable dans le beffroi*）这一计划，据安德烈·苏亚雷斯（André Suarès, 1868—1948）记录，该计划的灵感来源于埃德加·爱伦·坡的《厄舍古屋的倒塌》（*La Chute de la maison Usher*），目标是创作一首“心理活动主题的交响曲”。德彪西于 1903 年 8 月 25 日为《钟楼上的恶棍》列出了大纲。文献编号：F-Pn, Mus., Ms. 20634。

1902 – 47

安德烈·吉德致德彪西

[1902年6月11日][1]
屈韦维勒
星期三

我亲爱的德彪西：

您的《佩雷亚斯》很棒。这话我已经跟您讲过了！[2]但我必须再给您写一遍。虽然没有问您要票，但这没有妨碍我特意返回巴黎再听一次！如果不是因为我住在遥远的乡下，我还想听更多次。不过，拿到乐谱的我感觉好些了。

我越发觉得，您身上不仅具备力度、激情和优雅这些诱人的品质，而且创作中讲究尺度和分寸，而这些经常被您的独创性所掩盖。啊！

---

① 该日期的推断依据：信中提到了6月1日星期日的演出。但这封信也有可能是6月4日写的。

② 安德烈·吉德在5月10日星期六就出席过《佩雷亚斯》的演出，同去的还有雷蒙·博纳赫、保罗·瓦莱里、埃赫奈斯·胡阿赫(Ernest Rouart, 1874—1942)、尤金·卡里埃、阿勒拜赫·莫克尔、特奥·范·里塞勒贝尔格、雅克–埃米勒·布朗什。第二天，吉德给昂利·杰昂(Henri Ghéon, 1875—1944)写道："我等着和你一起再去听一次，然后我才敢说是否喜欢它。"见 André Gide-Henri Ghéon, *Correspondance* (*1897—1944*), Paris, Gallimard, 1976, t. i, p. 427。吉德的确在5月20日和杰昂又去听了一次，后者5月18日的一封书信可以证实："所以我星期二去巴黎，我看到《佩雷亚斯》正在上演。"杰昂和吉德约了"七点钟在普塞见，然后去喜歌剧院"。见 André Gide-Henri Ghéon, *op. cit.*, p. 430。吉德后来再去看过两次，分别是1902年10月30日和自己的妻子以及1903年1月初。1903年1月10日，他给杰昂写信时评价了《佩雷亚斯》："我没有待到结尾，我已经不再是仰慕者或评论者了，我也知道从《佩雷亚斯》那里也学不到什么新东西了。我单纯就是为了去寻找一种美妙的情绪……"见 André Gide-Henri Ghéon, op. cit., p. 492。昂利·杰昂则在1902年7月的《隐修之地》(*L'Ermitage*)上发表了一篇《佩雷亚斯与梅利桑德》的评述。见1912年1月7日的书信(见下卷的翻译)。

您向我们证明了艺术还没有死去，这让我们太高兴了！您让我们看到，在我们这个时代、我们这个国家还能产生如此美好的事物……我们之前几乎都不抱希望了。对您，我们只有感激之情。

您知道乔洁特6月1日白天也在场吗？[①] 她是真心地在鼓掌，只是有点遗憾佩雷亚斯没有再年轻一些、再女性化一些，还有就是着装不应该明显体现出年龄，我只是觉得这种观点很新奇！但我完全不同意这样的看法。

您听说了吗？有一个由十二位兴奋的年轻人组成的小团体，他们省吃俭用来看您的演出，希望您获得成功！他们掌声雷动！他们所有人都没有错过您一场演出……啊，可惜我不是他们当中的一员……[②]

总之，我在深山老林里和您握手。

安德烈·吉德

Autogr.: non localisé (copie F. Ambrières). *Prov.*: E. Debussy; Hôtel Drouot, 1er décembre 1933, n° 207.

---

① 指乔洁特·勒布朗。

② 这是古罗马诗人维吉尔（Virgil，公元前70—前19）的田园诗《捷拉斯》第35句，吉德非常喜欢在信中引用这句话。

1902 – 48

致罗拜赫·勾代[1]

[1902年6月13日]

是我,克劳德·德彪西……不过我一点都不觉得自豪!

我对自己一言难尽的行为感到羞愧,更何况我对您如此欣赏(让我更加羞愧了!)。说实话,我感到很累,就像神经衰弱一样,而我是不相信有这种富贵病的。不过需要承认的是,这几个月的过度劳累和紧张超出了我的承受范围,因为连给勾代写信这件事居然都变得难以忍受了……因此,我趁着这个不那么忙的时候来请您不要责怪我,并且相信丹麦没有恶事发生。[2] 至于您的文章,[3] 我不能感谢您,因为这看上去会像是在侮辱您……我很早以前就了解您对美的敏锐和忠诚,所以对于您真诚的评价完全不感到意外……不过,这不妨碍我越发高兴,这些话只有您能说出来,而且饱含着对真理的渴望。这和作品本身一样稀有。

说点闲话,您知道那个将军给我找了很多麻烦,[4] 我预感到接下来会没完没了地处理各种传票!这种事我真的不在行,我只会越做越乱,可以说这是天生的……

我还没顾上管鲁道夫·路易博士,[5] 因为相同的原因,或许到时候

---

① 德彪西与勾代的通信即将中断,直到1910年11月26日才恢复。

② 见书信1901 – 7。

③ 罗拜赫·勾代关于《佩雷亚斯》的文章刚刚于1901年6月1日在《瑞士音乐》(*La Musique en Suisse*)上发表。他说道:"这部剧通过音乐的效能表达出饱满的情绪和美感,但这音乐并不是针对我们传统的敏感性而创作的,也不在我们的正常理解范围,它是我们对生命的直觉,而且极具说服力。"

④ 阿勒拜赫·布赫加将军是乔治·阿特曼的遗嘱执行人,他打算让德彪西偿还全部预付款。

⑤ 鲁道夫·路易(Rudolf Louis, 1870—1914),德国理论家、评论家,曾发表过多部有关理查德·瓦格纳、弗朗兹·李斯特、赫克托·柏辽兹的作品。

就太晚了,这肯定是我的错,我也不会感到释怀!

总之,我迫不及待地希望《佩雷亚斯》的演出快点结束,是时候了,人们都快把它视作保留剧目了!歌手们开始即兴演唱,乐队越来越厚重(好像有种无形的力量),再过一段时间,人们甚至要更喜欢《白衣夫人》了。①

过几天我再好好给您写信,我希望您先尽早收到这个消息。

您太太给德彪西夫人写的信让她非常感动,她向您太太问好。我依然是您忠实的老朋友,请不要忘记也替我向勾代夫人问好。

克劳德·德彪西

后记:我觉得我找到出版《佩雷亚斯》乐队谱的配方了。②

信封上有邮戳(寄出:13-6 02,到达:14.VI.02)和地址:
Monsieur Robert Godet.
3 rue St Honoré.
à Neuchâtel.
(Suisse). (Prière de faire suivre en cas de départ)
Réexpédiée (15.vi.02):
Chalet Waldegg
Kanderstegg
Autogr.: F-Pn, Mus., N.L.a. 29 (21). *Prov.*: C. Godet. *Publ.*: Godet 1926, p. 86 (182) (incomplète); Debussy 1942, p. 104-106; Debussy 1980, p. 118; Debussy 1993, p. 174-175.

---

① 弗朗索瓦-阿德里安·博阿蒂尤的喜歌剧,于1825年首演,自此之后就几乎一直是保留剧目。见书信1901-21。

②《佩雷亚斯与梅利桑德》的乐队谱先是经德彪西自费由伏霍蒙出版,直到1905年3月才转让给杜朗。

1902 – 49

致樊尚·丹第

［1902 年 6 月］

亲爱的朋友，

没什么比您的信更让我高兴了……我竭尽全力创造一种美的表达，这同样也是您一生都在追逐的目标。因此，来自您的鼓励就是对我最好的回报。[①]

友好地。

克劳德·德彪西
卡迪内路 58 号

---

① 樊尚·丹第的文章发表于 1902 年 6 月的《西方》(*L'Occident*)，题目为《关于佩雷亚斯与梅利桑德，艺术评论家的一篇心理学短评》(« À propos de *Pelléas et Mélisande*, essai de psychologie du critique d'art »)。丹第将德彪西与克劳迪奥·蒙特威尔第(Claudio Monteverdi, 1567—1643)进行了平行对比："显然，《佩雷亚斯》既不是一部歌剧也不是一部抒情剧，至少不是传统意义上的这类剧目，既不是真实主义也不是瓦格纳主义，这样做有得有失：失的点在于，音乐本身大部分时间只扮演着一个次要角色，就像中世纪手稿中的彩绘或雕像的彩饰。与现代歌剧或抒情剧不同，此处的文本才是最重要一环，在完美匹配了歌词自身的音调后，音乐变得多姿多彩，此起彼伏，将线条烘托出来，揭示隐藏的含义，极大加强了表现力，同时又能让歌词在音乐的流淌中清晰可辨。我刚才故意拿它和几个世纪前的作品相比较，因为我认为尽管克劳德·德彪西的作品与歌剧、抒情剧有本质区别，但我觉得他是在用现代的形式重塑 12 世纪初佛罗伦萨学派的艺术。或许作者本人都没有意识到，他给歌词配乐的手法很像朱利奥·卡契尼(Giulio Caccini, 1551—1618)、马尔科·达·加利亚诺(Marco da Gagliano, 1582—1643)以及蒙特威尔第的'说唱风格'，我甚至

Autogr.: non localisé. *Prov.*: Cat. Charavay 776 (octobre 1982), n° 39617 (avec facsim. partiel); Cat. Les Argonautes (décembre 1983), n° 43.

会说《佩雷亚斯》的作者应该是《奥菲欧》(*Orfeo*)、《阿丽亚娜》(*Ariana*)以及《波佩亚的加冕》(*Incoronazione di Poppea*)等作品的崇拜者,对我来说,这可不是一个微小的颂赞。它们都有着相同的吟诵方式,配以烘托氛围的和声。蒙特威尔第曾对卢卡·马伦齐奥(Luca Marenzio, 1553—1599)说过一句格言:'歌词要引领和声,而不是听命于它。'我们完全可以将这句话用在德彪西身上。德彪西与蒙特威尔第都将关注点放在用整体配器而不是靠细节来渲染情感。他们都大胆使用和声,事实上,在艺术评论家和论著作家的眼中(如果他们足够了解的话),蒙特威尔第的创新比《夜曲》和《绝代才女》作者的更令人惊讶。然而,我不希望任何人曲解上述论点,认为我把克劳德·德彪西看作克劳迪奥·蒙特威尔第的模仿者,这太荒谬了,前者是富有诗意且隐秘的配器,后者是四支长号、两台管风琴、维奥尔琴加竖琴的配置。不过我还是觉得这两种高雅风格的类比还是值得一提的,但这绝不会削弱《佩雷亚斯》作者的创新性。"两年后的1904年2月25日,丹第指挥了克劳迪奥·蒙特威尔第《奥菲欧》"修复版"的巴黎首演。之后他又修复了《波佩亚的加冕》以及《尤利西斯的归来》(*Il Ritorno d'Ulisse*)。

1902 – 50

致安德烈·梅沙杰

[1902 年 7 月 2 日]
星期三

最亲爱的朋友,

请原谅我迟来的回复……我遇到了太多的麻烦,另外,我已经疲惫到懒得说出来了,我不能做自己想做的事情,真令人惆怅。您在最近一封信中向我保证会多写一些,虽然我知道您很忙,但我原本还是想先等到您的长信后再给您回复。您或许要指责我跟个女帽商一样多愁善感,但由于长期无法见到您,使我现在近乎病态地渴望您的来信。

我见到了罗内女士,她用一位老者热情且有些喘息的声音为我演唱了《佩雷亚斯》的片段……我试探性地和卡雷谈了这件事,他自然是摆出了一副气势汹汹士官态度,您是知道的。他会承认这是一个很愚蠢的组合吗?我不敢奢望。[①]

关于《佩雷亚斯》的乐队谱,伏霍蒙认为总费用不会超过 3,500 法郎。认购者的价格为 80 法郎……乐谱的尺寸和《韩塞尔与葛雷特》的相同。[②] 您觉得这样如何?……您不觉得应该让波蒂耶重新抄一份弦乐部分吗?[③]

关于这些事,请立即回复我。

---

① 这个计划被放弃了。最终是由年轻的男中音卢锡安·里古(Lucien Rigaux, 1878—1954)代替让·佩里耶出演 1902—1903 演出季的佩雷亚斯。

②《韩塞尔与葛雷特》(*Hansel et Gretel*),恩格尔贝特·汉佩尔丁克(Engelbert Humperdinck, 1854—1921)的三幕歌剧,由卡图尔·门德斯翻译,几个月前在喜歌剧院上演。其乐谱由美因茨的朔特出版社出版,而伏霍蒙则是朔特在巴黎的代理人。

③ 关于波蒂耶及相关问题,见书信 1902 – 46。

我有点嫉妒嘉登小姐能在您身边,[①] 她应该把乐谱的照片给您带过去了吧?希望这些东西和您知道的内容一样。我经常会因为想念一个人的无力感而变成一个吃醋的孩子。请不要和我计较,并请相信我深切的情义。

克劳德・德彪西

信封上有邮戳(寄出: 2-7 02, 到达: JY 3 02)和地址:
Monsieur André Messager
Hotel Cecil
à Londres.
(Angleterre)
Autogr.: non localisé*. *Prov.*: anc. coll. B. Loliée; Hôtel Drouot, 22 mai 2019, n° 76; Hôtel Drouot, 2 juin 2022, n° 30. *Publ.*: Debussy 1938, p. 35-36.

---

① 玛丽・嘉登于 1902 年 7 月 3 日在伦敦考文特花园剧院出演儒勒・马斯奈的《玛侬》,并且于 7 月 14 日起担任赫伯特・巴宁(Herbert Bunning, 1863—1937)《奥斯拉公主》(*La Princesse Osra*)的主角。

1902 – 51

致安德烈·梅沙杰

星期三

1902 年 7 月 8 日

最亲爱的朋友,

我可不是铁石心肠……您的来信给我带来的喜悦让我无法抵御其中的提议。所以下星期六,我会乘坐晚上九点的火车,很有可能在星期日,我就能见到您那亲切的面庞了。[①]

“我们的嘉登”大获成功,这并不令我感到意外。想要排斥她的声音,除非用磨砂玻璃塞把耳朵堵上吧?对我而言,我无法想象还有比这更温柔、更妩媚的音色了。[②] 这听上去很夸张,但它真的令人难忘。

啊!最亲爱的朋友,我有太多话想跟您说,以至于我都没有耐心将它们写下来了……当我想到星期日就能见到您时,我的心都跳到嗓子眼了[③](请梅特林克允许我借鉴他的话来表达自己的感受)。

好了,我就不继续我的废话文学了,请接受我的拥抱,我亲爱的娇妻也拥抱您。

您忠实的老伙计,

克劳德·德彪西

请替我们两个拥抱一下梅利桑德,谢谢她今天早上的友善来信。

---

① 7 月 13 日星期日,德彪西到伦敦与梅沙杰会合,并且在那里停留了一个星期。

② 除了古斯塔夫·夏庞蒂埃的《露易丝》和儒勒·马斯奈的《玛侬》,玛丽·嘉登还于 1909 年 1 月在纽约扮演了理查德·施特劳斯的莎乐美。

③ 在《佩雷亚斯》第四幕第三场中,佩雷亚斯的心情也是如此。

信封上有邮戳(寄出: 8-7 02,到达: JY 9 02)和地址:
Monsieur André Messager
Hotel Cecil
à Londres.
(Angleterre)
Autogr.: non localisé*. *Prov.*: anc. coll. B. Loliée; Hôtel Drouot, 22 mai 2019, n° 76; Hôtel Drouot, 2 juin 2022, n° 30. *Publ.*: Debussy 1938, p. 39-40 (datée mercredi 8 juillet 1902); Debussy 1980, p. 119 (datée mercredi 8 juillet 1902); Debussy 1993, p. 175 (datée mercredi 8 juillet 1902).

1902 – 52

致莉莉

[伦敦,1902 年 7 月 15 日]
星期二

我安全到啦,但我已经筋疲力尽了,而且头痛得厉害。啊!我可怜的小可爱,没有你,我的旅行都不愉快。梅沙杰一如既往地友善,我在他的照顾下住在一个美妙的房间里,可以俯瞰泰晤士河。(泰晤士河就像塞纳河一样,但比塞纳河宽两倍,脏三倍。)嘉登就像个小疯子一样,她与她的主管老师梅沙杰一起制造了巨大的反响。

昨天,我没能给你写信,就是因为这头痛让我变得迟钝,没有你的感觉太奇怪了……我的言行举止完全就像一个木偶,跟丢了魂一样。我甚至不太确定自己是不是到了这里,我很诧异为什么不能在街上碰到你,虽然这概率几乎为零。

今天下午我去看了《哈姆雷特》,扮演者真是个天才。[①] 今天上午我和梅沙杰、嘉登一起出去,我给我的白雪小心肝买了个好东西,但这还没完!……我就不亲你了,因为永远都亲不够。

你的,

克劳德

信纸带有以下抬头:
HOTEL CECIL
STRAND W. C.
信封上有邮戳(寄出: JY 15 02,到达: 16-7 02)和地址:
Madame Claude Debussy.
58. rue Cardinet.
à Paris.
(France)
Autogr.: US-NHub, Yale University, Frederick R. Koch Collection. *Prov.*: anc. coll. E. Vuillermoz.

① 庄士敦·福布-罗伯森(Johnston Forbes-Robertson, 1853—1937),曾在抒情剧场扮演哈姆雷特一角。玛丽·嘉登在自己的回忆录中写道:"演出时,德彪西就坐在我身边,他像个好奇的孩子一样。幕间休息时,他久久都无法说出一个字,还是像个孩子一样欣喜若狂。他被深深地震撼,以至于短时间内话都说不全。我从来没有见过一个人看剧能看得这么沉醉。"见 Mary Garden, *L'Envers du décor* (*Souvenirs d'une Grande Cantatrice*), Paris, Les Éditions de Paris, 1952, p. 101。

1902 – 53

致莉莉

［伦敦］

星期三，1902 年 7 月 16 日

最亲爱的老婆，

你的信让我好受多了，尽管这里发生的一切，你不知道我感到多么孤独，而且还听不到你用急促的声音喊我“小可爱……”这让我变得像吉他一样惆怅！我就喜欢你的娇弱……你知道当一位女强人固然优秀，但女强人也得有柔弱的一面，这会给她增添一层魅力。这里的一切都很赞，但都比不上你左脚的一根脚趾头……你信不信我都无法好好地喝上一杯茶？我卡迪内路的娇妻有诸多才能，其中一个就是泡茶……啊！在他们英国可没有这样的女子。这里的女人都像卫队骑兵一样，有着生火腿般的肤色和小动物的模样，散发着凶猛的气息，想要让她们咸鱼翻身实属不可能了！

说到这里，我们可能还需要一些必要的旅行，而这些旅行只会证明最好不要去旅行。此外，我需要用这种惨痛的教训来让我知晓，我不能没有你吗？答案是必然的，所以这道德的打击就来了。

梅沙杰和嘉登让我替他们转达对你的问候。我也就写到这里了，因为我越写越悲伤，我太爱我的小莉莉了。

你的，

克劳德

信纸带有以下抬头：
HOTEL CECIL
STRAND W. C.
信封上有邮戳（寄出：JY 16 02，到达邮戳无法识别）和地址：
Madame Claude Debussy
58 rue Cardinet.

à Paris.
France
Autogr.: US-NHub, Yale University, Frederick R. Koch Collection. *Prov.*: anc. coll. E. Vuillermoz. *Publ.*: Dietschy, p. 154 (incomplète); Debussy 1980, p. 119-120; Debussy 1993, p. 176.

1902 – 54

致莉莉

[伦敦,1902 年 7 月 17 日]
星期四

可能今天早上没有你的回信了……?

我在这家酒店里过得可不怎么样,人们一整天都在演奏音乐。如果不是怕惹得梅沙杰不悦,我今晚就乘火车离开了……怎么办,我需要我的小莉莉。

你的,

克劳德

信纸带有以下抬头:
HOTEL CECIL
STRAND W. C.
信封上有邮戳(寄出: JY 17 02,到达: 18-7 02)和地址:
Madame Claude Debussy
58 rue Cardinet
à Paris.
France.
Autogr.: US-NHub, Yale University, Frederick R. Koch Collection. *Prov.*: anc. coll. E. Vuillermoz.

1902－55

致莉莉

［伦敦］

星期五，1902 年 7 月 18 日

亲爱的小咪咪，

我昨晚九点才收到你的信……这就是为何我之前就开始担忧了。所以，请原谅我前一封信中阴郁的语气……你知道，当我们相隔甚远的时候，任何响动都会被放大数倍，当我们不在一起的时候，就怕有任何事情发生。况且，我根本适应不了这种日子，就像 P. 拉罗先生喜欢说的：我就是一只猫。

你知道吗？你的信写得太甜美了，我从来没有见过比你描绘的塞纳河之游更美好的东西……勇敢的小宝贝，你居然克服了女性固有的敏感?!

你也可以向人炫耀自己是如何被深爱的。哪怕只是念出你的名字，我的感受也无法用任何语言来表达。

从某种角度来说，最近这些远离你的日子让我想起了我们刚订婚的时候，当时我每八天才能见你一面——现在想到要见你的时候，我感到了同样的迫切和颤抖。

不过，如果英格兰处于阿斯涅赫的位置，我不知道自己会愿意做些什么……首先，这旅程就近多了……其次，我们会避免听到那个可怕的英语——就像一群蟾蜍在暴风雨中唱马赛曲一样。今天早上我去城里散步——那是个做生意的地方……真“迷人”！空气中弥漫着烟斗和焦油的味道，我们会看到可怜的小人物累得大汗淋漓，而那些中了风的大人物们则是缓步慢行，生怕甩掉他们的老脂肪。

卖花商戴着平顶草帽或羽毛帽，这些显然是从垃圾桶里捡的，而不是维罗牌的![1] 这真是既可悲又做作。我想这就是英国人的“装腔作势”吧。[2] 我是不会为这个恭维他们的。

到目前为止,我还没有见过什么美女,或许是因为我们出门的时间不同吧。而且这也不重要。如果我明年和你一起再游伦敦,或许我会觉得这一切都很美好,所以我目前的这些看法都没什么价值。

我想我星期日就能见到你了,这就是这段故事的大结局了,因为这是我最好的归宿。

无论你在哪里,无论你在做什么,我都就地拥吻你。

你的,

克劳德

信纸带有以下抬头:
HOTEL CECIL
STRAND W. C.
信封上有邮戳(寄出: JY 18 02,到达邮戳无法识别)和地址:
Madame Claude Debussy.
58. rue Cardinet.
à Paris.
France.
Autogr.: US-NHub, Yale University, Frederick R. Koch Collection. *Prov.*: anc. coll. E. Vuillermoz.

---

① 关于维罗,见书信 1897–15。

② 此处“虚伪”在德彪西的原文中为“cant”一词,出自司汤达(Stendhal, 1783—1842)的《爱》第 46 章:“没有什么比自然更能激发灵魂中的温柔与热情。没有什么能让我们远离英国人的两大恶习:装腔作势和虚伪。”

1902 – 56

致勒内·沃凯赫

[1902年7月21日(?)][①]

"[……]德彪西夫人昨天感觉不太好,今早起来就生病了。请您尽快过来吧! [……]"

信笺,未贴邮票。

Autogr.: non localisé. *Prov.*: Cat. F. Arnaud (novembre 1993), n° 1140; Cat. D. Schulson, 100 (s.d.), n° 27.

① 该日期根据后一封书信中关于莉莉的健康情况而推断。

1902－57

致安德烈·梅沙杰

[1902年7月2日]
星期二

最亲爱的朋友,

跨海侠的旅行很顺利,但我回到巴黎后发现德彪西夫人病得很重。[①]上帝真的很讽刺也很无情,总要让我们为喜悦付出代价!和您相处的这些日子不应该如此收尾……无论如何,在医生的建议下,我们必须尽早离开巴黎!

然而,我还是想告诉您再次见到您让我有多么高兴。在您身边,我能体会到十足的信任感,这对我来说很罕见,因为我很畏惧我的同行们,通常都会紧闭心门。有些事我只对您一个人讲过,这让我觉得您的友谊实在是弥足珍贵……请不要觉得我很幼稚,因为我现在谈到的这种感情可能已经超越了爱。

有的时候,我看上去可能有些阴郁,对此我很抱歉,但我需要担心的事太多了,更不幸的是,回到巴黎后的一切进一步验证了这一点。还有完没完!我可怜的小莉莉什么时候才能康复啊?我对此一无所知,反正心情又落到了谷底!

我们下星期四出发,如果您一时还不会回复我,请使用以下地址:

C. 德彪西先生
寄居于泰克西耶先生家[②]
碧山
维勒讷夫－拉－吉亚赫
约讷

---

① 莉莉得了肾结石。

② 指莉莉·德彪西的父亲。

恐怕我们接下来很久都不能见面了,因为您回巴黎的时候我不在。这又多了一个遗憾,其他的我们都不提了。

请替我向西金斯先生问好,① 还有最最杰出的斯考蒂先生……②至于您,我最亲爱的朋友,请接受我和我夫人最深情的问候。

克劳德·德彪西

后记:我很想要一下嘉登小姐在艾克斯的地址。③

信封上有邮戳(寄出:22-7 02,无到达邮戳)和地址:
Monsieur André Messager
Cecil Hotel
à Londres.
(Angleterre)
Autogr.: non localisé*. *Prov.*: anc. coll. B. Loliée; Hôtel Drouot, 22 mai 2019, n° 76; Hôtel Drouot, 2 juin 2022, no 30. *Publ.*: Debussy 1938, p. 41-43.

---

① 亨利·西金斯(Henry Higgins, 1855—1928),伦敦考文特花园的董事。

② 安托尼奥·斯考蒂(Antonio Scotti, 1866—1936),意大利男中音歌唱家,曾风靡一时,隶属考文特花园的表演团队。

③ 玛丽·嘉登离开伦敦,前往艾克斯-莱-班,整个八月和九月初,她都住在那里。她还在当地出演了古斯塔夫·夏庞蒂埃的《露易丝》以及儒勒·马斯奈的《玛侬》和《格里赛利迪斯》。

1902－58

致让·马诺德

碧山,维勒讷夫－拉－吉亚赫
约讷
星期二
1902 年 7 月 29 日

亲爱的先生,

由于我忘记了您弟弟的地址,请替我向他道歉,因为我这个承诺履行得实在是太糟糕了……[①]但“我也是人”,[②]八个月的紧张与操劳换来了我这段时间的筋疲力尽,这让我写一行字都像是扛着二十公斤的负重要杂技一样!

我现在给您写信的时候正身处一群公鸡、母鸡还有其他家禽当中,它们对一粒麦子的关心远胜于对《佩雷亚斯》的作者。它们的不尊重都是无声的,它们本能的叫声则是在让我明白,这里不存在任何美学。

尽管如此,如果还来得及,我会尝试去回忆,法国音乐中确实有来自德国的影响,而且可能依然存在,只是它不再仅限于瓦格纳式了。话说,瓦格纳可能也只不过就像西沉的夕阳一样美丽吧?[③] 又或许,我

---

① 雅克·莫兰(Jacques Morland, 1876—1931)是让·马诺德的弟弟,他曾邀请德彪西参与一项关于德国对法国音乐影响的调查。这份调查直到 1903 年 1 月才在《信使》上发表。(全文见克劳德·德彪西:《德彪西论音乐——反“音乐行家”的人》,郝端端译,人民音乐出版社,2018,第 48-49 页——译者注);另见书信 1902－102。

② 这是戈洛在《佩雷亚斯与梅利桑德》第一幕第一场中的唱词。

③ 德彪西在马诺德关于德国影响的调查中回答道:“对于瓦格纳,如果我们用有些浮夸(也是最适合他的)的方式来形容他的话,他就像西沉的夕阳一样美丽,却被人们错误地认作是黎明的曙光。”(见克劳德·德彪西:《德彪西论音乐——反“音乐行家”的人》,第 48 页——译者注)。

刚刚写的这些都不重要吧?

再次抱歉,希望这几行字能让您巩固我的友谊。

克劳德·德彪西

后记:如果您反驳我,我一点都不会责怪您。我会在这里待到九月底。

信封上有邮戳(寄出:30 JUIL 02,到达:31 7 02)和地址:
Monsieur Jean Marnold.
28 rue Pigalle.
à Paris.
Réexpédiée (1-8 02):
Villa Frigga Royan
Pontouillac
Charente inf
Autogr.: US-Wc, ML95.D3. *Prov.*: Cat. L. Liepmannssohn (19-20 mai 1931), n° 35.
Fac-sim.: Jacqueline M. Charette, *C. Debussy through his letters*, New York, Vantage Press, 1990, p. 120.

1902 – 59

致雅克·杜朗

[碧山,1902年8月10日][1]

亲爱的朋友,

请原谅我的迟到!……我一直待在勃艮第我岳父岳母那里,昨天晚上才从碧山回来。我基本上审完了《绝代才女》的总谱,[2]里面的修改很多,以至于当前的分谱已经没什么用了。大自然母亲最近对我很好,让我身强体壮(就像一台崭新的火车头一样)。

我逐渐忘记了《佩雷亚斯》、Al. 卡雷先生以及喜歌剧院的观众,这很神奇。亲爱的朋友,我将钢琴和声乐的校样寄给您,[3]还伴随着我最真诚的友谊。请代我向您父亲问好。

对您全心全意的,

克劳德·德彪西

星期日

8月10日

Autogr.: F-Pgm. *Prov.*: Archives Durand. *Publ.*: Debussy 1927, p. 7 (incomplète).

---

① 该日期位于书信末尾。

② 见1902年5月16日的出版合约。

③ 指《绝代才女》的钢琴与声乐版乐谱。

1902 – 60

致雅克·杜朗

［碧山，1902 年 8 月 14 日］[①]

我亲爱的朋友，

我忘记告诉您，《绝代才女》乐队谱合唱部分的排版，和钢琴与声乐谱上的不一样……后者的排版才是对的。另外还有几处修改，也请您移植到乐队谱上。

我真挚地问候。

克劳德·德彪西

星期四

Autogr.: F-Pgm. *Prov.*: Archives Durand.

① 该日期根据前一封书信所推断。

1902 – 61

致雅克·杜朗

[碧山,1902年8月]

亲爱的朋友,

首先,谢谢您精心照顾我的音乐。

至于形式,我肯定更倾向于[钢琴与]声乐版,只有一点,我们能不能把白边留得再大一些?我觉得这和纸张有关。我跟您说过,乐队分谱真的派不上什么用场了。否则可能只会增加更多徒劳的工作吧?

我绝对相信您的眼力,所以我觉得没必要在印刷前再检查一次校稿了。[①]

我希望您的胃有所恢复。

没什么比注意消化功能更痛苦的事了,这是宪兵的工作!至于节食?还不如去追姑娘,尽管这让我们的心情也好不到哪里去。

真挚地。

克劳德·德彪西

Autogr.: F-Pgm. *Prov.*: Archives Durand. *Publ.*: Debussy 1927, p. 7-8.

---

① 见1902年5月16日的出版合约。

1902 – 62

致雅克·莫兰[①]

［碧山，1902年8月(?)］

"［……］至于有关德国影响的问题，我是唯恐避之不及，能拖一天是一天。但是，躲得了初一躲不了十五……事实上，我在这方面还缺乏权威性。［……］"

Autogr.: non localisé. *Prov.*: Cat. M. Loliée 46 (1932), n° 58; Cat. M. Loliée 47 (1933), n° 58.

① 此收件人为推断。该信的内容与雅克·莫兰请德彪西谈论德国影响的话题有关。见书信1902 – 58。

1902 – 63

致昂利·布瑟

[碧山,1902年9月初]

亲爱的朋友,

我还在乡下呢,我收到您友善的问候了。这下我想到您的时候感到更加内疚了,但您知道的,这内疚就像欠债一样!一旦我们开始了……就一发不可收拾!所以,我就一发不可收拾了。您只要记得,有些事我们是忘不了的……您的忠诚就是其中之一。

我不认识里古先生。① 如果他真像您所形容的一样,那我们就差给他授勋了。啊!所以他在歌剧院干什么?② 虽然我不经常去那个"澡堂子",但我也从来没在海报上看到过他的名字!总之,希望他是一颗被埋没了的钻石。

谢谢您的乐队谱,它肯定需要您的严格把控。我本月15日回来。在此之前,请让我先和您热情地握个手。

克劳德·德彪西

德彪西夫人向您问好。

Autogr.: non localisé.

---

① 原文中"里古"的拼写有误。关于里古,见书信1902 – 50。1902年8月29日,安德烈·梅沙杰给阿勒拜赫·卡雷写信讨论有关再次上演《佩雷亚斯》的事宜:"维森蒂尼似乎对里古很满意。我认为您应该尽早通知罗内说你已经放弃女扮男装的计划了。维森蒂尼还告诉我,你想把小孩换成女性演员,我认为这绝对是个更好的选择,因为我觉得上次主要是童声显得有些可笑,如此一来我们就能把绵羊那一段补回来了!! 而且德彪西会很高兴的!"文献编号:F-Pn, Mus., L.a. Messager (A.) 14。

② 里古已经于1902年4月在巴黎歌剧院首次亮相,扮演理查德·瓦格纳《纽伦堡的名歌手》中的贝希梅森。

1902－64

致尼古拉·G. 克罗尼奥[1]

［碧山，1902 年 9 月初］[2]

我亲爱的朋友，

这一切都很抽象！——我是说人生——我本来肯定会给您写信的，但上次在塞西勒酒店庭院的时候，临走前我忘记问您夏天的行程，因此我不知道在哪里能联系到您！

更何况，最近这几个月里，我变得懒惰成性……

写信这件事变成了一个残酷的任务……我所有的计划都在一条美丽的小溪边泡汤了。我在那里度过了最悠闲的时光……音乐依旧存在，但还好和我没什么关系了，我简单得像棵草一样！

然而！一切又将重启，因为我本月 15 日就回到巴黎了。请相信，与您重逢会减轻我的遗憾，在此之前，我依旧是您忠实的朋友。

克劳德·德彪西

德彪西夫人向您问好。

Autogr.: US-NYpm, MLT D289.X. *Prov.*: anc. coll. J. Sebastopulo; Cat. Sotheby's (24 mai 1960), n° 418; anc. coll. M. G. Cobb.

① 该信的收件人不详，但它属于 1960 年被出售的一批手稿，卖家为 J. 塞巴斯托普罗（J. Sebastopulo）——尼古拉·克罗尼奥的继承者。

② 该日期的推断依据：该信以及后一封书信中称自己将在 9 月 15 日返回巴黎。

1902 – 65

致安德烈·梅沙杰

［1902 年 9 月 2 日］
星期二——碧山,维勒讷夫–拉–吉亚赫

最亲爱的朋友,

我从嘉登小姐写给我夫人的一封信中得知,您的小女儿病了。[①] 命运选择用最弱小、最可爱的人让我们担心,这也太盲目、太荒唐了。然而,我希望没什么大事,更希望听到您的消息,如果您方便的话。

我们两人真切的情谊。

您的老伙计,

克劳德·德彪西

信封上有邮戳(寄出: 2-9 02,到达: 3-9 02)和地址:
Monsieur André Messager.
174. Boulevard Malesherbes.
à Paris
17e –
Autogr.: non localisé*. *Prov.*: anc. coll. B. Loliée; Hôtel Drouot, 22 mai 2019, n° 76; Hôtel Drouot, 2 juin 2022, n° 30. *Publ.*: Debussy 1938, p. 51.

① 安德烈·梅沙杰的女儿患上了百日咳。

1902 – 66

致保罗–让·图雷

［1902 年 9 月 5 日前后］[①]

碧山

维勒讷夫–拉–吉亚赫

约讷

老朋友，

您好吗？之前我还能从《巴黎生活》上得知您的消息（话说老天很会安排啊）[②]，但现在却什么都没有了……

请允许我对这一缺失表示不满，如果您方便的话，还请尽快结束这种状态。另外，我希望能够得到《皆大欢喜》的近况。[③] 我一直在想着这件事，而且我希望这和您有关。（您不会介意吧？）

---

① 该日期的推断依据：德彪西在信中说自己十天后回巴黎。

② 让–保罗·图雷使用笔名马克西（Maxy）在《八里生活》上连载《伊莫金和希勒维赫或首都的危险》（*Imogène et Sylvère ou les Dangers de la Capitale*），包括 1902 年 5 月 31 日；6 月 7 日、14 日、21 日、28 日；7 月 5 日、12 日、19 日、26 日以及 8 月 2 日。两年后，该小说由法兰西信使出版，更名为《温柔之家》（*Les tendres Ménages*）。虽然莫里斯·库赫农斯基自称参与了创作，但这部小说只由图雷一人冠名。评论家埃米勒·昂利尤（Émile Henriot）认为该作品让人想到了劳伦斯·斯特恩（Laurence Sterne, 1713—1768）和让·德·提南。昂利尤认为该作品的优秀之处不在于情节，而是在于反转。

③ 据勒内·彼得描述，德彪西自 1886 年起就想根据莫里斯·沃盖尔（Maurice Vaucaire, 1863—1918）的改编版《皆大欢喜》创作一部作品。见 Peter 1944, p. 24。无论真假，1990 年 2 月 16 日的问卷（见书信 1889 – 2）也证实了德彪西已经对莎士比亚的喜剧感兴趣了。用喜剧为蓝本创作歌剧的做法正好满足了德彪西想要脱离象征主义以及《佩雷亚斯》的意愿。原本的计划是将莎士比亚《皆大欢喜》改成三幕五场。然而，因为保罗–让·图雷和莫里斯·库赫农斯基去东京（越南）旅行，所以该计划直到 1917 年才得以重启。见 1917 年 6 月 7 日的书信（见下卷的翻译）。

说到这里,我现在正在努力什么都不做,并且整天好高骛远。总之,我正尝试练就钢铁之躯,就像一台崭新的火车头一样。

我希望您一切安好,并献上我最不可动摇的友谊。

德彪西夫人则向您送来最甜美的微笑。

克劳德·德彪西

后记: 如果库赫农斯基跟您在一起,也请替我吻一下他的额头。

后后记: 我还要在这里待 10 天。

信封上有邮戳(无法识别)和地址:
Monsieur P.-J. Toulet.
7 rue de Villersexel.
à Paris.
(prière de faire suivre)
Autogr.: F-PAU, Ms. 216 (1). *Prov.*: anc. coll. A. de La Blanchetai. *Publ.*: Debussy-Toulet 1929, p. 13-14 (incomplète); Toulet 1986, p. 1225 (incomplète).

1902 – 67

致安德烈·梅沙杰

［1902年9月8日］

碧山，维勒讷夫–拉–吉亚赫

约讷

唔！……我终于如释重负了，不是我说您，亲爱的朋友，这么长时间没有您的消息实在是令人难以忍受。您对我太重要了，您的任何风吹草动都会牵动我，事实就是这样！我就说一次。

好吧，贝贝没有危险就好，[①]我也理解您不会将短暂的假期用来跟老疯子克劳德通信，总之，最好忘掉所有的纸张！包括乐谱！

圣–玛索夫人的主意很不错，[②]您来指挥这没问题，但是，我觉得用弦乐四重奏会显得有些单薄……因为我们的分组很多！另外，还有两台竖琴、满编木管组，包括一支低音黑管。不过，只要您觉得可以，我就完全遵从您的决定[③]——说到这里，舍维亚尔好像也想在今年冬天上演《绝代才女》，[④]您的版本可以帮到他，因为我觉得那个男人的灵魂可没有才女的那么贞洁！……

希望里古能胜任！[⑤]我完全不认识他，但根据布瑟的描述，里古是个"大个子，很高雅，美男子，声音很有磁性"，他具备一切歌剧主角的特征。确切地说是喜歌剧主角！

---

① 见书信1902–65。

② 玛格丽特·保尼·德·圣–玛索计划在自己家里举行一次《绝代才女》的演出，使用缩减版乐队，由安德烈·梅沙杰指挥。该信的信封上显示，此时安德烈·梅沙杰正住在圣–玛索的家中。

③ 1903年1月，德彪西将杜朗刚刚出版的乐队谱送给了梅沙杰。见附录V。

④《绝代才女》在1902年12月21日和28日演出，但指挥不是卡米伊·舍维亚尔，而是爱德华·柯罗纳。

⑤ 关于里古，见书信1902–50和书信1902–63。

我完全忘记请您借我用一下小绵羊那一段的手稿……[①] 如果卡雷想重新启用它,那我们是不是必须将其刻印出来? ……(也许还要重新创作音乐部分?)

我一个音都没写……我知道这没什么可自豪的,但长期以来,我就像个被榨干的柠檬一样,我可怜的脑细胞已经什么都不想知道了……想要得到我中意的创作,必须清空抽屉里的全部遗留物。创作一部新作品就像是一次危险的跳跃,容易闪着腰。

我夫人好些了,虽然她还没有恢复到像农耕者那样容光焕发,但她的贡献值一点都不低,她穿梭在各种家禽家畜当中,这个国家的动物和很多其他国家的一样,对人都很高冷。

请放心,我们俩都想念您,并请相信您忠实老朋友,

克劳德·德彪西

请替我们拥抱您亲爱的小女儿,至于我们对她的祝福,我就无须赘述了吧?

我们可能本月 15 日返回巴黎。

信封上有邮戳(寄出: 8 SEPT 02,无到达邮戳)和地址:
Monsieur André Messager.
chez Madame de St-Marceaux
à Cuy-St-Fiacre
par Gournay-en-Bray
(Seine-Inférieure)
Autogr.: non localisé*. *Prov.*: anc. coll. B. Loliée; Hôtel Drouot, 22 mai 2019, nº 76; Hôtel Drouot, 2 juin 2022, nº 30. *Publ.*: Debussy 1938, p. 53-55.

---

① 小绵羊的片段(第四幕第三场)在首演中被剪掉了,并于 10 月 30 日的第二批次演出中被还原。

1902 – 68

致米雪・杰拉德・沃姆・德・罗密伊

［1902 年 9 月 15 日前后］

亲爱的夫人，

我今天才回到巴黎，没能提前看到您的来信：我之前彻底中断了与巴黎的所有联系。

关于您说的音乐……我不知道该跟您说些什么！当我们面对一个不完整的事物还不知道该如何表达的时候，很难讲清楚！

就目前而言……音乐就像某种美式饮品，混杂着蔬菜汁、香槟、水果汁等。我们也不知道它到底是好喝还是难喝，但我们都会大吃一惊。①

您可能觉得这个比喻有问题……至于为这种音乐配上和声或配器，只有创作它的人才能干。我们不能给音乐硬套上成衣！一个乐思本身就自带和声（至少我认为是这样的），否则，和声就要变成一种寄生事物了。不过，我们还是可以做些事情的，如果您感兴趣，我随时听候调遣。谢谢您告诉我您的近况，德彪西夫人向您问好。话说我们希望不久后在巴黎见到您。您不会忘记您的老师和他友爱的，

克劳德・德彪西

请代我向您的丈夫问好。

Autogr.: non localisé. *Publ.*: Worms, p. 9; Debussy 1980, p. 120; Debussy 1993, p. 176-177; Lesure 1999, p. 21.

---

① 米雪・杰拉德・沃姆・德・罗密伊给德彪西寄去的音乐是尼日尔河的一位官员收集的民歌。见 Lesure 1999, p. 21。

1902 – 69

致菲利克斯·莫特

星期一

1902 年 9 月 29 日

先生,

首先,我非常高兴看到自己的音乐能由您来指挥。[①]您知道在法国,我们是非常欣赏像您这样的大艺术家的。[②]您这次还亲自给我机会向您表达我最衷心的谢意。

在此,我给您附上一份协助演奏《牧神午后前奏曲》的分析[③]——这是一篇更完整、更直接,同时也更长的文章,而且,它会对听众的专注度带来不同寻常的要求,而他们已经被音乐折腾得够忙了。

---

① 事实上,是费鲁乔·布索尼(1866—1924)于 1903 年 11 月在柏林指挥了《牧神午后前奏曲》的德国首演。菲利克斯·莫特似乎直到 1909 年才在慕尼黑指挥了该作品。同年,莫特对《德彪西案例》(*Le Cas Debussy*)的作者 C.–弗朗西斯·加亚赫(C.-Francis Caillard, 1886—1915)以及何塞·德·贝里(José de Bérys, 1883—1957)说:"《牧神午后前奏曲》是一首富有魅力的小曲,它精致、音色美妙绝伦!"见 *Le Cas Debussy*, Paris, Librairie Henri Falque, 1910, p. 91。

② 受爱德华·柯罗纳之邀,菲利克斯·莫特于 1894 年 3 月 18 日成为第一位在巴黎亮相的德国指挥家。当时的曲目主要是理查德·瓦格纳的作品,包括《特里斯坦与伊索尔德》中的序曲和伊索尔德之死、《帕西法尔》序曲、《唐豪瑟》序曲、《纽伦堡的名歌手》序曲,另外还有赫克托·柏辽兹的作品,包括《贝阿特莉丝与本尼迪克》(*Béatrice et Bénédicte*)中的二重唱、《罗马狂欢节》(*Carnaval romain*)、《罗密欧与朱丽叶》(*Roméo et Juliette*)片段、《本韦努托·切利尼》(*Benvenuto Cellini*)序曲。自此之后,他又在巴黎演出过四次,分别是 1897 年 1 月 17 日和 24 日的柯罗纳音乐会、1898 年 3 月 27 日的拉穆勒音乐会以及 1902 年 2 月 23 日的柯罗纳音乐会。莫特是法国音乐坚定的捍卫者,比如柏辽兹的音乐,特别是他的朋友夏布里埃的音乐。

③ 德彪西在 1904 年应该给威廉·门格尔伯格(Willem Mengelberg, 1871—1951)寄去了同一篇文章。见 1904 年 12 月 3 日的书信(见中卷的翻译)。

再次衷心感谢，先生，请接受我的敬意。

克劳德·德彪西
卡迪内路 58 号
巴黎

Autogr.: F-P, coll. E. Van Lauwe. *Prov.*: Cat. Les neuf Muses, *Collection d'autographes musicaux* (s.d.), p. 57.

1902 – 70

致《音乐家刊》[①]

［1902 年 10 月］

"［……］一般来说，这类问题都是由那些特别体面但基本不懂音乐的人来解决。如此一来，它们就会带来一种大公无私的态度。事实上，做这样的调查本来就没有任何意义，而且令人庆幸的是，这也不会对音乐的发展趋势产生任何影响。

我们对法国音乐最好的期待莫过于取消学校里的和声学，这是一种荒唐至极的声音组合方式。[②] 此外，这种和声学还有一个严重的缺

---

① 德彪西在此信中回答了以下问题："我们是否能够预知未来会是什么样子？现在的道路似乎必须被遗弃，但接下来我们又何去何从呢？"本信在发表时还附有引文："请欣赏克劳德·德彪西的回复，它微妙、透彻且神秘，就像他那部引人入胜的《佩雷亚斯与梅利桑德》一样。"

② 1910 年 6 月 26 日，德彪西在接受《纽约时报》（*New York Times*）采访时谈道："如同许多年轻人一样，我被送到了音乐学院。从一开始，我就不满意。我被告知这个和弦要这样用，那个和弦要那样用，这个就是完美和声，那个就不是。无论是过去还是今天，我都相信根本就没有完美和声这回事。在很长一段时间，我都不想学习那些我认为愚蠢的东西。"（全文见克劳德·德彪西：《德彪西论音乐——反"音乐行家"的人》，郝端端译，人民音乐出版社，2018，第 281 页——译者注）。

点:导致音乐写法统一,以至于几乎所有音乐家配和声的方式都完全一致,鲜有例外。

老巴赫的音乐中几乎包含了所有的音乐形式,相信我,他会嘲笑和声的模式化。他偏爱声音的自由组合,无论旋律线条是平行走向还是相反走向,都随时可以带来惊喜,在他无数作品中的各个角落都勾画出了不朽之美。

在那个年代,美丽的'阿拉贝斯克'风格风靡一时,音乐也运用了自然运动中美的规律。而我们的时代,浮夸的'镏金'风格最为流行。当然,我谈的是整体情况,不包括我那几位特别有才华的同行们。

谈到当代戏剧音乐,它从瓦格纳式的形而上学到意大利的'大杂烩'——似乎都不是法兰西式趋势。以后它可能会向着其他方向发展:清晰明了、表现手法和曲式简练(法国音乐精髓的本质属性)。戏剧音乐这门艺术是唯一可以制造各种幻想的艺术形式,但目前它似乎被人们遗忘了,忘记它的借口乍一看,要探索这种艺术形式就必须远离所有简练的音乐。如果是这样,那我们以后还能找回那些丰富的幻想吗?

艺术是最美的谎言。为什么人们要把日常生活加进去呢?我们应该始终希望保留这个谎言,而不是让它成为事实,因为这样做很可悲。无论是大众还是精英,他们不都是在艺术中寻找解脱吗?而这解脱本身不也是一种谎言吗?蒙娜丽莎的微笑实际上也许从来就不存在,但她的魅力却是永恒的。所以不要用过分的真实打断我们的幻想……只要能表现出永恒的美,我们就应当满足了。

我希望这封信来得还不算太晚,不过起码借此信,我能向您表达对您事业最美好的诚意。

克劳德·德彪西[①]"

Autogr.: non localisé. *Publ.*: *Musica* 1 (octobre 1902), p. 5; Debussy 1987, p. 65-66.

---

① 德彪西的签名被复刻在了《音乐家刊》(*Musica*)上。

1902 – 71

致爱德华·柯罗纳

星期日

1902 年 10 月 5 日

我亲爱的柯罗纳先生，

从乡下回来之后，我得知您将上演《绝代才女》。[①]

我对这个消息感到异常欣喜，再次与您合作只会让我更加开心。

与您握手之前，请相信我的忠诚。

克劳德·德彪西

卡迪内路 58 号

Autogr.: F-P, coll. part.

---

① 演出于 1902 年 12 月 21 日和 28 日进行，玛丽·嘉登饰演才女。

1902 – 72

皮埃尔·路易斯致德彪西

[1902 年 10 月 1 日至 12 日之间][①]

我亲爱的克劳德:

既然你在《音乐家刊》混得风生水起,那请你告诉那位封面的年轻窑姐,[②] 她正在破坏第二把位上的松香,还有,如果是我拿着那把小提琴,我肯定要纠正她。

我已经七年没见到你了,不过我星期二开始会离你近一些了,你也许听说了我要搬到布兰维利耶路 29 号,所以当你去 27 号的时候,[③] 希望偶尔可以见到你。我想你应该认识我那个小阁楼的,你可以像来自己家一样。

你的,

P. L.

Autogr.: F-Pn, Mus., N.L.a. 45 (61). *Prov.*: anc. coll. A. Godoy; Hôtel Drouot, 5 février 1999, n° 187. *Publ.*: Debussy-Louÿs 1931a, p. 238 (non datée); Debussy-Louÿs 1943[e], p. 40-41 (non datée); Debussy-Louÿs 1945, p. 171-172 (datée vendredi 10 octobre 1902).

---

① 该日期根据皮埃尔·路易斯 1902 年 10 月 14 日搬家的时间所推断。

② 1902 年 10 月,《音乐家刊》的第一号刊包括了克劳德·德彪西在《音乐的发展趋势》(*L'Orientation musicale*)中的见解。(全文见克劳德·德彪西:《德彪西论音乐——反"音乐行家"的人》,郝端端译,人民音乐出版社,2018,第 46-47 页——译者注)。该刊的封面为一位小提琴手的肖像,但她的姿势遭到了皮埃尔·路易斯的批评。《音乐家刊》由皮埃尔·拉斐特经营,乔治·皮奥克任主编,"这一新生刊物很吸引人,包含了照片,有过硬的文献依据,其目的是既要取悦大众读者,又要满足职业音乐家。[……]《音乐家刊》很快就印刷了 45,000 至 50,000 本。"见 Christian Goubault, *La Critique musicale dans la presse française de 1870 à 1914*, Genève, Paris, Éditions Slatkine, 1984, p. 76。

③ 德彪西的朋友卢锡安·枫丹就住在布兰维利耶路 27 号。

1902－73

致皮埃尔·路易斯

［1902 年 10 月 12 日前后］

我亲爱的皮埃尔,

自我从乡下回来之后,喜歌剧院几乎每天下午都让我充当排练员一职,要不是因为这个,你早就见我一百回了。[①]

关于姿势问题,《音乐家》封面那位年轻的缪斯对此是一窍不通……话说,她是来自歌剧院的芒特小姐。[②] 我只知道你还在帕西那边住,天呐,这下可方便了。

现在为了打破坚冰,请给我留一天中的一个小时,让我们两个来见见你们两个。

你的,

克劳德

信纸带有以下抬头:[③]
58, RUE CARDINET.
Autogr.: US-NHub, Yale University. *Prov.*: Cat. Arnna (1938), n° 45; Cat. G. Morssen (octobre 1958), n° 74; anc. coll G. B. Delapierre; Hôtel Drouot, 23 fév. 1973, n° 50; Cat. L'*Autogr.*phe 35 (1997), n° 87 (avec fac-sim partiel). *Publ.*: Debussy-Louÿs 1945, p. 172 (datée 15 octobre 1902).

① 据喜歌剧院日志记载,《佩雷亚斯与梅利桑德》第二批次演出的排练于 1902 年 9 月 18 日开始。

② S. 芒特(S. Mante)小姐是歌剧院的一位舞蹈演员。

③ 这是德彪西首次使用带自家地址抬头的信纸。

1902 – 74

致莫里斯·库赫农斯基

[1902年10月15日至20日之间][①]

我的好库赫,

我收到了图雷的来信,是从一个叫"吉伦特不再吹牛"的地方寄来的,这也太模棱两可了,请您告诉我确切地址。如果您能亲自过来,那就更好了……(您现在的行为可不够兄弟义气啊!)

请提前通知我们吧。

对您全心全意的,

克劳德·德彪西

信纸带有以下抬头:
58, RUE CARDINET
信封上有邮戳(无法识别)和地址:
Monsieur Maurice Sailland.
7 rue de Villersexel.
Paris
7eme
Réexpédiée:
A St Loubés
Gironde
Autogr.: F-PAU, Ms. 216 (2). *Prov.*: anc. coll. A. de La Blanchetai. *Publ.*: Debussy-Toulet 1971, p. 126.

---

① 保罗-让·图雷于13日抵达拉·拉斐特城堡,我们从他10月13日写给奥古斯缇娜·布勒托(Augustine Bulteau, 1860—1922)的书信中得知了这一点。

1902 – 75

保罗–让·图雷致德彪西

[圣–卢贝，1902年10月21日之前][①]

我在中括号中写的此句最好删掉。总之，如果您觉得能在这两个场景中做些什么，请您告诉我是否觉得节奏感太强，无韵诗句太多，或者恰恰相反。关于作品的结尾，我觉得您不会太关心篡位者的皈依和老胡子重新登上王位。或许最好不要提这些，让那群幸运的观众感到置身于云雾里。

致敬和友谊。

图雷

拉·拉斐特城堡，圣–卢贝

（吉伦特）

Autogr.: F-P, coll. part.

---

① 该信最后的一段文字包括了《皆大欢喜》第二幕第五场的结尾。见书信1902 – 66。

1902 – 76

致保罗–让·图雷

[1902 年 10 月 21 日]

亲爱的朋友,

我这么晚给您回复是因为《佩雷亚斯》的二次上演需要多次排练……[①] 这占用了我绝大部分的年华,还让我在仅剩的时间里昏昏沉沉的。另外,虽然我原谅您没能在出远门之前来家里看看,但我承认还是感到有些难过,尤其是当我从库赫那里得知,[②] 您这一走,最近都不会返回巴黎了。好吧,不提也罢……我们不是每天都能去东京的,[③] 而且这会让我们下次重逢变得更加欢喜。现在,让我们回到老好人威廉姆先生上来……[④]

您给我发来的第二个方案各方面都很好。但您不觉得我们应该让第一场戏变得更有趣吗? 我们可以加上一个引子,让合唱队在幕后演唱,以强调奥兰多斗争中的各种事件,您觉得呢? 我们可以使用不同的呼喊声,比如:"死! 不死! 反正他的肝也不肥!" 开个玩笑啊! 不过真要是这样,从音乐角度来看会非常新颖。还有,对于有些歌曲,我希望让一群人来唱。那个公爵有的是钱,足以让圣热尔维所有的歌手都来演唱,[⑤] 还能把他们阿登森林的指挥也叫来。

关于结尾,我同意您的意见: 不要管那群阿登森林的人了,我们需要创造一个美妙的订婚仪式,然后皆大欢喜地结束。任何时候,只

---

① 《佩雷亚斯》的排练于 1902 年 9 月 15 日启动。德彪西是从 9 月 18 日开始参加的。

② 指莫里斯·库赫农斯基。

③ 这是法国殖民印度支那时期北越南的名称。从 1902 年 11 月到 1903 年 8 月,保罗–让·图雷和莫里斯·库赫农斯基赴远东执行任务。他们被派去报道河内世博会。

④ 指威廉姆·莎士比亚的《皆大欢喜》。

⑤ 关于圣热尔维的歌手,见书信 1893 – 1。

要您觉得需要为音乐而换词,您都不要犹豫。这不是说这两场使用的语调都不合我意,[①] 恰恰相反,这只是为了回复您对于节奏感过强的顾虑……请放心,我们在音乐中都能找补回来的。

我有个主意跟您透露一下:我们能不能利用沙赫勒和奥利维耶的那场戏(莎士比亚的第一场),作为情节的陈述方式?

总之,在您走之前能给我寄多少就给我寄多少,我觉得我们手上有点好东西的。

对您全心全意的,

克劳德·德彪西

信纸带有以下抬头:
58, RUE CARDINET
信封上有邮戳(寄出:21-10 02,到达:22 OCT 02)和地址:
Monsieur P.-J. Toulet.
Château de la Rafette.
à St-Loubès.
(Gironde.)
Autogr.: F-PAU, Ms. 216 (1). *Prov.*: anc. coll. A. de La Blanchetai. *Publ.*: Debussy-Toulet 1929, p. 14-16; Debussy 1980, p. 121-122; Toulet 1986, p. 1225-1226; Debussy 1993, p. 177-178.

① 这两场戏指第二幕第四场和第五场。

1902 – 77

保罗–让·图雷致德彪西

[圣–卢贝,1902年10月23日至24日之间]

我亲爱的朋友,

第一场来了,其实在您的信到来之前我就已经开始写了。开幕之时的表演一定会很棒:(赛丽亚倚在右边的扶手,罗萨琳德从花园那边向上走近她)如此一来,前面就不能再加戏了。

这会带来一点小瑕疵,但是可以补救。不过,我觉得最重要的情节展开是赛丽亚和罗萨琳德的对话,而奥利维耶和沙赫勒的对话只是突出了前者对奥兰多的憎恨,反而应该进行缓和处理。(您有没有发现,奥兰多的离开是条重要的主线,不能被提前预知,因为他要等到公爵唱随想曲的时候才能下决心。)

因此,(既然奥利维耶和沙赫勒是配角)我们是不是可以等到第二或第三场再把他们引进来?

第一场结尾(赛丽亚和罗萨琳德),奥利维耶出现了,他提到了沙赫勒和三个筋疲力尽的年轻人。随后,沙赫勒亲自跑来警告奥利维耶说他的兄弟奥兰多来找自己挑战了。这个和莎士比亚的一样,但进行了缩减和缓和处理。女孩们的出现不会让这一场戏变得惹人讨厌,奥利维耶的本意不是要杀了他的弟弟,而是“教训教训他”。他会说:“也就打断一两根肋骨,这是成长的一部分。”

除此之外,对于斗争中在后台使用合唱队的想法,我很感兴趣。女孩们可以默不作声,那代表了情绪,奥利维耶可以说两句,配上他那嘲讽的语气。

就是这些，请您做决定并且一一回复。[①]我星期二或星期三出发，[②]我向大师的夫人问好，我始终是您的朋友，

图雷
圣－卢贝
吉伦特

请注意，我给您寄去的赛丽亚和罗萨琳德那场，其中有一部分是她们聊自己的伪装和新名字，此段落要移动到这一幕最后，当她们决定让疯子跟她们一起走的时候。

我们在马赛的地址（到11月2日中午十二点）：殖民地酒店——印度支那：河内（东京）留局自取。

Autogr.: non localisé (copie J. de Buzelet). *Prov.*: Cat. A. Blaizot 331 (novembre 1969), n° 632. *Publ.*: Toulet 1928, p. 351-352 (incomplète; non datée); Debussy-Toulet 1929, p. 16-18 (incomplète); Toulet 1986, p. 1226-1227 (incomplète).

---

① 1902年10月26日星期五，保罗－让·图雷给奥古斯缇娜·布勒托写信时提到了自己与德彪西的合作："我想在出发前开始创作《皆大欢喜》的剧本。我写了几场戏，还算不错。德彪西貌似非常满意，我们继续用书信的方式对这部未来的代表作进行沟通，有时也会有分歧，这也占用了我一部分时间。"见Toulet 1986, p. 1206。

② 1902年10月28日。

1902－78

致保罗－让·图雷

［1902年10月25日］

亲爱的朋友，

您的论据比我要充分，我完全同意。您同时还消除了我的另一个顾虑，那就是如何明确呈现《皆大欢喜》微妙且复杂的情节，这非常完美。

您没有提我跟您说的那个订婚仪式，在我看来这可以让作品有一个优雅的结局。[①] 我觉得可以借机展开一些舞台效果：人们盛装出席，迈着节奏精准的步点，为罗萨琳德和奥兰多的出场做铺垫。所有这些都可以配上音乐，那种老式的音乐，也就是说音乐属于剧情推进的一部分。您不用害怕展开描述试金石这个角色，他有那么怪癖吗？（您应该是这样认为的吧？）

现在，我很担心您这么快就要走，您让我迫不及待地想要立刻得到这个幻梦剧的全部细节。

在东京请不要忘记我，我是您的朋友，

克劳德·德彪西

德彪西夫人虽然很生气，但还是送来了谅解的微笑。

请替我们问候莫里斯。

信封上有邮戳（寄出：25-10 02，到达：26 OCT 02）和地址：
Monsieur P.-J. Toulet.
Château de la Rafette.
à St-Loubès.

---

① 见书信1902－76。

(Gironde)
(*Urgent*)
Autogr.: F-PAU, Ms. 216 (1). *Prov.*: anc. coll. A. de La Blanchetai. *Publ.*: Debussy-Toulet 1929, p. 18-19 (incomplète); Debussy 1980, p. 123 (incomplète); Toulet 1986, p. 1227 (incomplète); Debussy 1993, p. 178-179 (incomplète).

1902 – 79

致昂利·德·雷尼耶

[1902 年 10 月底][①]

亲爱的朋友,我收到了《水之城》,[②]谢谢您没有忘记我最大的快乐源泉。虽然不指望能等量回礼,但如果您过几天想要再看《佩雷亚斯》,我随时安排。

您真挚的,

克劳德·德彪西

信纸带有以下抬头:
58, RUE CARDINET
Autogr.: F-Pi, Ms. 6286 (264).

---

① 该日期根据昂利·德·雷尼耶新书的问世时间而推断。

② 受凡尔赛的影响,昂利·德·雷尼耶创作了诗集《水之城》(*La Cité des eaux*),于 1902 年 10 月 25 日刚刚由法兰西信使出版。

1902 – 80

致埃赫奈斯·勒南委员会

[1902年10月(?)][①]

我亲爱的朋友,[②]

此刻,我对埃赫奈斯·勒南所表达的敬意是微不足道的,但它饱含了我最衷心的崇拜之情。

全世界也没有第二个人能找到如此美妙的声音。

大师就是大师……

克劳德·德彪西

Autogr.: non localisé*. *Fac-sim.: Le livre d'or de Renan*, Paris, A. Joanin et Cie, 1903, p. 64.

---

① 位于特雷吉耶的埃赫奈斯·勒南纪念碑委员会决定收集各种证词来制作一本留言簿,以纪念埃赫奈斯·勒南逝世十周年(1892年10月6日)并借机集资。大部分的证词都是在1902年9月至11月之间收集到的。

② 埃赫奈斯·勒南委员会曾邀请德彪西加入。在《埃赫奈斯·勒南留言簿》(*Le Livre d'or de Renan*, Paris, A. Joanin et Cie, 1903, p. 174)的名册中还可以看到阿尔弗雷德·布吕诺和古斯塔夫·夏庞蒂埃。纪念碑于1903年9月13日落成,其落成典礼引发了一些事件,被军队所控制。

1902－81

致维克托-埃米勒·米什莱

［1902年10月(?)］

［关于《佩雷亚斯》的一封信。］

Autogr.: non localisé. *Prov.*: Cat. Librairie P. Berès 19 (1938), n° 300.

1902－82

致勒内·彼得

［1902年10月(?)］
星期四一点

亲爱的朋友，

我四点半过来。梅沙杰来接我。我们尽力吧。

你的，

克劳德

Autogr.: non localisé (copie H. Borgeaud). *Prov.*: Cat. N. Rauch (24-25 novembre 1958), n° 94; Cat. International Autographs 13 (s.d.), n° 21; Cat. K. Rendell 55 (1971), n° 52.

1902 – 83

致勒内·彼得

[1902 年 10 月(?)]
星期日

亲爱的朋友,

我明天还是得去喜歌剧院,[①] 所以我四点半才能到你那里。请原谅,相信我还是老样子。

你的,

克劳德·德彪西

Autogr.: non localisé (copie H. Borgeaud). *Prov.*: Cat. N. Rauch (24-25 novembre 1958), n° 94; Cat. Les Autographes 23 (janvier 1985), n° 72; Cat. Sotheby's (8 décembre 2000), n° 54; Cat. Sotheby's (7 décembre 2001), n° 59.

---

① 1902 年 10 月 30 日,《佩雷亚斯》再次上演,此次演出有些许调整,包括布置方面、四月时被删减的段落以及选角方面,卢锡安·里古饰演佩雷亚斯,苏珊娜·杜梅斯尼勒(Suzanne Dumesnil)饰演伊尼奥尔,珍妮·帕萨玛(Jenny Passama, 1860—1921)饰演热纳维耶芙。

1902－84

致勒内·彼得

［1902 年 10 月（？）］

亲爱的老伙计，

我排练结束时已经筋疲力尽了，我不想让你看到那可怕的场面！“真的太可怕了！”就像威廉姆所说的那样……我明天四点半过来，届时应该不会如此气急败坏。

你的，

克劳德·德彪西

用铅笔所写。
Autogr.: non localisé (copie H. Borgeaud). *Prov.*: Cat. M. Loliée xv (1956), n° 27.

1902－85

致勒内·彼得

［1902年10月(？)］

我今早收到了《佩雷亚斯》的排练传票。梅沙杰被音乐学院的考试给困住了,不能去排练,所以叫我替他。真讨厌,你能明天同一时间吗?

你的,

克劳德·德彪西

Autogr.: non localisé (copie H. Borgeaud). *Prov.*: Cat. N. Rauch (24-25 novembre 1958), n° 94.

1902 – 86

莉莉·德彪西致勒内·彼得

［1902 年 10 月(？)］

哈姆雷特先生：

克劳德工作了一个通宵，还有，他今天不会去喜歌剧院了。

您看他今天下午最晚四点去您那里可以吗？请回复我派去的仆人。

送上我们两人对您的友谊。

替阿凯尔而写。

莉莉·德彪西

Autogr.: non localisé (copie H. Borgeaud). *Prov.*: Cat. N. Rauch (24-25 novembre 1958), n° 94.

1902 – 87

致路易·拉鲁瓦

［1902 年 12 月 4 日］

亲爱的先生，

我这辈子就认识一个政客：威尔森先生。[①] 话说他是个很可爱的人，并由衷地讨厌音乐。不过，这是二十年前的事了。从此之后，我就没再尝试过，因为在我看来一次就定性了。

请下星期六过来吧，[②] 并请接受我的慰问。

克劳德·德彪西

信封上有邮戳（4 12 02）和地址：
Monsieur Louis Laloy.
33 avenue des Gobelins
Paris/13[eme]
Autogr.: F-P, coll. V. Laloy. *Publ.*: Laloy, p. 125-126; Debussy 1962, p. 5.

---

① 丹尼尔·威尔森（Daniel Wilson, 1840—1902），玛格丽特·威尔森 – 佩鲁茨（Marguerite Wilson-Pelouze, 1836—1902）的弟弟，德彪西曾于 1897 年夏天在她舍农索的家里逗留过。丹尼尔·威尔森是格莱威总统的女婿，曾于 1887 年卷入一则丑闻中。路易·拉鲁瓦想寻求一位政客的支持，以此来为德彪西争取荣誉军团勋章。

② 拉鲁瓦是《音乐评论》（*Revue musicale*）的主编，曾于 1902 年 11 月发表了一篇关于《佩雷亚斯》的文章，题目为“在两个和弦上”（« Sur deux accords »）。“这篇文章受到了克劳德·德彪西的关注，他不仅感谢我，还坚持希望请我到他家里认识一下。一段地久天长的友谊就这样开始了。［……］” 见 Laloy, p. 119。

1902－88

致让·马诺德

［1902 年 12 月 4 日］

亲爱的朋友，

上星期日我从拉穆勒出来时得了流感。[①]我家里这位坚持让我待在家中，并强硬要求我不要去见您。我希望下周可以康复，您下星期四应该就能见到我了。

亲切的友谊。

克劳德·德彪西

信纸带有以下抬头：
58, RUE CARDINET
信封上有邮戳（4 DEC 02）和地址：
Pneumatique
Monsieur Jean Marnold.
28 rue Pigalle.
Paris.
Autogr.: US-PO.

---

① 1902 年 11 月 30 日，卡米伊·舍维亚尔在新剧院上演了《牧神午后前奏曲》。《吟游诗人》的评论者阿麦岱·布塔海勒在自己 1902 年 12 月 7 日的评述中写道："整个大厅的人都震惊了，C. 德彪西先生诗一般的幻想让他们如痴如醉。［……］他们长时间要求立即再演一遍，呐喊声至少盖住了加演的前三十小节。［……］"

1902 – 89

致罗赫巴赫先生

[1902年12月5日][1]
星期五

我亲爱的罗赫巴赫先生，

我得了严重的流感，不能像往常一样去您那里要票了……（您肯定很想念我！）所以需要请您帮忙给德彪西夫人预留一个楼下包厢。

谢谢您，请接受我最真诚的问候。

克劳德·德彪西

信纸带有以下抬头：
58, RUE CARDINET
Autogr.: US-PRu.

---

① 该日期的推断依据：德彪西的重感冒以及《佩雷亚斯》1902年12月6日的演出。

1902 – 90

致雅克·杜朗

星期二，1902 年 12 月 9 日

亲爱的朋友，

我得了严重的流感，这周都没能出门。请您明天中午以前给我寄一本《绝代才女》的乐队谱校稿。[①] 柯罗纳下午会来我家，我希望他能使用上述校稿。[②]

谢谢，真挚地。

克劳德·德彪西

信纸带有以下抬头：
58, RUE CARDINET
Autogr.: F-Pgm. *Prov.*: Archives Durand. *Publ.*: Debussy 1927, p. 8.

① 见 1902 年 5 月 16 日的出版合约。

② 关于《绝代才女》的演出，见书信 1902 – 71。

1902 – 91

致路易·拉鲁瓦

[1902年12月10日]
星期三

亲爱的先生,

这里是一份基本完整和准确的清单!

这个"纪录"没那么光彩,但我尽力了。[①] 生命是短暂的,而搞艺术是艰辛的。

我喜欢尽可能忘记"现实",这一点您不用指望我来提醒您。如果不是您住在巴黎的另外一头,那我会让您随时来家里做客。请不要对别人说我拒绝指挥《绝代才女》,因为这样会让整个事情有些许遗憾。而且,我们还是不要惹别人讨厌了。[②]

请继续接受我最亲切的问候。

克劳德·德彪西

信纸带有以下抬头:
58, RUE CARDINET
信封上有邮戳(11 12 02)和地址:
Monsieur L. Laloy
33. avenue des Gobelins.
Paris/13eme
Autogr.: F-P, coll. V. Laloy. *Publ.*: Laloy, p. 131; Debussy 1962, p. 5-6.

---

① 还是关于荣誉军团勋章的事。

② 爱德华·柯罗纳在排练几次之后曾建议让德彪西亲自指挥,但后者予以谢绝。见 Laloy, p. 130。

1902 – 92

致加布里埃尔・皮埃内

星期一,1902 年 12 月 15 日

我亲爱的朋友,

由于地址有误,我最近几天才收到你的来信,另外我之前病得很重,一直卧床不起。请原谅这个迟来的回复,它会让人误以为是我漠不关心,也请相信我的忠诚。

克劳德・德彪西

信纸带有以下抬头:
58, RUE CARDINET
Autogr.: F-P, coll. part.

1902 – 93

致爱德华·柯罗纳

[1902 年 12 月 16 日][①]
星期二晚上

亲爱的柯罗纳先生，

您下午晚些时候 * 能给我留点时间吗？有些事情我觉得当面讲比给您写信更容易些。

请相信您亲切忠实的，

克劳德·德彪西

* 明天星期三。

信纸带有以下抬头：
58, RUE CARDINET
Autogr.: F-P, coll. part.

① 该日期的推断依据：信纸的抬头以及《绝代才女》的排练事宜。

1902－94

致路易·拉鲁瓦

［1902年12月16日］[①]
星期二晚上

亲爱的先生，

我很想满足您，但星期四的排练会是一个严重缩水的版本，为您着想，这不会给您带来任何喜悦的。但我希望您28日能再来，届时我们会演出《绝代才女》，而且您不觉得《异邦人》的辉煌留不住您吗？[②]

请相信我的忠诚。

克劳德·德彪西

后记：关于三首钢琴曲，[③]您说得太对了。

信纸带有以下抬头：
58, RUE CARDINET
信封上有邮戳（17 DEC 02）和地址：
Monsieur L. Laloy.
33 avenue des Gobelins.
Paris/13eme
Autogr.: F-P, coll. V. Laloy. *Publ.*: Laloy, p. 130-131; Debussy 1962, p. 7 (datée 17 décembre 1903[④]).

---

① 该日期的推断依据:《绝代才女》的排练以及信中暗示路易·拉鲁瓦即将前往布鲁塞尔。

② 樊尚·丹第的《异邦人》（*L'Étranger*）于1903年1月7日在布鲁塞尔铸币剧院首演。德彪西即将在1902年1月12日的《吉尔·布拉斯》上对其进行评述。在《寻回的音乐》（*La Musique retrouvée*）中，路易·拉鲁瓦表示:"我没能前往12月21日的音乐会，因为我要到布鲁塞尔去听《异邦人》的首演。"见Laloy, p. 131。

③ 可能是指1901年8月问世的《为钢琴而作》。

④ 此邮戳其实属于1903年12月17日的书信，但曾被标记为1902年。见Debussy 1962, p. 6。

1902 – 95

致热阿内·阿赫杰

星期二,1902 年 12 月 23 日

夫人。

伏霍蒙写信跟我说您想让我听一下《碧丽蒂斯之歌》。我非常乐意。

您能下星期四五点半左右来我家吗?

夫人,请接受我最崇高的敬意。

克劳德·德彪西

卡迪内路 58 号

通信卡,信封上有邮戳(23 12 02)和地址:

Madame Arger.

45. rue St Ferdinand.

Paris.

17eme.①

Autogr.: CH-B, coll. part. *Prov.*: Cat. H. Saffroy 5 (juin 1986), n° 850bis; Cat. H. Saffroy 12 (juin 1988), n° 2259; Cat. Sotheby's (novembre 1988), n° 347 (avec fac-sim.).

---

① 热阿内·阿赫杰在信封上标注:“克劳德·德彪西,1902 年,我第一次和他演唱他的作品。”

1902 – 96

致迪米特里·卡尔沃克雷西

星期日

1902 年 12 月 28 日

亲爱的先生，

请允许我跟您说，直到《吉尔·布拉斯》[①] 和《文艺复兴》的领导们达成共识之后，我才从《拉丁文艺复兴》中解脱出来。[②] 您还要知道，我是想根据音乐来连载，而不是给各种首演写一篇第二天的报道。如果我有时间，会很愿意和您合作，但我不能完全不写音乐，所以要留出一点时间给自己。

我很想满足《文艺复兴》，但您给我的时间太短了吧？您不能等到 1 月 8 日吗？我需要去布鲁塞尔看《异邦人》的首演，[③] 这至少还要占用我两天时间。

请相信，我感到很遗憾，我也衷心希望能让您满意。

克劳德·德彪西

卡迪内路 58 号

Autogr.: non localisé*. *Fac-sim.*: Léon Vallas, *Les Idées de Claude Debussy*, Paris, Librairie de France, 1927, entre les p. 8-9.

---

① 德彪西从 1903 年 1 月 12 日至 6 月 28 日一直与《吉尔·布拉斯》合作。

② 见书信 1902 – 99。

③ 见书信 1902 – 94。

1902－97

致爱德华·柯罗纳

[1902年12月28日]
星期日晚上

亲爱的柯罗纳先生:

我想用这几行字再次感谢您对《绝代才女》的精彩演绎。[①] 也请您代表我衷心感谢乐团的所有艺术家们,他们毫无保留地将自己的天才服务于我的作品。

您亲切忠实的,

克劳德·德彪西

后记:您给卡雷先生写信了吗?

气动管卡,带有邮戳(28 DEC 02)和地址:
Monsieur E. Colonne
10 rue Montchanin
(17me)
Autogr.: F-P, coll. part.

---

①《绝代才女》于1902年12月21日和28日上演。见书信1902－71。

1902 – 98

致维克托-埃米勒·米什莱

星期日

1902 年 12 月 28 日

亲爱的先生，

如果您的《爱的朝圣者》1 月 10 日就要在奥德翁上演，[①] 那麻烦就大了，因为我现在连第一个音都不知道是什么……最近一个月我夫人的健康状况让我焦头烂额，我本来还想给您写信，但考虑到《复活》的成功，[②] 我以为我们还有时间。因此，我也忘记问您，您说的那五个音乐家都是干什么的？[③] 是由作曲家自己来定吗？他们属于剧院吗？总之，这很难，我还不太确定我们能用一种什么样的声音组合。

就这件事请跟我敲定一下，也请相信我是您忠实的，

克劳德·德彪西

Autogr.: non localisé*.

---

①《爱的朝圣者》（*Pèlerin d'Amour*）是一部 1904 年出版的一幕戏剧作品。受奥德翁剧院院长保罗·吉尼斯蒂（Paul Ginisty, 1855—1932）的请求，德彪西需要为其创作一页舞台配乐。见 Robert Orledge, *Debussy and the Theater*, Cambridge, Cambridge University Press, 1982, p. 266-267。

②《复活》（*Résurrection*）是昂利·巴达伊（Henry Bataille）（1872—1922）根据列夫·托尔斯泰的作品改编的五幕戏剧，自 1902 年 11 月中旬开始在奥德翁剧院上演。

③ 据说维克托-埃米勒·米什莱建议的五个乐器中包括羽管键琴。见 Richard E. Knowles, *Victor-Émile Michelet, poète ésotérique*, Paris, J. Vrin, 1954, p. 231。

1902－99

致安托南·佩里维耶

星期日
1902 年 12 月 28 日

亲爱的先生,

如果有人能提供资助,那我当然愿意去看《异邦人》的首演。[①] 明天五点左右我过来与您和奥兰多夫先生聊聊怎么样? [②] 我收到《拉丁文艺复兴》的一封信,他们迫切地希望我至少写一篇文章! [③] 我无法表述这有多烦人。

此致敬礼。

克劳德·德彪西
卡迪内路 58 号

Autogr.: F-P, Archives de Paris, 3AZ/7, pièce 215.

---

① 见书信 1902－94。

② 保罗·奥兰多夫(Paul Ollendorff, 1851—1920)是巴黎著名的出版商,曾创建了文学与艺术家出版协会,位于黎塞留路 28bis 号,并且和安托南·佩里维耶共同经营《吉尔·布拉斯》。

③ 德彪西答应《拉丁文艺复兴》(*La Renaissance latine*)的主管古斯塔夫·比奈－瓦勒麦(Gustave Binet-Valmer, 1875—1940)于 1902 年 12 月 15 日发表一篇文章。这篇名为《对露天音乐的思考》(*Considérations sur la musique en plein air*)的校稿(文献编号: coll. E. Lockspeiser)上批注了"销毁"二字。据迪米特里·卡尔沃克雷西透露,比奈－瓦勒麦认为这篇文章很"愚蠢"。见 *Musicians gallery*, Londres, 1933, p. 118-119。

1902 – 100

致维克托-埃米勒·米什莱

1902 年 12 月 31 日

亲爱的先生,

您的五位器乐乐手,他们都是演奏什么乐器的?……

我向您保证,这音乐听起来会像苍蝇在摩拳擦掌一样。我们不是在一间小酒馆里,只要有五个茨冈人就搞定了!

必须要有以下乐器:2 把小提琴、1 把中提琴、1 把大提琴、1 把低音提琴、2 支长笛、1 台竖琴。没有这些,那效果只会非常可笑。

请立即回复我,我会尽快把您的歌写出来。①

此致敬礼。

克劳德·德彪西

信纸带有以下抬头:
58, RUE CARDINET
Autogr.: non localisé*.

① 最终,该剧上演时没有配乐。

1902 – 101

致布朗什·马洛?[1]

[1902 年 12 月]

小姐。

这里是两张票,请原谅它们没有座位号码,但这是我能争取到的最好的结果了。[2]

恭敬地。

克劳德·德彪西

信纸带有以下抬头:
58, RUE CARDINET
Autogr.: US-NYpm, MFC D289.X2. *Prov.*: Cat. S. Kra 16 (1927), n° 6398.

---

① 收信人不明朗,但"小姐"的称呼似乎指向歌唱家布朗什·马洛。见书信 1901 – 18。

② 应该是《佩雷亚斯与梅利桑德》的一场演出。

1902－102

致雅克·莫兰

［1902 年 12 月］

亲爱的先生，

我附上几行字来回复您友善的提问，[①] 我来迟了……总之！请不要因为那两件事而生我的气，尤其是第二件，真的情有可原。

真希望能有幸见到您。请替我向您兄长问好，我很早就想给他写信了，也请相信我的忠诚。

克劳德·德彪西

信纸带有以下抬头：
58, RUE CARDINET
Autogr.: CH-Bps, coll. P. Sacher.

① 跟该信一起寄出的还有一篇文章，有关法国音乐中的德国影响，该文章于 1903 年 1 月被发表于《法兰西信使》上。（见克劳德·德彪西：《德彪西论音乐——反"音乐行家"的人》，郝端端译，人民音乐出版社，2018，第 48-49 页——译者注）。

1902 – 103

致勒内·彼得

[1902年(?)]
星期六

亲爱的朋友,

你太会拿捏表达喜悦的方式了!这可不是在吹嘘……你太讨人喜欢了,德彪西夫人对此的感受尤其强烈(她当然会这样)。

继续努力吧,我的老伙计,我是你坚定的,

克劳德·德彪西

Autogr.: non localisé*. *Prov.*: Cat. N. Rauch (24-25 novembre 1958), n° 94; Cat. Librairie de l'Abbaye P.A. (1960), n° 32. *Publ.*: Peter 1944, p. 223 (non datée).

1902 – 104

致勒内·彼得

[1902年(?)]

德彪西先生和夫人本星期日会待在家中,恭候他们的好朋友们来牌桌上大战三百回合。

必须穿外套。

凌晨的时候,我们会在提耶先生的头上喝健胃酒。[1]

Autogr.: non localisé. *Prov.*: Cat. N. Rauch (24-25 novembre 1958), n° 94. *Publ.*: Peter 1944, p. 223-224 (non datée).

---

① 一种甜味药酒,配料包括当归、茴香等。

1902 – 105

致未知者

[1902 年]
星期一

亲爱的先生,

很不巧,您的信被寄到古斯塔夫 · 多雷路了……我离开那里已经五年了,但我的名气还没有大到邮局能知晓我换了住址……[①] 我非常愿意见您和您的朋友阿德里安 · 哥里亚勒,[②] 但现在会不会已经太晚了? 尽管如此,我依旧会恭候您,如果您愿意,下星期六下午我将很高兴见到您。

亲爱的先生,请相信我的情义。

克劳德 · 德彪西
卡迪内路 58 号

Autogr.: non localisé (copie F. Bayer). *Prov.*: Drouot Rive Gauche, 30 novembre 1978, n° C.

---

① 德彪西自 1989 年 12 月起住在卡迪内路 58 号。

② 查无此人。

1902 – 106

致未知者

[1902年(?)]

[内容有关德彪西的《弦乐四重奏》,[①] 他想在钢琴上演奏这首作品。他希望维涅斯可以弹,因为维涅斯是]"**顶级的钢琴家**"。[德彪西还提到了其他诠释问题,包括和维涅斯用双钢琴演奏三首《夜曲》。[②]]"**我深厚的情谊**。

克劳德·德彪西"

信纸带有以下抬头:
58, RUE CARDINET
Autogr.: non localisé. *Prov.*: Cat. Sotheby's (11-12 octobre 1954), n° 122; Cat. Maggs Bros 828 (1955); Cat. G. Casella 84 (s.d.), n° 246 (avec fac-sim. partiel).

---

① 或许是劳尔·巴赫达克的改编版。见书信 1901 – 53。

② 德彪西的确将于 1903 年 4 月 24 日在圣歌学院与里卡多·维涅斯演奏双钢琴版的《夜曲》。关于《夜曲》的双钢琴版,见书信 1901 – 23。

1902 – 107

莉莉·德彪西致勒内·彼得

［1902 年（？）］

哈姆雷特先生，

克劳德让我告诉您，他五点半左右到您家。

请原谅他没能亲自给您写这条简信，但您知道原因。

问候您和善良的达娜厄。

替阿凯尔而写。

莉莉·德彪西

信笺，未贴邮票，地址：

Monsieur René Peter

93 rue Jouffroy

Autogr.: US-AUS, Carlton Lake Collection. *Prov.*: Cat. N. Rauch (24-25 novembre 1958), n° 94.

附录Ⅰ

克劳德·德彪西书信全集(上卷)
新增书信
(1872—1902)

本次汉语版本的《克劳德·德彪西书信全集》相较2005年出版的法语原作进行了增补。本卷中共添加了34封从未发表过的书信和20封增补及改动过的书信,另有9封书信的手稿原件是在2005年之后才得以查阅,因此,这些书信在法语原作中的错误书写日期得以修正。以上书信也将被添加到未来出版的法语增补版中。

借此机会,我想再一次感谢郝端端先生,他不仅才华横溢,还充满活力且坚忍不拔地完成了《克劳德·德彪西书信全集》的翻译工作。这是一个充满雄心壮志的工程,因为本次汉语版本是迄今为止唯一一部完整的外文版《克劳德·德彪西书信全集》。

德尼·埃赫兰

2024年2月于巴黎

1880 – 1

致父母

[佛罗伦萨,[①]1880 年 10 月 9 日]

我把这位年轻人寄给你们,[②]带给你们我的亲吻和关怀。
你们的儿子

阿西伊·德彪西
1880 年 10 月 9 日于佛罗伦萨

Autogr.: non localisé. *Publl.*: Jean Lépine, *La Vie de Claude Debussy*, Paris, Albin Michel, 1930, p. 28.

---

① 德彪西在音乐学院的钢琴老师安托万·马赫蒙泰勒(Antoine Marmontel, 1816—1898)将他推荐给了柴可夫斯基的保护人娜捷达·冯·梅克(Nadejda von Meck, 1831—1894)夫人。1880 年夏天,德彪西受聘给梅克夫人的孩子们上钢琴课,充当其 27 岁的女儿朱莉亚的声乐伴奏,并且与她演奏四手联弹。德彪西先是在瑞士因特拉肯与梅克一家会合,随后游历到法国南部的(阿尔卡雄)以及意大利。9 月初,他们在那不勒斯逗留了十天,并且在 9 月 19 日抵达佛罗伦萨,住进了奢华的奥本海姆别墅。该宅院于 1865 年至 1870 年间由古斯塔夫·奥本海姆(Gustav Oppenheim)男爵修建于圣米尼亚托附近的山丘上,为新古典主义风格。法兰西第二帝国的欧珍妮(Eugénie de Montijo, 1826—1920)皇后曾下榻于此,之后又成为科拉家族(Cora)的住所。德彪西就是在此写下了他的《G 大调钢琴三重奏》(*Trio en sol majeur pour violon, violoncelle et piano*),由他本人,以及随行的小提琴家瓦迪斯瓦夫·帕丘尔斯基(Władysław Pachulsky, 1857—1919)和大提琴家彼得·丹尼尔琴科(Pyotr Danilchenko)演奏。德彪西于 11 月 5 日离开佛罗伦萨。

② 这段话是写在一张德彪西的照片背面,照片副本见 Gauthier n° 7。

1884 – 2bis

致昂丽埃特·福克斯(?)[①]

[1884年第一季度(?)][②]
星期三

女士:

万分抱歉,我没能赴约。

如果方便,我能星期五十一点到十二点的时候来吗?

再次抱歉,您忠实的,

Ach. 德彪西

Autogr.: US-DAu. *Prov.*: anc. coll. P. et V. von Ktawijk.

---

① 收信人不确定,但该信的语气与德彪西之前写给昂丽埃特·福克斯的类似。纸张质量也与1884 – 1类似。见Debussy 2005, p. 15-16。

② 德彪西的签名符合他在1882年至1884年10月使用的形式,但具体日期不详。德彪西于1883年10月任“la Concordia”合唱团伴奏。

1890 – 16bis

致未知者

[1890年]
星期二

先生,

很抱歉没有回复您,我把您的信弄丢了,所以连同您的地址一起丢了。我给德·特雷戴恩先生写信了,他们目前不允许我把乐队分谱带出来,但我还没有失去信心。假如最后真的拿不出来,我在想是不是进行一次钢琴版演奏?您怎么看?另外,我觉得乐队只排练一次有点悬。反正我现在就等着安布鲁瓦斯·托马先生的消息了。

祝好。

ClA 德彪西

Autogr.: F-AN, coll. part.

1890 – 18[①]

致一位朋友[②]

［1890 年］

星期六

亲爱的朋友：

很抱歉我没有信守承诺。我最近感觉太糟了，头非常疼，这也不能全怪我。您想想我这个状态还能做什么？什么也做不了！星期一吧，最迟星期二。

您的，

Cl. A 德彪西

Autogr.: non localisé*. *Prov.*: Cat. Sotheby's (11-12 mai 1959), n° 127; anc. coll. W. Reeves; Cat. Sotheby's (15 mai 2008), n° 40. *Publ.*: Debussy 2005, p. 93 (résumé).

① 该信已被更新修改。

② 可能是贾斯通·施瓦斯奈勒，他负责德彪西自费出版的《波德莱尔诗五首》。

1890－19

致未知者[1]

[1890年(?)][2]
星期五

先生:

您的第二封信实在是多此一举,您太过刻意地想证明我是个没有道德的人!您知道,我没有愚蠢到认为自己没有任何问题,您的那些辱骂真的很伤人(信不信由您)!如果您认为人们收获了我的友谊都会感到受宠若惊的话,那您就大错特错了。我认为事情恰恰相反,愿意和我做朋友的人必须是真正的好人,因为我这个人行事很轻率,尤其是在某些特定条件下!但我也会感到愧疚。总而言之,我没有您认为的那么龌龊。

我很容易自欺欺人。我对您前一封信中的用词感到很震惊!或许就是因为这样,我的反应才很冷酷。我承认我又错了。

如果说一个人因为借钱而失去尊严,那有太多的人都会因此而"走下神坛",包括那些您十分尊重的人。再说了,我也没向全世界借钱,只是向一些和我关系不错的人,也是我一直不走运,其实我赚钱还是挺容易的。

最后,我只想请您再给我一点时间还钱。既然您执意要看扁我,那我也只能表示遗憾了,因为这样做对我不公平,我还是有价值的。我知道我的话无法改变您,但我已经很难过了。我也无力再为自己辩解。您开心就好。

Cl. A 德彪西

Autogr.: F-P, coll. part.

---

① 可能是约瑟夫·萨勒蒙(Joseph Salmon, 1864—1943),法国大提琴家。

② 该信日期根据德彪西的第七种签名形式得出,德彪西从1889年12月开始使用这种签名,直到1890年底。

1891 – 10

致未知者[1]

[1891 年 6 月之后(?)][2]
星期四晚上

亲爱的先生:

多亏了您的承诺,我才向我的房东保证这个月 15 日付钱,后者已经在威胁我了,而且说的话很难听!显然,他现在完全不想再听我的任何解释,并且要扣留我的[东西],[还要]把我赶出去。[3] 所以我立刻就来求您了,因为您之前答应过要给我 100 法郎。[4] 我提这个要求仅仅是为了能继续创作,希望这个理由在您那里能够成立,其余的我就不多说了,说多了让您心烦。

您亲切忠实的,

ClA 德彪西

您可以把钱直接交给传信人,她是我母亲。

Autogr.: F-P, coll. part.

---

① 可能与书信 1890 – 19 为同一收信人。

② 此为推测日期,德彪西提到的房租是他在伦敦路 42 号租的房间,德彪西从 1891 年 6 月住到 1893 年 7 月。该信的签名与德彪西的第八种签名形式相符,而该签名的使用时间是 1891 年 1 月至 1892 年 2 月。

③ 该信原件右侧有缺失,方框内文字是根据上下文修复所得。

④ 该信的右上角有另一人的手书:"已支付 100 法郎。"

1892 – 14

致罗拜赫·勾代

[1892 年(?)]

“[……]我不会也不能生您的气。最多就是不满意把我们分开的那些因素,其实都不值一提……希望我们一切顺利,友谊长存。[……]”

Autogr.: non localisé. *Publ.*: Godet 1926, p. 72 (168).

1892 – 15

致罗拜赫·勾代

[1892 年(?)]

“[……]我们之间的伤心事太多了!尽管我这边压力很大,但我还是衷心地希望能帮您减轻一些负担,如果您愿意的话[……]”

Autogr.: non localisé. *Publ.*: Godet 1920, p. 177; Godet 1926, p. 72 (168).

1893 – 17bis[①]

斯蒂凡·马拉美致德彪西[②]

星期二,[1893年5月16日]

亲爱的朋友,

您想知道梅特林克的《佩雷亚斯与梅利桑德》何时上演吗?[③] 答案是明天星期三,一点半,巴黎轻歌剧院。我想明天上午应该还有时间买票。[④]

您的,

SM

名片,印有:
Stéphane Mallarmé
Autogr.: non localisé. *Prov.*: Cat. L'*Autogr.*phe 43 (1999), no 125. *Publ.*: Jean-Louis Debauve, « Quelques lettres inédites de Stéphane Mallarmé », *Histoires littéraires* 5 (janvier-mars 2005), p. 72-73 (extrait); Mallarmé 2019, p. 1751.

---

① 该信为世界首发。——译者注。

② 拍卖会上的名录显示该信是写给德彪西的,虽然没有其他信息予以证实,但不排除这种可能性。

③ 1893年5月17日白天,卡米伊·莫克莱和欧雷利昂·吕涅–波推出了梅特林克《佩雷亚斯与梅利桑德》在巴黎的唯一一次演出。

④ 关于1893年5月17日德彪西在剧院的订座单副本,见 Denis Herlin, « *Pelléas et Mélisande* aux Bouffes-Parisiens », dans *Portraits et études*, Hildesheim, Georg Olms, 2021。

1893 – 58bis①

致尤金·伊萨伊

星期五,[1893年]12月1日

亲爱的朋友:

通过你给布莱维勒的电报,我得知了这个好消息,衷心感谢你一千次。对于我的喜悦,我无须多言了,你肯定懂的。

现在,分谱已经在刻印中了,杜朗父子回复我说半天内搞定!如果你觉得太久,要不我三天内给你寄一份誊抄稿?

还有,我需要去布鲁塞尔和您一起排练吗?当然,我对你绝对放心。总之,需要我做什么都可以。

再次感谢你愿意为我的音乐当一位杰出的艺术家和好朋友。

你最忠实的,

克劳德·德彪西

古斯塔夫·多雷路10号

Autogr.: B-Br, Mus. Ms. 492/2. *Prov.*: anc. coll. A. Cortot; Catalogue Blaizot-Pinault (juillet 2020), no 24.

---

① 该信为世界首发。——译者注。

1893 – 59bis[①]

致尤金・伊萨伊

[1893年12月10日至17日之间(?)][②]

亲爱的朋友:

我很愿意留到星期二之后再走,尤其是你对我那么好。但我有可能会因为收到一封电报而无法庆祝。

感谢你对《佩雷亚斯》的见解,你不知道你这位艺术家的友谊对我有多重要。

星期二见,你忠实的,

克劳德・德彪西

古斯塔夫・多雷路10号

请代我向伊萨伊夫人问好。

用铅笔所写,信纸带有以下抬头:
P. L. 49 RUE VINEUSE[③]
Autogr.: B-Br, Mus. Ms. 492/1. *Prov.*: anc. coll. A. Cortot; Catalogue Blaizot-Pinault (juin 2020), n° 29.

---

① 该信为世界首发。

② 该信的具体日期难以复原,主要跟布鲁塞尔之行有关,参见前一封书信。

③ 这是皮埃尔・路易斯的原住址,姓名的缩写由蓝色墨水手书,地址被划掉。

1894－5bis[①]

致爱丝黛·西奈

[1894年1月22日][②]
星期一

小姐，

烦劳您星期三三点来一趟我家吧？关于您在节目表中的位置，完全按照您的意愿来。[③]

小姐，请接受我最尊敬的问候。

克劳德·德彪西

Autogr.: S-S, coll. P. Guillet de Monthoux.

① 该信为世界首发。——译者注。

② 该日期的推断依据：信中提到的爱丝黛·西奈在布鲁塞尔的音乐会（1894年1月29日星期一）。《现代艺术》对此（1894年1月28日刊第31页）发布了公告："由'烈士儿童保护协会'为其庇护所举办的马斯奈专场音乐会将于明天在和谐大厅举行，我们将听到爱丝黛·西奈小姐……"

③ 见书信1894－15。

1894－25bis[①]

致埃赫奈斯·肖松

［1894 年 4 月 8 日］
星期日

我亲爱的朋友：

不管怎么说，我还是要感谢您给我写信，尽管信中一些话说得很重，伤到了敬爱您的我。我真心希望不要再收到其他人的恶语了！

请原谅我花了这么久才回复您，但最近发生的一切让我很混乱，我真的难以启齿，所以请允许我一笔带过。我甚至都不想去回击那些太过低级的诋毁。对于那些依然想跟我做朋友的人，我争取让他们的压力小一些，至于其他人，说实话我都不怎么在乎了，我不知道某些臭鱼烂虾有什么资格批评我！

您发现了吗，这件事揭露了一个神秘且残酷的事实，我永远都不会明白为什么我的存在让那么多人都无法忍受，就算我承认好运与我无缘，但为什么？还有，在没有确凿证据的情况下，为什么人们会认为我的作风有问题？为什么他们不让我用自己的方式活着？为什么那些有头有脸的人都对我敌意满满，不接受与我共存？在他们当中，圣－玛索夫人甚至"贴心地"建议我去自尽！总之，我被耍了，像个球一样任人摆布，谁也不关心它会滚到哪里去。

虽然现在的情况很恶劣，但看在友谊的份上，请相信我关于之前拜托您帮忙的事情，我从来都没有欺骗过您！虽说家丑不可外扬，但我豁出去了，我承受不了如此恐惧，尤其是您还给我心上重重地插了一刀！

在我结婚这件事上，我母亲是直接问我要钱的，不给的话她和我父亲就不去参加，因为她不想由于穿得太寒碜而感到没面子！还有其

① 该信为世界首发。——译者注。

他原因,请允许我略过!尽管不愿承认,我还是很清楚人们会怎么想,但我真的受够了!虽然我遭了很多的罪,但我绝不可能做出对不起朋友的事,我也从未停止去做那个您曾经喜爱的克劳德-阿西伊,如果现在都不能指望有一天被平反,我会伤透了心的——有人攻击我,就会有人同情我,但当我爱的人都弃我而去的时候,那就真的没救了。

我的错误是,我太相信自己的好运了,没有注意背后的事情。我真的深爱R小姐。[①]……我都想着将自己的全部生命献给她,然而,我做梦做得太深,而当一切憧憬都坍塌的时候,就成了最可怕的时候。对此我会永远感到懊悔,因为我本已触碰到了幸福!

我尝试创作,但没有效果,我先前创造出的美丽色彩都暗淡了,只剩下了灰蒙蒙的地平线,我的乐思都变成了脏兮兮的蝙蝠,到处乱撞!我还能找回自我吗?我的命运似乎就剩下了苍白。我那么努力地为音乐服务,难道连它都要抛弃我了吗?!

我很想见您,我知道这会对我有好处的。在此之前,请允许我说,我是您亲切忠实的,

克劳德·德彪西

信封上有邮戳(寄出:8 AVRIL 94;到达:9 AVRIL 94)和地址:[②]
Monsieur Ernest Chausson.
Villa Courrèges.
à Arcachon.
(Gironde)
Autogr.: non localisé*. *Prov.*: Hôtel Drouot, 22 juin 2016, nº 74.

---

① 指罗杰小姐。——译者注。

② 信封背面的副本缺失,无法确定收信邮戳。

1894 - 31bis[①]

致皮埃尔·路易斯

［1894 年 6 月 1 日］
星期五

皮埃尔·路易斯，

你叫这个名字算你走运，你有我这个不朽的朋友也算你走运！另外，之前是你自己说我把《佩雷亚斯与梅利桑德》演烂了，结果现在你又让我拿它去“办艺术节”！[②]

那我就单独过来，希望你觉得这就足够了。

你的，

克劳德·德彪西

电报，带有邮戳（3 JUIN 94）和地址：
Monsieur Pierre Louÿs
1 rue Grétry.
Autogr.: non localisé*. *Prov.*: Hôtel Drouot, 5 décembre 2017, n° 66

---

① 该信为世界首发。——译者注。

② 见书信 1894 - 31，路易斯请德彪西为他的朋友们演奏《佩雷亚斯与梅利桑德》的多个选段。——译者注。

1894 – 45[①]

致皮埃尔·路易斯

[1894 年 8 月 23 日[②]]
星期四

亲爱的皮埃尔,

日复一日,我一直都想着回复你的来信,它对我来说就像君士坦丁的太阳,但我最近被那些十六分音符搞得昏天黑地,都没有力气和你讲讲有关它们的轶事了。我像一匹拉车马一样工作,完成了地下场、紧接着出了地下就是羊群场![③] 就是我们要吃的那些羊群!

总之,我现在是个模范男孩!就是可以眼含热泪拥吻区长的那种!只是,我身上的野性也在觉醒,而且会第一时间咬区长一口!

我认为,你在信中附带的那段比才的音乐是他最好的作品之一。他是音乐界的莫泊桑,他和莫泊桑一样,都以描写青楼女子著称,但比才的生命中没有遇到一个女人邀请他去"塞维利亚城墙"旁的房间。说到这里我想插一句嘴,晚餐后花 7.5 法郎就能领略西班牙风情,这很美妙!

人们一直都没有完全意识到,一个世纪产生的和声少得有多可怜!自格鲁克起,六和弦耗死了多少人?而现在,从玛侬到伊索尔德,[④] 又都陷入了减七和弦中!人们是否记得,他们还可以不假思索地使用另一种和弦,就像他们去咖啡馆一样寻常,那就是三和弦!唉!那些极致的三和弦,它们要到什么时候才能发出自己的震颤,就像百花齐

---

① 该信完整版为世界首发,在原作中只收录了节选。——译者注。

② 该日期根据昂利·勒霍勒的书信(书信 1894 – 46)所还原,勒霍勒在信中同样提到了《佩雷亚斯与梅利桑德》已经完成的场次。

③ 地下场位于《佩雷亚斯与梅利桑德》第三幕第二场,羊群场位于第四幕第三场。

④《玛侬》(*Manon*)是儒勒·马斯奈的歌剧,于 1884 年 1 月 19 日在巴黎喜剧院首演。

放一样。[①]算了，说到底我们都是音乐家，就像伯尼耶赫先生说的那样！[②]

当前的巴黎变成了一座美好的温泉之城，如果你还要旅行的话，我建议你来这里，因为普通人都选择去海滩了。巴黎找回了一种别致的气息，多了一些自由和疯狂，不再被日常的规矩所束缚，我们可以看到"一些人"无忧无虑地微笑。

就差你了，不过我们不能样样俱全！

我用忠实的臂膀拥抱你，代我问埃罗尔德好。

克劳德·德彪西

我刚刚收到一封来自君士坦丁的信，我一点也不觉得意外。

Autogr.: non localisé*. *Prov.*: Cat. R. Davis 40 (mars-avril 1935), no 246; Cat. Sotheby's (23 novembre 1977), no 90; anc. coll. A. Schram; Cat Christie's (Londres, 3 juillet 2007), n° 286; Hôtel Drouot, 20 juin 2018, n° 1334 (avec fac-sim. partiel). *Publ.*: Debussy-Louÿs 1945, p. 40 (extrait); Debussy 1980, p. 67 (extrait); Debussy 1993, p. 103-104 (extrait); Debussy 2005, p. 218-219 (extrait).

---

① 德彪西在此模仿了波德莱尔《黄昏的和谐》中的用词（德彪西曾于1889年为其配乐）："花儿在枝头震颤的时候到了，每一朵都像香炉散发着芳香。"

② 关于罗拜赫·德·伯尼耶赫，见书信 1893－42。

1894 – 49bis [①]

致皮埃尔·路易斯

[1894 年 9 月 25 日]

亲爱的朋友,

我又变成‘鳏夫’了,[②] 我七点会到‘昂坦地窖’和你汇合,[③] 然后我们一起去喝汤吃牛肉。[④]

电报卡。

Autogr.: non localisé. *Prov.*: Cat. S. Kra 22 (juillet-août 1930), n° 8555. *Publ.*: Debussy-Louÿs 1945, p. 33.

---

① 该信完整版为世界首发,在原作中只收录了节选,编号为 1894 – 67。——译者注。

② 嘉比此时应该在诺曼底。

③ 这是独立艺术书店的昵称,因为它位于绍塞–昂坦路 11 号。

④ 这或许是在暗指儒勒·儒伊(Jules Jouy, 1855—1897)于 1883 年组织的晚宴。见 Oberthur, p. 25。

1895 – 20bis[①]

致安德烈・勒贝

［1895 年 4 月 24 日］

克劳德・德彪西

感谢安德烈・勒贝。

请接受我全部的慰问。

名片，印有：
Claude Debussy
10 rue Gustave Doré
信封上有邮戳（24 avril 95）和地址：
Monsieur André Lebey
Boulevard Hausmann 108.
EV.
Autogr.: non localisé*.

① 该信为世界首发。——译者注。

1895 – 20ter①

致昂利·戈蒂耶–维亚尔

［星期一,1895 年 4 月 29 日］

亲爱的朋友:

经过对比,我觉得您对一首弦乐四重奏过于严苛了,它最大的问题就是更加有表情,而不是更加有趣。

很抱歉我唱反调了！我很厌恶瓦格纳经常陶醉于无用的转调,但是面对当今世界的毫无节制,我想也只有维多利亚才有资格唱衰它。

总之,随他“夏季马戏团领座员”②如何炮轰吧,我是不会感到难过的,我只会念 H. 戈蒂耶–维亚尔先生的好。

祝好。

克劳德·德彪西

星期一

1895 年 4 月 29 日

Autogr.: non localisé*. *Prov.*: The Jessy Norman « White Gates » collection; Doyle, 26 avril 2017, no 287.

---

① 该信为世界首发。——译者注。

② 其实就是在暗指戈蒂耶–维亚尔。——译者注。

1895 – 21[①]

致皮埃尔·路易斯

［1895年4月］

亲爱的皮埃尔，

我真以为今天可以见到你，但我被梅利桑德之死给缠住了，只能颤抖着继续工作。

我要感谢你的寄送，我还要对你说，我们一定要为这个小桑德赫露娜好好工作一番，我已经非常喜欢她了，梅利桑德虽然对此不满意，但比起她剧情中那些“不解风情”的人，她肯定会更喜欢这个小入侵者的性格。

明天见。

你的，

克劳德·德彪西

Autogr.: non localisé. *Prov.*: Cat. S. Kra 18 (avril 1929), n° 7181; Cat. Stargardt 671 (30-31 mars 1999), n° 819. *Publ.*: Debussy-Louÿs 1945, p. 50.

---

① 该信完整版为世界首发，在原作中只收录了节选。——译者注。

1895 – 23bis①

致爱德华·杜加尔登

1895 年 5 月 8 日

我亲爱的杜加尔登,

请不要生气,一个讽刺的意外让我在您指定的那几天里没时间了。总之,我们一定再找机会见面,我很乐意欠您这次。

祝好。

克劳德·德彪西

Autogr.: non localisé (copie dactylographiée: US-AUS, Édouard Dujardin Collection).

① 该信为世界首发。——译者注。

1895 – 30bis ①

致乔治·阿特曼

［1895年6月底②］
星期五

亲爱的阿特曼先生，

请允许我友情提示，我明天下午等您来商讨可怜的梅利桑德之死。

您忠实的，

克劳德·德彪西

Autogr.: non localisé (copie H. Borgeaud). *Prov.*: Hôtel Drouot, 28 avril 1958; Hôtel Drouot, 18 avril 1989, n° 76

① 该信完整版为世界首发。原作中的编号为1895–41。——译者注。

② 该日期的恢复依据:《佩雷亚斯》的第五幕于1895年6月20日完成。

1895 – 73bis[①]

皮埃尔·路易斯致德彪西

[1895 年 11 月底][②]

我亲爱的朋友

我觉得勒内·彼得先生的小诗很不错,非常细腻且富有表情。我本想把它们发表在一些与我合作的刊物上,但不幸的是,我在《白色杂志》那里没什么影响力。至于《信使》,它的版面被占得太满了,11 月的一期被迫增加了页数,[③] 而下一期则会是这期的两倍。因此,只有去《醒悟》碰碰运气了。《醒悟》是比利时如今最好的期刊。如果勒内·彼得先生愿意,我将很高兴推荐他。

祝好。

皮埃尔·路易斯

通信卡,有花体缩写签名,信封上有地址:
à porter
Monsieur Claude Debussy
10 rue Gustave Doré
Autogr.: non localisé*. *Prov.*: Kotte *Autogr.*phs GmbH (Roßhaupten, Allemagne), catalogue en ligne (consulté le 31 mars 2014), n° 26313; RR Auction, USA (juillet 2015), n° 706.

---

① 该信为世界首发。——译者注。

② 该日期的推断依据:信中提到了 11 月的《法兰西信使》。

③ 1895 年 11 月一期的确超过了标准的 128 页,达到了 144 页。

1895 – 74bis [①]

致勒内·彼得

［1895 年 12 月 8 日］
星期日早晨

我亲爱的勒内，

我被迫需要将晚上腾出来了，因为我在艾蒂安和马吉的计划中扮演了一个角色。[②] 不过我们约了六点半在圣拉扎尔火车站的天桥咖啡馆见面，欢迎你的加入。

总之，明天四点在我家见。

你的，

克劳德·德彪西

Autogr.: non localisé (copie H. Borgeaud). *Prov.*: Cat. N. Rauch (24-25 novembre 1958), n° 94.

---

① 2005 年原作出版时，该信的手稿未能得到查阅。最新的研究为该信更换了日期并带来一些细微修改，原作中的编号为 1898 – 83。

② 应该是埃蒂安·杜潘和他的夫人玛格丽特(原名罗文斯坦)。

1895 – 87[①]

致昂丽埃特·福克斯?

[1895年(?)]
星期日晚上

亲爱的夫人

谢谢您,您太过奖了,但我确实很感动!尤其是如此赞誉出自您这样一位杰出的音乐家之口。

我自然会非常高兴见到您,虽然我的时间很紧张,但我还是会等待您的回应。

尊敬与真挚地问候。

克劳德·德彪西

Autogr.: non localisé*.

① 该信为世界首发。——译者注。

1896 – 21[①]

致雷蒙·博纳赫

［1896 年 6 月 21 日］
星期日

亲爱的朋友：

上星期二，我把你的邀请转达给皮埃尔·路易斯了，[②] 我请他选一个日子，这个年轻人已经是当前最受欢迎的文学家了！

我还没有收到回复，我必须跟你说这种情况让我很难受！说到这里，我已经再一次催他回信了。但如果来不及的话，我自己也会前往马尼。[③]

很高兴得知你母亲身体健康，也为你高兴，因为如果情况不好的话，这只能给你的生活带来混乱。

你友好的，

克劳德·德彪西

---

① 2005 年原作出版时，该信的手稿未能得到查阅。最新的研究为该信更换了日期并带来一些细微修改。

② 6 月 16 日，德彪西在昂利·勒霍勒家吃晚饭，随行的还有皮埃尔·路易斯和埃德加·德加。6 月 11 日，勒霍勒给路易斯发来了邀请："我亲爱的朋友，下星期二您愿意和几个伙伴一起来我家吃饭吗？有德加、德彪西，还有其他几个。这么长时间了，我只想去看您，但一直没有时间。如果您接受我将会非常高兴。我和您握手。昂利·勒霍勒。七点半，穿正装。杜盖斯内大街 20 号。"［信封上有邮戳（12 JUIN 96）和地址：« Monsieur Pierre Louÿs 11 rue Chateaubriand EV. »，转送至：« chez M. Maldan à Epernay »; Hôtel Drouot, 16 avril 1998, n° 162］路易斯于 6 月 15 日回复："亲爱的先生，您来信的时候我正好在乡下，对于这迟来的回复我感到很惭愧。我非常愿意接受您友善的邀请，尤其希望您能在聚会的时候带我到您的画室参观一下新的佳作。亲爱的先生，请相信我对您最忠诚的感情。皮埃尔·路易斯，夏多布里昂路 11 号。"［电报，带有邮戳（15 JUIN 96），发往：« Monsieur Henry Lerolle 20 avenue Duquesne »; F-P, coll. part］

③ 指马尼莱阿莫，舍夫勒斯山谷的一个村庄，雷蒙·博纳赫在此居住。

信封上有邮戳(22 JUIN 96)和地址:
Monsieur Raymond Bonheur.
a Magny les – Hameaux.
par Cheveuse.
(Seine et Oise)
Autogr.: non localisé*. *Prov.*: Hôtel Drouot, 15 avril 2013, n° 106 (avec fac-sim.); Hôtel Drouot, 10 décembre 2018, n° 88 (avec fac-sim.); Hôtel Drouot, 6-7 octobre 2020, n° 107. *Publ.*: Debussy 2005, p. 317-318.

1896－41[①]

致尤金·伊萨伊

［1896年11月17日］[②]

亲爱的朋友:

我本希望能将《苏格兰进行曲》(新版)的乐队分谱寄给你,[③]但雕刻师彻底食言了,我担心来不及去誊写,另外我觉得没那个必要了。请原谅我迟到的回复,我本想尽量把事情做好。我收到了你珍贵的长信,如果不是因为生病,我会立即回复你的,更何况信中说你不能亲自演奏《夜曲》,这加重了我的痛苦!你知道,在我看来没有哪个"模仿专家"能作为你的替身,无论你怎么说,我再次重复我更加需要你这个人,而不是"伟大的小提琴家"。如果这听上去很矛盾,那也没办法,因为这就是事实!总之,如果你不能演奏《夜曲》,那我宁愿不让它们在布鲁塞尔上演![④]

关于《佩雷亚斯》的计划,我认真考虑过了,虽然我很想看到你来指挥它,虽然你一定会充满激情,但我还是觉得不能那么做,如果说你的开明能让你看懂这部作品,其他人是不行的,所以你只能是白费工夫!

请不要认为我不识好歹,因为你对我的上心令我感到发自肺腑的骄傲,总有一天,所有这一切都会圆满的。

匆忙写下,对你全心全意的

克劳德·德彪西

---

① 2005年原作出版时,该信的手稿未能得到查阅。最新的研究为该信进行了一些细微修改。

② 该日期根据邮戳而确定。

③ 见书信1896－35。

④ 尤金·伊萨伊宣布不演奏《夜曲》这件事使得他与德彪西的关系发生破裂。德彪西彻底放弃为小提琴和乐队创作,因为这个组合由其他人演奏无法令他满意。《夜曲》的这个最初版本没有任何片段被保存下来。

信封上有邮戳(寄出: 17 NOV 96,到达: 18 NOVE)和地址:
Monsieur E. Ysaÿe
46 avenue Brugman.
à Bruxelles.
(Belgique)
Autogr.: non localisé*. *Prov.*: anc. coll. A. Cortot; Librairie Blaizot-Pinaut. *Publ.*: Debussy 2005, *Exp.*: Paris 1942, p. 43, no 152.

1896 – 42[①]

致欧雷利昂·吕涅-波

［1896 年 12 月初］

亲爱的朋友，

您能帮个忙在附带的卡片上留两张票吗？

我想看《愚比王》都想疯了。[②]

您忠实的，

克劳德·德彪西

古斯塔夫·多雷路 10 号

Autogr.: non localisé*. *Prov.*: Cat. Stargardt 533 (septembre 1957), n° 411; Cat. Schmolt (été 2016), n° 2310098. *Publ.*: Debussy 2005, p. 334 (incomplète).

---

① 该信完整版为世界首发。——译者注

② 阿尔弗雷德·雅里（Alfred Jarry, 1873—1907）的戏剧《愚比王》（*Ubu Roi*）于 1896 年 12 月 10 日在新剧院（著作剧院）进行了唯一一次演出，当时的新文学界人士几乎全部到场，无论知名与否。儒勒·荷纳赫（Jules Renard, 1864—1910）在日记中写道："《愚比王》。充满期待的一天在荒诞中结束。从第一幕中间开始，我们就感到不妙。在一片喊'大便'的声音中，有人回应道：'吃了它！'然后喧闹就被压低了。如果雅里明天不声明自己是在嘲笑大家的话，他就没有机会翻身了。鲍尔同样彻底失算了，我们大家都失算了，因为我在阅读《愚比王》的时候已经预料到它很难演到最后，但我没有想到会是这样一个全面崩溃的局面。然而，瓦莱特却说：'这很有意思'，拉希尔德（Rachilde, 1860—1953）则一直冲着那些喝倒彩的人大喊：'真是够了！'"见 Jules Renard, *Journal* 1887-1910, Paris, Bibliothèque de la Pléiade, Gallimard, 1965, p. 363。

1896 – 47[①]

致皮埃尔·路易斯

[1896年(?)]
星期二

我亲爱的皮埃尔,

嘉比要星期四才回来!所以我星期三,也就是明天晚上七点去找你。

你的,

克劳德·德彪西

代我向桑德赫露娜问好。[②]

Autogr.: non localisé*. *Prov.*: Hôtel des ventes Antithermal (Nancy), 26 octobre 2018, n° 208.

---

① 该信为世界首发。——译者注。

② 此时,路易斯已经写好了《桑德赫露娜》的剧本,他曾在1895年4月12日和他的兄长透露:“此外,我还应卡瓦略的委托(无合约)写了一个剧本,德彪西会为其配乐。它将于圣诞节在喜歌剧院上演,以替换被否决的《糖果屋》(*Hänsel et Gretel*)。这也是一部童话,我选择了《魔王》(*Le Roi des Aulnes*)的主题,主要是因为它是我小时候听过的最震撼的故事。我记得有一次在沃日拉尔路的一个沙龙里,我一个人和一本展开的舒伯特乐谱待在一起,结果我被吓哭了,因为乐谱正好翻到了《魔王》这一页。”见 Louÿs 2002, p. 156。

1897 – 34bis ①

致乔治·阿特曼

星期四

1897 年 8 月 19 日

亲爱的阿特曼先生，

我早上没能去您那里，因为我得送某人去火车站，这个人要出趟远门。但我不会错过 24 日来见您的，因为上次见到您真的很高兴。

您亲切忠实的，

克劳德·德彪西

Autogr.: non localisé*. *Prov.*: Hôtel Drouot, 28 avril 1958; Hôtel Drouot, 20 novembre 2014, n° 19. *Publ.*: Debussy 2005, p. 370 (datée 21 octobre 1897).

① 该信日期已更新，原作中编号为 1897 – 50。

1897 – 40[①]

致乔治·阿特曼

星期六

1897 年 9 月 18 日

我亲爱的阿特曼先生。

午饭的气氛如此亲切愉快,我不忍用一个卑微的金钱问题去搅乱它,因此我选择给您写信。显然,我遇到了麻烦,我父亲的病使得情况雪上加霜,而我则希望能够得到一点稳定性,用于尽快把哑剧写出来并尽量写好。所以,您能不能预支我 500 法郎? 请原谅这仓促的请求,我这样自作主张全是仰仗您对我的善意。

您亲切忠实的,

克劳德·德彪西

请尽快回复我,如果您方便的话我星期一派人来取?

Autogr.: non localisé (copie H. Borgeaud). *Prov.*: Hôtel Drouot, 28 avril 1958 (exp. P. Cornuau), n° 14; Cat. J. & J. Lubrano 83 (March 2018), n° 32 (avec fac-sim.). *Publ.*: Debussy 2005, p. 365.

---

① 2005 年原作出版时,该信的手稿未能得到查阅。最新的研究为该信进行了一些细微修改。

1897 – 41①

致乔治·阿特曼

星期日

1897 年 9 月 19 日

亲爱的阿特曼先生。

感谢您的关切并如此迅速地回复了我。另外，请不要再把厄翟勒先生视为您的同仁了，② 他不仅对音乐有罪，而且还是个坏蛋。

我希望您能将我要的数额一次性付给我，③ 我真是什么地方都需要花钱！……有人还在我窗户下面辱骂。但是，我不想让您为难，也不想从玛歌嘴里抢面包。④ 所以对于明天要来找您的这位员工，您就尽量多给些吧。再次衷心感谢。

请相信您的，

克劳德·德彪西

星期六见……

Autogr.: non localisé*. *Prov.*: Hôtel Drouot, 28 avril 1958; anc. coll. C. Hamilton; vente Christie's n° 5960, 21 novembre 2012, Londres (King Street), no 63 (reprod.). *Publ.*: Debussy 1980, p. 88; Debussy 1993, p. 127-128; Debussy 2005, p. 365-366 (incomplète).

---

① 本信与 2005 年出版的原作相比进行了一些细微修改。——译者注

② 昂利·厄翟勒于 1883 年至 1916 年间经营游吟诗人（Au Ménestrel）出版社。他的外甥保罗–埃米勒·舍瓦利耶（Paul-Émile Chevalier）获得了阿特曼基金。

③ 自 1895 年起，乔治·阿特曼就决定要“捧红”德彪西，因此在随后几年每个月都给予德彪西 500 法郎。

④ 玛歌是乔治·阿特曼的女儿。

1898 – 4[bis]①

致马赛勒·赫亚

星期日晚上,[1898 年 1 月 30 日]

亲爱的先生。

很遗憾,明天星期一我不能见您了。

您愿意八天后的星期一或者是星期三再过来吗?

祝好。

克劳德·德彪西

气动管卡,带有邮戳(31 JANV 98)和地址:
Monsieur M. Réja
5 rue de la Santé.
Autogr. non localisé*. *Prov.*: Hôtel Drouot, 26 novembre 2015, n° 88.

① 该信为世界首发。——译者注。

1898－7①

致乔治·阿特曼

星期五

1898 年 2 月 25 日

亲爱的阿特曼先生。

抱歉,我已经被神经痛折磨了三天了。因此,请让抄写员星期二再来。我会尽量把丢掉的时间找补回来。

您好些了吗?总之,我星期六会来您家探望。

您最亲切的,

克劳德·德彪西

信笺,盖有花体签名,信封上未贴邮票,地址:

Monsieur G. Hartmann.

3 rue Caumartin.

Autogr.: non localisé*. *Prov.*: Hôtel Drouot, 28 avril 1958; anc. coll. J.et J. Bass; Miami, Bass Museum of Art; Hill Auction Gallery (Sunrise, Florida), 20 novembre 2019, n° 109. *Publ.*: Debussy 2005, p. 392.

Autogr.: non localisé (copie H. Borgeaud). *Prov.*: Hôtel Drouot, 28 avril 1958.

---

① 2005 年原作出版时,该信的手稿未能得到查阅。最新的研究为该信进行了一些细微修改。

1898－26bis ①

致皮埃尔·路易斯

星期三

1898年7月6日

我亲爱的皮埃尔,

我不能继续每天晚上都“路过你家”,在你窗外的漆黑中暗自神伤了。

所以,请做个人吧,星期五晚上请你待在家,我需要找你聊聊,还有,你应该写了不少音乐了吧?

你的,

克劳德

“夜间急送”

我正在为我的埃塞俄比亚小说做最后的润色。

Autogr.: CDN-M, coll. part. *Prov.*: Cat. S. Kra 17 (juin 1928), n° 6940. *Publ.*: Debussy 2005, p. 437 (datée 1898 [?]; incomplète).

① 该信完整版为世界首发,在原作中只收录了节选,编号为1898－71。——译者注。

1898 – 42[①]

致皮埃尔·路易斯

星期三

1898 年 10 月 5 日

亲爱的皮埃尔:

我本来已经计划好今天见你的,但请允许我遗憾地表示自己无法指望这份快乐了。就像戈洛,[②] 还有皮卡尔中校说的那样:[③]"但是,快乐这东西……我们不是天天都有的。"

如果你没时间来见你的朋友,那别忘了来见你的和声老师。

你的,

克劳德

① 该信完整版为世界首发,在原作中只收录了节选。——译者注

② 这是戈洛在《佩雷亚斯与梅利桑德》第二幕第二场的一句唱词。

③ 皮卡尔中校于 1895 年成为陆军情报局局长,在德雷福斯案中,他第一个发现了那张内含军事机密的清单作者并非德雷福斯上校,而是埃斯特哈齐少校。由于和最高统帅部上级的关系决裂,皮卡尔中校招致了报复。首先,他被"流放"至突尼斯,然后在一座堡垒中被捕,进而被扣留在拉桑特,同时,他还被开除军籍,并被民事法庭和军事法庭起诉。1898 年 10 月 5 日,惩教法庭拒绝让他取保候审,18 日,皮卡尔中校被转移至楔什谜底监狱单独关押。从 11 月 25 日至 12 月 9 日,《黎明》刊登了带有四万人签名的万名书,请求释放皮卡尔中校。勒内·彼得称自己成功说服了德彪西签字……见 Peter 1931, p. 150。彼得的名字的确出现在请愿书的第一批签名者之中(11 月 26 日发表的名单第二列),但德彪西的名字并没有出现在任何名单中。其他参与的朋友和作曲家包括:卢锡安和阿图·枫丹、安德烈–费迪南·埃罗尔德、加布里埃尔·穆雷、阿尔贝里克·马尼亚赫、埃赫奈斯·肖松、古斯塔夫·夏庞蒂埃以及阿尔弗雷德·布吕诺。

1906 年,皮卡尔通过一项特殊法律在军队复职,并获得上将军衔。同年,克莱蒙梭任命其为战争部长。至于阿尔弗雷德·德雷福斯,他于 1899 年被新军事法庭再次判决为有罪,并被判处十年有期徒刑,但这一判决在 1906 年 7 月未被最高法院通过进而被撤销,德雷福斯得以重返军队,并获得少校军衔。

信封上未贴邮票,地址:
Monsieur Pierre Louÿs / 147. B[ard] Malesherbes.
Autogr.: non localisé*. *Prov.*: Cat. V. Lemasle, n° 252; anc. coll. A. Cortot; Librairie Blaizot-Pinault. *Publ.*: Debussy-Louÿs 1945, p. 115; Debussy 2005, p. 421 (incomplète).

1898 – 56bis①

致皮埃尔·路易斯

星期一晚上

1898 年 11 月 29 日

我亲爱的皮埃尔。

抱歉！……我又要提勒内·彼得了……我可不敢假装这依然是件有趣的事情。

他的作品下个月末好像送到安托万那里了，他希望能使用阿赫什的绢纸（花不了多少钱），这样可以保留更长时间。

下一件事！……关于他喊着要的前言，他认为我没有跟你说（事实上也的确如此）。你能行行好给这件缠人的事情画上一个"终止"吗？这样好让那个年轻人不用再喊了，因为这种行为很难看，且严重干扰到了他的家人。

再次抱歉，请接受我用"抱歉"作为今天的"主导动机"，你忠实的朋友，

克劳德·德彪西

你跟我这里沟通就好，我来负责转达给他。

Autogr.: F-P, coll. E. Van Lauwe. *Prov.*: Cat. Stargardt 702 (24-25 mars 2015), n° 459.

① 该信为世界首发。——译者注。

1898 – 60bis ①

致勒内·彼得

星期三

1898 年 12 月 28 日

我亲爱的勒内:

我有一个很大的麻烦外加一个很大的悲伤……人无完人……既然我不会对自己撒谎,也不会演戏,我取消了与康斯坦丁·于乐曼的预约,② 并且请他推迟星期六的小聚餐。

我相信你不会生我气的,而且你明白为此哭泣是没有用的。

你的,

克劳德

信笺,盖有花体签名,带有邮戳(98)和地址:③

M. René Peter

[à compléter]

Autogr.: non localisé*. *Prov.*: Cat. N. Rauch (24-25 novembre 1958), n° 94. *Publ.*: Peter 1944, p. 207 (non datée); Debussy 2005, p. 445 (incomplète et non datée).

---

① 该信完整版为世界首发,在原作中只收录了节选,编号为 1898 – 90。——译者注。

② 勒内·彼得的朋友。

③ 在该信下方可以看到铅笔手书,应该是出自马克·洛里耶(Marc Loliée)之手:"据 G. 乐里称德彪西与嘉比·杜鹏分手了。德彪西从 1892 年起就与她同居了。他将搬到卡迪内路"。

1898 – 60ter ①

致皮埃尔·路易斯

星期四晚上

1898年12月29日

亲爱的皮埃尔：

卢锡安·枫丹本该今天上课的，结果他请我推迟到明天一点一刻到他帕西的家里上了……这样的话我就没法叫他来家里吃午饭了。你愿意改到星期日再聚吗？……我从道义上需要征求你的意见！

你的，

克劳德

信笺，未贴邮票，地址：
Monsieur Pierre Louÿs
147. B[ard] Malesherbes. à Paris
Autogr.: non localisé*. *Prov.*: Hôtel Drouot, 5 décembre 2017, n° 66 (avec fac-sim partiel).

---

① 该信为世界首发。——译者注。

1898 – 73[1]

致卡图尔·门德斯

[1898年(?)]
星期三

我亲爱的大师,

谢谢您想到上演《绝代才女》,但是:1. 我现在找不到人可以演唱这首作品;2. 我担心用钢琴会让作品变得太冷清且缺乏意义,尤其是在暧昧喜剧院这样的大厅里(话说阿特曼完全同意我的观点);[2] 3.《绝代才女》已经用乐队演奏过了,再用低配的钢琴版演奏是有风险的,而我还没有传奇到可以冒这个风险。

尽管如此,我还是要衷心谢谢您的惦记,我对您无比感激。

您最忠实的,

克劳德·德彪西

盖有花体签名。
Autogr.: non localisé*. *Prov.*: New York, Swann Auction Galleries, 29 novembre 2012, n° 220 (avec fac-sim.). *Publ.*: Dietschy, p. 130 (incomplète); Debussy 2005, p. 438.

---

① 该信完整版为世界首发。——译者注。
② 关于暧昧喜剧院的辰时公众系列演出,见书信 1897 – 57。

1898 – 76 & 77[①]

致勒内·彼得

［1898 年（？）］

星期三

我的老勒内，

我们明天的惯例预约一定要在四点集合，这不会影响到你的个人安排吧？如果可以的话，就不必回信了，如此我就懂了……

向那个可怜的杰西致敬。

你的老，

克劳德

最美丽的头发属于梅利桑德。梅特林克（根特的香水制造者）

Autogr.: non localisé*. *Prov.*: Cat. N. Rauch (24-25 novembre 1958), n° 94; Cat. Erasmushaus 45 (12-13 novembre 1968), n° 983; Cat. International Autograph 21 (1970), n° 19; Cat. Stargardt 651 (26-27 mars 1992), n° 1001; Cat. Stargardt 663 (21-22 mars 1996), n° 799; anc. coll. E Van Lauwe; Cat. Arts & Autographes 83 (novembre 2017), n° 30664 (avec fac-sim.); Hôtel Drouot (26 octobre 2018), n° 93 (avec fac-sim.); Hôtel Drouot (19 avril 2019), no 44 (avec fac-sim.). *Publ.*: Debussy 2005, p. 439 (incomplète).

① 该信在 2005 年的原作中只有部分摘录，且被分成了 1898 – 76、1898 – 77 两封信，但事实上它们是同一封信。

1898 – 94[①]

致勒内·彼得

[1898 年(?)]
星期日
下午

我亲爱的勒内。

我这里时间紧迫! 我就简短地跟你道一声谢谢,请相信,来自你的这一切是最令我感到愉快的。

你的,

克劳德

信笺,未贴邮票,地址:
Monsieur René Peter.
Autogr.: non localisé*.

① 该信为世界首发。——译者注。

1898 – 95[①]

致罗拜赫·德·苏扎

［1898 年(？)］[②]

亲爱的先生：

这是您问皮埃尔·路易斯要的勒内·彼得的地址：

汉堡路 20 号。

他开始有些担忧了，不过我还是对这一切感到很高兴，感谢您的友善帮助。

祝好。

克劳德·德彪西

星期四(古斯塔夫·多雷路 10 号)

Autogr.: non localisé*. *Prov.*: Hôtel des ventes (Vendôme), 17 mars 2014, nº 17; Cat. Traces écrites (sans date), nº 10912.

---

① 该信为世界首发。——译者注。

② 该信的内容涉及皮埃尔·路易斯为勒内·彼得写的前言，因此推断为 1895 年所写。罗拜赫·德·苏扎(Robert de Souza, 1864—1946)是法兰西信使的常客，见 Decaudin, p. 183。他曾在独立艺术书店出版了《火山孔》(*Fumerolles*)。

1898－96[①]

致未知者

［1898 年(？)］
星期三

亲爱的朋友

我九点左右会到您家。请原谅,我已经迟到太久了,一分钟都不能再浪费了。

亲切地。

克劳德·德彪西

Autogr.: non localisé*. *Prov.*: Cat. Bolaffi (Turin, 25 juin 2009), no 15.

① 该信为世界首发。——译者注。

1899–15①

致皮埃尔·路易斯

［1899 年 1 月 29 日］

“［……］你太经常在城里吃晚饭了！这对胃不好，而且太纷乱了，当我们正在朵颐我们的鸡翅时，总有人会打断我们……我建议你去提我的陋室［……］”

不是所有人都喜欢在墙上乱涂乱画的，可怜的镶框工人们看了会被吓到的。我提醒你，直到现在我从来都没有对这一奇怪的癖好提出异议，是你先开始的。星期二，卢锡安·枫丹会在一点半来家里，如此，我有以下建议：要么你十二点半来我家吃午饭，要么我三点一刻左右去见你说再见？”

Autogr.: non localisé. *Prov.*: Château d'Écrouves, 30 juin 1934, n° 46; Cat. Librairie Incidences 12 (1936), n° 174; Cat. Les neuf Muses (janvier 2011), n° 20. *Publ.*: Debussy-Louÿs 1945, p. 127-128; Debussy 2005, p. 456.

① 2005 年出版原作中只收录了节选，本次译文加入了最新发现的内容。——译者注。

1899 – 31bis ①

致勒内·彼得

星期六

1899 年 4 月 8 日

我亲爱的勒内。

抱歉,我本想当面感谢你送我的精致开信器,但一些琐事把我缠住了。话说,我们总是被琐事干扰并无法去做自己最喜欢的事。

那么就让我在这张灰里透白的纸上表达自己的感激之情吧——这纸的颜色就像一个阴雨天的早晨,一丝阳光透过云层。此外我还附了一些零钱,这肯定不够买开信器的花销,但它们可以破解附着在尖锐物体上的法术,我也不知道为什么这样。

不久后见,我是你的好朋友,

克劳德·德彪西

通信卡,信封上未贴邮票,地址:

Monsieur René Peter.

93. Rue Jouffroy.

Autogr.: non localisé*. *Prov.*: Cat. N. Rauch (24-25 novembre 1958), n° 94; George Houle Rare Books & Autographs (Los Angeles), notice en ligne consultée le 30 juin 2010. *Publ.*: Debussy 2005, p. 442 (datée 1898 [?]).

---

① 2005 年原作出版时,该信的手稿未能得到查阅。最新的研究为该信更换了日期并带来一些细微修改。原作编号为 1898 – 82。

1899 – 62bis[1]

致尤金·伏霍蒙

[1899年6月中(?)][2]

“[……]我给这封信附上了今早收到的校样。我不记得是否在你的那份手稿上题了词,总之,我就写这里了:献给A.彼得夫人[3]……[……]”

盖有花体签名。

Autogr.: non localisé. *Prov.*: Hôtel Drouot, 10-11 décembre 1957, n° 88.

---

① 该信为世界首发。——译者注。

② 该信的日期很难确定,参见前一封书信。

③ 指阿丽丝·彼得,原名罗文斯坦,《碧丽蒂斯之歌》就是献给她的。

1899 – 73bis[①]

致勒内·彼得

星期三

1899 年 6 月 1［4］日[②]

我亲爱的勒内。

我们星期五中午十二点一刻吃午饭吧，除非我被任命为国家总理。[③]

你的，

克劳德

Autogr.: non localisé*. *Prov.*: Cat. Moirandat (34) nº 27 (avec fac-sim.).

---

① 该信为世界首发。——译者注。

② 德彪西将 14 日写成了 13 日。

③ 沙赫勒·迪皮伊(Charles Dupuy, 1851—1923)曾五次当选法国总理，他于 1898 年 11 月 18 日至 1899 年 2 月 18 日期间被菲利克斯·福赫(Félix Faure, 1841—1899)总统任命为总理，后又在埃米勒·卢贝(Émile Loubet, 1838—1929)当选总统的当天再次被任命。但由于对德雷福斯案的处理不当，迪皮伊被迫辞职，并被皮埃尔·瓦戴克–卢梭(Pierre Waldeck-Rousseau, 1846—1904)所取代。

1899 – 89①

致阿丽丝·彼得

[巴黎,1899 年 6 月 1 日]

亲爱的夫人,

对不起,我妈妈被车给撞倒了,我不知道还会发生什么,我很快就会给 M. 带去消息,② 因为我请求阿贝尔帮忙转过来了。③

气动管卡,带有邮戳(1 JUIJN 99)和地址:
Madame M. V. Peter
52. Faubourg. St Honoré
Autogr.: non localisé*. *Prov.*: Cat Macnutt (1972), n° 20; Cat. Sotheby's (29 novembre 1985), n° 47; Cat. L'Autographe 10 (1986), n° 80; Cat. L'Autographe 16 (juin 1989), n° 345; Salle Favart, 28 février 2024, n° 48. *Publ.*: Debussy 2005, p. 508 (incomplète).

---

① 该信完整版为世界首发,在原作中只收录了节选。——译者注。

② 指乔治·莫里斯·凡·伊森(Georges Maurice Van Ysen, 1884—1914),阿丽丝·彼得与第一任丈夫莫里斯·阿布拉罕·梅耶·凡·伊森的儿子。另见书信 1899 – 24。

③ 阿贝尔·德贾尔登(Abel Desjardins)博士,另见书信 1899 – 100。

1899 – 100bis①

致勒内·彼得

星期一
1899 年 9 月 11 日

我亲爱的勒内:

我们的晚餐改到下星期日了。希望这不要打扰到你夜里的宁静。在此期间,我会约见“那位重要人物”,并且进行有趣的交谈。

星期三见,永远是你的,

老伙计,

克劳德

Autogr.: non localisé*. *Prov.*: Cat. Wurlitzer-Bruck

① 该信为世界首发。——译者注。

1899－101[①]

致雷吉娜·当萨赫

星期日晚上
1899 年 9 月 17 日

亲爱的夫人和朋友：

在雷诺兹极具美感的环境中，[②]不可一世的汤姆先生在发号施令，与此同时，他的妻子则努力扮演着“亲切的陛下”，我现在就在这个场合给您寄来好消息，《有用的冒险之旅》似乎将再次为自己正名！[③]……我认为邵塔赫这个人也会很有用[④]……他说他有些不知所措，但这都是常规用语，但我必须在几天内把作品给他。

我不会阻止您钦佩我，

请相信我是您最忠实的朋友，

克劳德·德彪西

勒内·彼得！……我把您捧在手心里了。

---

① 该信已被更新修改。——译者注。

② 雷诺兹是巴黎的一家咖啡馆。

③《有用的冒险之旅》（*L'Utile Aventure*）是勒内·彼得近期完成的一部戏剧作品。“当时在雷诺兹酒吧，德彪西偶遇了刚刚成为体育馆剧院院长的邵塔赫”。德彪西萌生了和邵塔赫谈谈的念头，以便能让后者上演这部作品。

④ 埃米勒·邵塔赫（Émile Chautard, 1864—1934）后来在美国成为著名导演和演员。

信笺,带有邮戳(18 SEPT 99)和地址:
Madame Dansaërt
4. rue de la Baume
Paris.
Autogr.: F-Pmlm, coll-privée (35997). *Prov.*: Cat. N. Rauch (24-25 novembre 1958), n° 94; Cat. Librairie de l'Abbaye 5 (1960), n° 33; anc. coll. L.-P. Vallery-Radot; Cat. Sotheby's (28-29 mai 1992), n° 520; Cat. Sotheby's (1-2 décembre 1993), n° 352; Cat. Sotheby's (3-4 décembre 1998), n° 466; Kotte Autographs GmbH (Roßhaupten, Allemagne), catalogue en ligne (consulté le 31 mars 2014), n° 48578; Paris (Osenat), 19 décembre 2023, n° 98. *Publ.*: Peter 1944, p. 219 (non datée); Debussy 2005, p. 516-517.

1899 – 106bis[①]

皮埃尔·路易斯致德彪西

［1899 年 10 月 15 日］

我刚刚从里曼的《音乐字典》上了解到了，我朋友德彪西最全面的生平记录。你知道他现在怎么样了吗？我认识一位女士，她常去国外，在最古老的罗马废墟上演唱“雅辛托斯日那天”，连她都还给我写信聊到德彪西。但自 19 世纪开始，我就再也没有了他本人的音讯。

我这次是旅居巴黎，没有住在我家。我的公寓已经毁了。我现在的住址是巴尔扎克路 11bis 号。我每天晚上十一点到凌晨五点工作。四点到八点带你出去责骂工人们。只要他们敢停一秒钟，我就去问你要你的进行曲。[②] 这是对你的恶作剧。

你的，

P. L.

气动管卡，带有邮戳（15 OCT 99）和地址：
Monsieur C. A. Debussy
58 rue Cardinet.
Autogr.: non localisé*. *Prov.*: *Autogr.*phs Markus Brandes, Kesswil, Suisse (consulté le 10 juin 2018).

---

① 该信为世界首发。——译者注。

② 关于该进行曲，见书信 1899 – 50。——译者注。

1899 – 123bis[①]

致勒内·彼得?

[1899年(?)]

谢谢!

明天四点前都不要等我。

你就准备好吧,纸张对齐,书写工整。[②]

你的,

CD

名片,用铅笔所写,印有:

CLAUDE DEBUSSY

58. rue Cardinet

Autogr.: non localisé*. *Prov.*: Hôtel Drouot, 15 avril 2013, n° 107 (avec fac-sim); Hôtel des ventes Anticthermal (Nancy), 26 octobre 2018, n° 158.

---

① 该信为世界首发。——译者注。

② 这是在暗指两人与雷吉娜·当萨赫合作的剧作计划。

1899 – 124bis ①

致米雪·沃姆·德·罗密伊

［1899年（？）］

小姐。

请允许我欢迎您的归来，下星期五两点半我肯定可以。

请代我向您的母亲问好，而我对您则依旧忠诚。

克劳德·德彪西

星期三

Autogr.: non localisé*. *Prov.*: International Autograph Auctions Europe S.L (Marbella), 29 novembre 2023, nº 376.

---

① 该信为世界首发。——译者注。

1900 – 15bis[①]

致米雪·沃姆·德·罗密伊

星期三
1900 年 2 月 28 日

小姐。

在不影响您的情况下,我更愿意保留星期五两点的时间。

尊敬与真诚地问候。

克劳德·德彪西

请代我向您的母亲问好。

Autogr.: non localisé*. *Prov.*: International *Autogr.*ph Auctions Europe S.L (Marbella), 29 novembre 2023, n° 377.

① 该信为世界首发。——译者注。

1900 – 56bis ①

致一位朋友

［1900 年（？）］②

你想听点好音乐吗?

如果你有更有趣的事要做（事实上这一点都不难），就把票还给我。

你的，

Cl.

名片，印有：
CLAUDE DEBUSSY
58. rue Cardinet
Autogr.: non localisé*. *Prov.*: Vienne, Antiquariat Inlibris Gilhofer (avril 2022), nº 47729.

---

① 该信为世界首发。——译者注。

② 或许是 1900 年 12 月 9 日的拉穆勒音乐会门票，德彪西《夜曲》的前两首在此首演。

1900 – 61[①]

致一位朋友

[1900年(?)]

我们欣然接受……且一致赞同。

星期日见。

你的,

名片,印有:
Claude Debussy
58. rue Cardinet
Autogr.: non localisé*. *Prov.*: Hôtel Drouot, 5 décembre 2017, n° 67 (avec fac-sim partiel).

① 该信为世界首发。——译者注。

1901 - 11[①]

致露易丝·枫丹

[1901 年 2 月 24 日]

亲爱的夫人,

您可以再给我一点时间吗? 为了答谢您友善的关照,请让我妥善完成这件事情……别看那些不起眼的小黑点被安排在了标准的五线谱上,但它们拥有一种魔力,能让您在声音的波荡中升华……

它们能拥有您的名字来庇护简直就是三生有幸。[②]

克劳德·德彪西

星期日晚上

1901 年 2 月 24 日

Autogr.: non localisé.* *Prov.*: Cat. Sotheby's (22 novembre 1989), n° 56; Cat. H. Schneider 323 (1991), n° 27; Cat. Stargardt 709 (16 avril 2021), n° 515. *Publ.*: Debussy 2005, p. 587 (incomplete).

---

① 该信完整版为世界首发。——译者注。

② 德彪西将《华宴集》(第一册)第二首《木偶》献给了露易丝·枫丹,于 1903 年由伏霍蒙出版社出版。

1901 - 19bis[①]

致约瑟夫-居伊·罗帕茨?[②]

星期二

1901 年 4 月 9 日

亲爱的朋友。

您在信中跟我说的情况，我从未想过要给您制造那么多麻烦！……我只是不太确定自己是否能准备好。

标题如下：

1.《海滩》

2.《星期日》

《抒情散文》，为声乐与乐队而作

演唱者的地址：

布朗什·马洛

罗什舒瓦路 56 号(9 区)

现在，请别再生我的气了。

衷心地。

克劳德·德彪西

后记：我的乐队配置就是常规配置，只是加了一台"钢片琴"。对了，您能告诉我需要多少份弦乐分谱吗?

Autogr.: non localisé*. *Prov.*: anc. coll. A. Cortot; Cat. Librairie Pinault Famille Blaizot (juin 2019), no 41 (avec fac-sim.).

---

① 该信为世界首发。——译者注。

② 他即将指挥 1901 年 4 月 26 日的国家音乐协会音乐会。

1901 – 33bis [①]

致莫里斯・拉威尔

［1901 年 6 月 8 日］

亲爱的朋友，

地址如下：

Ch. 波德[②]

斯坦尼斯拉路 15 号

有点距离的……而且要过桥……！

您的，

克劳德・德彪西

信封上有邮戳（8 JUIN 01）和地址：

Monsieur M. Ravel

40bis rue de Douai.

EV.

(9e)

Autogr.: non localisé*. *Prov.*: Hôtel Drouot, 26 juin 2000, no 16; Hôtel Drouot, 20 décembre 2017, n° 79. *Publ.*: Debussy 2005, p. 607 (datation erronée).

---

① 该信的日期较 2005 年的原作有所更改，原作编号：1901 – 41。——译者注。

② 关于波德，见书信 1893 – 29。莫里斯・拉威尔可能是在一次聚会后询问了这一地址，聚会时间为 1901 年 6 月 22 日，由亚历山大・吉芒（Alexandre Guilmant, 1837—1911）主持，其目的是组建一个音乐协会。里卡多・维涅斯曾在自己的日记中如此记载。见 Nina Gubisch, « Journal inédit de Ricardo Viñes », R. I. M. F., n° 2 (1980), p. 198。

1901 – 45[①]

致皮埃尔·路易斯

星期六

1901 年 8 月［3 日］

亲爱的皮埃尔，

我给你一些音乐,这期间会有更好的……[②] 其中就包括正在酝酿的《保索勒王的旅行》。[③] 我觉得这个标题就不需要我再多言了吧！我们星期一出发去勃艮第,大概住一个多月,但这不妨碍《紫衣人》成为一部完美的佳作……[④]

我依然是你的朋友,

克劳德·德彪西

信封上未贴邮票,地址:

Monsieur Pierre Louÿs

147. B[ard] Malesherbes.

Autogr.: non localisé. *Prov.*: Cat. Janvier et Arna (1938), n° 44 (datée 2 août 1901); anc. coll. A. Cortot. Publ.: Debussy-Louÿs 1945, p. 163-164; Debussy 2005, p. 610.

---

① 2005 年原作出版时,该信的手稿未能得到查阅。最新的研究为该信带来了一些细微修改。

② 指《三首歌曲——为声乐与钢琴而作,保罗·魏尔伦作诗》(*Trois Mélodies pour une voix avec accompagnement de piano, poésies de Paul Verlaine*),该作品于 1901 年由阿麦勒出版社出版。见书信 1891 – 8。

③ 德彪西本计划根据《保索勒王历险记》创作一部作品。

④《紫衣人》刚刚由博莱勒出版社出版,并且于 6 月底在《日报》上刊登。这部小说的情节发生在希腊的菲利普·德·马其顿时代,皮埃尔·路易斯讲述了画家帕拉西奥斯的故事,他买了一个奴隶作为"被束缚的普罗米修斯"的模型,为了一个更加真实的状态,还将其百般折磨。在复仇欲望的驱使下,人们来到帕拉西奥斯家,在他的杰作面前制止了他的行为。

1901－82 & 83[①]

乔洁特·勒布朗致德彪西

［1901年］

星期六，晚上八点

亲爱的先生，

我刚从乡下回来，目前收到的信件打乱了我的计划……我明天不能来了，就如同我上星期日预料的那样，而现在和您预约今晚已经太迟了。[②]

请原谅，还请您在星期一给我预留一小会儿时间吧？我下午和晚上都可以，听您安排。

您不知道我对您的作品爱得有多深，[③]它实现了我所有的梦想，我只能给您带来一个半成品，我觉得只有和您一起练习才能更有效率，因为在您创造的这个音乐模式中，一切比例都掌握得恰到好处！不过，虽然您的意图很明确，但我不认为诠释者的工作无足轻重……毫无疑问，您给您的诠释者勾出了精确的范围，对梅利桑德更是十分严格（看在她胆小无知的灵魂上，也该如此），但您的音乐又是如此人性化，以至于在我看来里面充满了有趣的因素，在您留给演绎者的狭小空间内却包含着丰富的色彩，而且远比其他音乐形式中的惊涛骇浪更

---

① 该信在2005年的原作中分成了1901－82、1901－83两封信，但事实上它们是同一封信。

② 勒布朗一共和德彪西排练过五次：三次在赫伊努瓦路，两次在德彪西的住所。

③ 乔洁特·勒布朗从1894年起就知道德彪西正在基于梅特林克的剧作创作一部歌剧，她一直梦想能够首演这部作品，正如卡米伊·莫克莱于1894年秋天给莫里斯·梅特林克写信时说道："六个月前她成为了我的情妇。我非常喜欢她，我觉得她是天生的艺术家，我教她念诗，我想她今天冬天回来铸币剧院演伊索尔德。［……］我认为如果她出演你作品中的一个角色，那一定是德彪西正在写的梅利桑德：这太合适她了……"文献编号：B-Br, Musée de la littérature, FS IX 1208 L. P。

加生机勃勃……而且就像我那天跟您说的一样,诠释者的自由不在于作者的给予,因为我觉得一个人想要缩紧的时候,所花费的力气远比伸展要多。

请不要再对我有偏见,认为我不够"柔韧",相反,我很愿意在美的面前屈服,难就难在我们需要找到美的作品!这就是为什么当我不满意时,总是去范围之外探索,也因此比其他人更容易迷失……

我给莫里斯唱了几句梅利桑德的旋律,他完全明白了我的意思,他认为我的方式让歌词"更动听"。您的逻辑胜利了,抱歉给您写了这么多,但自从我拿到手稿之后我就想这么做了……只是一直没敢。……

我终于找到了一部歌剧作品能够完全符合理性,直到现在我依然感到又惊又喜。

再会,请相信我真诚地赞美。①

乔洁特·勒布朗

希望您能在星期一给我安排一个时间吧?……我会特意留下来。如果您不行,那我就星期二来,但我还是想尽快去诺曼底与莫里斯相聚。

Autogr.: US-AUS, Carlton Lake Collection. *Prov.*: E. Debussy; Hôtel Drouot, 1er décembre 1933, n° 213; anc. coll. A. Honneger. *Publ.*: Herlin 2003, p. 212-213; Debussy 2005, p. 633-634. Exp.: Paris 1942, p. 56, n° 248.

---

① 乔洁特·勒布朗想要出演梅利桑德的愿望成为梅特林克与德彪西翻脸的缘由。自勒布朗闹出《卡门》事件之后,阿勒拜赫·卡雷根本不愿意再聘用她,见书信 1901 – 32。在 S. A. C. D.(剧作家和作曲家协会)1902 年 2 月 7 日的纪要中记录了梅特林克与卡雷、德彪西的对峙,明确指出:"1901 年春天,德彪西先生通知梅特林克先生说阿勒拜赫·卡雷先生将在喜歌剧院上演这部作品。梅特林克先生同意,但同时要求梅利桑德的角色由乔洁特·勒布朗小姐扮演。德彪西先生没有反对,但认为不能冒犯卡雷先生,需要再等等。"文献编号:F-P, Archives S. A. C. D.。

1902 – 4^{bis}①

致阿勒拜赫·卡雷

星期五上午,[1901年1月24日(?)]②

亲爱的先生,

这里附上“比利时恶人”的信……我把重要的部分划出来了,并且删掉了末尾,因为它和《佩雷亚斯》一点关系都没有。希望这样做不会引起什么别的不便吧?

现在,祈求上帝能出手相助于我们……

[内容无法识别]真诚的友好。

克劳德·德彪西

梅特林克的信是1895年10月19日写的。

Autogr.: non localisé*. *Prov.*: anc. coll. H. E. Gould; Bonhams (Londres) Jr., 9 décembre 2015, n° 24.

① 该信为世界首发。——译者注。

② 该日期根据德彪西与梅特林克的争端时间所推断。另见书信1902 – 5。

1902 – 9bis[①]

致安德烈·勒贝

星期一,[1902年3月17日]

亲爱的朋友:

如果不是因为我被《佩雷亚斯》的排练搞得昼夜颠倒,我会更加用心地感谢您的寄送。[②] 今天,您确确实实让您忠实的朋友非常高兴。

克劳德·德彪西后记:H. 贝勒先生肯定会喜欢这个封面的。[③]

信封上带有邮戳(18-3 02)和地址:
Monsieur André Lebey
14 rue Le Sueur.
a Paris.
16e
Autogr.: non localisé*. *Prov.*: Cat. Monogramme.

① 该信为世界首发。——译者注。

② 应该是指《无聊的年代,当代编年史》(*L'Âge où l'on s'ennuie, chronique contemporaine*),此时刚刚由F. 尤文(F. Juven)出版社出版。

③ 此为作家司汤达的原名。——译者注。

1902 – 25bis ①

致阿贝尔·德贾尔登

［1902年4月底(?)］

给你，② 我亲爱的阿贝尔！……

友好地。

名片，印有：
CLAUDE DEBUSSY
58. rue Cardinet
Autogr.: non localisé*. *Prov.*: New York, Cat. Swann (21 novembre 2016), n° 201; Vienne, Antiquariat Inlibris Gilhofer (avril 2022), n° 46769.

① 该信为世界首发。——译者注。

② 可能是《佩雷亚斯与梅利桑德》的门票。

1902 – 29bis ①

致卡米伊·德·圣–科瓦

卡迪内路58号
星期五,[1902年5月2日]②

我亲爱的圣–科瓦,

关于《佩雷亚斯》,没有人比您写得更严谨、透彻了……我觉察到您对我的作品进行了出色的分析,能感到您在每一行文字中都深入理解了我的思想,这不仅局限于文字层面,而是一种对艺术的共鸣,是两颗真正热爱艺术的心灵相互交融的体现。

艺术家感谢另一位让他高兴的艺术家,并致以崇高的友谊。

您的,

克劳德·德彪西

Autogr.: non localisé*. *Prov.*: Hôtel Drouot, 20 octobre 2008, n° 125. *Publ.: Pelléas et Mélisande cent ans après: études et documents*, éd. D. Herlin, J.-C. Branger, S. Douche, Lyon, Symétrie, 2012, p. 338.

---

① 该信为世界首发。——译者注。

② 该日期根据卡米伊·德·圣–科瓦于1902年5月2日在《小共和》(*La Petite République*)上发表的文章所推断。

1902－38[①]

致昂丽埃特·福克斯

［1902年5月底(?)］
星期一

亲爱的夫人，

我担心的事发生了……我明天一天都要待在喜歌剧院，因为需要对《佩雷亚斯》的布局做一些改动。[②] 希望下星期四我可以抽出一点时间，对此我表示很遗憾。

尊敬与真挚地问候。

克劳德·德彪西

Autogr.: US-LAusc, Miklós Rózsa Collection. *Prov.*: Hôtel Drouot, 18 décembre 1969, n° 98.

① 该信完整版为世界首发。——译者注。

② 在1902年6月1日、6日、11日、20日和26日的最后几场演出中，德洛里(Delory)夫人代替杰维勒－雷阿克夫人出演热纳维埃夫。

1902 – 41[①]

致罗杰–杜卡斯

[1902 年 5 月]

亲爱的先生,

您的来信深深感动了我,很遗憾您没让我有幸与您握手——如果有一天您想来见我的话,我会非常高兴的,请相信我,您"年轻的信任"对我来说弥足珍贵。

请相信我们深厚的友谊。[②]

克劳德·德彪西

Autogr.: non localisé*. *Prov.*: Rouillac (Vendôme), 3 avril 2017, n° 85[③]; Cat. Arts & Autographes 83 (novembre 2017), n° 30663 (avec fac-sim.). *Publ.*: Laurent Ceillier, *Roger-Ducasse, le musicien – l'œuvre*, Paris, Durand, 1920, p. 17 (extrait); Debussy 2005, p. 663 (incomplète).

---

① 该信完整版为世界首发,在原作中只做了简单的内容总结。——译者注。

② 在一份未公开文字中,罗杰–杜卡斯回忆自己"被《佩雷亚斯》所震撼",他情不自禁地写信给德彪西表达自己的激动之情:"他立即回复了,从这天开始产生了一辈子的羁绊。"文献编号:F-BO, coll. part。

③ 该信原本被错误归为洛朗·塞耶(Laurent Ceillier, 1887—1925)的书信,他写过有关罗杰–杜卡斯的书籍。

1902 – 48bis [①]

致莫里斯·库赫农斯基

星期日,[1902 年 6 月 29 日]

老佩赫迪卡,[②]

您可以指望“贤伉俪”[③] 星期二晚上七点来和平酒吧。您不要相信我们会被那些无关紧要的表象所影响,从而忽略了您真挚的友谊。

您的,

克劳德·德彪西

信封上有邮戳(30-6 02)和地址:

Monsieur M. Sailland.
7. Rue de Villersexel.
a Paris.
Autogr.: Paris, coll. part.

---

① 该信为世界首发。——译者注。

② 这是莫里斯·库赫农斯基和保罗-让·图雷的笔名,他们曾用此名创作了两部小说:《风流女人手册》(*Le Bréviaire des courtisanes*, 1899)和《情人的职业》(*Le Métier d'amant*, 1900)。

③ 指德彪西与他的妻子莉莉。

1902 – 49bis①

致阿尔弗雷德·布吕诺

[1902 年 7 月 2 日(?)]②

我被您的精彩文章深深感动了,亲爱的布吕诺,我对您表示衷心的感谢!③

名片,印有:
CLAUDE DEBUSSY
58. rue Cardinet
Autogr.: non localisé*. *Prov.*: Antibes, (Carvajal expert, 13 juillet 2013), n° 205; Hôtel Drouot, 20 mais 2014), n° 77.

---

① 该信为世界首发。——译者注。

② 该日期的推断依据:阿尔弗雷德·布吕诺于 1902 年 7 月 1 日在《大审查》(*La Grande Revue*)(第 23 卷,第 211-224 页)上发表的关于《佩雷亚斯与梅利桑德》的文章。

③ 阿尔弗雷德·布吕诺在文章中评价道:"[……]德彪西先生刚刚的尝试让我感到高兴,而且原因不止一个。首先,这让他置身于众人之中,向人群展示了他的名字、他的倾向和他的才华;这一尝试将一位勇敢的作曲家加入到了那些引领法国音乐走向康庄大道的人物之列。此外,正如一些前辈,这一尝试解放了音乐。《佩雷亚斯与梅利桑德》中的四度、五度、八度、对斜关系、被禁止的和弦进行,它们构成了作品的和声基础,对于推动音乐的自由贡献颇多,这也是我自从持笔以来一直在呼吁的法则。最后,这一尝试标志着事物永恒演变的重要阶段,它把理查德·瓦格纳的模仿者和他们的仿制品推入了坟墓,让他们给独立者和创造者让位!克劳德·德彪西先生的作品直接源自颓废运动,这个运动或许在文学和绘画方面已经枯竭了。但无论从戏剧上还是音乐上看,它所带来的新奇印象都是极为深刻的。就我个人而言,戈洛与梅利桑德的相遇、他们的分离、露台上的场景、喷泉边和窗口以及最后一幕,它们都是如此令人心碎、令人焦虑,还有许多其他场景,其中爱情、嫉妒和死亡的神秘之处被非常奇妙地表达出来,对此我将永远怀有美好的回忆,永不忘却。这些都是我的心里话。遗憾的是,无论是那些没听懂就表示欣赏和鼓掌的观众,还是那些还没听就发出嘘声和讥笑的人,他们都没有诚意。"

1902 – 102bis ①

致雅克-埃米勒·布朗什

［1902年(？)］

［德彪西正在确定一个预约：］“早上我实在是不太清醒。［……］”

Autogr.: non localisé. *Prov.*: Cat. P. Berès 50 (novembre 1951), nº 216.

① 该信为世界首发。——译者注。

附录Ⅱ

对德彪西青年时代的一封书信进行逐字转录
(书信 1885 – 3)

Villa Médici

Cher Monsieur Vasnier

M'y voilà dans cette abominable villa
Et je vous assure que ma premiere impression
n'est pas bonne. il fait un temps épouvantable
de la pluie, du vent vous m'avouerez qu'il
n'était pas besoin de venir a Rome. pour
retrouver le même temps qu'a Paris. surtout
pour quelqu'un remplit de rancune pour tout
ce qui est Romain.

les camarades sont venus nous chercher
a Monte Rotonde, dans une sale petite
chambre ou nous avons couché tous les six
Si vous saviez comme ils sont changés
plus de cette bonne amitié de Paris. ils
sont raides. ont l'air convaincu de leur
importance, = trop prix de Rome ces gens la =

le soir de mon arrivée à la villa.
j'ai joué ma cantate. qui a du succes
pres de quelques uns. pas du coté des musiciens
par exemple.

C'est égal ce milieu artistique dont
parle les vieux. cette bonne camaraderie
me semble bien surfaite. a part une
ou deux exceptions. il est difficile de
causer. et je ne peux m'empecher de
rapprocher pres de ces causeries banales
vos bonnes et belles causeries qui m'ont
tant servi et ouvert l'esprit sur
bien des choses, ô oui je les regrette.
puis tout ce monde la est parfaitement
egoiste. chacun vis pour soi. J'ai entendu les
musiciens qui sont. Marty, Pierné, Vidal. se
démolirent entre eux. Marty avec Pierné démolit

Vidal. Pierné avec Vidal demolit Marty. et ainsi de suite.

Ah. quand. je suis rentré dans ma chambre qui est immense. où il faut faire une lieue pour aller d'un meuble a l'autre que je me suis senti seul et que j'ai pleuré. J'etais trop habitue a votre amitie si intelligente, trop habitué à ce que vous occupiez et me parliez de ce que je fesait et je n'oublierais jamais, monsieur, tout ce que vous avez fait pour moi, la place que vous avez bien voulu me faire. dans votre famille. je ferais tout ce que je pourrais pour vous prouver. que je suis. pas ingrat.

Je vous demanderais encore de ne pas m'oublier. et de me garder la place que j'ai dans votre amitié car je prévois que je vais en avoir bien besoin.

J'ai essayé de travailler. je ne peux pas. je fais cependant. tout ce que je peux. Vous savez du reste Combien j'aime la musique. et pouvez croire Combien l'état dans lequel je me trouve. me contrarie. mais je ne peux pas. vivre de cette vie la. ce qui fait leur joie ne peux pas faire la mienne ce n'est pas par orgueil. que [je] la hais tant. non. mais je ne peux m'y habituer je manque des aptitudes spéciales. et de l'indifference qu'il faudrait y mettre.

Oui je vous le repete je crains de venir plus tot que vous ne le pensez a Paris. ce sera peut etre. tres bete. mais que faire. j'ai peur aussi de vous contrarier. que votre amitié se fatigue. ce dont je serais bien faché. mais je vous assure que s'il vous en reste assez. pour me plaindre. vous ne pourrez m'accuser. de manquez de courage Je suis un peu malade. toujours pour la même cause mon diable de cœur est rétif aussi à l'air de Rome. Je voudrais tant travailler que je me disloque le cerveau. sans rien trouver. que de la fievre qui m'abat bêtement me laissant sans force.

J'ai reçu votre lettre. qui m'a fait beaucoup beaucoup. de plaisir. et si ce n'est pas trop vous demander. malgre que je sache bien que votre temps ne vous appartient pas, répondez moi une longue lettre. pour me rappeler les bonnes causeries dont je vous ai parlé.

Croyez moi bien amicalement et bien affectueusement a vous.

votre tout dévoué

A. Debussy

Presentez je vous prie. mes sinceres amitiés à Madame Vasnier
Marguerite va t'elle bien. a-t-elle continué a etudier mes mélodies. je l'aime beaucoup Marguerite je voudrais en faire une musicienne accomplie je pense que ca vous ferait plaisir. et moi j'en serais fier. car au moins. je n'aurais pas été tout a fait inutile.
Embrassez la pour moi ainsi que ce bon petit fou de Maurice.

Encore une poignée de main pour vous.

A.

附录Ⅲ

德彪西不同时期的家庭住址

1887 年前：13, rue Clapeyron

1888 年至 1890 年（9 月？）：27, rue de Berlin

1890 年（10 月至 12 月）：76, boulevard Malesherbes①

1891 年（1 月至 5 月？）：27, rue de Berlin

1891 年（6 月）至 1893 年（7 月 23 日）：42, rue de Londres

1893 年（7 月 24 日）至 1898 年（12 月）：10, rue Gustave-Doré

1899 年（1 月）至 1904 年（9 月）：58, rue Cardinet

1904 年（10 月）至 1905 年（9 月）：10, avenue Alphand

1905 年（10月）至 1918 年：64, 后改为 80,② avenue du Bois de Boulogne③

---

① 这是埃蒂安·杜潘的住址。

② 1908 年，该住址的号码从 64 改为 80。

③ 德彪西有时也会使用另一种写法：24 square du Bois de Boulogne。虽然表面上有别，但实际上是同一个地址。

附录Ⅳ

德彪西不同时期的签名列表
(1883—1897)

1. 1883年1月初

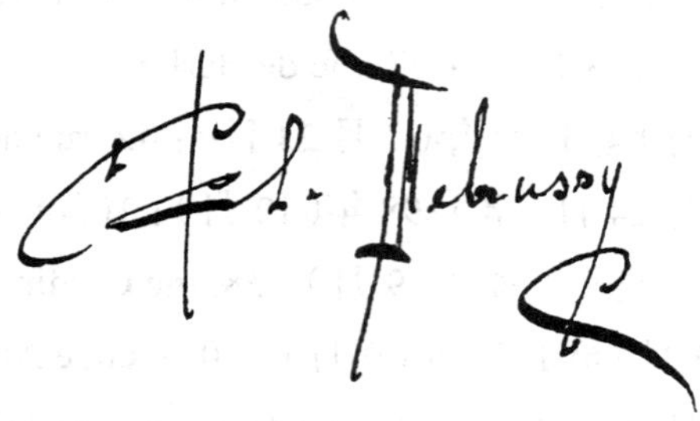

2. 1883年11月至1884年10月

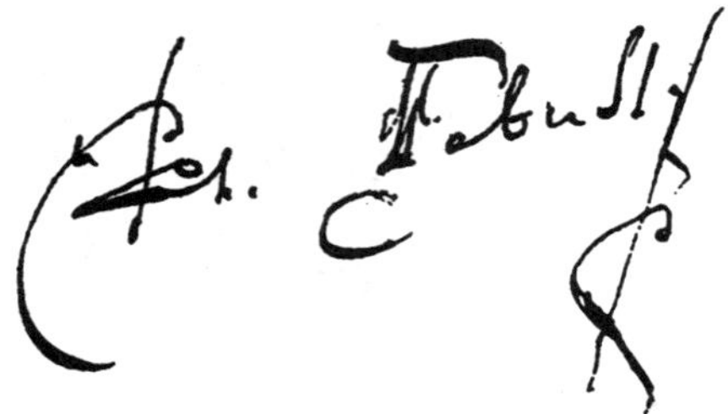

3. 1884年11月至1885年2月初

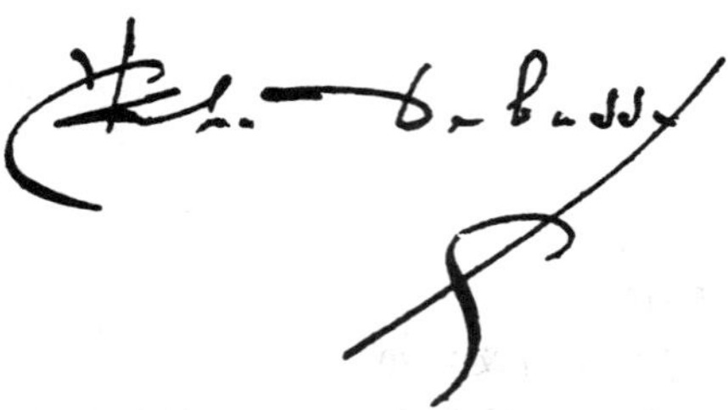

4. 1885 年 2 月至 5 月

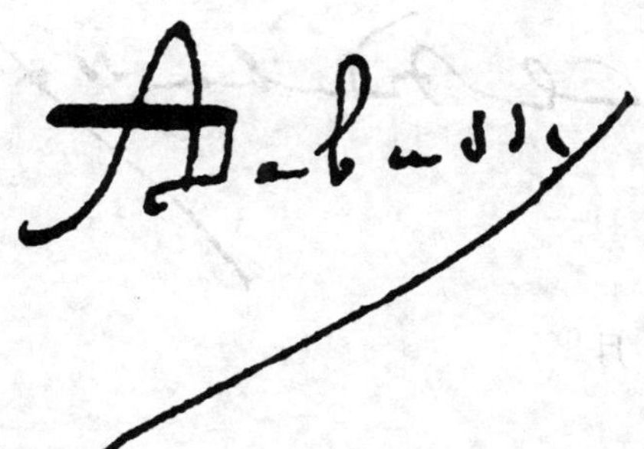

5. 1885 年 6 月至 1886 年中期

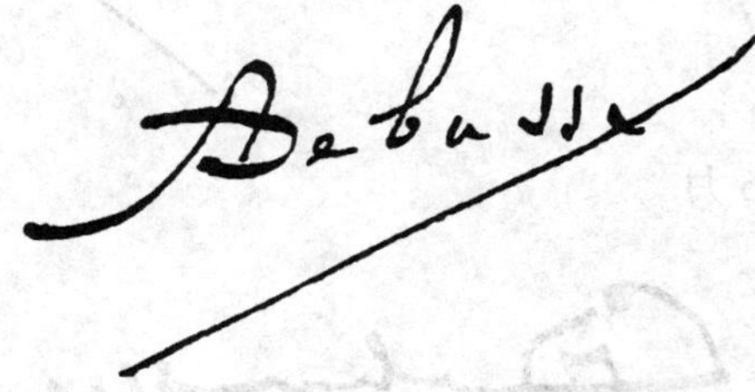

6. 1886 年 9 月至 1889 年 10-11 月

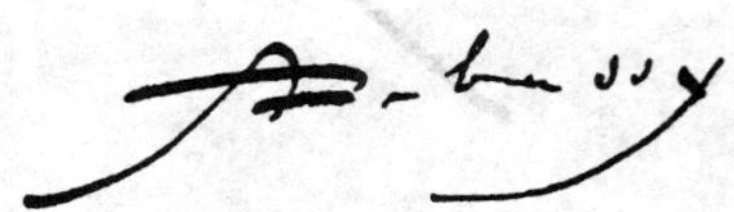

7. 1889 年 12 月至 1890 年底

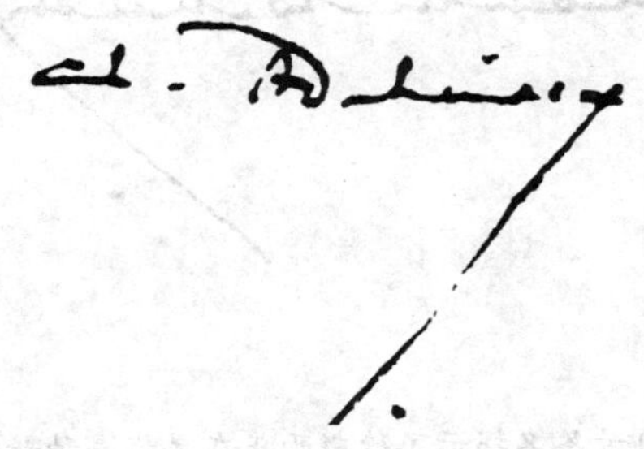

8. 1891 年 1 月至 1892 年 2 月

9. 1892 年 3 月[①]

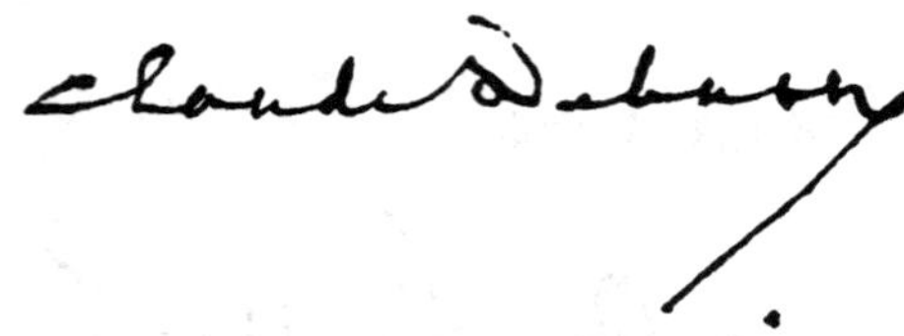

10. 1892 年 6 月[②]

11. 1892 年 9 月至 1893 年 8 月中

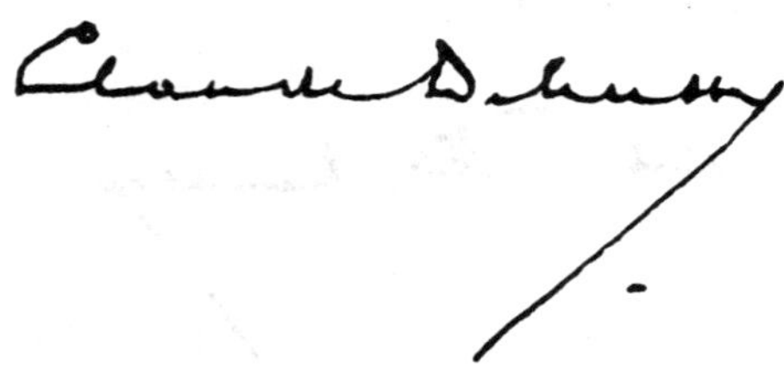

---

① 第 9 号签名和第 10 号签名揭示了德彪西正在寻找一种新的签名方式。

② 该签名曾出现在写给一位记者的书信下方,签名前还带有花体缩写字样。

12. 1893 年 8 月底至 1894 年 1 月

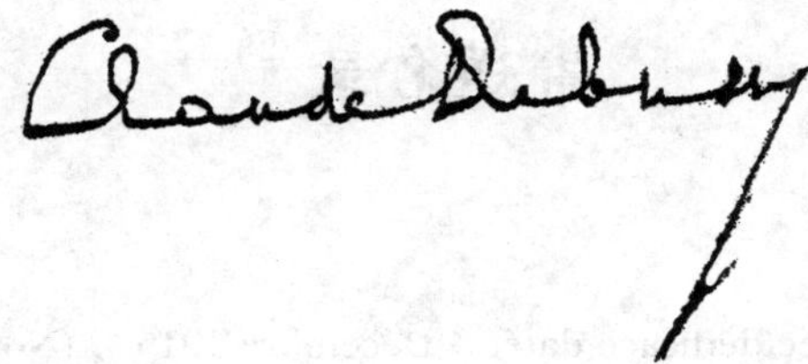

13. 1894 年 2 月初至 1895 年 4 月

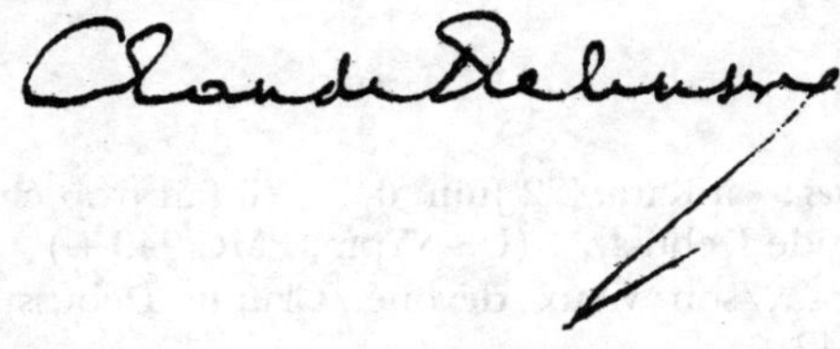

14. 1895 年 5 月至 1895 年 12 月中

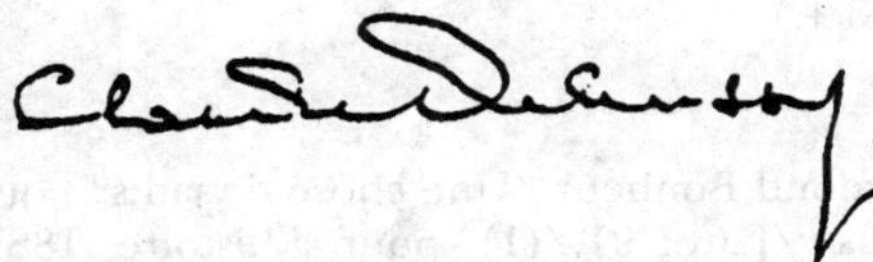

15. 1895 年 12 月中至 1897 年 4 月初

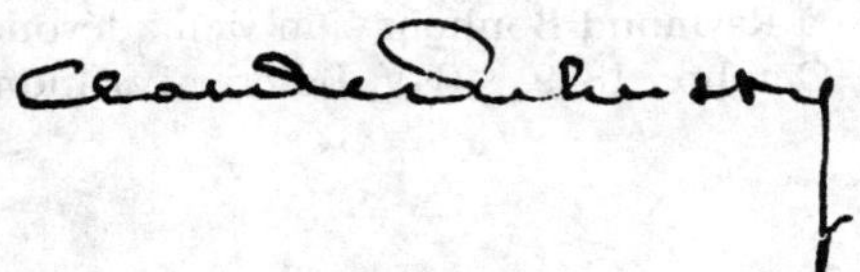

16. 1897 年 4 月中以后

附录V①

寄送名录②

AUBERT, Louis③
– *En blanc et noir*, avec dédicace datée « Décembre 1915 ». (Non localisé.)

AVISSE, E.④
– *Pelléas et Mélisande* [chant-piano] : « à Monsieur E. Avisse./cordial hommage/Claude Debussy/Juin/1902. » (Non localisé ; Cat. Sotheby's [1-2 décembre 1993], n° 354.)

BARDAC, Raoul
– *D'un cahier d'esquisses* : « à Rara./22 Juin/04.../(il fait trop chaud pour/en dire plus long.)/Claude Debussy. » (US-NYpm, PMC 949 +.)
– *Printemps* : « à Rara.../son vieux dévoué./Claude Debussy./Juin/04. » (US-NYpm, PMC 1042 +.)
– *Images* (1re série) : « à mon vieux Rara./Son jeune ami/Claude Debussy./Nov/05. » (US-NYpm, PMC 985 +.)
– *Berceuse héroïque* : « Pour Rara,/son vieux/Claude Debussy/Janv : 1915. » (US-NYpm, PMC 918 +.)

BONHEUR, Raymond
– *Mandoline* : « à Raymond Bonheur./Une chose de jadis(1), qui/affirme la même amitié/ClADebussy/Janv. 91./(1) pour l'histoire 1881. » (F-V, Autogr. Debussy.)
– *La Damoiselle élue* [chant-piano, 1893] : « dont la joie fut d'être élue parmi/les choses aimées de Raymond Bonheur/et qu'elle m'aide à conserver/sa précieuse amitié./Claude Debussy./Août 93. » (Ex. n° 18 sur Whatmann ; US-NYpm, PMC 104 +.)
– *Chansons de Bilitis* : « à Raymond Bonheur/son vieux dévoué/Claude Debussy/Claude Debussy/Octobre. 1899. » (F-V, Réserve Partitions in-folio 3.)

---

① 该附录对每一份寄送文献进行了还原式的描述(包括作品标题,德彪西的题词以及文献编号或出处),因此,译者与原作主编决定对该附录正文的原文不做逐字翻译,希望读者对文献的原貌有一个基本概念,并方便读者的进一步查询与研究。对于原文中的注释则统一进行翻译。——译者注。

② 当一人名下有多于一份寄送文献的情况时,其顺序按照寄送时间进行排列。

③ 关于欧拜赫(Aubert),见1915年12月6日的书信(见下卷的翻译)。

④ 查无此人。

BRÉVAL, Lucienne

– *Fêtes galantes* (1er recueil) : « pour Lucienne Bréval/avec le dévouement/affectueux et accoutumé/de/Claude Debussy./11. Avril/1903. » (F-Pn, Mus., Rés. Vma. 313.)

BUSSER, Henri

– *Pelléas et Mélisande* [chant-piano] : « à Henry Büsser [*sic*]./l'amitié reconnaissante de/Claude Debussy/Mai/1902. » (F-Po, Rés. 2156.)

CANTU, Carlo Adolfo①

– *Iberia Image pour orchestre n° 2* : « à Monsieur C. A. Cantu/souvenir bien cordial/Claude Debussy./Turin/1911. » (Non localisé ; Cat. Burnett et Simeone [octobre 1986], n° 37.)

CAPLET, André

– *Danses sacrée et profane* : « pour André Caplet./en souvenir d'une mauvaise soirée/– surtout pour lui ! –/Claude Debussy. » (F-Pn, Mus., Vmg. 23593.)

– *Le Martyre de saint Sébastien* [chant-piano] : « pour André Caplet/qui est un merveilleux chef/d'orchestre et dont l'amitié m'est/précieuse infiniment./Son vieux/Claude Debussy/15 – Juin 11. » (F-Pn, Mus., Fonds André Caplet.)

– *Le Martyre de saint Sébastien* [partition d'orchestre] : « pour André Caplet/remember..! Son vieux dévoué/et ami./Claude Debussy./Nov : 1911. » (F-Pn, Mus., Vma. Ms. 1654.)

– *Douze Études* (1er livre) : « *pour le piano*② et surtout pour André Caplet/son vieux/Claude Debussy/Août 1916. » (F-Pn, Mus., Fonds André Caplet.)

– *Six Sonates pour divers instruments composés par Claude Debussy musicien français La Deuxième pour Flûte, Alto et Harpe* : « pour André Caplet/son vieux/Claude Debussy. Janvier 1917. » (F-Pn, Mus., Fonds André Caplet.)

CARRÉ, Albert

– *Pelléas et Mélisande* [chant-piano] : « à Monsieur A. Carré/et plus encore à l'artiste qui sût [*sic*] créer/l'atmosphère de rêve inoubliable sans laquelle/Pélléas et Mélisande n'auraient pu vivre./Claude Debussy/Mai/1902. » (US-AUS, M 1503 D289 P32 1902B.)

CHANSAREL, René

– *Cinq Poèmes de Charles Baudelaire* [1890] : « à René Chansarel,/pour lui marquer un peu de ma/grande joie d'être son très amical/Cl. ADebussy. » (Ex. n° 2 ; US-AUS, M 1621.4 D428 P6 1890 ; exemplaire avec corrections autographes de Debussy.)

– *La Damoiselle élue* [chant-piano, 1893] : « avec mes meilleurs remerciements/et toute ma sympathie pour/René Chansarel/Claude Debussy/Juillet 93. » (Ex. n° 78 ; US-AUS, M 1544 D43 D3 1893.)

CHARPENTIER, Gustave

– *Cinq Poèmes de Charles Baudelaire* [1890] : « à Gustave Charpentier,/amicalement/ClADebussy/Fév. 91. » (Non localisé* ; Hôtel Drouot, 8 avril 1992, n° 145.)

---

① 康图(Cantù)是都灵音乐会公司的秘书,该公司由朱塞佩·德帕尼(Giuseppe Depanis, 1853—1942)和阿图罗·托斯卡尼尼(Arturo Toscanini, 1867—1957)管理。1937 年,康图出版了自己的回忆录(*La Società di Concerti di Torino. Relazione inedita*)。

② 此处为印刷标题的结尾处。

COLONNE, Édouard

– *Prélude à l'après-midi d'un faune* : « à Monsieur E. Colonne./en hommage/d'infinie gratitude artistique/Claude Debussy./Oct. 1895. » (Non localisé ; Hôtel Drouot, 23 juin 1989, n° 27.)

CORONIO, Nicolas

– *Pelléas et Mélisande* [chant-piano] : « À mon cher N. G. Coronio/l'affection dévouée de/Claude Debussy/mai 1902. » (Non localisé ; Cat. A. Blaizot 318 (1963), n° 8984.)

DEBUSSY, Emma

– *Ariettes oubliées* [1903] : « à Madame S. Bardac/dont la sympathie musicale/m'est précieuse – infiniment./Claude Debussy/Juin/1903. » (F-Pn, Mus., Rés. Vma. 285 ; exemplaire avec corrections autographes de Debussy.)

– *Printemps* : « Cet exemplaire appartient uniquement/à Madame Bardac./–: 9 Juin 1904. jour où il pleuvait à/perdre l'espoir de tout[e] espèce de Printemps,/et pourtant... il était là./Claude Debussy. » (F-Pn, Mus., Rés. Vma. 284.)

– *Pelléas et Mélisande* [bon à tirer de la partition d'orchestre daté du 29 juin 1904] : « à MadaBardac [*sic*]/ces quatre cent neuf pages de/timbres variés qui valent à peine/l'ombre que fait sa petite main sur/ce gros livre.../Claude Debussy/Juillet/04. » (F-Pn, Mus., Rés. Vma. 281.)

– *Images* (2e série) : « Cet exemplaire appartient à/Chouchou mère./18. déc./07/Son ClD. » (F-Pn, Mus., Rés. Vma. 296 ; exemplaire avec corrections autographes de Debussy.)

– *Trois Ballades de François Villon* [chant-piano] : « "Il n'est bon bec que ton cher bec"/(Ballade de Claude à p. m. [Petite Mienne])/Claude Debussy/16 – IX/10. » (F-Pn, Mus., Rés. Vma. 283.)

– *Le Martyre de saint Sébastien* [chant-piano] : « pour ma petite Mienne en souvenir/de trois mois de Martyre qu'elle seule/sût [*sic*] apaiser par cette jolie formule :/"qu'est-ce que c'est que cela pour toi !"/son tendrement reconnaissant/Claude Debussy/juin 1911. » (F-P, Centre de documentation Claude Debussy, RESE-1.6.)

– *Préludes* (1er livre) : « Dans ces douzes préludes, il n'y a pas/une harmonie qui soit aussi charmeuse et tendre/que le nom de "petite Mienne".../son Claude,/son mari/Claude Debussy/mars 1913. » (F-P, Centre de documentation Claude Debussy, RESE-1.1 ; ex. sur papier vergé.)

– *Préludes* (2e livre) : « pour la collection particulière de ma petite Mienne/Claude Debussy/15 mai 1913. » (F-P, Centre de documentation Claude Debussy RESE-1.2 ; ex. sur papier vergé.)

– *La Boîte à joujoux* : « pour la collection particulière de/ma petite Mienne, et aussi pour/marquer la joie d'être revenu/de la trop lointaine Russie./Claude Debussy./Déc/1913. » (F-Pn, Mus., Rés. Vma. 282.)

– *Trois Poèmes de Stéphane Mallarmé* : « pour la Collection particulière de/ma petite Mienne/son/Claude Debussy/ Janvier – 1915. » (F-Pn, Mus., Rés. Vma. 289.)

– *Berceuse héroïque* : « pour la Collection particulière de/S. M. [Sa Majesté] ma petite Mienne./son/Claude Debussy./Janvier 1915. » (F-Pn, Mus., Rés. Vma. 295.)

– *Six Épigraphes antiques pour piano à 4 mains* : « pour la Collection particulière de/ma Petite Mienne/son/Claude Debussy/Fév : 1915. » (F-Pn, Mus., Rés. Vma. 292.)

– *Noël des enfants qui n'ont plus de maison* : « Les petits Belges,/Les petits Serbes,/ Les petits Polonais/et Claude Debussy/aussi/te souhaitent le plus beau

Noël.../Pourtant, j'aurais voulu faire mieux, mais/la maladie a soufflé méchamment sur mes projets !/Pardonne à mon chagrin d'être ainsi démuni,/fors d'amour, et de tendresse reconnaissante./ton Claude./23 Décembre 1915. » (F-Pn, Mus., Rés. Vma. 291.)

– *En blanc et noir* : « pour la Collection particulière de/ma petite Mienne.../avec tout le cœur de Claude./le reste étant momentanément en réparation./ Claude Debussy/27. Déc : 1915. » (F-Pn, Mus., Rés. Vma. 294 ; exemplaire avec corrections autographes de Debussy.)

– *Six Sonates pour divers instruments composées par Claude Debussy musicien français La Deuxième pour Flûte, Alto et Harpe* : « pour la Collection particulière de P. M. [Petite Mienne]/son fidèle éclopé/ClD/Sept 1916. » (F-Pn, Mus., Rés. Vma. 293.)

DENIS, Maurice

– *La Damoiselle élue* [chant-piano, 1893] : « avec mes meilleurs remerciements/ pour Maurice Denis de ce qu'il a bien voulu/orner d'une façon rare et précieuse/La Damoiselle Élue/qu'il accepte nos deux reconnaissances/Claude Debussy/Juillet – 93. » (F-Saint-Germain-en-Laye, musée du Prieuré.)

DUKAS, Paul

– *Ariettes* [1888]. (Non localisé.)

– *Cinq Poèmes de Charles Baudelaire* [1890] : « à Paul Dukas./au nom de tout un passé d'amitié musicale/et pour l'assurer de mon dévouement/dans l'avenir ; musique comprise./Cl. ADebussy/Mars 1890. » (Ex. non numéroté ; non localisé*.)

FALLA, Manuel de

– *Pelléas et Mélisande* [chant-piano①] : « à Manuel de Falla,/en cordiale sympathie./Claude Debussy/Juillet/1908. » (E-GRmf, 1142.)

FÉART, Rose

– *Noël des enfants qui n'ont plus de maison* : « pour Mademoiselle Rose Féart/en sincère hommage d'affectueuse reconnaissance/Claude Debussy./Avril 1917. » (CH-Gc, Rpg 346.)

FONTAINE, Louise

– *La Damoiselle élue* [chant-piano, 1893] : « à qui je remets mes souhaits/les meilleurs pour/Madame L. Fontaine/Claude Debussy/1er Janvier 1895. » (Cat. Les Argonautes [s.d.], n° 24.)

– *Fantoches* [épreuves] : « à Madame Lucien Fontaine. » (US-AUS, M 1621 D429 A753.)

– *Chansons de Bilitis* : « pour Madame Lucien Fontaine./et qu'elle permette d'insinuer/que ce mince cahier contient le/meilleur de mon affectueux dévouement./14. Août/99/Claude Debussy. » (US-AUS, M 1621 D429 C435 ; exemplaire avec corrections autographes de Debussy.)

FUCHS, Henriette

– *L'Enfant prodigue* : « À Madame Fuchs/souvenir de très bonne amitié/l'auteur/ Ach. Debussy. » (Non localisé* ; Hôtel Drouot, 18 décembre 1969, n° 100.)

---

① 马努埃尔·德·法雅于 1908 年 4 月 4 日用 36 法郎购买了该乐谱。见 M. de Falla, *Apuntes de Harmonia. Dietario de Paris (1908),* éd. d'Yvan Nommick et de Francesco Bonastre, Granada, Publicaciones del Archivo Manuel de Falla, 2001, coll. « Facsimiles », série « Documentos », n° 1, p. 290, 305, 338。

GARBAN, Lucien

– *Prélude à l'après-midi d'un faune*: « à Lucien Garban./en réelle sympathie./Claude Debussy/Av/1901. » (B-A, coll. A. Fontainas.)

– *Trois Mélodies. Poésies de Paul Verlaine*: « à Lucien Garban/amicalement/Claude Debussy. » (Non localisé ; Hôtel Drouot, 8 avril 1992, n° 151.)

– *Pour le piano*: « à Lucien Garban./amicalement/ↃD. » (Non localisé ; Hôtel Drouot, 8 avril 1992, n° 150.)

GARDEN, Mary

– *La Damoiselle élue* [chant-piano, 1902] : « La Damoiselle Élue présente son respectueux/hommage à Mélisande, permettez-moi d'y/joindre l'affectueux dévouement de/Claude Debussy/Oct/1902. » (Non localisé* ; Cat. A. Blaizot 317 [1962], n° 8570.)

– *Pelléas et Mélisande* [chant-piano] : « à Mademoiselle M. Garden/D'autres chanteront, dans l'avenir, Mélisande.../Vous seule resterez à jamais la femme et/l'artiste que j'osais à peine espérer.../Votre reconnaissant/Claude Debussy/Mai/1902. » (Non localisé* ; Hôtel Drouot, 29 mai 1968, n° 57.)

GAROFALO, Carlo Giorgo①

– *La Mer* [partition de poche] : «... souvenir de Rome 22 Fév. 1914. » (Non localisé ; Cat. Sotheby's [25 mai 2001], n° 74.)

GÉRARD, voir WORMS DE ROMILLY

GIROD, Célestin②

– *Pelléas et Mélisande* [chant-piano] : « à Célestin Girod/amical souvenir/Claude Debussy/Juin/1902. » (Non localisé ; Hôtel Drouot, 23 juin 1989, n° 28.)

GODET, Robert

– *Cinq Poèmes de Charles Baudelaire* [1890] : « à Robert Godet./Pour diminuer un peu des distances/que font des mers assurément belles, mais,/tout de même cruelles ; et pour l'assurer/d'une amitié gardée avec soin/et à jamais ! Cl.-ADebussy./Février 1890. » (Ex n° 25 ; CH-Gpu, Ib 3664 Rés.)

– *Prélude à l'après-midi d'un faune*: « à Robert Godet./Son inusable/Claude Debussy/Mars 97. » (CH-Gpu, Ib 3671 Rés.)

– *Nocturnes*: « à Robert Godet./pour la joie de son retour/son ami/Claude Debussy/2 Nov/01. » (CH-Gpu, Ib 3671 Rés.)

– *Pelléas et Mélisande* [chant-piano] : « à Robert Godet./son dévoué et amical/Claude Debussy. » (US-NYpm, James Fuld Collection.)

– *Le Martyre de saint Sébastien* [chant-piano] : « pour Robert Godet./en manière d'excuse.../mais surtout en témoignage de constante/amitié./Son ami/Claude Debussy./Nov. : 1911. » (CH-Gpu, Ib 3672 Rés.)

– *Iberia, Image pour orchestre n° 2*: « pour Robert Godet./son ami./Claude Debussy./(1911). » (CH-Gpu, Ib 3677 Rés.)

– *Ronde de printemps, Image pour orchestre n° 3*: « pour Robert Godet,/son ami./Claude Debussy./(1911). » (CH-Gpu, Ib 3678 Rés.)

– *Trois Chansons de Charles d'Orléans à 4 voix mixtes sans accompagnement*: « pour Robert Godet./son ami/Claude Debussy./(1911). » (CH-Gpu, Ib 3670 Rés.)

---

① 待定。

② 查无此人。或许是 1888 年《被遗忘的小曲》首次出版时合作的吉罗出版社遗孀的父母之一。

– *Préludes* (1er livre) : « pour Robert Godet,/son ami/Claude Debussy/(1911). » (CH-Gpu, Ib 3663 Rés.)
– *Jeux* [partition pour piano] : « pour R. Godet./son ami/Claude Debussy./Juin 1913. » (CH-Gpu, Ib 3667 Rés.)
– *Préludes* (2e livre) : « pour R. Godet./avec mes excuses pour son piano./Claude Debussy./Juin/1913. » (CH-Gpu, Ib 3663 Rés ; exemplaire avec corrections autographes de Debussy.)
– *Trois Poèmes de Stéphane Mallarmé* : « à Robert Godet./pour qu'il revienne./Son vieux/Claude Debussy. » (CH-Gpu, Ib 3669 Rés.)
– *Noël des enfants qui n'ont plus de maison* : « pour Robert Godet./son/Claude Debussy/Déc : 1915. » (CH-Gpu, Ib 3675 Rés.)
– *En blanc et noir* : « pour Robert Godet./le même/Claude Debussy/Déc : 1915. » (CH-Gpu, Ib 3665 Rés.)
– *Six Sonates pour divers instruments composées par Claude Debussy musicien français La Première pour Violoncelle et Piano* : « *SONATE*/*pour Violoncelle et Piano*/et pour Robert Godet/*CLAUDE DEBUSSY*/Le sus-même①. [décembre 1915]. » (CH-Gpu, Ib 3673 Rés.)
– *Le Promenoir des deux amants* : « pour Robert Godet./son/Claude Debussy/Juin 1916. » (CH-Gpu, Ib 3676 Rés.)
– *Six Épigraphes antiques pour piano à 4 mains* : « pour Robert Godet/son/Claude Debussy/Juin 1916. » (CH-Gpu, Ib 3668 Rés.)
– *Douze Études* : « pour Robert Godet/son/Claude Debussy/Juin 1916. » (CH-Gpu, Ib 3666 Rés.)
– *Six Sonates pour divers instruments composées par Claude Debussy musicien français La Deuxième pour Flûte, Alto et Harpe* : « pour Robert Godet./son ami/Claude Debussy./Décembre 1916. » (CH-Gpu, Ib 3674 Rés ; exemplaire avec corrections autographes de Debussy.)
– *Six Sonates pour divers instruments composées par Claude Debussy musicien français La Troisième pour Violon et Piano* : « pour Robert Godet./son ami./Claude Debussy/Juin 1917. » (CH-Gpu, Ib 3673 Rés ; exemplaire avec corrections autographes de Debussy.)

HALLAYS, André②
– *Pelléas et Mélisande* [chant-piano] : « à Monsieur André Hallays./en témoignage d'infinie reconnaissance/Claude Debussy. » (Non localisé.)

HEROLD, André-Ferdinand
– *Prélude à l'après-midi d'un faune* : « à A. Ferdinand Herold./Son ami./Claude Debussy./Nov. 1895. » (Hôtel Drouot, 16 octobre 1991, n° 87.)

HOCQUET, Vital
– *Cinq Poèmes de Charles Baudelaire* [1890] : « À Vital Hocquet/qui me déroba mes poissons/mais pour qui je conserve/une particulière amitié./ClADebussy. » (F-Asnières, coll. part.)

---

① 题词被写在乐谱首页。斜体字代表印刷内容。

② 安德烈·阿莱(André Hallays, 1859—1930),《辩论刊》(*Journal des débats*)专栏作家。1902 年 5 月 15 日,他在《巴黎刊》(*Revue de Paris*)上发表了一篇赞颂《佩雷亚斯与梅利桑德》的文章。他写道:“德彪西先生以大师之手处理了所有的画面,一挥而就,没有矫揉造作,而是选择了一种简约的态度,这在他以往的管弦乐谱中并不常见。”

INGHELBRECHT, Désiré-Émile

– *Le Martyre de saint Sébastien* [partition chant-piano] : « pour D. E. Inghelbrecht./Affectueux remerciements./Claude Debussy./Juin/1911. » (US-NHub, Yale University, Frederick Koch Collection ; exemplaire avec de nombreuses annotations d'Inghelbrecht.)

– Ex. non identifié : « pour D. E. Inghelbrecht/en souvenir d'heures/d'études tumultueuses et charmantes/son jeune ami/Claude Debussy/Mai/1913. » (Non localisé*)

– *La Mer* : « pour D. E. Inghelbrecht (Solo) son dévoué Claude Debussy. – Octobre – 1913. » (US-NY, coll. M. G. Cobb.)

– *La Boîte à joujoux.* (Non localisé ; Paris 1948, p. 5, n° XII/4.)

JAHNES, M.①

– *Pelléas et Mélisande* [chant-piano] : « à Monsieur Jahnes./Cordial hommage/Claude Debussy/Juin 1902. » (Non localisé ; Hôtel Drouot, 21 juin 1989, n° 119.)

JEAN-AUBRY, Georges

– *La Damoiselle élue* [chant-piano, 1893]. (Non localisé ; Cat. B. Loliée 3 [1968], n° 3.)

– *Quatuor* : « à G. Jean-Aubry,/qui aime et sert infiniment/la musique française./en amicale reconnaissance./Claude Debussy/Nov/07. » (NL-U, coll. J. B. van Benthem.)

– *Images* (2e série) : « à G. Jean-Aubry./Souvenirs de Londres/Claude Debussy/Fév./08. » (F-P, coll. E. Van Lauwe.)

JULLIEN, Adolphe

– *Pelléas et Mélisande* [chant-piano] : « à Monsieur Adolphe Jullien./sympathique hommage/Claude Debussy. » (F-Po, Rés. 1053.)

LACERDA, Francisco de

– *Pelléas et Mélisande* [chant-piano] : « pour F. de Lacerda./avec ma sincère amitié./Claude Debussy/Mars/07. » (P-AN, Museu, Archives Lacerda.)

– *Images* (2e série) : « pour F. de Lacerda/amicalement/Claude Debussy/Mars/1908. » (P-AN, Museu, Archives Lacerda.)

– *Prélude à l'après-midi d'un faune* : « À F. de Lacerda,/qui est vraiment musicien, affectueusement/Claude Debussy/Juin/1908. » (P-AN, Museu, Archives Lacerda.)

LALO, Pierre

– *Pelléas et Mélisande* [chant-piano] : « à Pierre Lalo./en témoignage d'affectueuse reconnaissance/Claude Debussy/Mai/1902. » (Non localisé ; Cat. Erasmushaus 919 [octobre 2004], n° 17.)

LALOY, Louis

– *Trois Chansons de France* : « à Louis Laloy./en amicale confiance./Claude Debussy. » (F-P, coll. V. Laloy.)

– *Préludes* (1er livre) : « à mon cher Louis Laloy./son ami/Claude Debussy/19 – IV/10. » (F-P, coll. V. Laloy.)

– *Trois Ballades de François Villon* [chant-piano] : « à Louis Laloy./son ami/Claude Debussy./4. X/10. » (F-P, coll. V. Laloy.)

---

① 查无此人。

– *Le Promenoir des deux amants* : « à Louis Laloy./son ami./Claude Debussy./4. X/10. » (F-P, coll. V. Laloy.)

LE GRAND, Ernest

– *Prélude à l'après-midi d'un faune* : « à E. Le Grand./en toute amitié./Claude Debussy./Janvier/96. » (F-P, coll. part.)

LEROLLE, Henry

– *La Damoiselle élue* [chant-piano, 1893] : « avec toute ma sympathie/pour Henry Lerolle/Claude Debussy/24 Juillet/93. » (Ex. n° 38 ; F-P, coll. part.)

– *Prélude à l'après-midi d'un faune* : « à Henry Lerolle/son ami/Claude Debussy/Oct./1895. » (F-P, coll. part.)

LIEBICH, Franz

– *Préludes* (1er livre) : « à Franz Liebich./en toute sympathie/Claude Debussy/23 – IV/10. » (Non localisé①.)

LOUŸS, Pierre

– *La Damoiselle élue* [épreuves] : « À Pierre Louÿs./De ces fautes d'impression,/Veuillez garder bonne impression./Et soyez sûr que mon amitié s'accroche/Avec force à ces grêles doubles croches./Claude Debussy. » (Non localisé ; Hôtel Drouot, 4-9 avril 1927, n° 1052 ; Debussy-Louÿs 1945, p. 27.)

– *La Damoiselle élue* [chant-piano, 1893] : « avec toute ma sympathie pour/Pierre Louÿs/Claude Debussy/Juillet 93. » (Ex. n° 4 sur Chine ; US-AUS, M 3.3 D3 D3.)

– *Quatuor* : « À Pierre Louÿs son ami Claude Debussy. » (Non localisé ; Cat. R. Davis 30 [mars 1929], n° 99.)

– *Proses lyriques* : « Où courent-ils② ?/Chez Pierre Louÿs/1, rue Grétry/Paris/Claude Debussy./Mai 95. » (F-ASOlang.)

– *Prélude à l'après-midi d'un faune* : « À Pierre Louÿs/Quelques airs de flûte/Pour charmer Bilitis/Son ami/Claude Debussy/Oct. 1895. » (B-Br, donation baron van Bogaert.)

– *Chansons de Bilitis* : « pour Pierre Louÿs/à cause du 19 octobre 1899 !…/et de beaucoup d'autres dates/ à jamais célèbres/son ami/Claude Debussy. » (CH-Bps, coll. R. Grumbacher)

– *Nocturnes* [épreuves] : « pour la Fanfare du Roi Pausole/et aussi pour/Pierre Louÿs/son/Claude Debussy./Avril 1900. » (F-Pn, Mus., Rés. Vma. 354.)

– *Pelléas et Mélisande* : « Cher Pierre, il y a un an/que cette partition doit être chez toi…/Toi seul peux m'en excuser… /ton vieux dévoué/Claude Debussy/Juin 1903. » (Non localisé ; Debussy-Louÿs 1945, p. 173.)

– *Trois Mélodies. Poésies de Paul Verlaine.* (Non localisé ; Cat. R. Davis 32 [octobre 1929], n° 90.)

– *Estampes* : « À Pierre/Maître en estampes/Son vieux/Claude Debussy/Juin/04. » (Non localisé ; Hôtel Drouot, 4-9 avril 1927, n° 1054 ; Cat. R. Davis 30 [mars 1929], n° 101.)

– *Trois Chansons de France* : « À mon vieux Pierre/Son ami Claude Debussy/Juin/04. » (Non localisé ; Hôtel Drouot, 4-9 avril 1927, n° 1058 ; Cat. R. Davis 30 [mars 1929], n° 102.)

---

① 见 Louisa Liebich, « An Englishwoman's memories of Debussy », *The Musical Times* (1 June 1918), p. 250。

②《抒情散文》的扉页上装饰有蝴蝶图样。

MALHERBE, Charles

– *La Damoiselle élue* [partition d'orchestre, 1903] : « à Monsieur Ch. Malherbe/ Hommage de réelle sympathie./Claude Debussy/Janvier/1903. » (F-Po, Rés. 2132.)

MALLARMÉ, Stéphane

– *Prélude à l'après-midi d'un faune* : « À Stéphane Mallarmé/En hommage de profonde et respectueuse admiration./Claude Debussy/Nov. 1895. » (Non localisé ; Hôtel Drouot, 19 décembre 1977, n° 199.)

MARÉCHAL, Maurice①

– *Six Sonates pour divers instruments composées par Claude Debussy musicien français La Première pour Violoncelle et Piano* : « à Monsieur Maréchal./pour le remercier de/son déjà grand talent./Claude Debussy./Janvier 1917. » (F-P, coll. part.)

MARIE, Gabriel②

– *Pelléas et Mélisande* [chant-piano] : « à Gabriel Marie/en sympathie/Claude Debussy Mai/1904. » (F-P, coll. part.)

MAROT, Blanche

– *La Damoiselle élue* [chant-piano, 1893] : « À Mademoiselle Blanche Marot,/qui fut pour un temps et sera désormais, pour toujours/la délicate incarnation de "La Damoiselle Élue"./En hommage dévoué./Claude Debussy./25 Août 1900. » (Non localisé ; Paris 1942, p. 29, n° 62 ; Paris 1962, p. 37, n° 98.)

MATZA, Mme③

– *Noël des enfants qui n'ont plus de maison* : « à Madame R. A. Matza/respectueux hommage/Claude Debussy./Avril 1917. » (CH-B, coll. part.)

MESSAGER, André

– *La Damoiselle élue* [partition d'orchestre] : « à mon très cher A. Messager/son vieux dévoué/Claude Debussy/ Janvier 03. » (Non localisé ; Cat. Sotheby's [5 décembre 1997], n° 57.)
– *Ariettes oubliées* [1903] : « À André Messager/son vieux Claude Debussy. Mai/ 03. » (Non localisé ; Cat. Stargardt 609 [1-2 juin 1976], n° 608b.)
– *Fêtes galantes* (1er recueil) : « À son cher Messager/Claude Debussy/Mai/03. » (Non localisé ; The Superior Galleries' Manuscript, 15 octobre 1991.)
– *Trois Ballades de François Villon* [partition d'orchestre] : « pour Messager/son vieux dévoué/Claude Debussy/Juin 1915. » (US-AUS, M 1617 D29 B3 ; exemplaire avec corrections autographes de Debussy.)

MOUREY, Gabriel

– *La Damoiselle élue* [chant-piano, 1902] : « pour Gabriel Mourey/douze ans après ou l'amitié durable./Claude Debussy/Nov/07. » (Non localisé ; Hôtel Drouot, 16 octobre 1991, n° 89.)

---

① 关于马海沙,见 1916 年 6 月 12 日的书信(见下卷的翻译)。

② 加布里埃尔·马利是一位乐队指挥。他于 1893 年 4 月 8 日在国家音乐协会的一次音乐会上首演了《绝代才女》。见书信 1893 – 3。

③ 此人应该是阿西伊·马扎(Achille Matza, 1872—1937)医生的第二任妻子,他的第一任妻子是格莱特·阿莱克桑德赫 – 杜马(Colette Alexandre-Dumas),她是小仲马的女儿。

PETER, René

– *Chansons de Bilitis* : « À René Peter./aussi harmoniquement mon ami que la plus harmonieuse de ces chansons… (1)/ 3. Août/99./Claude Debussy/(1) les personnes qui trouveraient cette dédicace confuse me trouveront à leur disposition de midi à 1h 58 rue Cardinet. ©. » (Non localisé* ; Paris 1962, p. 40, n° 35.)

PUGNO, Raoul①

– *Prélude à l'après-midi d'un faune* : « à Raoul Pugno./en souvenir bien affectueux/de/Claude Debussy./Oct. 95. » (F-Pn, Mus., Rés. Vma. 321.)

RAVEL, Maurice

– *Pour le piano* : « à Maurice Ravel./amicalement/et pour rendre hommage au [*sic*] "Jeux d'eau"/Claude Debussy. » (B-A, coll. A. Fontainas ; exemplaire avec corrections autographes de Debussy.)

– *Nocturnes* : « à Maurice Ravel./en réelle sympathie./Claude Debussy./Av/1901. » (Non localisé ; Hôtel Drouot, 26 juin 2000, n° 14.)

REDON, Odilon

– *La Damoiselle élue* [chant-piano, 1893] : « À l'artiste rare, Odilon Redon, cette musique qui eut la joie de lui faire plaisir. » (Non localisé.)

RÉGNIER, Henri de

– *La Damoiselle élue* [chant-piano, 1893] : « Avec toute ma sympathie et/pour qu'elle donne à H. de Régnier/un peu de la belle émotion que me font/ses poèmes si précieux./Claude Debussy./Juillet 1893. » (Non localisé ; Cat. B. Loliée 3 [1968], n° 4.)

ROSOOR, Louis

– *Six Sonates pour divers instruments composées par Claude Debussy musicien français La Première pour Violoncelle et Piano* : « À Louis Rosoor./en souvenir d'une audition au Moulleau/et bien cordialement/Claude Debussy/Le Moulleau 11 Octobre 1916. » (F-BO, coll. J.-L. Rosoor.)

RUMMEL, Walter

– *Douze Études* : « pour Walter Morse Rummel./qui joue mieux du piano qu'Hummel./Son ami/Claude Debussy./ Avril 1916. » (F-P, coll. part. ; exemplaire avec corrections autographes de Debussy.)

SAMAZEUILH, Mme Gustave

– *Cinq Poèmes de Charles Baudelaire* [1903] : « à Madame G. Samazeuilh/qui comprend, ce dont je la remercie/affectueusement/Claude Debussy/Mai 1903. » (Non localisé ; Cat. B. Loliée 3 [1968], n° 2.)

SATIE, Erik

– *Cinq Poèmes de Charles Baudelaire* [1890] : « pour Erik Satie/Musicien Médiéval et doux, égaré dans/ce siècle, pour la joie de son/bien amical/ClaudeA-Debussy./27 Oct – 92. » (Ex. n° 45 sur Hollande ; US-NY, coll. M. G. Cobb.)

---

① 关于普尼奥(Pugno),见1914年1月29日的书信(见下卷的翻译)。

– *Marche des anciens comtes de Ross* : « à Erick [*sic*] Satie./toujours en bois./ClA-Debussy/92. » (F-P, coll. part.)
– *Images* (1ère série) : « janvier 1906/à mon vieux Satie/le célèbre contrapuntiste/Claude Debussy. » (F-P, IMEC/Archives Satie.)

STEVENS, Catherine
– *Cinq Poèmes de Charles Baudelaire* [1890] : « à la sœur de Leopold Stevens/Mademoiselle Catherine Stevens/ClADebussy/Nov. 1890. » (Non localisé*.)
– *La Damoiselle élue* [chant-piano, 1893] : « à Mademoiselle Catherine Stevens/pour qu'elle n'abandonne pas la musique/ Claude Debussy./ Août 93. » (Non localisé.)
– *Deux arabesques* [1re] : « à Mademoiselle C. Stevens./Mon amitié ainsi qu'une arabesque./ClADebussy. » (US-NYpm, PMC 909 +.)
– *Proses lyriques* : « à Catherine Stevens/Affectueux souvenir de Claude Debussy. » (US-NYpm, PMC 1045 +.)

STRAVINSKY, Igor
– *Préludes* (2e livre) : « et surtout pour amuser Igor Strawinsky/son ami/Claude Debussy./Juin 1913. » (Non localisé*.)

TEXIER, E.①
– *Cinq Poèmes de Charles Baudelaire* [1890] : « à Monsieur E. Texier./Cl. ADebussy/Février 1890. » (Ex n° 6 sur Hollande ; B-A, coll. A. Fontainas.)

VALLIN, Ninon
– *Le Martyre de saint Sébastien* [chant-piano] : « à celle qui fut si mélodieusement toutes les voix du Martyre de Saint Sébastien. » (Non localisé.)

VARÈSE, Edgard
– *La Mer* : « à Edgard Varèse,/en sympathie et avec/mes meilleurs souhaits de réussite/Claude Debussy./29 – X/08. » (CH-Bps.)

VASNIER, Marie
– *Ariettes* [1888] : « à Madame Vasnier, hommage reconnaissant. » (Non localisé.)

WORMS DE ROMILLY, Michèle
– *Pelléas et Mélisande* [chant-piano] : « à Madame M. Gérard/pour affirmer une tradition/d'amical dévouement (bien que/je sois ennemi de toute espèce de/tradition)/Claude Debussy/Juillet/1902. » (F-P, coll. part.)

YSAŸE, Eugène
– *Prélude à l'après-midi d'un faune* : « À Eugène Ysaÿe/avec l'hommage de ma constante admiration/Claude Debussy/ Janvier 1906. » (Non localisé ; Cat. Stargardt 605 [25-26 février 1975], n° 702.)

---

① 查无此人。

附录Ⅵ[①]
文献编号中缩写字母对照[②]

A（奥地利）

A-Wn	Vienne, Österreichische Nationalbibliothek Musiksammlung.

B（比利时）

B-A	Anvers.
B-B	Bruxelles.
B-Ba	Bruxelles, Archives de la ville.
B-Br	Bruxelles, Bibliothèque royale Albert 1er.
B-G	Gand.
B-K	Courtrai.

BR（巴西）

BR-R	Rio de Janeiro.

CDN（加拿大）

CDN-On	Ottawa, National Library of Canada, Music Division.

CH（瑞士）

CH-B	Bâle.
CH-Bps	Bâle, Paul Sacher Stiftung.
CH-G	Genève.
CH-Gpu	Genève, Bibliothèque publique et universitaire.
CH-LA	Lausanne.
CH-Zz	Zürich, Zentralbibliothek.

D（德国）

D-Mbs	Munich, Bayerische Staatsbibliothek.

---

① 该对照表展示了正文中，文献编号缩写字母代表的文献收藏地。该附录原文中还原了这些缩写字母的全名，并且选择使用这些地名所在国的语言，因此，译者与原作主编决定对该附录中的全名不做逐字翻译。——译者注。

② 关于这些编号的来源，见 *RISM-Bibliothekssigel Gesamtverzeichnis Bearbeitet von der Zentralredaktion in den Ländergruppen des RISM*, Munich, G. Henle Verlag, Kassel, Bâle, Londres, New York, Bärenreiter-Verlag, 1999。

E（西班牙）

E-Bir	Barcelone, Instituto de Investigación Musicológica « Josep Ricart i Matas » de la Universidad Autonóma de Barcelona.
E-GRmf	Grenade, Archivo Manuel de Falla.

F（法国）

F-ASOlang	Asnières-sur-Oise, Abbaye de Royaumont, collection François Lang.
F-BO	Bordeaux.
F-BR	Brest.
F-DO	Dôle, Médiathèque municipale.
F-LY	Lyon.
F-LYm	Lyon, Bibliothèque municipale.
F-MON	Montauban.
F-P	Paris.
F-Pa	Paris, Bibliothèque de l' Arsenal.
F-Pan	Paris, Archives nationales.
F-Pgm	Paris, Médiathèque Musicale Mahler.
F-Pi	Paris, Bibliothèque de l' Institut de France.
F-Pn, Mss.	Paris, Bibliothèque nationale de France, département des Manuscrits.
F-Pn, Mus.	Paris, Bibliothèque nationale de France, département de la Musique.
F-Po	Paris, Bibliothèque de l' Opéra.
F-Pau	Pau, Bibliothèque municipale.
F-RI	Riom.
F-V	Versailles, Bibliothèque municipale.

GB（英国）

GB-L	Londres.
GB-Lam	Londres, Royal Academy of Music, Library.
GB-Lbl	Londres, The British Library.
GB-Lcm	Londres, Royal College of Music.

I（意大利）

I-Mts	Milan, Teatro alla Scala, Archivio Musicale.
I-PAmc	Parma, Conservatorio Arrigo Boito, Museo
I-R Rome.	

J（日本）

J-T	Tokyo.

NL（荷兰）

NL-A	Amsterdam.

NL-DHk La Haye, Koninklijke Bibliotheek.
NL-U Utrecht.

P（葡萄牙）

P-AN Angra do Heroismo (Açores).

S（瑞典）

S-S Stockholm.
S-Sk Stockholm, Kungliga Biblioteket.
S-Skma Stockholm, Statens Musikbibliotek.
S-Smf Stockholm, Stiftelsen Musikkulturens Främjande.

US（美国）

US-AUS Austin (Texas), University of Texas at Austin, The Harry Ransom Humanities Research Center.
US-CAh Cambridge (Massachusetts), Harvard University, Houghton Library.
US-Eu Evanston (Illinois), Northwestern University Libraries.
US-IOhs Iowa City (Iowa), Iowa State Historical Society.
US-LA Los Angeles (Californie).
US-MS Minneapolis (Minnessota).
US-NH New Haven (Connecticut), Yale University, Music Library.
US-NHub New Haven (Connecticut), Yale University, Beinecke Rare Book and Manuscript Library.
US-NY New York (New York).
US-NYp New York (New York), New York Public Library at Lincoln Center, Music and Dance Divisions.
US-NYpm New York (New York), Pierpont Morgan Library.
US-PHf Philadelphie (Pennsylvanie), Free Library of Philadelphia, Music Department.
US-PO Poughkeepsie (New York), Vassar College, George Sherman Dickinson Music Library.
US-PRu Princeton (New Jersey), Princeton University Library.
US-R Rochester (New York), University of Rochester, Eastman Scholl of Music, Sibley Music Library.
US-STum Stanford (Californie), Stanford University, Music Library.
US-Wc Washington (D. C.), Library of Congress, Music Library.

附录Ⅶ

参考文献简写对照

Ambrière	AMBRIÈRE (Francis), « La vie romaine de Claude Debussy », *La Revue musicale* 142 (janvier 1934), p. 20-26.
Antoine	ANTOINE (André), *Mes Souvenirs sur le théâtre Antoine et sur l'Odéon (première direction)*, Paris, Bernard Grasset, 1928, 297 p.
Barraqué	BARRAQUÉ (Jean), *Debussy*, Paris, Éditions du Seuil, 1962, collection « Solfèges », 192 p.
Busser	BUSSER (Henri), *De Pelléas aux Indes Galantes... de la flûte au tambour*, Paris, Librairie Arthème Fayard, 1955, 283 p.
Bordeaux 1962	*Claude Debussy 1862-1918*, Exposition organisée avec le concours de la Bibliothèque nationale pour commémorer le centenaire de sa naissance, Bordeaux, 1962, 54 p.
Boucher	BOUCHER (Maurice), *Claude Debussy (Essai pour la connaissance du devenir)*, Paris, Les Éditions Rieder, 1930, 88 p., LX planches.
Carré	CARRÉ (Albert), *Souvenirs de théâtre*, réunis, présentés et annotés par Robert Favart, Paris, Librairie Plon, 1950, 429 p.
Chausson 1962	CHAUSSON (Ernest), « Dix lettres d'Ernest Chausson à Claude Debussy (1893-1894) », *Revue de musicologie* XLVIII/125 (juillet-décembre 1962), p. 49-60.
Chausson 1999	CHAUSSON (Ernest), *Écrits inédits. Journaux intimes. Romans de jeunesse. Correspondance*, choix et présentation de Jean Gallois et Isabelle Bretaudeau, Monaco, Éditions du Rocher, 1999, 505 p.
Chimènes	CHIMÈNES (Myriam), « Les vicissitudes de *Khamma* », *Cahiers Debussy* 2 (1978), p. 11-29.
Cobb 1982	COBB (Margaret G.), *The Poetic Debussy. A Collection of His Song Texts and Selected Letters*, collected and annotated by Margaret G. Cobb, Boston, Northeastern University Press, 1982, XXII-318 p.

Cobb 1989 — COBB (Margaret G.), « Claude Debussy to Claudius and Gustave Popelin : Nine Unpublished Letters », *19TH Century Music*, vol. XIII, no. 1 (1989), p. 39-48.

Cobb 1994 — COBB (Margaret G.), *The Poetic Debussy. A Collection of His Song Texts and Selected Letters*, Second edition edited by Margaret G. Cobb, Rochester, University of Rochester Press, 1994, 326 p.

Cobb 2005 — COBB (Margaret G.), *Debussy's Letters to Inghelbrecht : The Story of a Musical Friendship*, Rochester, University of Rochester Press, 2005, 132 p.

Courty — COURTY (Gaston), « Dernières années de Debussy », *La Revue des Deux Mondes* (15 mai 1958), p. 311-314.

Debussy 1926 — DEBUSSY (Claude), « Deux lettres de Debussy à Ernest Chausson », *La Revue musicale* (numéro spécial : *La Jeunesse de Claude Debussy*), t. VII/7 (1er mai 1926), p. 87-88 (183-184).

Debussy 1927 — DEBUSSY (Claude), *Lettres de Claude Debussy à son éditeur*, publiées par Jacques Durand, Paris, A. Durand et fils, Éditeurs, 1927, 193 p.

Debussy 1938 — DEBUSSY (Claude), *L'Enfance de Pelléas. Lettres de Claude Debussy à André Messager*, recueillies et annotées par Jean André-Messager, préface d'Émile Vuillermoz, Paris, Dorbon-Aîné, 1938, 83 p.

Debussy 1939 — DEBUSSY (Claude), « Trois lettres de Claude Debussy à Bernardino Molinari, introduites par Michel Simon », *Suisse romande, revue de littérature, d'art et de musique* 2 (1er avril 1939), p. 51-56.

Debussy 1942 — DEBUSSY (Claude), *Lettres à deux amis. Soixante-dix-huit lettres inédites à Robert Godet et G. Jean-Aubry*, Paris, Librairie José Corti, 1942, 195 p.

Debussy 1957a — DEBUSSY (Claude), *Lettres de Claude Debussy à sa femme Emma*, présentées par Pasteur Vallery-Radot, Paris, Flammarion, 1957, 147 p.

Debussy 1957b — DEBUSSY (Claude), *Lettres inédites à André Caplet (1908-1914)*, recueillies et présentées par Edward Lockspeiser, avant-propos d'André Schaeffner, Monaco, Éditions du Rocher, 1957, 105 p.

Debussy 1962 — DEBUSSY (Claude), « Correspondance de Claude Debussy et de Louis Laloy (1902-1914) », *Revue de musicologie* XLVIII/125 (juillet-décembre 1962), p. 3-39.

Debussy 1971 — DEBUSSY (Claude), « Lettres inédites de Claude Debussy à Pierre Louÿs », *Revue de musicologie* LVII/1 (1971), p. 29-39.

Debussy 1980 — DEBUSSY (Claude), *Lettres 1884-1918*, réunies et présentées par François Lesure, Paris, Hermann, 1980, XVI-294 p.

Debussy 1987 — DEBUSSY (Claude), *Monsieur Croche et autres écrits*, introduction et notes de François Lesure, édition revue et augmentée, Paris, Gallimard, collection L'Imaginaire, 1987, 362 p.

Debussy 1993	DEBUSSY (Claude), *Correspondance 1884-1918*, réunie et annotée par François Lesure, Paris, Hermann, 1993, 399 p.
Debussy-Chausson 1925	CHAUSSON (Ernest), DEBUSSY (Claude), « Correspondance inédite de Claude Debussy et Ernest Chausson », *La Revue musicale* (numéro spécial : *Ernest Chausson*), t. VII/2 (1er décembre 1925), p. 116-126.
Debussy-D'Annunzio 1948	DEBUSSY (Claude), D'ANNUNZIO (Gabriele), *Claude Debussy et Gabriele D'Annunzio, correspondance inédite*, présentée par Guy Tosi, Paris, Éditions Denoël, 1948. 130 p.
Debussy-Louÿs 1931[a-l], 1932[m]	DEBUSSY (Claude), LOUŸS (Pierre), « Correspondance inédite de Pierre Louÿs et Claude Debussy », *L'Esprit français* 55-67 (10 janvier 1931), p. 236-245 ; (10 février 1931), p. 373-381 ; (10 mars 1931), p. 38-44 ; (10 avril 1931), p. 136-143 ; (10 mai 1931), p. 256-262 ; (10 juin 1931), p. 370-372 ; (10 juillet 1931), p. 22-26 ; (10 août 1931), p. 146-150 ; (10 septembre 1931), p. 245-250 ; (10 octobre 1931), p. 370-374 ; (10 novembre 1931), p. 33-38 ; (10 décembre 1931), p. 142-147 ; (10 janvier 1932), p. 23-25.
Debussy-Louÿs 1942[a-b], 1943[c-e]	DEBUSSY (Claude), LOUŸS (Pierre), « Une correspondance inédite de Claude Debussy à Pierre Louÿs », *Le Mois suisse* 44-48 (novembre 1942), p. 14-43 ; (décembre 1942), p. 137-165 ; (janvier 1943), p. 112-135 ; (février 1943), p. 115-121 ; (mars 1943), p. 24-43.
Debussy-Louÿs 1945	DEBUSSY (Claude), LOUŸS (Pierre), *Correspondance de Claude Debussy et Pierre Louÿs (1893-1904)*, recueillie et annotée par Henri Borgeaud, avec une introduction de Georges Jean-Aubry, Paris, Librairie José Corti, 1945, 207 p.
Debussy-Segalen	DEBUSSY (Claude), SEGALEN (Victor), *Segalen et Debussy*, textes recueillis et présentés par Anne Joly-Segalen et André Schaeffner, Monaco, Éditions du Rocher, 1961, 343 p.
Debussy-Toulet 1929	DEBUSSY (Claude), TOULET (Paul-Jean), *Correspondance de Claude Debussy et P.-J. Toulet*, Paris, Le Divan, 1929, 132 p.
Debussy-Toulet 1971	GOASGUEN (Jean), « De Paris à la côte basque, sur les pas d'une amitié : Claude Debussy et Paul-Jean Toulet » dans *De l'Adour au Pays basque*, Bayonne, Société des Sciences, Lettres et Arts, 1971, p. 123-137.
Denis	DENIS (Maurice), *Henry Lerolle et ses amis*, suivi de *quelques lettres d'amis*, Paris, Imprimerie Duranton, 1932, 68 p.
Dietschy	DIETSCHY (Marcel), *La Passion de Claude Debussy*, Neuchâtel, À la Baconnière, 1962, XVIII-287 p.

Doret 1934 — DORET (Gustave), « Neuf lettres et billets inédits de C. A. Debussy », *Lettres romandes* (23 novembre 1934), p. 7-8.

Doret 1942 — DORET (Gustave), *Temps et contretemps, souvenirs d'un musicien*, Fribourg, Éditions de la Librairie de l'Université, 1942, 510 p.

Durand 1924 — DURAND (Jacques), *Quelques souvenirs d'un éditeur de musique* [1re série], Paris, A. Durand et fils, Éditeurs, 1924, 136 p.

Durand 1925 — DURAND (Jacques), *Quelques souvenirs d'un éditeur de musique, 2e série (1910-1924)*, Paris, A. Durand et fils, Éditeurs, 1925, 161 p.

Fauré — FAURÉ (Gabriel), « Deux lettres de Gabriel Fauré à C. Debussy (1910-1917) », *Revue de musicologie* XLVIII/125 (juillet-décembre 1962), p. 75-76.

Gallois — GALLOIS (Jean), *Ernest Chausson*, Paris, Fayard, 1994, 607 p.

Gauthier — GAUTHIER (André), *Debussy, documents iconographiques*, avec une préface et des notes par André Gauthier, Genève, Pierre Cailler, 1952, 32 p., 105 planches.

Godet 1926 — GODET (Robert), « En marge de la marge », *La Revue musicale* (numéro spécial : *La Jeunesse de Claude Debussy*), t. VII/7 (1er mai 1926), p. 51-86 (147-182).

Godet 1962 — GODET (Robert), « Cinq lettres de Robert Godet à Claude Debussy (1917-1918) », *Revue de musicologie* XLVIII/125 (juillet-décembre 1962), p. 77-95.

Goujon 1984 — GOUJON (Jean-Paul), CARMEN CAMERO PEREZ (Maria del), *Pierre Louÿs y Andalucia, cartas ineditas y fragmentos, lettres inédites et fragments*, Séville, Alfar, 1984, 206 p.

Goujon 1988 — GOUJON (Jean-Paul), *Pierre Louÿs, une vie secrète (1870-1925)*, Paris, Seghers, Jean-Jacques Pauvert, 1988, 409 p.

Goujon 1992 — *Journal de Meryem (1894) en collaboration avec A.-F. Herold, suivi des lettres inédites à Zohra bent Brahim (1897-1899)*, publiés et annotés par Jean-Paul Goujon, Paris, Librairie A.-G. Nizet, 1992, 127 p.

Goujon 1996 — *Journal de Meryem 1894*, présenté et annoté par Jean-Paul Goujon, Paris, Éditions du Limon, 1996, 89 p.

Goujon 2002 — GOUJON (Jean-Paul), *Pierre Louÿs, une vie secrète (1870-1925)*, Paris, Fayard, 2002, 872 p.

Gui — GUI (Vittorio), « Debussy in Italia », *Musica d'Oggi* XIV/12 (décembre 1932), p. 463-479.

Hartmann — HARTMANN (Arthur), *« Claude Debussy As I Knew Him » and Other Writings of Arthur Hartmann*, edited by Samuel Hsu, Sidney Grolnic, and Mark Peters, Rochester, University of Rochester Press, 2004, 341 p.

Herlin 1996	HERLIN (Denis), « Une œuvre inachevée : *La Saulaie* », *Cahiers Debussy* 20 (1996), p. 3-23.
Herlin 1997a	HERLIN (Denis), « Sirens in the labyrinth : amendments in Debussy's *Nocturnes* », in *Debussy Studies*, edited by Richard Langham Smith, Cambridge, Cambridge University Press, 1997, p. 51-77.
Herlin 1997b	HERLIN (Denis), « *Trois Scènes au crépuscule* (1892-1893) : un premier projet des *Nocturnes* », *Cahiers Debussy* 21 (1997), p. 3-24.
Herlin 2003	HERLIN (Denis), « *Pelléas et Mélisande* à la Monnaie », dans *La Monnaie symboliste*, publié sous la direction scientifique de Manuel Couvreur et Roland Van der Hoeven, Bruxelles, Cahiers du Gram, Université libre de Bruxelles, 2003, p. 209-231.
Hirbour	HIRBOUR (Louise), « La correspondance de Varèse », *La Revue musicale* (numéro spécial : *Varèse vingt ans après...*), n° 383-385 (1985), p. 169-178.
Inghelbrecht 1947	INGHELBRECHT (Désiré-Émile), *Mouvement contraire, souvenirs d'un musicien*, Paris, Éditions Domat, 1947, 335 p.
Inghelbrecht 1953	INGHELBRECHT (Germaine et Désiré-Émile), *Claude Debussy*, Paris, Costard éditeur, 1953, 310 p.
Kasaba	KASABA (Eiko), « *Le Martyre de saint Sébastien*, étude de sa genèse », *Cahiers Debussy* 4-5 (1980-1981), p. 19-37.
Laloy	LALOY (Louis), *La Musique retrouvée 1902-1927*, Paris, Librairie Plon, 1928, 296 p.
Lesure 1965	LESURE (François), « Debussy et Edgard Varèse », dans *Debussy et l'évolution de la musique au XXe siècle*, Paris, Centre national de la recherche scientifique, p. 333-337.
Lesure 1976	LESURE (François), *Esquisses de Pelléas et Mélisande*, Genève, Minkoff, 1977, p. 11-16.
Lesure 1980-1981	LESURE (François), « Quatre lettres de René Chansarel à Debussy (1889) », *Cahiers Debussy* 4-5 (1980-1981), p. 51-56.
Lesure 1986	LESURE (François), « *Crime d'amour* ou *Fêtes galantes*, un projet verlainien de Debussy (1912-1915) », *Cahiers Debussy* 10 (1986), p. 17-23.
Lesure 1988-1989	LESURE (François), « Achille à la Villa (1885-1887) », *Cahiers Debussy* 12-13 (1988-1989), p. 15-28.
Lesure 1991	LESURE (François), « La longue attente de *Pelléas* (1895-1898) », *Cahiers Debussy* 15 (1991), p. 3-12.
Lesure 1992	LESURE (François), *Claude Debussy avant Pelléas ou les années symbolistes*, Paris, Klincksieck, 1992, 263 p.
Lesure 1994	LESURE (François), *Claude Debussy, biographie critique*, Paris, Klincksieck, 1994, 498 p.
Lesure 1998	LESURE (François), « Debussy et les transcriptions », *Revue belge de musicologie*, LII (1998), p. 85-90.

Lesure 2003 — LESURE (François), *Claude Debussy, biographie critique suivie du catalogue de l'œuvre,* Paris, Fayard, 2003, 614 p.

Lewinsky-Dijon — LEWINSKY (Joseph), DIJON (Emmanuelle), *Ernest Bloch (1880-1959), sa vie et sa pensée suivi de l'analyse de son œuvre,* Genève, Slatkine, 1998, t. I, 794 p.

Lisbonne 1962 — *Exposição comemorativa do centenário de Claude Debussy* [22 octobre-11 novembre 1962], Lisbonne, 1962, 75 p.

Lockspeiser 1978 — LOCKSPEISER (Edward), *Debussy : his Life and Mind,* Cambridge, Cambridge University Press, 1978, 2 vol., 275 p., 337 p.

Louÿs 1962 — LOUŸS (Pierre), « Neuf lettres de Pierre Louÿs à Debussy (1894-1898) », *Revue de musicologie* XLVIII/125 (juillet-décembre 1962), p. 61-70.

Louÿs 2002 — LOUŸS (Pierre), *Mille Lettres inédites de Pierre Louÿs à Georges Louis 1890-1917,* édition établie, présentée et annotée par Jean-Paul Goujon, Paris, Fayard, 2002, 1316 p.

Louÿs-Tinan — LOUŸS (Pierre), TINAN (Jean de), *Correspondance 1894-1898,* présentée et annotée par Jean-Paul Goujon, Paris, Éditions du Limon, 1995, 429 p.

Mallarmé — MALLARMÉ (Stéphane), *Correspondance,* recueillie, classée et annotée par Henri Mondor et Lloyd James Austin, Paris, Gallimard, 1959-1985, 11 vol.

Messager — MESSAGER (André), « Les premières représentations de *Pelléas* », *La Revue musicale* (numéro spécial : *La Jeunesse de Claude Debussy*), t. VII/7 (1er mai 1926), p. 110-114 (206-210).

Paoli 1940 — PAOLI (Rodolfo), *Debussy,* Florence, G. C. Sansoni Editore, 1940, XI-259 p.

Paoli 1951 — PAOLI (Rodolfo), *Debussy,* Florence, G. C. Sansoni Editore, 1951, VII-239 p.

Paris 1942 — MARTIN (Auguste), *Claude Debussy. Chronologie de sa vie et de ses œuvres précédée d'un hommage et de souvenirs par Henri Busser, Jean Cocteau, Léon-Paul Fargue, Francis Poulenc. Catalogue de l'exposition organisée du 2 au 17 mai 1942 au foyer de l'Opéra-Comique,* Paris, La Voix de son Maître, 1942, 96 p.

Paris 1948 — [Catalogue dactylographié de l'exposition] *Debussy et le Théâtre* [26 mai-19 juin 1948], Paris, Bibliothèque de l'Opéra, 1948.

Paris 1962 — [Catalogue de l'exposition] *Claude Debussy* [juin-septembre 1962], Paris, Bibliothèque nationale, 1962, 73 p.

Peter 1931 — PETER (René), *Claude Debussy,* Paris, Éditions Gallimard, 1931, 225 p.

Peter 1944	PETER (René), *Claude Debussy*, Paris, Éditions Gallimard, 1944, 231 p.
Poniatowski	PONIATOWSKI (André), *D'un siècle à l'autre*, Paris, Presses de la Cité, 1948, 669 p.
Prunières	PRUNIÈRES (Henry), « À la villa Médicis », *La Revue musicale* (numéro spécial : *La Jeunesse de Claude Debussy*), t. VII/7 (1er mai 1926), p. 23-42 (119-138).
Roy	ROY (Jean), « Trois lettres inédites de Debussy », *La Revue musicale* (numéro spécial : *Claude Debussy, 1862-1962, Livre d'or*), n° 258, p. 117-120.
Samazeuilh	SAMAZEUILH (Gustave), « Debussy à Eugène Ysaÿe. Lettres inédites », *Les Annales politiques et littéraires*, 25 août 1933, p. 225-226.
Satie 1962	SATIE (Erik), « Trois lettres d'Erik Satie à Claude Debussy (1903) », *Revue de musicologie* XLVIII/125 (juillet-décembre 1962), p. 71-74.
Satie 2000	SATIE (Erik), *Correspondance presque complète*, réunie, établie et présentée par Ornella Volta, Paris, Fayard/Imec, 2000, 1237 p.
Segalen 1995	SEGALEN (Victor), *Œuvres complètes*, édition établie et présentée par Henry Bouillier, Paris, Robert Laffont, 1995, Bouquins, 2 vol., LXXXVII-1334, p. 1098 p.
Segalen 2004	SEGALEN (Victor), *Correspondance I 1893-1912, II 1912-1919*, présentée par Henry Bouillier, texte établi et annoté par Annie Joly-Segalen, Dominique Lelong et Philippe Postel, Paris, Fayard, 2004, 3 vol., 1294 p., 1270 p., 286 p.
Stravinsky	*Avec Stravinsky*, textes d'Igor Stravinsky, Robert Craft, Pierre Boulez, Karlheinz Stockhausen, Monaco, Éditions du Rocher, 1958, 211 p.
Tiénot-d'Estrade Guerra	TIÉNOT (Yvonne), ESTRADE GUERRA (Oswald d'), *Debussy. L'homme, son œuvre, son milieu*, Paris, Henry Lemoine et Cie, Éditeurs, 1962, 258 p.
Timbrell	TIMBRELL (Charles), « Claude Debussy and Walter Rummel : Chronicle of a Friendship, with new Correspondence », *Music and Letters* 73/5 (août 1992), p. 399-406.
Toulet 1928	TOULET (Paul-Jean), « Trois lettres à Claude Debussy », *Le Divan* 142 (septembre-octobre 1928), p. 350-353.
Toulet 1986	TOULET (Paul-Jean), *Œuvres complètes*, édition présentée et annotée par Bernard Delvaille, Paris, Robert Laffont, 1986, Bouquins, XXVI-1533 p.
Vallas 1932	VALLAS (Léon), *Claude Debussy et son temps*, Paris, Librairie Félix Alcan, 1932, 396 p.

Vallas 1958	VALLAS (Léon), *Claude Debussy et son temps*, Paris, Albin Michel, 1958, 443 p.
Vallery-Radot 1938	VALLERY-RADOT (Pasteur), « Claude Debussy Souvenirs », *Revue des Deux Mondes*, 15 mai 1938, p. 390-418.
Vallery-Radot 1958	VALLERY-RADOT (Louis-Pasteur), *Tel était Debussy* suivi de *Lettres à l'auteur*, Paris, René Julliard, 1958, 156 p.
Vallery-Radot-Hill	VALLERY-RADOT (Louis-Pasteur), HILL (James N. B.), « Lettres inédites de Debussy à divers », *La Revue musicale* (numéro spécial : *Claude Debussy, 1862-1962, Livre d'or*), n° 258, p. 109-115.
Vander Linden	VANDER LINDEN (Albert), « Claude Debussy, Octave Maus et Paul Gilson », *Revue belge de musicologie* XVI/1-4 (1962), p. 107-116.
Vuillermoz	VUILLERMOZ (Émile), *Claude Debussy*, Genève, Éditions René Kistner, 1957, 159 p.
Worms	WORMS DE ROMILLY, Michèle, « Debussy professeur, par une de ses élèves (1898-1908) », *Cahiers Debussy* 2 (1978), p. 3-10.
Ysaÿe	YSAŸE (Antoine), *Eugène Ysaÿe, sa vie — son œuvre — son influence* d'après les documents recueillis par son fils, Bruxelles, Éditions l'Écran du Monde, Bruxelles ; Paris, Les Deux Sirènes, 1947, 550 p.

附录Ⅷ
通信人生平简介

该附录中的名字后若出现"*"则意味着该人物有属于自己的独立简介。若在简介后出现"T"字样,则表示该人物曾收到过德彪西寄送的乐谱,可以在德彪西的寄送乐谱清单中查找。

阿赫杰,热阿内(ARGER, Jane 1873—?)

(女高音)歌唱家。音乐学院音乐会协会独唱家,也在当贝音乐会和外省演出。之后以音乐出版商著称,并著有《装饰与节奏》(1917)一书。

阿斯特吕克,加布里埃尔(ASTRUC, Gabriel 1864—1938)

音乐出版商、演出经纪人和剧院经理。他出生于波尔多的一个古老的西班牙犹太家庭,是比利时大司祭埃利·阿里斯蒂德·阿斯特吕克的儿子。他在巴黎奥兰多夫出版社开始了自己的职业生涯。从1885年开始,他成为了一名记者和评论员,后来他放弃了这些职业,开始在埃诺克*音乐出版社工作。1904年6月,他在汉诺威别墅成立了自己的公司,这家公司不仅负责"组织大规模演出",还负责音乐出版。他于1905年和1910年推出了意大利音乐季,并从1909年开始力推俄国芭蕾。阿斯特吕克和他的公司发起了许多创新的演出(如《圣塞巴斯蒂安的殉道》),这些演出被称为"巴黎大演出季"。由于资金充裕,阿斯特吕克着手建造了一座新剧院——香榭丽舍剧院,并于1913年4月开业时担任该剧院的院长。然而一系列财政上的挫折迫使他在1913年11月申请破产。德彪西通过自己的第二任妻子艾玛*认识了他,艾玛也来自波尔多的一个西班牙犹太家庭,他们建立了职业上的联系和友好的关系。1929年,阿斯特吕克出版了《幽灵亭》,这是一本回忆录,他在其中回顾了自己的职业生涯和遇见的人。

巴什莱，阿尔弗雷德（BACHELET, Alfred　1864—1944）

乐队指挥、作曲家。吉鲁*的学生，1890年与卡罗并列获得罗马奖，他先是担任巴黎歌剧院的合唱队指挥，随后成为乐队指挥。他与德彪西一同在音乐学院学习，德彪西于1885年将《木马》（《被遗忘的短曲》）的手稿献给了巴什莱。

巴赫达克，劳尔（BARDAC, Raoul　1881—1950）

作曲家。西格蒙德·巴赫达克和德彪西第二任妻子艾玛*的儿子。福雷*和热达尔日的学生（1896年，福雷在《多莉组曲》中为他创作了一首音乐肖像《喵-呜》[①]），他曾在音乐学院里学习了一年。1901年起，他跟德彪西上了几次课，后者委托其将《夜曲》的第一首《云》改编为双钢琴版。巴赫达克曾创作过多套歌曲集、钢琴作品、交响乐作品和舞台音乐。罗杰·马丁·杜·噶赫是巴赫达克在孔多塞中学的同学，曾描绘他为"具有艺术家的敏感，聪明伶俐、记忆惊人，且拥有非凡的直觉"。[②]巴赫达克留下了三段关于德彪西的回顾，其中两段为广播座谈的形式。

巴宏，埃米勒（BARON, Émile）

图书和文具商。其店铺位于巴黎罗马路52号。

巴托洛梅，阿勒拜赫（BARTHOLOMÉ, Albert　1848—1928）

画家、雕塑家。德彪西在雕塑家亚历山大·夏庞蒂埃*家中与其相识。

鲍尔，昂利（BAUËR, Henry　1851—1915）

剧作家、专栏作者和评论家。他是大仲马和安娜·鲍尔的私生子。

---

① 原本标题为《啊呜先生！》（« Messieu Aoul! »）。

② 出自罗杰·马丁·杜·噶赫（Roger Martin du Gard）于1958年3月18日写给巴士德·瓦莱里-拉多（Pasteur Vallery-Radot）的书信。文献编号：F-DO。

贝里雄,帕特内(BERRICHON, Paterne 1855—1922)

又名皮埃尔·杜福(Pierre DUFOUR),画家、雕塑家。兰波的连襟,曾出版过《让·阿图尔·兰波的一生》(1897)以及一个拙劣的兰波作品集版本(1913)。

布劳什,埃赫奈斯(BLOCH, Ernest 1880—1959)

瑞士乐队指挥、作曲家。他于1924年加入美国籍。德彪西通过勾代*认识了布劳什,后者与勾代自1904年起就是好友。

布瓦,儒勒(BOIS, Jules 1871—1941)

作家。倾向于"超心理学"和神秘主义。他是门德斯*的秘书,穆雷*的朋友。

博纳赫,雷蒙(BONHEUR, Raymond 1861—1939)

作曲家。他一开始在巴黎音乐学院学习朗诵和表演,于1879年进入埃米勒·杜朗的和声班,并于1881年进入马斯奈的作曲班。1884年,他与德彪西同时参加了罗马奖的评选。由于生病,他隐退到了舍夫赫兹山谷的马尼。他创作了多套歌曲、合唱作品以及一些钢琴作品(1923)。他与肖松*、画家勒霍勒*以及诗人雅姆和萨曼建立了友谊。1902年10月5日,杜卡*在一封书信中向纪晓姆·德·拉勒芒透露:"我看到了博纳赫和他那些奇特的歌曲:那是德彪西学派,但更加地难以言喻、更加咆哮。艺术性也更多:自然且易懂。在他看来,《佩雷亚斯与梅利桑德》被破坏的原因是那里的音乐还是太多了。"[1] 在巴黎期间,博纳赫经常去德彪西家,或者在咖啡馆里与他见面。但是当德彪西与他的第一任妻子莉莉*分开时,博纳赫与德彪西断绝了关系。德彪西将《抒情散文》中的第二首《岸》(1895)以及《牧神午后前奏曲》(1895)献给了博纳赫。在1926年,博纳赫留下了一份关于

---

① 文献编号:F-Pgm, Fonds Lallemand。

他与德彪西相识的珍贵文献。[①]（T，见附录Ⅴ。）

伯尼奥，埃德蒙（BONNIOT, Edmond　1869—1930）

放射科医生。1901 年与马拉美 * 的女儿热纳维耶芙结婚，他还是拉威尔 * 的私人医生。

布莱维勒，皮埃尔·德（BRÉVILLE, Pierre de　1861—1949）

作曲家。弗朗克的学生，也是弗朗克最虔诚的崇拜者之一。1888 年，他与德彪西一同前往拜罗伊特，随后于 1893 年至 1901 年与德彪西一同参加国家音乐协会，且非常积极。

布吕诺，阿尔弗雷德（BRUNEAU, Alfred　1857—1934）

作曲家、大提琴家。曾在巴黎音乐学院师从马斯奈，1881 年获得罗马奖第二名。他与左拉的见面促成了两人一系列的合作，布吕诺也因此成为"自然主义"歌剧的代表人物之一。他还从事音乐评论活动，对德彪西的多部作品首演进行了报道。1902 年《佩雷亚斯与梅利桑德》首演时，布吕诺坚决拥护了该作品，但对梅特林克 * 的文本有所保留。1895 年 10 月，德彪西致信布吕诺，感谢他为《牧神午后前奏曲》写下评论，但除此之外，两人的通信直到德彪西晚年才开始，主要在战争期间。

布鲁塞尔，罗拜赫（BRUSSEL, Robert　1874—1940）

乐评家。勒科和杜卡 * 的学生，后来也成为杜卡的朋友，1909 年前后进入《费加罗报》工作，是一位俄国芭蕾的坚定支持者。

---

① 见 Raymond Bonheur, « Souvenirs et impression d'un compagnon de jeunesse », *La Revue musicale* (numéro spécial: La jeunesse de Claude Debussy), t. VII/7 (1er mai 1926), p. 3-9 (99-105)。

布瑟,昂利(BUSSER, Henri 1872—1973)

作曲家、乐队指挥、管风琴家。曾就读于尼德梅耶学院,后进入巴黎音乐学院,师从吉鲁*。1893年获得罗马奖,担任过喜歌剧院合唱队指挥和巴黎歌剧院乐队指挥。1902年,他积极参与《佩雷亚斯与梅利桑德》的排练工作,并于同年5月指挥了十场演出(从第四场至第十三场)。1907年他为德彪西的《小组曲》配器,1912年又接受德彪西的指示为《春》配器。(T,见附录V。)

卡尔沃克雷西,迪米特里(CALVOCORESSI, Dimitri 1877—1944)

希腊裔乐评家。拉威尔*的好友,他曾邀请德彪西成为《拉丁复兴刊》的乐评人,但未果。1907年至1910年,他曾是佳吉列夫的秘书。

卡普莱,安德烈(CAPLET, André 1878—1925)

作曲家。曾在阿弗尔师从乌莱,后在巴黎音乐学院跟随勒胡*学习和声,跟随比达尔*学习伴奏,跟随勒内皮欧学习作曲,1901年获得罗马奖。卡普莱是一位出色的乐队指挥和作曲家,他通过让-欧布里*结识了德彪西,[①]并很快获得了后者的信任。他成功将《大海》和为乐队而作的《意象集》改编成双钢琴版,并在德彪西有生之年为其《儿童园地》(1910)和两首《被遗忘的短曲》(《憧憬》和《绿》,1912)配器。1911年5月和6月,他指挥了《圣塞巴斯蒂安的殉道》的演出,他本人根据德彪西的建议为作品的很大一部分音乐进行了配器。应拉塞尔*的邀请,拉普莱于1910年执掌波士顿歌剧院乐队并首次上演了《佩雷亚斯与梅利桑德》。虽然德彪西1914年前写给卡普莱的书信得以保存,但第一次世界大战期间的书信只被找到了一部分。(T,见附录V。)

卡雷,阿勒拜赫(CARRÉ, Albert 1852—1938)

演员、剧作家和剧院经理。1898年至1913年担任喜歌剧院院

---

① 见1907年10月26日的书信(见中卷的翻译)。

长，他和梅沙杰*是《佩雷亚斯与梅利桑德》获得成功的功臣。卡雷负责了该剧的布景，并强势安排玛丽·嘉登*出演梅利桑德一角。1909年10月17日，卡雷在《回顾当下》的一次访谈中说道："克劳德·德彪西在音乐艺术中取得的崇高地位源于他完全独创的风格，我只希望他可以为他的同行们证实'个性'对于艺术家的卓越有多重要。"[①]1950年，卡雷出版了他的《剧院回忆录》，其中回顾了自己的生涯和所见所闻。（T，见附录V。）

香萨海勒，勒内（CHANSAREL, René　1864—1945）

钢琴家。他的原籍为波尔多，于1879年进入音乐学院，在马赫蒙泰勒*的班上学习，这正是德彪西离开马赫蒙泰勒班的同一年。1883年他获得了钢琴专业奖，并经常聆听吉鲁*的作曲课，吉鲁也是德彪西的老师。1884年，德彪西以《浪子》参加罗马奖评选，他与德彪西一同演奏了钢琴四手联弹部分。1890年4月，他本应在国家音乐协会的一场音乐会上首演《幻想曲》，但被德彪西阻止了。这部作品的手稿和校样都是献给香萨海勒的，但在德彪西生前从未出版。1894年1月21日，香萨海勒在另一场国家音乐协会音乐会上与德彪西一同演奏了里姆斯基-科萨科夫的《西班牙随想曲》。（T，见附录V。）

夏庞蒂埃，亚历山大（CHARPENTIER, Alexandre　1856—1909）

雕塑家。他擅长装饰艺术，多年窘境之后，完成了大量自由剧院的演员浮雕。1903年5月，德彪西选择让他为自己颁发荣誉军团勋章。1908年4月21日，夏庞蒂埃与巴托洛梅*一起见证了德彪西的第二次婚礼。1907年，德彪西将《意象集》第二集中的第一首《透过树叶间的钟声》献给了夏庞蒂埃。

---

① 见C.-Francis Caillard, José de Bérys, *Le Cas Debussy,* Paris, H. Falque, 1910, Bibliothèque du Temps présent, p. 68。

夏庞蒂埃,古斯塔夫(CHARPENTIER, Gustave 1860—1956)

作曲家。曾在音乐学院师从马斯奈,1887年获得罗马奖。他以歌剧《露易丝》(1900)而闻名,但德彪西对该作品给予了差评。[①]1928年,夏庞蒂埃在一篇文章中回忆了1890年他与德彪西的第一次会面。[②](T,见附录V。)

肖松,埃赫奈斯(CHAUSSON, Ernest 1855—1899)

作曲家。他出生于一个富裕的家庭,他是马斯奈以及弗朗克的学生。自1886年起,他与丹第*成为国家音乐协会的两位秘书。他与德彪西的友谊从1893年4月开始。肖松与他的连襟勒霍勒*一起在经济上对德彪西给予了帮助,并且也是《佩雷亚斯与梅利桑德》创作初期的见证人。1894年3月,德彪西与特蕾斯·罗杰的婚约破裂,这也导致德彪西与肖松绝交。德彪西原本想将自己的《弦乐四重奏》献给肖松,但后者对作品并不十分感冒,最终德彪西用其致敬了伊萨伊四重奏组。然而,德彪西将基于魏尔伦诗歌创作的《三首歌曲》中的第一首献给了肖松,并在1913年称颂肖松为"当代最讲究的音乐家之一。"[③]

施瓦斯奈勒,贾斯通(CHOISNEL, Gaston 1857—1921)

管风琴家。他曾是管风琴家维耶纳在巴黎圣母院的两位替补之一。他也是出版商雅克·杜朗*的远房表亲,于1885年左右成为了杜朗的合伙人,施瓦斯奈勒还是德彪西作品的主要校对者之一。

舒登斯,保罗·德(CHOUDENS, Paul de 1850—1925)

音乐出版商。1891年,他出版了德彪西的多首钢琴作品,还刻印了为钢琴和乐队而作的《幻想曲》,但并未在作曲家的有生之年出版。

---

① 见书信1900-11和书信1900-12。

② 见 *Chanteclerc*, 24 mars 1928。

③ 见克劳德·德彪西:《德彪西论音乐——反"音乐行家"的人》,郝端端译,人民音乐出版社,2018,第202-203页。——译者注。

克洛岱勒，保罗（CLAUDEL, Paul 1868—1955）

作家、外交官。德彪西应该是19世纪90年代在马拉美*家，抑或是在独立艺术书店与其相识。他在独立艺术书店出版了自己的前两部剧作《金头》（1890）和《城市》（1893）。

柯罗纳，爱德华（COLONNE, Édouard 1836—1910）

又名尤达·柯罗那（Judas COLONNA），乐队指挥、小提琴家。在出版商乔治·阿特曼*的帮助下，柯罗纳于1873年创办了艺术协会（柯罗纳音乐会）。他以演奏柏辽兹的作品而著名，但也经常安排演出德彪西的作品，如他在1895年10月指挥了《牧神午后前奏曲》的第三次和第四次演出。1902年，他演出了德彪西修改的新版《绝代才女》，并于1904年11月6日首演了为竖琴与乐队而作的《神圣之舞与竖琴之舞》。德彪西第一次指挥乐队演奏自己的作品就是使用了柯罗纳的乐队，于1908年1月演出了《大海》。由于艾玛·德彪西*与柯罗纳是波尔多老乡，这让德彪西与柯罗纳更容易相处，但事实上，德彪西有点看不上柯罗纳乐队和拉穆勒乐队。[①]（T，见附录V。）

克罗尼奥，尼古拉·G.（CORONIO, Nicolas G. 1875—1940）

希腊裔作曲家、钢琴家。他出身于富裕家庭，1895年起成为德彪西的学生。据说他曾借钱给德彪西，用于印刷《佩雷亚斯与梅利桑德》的管弦乐谱，该谱以认购方式出版且由德彪西自费。1904年，德彪西与莉莉*分手，他起初站在莉莉的一边，然后在1905左右年重新与德彪西交好。他住在德彪西家附近，地址是布洛涅森林大道50号。德彪西将《为钢琴而作》的手稿送给了他，并将其中的第三首作品《托卡塔》（1901）献给了他。（T，见附录V。）

克莱派勒，维克多（CREPEL, Victor）

顺势疗法医生。他的诊所位于马勒塞尔布街65号。德彪西去世

---

① 见1907年7月17日的书信（见中卷的翻译）。

时欠他7920法郎,这笔款项由劳尔·巴赫达克*和多莉·德·提南支付。

克里克布姆,马丘(CRICKBOOM, Mathieu 1871—1947)

比利时小提琴家、乐队指挥。他是伊萨伊*的学生,曾于1888年至1894年任伊萨伊四重奏组第二小提琴手,1893年12月29日,他参与了德彪西《弦乐四重奏》的巴黎首演。1894年,他组建了自己的四重奏组,并将德彪西的作品列入自己的常用曲目库。1895年至1905年,他担任了巴塞罗那爱乐协会音乐学院的院长。

库赫农斯基,莫里斯(CURNONSKY, Maurice 1872—1956)

又名萨亚·德·拉·达日尼埃赫(SAILLAND DE LA DAGEUNIÈRE),小说家、记者。幽默作家,未来的"美食王子"。他曾是威利*的捉刀者之一,以派赫迪卡为笔名,和图雷*一起出版了两部小说(1899年的《妓女经》和1900年的《情人的职业》)。1896年前后,他通过路易斯*结识了德彪西。他在自己的回忆录中描绘了德彪西。[①]

邓南遮,加布里埃尔(D'ANNUNZIO, Gabriele 1863—1938)

意大利诗人,剧作家、小说家。他在创作《欢乐》(1889)之后成名,1910年定居在法国。同年年末,在孟德斯鸠*的建议下,邓南遮请德彪西为《圣塞巴斯蒂安的殉道》配乐,对此德彪西有些迟疑,最终是他的妻子艾玛*(也是阿斯特吕克*的朋友)说服他接受了这个计划。拉鲁瓦曾有趣地描述过邓南遮,[②]在他的回忆中,他还严厉批评过邓南遮:"[……]他完全没有对戏剧的概念。他总是被自己的抒情和博学带偏,他总是把人物写得很僵,给他们每人一段独白用来争论,这种写法读起来很过瘾,但在台上则显得永无止境。"[③]虽然《圣塞巴斯蒂

① 见 Maurice Curnonsky, *Souvenirs littéraires et gastronomiques,* Paris, Albin Michel, 1958, p. 107-108。

② 见 Laloy, p. 206。

③ 见 Laloy, p. 207。

安的殉道》的计划没有成功,但德彪西与邓南遮还设想过创作一部印度戏剧,但最终未能问世。

当萨赫,雷吉娜(DANSAERT, Régine 1856—1929)

戏剧作家。原姓罗文斯坦(Loewenstein),是阿丽丝·彼得*、玛格丽特·杜潘和乔治·罗文斯坦*的姐姐,于1878年9月12日嫁给了银行家让-巴蒂斯特·弗洛里蒙·当萨赫。德彪西通过勒内·彼得*认识了她,勒内·彼得曾暗地里称其为风流的女人。[①]她化名罗拜赫·当瑟尼,与彼得合作撰写了几部戏剧,包括《碎片》(1904)、《鹅爪》(1906)和《蝴蝶》(1907)。

德彪西,艾玛(DEBUSSY, Emma 1862—1934)

德彪西的第二任妻子。她是儒勒·伊萨克·莫伊斯和劳赫·伊夫拉的女儿,出生在波尔多。在成为德彪西的第二任妻子之前,她曾是银行家西格蒙·巴赫达克的妻子,她17岁时嫁给了他,育有两个孩子,劳尔和多莉。作为一位出色的歌手和社交名媛,她曾在柯罗纳夫人那里学唱。她与福雷*关系密切,福雷在1894年为她献上了他最美丽的歌曲之一《好歌》,他还介绍了几位学生给她,包括罗杰-杜卡斯*、拉威尔*和科克兰,后者与她合作演出了德彪西的两个歌曲集,即《波德莱尔诗五首》和《抒情散文》。1896年3月8日,诗人萨曼在写给妹妹的信中赞扬了艾玛作为歌手的品质:"她对声音的起伏非常敏感,她的表达非常纯粹,这是罕见的。"[②]1903年,她结识了德彪西,德彪西为她献上了《法兰西三首歌去》(1904)、《华宴集》(第二集,1904)、为乐队而作的《意象集》(1910和1913)、《两个恋人的长廊》(1910)以及三首奏鸣曲(1915—1917)。(T,见附录V。)

---

① 见 Peter 1944, p. 39。

② 文献编号:Hôtel Drouot, 3 juin 1977, 附录Ⅳ, nº 171。

德彪西,莉莉(DEBUSSY, Lilly 1873—1932)

德彪西的第一任妻子。日耳曼·泰克西耶和玛丽–罗萨莉·马涅之女。原名为莉莉·泰克西耶,在卡尤姐妹的商店(泰步路24号)做女帽设计师,随后又在马耶和莫行日女士的帽子店(靠近歌剧院)工作。德彪西于1898年结识了她,被她的美貌所吸引,并于1899年10月19日与她结婚。瓦拉斯曾多次见过莉莉,根据他的记录,她总是活在她丈夫的阴影中。她从不开口,总是陪德彪西和图雷等人一起在咖啡馆中夜不归宿。由于德彪西始终与莉莉形影不离,图雷曾称呼他为“圣罗克和他的狗”。1904年7月,莉莉被德彪西抛弃,同年10月曾试图自杀。许多朋友(梅沙杰*、枫丹*夫妇、玛丽·嘉登*、杜卡*、路易斯*等)都站在了莉莉这边,并与德彪西绝交。在1905年7月17日的离婚判决中,德彪西被判每月支付400法郎的抚养费,该款项一直由杜朗出版社支付,直到作曲家去世。此外,德彪西还不得不为莉莉支付每年3600法郎的终身年金。1910年,德彪西遭遇财务困扰导致支付中断。1916年7月,莉莉将他告上法庭,指控他未遵守离婚协议,并使其被判支付三万法郎。德彪西去世后,莉莉继续进行法律诉讼,并将矛头指向了艾玛*及其子女劳尔·巴赫达克*和多莉·德·提南。

德拉波尔德,昂利子爵夫人(DELABORDE, vicomtesse Henri)

昂利·德拉波尔德(1811—1899)的妻子,法兰西美术院终身秘书。

德麦,尤金(DEMETS, Eugène 1858—1923)

音乐出版商。曾做过乐队乐手,于1899年成为出版商(位于鲁瓦路2号),自称“国家音乐协会代理人”。1906年5月,德彪西将自己的一张照片送给了他,并题写:“致E.德麦先生,纪念我们在国家音乐协会的那些岁月!”[①]

---

① 文献编号:Cat. S. Kra 13 (avril 1926), n° 4926。

德尼，莫里斯（DENIS, Maurice 1870—1943）

画家，纳比派的创始人之一。通过肖松*的连襟勒霍勒*，德尼于1893年初结识了德彪西，并且设计了1893年由独立艺术书店出版的《绝代才女》封面。（T，见附录V。）

德贾尔登，阿贝尔（DESJARDINS, Abel 1870—1951）

外科医生。马塞尔和罗拜赫·普鲁斯特的发小，1901年10月与玛丽·艾斯库迪耶结婚（阿图·枫丹*的第一任妻子）。德彪西于1893年在勒霍勒*家和肖松*家与德贾尔登相遇。

多雷，古斯塔夫（DORET, Gustave 1866—1943）

瑞士作曲家、乐队指挥。1894年12月，他在国家音乐协会举办的两场音乐会上首演了《牧神午后前奏曲》。1907年3月至1911年，他成为喜歌剧院的院长。1914年2月至3月，他率领阿姆斯特丹皇家音乐厅管弦乐团在荷兰巡演，并邀请德彪西指挥自己的作品。1942年，他出版了一本名为《时代与挫折》的回忆录，叙述了他的职业生涯和他的所见所闻。德彪西认为多雷“总是越发瑞士化了，而且越来越像一个女王的丈夫”。[①]

杜博阿，西奥多（DUBOIS, Théodore 1837—1924）

作曲家。1871年他成为和声老师，1891年成为作曲老师。1896年，继安布鲁瓦斯·托马成为巴黎音乐学院院长。1905年由于拉威尔*事件被迫辞职。[②]

杜弗拉内，埃克托（DUFRANNE, Hector 1870—1951）

比利时（男中－低音）歌唱家。他曾在布鲁塞尔皇家音乐学院师从德西莱·德麦斯特，1896年10月在铸币剧院首秀，出演瓦伦丁（古

---

① 见1914年2月27日的书信（见下卷的翻译）。

② 见1905年6月28日的书信（见中卷的翻译）。

诺＊的《浮士德》)。1900 年,他受喜歌剧院邀请出演《佩雷亚斯与梅利桑德》中的戈洛,并从首演开始连续演出了六十一场(1902 年 4 月 30 日至 1907 年 6 月 9 日)。

杜卡·保罗(DUKAS, Paul　1865—1935)

作曲家、乐评家。他于 1885 年秋季进入巴黎音乐学院,在吉鲁＊的班上结识了德彪西。杜卡与德彪西的友谊始于 1887 年 3 月。在相识的这些年里,他们经常见面,并一起演奏了从帕莱斯特里那到贝多芬交响曲的众多曲目。1893 年,德彪西将《绝代才女》献给了杜卡。在此之后,“生活的巧合使两人有些疏远”。[①]1902 年 4 月,《佩雷亚斯与梅利桑德》的首演让他们的联系暂时恢复了一些。杜卡是一位杰出的乐评家,协助说服皮埃尔·拉罗＊在《时代报》上盛赞了《佩雷亚斯与梅利桑德》。但是德彪西和莉莉的离婚导致了德彪西与杜卡的再一次疏远,直到 1907 年 5 月杜卡的《阿丽亚娜与蓝胡子》首演。两人在第一次世界大战期间的见面更为频繁,正如罗拜赫·布鲁塞尔＊所指出的:“疾病、死亡让这段友谊达到了空前的巅峰:宁静中的温馨,这是距离感所无法削弱的。当最后的痛苦与绝望袭来之时,德彪西渴望回到过去的源泉,这位《佩雷亚斯与梅利桑德》的作者将痛苦的面庞转向了昔日的朋友。他们最后一次见面,带着初次相识的新鲜感,重新找到了年轻人之间那种直率的亲密感。”[②] 杜卡创作了《远处的牧神哀歌……》,[③] 为德彪西做最后的致敬,这首钢琴曲收录在“克劳德·德

① 见 Robert Brussel, « Claude Debussy et Paul Dukas », *La Revue musicale* (numéro spécial: La jeunesse de Claude Debussy), t. VII/7 (1er mai 1926), p. 94 (190)。

② *Ibid.*, p. 90 (195)。

③ 见 T. I/2 (1er décembre 1920), p. 1-5。

彪西之墓”中。[①]

杜鹏，保罗（DUPONT, Paul　1851—？）

音乐出版商。他从业于1880年至1908年间，于1892年出版了德彪西唯一的钢琴《夜曲》。

杜鹏-勒里，嘉布丽艾尔（DUPONT-LHÉRY, Gabrielle　1866—1945）

人称嘉比，德彪西的前女友。嘉比出生在利雪，父亲是一名工人，母亲是一位服装设计师，她自1892年起和德彪西同居。两人于1898年12月分手，但似乎还保持着良好的关系，因为德彪西在1899年10月和莉莉*结婚时还将《牧神午后前奏曲》的底稿送给了嘉比，并题写："致我亲爱的小嘉比，你忠诚的挚友，克劳德·德彪西，1899年10月。"[②]在1925年5月，科托从嘉比那里购买了德彪西歌剧《罗德里格与希梅内》的三幕手稿，事实上该歌剧一直处于手稿状态。他与雅克·勒霍勒*发起了一场筹款活动，以此来援助嘉比。

---

① 此为1920年12月《音乐评论》（*La Revue musicale*）的增刊，专为纪念克劳德·德彪西。共十位作曲家参与了克劳德·德彪西之墓的创作，包括1. 保罗·杜卡［《远处的牧神哀歌……》（*La Plainte, au loin du faune...*），钢琴作品］、2. 阿勒拜赫·胡塞勒（Albert Roussel, 1869—1937）［《缪斯的款待》（*L'Accueil des muses*），钢琴作品］、3. 吉昂·弗朗切斯科·马利皮埃罗（Gian Francesco Malipiero, 1882—1973）（钢琴作品）、4. 尤金·古森斯（Eugène Goossens, 1893—1962）（钢琴作品）、5. 贝拉·巴托克（Béla Bartók, 1881—1945）（钢琴作品）、6. 弗洛朗·施密特（Florent Schmitt, 1870—1958）［《潘，靠在月光之下的麦田深处》（*Et Pan, au fond des blés lunaires, s'accouda*）］、7. 伊戈尔·斯特拉文斯基（Igor Stravinsky, 1882—1971）［《为纪念C. A. 德彪西而作的管乐交响曲片段》（*Fragment des Symphonies pour instruments à vent à la mémoire de C. A. Debussy*），钢琴版］、8. 莫里斯·拉威尔（《小提琴与大提琴二重奏》）、9. 马努埃尔·德·法雅（Manuel de Falla, 1876—1946）［《致敬》（*Homenaja*），为吉他而作］、10. 埃里克·萨蒂（Érik Satie, 1866—1925）（为声乐与钢琴而作的挽歌）。

② 文献编号：US-NYpm，coll. Lehmann。

杜朗,雅克(DURAND, Jacques 1865—1928)

又名马萨克里–杜朗(MASSACRIÉ-DURAND),音乐出版商。他是出版商奥古斯特·杜朗的儿子,曾在巴黎音乐学院师从杜博阿 * 和吉鲁 *,但在1884年只拿到了和声学的第二名。他回忆道:"我就是在1884年认识了克劳德·德彪西。他是吉鲁在音乐学院作曲班上最喜欢的学生。[……] 他时常向我父亲夸赞他这个学生,还引荐给了他。我们一见如故[……]。我父亲对德彪西[在罗马奖]获得的成功非常高兴,他通过吉鲁告诉德彪西自己愿意出版《浪子》。他是这样来到马德兰纳广场的:我看到他走进我父亲的办公室,腋下夹着乐谱,善良的吉鲁也跟着。我不知道到底是老师还是学生感到更加激动和高兴。"[①]1888年秋天,雅克·杜朗接手了他父亲的出版社且在90年代经常与德彪西往来:"[……] 他经常来和我们一起吃晚饭。那时候我们一起在钢琴上视奏,还有保罗·杜卡 *,作品是刚刚出版的《泰伊斯》[1894年3月]。德彪西视奏能力很强,但对这部作品不留情面,他更喜欢马斯奈的其他作品。"[②] 在成为德彪西的独家出版社之前,杜朗已经出版了德彪西的多部作品,包括《小组曲》(1889)、两首《阿拉贝斯克》(1891)以及《弦乐四重奏》(1894),杜朗还向德彪西委约了圣–桑的改编曲。1905年起,"德彪西已经习惯了几乎每天都要见我,要么是他来出版社,要么是我去他家。我们交换了很多的意见[……]。如果我们不能见面,就以信代替。因此,我这里[……] 有些信件真的非常有趣,有的甚至可以说是颇有魅力。[……] 德彪西来办公室的时候,永远是先点上一支香烟,然后我们就艺术展开畅谈,特别是关于音乐的话题。他经常会去钢琴前,有时是为我演奏他带来的手稿,有时是为正在创作中的作品打上一段草稿。我之前聊到过他对于触键的精准把握。[③][……] 在私下里,德彪西很可爱、活泼,也很投入。他是一位热爱阅读的人,对一切都有独到的见解,对于洞察人物性格有

① 见 Durand 1924, p. 28-31。

② 见 Durand 1924, p. 74。

③ 见1915年1月27日的书信(见下卷的翻译)。

着非常敏锐的直觉。一旦他置身于社交场合,他就会封闭自己,生怕向任何人展示自己,宁愿活在自己的世界也不想去参与一段平凡的对话。实际上,他是一位温柔而又充满激情的人。他对友谊很珍惜,愿意把我列入为数不多的幸运者之一。对此我感到深深地自豪。"[①]德彪西于 1905 年将《大海》献给了杜朗,并在 1913 年用芭蕾《游戏》向杜朗的妻子致敬。

埃玛努埃尔,莫里斯(EMMANUEL, Maurice　1862—1938)

作曲家、音乐学家。他曾在吉鲁*班上旁听,因此结识了德彪西。埃玛努埃尔是一位细心的见证人,记录了 1889 年德彪西与吉鲁的对话,并于 1926 年研究《佩雷亚斯与梅利桑德》之时一同发表。他严厉批判了德彪西最后的作品。

埃诺克(ENOCH)

音乐出版商(家族企业),夏布里埃生前的独家出版商。

福雷,加布里埃尔(FAURÉ, Gabriel　1845—1924)

作曲家。德彪西应该是 1887 年前后在国家音乐协会结识了福雷,两人于 1888 年 8 月一同前往拜罗伊特。德彪西不太喜欢福雷,将其视为:"福雷是一群势利小人和蠢货的掌门人[……]"[②]至于福雷,虽然他认为(德彪西的)《波德莱尔诗五首》是"一部天才之作",[③]但还是对德彪西的音乐持保留态度,这一点在 1902 年 5 月初他向卡雷*吐露心声时表露无遗,他还补充说:"[……]尽管如此,我仍然为他的作品鼓掌,这些作品在很多地方给了我愉悦的战栗,我深刻品味到了真正的情感,完全沉浸其中!话说这些情感既来自戏剧、演员,也来自您神奇的

---

① 见 Durand 1924, p. 122-123 et 125。

② 见书信 1898 – 31。

③ 见 Léon Vallas, *Achille-Claude Debussy*, Paris, Presses universitaires de France, 1944, p. 96。

布景!"[①] 艾玛 * 作为福雷曾经的情人,于 1904 年开始与德彪西同居,这使得德彪西与福雷的关系也变得更加友好。在福雷担任巴黎音乐学院院长期间(1905—1920),德彪西定期参与巴黎音乐学院的评审,并于 1909 年被任命为该学院的高级理事会成员。艾玛曾给福雷写过一封信,据信中描述,德彪西在生命的最后几个月里曾与艾玛一起研究过《好歌》(这一套曲是福雷献给艾玛的):"去年夏天,他非常开心地'研究'了《好歌》……我们都没见过他的善良、真诚和对'音乐'的真挚热爱。"[②]

费内翁,菲利克斯(FÉNÉON, Félix 1861—1944)

评论家。曾参与无政府主义运动,1884 年起成为《独立刊》的主编,后为《时尚》合作者。1895 年至 1901 年为《白色杂志》主要作者之一,德彪西则于 1901 年 4 月 1 日至 1902 年 12 月 1 日与该杂志合作。马拉美 * 认为费内昂是最敏锐的评论家之一。

枫丹,阿图(FONTAINE, Arthur 1860—1931)

高官。他出身于一个梅尔森的农民家庭,后成为一位矿业工程师,于 1899 年就任劳工办公室主任,在工人阶级的工作条件改革中有着举足轻重的作用。他迎娶了玛丽·艾斯库迪耶——珍妮·肖松 * 和玛德兰娜·勒霍勒的姐妹。他在肖松 * 和勒霍勒 * 家中结识了德彪西,并且参加他的弟弟卢锡安在 1894 年创办的家庭合唱队,由德彪西指挥。他与德彪西的关系于 1904 年破裂,也就是德彪西和莉莉 * 分手的时候。

枫丹,露易丝(FONTAINE, Louise 1863—1908)

保罗和阿贝尔·德贾尔登 * 的姐姐,她先是嫁给了高等研究学院考古学教授奥利维耶·哈耶(1887 年逝世),然后于 1891 年嫁给了卢

① 见 Jean-Michel Nectoux, « Debussy et Fauré », Cahiers Debussy 3 (1979), p. 24。
② 文献编号:F-Pn, Mus., N.L.a. 12 (204)。

锡安·枫丹 *。德彪西去梅尔森暂住时,曾将自己的照片送给了她,并题写:"致 L. 枫丹夫人,她允许我很久之后再写完这最后一小节,我很高兴成为她的常任音乐家。克劳德·德彪西。梅尔森,1895 年。"[①] 德彪西还将《华宴集》第一集第二首《木偶》(1903)献给了她,并于 1898 年 8 月 23 日赠予她《碧丽蒂斯之歌》第三首《水仙之墓》的手稿。(T,见附录Ⅴ。)

枫丹,卢锡安(FONTAINE, Lucien　1864—1956)

企业家。家族五金业的负责人,业余歌手和艺术品收藏家。他于 1891 年与露易丝·德贾尔登结婚。他与德彪西在肖松 * 和勒霍勒 * 家中结识,他创办了枫丹家族合唱队,由德彪西指挥。1895 年,德彪西将基于魏尔伦诗歌创作的《三首歌曲》中的第三首《绵延的篱笆》的手稿送给了他,上面写着:"这是份难以辨认的手稿,但用了蓝色装饰,送给卢锡安·枫丹,表达我的情谊。克劳德·德彪西,1895 年 4 月。"[②]

枫丹,玛丽(FONTAINE, Marie　1865—1947)

与埃赫奈斯·肖松 * 以及昂利·勒霍勒 * 的妻子为姐妹。原名为玛丽·艾斯库迪耶(Escudier),先是嫁给了阿图·枫丹 *,后又于 1908 年改嫁给了阿贝尔·德贾尔登 *。在艾斯库迪耶三姐妹中,玛丽的艺术天赋最为突出。她既会弹钢琴也会唱歌。德彪西于 1895 年将《抒情散文》最后两首的手稿送给了她,并题写:"向她那富有乐感的美妙嗓音致敬。"[③] 德彪西还将《华宴集》第一集(1903)第三首《月光》献给了她。

---

① 文献未能找到。

② 文献编号: D-Bottmingen, coll. Ria Wilhem。

③ 文献编号: F-Pn, Mus., Ms. 8642。

伏霍蒙,尤金(FROMONT, Eugène 1852—1927)

音乐出版商。1895年至1903年为德彪西的独家出版商,且是乔治·阿特曼*的代理人,后者由于破产无法正式恢复商业活动。为了清偿德彪西对阿特曼欠下的债务,伏霍蒙在1903年至1905年间出版了一些德彪西不愿出版的作品。

福克斯,昂丽埃特(FUCHS, Henriette 1841—1927)

合唱指挥。原姓勒杜(Ledoux),她于1880年创办了一个业余合唱队"La Concordia",其宗旨为学习合唱音乐的经典作品。1883年至1885年间,德彪西接替比达尔*成为合唱队伴奏。(T,见附录V。)

嘉登,玛丽(GARDEN, Mary 1874—1967)

苏格兰(女高音)歌唱家。她于1897年来到巴黎,并被美国著名歌唱家希比·桑德森介绍给卡雷*。1900年4月10日,她在最后时刻代替玛特·里奥顿出演《露易丝》(夏庞蒂埃*)的第二十三场演出,1901年2月扮演了皮埃内《塔巴林之女》中的狄安娜,又在1901年9月获得《玛农》(马斯奈)的主角。阿勒拜赫·卡雷非常看好她出演梅利桑德,之后她也的确从1902年4月30日的首演一直扮演该角色至1907年6月9日的第六十场演出。德彪西将《被遗忘的短曲》的1903年再版献给了她,并题写:"致玛丽·嘉登小姐,令人难忘的梅利桑德,这本音乐(已经有些年头了)代表了我最崇高的敬意。"一年后,德彪西与嘉登一起录制了《被遗忘的短曲》中的三首。几个月后,德彪西与莉莉*分手,玛丽·嘉登站在了莉莉一边并远离了德彪西。(T,见附录V。)

戈蒂耶-维亚尔,昂利(GAUTHIER-VILLARS, Henry 1859—1931)

化名威利(WILLY),作家、乐评家。他的化名更为人熟知,曾创作了许多轻松且愉快的小说,但实际上是由"幕后作者"(包括提南、图雷*、库赫农斯基*等人)撰写的。此外,他在《巴黎回声》和《喜剧》上发表的《领座员书信》得到了布莱维勒*、丹第*,尤其是维耶莫茨*等音乐家的帮助。他以尖锐且诙谐的言辞而闻名,是德彪西作品的早期支持者之一，那时的德彪西还不为大众所熟知。[①] 1909 年 10 月，威利在回应《现代评论刊》发起的调查时总结了他对德彪西的看法："愿上帝保佑我永远不要成为一个强硬的德彪西主义者！［……］对于《抒情散文》，我们可以对其进行分类，以区别真正有意义的作品和清仓处理的作品［……］但我们不能否认德彪西的高贵价值，正如《佩雷亚斯》最热忱的崇拜者之一樊尚·丹第 * 先生所说的那样，'德彪西完全忠实于我们法国音乐的传统'，我认为没有人会指责丹第先生无知或势利眼……！"[②]

吉德，安德烈（GIDE, André　1869—1951）

作家。德彪西于 1894 年在路易斯 * 家遇到了吉德，但两人在 1895 年 3 月发生争执后失去了联系。后来，他们在《白色杂志》再次相遇。1913 年底，吉德请德彪西来《新法国评论》合作，未果。两人之间的一些书信和各种评论都透露出对彼此的不信任。

勾代，罗拜赫（GODET, Robert　1866—1950）

瑞士记者、音乐学家和作曲家。他出生于讷沙泰勒的一个牧师之家，是菲利浦·勾代（1850—1922）的同父异母的兄弟，菲利浦是一位记者、作家、教师和政治家。罗拜赫于 1888 年初通过诗人莫里斯·布绍的介绍认识了德布西，而作曲家兼乐评家卡米伊·博努瓦让他发现了德彪西的《被遗忘的短曲》。勾代曾在巴黎跟随费罗尼学习音乐，在慕尼黑则师从图伊勒。作为瓦格纳的崇拜者，勾代在 1886 年、1888 年和 1889 年前往拜罗伊特，并成为《瓦格纳刊》的合作者之一。从 1891 年起，勾代成为《时代报》的编辑部成员，他从事外交政策工作，并在伦敦居住一段时间后回到瑞士。在 1902 年，勾代协助德彪西纠正了《佩雷亚斯与梅利桑德》分谱中包含的大量错误。他们的通信在 1902

① 见威利对《绝代才女》的评论，书信 1893－8。

② 见 C.-Francis Caillard, José de Bérys, *Le Cas Debussy,* Paris, H. Falque, 1910, Bibliothèque du Temps présent, p. 103-104。

年6月13日至1910年11月26日期间中断。勾代在不公开反对德彪西的情况下,仍然与德彪西的第一任妻子莉莉*保持联系,正如他在1910年10月27日写给埃赫奈斯·布劳什*的信中所说道的:"应该为德彪西夫人在维利耶大街104号找[一个地方]——就一个晚上:我们以后再谈。当我去见克劳德[德彪西]的时候,最好不要让他看到我和她在一起——她会理解的。"①德彪西把基于魏尔伦诗歌创作的《三首歌曲》中的第二首和第三首献给了他,并将《黑暗中》(《华宴集》第一集中的第一首)献给了勾代的夫人。艾玛·德彪西*对他有所戒备,她在丈夫去世后向拉鲁瓦*透露:"对于这位瑞士人[罗拜赫·勾代],我只是因为缅怀我的丈夫才与他有联系,因为我知道他本质上是不喜欢我的——但为了让我敬爱的丈夫高兴,我一直接待他。"②勾代曾计划写一本关于德彪西的书以及一篇关于《弦乐四重奏》和《奏鸣曲》的分析。这些著作都没有问世。③这段关系中唯一留存下来的是《音乐评论》在1920年④和1926年发表的两篇长文,⑤以及与让-欧布里*的一次采访,这篇采访以一种故意隐晦的风格撰写,作为《致两位朋友的信》(1942)的引言。尽管艾玛声称德彪西不怎么读勾代那些很长的信,⑥但勾代是德彪西持续保持联系的为数不多的老朋友,德彪西似乎很欣赏勾代广博的学识。(T,见附录V。)

---

① 见 Lewinsky-Dijon, p. 303。

② 文献编号:F-P, coll. V. Laloy。书信日期未知。

③ 然而勾代却创作了一本重要的穆索尔斯基歌剧专著,见 *En marge de Boris Goudonoff*, Paris, Félix Alcan; Londres, Chester, 1926, 2 vol。

④ 见 Robert Godet, « Le lyrisme intime de Claude Debussy », *La Revue musicale* (numéro spécial consacré à Claude Debussy), (t. I/2 (1er décembre 1920), p. 167-190。

⑤ 见 Robert Godet, « En marge de la marge », *La Revue musicale* (numéro spécial: La jeunesse de Claude Debussy), t. VII/7 (1er mai 1926), p. 51-86 (147-182)。

⑥ 见勾代1917年至1918年间写下的五封长信,这也是迄今为止所有保存下来的书信(见下卷的翻译)。

古诺，沙赫勒（GOUNOD, Charles　1818—1893）

作曲家。昂利埃特·福克斯 *“La Concordia”合唱队的荣誉主席。他在德彪西担任合唱队伴奏时结识了德彪西，并一直对他颇具好感。虽然德彪西对古诺音乐中的某些缺陷感到惋惜，但他在自己为《音乐家》（1906 年 7 月）写的文章中还是对古诺表达了敬意。[①]

吉岱，纪晓姆（GUIDÉ, Guillaume　1859—1917）

比利时剧院经理和双簧管演奏家。自 1900 年直至去世，他一直和库菲哈特经营布鲁塞尔铸币剧院。

吉鲁，埃赫奈斯（GUIRAUD, Ernest　1837—1892）

作曲家。他是比才的密友，也是德彪西在音乐学院的作曲教授（1880 年至 1884 年）。根据雅克·杜朗 * 的说法，德彪西是吉鲁最喜欢的学生：“老师和学生相处得非常好；除了他们在音乐上的共鸣外，他们还都是大烟枪和夜猫子。通常，他们晚上会在欧石南路上的一家小咖啡馆碰头；他们会打台球，直到咖啡馆关门才能将他们从台球桌上拉下来。来到外面之后，他们对于美学的探讨会在香烟的迷雾中继续进行，最后，他们则会多次互相送行，直到回到各自的住处。其实，他们的住所离得很近。”[②]1881 年，德彪西将《戴安娜序曲》[③]的手稿（四手联弹版本）以及《浪子》（1884）的声乐—钢琴谱献给了他，德彪西也正是凭借这部作品赢得了 1884 年的罗马奖。德彪西在 1888 年和 1889 年两次前往拜罗伊特时写给吉鲁的信件没有被找到。这段时间的信件中唯一留存下来的是，1889 年莫里斯·埃玛努埃尔 * 在吉鲁的课上听讲后转述的内容。

---

① 见克劳德·德彪西:《德彪西论音乐——反“音乐行家”的人》，郝端端译，人民音乐出版社，2018，第 177-179 页。——译者注。

② 见 Durand 1924, p. 28-29。

③ 文献编号：F-Pn, Ms. 17999。

韩,雷纳多(HAHN, Reynaldo 1874—1947)

作曲家、乐队指挥、乐评家。他曾在音乐学院师从马斯奈,是普鲁斯特的好友。他以为戈蒂耶、雨果和魏尔伦的诗歌配乐而闻名,如《假如我的诗句有翅膀》《灰色歌曲》《美妙时光》等经常在沙龙里被演唱。根据勒内·彼得*的说法:"德彪西和雷纳多这两位截然不同的音乐家之间必然存在着本质上的冲突,更重要的是,两人对对方完全不信任,但这种不信任并非真实的感情,而是他们都自认为对方不喜欢自己,所以他们必然是对立的、敌视的,注定要互相伤害。"①

阿麦勒,朱利安(HAMELLE, Julien 大约1836—1917)

音乐出版商。他出版了德彪西的五首歌曲:《三钟经》(1893)、基于魏尔伦诗歌创作的《三首歌曲》(1901)(德彪西于1891年将手稿交给了他)、《在花园中》(1905)。

阿特曼,乔治(HARTMANN, Georges 1843—1900)

音乐出版商。巴伐利亚音乐出版商之子,他以支持法国青年音乐家而著名,例如比才、圣-桑、弗朗克,特别是马斯奈,阿特曼几乎出版了马斯奈的全部作品。他创办了国家音乐会,由柯罗纳*担任指挥。尽管他的公司于1891年破产,但他还是以伏霍蒙*的名义继续出版活动。1895年,他与梅沙杰*一起帮助德彪西进入了音乐作者、作曲家和出版商协会。他预见了德彪西的才华,并说服卡雷*和梅沙杰在喜歌剧院上演《佩雷亚斯与梅利桑德》。阿特曼定期向德彪西支付月薪,并给了他一部分预付款。然而,1900年4月当阿特曼去世后,援助全都终止了,这让德彪西陷入了困境。德彪西将三首《夜曲》(1901)和《佩雷亚斯与梅利桑德》献给了阿特曼。

埃贝尔,埃赫奈斯(HÉBERT, Ernest 1817—1908)

画家、业余小提琴家。曾两次被任命为美第奇别墅的主任

---

① 见 Peter 1944, p. 92。

（1867—1872、1885—1890），他十分关照年轻的德彪西："［埃贝尔］很想和他一起演奏音乐。所有的莫扎特奏鸣曲都被演奏了，两人也都很高兴，只是在过程中，面对他那不稳定的搭档时，钢琴家偶尔需要紧急转调才能跟上。"[①] 埃贝尔还带德彪西见识了罗马建筑的美感。1887年3月，埃贝尔在离任时将自己的《圣母像》的照片副本送给了德彪西，并题写："致我们亲爱的音乐家德彪西，他的朋友H……，罗马，1887年3月2日。"[②]

埃罗尔德，安德烈–费迪南（HÉROLD, André-Ferdinand　1865—1940）

剧作家、诗人。作曲家路易–费迪南·埃罗尔德的孙子，塞纳省长的儿子，这位学者曾在文献学院和高等研究学院学习。埃罗尔德大约在1889年时将德彪西介绍给了马拉美*。1894年夏天，他曾陪同路易斯*前往阿尔及利亚。（T，见附录Ⅴ。）

伊赫西，沙赫勒–昂利（HIRSCH, Charles-Henry　1870—1948）

作家、诗人、评论家。他曾主管《法兰西信使》的音乐专栏，并出版了多部小说。

欧凯，维塔（HOCQUET, Vital　1865—1931）

又名纳西斯·勒布（Narcisse LEBEAU），是一名管道工。德彪西于1892年前后在黑猫夜总会遇到了他，并且和勒瓦德*一同见证了他的婚礼。奥凯在他去世前不久向勒内·彼得*倾诉了他的回忆，这些回忆于1931年12月11日发表在《自由报》上。这段友谊留下的文字很少，尽管如此，德彪西在1907年1月写了两封信给他，从语气上能够体会到一定的情义。德彪西将《梦》（《抒情散文》中的第一首，1895）献给了他。（T，见附录Ⅴ。）

---

① 见 Louis Laloy, *Claude Debussy*, Paris, Dorbon aîné, 1909, p. 17。

② 文献编号：F-Pn, Mus., Estampes Debussy (Cl.), 27263。

于雷,儒勒(HURET, Jules 1864—1915)

记者。他担任《费加罗报》演出和剧场专栏的主编,直至1899年。他以《文学演变,调查自然主义的衰落和象征主义的未来》而声名远扬,这是对六十四位作家(包括马拉美*、魏尔伦、莫泊桑、左拉、弗朗斯、米尔波等)进行的一系列直接或函电采访。调查结果于1891年3月3日至7月5日在《巴黎回声》上发表,随后出版成册。

丹第,樊尚(INDY, Vincent d' 1851—1931)

作曲家。他出生于塞文地区的一个古老家族,他于1874年以旁听的身份进入音乐学院,并成为戴乐戴维茨和弗朗克的学生。丹第被认为是弗朗克主义者的领袖,自1876年以来,他一直是国家音乐协会委员会的成员,与杜帕克一同成为秘书。1896年,丹第创办了圣歌学院,这个机构致力于音乐教育、宗教音乐和古乐的研究。在1903年1月,德布西对丹第《异邦人》的首演做了相当正面的评价。[①]然而,随着时间的推移,德彪西对圣歌学院的教学提出了公开的批评,认为它变得越来越教条主义。至于丹第,他定期将德彪西在《佩雷亚斯与梅利桑德》之前创作的作品(《牧神午后》《夜曲》)列入他的音乐会节目中。尽管他对《佩雷亚斯与梅利桑德》表示欣赏,但他对德布西随后的创作并不太感冒。

让-欧布里,乔治(JEAN-AUBRY, Georges 1882—1949)

音乐学家、作家、艺术评论家。他出生于阿弗尔,在该城市创建了一个现代艺术团体,致力于推广现代音乐,卡普莱*也在该团体中。在盖里特*的协助下,他在英国参与主办了一系列法国音乐会。他曾写过多篇关于德彪西的文章,尽管它们令德彪西感到不悦,[②]但这还是使得他成为一位纯正的德彪西主义者。与德彪西一样,让-欧布里热

---

① 见克劳德·德彪西:《德彪西论音乐——反"音乐行家"的人》,郝端端译,人民音乐出版社,2018,第50-54页。——译者注。

② 见1909年12月29日的书信(见中卷的翻译)。

衷于拉福格和马拉美 * 的作品。1942 年,他和勾代一同出版了与德彪西的往来书信。(T,见附录Ⅴ。)

朱利安,阿道夫(JULLIEN, Adolphe　1845—1932)

评论家、音乐学家。1869 年他在《吟游诗人》上亮相,1893 年 3 月起主持《辩论刊》音乐专栏,直至去世。(T,见附录Ⅴ。)

库菲哈特,莫里斯(KUFFERATH, Maurice　1852—1919)

比利时剧院经理、乐评家、乐队指挥和大提琴家。早先为《音乐指南》主编,后于 1900 年至 1919 年与吉岱 * 一起经营铸币剧院。他促成了多部法国作品的首演,包括 1907 年 1 月上演《佩雷亚斯与梅利桑德》。

拉罗,皮埃尔(LALO, Pierre　1866—1943)

乐评家。作曲家爱德华·拉罗之子,他在《时代报》上有一个专栏,且具有权威性。在 1902 年 5 月,杜卡 * 和普儒说服他写一篇文章,详细介绍《佩雷亚斯》,他在首演后的三周才勉强答应。尽管他为《绝代才女》(1900 年 8 月)或《夜曲》(1901 年 11 月)发表了一些好评的文章,但在《佩雷亚斯与梅利桑德》之后,他改变了看法,对德彪西的新作品表现出非常保留和批评的态度。

拉鲁瓦,路易(LALOY, Louis　1874—1944)

音乐学家、乐评家、汉学家。他毕业于巴黎高等师范学院,[①] 于 1896 年获得文学学士学位,并在圣歌学院学习音乐,师从丹第 * 和波德。他曾著有一篇有关希腊音乐的论文,且对中国音乐的兴趣不亚于对拉莫的兴趣。1902 年 11 月,他在《音乐评论》上发表了关于《佩雷亚斯与梅利桑德》的文章,随后便结识了德彪西:"这是我第一次登上卡迪内路 58 号中那个相当昏暗的楼梯,当时他住在五楼的一套小

---

① 非巴黎高等师范音乐学院。——译者注。

公寓里。[……]我从一开始就感到很自在,因为他蜿蜒的脸让我想起了极富礼貌的远东地区,更因为我发现他和我一样谨慎,不愿冒犯来访者,只有在确保对方能够完全理解的情况下才会发表言论。"[①] 拉鲁瓦很快赢得了德彪西的信任,后者很欣赏他的多才多艺。1908 年 10 月 8 日,德彪西在与塞加伦 * 的一次访谈中评价拉鲁瓦是"优秀的评论家,很扎实"。当德彪西离开莉莉 * 并与艾玛 * 同居时,拉鲁瓦也是德彪西少数几个没有改变立场的朋友之一。他们的关系似乎一直很密切,直到 1910 年。尽管从 1911 年到 1917 年他们继续定期见面,但彼此的书信变得稀少。也许是因为拉鲁瓦对拉威尔 * 的作品所表现出的热情令德彪西感到有些不悦。反过来,拉鲁瓦和马诺德 * 于 1905 年创办了《音乐信使刊》,而德彪西拒绝与其合作,这或许也让拉鲁瓦感到有些失望。另外,在创作芭蕾舞剧《面具与贝加马斯克》时两人也有些摩擦,原本应该由拉鲁瓦撰写的文本最终由德彪西独立完成。尽管如此,德彪西于 1913 年 11 月再次邀请拉鲁瓦将莫里斯《爱的罪行》那不太富有诗意的文本改编成《华丽的节日》,但德彪西最终放弃了为其配乐。1917 年,拉鲁瓦被任命为歌剧院秘书长,但直到 1918 年 1 月才正式上任,此时,德彪西请他帮忙将邓南遮 *《圣塞巴斯蒂安的殉道》的文本转化为歌剧剧本,但未果。德彪西将《意象集》第二集中的第二首《月落荒寺》(1907)献给了他。(T,见附录Ⅴ。)

勒·格朗,埃赫奈斯(LE GRAND, Ernest　1870—1965)

作曲家。他出自一个古老的音乐世家,1880 年进入音乐学院,1890 年获得和声学第一名。这位马斯奈的学生经常在星期日到德彪西家,与他一起演奏大量的四手联弹音乐,主要是 J. S. 巴赫的管风琴作品。勒·格朗对德彪西的崇拜几乎导致他毁掉自己的作品。柯克兰在自己的回忆中表现得更为谨慎:"由于一些神秘的未知原

---

① 见 Laloy, p. 119-121。

因，勒·格朗停止了作曲。太可惜了，他是多么出色的音乐家！”[①]（T，见附录Ⅴ。）

勒布朗，乔洁特（LEBLANC, Georgette　1869—1941）

（女高音）歌唱家、演员。她是作家莫里斯·勒布朗的妹妹，曾自学成才，1893年11月在喜歌剧院首秀，出演布吕诺*《磨坊的袭击》中的角色，一年后在铸币剧院出演马斯奈的《纳瓦拉少女》。她曾是莫克莱的情人，1896年至1918年，她又成了梅特林克*的伴侣。1902年4月，卡雷*拒绝了由她来首演《佩雷亚斯与梅利桑德》中的梅利桑德一角，这导致梅特林克、德彪西以及喜歌剧院高层的关系紧张。1907年，原本她几乎要在铸币剧院出演梅利桑德，但还是被库菲哈特*和吉岱*挤掉，直到1912年，卡普莱在波士顿指挥《佩雷亚斯与梅利桑德》时，勒布朗才最终得以出演梅利桑德。

勒霍勒，昂利（LEROLLE, Henry　1848—1929）

画家、业余小提琴家。肖松*的连襟，他也是杜帕克、波德、丹第*和博纳赫*的朋友。他的画作收藏堪称顶级。雷诺阿和德尼*曾多次为他的两个女儿伊冯娜和克丽丝丁作过画，德加也曾为这两个女儿拍过绝美的照片。德彪西于1894年将钢琴《意象集》的手稿献给了伊冯娜。[②]肖松在德彪西与特蕾斯·罗杰的婚约破裂后选择不再与德彪西联系，但勒霍勒没有这样做。他与德彪西的关系于1897年逐渐疏远，并于1898年至1899年中断。德彪西写给勒霍勒的书信完美展示了《佩雷亚斯与梅利桑德》诞生的过程。德彪西将《抒情散文》（1894）中的第四首《黄昏》献给了勒霍勒，并且在1895年6月和7月将一部分《佩雷亚斯》的手稿送给了他。[③]（T，见附录Ⅴ。）

---

① 见 « Souvenirs de Charles Kœchlin », dans *Cinquante ans de musique française,* sous la direction de L. Rohozinski, Paris, Les Éditions musicales de la Librairie de France, 1926, t. 2., p. 388, n. 2。

② 文献编号：US-NYpm, Lehman Collection。

③ 文献编号：F-Pn, Mus., Ms. 20631。

勒霍勒,雅克(LEROLLE, Jacques 1882—1944)

音乐出版商。画家昂利·勒霍勒*的儿子,他于1904年成立了一家出版社。1908年,他与阿莱克斯·鲁瓦赫(1869—1921)合作,阿莱克斯·鲁瓦赫是著名的收藏家和画家,他是工业家昂利·鲁瓦赫的儿子。

勒胡,哈维尔(LEROUX, Xavier 1863—1919)

作曲家。曾在音乐学院师从马斯奈,1885年获得罗马奖,比德彪西晚一年,两人于1886年1月至1887年2月在美第奇别墅交往甚密。他的大部分作品均为歌剧。

勒瓦德,沙赫勒(LEVADÉ, Charles 1869—1948)

作曲家。马斯奈的学生,他创作了《鹅掌女王烤肉店》(于1920年1月12日在喜歌剧院首演)。他于1899年赢得了罗马奖。他是勒·格朗*和萨蒂*的朋友,从两人在书信中以"你"相称来看,勒瓦德很可能是在德彪西频繁出入黑猫酒吧和克卢饭店的时候认识了他。1892年前后,德彪西和勒瓦德是维塔·欧凯*的证婚人。

罗文斯坦,乔治(LOEWENSTEIN, Georges 1870—?)

出生于比利时,他是雷吉娜·当萨赫*、阿丽丝·彼得*和玛格丽特·杜潘的弟弟。

路易斯,皮埃尔(LOUŸS, Pierre 1870—1925)

作家。他是吉德*和瓦莱里*的朋友,在马拉美*处结识了德彪西,又在巴伊处(最早的象征主义者的出版商,独立艺术书店)与之再次相遇。从1893年到1896年,他成为德彪西最亲密的朋友,并经常在道义和物质上给予他极大的支持。1897年之后,尽管仍然保持通信,但他们逐渐疏远。作为音乐发烧友和瓦格纳的狂热崇拜者,路易斯与德彪西进行了激烈的讨论,两人都热情高涨。有传闻说路易斯是德彪西在文学方面的导师,这并不正确,但路易斯通过自己的社交关系、博学和艺术品位,的确刺激了德彪西对知识的好奇心。路易斯曾将自己的第一本书《阿斯塔蒂》(1892)送给了德彪西,并在赠言中写道:“献给克劳德·A. 德彪西,赠送人很想成为他的剧本作家,皮埃尔·路易斯”,[①] 他真诚地希望成为德彪西的独家合作者,然而,所有的尝试(《桑德赫露娜》《达夫尼与克罗埃》等)都以失败告终。尽管两人都混迹在象征主义的圈子里,但他们的艺术理念并不相同。1900 年 4 月,路易斯告诉德彪西,他永远更喜欢德彪西的音乐,而不是后者更喜欢自己的文字。需要指出的是,虽然路易斯将小说《尼罗河上的房子》(1894)献给了德彪西,但德彪西从未将自己的任何作品献给路易斯。[②] 从 1900 年到 1904 年,他们很少见面。德彪西与莉莉 * 的离婚引起了他与路易斯的最终决裂。路易斯是反犹太主义者,[③] 他指责德彪西后来选择与一个犹太女人一起生活。[④] 第一次世界大战期间,当得知德彪西生病时,他在 1915 年 12 月 28 日写给兄长的书信中评论了德彪西的爱情生活:“嗯,我从未遇到过比德彪西更少拈花惹草的人。1896 年时,他已经 35 岁了,是个英俊的男人,非常阳刚且热情,然而在十五年到二十年的恋爱生活中,他只交往过五个女人,其中一个(欧雄夫人)还是强迫他的。[⑤] 就五个,还没有过一夜情。他说:‘她们五个都是金发,这真是个巧合。我不知道深色头发的女人是什么样子的。’这对我来说太不可思议了,因此我在创作唐·马特奥的角色时把这个经历加进去了(当然,我改换了头发的颜色)。”[⑥] 德彪西小心地保存着他朋友的信,这些信件经常是用漂亮的特色紫墨水写成的。他们的通信中交织着幽默、滑稽和戏剧性,揭示了他们之间美好而真挚的友谊。(T,见附录Ⅴ。)

---

① 文献编号:F-V Couderc F 138, ex. n° 61。

②《版画》(*Estampes*)的第二首《格拉纳达之夜》(*La Soirée dans Grenade*)原本是献给路易斯的,但德彪西最终将整套作品献给了画家雅克–埃米勒·布朗什。见 1903 年 8 月 21 日的书信(见中卷的翻译)。

③ 见 Goujon 2002, p. 399-403。

④ 见书信 1904 – 86(见中卷的翻译)。

⑤ 见书信 1886 – 1。

⑥ 这是《女人与木偶》中的人物。见 Louÿs 2002, p. 1080。

吕涅-波,欧雷利昂(LUGNÉ-POE, Aurélien 1869—1940)

演员兼戏剧导演。1893 年 5 月 17 日,他与莫克莱在巴黎轻喜剧院推出了梅特林克 * 的戏剧《佩雷亚斯与梅利桑德》。这是该剧在巴黎的唯一一次演出。他是著作剧院的创始人,最初在那里演出了外国作家的作品(如霍普特曼、斯特林堡、比昂松,特别是易卜生),并推崇一种象征主义的表演风格。然而,随着 1896 年雅里的《愚比王》上演,他不再使用这种风格,而是转向一种特别的现实主义。他推出了罗曼·罗兰 *、吉德 *、高尔基、王尔德、邓南遮 * 的作品,1912 年 12 月上演的克洛岱勒 *《给玛丽报信》更是一炮走红,1914 年 6 月又推出了《人质》。

梅特林克,莫里斯(MAETERLINCK, Maurice 1862—1949)

比利时作家。1893 年 8 月,德彪西通过雷尼耶 * 获得了梅特林克的授权,为他的戏剧《佩雷亚斯与梅利桑德》谱曲。德彪西独立创作了歌词,并于 1893 年 11 月出访根特期间,在路易斯 * 的陪同下向梅特林克提出了一些删减建议,梅特林克接受了这些建议。在最终确定剧本时,德彪西没有考虑梅特林克对原文本进行的一系列修订,后者删掉了一些重复内容,还排除了一些文体上的不娴熟。或许让梅特林克感到恼火的是,德彪西仅使用了 1892 年第一版的文本。1901 年,梅特林克将《蜜蜂的生活》献给了德彪西,并题词:"献给克劳德·德彪西,一位合作者诚挚的敬意,M. 梅特林克。"梅特林克对音乐不是特别敏感,他在 1902 年与德彪西结怨,原因是卡雷 * 拒绝让他的伴侣吉乔洁特·勒布朗 * 扮演梅利桑德的角色。

马莱赫博,沙赫勒(MALHERBE, Charles 1853—1911)

作曲家、音乐学家。他在圣-桑发起的拉莫《作品全集》中撰写了精彩的序言。德彪西也参与了该作品集的编辑。

马拉美,玛丽(MALLARMÉ, Marie 1842—1898)

原姓杰拉赫(Gerhard),于 1863 年 8 月 10 日在伦敦嫁给了马拉美 *。1864 年 11 月 19 日生下一女——热纳维耶芙,该女于 1901 年

嫁给了伯尼奥 * 医生。

马拉美，斯蒂凡（MALLARMÉ, Stéphane　1842—1898）

诗人。德彪西很早就对马拉美的作品感兴趣，早在 1884 年 2 月就为其《出现》配乐。1889 年，马拉美在听到德彪西的《波德莱尔诗五首》后很受启发，并请德彪西为《牧神午后》创作“一小段音乐序奏”，[1] 用于 1891 年 3 月在保罗·福赫的艺术剧院演出。虽然这场演出最终没能实现，但德彪西依旧创作了《牧神午后前奏曲》，于 1893 年 12 月 22 日首演并获得了成功。从 1890 年至 1895 年，德彪西基本有规律性地参加马拉美每星期二晚在自己罗马路的家举办的聚会。1913 年，德彪西选择了马拉美的三首诗来创作自己最后的歌曲集。他将其献给了 E. 波尼奥（原名 G. 马拉美）夫人，并题词：“纪念斯蒂凡·马拉美，并且向 E. 波尼奥夫人致敬。”

马努里，艾德美（MANOURY, Edme　？—1875）

德彪西的外婆。原姓德林诺（Delinotte），来自勃艮第的托内尔，到巴黎做厨师。她生前一直与她的孩子们住在一起，包括德彪西的父母。

马赫蒙泰勒，安托万（MARMONTEL, Antoine　1816—1898）

钢琴家、教育家，巴黎音乐学院钢琴教师，曾被视为最伟大的钢琴教育家。德彪西于 1872 年至 1879 年师从马赫蒙泰勒，但只获得了结业考试第二名。1880 年，马赫蒙泰勒向娜捷达·冯·梅克 * 推荐了德彪西。

马诺德，让（MARNOLD, Jean　1859—1935）

又名莫兰（MORLAND），乐评家。他是《音乐邮报》专栏作者，《法兰西信使》合作主编，对雨果·里曼的和声理论非常着迷，以其辛辣的文风而闻名。作为德彪西主义者，他就《夜曲》撰写了六篇文章，并

① 见 Jean-Michel Nectoux, Mallarmé, op. cit., p. 167。

称《佩雷亚斯》为“辉煌的胜利”。根据拉罗 * 的说法,马诺德有着“罕见的博学、紧凑的逻辑和一种既浓烈又生动的写作风格”。[①] 德彪西对马诺德的评价似乎一般,可能是因为他也很喜欢拉威尔,称其为“明日大师之一”(1940 年)。

马洛,布朗什(MAROT, Blanche 1873—1963)

(女中音)歌唱家。他是乔治·阿特曼 * 的密友。在 1900 年 3 月 17 日的一次国家音乐协会音乐会上,她首演了《碧丽蒂斯之歌》,由德彪西伴奏。同年 8 月 23 日,在世博会系列音乐会上,她演唱了《绝代才女》。(T,见附录Ⅴ。)

毛斯,奥克塔夫(MAUS, Octave 1856—1919)

布鲁塞尔法院的律师、艺术评论家和业余钢琴家。他于 1881 年创办了《现代艺术》杂志,从 1883 年开始成为布鲁塞尔一家前卫艺术团体“20 世纪圈”的秘书,该团体与丹第 * 合作组织音乐会,并于 1893 年春季被“自由美学协会”取代。毛斯就是在这样的背景下,于 1894 年 3 月 1 日组织了第一场完全致力于德彪西作品的音乐会。

梅克,娜捷达·冯(MECK, Nadejda von 1831—1894)

俄国贵族。她于 1877 年丧夫,继承了巨额家产。她有着不错的钢琴演奏水平,1876 年曾前往拜罗伊特,对柴可夫斯基十分痴迷,曾在十四年间与其交换充满激情的书信,但从未与其见面。1880 年夏天,她在巴黎音乐学院寻找一位钢琴家作为度假随从。马赫蒙泰勒 * 推荐了德彪西。

门德斯,卡图尔(MENDÈS, Catulle 1841—1909)

诗人、小说家、剧作家和乐评家。1870 年至 1880 年间他是一位瓦格纳主义者,这个阶段的瓦格纳引起了很大的争议。门德斯是第一

① 见 Laloy, p. 129。

位瓦格纳的法语生平作者(1886年)。他还是一位剧本作家,夏布里埃的两部歌剧《格温多琳》和《布里赛斯》都是出自他手。1889年至1890年,门德斯似乎将自己的剧本《罗德里格与希梅内》交给了德彪西。据勾代*所述,德彪西接受这一剧本的原因是门德斯正在极力帮助他在舒登斯*出版社出版钢琴与乐队《幻想曲》。[①] 德彪西在创作了三幕之后,于1893年8月彻底放弃了这个计划,也正是在这个时候,德彪西开始创作《佩雷亚斯与梅利桑德》。

梅沙杰,安德烈(MESSAGER, André　1853—1929)

乐队指挥、作曲家。他曾就读于尼德梅耶学院,以钢琴家和管风琴家著称,同时也是炙手可热的乐队指挥和作曲家,靠轻音乐作品而闻名:《巴索什》(1890)、《菊花夫人》(1893)、《维罗尼卡》(1898)、《福图尼奥》(1907)等。1898年至1903年,他担任巴黎喜歌剧院的音乐总监,并从1901年开始兼任伦敦考文特花园的艺术总监。1907年至1914年,梅沙杰担任巴黎歌剧院的音乐总监,同时还指挥巴黎音乐学院音乐会协会。他在很大程度上促成了《佩雷亚斯与梅利桑德》被喜歌剧院接受,并且兴高采烈地指挥了排练和最初的三场演出(1902年4月30日,5月2日和3日)。为了表达对梅沙杰的感激之情,德彪西将这部歌剧的乐谱献给了他。德虎西与梅沙杰的信件满含信任和深情。德彪西与莉莉*的分手突然终止了他与梅沙杰的关系。梅沙杰与他的情人玛丽·嘉登*都站在了被德彪西抛弃的妻子一边。1910年,德彪西再次与他取得联系,但与1902年至1904年那个时期相比已然热情不再。(T,见附录V。)

米什莱,维克托-埃米勒(MICHELET, Victor-Émile　1861—1937)

诗人、短篇小说家、剧作家。他精通神秘学,于1893年前后在独立艺术书店与德彪西相遇。

---

① 该作品的确是在舒登斯处刻印的,但在德彪西生前从未出版。目前,该作品的第二次和第三次校稿尚存。

孟德斯鸠,罗拜赫·德(MONTESQUIOU, Robert de　1855—1921)

诗人。他是一个古怪的时髦人物,他为于斯曼《逆向》中的德·艾森特以及普鲁斯特的夏吕斯男爵这些人物提供了模板。孟德斯鸠创作过几部诗歌和散文集。正是他鼓励了邓南遮选择德彪西为《圣塞巴斯蒂安的殉道》配乐。

莫兰,雅克(MORLAND, Jacques)

记者、小说家。让·马诺德*的弟弟,两人一同翻译了尼采的《悲剧的诞生》(1901)。莫兰在《法兰西信使》表现十分活跃。

莫特,菲利克斯(MOTTL, Félix　1856—1911)

奥地利乐队指挥。除了是忠实的瓦格纳拥护者,他还非常喜欢个别法国作曲家,如柏辽兹和夏布里埃,后者也是他的朋友。他曾被认为会在1908年的慕尼黑指挥《佩雷亚斯与梅利桑德》,但最终被本人回绝。

穆雷,加布里埃尔(MOUREY, Gabriel　1865—1945)

作家、诗人、历史学家、艺术评论家。穆雷十分欣赏拉斐尔前派,他先后出版了斯温伯恩(1886)和坡(1889)的诗集翻译。1904年,他创办了《生活的艺术》杂志,旨在实现"文学与艺术的结合"。1889年,他与德彪西相遇,本计划为德彪西创作《特里斯坦》主题的歌剧剧本,但该计划于1907年搁浅。同年,德彪西向塞加仑*透露,认为穆雷的文字"不够具有歌唱性""不能完全与音乐产生共鸣"。1913年,德彪西为穆雷的戏剧《心灵》创作了一首长笛独奏曲。20世纪20年代,穆雷发表了一份有关德彪西的精彩见证:[1]"无论是日常谈吐还是创作音乐,德彪西一直十分重视简洁。他憎恨一切繁文缛节。没有人比他更善于精确表达、用语得当、恰到好处。"(T,见附录V。)

---

① 见 Gabriel Mourey, « Souvenirs sur Debussy », *Cahiers Debussy* 15 (1991), p. 55-58。

赫东,欧蒂隆(REDON, Odilon　1840—1916)

画家、雕刻家。德彪西曾多次与其相见,从巴伊的独立艺术书店,到马拉美*家、肖松*家、布朗什家或让·德·提南家。(T,见附录Ⅴ。)

罗拜赫,朱丽娅(ROBERT, Julia)

(女高音)歌唱家。她是夏布里埃极少数的学生之一,于1893年4月和特蕾斯·罗杰一起在国家音乐协会的一场音乐会上首演了《绝代才女》。

罗杰–杜卡斯(ROGER-DUCASSE　1873—1954)[①]

来自波尔多的作曲家。他在巴黎音乐学院师从福雷*,1909年成为巴黎市学校唱诗教学督学,并在音乐学院任合奏老师。杜卡斯直到德彪西晚年才开始与其密切接触。德彪西去世后,艾玛*将两份带有修改的手稿乐谱(《大海》与《夜曲》)以及一份未完成的《抒情散文》之《海滨》的配器手稿送给了罗杰–杜卡斯,并由他完成了配器工作。

罗赫巴赫(ROHRBACH)

巴黎喜歌剧院的检票员,负责管理预订座位。

帕杭,阿赫芒(PARENT, Armand　1863—1934)

比利时小提琴家。1883年至1889年为柯罗纳音乐会小提琴独奏,1892年组建了自己的弦乐四重奏组,意在支持勃拉姆斯和年轻法国作曲家的作品。

---

① 如今大部分文献都将罗杰–杜卡斯称为让·罗杰–杜卡斯(Jean Roger-Ducasse),包括本作原文。然而此做法不够精确。作曲家姓“杜卡斯”,“让”为作曲家名字中的第一个单词,“罗杰”则为最后一个单词。由于与另一位作曲家保罗·杜卡*的名字类似,且两人先后担任巴黎音乐学院作曲系教授,为避免混淆,杜卡斯将自己的最后一个名字“罗杰”与姓氏“杜卡斯”用中横线相连,并忽略了其他名字。因此,依照作曲家本人的意愿,我们只需称其为“罗杰–杜卡斯”即可。——译者注。

佩里维耶,安托南(PÉRIVIER, Antonin 1847—1924)

记者。1894年他成为《费加罗报》的主编,到1901年卸任,1903年至1909年与保罗·奥朗多夫成为《吉尔·布拉斯》的主编。他曾委托给德彪西一个音乐专栏,后者从1903年1月12日写到6月28日。

彼得,阿丽丝(PETER, Alice 1864—1934)

剧院经理。原姓罗文斯坦(Loewenstein),她是雷吉娜·当萨赫*的妹妹,乔治·罗文斯坦*和玛格丽特·杜潘的姐姐,勒内·彼得*是她的叔伯。她先于1882年4月12日嫁给了莫里斯·阿布拉罕·梅耶·范·伊森。1891年8月28日离婚后与米歇尔·彼得结婚,但很快又分开了。德彪西将《碧丽蒂斯之歌》(1899)献给了她。莉莉·德彪西*认为阿丽丝在1897年至1898年间曾是德彪西的情人。[①] 德彪西还将《碧丽蒂斯之歌》第二首《长发》的草稿送给了阿丽丝,[②] 文本(皮埃尔·路易斯作)本身相当放纵。

彼得,勒内(PETER, René 1872—1947)

剧作家。著名医生米歇尔·彼得的儿子,1911年12月28日,他迎娶了爱勒扎·沙普曼(?—1929),后来又和梅沙杰*的女儿莉莉结婚。彼得是普鲁斯特和安*的朋友,他是在弟弟(也叫米歇尔)的引荐下结识了德彪西。彼得是一位慷慨的朋友,曾在1895年至1900年间资助德彪西,还联合雷吉娜·当萨赫和德彪西一起酝酿了数个戏剧创作计划,但最终都没有兑现。彼得与德彪西的关系随着后者与莉莉*的离婚而疏远。1931年,彼得出版了一本回忆录,其文风轻松,并且揭露了一些德彪西鲜为人知的方面。(T,见附录V。)

---

① 该信息来自雷昂·瓦拉斯1929年6月访问莉莉时的笔记。文献编号:F-LYm, Fonds Léon Vallas 111, n° 9。

② 文献编号:F-Pn, Mus., Ms. 23178。

皮埃内，加布里埃尔（PIERNÉ, Gabriel 1863—1937）

作曲家、乐队指挥。他是德彪西在巴黎音乐学院马赫蒙泰勒*班以及美第奇别墅时期的同学，曾师从马斯奈和弗朗克，1882年获得罗马奖。1903年成为柯罗纳*的助理，1910年接任了柯罗纳的职务。他经常演出德彪西的作品，并首演了为乐队而作的《意象集》第二首《伊比利亚》以及《游戏》。然而，德彪西对皮埃内的指挥风格持保留态度。1926年，皮埃内对《音乐评论》主编普吕尼耶赫讲述了自己年轻时对德彪西的回忆："我是1873年左右在音乐学院拉维尼亚克的视唱练耳班上认识的德彪西。他是个10多岁的大男孩，个子矮，身材敦实，穿着一件黑色的夹克，配了一条带有斑点的飘逸领带和一条天鹅绒短裤。德彪西在马蒙泰尔的班上奇特的演奏经常令我们惊讶。我无法判断他是手笨还是胆怯，他总会一股脑地钻入键盘里并把所有的音乐效果都做得很夸张。他就像在对乐器发火，动作非常冲动，在弹到困难片段时还会加重呼吸。这些缺陷后来逐渐消失，他偶尔也会弹得非常美妙温和。这些缺点和优点使他的演奏显得十分特别。[……]上高级课程时我没有见到过他的身影。我在马斯奈班上，他在吉鲁*那里，但当他1885年到达美第奇别墅时，我也仍在罗马。[……]他经常外出，光顾古董店，着迷于日本小商品，将它们洗劫一空。[……]直到多年以后，我们才重新建立了良好的友谊关系。"①

波尼亚托夫斯基，安德烈（PONIATOWSKI, André 1864—1955）

商人。他与马拉美*、德加以及巴黎的文学与艺术圈交往甚密。他非常希望在经济上支持德彪西，曾于1893年与自己的两位美国指挥家朋友安东·赛德尔和瓦尔特·达姆罗什一起，试图在美国举办一场音乐会。

---

① 见Gabriel Pierné, « Souvenirs d'Achille Debussy », *La Revue musicale* (numéro spécial: La jeunesse de Claude Debussy), t. VII/7 (1er mai 1926), p. 10-11 (106-107)。

波佩兰,克劳狄乌斯(POPELIN, Claudius 1825—1892)

画家-珐琅工艺师。阿里·谢弗的徒弟。他的出名更多是由于他与玛蒂尔德公主轰轰烈烈的婚外情,而不全是由于他的艺术才能。他是画家保德利、巴谢、埃贝尔*以及普里莫利伯爵*的朋友。波佩兰还痴迷于诗歌,曾于1888年出版了《十四行诗集》,深受巴那斯派影响。

波佩兰,古斯塔夫(POPELIN, Gustave 1859—1937)

画家。克劳狄乌斯·波佩兰*之子。他在美术学院师从埃贝尔*和费里耶,于1882年获得了罗马奖,这得益于玛蒂尔德公主(他父亲的情人)的介入。波佩兰以创作世俗肖像著称。他是德彪西在美第奇别墅时期的同伴和知己。

普儒,保罗(POUJAUD, Paul 1856—1936)

律师。这位音乐爱好者是当时音乐生活的重要见证人。

普里莫利,朱塞佩(PRIMOLI, Giuseppe 1851—1927)

其母亲是拿破仑弟弟卢锡安·波拿巴的后代,他是玛蒂尔德公主的外甥。普里莫利伯爵往返于罗马和巴黎之间。他与当时众多作家和记者交往颇深,比如博伊托、玛蒂尔德·塞拉奥和邓南遮*。1884年8月,德彪西在巴黎结识了普里莫利,随后又在美第奇别墅重逢,因为普里莫利经常到美第奇别墅"逃避家庭矛盾"。[①]

雷,儒勒(RAIS, Jules)

又名卡恩(CAHEN),作家。他于1896年至1897年间任《意象刊》编辑秘书。

---

① 出自保罗·比达尔与昂利埃特·福克斯1884年6月15日的书信,见 *Debussy e il simbolismo*, catalogue de l'exposition organisée par François Lesure et Guy Cogeval à la Villa Médicis de Rome d'avril à juin 1984, Roma, Fratelli Palombi Editori, 1984, p. 53。

拉威尔，莫里斯（RAVEL, Maurice　1875—1937）

作曲家。德彪西于1901年左右通过劳尔·巴赫达克*结识了拉威尔，并请他负责将《夜曲》第三首《海妖》改编成双钢琴版本。虽说算不上亲近，但两人的朋友关系还是维持到了1905年。这一年，拉威尔第三次在罗马奖中落选，其结果引起公愤，导致时任巴黎音乐学院院长西奥多·杜博阿*辞职。此事过后，德彪西与拉威尔都谨慎地避免见面。1910年4月20日，在独立音乐协会举办的首场音乐会上，拉威尔首演了德彪西于1903年创作的钢琴曲《草稿本》。德彪西极少谈及拉威尔的音乐，只是对《自然史》有过尖酸的评价，[①]并影射过《戏水》。[②]1920年，拉威尔将自己的《小提琴与大提琴奏鸣曲》用于纪念德彪西。[③]七年后，拉威尔在一次访谈中声称："虽然我非常崇拜德彪西，但我在本质上无法完全与他志同道合，他对我来说很重要，给予了我很多的灵感，但我选择了另一条路。"[④]1931年，他向记者皮埃尔·勒华透露，自己最大的愿望就是在《牧神午后前奏曲》温柔而美妙的怀抱中安然离世，他认为该作品是"所有音乐中最独一无二的奇迹"。[⑤]（T，见附录Ⅴ。）

雷尼耶，昂利·德（RÉGNIER, Henri de　1864—1936）

诗人、小说家、随笔作家。他是马拉美*和路易斯*的朋友，但他与玛丽·德·埃莱迪亚的结合让路易斯非常不满。雷尼耶最初是一位象征主义诗人，后来受埃莱迪亚的影响转向了新古典主义。1893年8月，他作为中间人从梅特林克*那里为德彪西获得了《佩雷亚斯与梅利桑德》的音乐创作许可。他定期给德彪西寄送他的书籍，直到1904

---

① 见1907年2月22日和25日的书信（见中卷的翻译）。

② 见1917年9月27日的书信（见下卷的翻译）。

③ 该作品的第一乐章被发表在1920年12月的《音乐评论》增刊上（第24-29页），该刊特为纪念克劳德·德彪西。

④ 见 Maurice Ravel, *Lettres, écrits, entretiens,* réunis, présentés et annotés par Arbie Orenstein, Paris, Flammarion, 1989, p. 357。

⑤ *Ibid.,* p. 371。

年德彪西和莉莉*分手。1907年4月,他在他的《日记》中对德彪西的音乐发表了严厉的评价,称其为“狡诈的音乐,骗子的音乐”。[①]应普吕尼耶尔的要求,他还是写了一些关于德彪西的回忆。[②](T,见附录V。)

罗拜赫,保罗(ROBERT, Paul　1851—1923)

画家。他是博纳、安纳和阿尔弗雷德·斯蒂文斯的学生,曾在1874年的沙龙首秀。他为德彪西和莉莉*画过肖像,据路易斯*描述,这些画像“非常美,肖像所需的品质都已具备,无论是色调、轮廓还是情绪,令人难忘”。[③]库赫农斯基*也提到了这幅被遗忘的肖像:“我们的保罗·罗拜赫!……他的‘肖像’值得我们仔细研究!!他是位无与伦比的画家,他画的德彪西近乎完美,他有几幅裸体画堪称大师之作……还有一些很蹩脚。他长得像16世纪的西班牙海盗,他的脸、眼睛、头发和皮肤都是黑的。[……]他崇拜皮埃尔·路易斯、德彪西、弗兰和阿德里安·埃布拉赫。[……]他心胸开阔,是一位忠实且经得住考验的朋友,热情且勇敢!《佩雷亚斯》预演之时,他还用拳头揍了两个喝倒彩的!”[④]

罗兰,罗曼(ROLLAND, Romain　1866—1944)

作家、音乐学家。1907年11月,他在柏林《晨报》上发表了一篇关于《佩雷亚斯与梅利桑德》的长文,一年后又在《今日音乐家》上再次发表:“在这一研究中,请允许我从历史角度出发,撇开一切个人情

---

① 见 Henri de Régnier, *Les Cahiers inédits 1887-1936*, édition établie par David J. Niederauer et François Broche, Paris, Pygmalion, 2002, p. 808。

② 见 Henri de Régnier, « Souvenirs sur Debussy », *La Revue musicale* (numéro spécial: La jeunesse de Claude Debussy), t. VII/7 (1er mai 1926), p. 90 (186)。

③ 文献编号: F-P, coll. part。

④ 此为1943年12月17日写给H.博赫儒(H. Borgeaud)的书信。见 Jean-Louis Debauve, « Autour de Pierre Louÿs et de Curnonsky », *Bulletin des Amis de Pierre Louÿs 10-12* (décembre 1980), p. 11-12;另见罗拜赫的肖像: Léon Daudet, *Souvenirs et polémiques,* Paris, Robert Laffont, 1992, Bouquins, p. 508。

感。话说，我并不是一位德彪西主义者，我感兴趣的完全是另一种艺术。因此，我可以用相当公正的态度来评价他的作品，并且有责任向这位伟大的艺术家致敬。”①

罗帕茨，约瑟夫–居伊（ROPARTZ, Joseph-Guy　1864—1955）

作曲家、乐队指挥。1894年至1919年，他曾任南锡音乐学院院长、南锡交响音乐会总监。他热爱自己的家乡布列塔尼，这点深深地影响了他的作品。

拉塞尔，亨利（RUSSELL, Henry　1874—1937）

英国剧院经理。英国歌唱家、作曲家亨利·拉塞尔（1812—1900）之子。这位经理人曾在伦敦的皇家学院教授声乐技巧，其妻子妮娜是那里的歌手。1909年11月，他成立了波士顿歌剧院（波士顿歌剧公司）并经营至1914年。他将音乐总监之位交由卡普莱*。

圣–玛索，玛格丽特·保尼·德（SAINT-MARCEAUX, Marguerite BAUGNIES DE　1850—1930）

原姓儒丹（Jourdain），她于1870年嫁给了画家尤金·保尼（1842—1891）。1892年，她改嫁给了雕刻家勒内·德·圣–玛索（1845—1915）。1890年至1914年间，她在自己位于马勒塞尔布大道100号的公馆里举办了一个沙龙，邀请音乐家、画家和作家。在1894年初，德彪西经常光顾那里，直到3月份他与特蕾斯·罗杰解除了婚约。1902年4月《佩雷亚斯与梅利桑德》取得成功之后，玛格丽特·德·圣–玛索曾试图邀请德彪西回到她的沙龙，但未能成功。

萨里，鲁道夫（SALIS, Rodolphe　1851—1897）

画家、漫画家。他是黑猫夜总会的创始人与经理，该店于1885年在拉瓦勒路开张。萨里与昂利·里维耶赫发明了皮影戏。

---

① 见 Romain Rolland, *Musiciens d'aujourd'hui*, Paris, Hachette, 1908, p. 197-206。

萨蒂,埃里克(SATIE, Érik 1866—1925)

作曲家。德彪西通过维塔·欧凯*结识了萨蒂。德彪西曾送给萨蒂一本《波德莱尔诗五首》,根据他的题词,两人的相识可以追溯到1892年10月。关于这段长久的友谊,我们几乎一无所知。德彪西写给萨蒂的书信在后者去世后神秘失踪。[①]至于萨蒂写给德彪西的信,现存有三封,这些信是由莉莉*的一位朋友在碧山发现的。不论是在莉莉还是在艾玛的时代,萨蒂经常从阿克伊徒步到巴黎,与他的朋友一同共进午餐:“我永远记得那些迷人的餐宴。在这些友谊聚会上有鸡蛋和小羊排。但这些食材可不是一般得好!……直到现在我仍然会流口水,当然,这是内心活动。德彪西亲自烹制这些鸡蛋和小羊排,他有他的秘方(绝密)。这一切都以一瓶美味的波尔多干白为伴,简直是绝佳的组合,这会促使人投入友谊的快乐,远离‘杠精’和‘老古董’——他们可是人类和这个‘悲惨世界’的灾难。”[②]与莉莉*的分手导致德彪西的许多朋友都远离了他,但萨蒂仍然忠诚于他。尽管艾玛热衷于社交,但萨蒂似乎喜欢她的陪伴,他在写给她的信中表达了这一点。[③]德彪西只给一位作曲家的作品配过器,那就是1896年的萨蒂(《裸体舞曲》第一和第三首)。1920年12月,萨蒂以“纪念三十年来崇高又温馨的友谊”为由,创作了一首为声乐和钢琴而作的《挽歌》,[④]收录在“克劳德·德彪西之墓”中。(T,见附录Ⅴ。)

施密特,E.(SCHMITT, E.)

可能是一位歌唱家,未查到更多信息。

---

① 萨蒂收到的全部书信均未被找回。见 Satie 2002, p. 11。

② 见 Érik Satie, *Écrits* réunis par Ornella Volta, Paris, Éditions Champs Libre, 1990, p. 51。

③ 见1911年12月31日的书信和1915年1月31日的书信(见下卷的翻译)。

④ 见 T. I/2(1er décembre 1920), p. 32;另见1909年12月29日的书信(见中卷的翻译)。

塞加伦·维克多(SEGALEN, Victor 1878—1919)

作家、诗人、医生。他是作曲家让·克拉的表亲,出生在一个从事音乐的家庭,他自己也是一位业余钢琴家。1906年4月,他拜访了德彪西,希望后者能为他的《流浪者之歌》配乐,这是一部关于佛陀生平的戏剧,于1904年11月草拟。经过几次尝试,德彪西拒绝了这一提议,并建议他根据奥菲斯神话设计一个剧本。在长期合作后,他们共同创作的文本并未成为他们理想中的歌剧。塞加伦在这一阶段中留下的笔记,对于了解德彪西对艺术和音乐的见解来说是十分珍贵的资料。塞加伦于1909年4月前往中国,因此终止了与德彪西的合作计划。他将自己的《奥菲斯王》献给了德彪西,但该作品在德彪西逝世后才问世。1918年8月12日,他曾对爱伦·伊派赫吐露:"我正在写《奥菲斯王》的前言,我只写了几页——更确切地说是几行——这寥寥数字是对我们十年友谊的总结,也是比所有沉默更沉重的哀悼。"① 根据拉罗*的说法,尽管德彪西事先预料到他和塞加伦的计划无法成功,但还是参与了这次合作:"由于他很友好,[德彪西]不忍心反对他,并且花费了很多时间讨论《奥菲斯王》的文本,这个文本一直在不断修正和改编。"② 在德彪西的书信中似乎的确有这样的暗示,特别是他提到了"可怕的维克多"。③

西奈,爱丝黛(SIDNER, Esther 1866—1922)

瑞典女高音歌唱家。她曾在巴黎师从圣-伊夫·巴克斯和勒媛·理查德,并且在演出马斯奈的《玛丽-玛德兰娜》时大获成功。马斯奈将自己的一首歌曲献给了她。

斯蒂文斯,利奥波德(STEVENS, Léopold 1866—1935)

画家。他是阿尔弗雷德·斯蒂文斯(1823—1906)(第二帝国官

---

① 见 Segalen 2004/II, p. 1111。

② 见 Laloy, p. 175。

③ 见1908年12月29日的书信和1909年4月29日的书信(见中卷的翻译)。

方女性画作的画师)的长子。利奥波德也是一位世俗肖像画家。利奥波德还是一位音乐发烧友,他将年轻的德彪西介绍给了自己的家庭成员,德彪西当时正在追求利奥波德的姐姐卡特琳。[①]

塔法奈勒,保罗(TAFFANEL, Paul　1844—1908)

乐队指挥、长笛演奏家。他是最早演奏伯姆长笛的演奏家之一。1892 年至 1901 年,他指挥了音乐学院音乐会协会乐队。1890 年至 1906 年,他还是巴黎歌剧院的乐队指挥。

泰拉德,洛朗(TAILHADE, Laurent　1854—1919)

作家、记者。他创作过具有无政府主义倾向的诗词。他非常欣赏马拉美*,一直参加后者每星期二晚在自己罗马路的家举办的聚会。1894 年 4 月,弗尤餐厅的一次神秘的炸弹袭击使他失去了一只眼睛。他似乎很少与德彪西往来,尽管如此,当德彪西于 1918 年 3 月 25 日去世时,泰拉德还是表达了惋惜并称其为“当代最伟大的音乐家,与塞萨尔·弗朗克和理查德·瓦格纳并肩”。[②]

泰克西耶,莉莉(TEXIER, Lilly)

见德彪西,莉莉。

托马,安布鲁瓦斯(THOMAS, Ambroise　1811—1896)

作曲家。他是著名的《米尼翁》(1866)的作者,该作品在托马生前已上演超过一千次。他自 1871 年起成为巴黎音乐学院院长,直至去世。在德彪西眼中,托马就是保守派音乐的代表性人物。

---

① 见书信 1893–4;另见寄送乐谱清单。

② 见 *La Vérité*, 3 avril 1918, extrait cité par Gilles Picq dans *Laurent Tailhalde ou de la provocation considérée comme un art de vivre,* Paris, Maisonneuve & Larose, 2001, p. 721。

托谢，朱利安（TORCHET, Julien）

乐评家。曾经在《每周回声》《大事件》《世纪刊》《音乐指南》上做评论，后于 1907 年至 1910 年为《喜剧》工作。

图雷，保罗-让（TOULET, Paul-Jean　1867—1920）

作家。他是位离奇且腼腆的诗人，其代表作品《逆韵集》在他去世后才出版。他最初从事新闻工作。1898 年，他认识了库赫农斯基*，并与他一同住在维勒塞克塞勒路 7 号，直到 1902 年。从 1902 年 11 月到 1903 年 8 月，他与库赫农斯基一起进行了一次远东之行，为的是准备一份有关河内世博会的报道。他是一位鸦片瘾君子和夜猫子，常常出入咖啡馆，尤其是爱丽舍宫咖啡馆、和平咖啡馆还有韦伯咖啡馆，正如雷昂·杜岱在他的回忆录中所描述的："这是一个懂得并热爱法语的人。他在韦伯咖啡馆露面，身形消瘦，酷爱嘲讽，他总是探向自己的威士忌苏打杯，斜眼闪烁，观察着生活，拨弄着小胡子，纤细的手蜷缩着，看上去总像是准备伸展了。我们喜欢他是因为他讨厌人群，嫌恶民主偏见，憎恨冗长、蠢话和那些大人物。他说话时的用语总是非常简短、干练、果断且带着闪光点。他回复迅速，口齿坚定。"[①] 他是《巴黎生活》的合作者，以马克西或派赫迪卡的笔名发表小说和连载小说（有时与库赫农斯基合作）。1907 年，他成为威利*的一位捉刀人，参与创作了几部小说（1908 年的《小公爵的巡回演出》、1911 年的《吸鸦片的莱利》、1910 年的《莫吉的家庭》等）。他于 1912 年 7 月彻底离开巴黎，搬到了妹妹的拉费特城堡，又在婚后于 1916 年 6 月搬到盖塔里。德彪西于 1899 年结识了他，根据勒内·彼得*的说法，德彪西称他为"色彩斑斓的细蚱蜢"。在《佩雷亚斯与梅利桑德》首演后，他们的关系更加密切。1902 年 10 月，他们曾试图共同创作一部喜歌剧《皆大欢喜》，以莎士比亚的剧本为基础，但未能成功。在德彪西和莉莉*分手后，图雷在 1906 年至 1912 年间经常去布洛涅大道与德彪西共进晚餐。1917 年夏

---

① 见 Léon Daudet, *Souvenirs et polémiques,* Paris, Robert Laffont, 1992, Bouquins, p. 506。

天，德彪西在圣-让-德-吕兹度假期间再次见到了图雷。他喜欢后者的幽默、风格感、幻想和博学，并说图雷并不是“一个奇才，他只是一个文学家，但他会谈艺术(此外还是个迷人的小伙子)”。[①]

瓦莱里，保罗(VALÉRY, Paul 1871—1945)

作家。瓦莱里于1893年至1894年间通过皮埃尔·路易斯*结识了德彪西。1901年，瓦莱里在观看《佩雷亚斯与梅利桑德》的走台前，曾计划与德彪西一起创作一部芭蕾舞剧。当德彪西离婚时，瓦莱里与路易斯都站在了莉莉*一边。德彪西对瓦莱里的文章《与泰斯特先生的夜晚》[②]以及《达·芬奇创作手法入门》[③]非常熟悉，且深受其影响。

瓦涅，昂利(VASNIER, Henri 1837—1919)

建筑工程书记官。他是多个学术团体的成员，并于1909年创作了《艺术品的保存与贸易》一书。对德彪西来说，瓦涅扮演了忠告者的角色，对德彪西的文化教育作出了贡献，尤其是在瓦涅家度过的数个晚上，德彪西将其称为自己的“第二个家”。1886年初，瓦涅发现了自己的妻子与德彪西的婚外情，两人就此绝交。昂利与玛丽的女儿玛格丽特·瓦涅曾如此描写18岁的德彪西：“他不被理解，也没有得到什么鼓励和支持，他向我的父母提出来家里工作，至此，我家的门就向他敞开，他被看作家里的孩子一样。虽然现在有点记不清了，但我依旧能回想起他在君士坦丁堡5号的小沙龙里创作了那五年内的大部分作品。他几乎每天晚上都来，下午也经常来，他会散落一些刚开始创作的纸张，而当他一到，这些纸张就聚集到了一张小桌子上。他会在钢琴前创作，那是台老布隆岱勒，有着奇怪的外观，我现在依然留着它。”[④]

---

① 见1908年10月29日的书信(见中卷的翻译)。

② 见书信1901-41。

③ 见书信1906-80(见中卷的翻译)。

④ 见 Marguerite Vasnier, « Debussy à dix-huit ans », *La Revue musicale* (numéro spécial: La jeunesse de Claude Debussy), t. VII/7 (1er mai 1926), p. 17, 19 (113, 115)。

瓦涅，玛丽（VASNIER, Maire　1848—1923）

业余歌唱家（女高音）。原姓弗雷（Frey），她的父亲是一位文人和音乐老师。1865年9月28日，她在17岁时嫁给了比她大11岁的昂利·瓦涅*。她在莫洛-珊迪夫人的课上遇到了德彪西，并和他有了一段婚外情。德彪西将自己最早的歌曲手稿献给了她，这些作品大部分在德彪西生前都没有出版过。[①]（T，见附录V。）

沃凯赫，勒内（VAUCAIRE, René　1857—？）

医生。著有多部医学专著，1900年8月莉莉*流产时曾负责照顾她。德彪西曾将《佩雷亚斯与梅利桑德》第二幕第三场的一页草稿献给了他，并题写："致勒内·沃凯赫医生，克劳德·德彪西。"[②]

比达尔，保罗（VIDAL, Paul　1863—1931）

作曲家、乐队指挥。他是马赫蒙泰勒*的（钢琴）学生，还跟随杜朗学习和声，跟随马斯奈学作曲，1883年获得罗马奖。1889年，他成为巴黎歌剧院合唱队指挥，1906年成为其乐队指挥。1926年，他回忆

---

① 《随想曲》（1880年底）、《吻》（*Les Baisers*, 1881年初）、《中国十四行短诗》（*Rondel chinois*, 1881年初）、《悲剧》（Tragédie, 1881年初）、《珍妮》（*Jane*, 1881年初）、《亚麻色头发的少女》（1881年初）、《蝴蝶》（1881年底）、《木偶》（1882年1月）、《玫瑰》（*Les Roses*, 1882年初）、《小夜曲》（*Sérénade*, 1882年初）、《华宴集》（1882年初）、《微风之歌》（*Chanson des Brises*, 1882年初）、《海浪、棕榈树与沙滩》（*Flots, palmes et sables*, 1882年6月）、《酒神颂》（*Ode bachique*, 1882年夏天）、《黑暗中》（1882年9月）、《曼陀林》（1882年11月）、《塞吉迪亚》（*Séguidille*, 1882年底）、《月光》（1882年底）、《哑剧》（1883年初）、《西班牙之歌》（*Chanson espagnole*, 1883年初）、《死后的虚荣》（*Coquetterie posthume*, 1883年3月）、《浪漫曲》（1883年9月）、《音乐》（*Musique*, 1883年9月）、《伤感的风景》（*Paysage sentimental*, 1883年11月）、《浪漫曲》（1884年初）、《出现》（1884年2月）、《阿丽耶勒的浪漫曲》（*Romance d'Ariel*, 1884年2月）、《遗憾》（*Regret*, 1884年2月）。关于这些手稿的位置，见Lesure 2003的目录。

② 文献编号：US-NHub, Yale University, Frederick R. Koch Collection。

了年轻时与德彪西的相遇。[①]

维耶雷–格里芬,弗朗西斯(VIELÉ-GRIFFIN, Francis 1864—1937)

美裔诗人。作为象征主义理论的代言人,他提倡自由诗体。1890年5月,他创办了《政治与文学讨论刊》。在1892年12月的一期中,他刊登了德彪西自己创作的《抒情散文》第一册前两首的歌词(《梦》和《海滨》)。

维耶莫茨,埃米勒(VUILLERMOZ, Émile 1878—1960)

乐评家。他曾在里昂大学学习法律和文学,后在巴黎音乐学院学习作曲,师从福雷*。1910年,他积极参与独立音乐协会的筹备工作,1911年成为《独立音乐协会音乐评论》的主编。他是现代音乐的坚定支持者,他还说服德彪西在1912年11月至1914年3月间重新开始写乐评。1957年,日内瓦吉斯特出版社出版了他关于德彪西的专著,该作后来于1962年由弗拉马里翁出版社再版。

威利(WILLY)

见戈蒂耶–维亚尔。

沃姆·德·罗密伊,米雪(WORMS DE ROMILLY, Michèle 1876—1954)

业余钢琴家和歌唱家。她是德彪西少数几个学生之一,曾于1898年至1902年间和德彪西学习。1901年7月9日,她嫁给了昂利·杰拉赫中尉。她通过枫丹家结识了德彪西,还是德彪西所指挥的枫丹*家庭合唱队中的成员。1933年,她记录了自己如何从德彪西那里接受音乐教育。[②]德彪西将《为钢琴而作》(1901)中的《前

---

① 见Paul Vidal, « Souvenirs d'Achille Debussy », *La Revue musicale* (numéro spécial: La jeunesse de Claude Debussy), t. VII/7 (1er mai 1926), p. 11-16 (107-112)。

② 见François Lesure, « Debussy professeur par une de ses élèves », Debussy, *Textes*, réunis et édités par Martine Kaufmann avec le concours de Denis Herlin et Jean-Michel Nectoux, Paris, Radio France, Van Dieren, 1999, p. 11-23。

奏曲》献给了她。(T,见附录V。)

伊萨伊,尤金(YSAŸE, Eugène 1858—1931)

比利时小提琴家、作曲家,乐队指挥。弗朗克的朋友,他在肖松*与勒霍勒*的朋友圈里结识了德彪西。他于1886年创建了以自己命名的弦乐四重奏组,并于1893年12月29日首演了德彪西的《弦乐四重奏》,德彪西也将这一作品献给了伊萨伊重奏组的每一位成员。德彪西原本计划为伊萨伊创作三首小提琴独奏与乐队的《夜曲》。但德彪西最终放弃了该计划,且没有留下任何草稿,转而写下了为乐队而作的三首《夜曲》。1896年,由于在组织比利时音乐会的事宜上产生了一系列误会,德彪西与伊萨伊绝交。(T,见附录V。)

附录IX

索 引

作品名[①]

① 音乐或文学作品按照标题的拼音字母顺序排列,括号内为其作者。但克劳德·德彪西的作品被统一整合在他的名字项下。

人名、地名、出版社及协会名